日本の
児童虐待防止・
法的対応
資料集成

児童虐待に関する
法令・判例・法学研究
の動向

吉田恒雄
編著

明石書店

はじめに

　児童虐待への対応は、医療・保健・司法・教育等、複合的対応を必要とし、これは現実の対応のみならず、研究活動についても妥当するところである。多方面の学問分野が有機的に結合することにより、児童虐待を多面的に捉え、その本質に近づくことができるのである。本研究は児童虐待に関する法的対応の推移を研究するものであるが、法学文献や法令・判例にとどまらず、医学、保健学、社会学、教育学、社会福祉学等の文献も視野に入れて検討したのは、こうした趣旨によるものである。とくに1980年代以前においては、医学や社会福祉分野からの貴重な法的提言が数多くなされ、その後の法律学分野における研究に大きな影響を与えているため、法学以外の分野の研究も対象に含めた。

　児童虐待に対する法的対応は、ときとして当事者である親と対立関係に立ち、その後の支援に支障が生ずることがある。たしかに医療や保健、教育、福祉の分野では、当事者との良好な関係に基づき、サービスを提供することが一般的であろう。しかし、被虐待児を危険な状況から保護し、安全と安心が保障された環境での生活を確保するためには、ときには親と対峙し、その権利を制限せざるをえないこともある。

　わが国の児童虐待に対する対応は、長い間、このような対立構造のもとで児童虐待問題を捉えた上で、強制力をもって子どもを保護することに消極的であった。その原因としては、法制度を利用することに対する現場の抵抗感（「法的対応を講ずることはソーシャルワークの敗北である」との意識）、法制度に関する誤った認識（「親権の壁」という認識等）や法制度に関する知識の不足、法制度利用経験の不足等による制度利用へのためらいがあったと思われる。こうした認識は、児童福祉や医療等の現場に対する法制度の啓発により、ときの経過とともに変化してきてはいるものの、いまだに法制度活用のあり方については議論のあるところである。

　本研究は、児童虐待に対する法的対応がどのように変化し、具体化したか、そのためにどのような方策が講じられてきたかを跡づけることを目的としている。「法は家庭に入らず」との法諺があるが、児童虐待に関する法令・判例研究や法学文献は、配偶者暴力や高齢者虐待、障がい者虐待等とともに、家庭という私的分野に対する公的介入のあり方がどのように変化してきたかを探る上で何らかの示唆を提供できるものと考えられる。こうした点で、本研究が今後の児童虐待対応のみならず私的生活への介入のあり方を考える上で、少しでも役立てられれば幸いである。

2015年9月

児童虐待法学文献研究会を代表して
吉田　恒雄（駿河台大学）

序 論

1 研究の目的

　本研究は、わが国における児童虐待に関する法令、判例および法学研究の動向を探ることによって、法的対応の変遷をたどるとともに、その後の児童虐待問題に対する法的対応に与えた意義ないし影響を明らかにすることを目的とする。

　本研究に先立って、子どもの虹情報研修センターから、保坂亨教授を代表者とする「虐待の援助法に関する文献研究——戦後日本社会の『子どもの危機的状況』という視点の心理社会的分析」が報告され、公刊されている。同報告書は、「危機的状況」におかれた子どもに対する臨床研究や実践報告等の研究を概観・分析するとともに、社会学の観点から児童虐待に対する時代認識の変遷などを考察している（同報告書は、その後、保坂亨編著、子どもの虹情報研修センター企画『日本の子ども虐待——戦後日本の「子どもの危機的状況」に関する心理社会的分析』2007年、福村出版。同書、第2版、2011年、として刊行されている）。同研究の進展に応じて、児童虐待への援助法に関する文献研究には法的視点が不可欠であるとの認識が生じたところから、本研究は、いわば先行する社会学的研究を補完するものとして、児童虐待に関する法令、判例、法学文献を分析することとした。

　これと並行して、できる限り児童虐待防止法制度に関連する文献を網羅的に収集・分析し、関係者に情報を提供することも本研究に与えられた重要な責務である。

2 研究の方法

　本研究は、児童虐待に関する法的問題を扱う文献、法律、通知、判例および調査報告等を対象に分析する。法律については、法律制定の背景や経緯、その内容、改正の動向を紹介している。通知等については、それぞれの期に発出された通知等を内容ごとに紹介している。判例に関しては、児童虐待に関連する民法、刑法、児童福祉法、行政法等の判例の動向を概観し、重要な判例はその事実関係、判決（審判）要旨を紹介し、その内容を検討した。研究動向としては、児童虐待に関する法学文献や調査報告書等の他、法学分野以外の分野の文献であっても、児童虐待への法的対応の不備を指摘し、その改善を提言するものが少なくないところから、言及された内容や、その後に与えた影響の大きさ等を勘案して、適宜、児童福祉、医学、保健等の分野の文献も対象とした。研究動向としては、児童虐待防止に関する法学、児童福祉学、教育学、心理学等に分けて、各期の学会等の動向を紹介し、文献資料のうち、とくに重要なものは、その内容を紹介している。

　これらの作業により、各期の児童虐待防止対策のみならず、各分野の児童虐待防止に向けた取組みの状況や課題、必要とされた施策や実務の方向性を明らかにすることを目指した。以上の法令、判例、文献等については、それぞれの期ごとにリストを作成し、全体動向の理解に資するようにするとともに、資料として利用できるように努めた。また、司法統計年報や社会福祉行政業務報告等から児童虐待に関する統計を整理し、児童虐待防止制度の運用状況を示すこととした。

　対象となる文献や資料は、国立国会図書館雑誌記事文献目録や法学文献判例情報等のデータ

ベースをもとに検索し、中央大学図書館、日本女子大学図書館、国立国会図書館等の図書館を通じて入手した。

　本書の構成としては、児童虐待が社会全体に十分認識されるまでを第1期、児童虐待への対応が模索され始め、児童虐待防止法成立に至るまでを第2期、児童虐待への対応が本格化し、同法の第1回目の大改正までを第3期としている。第4期は同法の第2回目の大改正までとし、第5期は2008年の児童福祉法改正を中心に、次の大きな法改正である民法等改正までの時期を扱っている。最後の第6期は、民法等改正前夜から改正法が成立し、施行されるまでの期間である。

　各期ごとに児童虐待への対応が多様化、重層化していく状況と当時の諸課題を浮き彫りにすることを目指した。

3　注　記

- 本文中、「子ども」は、原則として児童福祉法、児童虐待防止法の対象となる児童を指し、研究動向や文献紹介においては、これを「子ども」と表記することとした。ただし、児童福祉法、児童虐待防止法等、児童福祉に関する法令、判例の解説においては「児童」と表記している。民法に関連する研究動向や判例動向・解説においては――児童福祉法とは対象年齢が異なることから――民法上の表記に従って「子」と表記した。
- 年号については、本文中では原則として西暦をもって表記しているが、法律・判例・通知等においては原文に即して、元号により表記している。
- 法律の制定・改正に関する記述において、条数は制定、改正時の条数をもって表記している。
- 編集の都合により、第3期の刑事法分野の文献は、第4期に掲載した。

目 次

はじめに 3
序 論 4
 1 研究の目的 4
 2 研究の方法 4
 3 注記 5

第1期
（1985年から1990年まで）

第1期の概観 …………………………… 15
Ⅰ 法令・判例および法学研究の動向 …… 15
 1 全体の動向 15
  (1) 法改正 15
  (2) 判例 15
  (3) 研究動向 16
   ①児童福祉法分野 16
   ②民法分野 16
   ③刑事法分野 16
   ④医療・福祉分野調査 16
 2 法令の動向 17
  (1) 法律改正 17
  (2) 通知 17
 3 判例の動向 19
 4 法学研究の動向 20
  (1) 児童福祉法分野 20
  (2) 民法分野 22
  (3) 刑事法分野 24
  (4) 医療・福祉分野 27
  (5) 非行・教護分野 30

Ⅱ 主要判例解説 ………………………… 32
 1 民法・児童福祉法分野 32
 2 刑事法分野 32
Ⅲ 主要文献解説 ………………………… 34
 1 児童福祉法分野 34
 2 民法分野 37
 3 刑事法分野 42
 4 児童福祉・医療分野 45
 5 児童虐待に関する調査 47
資 料 49

第2期
（1990年4月から2000年5月まで）

第2期の概観 …………………………… 71
Ⅰ 法令・判例および法学研究の動向 …… 72
 1 全体の動向 72
  (1) はじめに 72
  (2) 法改正および通知 72
   ①法改正 72
   ②通知 72
  (3) 判例 73
   ①児童福祉法28条審判 73
   ②親権喪失宣告審判 73
   ③刑事判例 74
  (4) 研究動向 74
   ①児童福祉法分野 74
   ②民法分野 75
   ③刑事法分野 75

④児童福祉分野　76
⑤医療・保健・心理分野　76
⑥非行・教護分野　77
2　法令の動向　77
(1)　法律改正　77
(2)　通　知　79
3　判例の動向　82
(1)　児童福祉法　82
(2)　民　法　85
(3)　刑事法　87
4　法学研究の動向　88
(1)　児童福祉法分野　88
(2)　民法分野　94
(3)　刑事法分野　95
(4)　児童福祉分野　98
(5)　医療・保健・心理分野　101
(6)　非行・教護分野　105
II　主要判例解説　107
1　児童福祉法分野　107
2　民法分野　109
3　刑事法分野　112
III　主要文献解説　114
1　児童福祉法分野　114
2　民法分野　119
3　刑事法分野　122
4　児童福祉分野　124
5　非行・教護分野　131
6　心理分野　131

資　料　135

第3期
（2000年6月から2004年4月まで）

第3期の概説　187
I　法令・判例および法学研究の動向　187

1　全体の動向　187
(1)　はじめに　187
(2)　法改正および通知　188
①法改正　188
②通　知　188
(3)　判　例　189
①児童福祉法28条審判　189
②民　法　189
③刑　法　190
(4)　研究動向　190
①児童福祉法分野　190
②民法分野　190
③刑事法分野　190
④児童福祉分野　190
⑤医療・保健・心理分野　191
⑥非行・教護分野　191
2　法令の動向　192
(1)　法律改正　192
(2)　通　知　192
3　判例の動向　195
(1)　児童福祉法　195
(2)　民　法　196
(3)　刑事法　198
4　法学研究の動向　198
(1)　児童福祉法分野　198
(2)　民法分野　201
(3)　刑事法分野　204
(4)　児童福祉分野　204
(5)　医療・保健・心理分野　219
(6)　非行・教護分野　223
II　主要判例解説　224
1　児童福祉法分野　224
2　民法分野　226
III　主要文献解説　229
1　児童福祉法分野　229
2　民法分野　234
3　児童福祉分野　240
4　非行・教護分野　250
5　医療・保健・心理分野　251

資料　253

第4期
（2004年5月から2007年6月まで）

第4期の概観 …………………… 331

I　法令・判例および法学研究の動向 … 332

1　全体の動向　332
（1）はじめに　332
（2）法改正および通知　332
　①法改正　332
　②通　知　333
（3）判　例　334
　①児童福祉法　334
　②民　法　335
　③刑　法（第3期・第4期）　335
（4）研究動向　336
　①児童福祉法分野　336
　②民法分野　336
　③刑事法分野（第3期・第4期）　336
　④児童福祉分野　337
　⑤医療・保健・心理分野　338
　⑥非行・教護分野　338
　⑦教育・保育分野　338

2　法令の動向　339
（1）法律改正　339
（2）通　知　346

3　判例の動向　351
（1）児童福祉法　351
（2）民　法　356
（3）刑事法（第3期・第4期）　357

4　法学研究の動向　359
（1）児童福祉法分野　359
（2）民法分野　362
（3）刑事法分野（第3期・第4期）　363
（4）児童福祉分野　365
（5）医療・保健・心理分野　378

（6）非行・教護分野　380
（7）教育分野　380

II　主要判例解説 …………………… 382
1　児童福祉法分野　382
2　民法分野　386
3　刑事法分野　389

III　主要文献解説 …………………… 391
1　児童福祉法分野　391
2　民法分野　398
3　刑事法分野（第3期）　404
4　憲法・行政法分野　408
5　児童福祉分野　410
6　非行・教護分野　416
7　教育分野　416
8　医療・保健・心理分野　419

資料　423

第5期
（2007年7月から2010年3月まで）

第5期の概観 …………………… 493

I　法令・判例および法学研究の動向 … 494

1　全体の動向　494
（1）はじめに　494
（2）法改正および通知　494
（3）判　例　498
　①児童福祉法関連審判例の動向　498
　②民　法　499
　③刑　法　499
　④行政法　500
（4）研究動向　501
　①児童福祉法分野　501
　②民法分野　502
　③刑事法分野　502
　④憲法・行政法分野　503
　⑤児童福祉分野　503

⑥非行・教護分野　505
　　⑦教育分野　505
　2　法令の動向　505
　　(1) 法律改正　505
　　(2) 通　知　509
　3　判例の動向　514
　　(1) 児童福祉法　514
　　(2) 民　法　517
　　(3) 刑事法　517
　　(4) 行政法　519
　4　法学研究の動向　520
　　(1) 児童福祉法分野　520
　　(2) 民法分野　524
　　(3) 刑事法分野　529
　　(4) 憲法・行政法分野　532
　　(5) 児童福祉分野　533
　　(6) 非行・教護分野　556
　　(7) 教育分野　557
Ⅱ　主要判例解説 …………………… 562
　1　児童福祉法分野　562
　2　民法分野　571
　3　刑事法分野　573
　4　行政法分野　575
Ⅲ　主要文献解説 …………………… 578
　1　児童福祉法分野　578
　2　民法分野　585
　3　刑事法分野　599
　4　憲法・行政法分野　602
　5　児童福祉分野　608
　6　教育分野　610
　7　医療・保健・心理分野　612
資　料　615

第6期
(2010年4月から2012年3月まで)

第6期の概要 ……………………… 697

Ⅰ　法令・判例および法学研究の動向 … 698
　1　全体の動向　698
　　(1) はじめに　698
　　(2) 法改正および通知　698
　　　①法改正　698
　　　②通　知　698
　　(3) 判　例　700
　　　①刑事法分野　700
　　(4) 研究動向　700
　　　①児童福祉法分野　700
　　　②民法分野　701
　　　③刑事法分野　701
　　　④児童福祉分野　702
　　　⑤非行・教護分野　702
　　　⑥教育分野　703
　　　⑦医療・保健・心理分野　703
　2　法令の動向　704
　　(1) 法律改正　704
　　(2) 通　知　705
　3　判例の動向　710
　　(1) 刑事法　710
　4　法学研究の動向　712
　　(1) 児童福祉法分野　712
　　(2) 民法分野　717
　　(3) 刑事法分野　721
　　(4) 児童福祉分野　725
　　(5) 非行・教護分野　731
　　(6) 教育分野　731
　　(7) 医療・保健・心理分野　736
Ⅱ　主要判例解説 …………………… 742
　1　刑事法分野　742
　2　行政法分野　743
Ⅲ　主要文献解説 …………………… 746
　1　児童福祉法分野　746

2 民法分野　749
  3 刑事法分野　759
  4 憲法・行政法分野　762
  5 児童福祉分野　762
  6 教育分野　766
  7 非行分野　767
  8 医療・保健・心理分野　768
資 料　769

あとがき　847

第1期
(1985年から1990年まで)

第1期の概観

　第1期においては、児童虐待それ自体は、まだ社会全般に充分に認識されてはいなかったといえる。いくつかの調査が行われ、児童虐待の存在が明らかにされてきたとはいえ、それはまだ特殊な状況における特殊な問題として捉えられていたにすぎない。

　児童福祉分野では、虐待問題は養護問題全体の中に包摂され、その病理性が意識されていなかったため、虐待独自の対応や強制介入、治療的視点がさほど重視されてはいなかった。当時、社会的に問題となっていた「いじめ」問題、コインロッカー・ベビーに代表される子捨て、近親姦等の問題も虐待として捉えられることなく、一過性の事件として忘れ去られていった。

　本研究では、第1期として1985年からの法令、判例、文献等を対象としている。ただし、その終期は保坂亨による先行研究とは異なり、大阪においてわが国で初の児童虐待防止民間団体が設立された時期である1990年を終期とした。わが国における虐待対応および研究は、この時期を境に、新たな視点——育児不安による児童虐待の視点——に基づき展開されることになり、虐待への対応や研究が飛躍的に進展したからである。第1期は、その前史ともいうべき時期であり、その後の展開の基盤が作られた時期ともいえよう。なお、この時期前後の法令・判例・文献等であっても、後に与えた影響の大きさや時代的意義を考慮して、重要と思われるものは、考察の対象とした。

（吉田　恒雄）

I　法令・判例および法学研究の動向

1　全体の動向

(1) 法改正

　法改正としては、民法における特別養子縁組制度の創設や子どもの権利条約の批准等がこの時期に行われたが、これらとの関連で、とくに虐待に特化した議論は行われていない。児童福祉財政に関連して、1985年にいわゆる「国の補助金の合理化法」が成立し、1986年に「行革一括法」により保育所や母子生活支援施設等の児童福祉施設への入所事務が国の機関委任事務から都道府県・政令指定都市・中核市の団体事務とされた。こうした動きは、その後の児童福祉分野における自治事務化および「三位一体改革」による税源移譲問題につながっている。

　厚生省関係の通知については、この時期、虐待に直接関連するものは発出されていない。内容としては、「いじめ」「行革一括法関係」「児童の自立支援」「里親関係」に大別できる。

(2) 判　例

　判例については、1973年の「尊属殺人罪違憲判決」や1988年の「西巣鴨置き去り事件」において、事実関係との関連で虐待（ネグレクト）であると指摘するものは乏しかった。その他、刑事判例としては、「子殺し（嬰児殺）」に関する4事例があり、いずれも母による子殺しであり、

心神喪失・心神耗弱が争われた事件である。また、年少者の証言に関する裁判例が3件あり、この時期以降の論点となる性的虐待等における児童の証言能力との関係で留意しておく必要のあるケースである。児童福祉法関連の審判例に関しては、今期以前には比較的多くの審判例が公表されたが、この時期は停滞期であり、唯一福岡高裁決定（福岡高裁決定昭和56年4月28日）があるのみである。

(3) 研究動向

①児童福祉法分野

　研究面では、児童福祉法関連で親権問題がとくに児童福祉施設長の権限との関係で議論され、親権制限の提言等もなされた。これらは「受け皿」としての施設における子どもと親、施設長の法的関係を論じるものであり、「入り口」である被虐待児の保護＝家庭介入のあり方に関する議論や児童相談所対応のあり方に関する議論は、まだ緒に就いたばかりである。とはいえ、この時期すでに大阪府児童虐待対策連絡会議が「被虐待児の早期発見と援助のためのマニュアル（第1次版）」を刊行し、児童虐待の特質に着目した取り組みを始めている点は注目に値する。とはいえ、このマニュアルにおいても、児童福祉法28条の運用に関しては消極的であり、この時期ではまだ司法との連携により介入を進める意識は乏しかったようである。

②民法分野

　民法の分野では、親権法とくに親権喪失に関する議論やその前提としての親権の法的性質論が論じられるようになった。児童虐待に関しては、第1期前ではあるが、石川稔による「児童虐待──その法的対応」が著された。この論文は、民法学分野では当時ほとんど論じられていなかった児童虐待について検討する初めての本格的論文であり、その後の児童虐待法学研究に与えた影響は大きい。その他、民法学関係では、外国法、とくにアメリカ法との関係で児童虐待が論じられ始めた他、米倉明を研究代表者とする児童福祉分野との学際的研究も開始されている。

③刑事法分野

　刑事法分野では、中谷瑾子が「子殺し（嬰児殺）」に関する研究から児童虐待に関する法的介入の研究を積極的に進め、その後、子どもの権利条約の批准に関連して、子どもの人権保護の視点から児童虐待の問題を論じた。これらの研究は、現在の刑事法学における岩井宜子を中心とする虐待研究に連なるものである。その他、刑事法分野において、この時期からすでに虐待被害と非行との関係が指摘されていたが、それが注目されるようになったのは、2002年における法務省、厚生労働省、日本弁護士連合会の調査を受けてのこととなる。

④医療・福祉分野調査

　精神医学分野では、わが国における虐待研究の先駆者である池田由子が、精神医学の立場から研究を進めるとともに、外国法からの示唆を受け、わが国の法制度の問題点を指摘した。児童福祉の分野では、大阪市児童相談所が「紀要」において児童虐待問題を取り上げ、法制度の運用についても言及している。

この時期、児童虐待に関する全国調査が行われ始め、その要因や予防、処遇、対策のあり方等を検討する資料として提供された。とはいえ、これら報告書の中でも、法的対応については、制度上の不備の指摘に止まり、これを積極的に活用しようとの提言はまだ見ることができない。

　以上、第1期の状況を要約すれば、①児童虐待とくにネグレクトについては、十分な社会的認識に達しておらず、対応としても児童虐待の視点が導入されていなかった。②児童虐待に関する研究・調査が徐々に行われ始め、とくに児童福祉や医療分野では、実際的見地からの提案やマニュアル等が提示されていた。こうして第1期は、次の児童虐待防止の大きな流れにつながる各分野の活動が形成されていった時期と見ることができよう。

（吉田　恒雄）

2　法令の動向

(1) 法律改正

　1985年には、「国の補助金等の整理および合理化並びに臨時特例等に関する法律」が成立したことを受けて、児童福祉法の第38次改正が行われた。これにより、児童相談所が行う相談、判定等に要する費用が一般財源に組み入れられ、児童福祉施設における運営費等の国庫負担金の割合が10分の8から10分の7に引き下げられた。この時期以降、国庫負担を縮小する動きが明らかになり、次の第40次、第42次改正、さらにはその後の三位一体改革につながっている。

　1986年、第40次改正は「国の補助金等の臨時特例等に関する法律」によるものであり、児童福祉施設国庫負担割合が10分の8から10分の5に引き下げられた。

　1986年の第42次改正では、「地方公共団体の執行機関が国の機関として行う事務の整理および合理化に関する法律」（行革一括法）の成立により、児童福祉施設等（助産施設、母子生活支援施設、保育所を除く）への入所措置事務が機関委任事務から都道府県・政令指定都市・中核市の団体事務とされ、指定育成医療機関を指定する権限が厚生大臣から都道府県知事に移譲される等、機関委任事務の整理合理化および地方への権限の移譲が行われた。

　1989年11月には、国連総会で「児童の権利に関する条約（子どもの権利条約）」が採択され、「少年非行の防止に関する国連ガイドライン（リヤド・ガイドライン）」「自由を奪われた少年の保護に関する国連規則」が成立した。

　1990年の児童福祉法改正では、児童居宅支援事業（児童居宅介護事業・児童デイサービス事業・児童短期入所事業）が新たな事業として加わり、障害児のための在宅福祉制度が確立した。

【参考文献】
桑原洋子・田村和之編『実務注釈　児童福祉法』信山社出版、1998年、28～29頁

(2) 通　知

　児童虐待に関連する、この時期における厚生省児童家庭局長通知は、虐待に直接言及する通知は発出されていないものの、大きく、①いじめ関係、②行革一括法関係、③児童の自立支援、④里親、に区別することができる。これらの通知は、その後展開される「児童家庭相談の市町村移

譲」「自立支援」「里親制度の拡充」につながるものであり、この時期にその萌芽を見ることができる。

① 「いじめ」関係

1985年10月に「『いじめ』の問題に関する臨時教育審議会会長談話」が発表されたのを受けて、児童相談所や福祉事務所等による効果的対応、児童福祉施設等が有する専門的知識経験の積極的活用、児童相談所と学校との連携等、関係機関に対する相談活動等の一層の充実強化を求める通知が発出された（昭和60年11月15日厚生省児童家庭局長通知児発第904号「児童の『いじめ』問題に関する相談活動の充実について」、昭和60年11月15日厚生省児童家庭局育成課長通知児育第38号「児童の『いじめ』問題に関する相談活動の充実について」）。

② 行革一括法関係

措置事務等の団体委任事務化、国と地方の費用負担割合の変更、制度の簡素・合理化等の変更により、福祉行政における地方公共団体の役割の重要性が高まったことに応じて、都道府県（政令指定都市）管内の福祉関係職員の判定技術等の資質の向上を図るための研修事業、児童福祉施設等・地域住民・事業主・ボランティア等に対する啓発活動事業、福祉行政事務等の効率化のための開発・研究事業等に要する経費が適正に運用されるよう交付の条件等を定めた通知が出された（昭和61年8月30日厚生省児童家庭局長通知児発第727号「児童福祉事業適正化対策特別事業について」）。行革一括法制定に関連して児童福祉法施行規則が改正され、i）団体事務化に伴う入所措置事務等に係る手続に関する規定等の削除又は簡素化、ii）身体に障害のある児童等を短期間入所させる施設の種別の法定、iii）身体に障害のある児童等に供与する便宜の法定、を内容とする通知が発出された（昭和62年1月31日厚生省児童家庭局長通知児発第54号「児童福祉法施行規則等の一部を改正する省令〈児童家庭局関係〉の施行について」）。

③ 児童の自立支援関係

施設入所児童の家庭復帰や家庭生活体験事業等に要する費用について定める「児童福祉施設における施設機能強化推進費について」（昭和62年5月20日厚生省児童家庭局長通知児発第450号）や養護施設入所児童の高校進学に関する特別育成費の支弁を定める「養護施設入所児童等の高等学校への進学の実施について」（平成元年4月10日厚生省児童家庭局長通知児発第265号の6）、同じく教護院入所児童について定める「教護院入所児童の高校進学の取扱いについて」（平成元年4月10日厚生省児童家庭局長通知児発第265号の7）といった通知が出された。これに関連して、教護院入所児童につき、処遇の充実と退所後の生活環境整備の促進を図るために年長児童の処遇計画の具体的作成手続きを定める「教護院入所児童の処遇計画の作成等について」（平成元年11月19日厚生省児童家庭局育成課長通知児育第25号）が発出された。これはその後の児童養護施設等における自立支援計画の策定につながるものである。

④ 養子縁組・里親関係

1987年9月（1988年1月1日施行）に改正された民法により特別養子縁組制度が創設され、こ

れに伴って児童相談所が行う養子縁組の斡旋(「養子縁組あっせん事業の指導について」昭和62年10月31日厚生省児童家庭局長通知児発第902号)や家庭裁判所との連携を定める通知(「特別養子制度における家庭裁判所との協力について」昭和62年11月18日厚生省児童家庭局育成課長通知児育第27号)が発出された。その他、里親制度の充実を目的とする通知(「里親等家庭養育運営要綱の実施について」昭和62年10月31日厚生省児童家庭局長通知児発第901号、「家庭養育推進事業の実施について」昭和63年5月20日厚生省児童家庭局長通知児発第466号)も発出されている。

(吉田 恒雄)

3 判例の動向

　対象となる時期に公表された民法判例は存在しない。児童福祉法については、福岡高裁決定昭和56年4月28日(福岡高昭56(ラ)49号)とその原審である福岡家裁審判昭和56年3月12日(福岡家昭54(家)1335号、家裁月報34巻3号25頁【判例1】)がある。

　刑事裁判例については、1980年から1990年という今回の研究対象時期以前のことであるが、1973年に刑法にとって大変重要な判例がある。それは尊属殺重罰規定違憲判決(最高裁大法廷判決昭和48年4月4日)であるが、この判決が下された日に最高裁は3つの事案に対して尊属殺規定を違憲と判断している。その中には、被告人が長年、実父から性的関係を強要され(性的虐待を受け)、5人もの子どもを出産し、交際相手との結婚も許されず、暴行を受け、一日中監視状態におかれ、やむにやまれず、実父を殺害したという事案がある(昭和45年(あ)第1310号、刑集27巻3号295頁)。もっとも、被告人に対する父親の行為は、第1審、控訴審でも性的虐待とは捉えられておらず、父娘相姦、ひいては不倫行為という捉え方がされている。この事案は、社会的にも注目を集め、刑事法の研究者に対しても尊属殺規定への関心だけでなく、「虐待」への関心も喚起することになった。とくに、中谷瑾子はこの判例に関して多くの文献で取り上げ、性的虐待を防止し、その被害者が加害者になり、加害者が被害者になることを防止するためにも刑法の謙抑性を見直すべきであると主張するようになる(中谷・1986【文献18】)。

　また、この判例と同様に、虐待への社会的関心が高まった裁判例として、西巣鴨置き去り事件(東京地裁判決昭和63年10月26日、判タ690号245頁)が挙げられる【判例2】。被害者である4人の子ども全員が事件発覚まで戸籍を有しておらず、義務教育も受けず、14歳の長男に母親が現金を渡してはいたものの、子どもたちだけで約半年間も生活していたという刑事事件としても、それまでになかったようなショッキングな事案である。母親には保護責任者遺棄罪、同致傷罪が適用されているが、判決は懲役3年、執行猶予4年という温情判決であった。判決文には母親の愛情が子どもにとって重要であることが幾度となく、述べられている。もっとも、この裁判例でも母親の置き去り行為が児童虐待であるとの指摘はなされていない。

　親による子殺し(嬰児殺)事例に関する裁判例は、この時期、4つの事例しか確認できなかった。そのいずれもが、母親による子殺しであり、心神喪失・心神耗弱が争われた事例である。4例中3例は被告人である母親がうつ病に罹っており、内因性うつ病に罹っていた2例(東京地裁判決昭和63年3月10日、判タ668号226頁、浦和地裁判決平成元年8月23日、判タ717号225頁)はどちらも犯行当時、心神喪失状態にあったとして無罪となっている。また、主要裁判例解説でも取り上げる札幌の事例(札幌地裁判決平成元年10月24日、判タ719号215頁)は、加害者であ

る母親が軽度精神薄弱による低知能者であり、その上、性格異常も認められた特異な事例である【判例3】。精神薄弱と性格異常がそれぞれ単独で存在する場合には、完全責任能力とされる例が多かったが、この事案のように2つの負因が競合する場合については前例が乏しく、専門家の判断も必ずしも一致しなかったが、望まない子だったとはいえ、5歳の娘を餓死させるという犯行態様の異常さもこの判断材料になり、心神耗弱の状態にあったと判断された。

第1期中、年少者の証言に関連する裁判例も3例が確認できる。甲山事件（神戸地裁判決昭和60年10月17日、刑月17巻10号979号）、強制わいせつ致死傷事件（東京高裁決定昭和61年9月17日、判タ631号247頁）、板橋強制わいせつ事件（最高裁第一小法廷判決平成元年10月26日、判タ713号75頁）である。これらの裁判例の事案は、児童虐待とは直接関係はないものであるが、児童虐待の事案において、被虐待児の証言能力や証言の信用性も問題になってくることから、ここで取り上げることにする。

甲山事件については、社会的関心が高く、報道も多くなされたものであるが、証言をした児童らが、年少者であり、かつ精神薄弱児施設の園児であることから、その証言能力、証言の信用性が争われた事案である。その第1審では、証言能力については鑑定の結果で判断され、直接は判断されていないが、控訴審（大阪高裁判決平成2年3月23日、判タ729号50頁）、差戻第1審（神戸地裁判決平成10年3月24日、判時1643号3頁）、差戻控訴審（大阪高裁判決平成11年9月29日、判時1712号3頁）では、その証言能力が争点となってはいるが、従来の年少児童の証言能力についての裁判所の立場を変更していない。ただし、証人である児童らが精神障害を有していることから、健常児とは異なる注意も必要であることを示唆している。

板橋強制わいせつ事件では、被害者である小学4年生（9歳）の少女の証言の信用性が争われた。最高裁はこれに対し、年少者の証言の場合は被暗示性が強いことを指摘し、その供述の信用性は慎重に吟味する必要があることを指摘している。この指摘は従来の裁判所の立場であり、とくに新しい判断ではないが、以後の裁判例に引用される等、その影響力は大きかった。

【参考文献】
中谷瑾子「子どもの人権と刑事規制——刑法・少年法・児童福祉法・青少年保護条例」（ジュリスト増刊特集号『子どもの人権』43号、1986年）29～35頁

（初川 愛美）

4　法学研究の動向

(1) 児童福祉法分野
①施設入所児童の親権への関心

第1期における児童福祉法分野における研究の特徴の1つは、「養護施設入所児童に対する親権」問題に対する関心の高さであろう。1979年に公表された「養護施設児童の人権侵害に関する調査」（全国社会福祉協議会養護施設協議会）では、児童虐待の減少化のためにまずその実態を探ることを目的として、養護施設入所児童の虐待体験が明らかにされた。あわせて親自身の生活状況や施設入所体験も調査することで、親を虐待に追い込んだ個人的・家族的・社会的側面の把握を試みている。この調査結果を踏まえて、養護施設協議会は、親権喪失制度の改正、養護施設

長への親権の移譲ないし親との共同監護を含む立法提言をしている。この調査を契機に、1979年10月に「親権と子どもの人権」をテーマとするシンポジウムが開催された（全国社会福祉協議会養護施設協議会・1980【文献2】）。これには多くの法学研究者がシンポジストとして参加し、外国法の紹介や現行法の解釈が示された。その後、児童福祉法47条（児童福祉施設長の親権行使）につき、その成立過程を中心とする研究が数多く報告されるとともに【文献4、13】、日本弁護士連合会による親権制限に関する提言にもつながった【文献7】。養護施設協議会によるこの調査は、児童相談所その他の機関による調査と並んで、この時期に児童虐待の実態とその法的問題点を指摘し、種々の提言をする等、その後の児童福祉分野における児童虐待の取り組みに大きな影響を与えた貴重な研究である。その他、里親の親権をめぐる議論も展開されている（中川・1985）。

②虐待――とくにネグレクト――への認識の乏しさ

この時期、わが国における児童虐待に対する社会的関心はまだ高くなく、とくにネグレクトについては、その傾向が顕著であった（保坂・2004）。例えば、1988年7月に報道された「西巣鴨置き去り事件」については、雑誌『ジュリスト』で特集が組まれ、様々な見地から分析が加えられたが、「ネグレクト」ないし「虐待」との用語を用いて説明されてはいない（石川・1988【文献3】）。当時、虐待といえば、まだ身体的虐待が主としてイメージされており、法的対応としても、これを福祉的視点から捉えようとする認識は乏しかったと思われる。諸外国の例に見られるように、わが国においても、当初は身体的虐待から始まり、その後、ネグレクト、心理的虐待、性的虐待と、その定義が拡大してきた経緯を物語る一例といえよう。

③児童虐待への法的対応の萌芽

この時期には、児童相談所による児童虐待への介入のあり方について、現場の実践に基づく研究が行われている。児童相談事例集には、児童相談所として取り扱った数多くの事例が紹介されているが、関係機関との組織的連携はまだ十分に認識されていなかった。その中で、大阪府児童虐待対策連絡会議が編集した「被虐待児の早期発見と援助のためのマニュアル」【文献26】は、児童虐待に関する基本的事項の解説から始まり、発見、通告、対応、機関連携等、現在でも現場で必要とされている事項がすでに検討されており、大阪府における取り組みの先進性をあますところなく示している（大阪府児童虐待対策連絡会議・1990）。とはいえ、児童福祉法28条の申立については、家裁の承認による措置がなされた後の親からの引取り要求に対抗できないこと、審判までに時間を要すること、親と敵対関係に立ってしまうこと等種々の問題点を指摘し、これを積極的に活用すべきとの段階にまで至っていない。当時の他の児童相談所調査にも見られるように、この時期ではまだ法的手段の有効性が十分に認識されていなかったことを物語るものといえよう。

こうした事情から、この時期においては、児童福祉法28条申立制度は児童相談所の現場ではまだ十分に利用されていなかった。そのため、被虐待児の保護の必要性を痛感した弁護士または児童福祉司から親権喪失制度（民法834条、児童福祉法33条の6）を用いて子どもを保護しようとする試みもなされ、この方面での研究が現れた（許斐・1989【文献5】、吉田・1989【文献6】）。

④外国法研究

　その他、児童福祉法の分野でも、外国法とくにアメリカにおける動向を参考に、わが国の防止制度のあり方を論じるものが散見されるようになったが、この点については、民法分野の項を参照されたい。

> 【参考文献】
> 保坂亨他「虐待の援助法に関する文献研究（第1報：1970年代まで）」子どもの虹情報研修センター、2004年
> 石川稔「児童保護と法制度上の問題点（子供置き去り事件を考える〈特集〉）」『ジュリスト』923号、1988年）4〜11頁
> 許斐有「児童福祉法上の親権規定の成立・展開過程」『淑徳大学研究紀要』22号、1988年）43〜62頁
> 許斐有「児童福祉法による親権の制限——保護者による児童虐待等の場合の強制的措置」『淑徳大学研究紀要』23号、1989年）71〜89頁
> 倉岡小夜「養護施設入所児童の親権の考察」『聖徳学園短期大学紀要』15号、1982年）33〜47頁
> 中川良延「里親と親権をめぐって法律的立場から（精神里親運動）」『新しい家族』7号、1985年）62〜72頁
> 日本弁護士連合会「親権をめぐる法的諸問題と提言——親による子どもの人権侵害防止のために」『自由と正義』41巻1号、1990年）101〜113頁
> 大阪府児童虐待対策連絡会議編「被虐待児の早期発見と援助のためのマニュアル（第1次版）」大阪府児童虐待対策会議、1990年
> 丹野喜久子「児童福祉法第47条の今日的検討とその課題——施設長の親権代行規定の成立過程」埼玉純真女子短期大学『研究紀要』5号、1989年）75〜109頁
> 吉田恒雄「児童相談所長による親権喪失の申立」『明星大学経済学研究紀要』21巻1号、1989年）9〜20頁
> 湯沢雍彦「養護施設児の親に対する親権の制限」（明山和夫他編『現代家族法の課題と展開——太田武男先生還暦記念』有斐閣、1982年）103〜116頁
> 全国社会福祉協議会養護施設協議会編『親権と子どもの人権』全国社会福祉協議会、1980年

（吉田　恒雄）

(2) 民法分野
①親権に関する議論

　1980年から1990年3月までの時期は、日本における児童虐待の発見と外国法への関心が芽生え始めた時期だといえる。ここでは、1983年以前の研究にも必要な範囲で言及することとする。

　民法上、児童虐待問題が関連するのは、親権法、とりわけ親権喪失制度を規定する834条を中心とした部分である。親権制限は、どのような場合（構成要件事実）に何をどの程度行えるのか（法律効果）を明らかにしなくてはならない。そうだとすると、親権の性質論を出発点に据えた議論を展開する必要が出てくる。親権の法的性質に関する議論は明治民法立法時から存在した。親権の法的性質論に関して、現在に至る基本的なスタンスを示したのは、中川（1964）である。このような親権論と児童福祉現場からの声、そして外国での家庭内暴力の一形態である児童虐待問題に関する議論が、第1期の始まる直前の頃から合流し始めたのである。民法学の立場から本格的に児童虐待問題を論じた最初の論文が石川（1973）である。この論文では、児童虐待への日本法における対応方法の整理・検討が行われている【文献1】。

　以上の他、米倉明を研究代表者として、児童福祉分野との学際的研究が開始され、アメリカ法およびイギリス法との比較とあわせて、児童虐待に対する法的対応の一つとして親権濫用に関する解釈論が検討されている（米倉・1989）。これは、後に同氏の「親権概念の転換の必要性」『現

代社会と民法学の動向（下）（加藤一郎先生古希記念）』につながる論文である【文献16】。

②外国法研究

　この時期、日本では家庭内暴力というと、子どもから親に対する暴力であると捉えられていた（年表参照）。それは、マスコミを賑わすような親に対する暴力事件が、学歴社会における進学問題とリンクさせながら報道されていたからである。このような状況を踏まえながら、この頃、アメリカで重大な問題とされていた児童虐待問題について、アメリカの状況を紹介する論考が登場し始めた。その嚆矢となるのが、米倉（1981）である。この論考では、マサチューセッツ州の社会保障局での聞き取り調査を中心に児童虐待の実情と法制が紹介されている【文献8】。この時期に、アメリカの判例法を紹介・検討するものとしては、浅見（1982）、樋口（1988）第5章「親たる資格の剥奪——親による児童虐待や放任」【文献15】がある。第1期の外国法ならびに実情紹介の対象は、アメリカに限られていた。しかも、アメリカ法の全体状況、連邦レベルでの法的対応に関する研究はこの時期には行われていなかった。わずかにイギリス法について、秋元（1983, 1987）がある。このことが、日本の児童虐待法制を考える際に、アメリカ法に従う傾向を後に生むことになる。ただし、注意しておかなくてはならないのは、この時期のアメリカ法研究においては、罰則付き通報制度にしても、親の権利制限にしても、それら制度の持つ危険性、プライバシー保護との関連での危惧、親の権利の尊重について、アメリカでの問題指摘を踏まえてきちんと論及されている点である。この段階では、日本法での親権が強すぎる、アメリカ法を見よ、強力な親権制限をしているではないかというような議論は出てきていない。またもう一点留意しておくべきことは、この時期には、子どもの虐待と放任は類似してはいるが、別物であるような語の使い方がされている点である。

③法改正に関する提言

　日本国内についての研究に目を向けると、児童福祉現場の声をいち早く汲み上げ、法的提言につなげる動きがあり、そこでの問題点の指摘は、今なお正鵠を射たものといえる。全社協（1980【文献2】）、湯沢（1982【文献4】）、日弁連（1990【文献7】）等である。なお、この時期には、児童相談所からのケース報告が、児童虐待について重要な問題提起の役割を果たしている。代表的なものとしては、大阪市中央児童相談所（1989【文献24】）を挙げることができる。

④子どもの権利の視点

　児童虐待に関する法制度研究として、民法と児童福祉法を連携させて解釈し、また、制度研究をするものとして、許斐（1988）、許斐（1989【文献5】）、吉田（1989【文献6】）がある。
　以上に見てきたような民法の親権論と児童福祉法上の親権制限制度とを総合し、子どもの権利論の視点から再構成しようという試みもこの時期には登場する。石川（1984【文献10】）、石川・鈴木（1985【文献12】）、許斐・鈴木・藪本（1987【文献13】）等がそれである。

【参考文献】
　秋元美世「イギリス児童保護行政法の一考察（一）（二）（三）（四）」（『都立大学法学会誌』24巻2号、1983年、

117頁・25巻1号、1984年、403頁・25巻2号、1984年、139頁・26巻1号、1985年、281頁）（同著『児童青少年保護法をめぐる法と政策――イギリスの史的展開を踏まえて』中央法規出版、2004年所収）

秋元美世「虐待児の保護をめぐるイギリスの裁判手続」『判例タイムズ』38巻7号、1987年）78〜83頁

浅見公子「アメリカにおける子どもの虐待・遺棄の事例」『成城法学』12号、1982年）103頁

樋口範雄『親子と法――日米比較の試み』弘文堂、1988年

石川稔「児童虐待――その法的対応」（『現代家族法体系3――親子・親権・後見・扶養』有斐閣、1973年、3頁）（同著『子ども法の課題と展開』有斐閣、2000年、29頁所収）

石川稔「親権法の問題点と課題」（『ケース研究』201号、1984年）2頁

石川稔『子ども法の課題と展開』有斐閣、2000年、224頁

石川稔・鈴木隆史「子の監護制度」（『演習民法（親族）』青林書院、1985年）276頁

許斐有・鈴木博人・藪本知二「子どもを養育する親の法的責任」（『家族福祉の未来――現代社会と社会福祉への提言』全国社会福祉協議会、1987年）84頁

許斐有「児童福祉法上の親権規定の成立・展開過程」（『淑徳大学研究紀要』22号、1988年）43頁

許斐有「児童福祉法による親権の制限――保護者による児童虐待等の場合の強制的措置」（『淑徳大学研究紀要』23号、1989年）71頁

中川良延「親権と子どもの教育を受ける権利」（『北大法学論集』14巻3・4号合併号、1964年）428頁

日本弁護士連合会「親権をめぐる法的諸問題と提言――親による子どもの人権侵害防止のために」（『自由と正義』41巻1号、1990年）101頁

「特集　児童虐待の処遇について」（大阪市中央児童相談所『紀要』）1989年

米倉明「子どもの虐待（一）（二）」（『法学教室』10号、1981年、119頁・11号、1981年、114頁）（後に同著『アメリカの家族――ボストン法見聞記』有斐閣、1982年所収）

米倉明「児童虐待等に対する援助方策の開発に関する研究」（平成元年度厚生科学研究総括研究報告書）1989年

吉田恒雄「児童相談所長による親権喪失の申立」（『明星大学経済学研究紀要』21巻1号、1989年）9頁

湯沢雍彦「養護施設児童の親に対する親権の制限」（『現代家族法の課題と展望――太田武男先生還暦記念』有斐閣、1982年）103頁

全国社会福祉協議会養護施設協議会編『親権と子どもの人権』全国社会福祉協議会、1980年

（鈴木博人）

(3) 刑事法分野

①嬰児殺研究と児童虐待

　第1期以前から刑事法分野では、犯罪統計の慣例上、1歳未満の子殺しは嬰児殺として特別に扱われてきた。その検挙人員はほとんどが女性であり、それゆえ、嬰児殺は女性特有の犯罪として論じられ、女性犯罪研究の中で取り上げられることはあったが、嬰児殺が主題として論じられることはほとんどなかった。しかし、1970年にコインロッカー遺棄事件が頻発したことにより、嬰児殺が社会的にも、刑事法研究においても注目を集めることになった。また、1972年に日本で開かれた国際心理学会において、ニューヨークと東京の犯罪の比較研究が発表された。その発表では、窃盗、強盗、殺人等の犯罪は全てニューヨークのほうが多いにもかかわらず、女性による子殺しに関しては東京のほうが多いことが報告された。このような背景から、嬰児殺に関連して、女性犯罪に多く見られるとされる母子心中や子殺しも研究されるようになった。その研究結果が現れ始めたのが1970年代前半であり、第1期前半にも嬰児殺・子殺しを主題とした文献が見られる。

　とくに刑事法分野においては、女性による殺人・子殺しについて統計や調査を用いた研究が第1期の初期に発表されている。この時期、科学警察研究所に所属していた内山絢子が女性犯罪研究会の研究で「女性による殺人事例の研究」（女性犯罪研究会・1983）を発表して以来、女性によ

る殺人および子殺しに関する共同研究を3本発表している。これらはいずれも統計を分析した資料として第1期以後も多くの文献に引用される等、重要な研究である。

②中谷瑾子による先駆的研究
　刑事法分野から児童虐待に焦点をあてた論文を多く発表したのは中谷瑾子であり、中谷が現代において児童虐待の刑事法的介入への議論の道を開いたといっても過言ではない。
　中谷の論文を見ると、1970年のコインロッカー嬰児遺棄事件以降に嬰児殺、子殺しに関するものが発表され、それに続いて児童虐待への法的介入に関する論文が見られる。その研究の流れは、子殺しの統計や諸外国の子殺しに対する刑事規制の分析から、子どもの人権保障としての児童虐待の防止へと論議が進んでいく。その背景には、1979年の国際児童年、1986年の子どもの権利条約採択という国連の動きに連動してわが国でも子どもの人権の保障が問題となったことがあった。中谷は、この動向に関して、「現代法の展開は、『子どもの人権無視から子ども（さらには胎児を含めて）の人権の保障・福祉の確保へ』と特徴づけることができる」（中谷・1984【文献17】）とし、「直接的な子どもの人権の保障は、何といっても第1に児童虐待の防止にある」（中谷・1986【文献18】）との観点から児童虐待の刑事規制を論じている。この子どもの人権保障の観点から中谷は「法は家庭に入らず」とする刑法の謙抑主義に疑義を提示し、「少年法以外の刑事規制の中にも子どもの人権保障と健全育成のための視座をより明確に確立し、必要最小限の法整備と司法慣例の再検討を行うべき」（中谷・1984）であると主張している。刑法の謙抑主義に関しては、第1期以降多くの研究者が議論しており、その議論の火つけ役になったのが中谷であるともいえる。

③刑事法学から見た性的虐待への関心
　もっとも、中谷は子殺しの他に、尊属殺重罰規定違憲判決（最高裁大法廷判決昭和48年4月4日、刑集27巻3号295頁）の中に性的虐待が背景にある事例があったことから、児童虐待の中でもとくに性的虐待に注目し、尊属殺重罰規定違憲判決の事例のように「被害者（娘）が加害者に、加害者（父親）が被害者になること」（中谷・1986）を防止するためにも親による性的虐待に対する処罰規定の必要性を説き、近親姦に対する処罰規定も必要であると主張している。
　また、性的虐待行為に関しては、「そのような性体験が後の非行－家出、売春その他転落の動機となることが多い」（中谷・1983）ことを指摘し、他にも西川祐一が同様のことを指摘している（西川・1983）。

④少年非行との関連
　性的虐待が女子少年非行と関連性が強いことは、第1期以前にも、現在でも多くの指摘がなされ、犯罪学の立場からも少年非行の原因としての児童虐待は看過することのできない重要な問題であり、少年矯正の実務からも多くの報告がなされている。この第1期においても、少年鑑別所に収容された女子少年の被虐待経験を調査報告した論文がある（滝井・関口・1987【文献19】）。その研究は、調査対象が少数であるものの、身体的虐待と性的虐待とで非行への影響に差があることを指摘している初めての研究であり、重要な価値を有するものである。

⑤被害者学の視点の欠落

　虐待を受けた被害児童に関する被害者学の観点からの研究は、第1期以前には、樋口幸吉による近親殺人被害者の研究（樋口・1960）や安部・福水による実子殺しの研究（安部・福水・1960）等があるが、この第1期中に確認することはできなかった。「わが国の被害者研究は、1980年代に入るとやや沈滞気味であった」（宮津・1986）ことがその主な原因とも考えられる。1980年代後半になると、少年非行や校内暴力、家庭内暴力、いじめ問題等が社会問題化したことをきっかけに、少年の被害者学的研究も進むようになったことから、虐待の被害者学的観点からの研究は第1期以降に持ち越されることとなった。

⑥医学からの示唆

　刑事法分野においては、医学的観点からの文献も重要である。刑事法と（法）医学とは、密接な関係を有していながら、双方に橋渡しをするような研究は少ない。しかし、アメリカで児童虐待対策の論議が始まったのは、医師であるケンプが被虐待（殴打）児症候群を発表したことによることを考えると、やはりここでも医師による研究である法医学的研究を取り上げる必要があると考えられる。

　医学的観点からの文献に関しては、第1期中数多く発表されているが、とくに刑事法と関連する法医学的研究は、塩野寛らの研究が挙げられる（塩野・1985）。第1期以前には、内藤道興の研究もあり（内藤・1981）、これらはケンプの被虐待児症候群を参考に、司法解剖例との比較を行っている。どちらの研究でも死因は急性硬膜下血腫（出血）が圧倒的に多いことが指摘されている。また、塩野らは司法解剖される被虐待児はごく一部であることを指摘し、法医学者に司法解剖のみで終わることなく、虐待防止のために、臨床医や行政に対して積極的に働きかける必要性を説いている。

【参考文献】

安部忠夫・福水保郎「『実子殺し』の一例——被害者の人格と加害者の人格および犯行に際しての心理的過程について」（『犯罪学雑誌』26巻1号、1960年）26〜30頁

樋口幸吉「近親殺人の被害者に関する研究——被害者学への一寄与」（『犯罪学雑誌』25巻6号、1960年）2〜7頁

慶應義塾大学法学部女性犯罪研究会「女性による殺人事例の研究（1）」（『法学研究』56巻6号、1983年）1213〜1247頁

宮津浩一「被害者学事始め第八講——日本の被害者学（その1）」（『時の法令』1277号、1986年）33〜40頁

内藤道興「幼児虐待（Child Abuse）の研究」（『犯罪学雑誌』47巻5・6号、1981年）207〜222頁

中谷瑾子「被虐待児と法律」（『小児看護』6巻6号、1983年）735〜743頁（同著『児童虐待を考える』信山社出版、2003年所収）

中谷瑾子「児童虐待と刑事規制」（平場安治編『団藤重光博士古稀祝賀論文集[第3巻]』有斐閣、1984年）209〜251頁（同著『児童虐待を考える』信山社出版、2003年所収）

中谷瑾子「子どもの人権と刑事規制——刑法・少年法・児童福祉法・青少年保護条例」（ジュリスト増刊特集号『子どもの人権』43号、1986年）29〜35頁

西川祐一「親の性的暴行」（『小児看護』6巻6号、（1983年）728〜734頁

塩野寛他「被虐待児症候群の剖検例12例の法医学的検討」（『日本法医学雑誌』39巻5号、1985年）392〜397頁

滝井泰孝・関口博久「性的虐待について——仙台少年鑑別所に収容された9例を通して」（『児童青年精神医学とその近接領域』28巻5号、1987年）290〜298頁

（初川　愛美）

(4) 医療・福祉分野

①池田由子による研究と法的提言

　第1期以前の1970年代は、医療分野、とくに精神医学や小児医療の領域において、児童虐待に関する論文が少数ではあるが発表されていた。当時の論考の多くは、医療現場で扱われている被虐待児症候群と愛情剥奪症候群症例の紹介、その処遇問題の検討および治療経過の報告等（山中他・1971、西田他・1972、藤土・1977）であった。一方、児童福祉の分野では、児童虐待という用語自体もほとんど使用されず、養護問題というカテゴリーの中で、養護相談事例（『児童相談事例集』1971, 1977）として児童虐待の事例が少数報告されているにすぎなかった。そのような状況下で、児童福祉・医療の両分野に影響を及ぼしたのは、日本における児童虐待研究の先駆者である池田による1979年の著書『児童虐待の病理と臨床』と、1970年代後半に医学誌に発表していた論文（池田・1977, 1979）である。その当時から、池田は精神衛生医学の立場から児童虐待に着目し、継続的に児童虐待の研究を行っていた。池田は1971年にも「双生児の人格発達の研究」という論文を出し、その中で被虐待児の症例を発表している。しかし、1970年代前半の池田の論文は、とくに児童虐待を意識したものではなく、児童の発達上の問題に関する事例紹介の中に被虐待児と考えられる症例を含めているものであった。そして、児童福祉の実践・研究両領域では、前述の通り、1970年代前半は虐待についての論文がほとんど見られなかった。1970年代も終わりに近づくと医療分野における虐待論文の影響を受けてか虐待に関する報告がなされ始める。それが、1979年の松尾洋美らによる「母親の愛情遮断によるとみられるある発達阻害児の事例」である。これは、福祉領域で虐待を意識して論述した最も初期のものであり、この当時このような論考は非常に稀少であった。

　第1期の児童福祉・医療分野における児童虐待の代表的な文献は、上述した池田による『児童虐待──ゆがんだ親子関係』（1989【文献27】）であり、その中で池田は、「貧困や人権無視など、社会病理としての児童虐待は減少しているものの、現代わが国では、精神病理としてのあるいは家族病理としての児童虐待はかえって増加しつつある傾向がみられる」（池田・1989：9〜10頁）と指摘する。さらに児童虐待の法律についても、アメリカ、イギリス、カナダ等の法律を紹介し、被虐待児を取り扱う場合の日本の法律の問題点に言及した上で法律的対応への提言を行っている。第1期前半（1980年代前半）の研究の多くが、児童虐待の概要と実態を中心に論ずる中、上記の池田の文献は、児童福祉・医療分野のみならず、その他の児童に関わる様々な分野の研究、実践領域に多大な影響を与えた。

②外国における児童福祉制度研究からの示唆

　第1期の児童福祉・医療分野の研究者による法制度の研究は稀少であったが、第1期の後半（1980年代後半）に入ると徐々にではあるが散見されるようになる。清水（1989a, 1989b【文献25】）は、児童虐待に関する外国法（イギリス）の紹介と日本の法律との比較を通して、家庭への国家の介入に関する論文を発表し、「親、及び子の人権に配慮した上で、公的介入を有効ならしめる機能的な児童保護法制の構築」（清水・1989a：158頁）の必要を主張した。また、山縣（1990）は児童虐待に対する援助システムの課題について、児童福祉分野の虐待研究もソーシャルワークの援助のみに焦点を絞るのではなく、法体制等も含めて社会的援助システム全体を意識した研究

をするべきであり、それを必要とする段階でもあると言及している。このように、両者は児童福祉の立場から児童虐待の法律に関する問題の検討を試みており、それは第1期以降、福祉分野の多くの研究者がソーシャルワークの観点を基礎におきながら、さらに一歩踏み込んだ研究を行うことへの契機になるものであった。

③児童福祉実務による研究および法的提言

　大阪市児童相談所が、児童虐待の実態や処遇に関わる問題点を社会にアピールしてこなかったとの反省を踏まえて、まずその実状を訴え、処遇の実際と課題を整理した、1980年代としては極めて貴重な資料を刊行する（1989【文献24】）。とくに大阪市児童相談所が扱った28条ケース13件について詳細な分析が行われており、児童福祉法28条申立を柔軟に利用していた実状を知ることができる。当時の児童福祉領域においては「虐待とは何か、あるいは虐待対応とは一般の養護問題の対応とどう違いがあるのか」という点に意識が向けられ始めた時期でもあった。それゆえ、この大阪市の虐待対応は、福祉領域で現行法を巧みに活用した援助例であり、先導的な意味を持つ。その他、社会学の分野からは熊谷（1983）、社会心理学・人類学の研究者である我妻（1985）も、アメリカ社会の病理的側面を様々な角度から報告し、その研究の中で児童虐待の実情と法制度について触れている。

④児童虐待に関する実態調査の始まり

　児童福祉・医療分野の研究における第1期以前と第1期の違いは、全国規模の調査の実施である。児童福祉分野では、1973年に厚生省による「児童の虐待、遺棄、殺害事件に関する調査」が実施されているが、調査対象が、昭和48年度中の児童相談所が受理した3歳未満児に対する虐待、遺棄のケースならびに各児童相談所管内で発生した3歳未満児の殺害事件のケースと限定されたものであり、虐待の実態を全体的に把握するには十分とはいえなかった。

　しかし、第1期に入ると、児童虐待の実態とその要因、今後の予防ならびに処遇対策に資する目的で、日本児童問題研究会による調査「児童虐待――昭和58年度・全国児童相談所における家族内児童虐待調査を中心として」が実施された【文献29】。調査対象は全国の児童相談所164か所が受理した児童虐待事例であり、虐待の実態とその要因を詳細に分析している。調査の考察部分では、虐待の初期の段階での発見対応について、その際の親権、監護権、懲戒権について触れている。そして、虐待の概念が曖昧なこの時期に、現在の虐待の定義とほぼ重なる枠組みで調査が行われたことは意義深く、この調査はそれ以降の各調査の雛型となる。また、1989年には全国児童相談所長会「子どもの人権侵害例の調査及び子どもの人権擁護のための児童相談所の役割についての意見調査」が実施され、上記の調査に比べ顕著な虐待件数の増加と、虐待事例対応への難しさ、児童福祉法28条の消極的な活用の問題が報告された【文献31】。

　医療の分野では、医療の現場で扱われている被虐待児の実態とその要因を考察することを目的として、松井、内藤、小林らによる厚生省心身障害研究「親子関係の失調に関する社会病理的研究――小児医療の場における被虐待児の実態」（1988）が、全国500医療機関の小児科で診断された被虐待児症候群、愛情剥奪症候群症例を対象に行われた【文献30】。さらに、翌年には、松井、谷村、小林らによる厚生省心身障害研究「小児医療の場における被虐待児の実態」（1989）

が報告される。児童福祉・医療両分野における、当時の全国調査の目的は虐待の実態報告とその要因分析であったが、それは、第1期以降の虐待のリスクマネジメント研究の礎となる。

⑤大阪における虐待研究と防止活動の始まり

　第1期の特記すべき虐待に関する動向は、大阪市、大阪府における虐待防止活動である。1988年「大阪児童虐待調査研究会」が大阪府の委託を受け発足したことに端を発し【文献32】、1989年の大阪府の「児童虐待対策検討会議」の設置、1990年の大阪弁護士会による「児童虐待防止制度研究会」、そして保健・医療・福祉関係者が中心になり1987年Child Abuse研究会を発足させ、虐待への知識、共通認識、取り組みに関する研究が行われた。これらの活動は、日本における虐待防止活動の先駆けとなる。また1990年には、日本で最初の児童虐待専門の民間団体、児童虐待防止協会が設立され、これらの組織はお互いに影響を与え合うことになる。

⑥虐待認識の未成熟

　上記のように研究領域では、調査報告が徐々になされ、虐待実態の外郭が明らかになり、一部の領域では虐待防止活動が開始される中で、第1期における子どもを取り巻く状況は、いじめと校内・家庭内暴力、非行問題の多発であった。周知の通り、児童問題への行政の対応は、児童の健全育成に焦点がおかれ、1984年には家庭相談事業が創設する運びとなる。東京都は1982年に非行問題専門相談室を設置して、非行についての相談事業を積極的に実施した。

　子どもの人権侵害の視点から当時の状況を追うと、保育の領域では、ベビーホテル問題が顕在化したため、厚生省（1980）・行政管理庁（1982）が実態調査を実施し、劣悪な保育環境で乳幼児が死亡することがないように、ベビーホテル等の無認可児童福祉施設への立ち入り調査の権限を設け規制強化を図った。その当時の児童の死亡事件では、1986年東京都中野区における中学生のいじめによる自殺が社会の大きな関心を集めた。その他では、1982年の戸塚ヨットスクールの訓練生死亡事件が発生したが、子どもに対する深刻な人権侵害という観点から、それが児童虐待に関連づけて認識されることはなく、また親による子どもの折檻死等に関する報道でも社会問題として取り上げられることはほとんどなかった。

【参考文献】

青木実「監護放棄の父親と長欠児童の指導例」（厚生省児童家庭局『児童相談事例集［3集］』日本児童福祉協会、1971年）29〜41頁

藤土圭三「子どもを拒否する親——養育拒否の心理」（『教育と医学』25巻4号、1977年）290〜297頁

池田由子・矢沢知子他「双生児の人格発達の研究4——精神衛生の立場からみた双生児の母親の研究」（『精神衛生研究』19号、1971年）117〜141頁

池田由子編著「虐待された子（虐待）」（『児童精神衛生相談の実際——問題児と家族の事例研究』医学書院、1977年）184〜195頁

池田由子・成田年重「被虐待児の研究1——事例を通してみた処遇の問題点について」（『精神衛生研究』26号、1979年）1〜8頁

池田由子『児童虐待の病理と臨床』金剛出版、1979年

池田由子『児童虐待——ゆがんだ親子関係』中央公論社、1987年

児童虐待防止協会「支えられて10年——児童虐待防止協会の歩み」2000年

小針靖「養女との性的問題を持つ保護者のケースワーク過程」（厚生省児童家庭局『児童相談事例集［9集］』日

本児童福祉協会、1977年）113～127頁

厚生省「児童の虐待、遺棄、殺害事件に関する調査」1973年

熊谷文枝『アメリカの家庭内暴力――子ども夫・妻・親虐待の実態』サイエンス社、1983年

松井一郎・内藤和美・小林登「親子関係の失調に関する社会病理的研究――小児医療の場における被虐待児の実態」（昭和62年度厚生省心身障害研究）1988年

松井一郎・谷村雅子・小林登「小児医療の場における被虐待児の実態（1. 被虐待児症候群全国継続調査の成績 2. 被虐待児双生児症例の検討）」（昭和63年度厚生省心身障害研究）1989年

松尾洋美・下澤信子「母親の愛情遮断によるとみられるある発達阻害児の事例」（厚生省児童家庭局『児童相談事例集［11集］』1979年）59～78頁

西田博文・伊藤貞子・高木和子・山上敏子・村田豊久「長年、社会から遮断されて育った3きょうだい」（『精神医学』14巻8号、1972年）705～714頁

西田博文「社会的隔絶下に育てられた子どもたち」（『教育と医学』25巻4号、1977年）314～320頁

児童虐待調査研究会（田村健二、池田由子、吉沢英子、下平幸男）『児童虐待――昭和58年度・全国児童相談所における家族内児童虐待調査を中心として』日本児童問題調査会、1983年

「特集　児童虐待の処遇について」（大阪市中央児童相談所『紀要』）1989年

清水隆則a「被虐待児に対する保護法制のあり方」（『社会福祉学』30巻2号、1989年）137～161頁

清水隆則b「性的児童虐待ケースに対する体系的処遇――英米の実践例」（『ソーシャルワーク研究』15巻2号、1989年）141～148頁

我妻洋『家族の崩壊』文藝春秋、1985年

山縣文治「児童虐待に対する援助システムの課題」（『研究紀要・大阪市立大学社会福祉研究会』7巻、1990年）13～23頁

山中樹・三島健・秋元健一「Deprivation Dwarfismと思われる症例」（『小児科診療』34巻5号、1971年）587～597頁

山貫義彦・本間充・開敷栄子「育児不安による体罰的しつけ過剰な母親に対する面接指導事例」（厚生省児童家庭局『児童相談事例集［9集］』日本児童福祉協会、1977年）129～139頁

全国児童相談所長会「子どもの人権侵害例の調査及び子どもの人権擁護のための児童相談所の役割についての意見調査」1989年

（加藤　洋子）

(5) 非行・教護分野

①虐待と非行との関係

第1期における「非行・教護」の領域からは、虐待の視座からの論考は管見の限りでほとんど見られない。この期においても、非行原因の1つとして生育家庭の問題は一般的に指摘され、報告事例も少なくない。当然、親の不適切な養育態度は生育家庭の問題の筆頭であるが、そこから虐待を取り出して論じた研究となると、途端に稀少となる。

周知のように、非行・教護は、その前身である感化教育・少年教護の時代から、非行児童の特性を明らかにする研究や非行原因を探る研究の蓄積が相当にある。当時すでに、子どもの非行や問題行動の背景に虐待が潜んでいることを睨んだ研究も見られた（一例を挙げれば、菊池・1935）。この時期の児童研究は、優生思想的な関心から切り離せず、非行を未然に防ぐ方法論を模索するために、遺伝研究と並んで生育環境と非行発生の因果関係に目が向けられ、子どもの酷使や家庭内外での虐待に着眼されたと考えられる。

しかしながら、こうした視点は第二次大戦後にまで継続せず、例えばこの期の教護院（児童自立支援施設の前身）等の事例では、生育家庭等の問題状況を論じる際に、虐待という枠組は示されていない。このようなこの期の状況下で、少年鑑別所の事例に基づいた滝井・関口の研究は、

戦後としては早い時期に、非行の一因として虐待を捉えた論考が矯正現場関係者から示された点で意義深い。その視点は、戦前期におけるものとは異なり、より純粋な、非行事例からの虐待の発見といえるだろう。その一方で、この研究がこの期においては突出しており、非行と虐待を関連させる視点が一般に受容されなかったことはもちろん、児童福祉・未成年者矯正の領域で共有されることもなかった経過にも着目しておきたい。

②子どもの権利論の視点

この期は、1989年の「子どもの権利に関する条約」の成立を1つの頂点に、子どもの権利論が盛り上がりを見せた時期でもあった。1980年代の前半から後半にかけて幾たびか試みられた児童虐待に関する全国調査が、子どもの人権擁護の観点から児童虐待を取り上げるに至ったことは、象徴的な出来事である。これらの全国調査が繰り返されるうちに、次第に、虐待の外郭が明確にされていったことの意義は大きい。

非行・教護の領域においても、子どもの権利の視点からの実践の見直しが主張される動きが見られたが、それは、教護院における入所児童の教育権の保障を問う運動に収斂された観がある。子どもの生存権や生育環境の保障の視点から、非行・教護の児童の虐待経験が問われ、治療的処遇を模索する大きな動きは見られなかった。その一要因には、当期にクローズアップされた非行がいわゆる荒れた学校での暴力を中心としたもので、学校での体罰や施設入所後の子どもの教育権保障があわせ論じられやすかったことが挙げられる。同じ文脈で着目された生育家庭の問題は、両親の共働きや離婚、放任ないし過保護等であった（総理府青少年対策本部・1982）。

しかし、まとまりのある主張ではないとはいえ、それぞれの児童福祉の現場では、「教護児・非行児と呼ばれる子供達の中にも広い意味では被虐待児と考えられる（放任・無関心・両親家族からの暴力等）もおり」（中村・1990）といった気付きがあり、ここでも虐待の発見の萌芽が見られる。こうして、時代の波に関係なく定数として存在し続ける、虐待体験を持つ非行の子どもに光があたる可能性は、次の時期に持ち越されることになった。

【参考文献】
菊池俊諦「少年教護より見たる児童虐待」『社会事業』19巻6号、1935年）33～43頁
中村恵治「これらの一時保護児童の中には、さまざまなかたちの『被虐待児』が……」（神奈川県中央児童相談所『児童相談』68号、1990年）6頁
総理府青少年対策本部「不良行為少年の実態と対策に関する調査（青少年問題研究調査報告書）」1982年

（田澤　薫）

II 主要判例解説

1 民法・児童福祉法分野

【判例1】審判主文中において、措置する施設の種別を特定すべきであるとした事例（福岡高裁決定昭和56年4月28日、昭和56年（ラ）49号、原審：福岡家裁昭和56年3月12日審判、昭和54年（家）1335号、家裁月報34巻3号25頁）

　本件は、児童相談所長が、親権者たる母親が児童とともに山中に籠り学校にも登校させないことを理由に児童の養護施設入所措置の承認を求めた事件である。原審は、施設の指定は児童相談所の判断に委ねるのが相当であり家庭裁判所が施設の指定をすべきではないとして児童相談所長が児童について27条1項3号の措置をとることを承認した。抗告審で、福岡高裁は、28条1項にいう家庭裁判所の承認は児相長に多様な措置のいずれかをとるかについて全て承認することはできない、として原審を変更した上で児童を養護施設に入所することを承認した。

（鈴木　博人）

2 刑事法分野

【判例2】西巣鴨置き去り事件（東京地裁判決昭和63年10月26日、昭和62年（わ）第2072号、判タ690号245頁）

　本件は、被告人Aが交際していた男性と同棲するため、当時14歳の長男B、6歳の長女C、3歳の二女D、2歳の三女Eをそれまで5人で暮らしていたアパートの一室に放置して家出をし、遺棄し、これにより、約半年後（子どもたちが保護されたとき）Dに栄養失調症の傷害を負わせた保護責任者遺棄・同遺棄致傷の事案である。

　判決は、4人の子どもたちのいずれもが戸籍を有していないこと、本件の態様およびその結果について被告人である母親を厳しく非難している。本件の態様については、4人の子どもを自室に放置すれば、その「健康及び生命に危険が生ずるであろうことを十分に認識しながら、自室の冷蔵庫に当座の食事を準備しBに対して現金1万円位を渡したのみで、自己の連絡先を教えることもなく」遺棄したもので、悪質であると判断している。また、その結果についても、4人はいずれも生命、身体に対する危険があった上、Eについても、被告人の遺棄がEの死亡の遠因をなしているといっても決して過言ではないとして厳しく非難している（なお、Eは長男Bの友人たちによる折檻で死亡している）。その一方で、被告人が2回自宅に戻り、食事の世話等をし、時折Bに子どもたちの様子を聞き、生活費として毎月7万円あまりを送金していたこと、反省していること、交際相手の男性が被告人と婚姻し、子どもたちの面倒を見ることを宣誓していること等を考慮して執行猶予を付している。

　本裁判例は、保護責任者遺棄の事例としても珍しいものであり、とくに実子4人を置き去りにするといった事例はこれまでに例がないものであった。そのため、量刑の面で他の事例との比較は、はっきりとはできないが、量刑が3月以上10年以下の中で、懲役3年、執行猶予4年という判決は、軽いものであったということができると思われる。

　また、本事案は広く社会的関心を集め、法学文献の中でも、雑誌『ジュリスト』（923号、1988

年）が本事案についての特集を組み、石川稔が「児童保護と法制度上の問題点」（4〜11頁）を発表する等、研究分野にも多大な影響を与えた。

【判例3】5歳になる一人娘を餓死させて殺害した被告人につき、軽度精神薄弱および性格異常の負因が競合し心神耗弱の状態にあったものとされた事例（札幌地裁判決平成元年10月24日、昭和63年（わ）第1147号、判タ719号215頁）

　本件は、被告人Aが当時5歳の一人娘Bに約40日間ほとんど飲食物を与えず、餓死させて殺害した殺人の事案である。AはBの父親である交際相手とは妊娠後すぐに別れており、妊娠当初からBの出産を望んでいなかった。Aは神経の苛立つ折等にはBの身体に青痣が残るような折檻を加え、やがて容貌が憎んでいるBの父親に似てくると、折檻も一段と激しさを増し、Bを殺害しようと思い立った。被害者を餓死させるという犯行方法の異常さもさることながら、いったん殺害を決意し、その実行に着手するや、被害者が痩せ衰えていく様を目の当たりにしながら、これを思い止まるどころか、空腹に耐えかね被告人に隠れて飲食物を口にした被害者に折檻を加え、殺害した。公判段階においてもBは死んで良かった等の発言をし、真の反省悔悟が認められなかった。このような犯行態様や犯行後の態度から犯行当時Aは心神喪失の状態にあったものとは認めがたいものの、Aには軽度精神薄弱に相当する知能の低格性に加えて易怒的・易刺激的傾向と情性の欠如、自己顕示的傾向といった著しい性格異常のあることが明らかであり、犯行当時心神耗弱の状態にあったと判断した。

　精神薄弱と性格異常の負因がそれぞれ単独で存在する場合には、実務上責任能力ありと判断される傾向にあるが、これらが競合した場合には、専門家の判断が分かれていた。本事案のように、この2つの負因が競合する事案は珍しく、このような場合に心神耗弱を認めた数少ない裁判例の1つである。

　また、AはBの出産後、生活保護を受けていたが、ケースワーカーとの言葉の行き違い等から生活保護を自ら辞退している。専門とする分野が異なるとはいっても、福祉関係者がその生活に関与していながら、母親Aの抱えている問題やBの危機を察知できなかったという事案でもある。

（初川愛美）

Ⅲ　主要文献解説

1　児童福祉法分野

【文献1】石川稔「児童虐待――その法的対応」（『現代家族法大系3――親子・親権・後見・扶養』有斐閣、1979年）305～340頁

　本論文は、わが国で初めて児童虐待に関する法的対応を本格的に論じたものである。それまで、児童福祉分野においては法的介入を活用する傾向は乏しかったが、本稿以降、その有効性が見直され、その後の児童福祉実務に与えた影響は大きい。その意味で、児童虐待に関する法学研究のランドマーク的存在といえる。

　内容としては、わが国における児童虐待の実態を――当時は少なかった――各種調査から明らかにし、当時はまだ一般には流布していなかった「被虐待児症候群」について解説を加えている。

　法的対応として、刑法による対応は必ずしも実効性のあるものとはいえないと述べる。親権喪失制度を中核とする民法による対応は、児童虐待の対処策としては必ずしも有効なものとはいえず、むしろ監護不適格な親による子の引き渡し請求等子の監護への干渉を阻止する機能という、事後処理的に機能するものであると評価する。

　児童福祉法による対応については、通告義務、28条審判、家庭裁判所の承認に基づく入所措置と監護権の関係等について詳述し、結論として、児童虐待への対応として、虐待親への治療・指導態勢とその法的制度の必要性、児童相談所の連携体制の整備、早期発見制度の改善を挙げ、これらの課題を実施するための児童相談所の整備充実の必要性を指摘する。これらの課題は、現在でも引き続き検討されているものであり、その指摘の的確さはいまなお失われていない。

【文献2】全国社会福祉協議会養護施設協議会編『親権と子どもの人権』全国社会福祉協議会、1980年

　本書は、1979年11月に全国養護施設協議会（全養協）が主催したシンポジウム「親権と子どもの人権」の抄録を中心に、子どもの人権をめぐる関係機関からの現場報告および外国の親権法制資料から構成されている。基本的な問題意識は、養護施設入所児童に対する親権と施設長の権限（児童福祉法47条）との関係であり、親による子どもの人権侵害から子どもをいかにして保護し、親権を制限するかという点にある。湯沢雍彦、稲子宣子、中川高男、中谷瑾子からの親権に関する詳細な報告を受け、同協議会として、「親権制度改善のための民法および児童福祉法改正についての提言」をする。内容としては、親権の一時・段階的停止、施設入所児童についての身上監護権の移譲または施設長との共同親権の他、「保護者」概念の明確化等、その後も引き続き検討されている課題が含まれている。その他、通告義務者の明確化や児童福祉法28条審判による親権制限等、その後の立法により実現したものもあり、現場の実態を踏まえた視点の的確さは、現在にも通じるものがある。

【文献3】石川稔「児童保護と法制度上の問題点」(『ジュリスト』923号、1988年) 4〜11頁

　本論文は、1988年7月に起きた「西巣鴨子ども置き去り事件」を契機に組まれた特集の一部である。この事件は、未婚の母が4人の子どもを置き去りにして、残った子どもだけで生活するうちに、長男 (当時14歳) が三女 (当時2歳) を友人とともに殺害したものである。この事件では、児童保護上の問題とともに、いずれの子どもも未就籍という戸籍制度上の問題もあり、さらにこうした未婚の母へのサービスのあり方も問われた。また家族法上の問題として、母が3人の子どもを長男に託して家出した点を捉えて、養育委託契約ないし監護の委託について検討する。委託内容としての懲戒権の位置づけから見て、懲戒権は監護教育の権利義務に付随するものであるから、とくに法文上これを規定する必要はないとして、同規定の削除を提案する。当時、この事件は児童虐待 (とくにネグレクト) の視点から論じられてはいなかったが、事件の内容から見て、現在では児童虐待対応のあり方を問い直すべきものであり、当時はまだ児童虐待の視点が十分に意識されていなかったことを示している。なお本論文は、その後、同著『子ども法の課題と展開』(有斐閣、2000年) に収録された。

【文献4】湯沢雍彦「養護施設児童の親に対する親権の制限」(『現代家族法の課題と展望——太田武男先生還暦記念』有斐閣、1982年) 211〜226頁

　養護施設を対象にした調査から、親による人権侵害を受けた子どもの状況を分析し、親権制限に関する判例を紹介する。とくに親権喪失審判が極度に少ないことを指摘し、「現代日本において親権喪失制度は、実質的にはほとんど機能していないというべきであろう」とする。とくに当時未公表であった東京家裁八王子支部審判昭和54年5月16日 (家裁月報32巻1号166頁) を取り上げ、かかるケースでの親権喪失および親権者の職務執行停止は十分に必要であり、意義があると述べる。この種の虐待ケースについて、関係者はもっと申立をし、家庭裁判所も積極的に認容審判をすべきであると主張する。こうした親権喪失の申立権を児童福祉施設長にも与えるとともに、親権の一部・段階的対応の制度を設けるべきであるとして、全養協の提案を支持する。

　この時期、施設入所児童の人権を不当な親からいかにして守るかとの問題意識から、こうした親権喪失制度の重要性が強調されており、児童福祉法28条の活用は、同制度の限界から、あまり意識されてはいなかったようである。

【文献5】許斐有「児童福祉法による親権の制限——保護者による児童虐待等の場合の強制的措置」(『淑徳大学研究紀要』23号、1989年) 71〜89頁

　本論文は、家庭裁判所の承認による施設入所等の措置 (児童福祉法28条) の成立・展開過程の分析を通じて、同条の立法趣旨を明らかにするとともに、同条の解釈をめぐる諸問題を検討する。同条の成立・改正の過程から、同条が親権への行政の強権的介入を原則的に否定した上で、特例として介入が容認されるが、いやしくも親権を制限することになるため、家庭裁判所の承認が絶対的に必要となると説明する。

　解釈論上の問題としては、28条審判の親権制限の効果が検討されている。すなわち、同条の審判があった場合、親権が一時的に停止されるのか、それとも同条に基づく措置により親権は入所措置の継続中も制限されるのかといった問題である。本論文は、親権者の親権 (監護権) は、

この場合、一時的に停止していると解するのが合理的であると結論する。

　本論文により、28条審判制度の法的性質が立法経過から明確にされたことは、この時期以降、積極的に活用されることになる同制度の運用を検討する上で、有益な作業であったといえよう。

【文献6】吉田恒雄「児童相談所長による親権喪失の申立」(『明星大学経済学研究紀要』21巻1号、1989年) 9〜20頁

　本論文は、児童相談所長による親権喪失宣告申立制度（児童福祉法33条の6）の立法趣旨を概観し、同制度が機能するのは、施設入所児童に対する親権者からの強硬な引取り請求があった場合の対応手段として用いられる場面であるとし、引き渡し請求権の濫用があった場合の親権喪失宣告の要件および親権者の職務執行停止・親権代行者選任の保全処分の有用性を検討する。児童相談所による虐待対応として司法的手段がいまだ十分に利用されていなかった当時の状況に照らして、親権喪失制度の利用可能性とその効果について言及し、児童相談所による司法的対応のあり方を探った初期の論文である。

【文献7】日本弁護士連合会「親権をめぐる法的諸問題と提言——親による子どもの人権侵害防止のために」(『自由と正義』41巻1号、1990年) 101〜113頁

　この提言は、日本弁護士連合会が養護施設関係者から親による子どもの人権侵害の実態とそれを防止するための親権制度見直しの要望がなされたことを契機に、わが国における親による子どもの人権侵害の実状および親権制度の問題点に関する検討を踏まえて、民法および児童福祉法の改正を提言するものである。

　提言の内容は、①親権（身上監護権）の一時停止宣告制度を設けること、②児童福祉法27条7項を改正し、措置の解除、停止、変更にあたっては、「児童に面接し実状を調査すること」を義務づけること、である。①については、弾力的な制度とすることで現実に即した対応が可能になると当時に、親の生活状況や態度の変化に応じて、親権を回復しやすくすることをねらいとしている。②については、この後に批准される子どもの権利条約における意見表明権を視野に入れた提案である。これにより、子どもが自らおかれている状況を把握し、その意向を汲み取った適切な判断が可能になるとしている。

　①は、その後の児童虐待防止法により、児童福祉法28条審判による入所等の措置における面会通信の制限としてその一部が実現し（同法12条）、さらに民法改正（2011年）により親権停止制度が設けられた（834条の2）。②は、1997年の児童福祉法改正により、都道府県が児童福祉施設入所等の措置をとる場合に児童相談所長から都道府県への報告書に「児童の意向」を記載すべきものとすることで、その実質的な目的が実現された（同法26条2項）。

　この提言は、弁護士会が児童福祉の分野について初めて行った提言であり、——少年法からのアプローチとともに——次期以降の虐待対応に対する弁護士会の関与につながる契機となったといえよう。

（吉田 恒雄）

2　民法分野

【文献8】米倉明「ボストン法学見聞記（その10）（その11）子どもの虐待（一）（二）」（一）（『法学教室』10号、1981年7月）119～128頁・（二）（『法学教室』11号、1981年8月）114～122頁（のちに同著『アメリカの家族──ボストン法学見聞記』有斐閣、1982年に所収）

　マサチューセッツ州社会保障局でのインタビューと収集した資料や出版物を用いたアメリカの児童虐待問題の実情レポートである。当時日本で耳目を集めた、進学問題を背景にした親子間での殺人事件（例えば金属バット事件）とは異なる文脈で発生しているアメリカの児童虐待の実態を示そうとしている。

　アメリカでは親権喪失問題ともからむために、家族法上の問題として重要な論点とされていることに日米家族法の相違点があるとされているあたり、日本の家族法学においてはまだまだ子どもの虐待が十分に取り上げられていなかった時期の論考である。この時期の他の文献同様、「子どもの虐待・放任」という用語法が見られ、現在のように虐待を内的に4分類するに至っていないことがわかる。また、家庭内暴力の1つとしての子どもの虐待という視点から、子どもによるアタックにも言及しており、「日本では子どもが親をアタックし、アメリカでは親が子どもをアタックするといわれるが、これは正確ではあるまい」と指摘されている。この点に見られるように、日本でアメリカでの虐待対応制度について紹介される事柄が意外に一面的にしか紹介されていないのではないかと気づかされる。なお一例を示しておくと、専門職への虐待通報の義務づけがあっても、ミドル・クラス以上になると、虐待された子どもをプライベートな医師に治療してもらい（lowerclass では publichospital の利用が多い）、その医師はファミリープライバシーを保護するため（秘密をもらせば患者がこなくなり、そのため収入が減る）、虐待の実態は簡単にはキャッチできないという。

　その他アメリカでの虐待通報を受けた後の対応システムや虐待を生む要因、国によるファミリープライバシーへの介入基準問題等が考察されている。

【文献9】野田愛子他「［座談会］親による子の虐待事件をめぐって──その実例・背景・対策」（『ケース研究』187号、1981年12月）12～32頁（対談場所：静岡家庭裁判所／時：1981年8月4日）

　静岡家庭裁判所（野田愛子所長）が離婚後の親権者変更の調停を行ったケースで、後に当該子どもの虐待死に至ったのをきっかけにして行われた座談会である。副題が示すように、虐待が発生する背景と対応策を検討している。日本でも、虐待問題をなおざりにできなくなってきたとの認識が持たれるようになった時期の座談会であるが、そこでの分析、対応策は現在いわれていることと同じであることに気づく。出席者は、精神科医・児童相談所措置係長、静岡家裁関係者として所長、裁判官、調査官、調停委員である。

　児童相談所から見ると、母親の養育放棄ケースが増加しているという。また、精神科医から見ると、発達に障害のある子の受診例が増加している一方、発達を援助する福祉・教育が追いついていないという。これら虐待は、特殊で異常な状況で起こっているのではなくて、親の側に社会的に孤立しているとか、未成熟で依存的だとか、子どもに対して歪んだ感情を持っているという特色があり、そこに生活上のストレス、子どもの発達上の問題が重なると発生すると分析されて

いる。これに対する対応策としては、虐待が起こりやすい親子関係を早く発見すること、虐待的教育を防止すること、虐待の世代間の悪循環を断ち切ることが挙げられる。法的には、問題発生時に、現にある法規定を100％活用することが必要であると指摘されている。

【文献10】石川稔「親権法の問題点と課題」（『ケース研究』201号、1984年）2～20頁（のちに同著『子ども法の課題と展開』有斐閣、2000年に所収）

　非常に明解に現行親権法の問題点を指摘した論考であり、現在でもここでの指摘は貴重である。
　現行親権法は、明治民法の基本構造をほぼそのまま引き継いだものであるという。その結果、次のような特徴をなお持っているのではないかという。①父権思想を払拭していないのではないか。②親権の父母共同行使を予想していない規定が温存されていないか。③現在の社会や家族を規律するのに十分な内容を持っているか。④離婚夫婦の子の法的保護を図る制度として十分な内容を持っているか。⑤子の権利論が主張され、子の利益が親子法の基本原理といわれる中で、親の権利の体系として構築されている親権法は時代遅れではないか。これら①～⑤の疑問は、比較法的に見ても湧いてくる疑問であるという。このため、日本の現行親権法は、現在の家族現象に対応できないものになっているし、比較法的に見ると、時代遅れのものになっているという。
　以上の問題意識に基づき、本稿は、4つの点について法解釈論ならびに立法論的な提案をしている。ⅰ）親権といいながら、親の義務性を強調して理解しようとしている親権概念を子どもの権利論から再構成するべきである。ⅱ）親権の内容を、監護権と財産管理権とにふさわしいものに整理し、監護権法と財産管理権法に分化させるべき。ⅲ）身分行為の法定代理権を個々の身分行為ごとに考察し、親権との関係を考究すべき。ⅳ）今日大きな比重を占めるに至った児童福祉法上の制度との有機的関連を考究すべき、と。
　児童虐待との直接的な関連では上記ⅳ）が該当し、直接的には施設長の親権代行権、一時保護制度、措置承認制度、親権喪失制度に言及されている。これら個々の制度の検討だけではなく、親権制度の全体を子どもの権利論から構築し直さなくてはならないという主張は、現在でもそのままあてはまる。

【文献11】小野幸二「親権喪失原因としての著しい不行跡――判例および外国法を中心に」（『大東文化大学法学部創設十周年記念論文集』有斐閣、1984年）219～256頁

　本論文は、民法834条が親権喪失宣告の原因の1つとする「著しい不行跡」の意義と判断基準を外国法と判例（とくに旧法下のもの）を参考にしながら検討している。基本的な問題意識は、親権制度・親権喪失制度は子の福祉・利益保護のための制度であるという点にある。よって親権喪失原因である「著しい不行跡」も子の利益保護の観点から理解しなければならないという点から出発する。その上で判例分析では判例の大半を占める寡婦の性的不品行を中心に据え、どのような場合にそうした寡婦の性的不品行が子に害を与える「著しい不行跡」にあたったのかについてケースを分類している。虐待については、「著しい不行跡」を道徳的に非難される親権者の行為と位置づけ、後の論文である「親権喪失原因としての親権濫用――身上監護権の濫用を中心に」において検討する「親権濫用」で扱われる行為につき、子に対する積極的・消極的行為に分類して、虐待の問題は後者に委ねているため、ここでは扱われていない。

結果として、寡婦の性的不品行が旧法下の判例においてとくに問題とされたのは、父権的・家制度的思想が背景にあったこと、そのような家父長的家制度を前提とした判例・基準は今日先例としての意義を失っていることを指摘する。さらに性的不品行が原則的には子の福祉を害するものであるという判例の立場を批判し、それは例外的な場合であって「著しい不行跡」の判断材料の1つにすぎず、もっぱら子の利益・福祉の関係で判断すべきであるので、親権濫用の他に「著しい不行跡」を親権喪失原因とする理由はあまりなく、立法論としては削除すべきであると述べる。また、性的不品行以外の不行跡については父親の不行跡について肯定される方向で推移すると推測されている。

【文献12】石川稔・鈴木隆史「子の監護制度」（『演習民法［親族］』青林書院、1985年）276～286頁

子の利益を中心にして監護権法を構成する立場は、子の権利を中心として再構成する立場へと変化してきており、そこでは、子を独立した人格を持つ「人」として把握するものであるとする。その上で、意思能力・行為能力を持たない「人」たる子の権利は、第一次的には親を通して、第二次的には国が代わって、これを行使もしくは擁護するものであるとする。この基本的立場は、親の監護養育の職分ないし義務は、子の利益もしくは子の権利の観点から適切に遂行されねばならず、国はこの義務が適切に行われるかどうかを監視し、適切に行われないときには積極的に関与していく法制度を必要とするという。この必要が生まれる状況の典型が児童虐待・放任である。

本稿は、子が監護教育される状況を、①父母がともに親権者でかつ監護親である場合、②父母の一方が親権者で他方が監護権者である場合、③父母の一方が親権者で他方が親権者でも監護者でもない場合、に分けて、①で児童虐待に関連する監護権の濫用ないし放棄を、②と③で、離婚の際の監護権紛争（例えば、面接交渉権や共同監護）について法的問題を検討している。

児童虐待に関連する法制度については、まず、民法上の親権喪失制度は、親の適格性を問題にするものであるため、子の利益の観点からすると事態に適切に対処できないし、実務上も虐待に迅速・適切に対処できないと指摘する。そこで、国による保護義務の発動としての児童福祉法上の諸制度を用いた対応が考えられる。しかし、児童福祉法上の制度・手続きは親権を非常に尊重しているので、子の権利擁護の諸制度を持ちながら、国が子に対して負う保護義務を十分に果たせない法構造となっていると指摘する。

【文献13】許斐有・鈴木博人・藪本知二「子どもを養育する親の法的責任」（山根常男監修、本村汎・髙橋重宏編『家族と福祉の未来――現代家族と社会福祉への提言』全国社会福祉協議会、1987年）84～119頁

本稿は、その基盤に、家族社会学者山根常男の理論をおいている。山根理論によると、子どもとは、その子を産んで育てる両親、他人の産んだ子を育てる責任を負う人にとっては私的な存在である一方、子どもは、成人したときには社会を担う「次世代」であり、社会的存在だというものである。このことを反映して、子どもの養育は、社会的な仕事であると同時に私的な事柄でもあるという相矛盾した側面を持っていることとなる。そして、子どもの権利論の基礎にある子どもは一個の独立した人格であるという見解と、その独立した人格の形成を直接的に保障できるの

は家族であるという見解が結びつけられている。これは、子どもが人間として成長するには、心理学上の親子関係を基礎とする家族的環境の中で育てられることが必要だからである。このことから、親の子どもに対する第一次的な養育責任が発生するとする。ここでいう親とは、多くの場合実親であるが、実親であるとは限らない。養親・里親も実親がいないとき等の場合には、ここでいう親に該当する。こうして親権論の基礎を明らかにした後、第一次的責任を有する親が子どもの権利を侵害するときには、社会がそこに介入するという構造を明らかにしている。この子どもの権利侵害の典型として位置づけられているのが児童虐待である。

　子どもの権利論に立つ議論において不明瞭であった子どもの権利の内容について、理論的に明確にした点に本稿の最大の意義がある。

【文献 14】小野幸二「親権喪失原因としての親権濫用──身上監護権の濫用を中心に」(『現代社会と家族法──中川淳先生還暦祝賀論集』日本評論社、1987 年) 313 ～ 344 頁

　本論文は「親権喪失原因としての著しい不行跡──判例および外国法を中心に」(1984) が親権喪失原因である「著しい不行跡」を対象にしたのに続き、もう 1 つの喪失原因である「親権濫用」につき論じたものである。「著しい不行跡」については子に向けたものでない親権者の行為である寡婦の性的不品行が主なテーマにされたが、本論文では親権者の子への行為が対象とされ、児童虐待についても直接言及されている。具体的には身上監護権につき積極的濫用と消極的濫用とに分類して比較・検討している。積極的濫用については申立件数が少なく、取り上げた判例につき全て父の親権が問題となっていることを指摘し、父母が共同生活をしている場合には片方への親権喪失は制度として機能しない、親子が同居している場合にも親権喪失は意味をなさない、保護されている児童の引取り要求を拒否する制度としては有効である、と評価している。さらに今後は母の親権喪失が問題にされると推測する。さらに被虐待児に対する児童福祉法上の問題点（児童の委託についての両親の意見の一致、監護者の確保、措置への親権者の同意）についても触れ、民法・児童福祉法では被虐待児に十分な保護策は講じ得ず、きめ細かい民法の対応、児童福祉法上の各種権限の強化および両者の有機的関連づけが必要とする。また、消極的濫用については積極的濫用と比べて件数が多いこと、母の親権が問題となっていることを指摘する。さらに児童福祉法上の保護の不十分さにつき、親権の一時停止、監護権の停止、児童相談所長による親権喪失宣告申立の積極化、児童福祉法との関係強化の必要性に言及する。重ねて消極的濫用となるために親権者に有責事由が必要かということが検討され、「著しい不行跡」の場合と同様に親権の濫用であるかはもっぱら子の利益保護の観点から判断すべきであるから親権者の有責事由を親権濫用の絶対的要件とすべきでない、すなわち親が無責な場合でも子の福祉が著しく害されている場合には親権喪失、後見人の選任、児童福祉法上の措置をとるべきであるとする。そしてそのためには親権＝親義務の立場からの親権法、児童福祉法の見直しが必要であるとする。結果として本論文は「著しい不行跡」についての論文を通じて子どもは保護主体であるという視点で書かれているが、子どもをそもそも権利主体である捉える流れとも親和的であると解されている。「著しい不行跡」「親権濫用」という 2 つの親権喪失宣告の原因を子の福祉を目的とした親子法という一貫した視点から分析・検討・批判することで、親権喪失制度全体につき子の福祉・利益保護のための制度であることがより強調されている。

【文献 15】樋口範雄『親子と法――日米比較の試み』弘文堂、1988 年

　親と子に関する法的処理のうち、日米で顕著な差違がある場合に、その差違が生じてくる理由を検討することを全体の目的とする著書の第五章「親たる資格の剥奪」が、児童虐待問題を直接扱う部分である。論点として挙げられているのは、通報義務法、何が児童虐待に該当するのか、親たる資格の剥奪である。

　子どもに関わる職業に就いている者の通報義務は、日本では義務者が通報しなくても罰則がついていないので実効性がないとしばしばいわれる。その反対の例として引き合いに出されるのがアメリカであるが、罰則付きの通報義務を法定していない州のほうが実は多いという。かりに通報義務者が通報を怠ったとしても、通報しなかったことにより生じた虐待行為による被害が、損害賠償の対象となれば、専門職による通報の促進につながる。

　次に、何が虐待や放任、遺棄にあたるのかがアメリカの判例を通じて明らかにされる。放任や虐待とされるのは、狭い範囲に限定されない。虐待と認定されたのちの法的効果が重大であるため、虐待概念が不明確であるのは問題になるが、子ども自身の幸福のために必要なときには、例えば母親自身が病気であるときでも、子どもを保護のために引き離すことになる。

　保護され、裁判所により虐待の存在が認定されると、その後の措置が審理・決定される。親の行状が改まらないときには、親の資格の放棄が求められ、放棄に同意しないと、裁判所による親の資格の強制的剥奪が行われる。この剥奪の結果、親子関係は断絶し、復活しない。子どもは養子縁組手続きに乗せられ、その手続きには親は参加できない。この点、日本の特別養子制度は、親としての資格の剥奪と養子縁組手続きが切り離されていないという指摘がなされている。

【文献 16】米倉明「児童虐待等に対する援助方策の開発に関する研究」（平成元年度厚生科学研究総括研究報告書）1989 年

　本報告書は、児童虐待増加の現状に鑑み、一方では外国（アメリカ・イギリス）における研究の進展、制度の整備を斟酌し、他方でわが国の実態を踏まえて、児童虐待防止策や虐待親に対する援助策を、児童福祉実務や民法等法律のレベルで検討し、親権法の解釈・立法論における所見を展開するものである。内容としては、「児童虐待を引き起こす家族への援助」について児童福祉の立場から、続いてアメリカ法、イギリス法が概観され、最後にわが国の親権法および親権喪失制度が検討されている。この時期、親権制限について種々の立法論が示されているが、これに対して、現行法の枠内での解釈論による可能性が深く検討されているのは、その後の親権制度に関する議論の方向性を示すものとして興味深い。

（鈴木 博人・近藤 由香）

3　刑事法分野

【文献 17】 中谷瑾子「児童虐待と刑事規制の限界」(『団藤重光博士古稀祝賀論文集 [第 3 巻]』有斐閣、1984 年) 209 〜 251 頁 (同著『児童虐待を考える』信山社出版、2003 年に所収)

　本論文は、児童虐待に対する刑事規制研究の権威である中谷の論文の中でも最も重要な位置を占める論文である。その構成は、児童虐待の意義、実態、これに対する法的対応を概観した上で刑事規制の限界を論じている。

　本論文において児童虐待は、ケンプやルーベ・ベッカーの説を参考に「物理的な力の行使としての暴行 (その結果的加重犯としての傷害・傷害致死)、精神的な暴行ないし放置による傷害、性的虐待としての強姦・強制わいせつ、父娘または母子相姦、そして最後に暴行の極としての子殺し (嬰児殺、親子心中を含む) を総括する」ものと定義されている。

　子どもの人権に関して、家父長制の強かったわが国では、親の懲戒権の範囲とその濫用としての児童虐待との区別が容易でなかったことから、子どもは保護の対象としてしか見られず、独立の人権の主体とは考えられなかった。そのため、虐待が許容されてきたのではないかと指摘する。また、この子どもの人権保護の視座を欠いたことに、わが国の刑法の謙抑主義は由来していると指摘する。

　本論文の主題である刑事規制の限界に関しては、刑罰が最後の手段であり、刑罰は家庭を崩壊させることはあっても親子関係を修復することはまずありえないという考え方には賛同するものの、最後の手段としての刑罰の存在も肯定する。父娘相姦のような場合、家庭はすでに崩壊しており、崩壊を恐れなければならない家庭はそもそも存在していないからだと説明する。

【文献 18】 中谷瑾子「子どもの人権と刑事規制——刑法・少年法・児童福祉法・青少年保護条例」(ジュリスト増刊特集号『子どもの人権』43 号、1986 年) 29 〜 35 頁

　本論文は、子どもの人権と刑事規制というテーマの中でも成人による子どもの人権を侵害する行為や環境に対する刑事規制を問題としている。中でも、直接的な子どもの人権保障は第 1 に児童虐待の防止にあるとして、これを中心に据え、とくに性的虐待について詳細に検討している。

　刑罰は最後の手段であることから、わが国の「法は家庭に入らない」という基本原則は評価するものの、それによって欧米に比べ子どもの人権保護が著しく不十分であると指摘する。父娘相姦は性的虐待であり、近親相姦の中でも親による性的虐待に対する処罰規定の必要性を説いている。そのような処罰規定があれば、子どもは 1973 年の尊属殺違憲判決の一事例のような悲惨な体験をせずに済み、被害者が加害者に、加害者が被害者になることを防ぐこともできるとしている。「法は家庭に入らず」というテーゼは現在ではほぼ崩壊したといえるが、このテーゼは児童虐待の法的対応を長期間阻害してきた。本論文は、刑事法的観点から、このテーゼに疑問を唱え始めた初期のものである。

【文献 19】 滝井泰孝・関口博久「性的虐待について——仙台少年鑑別所に収容された 9 例を通して」『児童青少年精神医学とその近接領域』28 巻 5 号、1987 年) 290 〜 298 頁

　本論文は、1983 年から 1986 年までの 4 年間に仙台鑑別所に収容された女子の 174 例中、明ら

かな性的虐待歴が認められた9事例の比較研究である。この9例と他の被収容女子少年とは、家庭状況には大きな差はなかった。9例の比較では、①性的虐待は9〜16歳にかけて始まっている、②5例が性的虐待に先立って身体的虐待を受けており、③その5例では身体的虐待を受けていた時期には非行は見られなかったが、性的虐待が始まってから2、3か月で非行が始まっている、④全9例において非行に先立って不登校、家出、自殺企図等の問題行動が見られた、と報告している。

以上のことから、家出が全事例で非行に先行して行われていることから、家出は虐待からの逃避であり、しかし孤独感を増す結果となり、不良交友へ発展し、家出と不良交友の繰り返しによって短期間に非行に結びついていくものと推測している。

また、性的虐待と身体的虐待の比較では、性的虐待は身体的虐待とは明らかに異なる病理性を内蔵し、少年鑑別所への入所事由となる非行と直結しやすいことを示唆している。

現在では、少年非行の背景に虐待問題が存在していることを示す研究は多々あるが、とくに女子の非行の背景に性的虐待が潜んでいる可能性が高いことを示す研究は、日本ではこれが初めてのものである。

【文献20】中村雅彦・鷹尾雅裕「児童の問題行動と被虐待との関連性に関する研究——臨床心理学の観点からの接近の試み」(『愛媛大学教養部紀要』22巻1号、1989年) 21〜39頁

本論文は、1987年の1年間に愛媛中央児童相談所が家出と非行を主訴として受けつけた相談のうち、その背景に虐待が存在するものとその類の状況が十分推測される8事例を基に、臨床心理学的・社会心理学的観点から行われた研究である。この8事例は児童の心身状況には差があるものの、①両親の一方または双方に離婚歴を持つ者が多く、恵まれない生活歴を持つ者が多い点、②虐待を否定し、またはしつけの一環であるとして、児相の措置を拒否するという保護者の態度、③児童に関しては、知能に明らかな発達遅滞が認められないが、性格には自我のまとまりに欠け、不安感の強さからその場を取り繕う点が共通していることを指摘している。8事例と少ないながらも家族背景、保護者の態度、児童の心理に関して共通点を見出し、これらがいずれも児童虐待の背景にあるものとして一般的に論じられているものであるという点に本論文の価値がある。

また、虐待の連鎖について社会学習理論を用いて説明し、幼少期に受けた虐待の影響は持続性を有し、学習された攻撃性は非行化を促進する可能性が高いことを示唆している。学習理論は犯罪原因論の1つであり、この理論を用いて児童虐待や非行の原因を説いる点で本論文は先駆的役割を果たし、家出や徘徊の背景に虐待が潜んでいる可能性を指摘し、その相談業務に関しては多角的な調査を要することを指摘する。

【文献21】稲村博『子殺し——その精神病理』誠信書房、1978年

本書は医学博士である稲村の著によるものであるが、子殺し事例の研究、法学的視点が多く含まれており、法学的見地からも重要な文献である。本書は2部構成になっており、第1部で子殺しの実態、事例、法律等が論じられ、第2部では日本と諸外国の社会文化的背景が各国の古い文献や説話から論じられている。

第1期（1985年から1990年まで）

　　事例研究において、子殺しは①嬰児殺、②せっかん殺、③無理心中、④痴情による子殺し、⑤精神障害による子殺し、⑥遺棄、⑦その他、に分類されている。これらの子殺しの予防には、正しい精神医学的治療、配偶者や親との関係調整、性や家庭のあり方に関する正しい教育、関係機関と本人の近隣との緊密な連携、社会に対する啓発が必要であるとする。これらの予防策は、いずれも児童虐待の予防策として今日主張されているものに通じる点がある。また、法律による対応としては、刑法上の対応を挙げ、嬰児殺の概念、諸外国の処罰規定のあり方を説明し、刑法上の責任能力を説明している。

【文献22】佐々木保行編『日本の子殺しの研究』高文堂出版社、1980年

　本書は、1976年の日本教育心理学会第18回総会で行われたシンポジウム「現代社会の『子殺し』を考える」がベースとなっている。そのため、子殺し（嬰児殺）と母子心中が中心主題となっている。とくに、母子心中に関しては、それまで一般には不憫がられ、同情され、非難されてこなかったが、これは、自立できない未成熟の者を親の保身のための、もしくは自殺の延長（拡大自殺）としての子殺しであると強く非難している。非難だけにとどまらず、その原因は家庭不和、育児ノイローゼ、生活苦、教育問題等にあるとし、中でも父親の育児不参加、母親の孤立が強調されている。シンポジウムには主婦による「子殺しを考える会」ボランティア団体の参加があり、その会に寄せられた母親たちの体験談もこの点を強調している。

　なお、本書においては「虐待」という言葉は数えるほどしか使用されておらず、児童虐待という概念は提示されていない。

　佐々木らが日本人の母親、日本に住む外国人の母親を対象として行った心理学的調査研究が資料として付されており、これは日本人と外国人との育児に対する考え方の違いを明らかにし、資料価値が高いものである。のちの文献にも多く引用されている。

【文献23】中谷瑾子編『子殺し・親殺しの背景──《親知らず・子知らずの時代》を考える』有斐閣、1982年

　佐々木保行による子殺しの歴史と社会心理の研究、栗栖瑛子による統計分析、佐藤典子による親殺しの研究、中谷による子殺し・親殺しの法的研究、半田たつ子による事例・文学作品・学校の研究、福島章による子殺し・親殺しの心理分析によって構成されている。

　本書は、それまで著者たちが子殺し（嬰児殺）を研究してきたこと、子殺しの報道が後を断たなかったこと、1980年にエリート会社員の息子が父親を金属バットで殴り殺した事件等を背景に、新書として出版されたものである。

　本書に先立つ子殺しに関する2冊の書籍で取り上げられた子殺しの社会背景やその原因、対策に加え、学校での対策も考察されている。学歴社会が子殺しの原因に挙げられることはそれまでもあったが、具体的に学校側（教師）の学歴社会に服従するような管理教育から子どもの学習意欲を伸ばす教育への転換を主張している。

（初川　愛美）

4 児童福祉・医療分野

【文献24】「特集　児童虐待の処遇について」(大阪市中央児童相談所『紀要』1989年)

　児童虐待の事例は、この時期、児童相談所や児童福祉施設関係者以外のものにとっては、児童相談所事例集を通じてかろうじて知ることができた。この紀要は、大阪市児童相談所が、児童虐待の実態や処遇に関わる問題点を社会にアピールしてこなかったとの反省を踏まえて、まずその実状を訴え、処遇の実際と課題を整理した、当時としては極めて貴重な取り組みである。内容としては、①「児童相談所事例集第13集(昭和56年版)の検討、②児童福祉法28条申立ケースの検討、③種々の対応を考慮したケースについての検討、④死亡および介入困難ケースについての検討、⑤児童虐待の文献に記載されている処遇の検討、からなっており、最後にそれらのケースの分析が付されている。とくに大阪市児童相談所が扱った28条ケース13件について詳細な分析が行われている。児童福祉法28条申立を親との関係の中で調整的に利用する方法が紹介される等、当時としてはかなり柔軟にこの制度を利用していた実状を知ることができる。この中で言及されている28条審判制度の問題点——審判までに時間を要すること、審判後の親との対応等——については、その後の通知や法律の改正につながるものであり、こうした現場からの指摘の重要性を示す貴重な資料である。また、この時期、児童虐待の実態についてその概要のみを示す文献が多い中、本書は虐待が起こっている家庭・児童へのソーシャルワーカーの具体的な対応について詳細にわたり記されており、虐待事例への援助の手引書としても位置づけることができる。

【文献25】清水隆則「被虐待児に対する保護法制のあり方」(『社会福祉学』30巻2号、1989年) 137〜161頁

　本論文は、福祉分野の立場から、子の福祉を守ることに重点をおいた国家の家庭への介入(児童虐待への対応)について、外国法の紹介と日本の法規の比較を通して検討している。具体的には、最初にイギリスの児童保護に関する法律を体系的に紹介し、次にその内容とわが国の法規とを比較した上で、最後に日本の児童虐待ケースの児童保護制度における問題点と課題について論じている。第1期(1980年代)の児童福祉分野の児童虐待に関する論文は、児童虐待とは何かという観点から、その実情について論じているものが多数を占めていた。その中で、清水の論文は、児童福祉の立場から法的な課題について言及することを試みている意義ある論考である。清水は本論文で、わが国の場合は、親、子および国の三極構造と三者の権利義務関係が曖昧であると論じ、親権については、その権利を認めた上で児童の保護過程における親の不当な介入の防止策を三極構造に基づく権利均衡論の立場から、いかに構築するかが課題であると指摘する。そして、子の権利をめぐる議論について、大人の基準で子の扶養を保障する論が先に立ち、子の自由権的権利の保障が不十分である点も説いている。結論としては、親および子の人権に配慮した上で、公的介入を有効ならしめる機能的な児童保護法制の構築が必要であると主張する。清水は、この時期、児童福祉の分野における性的虐待に関する論文が少ない中、「性的虐待ケースに対する体系的処遇——英米の実践例」(『ソーシャルワーク研究』15巻2号, 1989)においても、外国の実践例を通して、日本の児童保護に関する法制の問題点について言及している。

第1期(1985年から1990年まで)

【文献26】大阪府児童虐待対策検討会議「被虐待児童の早期発見と援助のためのマニュアル」1990年

　1980年代の実践領域は、児童虐待の知識について、各関係機関の共通理解が十分になされていたとはいえない状況であり、児童相談所や保健所等の対応も、関係機関の連携体制という点において制度的にも確立できていない時期のため、個別的な援助の域を出ていなかった。大阪府は行政を含めた諸関係機関（保健・福祉・医療・教育・警察・司法等）で構成する児童虐待対策検討会議を1989年に設置し、大阪府全域において児童虐待の効果的な予防、早期発見・援助方策を検討することとした。その前後の取り組みとして、1988年に「被虐待児のケアに関する調査」が行われ、その調査結果を踏まえて、同年に小林美智子委員長のもと「児童虐待マニュアル検討委員会」が発足した。1990年に発刊された本マニュアルは、児童虐待に関する関係諸領域の知見を総合的に集約して、共通認識を図り被虐待児の援助に関する機能・役割を明確にし、連携・協力が円滑に実施されるために作成された、当時としては極めて貴重な著書である。マニュアルの構成は、①児童虐待の定義、②診断のためのチェックリスト、③種類別虐待の特徴、④発見と紹介・通告、⑤緊急時の対応、⑥調査・面接・処遇上の留意点、⑦疑いのあるケースへの対応、⑧ケースカンファレンス、⑨予防・発見・援助のための関係諸機関の役割と連携の必要性、⑩他機関等へのケース紹介、⑪法的側面、⑫関係諸機関との関係、⑬再発を防止するための対応、からなっており、最後に、前述した「被虐待児のケアに関する調査」報告の概要、ケースカンファレンス開催時の通知文、通告のための文書様式等も付されている。本書の内容は、援助現場において頻繁に活用されることを目的に作成されているため、多岐に渡り、かつ具体的に各項目の内容が記述されている。しかし、法的な制度に触れている部分では、法制度を積極的に活用しようという姿勢は見られず、法制度の不備が指摘されているだけである。たしかに当時はそうした意識が一般的であり、本マニュアルもその点においては、現行の法制度紹介の域を出ていない。本書は、実践領域の虐待対応マニュアルとしては先駆的なものであり、その構成は他のマニュアルの基準となり参考とするべき点も多い。その後、5年以上の歳月を経て、東京都「子どもの虐待防止マニュアル」(1996)、子どもの虐待防止の手引き編集委員会（厚生省児童家庭局企画課監修）「子ども虐待防止の手引き」(1997)、日本弁護士連合会子どもの権利委員会編「子どもの虐待防止・法的実務マニュアル」(1998)、厚生省児童家庭局監修「子ども虐待対応の手引き」(1999)が刊行された。

（加藤　洋子）

【文献27】池田由子『児童虐待――ゆがんだ親子関係』中央公論社、1987年

　池田は、1977年以来、精神衛生医学の専門の立場から児童虐待に着目し、児童虐待の問題について啓蒙的役割を果たしてきた。本書「あとがき」にあるように、「児童虐待の存在を社会の一般の人びとが知ること」が本書刊行の目的の1つであった。池田は、わが国の児童虐待の全国調査の嚆矢ともいえる「昭和58年調査」に取り組んだ児童虐待調査研究会のメンバーでもあり、本書では調査の詳細も示されている。本書をはじめとした池田による一連の仕事は、わが国の児童虐待に型を与え、社会の関心を向けさせる契機となったと評価される。

　本書で「児童虐待の法律」の章が立てられ、英米加法との比較の上で、わが国の関連法令が児

童虐待事例を緊急で扱う場合の不備をしている点は注目に値する。児童虐待をめぐるわが国の法制を説明し、中川高男、石川稔、青山道夫、稲子宣子の諸氏による親権に関する学説を引きながら問題点を指摘しているが、あわせて虐待致死例を剖検した医師が示した法的対応への疑念を紹介している点は筆者ならではの一文だろう。

【文献28】柏女霊峰「児童虐待（上）（下）」（『厚生福祉』3792号、1989年7月19日号）2～6頁、(3793号、21日号）2～5頁

　厚生省児童家庭局専門官であった筆者が、行政の場から児童虐待の実態と対応を概説した比較的早い時期の論文である。児童虐待が取り沙汰され始めたこの時期に、初期における基本的な調査や典型事例を示しながら、現行法制度の課題を具体的に指摘し、児童虐待への対応強化に向けての制度改革を論じたものとして意義深い。発見・通告体制の整備を主張する中では、児童委員や児童相談所によるPR活動、「家庭支援相談等事業」の活用に期待が寄せられており、法整備までは指摘されていない。親権をめぐる児童虐待対応の困難さについては、「運用の改善のみでは解決しない部分も指摘されており、厚生省としても研究を進めていく必要があるものと思われる」と述べ、法整備、法改正への方向性が行政サイドから示された初期のものとして注目される。

5　児童虐待に関する調査

【文献29】日本児童問題調査会『児童虐待――昭和58年度・全国児童相談所における家庭内児童虐待調査を中心として』日本児童問題調査会、1985年

　1983年度中に全国の164か所の児童相談所が受理した児童虐待事例を対象として調査を行い、416票の回答を得て分析した。児童虐待の定義としては、1SCCA（国際児童虐待常任委員会）の定義のうち「家族内における不当な扱い」の4種類、すなわち「身体的暴行」「保護の怠慢・拒否」「性的暴行」「心理的虐待」に限定して用いた。「虐待の概念の曖昧さ、未組織さ」をいかに議論可能な明断な枠組を確立していくかが時代的な課題であったこの時期に、今日の虐待の定義とほぼ重なる調査として、この後の各調査の比較基準となるものである。設問では「児童虐待と関連して親の親権や懲戒権」に関する自由記述も求めたが、多くない回答の中に、児童福祉法28条の活用や親権行使の制限の必要、単独親権行使や親権者の代理の指摘が見られた。こうした結果を受けて、調査結果分析でも、処遇論から現行の法制度・援助システムが抱える課題への指摘はなされているものの、法的対応への積極的な議論は示されていない。

【文献30】松井一郎・内藤和美・小林登「親子関係の失調に関する社会病理的研究――小児医療の場における被虐待児の実態」（分担研究：小児の成長・発達と養育条件に関する医学的、心理学的及び社会学的研究：昭和62年度厚生省心身障害研究報告書）1988年

　全国約500医療機関の小児科で診断された172例の被虐待児症候群、56例の愛情剥奪症候群症例の調査データを得、医療現場で扱われている児童虐待の実態を明らかにし、発生および再発に関わる要因等について考察した。医療現場が向き合う児童虐待事例に特化した研究視点から、一貫して被虐待症候群という社会病理として児童虐待を捉えている。そのため、発生要因等を養

育者と児の双方について分析し、医学的ケア・医療福祉的ケアにおける援助の可能性を提言しているが、法的な課題や社会資源の利用は視野に入れられていない。翌年には、資料の蓄積と、とりわけ双生児の事例についての掘り下げを目的とした継続研究（松井一郎・谷村雅子・小林登「小児医療の場における被虐待児の実態」）を行っている。

【文献31】全国児童相談所長会「子どもの人権侵害例の調査及び子どもの人権擁護のための児童相談所の役割についての意見調査」（『全児相』47号、1989年）47〜74頁

　本調査は、平成元年度全国児童相談所長会の全体協議会のテーマとして、前年度からの継続で「子どもの人権」が取り上げられたのを機に実施された。昭和63年度の上半期に新規に受理した事例と既受理でも期間内に虐待が判明した事例を対象に、比較のため日本児童問題調査会による昭和58年度調査の虐待定義に沿って調査するとともに、子どもの人権擁護のための児童相談所の役割について意見調査を行った。その結果、半年で1039件と明らかに昭和58年度調査と比較して虐待件数の顕著な増加と、各事例に対する対応の困難、反して施設入所の承認を求めた家裁への申立ての消極的な活用が指摘された。しかしながら、わずかに10例であった家庭裁判所への申立て事例については、一覧表とし、審判に至った6例の審判までの期間を示し、申立て承認後の経過にも触れる等、以降の家裁との積極的な関わりを期した参考資料を提示しようという調査当局の意図が読み取れる。

　この後、厚生省は平成2年度から児童相談所における児童虐待相談処理件を集計・公表するようになった。

【文献32】大阪児童虐待調査研究会「被虐待児のケアに関する調査報告書」（大阪府委託調査研究報告）1989年

　1988年度に、大阪府下の児童相談所、家庭児童相談室、保健所、医療機関を対象に実施した調査である。児童相談所が把握していた児童虐待の数は、調査対象全機関が把握していた事例の半数程度にすぎないという指摘が、関係者に衝撃を与えた。

（田澤　薫）

資 料

1　児童虐待関係通知
2　児童福祉法分野判例リスト、刑事判例リスト、
　　心神喪失・心神耗弱事例、児童の証言能力・証言の信用性
3　文献研究　引用・参考文献リスト
4　日本における児童福祉に関する年表
5　親権又は管理権の喪失の宣告及びその取消し、児童福祉法28条の事件、
　　親権喪失等・児童福祉法28条の新受件数、児童相談所における親権・後見人関係請求・
　　承認件数件数、
　　親権者、権利権者の職務執行停止又は職務代行者選任の申立て（家庭裁判所）
6　児童虐待に係る検挙人員、嬰児殺の検挙人員

<資料1>

児童虐待関係通知（昭和60(1985)年11月～平成2(1990)年6月）

通知番号	通知名	通知年月日	概要
厚生省児童家庭局長通知発第904号	児童のいじめ問題に関する相談活動の充実について	昭和60年11月15日	学校等における児童のいじめ問題が社会問題化に伴い、関係各省庁の積極的かつ総合的な対応が求められているところから、児童相談所等による相談活動の充実強化に配慮を求めるもの。
厚生省児童家庭局育成課長通知児育第38号	児童のいじめ問題に関する相談活動の充実について	昭和60年11月15日	児発第904号の運用に当たり、参考とすべき方法を示し具体的な対応について配慮を求めるもの。
厚生省児童家庭局長通知発第727号	措置事務適正化対策特別事業について	昭和61年8月30日	措置事務等の団体委任事務化、国と地方の費用負担合の変更、制度の簡素・合理化等の変更により、福祉行政における実施体制の役割が高まったことにより、指定都市・都道府県（指定都市を除く）の管内の福祉関係職員の判定技術等在宅等への同向上を図るため、地方公共団体等の実施する各種研修会の連絡会議等、適正な措置事業推進等に関し、児童福祉施設等・地域住民・ボランティア等に対する啓発活動事業、在宅児童に対する処遇活動事業、研究事業等が円滑に運用されるように条件等を定めたもの。
厚生省児童家庭局長通知発第54号	児童福祉施行規則等の一部を改正する省令（児童家庭局関係）の施行について	昭和62年1月31日	地方公共団体の執行機関が国の機関として行う事務の整理及び合理化に関する法律（昭和61年法律第109号）により、厚生省令第四号が改正されたことに伴い、児童福祉法施行規則の一部を改正する省令（昭和61年11月1日厚生省令第四号）が公布第四号）の公布に伴い、児童福祉法施行規則を改正し、①団体事務化に伴う入所措置事務の手続きに関する規定を削除し、②休日に障害の児童短期入所等の便宜を図る ③身体に障害のある児童等の便宜を供与する便宜等を法定したもの。
厚生省児童家庭局長通知発第21号	児童福祉法施行令等の一部を改正する政令（児童家庭局関係）の施行について	昭和62年1月13日	児童福祉法施行令の一部を改正する政令第四号の公布に伴い一部改正等市町村による児童保育所への入所措置を採る場合の基準①市町村による措置等の法定②短期間入所等の基準③改正後の児童福祉法第三条の四第三項に規定する便宜供与の基準を定めたもの。
厚生省児童家庭局長通知発第450号	児童福祉施設（児童家庭局所管施設）における施設機能強化推進費について	昭和62年5月20日	社会復帰等自立促進事業、専門機能強化事業、総合防災対策強化事業、施設入所児童生活体験事業、心身障害児低下防止対策、処遇困難事例研究事業、養育機能推進事業、広域入所推進事業の実施に関する通知。
厚生省児童家庭局長通知発第453号	養護施設および虚弱児施設における年長児童に対する処遇体制の強化について	昭和62年5月20日	年長児童の処遇強化のため、スポーツ・学習活動、心理面での専門的指導を行うための職員の配置に要する経費等の通知。
厚生事務次官通知発第138号	里親等家庭養育の運営について	昭和62年10月31日	養育里親等の専門的必要な研修資料および運営要領を円滑な実施を求める通知。
厚生省児童家庭局長通知発第901号	里親等家庭養育運営要綱の実施について	昭和62年10月31日	里親等家庭養育運営要綱の実施に関する実施要領を定める。
厚生省児童家庭局長通知発第902号	養子縁組あっせん事業の指導について	昭和62年10月31日	養子縁組のあっせんに関する留意事項を定める通知。
厚生省児童家庭局長通知発第27号	特別養子制度に伴う児童相談所と家庭裁判所との協力について	昭和62年11月18日	民法改正に伴う特別養子縁組における児童相談所と家庭裁判所について定めた通知。
厚生省児童家庭局長通知発第266号	養護施設入所児童のうち中学校卒業する児童について	昭和63年3月29日	一定期間入所措置を継続し、自立の促進を図ることを目的とし、入所措置を継続できるものとする通知。
厚生省児童家庭局長通知発第466号	家庭養育推進事業の実施について	昭和63年5月20日	里親希望者、養育希望者への研修等の実施により、児童福祉への理解を深め、養育技術の継続を図ることを目的とする。
厚生省児童家庭局長通知発第265号	養護施設入所児童の高等学校への進学の実施について	平成元年4月10日	養護施設入所児童の高等学校への進学等を定める。
厚生省児童家庭局長通知発第265号の7	教護院入所児童の高等学校進学の取扱いについて	平成元年4月10日	教護院入所児童に対する高等学校進学に要する費用を支弁の対象とし、併せて年長児童の処遇体制の整備を図る。
厚生省児童家庭局長通知発第407号	都市児童健全対策特別モデル事業の実施について	平成元年5月29日	都市における児童のふれあい、遊びの場の提供などに資するとともに、児童の健全な育成及び資質の向上に資する事業等に対し、体力の増進、独創性、先駆性、独創的活動等を助長する①社会性の涵養に資するもの、②地域における子育て家庭への支援づくりに資するもの等を助成の対象とする。
厚生省児童家庭局長通知発第475号	教護院入所児童の処遇計画の作成等について	平成元年11月19日	4月10日通知に即して、児童処遇の一層の充実を図るため、施設退所後の生活環境整備を図るとともに、その具体的な計画を作成することを定める。
厚生省児童家庭局育成課長通知児育第25号の6	児童福祉施設（児童家庭局所管施設）における入所児童等への処遇特別加算費について	平成2年6月7日	児童福祉施設において働きやすい条件の整備を図り、また、高齢者等によるきめ細やかな入所児童等へのサービスの向上を図るため、施設の業務の中で比較的軽易な業務に関して、これらの高齢者等を職員として雇用した場合に加算する。

<資料2-1>
児童福祉法分野判例リスト

	判決日	裁判所	事件番号	事件名	主文	概要	掲載誌
1①	S56.3.12	福岡家裁（審判）	昭和54年（家）1335号	児童福祉法28条の承認申立事件	承認	児相長が、単独親権者たる母親が児童（13歳）とともに山中に籠り学校にも登校させないことを理由に児童の養護施設入所措置の承認を求めた事件。施設の指定は児童相談所の判断に委ねるのが相当であり家庭裁判所が施設の指定をすべきではないとして児福法27条1項3号の措置をとることを承認した。	家裁月報34-3 p.25
1①	S56.4.28	福岡高裁（決定）	昭和56年（ラ）49号	児童福祉法28条の承認申立承認審判に対する即時抗告事件	原審判変更承認	抗告審は、児福法28条1項にいう家庭裁判所の承認は、児相長に多様な措置のいずれかをとるかの承認のいずれかをとるかについてすべて承認することとはできないとして原審を変更した上で、児童を養護施設に入所することを承認した。	家裁月報34-3 p.23

<資料2-2>
刑事判例リスト

	判決日	裁判所	事件番号	事件名	主文	概要	掲載誌
1	H1.3.22	浦和地裁（判決）	昭和60年（わ）1008号	嬰児殺の訴因について、嬰児の死因及び殺害行為を認定するに足りる証拠もないとして無罪が言い渡された事例―浦和女店員嬰児殺事件判決	無罪	被告人は、勤務先の医務室のベッドで婚姻外の嬰児を分娩したが、それまで自己の懐妊事実を両親や勤務先の同僚等に隠し続けていたため、同児を分娩するとともに、同児の処置をおそれるとともに、同児を殺害しようと決意し、右分娩直後、同児の頭部等を大腿部で圧迫して殺害したという事案。これに対し、①嬰児は自ими呼吸の確立され難い仮死産児であった疑いがあり、②死因となった酸欠死の原因は、客観的証拠により確定することができず、③殺意及び殺害行為を認めた被告人の自白調書には、任意性も信用性もないとした。	判時1315, p.6 判タ698, p.83
2	S63.10.26	東京地裁（判決）	昭和63年（刑わ）2072号	14歳から2歳までの実子4人をマンション置き去りにし、うち1人を栄養失調死させた母親について、保護責任者遺棄同致傷罪の成立が認められた事例―西巣鴨置き去り事件	懲役3年 執行猶予4年	婚姻外でもうけた子供4人とともに暮らしていたが、交際していた男性と同棲するため、子供を置き去りにして家出した。長男は現場で幼い3人の女児の世話をしていたようであるが、半年後に保護されたとき、3歳の女児は重度の栄養失調状態、2歳の女児は傷害致死、死体遺棄で家裁に送致されたが、新聞報道により長男とその友達からの折檻を受けていた。（長男は傷害致死、死体遺棄で家裁に送致されたが、保護責任者遺棄同致傷罪はならなかった。）被告人は、子供らの出生届けを出していなかったので、全員戸籍はなかった。被告人に有利な情状も考慮のうえ、被告人を懲役3年、執行猶予4年に処した。	判時1315, 判タ698 判時1690, 判タ690, p.245

51

心神喪失・心神耗弱事例

	判決日	裁判所	事件番号	事件名	主文	概要	掲載誌
3	S63.3.10	東京地裁（判決）	昭和62年（合わ）106号	母親が自己の幼児を殺害した事案について、行為当時病勢期の内因性うつ病による心神喪失の状態にあったとして、無罪を言い渡した事例	無罪	25歳の主婦である被告人が親子心中を図り3歳の長女を建物の屋上付近から落下させ、即死させ、自らも11階から飛び降りた。被告人は内因性うつ病に罹患しており、本件事件の3ヶ月前くらいから自己が不治の病に罹っているなどという心気妄想にとらわれ、そのような病的観念に支配された絶望感の衝動によって、無理心中の行為の選択を期待できない状況に陥り、本件行為に及んだ。殺意自体の有無の認識及び判断する能力は一応有り備わっていたとしても、被告人は、犯行当時、殺害ないし自殺すべきでないという点の行為自体の事柄の善悪及びこれらの判断の下に判断して行動する能力を欠いていたとし、犯行当時心神喪失の状態にあったと判断し、無罪とした。	判夕668, p.226
4	S63.7.28	東京地裁（判決）	昭和62年（合わ）80号	自らがいわゆるエイズに罹患したと思い込み、わが家族にもエイズが蔓延したと思い込んで、無理心中を図った実子3名を殺害した事案につき、被告人が犯行当時病疲期うつ病による心神耗弱の状態にあったとした事例	懲役5年	被告人は、自らいわゆるエイズに罹患したと思い込み、家族ともこれを感染しての殺害し、さらに夫の胸部を刺し、1ヶ月の傷害を負わせていた、包丁で中を突いて、一家心中を図り、包丁で13歳の長女、9歳の次男の胸部等を突いて殺害したことに思いを致す目的行為を選ぶに至る。被告人の人格形成上、幼児体験の、自己及び家族がエイズにに罹っているとの訂正困難な妄想様観念に支配されていたとして、心因性うつ病の一種として認め、相当程度の高い訂正困難な妄想様観念により、犯行当時、犯行前の生活状況、自己目的の諸行動、犯行準備の諸行動、犯行直後の諸行動等に照らし、被告人の犯行時における判断をなし、犯行前の生活状況にはよりあったが、心神耗弱により、被告人の身辺喪失の状態にあったと考えることはできないとき、被告人は犯行当時心神喪失の状態ではなく、心神耗弱の状態にあったものとされ、懲役5年が言い渡された。	判時1285, 判夕683, p.213
5	H1.8.23	浦和地裁（判決）	昭和63年（わ）296号	内因性うつ病に罹患した母親が、思春期の実子3名を殺害したことにつき、詳細かつ慎重な理由をもって無罪を言い渡した事例	無罪	内因性うつ病である。犯行当時の被告人は、犯行前に母親に変調を来した14歳の長男から、実際に将来を悲観した結果、同人ほか13歳の次男、9歳の長女をも一挙に絞殺しようと自らも自殺を図った。9歳の長女を殺した。事案である。犯行当時の被告人の病状については、かなり重症の内因性うつ病にあって、各余念なく被告人を診察していた医師のカルテル等の対比において、その状況は①犯行のことが自殺に至るほどうつ病にまで陥っていたことからするとすに不合理であって、ただ目頃からの特に強い。3犯行直後にも対外的で変ないずれの状態にもすに極めて冷静で合理的な行動と見ても、（②犯行前後の行動の合理的理由が不可能で、また（③犯行後の本人の行動については)、自然に規範意識の残存をうかがわせるものがあったかの諸点(自殺意思などを強く訴えているなど)を指摘していることに、自殺を思い止まるよう説得し、長男に対し、自殺を思い止まるよう説得し、それに対して本当にいいかとちょうだめ押しをしていることに、これに対し、長男から強く自殺を拒否されているにとどまらないかを指摘し、長男は当時非常事態の有していたのではないかと推認できる。人が当時非常事態の判断能力を有していたのではないかと推認できるのではないかと推認できる。	判夕717, p.225
6	H1.10.24	札幌地裁（判決）	昭和63年（わ）1147号	5歳になる一人娘を餓死させて殺害した被告人について、異常な性格の負因等による軽度精神薄弱が競合し心神耗弱の状態にあったとされた事例	懲役3年6月	被告人が約40日間にわたってほとんど飲食物を与えず、当時5歳になる一人娘から養育すべきひとり娘の餓死の発生を願っていたところ、被害者が死んでしまうようなことはないだろうが、このままの状態が増すことに似たことができたことに留意しながら、犯行方法に異常さが多くうかがわれ、一見すると思い止まる事も可能であったものと見え、その実行に耐えかけねたり空腹のため悶えている様をも見殺しに着手するものは、これに耐えかねない空腹のため悶えている被害者を目の当たりになお所業とし、これに耐えかねない被害者を死ぬまで被害者に食事を食いるなどに隠れていた様子にも見得るところ、被告人には隠れて食物を口に入れるなどが見られる。公判段階でにおいては被害者に対する真の反省の情を示しえなかった。被告人には軽度精神薄弱と相当する知能の低劣があることが明らかであって、これに従って適切に行動し得ない性格的傾向を併合有する等の事実を弁護し、正常者に比較し他人事理を弁識し又これに従って行動する能力は著しく減退していた、心神耗弱の状態にあったと認め、懲役3年6月に処した。	判夕719, p.215
7①	S60.10.17	神戸地裁（判決）	昭和53年（わ）第179号	精神薄弱児施設の学園で発生した園児殺害事件について、関係者たる園児らの供述が信用できないなどとして、被告人に無罪を言い渡された事件甲山事件第一審判決	無罪	園児5名の供述の信用性に関しては個別的に証言した人員に、個別的にはその証言能力を考慮し、事件発生当時の精神薄弱児の証言の状況、及び証言時点での精神状況、尋問方法があるかどうか、証人の4名については事件4年後にも初めて取調べを受けているか、他の4名にはいずれも事件3年後には何らかの形である段階から供述の早い段階から検察官による取調べの運びを受けて出していることに、4名のいずれかについては、当該事実があった事実、4名が犯行について事実につきたか、何故かくは事実4年以前から続けてその事件の記憶を事実上の時間経過とともに遅刻に変形されずそれに保持することができたであろうかについて、疑問があり、園児らに対しそれぞれを事実及び記憶に深い刻印を残すようなことであってい、これらの事件については、刻印を残すようなことであって、尋問に追及に強いられてきたと主張するが、いずれも採用し難く、これらも疑問を否定なく拭いされない。また、被告人の自白調書の内容の信用性については、犯行の動機である捜査官による自白内容が不合理・不自然であることに関する供述する供述の内容にもつれているが、説明との内容の関係に、自己的に疑問があり、いずれも採用し難く供述状況などにはつき各供述の捜査段階の前後、変遷状況等を一一詳細に検討してきた、被告人の供述内容及び供述状況とは断片的・概括的にまで臨場感と迫真性のない内容であることに等の理由により自白は信用性を欠くとした。	刑月17-10, p.979, 判夕583, p.40, 判時1179, p.28

52

児童の証言能力・証言の信用性

	判決日	裁判所	事件番号	事件名	主文	概要	掲載誌
7②	H2.3.23	大阪高裁（判決）	昭和61年（う）278号	甲山事件控訴審判決	原判決破棄差し戻し	園児供述の信用性については、知的能力や表現力等を考慮し、その判断にあたっては、供述内容の合理性や一貫性の判断にとらわれず、その認識対象の状況等を総合し、供述時の状況の難易や知覚認識、程度・程度の検討が加えられているかどうか、及び捜査時の外部からの圧力の有無・程度についての十分な検討が加えられることが必要であるとし、本件において、園児供述に至るまでの間の情報の変遷があるものの、全体的の信用性に影響を与える事情があるとはいえないこと、その目撃した事実は当日同様の状況下からみて誤認する可能性がないこと、その旨を被告人が被害者を呼びに来たと述べていることを第1次捜査の時点で供述しなかったのは、現場の状況から被告人が犯人であることを切り出しえていなかったこと、かつ、現場の状況からみて園児らの能力をもって十分識別できる性質のものであり、捜査当局が虚偽の供述を強い、支援グループからの声掛けを受けている状況下で自白したものでないことを理由とした。取調状況は強制にわたることもあり本件における信用性否定の判断の中核をなす事実的具体的な情景関係では原判決が説示するような事実をもって信用性の判断を否定することは相当程度むずかしいものとはいえず、供述状況をいかに評価するかに多少の疑問が残ることを否定しえないものの、これを直ちに偽のものとして排斥できる状況下にないため、供述したとしてもその信用性を否定することは相当ではないと判断した。	判時1354,p.26 判タ729,p.50
7③	H10.3.24	神戸地裁（判決）	平成4年（わ）251号	甲山事件差戻第一審判決	無罪	破棄判決いずれも精神的拘束力を有するものではないとして、本件における園児供述に対する消極的・積極的・肯否的判断を含む証拠を丁寧に検討している。園児らが比較的年少児であり、かつ精神障害を抱える点に留意し、それに伴い供述の具体的な注意点が存在することを踏まえて個々の児童の年齢より具体的な目撃事実を語るにおける判断として、事実に存在する点より注意点として具体的に留意し目撃したとして個々が自然な記憶が残っていることが自然な目撃が認められる等を判断した。また、職員5人のうち4人についてはそのことを口止めされてはいないにもかかわらず、事件当日また当該職員には目撃した事実に関して不自然があり目撃証言も認められない、客観的事実からして、矛盾のない、不可解な、不明瞭なるものが多く、それは事件3年後まで供述がなされていないこと、もとより園児の供述しうる1人の園児の供述との関係において、客観的事情からして信用しえない等、その基本的事実からみても、その信用性を否定できないとし、園児供述から想定される状況のみをもってては可能性が高いと得ることができないと判断した。	判時1643,p.3
7④	H11.9.29	大阪高裁（判決）	平成10年（う）568号	甲山事件差戻後控訴審判決	控訴棄却	供述をした園児はいずれも精神基準を有しているが、個々の特性については個人差による違いによる考慮を有するとし、その上で供述の判断基準に従い、建常児と同様の判断方法を採り、個々の供述に関して、被害児童は疑問点がないとは言えないが誰一人目撃事実を否定することはなく、供述している過程においては誘導・暗示等のある。結局のところ各園児がその場所等についてあらかじめの捜査官が否定できる情報であるかどうかの可能性が仮に園児供述の言うとおりであるとしても、むしろこれらが窺われる可能性が十分にあれば、実質的な供述及びその動機の多々を否定しなくもよい。そのため、園児供述を総じて信用性をもって認めうる、もとより園児供述には過度な信用性を与えるべきではなく、各供述の変遷及び関係証言・目撃の矛盾、一部の不合理があっても、園児の供述による過度にいうべきはもちろん、裏付けのないもう一つの状況、これを過度に有するとして、これが存在することを否定し裏付けの信憑性・立証性が高いと認めることができるとは判断できないと判断した。	判時1712,p.3
8	S61.9.17	東京高裁（判決）	昭和61年（う）第713号	強制わいせつ致死傷等事件の被害者である7歳の児童の証言の信用性及びその証言の信用性が認められた事例	原判決破棄控訴棄却	被害者が自分の体験した過去の事実を記録しておりことをもって、その供述内容の証言が被告人及び尋問調書の記録が保つ諸々の証言資料によってここ十分な認定ができるとし、被害者の証言の真実性を担保する証拠状況が存するとして、その証言が信用性が高いであることが明らかと判断した。	判タ631,p.247
9	H11.10.26	最一小（判決）	昭和63年（あ）第130号	小学4年生の少女を対する強制わいせつ罪の右少女の供述等が信用性破棄されず第一審の有罪判決が維持された事例−板橋強制わいせつ事件上告審判決	原判決破棄控訴棄却	本判決は、本件被告事件について吟味する必要があると被害者のような少年少女者の場合は被害暗示性が強いこと、その証言の信用性は慎重に吟味する必要があることを指摘した上、①捜査段階の面接において暗示にかけられて犯人ある事実を通じて暗示を受けた可能性は否定できないが、特定のための具体的な暗示にかけられていないこと、②本件の被害事実が最初に同級生に話していることから、そこでの会話は暗示によるものではないこと、③他のこと等細部にわたっても、強固性のあるとして、これをもって否定することがないこと、その他証言による変遷していたことを指摘し、強制わいせつ事件の有罪判決が破棄され第一審の無罪判決が維持された問題があることを提示した。④被害者が犯人と誤認した疑いのあると供述していることを指摘し、被害者の供述の信用性に関する二重の判断を経ていないことは、本件において問題が生じていないという事情が存在する。	判タ713,p.75 判時1331,p.145

<資料3>

文献研究 引用・参考文献リスト(1973年～1992年)

著者・筆者	著者・筆者リガナ	発行年	著書・論文タイトル	編著者名	著書名・雑誌名(巻号)	ページ	出版社
中谷瑾子	ナカタニキンコ	1979	子殺しに対する法の役割─とくに刑法のアプローチー	現代家族法大系編集委員会	現代家族法大系3巻	363-382	有斐閣
米栖瑛子	クルスエイコ	1979	子殺しの実態	現代家族法大系編集委員会	現代家族法大系3巻	341-362	有斐閣
石川稔	イシカワミノル	1979	児童虐待─その法的対応─	現代家族法大系編集委員会	現代家族法大系3巻	305-340.	有斐閣
全国社会福祉協議会養護施設協議会	ゼンコクシャカイフクシキョウギカイヨウゴシセツキョウギカイ	1979	養護施設児童の人権侵害に関する調査	全国社会福祉協議会養護施設協議会編	児童憲章─国際児童年特集号		
全国社会養護施設協議会	ゼンコクシャカイヨウゴシセツキョウギカイ	1980	親権と子どもの人権	全国養護施設協議会編			
米倉明	ヨネクラアキラ	1981	子どもの虐待(一)		月刊法学教室10号	119-128	有斐閣
米倉明	ヨネクラアキラ	1981	子どもの虐待(二)		月刊法学教室11号	114-122	有斐閣
野田愛子 他	ノダアイコ ホカ	1981	座談会 親による子どもの虐待事件をめぐって─その実例・背景・対策		ケース研究187号	12-32	財団法人法曹会
大内津江子	オオウツエコ	1981	親権の濫用と著しく不行跡があった場合の親権喪失の宣告承認の一事例	厚生省児童家庭局	児童相談事例集13	175-190	日本児童福祉協会
中谷瑾子	ナカタニキンコ	1981	ボワソナードと讒謗律 ─近親相姦非犯罪化のルーツ─		時の法令1101号	2-3	大蔵省印刷局
内藤道興	ナイトウミチハル	1981	幼児虐待(Child Abuse)の研究		犯罪学雑誌47巻5・6巻	207-222	日本犯罪学会
浅見公子	アサミキミコ	1982	アメリカにおける子どもの虐待・遺棄の事例		成城法学12号	103-126	成城大学法学会
中村好子	ナカムラヨシコ	1982	子の虐待─子どもと法律(入門・生きた家族)<特集>		法学セミナー328号	50-54	日本評論社
山田文夫	ヤマダフミオ	1982	懲戒権の限界		社会科学研究10巻2号	103-116	中京大学社会科学研究所
神田瑞穂	カンダミズホ	1982	日本法医学会課題調査報告		日本法医学雑誌36巻5号	768-790	日本法医学会
湯沢雍彦	ユザワヤスヒコ	1982	養護施設児童の親に対する親権の制限	明山和夫 ほか	現代家族法の課題と展望：太田武男先生還暦記念(下)	211-226	有斐閣
許斐有	コノミタモツ	1982	要養護児童の親権問題		ソキエタス9巻	46-59	駒澤大学大学院社会学研究会
藤本和男	フジモトカズオ	1982	家庭内暴力─子どもと法律(入門・生きた家族)<特集>		法学セミナー328号	46-49	日本評論社
熊谷文枝	クマガイフミエ	1983	アメリカの家庭内暴力─子ども・妻・親虐待の実態			728-734	サイエンス社
西川祐一	ニシカワユウイチ	1983	親の性的暴行		小児看護6巻6号		へるす出版
家庭裁判所調査官研修所	カテイサイバンショチョウサカンケンシュウジョ	1983	家事事件の調査方法についての研究(増補版)			461-466	財団法人 法曹会
棚村政行	タナムラマサユキ	1983	子の引渡をめぐる紛争と人身保護法	森泉章 他	現行民法学の基本問題─内村三・黒田三郎・石川利夫先生還暦記念(下)	191-221	第一法規出版
内山絢子・小長井賀与・安部哲夫	ウチヤマアヤコ・コナガイガヨ・アベテツ	1983	女性による新生児殺の研究		犯罪社会学研究8号	172-186	日本犯罪社会学会
中谷瑾子	ナカタニキンコ	1983	被虐待児童の法律		小児看護6巻6号	735-743	へるす出版
辰沢利彦(他)	タツサワトシヒコ	1983	わが国子殺し108例の処分結果		犯罪学雑誌49巻1号	25-32	日本犯罪学会
慶応義塾大学法学部女性犯罪研究会	ケイオウギジュクダイガクホウガクブジョセイハンザイケンキュウカイ	1983	女性による殺人事例の研究─1─		法学研究(慶応大学)56巻6号	1213-1247	慶応義塾大学法学研究会
岩井宜子	イワイヨシコ	1983	女性による殺人事例の研究─2─女性による殺人罪の量刑		法学研究(慶応大学)56巻8号	1487-1514	慶応義塾大学法学研究会
内山絢子・山岡一信	ウチヤマアヤコ・ヤマオカカズノブ	1984	子殺し・配偶者殺しの男女別犯行特性		科学警察研究所報告 防犯少年編25巻1号	82-87	科学警察研究所
石原慶子	イシハラケイコ	1984	子殺し女子受刑者の研究		犯罪心理学研究21巻1・2号	11-24	日本犯罪心理学会

54

著者	カナ	年	題名	共著者	掲載誌	頁	発行
中谷瑾子	ナカタニキンコ	1984	児童虐待と刑事規制の限界		団藤重光博士古稀祝賀論文集第3巻	209-251	有斐閣
内山絢子・山岡一信	ウチヤマアヤコ・ヤマオカカズノブ	1984	女性による殺人の実態	平場安治 ほか	科学警察研究所報告 防犯少年編25巻1号	70-81	科学警察研究所
小野幸二	オノコウジ	1984	親権喪失原因としての著しい不行跡―判例およぴ外国法を中心に―		大東文化大学法学部創立十周年記念論文集	219-256	大東文化大学法学部創立十周年記念事業実行委員会
石川稔	イシカワミノル	1984	親権法の問題点と課題		ケース研究201号	2-20	家庭事件研究会
中谷瑾子	ナカタニキンコ	1984	性的行為に関する刑事規制の限界―とくに姦通罪と近親相姦について―		杏林社会科学研究1巻1号	11-28	
厚生省児童家庭局	コウセイショウジドウカテイキョク	1984	養護児童等実態調査結果の概要				
広瀬勝世	ヒロセカツヨ	1985	嬰児殺―その精神医学的考察		新しい家族6号	59-68	養子と里親を考える会
村田健二	ムラタケンジ	1985	嬰児殺について若干の感想		犯罪学研究誌9号	80-85	早稲田大学犯罪学研究会
我妻洋	ワガツマヒロシ	1985	家族の崩壊				文藝春秋
関口博久・白橋宏一郎	セキグチヒロヒサ	1985	近接領域と連携上の問題点	白橋宏一郎ほか	児童精神科臨床5		星和書店
鈴木隆史・石川瑞	スズキタカシ・イシカワミズ	1985	子の監護制度		演習民法(親族)	276-286	青林書院
佐藤敏子	サトウトシコ	1985	里親と親権をめぐって(精神里親運動)	山島正男・泉久雄	新しい家族7号	57-61	養子と里親を考える会
中川良延	ナカガワヨシノブ	1985	里親と親権をめぐって 法律的側面から(精神里親運動)		新しい家族7号	62-72	養子と里親を考える会
日本児童問題調査会	ニホンジドウモンダイチョウサカイ	1985	性的虐待 昭和58年度 全国児童相談所における家庭内児童虐待調査結果				日本児童問題調査会
井垣章二	イガキショウジ	1985	児童虐待の家族と社会		評論・社会科学26号	1-45	同志社大学人文学会
吉田恒雄	ヨシダツネオ	1985	児童福祉法における監護者の地位・施設収容等の措置に対する同意権について―		明星大学経済学研究紀要17巻	40-49	明星大学経済学研究室
厚生省児童家庭局	コウセイショウジドウカテイキョク	1985	昭和48年度 児童の虐待・遺棄、殺害事件に関する調査結果について		児童虐待 昭和58年度・全国児童相談所における家庭内児童虐待調査を中心として		
辻朗	ツジアキラ	1985	親権喪失申立と財産管理権喪失宣告 長崎家佐世保家審昭和59年3月30日―		判例タイムズ36巻20号	244-247	判例タイムズ社
藤井和子	フジイカズコ	1985	性的虐待とその家族		精神衛生研究32	27-37	国立精神衛生研究所
菊田昇	キクタノボル	1985	日本の子殺し―その原因と対策		ジュリスト847号	39-44	有斐閣
菊田昇	キクタノボル	1985	日本の子殺しの特殊性		新しい家族7号	50-58	養子と里親を考える会
東直美	アズマナオミ	1985	日本の母親子殺し		犯罪学研究誌9号	46-49	早稲田大学犯罪学研究会
全国社会福祉協議会養護施設協議会	ゼンコクシャカイフクシキョウギカイヨウゴシセツキョウギカイ	1985	養護施設児童の人権侵害1例に関する調査	全国社会福祉協議会養護施設協議会			
池田由子	イケダユミコ	1985	わが国における児童虐待の現状	日本家族社会学会	家族社会と法創刊号	18-26	日本家族社会と法学会
日本児童問題調査会	ニホンジドウモンダイチョウサカイ	1985	児童虐待 昭和58年度 全国児童相談所内児童虐待を中心として				日本児童問題調査会
越永重四郎・高橋重宏	コシナガジュウシロウ・タカハシシゲヒロ	1985	戦後39年間の東京都23区内における心中の実態		厚生の指標32巻15号	10-21	厚生統計協会
全国児童相談所長会	ゼンコクジドウソウダンショチョウカイ	1985	全児相(別冊) 養護相談事例集計報告書				
塩野寛	シオノヒロシ	1986	被虐待児症候群の剖検例12例の法医学的検討		日本法医学雑誌39巻5号	392-397	日本法医学会
中谷瑾子	ナカタニキンコ	1986	子どもの人権と刑事規制―刑法・少年法・児童福祉法・人権43号		ジュリスト増刊総合特集 子どもの人権43号	29-35	有斐閣
山下克知	ヤマシタカツチ	1986	児童虐待について		関西非行問題研究11号	9-15	関西非行問題研究会
中谷瑾子	ナカタニキンコ	1986	刑事規制の限界―実態調査および若干の視点から		法学研究(慶応大学)59巻11号	1-38	慶応義塾大学法学研究会
関口博久・小野寺久美子・菊池陽子・滝井泰孝・福田忠夫・安井由紀・糸川文雄	セキグチヒロヒサ	1986	児童虐待の実態調査に関する研究(第1報)		安田生命社会事業団研究助成論文集22巻NO.2	85-96	

著者	読み	年	タイトル	掲載誌編者	書誌情報	ページ	出版社
山下克知	ヤマシタカツトモ	1987	アメリカにおける児童虐待と法的処理の問題		関西外国語大学研究46号 関西外国語大学短期大学部	17-26	関西外国語大学
秋元美世	アキモトミヨ	1987	虐待児の保護をめぐるイギリスの裁判手続		判例タイムズ38巻7号	78-83	海口書店
池田由子	イケダヨシコ	1987	児童虐待―ゆがんだ親子関係(中公新書829)				中央公論社
ハワード・デボラ	ハワード・デボラ	1987	米国テキサス州における児童保護訴手続の概要		少年補導32巻(通巻375)6号	48-54	大阪少年補導協会
佐藤伸一	サトウシンイチ	1987	親権史研究への試み―子殺しを中心として		金城学院大学論集126号	25-43	金城学院大学
小野幸二	オノコウジ	1987	親権喪失原因としての親権濫用―身上監護権の濫用を中心に―	中川淳先生還暦祝賀論集刊行会	現代社会と家族法:中川淳先生還暦祝賀論集	313-344	日本評論社
早川武夫	ハヤカワタケオ	1987	性犯罪と子供たち(アメリカ法の最前線)		法学セミナー386号	10-11	日本評論社
許斐有,鈴木博人,藪本知二	コノミユウ,スズキヒロヒト,ヤブモトトモジ	1987	山根古希記念 家族法と福祉の未来 現代家族と社会福祉への提言	山根常男監修 木村汎,高橋重宏編		84-119	全国社会福祉協議会
西村克彦	ニシムラカツヒコ	1987	親殺し,子殺しに対する国民意識(司法関係機関に対する要請と期待—犯罪と処遇に関する世論調査から<特集>)		法律のひろば40巻3号	4-10	ぎょうせい
滝井泰孝・関口博久	タキイヤスタカ・セキグチヒロヒサ	1987	性的虐待について―仙台児童相談所に収容された9例を通して		児童青年精神医学28巻5号	290-298	日本児童青年精神医学会
中村片倉・高和	ナカムラ・カタクラ・タカワ	1987	被虐待児 II		児童相談9	132-135	
松井一郎ら	マツイイチロウ ホカ	1987	親子関係の失調に関する社会病理学的研究―小児医療の場における被虐待の実態―	東京都児童相談センター	家庭保健と小児の成長・発達に関する総合的研究	155-166	厚生省
樋口範雄	ヒグチノリオ	1988	親子法とは―日米比較の試み―		新しい家族13号	10-24	弘文堂
丹野春子	タンノハルコ	1988	施設長の親権代行権をめぐって―児童福祉法第47条の規定を検討する―				養子と里親を考える会
T.J.シュタイン,家庭養護促進協会ほか	T.J.シュタイン,カテイヨウゴソクシンキョウカイ ホカ	1988	児童福祉ワーカー意志決定のための実践ハンドブック				ミネルヴァ書房
許斐有	コノミユウ	1988	児童福祉法上の親権規定の成立・展開過程		淑徳大学研究紀要22号	43-62	淑徳大学
石川稔	イシカワミノル	1988	親権喪失の認められたある虐待のケースについて		ジュリスト923号	4-11	有斐閣
中野弘子	ナカノヒロコ	1988	全国児童相談所における家庭内虐待調査	厚生省児童家庭局	児童相談事例集20集	313-325	日本児童福祉協会
全国児童相談所長会	ゼンコクジドウソウダンジョチョウカイ	1988	「子どもの人権侵害例の調査及び子どもの人権擁護のための児童相談所の役割についての(確認)意見調査」の報告		全児相47号	47-74	
全国児童相談所長会	ゼンコクジドウソウダンジョチョウカイ	1989	家族間の紛争に対する法のかかわり―アメリカにおける児童虐待を中心に	日本法社会学	法社会学41巻	186-190	有斐閣
手嶋昭子	テジママアキコ	1989	家庭復帰を拒否する被虐待児の要保護性について	厚生省児童家庭局	児童相談事例集21集	79-95	日本児童福祉協会
渡辺靖昭・伊藤正信・高橋めぐみ・牧口俊一・吉村靖教	ワタナベヤスアキ ホカ	1989	家事審判長による親権喪失の申立				
大阪市中央児童相談所	オオサカシチュウオウジドウソウダンジョ	1989	児童相談所長による親権喪失の今日的検討 一時保護・親権喪失の制限と親権者の処遇について―1989		紀要 特集 児童虐待について		大阪市中央児童相談所
柏女霊峰	カシワメイホウ	1989	児童虐待(上)		厚生福祉 平成元年7月19日	2-6	
柏女霊峰	カシワメイホウ	1989	児童虐待(下)		厚生福祉 平成元年7月22日	2-5	
吉田恒雄	ヨシダツネオ	1989	児童福祉法第47条の親権喪失の申立にかかわって		明星大学経済学科紀要21号	9-20	明星大学経済学科研究室
丹野春子	タンノハルコ	1989	児童相談所による親権の制限 一時保護(子供置き去り事件を考える<特集>)		埼玉純真女子短期大学研究紀要5号	75-109	
許斐有	コノミユウ	1989	児童福祉法による親権の制限 ―保護者による児童虐待の場合の強制的措置―		淑徳大学研究紀要23号	71-89	淑徳大学
松井一郎ら	マツイイチロウ ホカ	1989	小児医療の場における被虐待児の実態		家庭保健と小児の成長・発達に関する総合的研究報告書63年度	265-280	厚生省

著者	ヨミ	タイトル	年	掲載誌	巻号	ページ	出版社
仲根泰子	ナカネヤスコ	性的虐待によるヒステリー発作が頻発し施設措置にとった事例—児童福祉法第28条1項1号による審判の申立てを中心として—	1989	厚生省児童家庭局	児童相談事例集21集	149-161	日本児童福祉協会
清水隆則	シミズタカノリ	性的児童虐待ケースに対する体系的処遇 —英米の実践例—	1989		ソーシャルワーク研究15巻2号	141-148	相川書房
早川武夫	ハヤカワタケオ	胎児虐待と胎児権（アメリカ法の最前線）	1989		法学セミナー420号	8-9	日本評論社
菊田昇	キクタノボル	日本の"買い子殺し"について	1989		法と秩序19巻5号	26-34	
清水隆則	シミズタカノリ	被虐待児に対する保護法制のあり方	1989		社会福祉学30巻(通巻41)2号	137-161	日本社会福祉学会
大阪児童虐待調査研究会	オオサカジドウギャクタイチョウサケンキュウ	被虐待児のケアに関する調査報告書	1989		大阪府委任調査研究報告		
生島浩	ショウジマ ヒロシ	非行・児童虐待と家族	1989	日本家族研究・家族療法学会	家族療法研究6巻2号	115-120	金剛出版
中村雅彦・鷲尾雅裕	ナカムラマサヒコ・ワシオマサヒロ	児童の同調行動と被虐待との関連性に関する研究—臨床心理学の観点からの接近の試み	1989		愛媛大学教養部紀要22巻1号	21-39	愛媛大学教養部
岡本美紀	オカモトミキ	家庭内虐待-子虐待 (Violence in the Family/Child Abuse)	1990		比較法雑誌24巻（通巻70）1号	118-126	日本比較法研究所
興津進康	オキツノブヤス	児童虐待／児童相談所の対応	1990		少年補導35-11	12-19	大阪少年補導協会
山縣文治	ヤマガタフミハル	児童虐待に対する援助システムの課題	1990		研究紀要・大阪市立大学社会福祉研究7巻	13-23	大阪市立大学社会福祉研究会
床谷文雄	トコタニフミオ	児童虐待により里子が昏睡状態に陥った場合にあっせん監督機関である州及び都の監督職員の重大なる過失と故意的無関心があれば、安全な監護を求める里子の憲法上の権利を侵害したとして、42U.S.C.=1983による責任を負う—Taylor By Through Walker v.Ledbetter,818F.2d 791(11th Cir.1887)	1990		アメリカ法1号	125-131	日米法学会
日本弁護士連合会	ニホンベンゴシレンゴウカイ	親権をめぐる法的諸問題と提言—親による子どもの人権侵害防止のために—	1990		自由と正義41巻1号	101-113	日本弁護士連合会
大阪府児童虐待対策検討会議	オオサカフジドウギャクタイタイサクケントウカイギ	被虐待児童の早期発見・援助のためのマニュアル（第1次版）	1990	大阪府児童虐待対策検討会議			大阪府
上出弘之	カミデヒロユキ	わが国における児童虐待の実態と対応	1990	日本家族心理学会	家族心理学年報8巻	209-223	金子書房
厚生省児童家庭局	コウセイショウジドウカテイキョク	養護児童等の実態—養護児童等実態調査結果報告書（平成2年度）—	1990	厚生科学研究			
藤本哲也	フジモトテツヤ	The Child Abuse in Japan	1991	日本比較法研究所	比較法雑誌24巻3号	1-44	弘文堂
秋山正弘	アキヤママサヒロ	基調報告 児童虐待について（豊かな社会のなかの生存権—真の人権の生存権を求めて＜特集＞）	1991		法と民主主義259号	15-18	日本民主法律家協会
藤本哲也	フジモトテツヤ	日本における児童虐待の実態調査とその結果について（下）	1991		白門43巻3号（中央大学通信教育部）	30-41	中央大学通信教育部
藤本哲也	フジモトテツヤ	日本における児童虐待の実態調査とその結果について（上）	1991		白門43巻5号	6-21	中央大学通信教育部
泉薫・岩佐義彦・許末恵・吉田恒雄他	イズミカオル・イワサヨシヒコ・キョスエエ・ヨシダツネオ ホカ	児童虐待—家族の機能障害と司法の課題＜特集＞	1992		法と民主主義267号	2-39	日本民主法律家協会
泉薫	イズミカオル	児童虐待と親権（子どもの権利条約と弁護士が児童虐待への援助方策の開発に関する研究）	1992		自由と正義42巻2号	22-27	日本弁護士連合会
米倉明	ヨネクラアキラ	児童虐待等に対する援助方策の現状と子どもの権利条約について	1989	厚生科学研究	厚生科学研究総括研究報告書		
稲村博	イナムラヒロシ	子殺し その精神病理	1978				誠信書房
佐々木保行	ササキヤスユキ	日本の子殺しの研究	1980				高文堂出版社
中谷瑾子	ナカタニキンコ	子殺し・親殺しの背景《親知らず・子知らずの時代》を考える	1982				有斐閣
石川稔	イシカワミノル	家族法の中の子ども—子どものための家族法とは	1986	有斐閣	ジュリスト増刊総合特集 子どもの人権43号	142-149	有斐閣

<資料4>

日本における児童福祉に関する年表 －児童虐待防止を中心に－ 1980年～1990年

年	月	法律・政策・事件・研究等の動向
1960		1962年 小児科医(米国)ケンプ(C. H. Kempe)らが「被虐待児症候群」の論文を発表。
1970		1979年 国際児童年
1980		厚生省 3歳児の親への「健全育成調査」まとめる。
	3	児童福祉施設最低基準改正(自閉症児施設新設)
	11	厚生省「ベビーホテル実態調査」実施(報告は昭和56年1月)
1981	4	児童福祉法第33次改正 (無認可児童福祉施設に対する報告徴収・立ち入り調査の権限を設けたこと等 (いわゆるベビーホテルの規制強化)
		「ベビーホテル」問題に対応するための乳児院の活用について」児発第391号 各都道府県知事・各指定都市市長宛 厚生省児童家庭局長通知
	7	養護施設無認可保育施設に対する指導基準を設定
	8	「夜間保育の実施について」児発第635号 各都道府県知事・各指定都市市長宛 厚生省児童家庭局長通知
	8	「延長保育特別対策の実施について」児発第717号 各都道府県知事・各指定都市市長宛 厚生省児童家庭局長通知
	12	厚生省「ベビーホテル問題」記載
1982	7	行政管理庁「ベビーホテル対策に関する調査」実施(昭和58年8月報告)
	8	戸塚ヨットスクールの訓練生2名(当時いずれも15歳)がコーチ体罰から逃走、フェリーから脱走して死亡(監禁致死)。
	10	「父子家庭介護人派遣事業」を創設(母子家庭を対象とする家庭に拡大)
	12	教護院における事故防止について」児発第27号 各都道府県・指定都市民生主管部(局)長宛 厚生省児童家庭局育成課長通知
	12	戸塚ヨットスクールに入校したばかりの訓練生(当時13歳)死亡(傷害致死)
		「すこやかテレホン事業」創設(都市児童健全育成事業)
1983	4	名古屋市における妻子殺人放火事件(保険金目当てで妻と長男(当時3歳)、次男(当時1ヶ月)を殺害)
		全国養護施設協議会「親の離婚等と子どもの人権についての調査」結果発表(深刻さが露呈される)
	7	愛知県 戸塚ヨットスクール校長 コーチら傷害致死罪等で逮捕
		行政管理庁「厚生省「児童相談所における相談件数の記載 (相談内容受付件数、養護相談とは保護者の病気、既婚等による養育困難児、棄児、被虐待児等養育環境上問題のある児童について) 1983年―1988年まで記載
		日本児童問題調査会による「児童虐待 昭和58年度・全国児童相談所内家族における家庭内児童虐待を中心として」児童虐待調査が実施される(報告書の発行、昭和60年1月)
		文部省小学校でのいじめについての初めての教師用手引書「児童生徒の友人関係をめぐる指導上の諸問題」を作成
1984	2	子ども家庭相談事業創設・児童館等
	4	「家庭相談事業の実施について」児発第480号 各都道府県知事・各指定都市市長宛 厚生省児童家庭局長通知
	6	名古屋の児童相談所「一時保護所の少女2名宿直室を殺害し逃走
		文部省「いじめの実態を把握するため「児童生徒の問題行動に関する検討会議」の設置・運営について」の宣言について 厚生省児童家庭局長通知
	4	家庭児童相談室の設置・運営について」児童第14号 各都道府県・指定都市民生主管部(局)長宛 厚生省児童家庭局長 通知
1985	5	児童扶養手当法改正(所得制限強化)
	6	両親に信教上の理由から輸血拒否された小学生が出血多量(交通事故)で「死亡」
	7	地方公共団体の事務に係る国の関与等の整理合理化等に関する法律」に関わる人権の充実について」児童第904号 各都道府県知事・指定都市市長宛 厚生省児童家庭局長
	10	「いじめ」の問題に関する緊急提言について 名古屋市教育委員会第28回人権擁護大会で「学校生活と子どもの人権について」の宣言を採択
	11	日本弁護士連合会第28回人権擁護大会で「学校生活と子どもの人権について」の宣言を採択
	11	「児童のいじめの問題に関する相談活動について」児童第38号 各都道府県知事・指定都市市長宛 厚生省児童家庭局長通知(同上内容)
	12	厚生省「虐待制度等研究会」報告書公表

年	月	東京都・大阪府・大阪市の動向
1982	5	養護児童グループホーム事業開始(東京都)
		東京都非行問題専門相談室設置(東京都 児童相談センター、1989(平成1)年4月に児童問題専門相談に改称)
		非行問題検討委員会PT発足(東京都 児童相談センター)
	10	警視庁少年非行総合対策委員会を設置(東京都)
1984	4	警視庁 初のいじめ実態調査を報告、前年の小・中・高校におけるいじめ事件は531件・被補導数1920人、自殺者7人とわかる(東京都)
		東京都自立援助ホーム事業開始(東京都)
1985	5	警視庁 少年相談室や東京都内の少年センターに「いじめが相談コーナー」を開設(東京都)

年	月	法律・政策・事件・研究等の動向	年	月	東京都・大阪府・大阪市の動向
1986		東京・中野区の中学生が「俺だってまだ死にたくない。だけどこのままじゃ生き地獄になっちゃうよ」と遺書を残し首吊り自殺（その後校内でのいじめの実態が明らかに。葬式ごっこに先生も寄せ書きする）	1986	4	子どものためのショートステイホーム事業開始（夏、冬休み等を養育家庭で過ごす）（東京都）
	8	「児童福祉事業適正化推進全育成事業」各都道府県市長事務について」児発第21号　各都道府県知事・各指定都市市長宛　厚生省児童家庭局長通知			
	9	地域児童健全育成推進事業			
	12	児童福祉法第42条改正（昭和62年4月1日施行「地方公共団体の執行機関が国の事務として行う事務の整理及び合理化に関する法律」機関委任事務化）			
	12	法務省「いじめがお増加、告発による34%、暴力29%」と発表			
	12	国連総会「国内国際間の里親および養子制度を主眼とした児童の保護と福祉についての社会的法律的原則に関する宣言」採択			
1987	1	「児童福祉法施行令等の一部を改正する政令」児発第21号　各都道府県知事・各指定都市市長宛　厚生省児童家庭局長通知			
	1	「児童福祉法施行令等の一部を改正する政令」児発第54号　各都道府県知事・各指定都市市長宛　厚生省児童家庭局長通知			
		Child Abuse研究会発足（児童虐待についての実践のための研究活動として。さらに「Child abuse研究会」は1994年に児童虐待防止協会の一つの部門として合併）つけられる			
	3	日本弁護士連合会「子どもの人権救済の手引き」いじめ（体罰）、登校拒否、校則などの問題を取り上げる			
	4	「児童福祉施設最低基準の一部を改正する省令」（児童家庭局関係の施行）児発第141号　各都道府県知事・各指定都市市長宛　厚生省児童家庭局長通知			
	5	「各中核市市長宛　厚生省児童家庭局長通知」児童福祉施設における処遇体制の強化推進費について」児発第453号　各都道府県知事・各指定都市市長・各中核市市長宛　厚生省児童家庭局長通知			
	5	「社会福祉士及び介護福祉士法」成立			
	5	学生と弁護士による「子どもの人権研究会」発足			
	7	教育庁「児童・生徒のいじめに関する指導について」厚生省児発第138号各都道府県知事・各指定都市市長宛　各都道府県家庭児童相談員・家庭児童福祉指導員・婦人相談員結果調査発表			
	10	「里親家庭養育推進運営要綱」「里親養護教育の監督教育等を行い、誠実に養育すること」（同上運営要綱第6留意事項）児発第901号　各都道府県知事・各指定都市市長・各中核市市長宛　厚生省児童家庭局長通知			
	10	「里親家庭養育推進事業の実施について」児発第902号　厚生省児童家庭局長通知			
	10	「養護施設等における新年度制度の協力について」児発第466号　各都道府県知事・各指定都市市長・各中核市市長宛　厚生省児童家庭局長通知			
	11	「特別養子制度における家庭裁判所との協力について」児発第27号　各都道府県民生主管部（局）長宛　厚生省児童家庭局長通知			
1988	1	「特別養子制度」実施（民法の一部改正）	1988	10	大阪府の委託をうけて大阪児童虐待調査研究会発足
	3	JR大宮駅コインロッカー内殺人、死体遺棄事件（バラバラ死体が発見され、警察の捜索によりコインロッカー内から嬰児の死体が発見された。）			
	3	「児童養護、所入児童のうち中学校卒業後就職する児童等に対する措置の継続等について」児発第266号　各都道府県知事・各指定都市市長宛　厚生省児童家庭局長通知			
	3	「自立相談援助事業の実施について」児発第464号　各都道府県知事・各指定都市市長宛　厚生省児童家庭局長通知			
	5	「児童福祉施設退所児童等就職支度金の運用について」児発第465号　厚生省児童家庭局長通知			
	5	「養護施設入所児童等の実施について」児発第265号の6　各都道府県知事・各指定都市市長宛　厚生省児童家庭局長通知			
	7	少年3人による幼女殺害事件死体遺棄事件（西巣鴨置き去り事件）			
	8	養護施設全児童の実態調査発表（入所理由は虐待・放任が約1割と増加傾向）			
1989	2	「提言　新しい児童家庭福祉の推進をめざして」児童福祉懇談会・全国社会福祉協議会	1989	3	「被虐待児のケアに関する調査報告書」発行（大阪児童虐待調査研究会）
	2	「厚生白書」「子どもと家庭：出生率の低下、家族の姿の変化」の記載		6	紀要―特集・児童虐待の処遇について―」発行（大阪府）
	3	「長寿社会における子ども、家庭・地域」厚生省平成元年版厚生白書『出生率の低下と家庭の子育て機能低下を踏まえ、行政の支援強化を打ち出す』			
	4	「児童福祉施設入所児童等の高等学校進学の取扱いについて」児発第265号の7　各都道府県知事・各指定都市市長宛　厚生省児童家庭局長通知		10	児童虐待対策検討会議設置（大阪府）
	4	「児童相談所における高等学校進学の実施について」児発第401号　各都道府県知事・各指定都市市長宛　厚生省児童家庭局長通知			
	5	「家庭支援援助事業モデル事業の実施について」児発第407号　各都道府県知事・各指定都市市長宛　厚生省児童家庭局長通知			
	5	長野県・木城村青木村における3歳の幼児　女性バラバラ殺人、死体遺棄（父親が実母2人を殺害）			
	11	「教護院入所児童の処遇について」児発第25号　各都道府県民生主管部（局）長宛　厚生省児童家庭局長通知			
	11	国連総会「児童の権利に関する条約」採択			
	12	厚生省「新しい児童の母子保健を考える研究会」報告書発行			

年	月	法律・政策・事件・研究等の動向	年	月	東京都・大阪府・大阪市の動向
1990	3	児童虐待防止協会設立―大阪（代表：故内百合子保健総合医療センター総長）	1990	3	被虐待児童処遇マニュアル作成（大阪府）
	3	「児童相談所運営指針」改定		3	児童虐待防止制度研究会発足（大阪弁護士会）
	3	中央児童福祉審議会保育対策部会「保育所指針について」意見具申（保育の目標や方法を定めた保育所保育指針の改定案をまとめる）		3	被虐待児地域処遇モデル化事業開始（大阪府）
	4	子どもの虐待ホットライン開設（児童虐待防止協会―大阪）		11	「被虐待児童の早期発見と援助のためのマニュアル発行（大阪府）児童虐待対策検討会議
	4	中央社会福祉審議会・身体障害者福祉審議会・中央児童福祉審議会答申（福祉八法改正関係）			
	6	「児童福祉施設（児童家庭局所管関係）における入所児童（者）処遇特別加算費について」児発第475号の6 各都道府県知事・各指定都市長宛 厚生省児童家庭局長通知			
	8	「健やかに子供を生み育てる環境づくりに関する関係省庁連絡会議」設置			
	8	「1989年の人口動態統計の概況」で女性一人あたりの平均特殊出生率がこれまでで最低の1.57と発表			
	9	政府は「児童の権利に関する条約」に署名			
	9	子どものための世界サミット行なわれる（国連本部・ニューヨーク）			
	12	文部省「学校不適応対策調査研究協力者会議」の中間報告（これまで個人や家庭の問題としてとらえがちだった登校拒否について、初めて「学校不適応はどの子どもにも起こりうる問題」との見方を打ち出す）			

出典：
警察庁編『警察白書 昭和59～平成3年版』大蔵省印刷局
厚生省編『厚生白書 昭和55～平成3年版』厚生問題研究会
高橋重宏・網野武博・柏女霊峰編著（1996）『戦後の児童福祉の歩み ハイライト子ども家庭白書』児童虐待防止協会
児童虐待防止協会（2000）『10周年記念誌 支えられて10年―児童虐待防止協会の歩み』日本児童福祉協会
厚生省児童家庭局企画課監修（1998）『児童相談所運営指針』日本児童問題調査会
福祉関係事業概要』平成16年版（2004）東京都福祉保健局少子社会対策部総務課
東京都児童相談センター『子どもと家庭―20年の足跡』（1995）東京都福祉保健局児童相談所
子どもと家庭 女性施策編『子ども白書 母子保健 小児医療概要』（1987）1986・87年度版
全国子どもを守る会編『子ども白書』1984-1986年版
日本社会福祉協議会編『児童福祉年報』（1985・4から1986・3）『子ども白書』1986年版 草土文化
日本子どもを守る会編「ベビーホテル対策をめぐる評価―改間保育所を中心として―」『社会福祉学』24巻2号 日本社会福祉学会
山県文治（1983）

<資料5-1>
親権又は管理権の喪失の宣告及びその取消し―全国家庭裁判所(1948～2002年)

	受理			既済						未済
	総数	旧受	新受	総数	認容	却下	取下げ	移送	その他	
昭和23年			229	146	55	7	80	4		83
24			258	247	110	15	117	5		90
25			246	241	86	28	125	2		97
26			261	262	82	22	153	5		96
27	501	96	405	387	127	35	217	8	-	114
28	452	114	338	314	98	28	175	12	1	138
29	731	137	594	558	152	34	352	15	5	173
30	568	173	395	436	115	26	275	14	6	132
31	414	132	282	306	87	20	194	4	1	108
32	333	108	225	211	48	8	147	6	2	122
33	366	122	244	253	84	16	139	8	6	113
34	295	113	182	185	40	13	125	4	3	110
35	266	110	156	178	53	8	113	3	1	88
36	226	88	138	150	34	11	99	2	4	76
37	211	76	135	136	31	5	100	-	-	75
38	221(5)	75(2)	146(3)	136(3)	34	-	97	2	3	85(2)
39	176(2)	85(2)	91(-)	109(2)	24	8	74	2	1	67(-)
40	203(6)	67(-)	136(6)	125(1)	31	3	90	1		78(5)
41	177(5)	78(5)	99(-)	115(-)	23	11	81			62(5)
42	159(6)	62(5)	97(1)	104(1)	14	6	80	3	1	55(5)
43	151(10)	55(5)	96(5)	89(2)	11	16	60	1	1	62(8)
44	159(10)	62(8)	97(2)	98(2)	27	7	61	2	1	61(8)
45	150(11)	61(8)	89(3)	80(4)	6	7	64	3	-	70(7)
46	129(12)	70(7)	59(5)	84(7)	25	2	54	3	-	45(5)
47	157	45	112(1)	93	16	5	59	7	6	64
48	147	64	83(2)	85	12	4	65	2	2	62
49	136	62	74(5)	87	21	3	63	-	-	49
50	151	49	102(-)	78	17	3	57	-	1	73
51	170	73	97(8)	99	10	14	74	-	1	71
52	156	71	85(9)	106	14	2	87	2	1	50
53	144	50	94(9)	100	18	8	74	-	-	44
54	140	44	96(11)	87	10	3	73	1	-	53
55	135	53	82(2)	86	12	7	65	-	2	49
56	136	49	87(-)	87	13	5	68	1	-	49
57	130	49	81(2)	88	14	5	66	3	-	42
58	115	42	73(1)	71	19	5	46	1	-	44
59	113	44	69(6)	77	18	3	56	-	-	36
60	110	36	74(1)	77	13	7	54	2	1	33
61	98	33	65(2)	61	10	6	41	1	3	37
62	125	37	88(2)	72	14	6	52	-	-	53
63	145	53	92(2)	90	7	11	71	-	1	55
平成元年	160	55	105(1)	111	16	9	82	4	-	49
2	130	49	81(7)	65	10	6	49	-	-	65
3	164	65	99(3)	112	23	7	65	10	7	52
4	134	52	82(6)	82	8	11	61	-	2	52
5	106	52	54(1)	71	5	12	53	-	1	35
6	147	35	112(1)	82	3	6	71	2	-	65
7	131	65	66(9)	97	15	10	58	2	12	34
8	156	34	122(-)	103	13	19	70	-	1	53
9	161	53	108(3)	107	21	8	77	-	1	54
10	166	54	112(1)	102	18	11	71	1	1	64
11	152	64	88	100	20	12	67		1	52
12	160	52	108	109	13	11	82	-	3	51
13	153	51	102	89	17	8	63		1	64
14	194	64	130	142	17	18	100		7	52

( )内は渉外事件の内数
資料:『司法統計年報 3家事編』昭和27～平成14年 最高裁判所事務総局
　　　昭和23～26年については昭和27年版を参照
空欄については記載なし

<資料5-2>
児童福祉法28条の事件

	受理			既済						未済
	総数	旧受	新受	総数	認容	却下	取下げ	移送	その他	
昭和27年	6	-	6	6	6	-	-	-	-	-
28	10	-	10	7	2	-	5	-	-	3
29	9	3	6	7	3	-	4	-	-	2
30	8	2	6	4	4	-	-	-	-	4
31	12	4	8	10	3	-	5	-	2	2
32	12	2	10	9	7	-	2	-	-	3
33	16	3	13	10	5	-	4	-	1	6
34	14	6	8	7	7	-	-	-	-	7
35	12	7	5	12	5	-	7	-	-	-
36	20	-	20	13	9	-	4	-	-	7
37	14	7	7	10	5	-	5	-	-	4
38	19	4	15	17	13	-	4	-	-	2
39	9	2	7	7	6	-	1	-	-	2
40	11	2	9	4	2	2	-	-	-	7
41	13	7	6	11	10	-	1	-	-	2
42	16	2	14	6	3	-	3	-	-	10
43	36	10	26	28	23	-	5	-	-	8
44	15	8	7	11	8	-	3	-	-	4
45	9	4	5	5	2	-	3	-	-	4
46	27	4	23	13	9	-	4	-	-	14
47	31	14	17(-)	20	14	3	3	-	-	11
48	30	11	19(-)	23	16	-	7	-	-	7
49	24	7	17(-)	12	5	-	7	-	-	12
50	34	12	22(-)	24	14	2	8	-	-	10
51	25	10	15(-)	19	8	-	11	-	-	6
52	26	6	20(-)	23	13	-	10	-	-	3
53	28	3	25(-)	24	16	2	6	-	-	4
54	32	4	28(3)	20	14	1	3	-	2	12
55	26	12	14(-)	17	12	1	4	-	-	9
56	20	9	11(-)	11	4	-	5	-	2	9
57	20	9	11(-)	14	8	-	6	-	-	6
58	21	6	15(-)	18	10	-	8	-	-	3
59	23	3	20(-)	17	14	-	3	-	-	6
60	18	6	12(-)	16	16	-	-	-	-	2
61	14	2	12(-)	14	9	-	5	-	-	-
62	13	-	13(-)	7	4	-	3	-	-	6
63	21	6	15(-)	18	10	-	8	-	-	3
平成元年	17	3	14(-)	10	3	-	4	-	3	7
2	44	7	37(-)	33	19	2	12	-	-	11
3	32	11	21(-)	25	17	-	8	-	-	7
4	26	7	19(1)	22	18	-	4	-	-	4
5	19	4	15(-)	12	6	-	6	-	-	7
6	35	7	28(-)	20	12	-	8	-	-	15
7	51	15	36(1)	43	18	1	22	-	2	8
8	62	8	54(-)	51	39	-	12	-	-	11
9	74	11	63(1)	49	36	-	13	-	-	25
10	90	25	65(1)	69	40	1	26	-	2	21
11	118	21	97	81	58	-	23	-	-	37
12	179	37	142	142	101	6	35		-	37
13	206	37	169	170	131	2	36		1	36
14	165	36	129	133	93	6	34		-	32

( )内は渉外事件の内数
資料:『司法統計年報 3家事編』昭和27～平成14年 最高裁判所事務総局
空欄については記載なし
昭和27年以前は独立した項目として計上されていない

<資料5-3>
親権喪失等・児童福祉法28条の新受件数

	親権喪失等	児福法28条		親権喪失等	児福法28条		親権喪失等	児福法28条		親権喪失等	児福法28条
昭和23年	229		昭和37年	135	7	昭和51年	97(8)	15(-)	平成2年	81(7)	37(-)
24	258		38	146(3)	15	52	85(9)	20(-)	3	99(3)	21(-)
25	246		39	91(-)	7	53	94(9)	25(-)	4	82(6)	19(1)
26	261		40	136(6)	9	54	96(11)	28(3)	5	54(1)	15(-)
27	405		41	99(-)	6	55	82(2)	14(-)	6	112(1)	28(-)
28	338		42	97(1)	14	56	87(-)	11(-)	7	66(9)	36(1)
29	594		43	96(5)	26	57	81(2)	11(-)	8	122(-)	54(-)
30	395		44	97(2)	7	58	73(1)	15(-)	9	108(3)	63(1)
31	282		45	89(3)	5	59	69(6)	20(-)	10	112(1)	65(1)
32	225		46	59(5)	23	60	74(1)	12(-)	11	88	97
33	244	6	47	112(1)	17(-)	61	65(2)	12(-)	12	108	142
34	182	10	48	83(2)	19(-)	62	88(2)	13(-)	13	102	169
35	156	6	49	74(5)	17(-)	63	92(2)	15(-)	14	130	129
36	138	6	50	102(-)	22(-)	平成元年	105(1)	14(-)			
		8									
		10									
		13									
		8									
		5									
		20									

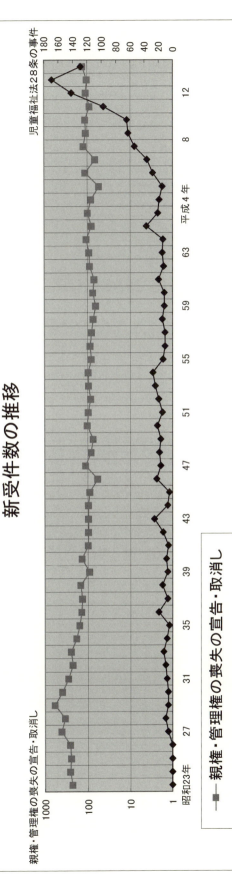

新受件数の推移

<資料5-4>
児童相談所における親権・後見人関係請求・承認件数

	児童福祉法28条第1項・第2項による措置		親権喪失宣告の請求		後見人選任の請求		後見人解任の請求	
	請求件数	承認件数	請求	承認	請求	承認	請求	承認
49	14	10	5	-	70	57	2	2
50	10	2	4	-	51	46	-	-
51	9	6	-	-	27	26	1	1
52	5	5	-	-	49	50	2	2
53	8	7	-	-	32	30	2	1
54	5	4	1	1	40	33	1	1
55	2	1	-	-	37	41	1	1
56	2	2	1	-	21	23	-	-
57	6	3	3	2	23	21	1	1
58	4	4	-	1	25	26	-	-
59	14	13	2	-	21	17	-	-
60	3	3	1	-	25	19	-	-
61	-	1	-	1	14	18	-	-
62	5	5	-	-	11	11	-	-
63	6	3	1	-	9	8	1	1
平成元年度	3	-	-	-	8	8	-	-
2	19	15	2	-	8	4	-	-
3	10	9	2	3	15	13	-	-
4	7	5	1	1	9	8	-	-
5	5	1	1	-	7	6	-	-
6	4	3	1	1	8	4	1	1
7	31	11	2	-	7	4	-	-
8	35	19	3	-	10	8	-	-
9	49	36	3	1	8	7	2	2
10	39	22	9	2	10	5	-	-
11	88	48	1	6	14	8	1	1
12	127	87	8	-	7	3	-	-
13	134	99	4	1	11	6	-	1
14	117	87	3	3	9	10	-	-
15	140	105	3	-	8	6	-	-

資料:厚生省大臣官房統計情報部編『社会福祉行政業務報告』昭和49～平成15年度　財団法人厚生統計協会

<資料5-5>
親権者、管理権者等の職務執行停止又は職務代行者選任の申立て―全国家庭裁判所

	受理			既済					未済
	総数	旧受	新受	総数	認容	却下	取下げ	その他	
昭和28年			46						
29			27						
30			19						
31			28						
32			19						
33			35						
34			31						
35			30						
36			14						
37			10						
38			6						
39			10						
40			13						
41			7	…					
42			5	…					
43			18	…					
44			9	…					
45			8	…					
46			15	…					
47			9	…					
48			6	…					
49			5	…					
50			16	…					
51			10	…					
52			11	…					
53			4	…					
54			14	…					
55			14	…					
56	23	2	21	18	6	-	11	1	5
57	26	5	21	18	9	-	9	-	8
58	24	8	16	17	9	1	7	-	7
59	29	7	22	23	10	2	11	-	6
60	33	6	27	24	4	4	13	3	9
61	33	9	24	25	10	1	13	1	8
62	37	8	29	20	7	2	11	-	17
63	50	17	33	37	13	2	19	3	13
平成元年	59	13	46	40	23	1	16	-	19
2	44	19	25	27	10	3	14	-	17
3	40	17	23	30	12	3	14	1	10
4	29	10	19	23	10	2	10	1	6
5	48	6	42	39	22	3	11	3	9
6	56	9	47	38	17	4	15	2	18
7	50	18	32	40	6	2	31	1	10
8			50(23)	44(19)	12(6)	6(-)	24(13)	2(-)	15(6)
9			55(19)	57(23)	21(6)	1(-)	34(16)	1(1)	14(2)
10			53(30)	57(28)	28(21)	7(2)	22(5)	-	10(4)
11			55	49	19	6	22	2	16
12			65	68	26	2	37	3	12
13			68	53	19	10	21	3	27
14			65	68	17	21	29	1	24

資料:『司法統計年報 3家事編』昭和27～平成14年 最高裁判所事務総局
(　)内は特に親権喪失等に関して申立てが行われた数
空欄については記載なし

<資料6-1>
児童虐待に係る検挙人員(1999年～2003年)

	総数	殺人	傷害	致死	暴行	逮捕監禁	強姦	強制わいせつ	保護責任者遺棄	重過失致死傷	その他
平成11年	130	20	48	18	1	-	12	3	22	5	19
12	208	35	105	26	4	-	15	9	17	3	20
13	216	38	109	32	9	-	4	5	23	3	25
14	184	20	101	20	5	1	7	4	25	-	21
15	183	26	98	25	6	-	6	3	20	4	20

<資料6－2>
嬰児殺の検挙人員(1945年～2003年)

	認知件数	検挙件数	検挙人員 計	男	女	女子比
昭和20年	160	136	141	31	110	78
21	251	198	202	55	147	72.8
22	310	235	260	66	194	74.6
23	399	300	353	104	249	70.5
24	374	297	342	58	284	83
25	339	273	321	66	255	79.4
26	290	227	263	41	222	84.4
27	255	202	226	43	183	81
28	274	214	232	41	191	82.3
29	199	163	182	34	148	81.3
30	195	168	177	24	153	86.4
31	178	135	142	21	121	85.2
32	155	127	136	19	117	86
33	141	112	117	16	101	86.3
34	184	144	150	20	130	86.7
35	190	155	158	21	137	86.7
36	169	147	138	17	121	87.7
37	171	144	143	17	126	88.1
38	180	158	155	19	136	87.7
39	192	156	148	12	136	91.9
40	221	182	179	15	164	91.6
41	206	173	173			
42	183	152	149			
43	222	183	186			
44	185	163	168			
45	210	187	190			
46	189	149	150			
47	174	152	148	7	141	95.3
48	196	156	145	11	134	92.4
49	190	160	153	13	140	91.5
50	207	177	156	17	139	89.1
51	183	161	152	19	133	87.5
52	187	168	151	12	139	92.1
53	163	149	137	12	125	91.2
54	165	142	120	9	111	92.5
55	167	154	122	7	115	94.3
56	138	123	111	9	102	91.9
57	138	124	118	9	109	92.4
58	146	127	106	6	100	94.3
59	112	106	97	9	88	90.7
60	129	120	109	10	99	90.8
61	99	93	78	3	75	69.2
62	107	102	87	5	82	94.3
63	91	78	70	4	66	94.3
平成元年	85	74	56	5	51	91.1
2	82	81	69	3	66	95.7
3	71	64	47	2	45	95.7
4	67	57	49	1	48	98
5	66	63	57	5	52	91.2
6	45	43	34	2	32	94.1
7	52	49	38	4	34	89.5
8	52	51	39	6	33	84.6
9	41	40	38	3	35	92.1
10	38	37	32	4	28	87.5
11	26	24	19	-	19	100
12	33	31	29	4	25	86.2
13	40	33	35	4	31	88.6
14	29	25	21	1	20	95.2
15	27	26	18	6	12	66.7

資料：法務省法務総合研究所編『犯罪白書』平成11年～16年版　大蔵省印刷局発行
警察庁　犯罪統計書『昭和20年の犯罪』～『平成11年の犯罪』

第2期
(1990年4月から2000年5月まで)

第2期の概観

　今期の研究は、第1期（1985年から1990年まで）に続き、1990年3月における大阪「児童虐待防止協会」の設立から2000年5月の児童虐待防止法成立までを対象としている。

　この時期の関心は、児童虐待に関する広報・啓発がまず先行し、続いて発見や通告等の初期介入に向けられた。各地で発見・通告のためのネットワークが立ち上がり、児童虐待防止マニュアルが作成された。

　しかし、児童虐待への対応が進むにつれて、従来のケースワーク手法では限界があることが明らかになってきた。児童相談所等の関係機関からの援助を拒否し、虐待の事実を認めない親に対しては、伝統的な手法による対応には限界があったからである。そこで大阪を中心に、児童相談所、保健所、医療機関等の関係機関と弁護士との連携のもとに新たな対応方法の模索が始まった。司法と連携した児童虐待への介入である。それまでは、こうした強制力を背景とする介入は、親の態度を硬化させ、その後の指導に支障を生ずるおそれがあること、審判までに時間がかかること、審判の実効性に疑問があること等から、ほとんど利用されてこなかった。これを見直し、司法手続により、虐待家族に強制的に介入しようとする試みである。このように福祉と司法が連携した「介入的ソーシャルワーク」の手法が次第に確立していった。

　これと軌を一にして、大阪や東京で児童虐待防止の民間団体が設立された。この設立を契機に児童虐待に対する社会の関心が高まり、児童虐待に関する報道が増え、研究も展開された。しかしこの時期においては、児童虐待に対して児童福祉法、刑法、民法等、従来の法制度の運用により対応せざるを得なかった。他方で、児童虐待事件、とくに死亡事例の報道から、社会は、より積極的な介入を求めるようになってきた。こうした動きを捉えて、国会では、新たな立法を必要とする声が高まり、次期の「児童虐待防止法」の制定につながっていくのである。

　その意味では、この第2期は、急増する虐待問題の対応に迫られつつも、いまだ経験の積み重ねが乏しく、児童相談所等の機関が試行錯誤を繰り返していた時期でもある。そうした中で、児童虐待に対する学際的取り組みの重要性が認識され、「日本子どもの虐待防止研究会」が設立された。この研究会における意見交換や研究会誌の発行により、多分野の専門家が児童虐待に関する知識や技術を共有することができるようになった。

　この時期は、児童虐待への対応に迫られた人々が、何とか既存の枠内で困難な状況に立ち向かおうとした時期であり、そうした工夫が各分野で見られる。法学の分野においても、伝統的な法律学の分野から様々な試みがなされ、国家による家庭への介入のあり方や方法、基準等が検討されている。これらの積み重ねが次の第3期における「児童虐待防止法」下での新たな制度につながっていくのである。

（吉田　恒雄）

第 2 期（1990 年 4 月から 2000 年 5 月まで）

I　法令・判例および法学研究の動向

1　全体の動向

(1) はじめに

　第 2 期は、1990 年 4 月から 2000 年 5 月までを対象としている。これは、大阪に児童虐待防止協会が設立され、児童虐待に対する社会的関心が高まった時期から児童虐待防止法制定までの期間である。この時期は、第 1 期には十分に認識されていなかった「児童虐待」の概念が次第に明確になり、保健・医療・福祉・司法等の各分野で児童虐待への対応が模索された時期でもある。法制度としては、児童虐待に対して、児童福祉法、民法、刑法といった従来の枠組みでしか対応することができず、その枠内での解釈を通じて、被虐待児の保護にあたらざるをえない状況にあった。

　こうした児童虐待への認識が芽生えた時期ではあるが、主たる法的関心はまだ発見、通告、初期介入に向けられるに止まっていた。被虐待児への支援や親子再統合、虐待親への治療的介入への研究は始まったものの、大きな社会的関心が向けられるのは児童虐待防止法成立後のことであり、この段階ではまだ総合的な施策を構築するところまでには至っていない。

　この時期の法解釈を通じての取り組みから認識された課題や実務から提示されたノウハウの積み重ねが、第 3 期における総合的支援のための法制度の形成に引き継がれていくのである。

(2) 法改正および通知

①法改正

　第 2 期における法律改正では、1997 年の児童福祉法第 50 次改正が重要である。この改正は、保育所入所の方式を従来の市町村の措置から、保護者が選択し市町村との契約による仕組みに改めた点が主要な改正点である。児童虐待に関しては、虐待等の困難事例への対応として、入所措置の客観性を確保し、児童相談所の専門性をバックアップするため、知事による措置に際して都道府県児童福祉審議会の意見を聴くことが義務づけられ、それに関連して児童の意向を聴取する仕組みも設けられた。その他、養護施設（第 50 次改正で児童養護施設と改称）に児童家庭支援センターを設置することができるものとし、地域における児童や家庭の相談体制の充実強化が図られることになった。しかし、児童虐待に関心が向けられたとはいえ、児童虐待に関連する直接の改正とまではいえず、要保護児童や母子家庭の自立支援等、この時期の社会的要請に応じる内容に止まっていた。

　その他、行政手続法の施行に関連して措置解除の際の理由説明、意見聴取等の規定が設けられ（1993 年第 46 次改正）、児童福祉司の任用資格に関する改正（1999 年第 53 次改正）や民法改正に伴う改正（1999 年第 55 次改正）等が行われた。

②通　知

　児童虐待問題が社会的注目を集め、児童相談所の積極的対応が求められるようになってきたこの時期、厚生省は、まず当時の法制度の枠内で対応するよう都道府県に求めた。厚生省児童家庭

局長通知「児童虐待等に関する児童福祉法の適切な運用について」(平成9年6月20日児発第434号)は、児童相談所の立入調査権限や家庭裁判所への申立権限等を積極的に活用するとともに、要保護児童の通告が守秘義務違反にはならないことを明示し、虐待親からの強制的な引取りに対する対応等、児童福祉法の積極的運用を求めた。

児童虐待対応としては、関係機関の連携を進めるためのネットワーク作りを求める通知「児童虐待ケースマネージメントモデル事業の実施について」(平成8年5月15日厚生省児童家庭局企画課長通知児企第16号)や都市家庭在宅支援事業(「都市家庭在宅支援事業の実施について」平成6年9月16日厚生省児童家庭局家庭福祉課長通知児家第8号)等、関係機関との連携強化を求める通知が出されるようになった。

また初期介入が主眼であったこの時期に、児童福祉施設における心理職の配置を求める通知(「児童養護施設および乳児院における被虐待児に対する適切な処遇体制の整備について」平成11年4月30日厚生省児童家庭局長通知児発第419号)が発出され、虐待問題に対する治療的視点が導入されていることは注目される。その他、児童福祉施設分野では、自立支援関係の通知(児童養護施設等における児童福祉法の一部を改正する法律の施行に係る留意点について」平成10年2月24日厚生省児童家庭局長通知児発第95号)や被虐待児の早期家庭復帰を目指す対応を求める通知(「乳児院における早期家庭復帰等の支援体制の強化について」平成11年4月30日厚生省児童家庭局長通知第421号)等、児童福祉施設における心理治療や親子再統合のための体制整備等が行われ、これらの施策とその積み重ねがその後の児童虐待防止法や児童福祉法の改正で自立支援に関する条項として盛り込まれることになっていく。

(3) 判 例
①児童福祉法28条審判

児童相談所が児童福祉法を積極的に運用し、児童虐待に積極的に対応するようになったことから児童福祉法28条事件の申立件数がこの時期に急増している。

これに伴い、同条に関する審判例も以前に比較して数多く公表されるようになった。審判例としては、28条審判を本案として親権者による児童の退院手続の禁止、退院後の児童相談所による一時保護等に関する保全処分を命じた浦和家裁審判平成8年3月22日【判例1①】がある。この時期に28条審判を本案とする保全処分で公表された事件は本審判例1件であり、家庭裁判所実務では大勢にならなかったが、この審判例は1997年の434号通知にも引用される等、司法関与のあり方について重要な課題を投げかけた。この点については、2005年の特別家事審判規則の改正により、一時保護中の児童について28条申立があった場合に保護者の面会・通信を制限する審判前の保全処分制度の創設につながっている(旧特別家事審判規則18条の2)。

その他、児童虐待防止法制定後に大きな論点となる家庭裁判所が保護者に対し児童福祉司指導を受けるよう命ずる制度との関連で、審判の理由中でこれに言及するものが現れる等【判例1②】、児童相談所と家庭裁判所との連携の試みを見ることができる。

②親権喪失宣告審判

この時期の親権喪失宣告審判の動向には、民法834条に基づくものにも、児童福祉法33条の

6に基づくものにも件数の上では何の変化も見られない。公表されている事例は4件である。このうち大阪家裁審判平成6年2月16日【判例4①】と大阪高裁決定平成6年3月28日【判例4②】は同一事件の原審と抗告審である。この事例では、親権喪失請求の申立人は、母を単独親権者として離婚した実父である。その他の2例では、申立人は児童相談所長である。上記の2例と熊本家裁審判平成10年12月18日【判例5】は、親権喪失請求を本案とする審判前の保全処分として、親権者の職務執行停止と職務代行者選任を申し立てた事例である。親権喪失宣告本体について公表されているのは、長崎家裁佐世保支部審判平成12年2月23日【判例6】1件だけである。

なお、親権喪失宣告請求事件の他に、民法766条に基づく監護者指定について実質的に親権制限的機能を持たせて適用できるかということが争われた事件が登場した【判例7】。また、大阪家裁審判平成9年4月1日【判例8】では、過去の虐待から受けた精神的苦痛は、氏を変更する「やむを得ない事由」(戸籍法107条)、名を変更する「正当な事由」(同法107条の2)に該当するとした審判例が存在する。

③刑事判例

この時期の刑事裁判例の傾向としては、①判決理由中に「虐待」との文言が用いられるようになり、しかも犯行が児童虐待にあたるとすることによって、量刑上厳しい判断がなされるようになってきたこと【判例9】、②不作為による傷害致死の幇助犯の成立を認める判例が現れたこと【判例10】、③児童虐待事案において被虐待児本人の供述について判断した判例が現れた【判例11】ことが挙げられる。いずれも児童虐待問題が社会問題化したことから生じた刑事判例における変化ということができる。

(4) 研究動向
①児童福祉法分野

第2期に入り、児童虐待に関する法学分野の研究も本格化する。とはいえ、いわゆる法学研究者からのアプローチはまだ緒に就いたばかりであり、弁護士や家庭裁判所調査官等、実務家が実際的必要性に迫られる形で研究がスタートしたといえる。

児童虐待防止民間団体の設立に伴い、弁護士と児童相談所、家庭裁判所関係者との交流も盛んになり、児童虐待対応で必要となる法律知識の普及や解釈等の模索が行われた。弁護士会ではシンポジウムを開催して啓発に努めるとともに【文献1】、児童相談所等への法的支援を行い始めた。その成果が『子どもの虐待防止・法的実務マニュアル』【文献37】であり、弁護士の取り組みの実際を紹介する『児童虐待ものがたり――法的アプローチ』【文献18】である。弁護士と児童相談所との交流は、その後、児童相談所における弁護士の配置等の連携につながっていくことになる。

「日本子どもの虐待防止研究会」(後に、日本子ども虐待防止学会に改組)の設立も、児童虐待に関する法学研究に大きな影響を与えた。同研究会においては、法学分野は重要な柱とされ、毎回法律関係の分科会が設けられている。また、同研究会の機関誌である『子どもの虐待とネグレクト』には、法学関係の論文や資料が数多く掲載され、法学分野以外の実務家・研究者との情報交

換や児童虐待に関する法律問題について情報提供がなされている。同学会の「制度検討委員会」は、児童虐待に関する調査を行い、これを踏まえた提言をする等、児童虐待防止法制度の見直しに様々な形で影響力を与えた。

この時期から、家庭裁判所への児童福祉法28条事件の申立件数が増加し、それを受けて、家庭裁判所関係者による研究も本格的に開始されるようになった。【文献8】は家庭裁判所裁判官による児童福祉法28条事件の分析であり、【文献11】および【文献12】は、家庭裁判所調査官による調査方法に関する文献である。これらの文献においては、児童相談所との連携のあり方とともに家庭裁判所の役割について検討され、家庭裁判所が以後児童虐待問題に関与する上で貴重な視点を提供している。

その他、1994年に批准された子どもの権利条約から見た児童虐待問題の研究も、この時期に数多く刊行されており、「子どもの権利」から見た児童虐待防止制度のあり方や運用方法の検討等、児童虐待に関する法学研究に新たな視点をもたらしている。

②民法分野

民法分野の研究は、親権の性質論とその性質に対応する親権喪失請求に関する議論が中心になる。とはいえ、伝統的な民法学の側からの児童虐待への民法上の対応についての論考はなお多くない。そうした中で、第2期は、初期の児童虐待事例を取り扱った弁護士から、どのような事例でいかに法的に対処したのかが紹介・報告され、親権の壁を乗り越える難しさや親権が強すぎるという主張がなされる【文献19】。一方制度論として、民法研究者や児童虐待に対応する現場の専門家（児童相談所・家庭裁判所）の間では、児童虐待対応で親権喪失制度が果たす役割・機能についての議論が行われるようになる。この議論は、親権喪失には親権者の故意過失が必要か、それとも子の福祉の著しい危険が存在すれば、それが親権者の責に帰すべきものでなくてもよいかという議論にも重なっていく（【文献14】、【文献9】の第4章）。なお、【文献9】は民法学のみの論考を集めたものではないが、本書の刊行は、第3期冒頭（2000年秋）に行われた「日本家族〈社会と法〉学会」での「児童虐待の法的対応」と題するシンポジウムにつながっていくことになる。

③刑事法分野

学会レベルでは、刑法学会のワークショップで児童虐待問題が2回取り上げられ、犯罪学会でも一般発表で児童虐待をテーマとする報告が行われた。さらに被害者学会でも個別報告がなされる等、刑事法分野において児童虐待への関心が高まってきたことをうかがわせる。これと前後して明治学院大学立法研究会シンポジウム「児童虐待——わが国における現状と課題」が開催されている【文献24】。これらのワークショップやシンポジウムでは、通告義務の罰則化、児童虐待罪の創設等の主張も行われ、その後の児童虐待防止法制定時における議論につながっていく。

この時期から警察も児童虐待問題に積極的に関与するようになり、まず警察庁による児童虐待の統計が取られるようになった。さらに1999年12月には「女性・子どもを守る施策実施要綱」が制定され、児童虐待に対する取り組みの強化、被虐待児保護の強化が図られるようになった。

少年非行と児童虐待との関係については、【文献20】で本格的な調査研究が行われたが、この

点に関する研究は次の第3期でさらに本格化することになる。

④児童福祉分野

　第2期においては、児童虐待に関する社会的関心の高まりに応じて、児童福祉分野において独自の研究が進められた。とくに虐待対応の第一線である児童相談所の対応に批判の目が向けられるという事情から、児童福祉行政の立場から、ソーシャルワークの有用性の検証や虐待ケース検証結果の共有という動きを踏まえて、法改正に向けた提言がなされるようになってきた。また、この時期に特徴的なのは、様々な「手引き（マニュアル）」が作成されていることである。その内容も初期の段階では、児童虐待の発見と援助に向けられていたが、次第に児童虐待への介入的対応を目的とするものに比重が移ってきている。また、児童相談所に特化された業務マニュアルや弁護士会による法律実務に焦点をあてたものが作成されるようになってきた。こうした動きは、児童相談所におけるソーシャルワークが従来の手法から「介入的ソーシャルワーク」へと変容してきたことと無関係ではない。とくに法的対応に不慣れであった児童福祉現場において、こうしたマニュアルへのニーズが高まったことや虐待親からの法的反撃に備えるという「法による児童福祉」の要請が働くようになったこともその背景にあると思われる。このように第2期においては、児童福祉と法とが緊密な連携をもって児童虐待に対応するようになった時期ともいえる。とはいえ、親子分離後の援助や家族への援助は、その必要性が指摘され始めたものの、その実施はなお課題として次の第3期に引き継がれることになった。

　他方で、社会学とくに社会構築主義の立場から、わが国における「児童虐待の増加」という言説に疑問を投げかけ、虐待問題を医療の対象とする視点を批判する主張も現れてきた。この立場は、医療モデルによる介入に対する根本的な疑問を提示する点で、児童虐待に関する施策を検討する上で注目すべき議論であった。

⑤医療・保健・心理分野

　第2期におけるこの分野での研究には、1つは虐待の早期発見・早期対応に向けた研究がある。すなわち虐待発見のための知識や通告義務履行に関する研究や虐待に関わる専門家の虐待への認識や通告・連携についての意識についての調査分析の研究である。これとの関連で虐待の定義に関する研究も見られる。これら早期発見・早期対応に関する研究は、2000年に成立する児童虐待防止法における「早期発見義務」（5条）につながっていく。

　もう1つの特徴は、家族に対する介入後の被虐待児および虐待親に対する治療の研究が本格化したことである。ここでは心理的治療の重要性が指摘され、治療マニュアルが作成され、これを実施するためには法的枠組みが必要であると主張された。1999年度から児童養護施設に心理職が配置されたのは、その表れであるが、そのための法的枠組みのあり方は、2004年の児童虐待防止法・児童福祉法改正の大きな論点になった。

　第2期の特徴である初期介入に関する研究では、リスクファクターに関する研究が注目される。この研究はその後、児童相談所の一時保護の判断基準や保健・医療分野におけるリスク要因研究として展開し、リスクアセスメント指標の研究につながっていく。これらの研究は、第2期における介入型ソーシャルワークの客観的指標として現実化されることになる。

⑥非行・教護分野

　児童虐待への関心が定着するにつれ、第2期は、非行原因としての虐待の指摘が立論として目立ち始める時期である。従来から現場関係者がつかんでいた「非行の原因に過去の被虐待経験がある場合が多い」という感触が、虐待の社会的認知とともに言説化されてきた。これとともに、児童福祉法の大改正の前夜にもあたるこの時期、児童福祉施設の中でも、(旧) 教護院のあり方をめぐっての議論が活発になった。非行原因としての虐待を認識することで、自ずと、非行児童への対応が（不可分ではあるものの）矯正教育的側面から被害の癒しと治療に向けられる視点に移行した点が特徴的である。児童相談所においても、児童虐待の視点から治療環境・治療システムの構築を提案するものが現れてきた。

（吉田 恒雄・鈴木 博人）

2　法令の動向

(1) 法律改正

　1990年の第45次改正では、「老人福祉法等の一部を改正法（法律第58号）」に伴って児童福祉法の一部が改正され、心身障害児等の居宅における介護の措置等を追加する規定ならびにかかる措置に要する費用に関する規定が整備された。

　1993年の第46次改正では、行政手続法の施行に関する「行政手続法の施行に伴う関係法律の整備に関する法律（法律第89号）」により児童福祉法の関係規定が整備され、不利益処分（行政手続法12条および14条を除く）の規定の適用除外として、都道府県知事等による措置（27条1項2、3号等）等の解除につき、措置解除理由の説明、意見聴取等を定める規定が設けられた（33条の4）。

　1994年6月の第47次改正では、「地方自治法の一部改正法の施行に伴う関係法律の整備に関する法律（法律第49号）」により中核市に関する特例が設けられ、地方公共団体の組合に広域連合が追加されたことに伴い、児童福祉法においても関係規定の整備がなされた。

　同日の「健康保険法等の一部を改正する法律（法律第56号）」により（第48次改正）、国民健康保険法の一部改正に関連して、児童福祉施設入所措置がとられたために生ずる被保険者に対する市町村間の取扱いに関する規定が設けられた。

　1994年7月の第49次改正では、「地域保健対策強化のための関係法律の整備に関する法律（法律第84号）」により、保健所長が疾病により長期にわたり療養を必要とする児童について療養の指導を行うことができることが規定された。

　1997年の第50次改正では、児童福祉法の大規模な改正が行われた（「児童福祉法の一部を改正する法律〈法律第74号〉」）。改正の目的は、少子化の進行等、児童および家庭を取り巻く環境の変化を踏まえ、子育てしやすい環境の整備を図るとともに、次代を担う児童の健全な育成と自立を支援するために児童家庭福祉制度の再構築を図ることにあった。

　保育制度の見直しの必要に関しては、子どもを持ちたい人が安心して出産・育児をすることができるような環境整備が必要であるとの認識のもとに、「今後の子育て支援のための施策の基本的方向について（エンゼルプラン）」が、厚生、文部、労働、建設の4大臣合意のもとで作成され、その具体化の一環として、大蔵、厚生、自治の3大臣合意により、当面緊急に整備すべき保育対

策等について「緊急保育対策等5カ年事業」が策定された。これにより保育対策の充実が図られることが企図されたことが挙げられる。保育問題検討会議報告書（1995年1月）には、これら保育制度について、様々な議論がなされたことが示されている。

家庭環境に恵まれない児童の問題については、家庭や地域の子育て機能の低下、児童虐待・非行の増加等、問題が複雑化しているにもかかわらず、施設のあり方につき、これまで根本的な見直しがなされなかったため、現に入所している児童と制度との間に乖離が生じ、児童相談所を中心とする相談支援体制が問題の早期発見、早期対応といった要請に対して十分機能しなくなっているという問題が生じていた。さらに、離婚の増加に伴う、母子家庭施策のあり方についても見直しの必要性が生じた。

1996年から中央児童福祉審議会基本問題部会において、児童家庭福祉制度の見直しに向けた議論が始まり、同年12月「少子社会にふさわしい保育システムについて」「少子社会にふさわしい児童自立支援システムについて」「母子家庭の実態と施策の方向について」の報告書が発表された。これらを受けて改正案が立案され、1997年6月11日に児童福祉法の一部を改正する法律が成立した。

主な改正内容は以下の通りである。

- 保育所入所の仕組みが市町村の措置から、保護者が希望する保育所を選択する仕組みに改められた。
- 保育所の機能として相談機能が付加された。
- 放課後児童健全育成事業が社会福祉事業として位置づけられた。
- 虚弱児施設が廃止された。
- 虐待等の困難な事例に適切に対処するとともに、入所措置の客観性を確保するため、知事による措置にあたり一定の場合に都道府県児童福祉審議会の意見を聴くことが義務づけられ、児童の意向を聴取する仕組みが設けられた。
- 養護施設に児童家庭支援センターを設置する等、地域における児童や家庭の相談支援体制の強化を図ることとされた。
- 児童自立生活支援事業が第2種社会福祉事業として位置づけられた。
- 放課後児童健全育成事業が児童居宅生活支援事業として第2種社会福祉事業に位置づけられた。
- 家庭裁判所の保護処分を受けた児童について、知事は当該決定に従った措置をとるべきこととされた。
- 母子寮を母子生活支援施設と改称し、目的として自立促進のための生活支援を追加した。
- 養護施設を児童養護施設と改称し、児童の自立を目的として明文化した。
- 情緒障害児短期治療施設の対象年齢規定を削除し、施設長の就学義務を明文化した。
- 教護院を児童自立支援施設と改称し、家庭環境等環境上の理由により生活指導を要する児童も対象とするものとし、通所指導もなしうるものとした。あわせて教護院入所児童に対する施設長の就学義務が明文化された。
- 児童家庭支援センターに関する規定が設けられた。

・関係地方公共団体相互間の連絡調整の責務を保育の実施にも拡大した。

　この改正は、児童虐待対策を直接の目的とするものではないが、都道府県児童福祉審議会の意見聴取や児童の意向の聴取等、その後の虐待対応に重要な影響を与えた内容が含まれている。見方を変えれば、この改正により虐待に関する本格的改正が行われなかったため、次の児童虐待防止法の制定につながったともいえる（吉田・1997）。

　1998年の第51次改正（法律第55号）では、「精神薄弱の用語の整理のための関係法律の一部を改正する法律」（法律第110号）により、児童福祉法中の「精神薄弱」の用語が「知的障害」に改められた。

　1999年7月の法律第87号による改正では地方分権推進のための関係法律の整備により、児童福祉審議会および児童福祉司の任用資格に関する改正が行われ、同日の法律第102号による改正では、中央児童福祉審議会を廃止して、社会保障審議会とする等、国の行政組織の整備に伴う改正がなされる等、国と地方の権限に関する改正が行われている。

　1995年12月の改正（法律第151号）では、民法の一部改正（成年後見制度等）に伴い、児童福祉法中の「後見人」の用語が「未成年後見人」に改められた。

　1999年に入ると、国会では児童虐待防止法制定の動きが活発化する。衆議院青少年問題に関する特別委員会は、第145国会以来、とくに児童虐待問題について参考人質疑、政府質疑を重ねるとともに、児童養護施設の視察等を積極的に行い、立法に向けた協議が行われた。1999年の第146国会においては、「児童虐待の防止に関する件」を決議し、以下の事項について、政府に対して緊急の対応として万全の措置を講ずることを求めた。すなわち、①通告義務の啓発・広報の徹底、②児童相談所の体制、専門職員の充実、児童養護施設の改善、③24時間対応窓口の整備、④児童相談所による立入調査に対する警察の積極的協力、⑤国および地方公共団体における関係機関の連携強化、⑥NGO・ボランティア等民間とのネットワークの構築、⑦児童や保護者に対するカウンセリング、個別フォロー体制の充実、⑧関係省庁による検討体制の確立、等である。その後も参考人質疑等を繰り返し、これらの協議を踏まえて、2000年5月24日、参議院本会議で「児童虐待防止法」が可決・成立した（太田他・2001）。

【参考文献】
　太田誠一・田中甲・池坊保子・石井郁子・保坂展人『きこえますか子どもからのSOS——児童虐待防止法の解説』ぎょうせい、2001年
　吉田恒雄「児童福祉法の改正」（『法律時報』69巻8号、1997年）18～26頁

(2) 通　知
①児童福祉法の積極的運用による児童虐待へ対応——児童虐待等に関する児童福祉法の適切な運用について（434号通知）
　この時期最も重要な通知は、「児童虐待等に関する児童福祉法の適切な運用について」（平成9年6月20日厚生省児童家庭局長通知児発第434号）である。この通知は、当時の法制度の枠内で、児童虐待の増加に対応するため、立入調査、通告義務、一時保護、家庭裁判所への申立等、児童

福祉法上の規定を適切に運用し、児童虐待に積極的に対応することを求めた。通告の対象となる要保護児童には被虐待児とくにネグレクトや心理的虐待による児童も含まれることを明らかにし、通告義務の周知を図るとともに要保護児童通告が守秘義務に違反しないことを明確にした。
　これを受けて、介入に関して以下の内容の通知がなされた。

- 立入調査を行える場面を示し、関係機関との連携を図ること、一時保護の積極的活用により被虐待児の迅速な保護につなげること。
- 一時保護にはかならずしも保護者の同意を要しないこと、一時保護にあたっては警察との連携を図ること。
- 施設入所等の措置については、保護者の同意による入所後に保護者からの引取り要求があったとき、一時保護等の積極的活用により児童の保護を図ること（そのための手段として、審判前の保全処分の申立が認容された事例が紹介されている）。
- 家庭裁判所の承認による入所措置の場合については、承認により児童福祉施設長の監護権が保護者の監護権に優先するので、保護者からの引取りを拒むことができること。
- 入所児童の家庭環境の把握に努めること、措置解除に際しては、児童福祉施設長の判断だけで引取りに応ずることのないよう徹底すること。

　本通知以前は、通告義務と守秘義務との関係、一時保護における保護者の同意の要否、28条審判における親権制限の可否等について解釈上の疑義があり、児童福祉の現場も一様ではなかった。この通知により厚生省が公権解釈を示したことにより、現場でも明確な法的根拠をもって積極的に対応できるようになった。また、この通知は、児童相談所や児童福祉施設に対してだけでなく、広く児童に関わる専門職にも影響を与える内容となっており、その後の虐待対応に与えた影響は極めて大きい。
　とはいえ、通知という行政解釈に止まるところから、その実効性にはなお限界があり、その法的根拠も必ずしも明かでなかった。とくに家庭裁判所や警察等の関係機関との連携については、より明確な法的根拠が求められた。これらの課題は、その後に制定された児童虐待防止法や児童福祉法、民法の改正において実現されることになる。
　434号通知にあわせて、「児童虐待に関し緊急に対応すべき事項について」（平成10年3月31日厚生省児童家庭局企画課長通知児企第13号）が発出され、通告義務の周知、児童相談所における即応体制の整備、組織的対応、立入調査および家庭裁判所への申立等、積極的対応等が求められた。

②児童相談所の体制強化
　児童虐待相談の増加に伴う児童相談所機能の補強として、児童福祉司の任用資格について、人間関係学部や児童学部等で心理学や教育学、社会学を総合的に履修した者や社会福祉学部を卒業した者等もこの資格に含めるものとされた（「児童福祉司の任用資格の取り扱いについて」平成8年11月21日厚生省児童家庭局企画課長児企第37号）。

③関係機関との連携

1997年の児童福祉法改正により規定された児童家庭支援センターの設置運営に関する通知が出され、児童相談所との連携が定められることになった（「児童家庭支援センターの設置運営について」平成10年5月18日厚生省児童家庭局長通知児発第397号）。

1993年には新たに主任児童委員制度が設けられ、地域における児童・妊産婦の福祉に関する相談援助活動を行うこととし、地域における児童委員活動を一層推進するものとされた（「主任児童委員の設置について」平成5年3月31日厚生省児童家庭・社会援護局連名通知児発第283号）。

児童虐待対応としては、都市部における家庭内の育児不安、虐待および非行等の養育上の問題に対応するため、養護施設等の専門性を活かして近隣地域の家庭からの相談を受け、必要に応じて家庭訪問を行う等により、即時的継続的な在宅支援を行うことを目的とする都市家庭在宅支援事業が実施された（「都市家庭在宅支援事業の実施について」平成6年9月16日厚生省児童家庭局家庭福祉課長通知児家第8号）。この事業は、その後1998年に、児童養護施設等に設置される「児童家庭支援センター」として児童福祉法上の事業として法定されることになる（「児童家庭支援センターの設置運営について」平成10年5月18日厚生省児童家庭局長通知児発第397号）。

関係機関・団体等からなるネットワークの有効性が認識されるのに伴い、この設置を促進する通知がなされた（「児童虐待ケースマネージメントモデル事業の実施について」平成8年5月15日厚生省児童家庭局長通知児発第516号。「児童虐待ケースマネージメントモデル事業の実施について」平成8年5月15日厚生省児童家庭局企画課長通知児企第16号）。内容としては、児童虐待事例について、児童相談所を中心に関係機関等とネットワークを作り、地域における児童虐待防止と早期発見に努めることを目的とし、児童虐待事例検討委員会の設置等を内容とするモデル事業を実施することを定めている。

関係機関に対する通知としては、保育所における被虐待児の対応につき児童相談所との連携を求める通知がなされたことも注目される（「保育所保育指針について」平成11年10月29日厚生省児童家庭局長通知児発第799号）。

④児童福祉施設における被虐待児の対応

i) 心理治療の導入

第2期の終わりになると、被虐待児への心理治療の必要性が指摘されるようになり、これに関して、児童養護施設や乳児院において被虐待児に対する心理治療を行うための体制整備についての通知（「児童養護施設及び乳児院における被虐待児等に対する適切な処遇体制の整備について」平成11年4月30日厚生省児童家庭局長通知児発第419号）が出されている。これと同日に、「乳児院における早期家庭復帰等の支援体制の強化について」平成11年4月30日厚生省児童家庭局長第421号通知が発出され、虐待や放任等家庭環境上の理由により乳児院に入所している児童の保護に関して、児童相談所との連携のもとに児童の早期家庭復帰を可能とするための相談・指導等の支援を専門にする職員の配置が定められた。

ii) 自立支援

1997年の児童福祉法の改正にあわせて、自立支援のあり方等を定める通知（「児童養護施設等

における児童福祉法等の一部を改正する法律の施行に係る留意点について」平成10年2月24日厚生省児童家庭局長通知児発第95号）や同年の児童福祉施設最低基準の改正にあわせて、児童養護施設等における自立支援計画について定める通知（「児童養護施設等における入所者の自立支援計画について」平成10年3月15日厚生労働省児童家庭局家庭福祉課長通知児家第9号）等、被虐待児および保護者に対し計画に基づく支援をするよう求める通知が発出されている。

また、大学等への進学を希望する児童のうち、家庭復帰が難しい場合に、措置解除後も引き続き児童養護施設等から通学することを認める通知も出されている（「措置解除後、大学等に進学する児童への配慮について」平成8年1月29日厚生省児童家庭局家庭福祉課長通知児家第1号）。

iii）懲戒権の濫用防止

児童養護施設における体罰事件の発生を受けて、懲戒権の濫用禁止等、事件発生の際の実情把握、指導や迅速な対応、施設に対する研修・指導のあり方について都道府県に対する通知がなされた。とくに被虐待児についてはその行動特性に配慮した処遇をするよう求められている（「児童養護施設等における適切な処遇の確保について」平成9年12月8日厚生省児童家庭局家庭福祉課長通知児家発第28号）。また児童福祉施設最低基準に「懲戒に係る権限の濫用禁止」規定が設けられ、この実施についての通知も出されている（「懲戒に係る権限の濫用禁止について」平成10年2月18日厚生省大臣官房障害福祉課長・児童家庭局企画課長連名通知障第16号・児企第9号）。

⑤警察庁通知

女性・児童を犯罪等の被害から守るための施策とその実施の通知が警察庁から出され、警察が児童虐待の問題に本格的に対応することになった。児童虐待については、早期発見、関係機関との連携を図り、被害児童の保護に努めるとともに、刑事事件として取り扱うべき事案は適切に検挙等の措置を講ずるものとされた（「女性・子どもを守る施策実施要項」平成11年12月16日警察庁通達・警察庁乙発第16号）。

（吉田 恒雄）

3　判例の動向

(1) 児童福祉法
① 28条審判事件の動向

今期の対象期間中、児童福祉法28条1項の承認申立事件の新受件数は、急激に増加している。すなわち、1990年から1995年までは毎年10件台から30件台で推移していたものが、1996年頃から増加に転じ、2000年には142件を数えた。2004年には234件、2005年には227件になったとはいえ、全体としては増加傾向にある。

こうした事件数の増加に伴い、28条審判の審判例も以前より多く公表されるようになった。本期間中に公表された審判例は、28条審判が11件、同事件を本案とする保全処分申立事件が1件であり、また、この他に、釜井（1998【文献8】）によって、1994年から1996年までの間の審判例が51件紹介されている。そして、この期間の特徴として、これらの審判例によって28条審判をめぐる法的問題に関する議論が進展し、以後の立法に影響を及ぼすこととなったことを挙げ

② 28条審判前の保全処分

浦和家裁審判平成8年3月22日（浦和家裁平成8年（家ロ）1002号【判例1①】）は、28条審判を本案とする審判前の保全処分を認めた事案として注目される。

家事審判における保全処分については、家事審判法15条の3第1項により、最高裁判所の定めるところにより仮差押え、仮処分等の保全処分を命ずることができると規定されており、その対象事件は家事審判規則および特別家事審判規則に列挙されている。しかし、28条審判については、その対象とされておらず、これを本案とする保全処分はできないとするのが実務の大勢であった。ところが、現実には、28条審判の審理中に、保護者が一時保護されている児童の引取りを強く求めてくる等、保全処分の必要性の高い事案が少なからず認められた。このため、中には、28条審判に代わって親権喪失宣告の審判を申し立て、これを本案とする職務執行停止等の保全処分を求めるという運用もとられてきたものと考えられる。実際に、釜井（1998【文献8】）の紹介する審判例の中にも、このような経緯をたどったと推測される事例が含まれている（大阪家裁審判平成8年9月6日【文献8】79頁）。

これに対し、本審判は、28条審判を本案とする審判前の保全処分申立てにおいて、親権者による児童の退院手続の禁止、退院後の児童相談所による一時保護等を命じたものである。

ただし、本審判では、その理論的根拠についてとくに触れられていない。このため、その検討は、以後の議論に委ねられることとなり、例えば、釜井（1998【文献8】）は、28条審判に基づいて児福法27条1項3号の施設入所措置がとられた場合、その施設長の権限は、家事審判規則52条の2により保全処分が可能とされている子の監護者の指定審判において、親権者でない者が監護者として指定される場合と類似しているとして、同条を類推適用して、28条審判を本案とする保全処分を認め得るのではないかと指摘している。

なお、この審判が実務に与えた影響は大きく、1997年6月20日に厚生労働省から都道府県知事等あてに発出された児発第434号厚生省児童家庭局長通知「児童虐待等に関する児童福祉法の適切な運用について」においても、とくに本審判が付記され紹介されている。この通知文書は、それまでの児童福祉法に基づく通告義務、立入調査、一時保護、家庭裁判所への申立て等が必ずしも適切に運用されてきたとはいえない実情を踏まえ、同法の解釈、運用にあたっての留意点を厚生労働省がまとめて周知したものである。そして、2005年4月1日に特別家事審判規則改正が施行され、一時保護中の児童について28条審判の申立があった場合、保護者の面会または通信を制限する審判前の保全処分が新設されるに至っている。

③施設入所中の児童に対する保護者による面会禁止

本審判の本案である浦和家裁審判平成8年5月16日【判例1②】では、承認審判の理由中において、「今後本人が成長し、事態が理解できるようになるまで、両親との面接、その他本人との直接の交渉は禁止すべきである。面接交渉に両親としての権利性が認められることは否定できないとしても、これまでの経緯からして、本件はその権利の行使が制限される典型的なケースと認められるからである」と指摘し、施設入所後の保護者による面会等の禁止についてとくに言及

している。同様に、横浜家裁横須賀支部審判平成12年5月10日、家裁月報52巻11号66頁においても、「申立人〔編註：児童相談所〕が母に対して面会や通信などの事件本人らとの交流について制限するのは当然のことであり、母は児相の指示に従うべきである」と指摘されている。

施設入所している児童について、その保護を図る観点から、保護者からの面会等の要求を制限する必要が生じることが考えられるが、その可否については議論がある。これらの審判例は、28条審判に基づいて入所する児童について、家庭裁判所の考えをとくに示したものということができよう。

この問題に関しても、その後、2000年11月20日施行の児童虐待防止法12条により、28条審判に基づいて入所した児童において、虐待を行った保護者の面会または通信を制限することができる旨が規定されるに至っている。さらに、28条審判によらない入所児童においても、2004年10月1日施行の同改正法12条の2により、虐待を行った保護者から引渡、面会または通信が求められ、これを認めた場合再び虐待が行われると認められる等の場合には、児童相談所長は、当該児童を一時保護することができ、その場合には、速やかに28条審判を要することを都道府県知事に報告しなければならない旨が規定されている。この28条審判の申立てがなされた場合には、これを本案とする保全処分として保護者の面会または通信を禁止し得ることは、上述の通りである。

④保護者に対する児童相談所指導措置に関する家庭裁判所の関与

福岡家裁小倉支部審判平成11年12月1日（家裁月報52巻6号66頁）は、児童が保護者による弟に対する身体的虐待を目のあたりに見てきたため、将来心的外傷後ストレス障害（PTSD）に発展する可能性が高い等として、児童養護施設への入所を承認した事例であるが、その理由中、「父Aに対しては、児童相談所の処遇方針に基づき、児童Bとの親子関係形成のプログラムに参加させ、児童Bに対する態度の受容ないし自己成長を促す必要がある」と指摘し、児童相談所による保護者に対する指導について具体的に言及している（なお、福岡家裁小倉支部審判平成11年12月1日〈家裁月報52巻6号72頁〉は、本審判の児童の弟に対する同旨審判であり、その理由中にも同様の指摘がなされている）。

このように保護者に対する指導措置について具体的に言及する審判例が、この時期に複数公表されている。例えば、「今後は、養父母の引受態勢について、児童相談所による綿密な調査、指導を経て、時機をみて本人らとの面会等を実施し、将来、ある程度態勢が整った段階で、児童相談所の継続的な指導の下で、養父母に本人らを監護させるのが相当である」（津家裁審判平成9年12月24日【判例2】）、「児相も母に対する指導や母子関係の調整について、より一層の働きかけに努めるべきである」（前掲・横浜家裁横須賀支部審判平成12年5月10日）、「父母は児童等保育の専門機関である児童相談所による継続的助言や指導を受けつつ、適正な養育知識及び良質な養育環境整備に関する知識を積極的に獲得するよう努力する必要があると考える。そのためには、両親と甲児童相談所とは本件によって生じた不信対立関係を解消することに努め、事件本人の健全育成を目指して互いに緊密な連繋を図ることが、結局事件本人の健全発達につながるものと考える」（横浜家裁審判平成12年5月11日、家裁月報52巻11号57頁）等である。

これらは、28条審判承認決定後における児童相談所の保護者に対する指導措置のあり方に対

する家庭裁判所の意識の強さを示すものと考えられ、その後、2005年4月1日施行の児童福祉法改正により、家庭裁判所は28条審判等をする場合において、施設入所等の措置終了後の家庭その他の環境の調整を行うために相当と認めるときは、都道府県（児童相談所長）に対して指導措置をとるべき旨を勧告することができるとの規定が新設されるに至っている。

【参考文献】
釜井裕子「児童福祉法28条1項1号の家庭裁判所の承認について」（『家庭裁判月報』50巻4号、1998年）1～84頁【文献8】

(藤川 浩)

(2) 民 法
①親権喪失

民法分野での判例は親権喪失請求として現れる。親権を制限するという意味では、児童福祉法28条事件も広い意味では民法・親権法と関係するものであるが、児童福祉法28条事件は独立して扱うので、ここでは、親権喪失請求事件（民法834条と児童福祉法33条の6）だけを扱う。また、今期は、民法766条に関連した事件と戸籍法による氏および名の変更事件も公表されている。

児童虐待が関係する親権喪失事件で公表されているものは4件ある。そのうち2件は同一事件についての原審と抗告審である。1980年から1990年3月までの第1期に児童虐待事例での834条の適用に関連した公表判例が存在しなかったのに比べれば、公表事例がわずかではあっても存在するという程度である。統計的に見ると（本期末資料8(1)）、親権又は管理権の喪失の宣言及びその取消し（取消しも入っているために純然たる親権喪失請求事件数だけではない）は、近年はおおよそ100件前後で推移しており、多い年で100件を上回る申立てがある状況である。しかし、申立てが多いか少ないかにかかわらず、認容数には差が見られない。概ね20件以下であり、少ない年では、1桁である。却下数も少なく、認容数と同じ傾向にあるが、却下数のほうは、1950年から1955年にかけては20件台から30件台あった。しかし、全体的には年度ごとの変化がほとんどない。結局多くが取下げで終わっている。

一方、1974年から2003年までの間に児童相談所長が行った親権喪失宣告の請求は61件で、そのうち承認は23件である（本期末資料8(4) 児童相談所における親権・後見人関係請求・承認件数）。承認以外の終局区分は統計表からは不明であるが却下の他、取下げが考えられる。上記民法834条に基づく親権喪失宣告の請求事件と同様、児童相談所長による親権喪失請求の場合にも申立が取下げられた事例が多いと考えられる。これは、親権喪失請求が申立てられたことにより、親権者が親権を剥奪されることになるよりは児童相談所の指導に従ったほうがいいと考えたり、家庭裁判所が間に入ったことにより親権者の態度が変わったということが推測できる。依然として親権喪失請求が少ないことについて、津崎哲郎【文献18】は、その理由として実務的には次のような課題があるという（ここで津崎が取り上げている親権喪失請求は834条によるものではなくて、児童福祉法33条の6の児童相談所長からの請求であると考えられる）。すなわち、

- 事実関係の成立が微妙であり、難しい展開が予想される。
- 親権喪失の有無にかかわらず、親が攻撃を加えたとき、児童の生活を守り切れない。
- 戸籍に記載されるので長期的に見れば子のハンディになることも考えられる。
- 親権喪失後の後見人の選任が困難である（一私人でないといけないため親から私的に攻撃を受ける可能性もある）。
- 親から切り離された子の代替養育者の確保をどうするのか。
- 各児童相談所では前例がなく先の見通しがもてない。

（【文献18】146～147頁）

　児童虐待事件で834条に基づく親権喪失を請求するには、その要件（親権濫用と著しい不行跡）に該当する事実が存在するのかという834条の要件事実の存否に関わる問題以外のところで乗り越えなくてはならない障害が存在する。1つ目は834条が掲げる親権喪失請求の請求権者の問題である。834条は「子の親族又は検察官」を請求権者としている。このうち検察官による親権喪失請求は知られている限りでは1件だけである（磯谷・1997）。したがって、検察官による請求は現実にはほとんど存在しないといってよい。そうすると、子の親族が請求権者になるが、虐待事例では親族が親から逆恨みされることを恐れて関わり合いになるのを避けたり、そもそも虐待する親が親族の中でも孤立していて交流がないために親権喪失請求権者になってくれる親族がいないということも少なくない。そのためにこそ、児童福祉法33条の6の児童相談所長による親権喪失請求制度が存在するが、上述のように児童相談所長からの親権喪失請求は少ない。今期の審判例のうち2件は児童相談所長からの親権喪失請求事例である。

　親権喪失請求事件でもう1つ問題になるのは、親権喪失という結論が出るまでの間、親権を持っているのは、その親権の喪失請求をされている親権者だということである。親権喪失請求の手続きは、家事審判法と家事審判規則に定められている。それによると、親権喪失の審判が下されるまでの措置も規定されている。すなわち、親権喪失宣告は、家事審判法9条1項甲類12号により家庭裁判所の審判事項とされている。そして、この審判の申立てがあった場合に、家庭裁判所は「仮差押え、仮処分、財産の管理者の選任その他の必要な保全処分を命ずることができる」とされている（家事審判法15条の3第1項）。この審判は疎明に基づき、さらに、家事審判規則74条が親権喪失の申立があった場合の親権者本人の職務執行停止と親権代行者の選任を定めている（同条第1項「親権又は管理権の喪失の申立てがあった場合において、子の利益のため必要があるときは、家庭裁判所は、当該申立てをした者の申立てにより、親権または管理権の喪失の宣告の申立てについての審判の効力が生ずるまでの間、本人の職務の執行を停止し、又はその職務代行者を選任することができる」）。今期は、親権喪失関連の公表判例4件中で、上記の審判前の保全処分としての親権者の職務執行停止と親権代行者選任申立て事件が3件を占める。

②民法766条関係事件

　原審（1審）と抗告審とが今期と次期にまたがる事件で民法766条の類推適用が問題になった事例が存在する。今期に下されたのは原審の山形家庭裁判所の審判である。ここでは、この審判例の紹介にとどめる。なぜなら、本件をきっかけにして学説が民法766条に基づく第三者の監護

者指定問題を活発に論じるようになり、そこには親権の制限問題も含まれるが、その議論が活発化し、本件の抗告審の決定が仙台高等裁判所で下されたのは第3期になるからである。そこで、この問題をめぐる詳しい紹介は第3期に行うことにする。

③戸籍法による氏の変更および名の変更

　児童虐待に民法的介入が行われるときは、子の福祉を擁護するために何らかの形で親権を制限する形をとることがほとんどである。しかし、児童虐待事例では危機介入のときだけに法的介入が行われればよいというわけではない。必要があればアフターケアの場面でも法的対応が求められる場合がある。今期に公表された戸籍法107条による氏の変更、同法107条の2による名の変更事件【判例8】はその一例である。

【参考文献】
磯谷文明「検察官による親権喪失宣告申立」(『CAPニューズ』22号、1997年) 5頁

(鈴木博人)

(3) 刑事法

①虐待の視点の導入

　1990年代、児童虐待が社会問題化することによって、刑事裁判例にも変化が見られるようになった。最大の変化は、判決文中「虐待」という言葉が用いられるようになったことである。公刊物に掲載された裁判例の中で、被告人の行為が「虐待」にあたると初めて判断したのは、養父が養女(6歳)に対し、折檻のためシャワーで熱湯を浴びせて熱傷等の傷害を負わせ、ショック死させた事例(東京地裁八王子支部判決平成8年3月8日、判時1588号154頁【判例9】)であると思われる。本判決中被告人の日常的な暴行に対し「このような暴行が教育やしつけの範ちゅうに入るとは思え」ないとし、本件犯行については、「子供である被害者の人権を全く無視した暴挙であって、もはや虐待というほかない」と断じている。被告人の行為が虐待にあたることから刑事責任が重いと判断されたというよりも、被告人が虐待を行っていたことにより、被告人の子どもに対する保護能力に疑問があることから、その刑事責任は重いと判断されている。しかし、後に被告人の行為が虐待にあたることのみをもって、量刑上厳しい判断がなされるようになる。それが、養父が男児(5歳)を虐待して死亡させた傷害致死の事例(水戸地裁土浦支部判決平成12年2月18日、判タ1072号263頁)と母親、養父および母親の友人が女児(6歳)を虐待して死亡させた傷害致死の事例(水戸地裁判決平成12年3月23日、判タ1072号257頁)である。どちらも、児童虐待の社会問題化や児童虐待事件が社会に大きな衝撃を与えていること等から、同種犯行を抑止するという一般予防の観点から厳しい態度をとっている。これらは、明らかに犯行が児童虐待にあたることによって、量刑上厳しい判断がなされている。また、これら2判例とも、具体的な犯行態様は異なるが、同じ傷害致死の事案であり、量刑も懲役6年(水戸地裁判決平成12年3月23日の事案は主たる犯行者である母親とその友人の2人に懲役6年、養父に懲役4年6月が言い渡されている)と同じ刑期が言い渡されている点で注目に値する。

②不作為による幇助

　母親がその内縁の夫による自分の子（3歳男児）に対する折檻を放置して、内縁の夫による傷害致死を容易にさせたとして、不作為による傷害致死の幇助犯の成否が争われた事案（一審釧路地裁判決平成11年2月12日、判時1675号148頁、控訴審札幌高裁判決平成12年3月16日、判時1711号170頁【判例10】）につき、札幌高等裁判所は、不作為による幇助犯の成立要件一般について「正犯者の犯罪を防止しなければならない作為義務のある者が、一定の作為によって正犯者の犯罪を防止することが可能であるのに、そのことを認識しながら、右一定の作為をせず、これによって正犯者の犯罪の実行を容易にした場合」という基準を提示し、傷害致死の幇助犯の成立を認めている。本事案は、被告人も内縁の夫から暴力を受けており、内縁の夫のもとから逃れられず、また、子どもに対する暴行を阻止すれば自分が暴行を受ける恐怖心があったと弁護人は主張したが、高裁は、いずれの主張も退けている。これにより、子どもに対する暴行を制止して子どもを保護すべき立場にある親権者あるいは保護者の刑事責任も問われる可能性が明確化された。

③児童の証言

　児童の証言についての裁判例は、第2期中2例がある。これらはいずれも児童虐待事案であり、1つは虐待を受けた児童本人の供述についてであり（神戸地裁姫路支部判決平成8年10月22日、判時1605号161頁【判例11】）、もう1例は虐待を受けて死亡した児童の兄妹による証言について判断したものである（東京高裁判決平成10年7月16日、判時1679号167頁）。どちらも従来の判例の判断基準を踏襲しながら、詳細に供述が行われた状況や供述内容等を詳細に検討した上、児童の証言の信用性を認めている。

（初川　愛美）

4　法学研究の動向

(1) 児童福祉法分野

　第2期に入り、児童虐待に関する児童福祉法分野の研究も本格化する。第1期においては、施設入所児童の親権に関する研究が目を引いたが、第2期に入ると児童虐待への介入——とくに初期介入——に関する研究が増えてくる。

　この時期は、児童虐待に関する社会的関心がまだ高くなかったため、児童虐待に関する啓発から発見、通告、初期介入がまず関心事となり、介入後のケアにまで言及するものはさほど多くはない。

①民間団体、弁護士会の取り組み

　第2期では、各地で児童虐待防止の民間団体が設立され、啓発や電話相談活動に取り組むとともに、専門家への援助やネットワーク会議をはじめとする連携が開始された。とくに法的支援のための取り組みがなされ始めたことが注目される。

　各地の弁護士会は、児童相談所に対する批判に止まることなく、児童相談所への支援も行い始め、福祉と司法の連携が本格化した。これら取り組みの成果は、日本弁護士連合会子どもの権利

委員会（初版・1998【文献37】）や弁護実務研究会（1997【文献19】）の成果として結実し、児童相談所の実務や家庭裁判所での対応に大きな影響を与えた。さらに、こうした活動は、その後、児童相談所と弁護士会の連携につながることになった。また、近畿弁護士連合会少年問題対策委員会（1991【文献1】）に見られるように、弁護士会が積極的に法的対応に関する啓発に努め、児童相談所の実状を明らかにすることで、児童福祉司個人の資質にとどまらない、児童福祉制度全体の見直しにつながることになった。

　この時期、児童福祉法の改正が1997年に行われたが、これに向けて日本弁護士連合会は、「児童福祉法改正に関する意見書」を公表し、とくに児童虐待については、「虐待禁止」規定の新設、通告要件の緩和、カウンセリング受講命令制度、親権の一部・一時停止制度を提案している。これらの提案は、その後に成立した児童虐待防止法や児童福祉法、民法の改正でその多くが実現した。

②日本子どもの虐待防止研究会の設立

　こうした中で、1996年に日本子どもの虐待防止研究会（JaSPCAN、2004年からは日本子ども虐待防止学会）が設立された。同研究会では、毎年学術集会を開催し、基調講演、指定講演、一般演題の他、分科会が行われている。これら講演、報告等において、法制度に関するテーマは毎回取り上げられ、同研究会の重要な柱となっている。

　実質的に第1回の学術集会となった「ISPCAN国際セミナー　第4分科会」（1994）は、「児童虐待と法」とのテーマで、Patricia Toth（国立児童虐待特別検察センター所長、ISPCAN役員、アメリカ）を迎え、児童相談所、検察庁、家庭裁判所それぞれの立場から、各機関における取り扱いの現状や役割等が議論された。司法に関連する諸機関が児童虐待の問題につき意見交換するのは初めての試みであり、とくに介入のあり方につき、アメリカの実務との比較から得られた示唆は有益であった。

　第2回学術集会は大阪で、「全国に広げよう！　子ども虐待防止ネットワーク～子どもそして親・ともに援助の手を～」をテーマとして1996年に開催された。法制度に関連するものとしては、教育講演「児童虐待に関するわが国の制度」（柏女霊峰）が、児童虐待の定義の明確化および周知の必要、子育て支援施策の充実、法的介入条件の明確化、家庭裁判所の児童相談所に対する調査・指導命令、報告制度の導入、援助プログラムの開発、司法によるケア命令制度について報告した。また、一般演題としては、岩佐嘉彦弁護士が「法的介入と弁護士の役割——今なぜ『弁護士』なのか？」とのテーマで、弁護士による児童相談所業務サポートの有用性、法的介入前の児童相談所への法的アドバイス、「強い親権」への誤解を解く役割、最終的には司法による解決が控えていることの安心感を与えること等を弁護士の役割として挙げる一方で、虐待問題に取り組む弁護士の少なさ、家庭裁判所の福祉的機能、後見的役割の不十分さ、虐待問題に関する実務慣行の確立の必要性等を指摘した。同じく一般演題として、「法的介入における家庭裁判所との連携」とのテーマで橋本和明調査官が虐待に関する法制度（児童福祉法28条審判に基づく施設入所措置、親権喪失制度等）の課題を取り上げ、虐待事件の調査における問題点を指摘した。家庭裁判所と関係機関との連携を進める上で、関係機関の役割や機能について十分な認識が持たれていないこと、開示に関係する情報提供の方法、親子分離後の家裁と関係機関との連携上の課題

（例えば、親の状況改善の場合の親権喪失宣告の取消しや措置解除の許可制度等）が論じられた。その他、事例研究会として「法的介入による援助」がもたれ、法的介入の利点と課題、現行法制度の運用方法など、実践的ノウハウの検討を目的に、児童相談所が関わった身体的虐待事例および弁護士が関与した身体的虐待事例をもとに、申立人となる者、身柄確保の方法、審判手続、審判後の関与のあり方等について、ケースに即して具体的かつ分野横断的に検討された。

まだ法的介入の経験が乏しかった時期であり、弁護士の果たすべき役割、司法機関との連携のメリットや具体的な方法の提示等、とくに虐待問題に先進的に取り組んでいる関西地区の関係機関からの報告がなされたことで、法的介入の必要性、有用性を関係者が認識した意義は大きい。

1997年の第3回学術集会（横浜大会）のテーマは、「援助の実際的方法を考える」であり、シンポジウム「子どものいのちと家族を守る——援助の実際的方法をさぐる」が開催された。その中で、弁護士の平湯真人は「公権力介入型の援助——そのあり方と制約原理について」と題して報告し、公権力による介入の制約原理として、親にも子どもにも共通の権利——子どもが家庭で育つ権利、親が家庭で生活する権利、親子分離の場合の家庭に回復できる権利——を挙げ、一時保護の場合の介入の制約、28条審判における介入の制約について述べた上で、これら制約原理が社会的に受け入れられるためには、親の意識を支える社会的認識の変化、新たな社会的合意形成が必要であることを強調した。

事例研究会としては、「法的介入による援助」がもたれ、児童福祉法28条審判とそれを本案とする仮処分が認められた事例、児童福祉法29条の立入調査で一時保護し、28条審判で施設入所した事例等が紹介され、様々な立場から意見交換がなされた。これらは、いずれも初期介入に関する事例であり、当時の関心が主に初期介入に向けられていたことをうかがわせるとともに、当時まだ児童虐待ケースに習熟していなかった家庭裁判所への対応方法が模索された時期でもあった。

特筆すべきは、この大会で、積極的に立法提案がなされ、検討されたことである。領域研究会「弁護士・家庭裁判所——児童虐待防止法を展望して」では、1997年の児童福祉法改正に向けたJaSPCANの提言についての報告がなされ、とくに裁判所による「ケア受講命令」制度の必要性、アメリカ法の状況、その実現の可能性と前提条件等について検討された。この時期すでに親子再統合を視野に入れた親指導のあり方、これを可能にするための裁判所の命令制度について、現場サイドからその必要性が指摘されていたことは興味深い。こうした検討が、2004年の児童虐待防止法の改正、特別家事審判規則の改正（28条審判に関する保全処分制度の実現）の議論につながっていくことになる。

1998年の第4回学術集会（和歌山大会）は、「地域システムの確立をめざして」をテーマに和歌山で開催された。一般演題として宮本信也、石橋直子「子どもへの虐待への対応に関する研究——警察との連携のあり方に関する検討」が報告され、JaSPCANの会員を対象に、虐待事例に関わった経験、警察への通報、警察による対応の状況調査について分析がなされ、警察との連携は、ある程度の成果が得られる可能性のあることを示していると結論づけた。この報告は、次の栃木大会における警察との連携に関する分科会につながることになった。事例研究企画としては、「法的介入による援助」において、ネグレクトケースや心理的虐待ケース等、家庭裁判所の承認を得るのが難しいと思われるケースを取り上げ、家庭裁判所への働きかけ等につき、報告、

意見交換が行われた。意見として、児童相談所は申立てをもって事件を終結とすべきではないこと、申立てを取り下げたときには、家庭裁判所を含めたアフターケアが必要であること等が述べられた。28条申立てが本格化する中で、これまであまり取り上げられることのなかったネグレクトや心理的虐待についてまで、家庭裁判所への申立を行う必要が出てきたことをうかがわせる。領域研究では、「親子分離の法制度——手続法的観点から」のテーマで、一時保護や28条審判等、強制的親子分離に伴う法的問題を検討するとともに、親権に対する配慮——親権者に対する説明や不服申立の告知——について意見交換がなされた。

一時保護については有形力行使の可否や子どもの意思の評価、立入調査については所有者の意向に反しての調査の可否、警察連携のあり方、民法の監護処分制度利用の可能性等、具体的な場面で生じる法的問題が議論された。これらの問題は、その後の児童虐待防止法の制定・改正過程でも議論された論点であり、強制的立入調査については、その後、立法的に解決された。

1999年の第5回学術集会栃木大会は、「ここから始まる新たな試み」をテーマに開催された。特別講演では、弁護士の峯本耕治が「子どもの権利条約から見た日本と世界の現状」と題して、実現されるべき最優先価値は「子どもの最善の利益」であること、この理念の実現には子ども・親・関係機関のパートナーシップが不可欠であること、子どもの意見表明権を実現するためのシステムの確立、子どもの権利状況をチェックするための監視機関の設置等が提唱された。重点研究プログラムでは、「子ども虐待の対応における警察との連携を考える」として、児童相談所による立入調査での警察との連携、児童虐待への警察の取り組み方針、連携に必要な前提、連携の方法等、児童虐待問題における警察との連携のあり方について、同研究会で初めて本格的に議論された。シンポジストとして、前児童福祉司、警察庁生活安全局少年課、栃木県警本部、刑事法学者が参加し、その後の警察との連携を考える第一歩となった。

教育プログラムでは、「法的介入の方法と実際例」とのテーマで、児童福祉法28条による施設入所承認および保全処分を参考事例とし、法的介入の実際が検討された。この時点ではまだ28条申立ての経験が乏しい児童相談所が少なくないことに鑑みて、実務担当者が直面する困難や対処方法についての意見交換がなされた。具体的な論点としては、28条審判の判断基準、強引な引取りに対する対処方法、28条保全処分の意義、家庭裁判所の手続における児童相談所、弁護士の役割、子ども・親のケアへの配慮等が挙げられている。特別企画プログラムでは、「児童相談所を中心とする救済制度の課題と方向性」が議論され、児童虐待対応の実情と問題点が指摘された後、制度上の課題として司法制度を確立し児童相談所の強権機能と援助機能の分離を図ること、虐待行為の禁止規定を設けること、親子分離後のケア体制の整備、権利擁護システムの整備等が提案されている。また児童福祉制度の議論において、必ずしも子どもの権利保障の視点が十分でなく、子ども自身の申立権や一時保護における子どもへの説明等の問題点が指摘された。テーマ研究では、「少年犯罪・非行の背景としての子ども虐待」が取り上げられ、非行少年の被害と加害の実情について、自立援助ホームや保護観察所の職員等の報告を踏まえて、これまで虐待と非行と別々に考えられてきた事柄を、対人関係における暴力という枠組みで再考することにより、新たな視点を開く試みがなされた。その後、少年院、児童自立支援施設、弁護士会から非行と虐待の関係について調査報告がなされるが、それに先立って現場サイドですでにその関係について経験に基づく明確な指摘がなされていたことは興味深い。

同研究会は、1999年に機関誌『子どもの虐待とネグレクト』を発刊している。同誌において、法律関係の論文が数多く掲載され、学際的研究の一翼を担っている。

第2期における、法律関係の主な掲載論文は以下の通りである。

『子どもの虐待とネグレクト』1巻1号（1999年）
- 川﨑二三彦「児童福祉法に基づく立入り調査を実施した事例の考察」
- 宮本信也他「我が国における虐待事例の警察への通報状況」
- 池田由子「『我が国における虐待事例の警察への通報状況』へのコメント」

『子どもの虐待とネグレクト』2巻1号（2000年）
［特集］第5回学術集会（栃木大会）
- 峯本耕治「子どもの権利条約から見た日本と世界の現状」
- 吉田恒雄「子ども虐待の対応における警察との連携を考える」
- 石田文三「法的介入の方法と実際例」
- 小笠原彩子「児童相談所を中心とする救済制度の課題と方向性」
- 藤岡淳子「少年非行の背景としての子ども虐待」

『子どもの虐待とネグレクト』2巻2号（2000年12月）
［特集］「児童虐待防止法をめぐって」
- 林陽子「児童虐待防止法を検討する——フェミニズムの視点から」
- 坂井聖二「『児童虐待の防止等に関する法律』は医療現場にどのような影響を及ぼすか？——小児科医の感想的メモ」

③家庭裁判所の取り組み

　この時期から、児童虐待に対する社会的関心の高まりを受けた児童相談所は、従来の対応方針に加えて、積極的に司法判断を求めるようになってきた。こうして、家庭裁判所における児童福祉法28条事件が急増し始めた。

　従来、とくに児童福祉法28条事件の申立件数自体が少なかったこともあり、児童虐待問題に対して、家庭裁判所は大きな関心を有しているとはいえなかったが、裁判所はこうした事態に対応するため、ようやく児童虐待への取り組みを始めた。

　当初は、家庭裁判所における児童虐待事件の研究が行われた。釜井（1998【文献8】）は、未公表の審判例を含めて児童福祉法28条事件を総合的に分析し、同事件に関する法的論点についても検討する等、家庭裁判所裁判官による初めての本格的分析・研究である。家庭裁判所調査官からも橋本（1996【文献12】）や中村他（1999【文献11】）が発表される等、調査方法や児童相談所等との連携のあり方について研究が進められた。

　この時期には「全国裁判官懇話会（第16回）」において児童虐待問題が取り上げられ（第16回全国裁判官懇話会報告Ⅳ〈分科会報告〉・1998）、児童虐待事件における親権喪失の問題、児童福祉法28条事件に関連して、証拠の開示措置決定後の諸問題等、法的な課題について議論が展開される等、家庭裁判所関係者に児童虐待に対する関心が芽生えてきたことをうかがわせる。家裁月報に児童相談所の取り組みの実態が紹介される等（最高裁判所事務総局家庭局・1999）、少しずつ

児童虐待に取り組む姿勢に変化が見られ始めた。しかし、最高裁判所が家庭裁判所における児童虐待事件に関する統計を取り始めたのは 2000 年 11 月以降のことであり、この時期ではまだ全国的に見て本格的な対応に至っていたとはいえない。

④子どもの権利条約との関係

1994 年に批准された子どもの権利条約からの児童虐待問題へのアプローチも重要である。弁護士会としては、1991 年に近畿弁護士連合会少年問題対策委員会が「子どもの権利条約と児童虐待」をテーマにシンポジウムを開催し、同条約から見た法制度上の課題を検討するとともに法制度の改革を提言している（近畿弁護士連合会少年問題対策委員会・1991【文献 1】）。また、弁護士からも論考が発表される等（泉・1991【文献 2】、岩佐・1996, 1997、小笠原・1996）、弁護士会によって子どもの権利条約における児童虐待の問題の意味が積極的に検討されている。

この問題に大きく貢献したのは、児童福祉の問題を子どもの権利の視点から再構成しようと試みた許斐有の業績である。許斐（1996【文献 7】）では、虐待問題を手がかりに子どもの権利から見た親権法制のあり方を検討している。

子どもの権利条約の批准を受けて、国際法的な観点から、児童虐待問題を検討する研究が著された。石川・森田（1995【文献 6】）および波多野（1994）では、同条約における児童虐待関連の条項の立法の経緯を踏まえた現在的意義と課題が示されている。

これらの研究は、条約批准後の日本国政府から国連児童の権利委員会への報告や同委員会からの勧告等につながるものであり、児童虐待問題に新たな視点をもたらしたものとして、その果たした意義は大きい。

【参考文献】
弁護実務研究会編『児童虐待ものがたり――法的アプローチ』大蔵省印刷局、1997 年【文献 19】
第 16 回全国裁判官懇話会報告Ⅳ（分科会報告）「市民に開かれた司法を目指して」（『判例時報』1633 号、1998 年）3 〜 25 頁
橋本和明「子の虐待と家庭裁判所」（『ケース研究』249 号、1996 年）62 〜 86 頁【文献 12】
波多野里望『逐条解説　児童の権利条約』有斐閣、1994 年
石川稔・森田明編『児童の権利条約――その内容・課題と対応』一粒社、1995 年【文献 6】
岩佐嘉彦「児童虐待と子どもの権利と専門機関」（『賃金と社会保障』1190 号、1996 年）28 頁
岩佐嘉彦「子どもの権利と親権――児童虐待問題における大阪の弁護士の活動の実情」（『リーガル・エイド研究』2 号、1997 年）57 頁
泉薫「児童虐待と親権」（特集　子どもの権利条約）（『自由と正義』42 巻 2 号、1991 年）22 頁【文献 2】
釜井裕子「児童福祉法 28 条 1 項 1 号の家庭裁判所の承認について」（『家庭裁判月報』50 巻 4 号、1998 年）1 〜 84 頁【文献 8】
近畿弁護士連合会少年問題対策委員会編『子どもの権利条約と児童虐待』（第 20 回近畿弁護士会連合会大会シンポジウム第 4 分科会資料）近畿弁護士会連合会少年問題対策委員会、1991 年【文献 1】
許斐有「家庭における子どもの権利――親権法制における子どもの権利とは――児童虐待問題を手がかりとして」（『法学セミナー』476 号、1994 年）36 〜 38 頁
許斐有『子どもの権利と児童福祉法――社会的子育てシステムを考える』信山社出版、1996 年【文献 7】
中村昭代他「児童虐待に関する家事事件の調査及び関係機関との連携について」（『家庭裁判月報』51 巻 6 号、1999 年）95 〜 143 頁【文献 11】
日本弁護士連合会子どもの権利委員会編『子どもの虐待防止・法的実務マニュアル』［初版］明石書店、1998 年

【文献37】
小笠原彩子「子どもの権利条約から見た学校・社会1　虐待された子どもの傷」(『高校のひろば』21号、1996年) 78頁
最高裁判所事務総局家庭局監修「(資料) 児童虐待に対する児童相談所の取組の実態」(『家庭裁判月報』51巻8号、1999年) 119頁以下

(吉田　恒雄)

(2) 民法分野

　民法領域での児童虐待をめぐる議論は、親権喪失宣告をめぐる議論として行われる。この問題についての論考は文献リストからもわかるように、それほど多くはない。さらに、これら論考は、実務家サイドからの問題提起や実状分析という性格を持ったものが多く、伝統的な民法学からの議論は第1期から引き続き少ない。そのような中で、吉田【文献9】は、民法に限定された文献ではないが、2000年秋に行われた日本家族〈社会と法〉学会での「児童虐待の法的対応」シンポジウム (第3期で詳しく扱う) のきっかけの1つとなった。

　実務サイドからの事例報告や提言としては、【文献19】、【文献5】所収の木下淳博 (1994)【文献16】の論考が存在する。

　本期末の統計からわかるように、親権喪失宣告が請求される事例は極端に少ない。親権喪失宣告が請求されるのは他の手段を講じても効果がない最後の手段だからである。この点については、津崎【文献3】、【文献18】、橋本【文献12】、許斐・白石【文献16】等が指摘する。すなわち、津崎【文献3】は、「児童虐待への援助」として児童相談所がなお制度が不備の中で行う援助として、①在宅指導、②緊急一時保護、③保護者の同意による施設入所、④家庭裁判所申立て (児童福祉法28条) による施設入所、⑤親権喪失申立て、を順番に挙げている (同じことは許斐・白石【文献16】でも示されている)。しかし、親権喪失宣告制度の児童虐待事例での機能については、論者の間に微妙なニュアンスの差がある。1つはここで挙げたように、児童虐待への援助という視点から親権喪失申立てを位置づけるものである。これに対して、やや別の視点からは、最後の手段としての親権喪失制度は、親失格の烙印を押して、親のもとでの養育の可能性をほぼ消滅させ、親以外の者のもとで子を養育する道を開くことにはなるが、親のもとでの子の福祉を促進する可能性をほぼ消し去ってしまう、子の福祉を促進するための制度としては限界がある制度だとする。比喩的にいうならば、援助が尽きたところに登場するのが親権喪失制度だとするものといえよう。前者の立場からは、親権喪失の請求権者の拡大 (児童の監護に携わっている施設長や里親や児童本人に) が求められたり、請求権者である検察官が現実には機能を果たしていないという批判が出される。両者のニュアンスの相違は、児童に対する中長期的な処遇の中に親権喪失制度を位置づけようとするのか、親権喪失は児童福祉法に基づいて保護されている児童を親権者が強引に引き取ろうとする場合に有用であるにすぎないという程度に位置づけようとするのかに帰着する。前者の視点からすると、親権喪失請求をすると膠着していた事例が動き出し、その結果親権喪失請求の取下げに帰着することもあり得るが、それは親権者が児童相談所の指導や話し合いに応じるようになる結果であり、悪いことではないという評価につながる。他方、後者の視点からすると、そもそも取下げが多いこと自体、親権喪失請求による必要性が低いという評価につながる。鈴木 (1998) は吉田【文献9】の中で日本の親権喪失制度には失権宣告の取消しが可

能（民法836条）なので、この制度を活用すべきだとする。しかし、橋本【文献12】は、「一度宣告された親権喪失はそんなに簡単に取り消されるもの」かを論じる。

また、辻【文献14】は、親権喪失制度は、それ自体としては子の福祉を促進する制度ではなく、親権者の責に帰すべき事由に基づく親権の義務不履行により子の福祉が著しく害される場合に用いられる制度であるという立場から、親権喪失の判断基準として、親権者の責に帰すべき事由に基づかない場合に親権を剥奪しても、子の将来にわたる福祉にとって実質的意義はないとする。これに対して、鈴木（1998）は、ドイツ法との比較を踏まえながら、子の福祉の侵害の有無が判断基準とされるべきであり、子の福祉の危険が親の責に帰すべき事由によりもたらされたか否かを判断基準とすべきではないと主張する。なお、鈴木（1998）は、親権の積極的濫用・消極的濫用という用語について、保護者・親権者の責任の軽重や子の成長発達に与える悪影響の程度についての評価を含んでいると捉えかねない「積極的」「消極的」という言い方はやめなくてはならないと指摘する。虐待は、身体的虐待・ネグレクト・心理的虐待・性的虐待等の具体的類型によって呼ばれなくてはならないというのである。

判例の分析からも明らかになることだが、親権喪失請求に伴い今期は、親権喪失を本案とする職務執行停止および職務代行者選任の審判前の保全処分の利用が指摘されるに至った（橋本【文献12】）。

児童虐待に関する法制度全般を扱う中で民法上の制度にも言及しているものとしては、吉田【文献15】、【文献17】、吉田（1994）がある。

今期の外国法研究としては、イギリス法について許【文献4】が、ドイツ法については鈴木（1998）が存在する。

【参考文献】
木下淳博「児童の保護と親権」（斎藤学編『児童虐待〔危機介入編〕』金剛出版、1994年）【文献5】の第7章
鈴木博人「虐待する親の親権喪失」（吉田恒雄編『児童虐待への介入——その制度と法』尚学社、1998年）【文献9】の第4章
吉田恒雄「児童虐待に関する法制度」（斎藤学編『児童虐待〔危機介入編〕』金剛出版、1994年）【文献5】の第8章

（鈴木 博人）

(3) 刑事法分野

1990年代に入り、児童虐待が社会問題化すると、児童虐待事件が新聞等のマスメディアで大きく取り上げられるようになった。これを契機として新聞報道された児童虐待事件の分析が増加することになる（例えば、子ども虐待防止ネットワークあいち・1998）。また、刑事法の分野においても、児童虐待の法規制を含めた対策論が検討されるようになる。

①学会の動向

刑法学会の動向としては、刑法学会第68回大会（1990年6月）のワークショップ「性と刑法（オーガナイザー：萩原玉味）」において「児童の性的虐待と刑法的保護（報告者：安部哲夫）」が取り上げられたが、ここにおいては、家庭内における性的虐待だけでなく、広く第三者からの虐待、

社会内における虐待、児童ポルノ等が取り上げられた。そして、刑法学会第77回大会（1999年5月）のワークショップでも「児童虐待と刑事規制（オーガナイザー：安部哲夫）」と題し、初めて刑法学会で児童虐待がメインテーマとして取り上げられた。ここでは、児童虐待の実態、犯罪学からの問題性、実務の法的対応が報告され、最後に刑事規制の論点が提供された（報告者：安部哲夫）。刑事規制については、「幼年者に対する姦淫および強制わいせつ」の罪の新設、性的虐待を児童福祉法34条1項において犯罪化すること、虐待傷害罪（同致死罪）等の新設、刑事罰も含めた「専門家の義務的通告制度」の導入等が挙げられた。

これら刑法学会での児童虐待の問題化の間に、明治学院大学立法研究会シンポジウムでも「児童虐待――わが国における現状と課題」（1997年6月）が行われ、ここでも法規制を含めた児童虐待対策が議論されている（明治学院大学法学部立法研究会・1999【文献24】）。

また、犯罪学会では、第29回日本犯罪学会（1992年11月）の一般発表で「実子殺害女性における神経内分泌学的検討――産褥精神病との関連を中心として」（吉田秀夫、岡崎祐士、松本純隆）、第30回日本犯罪学会（1993年11月）の一般発表で「親族の殺人」（滝澤久夫）、第35回日本犯罪学会（1998年11月）の一般発表で「秋田県における嬰児殺疑い解剖例の検討」（吉岡尚文、二部恒美）および「児童虐待のいろいろ」（藤倉隆、滝澤久夫）が報告されている。

②法規制の主張

前記のような学会動向の中、児童虐待の対策として、法規制の主張が多くなされるようになる。その主張の主なものは、①通告義務の罰則化、②児童虐待罪の創設、③性的虐待罪の創設、である。

まず、通告義務の罰則化については、アメリカ等の通告制度を前提として、関係諸機関の職員に対し、罰則付きの通告義務の立法化を求める意見が出ている。その場合には、あわせて、誤報者の刑事上および民事上の免責規定も設けられる必要があるとされている（例えば、安部・2000）。

児童虐待の刑事規制については、第1期においても、最後の手段として検討すべきという主張は存在した（中谷・1984）が、今期に入ると、一歩進んで刑事規制の内容まで提案されるようになった。とくに性的虐待に関しては、青少年保護育成条例や児童買春、児童ポルノに係る行為等の処罰及び児童の保護等に関する法律（平成11年法律第52号）の制定に伴い、児童の性的保護という観点が浮上してきたことに伴うものとも考えられる。また、ドイツ刑法の規定する「性的虐待罪」（174条）および刑法改正草案の「被保護者の姦淫罪」（301条）の規定に倣ったものが主張されている（林・1992【文献25】）。

また、この他に再犯防止策として、行刑における治療教育的処遇、犯罪者予防更生法による遵守事項や指導監督、執行猶予者保護観察法の指導監督等保護観察制度を最大限に活用すること等が主張されている（野田・1992）。

③警察活動

児童虐待問題の関係機関の1つである警察の活動に対しても注目が集まるようになる。警察自体も児童虐待事件が顕在化したことによって、これへの対応を自ら行うようになる。まず第1に

取り組まれたのが、統計であり、統計によって、警察の児童虐待への対応の現状を明らかにしようとしている。1994年から「児童虐待に関する少年相談の受理状況」についての統計を取り始め、1999年から「児童虐待の罪種別、態様別検挙状況」についての統計を公表している。

また、「子どもの権利条約」の批准（1994年）、「子どもの商業的搾取に反対する世界会議」（1996年）において日本人による東南アジアでの児童買春や日本国内で大量に製造される「児童ポルノ」に対して世界中の非難が集中したことによって、児童買春・ポルノ処罰法が成立、施行されるに至った（1999年）。かつ、男女共同参画審議会による女性に対する暴力根絶に向けた基本的方策「女性に対する暴力のない社会を目指して」が策定された（1999年）ことによって、警察にも女性および児童の保護に関する活動が求められるようになった。そこで、1999年12月16日に「児童虐待に対する取組みの強化」（警察庁丙少発第26号等）、「女性・子どもを守る施策実施要綱」（警察庁乙生発第16号等）が発され、とくに児童虐待に対しては、各都道府県警察において取り組みの強化および関係機関との連携強化、被害少年の保護の強化等を行うが定められた（後藤・2000）。このように、警察による児童虐待の取り組みは、被虐待児の保護という観点から発展し、家庭への介入の積極化へとつながっていくことになる。なお、日本子どもの虐待防止研究会第5回大会（1999年）においても、分科会で「子ども虐待の対応における警察との連携を考える」（企画：吉田恒雄、報告：田中島晃子・池田泰昭・大島宏一）というテーマが取り上げられている（吉田・2000）。

④少年非行との関連

児童虐待が非行原因ではないかとする文献は、第2期においても見られる。この時期で最も注目されている論文は、小林寿一のもの（小林・1996【文献20】）である。この論文は、アメリカ合衆国における児童虐待と少年非行との関連性についての研究を紹介したものであったが、これまでの調査研究は少数であったのに対し、本研究は大規模に行われたものであり、後の研究にも大きな影響を与えるものとなった。

また、1997年に起こった神戸児童連続殺傷事件における加害少年の家庭にも虐待に近い問題があったとする論文も発表されている（例えば、斎藤・1999）。

⑤被害者学の動向

被害者学会では、被害者学会第3回学術大会（1992年6月）の個別発表において「親による性的虐待の被害」（林弘正）が報告され、性的虐待の事例検討等が行われている。また、被害者学会第9回学術大会（1998年6月）におけるシンポジウム「子供の社会化を取り巻く周辺事情の変化」の中で「家庭内の被害（児童虐待）」が取り上げられ、パネリストとして岩井宜子が児童虐待の定義や実態を報告し、対応策として、秘密保持義務の免責、警察、学校、福祉関係、その他関連する全ての機関の協力を挙げている。

また、警察活動の部分でも述べたように、被害者保護として児童虐待対策が講じられるようになり、被虐待児が被害者として取り扱われ、被害者学の対象として取り上げられるようになった。

【参考文献】

安部哲夫「児童虐待と刑事規制」(『刑法雑誌』39 巻 3 号、2000 年) 516 〜 521 頁

後藤啓二「女性・子どもを守る施策実施要綱の制定について」(『警察学論集』53 巻 4 号、2000 年) 100 〜 117 頁

萩原玉味「性と刑法」(『刑法雑誌』31 巻 3 号、1994 年) 380 〜 385 頁

林弘正「児童虐待、特に「親による性的虐待」に対する刑事規制について」(『常葉学園富士短期大学研究紀要』2 号、1992 年) 67 〜 93 頁【文献 25】

子どもの虐待防止ネットワーク・あいち編『見えなかった死──子ども虐待データブック』キャプナ出版、1998 年

小林寿一「犯罪・非行の原因としての児童虐待──米国の研究結果を中心に」(『犯罪と非行』109 号、1996 年) 111 〜 129 頁【文献 20】

明治学院大学法学部立法研究会編『児童虐待──わが国における現状と課題』信山社出版、1999 年【文献 24】

中谷瑾子「児童虐待と刑事規制」(平場安治編『団藤重光博士古稀祝賀論文集［第 3 巻］』有斐閣、1984 年) 209 〜 251 頁

野田正人「児童虐待の刑事法的対応」(『花園大学研究紀要』24 号、1992 年) 147 〜 160 頁

小木曾綾「子どもの社会化を取り巻く周辺事情の変化」(『被害者学研究』9 号、1999 年) 96 〜 101 頁

斎藤学「被虐待児としての神戸の少年 A と彼の連続殺人について」(『家族機能研究所研究紀要』3 号、1999 年) 41 〜 57 頁

園田寿「児童買春・児童ポルノ処罰法の成立」(宮澤浩一先生古稀祝賀論文集編集委員会編『現代社会と刑事法 (宮澤浩一先生古稀祝賀論文集　第三巻)』成文堂、2000 年) 307 〜 326 頁

吉田恒雄「子ども虐待の対応における警察との連携を考える」(『子どもの虐待とネグレクト』2 巻 1 号、2000 年) 42 〜 49 頁

(初川 愛美)

(4) 児童福祉分野

①法的課題を担い始めた児童福祉

児童福祉の領域から見た第 2 期は、第 1 に児童虐待に対する社会的関心が飛躍的に高まり、第 2 に児童福祉の領域からも独自の研究が展開され、第 3 に児童福祉の視座から法的な問題にも言及されるようになった時期である。児童虐待防止法制定は、こうした流れの結実と見ることができる。以上の 3 点のような、児童福祉領域の第 2 期の特色には、いくつかの要因が読み取れる。

まず第 1 に、児童虐待に対する社会的関心の高まりは、「児童虐待」というタームを定義づけることで世論を喚起しようとした第 1 期の研究者の戦略が功を奏した側面と、「児童虐待」にあたる行為が危惧された通りに多かった側面の双方から説明される。第 2 に、児童福祉の領域からの研究が第 2 期に目立って伸びたのは、日本の児童虐待対応の主役を担う児童相談所、広く捉えて児童福祉行政が、児童虐待への関心の高まりとともに、とかく批判の矢面に立たされるようになった事情が背景にあると考えられる。現行の児童福祉の仕組みと、具体的なソーシャルワークのノウハウで児童虐待にどこまで対処しきれるのか。扱う虐待ケースの検討結果を共有しようという動きが生まれ、そこからの省察から現行の法制度への提言がなされるのは、ごく自然の成り行きであった。こうして第 3 に挙げたように、児童福祉の視座から法的な問題への言及も自ずと増えてきた。

②児童福祉施設現場における対応の模索

児童福祉施設の現場でも、処遇の困難さという切実な課題から被虐待児童がクローズアップさ

れるようになった。2000年に機関誌の発刊30周年を記念して開催された全国児童養護協議会のセミナーでは「児童養護施設における被虐待児処遇の実際」がテーマとなった（全国児童養護施設協議会・2000【文献26】）。全体の約5分の1にあたる105か所の児童養護施設に被虐待児童のケアのために非常勤の心理職員が配置されるようになった2000年にあってなお、セミナーのシンポジウムで掲げられたテーマが「児童虐待への理解」であったことは見過ごせない。すなわち、第2期までに児童虐待の社会的認知が進んだという理解は誤りではないものの、それは、むしろ第1期の啓発策にのった表層的な理解であって、当事者の現実に向き合うのに十分な深みのある共通理解を得ていたわけではなかったということだろう。興味深いことに、セミナーのシンポジストの1人は弁護士であった。児童虐待事例を家族福祉の視座から扱う場合、実は、親の自己破産手続や離婚手続の相談にまで及ぶ援助が必要で、そのために広範な職種の協働が求められる実態が自ずと示された。これまで、ケースワークや現場処遇の質を高めることに終始していた児童福祉の領域としては、新たな展開の方向性が示されたといえるだろう。

③相次ぐ児童虐待防止「手引き」の刊行

　また、第2期に特色的なのは、いわゆる「手引き」が次々と刊行されたことである。代表的なものをたどってみても、大阪府児童虐待対策検討会議「被虐待児童の早期発見と援助のためのマニュアル（第1次版）」(1990【文献30】)、厚生省児童家庭局企画課監修・子ども虐待防止の手引き編集委員会編『子ども虐待対応の手引き』（日本子ども家庭総合研究所・1997【文献32】）、厚生省児童家庭局監修『子ども虐待対応の手引き』（日本児童福祉協会・1999【文献35】）、日本子ども家庭総合研究所編『厚生省　子ども虐待対応の手引き——平成12年11月改定版』（有斐閣・2001【文献36】）、日本子ども家庭総合研究所編『子ども虐待対応の手引き——平成17年3月25日改定版』（有斐閣・2005）と連なり、他に東京都が編んだ『子どもの虐待防止マニュアル——虐待への気づきと対応、援助のために』（東京都・1996【文献31】）等都道府県単位で編まれたものがいくつか、横浜市子育てSOS連絡会の『横浜市児童虐待防止ハンドブック——子どものSOS養育者のSOSに応えるために［改訂版］』（横浜市・1997【文献34】）等のように市で編まれたものもある。さらに東京都児童相談センター『子どもへの虐待相談処遇マニュアル』（東京都児童相談センター・1997【文献33】）のように児童相談所に特化した本格的な業務マニュアル、弁護士が虐待の救出活動に関わることが増えたことを受けて編まれた日本弁護士連合会による『子どもの虐待防止・法的実務マニュアル』（日本弁護士連合会子どもの権利委員会・1998【文献37】）も作成されるようになった。

④児童虐待防止「手引き」の意味と役割

　これらの手引きの編集意図は、ひとえに専門職の対応能力の向上にあると見られる。したがって、総花的な虐待事典ではなく、児童相談所の児童福祉司を対象としたものは保護者との連絡の仕方、立入調査に踏み切る基準、保護者の同意が得られない事例の運び方等々について詳細を極め、保育士や教諭等の保育・教育現場の職員を対象としたものは虐待の発見と通告に重点がおかれ、さらに医療従事者を対象と想定したものは虐待の発見と通告に関する記載に加えて一時保護をも意味する被虐待児童の入院について述べる等、それぞれの専門職を意識した実務場面での働

きを解き明かしたものの総集編になっている。つまり、一連の手引きを専門職の立場から読み解けば、現行制度を駆使して虐待問題から子どもを救済する術がどこかに示されているのであり、いかに手引きを繰り効果的な策を練り、首尾よく事例を解決に導くかの努力義務が突きつけられたことになる。「手引き」は実務便覧として役立つ福音書であるばかりでなく、専門職にとっては厳しい社会的要求を生み出したともいえそうである。また、従来は児童養育の第一義の責任を担う存在として親との協力関係が児童福祉でのソーシャルワークの大原則であったのが、家庭への介入的ソーシャルワークへと変容しつつあり、その過渡期にあって混乱しつつも実務に向かう各専門職を支える規程集のような役割も、手引きは自ずと担うことになった。各職種の実務現場で虐待に対応できる人材が求められるようになり、しかしながら、その要請に普く応えるほどに人材が育っていないという焦りのようなものが、各種手引きの背後から感じられる。家族への介入的ソーシャルワークの難しさは、自ずと、解決への切り口としての法的対応への期待を高めることになった。日本弁護士連合会のマニュアルは、こうした社会の要請に応えて虐待防止・救済に対応できる弁護士を育てる意図から編まれたが、家族介入の実務の詳細を解説するとともに、法的実務活動におけるソーシャルワークの姿勢の必要性をも説いている。第2期は、法とソーシャルワークがともに手を携えて虐待に向き合っていく方向性が定まってきた時期でもあった。

⑤児童福祉現場に残された課題

　種々の手引きの刊行や児童虐待防止法制定は、虐待の早期発見と早期対応を目指すというコンセンサスの上に成り立っている。こうした明確な方向性を持ったことも第2期の特徴の1つである。その一方で、発見され児童福祉行政の手に委ねられた子どもをケアする任を負った施設現場は、こうした動きから若干の距離感を拭えない印象をのこしている。全国児童養護施設協議会会長の福島一雄は、児童虐待防止法案の国会審議の最中に全国児童養護施設協議会が参考人として呼ばれなかったことを象徴的出来事として挙げながら、新法に虐待された子どもの対応の課題が先送りされていると批判した（福島・2000）。法律上の課題提言にしても、子どもの施設養護を考えれば、そこで問われるのは親権や施設入所に関わることではなく、例えば施設職員の配置基準の向上のような児童福祉サービスの枠組を描く法に関することである（小宮・2000）。第2期には、家庭分離後の施設入所児童と家族へのケアの問題が、課題として残されたと指摘できる。

【参考文献】
福島一雄「『児童虐待防止法』成立をどう受けとめるか」（『季刊児童養護』31巻1号、2000年）2～3頁
小宮純一「身を引き締め、スキルを磨き、プロに徹して――児童虐待防止法成立に寄せて」（『季刊児童養護』31巻1号、2000年）20～23頁
厚生省児童家庭局監修『子ども虐待対応の手引き』日本児童福祉協会、1999年【文献35】
厚生省児童家庭局企画課監修・子ども虐待防止の手引き編集委員会編『子ども虐待対応の手引き』日本子ども家庭総合研究所、1997年【文献32】
日本子ども家庭総合研究所編『厚生省　子ども虐待対応の手引き――平成12年11月改定版』有斐閣、2001年【文献36】
日本子ども家庭総合研究所編『子ども虐待対応の手引き――平成17年3月25日改定版』有斐閣、2005年
大阪府児童虐待対策検討会議「被虐待児童の早期発見と援助のためのマニュアル（第1次版）」大阪府福祉部福祉総務課保健福祉政策室、1990年【文献30】

東京都福祉局子ども家庭計画課他『子どもの虐待防止マニュアル――虐待への気づきと対応、援助のために』東京都福祉局子ども家庭計画課、1996年【文献31】
東京都児童相談センター『子どもへの虐待　相談処遇マニュアル』東京都児童相談センター、1997年【文献33】
横浜市子育てSOS連絡会『横浜市児童虐待防止ハンドブック――子どものSOS養育者のSOSに応えるために〔改訂版〕』横浜市、1997年【文献34】
全国児童養護施設協議会『季刊児童養護』30巻3号、2000年【文献26】

（田澤　薫）

(5) 医療・保健・心理分野

　医療・保健・心理分野から見た第2期（1990年代）の動向とは、第1に、各分野の虐待対応における課題への研究が深まり、その研究の蓄積は、被虐待児と保護者に対する治療的援助を重視する1990年代終盤以降の虐待対策の流れにつながる。そして第2に、それらは第3期における児童虐待防止法の改正および児童福祉法改正の焦点の1つである「家族再統合」（厚生労働省・2003）に向けて、被虐待児と保護者への援助には何が必要かという議論の礎を作った時期といえる。その流れを具体的に以下に見てみよう。

①早期発見・早期対応に関する研究から治療的援助に関わる研究への展開

　第2期の動向の第1にあたる医療・保健・心理分野の虐待対応上の課題に関する研究には、2つの大きな流れがある。1つは、早期発見・早期対応重視という1990年代の厚生省による虐待対策に関連した研究である。その例としては、地域の子どもと保護者に出会う機会の多い産科・小児科・母子保健領域の虐待発見のための知識と通告義務の履行に関する研究が挙げられる（大阪児童虐待研究会・1993、大阪母子保健研究会・1994、松井一郎他・1999、澤田・1999）。代表的な研究には、1996年からの髙橋重宏らによる「子どもへの不適切な関わり（マルトリートメント）」のアセスメント基準とその社会的対応に関する研究 (2) (3)」がある。それらの研究では、虐待認識に関する指標（ビネット調査項目）を用いて、虐待を発見しやすい立場にある専門職（児童福祉司、児童相談所の心理判定員、保健師、看護師、医師、保育士等）が虐待への認識をどのように持ち、通告および連携を行うかについて考察している（髙橋他・1996、髙橋他・1997）。また、それと同時に、児童虐待・子どもへの不適切な関わりの定義や概念についての研究も、虐待関係のマニュアルが数多く発行されたこの時期に散見できる（児童虐待防止協会・1991、髙橋他・1995）。早期発見・早期対応に関するこれらの研究は、先述した髙橋らによる研究のように、福祉と医療・保健領域の共同研究としての特徴も有しており、分野別の研究の深まりと分野を超えて実施される研究が、日本の児童虐待研究の中で、この第2期に多く進められるようになったことにも着目する必要がある。また、早期発見・早期対応に関する研究は、法律の内容にも影響を及ぼし、2000年制定の児童虐待防止法の5条（児童虐待の早期発見）には、「学校の教職員、児童福祉施設の職員、医師、保健師、弁護士その他児童の福祉に職務上関係のある者は、児童虐待を発見しやすい立場にあることを自覚し、児童虐待の早期発見に努めなければならない」と専門職の名称が条文に明記されるようになった。

　もう1つの流れは、臨床心理・精神医学領域においてこの時期に多く見られた、被虐待児・保

第 2 期（1990 年 4 月から 2000 年 5 月まで）

護者の心理的問題への治療に関する研究である（池田・1993、西澤・1994【文献 39】、岩田・1995、奥山・1997）。その研究が行われた背景には、虐待経験が及ぼす子どもへの深刻な心理的影響と、被虐待児やその家族に接した援助機関の専門職らによる彼らへの関わりの難しさに対する問題意識の高まりがあったからである。これらの研究では、虐待を発見して被虐待児を保護し、場合によっては親子の分離を行ったとしても、治療に関する援助がなければ、虐待問題の解決にはつながらないのではないかという見解が示されている。その代表的な文献に西澤哲による『子どもの虐待――子どもと家族への治療的アプローチ』（1994【文献 39】）がある。第 7 章にあたる「子ども虐待への対応――治療的介入のためのシステムについて」では、心理治療的アプローチの効果を上げるためには、それを可能にするような枠組みとなる法制度が確立されていなければならないことが指摘されている。

②治療的援助に関わる各機関の活動

　第 2 期においては、治療的アプローチを可能にする法的枠組みは構築されなかったものの、厚生省の事業として、1999 年度から児童養護施設に心理職（非常勤）が配置されるようになる。これは被虐待児を対象にした心理的治療であり、最終的に「家族再統合」につなげるための 1 つの手段とみなすことができる。一方、保護者に対するものは、民間の医療機関、とくに精神医学領域による援助が主流であり、行政が行う対策として、それらのサービスが位置づけられることはなかった。そして、そのような援助を行う機関も第 2 期は非常に少数であった。行政機関による援助としては、虐待予防段階になるが、一部の保健所の保健師による乳幼児の親を対象にした子育て相談の活動がある。1 つの例として、東京都の練馬区保健所、東村山保健所、南多摩保健所等が行ってきた児童虐待予防活動を挙げることができる。この活動での特徴は、民間機関の「子どもの虐待防止センター」と連携を取りながら、虐待への予防活動を行っているところにある。具体的には、まず最初に、保健所等に乳幼児健康診査に来所した親子に対して、健診時の育児相談、その後のカンファレンス、そして家庭訪問を実施する。次に、必要だと判断した場合、民間機関あるいは保健所が行う母親の自助グループ（MCG: Mother & Children's Group）への参加の促しや、医療機関への紹介、子育てのつらさの解消・子育て技術を学べる子育てサロンへの参加、保育園へのつながり等、様々な角度からその親子を支援する（CAP・1993〜1999）。このように、虐待の予防と虐待を悪化させないための援助体制を、第 2 期に試行錯誤しながら作り上げていった過程が、そのサービスの多様さから垣間見ることができる。しかし、それらは第 2 期の 1990 年代には、まだ厚生省による虐待対策として位置づけられることはなく、あくまでも地域レベルでの活動であった。

　もう 1 つの例として、大阪府下の保健所とその他の医療機関の保健師および医師等により組織されている大阪母子保健研究会の活動を挙げることができる。本研究会は、1994 年に「被虐待児の早期発見と予防《保健婦のためのアビューズ・マニュアル》」（大阪母子保健研究会・1994）を、保健分野において最も早く発行しており、また、1989 年頃から虐待予防とその家族への治療的援助を実施している。研究会での講義や事例検討会を踏まえ、各保健師は大阪府下の保健所において、予防と早期対応という側面から、乳幼児健診時での発見や虐待ハイリスクと思われる家庭への訪問指導、あるいは保護者への育児相談活動を行い、治療という側面からは、保護者に

対する保健所内のクリニックおよび他の病院への紹介等を積極的に実施している。

③虐待要因研究と第3期の虐待対策につながる治療的援助研究の蓄積

先述した通り第2期の研究動向の第2は、2004年の児童虐待防止法の改正および児童福祉法改正の焦点の1つである「家族再統合」に向けて、被虐待児と保護者への援助には何が必要かという議論の礎を作った時期と考えられる。なぜなら、虐待とは何かという議論や虐待防止の法制度に関する議論については、第1期に見られるような、医療・保健・心理分野の研究者による諸外国の虐待研究・法制度の紹介、それを踏まえた日本における虐待対策、法制度への提案という研究が減少し、その代わりに主流を占めるようになったものは、最終的に虐待を無くし、親子の関係を良好な状態にすることを目的にした治療的援助に関する研究だったからである。その研究を2つに分けて以下に確認しよう。

第1の流れが、虐待要因研究の1つであるリスク要因研究である。リスク要因研究は、虐待の早期発見、早期対応に活用されることも多いが、ここでは、治療にも関わる研究として扱っていきたい。日本のリスク要因研究での中心的動きは、1990年代後半から2000年前半にかけて、社会福祉の分野、とくに、児童相談所での一時保護決定の指標となるリスクアセスメント指標の開発から始まり、その後、保健・医療現場における同指標の開発・活用へと展開されていく。加藤曜子（加藤・2001）は、アメリカでは、児童虐待についてのリスク要因研究は1970年代から急速に盛んになり、リスク要因については、回顧調査（retrospective）や予防の実践等の研究結果からさまざまな知見が発表されていると述べている。そして「リスク要因を個別に取り出し分析することで、悪化や慢性化を防止することが期待される」（加藤・2001：45頁）とも指摘している。これは、児童虐待のリスク要因研究が、医療・保健分野から生み出された医療モデルであり、虐待についてはとくに予防に重点をおき、虐待は手立てをしないと徐々に悪化するものであるとする考えを基礎においていることを意味している。その研究は、先ほど述べたリスクアセスメント（リスクアセスメント指標開発と活用）の研究につながっていく。加藤によると、リスクアセスメント指標は、1980年代のアメリカにおいて、児童虐待相談件数の増加に伴い、虐待事例に対してどの程度介入するべきかという議論が起こり、虐待発見の遅れやソーシャルワーカーによる援助に一貫性がないことに対処するため、虐待のリスクを測る指標が作られたという（加藤・2001）。

第2期において、日本のリスク要因研究の多くが、被虐待児に対する適切な判断と保護、さらに「家族再統合」の際の評価と、ケースマネジメントを行うときの関係機関の共通認識を得るためには、リスクアセスメント指標を使用することが望ましいといった報告をしている。とくに、医療・保健分野で行われていたリスク要因研究（岡本他・1993, 1994）では、未熟児や双生児等の低出生体重児・多胎児がいる家庭への援助や、障害・慢性疾患を抱えた子どもへの配慮とその家庭への支援の必要性が示唆された。そして、これらの研究蓄積は、第3期に、厚生労働省によって整備される保健師によるアウトリーチ（積極的な家庭訪問）の対策および虐待ハイリスク家庭に対する保健所等の早期発見・援助の役割を明確にしていった。

上記が示すように、虐待に関するリスク要因研究は、虐待を起こした要因を手がかりとして、その問題の解決を図ろうとする。そして実践の現場では、その内容を援助のプログラムに組み込

んでいく。被虐待児と保護者への治療的援助の体制は、第2期においてはまだ十分に確立しておらず、福祉・保健・精神医学・臨床心理の各分野が、それぞれの領域で抱える問題を、各分野で培われた知識と技術を活用し、その対応を試みている状況であった。精神疾患への精神医学による治療や心理臨床家による心理療法等以外の保護者への治療的援助は、とくに内容において重なり合う部分が多く、どのプログラムが何を担当するかの分類が難しく、心理治療的プログラムであるのか、ペアレンティング（親業）のプログラムであるのかの区別が明確になされぬまま、児童相談所、家庭児童相談室、児童家庭支援センター、保育所、保健所、民間機関の子育て支援のサービス等で、面接・電話相談、グループ活動を通して、親指導、育児・しつけの相談、あるいはカウンセリング等が行われていたといえよう。その活動と研究は、第3期になるとさらに活発になり、欧米のペアレンティングプログラムの紹介（桐野・2002）や、保護者への援助法・指導法の開発、例えば『被虐待児童の保護者への指導法の開発に関する研究』（庄司・2003）、『家庭支援の一環としての虐待親へのペアレンティングプログラム作成』（加藤・2004）等が福祉・医療・保健等の共同研究として行われた。

そして、第2の流れが、前述した被虐待児・保護者への治療に特化した研究である。第2期においては、虐待を受けた子どもへの治療、あるいは虐待する保護者への治療と援助に関する論考・援助のためのマニュアル（西澤・1994【文献39】、坂井・1996、亀岡・1997、西澤・1997、奥山・1997、奥山・1998、西澤・1999、子どもの虐待防止センター・1999）が数多く出版された。それらの多くは、被虐待児への人格形成における影響や被虐待児の精神疾患の問題、家族内の人間関係の複雑さ、保護者の治療への導入の難しさについて議論している。その深刻さについては、とくに性的虐待の研究報告（西澤・1993、北山・1994a、北山・1994b、堀・1997、斎藤・1998）でも指摘されている。そして「家族再統合」に向けて、保護者への治療援助が欠かすことができないことが主張されている。これらの研究の蓄積は、第3期における児童虐待防止法改正において、児童虐待を受けた子どもに対する支援（13条の2）、児童虐待を行った保護者に対する指導（11条）等の規定へとつながっていく。

【参考文献】

堀史朗他「被虐待の既往を持つ成人症例をめぐって――性的虐待は身体的虐待や養育欠如より重篤か」（『臨床精神医学』26巻1号、1997年）33〜37頁

池田由子「児童虐待と精神医学」（『世界の児童と母性』34号、1993年）15〜20頁

岩田泰子「児童虐待」（『臨床精神医学』24巻8号、1995年）1053〜1059頁

児童虐待防止協会「重症度基準」（『1990年度　1991年度　子どもの虐待ホットライン報告書』1991年）36〜39頁

亀岡智美「被虐待児の精神医学」（『臨床精神医学』26巻1号、1997年）11〜17頁

加藤曜子『虐待リスクアセスメント』中央法規出版、2001年

加藤曜子他『家庭支援の一環としての虐待親へのペアレンティングプログラム作成』平成15年度　厚生労働科学研究費補助金（子ども家庭総合研究事業）報告書、厚生労働省、2004年

桐野由美子「児童虐待防止協会の取り組みから　アメリカのペアレンティングプログラムとの関連性」（『はらっぱ』216号、2002年）2〜6頁

北山秋雄a『子どもの性的虐待』日本看護協会出版会、1994年

北山秋雄編b『子どもの性的虐待――その理解と対応をもとめて』大修館書店、1994年

厚生労働省社会保障審議会児童部会「児童虐待の防止等に関する専門委員会報告書」（http://www.mhlw.go.jp/

shingi/2003/06/s0618-2html）2003 年

子どもの虐待防止センター『CAP ニュース』1993 ～ 1999 年

子どもの虐待防止センター編『被虐待児と虐待する親の援助と治療――援助者用』子どもの虐待防止センター、1999 年

松井一郎他『虐待の予防、早期発見および再発防止に向けた地域における連携体制の構築に関する研究』平成 10 年度厚生科学研究費補助金（子ども家庭総合研究事業）報告書、厚生省、1999 年

西澤哲「性的虐待――子どもと家族への治療的アプローチ」（『世界の児童と母性』34 号、1993 年）67 ～ 69 頁

西澤哲「子どもの虐待への対応――治療的介入のためのシステムについて」（『子どもの虐待――子どもと家族への治療的アプローチ』誠信書房、1994 年）182 ～ 197 頁【文献 39】

西澤哲『子どもの虐待と被虐待児への臨床心理的アプローチ』（CA テキストブック No. 10）子どもの虐待防止センター、1997 年

西澤哲「第 2 部　虐待を受けた子どもの治療マニュアル」（『被虐待児と虐待する親の援助と治療――援助者用』子どもの虐待防止センター、1999 年）109 ～ 128 頁

岡本伸彦・小林美智子・臼井キミカ・池田美佳子・楢木野裕美・山田恵子・鈴木敦子・納谷保子「被虐待児症候群低出生体重児例の検討」（『小児科臨床』46 巻 8 号、1993 年）21 ～ 24 頁

岡本伸彦・安枝敦子・中西眞弓・林昭・小林美智子・笹井康典「超未熟児の養育問題と地域母子保健」（『小児科臨床』47 巻 8 号、1994 年）99 ～ 104 頁

奥山眞紀子「被虐待児の治療とケア」（『臨床精神医学』26 巻 1 号、1997 年）19 ～ 26 頁

奥山眞紀子「被虐待児の自立における問題と支援の方向性」（『世界の児童と母性』45 号、1998 年）18 ～ 21 頁

大阪母子保健研究会『子どもなんて大きらい――被虐待児への援助（報告集 Part4）』せせらぎ出版、1994 年

大阪児童虐待研究会『大阪の乳幼児虐待　被虐待児の予防・早期発見・援助に関する調査報告』大阪児童虐待研究会、1993 年

斎藤学編『児童虐待〔臨床編〕』金剛出版、1998 年

坂井聖二『周産期の母親への援助――子どもの虐待を予防するために』（CA テキストブック No. 9）子どもの虐待防止センター、1996 年

澤田いずみ「児童虐待における病棟看護婦（士）の遭遇状況と通告に関する認識調査」（『子どもの虐待とネグレクト』1 巻 1 号、1999 年）35 ～ 40 頁

庄司順一他『被虐待児童の保護者への指導法の開発に関する研究』平成 14 年度　厚生労働科学研究費補助金（子ども家庭総合研究事業）報告書、厚生労働省、2003 年

髙橋重宏・庄司順一・千賀悠子・須永進・益満孝一・加藤純・木村真理子・朸尾勲「子どもへの虐待に関する社会的インターベンションのあり方（1）――子どもへの虐待の概念・定義の検討」（『日本総合愛育研究所紀要』31 集、1995 年）79 ～ 89 頁

髙橋重宏・庄司順一・中谷茂一・加藤純・澁谷昌史・木村真理子・益満孝一・朸尾勲・北村定義「子どもへの不適切な関わり（マルトリートメント）のアセスメント基準とその社会的対応に関する研究（2）――新たなフレームワークの提示とビネット調査を中心に」（『日本総合愛育研究所紀要』32 集、1996 年）87 ～ 106 頁

髙橋重宏・庄司順一・中谷茂一・山本真美・奥山眞紀子・加部一彦・加藤純・才村純・北村定義「子どもへの不適切な関わり（マルトリートメント）のアセスメント基準とその社会的対応に関する研究（3）――子ども虐待に関する多職種間のビネット調査の比較を中心に」（『日本総合愛育研究所紀要』33 集、1997 年）127 ～ 141 頁

（加藤　洋子）

(6) 非行・教護分野

①非行原因としての虐待という視点

　児童虐待への関心が定着するにつれ、第 2 期は、非行原因としての虐待の指摘が立論として目立ち始める時期である。虐待以外の主訴で相談に訪れた事例の半数近くに虐待の既往が隠されているという指摘は第 1 期にもすでに見られたし（関口他・1986）、また非行を主訴として一時保護した事例のうち虐待の既往が認められた事例・推測された事例の分析（中村・鷹尾・1989）も先

行研究がある。すなわち、第2期になって初めて非行原因の1つとして児童虐待が発見されたというのではなく、従来から現場関係者がつかんでいた「非行の原因に過去の被虐待経験がある場合が多い」という感触が、児童虐待の社会的認知とともに言論化されたのだろう。

②教護施設の機能強化への期待

　この期は、結果的に、児童福祉法の1997年大改正の前夜にもあたる。児童福祉施設の中でも、とくに施設の活用が進まず見直しを迫られていた（旧）教護院のあり方をめぐっての議論は、活発な時期であった。非行を主訴としたいわゆる教護児童の処遇を根本的に考える中で、表面化した非行を云々するだけでなく子どもの既往歴や家庭環境にこれまで以上に目を向けようという問題意識が高まり、従来から感触として得ていた虐待との関連に関心が寄せられたのは自然な流れと考えられる。教護の領域外からの意見に耳を傾ける気運が満ちていた時期ともいえる。

　広岡智彦は自立援助ホームで非行の子どもと関わる経験をもとに、「表面的には窃盗」が施設入所原因であった子どもの幼児期の家庭での様子を紹介し「いま風に言えば、立派に虐待です」と述べ（広岡・1993：102頁）、児童福祉施設としての教護院の役割を「傷ついた子供を癒す場」であって欲しいと提言している（広岡・1993：105頁）。このように、非行原因に虐待を認識することで、自ずと、非行児童への向き合い方が（不可分ではあるものの）従来の矯正教育に虐待で被った傷の治療的な要素を包含していく点が特徴的である。

③児童相談所の視点の変化

　児童相談所からの研究報告にも、非行と児童虐待の関連を探る成果がある。稲岡隆之は、1990年から2000年という10年での児童相談所が非行を虐待の視点から理解しようとするようになってきたことを14事例から解き明かした（稲岡・2000【文献38】）。ここでは、まず、1990年から2000年という10年間が児童相談所の実務レベルでの児童虐待理解での転換期であったという事実が示されている。稲岡は、1つの事例を捉えるのに虐待の視点を持つか否かで、虐待事例に特有な傾向（例えば虐待関係の再現性や解離症状）への配慮が可能になると主張し、治療環境・治療システムの構築を1つのゴールとして考えている。したがって、その論に法的な提言は全く含まれない。

【参考文献】
広岡智彦「非行少年への援助に思う」（『非行問題』199号、1993年）101〜106頁
稲岡隆之「非行と虐待」（『非行問題』206号、2000年）71〜81頁【文献38】
中村雅彦・鷹尾雅裕「児童の問題行動と虐待との関連性に関する研究――臨床心理学の観点からの接近の試み」
　（『愛媛大学教養部紀要』22巻1号、1989年）21〜39頁
関口博久他「児童虐待の実態調査および予後に関する研究（第1報）」（『安田生命社会事業団研究助成論文集』
　22号、1986年）85〜96頁

（田澤　薫）

II 主要判例解説

1 児童福祉法分野

【判例1①】28条審判を本案とする審判前の保全処分を認めた事例（浦和家裁審判平成8年3月22日、平成8年（家口）第1002号、家裁月報48巻10号168頁）

本件は、児童相談所長が、後掲の【判例1②】を本案とする審判前の保全処分として、①児童の入院中における両親の面会の禁止、②同じく退院手続の禁止、③退院可能のときは本案の審判確定まで申立人が一時保護を加えることの承認、を求めたものである。

本審判は、児童をこのまま両親の監護に委ねると同様の事態が生ずることが予測されるとして、①児童の退院又は転院手続の禁止、②退院相当のときには申立人は本案審判確定までの間児童に一時保護を加えることができる、③両親は上記2項の申立人による措置を妨げてはならないこと等を命じた。

家事審判法15条の3第1項は、家事審判の申立てがあった場合において、家庭裁判所は、仮差押え、仮処分、財産の管理者の選任その他の必要な保全処分を命じることができる旨規定しており、具体的な対象事件および保全処分の内容については、最高裁判所の定める家事審判規則および特別家事審判規則において定められている。しかし、本審判の本案である児童福祉法28条1項の承認審判についてはそのような定めはなく、従来、同規則に規定のない審判事件については保全処分をすることができないと解するのが実務の大勢であった。本審判では、その解釈につき何ら触れられていないが、かねてから28条審判について保全処分の必要性が指摘されてきたところであり、その後の実務および立法に影響を与えることとなった。また、本審判では、児童相談所長の権限である一時保護に関して保全処分を命じていることも注目される。

【判例1②】包括的な承認を求める申立てに対して里親委託又は児童養護施設入所を承認した事例（浦和家裁審判平成8年5月16日、平成8年（家）第610号、家裁月報48巻10号162頁）

本件は、児童相談所長が、親権者たる実母と養父が児童に頭部外傷、栄養失調等の虐待をしたことを理由に、児童福祉法27条1項3号の措置の包括的な承認を求めた事件である。

本審判は、児童の各傷害が両親のいずれかの行為に直接起因するかは別としても、両親が監護を怠ったことは明らかであるとして、著しい福祉侵害を理由に児童自立支援施設を除く里親委託又は児童養護施設入所を承認した。また、その際、児童が成長し事態が理解できるようになるまで、両親との面会、直接交渉を禁止すべき旨を付言した。

28条審判の申立ておよび決定における措置の種類の特定の要否については議論があったが、福岡高裁決定昭和56年4月28日（家裁月報34巻3号23頁）は、児童福祉法27条1項3号に定められた措置は多様なものであり、いずれの措置がとられるかによって児童やその親権者、後見人らに対して生じる影響も自ずから異なるとして、同号の措置を包括的に認めた原審を変更した上で、児童を児童養護施設に入所させることを承認した。本判例は、そうした実務の流れに沿うものである。また、本審判では、措置の種類として里親委託を承認し、また両親の面会等の禁止について付言しているが、これらは他の審判例ではあまり見られない特徴となっている。

【判例2】申立て後に新たに親権者となった者についてその監護能力も検討の上申立てを認容した事例（津家裁審判平成9年12月24日、平成9年（家）第736, 737号、家裁月報50巻5号76号）

　本件は、児童相談所長が、単独親権者であった実父の監護懈怠等を理由に児童らの児童養護施設入所の承認を求めた事件であり、申立て後、児童らは実父の代諾により父方祖父母と養子縁組をしている。

　本審判は、実父の親権者当時の監護懈怠を認定した上で、養父母の監護状況について検討し、実父同様に養父母に児童を監護させることは著しく本人らの福祉を害する結果になると認め、児童らの養護施設入所を承認した。また、その際、児童相談所に対し、養父母の引受態勢について綿密な調査、指導を経る等して、将来、継続的な指導のもとで養父母に本人らを監護させるのが相当であるとの意見を付している。

　28条審判において、保護者に監護させることが著しく児童の福祉を害すると判断するにあたっては、単に審判時現在にそうであるに止まらず、将来の可能性についても検討すべきであるとされている。

　本審判は、申立後に新たに親権者となった養父母について、将来児童を引き取ることとなった場合の監護能力について検討、判断しており、そうした28条審判の要件に対する考え方に沿ったものということができる。また、その際、児童相談所に対し養父母の受入態勢について調査、指導等するよう意見が付されており、裁判所の家族再統合に向けた姿勢を示したものとなっている。

【判例3】生後4か月の乳児について重症心身障害児施設への入所を承認した事例（広島家裁審判平成10年1月5日、平成9年（家）第1418号、家裁月報50巻6号104頁）

　本件は、呼吸停止状態で病院に運ばれ、低酸素性脳症、頭蓋内出血により入院中の生後4か月の乳児について、児童相談所長が、両親に監護させることが著しく児童らの福祉を害するとして、児童福祉施設への入所の承認を求めた事件である。

　本審判は、児童の心身の状態から、適切なリハビリテーション訓練と発達を促すための看護が専門施設において行われることが最適であり、さらに、児童には首を絞める等大きな有形力が加えられたことが推認されるところ、同居者以外の第三者が関与したことをうかがわせる事情は存せず、児童を自宅に戻した場合には再び同様の事態を生ずるおそれがあると認め、児童を重症心身障害児施設へ入所させることを承認した。

　一般に、虐待等の行為は家庭という密室で行われることが多いことから、対象児童が乳幼児であったり、意識障害等の大きな傷害を負っているような場合には、その事実認定に困難が予測される。本審判は、虐待行為が誰によって行われたのかは特定せず、それが両親のもとで監護されていた日常生活の中で発生したことから再発防止の必要性があると認定して、申立てを認容したものであり、28条審判の要件事実について1つの考え方を示すものということができる。なお、本審判では、【判例1②】と同様に、施設の種別を特定しない申立てに対してこれを特定して決定している。

（藤川　浩）

2 民法分野

【判例4①】母と協議離婚をした前夫が、母と自分との間の子（長女と二女）について母の親権喪失を求めた事例で、親権喪失請求の本案についての審判が効力を生じるまでの間、親権者（母・事件本人）の子に対する職務の執行を停止し、弁護士を職務代行者に選任した事例（大阪家裁審判平成6年2月16日、平成6年（家ロ保）7、8号、家裁月報47巻2号176頁）

　民法834条の親権喪失宣告の請求権者は、「子の親族又は検察官」と定められている。本件では、母と協議離婚をした前夫が、母と自分との間の子（長女と二女）について母の親権喪失を求めた。この事例で、親権喪失請求の本案についての審判が効力を生じるまでの間、親権者（母・事件本人）の子に対する職務の執行を停止し、弁護士を職務代行者に選任したケースである。【判例4②】の決定の原審判である。

　母（保険外交員）は、1993年3月18日に協議離婚した頃から、内縁の夫（夜間トラックの運転手）と同棲し、未成年者2人も同居している。子の一方Aは、母と内縁の夫から暴行を受け、時々内出血を作って保育園に登園するようになった。もう1人の子Bは、同年7月頃から臀部や顔面に青アザを作って登園することがあったが、同年9月に頭部に瘤様のものを作ったので保育士が母に尋ねると、母は病院に連れていくと答えた。その後、Bを連れて登園した祖父に診察結果を尋ねたところ、直ちに内縁の夫から、祖父にいらんことを言った、今後こんなことをしたらタダではおかない旨の抗議電話があった。同年10月21日にBが救急車で病院に搬送され、CT検査の結果、頭部外傷、硬膜下血腫と診断され、他にも前頭部、顔面、左大腿部に古い内出血痕があった。内縁の夫は、Bが泣いても、心配する様子もなく放置した。Bは、同年11月2日にも救急車で同じ病院に搬送された。頭蓋骨縫合離開、頭部外傷、硬膜下血腫と診断された。母は、Bがテーブルで頭を打ったと説明したが、引き続いて発生しており、傷害の程度が酷いこと等から、親たちによる虐待が濃厚になった。Bは11月19日、退院後初めて登園したが、保育中に突然倒れて意識を失ったため、保育士が病院に運んだところ、内縁の夫から抗議された。このため、保育園は、母らに対し、通園可能の診断書を提出するよう求めた。その後母らは、Bを通園させなくなった。1994年1月9日に保健師が在宅中の内縁の夫とBに面接した。その結果、B（1歳10か月）は弱っている様子で、目の下に隈ができて、外気に触れずに養育されている様子であった。Aは通園を続けているが、しばしば青アザを作って登園することがあり、1993年12月13日には、顔が変形するほどの酷いアザを作って登園し、最近ではこれが完治せず、醜痕を残している。母もBを折檻した旨、肯認していることが一応認められるといった事実関係が認められる。

【判例4②】【判例4①】事件に対する即時抗告申立事件で、職務代行者選任申立認容審判に対する即時抗告の可否が判断された事例（大阪高裁決定平成6年3月28日、平成6年（ラ）第133号、家裁月報47巻2号176頁）

　上記【判例4①】事件に対する即時抗告申立事件である。原審で親権者の職務執行を停止された母からの即時抗告申立事件である。本決定は、職務代行者選任の保全処分に対する即時抗告と親権者の職務執行停止の保全処分に対する即時抗告に分けて判断を示した。親権の職務代行者選

任の保全処分については、家事審判規則15条の3、1項、2項の規定により、同規則74条1項による職務代行者選任の保全処分は即時抗告の対象からはずされているため、その申立てを却下する審判に対しても、その申立てを認容する審判に対しても、即時抗告することはできないとして母側からの即時抗告は却下した。親権者の職務執行停止の審判に対する即時抗告については、原審の示した理由に基本的に従い、「親権の喪失宣告の審判がなされる蓋然性があるものというべきである」として、抗告を棄却した。

【判例5】実母と養父のうち養父についてのみ性的虐待ないし身体的虐待を理由に親権者の職務執行を停止し、児童相談所等を親権代行者とする審判前の保全処分がなされた事例（熊本家裁審判平成10年12月18日、平成10年（家口）第502号、家裁月報51巻6号67頁）

　本件は、未成年者女子2人（長女・二女）の親権者を自己にして協議離婚した（1989年9月18日）実母が、1992年8月28日に再婚し、同日再婚相手と未成年者両名との養子縁組届出が提出された事例で、養父による未成年者に対する性的ないし身体的虐待を理由に、2人を一時保護中の児童相談所長が申し立てた親権喪失宣告申立事件を本案とする審判前の保全処分申立事件で、養父の親権者としての職務の執行を停止し、児童相談所長をその職務代行者に選任したものである。

　本件の特色の1つは、実母の再婚相手と未成年者2人が民法798条但書き（未成年者を養子とするときには家庭裁判所の許可を得なければならないが、自己又は配偶者の直系卑属を養子とするときには家庭裁判所の許可は不要とするもの。いわゆる連れ子養子）により養子縁組をし、養父となった者が長女については性的虐待を二女については身体的虐待を加えているという点にある。民法798条但書きにより、自己又は配偶者の直系卑属を家庭裁判所のチェックなしに、あたかも契約型の養子縁組のように届出だけで養子縁組が成立させることができ、それに伴い養親が親権者になるという現行制度の欠点が如実に現れた事例である。

　もう1つの特色は、児童相談所長が親権喪失宣告を求めているのは、実母と養父のうち養父についてのみだという点である。本件申立人たる児童相談所長は、未成年者2人を一時保護していて、施設入所について実母の承諾は得ているが、養父は両名の施設入所に反対し、実母を介して未成年者両名を早期に家に帰すよう要求しているので、養父の親権者としての職務執行を停止し、児童相談所長を職務代行者に選任し、施設入所の同意に得ようというのである。

【判例6】養女、長男及び長女に対して、日常的に暴力を振い、性的虐待を行ってきた親権者父が未成年者の福祉を著しく損なっているとして未成年者3人に対する親権喪失が宣告された事例（長崎家裁佐世保支部審判平成12年2月23日、平成10年（家）第331号、332号、333号、家裁月報52巻8号55頁）

　本件は、親権者父が養女、長男および長女に対して、日常的に暴力を振るい、性的虐待を行っており、未成年者の福祉を著しく損なっているとして未成年者3人に対する親権喪失を宣告した事例である。公表されている事実関係からのみでは家族関係の詳細については明らかでない。未成年者の養女については、1996年3月以来児童養護施設に入所しているが、入所するまでは親権者父（養父）は、日常的に性的、身体的虐待を加えていた。また、従来も親権者父が逮捕さ

る度に養女は児童養護施設に入所措置がとられたが、父は出所すると引取りを強要してきたので、今後も、放置すると、引取りを強要し、養女に対し性的、身体的虐待を加えるおそれが強く、子の福祉を著しく損なうので、父の親権に服させることは不相当だとした。なお、父も養女に対する親権については、喪失することを了承している。長男に対しては、父は自分の気に食わないことがあったりすると、日常的に身体的折檻を繰り返しており、1998年10月25日には左鼠蹊部刺創、頭部打撲の傷害を負わせ逮捕された。そのため長男は児童養護施設に入所中だが、父が出所すると、引取り強要により再び危険な状態におかれることが予想される。父が日常的に身体的暴力を加え、子の福祉を著しく損なっていたことは明らかなので、長男を父の親権に服させることは不相当であるとした。長女は、父が長男に対する傷害事件で逮捕されたため、児童養護施設に入所中である。父は長女に日常的に身体的暴力を加えていた上に、長女が11歳の頃から1年あまりにわたり、長男に対する傷害事件で逮捕されるまで日常的に性的虐待を加えていたことから、その福祉を著しく損なっていたことが明らかであるので親権に服させることは不相当であるとした。

【判例7】里親を監護者と指定し、実母である親権者からの里子の引き渡し請求を否定した事例
（山形家裁審判平成12年3月10日、平成11年（家）第212号、平成12年（家）第64号、家裁月報54巻5号139頁）

　子の親権者母は、1993年9月に本件児童を出産した。実父は親権者母と重婚的内縁関係にあり、本件児童を未認知。母は生活状況が不安定で、精神的・経済的に苦しかったことから、本件児童は出生直後から乳児院に措置された。この児童について特別養子縁組を前提とした里親委託を受けて約3年7か月にわたって里親として養育してきた（したがって、親子結びが行われ里親と本件児童との間には心理的な親子関係が構築されてしまっている）申立人らに対して、子の引渡しを求め、これに対して元里親・申立人らは子の監護教育を継続したいと希望したため、引渡しの方向では困難になった。そこで、児童相談所は元里親に本件の児童を一時保護委託した。実母からの子の引取りの意向が示されたことから、元里親が自らを子の監護者として指定するよう求めたのが本件子の監護者の指定申立事件である。子の連れ去り禁止の仮処分申請も行われたが、これは取下げられた。他方、親権者母が子の引渡しを申し立てたのが、本件子の引渡し申立事件である。

　山形家裁は、次のようにいう。すなわち「原則として、親権者から未成年者を監護する第三者に対して未成年者の引渡しの請求が行われた場合には、これを認めるべきである」と原則論を述べつつ、「未成年者の監護権が、未成年者の福祉のために認められるものであることからすれば、例外的に、未成年者の引渡しを認めることが未成年者の福祉に明らかに反するといった特段の事情がある場合には、未成年者の引渡しを拒絶し、未成年者を事実上監護する第三者を監護者として指定することができる」とし、本件では、この特段の事情がある場合にあたるとして里親を監護者として指定できるとした。

【判例8】性的虐待を受けたことによる精神的外傷の後遺症からの脱却を目的とする氏の変更、名の変更が認められた事例（大阪家裁審判平成9年4月1日、平成8年（家）第574号、575号、家裁月報49巻9号128頁）

　本件申立人は、小学生当時に実兄から継続的な性的虐待を受け、その被害の影響が心に深く、長期間にわたって残り、そのことを想起すると強い心理的苦痛を感じ、激しい感情的変化や外界に対する鈍化や無力感といった生理的反応を示すようになっている。そのため、精神的に安定した生活を送ることができず、定職に就くことも困難で、完全な社会復帰ができない。申立人は、戸籍上の氏名で呼ばれることで、同じ呼称である加害者と被害行為を想起して強い精神的苦痛を感じている。申立人が氏名の変更を求めるのは、加害者ひいては被害行為を想起させる氏と、忌まわしい子ども時代を象徴する名前を変更して、被害行為を過去のものとし、その呪縛から逃れて新たな生を生きたいと考えているからである。

　上記の事実によると、申立人が氏名の変更を求めるのは、珍奇であるとか難読・難解であるとか、社会的差別を受けるおそれがあるといった社会的要因によるものではなく、「主観的なしかも極めて特異な事由（申立人の上記のような心理状態は、心理学的に見てあり得ない事象ではないことが推認される）」である。主観的事由ではあるが、「近親者から性的虐待を受けたことによる精神的外傷の後遺症からの脱却を目的とするものであり、氏名の変更によってその状態から脱却できるかについて疑念が残らないでもないけれども、上記認定の事実に照らせば、戸籍上の氏名の使用を申立人に強制することは、申立人の社会生活上も支障を来し、社会的に見ても不当であると解するのが相当」であるとして、申立人が氏を変更するについて、戸籍法107条1項の「やむを得ない事由」があるものと認めるのが相当であり、また名の変更についても、単なる好悪感情ではなく上記のような事由に基づくものであることおよびその使用年数等を併せ考えると、同法107条の2の「正当な事由」があるものと解するのが相当であるとした。

（鈴木　博人）

3　刑事法分野

【判例9】養女（6歳）に対し、折檻のためシャワーで熱湯を浴びせて熱傷等の傷害を負わせ、ショック死させた事例（東京地裁八王子支部判決平成8年3月8日、平成7年（わ）第737号、判時1588号154頁）

　本事案は、被告人が本件犯行前日の夕方から養子の兄妹を残して妻と飲酒に出掛け、翌未明に帰宅したが、寝てはならないとの被告人の言いつけを守らず、被害者が畳の上で寝ていたため立腹し、被害者を起こして平手や手拳で殴る暴行を加えた上、背部、顔面等にシャワーで熱湯を1、2分にわたって浴びせかけ、被害者を死亡させたというものである。被告人は、日頃から被害者が夜寝つかずに被告人らの生活の妨げになるとか、反抗的で被告人の思い通りにならない等の理由で被害者に対して頻繁に暴力を加えていた。このような本件犯行以前の暴行を詳細に認定し、これに対して、本判決は「このような暴行が教育やしつけの範ちゅうに入るとは思えない」とし、本件犯行は「子供である被害者の人権を全く無視した暴挙であって、もはや虐待というほかなく、被告人は、被害者に対して、その場の易変的な気分、感情のままに接していたことが窺え、被告人の被害者ら子供に対する保護能力は甚だ疑問であるといわざるを得ないこと」等か

ら、「被告人の犯情は甚だ芳しくなく、その刑事責任は重いというべきである」と判断している。公刊物に搭載された刑事裁判例の中で、被告人の犯行が「虐待」にあたると判断された最初の判例であると思われ、また、量刑上、その虐待行為および日常的な暴行が考慮されている点で注目に値する。

【判例10】被告人が内縁の夫による子ども（3歳、二男）に対する折檻を放置して、内縁の夫による傷害致死を容易にさせたとの事案につき、無罪を言い渡した第1審判決を破棄して、傷害致死幇助罪の成立を認めた事例（札幌高裁判決平成12年3月16日、平成11年（う）第326号、一審釧路地裁判決平成11年2月12日、平成9年（わ）第184号、判時1711号170頁）

　本事案は、親権者兼監護者として被害者に対する内縁の夫の暴行を制止してこれを保護すべき立場にあった被告人が、その暴行を放置して内縁の夫による傷害致死を容易ならしめてこれを幇助したという事案である。内縁の夫の暴行を制止し、被害者を保護しなかったという不作為が、傷害致死の幇助犯を構成するかが争われた事案であり、1審と2審で、事実認定および不作為による幇助犯の成立要件に関して、異なった判断がなされている。被告人はそれまで内縁の夫から暴行を受けており、内縁の夫に逆らえば、自分が酷い暴行を受けるのではないかという恐怖心があったと1審は認定していたが、本判決は、被告人は、当時なお内縁の夫に対する愛情を抱いていて、かつ懐妊していることもあり、その暴行に目をつぶっていたと認定した。また、2審で判示された不作為による幇助犯の成立要件は、「正犯者の犯罪を防止しなければならない作為義務のある者が、一定の作為によって正犯者の犯罪を防止することが可能であるのに、そのことを認識しながら、右一定の作為をせず、これによって正犯者の犯罪の実行を容易にした場合」であるとしている。その上で、被告人は内縁の夫が暴行を加えることを認識しており、当時の状況からその暴行を阻止し得るのは被告人以外には存在しなかったことから、被告人には極めて強度な作為義務があったとし、かつ被告人が内縁の夫の行為を監視することや言葉で制止することによっても、その暴行を阻止することが相当程度可能であったとし、実力をもってその暴行を阻止することも、1審の判断のように著しく困難な状況にあったとは認められないとして、傷害致死の幇助犯の成立を認めている。本事案は、保護者の一方の虐待をもう一方が阻止せずにいたという事案であり、虐待行為を行った者だけでなく、その虐待を阻止すべき立場にある保護者の刑事責任を明確化した判例であるということができる。

【判例11】強制わいせつ被告事件において、被害者である4歳の少女の供述の信用性を肯定した事例（神戸地裁姫路支部判決平成8年10月22日、平成8年（わ）第223号、判時1605号161頁）

　本事案は、被告人が同棲していた女性の連れ子である4歳の少女に対してわいせつ行為をした事案である。被害者の母親は、本件犯行のあった日に被害者から被告人のした本件犯行について告白を受けたため、即日被害者を連れて家出した上、その5日後に少女の供述状況をテープに録音し、被告人を告訴するとともに、右テープを任意提出した。本判決は、まず被害者の供述能力について、被害者の知的発達能力や発語能力にとくに問題点は認められず、簡単な事実に関する記憶力や供述能力は十分あると認めた。その上でテープに録音された被害者の供述内容について検討し、全体としては、終始母親が主導し、母親の被告人に対する強い反発がうかがえる等の問

題はあるものの、本件犯行に関する供述は誘導によってなされたものではなく、被害者が具体的かつ自発的に供述していると認められる点、4歳の被告人が母親の影響下で、ことさら被告人を陥れるために虚偽の供述をしているとは到底考えられない迫真性を有している点から高い信用性が認められると判断した。また、母親は他の日にも同じような行為があったか聞く等していることから別件との混同も考えられず、かつ被害者が検察官に対しても同様の供述を継続している点を併せ考えると、判示事実は優に認定できるとした。本判決は、これまでの児童の証言に関する判例の認定手法を踏襲したものであるが、児童の証言を録音したテープの信用性が判断された珍しい事案である。

【判例12】児童福祉法34条1項6号にいう「児童に淫行をさせる行為」にあたるとされた事例（最高裁第三小法廷決定平成10年11月2日、平成8年（あ）第1308号、判時1663号149頁）

本事案は、中学校の教師であった被告人が、教え子の女子生徒に対し、性具の電動バイブレーターを示し、その使用方法を説明した上、自慰行為をするように勧め、あるいはこれに使用するであろうことを認識しながらバイブレーターを手渡し、被告人のいるところで自慰行為をさせたという事案であり、児童虐待の防止等に関する法律2条の定義する児童虐待にはあたらない事例ではあるが、広い意味での児童の性的虐待事例として紹介する。最高裁は、本事案について、単に被告人の各行為が「児童福祉法34条1項6号の『児童に淫行させる行為』に当たるとした原判断は正当である」との事例判断を下したのみである。これに対し、本決定の評釈においては、被告人の行為が、児童福祉法34条1項6号の「児童に淫行させる行為」にあたるかどうかに関しては、被告人側の上告趣意にもある、①被害児童の行為は「淫行」にあたるか否か、②行為者自身が相手方となる場合も、児童福祉法34条1項6号に該当するか否か、③被告人の行為は淫行を「させる行為」にあたるか否かが論点となっている。これらの点について詳しくは、各評釈を参照していただきたいが、概ね、3つの論点とも肯定されているようではあるが、「淫行をさせる行為」とは、児童福祉法34条1項の各号に定められた児童福祉阻害犯罪との関係から、性的搾取行為の一形態であり、淫行の助長犯罪との位置づけをなすべきであるから、淫行の相手方は、そのことだけでは児童福祉法34条1項6号に該当しないという見解も存在する。

なお、親による性的虐待の犯罪化の問題については、安部【文献22】、林【文献25】参照。

（初川 愛美）

III 主要文献解説

1 児童福祉法分野

【文献1】近畿弁護士連合会少年問題対策委員会編『子どもの権利条約と児童虐待』（第20回近畿弁護士会連合会大会シンポジウム第4分科会資料）近畿弁護士会連合会少年問題対策委員会、1991年

本資料は、児童虐待に対する法的対応が問題にされ始めた時期に開催された近畿弁護士連合会シンポジウムの資料であり、児童虐待の実態、関係機関の対応上の問題点、英米の児童虐待防止制度と並んで、子どもの権利条約から見た児童虐待に関する法的諸問題を提示している。資料と

して大阪府小児科学会員向けに実施したアンケート結果が報告され、とくに通告義務に関するこの時期の小児科医の意識を知る上で興味深い内容となっている。

これらの検討をもとに、同連合会として、児童虐待の予防、発見、通告、調査、援助、処遇のための統一的な法律の制定、自治体による広報・相談体制の強化、関係機関の連携の強化、児童相談所機能の充実を提言している。

関西地域における児童虐待への先進的取り組みの実状を示す資料として貴重であり、その後各地の取り組み、とくに司法分野での対応に与えた影響は大きい。

【文献2】泉薫「児童虐待と親権」(『自由と正義』42巻2号、1991年) 22〜27頁

本号は、1990年に発効した「子どもの権利条約」に関連して、日弁連によるこれまでの到達点を示すとともに、本条約に対する期待と条約活用のための課題を明らかにすることを目的に編集されている。

少年司法、家族法、教育法と並んで児童虐待についても言及されている。本論文は、「児童虐待と親権」をテーマに、わが国における児童虐待の実態、制度上の問題点、アメリカの児童虐待防止法制、大阪の取り組み等を紹介している。アメリカとの比較については、法制度・医療制度の違い、司法システムの差異、人的体制の多寡等を挙げ、わが国に直接移入することはできないものの、児童虐待の予防と被虐待児の救済の重要性について、コスト負担を含めた社会全体のコンセンサスが必要であると述べる。

弁護士会が被虐待児の救済に本格的に関与し始めた時期の論文であり、この時期の取り組みの実情と課題を知る上で貴重な資料である。

【文献3】津崎哲郎『子どもの虐待──その実態と援助』朱鷺書房、1992年

本書は、雑誌『少年補導』36巻4号から37巻7号に連載された「閉ざされた家族」に加筆修正して刊行されたものである。内容としては、児童虐待の類型、原因、子どもへの影響等、児童虐待に関する総論的な解説とともに児童虐待に関する法制度や運用の方法、実状について、外国法との比較を交えながら、児童相談所実務の立場から詳細に検討している。例えば、当時まだ実例が少なかった児童相談所と弁護士との連携事例が紹介され、連携の有用性や運用上の課題等が述べられている。

児童虐待に関する法的対応に社会的にも実務的にも十分な関心が持たれていなかった時期に、児童相談所の現場から法制度活用の可能性と運用および立法上の課題が示される等、児童虐待に関する法学研究の足がかりとなったランドマーク的文献である。

【文献4】許末恵「児童虐待」(川井健他編『親子[講座 現代家族法第3巻]』日本評論社、1992年) 285〜304頁

本論文は、著者の一連のイギリス児童法研究を踏まえて、児童虐待の定義、原因について言及した後、児童虐待への対応──とくに強制的保護の制度──をイギリス法との比較の観点から検討する。

イギリス法からの示唆として、法律関係を含めた援助者の訓練の必要性、児童相談所の拡充を

指摘し、法的対応のあり方として、被虐待児の安全確保はもちろんのこと、法による対応が強力な効果を伴うところから、場合によっては事態を悪化させることもあることに留意し、関係機関との関わりの中で法が果たすべき役割を明らかにすることの重要性を指摘する。

とかく法的強制力による被虐待児の保護が強調され始めたこの時期に、法的介入の限界を指摘し、親への援助および代替的監護まで視野に入れた法的枠組みを提示した点で貴重な論文であるといえよう。

【文献5】斎藤学編『児童虐待〔危機介入編〕』金剛出版、1994年

本書は、「子どもの虐待防止センター」の発足と運営に関わってきた各領域の専門家により執筆されている。同センターが開催した連続セミナーの内容をもとに、精神医学、小児科学、母子保健、児童福祉、臨床心理学等の立場から、児童虐待の初期介入から治療まで総合的に論じている。法律学関係では、児童虐待に関する法制度の概要、児童の保護と親権についての論考が収められている。当時まだ被虐待児の保護のために児童福祉法や民法上の制度が積極的に運用されていなかったという状況のもとで、これらの制度の効果的運用のための方策等が工夫されていたことを知ることができ、興味深い。

【文献6】石川稔・森田明編『児童の権利条約——その内容・課題と対応』一粒社、1995年

本書は、1994年における子どもの権利条約批准にあわせて、同条約批准に伴うわが国の法制度上の課題を検討するものである。児童虐待については、石川稔が「児童虐待」部分（同条約19条）を執筆し、その審議経過を詳細に検討し、同条の立法趣旨を明らかにする。すなわち、①第1項の保護措置には当初立法上および行政上だけであったものが、予防との関係で社会上および教育上の措置が含まれるに至ったこと、②第1項の保護措置を具体的に実施に移すための手段が第2項に規定されたものであること、③第1項も第2項も予防措置を重視していること、④児童虐待事件の手続にとどまらない福祉的措置の手続が入ったこと、⑤処罰措置として児童虐待事件が取り扱われるのが嫌われたこと等、「本条第2項は福祉モデルと司法モデルの折衷として成立したものであること」が明確にされた。

わが国の課題としては、社会的援助の制度は比較的整ってはいるものの、予防のための措置が公的にはほとんどとられていないこと、被虐待児に対する教育的予防措置、虐待親に対する治療のシステムが不十分であること、児童虐待発見のためのシステムが効果的でないこと等を挙げるとともに、児童虐待の予防、治療のための研究専門機関の設置を検討すべきであるとした。

本論文は子どもの権利条約から見た課題を適切に指摘する等、その後の児童虐待防止制度のあり方を検討する上で重要な示唆を与えた。

その他、子どもの権利条約との関係で児童虐待について論じるものとしては、波多野里望『逐条解説　児童の権利条約』（有斐閣、1994年）、永井憲一・寺脇隆夫編『解説・子どもの権利条約』（日本評論社、1990年）がある。

【文献 7】許斐有『子どもの権利と児童福祉法──社会的子育てシステムを考える』信山社出版、1996 年

　本書には、児童福祉法および子どもの権利条約の基本理念の研究の一部として、児童虐待の法律問題に関する論文 3 編が収められている。その他に、子どもの権利条約から見た児童福祉の課題、親の養育責任と国の責任の関係、子どもと家族に対する公的・社会的支援システムの課題等の論点に関する論文も収録されている。

　本書の特徴は、児童虐待の問題にとどまらず、子どもの養育に関する親・家族の責任と国・社会の責任の関係を子どもの権利条約という枠組みで捉えているところにある。また、児童虐待における対応方法についても、子どもの権利の視点から検討される等、それまでの「保護の対象としての子ども」観ではなく「権利の主体としての子ども」観に立脚して、制度のあり方を検討している点で示唆に富んだものとなっている。こうした視点は、児童虐待に対する積極的介入が求められている現在、今後の方向性を示すものとして、今後ますます重要になろう。

【文献 8】釜井裕子「児童福祉法 28 条 1 項 1 号の家庭裁判所の承認について」(『家庭裁判月報』50 巻 4 号、1998 年) 1～84 頁

　本論文は、家庭裁判所判事補である著者が 1994 年から 1996 年にかけて全国で扱われた児童福祉法 28 条事件のうち 51 事例を紹介・検討するとともに、28 条事件手続運営上の留意点等に言及するものである。内容としては、児童虐待に関する法的対応の制度とその問題点を検討し、とくに児童福祉法上の制度について詳細に紹介する。これまで家庭裁判所関係者にあまりなじみのなかった児童福祉制度を紹介しており、同制度の理解につながったものと思われる。28 条審判については、虐待の各類型ごとに判断基準を詳細に検討し、これらを踏まえて運営上の留意点が述べられる等、28 条事件の実務に有益な内容となっている。また解釈上の論点──28 条審判を本案とする保全処分の可否や 28 条審判の効果等──についても詳細な検討が加えられている。

　これまで児童虐待問題にあまり積極的に対応してこなかった司法分野ではあったが、本論文は啓発的影響とともに、実務への影響も大きく、その後の家庭裁判所関与のあり方について一石を投じた論文であるといえよう。

【文献 9】吉田恒雄編『児童虐待への介入──その制度と法』尚学社、1998 年

　児童虐待に関する法制度のあり方を考えるためには、児童虐待に対する多面的な理解が不可欠である。本書は、こうした観点から、児童虐待に対する法的介入──とくに強制的介入──について、民法、児童福祉法を中心とする現行法制度の解釈を中心に、司法、心理、福祉、医療といった学際的な立場から、児童虐待への介入について論じるものである。

　法学的検討としては、児童虐待に関する法制度、28 条審判による入所措置をめぐる問題、親権喪失、28 条事件を中心とする保全処分制度の他、家庭裁判所における調査官の役割や弁護士実務から見た児童虐待事件および被虐待児への面接技法についてそれぞれ検討されている。

　その後、刑事的介入に関する論文を加えて、増補版が 1999 年に刊行された。

【文献10】桑原洋子・田村和之編『実務注釈　児童福祉法』信山社出版、1998年

　本書は、1997年の第50次改正までを対象として、児童福祉法の逐条解説をする大部の注釈書である。本書の目的は、「各条文ごとに判例に重点を置き、学説を検討し、実務の客観的状況を明らかにすることにより、今後の児童福祉のあり方を模索する」ことである。内容としては、児童福祉法の総論的解説に始まり、各条文ごとに参照条文、参考文献、判例とその評釈、当該条文の趣旨、改正経過に続いて、条文の個々の問題点について解説が付されている。刊行当時から時間が経過しているとはいえ、明確な方針のもとに編集され、児童福祉法の解釈を知る上でたいへん貴重な文献である。

【文献11】中村昭代他「児童虐待に関する家事事件の調査及び関係機関との連携について」(『家庭裁判月報』51巻6号、1999年) 95～143頁

　本論文は、大阪家庭裁判所における児童虐待事件調査の実状等を報告するものである。内容としては、児童虐待の定義を踏まえて、家庭裁判所の審理対象と審理の枠組みについて総括的検討をし、各論としてモデル事例に則して、調査方法および関係機関との連携のあり方を論じ、最後に児童虐待事件調査の勘どころを「虐待事件に臨む姿勢について」としてまとめている。

　児童虐待事件が家庭裁判所に係属した場合の家庭裁判所の対応について具体的に述べられ、調査・審理の内容を把握することができる等、本論文は、大変有益な資料となっている。

【文献12】橋本和夫「子の虐待と家庭裁判所」(『ケース研究』249号、1996年) 62～86頁

　本論文は、家庭裁判所における虐待問題への取り組みが始まろうとするときに、家庭裁判所調査官が初めて児童虐待問題について本格的に論じた論文である。内容としては、虐待についての知識や法的対応方法を概説した上で、家庭裁判所における虐待事件を調査する上での留意点を挙げている。すなわち、①危機介入という視点を持つこと——迅速性と事態把握の適正性、②虐待親への面接技法を駆使すること——虐待親の特徴に見合った面接技法を駆使すること、③子どもの調査の難しさの克服——表現能力の問題、調査についての子どもの理解、被害児への感情移入のおそれ、である。これらの点は、家庭裁判所での経験や研究の成果と思われるが、その後の家庭裁判所における対応方法に重要な示唆を与えている。文末には児童福祉法28条事件の一覧表が付されている。

【文献13】児童福祉法規研究会編『最新　児童福祉法・母子及び寡婦福祉法・母子保健法の解説』時事通信社、1999年

　【文献10】とは対照的に、本書はその系譜から見ても、児童福祉法について、いわば厚生省の公権的解釈を示すものであり、通知その他に言及している。1951年以降の児童福祉法行政の状況や変遷を知る上では不可欠の資料である。

（吉田恒雄）

2　民法分野

【文献 14】辻朗「親権喪失制度について——子の虐待との関連を中心として」(『谷口知平先生追悼論文集 I ——家族法』信山社出版、1992 年) 291 〜 310 頁

　子の虐待に対する民法上の対応として基本的に重要なのは親権喪失宣告制度である。しかし、この制度の利用は多くない。そこで、親権喪失宣告制度が実効性あるものとしてうまく機能し得る制度であるかを伝統的な民法理論に基づいて検討した論文である。

　立法史を見ると半封建的性格を持つ明治民法の中で親権はもともと近代的性格を持つものだったとはいえ、戦後の民法改正が「子の福祉」まで直接的な射程に入れていなかったことから、民法は親権を親の側から観念していることは否定できないという。こうした特色を持つ親権に関する喪失制度が、立法当初は考えに入れられていなかった子の虐待に有効に対処し得るのかを検討している。子の虐待は、主に「親権の濫用」との関連で問題になる。親権濫用は、権利者の適切妥当な権利行使の期待に基づく権利濫用法理の中に位置づけられるべきだし、また権利濫用法理に非常になじみやすいものだという。親権(身上監護権)の濫用とは、親権者が親権を認められている社会目的から逸脱して、それを事実上もしくは法律上行使することまたは行使しないことによって、子の福祉を著しく害することだという。この判断基準は、身上監護権行使の自由も肯定せざるをえないので、親権濫用はいかに子の福祉を害しているか、その程度が著しい場合に限られるべきだという。そして、「親権喪失制度は、それ自体は子の福祉を積極的に促進するための制度ではなく、子の福祉が著しく害されていることが親権者の義務不履行に起因するときに、事後的に、その親権を剥奪することにより当該親権者以外のもとでの子の福祉を実現させることを目的とするものである。子の福祉の実現ということからいえば、この宣告により当該親権者以外のところで監護教育される子に対して、その後における親権の行使を名目とする不当な干渉を排除できることこそが、この制度の果たすべき重要な機能のはずである。したがって、現実に子の福祉が著しく害されている場合には、親権者の有責性の有無にかかわらず、児童福祉法に基づく措置等何らかの保護・救済手段が講じられなければならないとしても、それが親権者の責に帰すべき事由に基づかない場合にその親権を剥奪しても、著しく害されている子の将来にわたる福祉にとってほとんど実質的な意義はない」として、子の利益、子の福祉の観点から濫用かどうかを判断し、親に責任がないときも親権喪失を認めるべきだという見解には反対する。

【文献 15】吉田恒雄「児童虐待防止制度試論——予防・発見・通告を中心に」(田山輝明他編『現代家族法の諸相——高野竹三郎先生古希記念』成文堂、1993 年) 179 〜 212 頁

　児童虐待の特質にはどのようなものを挙げることができるだろうか。古くから見られる親の貧困による子どもの放置、「しつけ」に名を借りた折檻の他、親のストレスのはけ口が子どもに向くような「家族病理的」もしくは「社会病理的」虐待も存在する。虐待は当該の親子間だけではなく、世代を越えて虐待のサイクルが継続していくという。こうした児童虐待に対しては子どもの保護や親子再統合が問題になるが、虐待が発生してからいかに対処するかに比べて、虐待を予防するほうが子どもの保護のためには有効であり、費用の点でもはるかに少なくて済むという。

　このような視点から見て、わが国の保健、医療、福祉、教育、法律の各分野の制度は十分なも

のといえるのだろうか。本論文は、わが国の児童虐待防止のための総合的制度のあり方を、虐待の予防および発見・通告に焦点を絞って議論するものである。

児童虐待対策の基礎には「子どもの権利条約」がおかれ、この条約の趣旨に従えば、子どもの保護が必要なときでも、できる限り親子分離せずに親による養育を継続する方法で行われなければならないという。また親子分離がなされても、親の第一次的養育責任からすると、国は、親による本来の養育を回復し、家庭復帰のための援助をしなければならないという。親子分離ができるだけ行われないためには、児童虐待の予防施策、問題発見施策の充実が重要になるのである。

児童虐待の予防対策は、一般市民と児童福祉の専門家を対象とした啓発・教育のための一般的予防対策と、児童虐待の危険の大きい親子を対象とした援助、治療である個別的予防対策がある。一般的予防対策の充実は、児童虐待に対する社会認識を深め、被虐待児とその親に対する援助を充実させ、さらに虐待の発見を容易にして、子どもを親の私物視する意識を変えて、子どもの養育に対する社会全体の責任の自覚にもつながる。一般的予防の方法としては生活援助・啓発活動・相談活動が挙げられている。個別的予防対策としては、リスクの高い家族・親等の虐待要因の治療・援助が効果を持つが、その実施には、自発性や家庭介入への法的問題等様々な問題があるとも指摘されている。個別予防の方法としては、保健所等による健康診査、ハイリスク児・ハイリスク親に関する育児相談・妊産婦教育が重要だという。

児童虐待の発見と通告に関しては、アメリカの通報法を参考にして日本の通告制度の不備をどのように克服して、より実質的内容を持つものにしていったらいいかが検討されている。他方、アメリカの通報制度の問題点も指摘されている。

最後にアメリカとは異なる虐待予防制度を持つイギリスの制度に言及した上で、日本における保健所を中心とする母子保健制度の重要性とその活用が指摘されている。

【文献16】許斐有・白石孝「親権の消極的濫用を理由とする親権喪失宣告——児童相談所長の申立により認容された事例の考察」(『社会問題研究』42巻2号、1993年) 47～75頁
「〈判例研究〉身体的虐待を理由とする親権喪失宣告——児童相談所長の申立により認容された事例の考察(2)」(『社会問題研究』44巻2号、1995年) 175～198頁
「〈判例研究〉児童福祉法28条による施設入所措置の承認——児童相談所長の申立により認容された事例の考察(3)」(『社会問題研究』45巻2号、1996年) 245～267頁

児童相談所長による裁判所への親権喪失の申立が認容されたケースの事例研究である。(2)からは判例研究という表題が付されている。たしかに裁判所に申し立てられた事例なのでその意味では判例研究であるが、内容的には児童相談所の児童福祉司がケースの紹介と詳細な分析を行い、研究者が親権法・児童福祉法制の中での位置づけ、当該のケースを通して明らかになった他のケースでも問題になる論点の分析を行うという役割分担をして試みられたケース研究である。いずれも具体的なケース、未公刊判例を検討するという今日では個人情報保護との関連もあり、なかなか行われにくいタイプの研究である。児童福祉法28条に関する研究はある程度の進展を見せたといえようが、ネグレクト事例や児童相談所長からの親権喪失申立に関する事例の研究は少ないため、これらの論考は、現時点でも有用性を失っていない。このような研究に接すると、児童相談所と法律学の研究者による共同の事例研究の必要性と有効性を感じる。

【文献 17】吉田恒雄「児童虐待に関する法的対応のあり方」(『早稲田法学』69 巻 4 号、1994 年) 67 〜 93 頁

　【文献 15】が、児童虐待の予防・発見・通告を中心に論じているのに対して、本論文は、まず児童虐待に対する法的対応の理念を子どもの権利条約に基づいて明らかにする。その上で、民法、児童福祉法、人身保護法による強制的介入の方法とその問題点が検討される。さらに、刑法による対応を検討して、刑法が児童虐待への対応において果たし得る機能と問題点が検討される。このような段階的に次第に強くなっていく介入の度合いに応じた法的対応について順を追って論じていくことの根底には、児童虐待への法的対応には、関係する当事者の人権に配慮した手続と基準が必要であるとの認識がある。児童虐待の予防・発見段階では、法の機能は親による養育を可能にする条件整備にある。これに対して強制的介入の段階で、子どもの公的保護と親の監護教育権の紛争となったときには、その判断は司法に委ねられねばならず、この段階での法の役割は、対立する利益の調整のための判断基準ということになる。しかし、法以外の社会規範や援助手段が存在するときにはそれらによるべきであって、それが不可能なときに初めて、適正な手続に基づく法的介入が強制的になされるべきであると主張する。

【文献 18】津崎哲郎「親権と子どもの利益——児童虐待をめぐって」(『家族〈社会と法〉』10 号、1994 年) 140 〜 154 頁

　1993 年 11 月 13 日に行われた日本家族〈社会と法〉学会の学術大会「児童の権利に関する条約をめぐる問題——子どもと家庭」での報告である。児童虐待の定義から説き起こす。児童相談所が行う児童虐待への援助の一環として親権制限の問題も取り上げ、最後に子どもの権利条約との関連について論じている。児童虐待への援助としては、①在宅指導、②緊急一時保護、③保護者の同意による施設入所、④家庭裁判所申立て（児童福祉法 28 条）による施設入所、⑤親権喪失申立てである。それぞれについて、その具体的内容と実施にあたっての課題が示されている。民法親権法に直接関連するのは、親権喪失申立てである。「児童福祉法 28 条の申立てによる処遇では実効が得がたいとき、最後の対処方法として」行われるのが親権喪失申立てである。実際には児童相談所長からの親権喪失宣告請求（児童福祉法 33 条の 6）は、極めて稀にしか行われないが、親権喪失宣告の請求を本案として、「保全処分（親権の一時停止と代行者の選任）が可能なので、そのうえで親権の変更や監護者の指定など、別の養育者を確保することによって問題の解消を図るという方法も可能である」と指摘する（親権喪失申立てにあたっての課題についてはⅡ 3 判例の動向の (2) 民法①親権喪失を参照のこと）。

　また、子どもの権利条約との関連で民法上とくに重要なのは、条約 12 条（意見表明権）に関して、従来の児童福祉の実務では、子どもを権利の主体者として捉え、手続き上、児童の権利を制度的に保障しようという発想は存在しなかったという指摘である。子どもの意見表明は、ケースワーク・カウンセリングの技法を活用して本意を汲み取り、あわせて年齢・能力に応じた情報提供を十分行った上で意見を聞く必要が強調されている。

【文献 19】弁護実務研究会『児童虐待ものがたり——法的アプローチ』大蔵省印刷局、1997 年

　弁護士が関わった児童虐待ケースの紹介部分と彼らの座談会部分から構成されている。身体的

虐待（4ケース）・性的虐待・精神的虐待・遺棄（各1ケース）に分けて各ケースでどのような対応をしたかが紹介されている。民法や児童福祉法上の法制度が存在していても、それら制度は児童虐待事例から子どもを救出するための制度としては十分な制度ではないという側面と、制度はあってもそれを使う関係者・関係機関が十分に制度を使いこなしていないという側面があることを指摘している。その意味では法的介入の方法の改革に向けた（例えば、親権喪失請求権者に公益の代表として検察官が加えられているが、検察官が請求することは現実にはまずないので、公益代表としての請求権者に弁護士会長を加えるべきだというような）議論や制度をこのように使って対処したといった、いわば児童虐待への法的対応の比較的初期段階での経験を報告することによって一般市民にとっても、専門家にとっても法的対応や法制度がどうあるべきかについて問題を提起する啓発的な内容になっている。その中でもとくに目につくのは、親権の義務性を主張する議論と関係機関の親権への配慮に起因する対応の遅れや鈍さへの苛立ちである。

（鈴木　博人）

3　刑事法分野

【文献20】小林寿一「犯罪・非行の原因としての児童虐待——米国の研究結果を中心に」（『犯罪と非行』109号、1996年）111～129頁

　本論文では、アメリカにおける児童虐待と非行に関する調査研究、児童虐待と非行との関連のメカニズム、少年の性犯罪者の攻撃性に児童期の被虐待経験が影響を及ぼすプロセスに関する筆者が行った研究が紹介されている。本論文は、研究者が児童虐待と非行の関連性を認識する契機となった論文であるといっても過言ではないと思われる。本論文発表以前にも児童虐待と非行の関連性を示す論文は見られたが、調査研究としては、対象者数が少なかった。これに対し、本論文で紹介されたアメリカにおける児童虐待と非行に関する調査研究では、908人の虐待経験のある者を被虐待群とし、比較対照群667人と比較し、非行歴や成人後の逮捕歴等を検討している。その結果は、非行歴で26%対17%という結果が導かれている。

【文献21】萩原玉味・岩井宜子編著『児童虐待とその対策——実態調査を踏まえて』多賀出版、1998年

　本書は、女性犯罪研究会が、1993年から1995年までの3年間にわたって行った児童虐待の実態調査、内外の文献収集・分析をもとに、児童虐待の病理性、外国の事情・法制、日本での対応策について検討を行った結果をまとめたものである。とくに、児童虐待の実態に関しては、女性犯罪研究会が独自に行った調査をもとに統計が取られている点で注目に値する。また、外国の対応策については、アメリカ、ドイツ、イギリスが取り上げられ、わが国における対応策については、刑事的アプローチ、福祉的アプローチ、治療的アプローチという3つに分類され、多角的に検討が行われている。とくに刑事法的アプローチに関しては、後掲文献（【文献22】）の著者である安部哲夫が担当し、刑事法的対応のデメリットや刑法の謙抑性等に言及した上で、「それにもかかわらず、そしてそうであればこそ、児童虐待を特別の犯罪類型として意識し、かつ新たな構成要件を整備する必要性を強く感ずる」と刑事的対応の必要性を強調している。

【文献22】安部哲夫「児童虐待の刑事法的対応について」(『北陸法学』7巻1号、1999年)1〜20頁

本論文は、アメリカにおける児童虐待対策、とくにカリフォルニア州における児童虐待への刑事法的対応を参考に、わが国における児童虐待の刑事規制の検討を行っている。刑事規制について詳細に検討し、そのあるべき姿を明確に示しており、その点で先駆的である。本論文が主張する刑事規制の主なものは、誤報通告者への免責と不通告者への刑事罰、親権者または監護責任者による児童への虐待傷害罪および虐待致死罪、親権者または監護責任者による児童への性的虐待罪である。虐待行為自体に対する刑事規制は、後者2罪であるが、これらは刑法ではなく、児童福祉法34条1項に導入すべきであるとの主張がなされている。それは、児童福祉法に規定されると、事件の管轄が家庭裁判所になり、児童の立場や家庭環境の調整について、より保護的な対応が可能になるからであるとされている。また、筆者は、刑法の謙抑主義を重視し、刑事法的対応は、まさに最後の手段(ウルティマ・ラティオ)であるべきであるという考えから、刑法ではなく、より柔軟な児童福祉法にこれらの規定をおくべきであると考えているようである。

【文献23】岩井宜子「児童虐待の病理と対策」(『犯罪と非行』120号、1999年)4〜28頁

本論文は、統計を用いて児童虐待の実態を明らかにし、児童虐待の対応策について予防、発見、調査・評価・救済、そして刑事規制という4つの角度から検討をしている。予防においては、母親の育児負担の軽減のための社会的支援体制の整備や児童虐待のおそれのある致死傷事件を扱った警察による児童相談所への通告の必要性が主張され、発見段階では、通報があった場合に警察が速やかに調査を開始する等の積極姿勢を持つことや、保健所、医療機関、保育所、学校、警察等の関係機関職員に対する罰則なしの通告義務の明定等が主張されている。また、調査・評価・救済においては、関係諸機関の連携の強化等が主張されている。刑事規制に関しては、「『法は家庭に入らず』の原則は、暖かい家族関係が崩壊している家庭には、適用されるべきではない」との強い主張がなされている。また、子どもの最善の利益を考慮し、福祉的アプローチを評価しながらも、必要な場合には、親権者に対しても強行措置がとられ得る法的根拠として、児童虐待に対する刑事規制を盛り込んだ包括的規制法の立法の必要性が説かれている。

【文献24】明治学院大学法学部立法研究会編『児童虐待——わが国における現状と課題』信山社出版、1999年

本書は、1997年6月に行われた明治学院大学立法研究会シンポジウム「児童虐待——わが国における現状と課題」をまとめたものである。同シンポジウムでは、法学的観点からだけでなく、実務や精神科、社会学等の観点からの報告が行われ、児童虐待について多角的な検討が行われている。それぞれの分野での現状、諸外国の状況、児童虐待の対応策問題点やそれに対する提言等がまとめられている。法学的観点からは、中谷瑾子が児童虐待の実態と法的対応について総合的に報告し、安部哲夫が児童虐待の規範化、通告義務の問題、児童相談所や家庭裁判所の法的機能の強化について報告している。報告後の討論においても、親権の問題、通告義務の罰則化等法的問題が取り上げられている。

その他、参考資料として全国各地での子ども虐待への取り組みの紹介や法医学からの調査報告

【文献25】林弘正「児童虐待、特に『親による性的虐待』に対する刑事規制について」(『常葉学園富士短期大学研究紀要』2号、1992年) 67～93頁(同著『児童虐待——その現況と刑事法的介入』成文堂、2000年所収)

　著者は、性的虐待に関して数々の研究を行い、性的虐待の刑事法的介入に関して提言を行っている。本論文は、その研究および提言の初期のものであるが、児童虐待、とくに性的虐待に関して、事例研究および刑事規制についての考察が詳細に行われている。刑事規制に関しては、子どもの権利条約19条から、「『親による性的虐待』に対して何らかの刑事規制の措置が検討されねばならない」とし、「『親による性的虐待』を規制するための新たな犯罪類型の設定」が必要であるとしている。具体的には、「ドイツ刑法174条1項3号の規定を参考にわが改正刑法草案301条2項として同種の規定をおき、同2項を3項とすることが一つの方策」であるとしている。

（初川　愛美）

4　児童福祉分野

【文献26】全国児童養護施設協議会「特集　児童養護施設における被虐待児処遇の実際」(『児童養護』30巻3号、2000年) 4～33頁

　本誌発刊30周年を記念して4回の児童養護セミナーを催したが、その3回目にあたる「児童養護施設における被虐待児処遇の実際」をテーマとしたセミナーの報告が特集となっている。特段、児童虐待防止法の成立をにらんだ企画ではなく、むしろ、児童養護施設での日常における困難な課題として、被虐待児の処遇に着目し、現場職員の問題意識に応える学習資料としての意味合いが強い編集となっている。構成は、法医学者・児童相談所の虐待専門委員会に参加している弁護士・児童相談所職員を擁したシンポジウム、同意入所の難しさから28条申立てに踏み切った「虐待を行う親へのアプローチ」「トラウマを抱えた子どもとほかの子ども集団との適応課題」「問題行動を起こす子どもへの対応」という各事例報告からなっている。施設入所に際する親権者の同意、親権を持たない保護者の面接要求への対応は、児童養護施設に共通の課題として話題に上っている。このうち非親権者の面接交渉については、近年「子どものために必要がある」から家庭裁判所が認めるようになってきた経緯を受けて家裁への申立てを経なくても積極的に児童相談所が認めてかまわないという流れに変わってきている旨がシンポジストより報告され、「子どものために法律があると思っています」（安部計彦・北九州市児童相談所判定係長）と締めくくられている。

【文献27】日本子ども家庭総合研究所「特集　虐待をめぐって」(『母子保健情報』42号、2000年) 2～172頁

　本書は、児童虐待防止法の施行を期に、「特集　虐待をめぐって」を組んで刊行された。厚生省児童家庭局母子保健課が編集協力している本誌の性格上、児童虐待防止法制定の趣旨に即した内容の論考が盛り込まれていると見てよいだろう。

　実際、才村純「児童虐待対策の現状と課題、その解決方向について」、川﨑二三彦「児童虐待

と児童相談所」、平湯真人「『児童虐待の防止等に関する法律』の概要と残された問題点」、前橋信和「『児童虐待の防止等に関する法律』及び関係通知等の概要」では、新法によって実効性を増し強化された虐待の発見と介入のためのシステムを解き明かし、さらに積み残しになった課題について言及している。

　一方で、「早期発見・早期対応に向けて第一線レポート」として、児童虐待の近くに位置する可能性のある専門職——産科医、助産師、小児科医、保健師、児童福祉司、保育士、養護教諭——が報告を寄せているが、このうち児童福祉司を除いては法的処遇によらない各専門職域での家族支援について、具体的な取り組みの可能性が述べられていて興味深い。こうした法律以前の有機的な動きを活発化させたのも、新法制定の効果の1つに数えられるだろう。

（田澤　薫）

【文献28】厚生省児童家庭局企画課監修『児童相談所運営指針』日本児童福祉協会、1990年

　本資料は、児童相談所の適正な運営および相談援助活動の円滑な実施を目的として作成された業務運用に関する指針である。本指針は『児童相談所執務提要』（1977年発行）を、1990年に『児童相談所運営指針』と改称し、内容の見直しも全面的に行われ策定されたものである。改訂の経緯は以下の2点と考えられる。1つは、「地方公共団体の執行機関が国の機関として行う事務の整理及び合理化に関する法律」の制定（1986年）により、児童福祉施設入所措置等の団体事務化が実施されることになり、児童相談所の運営に関して新たな内容を追加する必要が生じたためである。もう1つは、1989年に国際連合において採択された「子どもの権利条約」を反映して、相談業務に関して、子どもの権利擁護の尊重および子どもの最善の利益に対する配慮が行われたからである。

　当時の児童相談所の運営および活動は、本指針、すなわち厚生省児童家庭局長通知「児童相談所運営指針について」（平成2年3月3日児発第133号）を基にして行われていたが、本通知の作成担当者の1人であった柏女霊峰は、本指針について以下のように述べている。「(1) 児童相談所の運営の特徴を、①診断主義、②チーム・アプローチと合議制の2点を根幹に据えて明確化したこと、(2) 児童相談所事務の団体事務化にともない、児童相談所運営の地域間格差が広がることのないよう、運営指針の行政通知としての位置付けをより明確化し、国としての考え方を改めて提示したこと、の2点が本指針改訂の最大の特徴といえるのである」（柏女霊峰「児童相談所運営指針通史」『淑徳大学大学院総合福祉研究科研究紀要』13号、2006年、52頁）。この記述が示すように、近年の児童を取り巻く状況に応じて、また団体事務化の影響を受けて、児童相談所の役割が、本指針から徐々にではあるが変化してきたことを理解することができる。しかし、児童虐待の対応に即した内容を確認すると、本指針においては記載量が非常に少なく、また法的部分の運用に関する箇所も特記事項はなく、要保護児童について児童福祉法の規定のもとに対応する旨が記されているにすぎなかった。とはいえ、その当時、日本においても社会問題として児童虐待の問題が顕在化し始めており、その影響を受けてか厚生省は児童相談所を通じて集計する全国統計の様式（項目）を改定した。その結果、児童虐待相談件数の集計が、この指針の規定から開始され始めた点は着目するところである。

【文献29】厚生省児童家庭局企画課監修『児童相談所運営指針［改訂版］』日本児童福祉協会、1998年

　本資料は、1990年に発行された『児童相談所運営指針』【文献28】を改訂（1998年）したものである。改訂の理由は、1994年の「子どもの権利条約」批准による子どもの最善の利益を主眼とした相談援助活動への展開と、1997年の児童福祉法改正に伴い児童相談所の新たな取り組みが実施されることとなったからである。とくに注目すべき部分は、深刻な児童虐待事例への対応が、今回の改訂内容に付加された点である。虐待への法的な対応に関しては、とくに立入調査、一時保護、児童福祉法28条の活用、親権喪失宣告の請求等について、本指針および厚生省児童家庭局長通知「児童虐待等に関する児童福祉法の適切な運用について」（平成9年6月20日児発第434号）に基づいて実施する旨が明記されている。
　虐待に関連する記述について、法的部分を中心に確認すると、具体的には概ね以下のようにまとめられる。

1. 調査については、(1) 面接では、虐待相談の場合、緊急保護の要否を判断する上で児童の心身の状況を直接観察することが極めて有効であり、子どもの来所が望めない場合、可能な限り早期の段階で児童の家庭や所属集団等において児童の観察を複数の職員により行うこと。(2) 立入調査（児童福祉法29条）では、虐待や放任等の事実の蓋然性、児童の保護の緊急性、保護者の協力の程度などを総合的に勘案して、児童福祉法28条に定める承認の申立の必要性を判断するために調査が必要な場合にも行えることに留意すること。立入調査にあたっては、必要に応じ、児童又は調査担当者に対する保護者等の加害行為等に対して迅速な援助が得られるよう警察に対する事前協議を行い、連携による適切な調査を行い、その状況に応じて一時保護につなげるなど児童の福祉を最優先にした臨機応変な対応に努めること。2. 一時保護では、虐待・放任等を受けた児童を家庭から一時引き離す必要がある場合、本指針に定めるほか、前述した第434号通知に従うこと。3. 児童福祉法28条の規定に基づく請求では、(1) その条件として、①保護者が、その児童を虐待し、著しくその監護を怠り、その他保護者に監護させることが著しく当該児童の福祉を害する場合において、児童福祉法27条1項3号の措置をとることが児童の親権を行う者又は後見人の意向に反する場合。②上記①に該当する児童で、児童を現に監護している者から親権を行う者又は後見人に引き渡しても同様の児童虐待、監護の懈怠等が明らかに予想される場合等。(2) 施設入所の措置をとるにあたっては、親権を行う者又は後見人の意向を十分聴き、その同意を得て行うことが望ましいが、それが困難な場合には児童福祉法28条の請求を行うが、これによっても児童の福祉が守りがたい場合には親権喪失宣告の請求も検討すること。4. 親権喪失宣告の請求及び保全処分の申立では、(1) 親権の濫用又は著しい不行跡が認められる場合には親権喪失宣告の請求を検討すること。これには、児童相談所や施設の指導にもかかわらず、親権者が再三にわたって児童を施設から強引に連れ戻し虐待等を続ける場合も含まれる。(2) 親権喪失の審判があるまでの間、緊急に児童を保護する必要がある場合には、家事審判規則74条1項に基づく審判前の保全処分（親権者の職務執行停止及び職務代行者選任）の申立を検討すること。

このように、本指針は、児童虐待への対応に関する記載量が多く、第434号通知に基づき現行の法律を十分に活用し積極的に臨むことが、児童相談所の役割として必要であるということが強調されている。また、具体的に法律をどのように活用すべきかについても、これまでの指針と比較すると詳細に渡り述べられており、その点も本指針の特徴であるといえる。この1990年の改訂から児童相談所の機能自体が虐待対応によって大きく変容してきていること、そして従来の運営指針とは違い、虐待に対応するために法的内容が多く盛り込まれたものとなっている点にも留意する必要がある。

（加藤　洋子）

【文献30】大阪府児童虐待対策検討会議「被虐待児童の早期発見と援助のためのマニュアル（第1次版）」大阪府福祉部福祉総務課保健福祉政策室、1990年

　日本で最も早い時期に編集された児童虐待の対応の手引きである。大阪府では、府下を対象に1988年に行った「被虐待児のケアに関する調査」（大阪府児童虐待調査研究会）の結果を踏まえて、1989年に児童虐待対策検討会議と児童虐待マニュアル検討委員会を発足させた。本書は、その成果である。全101頁の本文に、行政文書の書式をはじめとする資料が付されている。

　「はじめに」に「わが国最初のマニュアルであり不備も多いが、さらに取り組みが進み制度が充実することによってより高度のマニュアルへと発展する礎になることを願う」とあるように、まとまった手引きとして全国初のものである。しかしながら、マニュアル検討委員会は大阪府と府下の市の関係機関職員で全て構成されており、全国的な視野にたって指標を提起するというよりは、大阪府の児童虐待対策の現場に直結した手引き作成が編集目的であったと見られる。

　本書は、児童虐待の概念把握から書き起こされ、大阪府独自の詳細な判断基準を伴った児童虐待の定義が述べられている。また、従来から、児童相談所での実際的処遇は、厚生省の「児童相談所運営指針」【文献28】の他、大阪府児童相談所の内規である「被虐待児童処遇マニュアル」によっていたとあり、大阪府での児童虐待問題への取り組みの早さが指摘できるが、いうまでもなく背景には、1988年度下半期で403件（「被虐待児のケアに関する調査」報告）という全国に比して多い児童虐待の問題がある。

　児童相談所、保健所、医療機関での児童虐待の見極めと具体的な対応に関しては、詳細な記述をもって積極的な姿勢を奨励している本書であるが、法的な側面については困難な認識を前に躊躇の姿勢が顕著見られる。児童福祉法28条による申立てについては、「この場合は、養育者との対立関係が生じ、ケースワーク処遇が困難になる場合があり、家庭裁判所への申立ての判断は極めて困難かつ微妙なもの」（81頁）とされ、具体的な問題点として、①家庭裁判所の承認を得て施設入所の措置をとった後に、親権者が家庭引取りを主張すれば応じなければならない「承認の限界」、②申立てから審判まで少なくとも1か月以上、審判から保護者への通知や抗告期間を経て確定までに1か月という「要する期間」、③「ケースワーク関係への影響」、を挙げ消極的な立場をとっている。

第 2 期（1990 年 4 月から 2000 年 5 月まで）

【文献 31】東京都福祉局子ども家庭計画課『子どもの虐待防止マニュアル──虐待への気づきと対応、援助のために』東京都福祉局子ども家庭計画課、1996 年

　冒頭に「子どもの虐待に関わる様々な関係機関の人たちが共通に利用し、虐待の早期発見や適切な対応を行っていくためのもの」（「発刊にあたって」）と明記され、公的機関による早期発見が編纂の 1 つの意図として読み取れる。本書は、「子育て支援」に関する東京都児童福祉審議会答申を受けて、1993 年秋に発足した都福祉局、衛生局、教育庁の関係職員による「児童虐待マニュアル作成検討委員会」が、2 年余にわたって医師・弁護士らに協力を仰ぎ、児童相談所・福祉事務所・保健所・医療機関・学校・警察等を巻き込んで事例検討を行って編んだ成果であるという（64 頁）。「早期発見のためのチェックリスト」（14 ～ 17 頁）は、子どもと関係機関職員が接点を持つ各場面ごとに具体性に富んだ項目がならび、多方面の専門職の実務経験が集められたことがうかがわれる。また関係諸機関を「調整機関」と「協力機関」に分け、連携と責任の考え方を詳細に説いている点で、本マニュアルは秀逸である。しかしながら初期のマニュアルとしての限界も見られる。一例を挙げれば、「援助のポイント」として第 1 に挙げられているのが「指導的な対応を避け、共感的な関わりをもちながら援助にあたる」といった、ソーシャル・ケースワークの初歩を学んだ関係機関職員にとっては知識としてはごく常識の範囲の内容であり、一方で、「指導的な対応」と敬遠されるのはどのようなことか、とか「共感的な関わり」とはどのようなことか、等といった職員個人の力量が大きく差が出る場面への具体的な踏み込みはない。

【文献 32】厚生省児童家庭局企画課監修・子ども虐待防止の手引き編集委員会編『子ども虐待対応の手引き』日本子ども家庭総合研究所、1997 年

　全国的な手引きとしては初めてのもので、保育所保育士、幼稚園や学校の教職員、保健所保健師、民生委員・主任児童委員等の家庭に身近な関係機関職員を対象に、早期発見と早期通告・相談を促す目的で作成された。総頁数 60 頁に満たないコンパクトな冊子で、児童虐待発見の目安や対応については箇条書きが主体となっている。

　「あなたは、子ども虐待のケースに関わったことがありますか」（6 頁）と書き起こされている本書は、虐待について理解が深いといえない限定された読者の意識改革に焦点が絞られた構成となっている。したがって法的対応については概要が紹介されているにとどまり、むしろ「親権者への遠慮や、守秘義務との関係でためらうこともあるでしょうが、子どもの命を守り、権利を救済するために、一人で抱え込むことなく、勇気をもって通告や相談をしてください」（51 頁）と述べ、子どもに関わる児童関係の専門職である読者を励まし、早期通告・相談につなげることに力点がおかれている。

【文献 33】東京都児童相談センター『子どもへの虐待　相談処遇マニュアル』東京都児童相談センター、1997 年

　児童虐待の早期発見をねらって編まれた『子どもの虐待防止マニュアル──虐待への気づきと対応、援助のために』（東京都福祉局子ども家庭計画課・1996【文献 31】）からの継承として、児童相談所が作成した詳細な業務マニュアルである。増加してきている児童相談所での児童虐待事例の経験の蓄積を共有し、実際の場面で何に留意しながらどのような手順で作業を進めるかが示

れている。内容は、児童相談所職員としての虐待事例にあたる際の心構えから、書類の書き方、調査の実際、資料の集め方等に関する極めて具体的な事柄まで多岐にわたっている。

　法的手続きについては、「法的対応と手続き」の章が設けられ、「児童福祉法28条申立て」「親権喪失宣告の申立て」「不服申立て」「人身保護法への対応」の各項目について解説されている。

【文献34】横浜市子育てSOS連絡会『横浜市児童虐待防止ハンドブック——子どものSOS養育者のSOSに応えるために［改訂版］』横浜市、1997年

　本書は、横浜市中央児童相談所を事務局とする横浜市子育てSOS連絡会が、企画・編集した地方自治体版の虐待早期発見・早期対応マニュアルである。地域で子どもと関わることの多い関連機関（幼稚園・保育所、小・中・高等・盲・ろう・養護学校、民生委員・主任児童委員、医療機関、福祉事務所・保健所、児童福祉施設・児童相談所等）の職員に向けて書かれ、これら専門職が児童虐待とその対策について共通の認識を持つことがねらいとして掲げられている。児童虐待の予防と対策を「子育て支援という枠組みのなかでも展開されるべき社会的施策」と捉える姿勢は、従来の虐待を特別視する傾向とは一線を画し、先駆的である。ハンドブックには具体的に「保育所・幼稚園」「学校」「医療機関」等の場面別に虐待を疑い得る視点を示しているが、いずれも「子どものSOS」と並んで「養育者のSOS」を挙げ、被虐待児・虐待者ともに援助を必要としている存在として描かれている。虐待への援助者を孤立させないための拡大ケースカンファレンス等職種を超えた連携についても力説されており、「参考資料」の豊富な事例には「関わった機関」が列記され連携の具体を示している。

　ハンドブックの編集意図が、虐待問題を抱える親子の援助にあるため、法的手段は前面に出ていないが、コラム扱いで「親権喪失の申立」「審判前の保全処分について」「施設入所に関して……⑵　養育者の同意が得られない場合」等について説明されている。

【文献35】厚生省児童家庭局監修『子ども虐待対応の手引き』日本児童福祉協会、1999年

　平成10年度に予算化され、幅広い関係諸領域からの多数の編集委員と執筆協力者が集まって編纂された『子ども虐待対応の手引き』が、一般の利用に供するために刊行されたのが本書である。前書の1997年版『手引き』【文献32】の改訂ではなく、「児童相談所や児童福祉施設など虐待対応において中核的な役割を担う機関を対象として、対応のノウハウを専門的に解説した国のガイドライン」（日本子ども家庭総合研究所編『子ども虐待対応の手引き——平成17年3月25日改定版』有斐閣、2005年、377頁）と位置づけられる。本書は、「実践する過程で困った項目について事典感覚で引けるよう、対応の流れに沿ってポイントとなる事項について詳細な解説が加えられている」（才村純「厚生省発行『子ども虐待対応の手引き』」『母子保健情報』39号、1999年、103頁）というように、本文で300頁を超える体裁が事典のようであるばかりでなく、「……どのように行うか」「……どう説明するか」等の具体的方法を問う目次で構成され、その各項目に答える形で執筆されている。随所に具体例や事例がおかれ、非常に詳細で具体的である。

　法的対応についても項目ごとに盛り込まれており、被虐待児のケアに法的な対応が不可欠であるという認識が根底に見られる。例えば児童福祉法28条の手続きについては、手続きの困難さの記述はなく、一方で期間を短縮する方策として「いつごろどのような事件を申し立てる予定か

など、連絡担当の家庭裁判所調査官とあらかじめ連携をとっておくと、その後の審理が円滑に運ぶことにつながる」(132頁)、「申し立てた後は、ただ審判期日を待つといった姿勢ではなく、緊密に家庭裁判所調査官と連絡を取り、調査への協力や必要な資料の追完等によって、迅速な審理に協力していく姿勢を示す」(132頁)等の実務上の工夫と、さらに「申し立て費用　収入印紙600円、郵便切手800円」「添付書類　申立人、子ども、親権を行う者または保護者等の戸籍謄本」(139頁)等を含む手続きの実際の記述等、痒いところに手が届く情報が盛り込まれている。また、最近8年の審理結果(認容61％、取下げ35％、却下1.4％)を紹介し、「家庭裁判所の判断が却下になりそうである場合でも、児童相談所としては福祉侵害が明らかにできると判断した場合には、却下の審判に対して高等裁判所に抗告し、福祉侵害の存否の判断を仰いで新しい判例を得ていくことも時には必要であろう」(133頁)と、従来にない一歩踏み込んだ姿勢も示している。

　本書には、専門機関の職員に必要とされる各場面での判断や対応に関するノウハウが網羅的に編纂されているが、類書の嚆矢としてこの後の改訂を想定している。具体的には、「親や子どもへの心のケアのあり方、子どもへの意向確認の方法など」「介入の必要性や緊急保護の要否判断等に関する客観的尺度(リスクアセスメント基準)」が、加筆の必要な項目として挙げられている(才村純「厚生省発行『子ども虐待対応の手引き』」『母子保健情報』39号、1999年、106頁)。

　なお巻末には、厚生省児童家庭局企画課監修・子ども虐待防止の手引き編集委員会編『子ども虐待対応の手引き』(日本子ども家庭総合研究所・1997【文献32】)が全て収録されている。

【文献36】日本子ども家庭総合研究所編『厚生省　子ども虐待対応の手引き——平成12年11月改定版』有斐閣、2001年

　本書は、「児童虐待の防止等に関する法律」の施行を受けて改定された『子ども虐待対応の手引き』に関連法令等の資料を付して、一般の利用に供するために刊行したものである。

　具体的な変更点としては、「児童虐待の防止に関する法律」が警察等の関係機関との連携の強化を謳っているのを受けて具体的な連携の実際について加筆された。例えば、前書では立入調査の項で「警察には民事不介入の原則があるため、家庭内にみだりに入ることはできない」(『子ども虐待対応の手引き』258頁【文献35】)と述べ警察の同行について慎重姿勢であったのが、本書では警察の「援助」、警察との「連携」という位置づけに変わっている(248頁)。また、施設内虐待、苦情解決処理システムに言及した。

　なお2004年の児童虐待防止法と児童福祉法の改正を受けて『子ども虐待対応の手引き——平成17年3月25日改定版』(日本子ども家庭総合研究所編、有斐閣、2005年)に改訂された。

【文献37】日本弁護士連合会子どもの権利委員会『子どもの虐待防止・法的実務マニュアル』明石書店、1998年

　児童虐待防止に関するマニュアルの刊行が相次ぐ中で、法律実務に特化した専門マニュアルとして編集された。背景には、虐待事件に弁護士が関与することが徐々に増加し社会的にも要請されるようになってきた一方で、児童虐待そのものやその対応についての知識が弁護士全体の共通理解となっていない現実があったと見られる。本書は、1995年に始まる日本弁護士連合会子ど

もの権利委員会「児童福祉チーム」の研鑽の蓄積をまとめたものであり、児童虐待防止や対応にとくに早期から積極的に取り組んだ先駆者たちの試行錯誤の成果といえる。虐待の理解から書き起こされ、相談を受けた弁護士が、関係諸機関と連携しながら、いずれの法的手続によって問題をいかに解決に導くかの実際が、項目ごとに詳細に解説されている。虐待問題の解決には、子どもへのケアと親への援助の双方が必要であるという視点にたち、「相談を受ける者が法律家であるという資格を有していること自体に価値がある」場合があるとして、相談者の「癒しと成長」に役立つ弁護士のケアマインドの重要性が指摘されている（183頁）。すなわち、本書は、法律実務家である弁護士のための「法的」マニュアルでありながら、児童虐待に「法的」に向き合う場合に児童福祉的な姿勢が不可欠であるとする法律実務家のための「福祉的」マニュアルでもある。児童虐待という問題の切り口として法が大きな役割を果たすという自覚にたちながら、法だけでは問題の解決は望めない、方法論として福祉的な要素を取り入れなければ法的実務自体が活かせなくなるという視座に立っている点が注目される。巻末資料として「弁護士が関与した家事審判事例一覧表」「『家庭裁判月報』に掲載された児童福祉法28条事件の審判事例」「昭和30年～62年までの児童福祉法28条による審判事例」が収められており、この時期までの法的関与事例を集めたものとして貴重である。

（田澤　薫）

5　非行・教護分野

【文献38】稲岡隆之「非行と虐待」（『非行問題』206号、2000年）71～81頁

　群馬県中央児童相談所心理判定員の稲岡隆之は、1990年から2000年という10年での児童相談所が非行を虐待の視点から理解しようとするようになってきたことを14事例から解き明かした。本論文の立場は、まず、1990年から2000年という10年間が児童相談所の実務レベルでの児童虐待理解での転換期であったと見るもので、本研究における「第2期」の理解と重なり興味深い。「大阪府児童相談所の調査では、性的虐待の39ケース中30ケースに非行的な問題行動が見られたという報告もある」と紹介している論文（菅原昭秀「性的虐待をめぐって～大阪府児童相談所の報告」『第16回児相研セミナー報告書』1990年）の発表も1990年である。1990年から2000年にかけて、非行を虐待からどう解き明かすかが問題提起され引き受けられてきたと理解してよいだろう。

　稲岡は、1つの非行事例を捉えるのに虐待の視点を持つか否かで、虐待事例に特有な傾向（例えば、虐待関係の再現性や解離症状）への配慮が可能になると主張し、治療環境・治療システムの構築を1つのゴールとして考えている。したがって、その論に法的な提言は含まれていない。

（田澤　薫）

6　心理分野

【文献39】西澤哲「子どもの虐待への対応——治療的介入のためのシステムについて」（『子どもの虐待——子どもと家族への治療的アプローチ』誠信書房、1994年）182～197頁

　本論文は、臨床心理学的な視点から、児童虐待という現象を適切に理解し、子どもと家族への援助方法と今後の実践の枠組みについて提示したものである。児童虐待が及ぼす心理学的問題へ

の提起と、その援助の重要性を示した日本における初期の文献といえる。具体的には、虐待経験が子どもに及ぼす心理的影響、虐待が生ずる家族力動の心理的特徴、および子どもや家族への心理治療的アプローチを中心に論じている。

　法制度に関しては、本書の第7章にあたる「子どもの虐待への対応──治療的介入のためのシステムについて」で論及しており、「心理治療的なアプローチが効果を上げるためには、それを可能にするような枠組み、つまり虐待ケースへの介入のための制度が確立されていなければならない」(182頁)と主張する。虐待に関わる各分野から提供されるサービスが適切に運用できるような枠組み、すなわち法制度を確立させる必要性をアメリカの例を踏まえて述べている。そこでは、カリフォルニア州法における虐待通告義務制度の紹介、裁判所の審議を中心とした介入システムの現状と問題点について論じている。子ども保護機関：CPS（Child Protective Service）の介入システムについては、まず最初に、子どもの緊急サービス：CES（Children's Emergency Services）のユニットの1つであるERU（Emergency Response Unit: 緊急対応部）の役割と機能について述べている。ERUは、電話により虐待報告を受け、その報告に基づき調査を実施する機関である。次にCDU（Court Dependency Unit: 裁判対応部）に関して紹介している。CDUは、裁判所に対して虐待ケースの審理を申し立てる機関であり、裁判所の審議に必要な様々な資料を集めるとともに、親や子どもへの教育および治療プログラムを提供している。最後に、親権の一時停止について記述している。裁判の結果、裁判所が一時的に子どもの親権を持つ場合は、その後のプロセスが以下の3つに分かれているという。①一定期間の後に子どもを家族と再統合させることを前提に、一時的に家庭外に措置する場合、②一定期間子どもを家庭外に措置したとしても家族の再統合が望めそうにない場合（子どもの自立までを見通したプログラム）、③親権の一時停止を受けた上で、社会福祉局が家族の生活に介入しながら子どもが家族のもとに留まる場合。いずれのケースにおいても、裁判所の権威をもって、親や子どもの心理治療や家族療法のプログラムが組まれる形式を取っており、子どもとの再統合を望む家族は、これらのプログラムを受け、子どもと生活できる状況とその努力を裁判所に示そうとする。そして、日本におけるこのようなシステムの不在が、親への治療を困難にしていると著者は主張する。また、法的な権威による介入とケースワーク的な援助という、ある意味では矛盾した機能を児童相談所という1つの機関に併せ持たせることで、虐待対応のシステムに混乱が生じ、機能が十分に発揮できていない日本の現状に対しても、虐待の特徴を踏まえた介入システムの再検討の必要があると指摘する。法制度の側面からは、治療と司法介入の関係にのみ焦点を絞り論述しているものの、本著は、被虐待児・保護者への心理的問題への治療がなぜ必要であり、その援助が虐待の解決に欠かすことができないものであることを論じた先駆的な著書として着目すべき文献である。

【文献40】西澤哲「虐待を受けた子どもとの面接──子どもからの証言の聴取について」（吉田恒雄編『児童虐待への介入──その制度と法』尚学社、1998年）165～187頁

　本論文は、児童虐待に対する介入、とくに法による強制的介入について、児童虐待に関する法制度および法解釈を中心に論じているものである。西澤による第7章「虐待を受けた子どもとの面接──子どもからの証言の聴取について」では、子どもの虐待に対する法的介入に伴って生じることが予想される様々な問題への対応について論及している。臨床心理学の研究者であり、

実際に心理臨床家でもある筆者は、その論点を考察することについて、その背景として「今後、法律関係者が法廷などで子どもから証言を得なければならない機会が増えることが予想される」（165頁）からであると述べている。

　本章では、子どもからの証言を得る方法の参考例として、心理臨床という場面での子どもとの会話のあり方（面接内容・手順）がどのようなものであるかについて具体的に紹介している。その中で筆者は、心理臨床の場面では、常に子どもの話を『真実』として受け止めていかなければならないのに対して、法律関係者の場合は、子どもの言葉の真偽のほどを吟味しなければならないという違いがあることを指摘する。また、虐待を受けた子ども全般に関して、子どもから虐待の話を聞く上でとくに注意すべき点、そして、性的虐待を受けた子どもから話を聞く際に考慮せねばならない事柄について記し、子どもたちは虐待の話を他者に話すことによる心理的な大きな負担を持ち、場合によっては再び深く傷つけられることも珍しくないと論じている。子どもの話の信頼性に関する評価については、その例として最近のアメリカでの性的虐待をめぐる裁判においての子どもの「誤った」証言や、成長後に思い出された「偽りの記憶」（例えば、FMS: false memory syndrome 偽りの記憶症候群）によって不当な判決を受けたと主張する人たちが現れていること、そして子どもの話や「よみがえった」過去の記憶の真偽性の考察についても、記憶を真実の部分と歪曲された部分とに分類して理解し、検討するべきだと提起している。これらが示すように、本章は、今後、日本においても法律関係者が法廷等で子どもからの証言を得る状況が想定されること、それに伴い、子どもの人権に配慮した証言聴取の必要と、子どもの証言の信頼性への考察等、これから発生すると考えられる課題を検討した先駆的な論考といえよう。

（加藤　洋子）

資　料

1　児童福祉法等、法律改正の経緯
2　児童虐待関係通知
3　児童福祉法分野判例リスト
4　民法分野判例リスト
5　刑事法分野判例リスト
6　児童虐待関係文献リスト
7　日本における児童福祉に関する年表
8　児童虐待司法関係統計
　(1)　親権又は管理権の喪失の宣言及びその取消し（全国家庭裁判所）
　(2)　児童福祉法28条事件
　(3)　親権喪失等・児童福祉法28条の新受件数
　(4)　児童相談所における親権・後見人関係請求・承認件数
　(5)　親権者、管理権者等の職務執行停止又は職務代行者選任の申立て（全国家庭裁判所）
　(6)　児童との面会又は通信の制限の申立て（全国家庭裁判所）
　(7)　嬰児殺の検挙人員
　(8)　児童虐待に係る検挙件数・検挙人員
　(9)　児童虐待に係る加害者との関係（事件別）
　(10)　児童虐待に係る加害者と被害者との関係（年別）

資料1　児童福祉法等、法律改正の経緯（平成元（1989）年4月～平成12（2000）年5月）

年月日	法律番号	法律名	概要
平成元(1989)年4月10日（第44次改正）	法律第22号	国の補助金等の整理及び合理化並びに臨時特例等に関する法律	国の負担金、補助金等に関する整理及び合理化並びに臨時特例等の措置に伴う児童福祉法の改正として、児童福祉に係る地方公共団体に対する国の負担金又は補助の割合を5分の4から2分の1に引き下げることを内容とするもの。
平成2(1990)年6月29日（第45次改正）	法律第58号	老人福祉法等の一部を改正する法律	高齢者、身体障害者等の居宅生活支援と施設福祉を一元的に実施するため、施設入所措置の町村移譲、市町村の居宅生活支援事業の位置付け、居宅生活支援事業の社会福祉事業としての位置付け等に関連して児童福祉法の一部を改正し、心身障害児等の居宅における介護の措置等を追加する規定並びにこれに係る費用に関する規定を整備した。
平成5(1993)年11月12日（第46次改正）	法律第89号	行政手続法の施行に伴う関係法律の整備に関する法律	行政手続法の施行に伴い児童福祉法における関係規定を整理する法律。児童福祉法においては、不利益処分（行政手続法12条及び14条を除く）の規定の適用除外として、都道府県知事等による措置（27条1項2,3号等）等の解除について、措置解除理由の説明、意見聴取等を定める規定が設けられた（33条の4）。
平成6(1994)年6月29日（第47次改正）	法律第49号	地方自治法の一部改正法の施行に伴う関係法律の整備に関する法律	地方自治法の改正により中核市に関する特例が設けられたこと、地方公共団体の組合に広域連合が追加されたことに伴い、児童福祉法について必要な規定の整備をした法律。
平成6(1994)年6月29日（第48次改正）	法律第56号	健康保険法等の一部を改正する法律	国民健康保険法の一部改正において、児童福祉施設入所措置が採られたためにこれに対する市町村間の被保険者の取扱いに関する規定を設ける。

平成6(1994)年7月1日 (第49次改正)	法律84号	地域保健対策強化のための関係法律の整備に関する法律	地域保健法の成立に伴い、疾病により長期にわたり療養を必要とする児童について、保健所長が療養の指導を行うことができるとされた。
平成9(1997)年6月11日 (第50次改正)	法律第74号	児童福祉法の一部を改正する法律	・保育所への入所の仕組みを従来の措置から市町村への申し込み方式に変更する等、保育所に関する改正。 ・放課後児童健全育成事業を第2種社会福祉事業として明文化。 ・児童相談所から知事への報告書等に児童及び保護者の意向の記載。 ・一定の場合、知事による入所措置の決定及び解除に際して、都道府県児童福祉審議会の意見聴取を義務付け。 ・家裁の保護処分を受けた児童について、知事は当該決定に従った措置をとるべきこと。 ・児童自立生活援助事業を児童居宅生活支援事業として第2種社会福祉事業に位置付け。 ・母子寮を母子生活支援施設と改称し、目的として自立促進のための生活支援を追加。 ・養護施設を児童養護施設と改称し、児童の自立を目的として明文化。 ・虚弱児施設の廃止。 ・情緒障害児短期治療施設の対象年齢規定を削除。施設長の就学義務を明文化。 ・教護院を児童自立支援施設と改称し、家庭環境等環境上の理由により生活指導を要する児童も対象とするものとし、通所指導もなしうるものとする。

平成10(1998)年9月28日（第52次改正）	法律第110号	精神薄弱の用語の整理のための関係法律の一部改正法	・教護院入所児童に対する施設長の就学義務を明文化。 ・児童家庭支援センターを新たに設置。 ・関係地方公共団体相互間の連絡調整の責務を保育の実施にも拡大。 ・児童福祉施設の設置者による相談等積極的支援義務を明文化。 ・精神薄弱児・者の用語を知的障害児・者に改めることにより、関係する児童福祉法の一部を改正する法律。
平成11(1999)年7月16日（第53次改正）	法律第87号	地方分権の推進を図るための関係法律の整備等に関する法律	・児童福祉審議会に関する改正、児童福祉司の任用資格等、地方分権推進法の制定に伴う児童福祉法の改正
平成11(1999)年7月16日（第54次改正）	法律第102号	中央省庁等改革のための国の行政組織関係法律の整備等に関する法律	・中央児童福祉審議会を社会保障審議会に改める等、国の行政組織の改編に伴う改正
平成11(1999)年12月8日（第55次改正）	法律第151号	民法の一部を改正する法律の施行に伴う関係法律の整備等に関する法律	・民法の一部改正に伴い、児童福祉法中の「後見人」を「未成年後見人」に改める改正
平成12(2000)年5月24日	法律第82号	児童虐待の防止等に関する法律	・児童虐待の禁止、児童虐待防止に関する国および地方自治体の責務、被虐待児の保護等、児童虐待の防止等に関する施策の促進を図る法律

資料2　児童虐待関係通知（平成3(1991)年4月〜12(2000)年6月）

通知番号	通知名	通知年月日	概要
厚生省児童家庭局長通知児発第357号	養護施設における不登校児童の指導の強化について	平成3年4月11日	家庭的要因により不登校に陥っている児童を養護施設に入所措置し、生活指導等、生活訓練、生活指導を行うための職員および精神科医の配置等に関する通知
厚生省児童家庭局長通知児発第358号	ひきこもり・不登校児童福祉対策モデル事業の実施について	平成3年4月11日	不登校児童の増加に鑑みて定められた「ひきこもり・不登校児童福祉対策モデル事業実施要綱」の円滑・適正な実施を求める通知。事業としては、「ふれあいへの支援訪問事業（メンタルフレンド）」や「不登校児童宿泊等指導事業」がある。
厚生省児童家庭局育成課長通知児育第13号	養護施設育成分園型自活訓練事業の実施について	平成4年4月10日	「児童福祉施設機能強化推進費について（昭和62年5月20日児発450号厚生省児童家庭局長通知）」の改正に伴い、社会的自立を予定している児童の自活訓練を目的として新たに追加された「養護施設分園型自活訓練事業」の取扱いのための留意事項についての通知
厚生省児童家庭局育成課・企画課児童環境づくり対策室長通知	都市児童健全育成対策について	平成4年10月1日	都市における児童の健全育成及び資質の向上に資する事業、児童が健やかに生まれ育つための環境作りに資する事業、児童福祉の増進に寄与する事業等について、国が国庫補助することを内容とする通知
厚生省児童家庭局・社会援護局連名通知児発第283号	主任児童委員の設置について	平成5年3月31日	地域において児童家庭福祉に関する相談・援助活動を行う者である児童委員への期待が高まっているところから、児童家庭福祉に関する事項を専門的に担当する児童委員（主任児童委員）を新たに設置し、従来の区域を担当する児童委員と一体となった活動を展開することにより児童委員活動の一層の推進を図るものとした通知
厚生省児童家庭局長通知児発第318号	教護院における指導の充実等について	平成6年3月30日	平成6年2月の中央児童福祉審議会児童家庭部会意見具申を踏まえ、対象児童の多様化への対応、処遇の向上、学校教育との連携の推進等に関する施設機能の強化を図るため、入所児童の一層の処遇の充実、中学校卒業後の学校復帰、学科指導の向上に資する情報提供及び児童相談所の協力、生活指導及び職業指導、学校教育との連携、分校・分教室の設置等を求めるもの
厚生省児童家庭局育成課長通知児育第22号	情緒障害児短期治療施設家族療法事業の実施について	平成6年6月29日	「児童福祉施設機能強化推進費について（昭和62年5月20日児発450号厚生省児童家庭局長通知）」の改正に伴い、情緒障害児短期治療施設の機能を活かし、ひきこもり、不登校児等の情緒障害児童を含む家族に対する心理療法及び家族の回復及び児童の生活環境調整を図ることによって児童の自立支援を図ることと、家族の形成を目的とする事業とする通知
厚生省児童家庭局家庭福祉課長通知児家第8号	都市家庭在宅支援事業の実施について	平成6年9月16日	都市部における家庭の養育上の問題に対応するため、養護施設等民間施設の専門性を活かして近隣地域の家庭からの相談を受け、必要に応じて家庭訪問等を行うことにより、即時的継続的な在宅支援を行うことを目的とする事業の実施についての通知
厚生省令第62号	福祉の措置及び保育の実施等の解除に係る説明等に関する省令	平成6年9月27日	児童福祉法等実施のため、福祉の措置の解除に係る説明等について定める省令
厚生省社会・援護・老人保健福祉・児童家庭局長連名通知・老計第129号、児童第894号、支援第243号	福祉の措置の解除に係る説明等に関する省令の施行について	平成6年9月30日	行政手続法の施行に伴う児童福祉法等の一部改正が行われ、各法に措置の解除の理由に係る説明及び意見の聴取の手続が定められたところから、その趣旨及び内容を二つ都道府県市町村に周知を図るようにとの通知
厚生省児童家庭局長通知児発第374号	子育て支援短期利用事業の実施について	平成7年4月3日	児童の疾病等の理由のために家庭における養育が一時的に困難となった児童を養護施設において一定期間、養育・保護することにより、児童及び家庭の福祉の向上を図ることを目的として、ショートステイやトワイライトステイの実施を求める通知
厚生省児童家庭局家庭福祉課長通知児家第29号	養護施設入所児童早期家庭復帰促進事業の実施について	平成7年7月25日	養護施設に入所している被虐待児等のうち、家庭環境等の調整を行うことにより家庭復帰が可能なケースについて、施設入所後の早い時期から施設職員が家庭等を訪問して調整援助を推進することで、児童の家庭復帰を促進することを目的に、児童相談所との連携、援助計画の策定等、事業実施上の留意点を示す通知
厚生省児童家庭局家庭福祉課長通知児家第31号	地域児童健全育成推進事業の取扱いについて	平成7年8月11日	要保護児童の福祉の向上を図るため、地域の実情に応じた先駆的な事業（健全育成事業、関係職員研修事業、処遇困難児のための調査研究活動等）の実施を認めるとの通知
厚生省児童家庭局家庭福祉課長通知児家第1号	措置解除後、大学等に進学する児童への配慮について	平成8年1月29日	大学等への進学を希望する児童のうち、家庭復帰等が難しい場合、措置解除後も引き続き養護施設等から通学することを認めるための通知

発出元・番号	通知名	日付	内容
厚生省児童家庭局長通知児発第516号	児童虐待ケースマネージメントモデル事業の実施について	平成8年5月15日	児童虐待の増加に鑑み、児童虐待事例について、児童相談所を中心とする関係機関等のネットワークづくり、地域における児童虐待防止と早期発見に努めることを目的とし、児童虐待事例に関する検討委員会の設置等を内容とするモデル事業の実施に関する通知
厚生省児童家庭局企画課長通知児企第16号	児童虐待ケースマネージメントモデル事業の実施について	平成8年5月15日	同上通知の実施にあたり、実施体制、関係機関、検討委員会、児童虐待事例について定める通知
厚生省児童家庭局長通知児発第933号	母子保健対策の実施について	平成8年11月20日	地域保健法の施行に伴い、保健サービスについては市町村が対応することとされ、これまで都道府県、中核市が行っていた母子保健事業を市町村に移譲したことから、都道府県及び市町村における母子保健指導に係り、その実施を求める通知
厚生省児童家庭局長通知児発第934号	母性、乳幼児に対する健康診査及び保健指導の実施について	平成8年11月20日	地域保健法の施行に伴う母子保健法の改正を行わせて、母子及び乳幼児に対する健康診査及び保健指導に関する実施要綱を定めり、その推進を求める通知、虐待徴候の早期発見に努めるよう通知
厚生省児童家庭局長通知児発第37号	児童福祉司の任用資格の取り扱いについて	平成8年11月21日	児童福祉司の任用資格について、人間関係学部や児童学部のように心理学・教育学・社会学を総合的に履修した者や社会福祉学部を卒業した者等も含む旨を通達示唆にしたことにいて明らかにした通知
厚生省児童家庭局企画課長通知児企第274号	養護施設等退所児童自立定着指導事業の実施について	平成9年4月9日	養護施設等退所児童の社会的自立支援を支援するため、「養護施設等退所児童自立定着指導事業実施要綱」を定め、その実施を求める通知
厚生省児童家庭局長通知児発第13号	養護施設等退所児童自立定着指導事業について	平成9年4月15日	同上局長通知の実施上の留意点、実施方法、申請手続きを定める通知
厚生省児童家庭局長通知児発第411号	児童福祉法等の一部改正について	平成9年6月11日	平成9年法律第74号による児童福祉法の一部改正に伴い、保育所への入所の仕組み、放課後児童健全育成事業、児童相談所実務における保護者や児童の意向の聴取、児童福祉施設の名称の変更等について、その周知徹底、適切な運用を求める通知
厚生省児童家庭局長通知児発第434号	児童虐待等に関する児童福祉法の適切な運用について	平成9年6月20日	児童虐待の増加に対応するため、立入調査、一時保護、要保護児童の通告義務、家庭裁判所への申立等について、児童福祉法上の規定を適切に運用し、児童虐待に積極的に対応するべく、児童相談所等の職務への優先、通告義務の周知徹底および守秘義務への配慮、多岐にわたる児童の親権等、一時保護、家庭裁判所への申立および家庭裁判所の承認による措置された児童の対応に関わるため、児童相談所、施設等関係機関の積極的対応を求める通知
厚生省児童家庭局長通知児発第596号	児童福祉法等の一部を改正する法律の施行に伴う関係政令の整備に関する政令の施行について	平成9年9月25日	平成9年法律第74号による児童福祉法の一部改正法の施行に際して留意すべき点について定める通知
厚生省児童家庭局家庭福祉課長通知児家第28号	児童養護施設等における適切な処遇の確保について	平成9年12月8日	施設における体罰事件の発生を受けて、懲戒権の濫用禁止等、事件発生の際の実情把握、指導・指導等の対応、施設に対する研修・指導のあり方について都道府県に通知するもので、その行動特性に配慮した処遇を求めている。
厚生省大臣官房障害福祉課長通知障企第16号・児企第9号	懲戒に係る権限の濫用禁止について	平成10年2月18日	児童福祉施設最低基準の改正（平成10年厚生省令第15号）において児童福祉施設の濫用権の濫用禁止を規定しが設けられたことをうけて、その留意事項等を定める通知
厚生省児童家庭局長通知児発第6号	児童福祉施設最低基準の一部を改正する省令の施行にかかわる留意点について	平成10年2月18日	改正後の児童福祉施設最低基準（平成10年厚生省令第15号）の施行に際して、自立支援に向けた処遇の充実、家庭環境の調整、関係機関等との連携、児童自立支援施設における職員の名称、母子生活支援施設における生活指導のあり方等に関する留意事項を定める通知
厚生省児童家庭局長通知児発第95号	児童養護施設等における児童福祉法等の一部を改正する法律の施行に係る留意点について	平成10年2月24日	平成10年の児童福祉法改正に伴い、児童養護施設等の児童施設等について改正法の施行を行い、自立支援施設における自立支援のあり方、乳児院・児童養護施設・児童家庭支援センター等児童福祉施設における情報提供等運営上留意すべき事項ついて定める通知

発出者	通知名	日付	概要
厚生省児童家庭局家庭福祉課長通知児家第9号	児童養護施設等における入所者の自立支援計画について	平成10年3月5日	児童福祉施設最低基準の改正（平成10年厚生省令第15号）の趣旨を踏まえ、児童養護施設等における自立支援計画策定の観点、留意点、策定方法や書式について定める通知
厚生省児童家庭局企画課長通知児企第13号	児童虐待に関し緊急に対応すべき事項について	平成10年3月31日	児童虐待の増加に鑑み、通告義務の周知、児童相談所における即応体制の整備、組織的活用、立入調査及び家庭裁判所への申立制度の積極的活用等を含め、同種の対応の強化を求める通知
厚生省児童家庭局長通知児発第344号	児童自立生活援助事業の実施について	平成10年4月22日	施設退所後の児童等に対する支援の強化のため、従来の「児童自立生活援助事業」を見直し、その実施方式等を定める通知
厚生省児童家庭局長通知児発第397号	児童家庭支援センターの設置運営について	平成10年5月18日	児童福祉法の一部改正（平成9年法律第74号）により新たに創設された児童家庭支援センターの設置運営について、児童相談所からの指導委託を受けて行う指導、関係機関との連携、地域・家庭からの相談に応ずる事業、連絡調整等について定める。
厚生省児童家庭局長通知児発第489号	児童養護施設における年長児童に対する処遇体制の強化について	平成10年6月25日	児童養護施設における年長児童の増加に伴い、スポーツ・ダンス等の表現活動の指導技術を有する職員の配置や学習指導のための指導員配置に関する助成的措置について定める通知
厚生省児童家庭局長通知児発第420号	里親活用型早期家庭養育促進事業の実施について	平成11年4月30日	児童養護施設等入所児童で、父母が死亡した児童や父母が長期にわたって行方不明である児童、家庭復帰が困難な児童等、積極的に里親委託を実施することが望ましい児童について里親への援助を行うなど、積極的に里親委託を実施するための早期家庭復帰が可能となるように里親委託を決める通知
厚生省児童家庭局長通知児発第421号	乳児院における早期家庭復帰等の支援体制の強化について	平成11年4月30日	虐待や放任、未婚の母等、家庭環境等の理由により乳児院に入所している児童に対して、児童の保護者に対し、家庭復帰のための相談・指導等を専門に担当する職員を配置し、その実施を確保するための通知
厚生省児童家庭局長通知児発第419号	児童養護施設及び乳児院における被虐待児等に対する適切な処遇の確保について	平成11年4月30日	児童養護施設及び乳児院において心理治療を行う体制を確保するための通知
厚生省児童家庭局保健福祉部障害福祉課長・児童家庭局家庭福祉課長・保育課長連名通知児家第50号	里親に委託されている児童等が保育所への入所を認められるときの取扱いについて	平成11年8月30日	里親に委託されている児童等が保育所が必要な状態にあると認められるとき、当該里親への委託を継続することとし、保育所への入所を認めるものとする通知
厚生省児童家庭局長通知児発第799号	保育所保育指針について	平成11年10月29日	地域における子育て支援の一環として、「保育所保育指針」においても虐待が疑われる児童がある場合の支援、児童相談所等との連携を定める。あわせて、児童に身体的な苦痛を与えること、人格を辱めることのないよう留意する。
厚生省児童家庭局長通知児発第350号	地方分権の推進を図るための関係法律の整備等に関する法律の施行に伴う厚生省令関係児童家庭局所管法令の改正内容等の周知について	平成12年3月31日	地方分権一括法の制定に伴い、厚生労働省児童家庭局所管の法令を改正し、都道府県・市町村児童福祉審議会の組織、児童相談所や児童福祉司の職務上の名称による苦情処理に関する規制の廃止等、児童福祉法や児童福祉法施行令等の改正内容等の留意事項を周知する通知
厚生省児童家庭局長通知児発第471号	児童福祉行政指導監査の実施について	平成12年4月25日	地方分権推進法の成立により、従来の法定受託事務として行われてきた児童福祉施設等の指導監査が自治事務とされ、行政指導監査実施要綱を、地方自治法第245条の5にもとづく技術的助言おおむね勧告とする通知
厚生省児童家庭局長通知児発第489号	地域小規模児童養護施設の設置運営について	平成12年5月1日	実親が死亡し、または行方不明などで長期にわたり家庭復帰が見込めない児童等について、家庭的な環境での養護を実施するため、地域小規模児童養護施設設置運営要綱を定め、その実施を図るための通知
厚生省児童家庭局長通知児発第583号	児童福祉施設入所児童支援事業の実施について	平成12年6月8日	児童福祉施設における児童への懲戒権濫用の事例発生に鑑み、施設入所児童の権利を擁護し、適切な処遇を確保するために、第三者や専門家が客観的に処遇の質を評価するとともに、児童の相談に応じる事業を実施

資料3　児童福祉法分野判例リスト

	判決日	裁判所	事件番号	事件名	主文	概要	掲載誌	評釈
1	H2.7.6	東京家裁（審判）	平成2年（家）第5727号	児童の福祉施設収容の承認申立事件	承認	児相長が、親権者たる父親の暴力から逃れるために児童（12歳、男児）が家出を繰り返すことを理由に児童の養護施設入所措置の承認を求めた事件で、児童をこのまま父の監視下におくことは、著しく児童の福祉を害すると考えられるため、当分の間は児童を父親から別にして生活させて父に依らずに親子関係の修復を図るとして児童を養護施設に入所することを承認する必要がある	家裁月報42-12 p.57	
2	H3.2.15	長崎家裁（審判）	平成2年（家）第1267号	福祉施設入所承認申立事件	承認（確定）	児相長が、実父による暴力行為・猥褻行為（女児）の施設入所に対する不同意を理由に児童の施設入所の承認を求めた事件で、父の虐待行為は明らかであり、父子間に真の親子関係が形成されていないこと、実母は児童本人に対する十分な保護ができないことなどから著しく児童の福祉を害し、児童の監護者に委託することが相当であるとして養護施設への入所を承認した。	家裁月報43-7 p.99	南方暁・民商法雑誌106-4 p.138
3①【判1①】	H8.3.22	浦和家裁（審判）	平成8年（家ロ）第1002号	審判前の保全処分申立事件	一部承認（確定）	栄養失調等により入院した児童（7歳）に関する福祉施設収容承認申立事件を本案とする審判前の保全処分申立事件。児相長は、①本人が入院中親権者両名が面会しないこと、②退院可能のときには本案の審判確定までに転院させる手続を採らないこと、③退院の場合には一時保護することが相当とされる場合には、一時保護を行う手続をとらなくてはならない、②本人が現在の施設での個別処遇で、心身に受けた傷から回復し、児童本人が一時保護当もしくは児童相談所長が理解できるようになるまで、両親との面接、その他本人との直接の交渉を禁止すべきであると審判した。	家裁月報48-10 p.168	床谷文雄・判例タイムズ933 p.85 古畑淳・季刊社会保障研究34-2 p.218 大曽根寛・社会保障判例百選（第3版）（別冊ジュリスト153）p.204
3②【判1②】	H8.5.16	浦和家裁（審判）	平成8年（家）第610号	児童の福祉施設収容申立事件	承認（確定）	児相長が、実父及び実母による児童（7歳男児）の虐待を理由に養護施設入所措置の承認を求めた事件で、両親が児童の養護を怠ったこと、児福法27条1項3号の措置として、両親委託に入所中もしくは里親委託されることが望ましいのは、里親委託のもとでも児童の疾病から回復し、親族も含む親戚施設等での個別処遇で、心身細かな個別処遇が理解できるようになるまで、他人数の施設に入れることも、事件本人が成長し、事態等細やかな個別処遇が理解できるまで、収容者を加えることが出来る、児童相談所長は本件本人とその他本人との直接の面接、その他本人との直接の交渉を禁止すべきであると審判した。	家裁月報48-10 p.162	
4【判2】	H9.12.24	津家裁（審判）	平成9年（家）第736号，737号	児童の福祉施設収容の承認申立事件	承認（確定）	児相長が、実父及び児童の祖父母と児童らとの間で養子縁組がなされたが、その後児童（7歳男児、6歳男児）の福祉を害することを理由に児童らの養護施設入所措置の承認を求めた事件で、養父母による監護を害することは明らかであり、また、養母からの入所同意も認められること、加えて、両親らに対する監護を害するおそれもあり、裁判所は、実父の面倒をみるには十分ないこと、申立後に実父の代わりに養父母による監護の引受態度について、児童相談所による調査・指導等を経て、母の引受態度の継続的な指導の下で、養父母を監護者とすることが相当と判断した。	家裁月報50-5 p.76	吉田恒雄・民商法雑誌121-4・5 p.192
5【判3】	H10.1.5	広島家裁（審判）	平成9年（家）第1418号	児童の福祉施設入所承認申立事件	承認（確定）	児相長が、未成熟子として出生した乳児（4ヶ月男児）に対する実父母の身体的虐待を有し、虐待発生の可能性から心身の障害発生の必要性、虐待が再発防止の必要性及び児童の福祉を自宅に戻して両親に監護させることは著しく乳児の福祉を害するとして重症心身障害児施設等への入所を承認した。	家裁月報50-6 p.104	村重慶一・戸籍時報497 p.52 吉田恒雄・民商法雑誌121-4・5 p.192

No.	年月日	裁判所	事件番号	事件名	結論	事案の概要	出典	評釈
6	H11.11.12	大阪家裁岸和田支部（審判）	平成11年（家）第1002号, 1003号	児童の福祉施設収容の承認申立事件	承認（確定）	児相長が、親権者たる実母の重度の強迫性障害の影響から生活状態に起因する、家の外にも出ようとしないばかりか、将来社会に適合できなくなることが懸念されることを理由として児童養護施設等への児童福祉施設入所措置の承認を求めた事件で、現状のまま児童を母の監護の下に放置することは著しく児童の福祉を害することとなるとして児童福祉施設への入所を承認した。	家裁月報52-4 p. 36	吉田恒雄・民商法雑誌125-3 p. 138
7①	H11.12.1	福岡家裁小倉支部（審判）	平成11年（家）第987号	福祉施設入所承認申立事件	承認（確定）	児相長が、親権者たる実父の実父（5歳女児）及び弟（3歳男児）に対する身体的心理的虐待及び外傷後ストレス障害（PTSD）への身体的可能性があることを理由として児童養護施設入所措置の承認を求めた事件で、当面の間は父子分離を図り、父による身体的虐待が繰り返された蓋然性が濃厚であり、父に対する処遇方針は、児童相談所のもとでの環境調整しつつ、安定した監護・外泊・面会・外泊等の処遇ないし父による自己成長を促すプログラムに参加させ、親子関係形成のプログラムを進めるとし、児童に対する監護を父に監護させることは現時点では著しく児童の福祉を害するとして児童養護施設への入所を承認した。	家裁月報52-6 p. 66	床谷文雄・判例タイムズ1046 p. 84 吉田恒雄・民商法雑誌125-3 p. 138
7②	H11.12.1	福岡家裁小倉支部（審判）	平成11年（家）第988号	福祉施設入所承認申立事件	承認	児相長が、親権者たる実父の実父（3歳男児）に対する身体的父子分離を図り、父による養育環境の面会についても、児童相談所の環境のもとで、親子関係を促す、安定した処遇方針しつつ、面会について、情緒的関係性が増していく形で、父子関係形成のプログラムを進めるとし、児童の福祉を害するとして児童養護施設への入所を承認した。	家裁月報52-6 p. 72	
8	H12.3.1	高知家裁安芸支部（審判）	平成11年（家）第175号	福祉施設入所承認申立事件	承認（確定）	児相長が、親権者たる実父からの児童（11歳女児）に対する暴力等に耐えかねて実母が実父のもとを離れた後、父に対し、父母の具体的状況に応じて適切な監護ができる状況の下では暮らせないから、母にかけ、児童養護施設への入所を承認した。	家裁月報52-9 p. 103	川田昇・民商法雑誌125-1 p. 125
9	H12.5.10	横浜家裁横須賀支部（審判）	平成12年（家）第142, 143号, 144号	児童養護施設入所承認申立事件	承認（確定）	児相長が、児童ら（6歳、4歳、2歳）の児童養護施設入所措置の承認を求めた事件で、児童らが実父母から長きにわたって、心理的虐待を受けていること、母は児童らに対する身体的・心理的虐待を行うおそれが大きいこと、著しく児童らの福祉を害すること、児童相談所による指導が行われず、情緒的関係や母子関係の調整について、より一層の働きかけに努めるよう指摘した。	家裁月報52-11 p. 65	川田昇・民商法雑誌125-1 p. 125
10	H12.5.11	横浜家裁（審判）	平成12年（家）第136号	児童の里親委託又は福祉施設収容の承認申立事件	承認（確定）	児相長が、生後間もない乳幼児（9ヶ月男児）が親権者たる実父母及びその親族の支配下において短期間に重篤な怪我等を負っていることを理由として親権委託又は親権施設入所措置として父母等の保護の下で児童の父母等の支配下において乳児期に発生しているいたったと、母は児童相談所又は児童福祉施設による継続的助言や知識等を獲得することと努力するよう努めることとし、児童相談所に対する指導や言動、適切な養育知識等を積極的に付言した。	家裁月報52-11 p. 57	川田昇・民商法雑誌125-1 p. 125

資料4　民法分野判例リスト

	判決日	裁判所	事件番号	事件名	主文	概要	掲載誌	評釈
1① 【判4①】	H6.2.16	大阪家裁 (審判)	平成6年(家ロ保)第7号、8号	親権者の職務執行停止、職務代行者選任申立事件	認容	未成年者(長女、次女)に対し、事件本人(母)が自らもしくは内縁の夫とともに虐待し、又は内縁の夫による未成年者への虐待を防止しなかったことを認め、未成年者の実父であり、事件本人の前夫である申立人からの事件本人の親権の職務執行停止と、職務代行者選任の申立てを認容した事例	家裁月報47-2 p.176	
1② 【判4②】	H6.3.28	大阪高裁 (決定)	平成6年(ラ)第133号	親権者の職務執行停止、職務代行者選任申立認容審判に対する即時抗告事件	一部抗告却下一部抗告棄却(確定)	親権喪失宣告の申立があった場合における職務代行者選任の保全処分については、その申立を却下する審判に対しても、その申立を容認する審判に対しても、即時抗告をすることはできないとされた事例	家裁月報47-2 p.174	松原正明・民商法雑誌115-2 p.101
2 【判5】	H10.12.18	熊本家裁 (審判)	平成10年(家ロ)第502号	審判前の保全処分申立事件	認容(確定)	養父の未成年者(2人)に対する虐待を避けるため未成年者を一時保護した児童相談所長が申立てた親権喪失宣告事件を本案とする保全処分(職務執行停止及び職務代行者選任)申立事件において、親権の濫用が一応認められるとして、養父の親権の職務執行をその審判確定までの間停止し、その職務代行者に選任した事例	家裁月報51-6 p.67	許末恵・民商法雑誌122-6 p.136
3 【判6】	H12.2.23	長崎家裁佐世保支部 (審判)	平成10年(家)第331号、332号、333号	親権喪失宣告申立事件	許可(確定)	児童らが入所している児童相談所長から、児童らの親権者の親権の喪失を求めた事案において、親権者が児童らに対し日常的な身体的虐待、性的虐待を加え、その福祉を著しく損なったとして、親権の喪失を宣告した事例	家裁月報52-8 p.55	松本タミ・民商法雑誌124-6 p.119 床谷文雄・判例タイムズ1046 p.84

4 【判7】①	H12.3.10	山形家裁（審判）	平成11年（家）第212号、平成12年（家）第64号	子の監護者の指定申立事件及び子の引渡し申立事件	第1事件 承認 第2事件 却下	事件本人の単独親権者であるY（実母、相手方）は、平成5年9月に事件本人A（実父Bは事件を認知していない）を出産したが、生活状況が不安定で、精神的・経済的にAを養育できないことから、Aは乳児院に入園措置となった。その際、Y自らAについて里親委託を希望していたことなどから、児童相談所は事件本人Xら（里親、申立人）はAについて里親委託を受け、約3年7ヶ月（審判時）にわたり養育してきた。その後、平成11年4月頃から、YからAの引取りの要望が強く出されたため、児童相談所は、XらにAをYに戻して欲しい旨を伝えたところ、XらはAの監護を継続したいと希望し、引渡しの方向での調整は困難となった。そこで児童相談所は、Aへの里親委託を解除し、引取りのためのAとの面接調整をすることとし、一時保護委託とならない旨をXらに伝えた。Xらは、同月30日付けで、XらをAの監護者に指定することを求めるとともに、YからAを引き取りたい旨の家事審判前の保全処分としてXらにAの仮の引渡しを求めた（第1事件）。他方、平成11年11月16日、Yは第三者をAの監護者に指定することを求めた（第2事件）。第一審裁判所は、民法776条が、親の離婚時の親権者と監護者の申立について別段規定を問題としたうえで、監護者の指定の申立は親族関係を伴わない者に対してすることもできる趣旨と解し、本件において、親族関係にない者を監護者と指定する処分について、審判事項としての実効性の観点から、審判事項に類する乙類4号の子の監護に関する処分であることに鑑みて、事実上の監護者としてY監護の措置を認めるとした上で、XらをAの監護者と指定することが実際に児童福祉法9条1項乙類4号の監護の範囲を大きく逸脱するものとなるおそれがあるとして、一時保護委託を行うことは行政処分であってAにとって極めて大きな精神的負担となり、AのYへの監護委託を伴わない児童福祉施設への収容措置など、一時保護の必要がある場合に容易に予想されるXらに対して、一時保護中の児童に対する面接等について、家庭裁判所がAについて監護者としての判断を前提としている状態を変更することは、一時保護中の児童の福祉を害するおそれがあるとしてXらに対する仮の処分は相当でないとして却下した。また、家事審判法9条1項乙類4号の監護者と争うことは妥当でないと、家庭裁判所が監護者を指定することが不適法である旨を示し、第2事件について却下した。	家裁月報54-5 p.139	田中通裕・判例タイムズ1099 p.85 山田美枝子・民商法雑誌128-4・5 p.243 二宮周平・タイムズ1119 p.106
4 【判7】②	H12.6.22	仙台高裁（決定）	平成12年（ラ）第60号	子の監護者の指定申立て及び申立ての却下審判に対する即時抗告事件	第1事件 原審判取消 申立却下 第2事件 抗告棄却（確定）	Yが、原審判の監護者の指定の審判に対して抗告。裁判所は、子の父と母であり、子の父母を監護したXらの申立について、原審判は児童相談所に対する監護権取消しの抗告ないし申立ではなく、原判決の事実に照らして支障は残るが、戸籍上の氏名が不明であるその使用を申立てることであり、戸籍法107条1項の「やむを得ない事由」があると認められるものとする正当な事由があるとして、同法107条2の氏の変更を許可した。	家裁月報54-5 p.125	村重慶一・戸籍時報486 p.55 澤田省三・民商法雑誌119-3 p.114
5 【判8】	H9.4.1	大阪家裁（審判）	平成8年（家）第574号、575号	氏の変更、名の変更、申立事件	承認（確定）	「近親者から性的虐待を受けたことによる精神外傷による後遺症から脱却することを目的とするものであり、氏名の変更について形骸化のある状態から脱却することについて疑念が残るものであっても良いとは、申立人の氏名による生活上も支障を来しており、社会的に見ても不当であると認められるものであり、また氏名が上記認定のような事情により上記認定のような好悪感情であるものと認められ、社会的に見て不当であることに基づいて、戸籍法107条1項の「やむを得ない事由」に当たり、また名の使用についても同法107条2の正当な事由であると認められるものとして、氏名の変更を許可した。	家裁月報49-9 p.128	

145

資料5　刑事法分野判例リスト

	判決日	裁判所	事件名	事件番号	主文	概要	掲載誌	評釈
1	H2.12.6	大分地裁(判決)	痩せ衰え、衰弱し、食物も受けつけず、歩行も困難になった13歳の少年を保護責任者遺棄致死罪の客体とした事例(被告人:母親)	H2(わ)27	懲役5年	被害者は、幼少より緘黙症という病気にかかり、小学校5年生になるころには学校へ登校することもなくなった。被告人である母親は児童相談所に相談していたが、有効な解決策が見いだせないままとなり、また協力的でないた夫との離婚などから不満を募らせる。その後、出会った愛人との同居生活の継続等のために、ろくに食事も与えられず、痩せ衰え、衰弱し、食事も受け付けず、歩行も困難になっていく被害者を自宅に放置してさらに生存に必要な保護をせず、そのために同人を飢餓死させ、さらに同人の死体を自宅に放置した。	判時1389 p.161	山中敬一「衰弱した13歳の少年に対する保護責任者遺棄罪の成否」法セ36-12 p.127 小島吉晴「保護責任者遺棄罪の客体について」研修521 pp.39-45
2①	H7.5.17	広島地裁福山支部(判決)	風の子学園事件第1審判決	H3(わ)140	懲役6年	本件は、「風の子学園」を開設し、園長としてこれを主宰、経営していた被告人が平成3年にかけて、登校拒否、情緒障害等の問題を有する児童の矯正施設である「風の子学園」に入所していた5名を、矯正教育を標榜する事案であり、起訴された被害者は5名である。うち2名を死亡させたという事案である。成年に達していない子ども未成年の子らに対し、一般論として、親でも実力を持って行動を規制し、強制力を有する権限を持つのであるから、親から委託を受けた後は、そのような権限を取得するものではないかは、明らかではないのであるから、第三者が親から委託を受けて後見・監護するものとしては、子に意思能力があるいないにかかわらず、直接強制をなし得るものとしては、親による懲戒権の行使等として親が親権に従属して行うことができる範囲内のことではなく不可能ではないとして、懲戒権の行使として許容される範囲は目的的性及び結果の重要性等を総合的に考慮し、正当な業務行為においてはあったとしても、方法として本件犯行において著しく相当性を欠くとして、許容される範囲と超えていることは明らかであるとして、監禁罪、監禁致死罪等の罪が成立した。	判時1535 p.30	
2②	H9.7.15	広島高裁(判決)	風の子学園事件控訴審判決	H7(う)138	原判決破棄 懲役5年	本判決は、弁護人の量刑不当の主張を排斥し、「懲役6年に処した原判決の量刑は、重過ぎて不当であって相当とは認められない」とし、その時点では原判決以来拘束期間が5年を超えているものの、原判決後の被告人の反省の程度や速捕以来拘束期間をこのまま維持するのは懲役5年とした。	判時1624 p.145	
3【判9】	H8.3.8	東京地裁八王子支部(判決)	養女(6歳)に対し、折檻のためシャワーで熱湯を浴びせて熱傷ショックの傷害を負わせ、死亡させた事例(被告人:養父)	H7(わ)737	懲役5年6月	被告人は、かねてから同棲していた女性と婚姻をしていた際、被害者をその兄子として養子としたが、らない等の理由で妻と飲酒の上、被害者を実明に帰宅の上で頻繁に暴行を加えていた。本件犯行前日の夕方から兄妹といった言い分けつつ、顔面等に実明の上で反抗的な言動から殴る等の暴行を加え、被害者をシャワーで熱湯を2分にわたって浴びせかけ、被害者の人権を全く無視した「ドと子どもである被害者を人権を甚だしく欠く、被告人の犯行直後救護しようとせず病院に連れて行わなかったこと等情状についても酌むべきを考慮し、懲役5年6月を言い渡した。	判時1588 p.154	

			事案の概要	判決	判旨	出典	評釈
4①【10判】	H11. 2.12 釧路地裁 (判決)	H9(わ)184	被告人が内縁の夫の子供 (3歳, 次男) に対する折檻を放置して, 内縁の夫による傷害致死を容易にさせたとの事案につき, 被告人の行為は不作為による傷害致死幇助罪とは同視できないなどと言い渡し, 無罪とした事例	無罪	事案, 事件名にあるとおりであり, 本判決は, 一般論として不作為による傷害致死幇助犯が成立するか否かが問題となったが, 被告人に不作為による傷害致死幇助犯が成立するためには「他人による犯罪の実行をほぼ確実に阻止し得たにもかかわらず, これを放置してその容易性等の観点からみて, その不作為による作為と同視し得るとの実質的容易性が必要と解すべきである」とし, ①作為義務については, 被告人が内縁の夫からこれまで暴力を受けていたこと, 懐妊中であったこと, 胎児の健康にまで影響するおそれがあること等を考えて内縁の夫の暴行を阻止することは困難な状況にあったことに鑑み, 内縁の夫の暴力を実力で阻止することまで被告人に負わせることはできないと認定して, 被告人に作為義務があるとは認め難い, また, ③被告人の不作為がこれと同視し得るかに関しても同様に無罪とした判断した。	判時1675 p.148	大出良知「被告人には不作為による傷害致死幇助罪が問われたが, 被告人の行為は不作為による傷害致死幇助罪とは同視できないなどとして無罪を言い渡した事例」刑弁23 pp.172-187 松生正正「不作為による幇助の一作為と同視し得ないとされた事例」セレクト'99 p.31 大山弘「不作為による幇助犯の成立」法セ44-11 p.109 木村正良「同棲中の男性から被告人の3歳の子供にせっかん死させて, 被告人には保護すべき義務を採ることなくその措置を採ることなくさらに放置したとする傷害致死幇助罪の公訴事実について, 被告人には傷害致死幇助罪は成立しないとして無罪を言い渡した事例」警公54-10 pp.89-95 神山敏雄「不作為による幇助——作為義務を否定した事例」平成11年度重判 p.152
4②【10判】	H12. 3.16 札幌高裁 (判決)	H11(う)59	被告人が内縁の夫の子供 (3歳, 次男) に対する折檻を放置して, 内縁の夫による傷害致死を容易にさせたとの事案につき無罪を言い渡した第一審判決を破棄し, 傷害致死幇助罪の成立を認めた事例	原判決破棄 懲役2年6月 執行猶予4年	原判決 (4①) の判断とは異なり, 本判決は, 不作為による幇助犯の成立要件一般について「正犯者の犯罪を防止しなければならない作為義務のある者が, 一定の作為をもって正犯の犯罪を防止できたにもかかわらず, これを防止しないことによって正犯の犯罪の実行を容易にした場合は, 右一定の作為による幇助になる」と示した。その上で, ①被告人が内縁の夫の暴行を相当容易に阻止可能であったと認定し, ②被告人が内縁関係を優先していたものと認められるから, 被告人の長男に対する内縁の夫の暴行を認容していたのであって, そのことで立場により内縁関係を容認しているものとしても, 被告人は, 不作為によって内縁の夫の暴行を阻止を容易にしたものという可能であり, また③母親として目をつぶり, 見過ごすことはあってもの言葉によって一定の作為による場合と同視できるものと判断した。	判時1711 p.170 判夕1044 p.263 高検速報152(平12)p.227	大矢武史「内縁の夫の自己の子に対する虐待行為を阻止しなかった被告人に, 傷害致死幇助罪の成立を肯定し, 第一審判決を破棄した事例」朝日4 pp.83-105 中森喜彦「傷害致死幇助罪による不作為の幇助の成立を認めた事例」判例百選 (3-9 pp.95-98 橋本正博「不作為による幇助犯の成立の要件の意義を認めた事例」平成12年度重判 pp.148-149 松生光正「不作為による幇助」セレクト'00 p.32 齊藤彰子「不作為による幇助」刑判'00 p.113 門田成人「不作為による幇助」法セ45-10 p.113
5	H11. 6.22 東京高裁 (判決)	H11(う)326	被告人及び同居の友人夫婦が被告人の息子に対し, それぞれが激しい暴行を加え, 傷害を負わせて死亡させた事案	控訴棄却	被告人は, 自分の息子を連れて友人夫婦のマンションで同居していた。しばらくたって, 友人夫婦は被害者である被告人の息子に悪戯をするようになり, 自らも折檻を加えるようになった。激しい折檻は被告人にもて加えられたように被告人も被害者に頭部打撲などのような暴行を加えた。詳細は不明であるが, 被告人も暴行したことは明らかになっていた。2日間に被害者のいずれかの暴行により生じた硬膜下出血により死亡した。友人夫婦, 被告人関係には因果関係があると認められる結果的加重犯たる傷害致死罪について, その間に因果関係があると認められる結果的加重犯たる傷害致死罪について, 刑法207条の規定が適用されるべきと解する上, 友人夫婦並びに被告人の暴行の結果的加重犯たる傷害致死罪で処断した原判決には法令適用の誤りがないと判断した。	高検速報3092(平11)p.56	

147

6	H12.2.4	千葉地裁(判決)	H11(わ)882	母親が乳児(3ヶ月、次男)を放置して死亡させた事例	懲役3年	母親である被告人が、夫の出張中、いまだ寝返りもできない自分の子である被害者(生後3ヶ月)をバスタオルの上にうつぶせたまま自宅に残して、浮気相手とホテルに泊まるために外出し、38時間余り放置し、よって被害者を窒息死させた。これに対し、本判決は、浮気相手と密着し、浮気相手と外泊するという動機に酌量の余地がないこと、本件の犯行態様、被害者の遺体を発見して3日間に渡り浮気相手と外泊していること、本件が社会に及ぼした影響が大きいことなどを考慮して、被告人に懲役3年を言い渡した。	判タ1072 p.265
7	H12.2.18	水戸地裁土浦支部(判決)	H11(わ)166	養父が男児(5歳)を虐待して死亡させた傷害致死の事例	懲役6年	日頃からまともに食事を与えてもらっていなかった被害者(養子、当時5歳の男児)が空腹の余りに冷蔵庫にあったトルト食品を食べたことに立腹し、被告人が暴行を加え被害者を死亡させた。本判決は、約2年間に渡る虐待行為が増加えていること、「最近幼児や児童に対する虐待事件が報道される例が増えており社会に大きな衝撃を与えていること」に照らし、本件犯行において残忍で非情であること、本判決は、同種犯行に対する量刑について、被害者の最も手厚い保護者であっない被告人に懲役6年を言い渡した。なお、本件に関し弁護人は、警察や児童福祉関係機関等において本件を未然に防止し得なかったことから、関係機関の対応が判決によって悲惨な事件の再発を防ぐという観点にも十分配慮する必要があるとして、被告人に対する関係機関等の反省を主張している。これに対し、本判決は、警察や児童福祉関係機関諸機関において検討されたことを指摘したが、関係機関の対応が本件に対して早急に防ぐ可能性があったとしても、その善処知り得たわけではないことから、本件は未然に防止できる事情があったとまでは認められないと判断した。	判タ1072 p.263
8	H12.3.23	水戸地裁(判決)	H11(わ)625	母親、養父及び母親の友人が女児(6歳)を虐待して死亡させた傷害致死の事例	母親、友人:懲役6年、父親:懲役4年6月	母親、養父、母親の友人で家族ぐるみで被害者の姿勢が悪いことを理由として、当時6歳の被害者の女児に、共謀して、折檻をし、死亡させた。本判決は、犯行に至るまでの経緯、友人との関係、言語遮断の虐待、養父の友人の立場、その程度に認定した上、本件犯行を「近時、幼児や児童に対する虐待が社会的な問題とり、幼児や児童の虐待防止に対する報道を繰り返している事実からみても、緊急の課題となっている」として周知の事実であり、断じて許されはないとし、被告人らに対しては厳しい態度をもって臨む必要があるとして、母親及び友人に懲役6年、養父に懲役4年6月を言い渡した。	判タ1072 p.257

子殺し事例

	判決日	裁判所	事件番号	事件名	主文	概要	掲載誌	評釈
9①	H8. 2.22	横浜地裁(判決)	H6(わ)2381	つくば医師妻子殺害事件第1審判決	無期懲役	被告人は、日ごろ妻との間に葛藤を感じており、激しい口論の末、妻子を巻きぞえにして殺害しようと決意し、実子である死亡時2歳の女児を同様の方法で死体を海中に投棄して殺害し、さらに犯行後の情状として「社会的影響、被害者感情、遺族の被害感情、犯行方法の執拗性・残忍性、社会的影響、犯人の年齢、前科、犯行後の情状等も考慮されるが、死体遺棄の行為、犯行自供後の極めて反省悔悟の態度等、その他諸般の事情を総合考慮すると、極刑をもって臨むことについてはまだ躊躇するものがあり、無期懲役刑に処するのが相当である」と判断した。	判時1581 p. 143 判夕914 p. 260	
9②	H9. 1.31	東京高裁(判決)	H8(う)766	つくば控訴審判決	控訴棄却	「死刑の適用は、慎重でなければならず、各般の情状をふまえて、その罪責が誠に重大であって、罪刑の権衡の見地からも、一般予防の見地からも、極刑がやむを得ないと認められる場合にはじめて死刑を選択すべきものであって、本判決でも死刑選択の基準としつつ、動機、態様、結果の重大性、遺族の被害感情などを総合考慮し、社会的影響、犯人の年齢、前科、犯行後の情状などを総合考慮して原判決の無期懲役を維持した。	判時1604 p. 53 判夕941 p. 281	
10①	H8. 7.12	福岡地裁小倉支部(判決)	H6(わ)370	妻子3人を金属バットで殴打して気絶させた上、住居に火を放って焼死させた事例(第1審)	無期懲役	非行化した長女(17歳)に手を焼き、重度の精神障害を持つ長男(10歳)に治癒の見込みがないことなど自由になっていた被告人が、愛人との不倫関係を取り戻す一途から、就寝中の妻子の頭部を金属バットで殴りつけ、自宅に火をなかがら殺害方法の残虐性、深夜、建物等から自宅に火を放ち、3人を焼死させたが、態様、なかず公共の危険も考慮し、結果の重大性、社会に入えた考察、犯行の遺族の被害感情などをも総合考慮すると、本件犯行に至った経緯やその被告人の生活態度などから、「被告人をしばらく罪に処することにすることは躊躇を感じざるを得ず、本件被告人を無期懲役刑に処し、終生、罪を考えさせることが相当であると判断した。	判時1581 p. 149	
10②	H9.12. 4	福岡高裁(判決)	H8(う)346	妻子3人を金属バットで殴打して気絶させた上、住居に火を放って焼死させた事例(控訴審)	控訴棄却	本判決においても、本件犯行が極めて重大であり、本件犯行をもって第三者と綿密な計画の下に殺害しもとものであり、娘の非行化には息子の障害とか、利欲や情欲とは異なり、衝動的に敢行したとものではなく、本件犯行には止むを得ない事情があり、「被告人はもともと反社会性を有しているとは認められず、同情の余地がないわけではないお若干事実とはかけ離れた第1審判決、他の類似事案(9①)が引用されている。	判時1633 p. 157 高検速報1399(平9)p.139	
11	H10. 4.16	横浜地裁(判決)	H9(わ)2274	無断外泊した娘(16歳)に、父親が青果から出刃包丁で突きつけられたことから殺害に至った事案につき殺意が否定された事例	懲役4年	娘の無断外泊を巡って父娘間で口論となり、後頭部を殴打中に、娘を出刃包丁で脅そうとして、これに対し、娘は3メートルの距離があればそれを避けることができない、娘に突きつけて刺したとは言えないとし、本判決は、結果の重大性に照らし、結果の対応等から殺意を否定し、被告人の動機、本件の行為の態様、犯行後の行動等を総合して、殺意を否定した。	判夕985 p. 300	
12	H10. 4.17	東京地裁(判決)	H8(合わ)391	金属バット長男殺害事件	懲役3年	約2年間に及ぶ長男の家庭内暴力に苦しみ、中学3年生の長男をバットで殴打するなど殺害し、心神耗弱状態であった、当時14歳、被告人が本件犯行当時、複雑型PTSDの症状を呈し、心神耗弱状態であったとの主張はこれを否定したが、本判決は被告人の捜査段階におよび公判段階における供述、および公判態様の残虐性、結果の重大性、被告人の対応等動機に照らし、被告人の刑事責任は重いといわざるを得ないが、溺愛していた長男に対し殺意を抱くには、本件犯行に至る経緯及び動機が否認できない、犯行後の行動等を指摘して同情すべき事情があること、家庭内暴力の原因が被告人にあるとは認めないことなど本件犯行に至る経緯、動機等も考慮して、執行猶予を付けるのは相当と判断した。	判夕989 p. 77	

無理心中事例

	判決日	裁判所	事件番号	事件名	主文	概要	掲載誌	評釈
13	H4. 6. 4	仙台高裁 (判決)	H2(う)129	妻子5人を殺害した事案につき、被告人を無期懲役に処した一審判決を破棄し、死刑を言い渡した事例	原判決破棄、死刑	被告人は、かねてからまじめに働かず、話し合いにより、家庭内の雰囲気は落ち着かず、妻が子の父親の病気のために実家に呼び戻されるように思えた。4人の子ともも別れさせられると考え、本件犯行に及んだ。「その本質は自らの死を決意するとともに家族を道連れにしようとしたいわば拡大再自殺ともいうべき同種犯罪の危険にさらされている一般社会に対しおのずから凶悪を言い渡すものであり、通常死刑の対象となることが多いところがあるとは否めないとして、無期懲役を言い渡した。これに対し、控訴審である本判決は、「本件犯行に殺意を抱かされた事実、動機、経緯、年齢、及び社会に与えた影響、残虐性、結果の重大性、殊に殺害された妻子5人の数、殺害方法の執拗性、感情に加えて、本件犯行が同種社会に与える社会的反応の程度、被害者に対する刑事処分たらざるを得ないとして、死刑を言い渡した。	判時1474 p.147 高刑速平4-1 p.93	
14	H7.10.24	東京地裁 (判決)	H6(合わ)302	養父が無理心中しようと養女(13歳)の胸部を3回突き刺したが、殺害の目的を遂げなかった事例	懲役5年	被告人は被害者の母親と婚姻することを理由に、被害者と養子縁組をし、親子3人で暮らしていたが、被告人の酒癖の悪さを理由に妻が家を出し、これに子供達の将来を悲観から、無理心中を図った。その後、被告人が「おさむ」と呼け出すと、被害者は引きずり出し父に刺し、近隣住宅の敷地内までアパートの自室に火を放ち、自殺を図った。しかし、被害者が室外へ逃げ出し、偶然通りかかった親子に助命を乞い、一命をとりとめた。被告人は凶器を捨て、通報人の110番通報により現実に戻り、意識を失った。本判決は、「本件犯行の中止行為によって現実の結果の発生が防止されたものであるとは事実であるとは認められないが、中止犯の成立を否定したが、被告人の当時の精神状態、それまでの生活状態等を勘案して懲役5年を言い渡した。	判時1596 p.129	渡邊一弘「殺人未遂につき中止犯の成否が問題となった2事例」研修591 pp. 3-10
15	H8.10.28	横浜地裁 (判決)	H8(わ)945	被告人が自宅に放火して子供2人(15歳長女、11歳長男)と無理心中しようとしたが、長男及び殺人未遂、現住建造物等放火未遂の各罪に問われた事例	懲役6年	被告人は、多額の借金から自分の将来に傷心し、子供2人を道連れに焼死させるために自宅に放火し、子供2人に傷害を負わせ、住宅の一部を焼損させたものの、息子による殺人未遂については中止未遂を認めたものの、娘に対する殺人未遂の罪についてはこれを否定した上で、現住建造物等放火の罪(現住建造物等放火の罪)のうち殺人未遂の罪について処断するものとなるので、その罪に対する刑による減軽をしないとした。また、本件犯行に至るまでの被告人の生活状態、動機等を勘案して懲役6年の刑を言い渡した。	判時1603 p.159	
16	H9. 2.12	東京地裁 (判決)	H8(合わ)384	夫婦関係の破綻を背景に、障害を持つ長女を道連れに無理心中を図り、同女を殺害した事例	懲役3年執行猶予5年	被告人は、生まれつき視覚に障害のある長女に対して養育を行ってきたが、夫婦関係からの借金で遊興費のために借金を繰り返していた夫への不安などから、ほぼ全面的に献身的に養育したこと、性格の不一致などから今後の生活に対する不安などから、被告人は夫への憎しみやりか後の生活への不安等から無理心中を決意した。長女を絞殺したが、その死を確認するに至らず、自殺を図るかが、死にきれなかった。これに対し、本判決は被告人の行為を厳しく非難する一方で、夫の側にも責められるべき点があること、衝動的な犯行であること、犯行を認め、反省態度等を認定して、執行猶予付きの刑を言い渡した。	判時1602 p.145	
17	H10. 3.30	横浜地裁 (判決)	H10(わ)93	登校拒否や家庭内暴力を繰り返す長男(15歳)の将来を悲観し、無理心中しようと長男を刺して長男の中止未遂の事例(被告人：母親)	懲役3年執行猶予4年	被告人は、生まれつき登校拒否や家庭内暴力を繰り返す長男が、包丁で自分を死のうとから、犯意を遂げられず、長男を刺したうえ、殺害の中止未遂を認めた。本判決は、殺人の中止未遂を認めたうえで、長男への謝罪の言葉を発するなどし、119番通報を認め、被告人の中止未遂を認め、殺害を中止したうえで、被害者を一刻も早く病院へ搬送するため精神的にも追い込まれた状態にあったのであり、被告人が家族に本件行為を残っている事情から、執行猶予の刑を言い渡した。	判時1649 p.176	金澤真理「殺人未遂につき中止未遂を認めた一事例」現刑2-2 pp.73-78

心神喪失・心神耗弱事例

	判決日	裁判所	事件番号	事件名	主文	概要	掲載誌	評釈
18	H2.10.15	千葉地裁 (判決)	H1 (わ) 415	重度の妄想性障害に罹患した母親が、自閉症の実子（6歳・長男）を窒息死させ、心神喪失を認めた事例	無罪	被告人は、自閉症に罹患している息子を「先天性梅毒による進行性麻痺」に罹患し、関係者により安楽死させられるとの妄想から、荷造り用ビニール紐で窒息死させた。本件で、精神鑑定では、被告人の責任能力は判断能力・制御能力が争われ、被告人の責任能力ははなはだ重度であり、判断能力・制御能力が失われた状態にあったと判断された。これについて裁判所は、「古精神障害の程度は、その病状の解決以外に、妄想に基づく核心的な行為であるから、その妄想に直接の過程において中核的なものであり、妄想に基づく行為の程度、妄想自体はいわゆる妄想の形成過程においても、妄想に関しては、犯行に至る経過に対してこれを肯定し、本件に関しては、その動機の形成過程においても、密接に支配されているとの立場をとり、しかもその動機に関しては、心神喪失に値する程度に妄想と関わっており、その動機は極めて不合理なものであることなどから、責任能力としても全般的に責任能力を欠いていたと相当であると認めるのが相当であること等にわたり、全体として責任能力を欠いていたと相当であるとの結論を下した。	判タ771 p. 283	
19	H5.4.14	東京地裁 (判決)	H2 (合わ) 95	無理心中を企てて2人の子（9歳、12歳）を殺害した母親が犯行当時に罹患し内因性うつ病による心神喪失を認めた事例	無罪	被告人は、無理心中を企てて、2人の子供を殺害した事実において、本判決は、被告人が犯行時に遺書を書いていたり、子供に謝っていたことから、被告人は自己の善悪を判断する能力を失っていなかったとしながらも、被告人は内因性のうつ病に罹患し、微小妄想もみられるなど程度の高いうつ病相期にあり、その精神障害の程度は極めて強く希死念慮に捉われ、被告人に他の行為を選択することは期待できなかったことが認められるから、是非善悪の判断に従って自己の行為を制御することが極めて困難であり、被告人は心神喪失の状態にあったとして、無罪を言い渡した。	判時1477 p. 155 判タ840 p. 238	
20	H10.10.26	東京地裁八王子支部 (判決)	H8 (わ) 1236	生後7ヶ月の乳児を殺害した母親に対し、犯行当時抑うつ状態にあったとして心神耗弱を認めた事例	懲役3年執行猶予4年	被告人は、産後、育児の疲れ等から精神病院に入院及び通院していたところ、夫から離婚を申し出られ、また、入院していたという自己の意思に反してこれをさせられた両親に対する不満等から自己の長男（生後7ヶ月）がいなくなればいいと考えるようになり、長男の残り湯をうつぶせにして次かせ、また湯を浴かせ、長男の首を絞め、長男を溺死させた。本事案では、被告人の責任能力の残存が争われ、本判決は、犯行の動機及び犯行方法及び被告人の供述内容等から、本件犯行当時、産褥期の否定型的なうつ病状態にあったとして、心神耗弱の状態にあったと認定した。	判時1660 p. 159	

児童の証言能力・証言の信用性

	判決日	裁判所	事件名 事件番号	主文	概要	掲載誌	評釈
21 【判例11】	H8.10.22	神戸地裁姫路支部（判決）	強制わいせつ被告事件において、被害者である4歳の少女の供述の信用性を肯定した事例 H8(わ)223	懲役1年6月執行猶予3年	本件は、被告人が同棲していた女性の連れ子である4歳の少女に対してわいせつ行為をした事案である。被害者の母親は、本件犯行のあった日に被告人のした本件犯行について告白を受けたため、即日被害者を連れて家出した上、その5日後に少女の供述状況をテープに録音し、被告人を告訴すると共に、録音テープを任意提出した。右テープに同意しなかったが、録音テープの作成の経緯や被害者の発言内容、特に児童相談所作成の書面及び被害者の知的な発達能力が認められず、簡単な記憶や供述能力は十分にあると認められるものの、被害者の犯行に関する強い発語能力についても自発的に供述しているとは認められない。被害者がかつ自発的に供述しているのではなく、母親の強い誘導によってなされたものではなく、高い信用性を有しており、誘導によって供述を認めた部分を除き、被害者が具体的かつ自発的に供述している点を併せ考えると、捜査官ないし検察官に対しても同様の供述をしている点を併せ考えると、高い信用性があると考えられ、判示事実は優に認定できると判断された。	判時1605 p.161	渡辺咲子「強制猥褻被告事件において、被害者である4歳の少女の供述の信用性を肯定した事例」判時1640 pp.235-239
22	H10.7.16	東京高裁（判決）	父親の妹（5歳）に対する暴行を目撃した年少者（8歳、小学2年生）の供述の信用性について判示した事例 H10(う)428	控訴棄却	本件は、父親である被告人が長女（8歳）の証言及び供述調書の信用性が問題となったものである。原判決はこれに対し、犯行前後の被告人の暴行、態度について調書と比較して長男の供述状況及び調書の信用性に疑念が生じて形式的証拠があると指摘し、検面調書のあいまいさ、犯行直後の供述がないことを指摘して検察官作成の調書の内容を変遷しているとし、暗示や誘導があるとして、また表現等が必ずしも適切でなく、内容に不明瞭、不完全な点があるから当然の前提に乗り当て吟味すべきものであって、関係証拠と併せ慎重に検討し、要証事項の解明に資することとの前提にたたないと判断した。本判決は、年少者の供述及び調書の信用性を判断するにあたっては、形式の暗示や誘導があるか否かを吟味すべきであって、また表現等が必ずしも適切でない点があることも不完全な点があり、内容や表現等が必ずしも適切でないとしても直ちに信用性を否定すべきではなく、要証事項の解明に不可欠な欠陥があるかとらえず、長男の供述を検討した結果、被告人の死亡に相当する事項について十分信用するに足りる供述を行ったと認められるとして、長男の目撃供述等についての信用性等を認めたものであって、被告人の死亡したことを判断した。	判時1679 p.167 高検速報3079（平10）p.64	

児童福祉法

判決日	裁判所	事件番号	事件名	主文	概要	掲載誌	評釈
23【判12】 H10.11.2	最三小(決定)	H8(あ)1308	児童福祉法34条1項6号にいう『児童に淫行をさせる行為』に当たるとされた事例	上告棄却	本件は、中学校の教師であった被告人が、教え子の女子生徒に対し、性具の電動バイブレーターを示し、その使用方法を説明した上、自慰行為をするように勧め、あるいはこれに使用するであろうことを認識しながらバイブレーターを手渡したという事案である。これに対し本決定は、被告人の各行為が『児童福祉法34条1項6号の『児童に淫行をさせる行為』に当たるとした原判断は正当であるとし、被告人側からの上告を棄却した。	刑集52-8 p.505 家月51-4 p.104 判時1663 p.149 裁時1231 p.4 裁判集刑 52-6 274 p.453	鎮目征樹「児童福祉法34条1項6号にいう『児童に淫行をさせる行為』に当たるとされた事例」ジュリ1210 pp.215-219 井口修「児童福祉法34条1項6号にいう『児童に淫行をさせる行為』に当たるとされた事例」曹時53-5 pp.318-349 佐々木史朗=若尾岳志「『児童に淫行をさせる』『淫行をさせる行為』」pp.65-70 安部哲夫「児童福祉法34条1項6号の『淫行をさせる』行為の意義」北陸7-2 pp.71-80 加藤久雄「『児童に淫行をさせる行為』平成10年度重判」pp.164-165 黒川弘務「児童福祉法34条1項6号の『児童に淫行をさせる行為に関する最高裁決定」警論52-6 pp.168-176 黒川弘務「『児童に淫行をさせる行為』『児童に淫行をさせる行為』の意義に関する最高裁判決」警公609 pp.9-18 松本裕「児童福祉法34条1項6号にいう『児童に淫行をさせる行為』の意義」54-2 pp.128-135 野村貴志「判例研究 児童福祉法34条1項6号にいう『児童に淫行をさせる行為』に当たるとされた事例」法新106-11・12 pp.349-360

153

〈資料6〉 児童虐待関係文献リスト

著者・筆者	著者・筆者フリガナ	発行年	著書・論文等タイトル	編著者名	著書・雑誌名（巻号）	ページ	出版社
大阪府児童虐待対策検討会議	オオサカフジドウギャクタイタイサクケントウカイギ	1990	被虐待児童の早期発見と援助のためのマニュアル（第1次版）		-	-	大阪府福祉部
岡本美紀	オカモトミキ	1990	家庭内暴力—子供虐待		比較法雑誌 24-1	118-126	日本比較法研究所
興津進康	オキツノブヤス	1990	児童虐待／児童相談所の対応—「被虐待児処遇マニュアル」から		少年補導 35-11	12-19	社団法人大阪少年補導協会
厚生省児童家庭局企画課／監修	コウセイショウジドウカテイキョクキカクカ	1990	児童相談所運営指針		-	-	日本児童福祉協会
清水隆則	シミズタカノリ	1990	性的被虐待児の「初期トラウマ」—米国での調査から		少年補導 35-11	28-34	社団法人大阪少年補導協会
床谷文雄	トコタニフミオ	1990	里親の虐待により里子が昏睡状態に陥った場合に、あっせん監督機関である州の職員および郡の監督を求める里子の無関心的過失と故意的無関心があれば、安全な監護を求める里子の憲法上の権利を侵害したものとして、42 U.S.C. §1983による責任を負う（最近の判例）		アメリカ法 1990-1	126-131	日米法学会
内藤道興	ナイトウミチオキ	1990	被虐待児屍の鑑定		日本医師会雑誌 103-9	1513-1516	日本医師会
中田修	ナカタオサム	1990	児童虐待加害者の精神鑑定		日本医師会雑誌 103-9	1508-1511	日本医師会
西川祐一	ニシカワユウイチ	1990	性的虐待		日本医師会雑誌 103-9	1489-1492	日本医師会
藤本哲也	フジモトテツヤ	1990	The Child Abuse in Japan		比較法雑誌 24-3	1-44	日本比較法研究所
水野光二	ミズノコウジ	1990	嬰児殺しの女たち—ドイツにおけるその歴史的背景（個人研究）		明治大学人文科学研究所年報 31	96-101	明治大学人文科学研究所

著者	著者(カナ)	年	タイトル	編者等	掲載誌	ページ	出版社
秋山正弘	アキヤママサヒロ	1991	児童虐待について(シンポジウム「豊かな」社会のなかの生存権)		法と民主主義 259	15-18	日本民主法律科協会
泉薫	イズミカオル	1991	児童虐待と親権(弁護士が見た子どもの現状―権利条約にてらして)		自由と正義 42-2	22-27	日本弁護士連合会
内山絢子	ウチヤマアヤコ	1991	性的幼児虐待の類型とその特徴について		青少年問題 38-1	38-41	青少年問題研究会
岡本美紀	オカモトミキ	1991	子供虐待	藤本哲也編	現代アメリカ犯罪学事典	397-404	勁草書房
近畿弁護士連合会少年問題対策委員会/編	キンキベンゴシレンゴウカイショウネンモンダイタイサクイインカイ	1991	『子どもの権利条約と児童虐待(第20回近畿弁護士会連合会大会シンポジウム第4分科会資料)』			-	近畿弁護士会連合会少年問題委員会
清水隆則	シミズタカノリ	1991	英国の児童虐待防止制度の史的発展	ソーシャルワーク研究所	ソーシャルワーク研究 16-4	36-42	相川書房
諏訪雄三	スワユウゾウ	1991	「児童虐待」をとりまく現場から		少年補導 36-6	31-39	社団法人大阪少年補導協会
棚村政行	タナムラマサユキ	1991	アメリカ合衆国における親子法の新しい展開		ケース研究 228	2-41	家事事件研究会
津崎哲郎	ツザキテツロウ	1991	性的虐待(閉ざされた家族3)		少年補導 36-6	58-66	社団法人大阪少年補導協会
津崎哲郎	ツザキテツロウ	1991	心理的虐待(閉ざされた家族4)		少年補導 36-7	58-67	社団法人大阪少年補導協会
津崎哲郎	ツザキテツロウ	1991	多様な状況と虐待(閉ざされた家族5)		少年補導 36-8	76-84	社団法人大阪少年補導協会
津崎哲郎	ツザキテツロウ	1991	虐待の実態(閉ざされた家族7)		少年補導 36-10	58-67	社団法人大阪少年補導協会
内藤和美	ナイトウカズミ	1991	児童虐待の問題性		青少年問題 38-5	4-12	青少年問題研究会
萩原玉味	ハギワラタマミ	1991	性と刑法		刑法雑誌 31-3	380-385	日本刑法学会
鈎治雄	マガリハルオ	1991	家庭内暴力に関する研究の動向と課題(Ⅱ)―アメリカにみる児童虐待		教育学部論集 31	131-160	創価大学教育学部
南方暁	ミナミカタサトシ	1991	児童虐待と児童福祉機関の関与		判例タイムズ 747	302-304	判例タイムズ社
吉田恒雄	ヨシダツネオ	1991	施設入所等の措置に対する児童の権利および自己決定権を中心に	資生堂社会福祉事業財団	世界の児童と母性 31	59-63	資生堂社会福祉事業財団

著者	ヨミ	年	タイトル	編者	掲載誌	頁	出版社
吉田恒雄	ヨシダツネオ	1991	児童虐待の防止と民間機関の役割―「子どもの虐待防止センター」の活動を中心に		明星大学経済学研究紀要 23-1	33-53	明星大学経済学部経済学科研究室
池田由子	イケダヨシコ	1992	親が考えるべき、子どもの権利と責任の問題		児童心理 46-16	116-122	金子書房
泉薫	イズミカオル	1992	審判前の保全処分の活用について	法と民主主義編集委員会	法と民主主義 267	31-33	日本民主法律家協会
岩佐嘉彦	イワサヨシヒコ	1992	アンケートからみた医師通告義務制度	法と民主主義編集委員会	法と民主主義 267	14-17	日本民主法律家協会
上野厚	ウエノアツシ	1992	アメリカにおける児童虐待犯罪について―1―		青少年問題 39-3	26-30	青少年問題研究会
上野厚	ウエノアツシ	1992	アメリカにおける児童虐待犯罪について―2―		青少年問題 39-4	36-42	青少年問題研究会
上出弘之	カミイデヒロユキ	1992	児童相談所における児童虐待への対応	法と民主主義編集委員会	法と民主主義 267	35-37	日本民主法律家協会
木下淳博	キノシタスミヒロ	1992	児童虐待について弁護士から見た援助・ケア	法と民主主義編集委員会	法と民主主義 267	25-27	日本民主法律家協会
許末恵	キョスエ	1992	児童虐待―英国における法的対応	法と民主主義編集委員会	法と民主主義 267	27-30	日本民主法律家協会
許末恵	キョスエ	1992	児童虐待	川井健他編	『講座 現代家族法 第3巻』	285-304	日本評論社
児玉勇二	コダマユウジ	1992	児童虐待の根本的解決のために	法と民主主義編集委員会	法と民主主義 267	33-34	日本民主法律家協会
津崎哲郎	ツザキテツロウ	1992	児童虐待の援助と法的側面(閉ざされた家族15)		少年補導 37-6	76-84	社団法人大阪少年補導協会
津崎哲郎	ツザキテツロウ	1992	子どもの虐待―その実態と援助			-	朱鷺書房
辻朗	ツジアキラ	1992	親権喪失宣告制度について―子の虐待との関連を中心として	林良平他編	『谷口知平先生追悼論文集1—家族法』	291-310	信山社出版
土屋惠司	ツチヤケイジ	1992	深刻化する子どもの虐待―米国の現状と対応		レファレンス 42(8) 499	83-89	国立国会図書館調査及び立法考査局

著者	読み	年	タイトル		掲載誌	頁	発行
西澤哲	ニシザワサトル	1992	カリフォルニア州における児童虐待報告制度		法と民主主義 267	18-21	日本民主法律家協会
野田正人	ノダマサト	1992	児童虐待の刑事法的対応		花園大学研究紀要 24	147-160	花園大学文学部
林弘正	ハヤシヒロマサ	1992	児童虐待、特に「親による性的虐待」に対する刑事規制について		常葉学園富士短期大学研究紀要 2	67-93	常葉学園富士短期大学
南方暁	ミナミカタサトシ	1992	父親の虐待で家出した少女の施設入所を承認した事例（平成3年2月15日長崎家審判）		民商法雑誌 106-4	562-566	有斐閣
吉田恒雄	ヨシダツネオ	1992	被虐待児の保護と適正手続の保障	法と民主主義編集委員会	法と民主主義 267	22-24	日本民主法律家協会
池田由子	イケダヨシコ	1993	児童虐待と精神医学	資生堂社会福祉事業財団	世界の児童と母性 34	15-20	資生堂社会福祉事業財団
石山昱夫	イシヤマイクオ	1993	嬰児殺しと乳幼児虐待（法医学入門16）		研修 541	57-70	法務総合研究所
許斐有 白石正孝	コノミユウ シロイシマサタカ	1993	親権の消極的濫用を理由とする親権喪失宣告―児童相談所長の申立により認容された事例の考察		社会問題研究 42-2	47-75	大阪府立大学人間社会学部
棚村政行	タナムラマサユキ	1993	児童虐待事件と調停制度―ロサンゼルスの児童保護調停プログラムを中心に		ケース研究 236	15-32	家事事件研究会
津崎哲郎	ツザキテツロウ	1993	家族と子どもの危機への社会的介入	資生堂社会福祉事業財団	世界の児童と母性 35	71-74	資生堂社会福祉事業財団
床谷文雄	トコタニフミオ	1993	親子、家族をめぐる法制度	資生堂社会福祉事業財団	世界の児童と母性 35	63-66	資生堂社会福祉事業財団
林弘正	ハヤシヒロマサ	1993	児童虐待、特に性的虐待に対する刑事規制のための序論		常葉学園富士短期大学研究紀要 3	73-99	常葉学園富士短期大学
林弘正	ハヤシヒロマサ	1993	「親による性的虐待」の被害		被害者学研究 2	39165	日本被害者学会
樋口範雄	ヒグチノリオ	1993	法から見た児童虐待	資生堂社会福祉事業財団	世界の児童と母性 34	21-25	資生堂社会福祉事業財団

著者	ヨミ	年	タイトル	編者	掲載誌	ページ	出版社
樋口範雄	ヒグチノリオ	1993	児童虐待と合衆国最高裁―子どもへの公的保護責任と1983条訴訟	樋口陽一他編	『現代立憲主義の展開[上]芦辺信喜先生古希祝賀』	247-283	有斐閣
広岡智彦	ヒロオカトモヒコ	1993	非行少年への援助に思う		非行問題 199	101-106	全国教護院協議会
藤本哲也	フジモトテツヤ	1993	我が国の児童虐待の実態調査	藤本哲也	刑事政策20講	25-54	青林書院
吉田恒雄	ヨシダツネオ	1993	児童虐待防止制度試論―予防・発見・通告を中心に	田山輝明他編	現代家族法の諸相 高野竹三郎先生古希記念	179-212	成文堂
渡辺昭	ワタナベアキラ	1993	児童虐待事件の裁判（アメリカ）（海外ニュース）		ケース研究 236	164-166	家事事件研究会
内山絢子	ウチヤマアヤコ	1994	児童虐待の類型別特性に関する分析		科学警察研究所報告 35-2	177～187	科学警察研究所
浦田賢治（解説）内田真利子（訳）	ウラタケンジ ウチダマリコ	1994	デシェイニー対ウィンエイゴウ・カウンティ社会福祉局事件判決		早稲田法学 70-2	266～219	早稲田大学法学会
岡上雅美	オカウエマサミ	1994	性的虐待の被害国者たる子供の法廷外供述の採用とアメリカ合衆国憲法修正6条の対質条項		比較法学 27-2	51-71	早稲田大学比較法研究所
北山秋雄	キタヤマアキオ	1994	子どもの性的虐待		―	―	大修館書店
木下淳博	キノシタスミヒロ	1994	児童の保護と親権	齋藤学編	児童虐待[危機介入編]	95-108	金剛出版
許斐有	コノミユウ	1994	親権法制における子どもの権利とは―児童虐待問題をてがかりとして（家庭における子どもの権利）		法学セミナー 39-8 通巻476号	36-38	日本評論社
斉藤学 他	サイトウ サトル	1994	児童虐待―危機介入編		―	―	金剛出版
炭谷茂 齊藤薫	スミタニシゲル サイトウカオル	1994	児童虐待の実施と政策―歴史的・国際的比較分析		社会福祉研究 59	17-24	鉄道弘済会
津崎哲郎	ツザキテツロウ	1994	親権と子どもの利益―児童虐待をめぐって	日本家族＜社会と法＞学会	家族＜社会と法＞ 10	140-154	日本加除出版

著者	ヨミ	年	タイトル	編者	掲載誌	頁	出版社
西澤哲	ニシザワサトル	1994	子どもの虐待への対応―治療的介入のためのシステムについて		子どもの虐待―子どもと家族への治療的アプローチ	182-197	誠信書房
林弘正	ハヤシヒロマサ	1994	児童虐待、特に性的虐待に関する刑事訴訟上の諸問題―証拠能力について		常葉学園富士短期大学研究紀要 4	1-34	常葉学園富士短期大学
平田佳子	ヒラタヨシコ	1994	児童虐待防止への第一歩―児童福祉現場からの考察―民間相談機関		社会福祉研究 61	63-64	鉄道弘済会
三宅芳宏	ミヤケヨシヒロ	1994	児童虐待―児童相談所の立場から		ケース研究 240	62-88	家事事件研究会
吉田恒雄	ヨシダツネオ	1994	児童虐待に関する法的対応のあり方		早稲田法学 69-4	67-93	早稲田大学法学会
石川稔	イシカワミノル	1995	児童虐待	石川稔、森田明編	児童の権利条約―その内容・課題と対応	267-275	一粒社
泉薫	イズミカオル	1995	児童虐待―子どもの人権と家族・福祉（人権レポート―子ども3）		法学教室 177	4-5	有斐閣
岡本潤子	オカモトジュンコ	1995	「カリフォルニアの児童虐待」考〈海外ニュース〉		ケース研究 245	178-182	家事事件研究会
日本検察学会／編	ニホンケンサツガッカイ	1995	児童虐待防止法解義・児童虐待防止法を護る				久山社
許斐有 白石孝	コノミユウ シロイシタカシ	1995	《判例研究》身体的虐待を理由とする親権喪失宣言―児童相談所長の申立により認容された事例の考察（2）		社会問題研究 42-2	175-198	大阪府立大学人間社会学部
津村政孝	ツムラマサタカ	1995	虐待の被害者である子供の証人尋問に一方向のクローズドサーキットテレビを利用することが被告人の尋問権を侵害しないとされた事例―Maryland v.Craig,497 U.S.836(1990)		アメリカ法 1994-2	375-380	日米法学会
東京都福祉局子ども家庭計画課	トウキョウトフクシキョクコドモカテイケイカクカ	1995	子どもの虐待防止マニュアル―虐待への気づきと対応、援助のために				東京都福祉局子ども家庭計画課
服部範子	ハットリノリコ	1995	家族内暴力としての児童虐待―男性からの暴力を中心に		月刊少年育成 40-11	30-37	大阪少年補導協会
福岡久美子	フクオカクミコ	1995	児童虐待に関する合衆国憲法判例―DeShaney事件を中心として		阪大法学 45-1	135-160	大阪大学大学院法学研究科

藤本哲也	フジモトテツヤ	1995	我が国の児童虐待の実態調査（犯罪学の散歩道39）	戸籍時報 453	60-64	日本加除出版
舟山真人	フナヤママサト	1995	虐待後に急死した乳児の剖検死因が吐物吸引であった一例（英文）	犯罪学雑誌 61-4	149-153	日本犯罪学会
森本陽美	モリモトヒトミ	1995	被虐待女性に対する法的機関の対応	法学研究論集 2	295-307	明治大学大学院
石田文三	イシダブンゾウ	1996	寂しい父親	時の法令 1515	24-37	大蔵省印刷局
伊藤和夫 他	イトウカズオ	1996	児童虐待の現実(1)〈座談会〉	時の法令 1530	45-57	大蔵省印刷局
伊藤和夫 他	イトウカズオ	1996	児童虐待の現実(2)〈座談会〉	時の法令 1531	50-66	大蔵省印刷局
伊藤和夫 他	イトウカズオ	1996	児童虐待の現実(3)〈座談会〉	時の法令 1532	47-63	大蔵省印刷局
伊藤和夫 他	イトウカズオ	1996	児童虐待の現実(4・完)〈座談会〉	時の法令 1533	57-66	大蔵省印刷局
岩井宜子 宮園久栄	イワイノブコ ミヤゾノヒサエ	1996	児童虐待問題への視点―児童相談所介入例の調査を通して	犯罪社会学研究 21	145-168	日本犯罪社会学会
岩城正光	イワキマサテル	1996	父親からの性的虐待―児童相談所との連携のもとに"親権喪失宣言"をとれた	時の法令 1517	45-61	大蔵省印刷局
岩城正光	イワキマサテル	1996	子を虐待死させた母親の刑事弁護を通じて（特集2 家族病理と法律家の役割）	自由と正義 47-9	101-111	日本弁護士連合会
岩佐嘉彦	イワサヨシヒコ	1996	母親の1歳児への虐待	時の法令 1520	28-37	大蔵省印刷局
岩佐嘉彦	イワサヨシヒコ	1996	児童虐待と子どもの権利と専門機関（特集 児童福祉法改正問題を考える）	賃金と社会保障 1190	28-30	労働旬報社
木下淳博	キノシタスミヒロ	1996	虐待問題から家族を見る―家族病理と法律家の役割（特集2 家族病理と法律家の役割）	自由と正義 47-9	83-90	日本弁護士連合会
木下麻奈子	キノシタマナコ	1996	児童虐待における子供の証言―アメリカの事例を中心として	香川法学 15-4	81-115	香川大学法学会

著者	著者(カナ)	年	タイトル	雑誌	巻号	ページ	出版社
木下麻奈子	キノシタマナコ	1996	子供の証言と法的リアリティー――児童虐待における子供証言	現代のエスプリ 350		149-155	至文堂
許斐有	コノミユウ	1996	(特集 目撃者の証言―法律学と心理学の架け橋)子どもの権利と児童福祉法―社会的子育てシステムを考える	-		-	信山社
許斐有 白石孝	コノミユウ シライシタカシ	1996	《判例研究》児童福祉法28条による施設入所措置の承認―児童相談所長の申立てにより認容された事例の考察(3)	社会問題研究	45-2	245-267	大阪府立大学 人間社会学部
小林寿一	コバヤシジュイチ	1996	犯罪・非行の原因としての児童虐待―米国の研究結果を中心にして	犯罪と非行 109		111-129	日立みらい財団
ささやかなえ(著) 椎名篤子(原作)	ササヤカナエ シイナアツコ	1996	凍りついた瞳(続)―被虐待児からの手紙	-		-	集英社
滝井泰孝	タキイヤスタカ	1996	児童虐待	刑政 107-8		26-37	矯正協会
津崎哲郎	ツザキテツロウ	1996	変容する家庭と子どもの危機―背景・原因・対応～児童虐待を例にとって	社会福祉研究 67		45-52	鉄道弘済会
東京弁護士会	トウキョウベンゴシカイ	1996	シンポジウム報告書 虐待からの子どもの救出とケア―弁護士に何が求められているか	-		-	東京弁護士会
橋本和明	ハシモトカズアキ	1996	子の虐待と家庭裁判所	ケース研究 249		62-86	家事事件研究会
平湯真人	ヒラユマサト	1996	5歳8か月の男児。身長99センチ、体重8.5キロ―1年7か月にわたる虐待により、飢餓と寒さで衰弱死	時の法令 1518		49-61	大蔵省印刷局
平湯真人	ヒラユマサト	1996	子どもの虐待への弁護士関与と実務的諸問題 (特集2 家族病理と法律家の役割)	自由と正義	47-9	91-100	日本弁護士連合会
藤本哲也	フジモトテツヤ	1996	アメリカ合衆国の児童虐待の実態調査 (犯罪学の散歩道47)	戸籍時報 462		41-45	日本加除出版
守屋典子	モリヤノリコ	1996	もう殴られるのはいやだ！親と縁を切りたい―高校2年生の決心	時の法令 1513		40-52	大蔵省印刷局

著者	ヨミ	年	タイトル	特集	雑誌名・巻号	ページ	出版社
山田敏行(訳)	ヤマダトシユキ	1996	フィリピン児童の虐待,搾取及び差別に対する児童特別保護法		外国の立法 34-5・6	103-111	国立国会図書館調査及び立法考査局
渡邊淳子	ワタナベジュンコ	1996	両親のいない4歳の女児。叔母夫婦の酷い折檻発見かねた近所の人たちが救いの手		時の法令 1516	35-48	大蔵省印刷局
阿久沢由美	アクザワユミ	1997	英国の児童福祉を訪ねて(1)—児童虐待防止のための家庭支援のあり方を考える		月刊少年育成 42-2	44-49	大阪少年補導協会
阿久沢由美	アクザワユミ	1997	英国の児童福祉を訪ねて(2)—児童虐待防止のための家庭支援のあり方を考える		月刊少年育成 42-3	32-39	大阪少年補導協会
阿久沢由美	アクザワユミ	1997	英国の児童福祉を訪ねて(3)—児童虐待防止のための家庭支援のあり方を考える		月刊少年育成 42-4	42-51	大阪少年補導協会
岩佐嘉彦	イワサヨシヒコ	1997	子どもの権利と親権——児童虐待問題における大阪の弁護士の活動の実情		リーガル・エイド研究 2	57-65	法律扶助協会
内山絢子	ウチヤマアヤコ	1997	調査報告から見たわが国の児童虐待の実態と今後の課題		子ども社会研究 3	29-43	日本子ども社会学会
大谷嘉朗 他	オオタニヨシハル	1997	子どもの福祉とは—日本の子どもたちはいま(特集 日本の福祉)		教育と医学 45-9	794-800	慶應義塾大学出版会
小笠原彩子	オガサワラアヤコ	1997	「児童の権利に関する条約」ウォッチング6. 少年事件からみる児童虐待問題について		世界の児童と母性 42	56-59	資生堂社会福祉事業財団
厚生省児童家庭局企画課/監修	コウセイショウジドウカテイキョクカカク	1997	子ども虐待対応の手引き	子ども虐待防止の手引き編集委員会		-	日本子ども家庭総合研究所
子ども性虐待防止市民ネットワーク・大阪/編	コドモセイギャクタイボウシシミンネットワーク・オオサカ	1997	子ども性虐待防止白書—子どもポルノ・子ども買春・家庭での性虐待・スクールセクハラ・痴漢			-	ウィメンズブックストア松香堂
女性ライフサイクル研究所/編	ジョセイライフサイクルケンキュウジョ	1997	子ども虐待の防止力を育てる—子どもの権利とエンパワメント			-	法政出版
東京都児童相談センター	トウキョウトジドウソウダンセンター	1997	子どもへの虐待 相談処遇マニュアル			-	東京都児童相談センター
床谷文雄	トコタニフミオ	1997	児童虐待と福祉施設収容のための家庭裁判所の承認(平成8.5.16浦和家審判)		判例タイムズ 48-12	81-89	判例タイムズ社

濱上征士	ハマガミユキオ	1997	児童虐待への対応	龍谷大学論集 450	20-40	龍谷学会
藤田博康	フジタヒロヤス	1997	児童虐待事件	海外司法ジャーナル 3	105-112	最高裁判所判例調査会
弁護実務研究会/編	ベンゴジツムケンキュウカイ	1997	児童虐待ものがたり―法的アプローチ（ものがたりシリーズ）	-	-	大蔵省印刷局
北海道中央児童相談所/編	ホッカイドウチュウオウジドウソウダンジョ	1997	児童虐待ケースマネジメントモデル事業報告書〈平成8年度〉	-	-	北海道
松嶋由紀子	マツシママユキコ	1997	Child Abuse in Japan ― The Current Situation and Proposed Legal Changes	独協法学 45	361-400	独協大学法学会
宮本信也 石橋稔直子	ミヤモトシンヤ イシバシナナオコ	1997	子ども虐待への対応に関する研究―警察との連携のあり方に関する検討	研究助成論文集 33	88-97	明治安田こころの健康財団
横浜市子育てSOS連絡会	ヨコハマシコソダテエスオーエスレンラクカイ	1997	子どものSOS 養育者のSOSに応えるために 横浜市児童虐待防止ハンドブック[改訂版]	-	-	横浜市
吉田恒雄	ヨシダツネオ	1997	児童福祉法の改正	法律時報 69-8	18-26	日本評論社
上野加代子・ Pelton, Leroy H.・Gil, David G.	ウエノカヨコ リーロイ・ペルトン デイビッド・ギル	1998	アメリカにおける児童虐待・放置対策の陥穽：無視された経済的要因	社会福祉研究 71	85-91	鉄道弘済会
黄星賀	オウセイガ	1998	韓国における児童虐待の研究動向	佛教大学大学院紀要 26	217-226	佛教大學大學院
大島徹 大辻雅彦 近藤稔和	オオシマトオル オオツジマサヒコ コンドウトシカズ	1998	金沢大学医学部法医学教室における過去15年間の児童虐待剖検例の概要	犯罪学雑誌 64-1	22-26	日本犯罪学会
太田達也（訳）	オオタタツヤ	1998	韓国・家庭内暴力対策関連二法（邦訳）	慶応義塾大学法学研究 71-12	61-81	慶応義塾大学法学研究会
釜井裕子	カマイユウコ	1998	児童福祉法28条1項1号の家庭裁判所の承認について	家庭裁判月報 50-4	1-84	最高裁判所
桑原洋子 田村和之	クワハラヨウコ タムラカズユキ	1998	実務注釈 児童福祉法	-	-	信山社出版

著者	ヨミ	年	タイトル	掲載誌	ページ	出版社
厚生省児童家庭局企画課/監修	コウセイショウジドウカテイキョクキカクカ	1998	児童相談所運営指針 改訂版	―	―	日本児童福祉協会
阪井敏郎	サカイトシロウ	1998	神戸小六惨殺事件の実存的考察(9)性的サディズムは親による幼児虐待が原因だ	家庭科教育 72-7	44-51	家政教育社
阪井敏郎	サカイトシロウ	1998	神戸小六惨殺事件の実存的考察(13)乳幼児虐待への無謀な早教育論と「真実の子育て」	家庭科教育 72-11	34-42	家政教育社
佐藤隆夫	サトウタカオ	1998	いじめ、虐待、少年犯罪 親の責任、自覚を―民法の「親権」見直し必要	―	―	日本経済新聞
日本弁護士連合会子どもの権利委員会	ニホンベンゴシレンゴウカイコドモノケンリイインカイ	1998	子どもの虐待防止・法的実務マニュアル(初版)	―	―	明石書店
萩原玉味・岩井宜子	ハギワラタマミ・イワイノブコ	1998	児童虐待とその対策―実態調査を踏まえて	―	―	多賀出版
浜井浩一	ハマイコウイチ	1998	世界から見た日本の家庭内暴力	刑政 109-11	16-29	矯正協会
古畑淳	フルハタジュン	1998	社会保障法判例―実母および養父による児童虐待が疑われる事案において、児童福祉法27条1項3号の措置のうち、里親委託又は養護施設への入所を承認した事例	社会保障研究 34-2	218-225	国立社会保障・人口問題研究所
吉田恒雄	ヨシダツネオ	1998	児童虐待への介入―その制度と法	―	―	尚学社
青山彩子	アオヤマアヤコ	1999	児童虐待事件における専門家証言―米国の小児科医による実践例	警察政策研究 3	139-143	警察大学校警察政策研究センター
安部哲夫	アベテツオ	1999	児童虐待の刑事法的対応について	北陸法学 7-1	1-20	北陸大学法学会
池田由子	イケダヨシコ	1999	論文「わが国における虐待事例の警察への通報状況」へのコメント	子どもの虐待とネグレクト 1-1	80-84	日本子どもの虐待防止研究会
池谷和子	イケヤカズコ	1999	アメリカにおける児童虐待防止法制度とその問題点	東洋大学大学院紀要 35	167-178	東洋大学大学院

著者	よみ	年	タイトル	掲載誌	頁	発行
石川洋明	イシカワヒロアキ	1999	子どもの虐待防止ネットワーク・あいち(CAPNA)の活動—子ども虐待への対応(特集 ファミリー・バイオレンス—家庭内の虐待と暴力)	現代のエスプリ 383	151-162	至文堂
稲村鈴代	イナムラスズヨ	1999	ネットワーク…しませんか—福岡県における虐待防止ネットワーク作り・私の活動報告(特集 児童虐待 虐待救済の実情とこれからの課題)	自由と正義 50-12	114-125	日本弁護士連合会
岩井宜子	イワイノブコ	1999	児童虐待の実態と対策	警察学論集 52-12	90-110	立花書房
岩井宜子	イワイノブコ	1999	児童虐待の病理と対策	犯罪と非行 120	4-28	日立みらい財団
大迫秀樹	オオサコヒデキ	1999	虐待を背景にもつ非行小学生に対する治療教育	心理臨床学研究 17-3	249-260	心理臨床学研究
太田達也	オオタタツヤ	1999	韓国における「家庭内暴力犯罪処罰特例法」の概要—家庭内暴力事犯における保護観察の役割にも言及して	更生保護と犯罪予防 34-1	8-40	日本更生保護協会
太田達也(訳)	オオタタツヤ	1999	資料 1994年マレーシア家庭内暴力法(邦訳)	慶應義塾大学法学研究 72-8	109-118	慶應義塾大学法学研究会
岡堂哲雄	オカドウテツオ	1999	家族心理学からみた夫婦間暴力への理論的アプローチ(特集 ファミリー・バイオレンス—家庭内の虐待と暴力)	現代のエスプリ 383	27-40	至文堂
岡堂哲雄	オカドウテツオ	1999	ファミリー・バイオレンス—家庭内の虐待と暴力(特集 ファミリー・バイオレンス—家庭内の虐待と暴力)	現代のエスプリ 383	5-16	至文堂
小木曽綾	オギソリョウ	1999	シンポジウム『子どもの社会化を取り巻く周辺事情の変化』(要旨)	被害者学研究 9	96-101	日本被害者学会
川崎二三彦	カワサキフミヒコ	1999	児童福祉法に基づく立入り調査を実施した事例の考察	子どもの虐待とネグレクト 1-1	54-60	日本子ども虐待防止研究会
厚生省児童家庭局/監修	コウセイショウジドウカテイキョク	1999	子ども虐待対応の手引き	—	—	日本児童福祉協会
甲能迪	コウノススム	1999	児童相談所における児童虐待への対応—子どもへの虐待(特集 ファミリー・バイオレンス—家庭内の虐待と暴力)	現代のエスプリ 383	114-126	至文堂

著者	カナ	年	タイトル	掲載誌	頁	出版社
近藤恵子	コンドウケイコ	1999	シェルター・サポートの現場からードメスティック・バイオレンス夫の妻への暴力（特集 ファミリー・バイオレンス―家庭内の虐待と暴力）	現代のエスプリ 383	77-90	至文堂
最高裁判所事務総局家庭局／監修	サイコウサイバンショジムソウキョクカテイキョク	1999	〈資料〉児童に対する児童相談所の取組の実態	家庭裁判所月報 51-8	119-130	最高裁判所
斉藤学	サイトウサトル	1999	被虐待児としての神戸の少年Aと彼の連続殺人について	學風會家族機能研究所紀要 3	41-57	學風會家族機能研究所
才村純	サイムラジュン	1999	「子ども虐待対応の手引き」について〈資料〉	家庭裁判月報 51-10	173-197	最高裁判所
阪井敏郎	サカイトシロウ	1999	神戸小六惨殺事件の実存的考察(16) 早教育の受難者が児童虐待に走る	家庭科教育 73-2	37-45	家政教育社
阪井敏郎	サカイトシロウ	1999	神戸小六惨殺事件の実存的考察(17) 早教育の受難者が児童虐待を急増させている（承前）	家庭科教育 73-3	45-54	家政教育社
児童福祉法規研究会／編	ジドウフクシホウキキケンキュウカイ	1999	最新 児童福祉法 母子及び寡婦福祉法 母子保健法の解説	—	—	時事通信社
須藤八千代	スドウヤチヨ	1999	性的虐待の実態と被害者支援の現状―子どもへの虐待（特集 ファミリー・バイオレンス―家庭内の虐待と暴力）	現代のエスプリ 383	139-150	至文堂
関井友子	セキイトモコ	1999	夫婦間暴力への社会学的視点―夫婦間暴力の理論的アプローチ（特集 ファミリー・バイオレンス―家庭内の虐待と暴力）	現代のエスプリ 383	17-26	至文堂
祖父江文宏	ソブエフミヒロ	1999	NPOとしてーこどもの虐待防止ネットワーク・あいち（CAPNA）の活動から（特集 児童虐待救済の実情とこれからの課題）	自由と正義 50-12	138-149	日本弁護士連合会
祖父江文宏 他	ソブエフミヒロ	1999	子ども虐待死に関する統計的基礎研究―過去5年間に新聞報道された事例から読み取れる傾向と課題	研究助成論文集 35	135-142	明治安田こころの健康財団

著者	読み	年	タイトル	掲載誌	巻号・頁	出版社
滝口俊子	タキグチトシコ	1999	夫婦間暴力の深層心理—夫婦間暴力への理論的アプローチ（特集 ファミリー・バイオレンス—家庭内の虐待と暴力）	現代のエスプリ	383 41-50	至文堂
ダンセン・エン 山内伸吾	ダンセン・エン ヤマウチシンゴ	1999	国際捜査研究シリーズ4国際トップリーダーズセミナーにおける発表内容(4)マレーシアにおける家庭内暴力と司法制度	警察公論 54-1	79-83	立花書房
徳永雅子	トクナガマサコ	1999	児童虐待防止活動とネットワークについて	リーガル・エイド研究 5	47-60	法律扶助協会
豊田正義	トヨダマサヨシ	1999	加害者対策の可能性—ドメスティック・バイオレンス—夫の妻への暴力（特集 ファミリー・バイオレンス—家庭内の虐待と暴力）	現代のエスプリ	383 91-100	至文堂
中村昭代 他	ナカムラアキヨ	1999	児童虐待に関連する家事事件の調査及び関係機関との連携について＜研究＞	家庭裁判月報	51-6 95-143	最高裁判所
名倉亘子	ナグラノブコ	1999	子ども虐待への児童相談所の対応について—横浜市児童相談所の取り組みの現状から（特集 児童虐待救済の実情とこれからの課題）	自由と正義	50-12 126-137	日本弁護士連合会
西澤哲	ニシザワサトル	1999	子どもの虐待と心理学的観点—子どもへの虐待（特集 ファミリー・バイオレンス—家庭内の虐待と暴力）	現代のエスプリ	383 101-113	至文堂
農野寛治	ノウノヒロハル	1999	子ども虐待からの保護—ソーシャルワーカーと警察との連携	神戸常盤短期大学紀要 21	9-19	神戸常盤短期大学
服部範子	ハットリノリコ	1999	ドメスティック・バイオレンスについての最近の状況—ドメスティック・バイオレンス 夫の妻への暴力（特集 ファミリー・バイオレンス—家庭内の虐待と暴力）	現代のエスプリ	383 51-63	至文堂
林弘正	ハヤシヒロマサ	1999	性的自由を侵害する犯罪についての法制史的一考察—近親姦を中心として	清和法学研究	6-2 77-123	清和大学法学会
原田恵理子	ハラダエリコ	1999	被害者への対応・社会的支援の現状と課題—ドメスティック・バイオレンス 夫の妻への暴力（特集 ファミリー・バイオレンス—家庭内の虐待と暴力）	現代のエスプリ	383 64-76	至文堂

著者	ヨミ	年	タイトル		掲載誌	巻号	頁	出版社
三橋順子	ミツハシヨリコ	1999	幼児虐待の実態と支援ネットワーク―子どもへの虐待（特集 ファミリー・バイオレンス―家庭内の虐待と暴力）		現代のエスプリ	383	127-138	至文堂
宮野彬	ミヤノアキラ	1999	児童の証言の「ビデオテープ」への収録	宮野彬	刑事法廷でのビデオテープ		205-279	成文堂
宮野彬	ミヤノアキラ	1999	「性的虐待」の裁判での被害者の児童の証言	宮野彬	刑事法廷でのビデオテープ		280-339	成文堂
宮本信也 石川瞭子	ミヤモトシンヤ イシカワリョウコ	1999	我が国における児童虐待事例の警察への通報状況		子どもの虐待とネグレクト	1-1	74-79	日本子どもの虐待防止研究会
明治学院大学法学部立法研究会	メイジガクインダイガクホウガクブリツポウケンキュウカイ	1999	児童虐待―わが国における現状と課題		―		―	信山社出版
森本陽美	モリモトヒトミ	1999	被虐待女性と殺人罪―児童保護をめぐって		法学研究論集	10	1-14	明治大学大学院
安部哲夫	アベテツオ	2000	児童虐待と刑事規制		刑法雑誌	39-3	516-521	日本刑法学会
池田泰昭	イケダヤスアキ	2000	児童虐待の現状と対策		警察公論	55-3	22-27	立花書房
稲岡隆之	イナオカタカユキ	2000	非行と虐待		非行問題	206	71-81	全国児童自立支援施設協議会
厳浄心 斉藤里美	オムボシム サイトウサトミ	2000	子どもに対する性的虐待の実態を韓国はどうとらえているか―韓国性暴力相談所の報告書から		東洋大学紀要 教養課程篇	39	241-268	東洋大学教養課程委員会
梶原田鶴	カジワラタヅ	2000	児童虐待に対する警察の取組み		生活安全	26-2	17-20	東京法令出版
許末恵	キョスエ	2000	児童福祉法に関する二、三の問題点について―児童虐待への法的対応を中心に		社会福祉研究	77	9-15	鉄道弘済会
河野貴子	コウノタカコ	2000	アメリカにおける児童虐待の実情と対応		ケース研究	262	191-195	家事事件研究会
後藤啓二	ゴトウケイジ	2000	女性・子どもを守る施策実施要綱の制定について		警察学論集	53-4	100-117	立花書房

著者	著者カナ	年	タイトル	掲載誌	ページ	出版社
全国児童養護施設協議会	ゼンコクジドウヨウゴシセツキョウギカイ	2000	特集 児童養護施設における被虐待児処遇の実際	児童養護 30-3	4-33	全国社会福祉協議会
長屋美穂子	ナガヤミホコ	2000	新聞に見る"児童虐待"	人間科学研究 22	83-103	文教大学
日本子ども家庭総合研究所	ニホンコドモカテイソウゴウケンキュウジョ	2000	特集 虐待をめぐって	母子保健情報 42	2-172	母子愛育会
日本子ども家庭総合研究所／編	ニホンコドモカテイソウゴウケンキュウジョ	2000	子ども虐待対応の手引き 平成12年11月改訂版	-	-	有斐閣
日本弁護士連合会／編	ニホンベンゴシレンゴウカイ	2000	ドメスティック・バイオレンス防止法律ハンドブック―妻への暴力、子どもへの虐待の根絶に向けて	-	-	明石書店
藤岡淳子	フジオカジュンコ	2000	少年非行の心理を考える(8)	捜査研究 49-1	50-56	東京法令出版
古畑淳	フルハタジュン	2000	被虐待児童に対する措置の決定過程における家庭裁判所と児童相談所の役割	神奈川大学大学院法学研究論集 9	1-69	神奈川大学大学院法学研究科
前橋信和	マエハシノブカズ	2000	児童虐待に対する取組について	青少年問題 47-3	13-17	東京法令出版
森本陽美	モリモトヒトミ	2000	不作為による殺人―児童虐待と無抵抗な親	法学研究論集 12	63-80	明治大学大学院
吉田恒雄	ヨシダツネオ	2000	被虐待児の児童福祉施設入所措置が承認された事例二件（[1]平成10.1.5広島家審判,[2]平成9.12.24津家裁審判	民商法雑誌 121-4・5	690-696	有斐閣

資料7　日本における児童福祉に関する年表　―児童虐待防止を中心に―　1990年～2000年

年	月	法律・政策・事件・研究等の動向	年	月	東京都・大阪府・大阪市の動向
1990 (平成2)	3	児童虐待防止協会設立―大阪（代表：数内百治　大阪府立母子保健総合医療センター総長）	1990	3	「被虐待児童処遇マニュアル」作成（大阪府）
	3	厚生省「児童相談所運営指針」改定			児童虐待防止制度研究会発足（大阪弁護士会）
	3	中央児童福祉審議会保育対策部会「保育所保育指針」について意見具申（保育の目標や方法を定めた保育所保育指針の改正案をまとめる）			被虐待見地域処遇モデル事業開始（大阪府）
	3	厚生省、昭和63年度全国母子世帯等調査結果発表　母子世帯は5年前より18.3％増え、4割が子どもの教育に悩んでいると報告		11	「被虐待児の早期発見と援助のためのマニュアル」発行（大阪府児童虐待対策検討会議）
	4	子どもの虐待ホットライン開設（児童虐待防止協会―大阪）			
	4	中央社会福祉審議会・身体障害者福祉審議会・中央児童福祉審議会合同企画分科会（福祉八法改正関係）			
	8	「健やかに子供を生み育てる環境づくりに関する関係省庁連絡会議」設置			
	8	「1989年の人口動態統計の概況」発表　母一人あたりの平均出生児数（合計特殊出生率）がこれまでで最低の1.57と発表			
	9	政府は「児童の権利に関する条約」に署名			
	9	子供のための世界サミットが行われる（国連本部・ニューヨーク）			
	12	文部省「学校不適応対策調査研究協力者会議」の中間報告（これまで個人や家庭の問題としてとらえがちだった登校拒否について、初めて「特定の子どもだけの問題ではなく学校、社会全体のかかわりにおいて…こりうる問題」との見方を打ち出す）			
1991 (平成3)	1	中央児童福祉審議会「児童の当面事業について」答申	1991	10	東京都「ふれあいしんゆう友達派遣事業」開始（メンタルフレンド派遣）
	1	「健やかに子供を生み育てる環境づくりに関する公表」（厚生省児童家庭局通知　児発第357号）			東京都児童虐待防止制度研究会発足
	4	養護施設における児童の指導の強化について（厚生省児童家庭局長通知　児発第358号）			東京都「子育て広場事業」開始（1997（平成9）年度名称変更）
	5	「ひきこもり・不登校児童福祉対策モデル事業の実施について」学校の空き教室を利用して子育て広場を開設			
	5	文部省「家庭教育ふれあい推進事業―センターで子育て110番開設」			
	5	子どもの虐待防止センター・ニューヨーク型シンポジウム「子どもに向けた社会づくり―社会システムの変革・子どもに向けた21世紀への社会システムの変革―動きだした家庭支援活動の展開―児童家庭福祉の新たな推進に向けて」公表（児童家庭福祉推進協議会）			
	5	地域に子どもを育てる環境づくりに関する関係省庁連絡会議「健やかに子供を生み育てる環境づくりの方向」発表（健やかに子供を生み育てる社会環境の推進のため）			
	5	育児休業法成立			
	7	風の子学園事件（少年少女2人蒸死亡事件　広島県三原市の少年更生施設でコンテナに2日間閉じ込められていた2人の少年少女が死亡			
	8	文部省「生涯学習審議会」発足			
	11	「企業委託保育サービス事業」開始			
	12	「子どもと家庭アピール・子育てを新時代へ（子どもと家庭に関する円卓会議）」厚生省	1992		
1992 (平成4)	3	児童手当制度改正法案を閣議で決定「出生数から第1子に拡大支給期間は3歳未満」			
	4	「ウェルカム・ベビー・キャンペーン」実施、厚生省（少子化問題対応）			
	4	「養護施設分園型自活訓練事業」の実施について（厚生省児童家庭局長通知　児発第13号）			
	6	経済企画庁は1992年度版「国民生活白書」を発行（副題は「少子社会到来その影響と対応」出生率低下の原因の1つに社会環境の悪さがある）としてまとめて警告をならす			
	8	富士林高校における妻子殺人死体遺棄事件			
	9	第1回生徒指導に関する諸問題の現状と文部省の施策　校内暴力発生、いじめは減少、登校拒否は過去最高			
	9	月2日制が開始される毎月第2土曜日休日			
	9	文部省は登校拒否の子どもたちが学校以外の公的指導教室や民間のフリースクールなどに通う場合を「出席扱い」にすると決定「通知」			
	9	厚生省「日本の将来推計人口」発表　2011年の総人口ピークを1億3744万人、老人人口は1997年に全人口の4分の1を占める			
	10	「都市部児童虐待特別対策モデル事業の実施」に係る留意事項について（厚生省児童家庭局育児家庭課長　企画課長　児母第40号）			
	10	経済企画庁「は1992年度版国民生活白書」を発行（副題は「少子社会到来と対応」出生率低下の原因の1つに社会環境の悪さがある）としてまとめて警告をならす			
	12	文部省「生徒指導の諸問題の現状と文部省の施策」発表　校内暴力発生、いじめは減少、登校拒否は過去最高			
1993 (平成5)	2	「目で見る児童虐待発見の手引き」発行（児童虐待防止協会）	1993	2	「大阪の乳幼児虐待―被虐待児の予防・早期発見・援助に関する調査報告―」（大阪児童虐待研究会）発行
	2	運輸省と文部省の合意により4月から民間の各種施設などに通う登校拒否の児童・生徒も「通学定期」が利用できることになる		5	「児童虐待防止ハンドブック～子どもからのSOS～」（大阪府）発行
	3	「主任児童委員の設置について」（厚生省児童家庭局長通知　児発第283号）			「保健所における児童虐待の早期発見と援助Q&A」（大阪府環境保健部）発行
	3	北海道女子高校生による母親殺し・死体遺棄事件			関係機関による事例検討会発足（大阪府児童虐待研究会）
	4	「知的障害者援護施設保護入所者の地域生活への移行の促進について」（厚生省　児発第309号通知）―知的障害者入所施設における入所児童の取扱いについて			東京都「子育てショートステイ事業」開始
	6	「今後の保育のあり方について―これからの保育所懇談会（厚生省）			東京都「子どもセンター」計画発表（大阪府児童虐待研究会）
	7	地域保健対策の基本的あり方について（地域保健基本問題検討会）			東京都「子育てサポートセンター」事業（2003（平成15）年度末　実施）

年 月	法律・政策・事件・研究等の動向	年 月	東京都・大阪府・大阪市の動向
7	「たくましい子ども・明るい家庭・活力とやさしさに満ちた地域社会をめざすプラン研究会報告書」公表（厚生省児童家庭局諮問機関）		
7	「健やかに子供を生み育てる環境づくりに関する施策の推進状況と今後の施策の方向」公表（健やかに子供を生み育てる環境づくりに関する関係省庁連絡会議）		
8	労働省 平成6年度から新たに地域内で育児の相互援助をすすめる「ファミリーサポートセンター（仮称）」を設立する		
11	障害者基本法成立		
12	文部省「生徒指導上の諸問題の現状と文部省の施策 中学校でのいじめが増え、校内暴力は中・高校合わせて5,260件に増加		
12	児童虐待防止協会がChild Abuseを研究会を併設		
1994	1	国際家族年スタート！標語 家族からはじまるささやかなデモクラシー」	1994	児童相談所を子ども家庭センターに改称し、家庭支援課が児童虐待への緊急対応をする（大阪府）
(平成6)	1	主任児童委員制度創設		
	1	都市児童在宅福祉事業（児童養護施設のアドボケーター活動）実施（厚生省）		
	2	「保育問題検討会報告書」公表（保育問題検討会）		
	3	「教護院における指導の充実等について」（厚生省児童家庭局長通知 児発第318号）		
	4	「21世紀ビジョン e-ル・高齢社会に向けてのビジョン」懇談会（高齢社会福祉ビジョン）発表・厚生省		
	4	児童虐待防止協会「未来をひらく子どもたちのために 子育ての社会的支援を考える一」発行		
	5	「子供の権利に関する5年版に関する条約」批准		
	6	「情緒障害児短期治療施設家族療法事業の実施について」（厚生省児童家庭局育成課通知 児第22号）		
	7	「学校週5日制の一部改正する省令 公立学校の休業日を第2、第4土曜日に改める）		
	8	法務省が子どもの人権専門委員（子どもオンブズマン）制度について		
	9	「都市家庭在宅福祉支援事業の実施（「保育を守る省令）」提案・老人保健福祉・児童家庭局長連名通知 児第62号		
	9	「福祉の措置及び保育所解除に関する説明義務について（厚生省社会・援護・老人保健福祉・児童家庭局長連名通知 支援第243号・老計第129号・児発第894号）		
	11	つくば医師夫妻子殺人死体遺棄事件		
	12	子どもの人権研究サービスネットワーク設立（日本総合愛護研究所）		
	12	「エンゼルプラン：今後の子育て支援のための基本的方向について」発表（文部・厚生・労働・建設4大臣合意）		
	12	緊急保育対策等5か年事業：当面の緊急保育対策について」発表（大蔵・厚生・自治3大臣合意）		
	12	子育て支援短期利用事業―Child Abuseが増加		
	12	愛知県西尾市の中学2年生男子いじめの苦しみ遺書を残して自殺		
	12	文部省「いじめの問題等に関する緊急会議が開かれる いじめ対策としてスクールカウンセラー派遣事業予算実施（厚生省社会・援護・児童家庭局長通知 児第1066号）		
	12	育児休業法等制度導入ルール導入中学校すべての点について」を各都道府県に通知		
	12	福島県石川町でいじめの苦に中学3年生が自殺		
	12	「いじめの問題に対する行政の対応について」厚生省社会・援護・児童家庭局長通知を各都道府県に通知		
	12	「最愛の児童クラブ」が全国4か所に設置されることが決定	1995	1	東京都「いじめの問題緊急対策本部」設置
1995	1	阪神・淡路大震災発生		7	東京都「子どもの虐待防止マニュアル」発行
(平成7)	1	「かながわ子ども未来計画全容」公表・神奈川県		9	大阪府子ども環境づくり推進協議会「大阪府子ども総合ビジョン」公表
	1	どもぶぞ「子ども未来計画」報告書「子どもたちの人権をめざして」（ウェルビーイング）をめざして」（かながわ子ども）			大阪市社会福祉審議会「今後の児童福祉施策のあり方について」公表
	2	「児童福祉法におけるオウム真理教徒53人山梨上九一色村中央児童相談所に保護（厚生省児童家庭局長通知 児発第374号）			東京都「子ども家庭支援事業」開始
	3	「子育て支援短期利用事業の実施について（オウム真理教徒関連のためのもの）の実施について」（厚生省児童家庭局長通知 児発第29号）			東京都「トワイライトステイ事業」開始
	4	育児休業法等（10月1日一部施行育児・介護休業法）成立 育児・介護休業等育児又は家族介護を行う労働者の福祉に関する法律			
	5	「児童養護施設入所児童早期援助育成推進事業について」（厚生省児童家庭局育成課長通知 児発第29号）			
	7	「児童育成計画策定指針154のノーブ・中・高校にスクールカウンセラーを配置			
	7	埼玉県子どもクラブ連合会発足			
	8	文部省「学校健康基本調査」 学校嫌いを理由に前年度30日以上不登校の小・中学生は昨年度より約2,600人増の77,000人になる			
	9	「地域型保育推進事業について」（厚生省児童家庭局長通知 児発第31号）			
	10	子ども虐待防止ネットワーク・あいち発足			
	12	「児童虐待防止国際シンポジウム73か年戦略」（厚生省）	1996	3	「児童虐待事例集（大阪府子ども家庭センター発行
1996	1	「厚生省児童家庭局モデル事業について」（厚生省児童家庭局長通知 児母第20号）			大阪府「児童虐待防止ケースマネジメント事業」開始
(平成8)	1	「措置解除後、大学等に進学する児童への配慮について」（厚生省児童家庭局企画課長通知 児企第516号）			東京都「児童虐待防止ケースマネジメント事業」開始
	2	文部省「いじめの問題対策本部発足			東京都「自立援助促進事業補助」開始
	5	日本子ども虐待防止研究会（JaSPCAN）発足			
	5	「母子保健計画の策定について」（厚生省児童家庭母子保健課長通知 児母第20号）			
	5	「児童虐待ケースマネージメントモデル事業について」（厚生省児童家庭局育成課長通知 児発第516号）			
	5	「児童虐待ケースマネージメントモデル事業について」（厚生省児童家庭局企画課長通知 児企第16号）			

年月	法律・政策・事件・研究等の動向	年月	東京都・大阪府・大阪市の動向
6	中央教育審議会審議のまとめを公表 「生きる力」と「ゆとり」をキーワードに学校週5日制の完全実施、学習指導要領の改訂の方向を提示		
7	北海道子ども虐待防止協会発足		
11	「母子保健施策の実施について」（厚生省児童家庭局長通知 児発第933号）		
11	「母性、乳幼児に対する健康診査及び保健指導の実施について」（厚生省児童家庭局長通知 児発第934号）		
11	「児童福祉司の任用資格の取り扱いについて」（厚生省児童家庭局企画課長通知 児企第37号）		
11	「ながの子どもを虐待から守る会発足		
12	厚生省 中央児童福祉審議会基本問題部会「少子社会にふさわしい保育システムについて」（中間報告）等を発表	1997	
1997 (平成9)	中央児童相談所「電話相談フリーダイヤル」開始 児童相談所における子どもの虐待アセスメント基礎調査発行	4	大阪市中央児童相談所「ケースマネージメント事業」開始
4	「養護施設退所児童等自立指導事業の実施について」（厚生省児童家庭局長通知 児発第274号）	5	「子どもの悩みフリーダイヤル」開始（大阪府）
4	「養護施設退所児童等自立定着指導事業の実施について」（厚生省児童家庭局長通知 児発第13号）		東京都「周産期医療対策事業」開始
6	神戸市須磨区、中学生男児による小学生連続殺傷事件		東京都「母子保健支援事業」開始
6	「児童福祉法の一部を改正する法律制定（1997年6月11日法律第74号）		
6	「児童虐待防止法の一部改正について」（厚生省児童家庭局長通知 児発第41号）		
9	「児童福祉等に関する法律の適切な運用について」（厚生省児童家庭局長通知 児発第434号）		
9	「児童福祉法の一部を改正する法律の施行について」（1997（平成9）年9月25日政令第291号）		
9	「児童福祉法等の一部を改正する法律の施行に伴う関係政令の整備に関する政令」（厚生省児童家庭局児童福祉課長通知 児発第28号）		
12	「児童虐待等における適切な処遇の確保について」（厚生省児童家庭局企画課長通知 児企第24号）		
2	「子ども虐待防止協会 リーフレット「お母さんひとりぼっちにならないで」発行		
児童虐待防止協会 リーフレット「お母さんひとりぼっちにならないで」発行			
2	「児童福祉法施行令の一部を改正する政令並びに児童福祉施設最低基準等の一部を改正する省令及び児童福祉法施行規則等の一部を改正する省令の施行について」（1998（平成10）年2月18日政令第16号）	1998	3 「子どもの虐待防止にむけて」大阪府保健所における養育問題への援助実態」（大阪児童虐待研究会）発行
2	「児童福祉施設最低基準等の一部を改正する省令」（厚生省令第15号）（告示 平成10年2月18日）感戒に係る権限の乱用禁止・児発第9条の2		10 東京都「児童虐待パンフレット作成」配布
2	「懸戒に係る権限の乱用禁止について」（厚生省大臣官房障害保健福祉部長・児童家庭局長連名通知（障発第16号・児企第9号）		10 東京都「児童手当支給事業補助」開始
2	「児童養護施設における入所児童等の一部を改正する省令の施行に係る留意点について」（厚生省児童家庭局家庭福祉課長通知 児発第6号）		11 東京都「子どもの権利擁護委員会発足（相談・調査）フリーダイヤル電話相談してみよう」一東京子どもネット実施
2	「児童養護施設等における入所児童等の一部の改正する省令の施行に係る留意点について」（厚生省児童家庭局長通知 児発第95号）		
3	文部省「学校基本調査 学校不登校児童 小・中学生で前年度より約13,000人増加の94,000人になる		
3	文部省、都道府県、幼稚園と保育所の一体化を促進するため、施設の合同利用、器具の共用を認める通知		
4	「児童自立支援センターの設置」児発第344条		
4	「児童福祉法の一部を改正する法律施行について」（第44条の2）		
5	「児童家庭支援センターの設置運営について」（厚生省児童家庭局長通知 児発第397号）		
6	「児童養護施設における年長児等に対する適切な処遇体制の強化について」（厚生省児童家庭局長通知 児発第489号）		
7	「厚生省、中央児童福祉審議会「父親が参加しやすい地域活動のあり方を考える必要性がある」と提言		
7	「乳児院における早期母子関係再構築支援デイ・パンフレット作成（厚生省児童家庭局）		
8	母親3人による16歳の完全学校5日制でデモ実施 芸者告発事件 児童福祉法違反容疑		
11	文部省 2002年からの完全学校5日制に伴い小中学校の学習指導要領を発表	1999	
1	「児童養護施設において非常勤嘱託の小児科医療法担当職員の配置」児童家庭支援センターの設置 児発第344条の2		
3	「子どもの虐待対応の手引き」発行（厚生省）		
3	「児童虐待にされないただちよう子どもの暮らしを応援する本」一作成		
4	「児童養護施設における被虐待児等に対する処遇体制の強化について」（厚生省児童家庭局長通知 児発第420号）		
4	「児童養護施設等における早期家庭養育促進事業の実施について」（厚生省児童家庭局長通知 児発第421号）		
4	「乳児院における早期家庭復帰等のためのデイオ・パンフレット作成（厚生省児童家庭局家庭福祉課作成）		
4	「母親に残虐非情な地域拠点としての機能というコンセプトを作成した小冊子「家庭教育ノート」「家庭教育手帳（乳幼児の親向け）」発行		
4	「警察庁「少年非行等の諸活動を推進するために―少年保護対策室を設置」		
4	「文部省 児童虐待相談のための社会資源集（全国版）発行		
5	「児童虐待防止電話相談について一冊子「家庭教育ノート」「家庭教育手帳（乳幼児の親向け）」（小中学生の親向け）を配布		
8	「厚生省「委託されている乳児保育所が養育すべき児童の保護及び行為等に係る児童福祉施設障害部長通知 児童家庭福祉・児童家庭保健部」		
8	「文部省「委託されている実母母子児童数は128,000人について」（厚生省大臣官房障害保健福祉部長通知（改命通達） 警察庁乙生発第11号）		
10	キャプネット宮城発足		
10	狭山市で実母ボルに対する4歳の実娘による傷害事件		
10	「児童ポルノ、児童買春等の行為等に係る児童の保護及び処罰等に関する法律等施行について」（改命通達） 警察庁次長通達		

年	月	法律・政策・事件・研究等の動向	年	月	東京都・大阪府・大阪市の動向
	10	「児童買春，児童ポルノに係る行為等の処罰及び児童の保護等に関する法律の施行に関する件について」（厚生省児少発第18号）			
		「児童買春，児童ポルノに係る行為等の処罰及び児童の保護等に関する法律に基づく積極的な取締り等について」（警察庁生活安全局長通達 警察庁乙生発第18号）			
	10	「保育所保育指針について」（厚生省児家発第799号）			
	11	熊本県玉名市における実母による生後3ヶ月の乳児の刺殺人事件			
	11	「児童買春，児童ポルノに係る行為者の処罰および児童の保護等に関する法律」制定（1999（平成11）年法律第52号）			
	12	ふぁおか・こどもの虐待防止センター発足			
	12	「児童虐待に対する取組強化について」（警察庁生活安全局長，刑事局長通達 警察庁丙少発第26号）			
	12	「警察庁少年・子どもを守る警察施策の制定について」（警察庁生発第39号 警察庁乙刑発第13号（通達））			
	12	大蔵，文部，厚生，労働，建設，自治6大臣合意による「重点的に推進すべき少子化対策の具体的実施計画（新エンゼルプラン）」策定			
		啓発ビデオ及びリーフレット「子どもに耳を傾けませて」（厚生省）			
		「家庭支援体制緊急整備事業」（信望予防法律の整備等に関する施行に伴う厚生省児童家庭局通知）（厚生省）	2000		東京都「訪問型一時保育ヘルパー」事業開始
2000	3	「地方分権の推進を図るための関係法律の整備等に関する法律の施行に伴う厚生省児童家庭局長通知」（信望予防法律の整備等に関する施行に伴う厚生省児童家庭局長通知）（厚生省児家局長通知 児発第350号）	2000		東京都「産後支援ヘルパー」事業開始
平成12	4	「児童福祉行政監査の実施について」（厚生省児童家庭局 児発第471号）			東京都「ひとり親家庭居住安定支援事業」開始
	5	「地域小規模児童養護施設の設置運営について」（厚生省児童家庭局長通知 児発第489号）			東京都「母と子の健康相談室（小児救急相談）」開始
	6	「児童虐待の防止等に関する法律」成立，2000（平成12）年11月施行			東京都「休日保育事業」開始
	6	「児童福祉施設入所児童等の治療等支援事業の施行について」（厚生省児童家庭局長通知 児発第583号）			東京都「訪問型一時保育事業」開始
	6	虐待傾向にある親への親子への治療研究の開始			東京都「母子保健支援事業」開始
	6	「児童福祉法施行令の一部を改正する政令」（2000（平成12）年6月14日政令第336号）			
	10	「児童福祉法施行規則等の一部を改正する省令」（2000（平成12）年10月23日厚生省令第128号）			
	10	愛知県西枇杷島町における両親による小学5年生男子がっかんだ死事件			
	11	「児童虐待防止協会」10周年記念フォーラム「冊子『子どもをひとりにさせないということ』発行「10周年記念誌『10年－支えられて10年－』発行			
	11	「房総少年健全21」策定（厚生省児童家庭局）計画の対象期間は2001（平成13）年から2010（平成22）年			
	11	「児童虐待の防止に関する法律第10条を踏まえた援助要領の送付について」（警察庁生活安全局長，刑事局長地域課長刑事課第一課長発 警察庁丙少発第29号等）			
	12	「児童相談所運営指針」改定（厚生省児童家庭局）			
		啓発リーフレット「相談してくれてありがとう」（啓発）（厚生省）			
		「児童虐待の防止対策市町村ネットワーク事業」の創設（機関連携の促進）（厚生省）			
		「地域小規模児童養護施設の創設（施設の小規模化）（厚生省）			
		「児童福祉施設等への協力員の配置」（児童相談所の体制強化）（厚生省）			
		「子ども虐待対応の手引き改定（指導強化）（厚生省児童家庭局）			
		参考文献			
		警察庁編『警察白書 平成3年版～平成12年版』大蔵省印刷局			
		厚生省児童家庭局『厚生白書 平成3年版～平成12年版』財団法人厚生問題研究会			
		厚生省児童家庭局『児童福祉法令通知集』財団法人日本児童福祉協会,1998年			
		厚生省児童家庭局母子保健課『健やか親子21検討会報告書』2000年			
		子どもの虐待防止センター『10年のあゆみ』2003年			
		才村純・網野武博編『子ども虐待ソーシャルワークの制度的枠組み・子ども虐待ソーシャルワーク論』有斐閣,2005年			
		児童虐待防止協会『10周年記念誌　支えられて10年－児童虐待防止協会の歩み－』2000年			
		高橋重宏・網野武博編『子ども虐待』ハイライト『子ども家庭白書』1995年			
		日本子どもを守る会編『10年の足跡』1991年版～2000年版児童福祉文化			
		『福祉保健局事業概要 平成16年版』東京都福祉保健局児童総務課2004年			
		村田典子『90年代を振り返る『世界の児童と母性』VOL.48, 2000年			

173

資料8 （1）親権又は管理権の喪失の宣告及びその取消し―全国家庭裁判所

	受理			既済						未済
	総数	旧受	新受	総数	認容	却下	取下げ	移送	その他	
昭和23年			229	146	55	7	80	4		83
24			258	247	110	15	117	5		90
25			246	241	86	28	125	2		97
26			261	262	82	22	153	5		96
27	501	96	405	387	127	35	217	8	-	114
28	452	114	338	314	98	28	175	12	1	138
29	731	137	594	558	152	34	352	15	5	173
30	568	173	395	436	115	26	275	14	6	132
31	414	132	282	306	87	20	194	4	1	108
32	333	108	225	211	48	8	147	6	2	122
33	366	122	244	253	84	16	139	8	6	113
34	295	113	182	185	40	13	125	4	3	110
35	266	110	156	178	53	8	113	3	1	88
36	226	88	138	150	34	11	99	2	4	76
37	211	76	135	136	31	5	100	-	-	75
38	221(5)	75(2)	146(3)	136(3)	34	-	97	2	3	85(2)
39	176(2)	85(2)	91(-)	109(2)	24	8	74	2	1	67(-)
40	203(6)	67(-)	136(6)	125(1)	31	3	90	1	-	78(5)
41	177(5)	78(5)	99(-)	115(-)	23	11	81	-	-	62(5)
42	159(6)	62(5)	97(1)	104(1)	14	6	80	3	1	55(5)
43	151(10)	55(5)	96(5)	89(2)	11	16	60	1	1	62(8)
44	159(10)	62(8)	97(2)	98(2)	27	7	61	2	1	61(8)
45	150(11)	61(8)	89(3)	80(4)	6	7	64	3	-	70(7)
46	129(12)	70(7)	59(5)	84(7)	25	2	54	3	-	45(5)
47	157	45	112(1)	93	16	5	59	7	6	64
48	147	64	83(2)	85	12	4	65	2	2	62
49	136	62	74(5)	87	21	3	63	-	-	49
50	151	49	102(-)	78	17	3	57	-	1	73
51	170	73	97(8)	99	10	14	74	-	1	71
52	156	71	85(9)	106	14	2	87	2	1	50
53	144	50	94(9)	100	18	8	74	-	-	44
54	140	44	96(11)	87	10	3	73	1	-	53
55	135	53	82(2)	86	12	7	65	-	2	49
56	136	49	87(-)	87	13	5	68	1	-	49
57	130	49	81(2)	88	14	5	66	3	-	42
58	115	42	73(1)	71	19	5	46	1	-	44
59	113	44	69(6)	77	18	3	56	-	-	36
60	110	36	74(1)	77	13	7	54	2	1	33
61	98	33	65(2)	61	10	6	41	1	3	37
62	125	37	88(2)	72	14	6	52	-	-	53
63	145	53	92(2)	90	7	11	71	-	1	55
平成元年	160	55	105(1)	111	16	9	82	4	-	49
2	130	49	81(7)	65	10	6	49	-	-	65
3	164	65	99(3)	112	23	7	65	10	7	52
4	134	52	82(6)	82	8	11	61	-	2	52
5	106	52	54(1)	71	5	12	53	-	1	35
6	147	35	112(1)	82	3	6	71	2	-	65
7	131	65	66(9)	97	15	10	58	2	12	34
8	156	34	122(-)	103	13	19	70	-	1	53
9	161	53	108(3)	107	21	8	77	-	1	54
10	166	54	112(1)	102	18	11	71	1	1	64
11	152	64	88	100	20	12	67		1	52
12	160	52	108	109	13	11	82		3	51
13	153	51	102	89	17	8	63		1	64
14	194	64	130	142	17	18	100		7	52
15	155	52	103	102	7	29	65		1	53
16	167	53	114	115	30	24	61		-	52
17	191	52	139	137	22	18	94		3	54

（ ）内は渉外事件の内数
資料:『司法統計年報　3家事編』昭和27～平成17年　最高裁判所事務総局
　　　昭和23～26年については昭和27年版を参照
空欄については記載なし

（2）児童福祉法28条事件

	受理			既済						未済
	総数	旧受	新受	総数	認容	却下	取下げ	移送	その他	
昭和27年	6	-	6	6	6	-	-	-	-	-
28	10	-	10	7	2	-	5	-	-	3
29	9	3	6	7	3	-	4	-	-	2
30	8	2	6	4	4	-	-	-	-	4
31	12	4	8	10	3	-	5	-	2	2
32	12	2	10	9	7	-	2	-	-	3
33	16	3	13	10	5	-	4	-	1	6
34	14	6	8	7	7	-	-	-	-	7
35	12	7	5	12	5	-	7	-	-	-
36	20	-	20	13	9	-	4	-	-	7
37	14	7	7	10	5	-	5	-	-	4
38	19	4	15	17	13	-	4	-	-	2
39	9	2	7	7	6	-	1	-	-	2
40	11	2	9	4	2	2	-	-	-	7
41	13	7	6	11	10	-	1	-	-	2
42	16	2	14	6	3	-	3	-	-	10
43	36	10	26	28	23	-	5	-	-	8
44	15	8	7	11	8	-	3	-	-	4
45	9	4	5	5	2	-	3	-	-	4
46	27	4	23	13	9	-	4	-	-	14
47	31	14	17(-)	20	14	3	3	-	-	11
48	30	11	19(-)	23	16	-	7	-	-	7
49	24	7	17(-)	12	5	-	7	-	-	12
50	34	12	22(-)	24	14	2	8	-	-	10
51	25	10	15(-)	19	8	-	11	-	-	6
52	26	6	20(-)	23	13	-	10	-	-	3
53	28	3	25(-)	24	16	2	6	-	-	4
54	32	4	28(3)	20	14	1	3	-	2	12
55	26	12	14(-)	17	12	1	4	-	-	9
56	20	9	11(-)	11	4	-	5	-	2	9
57	20	9	11(-)	14	8	-	6	-	-	6
58	21	6	15(-)	18	10	-	8	-	-	3
59	23	3	20(-)	17	14	-	3	-	-	6
60	18	6	12(-)	16	16	-	-	-	-	2
61	14	2	12(-)	14	9	-	5	-	-	-
62	13	-	13(-)	7	4	-	3	-	-	6
63	21	6	15(-)	18	10	-	8	-	-	3
平成元年	17	3	14(-)	10	3	-	4	-	3	7
2	44	7	37(-)	33	19	2	12	-	-	11
3	32	11	21(-)	25	17	-	8	-	-	7
4	26	7	19(1)	22	18	-	4	-	-	4
5	19	4	15(-)	12	6	-	6	-	-	7
6	35	7	28(-)	20	12	-	8	-	-	15
7	51	15	36(-)	43	18	1	22	-	2	8
8	62	8	54(-)	51	39	-	12	-	-	11
9	74	11	63(1)	49	36	-	13	-	-	25
10	90	25	65(1)	69	40	1	26	-	2	21
11	118	21	97	81	58	-	23	-	-	37
12	179	37	142	142	101	6	35	-	-	37
13	206	37	169	170	131	2	36	-	1	36
14	165	36	129	133	93	6	34	-	-	32
15	184	32	152	139	106	4	24	-	5	45
16	279	45	234	221	163	9	44	-	5	58
17	285〔43〕	58〔-〕	227〔43〕	195〔-〕	141〔-〕	6〔-〕	40〔-〕		8〔-〕	90〔43〕

（ ）内は渉外事件の内数
〔 〕内は児童福祉法28条2項の事件の内数
資料：『司法統計年報 3家事編』 昭和27～平成17年 最高裁判所事務総局
　　　空欄については記載なし
　　　昭和27年以前は独立した項目として計上されていない

(3) 親権喪失等・児童福祉法28条の新受件数

	親権喪失等	児福法28条		親権喪失等	児福法28条		親権喪失等	児福法28条
昭和23年	229		昭和42年	97(1)	14	昭和61年	65(2)	12(-)
24	258		43	96(5)	26	62	88(2)	13(-)
25	246		44	97(2)	7	63	92(2)	15(-)
26	261		45	89(3)	5	平成元年	105(1)	14(-)
27	405	6	46	59(5)	23	2	81(7)	37(-)
28	338	10	47	112(1)	17(-)	3	99(3)	21(-)
29	594	6	48	83(2)	19(-)	4	82(6)	19(1)
30	395	6	49	74(5)	17(-)	5	54(1)	15(-)
31	282	8	50	102(-)	22(-)	6	112(1)	28(-)
32	225	10	51	97(8)	15(-)	7	66(9)	36(1)
33	244	13	52	85(9)	20(-)	8	122(-)	54(-)
34	182	8	53	94(9)	25(-)	9	108(3)	63(1)
35	156	5	54	96(11)	28(3)	10	112(1)	65(1)
36	138	20	55	82(2)	14(-)	11	88	97
37	135	7	56	87(-)	11(-)	12	108	142
38	146(3)	15	57	81(2)	11(-)	13	102	169
39	91(-)	7	58	73(1)	15(-)	14	130	129
40	136(6)	9	59	69(6)	20(-)	15	103	152
41	99(-)	6	60	74(1)	12(-)	16	114	234
						17	139	227[43]

( )内は渉外事件の内数
[ ]内は児童福祉法28条2項の事件の内数

資料:『司法統計年報 3家事編』昭和27〜平成17年 最高裁判所事務総局
　　　昭和23〜26年については昭和27年版を参照

(4) 児童相談所における親権・後見人関係請求・承認件数

	児童福祉法28条第1項・第2項による措置		親権喪失宣告の請求		後見人選任の請求		後見人解任の請求	
	請求件数	承認件数	請求	承認	請求	承認	請求	承認
49	14	10	5	-	70	57	2	2
50	10	2	4	-	51	46	-	-
51	9	6	-	-	27	26	1	1
52	5	5	-	-	49	50	2	2
53	8	7	-	-	32	30	2	1
54	5	4	1	1	40	33	1	1
55	2	1	-	-	37	41	1	1
56	2	2	1	-	21	23	-	-
57	6	3	3	2	23	21	1	1
58	4	4	-	1	25	26	-	-
59	14	13	2	-	21	17	-	-
60	3	3	1	-	25	19	-	-
61	-	1	-	1	14	18	-	-
62	5	5	-	-	11	11	-	-
63	6	3	1	-	9	8	1	1
平成元年度	3	-	-	-	8	8	-	-
2	19	15	2	-	8	4	-	-
3	10	9	2	3	15	13	-	-
4	7	5	1	1	9	8	-	-
5	5	1	1	-	7	6	-	-
6	4	3	1	1	8	4	1	1
7	31	11	2	-	7	4	-	-
8	35	19	3	-	10	8	-	-
9	49	36	3	1	8	7	2	2
10	39	22	9	2	10	5	-	-
11	88	48	1	6	14	8	1	1
12	127	87	8	-	7	3	-	-
13	134	99	4	1	11	6	-	1
14	117	87	3	3	9	10	-	-
15	140	105	3	-	8	6	-	-
16	186	147	4	1	7	8	-	-

資料:厚生省大臣官房統計情報部編『社会福祉行政業務報告』昭和49〜平成16年度　財団法人厚生統計協会

（5）親権者、管理権者等の職務執行停止又は職務代行者選任の申立て－全国家庭裁判所

	受理			既済					未済
	総数	旧受	新受	総数	認容	却下	取下げ	その他	
昭和28年			46						
29			27						
30			19						
31			28						
32			19						
33			35						
34			31						
35			30						
36			14						
37			10						
38			6						
39			10						
40			13						
41			7	…					
42			5	…					
43			18	…					
44			9	…					
45			8	…					
46			15	…					
47			9	…					
48			6	…					
49			5	…					
50			16	…					
51			10	…					
52			11	…					
53			4	…					
54			14	…					
55			14	…					
56	23	2	21	18	6	-	11	1	5
57	26	5	21	18	9	-	9	-	8
58	24	8	16	17	9	1	7	-	7
59	29	7	22	23	10	2	11	-	6
60	33	6	27	24	4	4	13	3	9
61	33	9	24	25	10	1	13	1	8
62	37	8	29	20	7	2	11	-	17
63	50	17	33	37	13	2	19	3	13
平成元年	59	13	46	40	23	1	16	-	19
2	44	19	25	27	10	3	14	-	17
3	40	17	23	30	12	3	14	1	10
4	29	10	19	23	10	2	10	1	6
5	48	6	42	39	22	3	11	3	9
6	56	9	47	38	17	4	15	2	18
7	50	18	32	40	6	2	31	1	10
8			50(23)	44(19)	12(6)	6(-)	24(13)	2(-)	15(6)
9			55(19)	57(23)	21(6)	1(-)	34(16)	1(1)	14(2)
10			53(30)	57(28)	28(21)	7(2)	22(5)	-	10(4)
11			55	49	19	6	22	2	16
12			65	68	26	2	37	3	12
13			68	53	19	10	21	3	27
14			65	68	17	21	29	1	24
15			75	74	31	8	34	1	25
16			82	74	23	11	40	-	33
17			106	108	36	15	56	1	31

資料：『司法統計年報　3家事編』昭和27～平成17年　最高裁判所事務総局
（　）内は特に親権喪失等に関して申立てが行われた数
空欄については記載なし

（6）児童との面会又は通信の制限の申立て－全国家庭裁判所

	受理			既済					未済
	総数	旧受	新受	総数	認容	却下	取下げ	その他	
平成17年			14	14	8	－	6	－	13

資料：『司法統計年報　3家事編』　平成17年　最高裁判所事務総局

（7）嬰児殺の検挙人員

	認知件数	検挙件数	検挙人員			
			計	男	女	女子比
昭和48年	196	156	145	11	134	92.4
49	190	160	153	13	140	91.5
50	207	177	156	17	139	89.1
51	183	161	152	19	133	87.5
52	187	168	151	12	139	92.1
53	163	149	137	12	125	91.2
54	165	142	120	9	111	92.5
55	167	154	122	7	115	94.3
56	138	123	111	9	102	91.9
57	138	124	118	9	109	92.4
58	146	127	106	6	100	94.3
59	112	106	97	9	88	90.7
60	129	120	109	10	99	90.8
61	99	93	78	3	75	69.2
62	107	102	87	5	82	94.3
63	91	78	70	4	66	94.3
平成元年	85	74	56	5	51	91.1
2	82	81	69	3	66	95.7
3	71	64	47	2	45	95.7
4	67	57	49	1	48	98.0
5	66	63	57	5	52	91.2
6	45	43	34	2	32	94.1
7	52	49	38	4	34	89.5
8	52	51	39	6	33	84.6
9	41	40	38	3	35	92.1
10	38	37	32	4	28	87.5
11	26	24	19	－	19	100
12	33	31	29	4	25	86.2
13	40	33	35	4	31	88.6
14	29	25	21	1	20	95.2
15	27	26	18	6	12	66.7
16	24	23	21	1	20	95.2
17	27	23	19	1	18	94.7

資料：法務省法務総合研究所編『犯罪白書』平成11年～18年版　大蔵省印刷局発行
　　　警察庁　犯罪統計書　『昭和48年の犯罪』～『平成17年の犯罪』

（8）児童虐待に係る検挙件数・検挙人員

	総数	殺人	傷害	傷害致死	暴行	逮捕監禁	強姦	強制わいせつ	保護責任者遺棄	重過失致死傷	その他
検挙件数											
平成11年	120	19	42	15	1	-	12	3	20	4	19
12	186	31	92	20	4	-	15	9	13	2	20
13	189	31	97	23	8	-	4	5	17	3	24
14	172	19	94	18	5	1	7	4	20	-	22
15	157	23	80	17	6	-	6	3	16	3	20
16	229	30	128	22	16	1	15	8	12	3	16
17	222	24	125	17	9	-	16	7	7	2	32
検挙人員											
平成11年	130	20	48	18	1	-	12	3	22	5	19
12	208	35	105	26	4	-	15	9	17	3	20
13	216	38	109	32	9	-	4	5	23	3	25
14	184	20	101	20	5	1	7	4	25	-	21
15	183	26	98	25	6	-	6	3	20	4	20
16	253	33	142	29	16	1	16	8	16	3	18
17	242	25	141	19	9	-	16	7	8	3	33

注）無理心中及び出産直後の嬰児殺を除く
「その他」は児童福祉法違反、青少年保護育成条例違反および覚せい剤取締法違反である
資料：法務省法務総合研究所編『犯罪白書』平成11〜18年版　大蔵省印刷局発行

（9）児童虐待に係る加害者と被害者との関係（事件別）

1）全事件

年＼加害者	父親等 実父	養父・継父	母の内縁の夫	その他	母親等 実母	養母・継母	その他
平成12年	60	22	47	8	64	1	6
13	50	31	46	9	74	2	4
14	43	34	34	5	60	3	5
15	49	40	23	7	58	2	4
16	81	41	30	11	72	7	11
17	77	47	43	1	69	3	2

2）殺人

年＼加害者	父親等 実父	養父・継父	母の内縁の夫	その他	母親等 実母	養母・継母	その他
平成12年	9	-	3	-	23	-	-
13	5	-	4	1	26	-	2
14	3	1	-	-	15	-	1
15	6	1	3	-	16	-	-
16	7	2	-	1	21	1	1
17	2	1	2	-	20	-	-

注）無理心中、出産直後の嬰児殺を除く

3）傷害・傷害致死

年＼加害者	父親等 実父	養父・継父	母の内縁の夫	その他	母親等 実母	養母・継母	その他
平成12年	28(8)	10(-)	31(7)	3(-)	26(9)	1(-)	6(2)
13	30(5)	14(3)	31(9)	3(2)	27(10)	2(2)	2(1)
14	23(2)	14(2)	29(4)	4(1)	24(7)	3(2)	4(2)
15	25(5)	24(5)	17(4)	1(1)	27(8)	2(-)	2(2)
16	48(10)	20(2)	21(2)	6(2)	32(9)	6(1)	9(3)
17	48(7)	23(1)	28(2)	-	37(8)	3(1)	2(-)

注）（ ）内は傷害致死事件件数
傷害事件件数には傷害致死事件件数も含まれる

(10) 児童虐待に係る加害者と被害者との関係（年別）

①平成12年

加害者	総数	殺人	傷害	致死	暴行	逮捕監禁	強姦	強制わいせつ	保護責任者遺棄	重過失致死傷	その他
総数	208	35	105	26	4		15	9	17	3	20
父親等	137	12	72	15	3		15	9	5	1	20
実父	60	9	28	8	1		5	2	3	1	11
養父・継父	22	-	10	-	1		2	1	1	-	7
母の内縁の夫	47	3	31	7	1		7	3	1	-	1
その他	8	-	3	-	-		1	3	-	-	1
母親等	71	23	33	11	1		-	-	12	2	-
実母	64	23	26	9	1		-	-	12	2	-
養母・継母	1	-	1	-	-		-	-	-	-	-
その他	6	-	6	2	-		-	-	-	-	-

②平成13年

加害者	総数	殺人	傷害	致死	暴行	逮捕監禁	強姦	強制わいせつ	保護責任者遺棄	重過失致死傷	その他
総数	216	38	109	32	9		4	5	23	3	25
父親等	136	10	78	19	7		4	5	6	2	24
実父	50	5	30	5	5		1	1	3	1	4
養父・継父	31	-	14	3	-		1	1	2	-	13
母の内縁の夫	46	4	31	9	2		-	3	1	1	4
その他	9	1	3	2	-		2	-	-	-	3
母親等	80	28	31	13	2		-	-	17	1	1
実母	74	26	27	10	2		-	-	17	1	1
養母・継母	2	-	2	2	-		-	-	-	-	-
その他	4	2	2	1	-		-	-	-	-	-

③平成14年

加害者	総数	殺人	傷害	致死	暴行	逮捕監禁	強姦	強制わいせつ	保護責任者遺棄	重過失致死傷	その他
総数	184	20	101	20	5	1	7	4	25	-	21
父親等	116	4	70	9	3	1	7	4	6	-	21
実父	43	3	23	2	2	-	2	1	5	-	7
養父・継父	34	1	14	2	-	1	4	2	-	-	12
母の内縁の夫	34	-	29	4	1	-	1	1	1	-	1
その他	5	-	4	1	-	-	-	-	-	-	1
母親等	68	16	31	11	2	-	-	-	19	-	-
実母	60	15	24	7	2	-	-	-	19	-	-
養母・継母	3	-	3	2	-	-	-	-	-	-	-
その他	5	1	4	2	-	-	-	-	-	-	-

④平成15年

加害者	総数	殺人	傷害	致死	暴行	逮捕監禁	強姦	強制わいせつ	保護責任者遺棄	重過失致死傷	その他
総数	183	26	98	25	6		6	3	20	4	20
父親等	119	10	67	15	5		6	3	6	2	20
実父	49	6	25	5	4		1	-	4	1	8
養父・継父	40	1	24	5	-		3	1	2	1	8
母の内縁の夫	23	3	17	4	1		-	-	-	-	2
その他	7	-	1	1	-		2	2	-	-	2
母親等	64	16	31	10	1		-	-	14	2	-
実母	58	16	27	8	-		-	-	13	2	-
養母・継母	2	-	2	-	-		-	-	-	-	-
その他	4	-	2	2	1		-	-	1	-	-

⑤平成16年

加害者	総数	殺人	傷害	致死	暴行	逮捕監禁	強姦	強制わいせつ	保護責任者遺棄	重過失致死傷	その他
総数	253	33	142	29	16	1	16	8	16	3	18
父親等	163	10	95	16	13	−	15	8	4	2	16
実父	81	7	48	10	7	−	9	−	4	2	4
養父・継父	41	2	20	2	2	−	4	6	−	−	7
母の内縁の夫	30	−	21	2	4	−	1	1	−	−	3
その他	11	1	6	2	−	−	1	1	−	−	2
母親等	90	47	47	13	3	1	1	−	12	1	2
実母	72	32	32	9	3	1	1	−	11	1	2
養母・継母	7	6	6	1	−	−	−	−	−	−	−
その他	11	9	9	3	−	−	−	−	1	−	−

⑤平成17年

加害者	総数	殺人	傷害	致死	暴行	逮捕監禁	強姦	強制わいせつ	保護責任者遺棄	重過失致死傷	その他
総数	242	25	141	19	9	−	16	7	8	3	33
父親等	168	5	99	10	7	−	16	7	1	1	32
実父	77	2	48	7	4	−	6	2	1	1	13
養父・継父	47	1	23	1	2	−	6	4	−	−	11
母の内縁の夫	43	2	28	2	1	−	3	1	−	−	8
その他	1	−	−	−	−	−	1	−	−	−	−
母親等	74	20	42	9	2	−	−	−	7	2	1
実母	69	20	37	8	2	−	−	−	7	2	1
養母・継母	3	−	3	1	−	−	−	−	−	−	−
その他	2	−	2	−	−	−	−	−	−	−	−

①〜⑤まで
注）空欄については記載なし
　　無理心中及び出産直後の嬰児殺を除く
　　加害者の「その他」は、祖父母等である。
　　罪名の「その他」は、児童福祉法違反及び青少年福祉法育成条例違反
資料：法務省法務総合研究所編『犯罪白書』平成13年〜18年版　大蔵省印刷局発行

4)暴行

年＼加害者	父親等 実父	養父・継父	母の内縁の夫	その他	母親等 実母	養母・継母	その他
平成12年	1	1	1	-	1	-	-
13	5	-	2	-	2	-	-
14	2	-	1	-	2	-	-
15	4	-	1	-	-	-	1
16	7	2	4	-	3	-	-
17	4	2	1	-	2	-	-

5)逮捕監禁

年＼加害者	父親等 実父	養父・継父	母の内縁の夫	その他	母親等 実母	養母・継母	その他
平成12年							
13							
14	-	1	-	-	-	-	-
15							
16	-	-	-	-	1	-	-
17							

6)強姦

年＼加害者	父親等 実父	養父・継父	母の内縁の夫	その他	母親等 実母	養母・継母	その他
平成12年	5	2	7	1	-	-	-
13	1	1	-	2	-	-	-
14	2	4	1	-	-	-	-
15	1	3	-	2	-	-	-
16	9	4	1	1	1	-	-
17	6	6	3	1	-	-	-

7) 強制わいせつ

年\加害者	父親等 実父	養父・継父	母の内縁の夫	その他	母親等 実母	養母・継母	その他
平成12年	2	1	3	3	-	-	-
13	1	1	3	-	-	-	-
14	1	2	1	-	-	-	-
15	-	1	-	2	-	-	-
16	-	6	1	1	-	-	-
17	2	4	1	-	-	-	-

8) 保護責任者遺棄

年\加害者	父親等 実父	養父・継父	母の内縁の夫	その他	母親等 実母	養母・継母	その他
平成12年	3	1	1	-	12	-	-
13	3	2	1	-	17	-	-
14	5	-	1	-	19	-	-
15	4	2	-	-	13	-	1
16	4	-	-	-	11	-	1
17	1	-	-	-	7	-	-

9) 重過失致死傷

年\加害者	父親等 実父	養父・継父	母の内縁の夫	その他	母親等 実母	養母・継母	その他
平成12年	1	-	-	-	2	-	-
13	1	-	1	-	1	-	-
14	-	-	-	-	-	-	-
15	4	2	-	-	13	-	1
16	2	-	-	-	1	-	-
17	1	-	-	-	2	-	-

10) その他(児童福祉法違反および青少年保護条例違反)

年\加害者	父親等 実父	養父・継父	母の内縁の夫	その他	母親等 実母	養母・継母	その他
平成12年	11	7	1	1	-	-	-
13	4	13	4	3	1	-	-
14	7	12	1	1	-	-	-
15	8	8	2	2	-	-	-
16	4	7	3	2	2	-	-
17	13	11	8	-	1	-	-

1)～10)につき
注) 加害者の「その他」は祖父母等である。
資料:法務省法務総合研究所編『犯罪白書』平成11年～18年版 大蔵省印刷局発行

第3期
(2000年6月から2004年4月まで)

第3期の概説

　本研究は、第2期（1990年4月から2000年5月まで）に続く児童虐待に関する法制度および法学文献資料の研究である。この時期は児童虐待防止法が成立し、児童相談所等関係機関が、より明確な法的枠組みにより児童虐待に対応できるようになった時期である。社会の関心も高まり、児童相談所を中心に児童虐待に積極的に対応するよう求められてきた時期でもある。

　しかし、成立した児童虐待防止法には、機関連携や親への指導、さらには強制的手段による介入等、残された課題も少なくなかった。また、警察が徐々に対応を始めてはいるものの、児童相談所等との連携も手探りであり、学校や裁判所はようやく児童虐待問題に着手し始めたにすぎなかった。こうした中で、機関連携のあり方が模索され、より組織的な連携のあり方が検討され始めた。各地では、都道府県のみならず、市町村においても先進的な取り組みが見られるようになり、それらの事例をモデルに法制化の検討がなされるようになった。

　このように第3期は、児童虐待に対する本格的な対応がなされてきたとはいえ、まだ実務的にも法的にも残された課題は多く、次の2004年の児童虐待防止法改正に大きな期待が寄せられていた時期でもあった。そうした中で、福祉関係者をはじめとして様々な分野から法改正の提言が寄せられ、それらは以後の改正で徐々に結実していくことになる。そうした意味では、この時期は、次の大きなステップのための準備期間ともいえよう。

（吉田恒雄）

I 法令・判例および法学研究の動向

1 全体の動向

(1) はじめに

　第3期における最大のトピックは、2000年に児童虐待防止法が制定されたことである。この法律の制定によって、これまで、自治体や弁護士、民間機関が試行錯誤しながら進めてきた防止策、対応策が法律を根拠に実施できるようになったことは、大きな前進であった。同法の内容の多くは1997年の厚生省児童家庭局長通知「児童虐待等に関する児童福祉法の適切な運用について」（平成9年6月20日児発第434号）を踏襲するものであったが、児童福祉法の特別法としての児童虐待防止法により、虐待に特化した対応が組織的にできるようになったことは大きな成果であった。また児童虐待防止法の制定は、児童虐待に関する社会意識も喚起し、虐待通告件数の急速な増加につながった。これに応じて、虐待の予防、初期介入、保護・支援といった「切れ目のない支援」を系統的に行う筋道もつけられた。

　しかし、児童虐待防止法の施行により、新たな課題も明らかになった。2001年に立ち上げられた「児童虐待防止法の改正を求める全国ネットワーク」は、児童福祉、児童虐待に関わる現場の声を、次の改正に反映させることを目的する組織であった。児童虐待防止法の改正に対しては、日本弁護士連合会や全国児童養護施設協議会等の団体、児童福祉、法律学の研究者等から

第 3 期（2000 年 6 月から 2004 年 4 月まで）

様々な提言が寄せられ、2004 年の児童虐待防止法の改正につながっていくことになる。

（2）法改正および通知

①法改正

2000 年 5 月 24 日に「児童虐待の防止等に関する法律」（児童虐待防止法 法律第 82 号）が制定された。この法律により、虐待に特化した対応が可能になるとともに、虐待防止に関する一般の意識の啓発にもつながるという効果もあり、虐待通告件数の増加にもつながった。

こうした虐待対応と並行して、次世代育成・子育て支援分野で、2003 年 7 月に次世代育成支援対策推進法が制定され（法律第 120 号）、市町村・都道府県、事業主による行動計画等の策定およびその指針、次世代育成支援対策推進センター、次世代育成支援対策地域協議会等について定められた。この法律は、虐待予防の観点からすれば重要な法律であり、一般子育て施策の中に、虐待防止の視点が明確に盛り込まれることになった。

②通知

第 3 期では、被虐待児保護の受け皿としての施設、里親分野の充実を図る通知が数多く出されている。里親については、「里親の認定」（平成 14 年 9 月 5 日厚生労働省令第 115 号）、「里親が行う養育に関する最低基準」（平成 14 年 9 月 5 日厚生労働省令第 115 号）、「里親支援事業」（平成 14 年 9 月 5 日厚生労働省雇用均等・児童家庭局長通知雇児発第 0905005 号）、「養子制度の活用について」（平成 14 年 9 月 5 日厚生労働省雇用均等・児童家庭局長通知雇児発第 0905004 号）等、家庭的養護の推進の観点から多くの通知が発出された。とくに新たに創設された専門里親制度は、要保護児童のうち被虐待児を養育する里親として位置づけられ、一定の研修の受講が義務づけられた（平成 14 年 9 月 5 日厚生労働省雇用均等・児童家庭局長通知雇児発第 0905003 号）。施設関係では、被虐待児入所の増加に鑑み、小規模施設による養護を目指す通知が出されている（平成 16 年 5 月 6 日厚生労働省雇用均等・児童家庭局長通知雇児発第 0506001 号、平成 16 年 5 月 6 日厚生労働省雇用均等・児童家庭局長通知雇児発第 0506002 号）。

被虐待児の施設入所の増加に伴い、家庭引取りの問題がクローズアップされ、早期家庭引取りについて数多くの通知がなされ、体制の整備が図られた（平成 16 年 4 月 28 日厚生労働省雇用均等・児童家庭局長通知雇児発第 0428005 号、平成 16 年 5 月 11 日厚生労働省雇用均等・児童家庭局長通知雇児発第 051102 号）。これと関連して、児童虐待防止法の改正にあわせて、保育所入所の必要性が高いケースでは、優先的に保育所に入所できるように扱うこととされた（平成 16 年 8 月 13 日厚生労働省雇用均等・児童家庭局長通知雇児発第 0813003 号）。

2004 年 1 月に報道された大阪岸和田市における中学生のネグレクトケースを契機に、厚生労働省・文部科学省から虐待防止――とくにネグレクトと不登校――に関連して相次いで通知が発出された（平成 16 年 1 月 30 日厚生労働省雇用均等・児童家庭局長通知雇児発第 0130001 号他）。早期発見・対応については、民生・児童委員、主任児童委員の積極的対応を求める等、地域での取り組みを強化するための通知が発出され（平成 14 年 5 月 22 日厚生労働省雇用均等・児童家庭局長通知雇児発第 0522001 号）、同時に地域保健による取り組みも強化された（平成 14 年 6 月 19 日厚生労働省健康局長通知健発第 0619001 号）。

子育て支援については、家庭の養育力の低下に鑑みて、具体的な援助、養育相談・育児相談等、訪問による支援を実施することが求められた（平成 16 年 3 月 31 日厚生労働省雇用均等・児童家庭局長通知雇児発第 0331032 号）。また、「養育力」に応じた適切な支援の強化、新生児期および乳幼児期における対応の強化、医療機関との連携の強化、ネットワークの構築と対応の強化、専門的・広域的対応等が強化されることになる等、地域における虐待防止の取り組みが積極的に進められるようになった（平成 16 年 3 月 31 日厚生労働省雇用均等・児童家庭局母子保健課長通知雇児母発第 0331001 号）。

(3) 判　例
①児童福祉法 28 条審判
　第 3 期では児童福祉法 28 条事件の受理件数が急激に増加し、児童相談所に介入的ケースワークの方法が定着しつつあること、虐待ケースが困難化してきている傾向を見てとることができる。公表事例としては、これまでは見られなかった「代理によるミュンヒハウゼン症候群」ケースが紹介され、家庭裁判所での審理の難しさがうかがわれた。また、28 条審判の要件としての「親権者等の同意」に関する事例が紹介され、裁判所による事実認定において虐待の概念がより明確にされてきた。

②民　法
　第 3 期においては、民法 766 条に基づく監護者指定の可否が問題になる事例が複数公表された。第 1 の類型は、第三者（元里親）の監護者指定が争われた事例であり（仙台高裁決定平成 12 年 6 月 22 日、家裁月報 54 巻 5 号 125 頁【判例 6】）、民法 766 条に基づく、子の監護者指定の審判の申立権を有するのは、子の父と母だけであり、第三者である元里親には監護者指定の申立権はないとして、元里親からの指定申立てが却下された。事案は異なるが、福岡高裁決定平成 14 年 9 月 13 日（家裁月報 55 巻 2 号 163 頁【判例 8】）は、子の祖母が自分を監護者として指定することを請求したのに対して、抗告審である福岡高裁決定平成 14 年 9 月 13 日は、度重なる両親の暴力を伴った紛争、父による暴力や性的虐待が加えられている可能性が極めて高いこと等から、親権の行使が子の福祉を害すると認めるべき蓋然性があるとして、原審判を取り消し、監護者をかりに祖母と定めて仮の引渡を命じた。

　第 2 の類型は、父母の離婚に伴い監護権が争われる事例である。新潟家裁審判平成 14 年 7 月 23 日（家裁月報 55 巻 3 号 88 頁【判例 7】）では、子を虐待しそうだとの母自身からの通報に基づき、一時保護後里親委託中の姉弟について、子らを虐待しそうだとの状況も夫との関係から引き起こされた一過的なものと推測し、現実に子らを引き取るかどうかは児童相談所の措置決定によることになるが、妻と夫との監護者としての比較においては、夫が監護者として相応しくないことは明白だとして、妻を監護者として指定した。

　親権喪失事例については、長崎家裁佐世保支部審判平成 12 年 2 月 23 日（家裁月報 52 巻 8 号 55 頁）は、親権者父が、本件子に対して、親権を濫用して日常的な身体的虐待、あるいは性的虐待を加えて、子らの福祉を損なったとして、児童相談所長が親権喪失請求をして認容した。

　第 3 期では、児童虐待に関する損害賠償請求事件が登場する。1 つは、児童相談所に一時保護

第 3 期（2000 年 6 月から 2004 年 4 月まで）

された子の養父と実母が、相談所の所長および職員から児童を帰宅させる条件として離婚を強要されたとして、児童相談所を設置した自治体の首長（知事）と職員個人に対して損害賠償請求を行った事例である（大阪地裁判決平成 13 年 3 月 30 日、判タ 1109 号 149 頁【判例 9】）。名古屋地裁岡崎支部判決平成 13 年 11 月 27 日（LEX/DB　TKC 法律情報データベース：文献番号 28070662【判例 10】）は、原告が、元養父から養子縁組中に性的虐待を受けたとして、また元養母が性的虐待を黙認していたとして、元養父母に対して損害賠償請求をした事例である。

③刑　法
　335 頁以下。

(4) 研究動向
①児童福祉法分野

　2000 年における児童虐待防止法の成立に関連して、同法の施行に関わる関係省庁から通知や解説がなされ（時の動き 50 〜 83 頁、厚生 14 〜 17 頁、時の法令〈通号 1625 号〉43 〜 54 頁、岩井 97 〜 111 頁）、立法に携わった国会議員による解説等も出版された（太田他、石田）。とはいえ、児童虐待防止対策には依然として多くの課題が残されているところから、次の改正に向け、①司法関与のあり方、②強制的立入調査制度、③親子分離中の親権制限、④児童家庭相談の市町村への移譲、が主要な論点としてクローズアップされてきた。また、児童相談所における虐待対応件数増加により、児童相談所の体制強化も課題として浮上してきた。

　虐待問題の重度化、深刻化に対応して、児童相談所から家庭裁判所への児童福祉法 28 条事件申立件数も増加し、裁判所もその対応に追われることになったところから、家庭裁判所の体制として、とくに家庭裁判所調査官の役割や児童相談所との連携等、新たな課題が生じ、これらの問題についての調査研究が進められるようになった。

②民法分野

　第 3 期となると、民法学の領域でも児童虐待に関しての議論がようやく活発になってくる。これまでの時期より論文数は増加してきており、また日本における児童虐待対応の法的問題点も明らかにされてきた時期だといえる。法律系の学会や法律雑誌でも特集が組まれるようになった。このように特集が数回組まれるということは、法律問題としての児童虐待問題という認識が共有されるに至った表れであるといえる。また、外国法に関する研究が引き続き行われ、これらの研究の成果として、日本法に足りないものは何かということがほぼ明らかになってきたのが第 3 期の傾向といえる。

③刑事法分野
　336 頁以下。

④児童福祉分野

　第 3 期では、特殊性を否めない「児童虐待」という概念から、「マルトリートメント（不適

な養育)」にまで広げて捉えようとする動きが顕著である。自ずと、問題意識を全ての子育て家族に共通するものと位置づけることで、児童虐待・マルトリートメントの課題を子育て支援策の一環として据えやすくする意図もうかがわれ、児童虐待が児童福祉の枠を超えた包括的な社会問題であるという理解も広まった。児童虐待と非行、児童虐待と家庭内暴力、児童虐待と親の失業、児童虐待とひきこもり等、従来は別個に取り組まれてきた課題が関連性を重視されるようになってきた。

　この時期、児童養護施設等における子どもへの権利侵害問題が大きく取り上げられた。千葉県や神奈川県での施設内虐待問題がマスコミで報道され、社会的関心事となった。また、事件として大阪府岸和田市における重篤なネグレクト事件が報道され、学校・教育委員会と児童相談所との連携のあり方、学校における不登校対応のあり方が議論され、多くの論文が発表された。

　さらに、市町村レベルでのマニュアル作成が相次いだことも特徴である。それぞれの自治体で、目的別・対象者別に何種類かのマニュアルが、幼稚園・保育所職員向け、学校教職員向け、民生委員・児童委員向け、児童福祉施設・機関向け等に区分されたマニュアルが作成された。

　第3期は、虐待対応の要となる「児童虐待の防止等に関する法律」(2000年11月)が施行された時期であり、それに伴い関係機関との具体的な連携が重要視され、整備が進められた時期でもあった。そして、その連携は、民間機関と行政機関(児童相談所等)による虐待防止活動を目的とした「協定書の締結」という形で具体化した。協定書・覚書の目的は、時期により違いがあり、通告・保護・個人情報保護・ネットワークと様々な段階を経ていくのが見てとれる。

⑤医療・保健・心理分野

　医療・保健・心理分野では、第3期においても第2期で関心の高かった治療に関する研究——とくに治療に関する事例研究——が継続して行われている。『子どもの虐待とネグレクト』(3巻2号・2001)では、「虐待を受けた子どもの治療を考える」の特集が組まれ、様々な事例から専門機関・専門職(医療・保健・心理分野)が、いかに困難なケースに対しても、諦めず地道な取り組み・研究をしているかについて確認することができた。第3期における児童虐待防止法改正(2004年)において、児童虐待を受けた児童等に対する支援(13条の2)、児童虐待を行った保護者に対する指導(11条)規定が盛り込まれたのは、まさしくこれらの議論と研究・実践を踏まえた結果ともいえる。

　第3期は、3年後の改正に向けて、「家族再統合」というキーワードのもとに、親への治療に注目が集まった時期でもある。児童虐待防止法が施行された2000年に、様々な分野の著書において、児童虐待防止に関する特集が組まれ、新しい法律について議論が交わされ、早くも3年後の見直しの時点で改善されるべき内容に焦点を絞り、論述されている著書・論文が制定後まもなく散見されている。

⑥非行・教護分野

　第3期には、児童自立支援施設や情緒障害児短期治療施設・児童養護施設等で、非行傾向のある児童に向き合う際に、その児童の被虐待経験が非行との関連で捉えられ、被虐体経験を考慮した実践が図られている事例報告がいくつか見られた。非行原因としての虐待という視点が明確化

したのが、第3期の特色である。その例として、2000年7月に法務省法務総合研究所が全国の少年院在院者2530人を対象に行った調査や埼玉県立児童自立支援施設である埼玉学園における調査報告がある。非行児童の実践現場が、児童虐待と非行の関連に目を向け、とくに「被虐待児への対応」としての矯正教育実践を模索し始めた様子がうかがわれる。

(吉田 恒雄)

2 法令の動向

(1) 法律改正

　第3期の最重要な法律として、2000年5月24日に児童虐待の防止等に関する法律（児童虐待防止法　法律第82号）が制定された。児童虐待防止法は、児童福祉法の特別法として児童虐待の定義、虐待の禁止、国・地方公共団体の責務、児童虐待の通告、被虐待児の保護（立入調査、警察官の援助）、面会通信の制限等を定めた。これまで、1997年の434号通知等により、主として行政解釈により児童虐待への対応がとられてきたが、解釈上の疑義もあったところから、明文をもって都道府県知事の権限等を定めることにより、明確な法的根拠をもって対応できるようになった。これとあわせて、児童相談所長および児童福祉司の資格、一時保護の期間を原則として2か月に限定する等、児童福祉法の一部も改正された。

　児童福祉法については、2001年11月30日に、認可外児童福祉施設に対する監督の強化、保育士資格の法定化、児童委員の職務の明確化等を定める法改正がなされた（法律第135号）。2004年3月31日の改正（法律第21号）では、都道府県および市町村が設置する保育所の保育の実施に要する費用を国庫負担の対象外とすること、市町村が設置する保育所における保育の実施に要する費用を都道府県の負担の対象外とすること等が定められた。

　2004年12月3日の児童福祉法改正（法律第153号）では、市町村の相談体制の充実、都道府県・児童相談所による市町村に対する援助、児童相談所長が受けるべき研修、児童福祉司の資格、地方公共団体における要保護児童対策地域協議会の設置、児童福祉施設のあり方（乳児院および児童養護施設における児童の年齢要件の柔軟化、児童自立生活支援事業の目的として対象者への就職支援の付加）、里親の権限の強化、要保護児童に対する司法関与の強化（強制入所措置の有期限化、家裁から児相への勧告等）を定める等、児童虐待対策について抜本的な改正が図られた。

　次世代育成・子育て支援分野では、2003年7月に次世代育成支援対策推進法が制定され（法律第120号）、市町村・都道府県、事業主による行動計画等の策定およびその指針、次世代育成支援対策推進センター、次世代育成支援対策地域協議会等について定められた。また、2003年7月16日の児童福祉法改正では（法律第121号）、市町村における子育て支援事業の実施、市町村保育計画の作成等が定められた。

(2) 通　知

①児童虐待防止法施行関連

　2000年5月に成立した児童虐待防止法施行に向けて、「児童虐待防止法の施行について」（平成12年11月20日厚生労働省雇用均等・児童家庭局長通知児発第875号）が発出された。また、同法の施行に鑑み、被虐待児の適切な保護に資することを目的に、一時保護所に心理職員、個別指

導担当職員を配置するものとする通知「一時保護児童処遇促進事業の実施について」（平成13年4月2日厚生労働省雇用均等・児童家庭局長通知雇児発第248号）が発出された。

②里親関係

この時期、被虐待児保護の受け皿としての施設、里親分野の充実を図る通知が数多く出されている。里親については、「里親の認定等に関する通知」（平成14年9月5日厚生労働省令第115号）、「里親が行う養育に関する最低基準」（平成14年9月5日厚生労働省令第116号）、「里親の認定等に関する省令第19条第2項の厚生労働大臣が定める研修」（平成14年9月5日厚生労働省告示第290号）、「里親制度の運営について」（平成14年9月5日厚生労働省雇用均等・児童家庭局長通知雇児発第0905002号）、「専門里親研修の運営について」（平成14年9月5日厚生労働省雇用均等・児童家庭局長通知雇児発第0905503号）、「里親支援事業の実施について」（平成14年9月5日厚生労働省雇用均等・児童家庭局長通知雇児発第0905005号）、里親に関連して「養子制度等の活用について」（平成14年9月5日厚生労働省雇用均等・児童家庭局長通知雇児発第0905004号）が相次いで発出された。とくに新たに創設された専門里親制度は、要保護児童のうち被虐待児を養育する里親として位置づけられ、一定の研修の受講が義務づけられた。また、里親に関する最低基準では、里子に対する虐待の禁止も盛り込まれた。

③施設関係

施設関係では、被虐待児入所の増加に鑑み、小規模施設による養護を目指す通知が出されている。「児童養護施設等のケア形態の小規模化の推進について」（平成16年5月6日厚生労働省雇用均等・児童家庭局長通知雇児発第0506002号）は、被虐待児の特性に応じてできる限り家庭的環境の中での養護の実現に必要な体制の整備を図ることを目的とする通知であり、「児童養護施設等の小規模なグループによるケアの推進における実施指針」（平成16年5月6日厚生労働省雇用均等・児童家庭局長通知雇児発第0506001号）は、その具体的事項を定める指針である。「母子生活支援施設における夫等からの暴力を受けた母子及び被虐待児に対する適切な処遇体制の確保について」（平成13年8月2日厚生労働省雇用均等・児童家庭局長通知雇児発第508号）は、母子生活支援施設におけるDV被害を受けた母子、被虐待児の増加に対応するため、カウンセリング等によるケアのための心理療法担当職員の資格や運営基準等を定める通知である。

④家庭引取り

被虐待児の早期家庭引取りについては、「自立促進等事業の実施について」（平成16年5月11日厚生労働省雇用均等・児童家庭局長通知雇児発第0511002号）、「乳児院等における早期家庭復帰等の支援体制の強化について」（平成16年4月28日厚生労働省雇用均等・児童家庭局長通知雇児発第0428005号）が出された。後者については、「家庭支援専門相談員」を乳児院等に配置する等、被虐待児の入所増加に対する体制の整備が図られた。また、家庭引取り後の支援に関連して、「特別の支援を要する家庭の児童の保育所入所における取扱い等について」（平成16年8月13日厚生労働省雇用均等・児童家庭局長通知雇児発第0813003号）は、児童虐待防止法13条の2第1項により保育所入所の必要性が高いケースについて、優先的に入所できるように扱うこととする通知で

⑤岸和田事件――学校・教育委員会との連携

　2004年1月の報道により明らかにされた中学生のネグレクトケース（いわゆる岸和田事件）は、ネグレクトケースの対応、とくに学校・教育委員会と児童相談所との連携のあり方や強制立入制度の要否について大きな議論を巻き起こした。また、学校における不登校問題とも関連するところから、社会的な関心事となり、国会における児童虐待防止法改正に大きな影響を及ぼした。厚労省からは、「児童虐待防止対策における適切な対応について」（平成16年1月30日厚生労働省雇用均等・児童家庭局長通知雇児総発第0130001号）が出されるとともに、文部科学省との連名通知として「現在長期間学校を休んでいる児童生徒の状況等に関する調査結果とその対応について」（平成16年4月15日文部科学省初等中等教育局児童生徒課長通知初児生第2号）が出された。前者の通知では、児童相談所における情報の共有、学校、警察との連携の他、養育力不足の家庭の早期発見・対応が求められた。後者の通知では、長期の欠席の背景に児童虐待が潜んでいる可能性があるとの認識のもとに、学校での対応や関係機関との連携に努めるものとされた。また、この通知を踏まえて、「『現在長期間学校を休んでいる児童生徒の状況等に関する調査』結果を踏まえた対応について」（平成16年4月15日厚生労働省雇用均等・児童家庭局長通知雇児総発第0415001号）が厚労省から発出された。文部科学省通知としての「児童虐待防止に向けた学校における適切な対応について」（平成16年1月30日文部科学省初等中等教育局児童生徒課長通知初児生第18号）は、都道府県教育委員会から市町村教育委員会に対して、教職員による児童虐待の早期発見・対応、不登校児童の状況の把握、虐待通告等関係機関との連携を求める通知である。

⑥早期発見・対応

　早期発見・対応について、「民生委員・児童委員の研修について」（平成14年5月22日厚生労働省雇用均等・児童家庭局長、社会援護局長連名通知雇児発第0522001号・社援発第0522001号）は、児童虐待相談件数の増加に伴い、児童委員については児童・妊産婦からの相談対応を、主任児童委員については児童虐待の早期発見・対応等を研修内容に含めるものとした。「地域保健における児童虐待防止対策の取り組みの推進について」（平成14年6月19日厚生労働省健康局長通知健発第0619001号）は、保健分野における発生予防のためのハイリスク要因の発見、保健師による訪問指導、ネットワーク会議での役割等、予防に対する組織的取り組みや児童相談所との連携強化を求める通知である。「地域における保健師の保健活動について」（平成15年10月10日厚生労働省健康局総務課長通知健総発第1010001号）および「地域における保健師の保健活動指針について」（平成15年10月10日事務連絡）は、活動上の留意事項を定めるとともに、児童虐待予防対策において専門的な保健サービスを提供するものとした。後者の指針では、児童虐待に関連する保健師の活動内容として、児童虐待状況の把握、支援の必要性の判断、機関連携、ネットワークの構築等が定められた。

⑦介　入

　介入面では、児童虐待通告の増加に伴う児童相談所業務の増加に対応して、「児童家庭支援セ

ンター運営事業の取扱いについて」(平成14年6月19日厚生労働省雇用均等・児童家庭局家庭福祉課長通知雇児福発第0619001号)は、「児童家庭支援センター」を強化するため、その設置要件を緩和した。また、「児童家庭支援センター運営モデル事業の実施について」(平成14年7月17日厚生労働省雇用均等・児童家庭局長通知雇児発第0717003号)は、中核市における児童家庭支援センターの整備を図るモデル事業の実施に関する通知である。

⑧子育て支援

子育て支援については、「養育支援を必要とする家庭に関する医療機関から市町村に対する情報提供について」(平成16年3月10日厚生労働省雇用均等・児童家庭局総務課長通知雇児総発第0310001号)が、医療機関から「養育支援を必要とする家庭」の診療情報の提供が行われるようにするための体制整備等について定めている。「育児支援家庭訪問事業の実施について」(平成16年3月31日厚生労働省雇用均等・児童家庭局長通知雇児発第0331032号)は、家庭や地域における養育力の低下に鑑み、積極的に自ら支援を求めていくことが困難な状況にある家庭、施設退所後のアフターケアが必要な家庭等に対して、安定した養育を可能にするために、家庭内での育児に関する具体的な援助や養育相談・育児相談等、訪問による支援を実施すること求める通知である。「『家庭の養育力』に着目した母子保健対策の推進について」(平成16年3月31日厚生労働省雇用均等・児童家庭局母子保健課長通知雇児母発第0331001号)は、児童虐待死亡事例の検証により指摘された家庭の「養育力不足」について、「養育力」に応じた適切な支援の強化、新生児期および乳幼児期における対応の強化、医療機関との連携の強化、ネットワークの構築と対応の強化、専門的・広域的対応の強化を求めている。「つどいの広場事業の実施について」(平成14年4月30日厚生労働省雇用均等・児童家庭局長通知雇児発第0430005号)は、家庭や地域における子育て支援機能の低下状況の中で、子育て中の親の孤立感、閉塞感等から虐待に至るケースにもつながりかねないところから、子育ての負担感の軽減を目的に、子育て親子の交流、相談援助、情報提供等を行う事業実施に関する通知である。

(吉田恒雄)

3　判例の動向

(1) 児童福祉法

前期において着実な増加を見せていた児童福祉法28条事件の申立件数は、2000年を境にさらに増加する。今期公表された裁判例は全13件であり、うち2件は抗告審決定である。この他に、最高裁判所事務総局家庭局「児童福祉法28条事件の動向と事件処理の実情(平成12年11月20日～平成13年11月19日)」『家裁月報』54巻7号132頁において、5件の28条事件が紹介されている。

①代理によるミュンヒハウゼン症候群が疑われた事例

これまでは見られなかった虐待公表事例として、実母の「代理によるミュンヒハウゼン症候群」が疑われた2事例がある(宮崎家裁都城支部審判平成12年11月15日【判例1】家裁月報54巻4号74頁、札幌高裁決定平成15年1月22日〈原審:釧路家裁北見支部審判平成14年5月31日〉家裁

月報55巻7号68頁)。宮崎家裁都城支部は、母親がほぼ常に児童の下痢量を過大に申告していたこと、虐待告知後に両親が養育態度を改める姿勢を示していないこと等を理由に児童養護施設への入所措置を承認した。札幌高裁は、児童に対する父母の監護養育方法が少なくとも客観的には適切さに欠けていたこと等を理由として児童養護施設への入所措置を承認した原審を支持し、父母の抗告を棄却した。しかし、いずれの事例においても、親子分離後に児童の症状改善が認められるとしながらも、実母の「代理によるミュンヒハウゼン症候群」は疑いにとどまる、あるいは、その認定は困難であるとされている。

②児童福祉法28条にいう「親権者の意に反するとき」の意義

千葉家裁市川出張所審判平成14年12月6日【判例2】は、親権者が児童の性非行を理由とする施設入所措置には同意しているものの、虐待を理由とする施設入所措置には同意しない場合には、「親権者の意に反するとき」に該当するとされた事件である。同意に関してはこれまでも、申立て時には同意をしていないが申立て後に同意をした場合のように、同意の必要な時期を中心として問題とされてきた。本審判は、同意の内容自体について言及した初めての審判例として注目される。裁判所は、「母が虐待を理由とする施設の入所措置に同意しないということは、結局本件措置が親権者の意に反するときに該当することになると解すべきであり、事件本人の性非行を理由とする施設入所の同意をもって児童福祉法28条による同意と見ることはできない」として、児童を児童自立支援施設に入所させることを承認した。

③虐待概念の明確化

なお、今期の傾向としては、裁判所による事実認定において虐待の概念がより明確になってきたことを指摘することができる。これまでの審判例においても、「虐待」「体罰」「監護懈怠」等の言葉は散見されたが、とくに今期以降は「身体的虐待」「心理的虐待」「性的虐待」「ネグレクト」のように、より明確な言葉が用いられるようになっている。虐待問題への一般的な関心の高まりおよび2000年11月20日施行の児童虐待防止法が、裁判例に少なからぬ影響を及ぼしているということができよう。

(阿部 純一)

(2) 民 法

①民法766条に基づく子の監護者指定事件

第3期においては、本案か審判前の保全処分かの違いはあるが、民法766条に基づく監護者指定の可否が問題になる事例が複数現れた。同じく766条に基づくものといっても、監護権が争われる場面は異なる。この期に公表された判例は次のような類型に分けることができる。

i) 第三者(元里親)の監護者指定が争われた事例

原審は、前期(第2期)に属する事件(山形家裁審判平成12年3月10日、家裁月報54巻5号139頁)である。抗告審である仙台高裁決定平成12年6月22日【判例4】が、第3期に含まれる。民法766条に基づく、子の監護者指定の審判の申立権を有するのは、子の父と母だけであり、第

三者である元里親には監護者指定の申立権はないとして、元里親からの指定申立てを却下した事例である。

上の事例では、第三者たる元里親には、民法766条の監護者指定の請求権はないとされたが、福岡高裁決定平成14年9月13日【判例6】は、子の祖母が自分を監護者として指定することを請求した事例である。原審は、福岡家裁久留米支部審判平成14年7月19日（家裁月報55巻2号172頁）である。原審は民法766条の子の監護者指定の請求権について、父母以外の第三者（本件では祖母）が申立権を持つかどうか明確にはしないまま、本件における審判前の保全処分の必要性について検討し、父（職業は医師）による暴力行為や性的虐待があったことは認めながら、親権行使の不適切性を疎明するに足る資料が足りないことを理由の1つとして、本案審判認容の蓋然性、保全の必要性に関しても疎明がないとして申立てを却下した。

抗告審である福岡高裁決定平成14年9月13日は、姉妹のうち姉の保全処分を却下した部分については、度重なる両親の暴力を伴った紛争、父による暴力や性的虐待が加えられている可能性が極めて高いこと等から、親権の行使が子の福祉を害すると認めるべき蓋然性があるとして、原審判を取り消し、監護者をかりに祖母と定めて仮の引渡を命じた。

ii) 父母の離婚に伴い監護権が争われる事例

離婚後単独親権法制をとる日本では、離婚後の子をめぐり、父母が互いに子を押しつけ合う事例もあれば、子の親権者になるために子を取り合う事例もある。少子化も影響してか離婚後の子の親権・監護権をめぐる紛争は増加している。そのような紛争において、自らの手元に子をおくために（法的手段としては、親権者に指定される場合と、親権者には指定されないが監護（権）者に指定される場合があり得る）、相手方が子に対して虐待行為を働いているので子の監護者としては不適切であるという主張がなされることがある。この場合、虐待が本当に存在する事例もあるが、子の監護養育から相手方を排除するために、単に方便として虐待の主張がなされる事例もある。このような事例では、虐待の存否が児童相談所の調査資料や家裁調査官による調査によって確認されることになる。

新潟家裁審判平成14年7月23日【判例5】では、子を虐待しそうだとの母自身からの通報に基づき、一時保護後里親委託中の姉弟について、子らを虐待しそうだとの状況も夫との関係から引き起こされた一過的なものと推測し、現実に子らを引き取るかどうかは児童相談所の措置決定によることになるが、妻と夫との監護者としての比較においては、夫が監護者として相応しくないことは明白だとして、妻を監護者として指定した。

②児童相談所長が申し立てた親権喪失

民法834条に関連する公表審判例は、相変わらず少ない。長崎家裁佐世保支部審判平成12年2月23日（家裁月報52巻8号55頁）は、親権者父が、本件児童らに対して、親権を濫用して日常的な身体的虐待、あるいは性的虐待を加えて、児童らの福祉を損なったとして、児童相談所長が親権喪失請求をして認容された事例である。児童相談所長からの親権喪失請求が行われる典型的なタイプの事例であるが、逆の言い方をすると、子の福祉の危険が本件のように大きなものにならないと親権喪失請求は行われないということになろう。

③損害賠償請求事例

　従来公刊された児童虐待に関する判例は、児童福祉法や民法上の制度によっていかに児童虐待もしくは虐待する保護者に対応するかというものがほとんどであった。3期では、損害賠償請求事件が登場する。

　一件は児童相談所に一時保護された児童の養父と実母が、相談所の所長および職員から児童を帰宅させる条件として離婚を強要されたとして、児童相談所を設置した自治体の首長（知事）と職員個人に対して損害賠償請求を行った事例である。大阪地裁判決平成13年3月30日（判タ1109号149頁【判例7】）がそれである。

　もう一件は、原告が、元養父から養子縁組中に性的虐待を受けたとして、また元養母が性的虐待を黙認していたとして、元養父母に対して損害賠償請求をした事例がある。名古屋地裁岡崎支部判決平成13年11月27日（LEX/DB　TKC法律情報データベース：文献番号28070662【判例8】）。

（鈴　木　博　人）

(3) 刑事法

357頁以下。

4　法学研究の動向

(1) 児童福祉法分野

①児童虐待防止法の成立

　第3期の最大のトピックは、児童虐待防止法が成立し、施行されたことである。同法は、児童福祉法の特別法と位置づけられ、児童虐待の特徴に鑑みて機関連携や虐待通告における守秘義務免除の法定化等が規定された。児童虐待防止法の内容は、そのうちいくつかは厚生省児童家庭局長による1997年の434号通知ですでに行政解釈として示されていたが、同法により法定化されたことで、その後の児童虐待対応の効果的な手段とされた。また、虐待対応には多くの機関が関与するため、同法の施行に関わる関係省庁から通知や解説がなされ（時の動き・2000、厚生・2000、時の法令・2000、岩井・2000）、立法に携わった国会議員による解説等も出版されている（太田他・2001【文献15】、石田・2005【文献14】）。

②改正法運用上の課題

　児童虐待防止法は制定されたものの、現実には様々な課題が残された。とくに次の改正に向けた大きな論点は、i) 司法関与のあり方、ii) 強制的立入調査制度、iii) 児童家庭相談の市町村への移譲、であった。

　司法関与については、立入調査や一時保護等、行政権限の行使に対する司法による監視が想定される。この点については、平湯論文（平湯・2003）や津崎論文（津崎・2003）があるが、岩佐論文は、弁護士として児童虐待事件を扱った経験をもとに、司法関与による強制開錠の制度化、児童相談所の申立による子の監護内容を変更する裁判の仕組み、親権の一部停止等を提案している（岩佐・2001【文献3】）。強制立入制度の実現には、児童相談所における保護者等からのリアクションの実情把握が不可欠である。才村報告では、保護者からの物理的・法的リアクションが深

刻になっている状況が示されており、その後の法改正の議論に向けた重要な資料が提供されている（才村他・2001、西本・2001）。なお、強制的立入調査は、2007年の児童虐待防止法改正により、児童相談所による臨検・捜索制度として実現した。

　児童相談所における虐待対応件数の増加により、児童相談所の機能不全が強調されるようになってきた。他方で、社会福祉基礎構造改革の延長線上の問題として、従来、都道府県が主として担ってきた児童家庭相談の市町村移譲問題が浮上してきた。日本子ども家庭総合研究所による調査が進められ、市町村における児童家庭相談体制のあり方が検討された（柏女他・2001、加藤他・2001）。この点については、2004年の児童福祉法改正により、市町村が児童家庭相談の第一義的窓口とされ、同時に主に虐待問題に対応する「要保護児童対策地域協議会」が設置されることになった。

③裁判所の取り組み

　虐待問題の重度化、深刻化に対応して、児童相談所から家庭裁判所への児童福祉法28条事件申立件数も増加し、裁判所もその対応を迫られることになった。

　家庭裁判所の体制として、とくに家庭裁判所調査官の役割や児童相談所との連携等、新たな課題が生じてきた。これらの問題についての調査研究が進められ（家庭裁判所調査官研修所監修・2003【文献8】）、児童虐待問題に家庭裁判所が組織的に対応する状況となった。

　最高裁は、2002年以降、家庭裁判所が受理した28条事件について定期的にその傾向を報告し、家庭裁判所に現れる事案の特徴を公表している（最高裁判所事務総局・2002）。また、家庭裁判所に現れた非行事件の背景に虐待問題が潜んでいることに注目し、虐待が生じる家族の特性や虐待が非行に転化するメカニズムを明らかにする研究も行われた（橋本・2004【文献6】）。

④法改正に向けての提言等

　児童虐待防止法は成立したものの、児童相談所や施設等の現状はますます厳しくなり、同時に介入的ケースワークの必要性が強調されるにつれて、裁判所対応も児童相談所や施設の重要な課題となった。さらに、児童相談所等に対する保護者からの反発も強くなり、被虐待児保護のために、保護者の権利制限や強制権限行使が必要とされる場面が増えてきた。

　他方で、子どもの権利条約の視点から家族再統合の視点が強調され、再統合に向けた親指導の重要性が認識されるようになった。しかし、児童相談所等からの働きかけにもかかわらず保護者がその指導に応ずることなく、強行に被虐待児の引取りを強要するケースも目立つようになった。加えて、保護者の意に反する28条審判に基づく入所措置に対する保護者の引取り請求権や子どもの権利の問題が指摘され、それに対する司法関与の必要性が指摘されるようになった。

　こうした諸状況から、次の改正に向けて様々な分野から改正の提言が行われたのも第3期の特徴である。例えば、日本子ども虐待防止学会は、その機関誌で特集を組み、医師や弁護士等からも改正のための意見が述べられた（日本子ども虐待防止学会・2003【文献2】）。法律家からの提言としては、磯谷論文が親子分離中の親の権利制限に言及し（磯谷・2000）、平湯論文が日本子ども虐待防止学会理事会の改正提言を解説している（平湯・2002）。また、国や研究者による立法論的研究（筒井・2002、吉田・2003【文献4】）、比較法的観点からの研究（土屋・2004、松井・

2003、才村・2004)、多面的な検討がなされ、次回法改正に向けて大きな関心が寄せられた。

　家庭に対する国家の積極的介入は、憲法13条その他人権問題に密接に関わる問題であり、国による家庭への介入のあり方も憲法上の観点から積極的に議論されるようになった(特別企画・2000【文献7】)。

　こうした流れを受けて、国は児童虐待防止法・児童福祉法の改正作業に着手し、社会保障審議会において大幅な見直しに向けて動き出すことになった(厚生労働省社会保障審議会児童部会における児童虐待防止法制度改正の方向に関する議論については215頁以下を参照されたい)。

【参考文献】

橋本和明『虐待と非行臨床』創元社、2004年【文献6】

林陽子「児童虐待防止法を検討する――フェミニズムの視点から」(『子どもの虐待とネグレクト』2巻2号、2000年)219〜224頁【文献13】

平湯真人「虐待問題への司法関与:議論状況と理論的実際的問題点」(『子どもの虐待とネグレクト』5巻2号、2003年)308〜313頁

平湯真人「児童虐待防止法・児童福祉法改正への提言および意見――JaSPCAN理事会案(平成14年11月28日)」(『子どもの虐待ネグレクト』2巻2号、2002年)204〜209頁

「法制定の経緯と概要」(特集　児童虐待の防止等に関する法律の概要)(『厚生』55巻9号、2000年)14〜17頁

石田勝之『子どもたちの悲鳴が聞こえる――児童虐待防止法ができるまで』中央公論事業出版、2005年【文献14】

磯谷文明「親の権利主張をめぐって」(松原康雄・山本保編『児童虐待――その援助と法制度』エデュケーション、2000年)

岩井宜子「『児童虐待の防止等に関する法律』制定と今後の課題」(『警察学論集』53巻10号、2000年)97〜111頁

岩佐嘉彦「弁護士から見た児童虐待事件」(『家庭裁判月報』53巻4号、2001年)1〜32頁【文献3】

柏女霊峰他「子ども家庭相談体制のあり方に関する研究(2)市町村保健センターの運営及び子育て相談活動分析」(『日本子ども総合研究所紀要』38号、2001年)49〜64頁

家庭裁判所調査官研修所監修『児童虐待が問題となる家庭事件の実証的研究――深刻化のメカニズムを探る』司法協会、2003年【文献8】

加藤曜子他「市町村虐待防止ネットワークの実態と課題について――市町村ネットワーク事例調査から」(『日本子ども総合研究所紀要』38号、2001年)297〜306頁

厚生労働省雇用均等・児童家庭局「『児童虐待への対応など要保護児童および要支援家庭に対する支援のあり方に関する当面の見直しの方向性について』の取りまとめについて」(『厚生労働』59巻1号、2004年)28〜30頁

森莞治他「児童虐待に関連する家事事件の調査方法及び関係機関との連携」(『家庭裁判月報』52巻10号、2000年)123〜207頁【文献12】

松井一郎「児童虐待の国際比較」(『子どもの虹情報研修センター紀要』創刊号、2003年)77〜81頁

西本美保他「立入調査とケースワークについて考える」(『子どもの虐待とネグレクト』3巻2号、2001年)320〜324頁

太田誠一・田中甲・池坊保子・石井郁子・保坂展人『きこえますか子どもからのSOS――児童虐待防止法の解説』ぎょうせい、2001年【文献15】

最高裁判所事務総局「児童福祉法28条事件の動向と事件処理の実情〈資料〉」(『家裁月報』54巻7号、2002年)132〜152頁

斎藤学「児童虐待に関する加害者治療モデル――精神医学の現場から」(『子どもの虐待とネグレクト』2巻2号、2000年)229〜233頁

才村純「資料解説　子ども虐待へのとりくみ――子ども虐待対応資料集」(『別冊発達』26号、2001年)2〜9

頁
才村純他「児童虐待対応に伴う児童相談所への保護者のリアクション等に関する調査研究」(『日本子ども総合研究所紀要』38号、2001年)
才村純「ドイツ・フランスの児童虐待防止制度——視察結果の概要」(『子どもの虹情報研修センター紀要』2号、2004年)107～113頁
坂井聖二「『児童虐待防止の防止等に関する法律』は医療現場にどのような影響を及ぼすか?——小児科医の感想的メモ」(『子どもの虐待とネグレクト』2巻2号、2000年)225～228頁
塩見准一「児童虐待が問題となる家事事件における家庭裁判所と児童相談所との連携の実情及びその在り方」(『調研紀要』75号、2003年)47～66頁
髙橋重宏他「児童福祉司の職務とストレスに関する研究(子ども虐待に関する研究(5))」(『日本子ども総合研究所紀要』38号、2001年)7～26頁
『時の法令』(1625号、2000年)43～54頁
特別企画「検証・『民事不介入』の揺らぎ」(『法学セミナー』550号、2000年)【文献7】
「特集 児童虐待を防ぐ」(『時の動き』44巻8号、2000年)50～83頁
富山豊「家庭裁判所における児童虐待の取扱いについて」(『ケース研究』270号、2002年)165～174頁【文献9】
津崎哲郎「親権の制限・回復、立入り調査、性的虐待裁判をめぐって」(『子どもの虐待とネグレクト』5巻2号、2003年)301～307頁
土屋恵司「児童虐待防止及び対処措置並びに養子縁組改革——『2003年児童及び家族の安全保持法』による改正後の合衆国法典第42編〔保健及び福祉〕第67章〔児童虐待防止及び対処措置並びに養子縁組改革〕の規定(アメリカ合衆国における児童虐待の防止及び対処措置に関する法律)」(『外国の立法』219号、2004年)10～66頁
筒井隆志「現代家族の危機——児童虐待・DVへの政策的対応」(『立法と調査』230号、2002年)52～55頁
日本子ども虐待防止学会「特集2 児童虐待防止法をめぐって」(『子どもの虐待とネグレクト』2巻2号、2000年)219～233頁【文献2】
日本子ども虐待防止学会「特集1 児童福祉に果たす司法の役割」(『子どもの虐待とネグレクト』5巻2号、2003年)
吉田恒雄編著『児童虐待防止法制度——改正の課題と方向性』尚学社、2003年【文献4】

(吉田 恒雄)

(2) 民法分野

①民法学の動向

　第3期になると、民法学の領域でも児童虐待に関しての議論がようやく活発になってくるが、福祉分野や医療分野に比べると、児童虐待をテーマにした論考は少ない。しかし、民法学分野の中での議論として見ると、これまでの時期より論文数は増加してきており、また日本における児童虐待対応の法的問題点も明らかにされてきた時期だといえる。

　民法学の動向という項目での整理であるが、公表された文献を見ていくと次の点に気づく。すなわち、まず第1に、民法学とはいっても、直接民法の条文に関する議論がなされているとは限らないという点である。民法上の制度で児童虐待に関わるのは、親権制度である。民法の親権法条文を直接考察の対象にするものは少なくても、親子分離のように親の権利制限を伴うときには、親権との関連を論じなければならないことになる。こうしたことから、児童虐待防止法や児童福祉法28条の問題ではあるが、本節で取り上げなければならないものもある。児童福祉法28条審判事件の判例研究や判例紹介は、そのほとんどが民法学者により行われているということにも上の事情は現れている。

第 3 期（2000 年 6 月から 2004 年 4 月まで）

　第 2 に、第 3 期は、民法上の問題であるが、「しつけ」や「懲戒」というテーマをめぐって、法律学専攻者ではない、教育学や福祉学専攻者による論考がいくつか見られる。

　日本家族〈社会と法〉学会第 17 回学術大会が、2000 年 11 月 11 日に「児童虐待の法的対応」をテーマにして立命館大学で開催された。学術大会開催自体は、本研究の第 2 期になるが、機関誌である『家族〈社会と法〉』第 17 号の刊行が第 3 期に含まれる。家族法に関する学会が研究大会のテーマとして初めて児童虐待問題を取り上げた意義は大きい。このことと並んで、第 3 期には関連するテーマで、いくつかの雑誌特集が組まれている。年代順に挙げると、2000 年に「児童虐待の実態と法的対応」【文献 16】、2001 年に上記学会の「児童虐待の法的対応」【文献 17】、2003 年に「子どもの権利擁護と自己決定——子ども観の転換を基軸に」【文献 22】、【文献 23】である。このように特集が複数回組まれるということは、法律問題としての児童虐待問題という認識が共有されるに至った表れであるといえる。

　また、第 3 期も上記特集等に含まれるものも含めて、外国法に関する研究が引続き行われている。主要文献として解説されているものの他にも、佐藤和英「ドイツにおける『児童虐待』に関わる家庭裁判所の手続及び少年局の活動について」『ケース研究』277 号（2003：179 ～ 189 頁）、岩志和一郎・鈴木博人・髙橋由紀子「ドイツ『児童ならびに少年援助法』全訳（1）（2）（3・完）」『比較法学』（1）36 巻 1 号（2002：303 ～ 317 頁）、（2）37 巻 1 号（2003：219 ～ 231 頁）、（3）39 巻 1 号（2006：267 ～ 294 頁）を挙げることができる。佐藤の論考は、家裁調査官として 1998 年にドイツ連邦共和国・ハンブルクでの実務をレポートしたものである。岩志らのドイツの児童ならびに少年援助法の全訳の意義は、ドイツ民法・福祉法を学ぶ者にとって大きい。ただし、その後の大規模改正により現在では内容が大きく変わっている部分もあり、2007 年 3 月に全面改訂訳が公表されている（研究代表者岩志和一郎『子の権利保護のためのシステムの研究——実体親権法と児童福祉法制の連動のあり方』平成 17 年度～ 18 年度科学研究費補助金〈基盤研究（C）一般〉研究成果報告書）。

　これらの研究の成果として、日本法に足りないものは何かということがほぼ明らかになってきたのが今期の特色といえる。

　まず、アメリカ法、イギリス法、ドイツ法と比較して、児童虐待への法的介入に際して、日本法は親の権利保障、適正手続保障（デュー・プロセス）を欠いているという点である。親権への介入の仕方や法的措置をとった後の親権制限、最終的には親権剥奪の効果は、諸外国は迅速かつ強力であるが、他面親の権利を保障する十分な手続的保障を講じている。時として、日本では親権が強すぎるとか、子の保護にあたって親権の壁を乗り越えるのは容易なことではないと主張される。しかし、外国法比較の結果、このような主張はかなり特殊な主張であることが浮き彫りになったのがこの時期であるといえる。

　外国法との比較では、親権という名称の変更も含めた親権概念の転換がいわれる中、子に対する義務性が強調されつつも親の権利性の保障は各国法とも確固たるものがあるという側面が明らかになった。例えば、【文献 17】の『家族〈社会と法〉』での鈴木の論考や、荒川【文献 20】、和田【文献 25】によるドイツの状況、【文献 17】での許の論考や小泉【文献 19】によるイギリスの状況、山口【文献 21】や野瀬【文献 24】によるアメリカ法の状況等を見ると、日本法の親の権利制限に対する手続的保障が非常に甘いのがはっきりする。また、荒川と和田は、ドイツの親

権概念の転換と懲戒権やしつけの問題を論じるが、ドイツ法では懲戒権が否定されたことはないということ、一度懲戒権規定がなくなったのは、父しか懲戒権を持たなかったことから男女同権法の制定に伴い懲戒権規定が姿を消したのであって、懲戒権そのものが否定されたかのような議論は誤りであることを明らかにした。

次に、外国法はパーマネンシーの保障、もしくは同じことだがパーマネンシー・プランニングという考え方の採用が各国で行われ、児童虐待への法的対応もこの援助計画に基づいてなされていることが明らかになった。これに対して、日本では援助計画の策定は児相まかせで法的な規整の対象にさえなっていない。パーマネンシーの保障という考え方は、いまだ日本法には採用されていないといえる。最も鮮明な法改正を行ったのは、マーク・ハーディンや山口によるとアメリカ連邦法のASFA（養子縁組ならびに安全家庭法）であろう。さらに、ASFAに限らず、永続的な家庭の保障ということになると、実親の家庭への復帰を目指す場合の里親制度の利用問題と、家庭復帰が不可能になったときには養子縁組へとつないでいくシステム（例えば、後見制度の充実も含めて）が日本法では決定的に欠けている。この原因は、繰り返しになるが、パーマネンシーの保障という考え方が法律上受容されていないことにある。これは、虐待防止法という法律が制定されていても、民法と児童福祉法といういわば虐待問題に対応するための基本法の連携が依然としてうまく行われていないということでもある。

外国法比較が、日本法について明らかにした3つ目は、親の権利保障についても子のパーマネンシーの保障についても司法（裁判所）の関与が少ないということである。外国法では、ケースの全体的進行を裁判所が把握し、判断を下すのに対して、日本の司法関与は部分的であり、パーマネンシーの保障に至っては、そもそも日本法には子にとってのパーマネンシーの保障という視点が組み込まれていない。司法関与は、児童福祉法28条に規定されているように、児童相談所が、親の意思に反して子を保護して里親委託や施設入所させたい場合と、この措置を2年を超えて更新するときに、家庭裁判所の承認を要するという形で登場する。この2年ごとの家庭裁判所による承認という手続きは、第4期の冒頭に位置づけられるべき2004年12月の児童福祉法改正によって導入されたものである。この制度の導入により、裁判所が児相の判断の正当性をチェックするという機能は果たされることになる。しかし、ケースの進行全体について裁判所が関与して、児相の判断をチェックすることはない（例えば、一時保護が行われても、それを裁判所が審査する仕組みにはなっていない）。

以上のような仕組みは、ケースの節目ごとに裁判所が関与するようにして、子の福祉の確保と福祉機関の監督を行う欧米諸国の制度とは大きく異なる。

以上のように、第3期は、民法学では、今後日本法が克服していかなければならない非常に大きな問題点が鮮明にされた時期であるといえる。

【参考文献】

荒川麻里「ドイツにおける親の懲戒権の明確化――『民法1631条2項の改正に関する法律案（虐待禁止法案）』（1993年）の検討を通して」（筑波大学教育制度研究室『教育制度研究紀要』2号、2001年）45～56頁【文献20】

岩志和一郎・鈴木博人・髙橋由紀子「ドイツ『児童ならびに少年援助法全訳（1）（2）（3・完）』(1)（『比較法学』36巻1号、2002年）303～317頁、(2)（『比較法学』37巻1号、2003年）219～231頁、(3・完)（『比

較法学』39巻1号、2007年）267～294頁
岩志和一郎・鈴木博人・髙橋由紀子『子の権利保護のためのシステムの研究――実体親権法と児童福祉法制の連動のあり方』（平成17年度～18年度科学研究費補助金〈基盤研究（C）一般〉研究成果報告書）2007年、1～141頁
小泉広子「イギリス1989年子ども法における子どもの緊急保護制度」（『長崎国際大学論叢』1巻、2001年）357～367頁【文献19】
「特集　児童虐待の実態と法的対応」（『ジュリスト』1188号、2000年）2～47頁【文献16】
佐藤和英「ドイツにおける『児童虐待』に関わる家庭裁判所の手続及び少年局の活動について」（『ケース研究』277号、2003年）179～189頁
「特集　子どもの権利擁護と自己決定――子ども観の転換を基軸に」（『法律時報』75巻9号、2003年）4～65頁【文献22】【文献23】
日本家族〈社会と法〉学会「児童虐待の法的対応」（『家族〈社会と法〉』17号、2001年）19～198頁【文献17】
野瀬綾子「児童虐待当事者の権利擁護と福祉サービスの管理――アメリカの児童保護システムからの示唆（一）、（二・完）」（一）（『民商法雑誌』128巻4・5号、2003年）161～199頁、（二・完）（『民商法雑誌』128巻6号、2003年）770～802頁【文献24】
マーク・ハーディン／桐野由美子訳「アメリカ合衆国のAdoption and Safe Families Act of 1997（養子縁組および安全家庭法――養子縁組、里親養育を中心とした児童保護システム」（『新しい家族――養子と里親制度の研究』39号、2001年）36～55頁【文献18】
山口亮子「児童虐待法制度をめぐる日米の状況」（『山梨大学教育人間科学部紀要』4巻1号、2002年）206～220頁【文献21】
和田美智代「『しつけ』と児童虐待――改正ドイツ民法1631条を手がかりに」（『21世紀における社会保障とその周辺領域』編集委員会編『21世紀における社会保障とその周辺領域――古橋エツ子先生還暦記念論文集』法律文化社、2003年）229～242頁【文献25】

（鈴木　博人）

(3) 刑事法分野

363頁以下。

(4) 児童福祉分野

①子育て支援との関連

　特殊性を否めない「児童虐待」という概念から、「マルトリートメント（不適切な養育）」にまで広げて捉えようとする動きがこの期には顕著である。問題意識を全ての子育て家族に共通するものと位置づけることで、児童虐待・マルトリートメントの課題を子育て支援策の一環としやすくする意図もうかがわれる。広く子育て支援の範疇においたことで、虐待原因を虐待者の人格の外に求める視点も生まれ、虐待の背景として「わが国経済の歪み」（「第56回全国児童養護施設長研究協議会開催要項・趣旨」・2002）が指摘される等、児童虐待が児童福祉の枠を超えた包括的な社会問題であるという理解も広まった。「やめて、きづいて、たすけて」と訴えた厚生労働省の啓発ポスター（2001年）にも、虐待を当該家族だけでなく、周囲の関心をも巻き込んだ問題として認識しようという姿勢が表れている。広く福祉関係者の読者を持つ『月刊福祉』は2002年11月に「児童虐待」の特集を組んだが、専門各職からも幅広い実践事例の他に、社会福祉協議会と保健機関による予防活動、子どもと家族への支援の項目を目次立てしており、ここにも第3期の虐待理解の特色が読み取れる。

　経済の歪みにまで言及する等、虐待を当該家族内だけの問題として見ない姿勢は、自ずと視野

の広がりを生じさせた。児童虐待と非行、児童虐待と家庭内暴力、児童虐待と親の失業、児童虐待とひきこもり等、従来は別個に取り組まれてきた課題が関連性を重視されるようになってきた。その一例として、2001年のDV法の成立前後から、DVを目撃した子どもへの影響が取り沙汰されるようになり、DVの目撃は心理的虐待にあたるという問題提起がなされ始めた（河合他・2001、二宮・2001）。

第3期には、児童虐待対応の中でも、子どもの保護を目指す従来の考え方から一歩進んで、家族の再統合がゴールに据えられるようになった。いったん虐待が起こった家族に対しても、子育て支援の枠で援助プログラムの可能性が探られる。家族の再統合のモデルを描きやすくなった背景には、いうまでもなく、児童虐待防止法が第11条で虐待を行った保護者の「指導を受ける義務」を明文化したことにある。虐待を行った親の「指導を受ける義務」は、裏返せば、児童福祉行政が虐待を行った親を切り捨てずに「行政指導」によってその子育てを支援していくと約束したことを意味する。この法制化を契機として、具体的な保護者指導の方法が模索されるようになった。こうした流れを汲んで、愛知県で2003年に編まれた『被虐待児童の家庭復帰のための保護者指導マニュアル』は特筆に価する。

一方で、国による児童虐待予防に関する方向性がはっきりと見えてきたのも、第3期の特徴である。まず、2000年に策定された「健やか親子21検討会報告書――母子保健の2010年までの国民運動計画」において、21世紀にさらに深刻化すると予想される課題として「育児不安と子どもの心の発達問題、児童虐待」が取り上げられている。この視点は、2002年6月に出された厚生労働省健康局長・雇用均等児童家庭局長通知「地域保健における児童虐待防止対策の取組の推進について」（添付資料として「子どもの虐待予防のための保健師活動マニュアル」2001年度厚生科学研究）、次いで2003年5月の厚生労働省健康局長通知「地域保健対策の推進に関する基本的な指針の一部改正について」で、児童虐待を含めた親子の心の健康問題への取り組み強化を21世紀の母子保健の主要課題の1つとして位置づけることで確認された。

また、2003年6月の厚生労働省社会保障審議会児童部会「児童虐待の防止等に関する専門委員会報告書」で、児童虐待の予防のためには、一般的な子育て支援の充実に加えて、支援を必要とする人にきめ細かな専門的な支援の重点化を図る必要があることが指摘された。これらの鍵となるのは、母子保健活動であるために、母子保健領域に児童虐待防止の役割を負わせたマニュアルが散見される（例えば、母子保健マニュアル〈児童虐待予防編〉作成委員会・2004）。

児童虐待の予防を視野に入れながら、子育て支援ネットワークの充実を模索する自治体も多い。縦割り行政のあり方が批判対象となってきた日本の福祉行政現場で、従来、ネットワークは有効な機能を果してこなかった。そのため、地方自治体現場ではネットワークの必要性の認識が薄く、先駆的な取り組みの調査から開始する自治体も少なくない（例えば、広島県福祉保健部福祉保健総務室児童支援室・2004、なお先駆的取り組みの市町村としては、神奈川県藤沢市・静岡県沼津市・同浜岡町・大阪府泉大津市・同門真市・同和泉市・同堺市・福岡県中間市・同水巻市が挙げられている／加藤他・2002）。

児童虐待の予防と広く一般家庭への子育て支援をねらいとして、児童相談の枠組みを主任児童委員からさらに大きく広げた「地域協力員」制度が各地で見られるようになってきたのも、この期の特色である。自治体ごとに規定は様々であるが、主任児童委員の他、保育士や教師等の子

もに関わる専門職の有資格者を対象に一定の研修を経て認定し、地域での児童虐待事例の掘り起こしと児童相談所への通告、児童相談所から委託された事例の支援・援助活動と、より地域に根ざした組織として活動することが期待されている。地域社会の崩壊が指摘されて久しいが、以前の日本社会にあった地域共同体の子育てネットワークを人為的に再生させようという試みであろう。しかしながら、人為的なネットワークの有機的機能が困難なことは、「地域協力員」マニュアルが各地で多く作られていることからも容易に想像される。専門知識・専門職資格を典拠に行政から認定された「地域協力員」はマニュアルに手がかりを求めながら、本来はプライベートな領域である近所の子育てに関わっていくのが今日の限界である。その構造的な矛盾を物語るかのように、マニュアル自体が、地域協力員には児童相談所への通告を第1に求めながら、一方で弁護士会や警察の虐待対応機能を紹介しこれらに連絡をとることを勧める等、スタンスが判然としない例も見られる（一例として、札幌市児童福祉総合センター相談判定課・2001）。模索が続いているといえるだろう。

こうした地方自治体ごとの取り組みが活発化する中で、改めて自治体行政の限界が浮かび上がってきたのもこの期の特色の1つといえる。森望はこの期に見られた各領域の取り組みに広く目配りしながら、課題を列挙している（森・2001【文献27】）。

加えて指摘しておかねばならないのが、この期に見られた、児童養護施設恩寵園の事件への取り組みである。児童虐待を受けた子どもの親子分離後の受け皿として主要な役割を担うべき児童福祉施設の現場で長年にわたり施設長や職員による子どもへの虐待が行われていた事実は、施設が次の児童虐待の現場ともなり得る構造的な危険性を改めて示すものである。その現実をどう乗りこえていくかが、児童福祉施設現場の今後への課題であろう。

子どもの健全な育成を保障する児童福祉の観点からは、これまでに概観した通り児童虐待の防止と対策が展開されていく一方、同じく子どもの健全な育成を支援する教育の領域が、こと児童虐待対策に対しては後手に回っていることを露呈させたのが岸和田事件であった。大阪府岸和田市で不登校児童が自宅で保護者からの虐待を受けていたことが発覚したこの事件では、不登校の事実を学校がつかんでおり、家庭訪問をしながら虐待の事実に気がつかなかった。学校が、子ども本人に直接会って安否を確認する等の初歩的な対応も果たせずに時間を経過させたことが虐待の重篤化を招いたことは否定できない。福祉的視点に立ったアセスメントができていれば早期に救済できた可能性が高いと考えられ、教育分野の生徒指導の領域に福祉分野の対人援助の方法論が全く生かされていないことが悔やまれた。

その背景としては、「これまで学校は虐待の切り口で子どもの問題行動に取り組んだ経験がない」という教育現場の実態が指摘されている（兼田・2004：332頁）。児童虐待が社会問題として広く関心を引いた後にも、児童虐待防止法が編まれ教育関係者が早期発見の努力を求められる者として掲げられた後でも、「虐待問題に関して学校関係者の関心は薄い」現実は変わっていない。「その実態として2000年に愛知県で行われた日本子どもの虐待防止研究会学術集会（あいち大会）当時、会員名簿で小・中・高校・養護学校の関係者を拾い上げたが、1000名の会員中にたったの10名程度であった」（兼田・2004：334頁）という報告もある。教育の領域で主要な雑誌の1つである『教育』（教育科学研究会編、国土社）は、2002年10月号で「児童虐待と支援・援助の諸相」という特集を組んだ。教育現場からの実践報告、被虐待体験者の報告等、虐待問題に向き合

う教育分野の姿勢を模索する上で貴重な論考が集められている。しかしながら、論文表題に「虐待」の用語を含まないためにキーワード検索の対象から外れる等、虐待対応の経験や学びを専門領域をこえて広く共有しようという共通認識が確立しているとはいいがたい。

社会的にはすでに児童福祉の領域を中心に、児童虐待の専門家でなくとも子どもと向き合う職業の人が児童虐待を発見し、専門機関につなぐ方法論が具体的に構築され、啓蒙活動が展開され始めている。こうした現状に鑑みて、教育領域の意識の変革が求められよう。教護・非行の領域が、後述のように、非行原因としての虐待という視点を持つことで、子ども理解が深まり問題の本質に近づき得るようになったのと同様に、教育もまた児童福祉の成果を取り入れることで、子どもの問題行動の原因としての虐待という視点を持ち、児童・生徒指導の質的向上が望めると期待される。

【参考文献】
愛知県『被虐待児童の家庭復帰のための保護者指導マニュアル（試案）』愛知県、2003 年【文献 32】
母子保健マニュアル（児童虐待予防編）作成委員会編『母子保健マニュアル――児童虐待予防編（乳幼児健康診査マニュアル別冊）』北海道保健福祉部子ども未来づくり推進室、2004 年
広島県福祉保健部福祉保健総務室児童支援室『児童家庭地域相談システム開発事業 調査研究プロジェクト（市町村育成）報告書〜子どもや家庭へのネットワーク型支援〜』広島県福祉保健部福祉保健総務室児童支援室、2004 年
兼田智彦「岸和田事件をめぐって――学校関係者として」（『子どもの虐待とネグレクト』6 巻 3 号、2004 年）332 頁
加藤曜子他『市町村児童虐待防止ネットワーク調査研究報告書』平成 13 年度児童環境づくり調査研究事業、2002 年
河合容子他「ドメスティック・バイオレンスと子ども」（『子どもの虐待とネグレクト』3 巻 1 号、2001 年）138 〜 140 頁
教育科学研究会編「支援・援助の諸相」（特集 児童虐待と支援・援助）（『教育』52 巻 10 号、2002 年）
森望「子ども家庭福祉と自治体行政――子育ての社会化と地方分権パラダイム」（『社会福祉研究』82 号、2001 年）27 〜 35 頁【文献 27】
二宮恒夫「ドメスティック・バイオレンスの目撃による心的外傷の 2 例」（『子どもの虐待とネグレクト』3 巻 2 号、2001 年）313 〜 319 頁
札幌市児童福祉総合センター相談判定課『児童虐待予防地域協力員活動ハンドブック』札幌市児童福祉総合センター相談判定課、2001 年

②児童虐待防止のための「マニュアル」

第 3 期には、市町村レベルでのマニュアル作成が相次いだ。それぞれの自治体で、目的別・対象者別に何種類かのマニュアルを作成しているのが特徴であり、通常、幼稚園・保育所職員向け、学校教職員向け、民生委員・児童委員向け、児童福祉施設・機関向け等の区分がなされている。いずれの場合も、既存の各領域の行政サービスをいかに駆使して児童虐待の予防と対応に向き合うかを主題としており、必ずしも法的手段の周知・活用に積極的ではない。よく工夫された虐待チェックリストが整備されているものが多い点に象徴されるように、関係職員 1 人ひとりの対応能力を養成するというよりは、経験や能力によらず誰しもが虐待事例に出会った際に業務を果たせるようにという、差し迫った必要に応じることをねらいとした「広く・浅い」マニュアルであるといえる。

第 3 期（2000 年 6 月から 2004 年 4 月まで）

　新潟県福祉保健部・新潟県医師会で編集した『乳幼児健康診査の手引［改訂第 4 版］』（新潟県福祉保健部健康対策課・新潟県医師会・2002）は、表紙の表題のもとに「疾病の早期発見・健康の保持増進とともに　児童虐待の早期発見と子育て支援の充実に向けて」と添え書きされており、内容にも「児童虐待の予防と早期発見の視点」の章を設ける等、乳幼児健診マニュアルが児童虐待マニュアルの側面を明確に持たされている一例である。この手引きには、「虐待の重症度判断基準」「虐待の重症度の判断のための評価指標」等の資料も掲載されており、健診現場での視点に加えて、虐待が疑われる事例に接した際に、健診直後からの事後フォローの具体的方法についても言及されている。フォローの中にはもちろん児童相談所への通告に始まる法的対応も位置づけられてはいるが、保健師や医療者のネットワークを駆使した育児支援で乗り切る方法が主体と考えられている。巻末に参考文献が掲げられ、2001 年までに刊行された他県等のマニュアルもリストアップされている。

【参考文献】
　新潟県福祉保健部・新潟県医師会編『乳幼児健康診査の手引［改訂第 4 版］』新潟県福祉保健部健康対策課・新潟県医師会、2002 年

（田澤　薫）

③行政と民間組織におけるネットワークの整備（協定書・相談援助に関する覚書について）

　児童虐待防止対策からすると、第 3 期は、虐待対応の要となる「児童虐待の防止等に関する法律」（2000 年 11 月）が施行されたときであり、虐待に関する相談件数が大幅に増え、それに伴い関係機関との具体的な連携が重要視され、整備が進められた時期でもあった。そして、その連携は、民間機関と行政機関（児童相談所等）による虐待防止活動を目的とした「協定書の締結」という形で残されていく。協定書が交わされるようになったのは、この期からであり、全国で最初に協定書を締結したのは、子どもの虐待防止センター（東京）と東京都児童相談センターであった。第 3 期以前に、協定書という名称ではないが、北海道児童相談所と北海道子どもの虐待防止協会との間で、1997 年に交わされた「被虐待児童の相談援助に関する覚書」がある。

　協定書・覚書の目的は、時期により違いがあり、様々な段階を経ていく。第 1 段階は、通告とその受理に関する取り決めを目的としており、第 2 段階は、連携をする上での個人情報の扱い（主に守秘義務）について、第 3 段階は保護に関する取り決めが目的とされていた。また、第 4 段階に入ると、ネットワーク作り・ケース検討会への出席に関する取り決めが目的の中に記載されていく。第 4 段階の時期は、この第 3 期には含まれておらず、2005 年に締結した、ながの子どもを虐待から守る会と長野県中央児童相談所との間の「児童虐待の相談援助に関する協定書」から確認することができる。このように協定書・覚書は、そのときに生じている虐待防止に関する問題の解決や、制定された法制度の影響を受けながら変遷する。

　そこで、ここでは、第 3 期の 2000 年から 2004 年にかけて交わされた 5 つの協定書について、その特徴と概要を確認する。この時期は、協定書・覚書の目的の変遷においては、第 2 段階と第 3 段階にあたり、(1) 機関同士の情報共有と個人情報の適切な取り扱いが、協定書の主な目的とされ、(2) 保護についての取り決めも確認することができる。以下が具体的な内容である。

A. 東京都福祉局「児童相談所と子どもの虐待防止センターとの協定書締結について」(東京都福祉局、平成12年11月7日)によると、協定は「児童虐待の防止等に関する法律」(第4条)の「国及び地方公共団体と民間団体との連携の強化」が規定されたことを機に、2000年11月6日に締結したと述べられている。上記の法律規定は協定書締結のきっかけとなってはいるが、以前から、行政機関と民間機関との間の個人情報の扱い(守秘義務)に関する様々な課題が存在していたことも締結の契機となっている。今回の協定書締結の目的は、個別具体的な児童虐待ケースの解決のためには、児童相談所(以下「児相」とする)と社会福祉法人子どもの虐待防止センター(以下「防止センター」とする)との相互の密接な協力関係が不可欠であるとの認識に立ち、積極的に連携を進めていくこととされている。協定書には、連携に関しては相互の情報交換が不可欠であるため、相談者との信頼関係やプライバシー保護に配慮した上で、ケースへの援助のために相互に情報提供を図っていくことが記されている。そして「情報提供及び人の秘密の取り扱い」についての規定は7項目にも及んでいた。また、具体的な連携について以下の3点を示していた。

(1) 虐待する親からの相談の受け止め(児相では虐待する親本人からの相談は少なく、近隣や関係機関からの通告に基づいて強制的に介入することが多い。他方、防止センターには親からの相談を中心に年間約4000件の相談が寄せられているため、児相が関わることが適当なケースについては児相へつなげてもらい、両者が連携して家族への援助にあたる)。(2) 治療プログラムの1つとしてのMCG(虐待する母親のための治療グループ)との連携(虐待する親への援助については、児相としても取り組むべき課題であるが、児相に拒否的な親の場合には、子どものケアは児相が行い、親のケアはMCGが受け持つという役割分担を期待している)。(3) 専門スタッフによる助言(児相が強制的な介入機能を果たすことにより、親と対立関係になることが多く、弁護士や医師等専門的な立場からの判断は欠かせない。防止センターの医師、弁護士、大学教員等専門スタッフの助言を必要とするケースは多い)。このように、協定書を締結することで、お互いの機関の役割・活動の範囲を明確にし、親・子への支援の具体的な資源を有効に活用すること、その上で協働し児童虐待防止に関わることを明らかにした点が、この協定書の特徴といえよう。防止センターは2000年に協定書を締結したことを受け、2001年6月6日に、児相に情報提供を求めることができる防止センターの構成員の範囲を定め、彼らが守るべき守秘義務について「守秘義務誓約書」を東京都児童相談センター所長宛に提出した。また、『CAPニュース号外2002年』には、東京都の虐待対策課が、防止センターのケースカンファレンスに毎月参加し、連携が以前より多く行われている状況が記載されていた。

B. 子どもの虐待防止ネットワーク・あいち(CAPNA: Child Abuse Prevention Network Aichi)は、1995年10月設立のNPO(特定非営利活動法人)[法人格取得2000年3月]であり、協定書については2000年12月25日に、愛知県所管の児童・障害者相談センターと締結している。協定書には、「児童虐待の予防や解決のため、有効に連携していく必要性について認識を共有し、情報の提供と秘密保持の取り扱いならびに技術援助等の協力について次のとおり合意する」と記載され、8項目について取り決めを行っている。その内容は、1. 連携、2. 個人情報の提供、3. 第三者への個人情報開示の禁止等、4. 情報提供先に対する措置請求、5. 個人情報を請求できるCAPNA会員の範囲と情報の取扱い、6. 技術的援助等の相互協力、7. 手続き、

8. その他の事項から構成されている。2000年度に入ってからの協定書締結としては2番目となり、この協定書の特徴は、子どもおよびその家庭に関する情報についての扱い方に関して、詳細にわたり規定されている点にある。

C. 子どもの虐待防止ネットワーク・あいち（CAPNA: Child Abuse Prevention Network Aichi）と名古屋市児童相談所は、お互いの機関が連携し、情報交換や連絡調整を行うことによって、児童虐待の早期発見・早期対応を図ることを目的として、2002年3月に「子どもたちを虐待から守るための覚書」を締結している。そして、その翌年の2003年1月22日に「情報提供及び情報の守秘義務に関する協定書」を交わした。協定書では、「『子どもたちを虐待から守るための覚書』3（2）」で定める情報提供及び情報の守秘義務に関する取り扱いについて、個人情報の提供や第三者への個人情報開示の禁止等、7項目について合意している。これらから、名古屋市児童相談所と子どもの虐待防止ネットワーク・あいちの間では、機関同士の連携について徐々に整備されていった過程が読み取れる。

D. 「"あい"と県内3児童相談所がケース取扱いの協定」締結『ニューズレター』8号（いばらき子どもの虐待防止ネットワーク"あい"・2003）によると、いばらき子どもの虐待防止ネットワーク"あい"（以下「"あい"」とする）は、茨城県内の3つの児相と、2003年8月4日にケースの取り扱いについての協定を締結したと記されている。"あい"は、2000年10月に設立された茨城県内初の子どもの虐待防止のための民間団体である。設立後、ケース対応の際には、児相に通告し連携していたが、児相側には守秘義務があるため民間団体に情報を出せないという制約があり、一方"あい"には相談者や通報者から多くの情報が入ってくるという事態が生じていた。上述した通り、児童虐待防止法第4条は、民間団体と児相との連携の必要性を謳っており、それを機に茨城県と"あい"は、2002年11月より協議を重ね、具体的な個別ケース解決のために協定を締結した。茨城県福祉相談センター、土浦児童相談所および下館児童相談所は、"あい"との情報の提供と秘密保持の取り扱いならびに技術援助等の協力に関して、以下の内容について合意している。その内容は、第1条（連携）、第2条（個人情報の請求及び提供）、第3条（第三者への個人情報の開示の禁止等）、第4条（情報提供先に対する措置請求）、第5条（個人情報を請求、または提供を受けることができる"あい"会員の範囲と情報の取り扱い）、第6条（技術的援助等の相互協力）、第7条（連絡会議の開催）、第8条（手続き）、第9条（その他の事項）、附則となる。このように、当協定書の特徴は、条文の中で機関同士の連携の規定を細かく定めているところにある。

E. 東京都は、カリヨン子どもセンターとも連携のための協定書締結を2004年6月11日に実施している。「福祉局報道発表（カリヨン子どもセンターとの協定締結）2004年6月掲載 東京都児童相談センター事業部」によると、東京都の児相では、児童虐待や非行等への対応強化の一環として、その問題に取り組んでいるNPO・民間団体との連携・強化に努めており、全国初の子どものためのシェルター「カリヨン子どもの家」を運営するNPOカリヨン子どもセンターと協定を結び、密接に連携・協力していることを表明した。カリヨン子どもセンターは2004年2月に設立され、虐待を受けて家庭で暮らせない子ども、児童養護施設を退所して自立したものの、困難に直面し帰る場所がない、あるいは少年犯罪を起こし少年院に入る必要はないのに、引き取る保護者等がいないために行き場所が見つからない子ども

等を弁護士の支援のもとに保護する機関である。この協定書の概要は、(1) カリヨン子どもセンターへの一時保護委託。これはNPO法人では全国初の試みである。(2) 多人数での集団生活に馴染めない等、児相の一時保護所での一時保護が難しい子どもをカリヨン子どもの家に一時保護委託する。(3) 児相への一時保護の要請（児童福祉施設への入所等の法的対応が予想される子どもをカリヨン子どもの家からの要請により、児相が一時保護する。(4) 相互の情報提供・秘密保持を義務化する。この締結の意義と特徴は、NPO法人への一時保護委託の取り決めが協定書という形で交わされている点にあり、また、この取り組み自体、近年の首都圏の一時保護所が満杯で深刻な過密状態であり（『西日本新聞』2006年12月16日掲載）、また非行少年と幼児との共同保護という状況の悪さを打破するための策を規定したという点にもあるといえよう。

以上のように、第3期は行政と民間機関の協力が具体的に進み、協定書という形で残され始めていった時期である。そのきっかけとなったのが、前述した通り2000年の児童虐待防止法第4条であった。そして、この流れは、個々の職員同士のやり取りでの連携という形から一歩進んで、虐待防止のネットワークが各自治体（行政）と民間機関という組織同士で整備されていく過程に入ったことを示している。

最後に、これらの動向の先駆けとなった北海道児童相談所と北海道子ども虐待防止協会との「被虐待児童の相談援助に関する覚書」について述べる。この覚書は、1997年1月14日に交わされたもので、被虐待児童の相談援助について、以下の4事項に基づいて連携することを明らかにしている。第1条（通告）、第2条（通知）、第3条（相互協力）、第4条（プライバシー保護）。そして、この覚書は1990年代後半、虐待への社会的関心が高まる中、交わされたものであり、関係機関・団体等からなるネットワークの有効性が認識され始めたという初期段階で締結された点に着目する必要があろう。

その当時の行政の動向を確認すると、1996年にネットワークの活動を促進する通知「児童虐待ケースマネージメントモデル事業の実施について」（平成8年5月15日厚生省児童家庭局長通知児発第516号・厚生省児童家庭局企画課長通知児企第16号）が出され、そして、翌年の1997年には「児童福祉法の積極的な運用による児童虐待への対応——児童虐待等に関する児童福祉法の適切な運用について」（平成9年6月20日厚生省児童家庭局長通知児発第434号）が発出されている。

当時としては、児相に対して、通告義務の周知や、児相における即応体制の整備、組織的対応、立入調査および家庭裁判所への申立等の積極的対応が求められ、虐待という問題について、子どもに関わる行政機関が本腰を入れて取り組まざるをえない状況下であったこと、また一方で、連携を促進する流れが徐々に構築され、虐待防止に関係する機関全てがネットワークを組み、虐待対応を行う必要が出てきたことが挙げられる。そして、その取り組みが8年の歳月を経て、2004年の児童虐待防止法第4条（連携の強化）、児童福祉法の一部を改正する法律（平成16年法律第153号）（要保護児童対策地域協議会設置）の規定につながっていった点にも注目しなければならない。

その翌年の2005年7月に、ながの子どもを虐待から守る会と長野県中央児童相談所との間で、交わされた「児童虐待の相談援助に関する協定書」では、2004年児童福祉法改正での要保護児

第 3 期（2000 年 6 月から 2004 年 4 月まで）

童対策地域協議会設置規定の影響を受けてか、ながの子どもを虐待から守る会による児相に対しての「ケース検討会等への出席要求」が条文の中に盛り込まれ、その逆側からの支援要求として、児相は、ながの子どもの虐待から守る会へ「会員の専門知識の提供やネットワークづくりなどへの支援要請をすることができる」旨が記載されていた。このように連携に関する協定書・覚書は、時代により規定される内容や目的が変遷してきたという特徴がある。

【参考文献】
愛知県所管の児童・障害者相談センター及び児童相談センター　子どもの虐待防止ネットワーク・あいち（CAPNA: Child Abuse Prevention Network Aichi）「協定書」2000 年 12 月 25 日
北海道児童相談所　北海道子ども虐待防止協会「被虐待児童の相談援助に関する覚書」1997 年 1 月 14 日
いばらき子どもの虐待防止ネットワーク"あい"「『"あい"と県内 3 児童相談所がケース取扱いの協定』締結」（『ニューズレター』8 号、2003 年）
茨城県福祉相談センター　土浦児童相談所　下館児童相談所　いばらき子どもの虐待防止ネットワーク"あい"「協定書」2003 年 8 月 4 日
子どもの虐待防止センター『CAP ニュース』号外、2002 年
ながの子どもを虐待から守る会『会報』24 号、2005 年
長野県中央児童相談所・ながの子どもを虐待から守る会「児童虐待の相談援助に関する協定書」2005 年 7 月 1 日
名古屋市児童相談所　子どもの虐待防止ネットワーク・あいち（CAPNA: Child Abuse Prevention Network Aichi）「子どもたちを虐待から守るための覚書」2002 年 3 月
名古屋市児童相談所　子どもの虐待防止ネットワーク・あいち（CAPNA: Child Abuse Prevention Network Aichi）「情報提供及び情報の守秘義務に関する協定書」2003 年 1 月 22 日
西日本新聞「一時保護所——東京、神奈川など都市部でパンク状態が続いている。2005 年度に一時保護した件数は過去最高の 9043 件で、前年度より約 600 件増」2006 年 12 月 16 日掲載
東京都福祉局「児童相談所と子どもの虐待防止センターとの協定書締結について」（平成 12 年 11 月 7 日）東京都福祉局、2000 年
東京都福祉局「福祉局報道発表（カリヨン子どもセンターとの協定締結）2004 年 6 月掲載　東京都児童相談センター事業部」（平成 16 年 6 月）東京都福祉局、2004 年
東京都児童相談センター　カリヨン子どもセンター「協定書」2004 年 6 月 11 日
東京都児童相談センター　子どもの虐待防止センター「協定書」2000 年 11 月 6 日

④ネットワーク整備強化の中での学校との連携

　第 3 期は、ネットワーク構築について活発な議論が進められ、各機関がネットワーク構築上で、具体的に何が問題であり、何を必要とし、何を改善するべきかを検討する時期に入っていく。その一例が、教育機関についての虐待に関する研究といえよう。玉井他による『児童虐待に関する学校の対応についての調査研究』（平成 14 年～平成 15 年度文部科学省科学研究費補助金・玉井邦夫他）は、全国規模で実施された学校現場に対する児童虐待への認識・現状を明らかにした初めての調査報告書（2004 年）であり、文部科学省が行った虐待に関しての包括的な報告としては初期のものである。

　この調査報告書によると、「学校現場では、すでに教員の 5 人に 1 人は、虐待事例に対応した経験があり、教育現場での虐待防止対応は、特殊な課題ではなくなっている。そのための取組の 1 つとして、教師ができることとしては、子どもが発する信号を鋭敏に感知するとともに、虐待の子どもは、『自分の学校や学級にも存在している可能性がある』という危機感を持って対応す

ることが必要である」(玉井・2007：7頁)。

　また、教育行政の虐待防止対応については、「児童虐待防止法の施行以降、法の趣旨の周知活動という形で実施され、その成果は、都道府県や政令指定都市では98パーセント、市町村では75パーセントが、学校等への周知を行っており、その結果、約9割近くの教員が児童虐待の早期発見努力義務や通告義務があることを承知している」(玉井・2007：7頁) という。

　しかし、「学校が、児童虐待を発見しても関係機関への通告をせず、可能な限り自力で対処しようとする傾向があることが示された」(玉井・2007：7頁)。その理由として、「学校が、伝統的に教育的指導の観点から限界まで自力対応の路を探らなければならないとする責任の大きさによるところが大きい」ことが挙げられている(玉井・2007：7頁)。それを踏まえて、今後の日本の虐待対策として、「学校は、地域において一定の年齢の子どもに対して網羅的に対応できる唯一のシステムであり、『学校』というシステムが持っている特性を活かせるような対応システムが構築されるべきである」と提言している(玉井・2007：7頁)。

　一方で、学校の児童虐待防止に向けた取り組みの課題として、以下の内容も挙げている。「ア：教師向け指導資料・啓発資料の作成状況を見れば、都道府県等での作成は進んでいるものの、市町村の作成は進んでいないこと、イ：同啓発資料を『読んでいない』又は『存在を知らない』教師が約5割もいること、ウ：教員研修は、都道府県で約4割、市町村で約1割が実施されているに過ぎないこと、エ：被虐待児童生徒の在籍校に対する特別な人的措置を行っている市町村は4パーセントに過ぎないこと、など、児童虐待防止に向けた行政の取組は、『周知徹底』の段階ではかなり進む反面、『具体的な学校現場への支援』の段階ではまだまだ取組が緒についたばかりの状態にある。また、学校等への児童虐待防止法の趣旨等の周知徹底はかなり進んでいるが、肝心の家庭(保護者)に対する広報は十分であるとは言えない状況にあり、この部分についての行政の充実が必要となっている」と記している(玉井・2007：7頁)。

　この報告書を踏まえて、玉井他は2006年に『学校等における児童虐待防止に向けた取組について』を出している。この報告書は、具体的な学校の対応に踏み込む目的で作られたものであり、2004年の児童福祉法・児童虐待防止法の改正についてもそれに合わせて学校側がどのように対応すべきかについて言及している。そして、これらの報告書は、第4期に入ると2007年に発刊された玉井による『学校現場で役立つ子ども虐待対応の手引き』や文部科学省による「養護教諭のための児童虐待対応の手引」の作成につながっていく。

　2003年に起こった岸和田事件を契機に、学校と児童相談所、その他機関との連携の重要性に関する議論は喫緊のものとなり、文部科学省からは、2004年の1月に「児童虐待防止に向けた学校における適切な対応について」(平成16年1月30日文部科学省初等中等教育局児童生徒課長通知15初児生第18号)と同年4月に「現在長期間学校を休んでいる児童生徒の状況等に関する調査結果とその対応について」(平成16年4月15日文部科学省初等中等教育局児童生徒課長通知16初児生第2号)が発行された。16初児生第2号通知では「当該児童生徒に会うことができず保護者から協力が得られないなど、学校関係者のみでは当該児童生徒の状況把握が困難である場合には、学校だけで対応しようとせず、早期に教育委員会への連絡、相談を行うとともに、地域の民生・児童委員、主任児童委員、児童相談所、福祉事務所、警察署、少年サポートセンター、少年補導センターなどの関係機関等の協力を得て状況把握に努めること」という文言が記載されてい

第3期（2000年6月から2004年4月まで）

る。

　また、岸和田事件に関する特集が学会誌で組まれ、学校の対応に関して様々な分野から提言がなされている（兼田・2004、峯本・2004）。兼田は「これまで我が国の学校には、虐待を受けている子どもたちがいなかったことになっている。そんなことはあり得ないのだが、多くの教師達は虐待に気づくことは少なかった。運よく気づいてもどのように対処してよいかわからず、1人で抱え込んで悩んでいた教員もいたはずだ」と述べている（兼田・2004：332頁）。そして、子どもの安否確認の重要性について、岸和田事件以前に発生していた1996年の名古屋市内で6年生の女児がネグレクトにより死亡した事件を例にして論じている。「半ばゴミの中に埋もれた劣悪な環境の中で医療を受けられずに寝たきりで死亡」（兼田・2004：333頁）した女児の事件は、岸和田事件同様に、教師は何度も家庭訪問を実施していたが、母親に面会を拒否され本児に会うことはできなかった。児童相談所（児童福祉センター）の職員の状況も同様であり、唯一、本児の様子を見ることができたのは警察官であったが、「病院に連れていったほうがいい」（兼田・2004：333頁）と母親に言い残したのみで、結果的に、保護者が養育に関して適切な対応ができないまま女児は死亡する。事前に何らかの情報を得ながらも、岸和田事件と同様にネットワークが上手く機能せず、介入が効果的に行われなかった事例である。兼田は「岸和田事件を契機にして、学校での虐待の発見と対応についての認識はかなり高まってきている」（兼田・2004：336頁）。そして、文部科学省が毎年実施している学校基本調査の中に、「虐待の認知件数」「虐待の種類」「措置の状況」等についての調査項目を入れ、そのことにより学校における虐待実態を把握し、予算措置が取れるように働きかけることが必要であると提案している。また、このことは、改正された児童虐待防止法の第4条第2項の措置（児童の福祉に職務上関係のあるものが児童虐待を早期に発見して、虐待防止に寄与できるよう研修等必要な措置を講ずるもの）にあたるとも論じている（兼田・2004）。

　このように、3期はネットワーク構築上の様々な課題が緊急なものとなり、また、子どもを虐待から守る上で、学校・教職員においても虐待対応に積極的に関与すべきとする議論が実務者レベルで展開されるようになった。しかし、学校現場での子どもたちからのSOSのサインがどのようなタイミングでキャッチできるかは、それぞれの担当者や、学校側の判断に委ねられるケースが多く、虐待の専門機関に通告しないことによる罰則規定がない上での防止活動には限界がある。岸和田事件のように重篤な事例後に調査が行われ、虐待対応の通知が発行されることにより、以前よりは実務的に動きやすくなっているものの、乳幼児とは違い、言葉による説明、また虐待場面からおそらく逃げることが可能であろうと思われる学童期に入った子どもたちの声を、どこまで拾い上げられるかという部分においては疑問が残った。具体的には、子ども・保護者の状況について「様子を見る」という言葉の陰に、虐待の実態が隠れることによる判断の遅れが発生するというリスクを抱えていることが周知されなかったということである。そして、残念ながら、その課題があることを、この期では十分に議論されるには至らなかった。

【参考文献】
兼田智彦「岸和田事件をめぐって――学校関係者として」（『子どもの虐待とネグレクト』6巻3号、2004年）332～336頁

峯本耕治「岸和田児童虐待事件が学校・教育委員会に問いかけたもの」(『子どもの虐待とネグレクト』6巻3号、2004年) 337～341頁

文部科学省初等中等教育局児童生徒課長通知「現在長期間学校を休んでいる児童生徒の状況等に関する調査結果とその対応について」平成16年4月15日16初児生第2号、2004年

文部科学省「養護教諭のための児童虐待対応の手引」2007年

玉井邦夫他『児童虐待に関する学校の対応についての調査研究』(平成14年度～平成15年度文部科学省科学研究費補助金・玉井邦夫他) 2004年

玉井邦夫他『学校等における児童虐待防止に向けた取組について』(平成17年度～18年度文部科学省委託研究) 2006年

玉井邦夫『学校現場で役立つ子ども虐待対応の手引き――子どもと親への対応から専門機関との連携まで』明石書店、2007年

⑤児童虐待対策の動向

児童虐待防止対応では、「欧米の例を見ると大きく時計の振り子が揺れるように変化しており、ある時には非常に介入的な政策が取られ、それに対する社会的反動があり、また今度は抑制的な方向に走るという振り子の中で、制度が揺れてきている」(社会保障審議会児童部会「児童虐待の防止等に関する専門委員会」第1回議事録 吉田委員)とあるように、防止対策をどのような方向で整備していくかは、そのときの虐待発生の状況、また死亡事例等重篤な虐待事例の分析等により変化している。日本においては、児童虐待防止法が2000年11月に施行され、その後2004年の改正に向けてどのような動きがあったのか3つの報告書から、その動向を確認してみたい。

児童虐待防止法の附則において、法律の施行後3年を目途とした見直しの検討を求めていることを契機として、社会保障審議会児童部会(以下「児童部会」とする)の下に「児童虐待の防止等に関する専門委員会」が2002年12月設置され、2003年6月18日に報告書の1つ目を取りまとめた。そして、「児童虐待の防止等に関する専門委員会」において、「児童相談所のあり方や市町村の役割」「児童福祉施設の体系や里親のあり方」等について、児童虐待への対応という観点のみならず、広く要保護児童および要支援家庭に対する支援も含めた観点から検討を深めることが必要であるとの結論に至ったことから、児童部会の下に「社会的養護のあり方に関する専門委員会」が2003年5月に設置され、同年10月27日に「児童福祉施設の体系や里親のあり方」について、報告書が取りまとめられた。それが2つ目の報告書となる。また、児童部会は、それぞれの委員会での結論を踏まえながら、「児童相談所のあり方や市町村の役割」について議論を重ね、3つ目の報告書を発行している。これらの報告書は、2004年の児童虐待防止法・児童福祉法の改正内容の基盤となるものであり、それ以降のわが国の虐待対策の方向性を定めたものとなった。

i) 社会保障審議会児童部会「児童虐待の防止等に関する専門委員会」報告書 (2003年6月)

本報告書は、児童虐待の対応が、①発生予防、②早期発見・早期対応、③保護・支援、の3段階に整理されることから、段階ごとに3つの検討チームに分かれて議論を重ね、検討チームにおける9回の会合を含め、14回にわたる検討を経て、当面早急に取り組むべき課題を中心に、取り組みの具体的な方向性についてまとめている。出席した委員は、社会福祉、医療、保健、心理、司法(家庭裁判所含む)、報道等、虐待に関わるあらゆる分野から、研究者や第一線で活躍し

第3期（2000年6月から2004年4月まで）

ている現場の職員が参加している。以下が報告書の主な内容である。

1. はじめに（3段階について、①発生予防、②早期発見・早期対応③保護・支援）
2. 児童虐待防止制度の見直しの基本的な視点「子どもの最善の利益」の重視
3. 具体的な取り組みの方向性
    Ⅰ．発生予防における取り組み
        ①一般の子育て支援の充実（子育て支援サービスの情報提供、ボランティアによる育児支援等）
        ②虐待リスクのある家庭の把握（母子保健事業、積極的なアプローチ、虐待リスクの把握等）
        ③虐待リスクのある家庭のリスク低減（市町村の相談機能の強化、保健師、助産師、看護師、保育士等の虐待予防に関する研修による資質の向上等）
        ④連携による支援体制の確保（市町村における虐待防止ネットワーク体制の充実等）
        ⑤虐待を認めない社会づくり（子どもの人権擁護の理念の明確化、子どもへの暴力防止プログラム、ペアレンティング「親業・親になること」の体験的な学び等）
    Ⅱ．早期発見・早期対応における取り組み
        ①対応機関の機能、システム
        ②虐待の早期発見・通告・早期対応のシステム（自治体とNPO、民間団体との連携等）
        ③児童相談所の行政権限、裁判所の関与（立入調査、一時保護、保護者の意に反する施設入所等の措置、保護者への指導、親権喪失等）
    Ⅲ．保護・支援等における取り組み
        ①児童福祉施設、里親等の機能、システム
        ②児童福祉施設職員、里親等の資質向上、資格要件、人材確保、メンタルヘルス
        ③在宅支援の強化
        ④子どもに対する治療・援助法の確立（福祉・医療・保健機関等）
        ⑤保護者に対する治療・指導法の確立（福祉・医療・保健機関等）
        ⑥医療機関の機能、システム
    Ⅳ．その他（全体を通じた指摘事項等）
4. さいごに（取り組み全体の考え方）
    Ⅰ．発生予防から虐待を受けた子どもの自立に至るまでの切れ目ない支援
    Ⅱ．「待ちの支援」から要支援家庭への「積極的なアプローチによる支援」
    Ⅲ．家族再統合や家族養育機能の再生・強化を目指した子どものみならず親を含めた家庭への支援
    Ⅳ．虐待防止ネットワークの形成など市町村における取り組みの強化

ii）社会保障審議会児童部会「社会的養護のあり方に関する専門委員会」報告書（2003年10月）

　社会的養護のあり方に関する専門委員会は8回の検討会の開催を経て、主な検討課題7項目を発表した。

　社会的養護のあり方の取り組みの方向性として、「社会的養護については、子どもの権利擁護を基本とし、今後とも国、地方公共団体、保護者、関係団体などの関係する主体が、それぞれの

責任を適切に果たしていくことが必要である。……（中略）……現在の仕組みの下で何ができるかということではなく、制度や意識を転換し、ケア形態の小規模化、親や年長児童に対する支援、さらにはケアに関する児童福祉施設の創意工夫を促す仕組みの導入など、子どもの視点に立って、子どもや家族の要請に応えていくことが必要である。……（中略）……これまでの社会的養護は、保護を要する児童を対象とするものとして、いわゆる子育て支援とは別個のものとして進められてきたが、今後は両者を連続的なものとして捉え、一体的な施策の推進を図ることにより、より効果的な子どもの健全育成や児童虐待の防止等につなげていくことが必要である」とし、子どもの権利擁護の観点の重視と従来の施策からの意識転換（要保護児童から子育て支援の一体的な施策）を示した。以下が、主な検討課題（7項目）である。

1. 社会的養護のあり方について
   - 社会的養護の目的
   - 施設養護と家庭的養護の果たすべき機能と協働等
   - 多様なニーズに応えるサービスのあり方
   - その他
2. 家庭的養護（里親・里親によるグループホーム等）のあり方について
   - 里親制度の普及・啓発
   - 専門性の確保
   - 里親機能の拡充
   - 里親支援の強化　等
3. 施設養護のあり方（施設サービス体系のあり方等）について
   - ケア形態の小規模化（子どものニーズに対応する家庭的・個別的ケア等の強化）とその支援のあり方
   - 施設サービス体系のサポートのあり方
   - 生活機能、治療機能及び教育機能などのケア機能強化
   - 子どもに対する連続的なケアの提供
   - ケア担当職員の質的・量的な確保
   - 地域支援機能などの在宅支援機能強化
   - 一時保護機能のあり方　等
4. 家族関係調整及び地域支援について
   - 家族への支援や親権者との関係調整
   - 関係機関との連携、地域におけるサポートシステムの確立　等
5. 年長の子どもや青年に対する自立支援について
   - 年長の子どもや青年に対する支援（自立生活・住居・就労・進学等）のあり方
   - 自立援助ホームの機能や役割の強化　等
6. 社会的養護の質の向上
   - 子どもの権利擁護の強化
   - 施設入退所等に関するアセスメントの策定

第3期（2000年6月から2004年4月まで）

　　　　○支援プログラムのあり方（個々の状況に応じた支援計画の策定等）
　　　　○サービス評価の実施
　　　　○社会的養護関係者に対する養成、研修の拡充　等
　7. 学校教育など関連分野との連携
　　　　○学校教育との連携　等

iii）社会保障審議会児童部会報告書
「児童虐待への対応など要保護児童および要支援家庭に対する支援のあり方に関する当面の見直しの方向性について」（2003年11月）

　前記の2つの委員会と児童部会における議論を踏まえ、児童虐待への対応と要保護児童および要支援家庭に対する支援のあり方について、2004年の改正（児童虐待防止法・児童福祉法）に向けて報告書をまとめている。主な内容は以下の通りである。

　1. はじめに
　2. 今後の児童虐待防止対策のあり方について
　　（1）基本的考え方
　　　　①発生予防から虐待を受けた子どもの自立に至るまでの切れ目ない支援
　　　　②待ちの支援から要支援家庭への積極的なアプローチによる支援へ
　　　　③家族再統合や家族の養育機能の再生・強化を目指した子どものみならず親を含めた家庭への支援
　　　　④虐待防止ネットワークの形成など市町村における取り組みの強化
　　（2）発生予防から虐待を受けた子どもの自立に至る具体的な取り組みの方向性
　　　　①発生予防における取り組み
　　　　②早期発見・早期対応における取り組み
　　　　③保護・自立支援における取り組み
　3. 今後の要保護児童および要支援家庭に対する「都道府県・市町村の役割、児童相談所のあり方」等について
　　（1）基本的考え方
　　（2）今後の児童相談所、市町村が果たすべき役割、あり方
　　（3）児童相談所および関係機関に関する個別の論点についての方向性
　　　　①児童相談所の必置規制
　　　　②中核市による児童相談所の設置
　　　　③障害相談、障害判定、障害児施設入所措置
　　　　④非行児、不登校児等への対応
　　　　⑤児童福祉施設や里親との連携、協働
　　　　⑥児童相談所職員の配置の充実、専門性の確保・向上
　　　　⑦児童福祉司の必置規制、任用資格のあり方
　　　　⑧心理判定員の業務および名称の見直し

⑨一時保護所のあり方、混合処遇緩和のためのシェルター機能の分散
⑩その他関係機関の役割、あり方
4. 今後の要保護児童および要支援家庭に対する社会的養護のあり方について
(1) 基本的考え方
(2) 家庭的養護、施設養護、年長の子どもや青年に対する自立支援などのあり方についての方向性
①家庭的養護(里親・里親によるグループホーム等)のあり方
②施設養護のあり方(施設サービス体系のあり方等)
③家族関係調整及び地域支援
④年長の子どもや青年に対する自立支援
⑤社会的養護の質の向上
⑥学校教育など関連分野との連携
5. 今後に向けて

【参考文献】
社会保障審議会児童部会「第1回児童虐待の防止等に関する専門委員会　議事録」2002年12月3日
社会保障審議会児童部会　報告書「児童虐待への対応など要保護児童および要支援家庭に対する支援のあり方に関する当面の見直しの方向性について」2003年11月
社会保障審議会児童部会「児童虐待の防止等に関する専門委員会」報告書、2003年6月18日
社会保障審議会児童部会「社会的養護のあり方に関する専門委員会」報告書、2003年10月27日

(5) 医療・保健・心理分野
①被虐待児への治療に関する事例研究

　医療・保健・心理分野では、第3期においても第2期で関心の高かった治療に関する研究が継続して行われるが、その中でも顕著に現れてくるのは、現場において実践されるようになった治療に関する事例研究である。『子どもの虐待とネグレクト』(3巻2号・2001)では、「虐待を受けた子どもの治療を考える」という特集が組まれ、5つの事例研究が記載されている。以下にその5つの研究を紹介する。田中・横湯による「登校拒否・家庭内暴力の背後に虐待があった小学生」では、心理療法家と児童精神科医がそれぞれのスタッフとともに5年あまり関わったケースについて、その家庭への危機介入の経過を報告している。西澤の「虐待を受けたある幼児のプレイセラピー」では、慢性的なネグレクトと深刻な身体的虐待を受けて、入院を経て施設への入所となった子どものトラウマ・プレイセラピーのあり方(西澤のモデル)が検討されている。大黒・安部の「虐待を受けた子どもの治療」では、児童養護施設における心理士の実践を通して、心理士と施設職員相互の役割を検討している。心理士自身が心理療法を直接行うだけではなく、被虐待児の担当職員が、その子どもにとっての愛着対象になるように働きかけること、施設職員が治療的養育者として関わることの重要性を主張している。

　太田・斎藤の論文「虐待する母親と虐待される児童への治療的介入の2例」では、「虐待をする母親」とはどのような人々であるかについて検討され、その事実に基づいて行われた「加害者母と被虐待児」に対する介入と治療の実際を紹介している。「虐待する母」(虐待する母たちの

うち、精神科クリニックを受診するもの）の特徴として、第1に母たちの多くが虐待された子ども時代を送っていたこと、第2に成育家族に顕著な問題（混乱）が見られたこと、第3に母たちの中には、かなりの割合でバタード・ウーマン（配偶者からの虐待被害者）が含まれていた。また、家族内外の性的虐待を受けていた者が多かった点も注目すべき点として指摘されている。結論として、児童虐待の加害者と被害者が適切な治療的関係の中では大きな変化を遂げることができ、親子関係の修復もあり得ることを提示していた。そして、治療・介入パラダイムに欠かせぬ要素としての加害者母たちによる自助グループの存在も重要であると示唆している。池田による「虐待を受けた子どもの経過と予後」は、3歳5か月の男児に対して、実父による身体的虐待があり、それに対して実母がネグレクト的な態度をとったが、約2年間の治療により虐待は止まり、その後再発せず、虐待された子どもたちも問題なく成長した事例が記されている。本児と妹、そして母親・父親への治療・援助の経過を知ることができる。

　このように、特集「虐待を受けた子どもの治療を考える」が組まれたことにより、様々な事例から専門機関・専門職（医療・保健・心理分野）が、困難なケースに対して、諦めず地道な取り組み・研究をしていることが理解でき、さらに、その治療・援助の内容を見ると、虐待を受けることの精神的なダメージの深刻さを再認識することとなった。被虐待児の治療を中心におきながら、その保護者への治療・介入がいかに重要であるか、それに対する関心の高さも同時にうかがえた。たしかに、家族の再統合が虐待解決の最終目的の1つであるが、一方で、再統合が困難なケースの場合は、親子分離をした上で、子どもの自立支援を目標にして援助を行う。しかし、どちらのケースにしても、心に傷を負った子ども、そして何らかの精神的な援助が必要な保護者について治療という行為がないままに、その解決は望めない。第3期における児童虐待防止法改正（2004）において、児童虐待を受けた児童等に対する支援（第13条の2）、児童虐待を行った保護者に対する指導（第11条）規定が盛り込まれたことは、まさしくこれらの議論と研究・実践を踏まえた結果ともいえよう。

【参考文献】
池田由子「虐待を受けた子どもの経過と予後」（『子どもの虐待とネグレクト』3巻2号、2001年）263～271頁
西澤哲「虐待を受けたある幼児のプレイセラピー──トラウマ・プレイセラピーのあり方の模索」（『子どもの虐待とネグレクト』3巻2号、2001年）234～242頁
大黒剛・安部計彦「虐待を受けた子どもの治療──愛着対象としての施設職員のかかわり」（『子どもの虐待とネグレクト』3巻2号、2001年）243～249頁
太田真弓・斎藤学「虐待する母親と虐待される児童への治療的介入の2例」（『子どもの虐待とネグレクト』3巻2号、2001年）250～262頁
田中哲・横湯園子「登校拒否・家庭内暴力の背後に虐待があった小学生──関係領域の専門家の協同による危機介入を含めたかかわり」（『子どもの虐待とネグレクト』3巻2号、2001年）224～233頁

②親への治療命令（治療に対する司法介入についての議論）
　第3期は、上述したように被虐待児への治療に関する事例研究の特集が組まれ、治療方法・治療経過が議論されてきた。その一方で、3年後の改正に向けて、「家族再統合」というキーワードのもとに、親への治療に注目が集まった時期でもある。
　研究動向を確認すると、児童虐待防止法が施行された2000年や翌年に、様々な分野において、

児童虐待防止に関する特集が組まれ、新しい法律について議論が交わされたことがわかる（平湯・2000、斎藤・2000、田中・2000、前橋・2001、吉田・2001）。そして、3年後の見直しの時点で改善されるべき内容に早くも的を絞り、論述されている著書・論文が、制定後すぐに散見されたのも第3期の特徴といえよう。その中から、親への治療に焦点を絞ったものを以下に述べる。

斎藤は、2000年の児童虐待防止法を「精神科医の立場から評価する際には、通告義務に関する問題（第5条）と加害者の指導の問題（第11条）とが焦点になると思われる」（斎藤・2000：229頁）と指摘する。家族再統合に向けて、いかに保護者を支援していくかという観点からの議論は、現実には虐待の加害者でもある保護者に、どのような指導をしていくかという問題になる。当時の議論を確認すると、専門家・研究者の多くがその壁に突き当たっており、第11条に関して、「『加害者に対してどのような"治療"があり得るか』という視点が現在のところまったく欠けている」（斎藤・2000：229頁）と、斎藤が田中と岩佐の第11条に関する意見（『JaSPCANニューズレター』9号・2000）を取り上げて賛同し、具体的なサービスの整備や指導への強制力がほとんどなく、様々な課題が残ったままの法施行となった難しさを指摘したように、多くの論考が同様の内容を示している。そして斎藤は「これでは3年後の見直しといっても、どう見直すかという議論さえできない。ここでは専ら、あり得る加害者治療モデルについて検討」（斎藤・2000：229頁）するとして、虐待の加害者へのアプローチについての議論を展開している。

斎藤は田中の説を例に挙げ、加害者への対応として第11条に関しては、「児童福祉法27条1項2号の指導として、具体的にどのようなことができるのか明確にする必要がある」（田中・2000：6頁）、そして「児童相談所への通所の義務づけ、関係機関の援助を受けることの義務づけ〈カウンセリングを受講する、保育所に児童を入所させる等〉が可能か、さらに同号の指導内容として、保護者の同意を得て児童を施設措置する場合に保護者の面会等を制限できるか（制限できるとすると第12条による制限との関係はどのようになるのか）について明確にする必要がある」（田中・2000：6頁）と記している。

斎藤によると「カウンセリングの受講」とは、加害者の強制治療を含むものであり、「加害者の強制治療は、加害者の処罰規定を前提として発生する。まず児童を虐待した成人についての罰金、刑務所への収容、そして強制治療の指示が法廷でなされる必要がある」としている。そして、「第14条（親権の行使に関する配慮等）には『児童の親権を行う者は児童のしつけに際して、その適切な行使に配慮しなければならない。2. 児童の親権を行う者は児童虐待に係る暴行罪、傷害罪、その他の犯罪について、当該児童の親権を行う者であることを理由として、その責めを免れることはない』と記されているので、その『責め』の一部に治療的処遇があり得ることを何らかの形で明記する必要があった」（斎藤・2000：229～230頁）とも指摘する。

さらに斎藤は、岩佐が「児童虐待防止法第11条（指導を受ける義務）および第12条（面会又は通信の制限）はこれまでにない新たな権限を設けた規定といえます。第11条は児童福祉司等による児福法27条1項の児童措置に強制力を持たせることを可能にしました。必要と認める場合に保護者にカウンセリングを受けることを義務づけること等を念頭においているようでありますが、カウンセリングできる十分な体制がない上、行政が『義務』だといったところで、保護者に対する援助が功を奏するとは考えにくいです」（岩佐・2000：7～8頁）と示したことについて、「確かにその通りであるが、『カウンセリングできる十分な体制がない』ことを現状でどのように

補完していくかが考えられなければならない。岩佐のこの文言はおそらく現在の児童相談所の能力をさしているものと思われるが、この問題の全てを公的機関に委ねようとすること自体に無理がある」（斎藤・2000：230頁）。また、「現在のところ、虐待する親を治療対象にしている機関は極めて乏しいが、これは需要が拡大すれば解消可能な問題である。治療を求める加害者の来院が増えれば、それに対応する技術の発達も進むし、治療後の受け皿となる自助グループの動きも活性化するであろう」（斎藤・2000：230頁）とも述べている。

　民間の医療機関での加害者の治療は、費用の問題、また彼らに治療への動機づけをどのように行うかが、現在の法律の規定では十分ではない。斎藤は、「致命的な傷を子どもに与えるような親たちの全てにクリニックへの自発的な来所を促すのは困難である。特に暴力的な父親のほとんどは、我が子にふるう暴力に躾という美名を与えていて、これが治療に値する行為であると説得することさえ難しい」（斎藤・2000：230頁）。そして、家族再統合への期待が保護者を治療に動機づけることもあるとした上で、妻子が同居を拒んだ場合に、父親が治療場面からドロップアウトしてしまうことにも危惧している。「こうした父親たちを治療に参加させるためには、加害者としての刑の執行の中に専門治療機関への受診というオプションを織り込む必要がある。法廷は加害者に家族への接近禁止を命じるとともに、刑務収容と外来治療とを選択させる。……（中略）……刑務収容の免除ないし短縮という動機づけがない限り、加害者（特に男性）は治療の場に登場しない」（斎藤・2000：230頁）と示唆した。

　そして、当時議論されたこの内容は、2004年の改正「司法関与の強化（強制入所措置、保護者指導）、2007年の児童虐待防止法改正・児童福祉法改正（保護者に対する面会・通信等の制限の強化、保護者に対する指導に従わない場合の措置の明確化等）において、徐々にではあるが段階的に整備されていく。しかし、治療への強制参加に関しては、2007年の改正でも十分な規定は盛り込まれなかった。そして、自助グループ・行政における治療プログラムの実行・民間医療機関での治療の充実も地域格差が出ており、全国どこでも同様な治療が受けられるという現状ではないことが今後の課題として残っている。

【参考文献】

平湯真人「『児童虐待の防止等に関する法律』の概要と残された問題点」（『母子保健情報』第42号、2000年）51～54頁

岩佐嘉彦「児童虐待防止等に関する法律（「児童虐待防止法」）について」（『JaSPCANニューズレター』9号、2000年）7～8頁

前橋信和「子ども虐待に対する取り組み――施策の展開と心理臨床への課題」（『臨床心理学』1巻6号、2001年）718～724頁

斎藤学「児童虐待に関する加害者治療モデル――精神医学の現場から」（『子どもの虐待とネグレクト』2巻2号、2000年）229～233頁

田中幹夫「『児童虐待の防止等に関する法律』制定に伴う運用についての要望」（『JaSPCANニューズレター』9号、2000年）5～6頁

吉田恒雄「児童虐待に関する法制度」（『臨床心理学』1巻6号、2001年）725～730頁

（加藤　洋子）

(6) 非行・教護分野

　第3期には、児童自立支援施設や情緒障害児短期治療施設・児童養護施設等で、非行傾向のある子どもに向き合う際に、その子どもの被虐待経験が非行との関連で捉えられ、被虐待経験を考慮した実践が図られている事例報告がいくつか見られた。非行原因としての虐待という視点が明確化したのが、第3期の特色である。一例では、2000年7月に法務省法務総合研究所が全国の少年院在院者2530人を対象に行った調査によれば、50.3％が保護者から虐待を受けた経験があるという（森・2001：35頁）。埼玉県立児童自立支援施設である埼玉学園では、2001年現在の在籍児童73人のうち56％が虐待を受けた経験があるというデータがあり、加えて、虐待を行った親も幼少期の被虐待経験がある場合が多い等、これまでの児童虐待研究で指摘されてきた課題が凝縮されている旨の報告もなされている（羽柴・2001：21～24頁）。「虐待という視点を持つことによって、より深く少年の心情を理解し、適切に少年にかかわれるようになるのではないか」（籠田・2001：1～17頁）という実践者の気づきについても言及されている。

　非行児童の実践現場が、児童虐待と非行の関連に目を向け、とくに「被虐待児への対応」としての矯正教育実践を模索し始めた様子がうかがわれる。「非行は虐待を受けた子どもの示す行動化の一つである」（森・2000：87頁【文献42】）という発見が第3期の成果の1つといえる。

　児童福祉や矯正教育の施設現場は、児童虐待に対して法的対応で臨もうとする姿勢を持たず、過去に被虐待経験のある児童の受け皿として機能している。この現状から、施設現場では、すでに起こった虐待に対して治療的態度で臨む姿勢が顕著である。児童自立支援施設にしても、「虐待を受けた子どもたちのうち行動化が顕著で他の施設では適切な援助ができない子どもたちのための施設」（森・2000：87頁【文献42】）という位置づけが改めてなされるようになった。全国児童自立支援施設協議会が発刊する『非行問題』は、2001年に刊行された207号で「非行の背景にあるもの・虐待」を特集テーマとして組んだ。関係者の問題関心の高さが示されていよう。

【参考文献】
羽柴継之助「児童自立支援施設での児童虐待児童への取組」（『更生保護』52巻9号、2001年）21～24頁
籠田篤子「被虐待経験を持つ非行少年についての一考察」（『調研紀要』72号、2001年）1～17頁
森望「虐待された子どもたちの自立支援」（『母子保健情報』42号、2000年）87～90頁【文献42】
森望「子ども家庭福祉と自治体行政――子育ての社会化と地方分権パラダイム」（『社会福祉研究』82号、2001年）27～35頁
全国児童自立支援施設協議会「特集　非行の背景にあるもの・虐待」（『非行問題』207号、2001年）【文献43】

（田澤　薫）

II　主要判例解説

1　児童福祉法分野

【判例1】「代理によるミュンヒハウゼン症候群」（MSBP）が強く疑われる児童について　児童養護施設への入所を承認した事例（宮崎家裁都城支部審判平成12年11月15日、平成12年（家）第142号、家裁月報54巻4号74頁）

　本件は、児童相談所長が、実母について「代理によるミュンヒハウゼン症候群」が強く疑われることを理由として児童の児童養護施設入所の承認を求めた事件である。事実関係としては、児童は、出生以来4歳6か月までに25回入退院を繰り返し、当初の主な症状は発熱と下痢であったが、後に敗血症を頻発するようになった。その間に数回のカテーテル・トラブルがあった他、点滴チューブのつなぎ目に便と思われる異物が浮遊しているのが発見される等の出来事が起こっている。また、母親の申告する下痢の量が医学的に考えて明らかにおかしい量であること、母親の付き添いを停止する措置をとった直後から児童の症状が劇的に回復した等の事情がある。

　本審判は、事実関係を詳細に認定した上で、具体的な手段方法の点までは明らかでないものの、母親の過大申告の結果として、入院生活が長引き、危険を伴う検査が行われ、過度の身体的負担を受ける事態が生じたことは明らかに一種の虐待行為であるといわざるをえないと述べる。その上で、本件では母親による虐待（MSBP）が極めて強く疑われるところであるが、これはいわば過去のことであって、最も重要な問題は、今後いかに児童の監護養育に取り組むのかという点であるところ、両親が今後の養育態度を改める姿勢を示していないこと等から、「保護者に監護させることが著しく当該児童の福祉を害する場合」（児童福祉法28条1項本文）に該当するとして、児童の児童養護施設への入所を承認した。

　本件は、「代理によるミュンヒハウゼン症候群」が疑われる児童についての入所措置を承認した初めての公表例である。本審判では、母親による虐待（MSBP）は強く疑われるものの、あくまで疑いの域を脱せず、むしろ医師による虐待告知後の両親の対応が問題とされている。「代理によるミュンヒハウゼン症候群」は一般にその確定が難しいといわれているが、その困難性は本審判においても示されているといえよう。

　なお、本期間中に、「代理によるミュンヒハウゼン症候群」が疑われた事例としては、札幌高裁決定平成15年1月22日（原審：釧路家裁北見支部審判平成14年5月31日、家裁月報55巻7号68頁）がある。裁判所は、実母の「代理によるミュンヒハウゼン症候群」の認定は困難であるとした上で、児童に対する実父母の監護養育方法が、少なくとも客観的には適切さに欠けていること等を理由として、児童養護施設への入所措置を承認した原審を支持し、父母の抗告を棄却している。

【判例2】親権者が児童の性非行を理由とする児童自立支援施設入所措置には同意しているが虐待を理由とする施設入所措置には同意していない場合には児童福祉法28条の「親権者の意に反するとき」に該当するとして、児童自立支援施設入所を承認した事例（千葉家裁市川出張所審判平成14年12月6日、平成14年（家）第966号、家裁月報55巻9号70頁）

本件は、児童相談所長が、継父による性的虐待を理由として児童の児童自立支援施設入所の承認を求めた事件である。これに対して、親権者たる母は、児童に対する虐待を理由とする施設入所措置には同意しないが、児童の性非行を理由とする施設入所措置には同意する旨述べている。

本審判は、児童の供述の信用性を認定した上で、保護者による児童虐待を理由とする施設入所の措置には、児童虐待の防止等に関する法律の適用という法的効果が伴うのであって、母が虐待を理由とする施設の入所措置に同意しないということは、結局本件措置が親権者の意に反するときに該当することになると解すべきであり、事件本人の性非行を理由とする施設入所の同意をもって児童福祉法28条による同意と見ることはできないとして、児童の児童自立支援施設への入所を承認した。

児童福祉法28条1項は、保護者による児童の福祉侵害とともに、「第27条第1項第3号の措置を採ることが児童の親権を行う者又は未成年後見人の意に反するとき」を要件としている。本審判は、親権者が入所措置自体には同意しているものの、その入所措置理由が児童相談所の入所措置理由と異なる場合には、親権者の意に反するときに該当し、28条審判の対象となることを認めた初めての公表例として注目に値する。従来、28条審判における親権者等の同意は、申立て時には同意をしていないが申立て後に同意をした場合のように、同意の時期を中心として問題とされてきた。しかしながら、2000年施行の児童虐待の防止等に関する法律（児童虐待防止法）では、「児童虐待を行った保護者」に対する指導や面会・通信の制限等の諸規定（児童虐待防止法11条、12条）が予定されていることから、同意の有無のみならず同意の内容もまた問題となり得る。本審判も、この点を指摘した上で、「親権者の意に反する」と判断したものである。

また、児童の供述の信用性については、児童の手記および供述が具体性・一貫性を持っていること、継父に対する拒否感情とともに児童自身の言葉で表現されていることから、その信用性を認定している。

【判例3】入所施設を特定することなく承認した原審を変更して、肢体不自由児施設への入所を承認した事例（東京高裁決定平成15年12月26日、平成15年（ラ）第1995号、家裁月報56巻9号35頁）

本件は、児童相談所長が、親権者たる養父母の児童に対する行為が身体的虐待および不適切な養育にあたることを理由に、児童福祉施設入所の承認を求めた事件の即時抗告審である。原審は、養父母による身体的・心理的虐待等を認定した上で、児童福祉施設入所を承認した。これに対して、養母が原審判の取消・差戻を求めて即時抗告したのが本件である。

本決定は、児童福祉法28条1項1号に基づき、家庭裁判所が同法27条1項3号の措置をとることを相当として承認するか否かは、同号所定の措置のうち、実際にとろうとする措置との関連で判断すべきものであるから、都道府県知事又はその委任を受けた児童相談所長は、上記の承認を求めるにあたり、原則として、とろうとする措置、入所させようとする児童福祉施設の種類を

特定すべきであり、家庭裁判所もそのように特定された措置を承認すべきであるとして、求釈明の上、単に児童福祉施設への入所を承認した原審判を変更し、肢体不自由児施設への入所を承認した。

入所施設の特定に関しては、これまでも、入所施設を特定することなく包括的に承認した原審を変更し児童養護施設入所措置を承認した事例（福岡高裁決定昭和56年4月28日、家裁月報34巻3号23頁）、包括的承認を求めた申立てに対して里親委託又は児童養護施設入所措置を選択的に承認した事例（浦和家裁審判平成8年5月16日、家裁月報48巻10号162頁）、児童福祉施設入所措置を求めた申立てに対して重症心身障害児施設入所措置を承認した事例（広島家裁審判平成10年1月5日、家裁月報50巻6号104頁）があり、本決定もこれらの裁判例の流れと一致するものであるといえる。なお、本期間中に、入所施設を特定することなく包括的に承認した事例としては、静岡家裁審判平成13年7月9日（家裁月報54巻2号138頁）がある。また、本決定では、入所施設の特定に際して釈明権を行使した旨明言している点についても注目される。

（阿部　純一）

2　民法分野

【民法766条関係】
【判例4】実親からの子の引取り要求に基づき委託を解除された元里親が、自分たちを子の監護者に指定するよう求め、これが認められた事件の抗告審である本件では、民法766条を類推適用して実母の親権から監護権を分離することはできないとして、原審判が取り消され、里親の申立ては不適法として却下された事例（仙台高裁決定平成12年6月22日、平成12年（ラ）第60号、子の監護者の指定申立ての審判及び子の引渡し申立ての却下審判に対する即時抗告事件、家裁月報54巻5号125頁）

原審は、第2期の主要判例解説民法【判例7】山形家裁審判平成12年3月10日である。

本件は、元里親からの民法766条に基づく監護者指定を求める事件と、一時保護委託中の児童について、親権者実母から、家庭裁判所が現に子を受託して監護している者に対して親権者への子の引渡しを命じることを求める事件に対して判断を示すものである。

実父と重婚的内縁関係にある実母は、生活状況不安定で、精神的・経済的にも不安定であり、実父も本件児童を未認知である。そのような事情から本児は出生直後から乳児院に措置され、その後特別養子縁組を前提にした里親委託がなされた。里親家庭で安定的な生活関係構築後に、親権者実母から子の引渡し請求がなされるに至った。児童相談所は、親権者の同意が撤回されたため里親委託措置を解除した。しかし、親子関係が構築されており、本件児童にとって好ましくない影響が出てきたことを受けて元里親が、当面子を親権者に引渡さないとする手段として、民法766条の監護者指定を求めたのが本件第一事件である。仙台高裁は、民法766条は父母の離婚の際に適用される条文であり、本件のような第三者には監護者指定を申し立てる申立権は存在しないと判断した。本事例は法の欠缺に該当する。原審が、民法766条の類推適用もしくは拡張解釈可能としたのに対して、高裁は文言解釈に拠ったといえる。

もう1つの論点とされた一時保護委託中の子の引渡し請求は、児童相談所が行った一時保護委託という行政処分の効力を争うことは、家庭裁判所の権限を超えると判断した。

〔判例評釈〕
田中通裕　判タ 1099 号 88 頁
山田美枝子　民商法雑誌 128 巻 4・5 号 243 頁

【判例 5】児童相談所による一時保護措置後、里親委託されている本件児童らについて、夫と別居中の妻が監護者の指定を求めた事例で、児童相談所の指導を受けることを前提として、妻を監護者として指定した事例（新潟家裁審判平成 14 年 7 月 23 日、平成 14 年（家）第 5454 号、5455 号、子の監護者の指定申立事件、家裁月報 55 巻 3 号 88 頁）

　夫の多額の借金、うつ病等に起因する生活不安定、そこから引き起こされた妻のストレスに起因する浪費（パチンコや貴金属購入）、夫との夫婦関係の悪化による別居を経て、夫婦関係調整調停（実質は離婚に向けたもの）が行われている中で、子を虐待しそうだとの妻自身からの通報により姉弟が児童相談所に一時保護された後、子らは父母の同意を得て里親に委託されている。父母の離婚に向けた夫婦関係調整調停や子の監護者指定調停が不調に終わる中、児童相談所は、直ちには子を母のもとに帰すことはできないと考えているが、子を引き取った場合に備えて、料理の練習や部屋の片づけに力を入れて指導中である。また、生活保護受給の相談に行っており、日中の仕事と生活保護により子育てを中心にした生活をすることを目指している。母（申立人）は、子の引取りを希望しながらも、監護者が決まらなければ父（相手方）が連れ戻しに来ると考えている。本件の特色は、裁判所が児童相談所の指導を引き続き受けることを前提にして、母を監護者として指定している点にある。
　したがって、監護者として指定されても、児童福祉法の措置を受けて社会的養護下にある子らは、直ちに母に引き渡されるわけではない。しかし、ゆくゆくは子の家庭復帰が目指されている場合に、より適切な親のもとに子をおけるようにして、家庭復帰時の無用なかつ予測され得る紛争や混乱を回避するという意味は大きい。

〔判例評釈〕
吉田恒雄　民商法雑誌 129 巻 1 号

【判例 6】両親の未成立の離婚問題に関連して祖母に預けられた本件姉妹について、祖母が、父親の暴力行為や性的行為の可能性を理由に第三者を監護者に指定するよう申立てを行った事例で、姉妹のうち姉についてのみ審判前の保全処分として祖母を監護者として指定し、子の引渡しを命じた事例（福岡高裁決定平成 14 年 9 月 13 日、平成 14 年（ラ）第 254 号、審判前の保全処分申立却下の審判に対する即時抗告事件、家裁月報 55 巻 2 号 163 頁）

　本件姉妹の祖母が申し立てた子の監護者の指定を本案とする審判前の保全処分を却下した審判に対する即時抗告事件である。姉妹のうち、京都市在住の父母のもとから北九州まで逃げ出した姉については、度重なる両親の暴力を伴った紛争、姉に対する父親の暴力や性的虐待が加えられている可能性が極めて高いこと等が否定できないので、親権行使が姉の福祉を害すると認めるべき蓋然性があるとする。また、姉は現在祖母のもとにかくまわれていて、父母に連れ戻されるのを恐れて、学校に登校することもできない。これらの状況は姉の福祉に反することは明らかで、姉の生活環境を早期に安定させる必要があるので、保全の緊急性も認められるとして祖母に監護

権を認めた。他方、妹については性的虐待等の事情をあながち否定できないところもあるが、姉とは違い父母とともに生活しており、その正確な実情を把握することは極めて困難で、保全の必要性を判断する資料がないという。そして、妹については、今後監護養育上の問題の有無如何により、児童相談所による保護や京都家庭裁判所に対する新たな申立て等を検討することにより解決を図ることとし、現段階での保全処分の必要性の疎明に欠けるとした。

性虐待を含む虐待の恐れがあるとしながら、また姉については保全処分を講じておきながら、妹は父母のもとに留め置くという裁判所の判断は、事件の見立てを誤っているという印象を強く持たせるものである。

〔判例評釈〕
床谷文雄　判タ1120号80頁
村重慶一　戸籍時報561号50頁
鈴木博人　民商法雑誌129巻4・5号
棚村政行　判タ臨増1154号102頁

【損害賠償関係】
【判例7】児童相談所に一時保護されていた児童の養父と実母が、相談所の所長及び職員から児童を帰宅させる条件として離婚を強要されたことを理由に損害賠償請求が争われた事例（大阪地裁判決平成13年3月30日、平成11年（ワ）第7473号、損害賠償請求事件、判タ1109号149頁）

児童相談所（正確にいえばその設置主体）が訴えられた事例である。児童相談所の業務は主に児童福祉法に基づき行われている。その一々について司法判断が示されて裁判所の後ろ盾があるわけではない。今後この種の訴訟は増加してくることが予測される。

本事例は、妻の連れ子を養子にした養父と実母が児童相談所の設置主体である地方自治体と児童相談所職員個人を被告として損害賠償を請求したものである。裁判所は、児童の一時保護前の事情から時系列に沿って事実経過を詳細に認定し、児童相談所の調査・説得活動に不合理な点は認められず、被告に違法な行為はないとした。本件では、児童相談所の設置主体である地方自治体の他に、職員個人が請求の相手方になったという特色を持っている。職員個人の責任の存否は、一般に公務員の個人責任を問えるかという問題でもあるが、本件は該当職員の行為は違法とされなかったため、個人責任の存否という一般的問題については何の判断も示していない。

【判例8】原告が、養子縁組中に性的虐待を受けたとして元養父を、またこの虐待を黙認していたとして元養母に対して損害賠償を請求した事例（名古屋地裁岡崎支部判決平成13年11月27日、平成13年（ワ）第7号、損害賠償請求事件、LEX/DB　TKC法律情報データベース：文献番号28070662）

元養父からの性的虐待の存在、元養母がその事実を知りながら黙認していたことを認定し、被告（元養父母）に対して、1000万円余の損害賠償を請求した事例。本判決は、原告が元養父から性的虐待を受けていたことを認定した上で、元養母については虐待行為を知り又は知りうべき状況にあったにもかかわらず、当該行為を放置し、子に対して筆舌に尽くしがたい精神的肉体的苦痛を与えたとして元養父母に対し、連帯して1000万円余の支払いを命じた。

（鈴木博人）

Ⅲ 主要文献解説

1 児童福祉法分野

【文献 1】 松原康雄・山本保編『児童虐待——その援助と法制度』エデュケーション、2000 年

　本書は、第 1 部で、児童虐待に対する援助の実状と課題につき、予防や対策の課題、児童相談所や施設における援助の実際等を、第 2 部では親権や犯罪としての児童虐待の側面から児童虐待に関する法的問題を取り上げ、第 3 部では外国における取り組みをイギリスにおける司法介入、アメリカの裁判所改革に関連するアドボケート制度について論じ、最後に今後の児童虐待対策を考えるために、児童虐待が社会問題化する経緯や福祉理念、今後の課題について述べる。児童虐待への対応に関する多角的検討や比較法的検討を踏まえ、今後の児童虐待防止法制度のあり方を展望する内容となっている。とくに法的検討として、磯谷文明「親の権利主張をめぐって」は、親に対する権利制限のあり方につき具体的な面会通信の制限について言及し、その後の法改正を見据えた内容となっている。

【文献 2】「特集　児童虐待防止法をめぐって」(『子どもの虐待とネグレクト』2 巻 2 号、2000 年) 219～233 頁

　本特集は、児童虐待防止法の成立を受けての特集である。林陽子「児童虐待防止法を検討する——フェミニズムの視点から」は、児童虐待防止法成立のもつ意味を、フェミニズムの視点から、児童虐待とドメスティック・バイオレンスとの共通点に着目しながら今後の DV 法のあり方を検討する。坂井聖二「『児童虐待の防止等に関する法律』は医療現場にどのような影響を及ぼすか？——小児科医の感想的メモ」は、虐待通告の問題を一般の医療現場で想定される事態について述べ、医師が虐待を通告しない理由から見て、通告義務違反に対する罰則の必要性を主張する。斎藤学「児童虐待に関する加害者治療モデル——精神医学の現場から」は、加害者を治療に参加させる方法として、加害者としての刑の執行の中に専門的治療機関へのオプションを盛り込む必要があると述べ、次の 2004 年改正で主要な論点となる加害者治療のあり方として刑事的手法により加害者に治療を動機づけることを主張する。その際、アメリカにおける犯罪被害者法 (Victims Crime Act, 1986) を参考に強制治療に要する財源の確保や被害者のアドボケーター制度を紹介している。

　虐待への対応方法として、福祉的手法によるか刑事的手法によるかは、2004 年の法改正における重要な論点であるが、この時点で刑事的手法の有効性を主張する論考が相次いで発表されたことは興味深い。

【文献 3】 岩佐嘉彦「弁護士から見た児童虐待事件」(『家庭裁判月報』53 巻 4 号、2001 年) 1～32 頁

　本論文は、弁護士として児童虐待事件を扱った経験をもとに、児童虐待に関する法律実務の実状と課題を述べるものである。

　内容としては、児童虐待事件の状況、児童相談所と弁護士との連携、家庭裁判所の取り扱いの

現状と家庭裁判所への期待等が述べられている。家庭裁判所との関係では、審理期間や調査、証拠調べの方法等、具体的な問題について実状と課題を挙げている。28条審判に付随する問題には児童虐待に対する司法関与が不十分なために発生している問題もあるとして制度論に言及し、司法関与による強制開錠の制度化、児童相談所長の申立による子どもの監護内容を変更する裁判の仕組み、親権の一部停止等が提案されている。長年、弁護士として児童虐待事件に関わってきた筆者の経験に基づく、家庭裁判所関与の分析・提案として貴重な文献である。

【文献4】吉田恒雄編著『児童虐待防止法制度――改正の課題と方向性』尚学社、2003年

本書は、2000年に成立した児童虐待防止法を中心に児童虐待防止制度の施行状況を検証するとともに、次の改正を視野に入れた立法論的検討のために、比較法的分析を加えることを目的にしている。さらに、この時期から介入後の援助のあり方が問題とされ始めたことを受けて、被虐待児への対応方法を論じている。検証については、児童虐待防止法制度の施行状況を概観した上で改正に向けられた提言、児童相談所の対応、立入調査制度、家庭裁判所における児童虐待事件の現状が論じられている。比較法としては、フランス、ドイツ、イギリス、アメリカの法制度の現状から見たわが国の課題が、被虐待児への対応としては、児童福祉施設における被虐待児の援助と治療、少年非行との関係が検討されている。

【文献5】岩井宜子編著『児童虐待防止法――わが国の法的課題と各国の対応策』尚学社、2002年

本書は、児童虐待防止法が成立し、3年後の見直しを控えて、よりよい対応策を模索すべき状況を踏まえ、児童虐待への対応策をより実効的なものにするために指針となるものを示すために女性犯罪研究会の研究成果として刊行された。内容としては、第1部で、わが国における児童虐待の実態と対応策の現状について――具体的には、児童虐待の類型、実態の分析、病理、社会的対応システムといった現状の分析および児童虐待防止法制定の意義と課題、早期発見のための対応策、刑事規制のあり方――が検討されている。第2部ではNeil Gilbertの *Combatting Child Abuse, International Perspectives and Trends*, Oxford Univ. Press, 1997をもとに、アメリカ、カナダ、イギリス、デンマーク、スウェーデン、フィンランド、ベルギー、オランダといった西欧各国の児童虐待の実態と対応策を紹介している。

【文献6】橋本和明『虐待と非行臨床』創元社、2004年

本書は、家庭裁判所調査官である著者が、長年の実務経験に基づいて、虐待と非行との関係を再検討することを目的に執筆された図書であり、虐待が生じる家族の特徴や親子関係、虐待が非行に向かうメカニズムを検討する。著者は非行を、①虐待回避型非行、②暴力粗暴型非行、③薬物依存型非行、④性的逸脱型非行、の4つに分類し、それぞれのタイプごとに虐待と非行の悪循環を検討し、最後に親子関係修復の方法、虐待や非行を乗り越える方法等について論じている。家庭裁判所が児童虐待の問題に対応し始めたこの時期、家庭裁判所に現れた事例をもとにした研究は貴重であり、家庭裁判所調査官の取り組みの実状を知る上でも有益である。

【文献7】特別企画「検証・『民事不介入』の揺らぎ」(『法学セミナー』550号、2000年)

本特集は、1999年12月の警察庁通達、第147通常国会における児童虐待防止法およびストーカー規制法の成立等、従来、「民事不介入」が貫かれていた問題に対する法的介入——とくに公的介入、警察介入——がなされるようになってきた現状を踏まえて、これら介入の必要性や有効性、過剰介入に対するセーフガードのあり方等を検討する。

児童虐待に限らず、DVやストーカー等、家庭や私人間における暴力に対する公的介入の意義、限界等を民法や刑法、憲法の視点から多面的に検討しており、児童虐待に対する制度設計のあり方を考える上で有益である。

総論として、戒能民江「警察の介入姿勢の『変化』と『法は家庭に入らず』の維持」は、とくに警察介入がひとり歩きしないための方策について言及する。児童虐待については吉田恒雄「児童虐待と家庭への介入」、ストーカー行為については岡田久美子「ストーカー行為等規制法」、DVについては秀嶋ゆかり「ドメスティックバイオレンス」がそれぞれ論じ、長谷川京子、前野育三が座談会「弁護士と法学者の対談・国家はどこまで介入すべきか」で民事不介入の意義、介入の担い手としての警察の姿勢、介入のあり方等について論じている。

【文献8】家庭裁判所調査官研修所監修『児童虐待が問題となる家庭事件の実証的研究——深刻化のメカニズムを探る』司法協会、2003年

本書は、家庭裁判所が扱った深刻な虐待が問題となった事件記録をもとに、虐待が生じ深刻化する原因や被虐待児への影響を分析し、これにより虐待を発見した場合に、その深刻化防止、虐待をした親のケアのために関係機関がすべき連携のあり方を研究するために、家庭裁判所調査官、裁判官、学識経験者、関係機関の実務家ら17人により行われた共同研究の成果である。家庭裁判所で児童虐待が疑われる事件に適正に対処するための方法を研究し、日常の業務に活かすことを目的にこの研究が行われた。

内容としては、児童虐待が子どもに及ぼす影響、虐待が行われる家族の特徴、虐待深刻化のメカニズム、虐待と非行との関係、関係機関との連携について、具体的な事例を例に挙げながら平易に論述されている。とくに虐待深刻化のメカニズムを理解するための手がかりとして「虐待を認めない心理」「虐待の悪循環」「親とそのパートナーとの関係」の視点から虐待への具体的対応方法を提示している点は興味深い。また非行事件の分析を通じて虐待と非行との関係が論じられているのも家庭裁判所ならではの研究といえる。

家庭裁判所に現れる事案は深刻なケースが多く、それをもとにした分析という研究ではあり、そうした事案の特徴を踏まえた対応方法を学ぶ上で有益な研究である。

【文献9】富山豊「家庭裁判所における児童虐待の取扱いについて」(『ケース研究』270号、2002年) 165～174頁

本論文は、家庭裁判所家事事件における児童虐待の取扱いと実状を紹介し、その課題について論じるものである。

児童虐待の事実の把握については、当該行為が子どもにとって有害かどうかという視点から総合的に行われる必要があるとし、親の主張や動機とは無関係に、子どもの心身の状況やおかれて

いる立場、環境等を踏まえ、人権擁護の視点から判断する必要があるとする。家庭裁判所の家事事件に現れる児童虐待事件は、児童福祉法 28 条事件、親権喪失事件、その他親権者変更・子の引き渡し請求・子の監護者指定・夫婦関係調整調停事件である。28 条事件処理については迅速かつ適正な処理が求められ、2 人の調査官が共同で調査することが多い。親権喪失事件については、児童虐待防止法 15 条により親権喪失制度の適切な運用が求められているところから、今後は法的介入の 1 つの方法としてその活用が具体的に検討される必要があるとする。その他の事件では、親権者の変更事件等で児童虐待が主張されることがあるが、その事実が認められるときには児童相談所等との連携がとられることもある。また DV が関係する事案も増加しており、DV 法による対応との関係も生じてくる。課題としては、児童虐待の事実の発見の難しさ、虐待を行った保護者への働きかけ等が指摘されており、事件の迅速処理だけでなく、親子分離後の関係改善に寄与することも考えて事件処理をすることの必要性を述べている。

この時期、児童虐待対応における家庭裁判所への期待が高まり、裁判所も事案の増加に伴い研究を開始し、経験を積み重ねてきており、家庭裁判所における児童虐待事件処理の実状を知る上で参考になる論考である。

【文献 10】柏女霊峰・才村純編「特集　子ども虐待へのとりくみ」(子ども虐待対応資料集付『別冊発達』26 号、2001 年)

本特集は、2000 年の児童虐待防止法の成立・施行、児童虐待への対応の拡充が図られてきた時期に、それまでの児童虐待防止対策の到達点を示す意図で企画された。第 1 部は、総論的に児童虐待の実状、背景、原因、影響、対応の実状、課題が示され、各論として児童相談所、児童福祉施設、医療機関、保健所、保健センター、司法機関における対応の実状や到達点が明らかにされている。第 2 部では、この時期における児童虐待防止対策に関する法律・政省令・通知等が、児童相談所の運用に関するもの、1997 年児童福祉法改正関係、児童買春禁止法関係、DV 法に整理されて収録されている。また、児童虐待防止法制定の経緯や審議経過、施行通知、児童虐待に関する研究や民間機関の活動等も掲載され、かつ主要な資料については解説も付されており、資料としての意義も大きい。

【文献 11】許斐有・望月彰・野田正人・桐野由美子編『子どもの権利と社会的子育て——社会的子育てシステムとしての児童福祉』信山社出版、2002 年

本書は、「子どもを権利の主体としてとらえ、児童福祉をその権利保障のシステム・実践としてとらえる観点」から児童福祉、とくに社会的養護に関する主要な論点を取り上げる趣旨から編集されている。

児童虐待に関する論文としては、大和田叙奈「カナダ・オンタリオ州の児童保護システム」、桐野由美子「日本におけるパーマネンシー・プランニングの展望」、吉田恒雄「被虐待児の家庭引き取りに関する法的諸問題」、野田正人「児童虐待と社会的介入」がある。このうち桐野論文は、アメリカにおけるパーマネンシー・プランニングの概念を紹介し、わが国でこれを実践するモデルを検討し課題を述べる。吉田論文は、親子分離措置がとられた被虐待児の措置解除・家庭引取りに関する法制度の概要を紹介し、親と児童相談所とで家庭引取りに関して争いがある場

合、「子の監護処分」（家事審判法9条1項乙類4号）の類推適用を主張する。野田論文は、児童虐待に対する公的介入について、一時保護に司法関与を導入することに対して、現在の裁判所が判断能力と即応性に欠けること、これにより行政の消極的姿勢を誘発するおそれがあることを理由に反対する。

【文献12】森莞治他「児童虐待に関連する家事事件の調査方法及び関係機関との連携」（『家庭裁判月報』52巻10号、2000年）123〜207頁

　本論文は、この時期に増加し始めた児童福祉法28条事件の調査方法のあり方を研究したものである。まず、児童虐待の現状やその対策の推移、児童虐待に関する制度の変遷に言及し、児童虐待の定義や分類、その原因や影響について解説する。28条事件の調査方法に関しては、調査の目標、保護者対応、調査の手順、調査対象について詳細に論じ、さらに共同調査の有効性や方法についても言及している。次に28条事件の事例を挙げ、実際にどのように調査がなされるかを具体的に示し、個々の事例ごとに考察・検討が加えられ、調査上の問題点が示されている。これらの分析を踏まえ、今後の課題として関係機関とくに児童相談所との連携に際しては、判断機関としての家庭裁判所の立場を明確にし、中立公平な立場を担保しておくこと、児童相談所が提出する情報や資料に関しては情報源の保護に配慮する必要のあることを指摘する。また、家庭裁判所に後見的役割や調整的役割が期待されているが、家庭裁判所は「適正な判断と迅速な処理を優先させるべきであって」、こうした役割は「あくまでも付随的なものであると考えるのが適当」とする。2004年の法改正の主な論点となる家庭裁判所の役割について、家庭裁判所が児童虐待への対応について、親指導に対する家庭裁判所からの命令制度のような積極的役割を果たす意向のないことが、すでにこの時期に示されており興味深い。

　また、将来的には家庭裁判所の虐待対応としてアメリカ法のような試験観察的な関わり方も参考になると述べられている。しかし、その後の2004年児童福祉法改正に伴う特別家事審判規則の改正では、28条事件を本案とする保全処分制度ではこうした試験観察的運用の途は閉ざされ、一時保護中の児童に対する面会通信の制限制度（2005年改正特別家事審判規則18条の2）を設けるにとどまった。

【文献13】林陽子「児童虐待防止法を検討する──フェミニズムの視点から」（『子どもの虐待とネグレクト』2巻2号、2000年）219〜224頁

　本論文は、児童虐待防止法の成立が当時制定を求められていたドメスティックバイオレンス（DV）禁止法にどのような教訓を残したのかを検討するものである。児童虐待防止法の問題点として、性的虐待の定義、司法審査抜きの立入調査制度、一時保護中の面会通信に制限が課されなかったこと、罰則なしの通告義務制度、加害者の更正の方策が挙げられ、DV法の制定にあたっては、暴力禁止の明文化、NGOとの連携、関係者の研修受講等法的根拠を明確にすること、加害者に対して刑事罰と併行してまたは選択的にカウンセリングを受講させる等「指導」以上の「動機」を与えること、加害者と被害者の隔離を徹底する制度の必要性を指摘する。

　児童虐待とDVとは共通点があり、法的対応としても相補的な役割が必要である。2001年のDV法成立に対して児童虐待防止法が与えた影響や2003年の改正児童虐待防止法にDV法が及

ぼした影響等の検証と同時に今後も双方の成果を活かしながら制度の充実を図る必要のあることを認識させる論文である。

【文献14】石田勝之『子どもたちの悲鳴が聞こえる――児童虐待防止法ができるまで』中央公論事業出版、2005年

　本書は、児童虐待防止法という議員立法に携わった国会議員として、同法の成立の経緯や2004年の同法改正の様子等を克明に伝えるものである。国会での議員相互のやりとりや法案成立までの厚生省との「バトル」の他、国会の仕組みや議員立法についても踏み込んで書かれており、同法成立・改正の舞台裏を知る上で興味深い資料である。

【文献15】太田誠一・田中甲・池坊保子・石井郁子・保坂展人『きこえますか子どもからのSOS――児童虐待防止法の解説』ぎょうせい、2001年

　本書は、児童虐待防止法制定に至る経緯や同法の逐条解説、国会議事録等を収録する資料集である。同法の成立に直接関わった国会議員による逐条解説であり、法の趣旨を理解する上で貴重な資料である。また、同法成立に関する議事録や統計資料等も丹念に収録されており、法制定の資料として便利である。

（吉田　恒雄）

2　民法分野

【文献16】「特集　児童虐待の実態と法的対応」（『ジュリスト』1188号、2000年）2〜47頁

　本特集を構成する論考は次のものである。石川稔「児童虐待をめぐる法政策と課題」（2〜10頁）、野崎伸一「児童虐待の防止等に関する法律と厚生省の取組みについて」（11〜14頁）、吉田恒雄「児童虐待と親権の制限」（15〜20頁）、岩井宜子「児童虐待問題への刑事規制のあり方」（21〜26頁）、池田由子「被虐待児の心理とケア」（27〜34頁）、津崎哲郎「自治体・民間団体の取組み――児童相談所の対応実態を中心にして」（35〜40頁）、樋口範男「アメリカ法から見た児童虐待防止法」（41〜47頁）である。このうち、本欄に関連するのは、石川、吉田、樋口の各論文である。

　まず問題になるのは、司法関与と親権という視点から、家裁の措置承認制度（児童福祉法28条審判）である。石川は、家裁が行う虐待の証拠（情報）収集をめぐって、子どもの証言をめぐり、子どもの権利条約12条の意見表明権との関係で、子の陳述は15歳以上という高い年齢で一律に聴くものとされている（特別家事審判規則19条2項）ことが問題であるという。さらに、子どもの証言能力をどう見るかと、子どもに対するインタビュー技法の確立の必要性を強調する。さらに、28条審判の性質・効力についての疑義を指摘し、その改善の必要を指摘する。最小限の改革として措置承認審判の取消制度の創設、さらに監護権停止制度の創設を主張している。

　吉田は、虐待防止法との関連も含めて、28条の承認審判に基づく施設入所措置がとられたときに受ける親権制限として、虐待防止法12条に規定されている面会通信の制限を挙げる。ただし、この制限は過度に行われてはならないとし、親子再統合があくまで目的であり、再統合が不可能であれば、長期里親または養子縁組による保護が図られなければならないとする。また、入

所児童に対する親権は、面会通信の制限以外の事項については明らかでないという。立法論としては措置権者たる都道府県と親権者の関係を整理しなくてはならないとするが、離婚後の子、別居の子、非嫡出子の親権との整合性も考慮しなくてはならないという。親権喪失制度については、この制度が有効に機能するのは、親権者の同意により入所している児童の引取りを親権者が不当に求めてきたときや、出生届等就籍に関する手続を行わないというような親権者の法的権限の適切な行使が行われないとき等であろうという。

樋口は、民法の親権との関連では、日本の親権喪失とアメリカの親たる資格の剥奪の落差を指摘している。アメリカにおける親たる資格の剥奪は、親が親でなくなることを意味し、法律上、子どもと全くの赤の他人になり、養親を探す努力がなされるのである。

【文献 17】「児童虐待の法的対応」(『家族〈社会と法〉』17号、2001年) 19～198頁

今号の特集は「児童虐待の法的対応」である。2000年11月11日に開催された日本家族〈社会と法〉学会第17回学術大会における報告者の論考とシンポジウムの記録である(本学術大会開催については、第2期で言及)。

問題の提起(床谷文雄)、報告(1) 日本における児童虐待の法的対応と課題(吉田恒雄)、報告(2) 実務家から見た児童虐待の法的問題——監護権及び親権の問題を中心として(岩佐嘉彦)、報告(3) 家庭裁判所から見た児童虐待の法的問題点(吉田彩)、報告(4) 児童虐待事件の調査上の問題点(安部隆夫)、報告(5) ドイツにおける児童虐待の法的対応(鈴木博人)、報告(6) イギリスにおける児童虐待の法的対応(許末恵)という構成になっている。この他に、フランス法の児童虐待の法的対応について指定討論者の水野紀子によるコメントがシンポジウムの冒頭で行われている。

このシンポジウムでは民法の親子関係(とくに親権)に関する規定の解釈問題・立法上の問題、社会福祉の観点から児童福祉法による児童救済の現状とその問題点の検討が中心課題とされている。具体的には、児童虐待の発見(通告)から介入、被虐待児童の保護(親からの引き離し)までの過程における法規定と実務の問題に焦点があてられている(床谷による問題提起)。このシンポジウムの特色を挙げておくと、児童虐待防止法が制定された直後(施行はこのシンポジウムが実施された直後の2000年11月20日)に実施されたものであること、そして、当時児童虐待通告制度を中心にアメリカ法の影響が強かった中で、アメリカ法に関する報告が行われておらず、しかも、報告されたドイツ・イギリスではアメリカのような通告義務制度は設けられていないということが明らかになったことである。

各報告から明らかになったことの大きなポイントは、他の国では、裁判所による児童虐待ケースの流れ全体に対するチェックが行われているのに対して、日本の場合には児童福祉法28条の保護者の同意なきときの家裁審判による措置のように、限られた場面でしか家庭裁判所が関わっていないということである。適正手続の保障という点で問題がある。分離保護した後のケアとか親子の再統合に向けてのケースワークという課題は、審判後に児相や福祉施設が対応していると思われるというような状態(安部報告)である。また、パーマネンシーを保障するという視点からの援助計画が立てられていないとも指摘されている(岩佐報告)。

しつけは体罰なのかどうかということでは、イギリス・フランスとドイツとでは対応の仕方が

異なる。一方でイギリスでは親は、適度で相当な体罰を行う権利を持つが、これに対してドイツでは暴力によらずに教育を受ける権利が法定されるに至っている。

【文献 18】マーク・ハーディン著／桐野由美子訳「アメリカ合衆国の Adoption and Safe Families Act of 1997（養子縁組および安全家庭法）——養子縁組、里親養育を中心とした児童保護システム」（『新しい家族——養子と里親制度の研究』39号、2001年）36～55頁

　マーク・ハーディン氏は、アメリカ弁護士協会子どもと法センター児童福祉局長である。平成12年度厚生科学研究補助金による「児童保護システムと児童福祉法の国際比較研究」（社会福祉分野主要文献解説【文献35】参照）の一環で来日した。日本での養子縁組および安全家庭法（以下「ASFA」とする）についての最も早い時期での詳細な紹介である。

　アメリカの児童保護システムの概観と1997年に制定されたASFAの解説との2部構成になっている。それによると、児童虐待の際の子どもの保護システムは、①通告、②通告の調査、③フォスター・ケア、④養子縁組、⑤被虐待児に関する裁判所でのプロセスという流れに従って解説されている。その際に重要なのは、パーマネンシー・プランニングという考え方とその実践、そして裁判所関与が次第に大きな役割を果たすようになってきたということである。以上のような流れは、日本法には決定的に欠けている要素である。

　さらに、ASFAの解説である。本法は、1980年に制定された「養子縁組援助と児童福祉法（AACWA）」では不十分であった点の改善を目的に制定された。ASFAに盛り込まれた特徴的な項目は以下の点である。①子どもの安全が最重要であり、最も優先的に考慮すべき事項である。②親が回復することが極端に困難な場合に、親の回復を目的とするサービス提供は一切行わない。③親へのサービス提供が行われないときには、パーマネンシー措置を迅速に行うこと。つまり養子縁組等の手段をとること。④多くの虐待ケースでは、家庭維持のためのサービス提供を迅速に、かつ改善された方法で実施する。⑤家庭維持のためのサービス提供をしているときには、児童保護機関と裁判所は以前より早く子どものパーマネンシー決定をしなければならない。

　ASFAの概要と日本法との決定的な違い、つまりパーマネンシー・プランニングの重視と裁判所関与の多さを理解するのには必読の資料である。

【文献 19】小泉広子「イギリス1989年子ども法における子どもの緊急保護制度」（『長崎国際大学論叢』1巻、2001年）357～367頁

　日本の児童虐待保護法制について、親権制限的内容を含んでいるにもかかわらず、親の権利保障のための適正手続という視点が欠けているという。本論文は、1989年に制定されたイギリスの the Children Act 1989（本論文ではこれを1989年子ども法と訳している）の内容を詳しく紹介するものである。この紹介を通じて、子どもの保護と親の権利保障との調整のイギリスでの姿を示すことを目指している。

Ⅲ　主要文献解説

【文献20】荒川麻里「ドイツにおける親の懲戒権の明確化――『民法 1631 条 2 項の改正に関する法律案』（虐待禁止法案）（1993 年）の検討を通して」（『教育制度研究紀要』2 号、2001 年）45～56 頁

　1993 年に連邦議会に提出されたドイツの虐待禁止法案（民法 1631 条 2 項の改正案）の立法理由を詳しく紹介するものである。この法案の内容紹介としての資料的価値は高い。ただし、例えば 1997 年の親子法改正と一般にいわれている改正を子ども法改正と称したりしているので、その点はやや気をつけておく必要がある。

　本稿では、虐待禁止法案の内容紹介と並んで、ドイツ法では懲戒権が否定されてしまったというわけではないという指摘が重要である。

【文献21】山口亮子「児童虐待法制度をめぐる日米の状況」（『山梨大学教育人間科学部紀要』4 巻 1 号、2002 年）206～220 頁

　日本の法制度とその運用の問題点を指摘した上で、それぞれの問題点に対応する形でアメリカの制度と現状を、現在に至るまでの歴史的経過をも視野に入れながら、紹介・検討する論考である。

　本稿の構成は、大きく分けると 2 つの部分から組み立てられている。前半部分は次のような章から構成されている。1. 日米における児童虐待の状況（両国の統計資料を用いた社会学的分析が行われている）。2. 児童虐待の定義、（1）通告しうる子どもの年齢、（2）虐待の基準、（3）虐待の形態、（4）加害者条項（児童虐待を理由とする通告の対象者となるのは誰かが明示される）、（5）虐待およびネグレクトの定義から除外されるもの（通常除外されるのは、しつけによる身体的罰と宗教であり、親、法的監護権者または養育者により、しつけのために行う身体的罰は、それが相当であり適度のものであれば虐待ではないと規定されているという）。3. 通告手続、（1）通告義務者、（2）通告基準、（3）通告が免除される場合、（4）手続、（5）通告を受ける者、（6）疑いのある死亡の通告。4. 免責、（1）免責される者、（2）通告者の免責の限界。5. 通告に関する罰則、（1）通告しない場合、（2）虚偽の通告。6. 福祉事務所、（1）職員の人数、（2）ケースワークの指導主事（スーパーバイザー）の仕事量、（3）ケースワーカーの仕事量、（4）里親登録数、（5）里親になる前に要求される講習期間、（6）年間に要求される講習日数、（7）職員の採用条件、（8）職員の給与。これら詳細な項目について連邦諸州の全体的な傾向を紹介している。

　その上で、前半部分の論述から明らかになったのは、アメリカでは子どもの生命に関わる問題のため手続に時間的制約を設け、そしてそのために明確な基準と説明が必要とされるのだということである。

　後半部分は、法律上の手続問題が扱われる。7. 児童虐待発見後、親権が終了されるまでの法的手続、（1）わが国の児童虐待の対応手続、（2）アメリカの児童虐待の対応手続。8. 子どもの代理人、むすびという構成になっている。親権が終了されるまでの手続で日米が決定的に異なるのは、アメリカでは児童虐待問題発生の当初から裁判所が関わり、主導的役割を果たしている点である。裁判所が関与することにより、デュープロセスが保障される。またもう 1 点異なるのは、アメリカではパーマネンシーの法的保障が考慮されている点である。

　子どもの代理人制度に関しては、子どもの利益の代表者と、子どもの意思の代弁者という 2 つ

の役割を、中立的な立場で仕事をする日本の家庭裁判所調査官が子どもの意思の代弁者という役割までも果たせるのか疑問であるので、独自の子の代理人制度の必要性が述べられる。

　アメリカの児童虐待対応の法制度を通観する好個の文献である。

【文献22】鈴木博人「親権概念の再検討――ドイツ親子法との比較の視点から」（『法律時報』75巻9号、2003年）28～32頁

　本論文と次に挙げる岩佐論文は、『法律時報』の「子どもの権利擁護と自己決定――子ども観の転換を基軸に」という特集の中で、児童虐待を取り扱ったものである。

　本稿は、親権概念の検討にあたって、子どもの保護手続に沿ってドイツ法と日本法との比較を行い、そのことにより日本の親権法の課題を明らかにするという意図で書かれた論考である。

　ドイツ民法での親権概念の転換（親権 elterliche Gewalt から親の配慮 elterliche Sorge へ）、民法上の親権制限規定の趣旨、そして民法と日本の児童福祉法に該当する児童ならびに少年援助法（KJHG）の密接な連携規定が紹介されている。ドイツ法でのパーマネンシーが重視され、それに基づく児童ならびに少年援助法の諸施策が紹介され、さらには養子法と後見法の重要性が指摘されている。

【文献23】岩佐嘉彦「児童虐待と子どもの自己決定――現場から」（『法律時報』75巻9号、2003年）33～36頁

　児童虐待ケースで、子どもの意思がどのようなときに、どのような形で問題になるのかを示した論考である。最初に取り上げられているのは、養父による性的虐待事例で、子が養父の反省の態度を見て、児相や家裁の判断と異なる帰宅したいとの意思を表明し、在宅指導としたが、性的虐待の再発を招いたというケースである。このように子の表明された意思に従って悪い結果に帰着すると、それでは、子の意見表明に対してどのように対応すればいいのかという問題が生じる。次いで取り上げられるのは、いわゆる山形里親事件のように、子の表明された意思に対して、法律自体がその意思表明に従うことができない制度的な障壁になってしまう場合である。具体的には、民法766条の監護者指定の申立権者の範囲はどこまでなのかという形で問題になる場合である。

【文献24】野瀬綾子「児童虐待当事者の権利擁護と福祉サービスの管理――アメリカの児童保護システムからの示唆（一）（二・完）」（『民商法雑誌』128巻4・5号、2003年）161～199頁・(128巻6号、2003年）770～802頁

　本論文の特色は、アメリカの法制度のみならず、福祉サービス制度を比較の対象にしながら、日本の児童虐待制度における法的対応と福祉的対応の統合的な対応を検討しようとする点にある。具体的には、①アメリカの児童虐待を規制する法制度がどのように形成されてきたのか、②裁判でのケース処理はどのように行われ、また誰がその法手続きに参加するのか、③法的な対応とコミュニティレベルでの非法的な対応がどのような関係にあるのかという視点から、児童虐待に対応するための法と福祉の関係について検討を加える。

　最終的に日本の児童保護システムにとって得られる示唆として次の諸点が挙げられている。第

1に、児童保護システムは、子どもの保護と家族の援助という2つの目的に資するものでなくてはならない。これは、子どもの安全の確保は場合によっては他の家族成員の意に反してでも行わなくてはならないが、他方で養育の場としての家庭を支援していくという側面も存在するということである。初期介入からパーマネンシー・プランニング（永続的養育計画）に至るまでの各段階での親子支援の重要性の指摘である。第2は、児童保護システムでは、当事者である親と子どもの意思や希望ができるだけ尊重されなくてはならない。第3に、児童保護は、社会的な家族支援のプログラムとの連携のもとで実施されねばならない。福祉サービスと法手続きの有機的接合が重要だということである。第4に、児童保護システムでは、裁判所の果たす役割が極めて重要だということである。そこでの裁判所の役割は2つあり、1つは、親と子のために、最も良い解決を導く役割である。もう1つは、福祉行政機関による援助を継続的に監督することである。

【文献25】和田美智代「『しつけ』と児童虐待——改正ドイツ民法1631条を手がかりに」（『21世紀における社会保障とその周辺領域』編集委員会編『21世紀における社会保障とその周辺領域——古橋エツ子先生還暦記念論文集』法律文化社、2003年）229〜242頁

しつけを理由に子に対して暴力行為におよぶ事例は、子どもをきちんと育てようという意思を持っているにもかかわらず、その意思が良い結果に結びついていないという点で、他の理由による虐待事例とは異なるという問題提起に基づき、日本の公表された審判例を紹介し、ドイツ民法での1997年、2000年の法改正による暴力によらないしつけを目指す法規整に関する動向が簡単に紹介されている。後掲【文献26】の「ドイツにおける『親権』の最近の動向——懲戒権と児童虐待の視点から」につながる前段階の問題意識が示された論考ということができる。

【文献26】和田美智代「ドイツにおける『親権』の最近の動向——懲戒権と児童虐待の視点から」（『法政論叢』40巻2号、2004年）182〜191頁

ドイツ民法における懲戒権の親権中での位置づけ、および懲戒権規定の変遷を概観する。それによると、1900年のドイツ民法では、親権とは父権を意味し、その支配権的性格から父に懲戒権が当然認められていた（民法1631条2項）。この懲戒権規定がドイツ民法から最初に姿を消したのは、1958年に男女同権法が施行され、父にしか懲戒権を認めていない1631条2項が同法に違反するとされたためである。母への懲戒権付与が嫌われたために懲戒権規定自体をなくしたのであり、懲戒権自体が否定されたわけではなかったので、この改正後は、慣習上の懲戒権だけが存続していた。

1979年の親権法改正により、親権概念が転換（親権から親の配慮へ）し、子どもが親権に服するのではなく、親が子どもを配慮する権利と義務を有するようになった。このときの改正では身体的懲罰と厳格な暴力禁止規定が目指されたが、実現したのは「尊厳を失わせるような教育手段は認められない」（1631条2項）という条項だった。この条項は、1997年の親子法大改正の際に小規模な改正を経て、2000年には「暴力のない教育を受ける子どもの権利」が規定されるに至った。この改正の背景には、懲戒権をなくすことにより児童虐待が減少するのではないかという考えがあった。本条はプログラム規定とされているが、社会法典第8編16条1項により親の養育義務を軽減するものとされ、懲戒罰によらずに養育、教育を行う講習会やプログラム等の試

みが始まっている。そして、懲戒としてひどい暴力がなされたときには、民法1666条1項により親の配慮権限を剥奪するとしている。

なお、筆者の専門領域が民法でないためか、民法の問題を扱っているが、民法関連文献の参照がやや手薄である。

(鈴木 博人)

3 児童福祉分野

① 「児童福祉」子育て支援との関連

【文献27】森望「子ども家庭福祉と自治体行政——子育ての社会化と地方分権パラダイム」(『社会福祉研究』82号、2001年) 27～35頁

「特集 児童憲章の半世紀——子どもの権利と子ども家庭福祉の課題」というテーマに応えて総論として書かれた論文であるが、この期の児童虐待対応について、広く児童福祉の各領域、各地方自治体の取り組みに目配りした上で、その不足や課題が指摘されている。各事柄について具体的な数値を提示した、説得力のある論考であることが特徴的である。かねてから指摘されている児童福祉専門職の専門性の欠如については、とくに子どもの命を左右する裁量権を持つ児童相談所の職員について「非専門職にさせているのは行政のおごりとしか言えない」(28頁)と糾弾し、家庭裁判所調査官や警察官、税務署職員等の職種と比較した上での資格や研修の充実の必要を具体的に提案している。

関連諸領域との比較的視点から児童虐待行政の充実への具体策を提言するのは、この筆者の得意とするところであるが、別稿(森望「児童虐待防止法等改正と社会的養護の再構築」『世界の児童と母性』(42～45頁)ではDV法との比較から司法関与の強化についても言及しており、あわせて参照されたい。

② 「児童虐待防止マニュアル」

【文献28】北九州市児童虐待事例検討委員会『ストップ・ザ・虐待Ⅳ——被虐待児と家族への援助の提案』北九州市児童虐待防止連絡会議・北九州市児童相談所、2000年

北九州市では、厚生省の全国8か所の児童相談所モデル事業の指定を受けて1996年度より児童虐待防止事業に着手し、1997年3月に『ストップ・ザ・虐待——問題点の理解と有効な援助のために』(北九州市児童虐待防止連絡会議編集・発行)を発行した。先駆的なこうした事業を下敷きとしながら、今回、児童虐待事例が家庭で起こり、発見されてからもしばらくは親子は家庭にあり、児童相談所の介入以降も約8割は在宅援助での対応であり、施設分離されたケースもいずれは子どもは家庭に帰る、という事実に着目し、児童虐待に関わる在宅場面の援助について詳述したマニュアルを作成した。

保育所・小学校・中学校のそれぞれについて、「虐待を疑ってから通報(他機関との連携)までに、子どもに対して出来ること」「通報(他機関との連携)までに、保護者に対して出来ること」「一時保護後や通報後など在宅援助中に、子どもに対して出来ること」「在宅援助中に、保護者に対して出来ること」のそれぞれを詳述し、さらにそれぞれについて限界を明らかにしている等、一貫して在宅生活を送る子どもの諸場面に即して、周囲の大人のできることとできないことが整

理されている。

　また、「司法的関わり」(209〜222頁)の項のうち、「弁護士ができる援助」(211〜212頁)、「民法を利用した法的援助」(213〜214頁)、「性虐待の場合の刑事裁判手続き」(215〜218頁)、「性虐待、性被害の場合の民事事件(訴訟)手続き」(219〜220頁)が充実している。「弁護士ができる援助」では、「児童虐待が起こった場合(起きる可能性がある場合)、現在の法制度の中でできる法的援助は非常に限られたものです」と確認しながら、弁護士の役割を「どの法的援助を選択することが、子どもの最前〔ママ〕の利益に適するかを判断すること」と明言している(211頁)。また、「今後、子どもの権利を保障するためには、子ども自身が救済申立をできる法制度が必要です。……犯罪被害者救済制度の一環として、子どもも犯罪被害者の対象とすべきです」と、弁護士の支援を前提とした制度改革を提言している。「民法を利用した法的援助」では、民法の制定当時に児童虐待の視点がなかったために法に虐待の枠組みがないことを指摘しつつ、「それでも、児童虐待の際に利用できる制度」として親族の規定を紹介している。ここでも親族変更の申立を子ども本人ができないことの不便を挙げ、制度の改革を提言している(213頁)。

【文献29】福岡県弁護士会北九州部会子どもの権利委員会・北九州市児童相談所『児童虐待と児童福祉に関する法律Q&A 改訂版』2000年

　1997年に発足した「法律研修会」の成果である。福岡県弁護士会北九州部会子どもの権利委員会のメンバーが、輪番で、北九州市児童相談所・各保健福祉センター職員等から提出された事例や質問に、法律的な解説や判断を示す研修会を毎月1回、開催しており、その蓄積を解説書としてまとめたのが本書である。児童相談所職員からの、実務場面での「何か法的な対応策はないか」といった具体的な疑問に対する、法曹の視点からの回答がまとめられている。児童福祉現場以外の法律の専門家による法解釈によって、従来は児童相談所の常識や慣習に従った実務例を見直す契機を得たばかりでなく、研修会を通して児童相談所が法律の専門家による協力者を得られたことの意味も少なくないと考えられる。

　なお、本書は、2005年に『子ども虐待　法律問題Q&A』(安部計彦編集代表、福岡県弁護士会北九州部会子どもの権利委員会編、第一法規)として刊行された。

【文献30】東京都児童相談センター『子どもへの虐待相談処遇マニュアル［改訂版］』2001年

　児童虐待防止法に先立つ1997年に『子どもへの虐待相談処遇マニュアル』を発行した東京都が、法の施行を受けて、一時保護を判断する基準、分離後の子どもの回復プログラム、保護者への支援や援助プログラムや、再統合に向けての家庭引取りの適否を判断する基準について言及した改訂版を作ったのが本書である。

　「児童相談所の役割・機能」の1つに「法的権限の積極的行使」を挙げていることが示すように、児童虐待に関わる実務が法的根拠を持った活動であるとの視座にたち、具体的なマニュアル記述のあらゆる場面で典拠法の条項が引かれている。マニュアルに沿って、処遇の進め方を追い、各関係機関との連携の方法を確認するうちに、その全てが法的根拠を持ち、法によって方向づけられた子どもの権利擁護のための事項であることに自ずと気づかされる。虐待対応については、法という守るべき一線があることを明確に示すことで、とかく担当者の力量に左右されがち

なケースワーク的な対応で良しとしない厳格さと緊張感がマニュアルに一貫して流れている。巻末に掲げられた「児童虐待の防止等に関する法律と児童福祉法等現行制度」では児童虐待防止法を児童福祉法をはじめとする現行制度と一覧表で対応させ（104～110頁）、防止法施行後の早い時期に、防止法の使いこなしに意欲がうかがわれる。

　マニュアルに顕著なこのような姿勢は、東京都が、2000年4月に虐待対策課を新設し、地域児童相談所からの要請を受けてとくに困難な虐待事例だけを扱う組織として、法28条を駆使した強制介入機能を十全に発揮してきたことと無縁ではあるまい。

【文献31】埼玉県中央児童相談所・埼玉県浦和児童相談所・埼玉県川越児童相談所・埼玉県所沢児童相談所・埼玉県熊谷児童相談所・埼玉県越谷児童相談所『児童虐待リスクアセスメント・モデル』2002年

　児童相談所で児童虐待事例に向き合う際に、子どもの状況の把握・虐待の本質の見極めを短時間で誤りなく行うことが不可欠であるが「危機的な状況でプレッシャーを受けているワーカー」（2頁）にとって容易でないことを受け、「情報収集の過程から、リスク要因と家族機能に影響を与える個々の要因との関係を検証する分析過程までを通じて、ワーカーが意思決定する手助けをするもの」（1頁）で「適切な支援プログラムを作成するための、ひとつのツール」（2頁）であるとされている。個々のチェックリストは、「オンタリオ州における子ども保護のためのリスク・アセスメントモデル」（髙橋重宏監修・編集『海外の子ども虐待リスク・アセスメント・モデル』日本子ども家庭総合研究所、1998年）をもとに今日の日本社会の現状に合わせて手直しがなされている。非常によく整備されたチェックリスト集の前には、通告全てを児童虐待通告受理票に記載することを意味する《網羅性の確保》、受理即日に臨時受理会議を開き48時間以内に目視による安否確認をすることを約束する《迅速性の確保》、原則として複数職員で調査し合議による《客観性の確保》、保護者と摩擦を起こさないことに配慮が行きすぎることなく被虐待児童の安全確保こそが最優先課題だと認識する《安全性（実効性）の確保》が、「埼玉県児童相談所児童虐待事例の取り扱い」の基本的観点として掲げられている（4頁）。

　虐待事例に向き合う緊張感が形となった印象を受けるマニュアルであるが、「おわりに」で2000年度の死亡事件をきっかけとして児童相談所の児童虐待相談事例の総点検を行った1つの成果であることが明かされている（28頁）。死亡事例への真摯な振り返りから、次期の対応策が模索されている好例であろう。

【文献32】愛知県健康福祉部児童家庭課・愛知県中央児童・障害者相談センター『被虐待児童の家庭復帰のための保護者指導マニュアル（試案）』2003年

　児童虐待対策の中でも、保護者指導のテーマに特化して編まれたマニュアルである。児童虐待防止法第11条で虐待を行った保護者の「指導を受ける義務」を謳ったことを受けて、愛知県では2002年度に、虐待を行った保護者の指導に関する調査研究会を立ち上げ、施設に分離保護した被虐待児童の家庭復帰に焦点を絞った「保護者指導プログラム」の作成に着手したという。本書は、その成果を児童相談センター職員向けにまとめたものである。

　本書のはじめに、保護者指導マニュアルが必要である理由として、「①被虐待児の家庭復帰に

は、虐待した保護者への指導を具体化するプログラムがいる　②介入段階から家庭復帰・家族再統合を見据えた保護者対応、指導方針がいる　③連携機関にとっても解りやすい保護者援助のプログラムがいる」（1頁）を挙げ、プログラム化した保護者指導方針を虐待への初期介入段階から示せることが有効であることを指摘している。

　法的な話題については、性的虐待について、従来は親権喪失申立に終始しがちであったのに対して、被害児童への支援や捜査の促進を目的とした警察への被害届・刑事告訴、加害者が養父の場合の離縁調停申立・離縁訴訟、加害者が実父の場合の実父母の離縁の可能性にまで言及している（16頁）。また、指導を受けない保護者に対する方策として、法的整備の必要が説かれている（41頁）。

　児童虐待という特異な事例に限定した保護者指導であるため、保護者が指導を受けることに対して「親側には"賞"として面会実施を伝えると効果的である」（20頁）、「親側には"賞"として帰省実施を伝えると効果的である」（21頁）と記されている等、本来は賞罰的態度ではなく「当事者の自己決定」を「非審判的な態度で」待つというケースワークの基本原則にある意味で反する姿勢も示されている。

【文献33】足立区こども家庭支援センター『実践から生まれた実用版マニュアル　PARTⅠ　児童虐待の初期対応と早期発見のために』2003年

　「このマニュアルはあなたの保育実践の強い味方です」で始まる本書は、保育所保育士を対象に作成されたものであるが、類書には珍しく、具体的な指示内容の背景に法的視点がすかし見える。例えば、虐待の確信が持てなくても通告を勧める記述の中で、「提出するもの」に「関連する保育記録」「自由に描いた子どもの絵」「傷などの写真」といった保育者の視点による根拠資料を示している。また、とくに保育所の子どもが一時保護になった場合の対応について詳述しており、一時保護中も保育所に在所扱いであること、一時保護に対する保護者の非難に対しては「保育所には通告義務があり、一時保護は児童相談所が判断したもので保育所は判断できない」と説明すること等、保育実務との関わりで求められる法対応についてのみ示されているのが特色である。

【文献34】児童虐待防止対策支援・治療研究会『子ども・家族への支援・治療をするために──虐待を受けた子どもとその家族と向き合うあなたへ』日本児童福祉協会、2004年

　予防や支援・治療の重要性が盛り込まれた法改正を受けて編まれた、子どもや家族への「治療」までを念頭においた専門職向けの参考書である。虐待を受けた子どもとその家族への治療については、理論的にも実践的にもプログラムが未確立な中で、現場実践を繰り返しながら、あるいは厚生労働科学研究等で模索されてきている途上にある。その現段階での成果をまとめ、それぞれの立場で子どもや家族の治療に取り組んでいる関係者の参考にされることがねらいとなっている。そのため、この時期の一般的なマニュアルと異なり、読者を「あなた」と広く捉え、関連他領域の支援プログラムや治療計画等に学び合うことを想定して児童相談所、児童福祉施設、里親、保健機関、医療機関、行政機関、学校や民間団体等幅広い現場での先駆的な取り組みを紹介している。

あらかじめ注記されているように（5頁）、法制度に関する言及はない。現行法・現行制度の範囲で、可能な取り組みの幅が決して狭くはないことに気づかされると同時に、各々のプログラムにおける課題をたどることで、さらなる法・制度改正への方向性が自ずと示されている。

（田澤 薫）

③ 2004年児童福祉法・児童虐待防止法改正に影響を与えた研究
【文献35】鈴木博人・桐野由美子・松田真哉「児童保護システムと児童福祉法の国際比較研究」
平成12年度（厚生科学研究補助金　子ども家庭総合研究事業、2001年）
平成13年度（厚生科学研究補助金　子ども家庭総合研究事業、2002年）

　本研究は、2年計画で行われており、1年目は、諸外国の児童保護システムと児童福祉法を比較検討し、法制度の検討だけではなく、運用面についても言及している。また虐待対応をも含んだ子育て全般に関する母子保健システムの研究も行っており、フランスの母子保健福祉制度の実情も明らかにしている。

　1年目の報告は、ドイツ連法共和国の児童保護法制における児童虐待への法的対応（鈴木博人）、北米渡航による児童保護関連法に関する調査報告書（桐野由美子）、フランスの母子保健福祉制度に関する研究（松田真哉）であり、2004年度の児童虐待防止法・児童福祉法の改正等にも影響を与え、制度・法律の作成過程への基礎資料を提供している研究といえよう。2年間に及ぶ本研究の特徴は、従来アメリカ法に傾きがちだった比較法の対象をヨーロッパ大陸法やオーストラリア法まで視野に入れ検討を行っている点にあり、また、法制度に対する考察だけではなく、それらが実際にどのように運用されているのかをソーシャルワークの視点から検討している点も着目すべきところである。

　2年目の報告では、危機介入した後の子どもの保護手続きについて、共通点が多いことが論述されている。危機介入については、アメリカでの虐待発生件数が桁違いに多いので、通報義務等法的対応が規定されているが、およそ年間虐待通報件数が25万件のドイツでは、専門家の守秘義務のほうが優先していること。そして反面、子どもを保護した後は、できるだけ家庭復帰・親子統合を図りつつ、それが無理な場合には養子縁組により子どもに永続的な家庭を保障するという点が各国で共通していること。また、手続きの節目ごとに裁判所による司法判断が下されるという点も共通点であると指摘している。各国の法制度に関するこのような動向が、2004年のみならず2007年度の日本の法制度改正の部分にも影響を及ぼしていることも留意する必要があるだろう。フランスについては、母子保健制度のサービスについて確認されており、予防という視点から、介入のような直接的対応ということではないが、妊娠前からの望まない妊娠の予防策を講じること、出産・育児支援により親を援助して、その結果子どもの生活状況を良好な状態におくという、出産・子育て全般に関して社会保障制度を充実させることが、いかに重要かということが報告されている。

　本研究の結論として、児童虐待をめぐる法制度については、危機介入の側面では虐待発生件数が各国ごとに異なるので、法的対応のあり方に違いがあること。「通報義務が強く課されているとされるアメリカ合衆国でも、専門職に通報義務が課されているのは28州にすぎない。それを考えると、最近の日本での議論のように（あるいは児童虐待防止法のように）、専門職の守秘義務

をはずしてまで通報義務を課すというのは、日本での虐待通報もしくは発生件数からすると、決して国際的動向に沿ったものではないということになる。むしろ、虐待を含んだ児童保護システムに携わる福祉機関の専門性やスタッフの人数の拡充を欧米諸国なみにすることの方が先決であろう」と指摘している。

　危機介入した後の児童保護システムについては、調査した国々では同一方向を目指していたことを報告しており、実際に各国で実践されているパーマネンシー・プランニングの重要性、子どもに対する永続的な家庭環境の確保というサービスの提供の必要を訴えている。本研究によると、パーマネンシーという用語自体は、ドイツ・フランスではほとんど用いられていないが、援助計画を立てて親子分離を極力回避しつつ、家庭復帰が無理と判断された場合には、養子縁組の可能性が追求されること、それと同時に、養育家庭、つまり里親制度の充実も図っているという。そして、日本と決定的に異なる点として、各国とも一連の保護手続きの中で頻繁に、節目ごとに司法判断が下されるという内容が取り上げられている。この点については、親の権利が強すぎるという議論ではなく、子どもの最善の利益のために、司法介入が児童虐待の対応の基礎となっていることを示している。

　1990年代後半より、児童保護についての法的手段の議論が日本においても活発に行われてきたが、本研究は2004年・2007年の虐待に関する法律の改正に対して、様々な基礎データを提供した研究といえよう。

【文献36】才村純・伊藤嘉余子・磯村文明・赤井兼太・津崎哲郎・髙橋重宏・庄司順一・柏女霊峰「児童虐待対応に伴う児童相談所への保護者のリアクション等に関する調査研究」(『日本子ども家庭総合研究所紀要 (平成13年度)』38集、2002年)

　本研究では、児童相談所を設置・運営する全ての自治体を対象に、児童虐待対応に伴う児童相談所への保護者のリアクション (加害・妨害事件、行政不服申立、行政・民事訴訟、自己情報の開示請求) の実態に関する調査 (質問紙) を行い、その結果、加害・妨害事件、行政不服申立事案および自己情報の開示請求が急増しており、多くの自治体がこれらへの対応に苦慮している実態を明らかにした。調査対象年度は、1998年から2001年度上半期で、調査票の有効回収率は74.6%であった。この調査報告は、2004・2007年度の児童虐待防止法の改正、その後の児童相談所の体制や虐待対応について多大な影響を与えたものである。

　調査結果の主な内容として、①約66%の自治体において加害・妨害事件が発生しており、総計352件、その数は年々激増していること、②加害・妨害の対象者は児童福祉司が約90%にのぼり、③一時保護および一時保護中の事件が約51%を占め、また施設入所中の事件も18.2%発生していることが明らかになった。また、④調査時点での加害・妨害事件は立入調査よりも任意調査においてはるかに多いが、2000年の立入調査の数値からすると、任意調査より立入調査の加害・妨害事件の発生確率が高いことが示されている。⑤加害・妨害事件では、暴言が63.4%、脅迫が22.2%、暴行および自殺・自傷のほのめかしがそれぞれ約13%を占めること、⑥被害を受けたとする回答の中で最も多いのは精神的被害で全被害の約70%にのぼり、このうち通院が2.1%、精神的被害を受けたが入・通院せずが67.8%であった。負傷は6.4%でそのうち通院が1.7%であった。負傷で通院した事例では、全て診断書を取寄せており、4分の3が警察への被

害届けおよび公務災害の手続きをしていた。⑦約41％の自治体で行政不服申立ての事案があり、事案数は年々急増しており、一時保護が不服申立て対象の約74％を占めていた。⑧自己情報の開示請求があった自治体は約16％であるが年々請求事案が急増していること、開示請求に対しては、基本的に開示している自治体が多いこと等が明らかになった。

　本研究では、調査結果を踏まえて、保護者からのリアクションに適切に対応するための方策を提言している。以下がその主な内容である。(1) 緊急に対応すべきものとして、①初期介入時や加害・妨害が予想される事態では、担当者1人で対応するのではなくチームによる対応の徹底を図る必要があること、またスーパービジョンを徹底するなど、常に組織による担当者へのバックアップをすること、②警察との連携の一層の強化、③家庭裁判所との連携の一層の強化（28条および33条の6に対する保全処分の申立ての積極的な検討）、④行政不服申立て制度の積極活用（対立関係に陥っている保護者への陳述の機会の保障）、⑤児童相談所における保安体制・危機管理体制の確保（ガードマンの配置・侵入者のためのセンサーと防犯カメラの設置・防刃チョッキ支給等）、⑥専門性の強化（従来の援助技術と強権的介入を統合した新たな援助技術の確立）。(2) 中長期的に検討すべきものとして、①保護者の権利擁護を図る第三者機関の設置、②相談支援体系の再構築と児童相談所における人員体制の強化（児童相談所の多大な業務の改善のための人員確保・親子分離後の保護者への精神的ケアなどを含めた援助など）、③被害職員等に対する精神的ケア（慢性的ストレスを抱える職員のバーンアウトの予防も含め）が挙げられた。

　これらの提言は、児童福祉司の専門性の向上、過酷でストレスが多い業務に直面する彼らの労働環境への支援、また他機関との連携についての議論をさらに活発にした。以下に、その影響を確認してみる。

　1つは児童相談所の人員確保である。「厚生労働省は、平成12年度より毎年地方交付税の積算基準を改め、児童福祉司の人員増を図って」きた（才村純『子ども虐待ソーシャルワーク論――制度と実践への考察』有斐閣、2005年）。そして、平成16年度には人口6万8000人あたり1人の配置が可能になった。しかし、これは、地方交付税の措置によって児童福祉司の増加対応を実施しているにすぎず、現実は、交付税の使途は自治体に任されているために基準を満たさない場合もあり、「児童福祉司は2004年5月現在で計1813人だが、15県、3政令指定都市で1人あたりの人口が8万人を超えている」（『読売新聞』2005年3月15日掲載）とあるように、6割以上の自治体がこの水準に達せず、地域間格差が出ていた。例えば「児童福祉司を手厚く配置している青森県（児童福祉司1人あたり2万8934人）と最も児童福祉司の配置率が低い岐阜県（同11万7094人）とでは4倍の開き」になっている（才村純『子ども虐待ソーシャルワーク論』有斐閣、2005年）。そこで、2004年の児童福祉法施行令の改正では、都道府県と政令指定都市での児童福祉司の配置基準を「人口10万～13万人に1人」から「5万～8万人に1人」にすることを決定した（2005年4月1日施行）。

　2つ目は、相談体制の強化である。2004年の児童福祉法改正で相談体制は大きく変わり、児童虐待の第一義的相談窓口が市町村に移行され、児童相談所は、深刻な虐待に対応する機関として位置づけを変更することとなった。このように、本報告書は、児童相談所の児童福祉司の厳しい労働環境と改善すべき虐待防止体制について具体的に提言したものといえよう。

　さらに、本研究は、保全処分申立、すなわち親権喪失宣告が請求されるまでの間の親権者の職

務執行停止および職務代行者選任の申立活用の有効性と、2000年の児童虐待防止法制定後、立入調査等における警察官の援助があっても、困難なケースや児童福祉司に負担が多いケースが継続して起こっていることを明らかにした。そのことは、虐待における司法関与強化の必要性を顕在化させ、2004年の児童福祉法改正における28条に基づく強制入所措置の2年毎の更新制導入を可能にした。

　3つ目は、このような司法関与の強化である。その他にも2004年児童虐待防止法改正での第10条（警察署長に対する援助要請等）、第11条（保護者指導の規定）、第12条の2（面会又は通信の制限等）につながり、様々な条文に影響を及ぼしたものと位置づけられる。

④児童虐待死亡事例の検証
【文献37】厚生労働省「児童虐待死亡事例の検証と今後の虐待防止対策について」厚生労働省雇用均等・児童家庭局総務課　虐待防止対策室、2004年
　2000年の児童虐待防止法制定以降、児童相談所への虐待相談は急激に増加し、さらなる防止対策の整備も進行していった。しかし、子どもの虐待死は減少せず、重篤な虐待の防止に対する民間機関・行政機関・研究者の関心が高まり、虐待死の検証が急がれた。そのような議論が高まる中、厚生労働省は、2004年2月に「児童虐待死亡事例の検証と今後の虐待防止対策について」の報告書を発表した。また、同年12月に策定された「子ども・子育て応援プラン」においても、「きめ細かい地域の子育て支援や児童虐待防止対策など、すべての子どもと子育てを大切にする取組」の推進が明記され、「児童虐待により子どもが命を落とすことがない社会（児童虐待死の撲滅）」の実現を目指すことが重要であると強調された。そして「虐待防止ネットワークの設置や児童相談所の夜間対応等の体制整備、施設の小規模化の推進や里親の拡充等について、具体的な目標を立てて、より積極的に施策を推進していくこと」（厚生労働省『子ども虐待対応の手引き――平成17年3月25日改定版』第1章）が示された。このように、虐待死が起こらない社会を目指して、様々な対策が拡充されると同時に、虐待死の検証も、防止対策の1つに組み込まれていく。

　本報告書では、児童虐待防止法施行から2003年6月末日までに、新聞報道や都道府県・政令指定都市の報告により、厚生労働省が把握した125件（127人死亡）の虐待死亡事例について検討している。各都道府県・政令指定都市の児童福祉主管課に対し、①事例概要、②家族構成、③事件までの経過、関係機関の関与状況、④事件発生後の経過、対応、⑤虐待発生の背景、考えられる要因、⑥本事例における分析、検証結果、⑦再発防止のために講じた施策、取り組みについて回答を求め、今後の虐待死防止策のための分析を行っている。検証結果を確認すると、被虐待児の年齢構成は、0歳児が約38％、次に1歳児が約16％、就学前の6歳未満児で約90％を占めている点が注目に値する。さらに、0歳児のうち、月齢4か月未満児が50％であり、年齢の低い子どもが死亡に至りやすいことを明らかにした。

　全国規模で虐待死の検証を行った報告書としては、初めてのもので非常に意義がある。しかし、各都道府県・政令指定都市からの回答（情報）を整理しているという制限があり、それぞれの事例の詳細についてまで確認することはできないが、日本で起きている死亡事例の特徴や概要を知ることは十分に可能である。この報告書は2年後に発行された「子ども虐待による死亡等の

検証結果等について」の報告書（厚生労働省・2006）につながり、その後、各自治体により実施された重篤な虐待事例の検証や、日本における虐待死検証に関する研究にも多大な影響を与えた。

【文献38】「防げなかった死――虐待データブック2001」子どもの虐待防止ネットワーク・あいち、2000年

　本著は、子どもが亡くなった虐待事件の件数・種類の調査を通じて、90年代後半の日本における虐待問題の現実を明らかにすることを目的として作成されたものである。とくに、1995年から1999年の虐待死事件の傾向を様々な角度から分析している。第1章では、子どもの虐待死の現状として事例を記載し、その他、死亡件数・年齢の特徴・虐待の動機・加害者の特徴等を示している。第2章では成人の家族間の事件を取り上げ、虐待の背景についてテーマごとに検討している。第3章では、各都道府県の虐待防止対策について、第4章では、CAPNAからの発信として、様々な研究者からの提言を載せている。第5章では、子どもの虐待死事件の一覧を記載している。本著は1998年に刊行された『見えなかった死　子ども虐待データブック』の続編になる。死亡事件の検証という形の報告書ではないが、虐待死亡事件をまとめ分析した著書としては、子どもの虐待防止ネットワーク・あいちから発行されている本著者らのシリーズが日本においては最初の刊行物になる。これらは、その後の虐待死亡事例の検証に多くの影響を与えた著書として意味深い。

⑤岸和田事件に関する特集

【文献39】小林美智子「岸和田事件からみえる課題」（『子どもの虐待とネグレクト』6巻3号、2004年）

　本稿は被虐待児の中学3年A君（15歳）に対する虐待の実態（経過）を、年代別に詳細に取り上げ、なぜ周囲にいた義弟・実弟が、虐待発見者としての行動を起こすことができなかったのか。またなぜ、学校や児童相談所の援助者が、虐待の疑いが生じた場合に、確証がない中で通告義務や介入を履行することが困難であったのかを検証している。最後に虐待死を無くすことへの挑戦として、わが国においても、重篤な事例、とくに死亡事例を分析する仕組みを早急に作らなくてはならないことを示唆している。具体的には、第1に医療・保健・教育・警察からの事例を1か所に集め、生前死後の関連情報を詳細に確認し、分析する専門家集団を組織して、子ども像・親像や、生活状況・援助実態を分析して公表すること。第2に、援助関係者が死亡を予防する手がかりをつかみ、日々の実践に、それらを生かす必要があることを述べている。この論文が、わが国における死亡事例検証の仕組みづくり構築の重要性を強く主張したことで、その後の各自治体による死亡事例検証委員会発足に1つの方向を示したといえよう。

【文献40】津崎哲郎「岸和田事件をめぐって――福祉の立場から」（『子どもの虐待とネグレクト』6巻3号、2004年）

　本論文は、福祉の立場で、なぜこの事件を周囲が察知することが難しかったのか、同様の事件を防止するためには、どのような福祉的対応をなすべきであったのかという点に焦点を絞り検証

を試みている。虐待に気づくことができなかった点について筆者は、本児（中3）と弟（中2）・保護者等、そして近隣、友人、親族等、当事者や周辺の人々が学校、児童相談所と接触しながらも、事態の深刻さを全ての関係者が受け止められずに、救出に向けた行動に至ることができなかった致命的な課題を抱えていたと指摘している。児童虐待防止法では、虐待は基本的に保護者や被害児が援助を申請しないということを前提に法律が組み立てられているが、通告されても上記のようにその事態に関して、情報の受け手である関係機関や専門職によって、情報を正確に認識しきれなかった問題点、機関同士・担当者間の連携の課題、保護者や子ども本人が虐待といわない事態に対して、どう感性を働かせるかということについても検討している。分析は、親族、近隣、学校、児童相談所の立場からそれぞれ行われていた。そして、とくにこの事件が児童虐待防止法の改正に影響を与え、「学校教育が果たすべき役割が新たにいくつか法律の中に盛り込まれるところとなったが、大いに歓迎すべきことである」と主張する。また岸和田事件により、立入調査の権限強化が、その後強調されるようになった点、それを判断する児童相談所や所長・職員それぞれの立場から介入型のソーシャルワークの習熟と発展に努力すべきことについても指摘している。

【文献41】大阪府児童虐待問題緊急対策検討チーム「『子どもの明日を守るために』──児童虐待問題緊急対策検討チームからの緊急提言」（『子どもの虐待とネグレクト』6巻3号、2004年）

　大阪府は岸和田市における児童虐待事件を重く受け止め、今後の児童虐待防止対策について検討を行うことを目的として、外部有識者による児童虐待問題緊急対策検討チームを設置した。本報告には、チームが2004年2月10日の第1回会議から検討を重ね、2004年3月26日の第6回会議において「緊急提言」を取りまとめた内容が記されている。事件の検証では2つの事件を基礎に、虐待対応のための具体的方策として5項目を提言している。その中で、この事件を機に、虐待の通告が増え、相談件数が伸びていることを踏まえると、児童虐待対応の専門機関である子ども家庭センター（児童相談所）の職員を増員して、組織体制を強化することが最も重要であるという結論に至っていた。本報告書の「おわりに」の部分では、児童相談所による立入調査の権限の強化に関心が集中していることを危惧していることが述べられ、子どもの安全のために介入的機能を発揮するのか、課題を抱える家庭に対する援助的機能を発揮するのか、保護者や家族の人権にも配慮しながら、適切に判断することが児童相談所に求められていること、また虐待が、子どもに対する重大な権利侵害ということを再認識して、全ての人々が、虐待の未然の防止と早期発見を社会全体の課題として捉えなければならないことが主張されていた。今回の事件では、近隣の住民や学校の生徒がかなり早い時期から虐待の疑いを抱いていたといわれるが、それらの情報が適切にセンターや学校に伝わることがなかった事実を非常に重く捉えている。そして、本報告書は、子ども家庭センターにおける虐待対応のあり方を中心に検討しているものであり、学校における虐待対応のあり方について十分に触れられているものではなかった。

　本報告の特徴は、2つの事件を扱い検証がなされている点と、事件の実態分析にとどまらず、提言に合わせて具体的な方策を明らかにした構成であった点にある。そして、2つの事件の共通点は、複雑な家庭環境であるとともに、「虐待ではない相談」として対応していた中で事件が発生していた部分であった。1つ目の岸和田市における事件とは、2003年11月2日、中学3年生

男子が保護者の虐待により衰弱した状態で病院に搬送され意識不明の状態が続き、2004年1月25日、父親とその内縁の妻が殺人未遂容疑で逮捕され、2月16日に起訴されたケースであり、2つ目の事件は、2003年8月5日、2歳男児が母親の内縁の夫とその友人により暴行を受け、死亡した和歌山市におけるケースである。

後者のケースでは、過去に虐待歴のある家庭の子どもを虐待とは異なる理由で施設へ入所措置し、その後、家庭復帰させた後に転居先の和歌山市で再び虐待が発生し死亡に至っていた。

5つの提言と具体的な方策は以下の通りである。1.複雑多様化する子ども家庭相談への対応の基本徹底、(1) 虐待対応マニュアルの見直しと徹底、(2) アセスメントツールの活用。2.子ども家庭センターの組織体制の強化、(1) 子ども家庭センターの危機管理機能の強化、(2) 職員の増員等による体制強化、(3) 業務全体のIT化。3.職員の資質向上のための取り組み、(1) 虐待対応エキスパートの育成、(2) 虐待対応のための組織マネジメントに重点をおいた研修の強化。4.虐待対応の総括的組織の必要性と第三者的視点の導入、(1) 総括的組織の必要性、(2) 第三者的視点の導入。5.地域における関係機関との連携、[1] 子ども家庭センターと学校の通告等に関するルールづくり、(1) 相談・通告票の作成、(2) 連携の基本に関するルールの作成と徹底。[2] 地域の児童虐待防止体制の強化、(1) 大阪府と市町村の連携のあり方の検討、(2) 市町村虐待防止ネットワークの強化、(3) 民生委員・児童委員、主任児童委員、子ども家庭サポーターの活用、(4) 住民への意識啓発。[3] 子どもへの支援、(1) 子どもの声を受け止めるための仕組みづくり、(2) 子ども自身のエンパワメント。

この報告書は、インターネットで直ぐに公表され、その後の各自治体で実施された虐待事件の検証にその方法が影響を及ぼす形となり、また事件自体も、虐待情報の収集や学校との連携・立入調査の強化についても、様々な課題を投げかけたものとなった。

(加藤 洋子)

4 非行・教護分野

【文献42】森望「虐待された子どもたちの自立支援」(『母子保健情報』42号、2000年) 87〜90頁

この論文は、虐待の結果として親子分離に至る子どもの受け入れ先として、児童養護施設・乳児院・情緒障害児短期治療施設・児童自立支援施設等のそれぞれについて現状と課題を概観したものであり、非行と教護の課題に特化した言説ではない。しかし、中で児童自立支援施設について、「虐待を受けた子どもたちのうち行動化が顕著で他の施設では適切な援助が提供できない子どもたちのための施設」という位置づけ方をしている点が、第3期における虐待を非行原因として捉える立場を示す考え方として意味深い。

【文献43】全国児童自立支援施設協議会『非行問題』207号、2001年

『非行問題』は、主として児童自立支援施設職員と関係者によって編まれている年刊誌である。その2001年号は「非行の背景にあるもの・虐待」を特集テーマとして編集された。

特集論文の大部分は、児童自立支援施設以外の執筆者によって占められている。非行原因の1つに児童虐待を据えることにより、児童理解が「他に被害を与える加害者としてだけのとらえ方」(與古田貴之・砂川純子「沖縄県における被虐待児への対応」『非行問題』207号、86頁)からよ

り多角的な、複合的なものに深まる結果、他領域の専門職の見解が求められるともいえる。それぞれの論文は、いずれも詳細な事例から立論されており、虐待を経験した非行児童に向き合う現場が、具体的な子どもの言動とそれへの実践的対応への学びに枯渇している現実が本特集号の背景にあることが察せられる。

(田澤 薫)

5 医療・保健・心理分野

①被虐待児への治療について

【文献44】本間博彰・小野善郎「児童虐待に対する治療的介入と児童相談所のあり方に関する研究」平成14年度 厚生労働科学研究費補助金 総合的プロジェクト研究分野 子ども家庭総合研究、2003年

　本研究は、2002年度・2003年度・2004年度と3年間に及ぶ研究であり、児童相談所における治療的介入とは何かについて言及された論考である。

　研究の構成は、第1に、児童相談所における虐待ケースに対する適切な介入と対応の進行管理のあり方を分析し、第2に、精神科診察や精神科治療を必要とする虐待ケースに対する入院治療を含めた「精神科医療による介入」のあり方と精神医療機関との連携について検討している。

　研究方法としては、児童相談所の常勤精神科医・児童福祉司・心理判定員等から構成される研究班を組織して、児童相談所の進行管理システムの具体例、アンケート調査によって把握した全国の児童相談所における進行管理の実態、研究協力者の経験等を材料にして研究討議を行っている。児童相談所と精神科医療との連携・協力に関する研究では、モデル的な実践を行っている児童相談所や地域の実地調査を行い、児童相談所での医師の業務や役割についてのあり方を考察している。

　結果として、全国の児童相談所が進行管理システムを構築・実行する上でのポイントや注意点をまとめている。ここでいう進行管理システムとは、児童相談所における虐待対応の全体を管理するシステムを指しており、個々のケースについての全体像と取るべき対応状況を閲覧可能にすることの重要性を主張する。しかし、実際に進行管理システムを動かしている児童相談所は極めて少なく、それを踏まえた上で、受理したケースを効果的に管理し、地域と連携を取ること、児童の家庭復帰・再統合への取り組みを行う上でも進行管理のコンセプトが、いかに重要であるかについて指摘している。

　また、児童相談所における精神科医療体制については、155か所の児童相談所から回答（86.1％）が得られており、常勤精神科医が配置されていた児童相談所は18か所のみで、非常勤で対応している児童相談所の多くは1か月の延べ勤務時間が16時間以下であり、精神科医の関与が十分でない状況を明らかにした。

　さらに、児童相談所の特徴を反映するパラメータを用いてクラスター分析を行い、児童相談所は4つの類型（地方型、中間型、都市型、大都市型）に分けられ、地方型や中間型の児童相談所に常勤精神科医がほとんど配置されていない状況が確認された。児童相談所内の治療的介入についての医療体制を明らかにした研究であり、治療についての対策が重要視されている中で、行政が、治療的ケアをどこまで整備しているかについて課題を投げかけた研究といえよう。

②発達障害と子ども虐待について

【文献45】杉山登志郎他「被虐待児の医学的総合治療システムのあり方に関する研究」平成15年度　厚生労働科学研究費補助金　総合的プロジェクト研究分野　子ども家庭総合研究、2004年

　杉山他による研究は、2003年度・2004年度・2005年度と3年間に及ぶものである。ここでは、2003年度の杉山他の「子ども虐待への包括的ケア」を中心に取り上げる。

　本研究は、医療機関を訪れる重症な虐待症例に対して、いまだ医療機関を核とした子ども虐待への治療システムが整えられていないことから、あいち小児保健医療総合センター院内にある、小児保健センターが心療科の診療と協力しながら子ども虐待への包括的ケアを可能にするシステムを構築している例を挙げて分析している。また、2001年11月の開院から2003年12月までの25か月間に受診した虐待症例277例を提示し、このうち46例について親側のカルテを作り、親子で並行して治療を行った症例を用いて考察している。

　本研究では、子ども231例中何らかの発達障害の診断が可能な症例が122例（53％）であり、大半は知的な障害のない発達障害であった。反応性愛着障害は幼児の過半に認められ、年齢が上がるに連れて解離性障害と行為障害の併発が増えていたことを明らかにしている。「子育て支援外来」の統計に見る虐待の実態分析では、知的障害のない発達障害の存在が虐待の高リスクになることが明らかになり、また、幼児期において、反応性愛着障害が最も一般的で、年齢が上がるにつれ、上記の通り、解離性障害や非行の臨床像を取るものが増えることも確認された。

　入院治療に関しては、閉鎖ユニットを持つ心療系の病棟が2003年5月に開設され、12月までの8か月間に66人の虐待児の入院治療を行ったこと。また、過覚醒に伴う多動、衝動的攻撃行動、挑発行動への対応については、閉鎖ユニットによる保護や、強力な薬物療法と、乖離に焦点をあてた精神療法を組み合わせた治療が必要であり、虐待治療に特化した治療システムが不可欠であったことを示している。

　これらの一連の研究は、『子ども虐待という第四の発達障害』という著書にまとめられ2007年発刊された。杉山他による2003年度の報告書は、虐待と発達障害の関係を明らかにした最初の研究であり、治療的ケアがいかに重要であるかを多くの症例を用いて明示した研究といえよう。

（加藤　洋子）

資 料

1 児童虐待関係政令・省令リスト
2 児童虐待関係通知
3 児童福祉分野判例リスト
4 民法（家族法）分野判例リスト
5 民法（財産法）・国家賠償法判例リスト
6 児童虐待関係文献リスト
7 日本における児童福祉に関する年表
8 児童虐待司法関係統計
 表A 親権または管理権の喪失の宣告及びその取消し（全国家庭裁判所）
 表B 児童福祉法28条の事件
 表C 親権喪失等・児童福祉法28条の新受件数
 表D 親権者、管理権者等の職務執行停止又は職務代行者選任の申立て（全国家庭裁判所）
 表E 児童との面会又は通信の制限の申立て─全国家庭裁判所（旧特別家事審判規則18条の2）
 表F 保護者に対する措置に関する都道府県への勧告件数（児童福祉法28条6項）
 表G 施設入所等の措置の期間の更新回数（児童福祉法28条2項）
 表H 嬰児殺の検挙人員
 表I 児童虐待に係る検挙件数・検挙人員
 表J 児童虐待に係る加害者と被害者との関係（事件別）
 表K 児童虐待に係る加害者と被害者との関係（年別）
 表L 児童相談所における親権・後見人関係請求・承認件数
 表M 児童相談所における知事勧告件数及び家庭裁判所勧告件数
 表N 児童相談所における児童虐待相談の対応件数（立入調査・警察官の同行）

資料1　児童虐待関係政令・省令リスト（平成12（2000）年6月～平成16（2004）年12月）

政令・省令番号	政令・省令名	通知年月日	概要
政令第366号	児童福祉法施行令の一部を改正する政令	平成12年6月14日	児童福祉法施行令9条の7中「医療機関」の下に「国立病院及び」を加える政令
厚生省令第112号	児童福祉施設最低基準の一部を改正する省令	平成12年8月11日	児童福祉施設最低基準に、苦情への対応の仕組みを設けること、処遇に関して都道府県から受けた指導等に従って適切な改善を行うこと及び運営適正化委員会との連携について定める省令
厚生省令第128号	児童福祉法施行規則等の一部を改正する省令	平成12年10月23日	助産施設の利用に関する手続の改正等を定める省令
政令第471号	児童虐待の防止等に関する法律の施行期日を定める政令	平成12年11月10日	児童虐待防止法の施行期日を平成12年11月20日とする政令
政令第472号	児童虐待の防止等に関する法律の施行期日を定める政令及び児童虐待の防止等に関する法律施行令	平成12年11月10日	児童虐待防止法の施行に伴い、指定都市が処理する事務について、地方自治法施行令の一部を改正する政令
厚生労働省令第38号	学校教育法の一部改正に伴う児童福祉法施行規則の一部を改正する省令	平成14年3月26日	学校教育法の一部改正に伴い、児童相談所長及び児童福祉司、母子指導員、児童更正施設職員等の資格を改正する省令
厚生労働省令第82号	児童福祉法に基づく指定居宅支援事業者等の人員、設備及び運営に関する基準	平成14年6月13日	児童居宅介護、児童デイサービス、児童短期入所について、指定居宅支援事業者のそれぞれの基本方針、人員、設備及び運営の基準を定める省令
政令第256号	児童福祉法施行令の一部を改正する政令	平成14年7月12日	児童福祉法の一部改正に伴い、保育士の欠格事由、指定保育士養成施設の指定要件、その他保育士試験等に関する事項を定める政令
政令第255号	児童福祉法の一部を改正する法律の一部の施行期日を定める政令	平成14年7月12日	児童福祉法の一部改正法の施行期日を平成15年11月29日とする政令

厚生労働省令第115号	里親の認定等に関する省令	平成14年9月5日	児童福祉法27条1項3号に定める里親を養育里親、親族里親、短期里親、専門里親とし、それぞれ定義、要件、申請方法、認定、登録等について定める省令
厚生労働省令第116号	里親が行う養育に関する最低基準	平成14年9月5日	里親が行う養育について、最低基準として、養育の一般原則、児童を平等に養育する原則、虐待等の禁止、教育、健康管理、衛生管理、養育計画の遵守、記録の整備、都道府県知事への報告義務等を定める省令
厚生労働省令第168号	児童福祉施設最低基準の一部を改正する省令	平成14年12月25日	保育所の設備等について改正する省令
政令第193号	児童福祉法施行令の一部を改正する政令	平成15年4月1日	児童福祉法の一部改正に伴い、児童相談所の設備、児童福祉施設の設備等に要する費用の算定基準を変更する政令
厚生労働省令第130号	児童福祉法施行規則の一部を改正する省令	平成15年8月22日	子育て支援事業の要件及び特定市町村保育計画の要件を定める省令
政令第469号	児童福祉法施行令の一部を改正する政令及び政令の一部を改正する政令	平成15年11月27日	児童福祉法の一部改正に伴い、保育士養成に関する事項を改正する政令
政令第521号	児童福祉法の一部を改正する法律の一部の施行に伴う関係政令の整備に関する政令	平成15年12月17日	平成15年法律第121号（児童福祉法の一部改正法）の一部施行に伴い、児童福祉法施行令、地方自治法施行令、母子及び寡婦福祉法施行令の一部を改正する政令
厚生労働省令第1号	児童福祉施設最低基準の一部を改正する省令	平成16年1月20日	児童福祉施設における感染症のまん延防止のために必要な措置を講ずること等を定める省令
政令第111号	児童福祉法の一部を改正する法律の施行に伴う関係政令の整備に関する政令	平成16年3月31日	地方公共団体が設置する保育所における保育の実施に要する保育費用について、国庫等の負担の対象外とすることに伴い、その負担金額の算定基準を定めた規定を削除すること等に関する政令
政令第402号	児童福祉法の一部を改正する法律の施行に伴う関係政令の整備に関する政令	平成16年12月17日	里親の定義規定の創設、保護受託者制度の廃止及び児童自立生活援助事業の目的に当該事業の対象者に対する就業の支援が追加されたことに伴い、所要の整理を行うこと等に関する政令

政令第412号	児童福祉法の一部を改正する法律の施行に伴う関係政令の整備に関する政令	平成16年12月22日	小児慢性特定疾患治療研究事業、保育料の収納事務の私人委託、専門的な知識及び技術を要する児童相談所の他、指定都市が処理することに関する政令
厚生労働省令第178号	児童福祉法施行規則等の一部を改正する省令	平成16年12月24日	児童福祉施設職員による虐待等の禁止を定める児童福祉施設最低基準を改正すること、秘密の保持等の禁止、申請手続き、認定等について職業指導を行う養育里親、専門里親、親族里親、短期里親等の認定等についてその認定等に関する省令、親権の濫用の禁止等を新たに規定することに関する省令（平成14年厚生労働省令第115号）を改正する省令

256

資料2 児童虐待関係通知（平成12（2000）年8月～平成16（2004）年8月）

通知名	通知年月日	通知番号	概要
児童福祉施設最低基準の一部を改正する省令の施行について	平成12年8月22日	厚生省大臣官房障害保健福祉部障害福祉課長・老人保健福祉・児童家庭局長連名通知障第598号、老発第615号、児発第707号	社会福祉事業法等の一部改正に伴い、苦情への対応に関する児童福祉施設最低基準等の一部を改正し、解決の仕組み等について定める通知
児童虐待防止法の施行について	平成12年11月20日	厚生労働省児童家庭局通知児発第875号	児童虐待防止法の施行に伴い、同法の要点、運用上の留意点等を定めた通知
一時保護児童処遇促進事業の実施について	平成13年4月2日	厚生労働省児童家庭局通知雇児発第248号	児童虐待防止法の施行に伴い、一時保護所に専門職員を配置し、子どもの行動観察、心理療法、個別指導等の実施、虐待を受けた子どもの適切な保護に資することを目的に発出された通知
児童の安全の確保について	平成13年6月8日	厚生労働省雇用均等・児童家庭局総務課長通知雇児総発第382号	大阪府内の小学校における児童殺傷事件を契機に、児童福祉施設等における児童の安全の確保に努めるよう注意喚起を求める通知
児童福祉施設等における児童の安全の確保について	平成13年6月15日	厚生労働省雇用均等・児童家庭局総務課長・社会援護局障害保健福祉部障害福祉課長連名通知雇児総発第402号	大阪府内の小学校における児童殺傷事件発生を受けて、児童福祉施設等における事件の発生予防、対応、協力体制、連携体制の確保および児童にとっての安全な環境確保のための地域コミュニティー作り等による発生予防を求める通知
民生委員・児童委員の一斉改選について	平成13年6月29日	厚生労働省雇用均等・児童家庭局長、同援護局長通知児発第434号、社援第1146号	少子・高齢化の進展、家庭機能の変化等の社会環境の変化に鑑み、民生委員・児童委員の選任にあたり配慮すべき事項を定める通知。主任児童委員の配置については、児童虐待問題等の増加に対応するため、民生委員協議会には最低2人とする配置基準とする。
児童福祉司及び児童相談所長の任用資格の取り扱いについて	平成13年7月9日	厚生労働省雇用均等・児童家庭局総務課長通知雇児総発第31号	児童虐待防止法の成立に伴う児童福祉法の改正により、児童福祉司の任用資格及び児童相談所長の任用資格を定める通知

件名	年月日	番号	概要
母子生活支援施設における夫等からの暴力を受けた母子及び被虐待児に対する処遇体制の確保について	平成13年8月2日	厚生労働省雇用均等・児童家庭局長通知雇児発第508号	母子生活支援施設におけるDV被害を受けた母子や被虐待児の増加に鑑み、カウンセリング等により母子の心のケアを図るため、心理療法担当職員の資格や運営の基準等を定める通知
つどいの広場事業の実施について	平成14年4月30日	厚生労働省雇用均等・児童家庭局長通知雇児発第0430005号	家庭や地域における子育て支援機能の低下状況の中で、子育て中の親の孤立感、閉塞感等から虐待に至るケースにもつながりかねないところから、子育ての負担感の軽減を目的に、子育て親子の交流、相談援助、情報提供等を行う事業の実施に関する通知
民生委員・児童委員の研修について	平成14年5月30日	厚生労働省雇用均等・児童家庭局長・社会・援護局長通知雇児発第052001号、社援発第0522001号	子育て不安の増大、児童虐待に関する相談件数の増大に伴い、児童の健全育成のための環境を整備するため、支援が必要なニーズ発見、社会的孤立家庭への対応、児童虐待の早期発見、対応、機関連携等の研修の内容に定めるものとする通知
児童家庭支援センター運営事業の取扱いについて	平成14年6月19日	厚生労働省雇用均等・児童家庭局長通知雇児発第0619001号	児童虐待問題の増加に鑑み、虐待等地域における家族に対する継続的関わりの体制の強化を図るため、児童福祉施設に附置するものとされていた同センターを、児童福祉施設と連携のとれる範囲内で設置することができるとする通知
地域保健における児童虐待防止対策の取り組みの推進について	平成14年6月19日	健発第0619001号、雇児発第0619001号	児童虐待の発生予防に向けたハイリスク要因の発見、保健師の家庭訪問等による支援などの予防的な取り組みの組織的推進、児童相談所等との連携
児童家庭支援センター運営モデル事業の実施について	平成14年7月17日	厚生労働省雇用均等・児童家庭局長通知雇児発第0717003号	児童虐待問題の増加に鑑み、中核市等においても「児童家庭支援センター運営モデル事業」を整備するため、その実施を求める通知
里親の認定等に関する省令第19条第2号の厚生労働大臣が定める研修	平成14年9月5日	厚生労働省告示第290号	専門里親が受けるべき研修の要件について規定する告示
「里親の認定等に関する省令」及び「里親が行う養育に関する最低基準」について	平成14年9月5日	厚生労働省雇用均等・児童家庭局長通知雇児発第0905001号	里親認定に関する省令及び里親最低基準の公布を受けて、これら省令の内容を具体的に定める通知
里親制度の運営について	平成14年9月5日	厚生労働省雇用均等・児童家庭局長通知雇児発第0905002号	里親認定に関する省令及び里親最低基準の公布を受けて、各種の里親認定、委託、里親養育の実施に定めるなどの詳細を定める通知

件名	日付	発出元	概要
専門里親研修制度の運営について	平成14年9月5日	厚生労働省雇用均等・児童家庭局長通知雇児発第0905003号	「里親の認定等に関する省令第19条第2号の厚生労働大臣が定める研修」（平成14年厚生労働省告示290号）の公布を踏まえて、専門里親研修制度の運営について、必要な基礎的知識や技術の修得等資質の向上を図ることを目的に、その実施機関や研修内容等留意すべき点を定める通知
養子縁組等の活用について	平成14年9月5日	厚生労働省雇用均等・児童家庭局長通知雇児発第0905004号	児童福祉における養子縁組制度の意義を、要保護児童に温かい家庭を与え、児童の養育に法的安定性を与えることにより児童の健全な育成を図ることとした上で、養子縁組の種類、児童相談所の役割、養子縁組あっせんの手続、家裁との協力・連絡等について定める通知
里親支援事業の実施について	平成14年9月5日	厚生労働省雇用均等・児童家庭局長通知雇児発第0905005号	里親制度の充実を図るために里親への研修の実施等を定めた「里親支援事業実施要綱」にもとづき、その適正かつ円滑な実施を都道府県等に求める通知
地域における保健師の保健活動について	平成15年10月10日	厚生労働省健康局長通知健発第1010003号	保健活動を効果的に展開するために、地域保健関連施策の企画、立案、実施等の他、医療、福祉施策と協働をするため、総合的な健康施策に積極的に関わることを求める通知
児童虐待防止対策における適切な対応について	平成16年1月30日	厚生労働省雇用均等・児童家庭局総務課長通知雇児総発第0130001号	岸和田事件を契機に、児童相談所における情報の共有、養育力不足の家庭の早期発見、養育力不足の家庭への支援実施することを求める通知
養育支援を必要とする家庭に関する医療機関からの情報提供について	平成16年3月10日	厚生労働省雇用均等・児童家庭局総務課長通知雇児総発第0310001号	医療機関から「養育支援を必要とする家庭」の診療情報の提供が行われるように、そのための体制整備等について定める通知
育児支援家庭訪問事業の実施について	平成16年3月31日	厚生労働省雇用均等・児童家庭局長通知雇児発第0331032号	家庭や地域における養育力の低下に鑑み、積極的に自ら支援を求めていくことが困難な状況にある家庭、施設退所後のアフターケアが必要な家庭等に対して、安定した養育を可能にするために、家庭内での育児に関する具体的な援助や養育相談・育児相談等、訪問による支援を実施することを求める通知
「家庭の養育力」に着目した母子保健対策の推進について	平成16年3月31日	厚生労働省雇用均等・児童家庭局母子保健課長通知雇児母発第0331001号	児童虐待死亡事例により指摘された家庭の養育力不足について、「養育力」に応じた適切な支援の強化、新生児期及び乳幼児期における対応の強化、医療機関との連携の強化、ネットワークの構築と対応を求める通知
「児童虐待防止に向けた学校における適切な対応」について	平成16年1月30日	文部科学省初等中等教育局児童生徒課長通知児生第18号	岸和田事件に関連して、児童相談所における情報の共有、養育力不足の家庭の早期発見・対応のほか、学校、警察との連携のほか、養育力不足の家庭の早期発見・対応を求める通知

「現在長期間学校を休んでいる児童生徒の状況等に関する調査」結果とその対応について	平成16年4月15日	文部科学省初等中等教育局児童生徒課長通知16初児生第2号	長期の欠席の背景に児童虐待が潜んでいる可能性があるとの認識のもとに、生徒の状況での対応や関係機関との連携に努めるものとする通知
「現在長期間学校を休んでいる児童生徒の状況等に関する調査」結果を踏まえた対応について	平成16年4月15日	厚生労働省雇用均等・児童家庭局総務課長通知雇児総発第0415001号	文科省がとりまとめた長期欠席の児童生徒の調査及びその対応に基づく通知を踏まえ、児童虐待防止に向けて学校・教育委員会等との連携・協力の強化を求めるための通知
自立促進事業の実施について	平成16年5月11日	厚生労働省雇用均等・児童家庭局長通知雇児発第0511002号	児童養護施設等入所児童のケアに関する創意工夫や自立に向けた取り組み、早期家庭復帰、施設と里親の協働等に対する支援をするための通知
乳児院等における早期家庭復帰等の支援体制の強化について	平成16年4月28日	厚生労働省雇用均等・児童家庭局長通知雇児発第0428005号	家庭環境上の理由により入所する児童の入所の増加に対応するため、早期の家庭復帰、里親委託等を支援することを目的に、家庭支援専門相談員(ファミリーソーシャルワーカー)を乳児院等に配置し、事業を実施するための通知
児童養護施設のケアの小規模化の推進について	平成16年5月6日	厚生労働省雇用均等・児童家庭局長通知雇児発第0506002号	児童養護施設における被虐待児の入所増加にかんがみ、被虐待児の特性に応じてできる限り家族的環境の中で職員との個別的関係を重視した養護を実現するための体制の整備を図ることを目的とする「小規模グループケア実施要綱」の実施を求める通知
児童養護施設の小規模なグループによるケアの推進における実施指針	平成16年5月6日	厚生労働省雇用均等・児童家庭局長通知雇児発第0506001号	「小規模グループケア実施要綱」の具体的事項について定める指針
特別の支援を要する家庭の児童の保育所入所における取扱い等について	平成16年8月13日	厚生労働省雇用均等・児童家庭局長通知雇児発第0813003号	児童虐待防止法の施行に伴い、特別の支援を要する家庭の児童を保育所に入所させるにあたり、選考上の取扱いについて定める通知

資料3　児童福祉分野判例リスト

	判決日	裁判所	事件番号	事件名	主文	概要	掲載誌	評釈
1	H12.7.28	広島家裁（審判）	平成12年（家）第808号	児童の児童福祉施設収容の承認申立事件	承認（確定）	児相長が、実父母がいずれも未決勾留中であり、加害者の特定に至らないことに対する性的虐待が疑われる状態に問題があること等を理由として実母者による監護に対する性的虐待を求めた事件である。加害者の特定に至らないことに対する性的虐待が疑われる状態に問題があること等を理由として実母は拘置所に入所しており、実母は覚せい剤の自己使用により精神状態に異常を来し、児童に対する適切な監護が期待できない状態にあっている等、児童に対する適切な監護が期待できない状態にあっていることを認めた上で、実母は更生を誓っているが実母には手厚い保護が必要であることを合わせると、児童を再び実母のもとに戻すことは著しく児童の福祉を害するとして、乳児院への入所を承認した。	家裁月報53-1 p.95	
2	H12.11.15	宮崎家裁都城支部（審判）	平成12年（家）第142号	福祉施設収容の承認申立事件	承認（確定）	児相長が、一時保護した児童（5歳男児）の母親に「代理によるミュンヒハウゼン症候群」が疑われることを理由として児童養護施設入所措置の承認を求めた事件である。具体的な手段方法の点までは明らかでないものの、事実関係を詳細に認定した上で、児童の診断に関する過去の医師の見解のほか、児童の下痢の関係で児童が関係には明らかに一種の虐待行為（MSBP）が極めて強く疑われるものと認められること、母親による過去の申告等からして、母親による過去のことであって、これはいわば過去のことであって、今後なお強く児童の監護意欲を示していないことなどから、「保護者に監護させることが著しく児童の福祉を害する場合」（児童福祉法28条1項本文）に該当するとして、児童養護施設への入所を承認した。	家裁月報54-4 p.74	川田昇・民商法雑誌128-3 p.95 大島俊之・法律時報77-1 p.92
3	H13.4.2	大阪家裁（審判）	平成13年（家）第950号	児童の福祉施設収容の承認申立事件	承認（確定）	児相長が、親権者たる実父の児童（5歳男児）に対する児童養護施設入所措置の承認を求めた事件で、実父が児童を虐待したという評価は避けられるものであり、仮にしつけを目的としたものであっても、その方法は合理的範囲を越えているのは言うまでもなく、実父による監護義務を十分に尽くしているとは言えないこと等から、このまま実父の監護下に放置することは著しく児童の福祉を害することになるとして、当該児童養護施設への入所を承認した。	家裁月報53-11 p.119	許末恵・民商法雑誌126-3 p.141
4	H13.4.23	福岡家裁（審判）	平成13年（家）第350号	児童の福祉施設収容の承認申立事件	承認（確定）	児相長が、親権者たる養父及び実母の児童（6歳女児）に対する児童養護施設入所措置の承認を求めた事件で、養父及び実母が下出血等があったことがみられる等、児童の福祉の現段階では実母及び養父の監護下においてこれらの虐待等の改善を図っていくためには、養父及び実母の入所措置において、養父及び実母には、児童保育の専門機関である児童相談所による助言や指導を受けること、精神科医等のカウンセリングを受けること、児童の現状を理解し、養育態度の改善をはかることが必要であるとして、児童養護施設への入所を付言した。	家裁月報53-10 p.119	許末恵・民商法雑誌126-3 p.141
5	H13.6.11	札幌家裁（審判）	平成13年（家）第383号	児童養護施設入所の承認申立事件	承認（確定）	児相長が、一時保護した児童（11歳）について児童養護施設への入所措置を親権者たる実母の監護の許で実母の精神状態の変化によって左右されており、このような実母の監護者に対する監護者で実母の許で安定した心身の状況でないことが予想できないことから、実母の児童に対する体罰等は児童の福祉を著しく害するとして、実母の児童に対する入所を承認した。	家裁月報53-12 p.88	許末恵・民商法雑誌126-3 p.141

6	H13.7.9 静岡家裁 (審判)	平成13年(家)第349号、350号	福祉施設入所承認申立事件	承認(確定)	児相長が、児童ら(12歳、6歳)の児童福祉施設への入所措置の承認を求めた事件で、実母がアルコール依存症にあり、父とは絶縁することができずに離婚し、暴力等の虐待等を繰り返す継父らの養育環境をさらに悪化させていることから、このような状況の下では児童らの福祉に沿うとは到底いえないとして、申立人において児童らを福祉に委ねることとは児童らの福祉に適切な施設に入所させることをそれぞれ承認した。	家裁月報54-2 p.138	鈴木博人・民商法雑誌127-4・5 p.238
7	H13.11.26 東京家裁 (審判)	平成13年(家)第7102号	児童の福祉施設入所の承認申立事件	承認(確定)	児相長が、児童ら実母が児童福祉施設への入所措置の承認を求めた事件で、親権者たる実母が児童(13歳)に対して長時間の叱責、日常生活の監視、物を投げつけるなどの行為を繰り返し、児童を心理的に虐待したと評価することができ、このまま児童を実母に監護させておくことは著しく児童の福祉を害するとして、児童自立支援施設への入所を承認した。	家裁月報54-10 p.63	許末恵・民商法雑誌129-1 p.128 平田常子・賃金と社会保障1377 p.70
8	H14.12.6 千葉家裁市川出張所 (審判)	平成14年(家)第966号	児童福祉施設収容承認申立事件	承認(確定)	児相長が、継父による性的虐待を理由に児童(女児)の施設入所措置の承認を求めたときに、親権者たる実母は、児童福祉法28条の「親権者の意に反するとき」に該当するとして、継父の性的虐待を放置した母に児童を監護させておくことは、著しく児童の福祉を害するとして、児童自立支援施設への入所を承認した。	家裁月報55-9 p.70	吉田恒雄・季刊教育法140 p.84 鈴木博人・民商法雑誌129-4・5 p.309 村重慶一・戸籍時報568 p.63 黒川雅子・月刊高校教育37-12 p.81
9①	H14.5.31 釧路家裁北見支部 (審判)	平成14年(家)第100号	児童福祉施設収容承認申立事件	承認	児相長が、親権者たる児童(4歳女児)の実母に「代理によるミュンヒハウゼン症候群」が疑われることを理由に児童養護施設への入所措置の承認を求めた事件で、実母の「代理によるミュンヒハウゼン症候群」に起因して児童が敗血症等の症状を呈していたと認めることは困難であるが、一時保護後の児童の症状の回復状況等に乏しく監護する実母方での監護養育には適切さに欠けており、児童の福祉に対する客観的には分離して安定した養育環境の下で、医療の観点においても、少なくとも父母と分離して養育する必要があるため、本件において、児童福祉法28条に規定する健全な育成を図る必要があるとき、本件において、児童福祉法28条に規定する健全な育成を図る必要があるため、児童福祉機関の措置権を行使すべき事態にあるとして、児童養護施設への入所を承認した。	家裁月報55-7 p.70	
9②	H15.1.22 札幌高裁 (決定)	平成14年(ラ)第87号	児童福祉施設収容承認申立に対する抗告事件	抗告棄却(確定)	抗告審は、児童は一時保護された後順調に回復し、母も精神科医のカウンセリングを継続的に受けるようになったが、更に関係機関の指導、援助の下に監護養育方法を点検、改善していく必要があるとして、実父母からの即時抗告を棄却した。	家裁月報55-7 p.68	村重慶一・戸籍時報568 p.63 川田昇・民商法雑誌129-4・5 p.304 永水裕子・上智法学論集48-3・4 p.243

10	H15.5.8 岡山家裁（審判）	平成15年（家）第487号	児童の福祉施設収容の承認申立事件	承認（確定）	児相長が、一時保護した児童（2歳男児）の児童福祉施設への入所措置の承認を求めた事件で、単独親権者たる実母の児童に対する態度は、いわゆるネグレクトによる児童の福祉侵害、すなわち児童福祉法28条1項の「保護者がその監護を著しく怠り、その他保護者に監護させることが著しく当該児童の福祉を害する場合」に該当し、児童の発達障害の早急な回復と今後の適切な処遇のためには、専門的な施設処遇が必要であり、まず乳児院に入院させて乳児並びに愛着関係を含む全般的な発達の改善を図り、その後に児童養護施設に変更入所させて措置するのが適当であるとして、乳児院又は児童養護施設への入所を承認した。	家裁月報56-1 p. 128	村重慶一・戸籍時報568 p. 63
11①	H15.10.8 さいたま家裁川越支部（審判）	平成15年（家）第361号	児童福祉施設入所申立事件	承認	児相長が、養父母の児童（10歳男児）に対する虐待行為を理由として児童の養父母への入所措置の承認を求めた事件で、養父母の児童に対する身体的虐待・心理的虐待等が認められるといった事情の下では、児童を直ちに家庭に戻すことは相当ではなく、いったん施設に措置して安定した環境の中で心身の成長をはかり、現状では、家庭による適切な教育を受けさせるべき時期に親子の再統合と親族の関係修復を図るよりも、児童の福祉を図るのが相当であるとして、児童福祉施設への入所を承認した。	家裁月報56-9 p. 38	
11②	H15.12.26 東京高裁（決定）	平成15年（ラ）第1995号	児童審判に対する即時抗告事件	原審判変更承認（確定）	抗告審は、児童福祉法28条1項1号に基づき、家庭裁判所が同法同号所定の措置を採ることを相当と承認するか否かは、都道府県知事又は児童相談所長が採ろうとする措置の種類を特定すべきであり、家庭裁判所もそのように特定された措置を承認すべきとして、求釈明の上、本件においては、通常の児童養護施設への入所の処遇は困難であることなどの事情を勘案し、単に児童福祉施設への入所の承認を先天性ミオパチー、てんかんの基礎疾患があり、肢体不自由児施設への入所を承認した原審判を変更し、肢体不自由児施設への入所を承認した。	家裁月報56-9 p. 35	床谷文雄・判例タイムズ1173 p. 122 許末恵・民商法雑誌132-4・5 p. 231

資料4　民法（家族法）分野判例リスト

	判決日	裁判所	事件番号	事件名	主文	概要	掲載誌	評釈
1①	H12.3.10	山形家裁（審判）	平成11年（家）第212号、平成12年（家）第64号	子の監護者の指定申立事件及び子の引渡し申立事件	第1事件承認　第2事件却下	事件本人の単独親権者であるY（実母、相手方）は、平成5年9月に事件本人A（実父Bは認知していない）を出産したが、生活状況が不安定で、精神的・経済的にも告しかったことから、児童相談所に入園措置をとった。その際、A（実父）に申出てきた。その後、児童相談所は、Xら（里親、申立人）はAについて乳児園に入園措置をとっていたことから、児童相談所は、Xら（里親、申立人）にAについて里親委託を受け、約3年7ヶ月（審判時）にわたってAを養育してきた。平成11年4月頃から、YからAの引取り要望が強く出されたため、XらはAの引取りを継続したいと希望し、引渡しの方向での調整を困難をきたすAからの調整不調を受け、XらはAへの里親委託先としてXらAの委託を行った。（第1事件）。平成11年11月16日、Yは、Xらに対してAの引渡しを求めた（第2事件）。他方、同年6月15日、家庭裁判所はXらをAの監護者と指定する（子の連れ去り禁止の仮処分も申立てあった、平成12年3月取り下げ）。裁判所は、民法766条により、親の離婚に当たって監護者指定の審判とは別に監護権を分離する処分が必要である場合にはその旨を認め、監護者指定は、子の福祉に鑑み、親権関係と監護関係との分離の必要性をもって、本件について、行政処分の効力を家庭裁判所の審判でもって争うものではないこと、また、本件一時保護委託を受けて実際に児童の福祉のため親権者からAの監護を極めて大きな精神的負担を感じ、とてもXのもとから引渡すことに同意できない等、AをYのもとへ引渡されること、AをYに引渡しさせることは著しく状態を変化させることを指摘し、Xらを監護者と指定することは必要でないとしてXらを監護者と指定すること、第2事件については不適法であり、必要性を認めることもできず却下とした。	家裁月報54-5 p.139	
1②	H12.6.22	仙台高裁（決定）	平成12年（ラ）第60号	子の監護者の指定申立ての審判及び子の引渡しの申立却下審判に対する即時抗告事件	第1事件原審判取消申立却下　第2事件棄却抗告（確定）	Yが、原審判の取消を求めて抗告。裁判所は、原審第1事件について、裁判所に対してYの監護権者の指定の審判の申立をすることができるのは、子の父と母とであり、第三者にはその指定の申立ての利益はないなどとして、原判決県は、都道府県が児童福祉法28条により、児童福祉司等に保護を委託してXらを里親とし、親権者の意思に反する場合には、家庭裁判所にXらを監護させ児童の承認若しくはその承認に代る措置を採るべきであり、そのような場合には上記の里親委託の措置は認められるべきであり、また、民法834条所定の要件がある場合には、親権喪失の宣告の申立がなされるべきであるからYの申立ては不適法であるとして却下した。第2事件申立については、親権者のYに子の引渡す審判がなされるべきであるとして却下した。	家裁月報54-5 p.125	田中通裕・判例タイムズ1099 p.85 山田美枝子・民商法雑誌128-4・5 p.243 二宮周平・判例タイムズ1119 p.106

264

2	新潟家裁（審判）	H14.7.23	平成14年（家）第5454号、5455号	子の監護者の指定申立事件	承認（確定）	別居中の妻（X）が、夫（Y）を相手方として申し立てた未成年者ら（長女A、長男B。共に里親委託中）の監護者指定申立事件。（AB里親委託後、児童相談所から自立させようだと通報により、XYの同意のもとAB里親委託をしたものである）。Xは一時、ABとも出生時から児相の一時保護のもとで監護をしてきたことが認められ、Xには、ABの養育の間題から生じた一過性のものと推測でき、生活保護によりABを養育する予定であること、収入も安定している一方で、Yの監護能力はないことを前提とすることになるが、Xとちが児を養育できる任意環境を確保できる状況ににく、現実にABを里親者としての引き取ることが、Xとちが児を監護するかは比較的の指置決定に委ねることとし、Xとちが児相の監護の指導に相応しくないとは言い困ってはいる以上、Yが監護者として前提として、Xが児童指導を受けることだけではなく、Yが監護者ことを前提としてXを監護者に指定した。	家裁月報55-3 p.88	吉田恒雄・民商法雑誌129-1 p.134
3①	福岡家裁久留米支部（審判）	H14.7.19	平成14年（家ロ）第1004号、1005号	審判前の保全処分申立事件	却下	未成年者ら（長女A、二女B）の祖母（X）が、未成年者らを相手方として申し立てた子の監護者指定（Aは、AB両名について一時保護中、Bは、父母の下で生活中）。本審判後無断で児相から逃げ出てXのもとに身を寄せる等、本審判では独断では保全の緊急性も保全の必要性は相当でないし、父母の下で生活できないことに紛争、審判後児相から連れ戻されるおそれあって、XとにAは、YY2から連れ戻されることを恐れてのXのもとで安定した生活にある状況あるとして、現実的な生活環境を早期に養えることも認められるが、保全の必要性を認めることはできないとして、申立を却下した。	家裁月報55-2 p.172	二宮周平・判例タイムズ1119 p.106 床谷文雄・判例タイムズ1120 p.80
3②	福岡高裁（決定）	H14.9.13	平成14年（ラ）第254号	審判前の保全処分申立却下下の審判に対する即時抗告事件	一部取消自判一部棄却	Xは、性的虐待の特殊性を指摘し、本案認容の蓋然性を疎明すること、本案認容の蓋然性は十分であり、本案認容の緊急性も指摘し、即時抗告審については本案審判も相当の蓋然性があるとして、Aについては、Y1Y2の暴力を伴う性的虐待が続加えることもAの親権の行使に問わるが極まるところがあるとは認めがたい状況にあって、Xは、Y1Y2から連れ戻られるおそれのないのないのもとでAに安定された生活環境を早期に与えることができる状況にあって、保全の必要性も認めることができるとして、原審判を一部取消し、Xに仮に指定することを認定した。	家裁月報55-2 p.163 判例タイムズ1115 p.208	村重慶一・戸籍時報561 p.50 鈴木博人・民商法雑誌129-4・5 p.298 棚村政行・判例タイムズ臨刊1154 p.102
4	長崎家裁佐世保支部（審判）	H12.2.23	平成10年（家）第331号、332号、333号	親権喪失申立事件	許可（確定）	児相長が、親権者である児童養護施設入所中（養護されている児童養護中）の児童（父、長男X、長女、いずれも児童養護施設入所中）の身体的虐待、性的虐待、身体的虐待とに引取りを強要し、児童らが申立てて申し立てた、親権喪失により、児童が危険な状態に置かれることが予想されること、親権者は、裁判所の親権喪失と認めたことに対する児童の信頼を加え、その福祉を損ないるとして、親権者の児童らに対する親権喪失を宣告した。	家裁月報52-8 p.55	床谷文雄・判例タイムズ1046 p.84 松本タミ・民商法雑誌124巻6号 p.119

資料5 民法（財産法）・国家賠償法判例リスト

	判決日	裁判所	事件番号	事件名	主文	概要	掲載誌	評釈
1	H13.3.30	大阪地裁（判決）	平成11年（ワ）第7473号	損害賠償請求事件	棄却（確定）	大阪府（Y1）の設置する堺子ども家庭センターで一時保護されていた原告ら（養父X1、実母X2）の子を帰宅させる条件として、同センターの所長Y2及び同センター職員Y3から離婚を強要されたとするX6が、Y2・Y3に対しては民法709条・719条に基づき、Y1に対しては民法715条又は国家賠償法1条1項に基づき、それぞれ損害賠償を求めた事件。裁判所は、X6のAに対する虐待行為及び子どもの権利侵害時の有無に関し、一連の対応過程までのセンターの事実を詳細に認定した上で、Y6による加害当時のYらの言動、①一時保護中・説得活動、②一時保護入所後、施設入所に当たってのYらの言動、③一時保護中のYらの調査・説得活動、④Yらが当座まで来てやっていると言ったが、⑤Xらの座り込みを検討してやると対して「離婚したら子に会えなくなる」と言ったとしてのYらの申立について、5点について検討し、いずれについてもYらには違法な行為がないとしてXらの請求を棄却した。	判例時報1760 p. 106 判例タイムズ1109 p. 149	
2	H13.11.27	名古屋地裁岡崎支部（判決）	平成13年（ワ）第7号	損害賠償請求事件	認容	原告Xが、元養父である故被告Y1から養子縁組継続中の小学2年生から約8年間にわたり性的虐待行為を受けたとして、被告であるY1に対する当該虐待行為を知りながらそれを放置していた被告Y2に対し、Y6に対して不法行為に基づき合計1000万円余の損害賠償を請求した事件。これに対して、Y2は、Xが当該陵辱行為を受けていたことを全く知らなかったと主張した上で、当該行為について、XがY1から性的虐待行為を受けていたことを認定した上で、Y2について、XがY1から性的虐待行為を知り又は知りうるべき状況にあったにもかかわらず、長期間にわたりその手を求めてXに尽くしがたい精神的肉体的苦痛を与えたもので、Y1に対すると劣らない責任があるとして、Yらに対し、救いを求めてXに尽くしがたい精神的肉体的苦痛を与えたもので、Y1に対すると劣らない責任があるとして、Yらに対し、連帯して、1000万円余の支払いを命じた。	TKC法律情報データベースの検索結果による（文献番号：28070662）	

266

資料6 児童虐待関係文献リスト

著者・筆者	著者・筆者フリガナ	発行年	著書・論文等タイトル	編集者名	著者名・雑誌名(巻号)	ページ	出版社
福岡県弁護士会北九州部会子どもの権利委員会 北九州市児童相談所	フクオカケンベンゴシカイキタキュウシュウブカイコドモノケンリイインカイ キタキュウシュウシジドウソウダンジョ	2000	児童虐待と児童福祉に関する法律Q&A 改訂版			ー	北九州市児童相談所
北九州市児童虐待事例検討委員会	キタキュウシュウシジドウギャクタイジレイケントウイインカイ	2000	ストップ・ザ・虐待IV―被虐待児と家族への援助の提案―			ー	
安藤由紀	アンドウユキ	2000.6	児童虐待防止法(特集 法律をつくりかえる主権者)		まなぶ 505	20-22	労働大学
木附千晶	キヅキチアキ	2000.6	「恩寵園」園長はなぜ虐待をくり返したか("子ども時代"を奪われた子どもたち)		金曜日 8-20	10-12	金曜日
村越一浩	ムラコシカズヒロ	2000.6	同棲中の元夫の幼児虐待を制止しなかった被告人の行為が、傷害致死罪の不作為による幇助に該当するとして、これを否定して無罪とした原判決([1]平成11.2.12釧路地判、[2]事例([1]平成12.3.16札幌高判)(新判例解説287)		研修 624	13-26	法総研究友会研修編集部
		2000.7	特集 日本子どもの虐待防止研究会第5回学術集会(栃木大会)		子どもの虐待とネグレクト 2-1	3-150	日本子どもの虐待防止研究会
峯本耕治	ミネモトコウジ	2000.7	講演録 子どもの権利条約から見た日本と世界の現状(特集 日本子どもの虐待防止研究会第5回学術集会(栃木大会))		子どもの虐待とネグレクト 2-1	3-8	日本子どもの虐待防止研究会
前橋信和	マエハシノブカズ	2000.7	講演録 児童虐待に対する取り組み(特集 日本子どもの虐待防止研究会第5回学術集会(栃木大会))		子どもの虐待とネグレクト 2-1	9-13	日本子どもの虐待防止研究会
佐藤紀子	サトウノリコ	2000.7	講演録 日本における子どもへの性的虐待―かかわるもののの心の壁こそを、"無慈悲"でも"おおよび腰"でもなく―(特集 日本子どもの虐待防止研究会第5回学術集会(栃木大会))		子どもの虐待とネグレクト 2-1	14-21	日本子どもの虐待防止研究会
上出弘之 他	カミイデヒロユキ	2000.7	教育プログラム 虐待の早期発見と初期対応(特集 日本子どもの虐待防止研究会第5回学術集会(栃木大会))		子どもの虐待とネグレクト 2-1	22-32	日本子どもの虐待防止研究会
宮本信也 他	ミヤモトシンヤ	2000.7	シンポジウム 虐待が子どものこころに与える影響(特集 日本子どもの虐待防止研究会第5回学術集会(栃木大会))		子どもの虐待とネグレクト 2-1	33-41	日本子どもの虐待防止研究会

著者	ヨミ	年月	タイトル	掲載誌	ページ	発行
吉田恒雄 他	ヨシダツネオ	2000.7	分科会報告 子ども虐待の対応における警察との連携を考える（特集 日本子どもの虐待防止研究会第5回学術集会(栃木大会))	子どもの虐待とネグレクト 2-1	42-49	日本子どもの虐待防止研究会
斎藤学	サイトウサトル	2000.7	分科会報告 虐待の記憶：児童期性的虐待とサバイバー（特集 日本子どもの虐待防止研究会第5回学術集会(栃木大会))	子どもの虐待とネグレクト 2-1	50-59	日本子どもの虐待防止研究会
西澤哲	ニシザワサトル	2000.7	分科会報告 虐待を受けた子どもの心理療法のあり方（特集 日本子どもの虐待防止研究会第5回学術集会(栃木大会))	子どもの虐待とネグレクト 2-1	60-67	日本子どもの虐待防止研究会
日野宜千	ヒノタカユキ	2000.7	分科会報告 子ども虐待に教職員としてどうかかわるか（特集 日本子どもの虐待防止研究会第5回学術集会(栃木大会))	子どもの虐待とネグレクト 2-1	68-73	日本子どもの虐待防止研究会
安部計彦	アベカズヒコ	2000.7	分科会報告 児童相談所ができること（特集 日本子どもの虐待防止研究会第5回学術集会(栃木大会))	子どもの虐待とネグレクト 2-1	74-78	日本子どもの虐待防止研究会
加藤曜子 他	カトウヨウコ	2000.7	分科会報告 重症度判断と危機について―リスクアセスメント指標―（特集 日本子どもの虐待防止研究会第5回学術集会(栃木大会))	子どもの虐待とネグレクト 2-1	79-86	日本子どもの虐待防止研究会
石田文三 他	イシダブンゾウ	2000.7	分科会報告 法的介入の方法と実際例（特集 日本子どもの虐待防止研究会第5回学術集会(栃木大会))	子どもの虐待とネグレクト 2-1	87-92	日本子どもの虐待防止研究会
龍野陽子	タツノヨウコ	2000.7	分科会報告 虐待をする母への援助―電話相談で何ができるか（特集 日本子どもの虐待防止研究会第5回学術集会(栃木大会))	子どもの虐待とネグレクト 2-1	93-95	日本子どもの虐待防止研究会
庄司順一 他	ショウジジュンイチ	2000.7	分科会報告 保育園・幼稚園での対応と課題（特集 日本子どもの虐待防止研究会第5回学術集会(栃木大会))	子どもの虐待とネグレクト 2-1	96-100	日本子どもの虐待防止研究会
柳川敏彦 他	ヤナガワトシヒコ	2000.7	分科会報告 メディカルネグレクトの対応について（特集 日本子どもの虐待防止研究会第5回学術集会(栃木大会))	子どもの虐待とネグレクト 2-1	101-110	日本子どもの虐待防止研究会
小笠原彩子	オガサワラサイコ	2000.7	分科会報告 児童相談所を中心とする救済制度の課題と方向性（特集 日本子どもの虐待防止研究会第5回学術集会(栃木大会))	子どもの虐待とネグレクト 2-1	111-115	日本子どもの虐待防止研究会

著者	よみ	年月	タイトル	雑誌名	巻号	頁	発行元
奥山眞紀子 他	オクヤママキコ	2000.7	分科会報告 性的虐待の対応原則考える（特集 日本子どもの虐待防止研究会第5回学術集会（栃木大会））	子どもの虐待とネグレクト 2-1		116-123	日本子どもの虐待防止研究会
福田雅章	フクダマサアキ	2000.7	分科会報告 児童養護施設と自立援助ホーム（特集 日本子どもの虐待防止研究会第5回学術集会（栃木大会））	子どもの虐待とネグレクト 2-1		124-129	日本子どもの虐待防止研究会
平川和子	ヒラカワカズコ	2000.7	分科会報告 ドメスティックバイオレンスと子ども虐待（特集 日本子どもの虐待防止研究会第5回学術集会（栃木大会））	子どもの虐待とネグレクト 2-1		130-136	日本子どもの虐待防止研究会
藤岡淳子 他	フジオカジュンコ	2000.7	分科会報告 少年非行の背景としての子ども虐待 [含 質疑応答]（特集 日本子どもの虐待防止研究会第5回学術集会（栃木大会））	子どもの虐待とネグレクト 2-1		111-114	日本子どもの虐待防止研究会
谷口アキ 他	タニグチアキ	2000.7	被虐待児への危機介入2例について─小児科医と関連機関の連携─	子どもの虐待とネグレクト 2-1		151-155	日本子どもの虐待防止研究会
恒成茂行 他	ツネナリシゲユキ	2000.7	死亡児童から学ぶ子どもの虐待－法医解剖の事例研究と全国における法医解剖の実態調査－	子どもの虐待とネグレクト 2-1		156-163	日本子どもの虐待防止研究会
北野尚美 他	キタノナオミ	2000.7	Shaken baby syndromeで発症し、身体的虐待を防ぎえなかった一例	子どもの虐待とネグレクト 2-1		164-170	日本子どもの虐待防止研究会
桐野由美子	キリノユミコ	2000.7	The Efficiency of the Child Protection System in Japan	子どもの虐待とネグレクト 2-1		171-178	日本子どもの虐待防止研究会
若井彌一	ワカイヤイチ	2000.7	児童虐待防止法制定と保護者教育への取り組み（教育時事問題の法的考察118）	教職研修 28-11		140-143	教育開発研究所
平湯真人	ヒラユマサト	2000.7	虐待防止法の立法経過と概要	月刊社会民主 542		20-25	社会民主党全国連合機関紙宣伝局
信田さよ子	ノブタサヨコ	2000.7	少年事件 対の関係と暴力─DV・児童虐待・ストーキングについて考える─	世界 677		184-193	岩波書店
		2000.7	特集 警察政策フォーラム・DV及び児童虐待と刑事司法	警察学論集 53-7	警察大学校	1-62	立花書房
青山彩子	アオヤマアヤコ	2000.7	第10回警察政策フォーラム「刑事司法における児童虐待対策─米国での取り組みの概要について[含 質疑応答]（特集 警察政策フォーラム・DV及び児童虐待と刑事司法）	警察学論集 53-7	警察大学校	1-24	立花書房

著者	発行年月	タイトル	発行元	掲載誌	ページ	出版社
Elizabeth D. Scheibel 青山彩子他訳	2000.7	ドメスティック・バイオレンスとの闘い及び被害者支援（特集 警察政策フォーラム・DV及び児童虐待と刑事司法）	警察大学校	警察学論集 53-7	25-39	立花書房
Suzan J.Loehn 青山彩子他訳	2000.7	ドメスティック・バイオレンスと警察及び警察の職責（特集 警察政策フォーラム・DV及び児童虐待と刑事司法）	警察大学校	警察学論集 53-7	40-54	立花書房
酒巻匡	2000.7	米国のDV対策法制─比較法制度の視点から─（特集 警察政策フォーラム・DV及び児童虐待と刑事司法）	警察大学校	警察学論集 53-7	55-62	立花書房
中司光紀	2000.7	Monthly Spot 児童虐待防止法の概要（平成12年5月24日公布・法律第82号）		法律のひろば 53-7	54-55	ぎょうせい
日野和夫	2000.7.29	解説 児童虐待防止法について─児童虐待を発見しやすい立場の人たちの法律理解のために─		厚生福祉 4853	2-8	時事通信社
池田泰昭	2000.8			捜査研究 49-8	9-13	東京法令出版
	2000.8	特集 児童虐待を防ぐ	内閣府	時の動き 44-8	50-83	大蔵省印刷局
眞野章 松尾紀子	2000.8	インタビュー 関係機関の連携強化で社会全体で子どもを守り育てる環境づくり─眞野章 厚生省児童家庭局長─（特集 児童虐待を防ぐ）	内閣府	時の動き 44-8	50-55	大蔵省印刷局
厚生省	2000.8	児童虐待防止法の概要─児童虐待の早期発見と信頼を受けた児童の適切な保護─（特集 児童虐待を防ぐ）	内閣府	時の動き 44-8	56-60	大蔵省印刷局
厚生省	2000.8	児童虐待の現状及び発生防止への課題と対策─相談体制の充実・関係機関の連携強化で虐待の防止・早期発見を図る─（特集 児童虐待を防ぐ）	内閣府	時の動き 44-8	61-65	大蔵省印刷局
最高裁判所	2000.8	児童虐待に迅速・的確に対応─家庭裁判所の取組─（特集 児童虐待を防ぐ）	内閣府	時の動き 44-8	73-75	大蔵省印刷局
綾野まさる	2000.8	ルポ 心に傷を負った子どもたちの真の自立に向けて─児童養護施設「至誠学園」─（特集 児童虐待を防ぐ）	内閣府	時の動き 44-8	81-83	大蔵省印刷局
松下裕子	2000.8	児童虐待の防止等に関する法律について（特集 法の焦点）	法務総合研究所	研修 626	51-52	法総研究友会研修編集部
津崎哲郎	2000.8	児童虐待事例の家族支援のあり方（特集 ソーシャルワーク実践としての家族支援）	ソーシャルワーク研究所	ソーシャルワーク研究 26-3	187-192	相川書房
才村純	2000.9	新法の紹介「児童虐待防止法」の概要	人権擁護協力会	人権のひろば 15	4-7	人権擁護協力会
相澤仁	2000.9	解説「児童虐待の防止等に関する法律」の意義と概要〔含：資料〕	全国社会福祉協議会	月刊福祉 83-11	60-65	全国社会福祉協議会
	2000.9	特集 児童虐待の防止等に関する法律の概要	厚生問題研究会	厚生 55-9	7-17	中央法規出版
山本真実 小林和弘	2000.9	対談 児童虐待防止法制定と今後の動向について（特集 児童虐待の防止等に関する法律の概要）	厚生問題研究会	厚生 55-9	8-13	中央法規出版
	2000.9	法制定の経緯と概要（特集 児童虐待の防止等に関する法律の概要）	厚生問題研究会	厚生 55-9	14-17	中央法規出版

著者	ヨミ	日付	タイトル	掲載誌	Valiant[月刊警察ヴァリアント] 18-9	ページ	出版
中原隆	ナカハラタカシ	2000.9	児童虐待に対する取組み		13-17		東京法令
許末恵	キョスエ	2000.9	家事裁判例紹介 児童相談所長を虐待親の職務代行者に選任した事例(熊本家裁平成10年12月18日審判)	民商法雑誌 122-6		902-906	有斐閣
山本陽子	ヤマモトヨウコ	2000.9	[資料と解説] 児童虐待防止法の内容と課題	福祉のひろば 371		53-59	総合社会福祉研究所
森克己	モリカツミ	2000.9	児童虐待への法的対応改革試論－福祉と教育の連携を目指して	早稲田大学大学院法研論集 95		163-189	早稲田大学大学院法学研究科
星野敏	ホシノサトシ	2000.9	被告人が捜査段階での自白を翻し折檻死させたのは妻Yであると主張したため、犯人性が争点となったが、捜査段階で詳細なミニ一体自白をしていたことなどから有罪判決を得た例(実例捜査ゼミナー)	捜査研究 49-9		24-28	東京法令出版
中司光紀	ナカツカコウキ	2000.9.15	法令解説 児童虐待に対して迅速かつ適切に対応するために－官民一体となって児童虐待問題に取り組む体制の整備－(児童虐待の防止等に関する法律)	時の法令 1625		43-54	大蔵省印刷局
		2000.10	特集 児童虐待の実態と対策	現代刑事法 2-10		4-54	現代法律出版
中谷瑾子	ナカタニキンコ	2000.10	児童虐待の現代的意義と修正を必要とする昨今の現状－少子化時代、パラサイト・シングルの時代という社会的背景と児童虐待 (特集 児童虐待の実態と対策)	現代刑事法 2-10		4-9	現代法律出版
池田泰昭	イケダヤスアキ	2000.10	児童虐待の現状と対策 (特集 児童虐待の実態と対策)	現代刑事法 2-10		10-14	現代法律出版
内山絢子	ウチヤマアヤコ	2000.10	児童虐待の実態分析 (特集 児童虐待の実態と対策)	現代刑事法 2-10		15-23	現代法律出版
影山秀人	カゲヤマヒデト	2000.10	児童虐待の相談・訴訟の状況－弁護士の立場から (特集 児童虐待の実態と対策)	現代刑事法 2-10		24-29	現代法律出版
荻原玉味	ハギワラタマミ	2000.10	児童虐待の法的問題点－児童福祉法との関連を中心として (特集 児童虐待の実態と対策)	現代刑事法 2-10		30-37	現代法律出版
瀬川晃	セガワアキラ	2000.10	児童虐待と刑事規制 (特集 児童虐待の実態と対策)	現代刑事法 2-10		38-42	現代法律出版
岩井宜子	イワイヨシコ	2000.10	児童虐待の早期発見のための対応策－通告義務を中心として (特集 児童虐待の実態と対策)	現代刑事法 2-10		43-47	現代法律出版
後藤弘子	ゴトウヒロコ	2000.10	児童虐待防止法の成立とその課題 [含資料 児童虐待の防止等に関する法律 児童虐待の防止等に関する法律案に対する附帯決議] (特集 児童虐待の実態と対策)	現代刑事法 2-10		48-54	現代法律出版
安藤由紀	アンドウユキ	2000.10	虐待防止法と法の問題点	月刊社会民主 545		52-55	社会民主党全国連合機関紙宣伝局

著者	著者(カナ)	年月	タイトル	団体	掲載誌	ページ	出版
中山正雄	ナカヤママサオ	2000.10	児童虐待の防止等に関する法律と保育所の役割	全国保育団体合同研究集会実行委員会事務局	保育情報 284	2-8	全国保育団体合同研究集会実行委員会事務局
柏女霊峰	カシワメレイホウ	2000.10	トピックス 児童虐待防止施策の動向と防止法の成立	資生堂社会福祉事業財団	世界の児童と母性 49	66-68	資生堂社会福祉事業財団
中原隆	ナカハラタカシ	2000.10	児童虐待事象の取扱い状況		警察時報 55-10	34-41	警察時報社
中司光紀	ナカツカコウキ	2000.10	法律・条約解説 厚生 児童虐待の防止等に関する法律(平成12年5月24日法律第82号)		法令解説資料総覧 225	22-27	第一法規
岩井宜子	イワイヨシコ	2000.10	「児童虐待の防止等に関する法律」制定と今後の課題	警察大学校	警察学論集 53-10	97-111	立花書房
戒能民江	カイノウタミエ	2000.10	[特別企画]検証・「民事不介入」の揺らぎ 警察の介入姿勢の「変化」と法は家庭に入らず」の維持([特別企画]検証・「民事不介入」の揺らぎ―総論)		法学セミナー 45-10	56-75	日本評論社
吉田恒雄	ヨシダツネオ	2000.10	児童虐待と家庭への介入―児童虐待防止法を中心に―([特別企画]検証・「民事不介入」の揺らぎ)		法学セミナー 45-10	56-57	日本評論社
岡田久美子	オカダクミコ	2000.10	ストーカー行為等規制法([特別企画]検証・「民事不介入」の揺らぎ)		法学セミナー 45-10	58-60	日本評論社
秀嶋ゆかり	ヒデシマユカリ	2000.10	ドメスティックバイオレンス([特別企画]検証・「民事不介入」の揺らぎ)		法学セミナー 45-10	61-63	日本評論社
長谷川京子 前野育三	ハセガワキョウコ マエノイクゾウ	2000.10	弁護士と刑法学者の対談・国家はどこまで介入すべきか([特別企画]検証・「民事不介入」の揺らぎ)		法学セミナー 45-10	64-66	日本評論社
		2000.10	通達・回答 児童虐待等に関する法律の公布について(通知)		家庭裁判月報 52-10	67-70	日本評論社
神戸家庭裁判所	コウベカテイサイバンショ	2000.10	児童虐待に関連する家事事件の調査方法及び関係機関との連携(研究)		家庭裁判月報 52-10	113-121	最高裁判所事務総局
		2000.11	[特集 家庭における暴力]	教育と医学の会	教育と医学 48-11	123-207	最高裁判所事務総局
井上登生	イノウエナリオ	2000.11	家庭内における暴力行為(Violence in the home)と子ども達―児童虐待の観点から―(特集 家庭における暴力)	教育と医学の会	教育と医学 48-11	954-1035	慶應義塾大学出版
鈴宮寛子	スズミヤヒロコ	2000.11	子どもの虐待と地域ネットワーク作り(特集 家庭における暴力)	教育と医学の会	教育と医学 48-11	964-969	慶應義塾大学出版
安部計彦	アベカズヒコ	2000.11	家庭内暴力に対する児童相談所の取り組みと今後の課題(特集 家庭における暴力)	教育と医学の会	教育と医学 48-11	994-1001	慶應義塾大学出版
森田ゆり	モリタユリ	2000.11	児童虐待防止法の施行を前に	部落解放・人権研究所	ヒューマンライツ 152	1012-1018	慶應義塾大学出版
森田ゆり	モリタユリ	2000.11	児童虐待防止法の概要と問題について―児童虐待の現状		部落解放・人権研究所	57-63	部落解放・人権研究所
森真弘	モリマサヒロ	2000.11	小児虐待に対する法的実務と問題(特集 虐待から子どもを守りたい!そして親も守りたい!)		警察時報 55-11	52-57	警察時報社
石田文三	イシダブンゾウ	2000.11	小児虐待防止法の概要と問題について―児童虐待の現状		ペリネイタル・ケア 19-13	1304-1307	メディカ出版

山本晋	ヤマモトススム	2000.11	児童虐待防止法の成立(法案の解説と国会審議 I)	国会月報 47-(623)	48-49	国会資料協会
石川稔	イシカワミノル	2000.11.1	特集 児童虐待の実態と法的対応	ジュリスト 1188	2-47	有斐閣
野崎伸一	ノザキシンイチ	2000.11.1	児童虐待をめぐる法政策と課題 (特集 児童虐待の実態と法的対応)	ジュリスト 1188	2-10	有斐閣
吉田恒雄	ヨシダツネオ	2000.11.1	児童虐待の防止等に関する法律と厚生省の取組みについて (特集 児童虐待の実態と法的対応)	ジュリスト 1188	11-14	有斐閣
岩井宜子	イワイヨシコ	2000.11.1	児童虐待と親権の制限 (特集 児童虐待の実態と法的対応)	ジュリスト 1188	15-20	有斐閣
池田由子	イケダヨシコ	2000.11.1	児童虐待問題への刑事規制のあり方 (特集 児童虐待の実態と法的対応)	ジュリスト 1188	21-26	有斐閣
津崎哲郎	ツザキテツロウ	2000.11.1	被虐待児の心理とケア (特集 児童虐待の実態と法的対応)	ジュリスト 1188	27-34	有斐閣
樋口範雄	ヒグチノリオ	2000.11.1	自治体・民間団体の取組み―児童相談所の対応を中心にして (特集 児童虐待の実態と法的対応)	ジュリスト 1188	35-40	有斐閣
三浦一紀	ミウラカズキ	2000.11.1	アメリカから見た児童虐待防止法 (特集 児童虐待の実態と法的対応)	ジュリスト 1188	41-47	有斐閣
梅澤幸治	ウメザワコウジ	2000.11.15	児童虐待相談、1万件越える―前年度の1.7倍か・99年度厚生省調査	厚生福祉 4881	2-3	時事通信社
三浦一紀	ミウラカズキ	2000.11.22	児童虐待防止の強化へ官民が連携―東京都の児童相談所が社会福祉法人と協定	厚生福祉 4883	7	時事通信社
		2000.11.30	早期救済へ児童虐待法が施行―立ち入り調査権の強化など規定	地方行政 9322	18-22	時事通信社
安部計彦他	アベカズヒコ	2000.12	(特集1 児童養護施設を考える)	子どもの虐待とネグレクト 2-2	188-218	日本子どもの虐待防止研究会
平本譲	ヒラモトユズル	2000.12	座談会 児童相談所と児童養護施設をめぐって (特集1 児童養護施設を考える)	子どもの虐待とネグレクト 2-2	188-202	日本子どもの虐待防止研究会
		2000.12	児童養護施設における被虐待児童に対する援助の方法―日米比較にみる収容型児童福祉施設によるケア体制― (特集1 児童養護施設を考える)	子どもの虐待とネグレクト 2-2	203-210	日本子どもの虐待防止研究会
		2000.12	(特集2 児童虐待防止法をめぐって	子どもの虐待とネグレクト 2-2	219-233	日本子どもの虐待防止研究会
林陽子	ハヤシヨウコ	2000.12	児童虐待防止法を検討する―フェミニズムの視点から (特集2 児童虐待防止法をめぐって	子どもの虐待とネグレクト 2-2	219-224	日本子どもの虐待防止研究会
坂井聖二	サカイセイジ	2000.12	「児童虐待等に関する法律」は医療現場にどのような影響を及ぼすか―小児科医の感想的メモ (特集2 児童虐待防止法をめぐって	子どもの虐待とネグレクト 2-2	225-228	日本子どもの虐待防止研究会

著者	ヨミ	発行年月	タイトル	掲載誌名	巻号	ページ	発行者
斎藤学	サイトウサトル	2000.12	児童虐待に関する加害者治療モデル―精神医学の現場から―（特集2 児童虐待防止法をめぐって）	子どもの虐待とネグレクト	2-2	229-233	日本子ども虐待防止研究会
金田成浩 他	カネダシゲヒロ	2000.12	虐待のリスクとしての親の精神障害に関する考察―虐さぶられっ子症候群が疑われた一症例を経験して―	子どもの虐待とネグレクト	2-2	249-254	日本子ども虐待防止研究会
		2000.12	特集 虐待問題を考える	月刊福祉	83-14	18-57	全国社会福祉協議会
才村純	サイムラジュン	2000.12	児童虐待対策の現状と課題（特集 虐待問題を考える）	月刊福祉	83-14	24-27	全国社会福祉協議会
遊間千秋	ユウマチアキ	2000.12	児童虐待問題と警察―連携をスムーズに進めるために―（特集 虐待問題を考える）	月刊福祉	83-14	50-51	全国社会福祉協議会
富山豊	トミヤマユタカ	2000.12	家庭裁判所の手続きと虐待問題に関する若干の課題（特集 虐待問題を考える）	月刊福祉	83-14	52-53	全国社会福祉協議会
新井由利子	アライユリコ	2000.12	希薄な連携のなかに解決の糸口はない（特集 虐待問題を考える）	月刊福祉	83-14	56-57	全国社会福祉協議会
		2000.12	情報コーナー 児童虐待防止法施行関連資料	児童養護	31-2	47-49	全社協養護施設協議会
徳永雅子 他	トクナガマサコ	2000.12	首都圏一般人口における児童虐待の調査	厚生の指標	47-15	3-10	厚生統計協会
厚生省児童家庭局長	コウセイショウジドウカテイキョクチョウ	2000.12	「児童虐待の防止」等に関する法律（Monthly トピックス 急増する児童虐待）	厚生サロン	20-15	24-27	日本厚生協会
田邊泰美	タナベヤスミ	2000.12	英国児童虐待防止研究―クリーブランド事件に関する一考察―	園田学園女子大学論文集	35（分冊2）	47-61	園田学園女子大学国際文化学部短期大学部
日高義博	ヒダカヨシヒロ	2000.12	児童虐待と不作為犯―札幌高裁平成12年3月16日判決を契機として―	警察学論集	53-12	61-75	警察大学校
相澤仁	アイザワマサシ	2000.12	解説 「児童虐待の防止」等に関する法律の成立経緯、概要、厚生省の取組―	更生保護	51-12	18-21	法務省保護局
		2000.12	特集 虐待をめぐって	母子保健情報	42	1-172	恩賜財団母子愛育会

著者	読み	年月	タイトル	編者	掲載誌	ページ	発行
才村純	サイムラジュン	2000.12	児童虐待対策の現状と課題、その解決方向について（特集 虐待をめぐって）		母子保健情報 42	39-45	恩賜財団母子愛育会
平湯真人	ヒラユマサト	2000.12	「児童虐待の防止等に関する法律」の概要と残された問題点（特集 虐待をめぐって）		母子保健情報 42	51-54	恩賜財団母子愛育会
前橋信和	マエバシノブカズ	2000.12	「児童虐待の防止等に関する法律」及び関係通知等の概要（特集 虐待をめぐって）		母子保健情報 42	55-58	恩賜財団母子愛育会
北山秋雄	キタヤマアキオ	2000.12	性的搾取の実態と被害児童への対応（特集 虐待をめぐって）		母子保健情報 42	69-73	恩賜財団母子愛育会
奥山眞紀子	オクヤママキコ	2000.12	児童虐待と心のケア（特集 虐待をめぐって）		母子保健情報 42	74-81	恩賜財団母子愛育会
森望	モリノゾム	2000.12	虐待された子どもたちの自立支援（特集 虐待をめぐって）		母子保健情報 42	87-90	恩賜財団母子愛育会
		2000.12	資料 児童虐待の防止等に関する法律（平成12年法律第82号）（特集 虐待をめぐって）		母子保健情報 42	142-145	恩賜財団母子愛育会
文部省	モンブショウ	2000.12	資料 「児童虐待の防止等に関する法律」の施行について（通知）（特集 虐待をめぐって）		母子保健情報 42	146-151	恩賜財団母子愛育会
岩井宜子	イワイヨシコ	2000.12	随筆 児童虐待防止法制に思う		学術の動向 5-12	72-75	日本学術協力財団
松原康雄 山本保 編	マツバラヤスオ ヤマモトタモツ	2000.12	児童虐待－その援助と法制度－		－	1-255	エディケーション
磯谷文明	イソガエフミアキ	2000.12	親の権利主張をめぐって	松原康雄 山本保	児童虐待－その援助と法制度－	98-114	エディケーション
林弘正	ハヤシヒロマサ	2000.12	児童虐待－その現況と刑事法的介入－		－	－	成文堂
子どもの虐待防止ネットワーク・あいち 編	コドモノギャクタイボウシネットワークアイチ	2000.12.1	防げなかった死－虐待データブック 2001		－	－	キャプナ出版
三浦一紀	ミウラカズキ	2000.12.2	警察官援助の具体例など提示－厚生省が児童虐待防止法施行で関連通知		厚生福祉 4885	2-3	時事通信社
厚生省児童家庭局長	コウセイショウジドウカテイキョクチョウ	2000.12.2	資料「児童虐待の防止等に関する法律」の施行について（11月20日、厚生省児童家庭局長）		厚生福祉 4885	3-6	時事通信社
三浦一紀	ミウラカズキ	2000.12.6	児童虐待、一時保護の件数が倍増－相談所関与でも5人死亡・99年度厚生省報告		厚生福祉 4886	4-5	時事通信社

著者	著者カナ	年	タイトル	掲載誌	巻号	ページ	発行
奥田健次	オクダケンジ	2001	子どもへの虐待に対する積極的対応のために―応用行動分析学による支援の可能性（日本犯罪心理学会第39回大会発表論文集によるラウンドテーブルディスカッション「虐待少年の社会適応について」）	犯罪心理学研究 39（特別号）		188-191	日本犯罪心理学会
内田良	ウチダリョウ	2001	児童虐待とスティグマ―被虐待経験後の相互作用過程に関する事例研究―	教育社会学研究 68	日本教育社会学会	187-206	東洋館出版社
平野美江	ヒラノミエ	2001	少年非行と虐待―児童自立支援施設の現場から―（特集 少年の狂気）	家庭教育フォーラム 7	日本家庭教育学会	14-21	昭和堂
酒巻匡	サカマキタダシ	2001	米国のDV対法制―比較法制度の視点から（第1 警察政策フォーラム「刑事司法におけるドメスティック・バイオレンス及び児童虐待対策―米国での取組み―」）	警察政策研究 5	警察大学校警察政策研究センター	37-41	警察大学校警察政策研究センター
青山彩子	アオヤマアヤコ	2001	第10回警察政策フォーラム・バイオレンス及び児童虐待フォーラム（第1 警察政策フォーラム「刑事司法におけるドメスティック・バイオレンス及び児童虐待対策―米国での取組み―」）	警察政策研究 5	警察大学校警察政策研究センター	5-18	警察大学校警察政策研究センター
Elizabeth D. Scheibel 青山彩子他訳	エリザベス・シャイベル アオヤマアヤコ	2001	ドメスティック・バイオレンスとの闘い及び被害者支援（第1 警察政策フォーラム「刑事司法におけるドメスティック・バイオレンス及び児童虐待対策―米国での取組み―」）	警察政策研究 5	警察大学校警察政策研究センター	19-27	警察大学校警察政策研究センター
Suzan J. Loehn 青山彩子他訳	スーザン・ローン アオヤマアヤコ	2001	ドメスティック・バイオレンス事件と検察及び警察の職責（第1 警察政策フォーラム「刑事司法におけるドメスティック・バイオレンス及び児童虐待対策―米国での取組み―」）	警察政策研究 5	警察大学校警察政策研究センター	28-36	警察大学校警察政策研究センター
広岡逸樹	ヒロオカイツキ	2001	児童虐待防止法第11条（指導を受ける親の義務）をどう生かすか？―（特集 子どもの虐待防止～親への支援・予防、治療分野の可能性を探る）	心と社会 32-1		35-39	日本精神衛生会
大原美知子	オオハラミチコ	2001	随想 虐待不安を抱える母親たち―「首都圏一般人口における児童虐待の疫学調査」から―	心と社会 32-3		66-72	日本精神衛生会
		2001	特集 非行の背景にあるもの・虐待	非行問題 207	全国児童自立支援施設協議会	20-72	全国児童自立支援施設協議会
神戸信行	コウベノブユキ	2001	児童虐待から見た非行問題―「子どもの自尊感情」からの一考察―（特集 非行の背景にあるもの・虐待）	非行問題 207	全国児童自立支援施設協議会	20-30	全国児童自立支援施設協議会
菱田理	ヒシダオサム	2001	虐待を受けた子どものケアと非行（特集 非行の背景にあるもの・虐待）	非行問題 207	全国児童自立支援施設協議会	31-40	全国児童自立支援施設協議会
三宅芳宏	ミヤケヨシヒロ	2001	非行と虐待（特集 非行の背景にあるもの・虐待）	非行問題 207	全国児童自立支援施設協議会	42-49	全国児童自立支援施設協議会

著者	読み	日付	タイトル	編者等	掲載誌	頁	出版社
藤井淑美他	フジイミヨシ	2001	非行の背景にあるもの・虐待−A君の支援を通じて（特集非行の背景にあるもの・虐待）	全国児童自立支援施設協議会	非行問題 207	60-72	全国児童自立支援施設協議会
		2001	シンポジウム 児童虐待と非行−虐待と非行に対する施設及び大人の役割を考える	全国児童自立支援施設協議会	非行問題 207	177-190	全国児童自立支援施設協議会
斎藤学	サイトウサトル	2001	児童虐待に関する加害者治療モデル−精神医学の現場から−		家族機能研究所研究紀要 5	8-14	家族機能研究所
		2001	児童虐待防止対策の推進30億円等 厚生労働省（平成13年度子算で支援）		行政監察情報 2290	5	官庁通信社
マーク・ハーディン 桐野由美子訳	マーク・ハーディン キリノユミコ	2001	アメリカ合衆国のAdoption and Safe Families Act of 1997（養子縁組および完全家庭法）養子縁組、里親養育を中心とした児童保護システム		新しい家族 39	36-55	養子と里親を考える会
東京都児童相談センター	トウキョウトジドウソウダンセンター	2001	子どもへの虐待相談処遇マニュアル 改訂版		−	−	
鈴木博人 桐野由美子 松田真哉	スズキヒロヒト キリノユミコ マツダマヤ	2001	児童保護システムと児童福祉法の国際比較研究 生科学研究費補助金 子ども家庭総合研究事業 平成12年度厚生科学研究費補助金 子ども家庭総合研究事業		−	−	
池田泰昭	イケダヤスアキ	2001.1	児童虐待に対する取組み−児童虐待の防止等に関する法律の施行を踏まえて−	警察大学校	警察学論集 54-1	72-85	立花書房
峯本耕治	ミネモトコウジ	2001.1	イギリスの児童虐待防止制度に学ぶ−日本の現状と課題①イギリスのソーシャルワーク体制と児童相談所の人的体制		月刊少年育成 46-1	46-50	大阪少年補導協会
渡辺咲子	ワタナベサキコ	2001.1	児童虐待事案の擬律判断（続犯罪現場の擬律判断3）		keisatsu koron 56-1	49-55	立花書房
菱村幸彦	ヒシムラユキヒコ	2001.1	親の懲戒権と児童虐待（教育と法の接点）		教職研修 29-5	20-21	教育開発研究所
		2001.1.13	児童虐待の早期発見で「行動指針」茨城県が独自に策定		厚生福祉 4893	10	時事通信社
		2001.1.17	児童虐待対策強化で担当企画官−厚生労働省の来年度の組織・定員改正		厚生福祉 4894	8-9	時事通信社
芝野松次郎編	シバノマツジロウ	2001.1.30	子どもの虐待ケース・マネジメント・マニュアル		−	−	有斐閣
竹中哲夫	タケナカテツオ	2001.2	イギリスの児童虐待防止法（4）立法経緯／法律のあらまし／他	全社協養護施設協議会	児童養護 31-3	32-35	全国社会福祉協議会養護施設協議会
警察政策課題研究会	ケイサツセイサクカダイケンキュウカイ	2001.2	児童虐待防止法と児童養護施設		警察時報 56-2	55-65	警察時報社
峯本耕治	ミネモトコウジ	2001.2	イギリスの児童虐待防止制度に学ぶ−日本の現状と課題②イギリスの児童虐待防止制度の基本理念と制度の概要		月刊少年育成 46-2	54-58	大阪少年補導協会

277

著者	読み	年月	タイトル	出版社(1)	雑誌名	ページ	出版社(2)
衆議院法制局	シュウギインホウセイキョク	2001.2	児童虐待の防止等に関する法律(平成12年5月24日法律第82号)(弁護士のための新法令紹介223)		自由と正義 52-2	115-119	日本弁護士連合会
中原隆	ナカハラタカシ	2001.2	児童虐待に対する新たな取組み―児童虐待の防止等に関する法律の施行を踏まえて		keisatsu koron 56-2	19-24	立花書房
床谷文雄	トコタニフミオ	2001.2.1	家族 児童虐待の法的対応(1. 福岡家小倉支審平成11.12.1、2. 長崎家佐世保支審平成12.2.23)(民法判例レビュー(71))		判例タイムズ 1046	84-88	判例タイムズ社
安部計彦 編	アベカズヒコ	2001.2.1	ストップ・ザ・虐待―発見後の援助				ぎょうせい
磯谷文明	イソガヤフミアキ	2001.2.9	児童虐待と弁護士のかかわり方	東京弁護士会	弁護士研修講座〈平成12年度秋季〉	1-24	商事法務研究会
吉田恒雄	ヨシダツネオ	2001.3	特集 子どもの権利をめぐる現状(共通研究テーマ 変動する国際社会と法)		比較法文化 9	1-60	駿河台大学比較法研究所
吉田恒雄	ヨシダツネオ	2001.3	子どもの権利と児童虐待(特集 子どもの権利をめぐる現状)(共通研究テーマ 変動する国際社会と法)		比較法文化 9	43-60	駿河台大学比較法研究所
高井淳子	タカイジュンコ	2001.3	子ども虐待―その制度と問題点		学習院大学大学院法学研究科法学論集 8	205-311	学習院大学大学院法学研究科
		2001.3	児童虐待に関する研究(第1報告)	法務総合研究所	法務総合研究所研究部報告 11	1-331	法務総合研究所
板垣嗣廣 他	イタガキツグヒロ	2001.3	少年院在院者に対する被害経験のアンケート調査(児童虐待に関する研究 第1報告)		法務総合研究所研究部報告 11	1-250	法務総合研究所
加澤正樹 他	カザワマサキ	2001.3	「児童虐待に関する研究会」のまとめ(児童虐待に関する研究(第1報告))		法務総合研究所研究部報告 11	251-331	法務総合研究所
加藤洋子	カトウヨウコ	2001.3	児童虐待への公的介入のあり方と虐待防止制度の課題〈2000年度修士論文要旨〉		社会福祉 41	247	日本女子大学
新保幸男	シンポユキオ	2001.3	アメリカにおける児童虐待対策と日本における今後の課題		愛知教育大学研究報告〔人文・社会科学編〕50	123-129	愛知教育大学
峯本耕治	ミネモトコウジ	2001.3	イギリスの児童虐待防止制度に学ぶ―日本の現状と課題 (3)地域ネットワーク作りとイギリスの地域子ども保護委員会(ACPC)		月刊少年育成 46-3	60-65	大阪少年補導協会
斉藤功高	サイトウヨシタカ	2001.3	児童虐待と少年犯罪―子どもの権利条約の視点から		生活科学研究 23	31-46	文教大学生活科学研究所
栗原弥生	クリハラヤヨイ	2001.3	児童虐待の社会学的考察(特集 Well-Beingの社会学)	立正大学社会学・社会福祉学会	立正大学社会学・社会福祉学論叢 34	55-66	立正大学社会学・社会福祉学会

著者	ヨミ	年月日	タイトル	掲載誌	巻号	ページ	発行
児童虐待防止法研究会	ジドウギャクタイボウシホウケンキュウカイ	2001.3	児童虐待防止法Q&A			117-124	警察時報社
荒川麻里	アラカワマリ	2001.3	ドイツにおける親の懲戒権の明確化－「民法1631条2項の改正に関する法律案（虐待禁止法案）」（1993年）の検討を通して	教育制度研究紀要2	56-3	45-51	筑波大学教育制度研究室
宇賀神民代	ウガジンタミヨ	2001.3	子どもの虐待とその権利について	立正社会福祉研究2		67-72	立正大学社会福祉学会
西田武治	ニシダタケハル	2001.3	児童相談所における子どもの虐待相談の取り組みの背景と問題点	研究紀要 25		1-9	北海道中央児童相談所
水上和俊 板橋絮	ミズガミカズトシ イタバシキヨシ	2001.3	イギリスにおける児童虐待対策について－平成12年度北海道自主企画海外国派遣研修報告	研究紀要 25		38-53	北海道中央児童相談所
松本眞実	マツモトマミ	2001.3	児童虐待の現状と今後の課題－虐待者となる親への指導義務について－	九州保健福祉大学研究紀要2		167-173	九州保健福祉大学
磯部美也子	イソベミヤコ	2001.3	アメリカ合衆国東部の児童相談所児童虐待対応の実態	大阪体育大学短期大学部研究紀要1		109-124	大阪体育大学短期大学部
福永芙彦	フクナガフヒコ	2001.3	事例による児童相談所児童福祉法における子ども虐待処遇モデル	平安女学院大学研究年報1		21-34	平安女学院大学
小泉広子	コイズミヒロコ	2001.3	イギリス1989年子ども法における子どもの緊急保護制度	長崎国際大学論叢1		357-367	長崎国際大学研究センター
		2001.3.1	おがぶ子虐待疑惑妻「釈放」に児童虐待防止法の解説特集 進むこと地獄、退くも地獄 （ワイド）	週刊文春 43-8		192-193	文藝春秋
太田誠一	オオタセイイチ	2001.3.15	きこえますか子どもからのSOS－児童虐待防止法を受けとめて				ぎょうせい
許斐有	コノミユウ	2001.3.20	子どもの権利と児童福祉法－社会的養護システムを考える 増補版				信山社
喜多明人 吉田恒雄 他編	キタアキヒト ヨシダツネオ	2001.3.31	子どもオンブズパーソン－子どものSOS				日本評論社
		2001.3.31	子どもの権利に関する研究（4）	日本子ども家庭総合研究所紀要 37		7-47	日本子ども家庭総合研究所企画・情報部
高橋重宏 他	タカハシシゲヒロ	2001.3.31	児童養護施設における子どもの権利擁護に関する研究（4）（子どもと虐待に関する研究（4））	日本子ども家庭総合研究所紀要 37		7-35	日本子ども家庭総合研究所企画・情報部
高橋重宏 他	タカハシシゲヒロ	2001.3.31	日韓の子ども虐待と家庭内暴力に関する研究（子どもと虐待に関する研究（4））	日本子ども家庭総合研究所紀要 37		37-47	日本子ども家庭総合研究所企画・情報部
		2001.4	特集・子どもへの虐待を防ぐ	教育と医学 49-4		266-333	教育と医学の会 慶應義塾大学出版会

著者	よみ	日付	タイトル	掲載誌	巻号	頁	出版社
村瀬嘉代子	ムラセカヨコ	2001.4	子どもへの虐待は防げるか（特集・子どもへの虐待を防ぐ）	教育と医学	49-4	268-275	慶應義塾大学出版会
谷村雅子	タニムラマサコ	2001.4	わが国の子どもへの虐待の実態（特集・子どもへの虐待を防ぐ）	教育と医学	49-4	276-282	慶應義塾大学出版会
萩原玉味	ハギワラタマミ	2001.4	わが国の子どもへの虐待の問題点（特集・子どもへの虐待を防ぐ）	教育と医学	49-4	283-291	慶應義塾大学出版会
藤田君支 松岡緑	フジタキミエ マツオカミドリ	2001.4	子どもを虐待する親と家族（特集・子どもへの虐待を防ぐ）	教育と医学	49-4	292-299	慶應義塾大学出版会
泉薫	イズミカオル	2001.4	虐待を受けた子どもへの法的サポート（特集・子どもへの虐待を防ぐ）	教育と医学	49-4	321-326	慶應義塾大学出版会
森望	モリノゾム	2001.4	子ども虐待とその対応（社会福祉法の成立と21世紀の社会福祉―社会福祉の各分野の課題）	別冊発達	25	162-174	ミネルヴァ書房
厚生省児童家庭局長	コウセイショウジドウカテイキョクチョウ	2001.4	厚生省児童家庭局長通知「児童虐待防止等に関する法律」の施行について（児発第875号2000.11.20）（児童虐待防止法施行関連通知）	保育情報	290	25-27	全国保育団体合同研究集会実行委員会事務局
岩佐嘉彦	イワサヨシヒコ	2001.4	弁護士から見た児童虐待事件	家庭裁判月報	53-4	1-32	最高裁判所
山本真実	ヤマモトマミ	2001.4	子ども虐待防止の法制化と虐待防止の権利擁護	社会福祉研究	80	200-201	鉄道弘済会
峯本耕治	ミネモトコウジ	2001.4	イギリスの児童虐待防止制度に学ぶ―日本の現状と課題④イギリスにおける児童虐待の通告制度	月刊少年育成	46-4	80-84	大阪少年補導協会
安部哲夫	アベテツオ	2001.4	児童虐待と青少年保護の周辺（ワークショップ）	刑法雑誌	40-3	423-427	有斐閣
小沼里子	コヌマサトコ	2001.4	アメリカにおける児童虐待の状況と対策	青少年問題	48-4	44-47	青少年問題研究会
恩賜財団母子愛育会日本子ども家庭総合研究所編	オンシザイダンボシアイイクカイニホンコドモカテイソウゴウケンキュウジョ	2001.4.20	厚生省 子ども虐待対応の手引き―平成12年11月改訂版			-	有斐閣
仙台家庭裁判所	センダイカテイサイバンショ	2001.5	子の虐待が終止親権者の変更（ケース研究）：付〈参考〉児童虐待の防止等に関する法律	ケース研究	267	71-114	家庭事件研究会
服部建	ハットリケン	2001.5	子どもの虐待に打つ手はあるか〈随筆〉	ケース研究	267	118-120	家庭事件研究会
高橋伸幸	タカハシノブユキ	2001.5	「子ども虐待と法の課題と展開（上智大学叢書21）」石川稔著〈本の紹介〉	ケース研究	267	155	家庭事件研究会
峯本耕治	ミネモトコウジ	2001.5	イギリスの児童虐待防止制度に学ぶ―日本の現状と課題⑤危険な状況にある子どもの緊急保護手続	月刊少年育成	46-5	78-82	大阪少年補導協会

著者	ヨミ	日付	タイトル	誌名	巻号	頁	出版社
児童虐待研究会	ジドウギャクタイケンキュウカイ	2001.5	Q&A 児童虐待の防止等に関する法律			27-33	立花書房
安部計彦	アベカズヒコ	2001.5	Monthly Spot 児童虐待防止と地方公務員の役割〔含 資料〕	Keisatsu koron 56-5	Gyosei EX 13-5	7-12	ぎょうせい
児童相談業務研究会	ジドウソウダンギョウムケンキュウカイ	2001.5.25	児童相談所 汗と涙の奮闘記		児童相談業務研究会		都政新報社
岡田隆介編	オカダリュウスケ	2001.5.25	児童虐待と児童相談所―介入的ケースワークと心のケア				金剛出版
峯本耕治	ミネモトコウジ	2001.6	イギリスの児童虐待防止制度に学ぶ―日本の現状と課題	月刊少年育成 46-6		70-74	大阪少年補導協会
福本恵	フクモトメグミ	2001.6.7	⑥児童虐待ケースへの調査と警察の役割〔特集 2 子どもの虐待〕	地域保健 32-6	地域保健研究会	42-81	東京法規出版
		2001.6.7	全国保健婦長会の母子保健調査から 子どもの虐待防止のためのハイリスク要因調査〔特集 2 子どもの虐待〕	地域保健 32-6	地域保健研究会	58-81	東京法規出版
高橋重宏編	タカハシシゲヒロ	2001.6.30	子どもの虐待―子どもへの最大の人権侵害				有斐閣
		2001.7	〔特集 日本子どもの虐待防止研究会第6回学術集会（あいち大会）〕	子どもの虐待とネグレクト 3-1	日本子どもの虐待防止研究会	4-171	
前橋信和	マエバシノブカズ	2001.7	講演録「児童虐待の防止等に関する法律」と児童虐待への取り組み〔特集 日本子どもの虐待防止研究会第6回学術集会（あいち大会）〕	子どもの虐待とネグレクト 3-1	日本子どもの虐待防止研究会	4-9	
秋山正弘	アキヤママサヒロ	2001.7	講演録 子どもたちの未来のために―虐待の痛み、回復の援助〔特集 日本子どもの虐待防止研究会第6回学術集会（あいち大会）〕	子どもの虐待とネグレクト 3-1	日本子どもの虐待防止研究会	10-16	
坂上香	サカガミカオル	2001.7	講演録「被害者対加害者」を乗り越えるために〔特集 日本子どもの虐待防止研究会第6回学術集会（あいち大会）〕	子どもの虐待とネグレクト 3-1	日本子どもの虐待防止研究会	17-26	
Meg Hickling 他	メグ・ヒックリング	2001.7	講演録 カナダの取り組みから学ぶ〔質疑応答〕〔特集 日本子どもの虐待防止研究会第6回学術集会（あいち大会）〕	子どもの虐待とネグレクト 3-1	日本子どもの虐待防止研究会	27-32	
西澤哲	ニシザワサトル	2001.7	講演録 虐待を受けた子どもの心理療法に関する理論的・実践的検討〔特集 日本子どもの虐待防止研究会第6回学術集会（あいち大会）〕	子どもの虐待とネグレクト 3-1	日本子どもの虐待防止研究会	33-41	
有吉允子	アリヨシチカコ	2001.7	講演録 思春期のこころ―親子の信頼を取り戻すために―〔特集 日本子どもの虐待防止研究会第6回学術集会（あいち大会）〕	子どもの虐待とネグレクト 3-1	日本子どもの虐待防止研究会	42-45	

著者	ヨミ	日付	タイトル	雑誌名	巻号	ページ	発行
牧真吉 他	マキマサヨシ	2001.7	シンポジウム "虐待"を問い直す（特集 日本子どもの虐待防止研究会第6回学術集会（あいち大会））	子どもの虐待とネグレクト	3-1	46-52	日本子どもの虐待防止研究会
山田万里子 他	ヤマダマリコ	2001.7	シンポジウム 虐待・いじめ・不登校―教師は今、親は今―（特集 日本子どもの虐待防止研究会第6回学術集会（あいち大会））	子どもの虐待とネグレクト	3-1	53-60	日本子どもの虐待防止研究会
平湯真人 他	ヒラユマサト	2001.7	シンポジウム 児童虐待防止法の可能性を問う （特集 日本子どもの虐待防止研究会第6回学術集会（あいち大会））	子どもの虐待とネグレクト	3-1	61-68	日本子どもの虐待防止研究会
竹中哲夫 他	タケナカテツオ	2001.7	シンポジウム 児童福祉施設をひらく・つなげる―児童養護施設の再調整とネットワーク―（特集 日本子どもの虐待防止研究会第6回学術集会（あいち大会））	子どもの虐待とネグレクト	3-1	69-76	日本子どもの虐待防止研究会
桜谷真理子 他	サクラダニマリコ	2001.7	分科会報告 性的被虐待児の軌跡と援助（特集 日本子どもの虐待防止研究会第6回学術集会（あいち大会））	子どもの虐待とネグレクト	3-1	77-79	日本子どもの虐待防止研究会
藤田博仁 他	フジタヒロヒト	2001.7	分科会報告 当事者の語りに寄り添い学ぶ―児童養護施設出身者が語る過去・現在・未来―（特集 日本子どもの虐待防止研究会第6回学術集会（あいち大会））	子どもの虐待とネグレクト	3-1	80-82	日本子どもの虐待防止研究会
浅野みどり 他	アサノミドリ	2001.7	分科会報告 新生児・乳児の命を守るネットワーク―妊娠・出産・育児の場面で―（特集 日本子どもの虐待防止研究会第6回学術集会あいち大会）	子どもの虐待とネグレクト	3-1	83-86	日本子どもの虐待防止研究会
野村恒一 他	ノムラヒサシ	2001.7	分科会報告 地域保健活動からのアプローチ―虐待する家族への援助―（特集 日本子どもの虐待防止研究会第6回学術集会（あいち大会））	子どもの虐待とネグレクト	3-1	87-89	日本子どもの虐待防止研究会
白石淑江 他	シライシヨシエ	2001.7	分科会報告 保育園・幼稚園での初期対応を考える―児童相談所・福祉事務所との連携―（特集 日本子どもの虐待防止研究会第6回学術集会（あいち大会））	子どもの虐待とネグレクト	3-1	90-93	日本子どもの虐待防止研究会
加藤曜子 他	カトウヨウコ	2001.7	分科会報告 リスクアセスメント指標の実践と課題（特集 日本子どもの虐待防止研究会第6回学術集会（あいち大会））	子どもの虐待とネグレクト	3-1	94-100	日本子どもの虐待防止研究会
小久保裕美 他	コクボヒロミ	2001.7	分科会報告 虐待をしてしまう親への援助（特集 日本子どもの虐待防止研究会第6回学術集会（あいち大会））	子どもの虐待とネグレクト	3-1	101-103	日本子どもの虐待防止研究会

長岡利貞 他	ナガオカトシサダ	2001.7	分科会報告 虐待防止ホットラインの開設と運営（特集 日本子どもの虐待防止研究会第6回学術集会（あいち大会））	子どもの虐待とネグレクト 3-1	104-110	日本子どもの虐待防止研究会
藤岡淳子 他	フジオカジュンコ	2001.7	分科会報告 少年非行の背景としての子ども虐待（特集 日本子どもの虐待防止研究会第6回学術集会（あいち大会））	子どもの虐待とネグレクト 3-1	111-114	日本子どもの虐待防止研究会
水野誠司 他	ミズノセイジ	2001.7	分科会報告 医療機関で診断された虐待症例の検討―発見から連携、介入そして治療に至るまで―（特集 日本子どもの虐待防止研究会第6回学術集会（あいち大会））	子どもの虐待とネグレクト 3-1	115-117	日本子どもの虐待防止研究会
堀内久美子 他	ホリウチクミコ	2001.7	分科会報告 学校での発見と対応のネットワークづくり（特集 日本子どもの虐待防止研究会第6回学術集会（あいち大会））	子どもの虐待とネグレクト 3-1	118-121	日本子どもの虐待防止研究会
竹中哲夫 他	タケナカテツオ	2001.7	分科会報告 児童相談所の児童虐待ケースマネージメントを検証する（特集 日本子どもの虐待防止研究会第6回学術集会（あいち大会））	子どもの虐待とネグレクト 3-1	122-127	日本子どもの虐待防止研究会
早崎肇 他	ハヤサキハジメ	2001.7	分科会報告 子ども虐待にかかわる援助者のメンタルヘルス―援助者の「当事者性」をめぐって、私たちは何を感じてきたのか？―（特集 日本子どもの虐待防止研究会第6回学術集会（あいち大会））	子どもの虐待とネグレクト 3-1	128-134	日本子どもの虐待防止研究会
平田美音 他	ヒラタミネ	2001.7	分科会報告 児童福祉施設における被虐待児のケア（特集 日本子どもの虐待防止研究会第6回学術集会（あいち大会））	子どもの虐待とネグレクト 3-1	135-137	日本子どもの虐待防止研究会
河合咨子 他	カワイヨウコ	2001.7	分科会報告 ドメスティック・バイオレンスと子ども（特集 日本子どもの虐待防止研究会第6回学術集会（あいち大会））	子どもの虐待とネグレクト 3-1	138-140	日本子どもの虐待防止研究会
高橋蔵人 他	タカハシクラト	2001.7	分科会報告 電話相談における危機介入―SOSを見逃さないために―（特集 日本子どもの虐待防止研究会第6回学術集会（あいち大会））	子どもの虐待とネグレクト 3-1	141-145	日本子どもの虐待防止研究会
加藤敏行 他	カトウトシユキ	2001.7	分科会報告 日本医療機関とネットワーク―発見と診断、通信（特集 日本子どもの虐待防止研究会第6回学術集会（あいち大会））	子どもの虐待とネグレクト 3-1	146-150	日本子どもの虐待防止研究会
浅野みどり 他	アサノミドリ	2001.7	分科会報告 子どもの虐待へのサインの感受性と援助―子どもの虐待の視点から―（特集 日本子どもの虐待防止研究会第6回学術集会（あいち大会））	子どもの虐待とネグレクト 3-1	151-154	日本子どもの虐待防止研究会

著者	ヨミ	日付	タイトル		掲載誌	ページ	出版社
福井和恵	フクイカズエ	2001.7	分科会報告 こんなサポートがほしかった (1) 子どもとして親としての当事者から見えるもの (特集 日本子どもの虐待防止研究会第6回学術集会(あいち大会))		子どもの虐待とネグレクト 3-1	155-158	日本子どもの虐待防止研究会
下山田洋三 岡安勤	シモヤマダヨウゾウ オカヤスツトム	2001.7	肢体不自由児施設における被虐待児の検討		子どもの虐待とネグレクト 3-1	172-179	日本子どもの虐待防止研究会
井上直美 他	イノウエナオミ	2001.7	医療機関における子どもの虐待とネグレクトの告知について		子どもの虐待とネグレクト 3-1	180-189	日本子どもの虐待防止研究会
石川洋明	イシカワヒロアキ	2001.7	子どもへの虐待・暴力防止教育プログラムに関する効果測定研究		子どもの虐待とネグレクト 3-1	190-199	日本子どもの虐待防止研究会
加藤悦子 安藤明夫	カトウエツコ アンドウアキオ	2001.7	過去5年間に新聞報道された子ども虐待死事件の傾向と課題 日本子どもの虐待防止研究会第6回学術集会(あいち大会)		子どもの虐待とネグレクト 3-1	204-210	日本子どもの虐待防止研究会
北川拓	キタガワヒラク	2001.7	子育て不安と児童虐待 (特集 子どもと人権)		部落 53-8 (特別号)	28-37	部落問題研究所
磯谷文明	イソガイフミアキ	2001.7	虐待 児童虐待防止法によって何が変わったのか (子どもの心のケアと子育て問題を持つ両親への助言) (各論 子どもの心への対応)		小児科臨床 54 (増刊号)	1229-1235	日本小児医事出版社
石崎優子	イシザキユウコ	2001.7	児童虐待と法律―医師の立場から (特集 日常診療の場で知っておくべき法律上の諸問題と対策) (Vol. 1)		治療 83-7	2145-2147	南山堂
児玉勇二	コダマユウジ	2001.7	児童虐待と法律―法律家の立場から (特集 日常診療の場で知っておくべき法律上の諸問題と対策) (Vol. 1)		治療 83-7	2148-2157	南山堂
峯本耕治	ミネモトコウジ	2001.7	イギリスの児童虐待防止制度から学ぶ―日本の現状と課題 ①イギリスにおける子ども保護会議 (Child Protection Conference)		月刊少年育成 46-7	54-58	大阪少年補導協会
祖父江文宏	ソブエフミヒロ	2001.7	児童虐待の地域支援のための展望―CAPNAの活動からみえるもの (特集 福祉サービス利用者の権利擁護の現状と課題)		月刊福祉 84-9	42-45	全国社会福祉協議会
		2001.8	特集 児童虐待の防止		時の動き 45-8	6-47	内閣府
岩田喜美枝 原麻里子	イワタキミエ ハラマリコ	2001.8	インタビュー 行政と地域が連携して児童虐待の防止・早期発見に取り組む―岩田喜美枝・厚生労働省雇用均等・児童家庭局長 (特集 児童虐待の防止)		時の動き 45-8	6-13	内閣府
厚生労働省	コウセイロウドウショウ	2001.8	施策の紹介 児童虐待の現状及び虐待防止への課題と対策 (特集 児童虐待の防止)		時の動き 45-8	14-19	財務省印刷局
警察庁	ケイサツチョウ	2001.8	施策の紹介 虐待の早期発見・保護に向けた警察の取組 (特集 児童虐待の防止)		時の動き 45-8	22-25	財務省印刷局

著者	ヨミ	日付	タイトル	訳者等	発行元	掲載誌	巻号頁	出版社
法務省	ホウムショウ	2001.8	施策の紹介 人権擁護機関による児童虐待防止(特集 児童虐待の防止)		内閣府	時の動き 45-8	26-28	財務省印刷局
最高裁判所	サイコウサイバンショ	2001.8	施策の紹介 家庭裁判所の児童虐待防止に対する取組(特集 児童虐待の防止)		内閣府	時の動き 45-8	33-35	財務省印刷局
大阪府泉大津市児童虐待防止ネットワーク	オオサカフイズミオオツシジドウギャクタイボウシネットワーク	2001.8	ルポ 各機関と緊密に連絡をとり虐待防止に向け柔軟で素早い対応を図る―大阪府泉大津市児童虐待防止ネットワーク(特集 児童虐待の防止)		内閣府	時の動き 45-8	41-43	財務省印刷局
東京都練馬区石神井保健相談所	トウキョウトネリマクシャクジイホケンソウダンジョ	2001.8	ルポ 診察などの機会を使って虐待の「グレーゾーン」を見つける―東京都練馬区石神井保健相談所(特集 児童虐待の防止)		内閣府	時の動き 45-8	44-46	財務省印刷局
峯本耕治	ミネモトコウジ	2001.8	イギリスの児童虐待防止制度に学ぶ―日本の現状と課題⑧子ども保護プランと親子分離の法制度			月刊少年育成 46-8	66-70	大阪少年補導協会
森望	モリノゾム	2001.8	養護施設入所児童等の状況の変化と社会的背景		全国社会福祉協議会	月刊福祉 84-10	64-67	全国社会福祉協議会
棚瀬一代	タナセカズヨ	2001.8.10	虐待と離婚の心的外傷				-	朱鷺書房
		2001.8.24	教育法規おらかると 深刻化する児童虐待			内外教育 5227	31	時事通信社
羽柴継之助	ハシバツグノスケ	2001.9	児童自立支援施設での児童虐待児童への取組		法務省保護局	更生保護 52-9	21-24	日本法制保護協会
厚生労働省	コウセイロウドウショウ	2001.9	行政報告 児童虐待の現状及び虐待防止への課題と対策			国会ニュース 61-9	68-73	国会政経ニュース社
南部さおり	ナンブサオリ	2001.9	刑事事件としての児童虐待―せっかん死加害者における故意の認定を中心にして			法学研究論集 15	77-96	明治大学大学院法学研究科
峯本耕治	ミネモトコウジ	2001.9	イギリスの児童虐待防止制度に学ぶ―日本の現状と課題⑨最終回・日本の児童虐待防止制度の改革に向けての提案			月刊少年育成 46-9	48-55	大阪少年補導協会
森田ゆり	モリタユリ	2001.9	児童虐待防止法改正の必要性―子どもを暴力・虐待から迅速に保護するために(子どもの虐待を考える)			季刊女も男も 89	12-14	労働教育センター
前野育三 高橋貞彦 監訳	マエノイクゾウ タカハシサダヒコ	2001.9.10	修復的司法―現代的課題と実践	ジム・コンセディーン ヘレン・ボーエン			-	関西学院大学出版会
ロジャー・J.R.ヴェヌスク 著 萩原重夫 訳		2001.9.25	子どもの性的虐待と国際人権				-	明石書店
		2001.9.29	児童虐待の経験が過半数―法務省が少年院収容者に初の調査			厚生福祉 4961	4-7	時事通信社
		2001.10	特集 子ども家庭福祉援助実践の新たな展開		資生堂社会福祉事業財団	世界の児童と母性 51	2-64	資生堂社会福祉事業財団

著者	ヨミ	日付	タイトル	編者	雑誌名	号	ページ	出版社
磯谷文明	イソガヤフミアキ	2001.10	児童虐待防止法の実践と見直し（特集 子ども家庭福祉援助実践の新たな展開）（理論編）	資生堂社会福祉事業財団	世界の児童と母性	51	14-17	資生堂社会福祉事業財団
赤津勇	アカツイサム	2001.10	児童相談所における「虐待対策課」の活動（特集 子ども家庭福祉援助実践の新たな展開）（実践編）	資生堂社会福祉事業財団	世界の児童と母性	51	18-21	資生堂社会福祉事業財団
川田昇	カワダノボル	2001.10	家事裁判例紹介 被虐待児童の児童養護施設への入所を承認した事例（平成12.5.11横浜家審判）		民商法雑誌	125-1	125-138	有斐閣
森望	モリノゾム	2001.10	子ども家庭福祉と自治体行政―子育ての社会化と地方分権パラダイム	鉄道弘済会	社会福祉研究	82	27-35	鉄道弘済会
山田仁子	ヤマダヒトコ	2001.10	病理を持つ当事者への援助―チームの虐待・離婚調停事件に調停官の調整機能を生かす（特集 家庭裁判所の役割）		自由と正義	52-10	56-65	日本弁護士連合会
警視庁	ケイシチョウ	2001.10	行政報告 児童虐待の早期発見・保護に向けた警察の取組		国会ニュース	61-10	78-81	国会政経ニュース社
警視庁	ケイシチョウ	2001.10	行政報告 児童虐待問題への取り組み〈内閣府・警視庁〉		国会ニュース	61-10	76-81	国会政経ニュース社
高村浩他	タカムラヒロシ	2001.10	児童虐待防止法やDV防止法と対比して検討すべき点（特集 高齢者虐待・一座談会 高齢者虐待防止の推進をめざして）	地域保健研究会	地域保健	32-9	22-54	東京法規出版
山田崇他	ヤマダタカシ	2001.10	事例報告 児童虐待が疑われる身元不明死体に認めた歯の外傷について	日本犯罪学会	犯罪学雑誌	67-5	217-221	犯罪学雑誌発行所
平湯真人	ヒラユマサト	2001.10	児童虐待防止法施行後の取り組みと改正課題		月刊社会民主	557	62-65	社会民主党全国連合機関紙宣伝局
東京都福祉局子ども家庭部編	トウキョウトフクシキョクコドモカテイブ	2001.10	児童虐待の実態―東京の児童相談所の事例に見る				—	東京都生活文化局広報広聴部情報公開課
柏女霊峰編	カシワメレイホウ	2001.10	児童虐待とソーシャルワーク実践				—	ミネルヴァ書房
日本社会保障法学会編	ニホンシャカイホショウホウガッカイ	2001.10.20	講座 社会保障法（第3巻）社会福祉サービス法				—	法律文化社
		2001.10.25	児童虐待の法的対応（第17回学術大会・シンポジウム）	日本家族〈社会と法〉学会	家族〈社会と法〉	17	19-225	日本加除出版
吉田恒雄	ヨシダツネオ	2001.10.25	報告1 日本における児童虐待の法的対応と課題	日本家族〈社会と法〉学会	家族〈社会と法〉	17	22-40	日本加除出版
岩佐嘉彦	イワサヨシヒコ	2001.10.25	報告2 実務家から見た児童虐待の法的問題―監護権及び親権の問題を中心として	日本家族〈社会と法〉学会	家族〈社会と法〉	17	41-55	日本加除出版
吉田彩	ヨシダアヤ	2001.10.25	報告3 家庭裁判所から見た児童虐待の法的問題点	日本家族〈社会と法〉学会	家族〈社会と法〉	17	56-71	日本加除出版
安部隆夫	アベタカオ	2001.10.25	報告4 児童虐待事件の調査上の問題点	日本家族〈社会と法〉学会	家族〈社会と法〉	17	72-83	日本加除出版

著者	よみ	日付	タイトル	誌名	巻号	ページ	出版社
鈴木博人	スズキヒロヒト	2001.10.25	報告5 ドイツにおける児童虐待の法的対応	日本家族〈社会と法〉学会	17	84-121	日本加除出版
許末恵	キョスエ	2001.10.25	報告6 イギリスにおける児童虐待の法的対応	日本家族〈社会と法〉学会	17	122-148	日本加除出版
籠田篤子	カゴタアツコ	2001.11	被虐待経験を持つ非行少年についての一考察	家庭裁判所調査官研修所 調研紀要	72	1-17	最高裁判所家庭裁判所調査官研修所
吉田恒雄	ヨシダツネオ	2001.11	緊急特集 子どもの虐待	臨床心理学	1-6	711-786	金剛出版
吉田恒雄	ヨシダツネオ	2001.11	児童虐待に関する法制度（緊急特集 子どもの虐待）	臨床心理学	1-6	725-730	金剛出版
藤岡淳子	フジオカジュンコ	2001.11	非行の背景としての児童虐待（緊急特集 子どもの虐待）	臨床心理学	1-6	771-776	金剛出版
清水京子 他	シミズキョウコ	2001.11	特集 児童虐待防止法施行から1年—現状と課題を考える—	厚生	56-11	7-26	中央法規出版
		2001.11	座談会 児童虐待防止法施行から1年—現状と課題を考える（特集 児童虐待防止法施行から1年—現状と課題を考える）	厚生	56-11	8-15	中央法規出版
法務省 文部科学省	ホウムショウ モンブカガクショウ	2001.11	行政報告 児童虐待問題への取り組み	国会ニュース	61-11	66-71	国会政経ニュース社
法務省	ホウムショウ	2001.11	人権擁護機関による児童虐待防止	国会ニュース	61-11	66-68	国会政経ニュース社
文部科学省	モンブカガクショウ	2001.11	家庭・地域・学校における児童虐待防止の取組	国会ニュース	61-11	69-71	国会政経ニュース社
松田美智子	マツダミチコ	2001.11	児童虐待について	刑政	112-11	110-120	矯正協会
後藤弘子	ゴトウヒロコ	2001.11	児童虐待防止法の問題点—子どもを守る責任は誰にあるのか	Psiko	2-11	64-69	冬樹社
吉村奏恵	ヨシムラカナエ	2001.11	ネットワーク 児童虐待防止法の成り立ちと課題—民間団体との連携のあり方—（特集 学校教育と教育専門相談）	障害者問題研究	29-3	241-245	全国障害者問題研究会出版部
加藤曜子	カトウヨウコ	2001.11	児童虐待防止法の成り立ちと課題—民間団体との連携のあり方を考える—	流通科学大学論集 人間・社会・自然編	14-2	61-69	流通科学大学学術研究会
柴知之	シバトモユキ	2001.11	誰が親に手をさしのべるのか—児童虐待事件の裁判を傍聴して	論座	78	180-186	朝日新聞社
		2001.11	厚生労働省雇用均等・児童家庭局 母子家庭、児童虐待、DVを3本柱に家庭に欠けている福祉面の充実をはかる	財形福祉	27-11	24-26	財形福祉協会
竹中哲夫	タケナカテツオ	2001.11	巻頭言 児童虐待問題の現状と法制度・実施機関の課題	保育の研究	18	1-6	保育研究所
		2001.11	児童相談所における児童虐待相談処理件数報告（平成12年度）			—	厚生労働省雇用均等・児童家庭局総務課

著者	ヨミ	日付	タイトル	団体	掲載誌	ページ	出版
前田研史	マエダケンジ	2001.11.1	特集 子どもの虐待		女性ライフサイクル研究 11	4-108	女性ライフサイクル研究所
新恵里	アタラシエリ	2001.11.1	危機介入 児童虐待への危機介入的アプローチ (特集 子どもの虐待)		女性ライフサイクル研究 11	12-22	女性ライフサイクル研究所
		2001.11.1	システムと法 子ども虐待の対応について―施行後の児童虐待防止法を考える― (特集 子どもの虐待)		女性ライフサイクル研究 11	96-108	女性ライフサイクル研究所
日本弁護士連合会子どもの権利委員会編	ニホンベンゴシレンゴウカイコドモノケンリイインカイ	2001.11.15	子どもの虐待防止・法的実務マニュアル 改訂版	日本弁護士連合会子どもの権利委員会		―	明石書店
木下鳶子	キノシタツタコ	2001.12	虐待予防の視点で実施した1歳6カ月児健康診査未受診者への訪問相談 (特集 青春期の心の支援を考える)		保健の科学 43-12	945-948	杏林書院
千葉郁子	チバイクコ	2001.12	特集 被虐待児症候群:家族ケアを中心に		小児看護 24-13	1738-1829	へるす出版
磯谷文明	イソガヤフミアキ	2001.12	保育士の立場から:保育所での母親(特集 被虐待児症候群:家族ケアを中心に)		小児看護 24-13	1812-1815	へるす出版
		2001.12	関連諸法考 虐待と児童虐待防止法(特集 被虐待児症候群:家族ケアを中心に)		小児看護 24-13	1825-1829	へるす出版
塩川宏郷 他	シオカワヒロサト	2001.12	警察との連携で被虐待性的虐待症例の検討	日本小児精神神経学研究会	小児の精神と神経 41-5	367-372	日本小児精神神経学研究会
田邊泰美	タナベヤスミ	2001.12	英国児童虐待防止研究―市場原理と児童虐待防止ソーシャルワークの行方		園田学園女子大学論文集 36	11-32	園田学園女子大学国際文化学部短期大学部
吉田恒雄	ヨシダツネオ	2001.12	家事審判例紹介 心理的虐待等による児童の福祉施設入所措置の承認―福岡家裁小倉支部平成11.12.1審判		民商法雑誌 125-3	416-422	有斐閣
林弘正	ハヤシヒロマサ	2001.12	クローズアップ刑事法(8)児童虐待防止法		法学教室 255	73-79	有斐閣
松井一郎	マツイイチロウ	2001.12	巻頭言 児童虐待の対応戦略		子どもの虐待とネグレクト 3-2	220-223	日本子どもの虐待防止研究会
		2001.12	特集 日本子どもの虐待防止研究会第6回学術集会 (特集 虐待を受けた子どもの治療を考える)		子どもの虐待とネグレクト 3-2	224-281	日本子どもの虐待防止研究会
横湯園子 他	ヨコユソノコ	2001.12	登校拒否・家庭内暴力の背後に虐待があった小学生―関係領域の専門家の協働による危機介入を含めたかかわり (特集 日本子どもの虐待防止研究会第6回学術集会) (特集 虐待を受けた子どもの治療を考える)		子どもの虐待とネグレクト 3-2	224-233	日本子どもの虐待防止研究会

著者	ヨミ	発行年月	タイトル	雑誌名	ページ	発行所
西澤哲	ニシザワサトル	2001.12	虐待を受けた或る幼児のプレイセラピー―トラウマ・プレイセラピーのあり方の模索―（特集 日本子どもの虐待防止研究会第6回学術集会） （特集 虐待を受けた子どもの治療を考える）	子どもの虐待とネグレクト 3-2	234-242	日本子どもの虐待防止研究会
安部計彦 他	アベカズヒコ	2001.12	虐待する子どもの治療―愛着対象としての施設職員のかかわり―（特集 日本子どもの虐待防止研究会第6回学術集会） （特集 虐待を受けた子どもの治療を考える）	子どもの虐待とネグレクト 3-2	243-249	日本子どもの虐待防止研究会
斎藤学	サイトウサトル	2001.12	虐待する母親と虐待される児童への治療的介入の2例 （特集 日本子どもの虐待防止研究会第6回学術集会） （特集 虐待を受けた子どもの治療を考える）	子どもの虐待とネグレクト 3-2	250-262	日本子どもの虐待防止研究会
池田由子	イケダヨシコ	2001.12	虐待を受けた子どもの経過と予後 （特集 日本子どもの虐待防止研究会第6回学術集会） （特集 虐待を受けた子どもの治療を考える）	子どもの虐待とネグレクト 3-2	263-271	日本子どもの虐待防止研究会
斎藤学	サイトウサトル	2001.12	教育講座 近親姦虐待被害者における遅延記憶と脳画像に関する予備的研究 （特集 虐待を受けた子どもの治療を考える）	子どもの虐待とネグレクト 3-2	272-281	日本子どもの虐待防止研究会
下泉秀夫	シモイズミヒデオ	2001.12	児童虐待における保育所（園）の役割と関係機関のネットワーク	子どもの虐待とネグレクト 3-2	282-293	日本子どもの虐待防止研究会
小林朋子	コバヤシトモコ	2001.12	地域ネットワークをいかに効率よく活用していくか―これまでのネットワークのあり方と新しい運用方法について	子どもの虐待とネグレクト 3-2	295-303	日本子どもの虐待防止研究会
二宮信夫	ニノミヤノブオ	2001.12	ドメスティック・バイオレンスの目撃による心的外傷の2例	子どもの虐待とネグレクト 3-2	313-319	日本子どもの虐待防止研究会
西本美保 他	ニシモトミホ	2001.12	立入調査とケースワークについて考える	子どもの虐待とネグレクト 3-2	320-324	日本子どもの虐待防止研究会
斎藤学	サイトウサトル	2001.12	資料 全国養護施設に入所してきた被虐待児とその親に関する研究	子どもの虐待とネグレクト 3-2	332-360	日本子どもの虐待防止研究会
長江弘子	ナガエヒロコ	2001.12	児童虐待を疑うケースを確実にフォローするための記録とは（特集 児童虐待に介入するための視野と技術―児童虐待防止法）	保健婦雑誌 57-13	1044-1052	医学書院
		2001.12	虐待を考える(2) 児童虐待防止法について	月報全青司 260	4-6	全国青年司法書士協議会

著者	カナ	年月日	タイトル	編者	掲載誌	頁	出版社
加藤芳明	カトウヨシアキ	2001.12	地域におけるネットワークづくりについて―児童虐待防止のための取り組みから		月刊福祉 84-14	40-43	全国社会福祉協議会
峯本耕治編	ミネモトコウジ	2001.12.20	子どもを虐待から守る制度と明日への課題（特集 青少年の今日と明日に向けて―イギリス児童虐待防止制度から見た日本の課題）		-	-	明石書店
柏女霊峰	カシワメレイホウ	2001.12.25	子ども虐待へのとりくみ―子ども虐待対応資料集付	柏女霊峰・才村純	別冊発達 26	2-126 (1)-(100)	ミネルヴァ書房
才村純	サイムラジュン	2001.12.25	子ども虐待対応の到達点と相談援助の課題（子ども虐待へのとりくみ）	柏女霊峰・才村純	別冊発達 26	2-13	ミネルヴァ書房
津崎哲郎	ツザキテツロウ	2001.12.25	児童虐待防止法と子ども虐待防止制度の課題（子ども虐待へのとりくみ）	柏女霊峰・才村純	別冊発達 26	14-26	ミネルヴァ書房
柏女霊峰		2001.12.25	児童相談所における対応と課題（子ども虐待へのとりくみ）	柏女霊峰・才村純	別冊発達 26	27-35	ミネルヴァ書房
森望	モリノゾム	2001.12.25	家族から分離された子どもたち（子ども虐待へのとりくみ―子ども虐待対応資料集付）	柏女霊峰・才村純	別冊発達 26	36-45	ミネルヴァ書房
服部朗	ハットリケン	2001.12.25	司法機関における対応と課題（子ども虐待へのとりくみ）	柏女霊峰・才村純	別冊発達 26	64-71	ミネルヴァ書房
安部計彦	アベカズヒコ	2001.12.25	機関連携・ネットワーク構築の現状と課題（子ども虐待へのとりくみ）	柏女霊峰・才村純	別冊発達 26	72-79	ミネルヴァ書房
平湯真人	ヒラユマサト	2001.12.25	親権をめぐる課題（子ども虐待へのとりくみ）	柏女霊峰・才村純	別冊発達 26	91-98	ミネルヴァ書房
西澤哲	ニシザワサトル	2001.12.25	親子の心のケアをめぐる現状と課題（子ども虐待へのとりくみ）	柏女霊峰・才村純	別冊発達 26	99-109	ミネルヴァ書房
才村純	サイムラジュン	2001.12.25	資料解説（子ども虐待対応資料集）	柏女霊峰・才村純	別冊発達 26	(2)-(8)	ミネルヴァ書房
		2001.12.25	政府補助事業（子ども虐待対応資料集）	柏女霊峰・才村純	別冊発達 26	(18)-(27)	ミネルヴァ書房
		2001.12.25	法律・法令（子ども虐待対応資料集）	柏女霊峰・才村純	別冊発達 26	(37)-(58)	ミネルヴァ書房
		2001.12.25	通知等（子ども虐待対応資料集）	柏女霊峰・才村純	別冊発達 26	(59)-(76)	ミネルヴァ書房
		2001.12.25	児童虐待防止法の成立（子ども虐待対応資料集）	柏女霊峰・才村純	別冊発達 26	(76)-(80)	ミネルヴァ書房
		2001.12.25	児童虐待防止に関するその他の資料（子ども虐待対応資料集）	柏女霊峰・才村純	別冊発達 26	(81)-(90)	ミネルヴァ書房
		2001.12.25	調査研究（子ども虐待対応資料集）	柏女霊峰・才村純	別冊発達 26	(95)-(100)	ミネルヴァ書房
		2001.12.25	民間援助機関の活動（子ども虐待対応資料集）	柏女霊峰・才村純	別冊発達 26		ミネルヴァ書房
山田秀雄編	ヤマダヒデオ	2001.12.30	Q&A ドメスティック・バイオレンス法・児童虐待防止法解説（三省堂ローカプセルシリーズ）		-	-	三省堂
吉田恒雄 加藤曜子	ヨシダツネオ カトウヨウコ	2002	児童虐待防止団体の活動実態と法制度上の課題―児童虐待防止法制度の改正に向けて		研究助成論文集 38	114-122	安田生命社会事業団
山口亮子	ヤマグチリョウコ	2002	児童虐待法制度をめぐる日米の状況		山梨大学教育人間科学部紀要 4-1	206-220	山梨大学

著者	ヨミ	年月	タイトル	掲載誌	頁	発行
木村容子 他	キムラヨウコ	2002	児童虐待ケースにおける援助手続きの検討―児童福祉司の意思決定分析から	関西学院大学社会学部紀要 91	149-165	関西学院大学社会学部
久藤克子	クドウカツコ	2002	アメリカにおけるメディカルネグレクトの医事法的考察（第31回 医事法学会総会 研究大会記録）	年報医事法学 17	32-38	日本評論社
本間博彰	ホンマヒロアキ	2002	児童虐待と親の問題―ハイリスクマザーと治療的アプローチを中心にして（特集 子どもにみるトラウマ）	児童青年精神医学とその近接領域 43-4	389-394	日本児童青年精神医学会
岩志和一郎 鈴木博人 高橋由紀子 訳	イワシワイチロウ スズキヒロヒト タカハシユキコ	2002	ドイツ「児童ならびに少年援助法」全訳 (1)	比較法学 36-1	303-317	早稲田大学比較法研究所
埼玉県中央児童相談所 他	サイタマケンチュウオウジドウソウダンジョ	2002	児童虐待リスクアセスメント・モデル	－	－	
鈴木博人 桐野由美子 松原真哉	スズキヒロヒト キリノユミコ マツバラマヤ	2002	児童保護システムと児童福祉法の国際比較研究 平成13年度厚生科学研究補助金 子ども家庭総合研究事業	－	－	
磯谷文明	イソガエフミアキ	2002.1	児童虐待（特集2 どうする、日本の人権救済制度？）	法学セミナー 47-1	38-39	日本評論社
小澤真嗣	オザワマサツグ	2002.2	アメリカ合衆国オレゴン州における児童虐待事件処理の理念と実際	ケース研究 270	31-68	家庭事件研究会
富山豊	トミヤマユタカ	2002.2	実務ノート 家庭裁判所における児童虐待の取扱いについて	ケース研究 270	165-174	家庭事件研究会
南部さおり	ナンブサオリ	2002.2	児童虐待の刑事実態認定―児童せっかん致死事例における医学的証拠の地位を中心にして	法学研究論集 16	35-54	明治大学大学院法学研究科
		2002.2	弁護士事件ファイル 子供の虐待と弁護士の役割	法学セミナー 47-2	81	日本評論社
越智啓太	オチケイタ	2002.2	虐待が疑われる子供に対する面接（21世紀の法律相談―リーガルカウンセリングの試み―法律隣接領域における相談実務の現状）	現代のエスプリ 415	167-175	至文堂
三輪真知子	ミワマチコ	2002.2	子ども虐待予防政策の国際比較研究―米国・英国・日本の比較を通して―	異文化コミュニケーション研究 5	33-49	愛知淑徳大学
上野加代子 小木曽宏 他編	ウエノカヨコ オギソヒロシ	2002.2.28	児童虐待時代の福祉臨床学―子ども家庭福祉のフィールドワーク―	－	－	明石書店
福永英彦	フクナガヒデヒコ	2002.3	児童相談所の緊急一時保護面接場面にみる虐待対応の制度的課題―「児童相談所運営指針」について	平安女学院大学研究年報 3	25-36	平安女学院大学
中原隆	ナカハラタカシ	2002.3	警察の児童虐待に対する取組み―児童虐待防止法施行1年の状況	Valiant［月刊警察ヴァリアント］20-3	23-29	東京法令
松田美智子 他	マツダミチコ	2002.3	児童虐待に関する研究（第2報告）	法務総合研究所研究部報告 19	1-186	法務省法務総合研究所

著者	(カナ)	年月	タイトル	日本被害者学会	被害者学研究	頁	出版
林弘正	ハヤシヒロマサ	2002.3	児童虐待（シリーズ：被害者学各論第1回）		被害者学研究 12	41-57	日本被害者学会
中原隆	ナカハラタカシ	2002.3	警察の児童虐待に対する取組み―児童虐待防止法施行1年の状況―		捜査研究 51-3	22-29	東京法令出版
		2002.3	特集 子どもの福祉と家族・地域・自治体		研究年報 20	1-204	神奈川大学法学研究所
影山秀人	カゲヤマヒデヒト	2002.3	子ども虐待の現状と法制度上の課題（特集 子どもの福祉と家族・地域・自治体）一連続講演会「子どもの福祉と家族・地域・自治体」		研究年報 20	37-61	神奈川大学法学研究所
叶和夫	カノウカズオ	2002.3	法律問題の面から―児童虐待について思う―札幌大学学生相談室報告書第16号より〈資料〉		札幌法学 13-1・2	97-106	札幌大学法学会
松田直子	マツダナオコ	2002.3	児童虐待防止に関する方策		国際公共政策研究 6-2	319-330	大阪大学大学院国際公共政策研究科
池谷和子	イケタニカズコ	2002.3	アメリカ児童虐待防止法における1997年「養子と安全な家族に関する法律」について		比較法 39	377-408	東洋大学比較法研究所
池田由子・矢花美美子	イケダヨシコ・ヤバナミミコ	2002.3	わが国における児童虐待防止運動の歴史―とくに明治時代における原胤昭の業績を中心として―		東洋大学発達臨床研究紀要 2	46-59	東洋大学発達臨床研究所
根木康孝	ネキヤスタカ	2002.3	子ども虐待対応の最前線～東京都児童相談センターを訪ねて～（特集DV-脱暴力の取り組みと司法の介入・援助―）		月報司法書士 361	6-11	日本司法書士会連合会
村尾泰弘 他	ムラオヤスヒロ	2002.3	プロジェクト研究「児童養護施設等における『被虐待児』の対応について」中間報告		立正大学社会福祉研究所年報 4	51-58	立正大学社会福祉研究所
村尾泰弘	ムラオヤスヒロ	2002.3	児童養護施設等における心理臨床の特質について―プロジェクト研究「児童養護施設等における『被虐待児』の対応について」中間報告の一部として―		立正大学社会福祉研究所年報 4	59-69	立正大学社会福祉研究所
岩井宜子 編	イワイヨシコ	2002.3	児童虐待防止法―わが国の法的課題と各国の対応策			—	尚学社
横田光平	ヨコタコウヘイ	2002.3	親の権利・子どもの自由・国家の関与（1）―憲法理論と民法理論の統合的理解	法学協会事務所	法学協会雑誌 119-3	359-449	法学協会事務所
加藤曜子	カトウヨウコ	2002.3	市町村児童虐待防止ネットワーク調査研究報告書―子育て支援を目的とする地域ネットワーク実態調査（平成13年度児童環境づくり等調査研究事業）			—	平成13年度児童環境づくり等調査研究事業
新潟県福祉保健部健康対策課・新潟県医師会 編	ニイガタケンフクシホケンブケンコウタイサクカ・ニイガタケンイシカイ	2002.3	乳幼児健康診査の手引 改訂第4版			—	新潟県福祉保健部

著者	ヨミ	日付	タイトル	掲載誌	巻号/頁	出版元
高橋重宏 他	タカハシシゲヒロ	2002.3.31	子ども虐待に関する研究（5）	日本子ども家庭総合研究所紀要 38	7-92	日本子ども家庭総合研究所
高橋重宏 他	タカハシシゲヒロ	2002.3.31	児童福祉司の職務とストレスに関する研究（5）（子ども虐待に関する研究（5））	日本子ども家庭総合研究所紀要 38	7-48	日本子ども家庭総合研究所
柏女霊峰 他	カシワメレイホウ	2002.3.31	児童養護施設職員の職場環境に関する研究（5）（子ども虐待に関する研究（5））	日本子ども家庭総合研究所紀要 38	49-92	日本子ども家庭総合研究所
才村純 他	サイムラジュン	2002.3.31	市町村保健センターの運営及び子育て相談活動分析（子ども家庭相談体制のあり方に関する研究（2））	日本子ども家庭総合研究所紀要 38	93-124	日本子ども家庭総合研究所
加藤曜子 他	カトウヨウコ	2002.3.31	児童虐待対応に伴う児童相談所への保護者のリアクション等に関する調査研究	日本子ども家庭総合研究所紀要 38	253-295	日本子ども家庭総合研究所
澁谷昌史	シブヤマサシ	2002.3.31	市町村虐待防止ネットワークの実態と課題について―市町村ネットワーク事例調査から	日本子ども家庭総合研究所紀要 38	297-306	日本子ども家庭総合研究所
樋川親和	ヒカワチカシ	2002.3.31	子ども虐待ケースへの介入―児童相談所の苦悩を知る―	ソフィア 50-3	386-398	上智大学出版
		2002.4	児童虐待防止法をめぐって―子どもの成長と人格の形成―	神戸親和女子大学生涯学習センター紀要 5	93-106	神戸親和女子大学生涯学習センター
		2002.4	特集 児童虐待と現場対応	救急医療ジャーナル 10-2	7-25	日本救急医療財団
篠崎純	シノザキジュン	2002.4	児童虐待に関する法的側面（特集 児童虐待と現場対応）	救急医療ジャーナル 10-2	21-25	日本救急医療財団
藤本哲也	フジモトテツヤ	2002.4	2000年児童虐待について考える（犯罪学の散歩道117）	戸籍時報 540	56-61	日本加除出版
浜井浩一	ハマイコウイチ	2002.4	我が国のドメスティック・バイオレンス及び児童虐待の実態と対策	刑政 113-4	46-59	矯正協会
中原隆	ナカハラタカシ	2002.4	児童虐待への対応要領―児童虐待防止法施行1年間の警察における取扱状況を踏まえて	keisatsu koron 57-4	17-24	立花書房
岡本正子・渡辺治子	オカモトマサコ・ワタナベハルコ	2002.4	児童虐待（特集 児童精神医学の現在）	発達 23-90	30-36	ミネルヴァ書房
厚生労働省雇用均等・児童家庭局総務課	コウセイロウドウショウコヨウキントウ・ジドウカテイキョクソウムカ	2002.4	資料 平成12年度児童相談所における児童虐待相談処理件数報告	家庭裁判月報 54-4	181-193	最高裁判所事務総局
中原隆	ナカハラタカシ	2002.4	児童虐待への対応要領―警察における最近の取扱状況を踏まえて	警察学論集 55-4	52-68	立花書房

		年月日	タイトル	判例タイムズ	判例タイムズ1081	判例タイムズ社
池本壽美子	イケモトスミコ	2002.4.1	児童の性的虐待と刑事法		66-82	中央法規出版
村井美紀小林英義編	ムライミキコバヤシヒデヨシ	2002.4.20	虐待を受けた子どもへの自立支援―福祉実践からの提言		―	―
		2002.4.26	地域医療への支援強化―児童虐待対策で専門里親を養成―（北海道）（特集　都道府県政令指定都市2002年度厚生・労働・環境関係予算（16）北海道、東京都、新潟県）	厚生福祉 5015	7-8	時事通信社
吉田恒雄	ヨシダツネオ	2002.5	児童相談所長の申立てによる親権喪失の宣告（昭和54.5.16東京家八王子支審判）	別冊ジュリスト162（家族法判例百選＜第6版＞）	90-91	有斐閣
小林美智子	コバヤシミチコ	2002.5	児童虐待の実態と予防　虐待発生の背景　（特集　健やか親子21と周産期医学―小児医療・保健の立場から子どもの心の安らかな発達の促進と育児不安の軽減）	周産期医学 32-5	687-691	東京医学社
山崎嘉久	ヤマザキヨシヒサ	2002.5	児童虐待の実態と予防　医療機関における虐待への対応　（特集　健やか親子21と周産期医学―小児医療・保健の立場から子どもの心の安らかな発達の促進と育児不安の軽減）	周産期医学 32-5	699-702	東京医学社
古田薫	フルタカオル	2002.5	「矯正の理論と実践」「児童虐待と犯罪・非行」に関する研究動向（特集　アメリカ犯罪学会第53回年次大会）	罪と罰 39-3	28-38	日本刑事政策研究会
		2002.5.10	児童虐待の申し立て、10年で8倍―最高裁が実態調査	厚生福祉 5017	14	時事通信社
許末恵	キョスエ	2002.6	休業を理由とする児童福祉施設への収容の承認（平成13.4.23福岡家審判）＜家事裁判例紹介＞	民商法雑誌 126-3	419-432	有斐閣
浅井春夫	アサイハルオ	2002.6	ケース研究　虐待事例にみる母と子　（特集　母子と子の良い関係）	児童心理 56-8	816-820	金子書房
		2002.6.4	児童虐待のリスク評価にチェックリスト―埼玉県が児童相談所で活用	厚生福祉 5024	5	時事通信社
イギリス保健省・イギリス内務省・イギリス教育雇用省著　松本伊知朗　屋代通子訳	イギリスホケンショウ・イギリスナイムショウ・イギリスキョウイクコヨウショウチョ　マツモトイチロウ　ヤシロミチコヤク	2002.6.15	子ども保護のためのワーキング・トゥギャザー　―児童虐待対応のイギリス政府ガイドライン		―	医学書院
		2002.6.28	母子保健マニュアルを改訂、児童虐待に対応―埼玉県	厚生福祉 5031	5	時事通信社
最高裁判所事務総局家庭局	サイコウサイバンショジムソウキョクカテイキョク	2002.7	資料　児童福祉法28条事件の動向と事件処理の実情	家庭裁判月報 54-7	132-152	最高裁判所事務総局
大竹由紀子	オオタケユキコ	2002.7	児童虐待防止法、DV防止法と家事調停（調停委員研修資料第69回）	調停時報 152	8-17	日本調停協会連合会

筒井隆志	ツツイタカシ	2002.7	現代家族の危機－児童虐待・ＤＶへの政策的対応（特集国民の安心と安全）		立法と調査 230	52-55	財務省印刷局
高橋重宏他	タカハシシゲヒロ	2002.7	(特集　日本子どもの虐待防止研究会第7回学術大会(兵庫大会))		子どもの虐待とネグレクト 4-1	5-161	日本子どもの虐待防止研究会
		2002.7	シンポジウム　児童虐待防止法の施行がもたらしたもの (特集　日本子どもの虐待防止研究会第7回学術大会(兵庫大会))		子どもの虐待とネグレクト 4-1	40-48	日本子どもの虐待防止研究会
岩佐嘉彦	イワサヨシヒコ	2002.7	研修講演　児童虐待問題における法的な取り組み (特集　日本子どもの虐待防止研究会第7回学術大会(兵庫大会))		子どもの虐待とネグレクト 4-1	59-65	日本子どもの虐待防止研究会
井出浩他	イデヒロシ	2002.7	分科会報告　親へのアプローチプログラム (特集　日本子どもの虐待防止研究会第7回学術大会(兵庫大会))		子どもの虐待とネグレクト 4-1	134-137	日本子どもの虐待防止研究会
倉石哲也他	クライシテツヤ	2002.7	分科会報告　児童虐待とソーシャルワーク (特集　日本子どもの虐待防止研究会第7回学術大会(兵庫大会))		子どもの虐待とネグレクト 4-1	138-141	日本子どもの虐待防止研究会
浦田雅夫	ウラタマサオ	2002.7	児童虐待対応協力員からみた児童虐待の今日的課題		子どもの虐待とネグレクト 4-1	184-187	日本子どもの虐待防止研究会
石川丹	イシカワアカシ	2002.7	実践報告　札幌市児童相談所における虐待123事例の研究－発達の剥奪と挽回	鉄道弘済会	社会福祉研究 84	97-102	鉄道弘済会
東京家庭裁判所	トウキョウカテイサイバンショ	2002.8	ある夫婦関係調整事件－「子の虐待」と親権者指定　＜ケース研究＞		ケース研究 272	99～147	家庭事件研究会
中原隆	ナカハラタカシ	2002.8	児童虐待への対応要領　警察における平成13年中の取扱い状況を踏まえて		警察時報 57-8	17-27	警察時報社
		2002.8	行政のうごき　児童虐待防止対策の推進について通知	地域保健研究会	地域保健 33-7	91-93	地域保健研究会
		2002.8	(特集　家庭内の暴力)		罪と罰 39-4	11-37	日本刑事政策研究会
林弘正	ハヤシヒロマサ	2002.8	児童虐待への刑事法的アプローチ (特集　家庭内の暴力)		罪と罰 39-4	11-21	日本刑事政策研究会
		2002.8.9	少年非行が深刻な状況－児童虐待の相談増える・2002年版青少年白書		厚生福祉 5042	2～3	時事通信社
白幡裕	シラハタユタカ	2002.9	大阪府泉大津市民児協児童虐待防止ネットワークと民生委員・児童委員 (特集　地域福祉を拓く民生委員・児童委員の力)	全国社会福祉協議会	月刊福祉 85-11	26-28	全国社会福祉協議会

林弘正	ハヤシヒロマサ	2002.9	児童虐待と不作為犯論（特集 不作為犯論をめぐる諸問題）		現代刑事法 4-9	32-38	現代法律出版
法務省人権擁護局調査救済課	ホウムショウジンケンヨウゴキョクチョウサキュウサイカ	2002.9	ある児童虐待事案を処理して 人権擁護機関の救済活動		人権のひろば 27	17-19	人権擁護協力会
小宮信夫	コミヤノブオ	2002.9	児童虐待と米国のCASA（裁判所児童擁護員）		立正大学文学部論叢 116	63-74	立正大学文学部
毎日新聞児童虐待取材班	マイニチシンブンジドウギャクタイシュザイハン	2002.9.20	殺さないで―児童虐待という犯罪		―	―	中央法規出版
南部さおり	ナンブサオリ	2002.10	児童虐待としての「代理人によるミュンヒハウゼン症候群」―社会・医療・司法手続におけるMSBPの問題点		犯罪社会学研究 27	60-73	日本犯罪社会学会
		2002.10	特集 児童虐待の諸相	教育科学研究会	教育 52-10	4-91	国土社
田辺裕等	タナベヒトシ	2002.10	児童虐待の構図―家族精神保健の援助がもっとも必要な家族たち―（特集 児童虐待の諸相）	教育科学研究会	教育 52-10	4-12	国土社
田中哲	タナカサトシ	2002.10	乳幼児への虐待・とくにネグレクトをめぐって（特集 児童虐待の諸相）	教育科学研究会	教育 52-10	13-21	国土社
佐々木光郎	ササキミツロウ	2002.10	「虐待する親」への支援・援助―司法福祉の現場から（特集 児童虐待の諸相）	教育科学研究会	教育 52-10	40-47	国土社
野坂聡	ノザカサトル	2002.10	児童相談所の役割―学校との連携・援助の諸相（特集 児童虐待と支援・援助の諸相）	教育科学研究会	教育 52-10	75-82	国土社
		2002.10	特集 児童養護と子どもたち―児童福祉施設をめぐる新しい動き	資生堂社会福祉事業財団	世界の児童と母性 53	1-61	資生堂社会福祉事業財団
森望	モリノゾム	2002.10	児童虐待防止法改正と社会的養護の再構築―児童虐待防止法（特集 児童養護と子どもたち―児童福祉施設をめぐる新しい動き）	資生堂社会福祉事業財団	世界の児童と母性 53	42-45	資生堂社会福祉事業財団
小林英義	コバヤシヒデヨシ	2002.10	虐待を受けた子どもへの自立支援（特集 児童養護と子どもたち）―（児童福祉施設をめぐる新しい動き）	資生堂社会福祉事業財団	世界の児童と母性 53	54-57	資生堂社会福祉事業財団
許斐有 望月彰 他編	コノミユウ モチヅキアキラ	2002.10.20	子どもの権利と社会的子育て 社会的子育ての児童福祉		―	―	信山社
		2002.10.20	第1部 子供の権利と社会的子育ての理論	許斐有 望月彰 他編	子どもの権利と社会的子育てシステムとしての児童福祉		信山社
吉田恒雄	ヨシダツネオ	2002.10.20	被虐待児の家庭引取りに関する法的諸問題（第1部 子供の権利と社会的子育ての理論）	許斐有 望月彰 他編	子どもの権利と社会的子育てシステムとしての児童福祉	123-136	信山社
		2002.10.20	第2部 子供の自立支援と社会的子育て	許斐有 望月彰 他編	子どもの権利と社会的子育てシステムとしての児童福祉		信山社

著者	ヨミ	日付	タイトル	編者	誌名・書名	ページ	出版社
野田正人	ノダマサト	2002.10.20	終章 児童虐待と社会的介入（第2部 子供の自立支援と社会的子育て）	許斐有・望月彰他編	子どもの権利と社会的子育てシステムとしての児童福祉	223-252	信山社
惣脇美奈子	ソウワキミナコ	2002.11	児童虐待と児童福祉機関	野田愛子他	判例タイムズ臨時増刊1100「家事関係裁判例と実務245題」	160-161	判例タイムズ社
惣脇美奈子	ソウワキミナコ	2002.11	児童虐待と家庭裁判所	野田愛子他	判例タイムズ臨時増刊1100「家事関係裁判例と実務245題」	162-163	判例タイムズ社
最高裁判所事務総局家庭局	サイコウサイバンショジムソウキョクカテイキョク	2002.11	児童福祉法28条事件の動向と事件処理の実情＜資料＞		ケース研究	204-189	家庭事件研究会
厚生労働省雇用均等・児童家庭局福祉課児童虐待防止対策室	コウセイロウドウショウコヨウキントウ・ジドウカテイキョクフクシカジドウギャクタイボウシタイサクシツ	2002.11	特集 児童虐待 I、児童虐待防止法施行後の状況と施策動向（特集 児童虐待）	全国社会福祉協議会	月刊福祉 85-13	10-57	全国社会福祉協議会
佐藤拓代	サトウタクヨ	2002.11	児童虐待ケースをめぐる保健所・市町村健康センターの関わり（特集 児童虐待）	全国社会福祉協議会	月刊福祉 85-13	12-15	全国社会福祉協議会
磯谷文明	イソガエフミアキ	2002.11	児童虐待ケースに対する弁護士の関わり（特集 児童虐待）	全国社会福祉協議会	月刊福祉 85-13	22-24	全国社会福祉協議会
藤岡孝志	フジオカタカシ	2002.11	児童福祉施設における被虐待児のための援助のあり方と今後の方向性（特集 児童虐待）	全国社会福祉協議会	月刊福祉 85-13	28-30	全国社会福祉協議会
神戸信行	コウベノブユキ	2002.11	児童福祉施設における被虐待児への心理的支援（特集 児童虐待）	全国社会福祉協議会	月刊福祉 85-13	42-45	全国社会福祉協議会
安部計彦	アベカズヒコ	2002.11	「虐待をする保護者」への援助（特集 児童虐待）	全国社会福祉協議会	月刊福祉 85-13	46-49	全国社会福祉協議会
才村純	サイムラジュン	2002.11	児童虐待防止ネットワークを考える（特集 児童虐待）	全国社会福祉協議会	月刊福祉 85-13	50-53	全国社会福祉協議会
		2002.11	特集1 児童虐待防止法の見直しにむけて―児童虐待防止法から考える近未来像	全社協児童養護施設協議会	児童養護 33-2	54-57	全国社会福祉協議会養護施設協議会
						4-20	

著者	よみ	発行年月日	タイトル	編者	掲載誌	ページ	発行所
菅原哲男	スガワラテツオ	2002.11	施設長の視点から 入所風景に見られる家族の激しい質的変化 児童虐待防止法の見直しに向けて（特集1 考える 近未来像）		児童養護 33-2	13-16	全国社会福祉協議会養護施設協議会
横田光平	ヨコタコウヘイ	2002.11	親の権利・子どもの自由・国家の関与 憲法理論の統合的理解		法学協会雑誌 119-11	2109-2167	法学協会事務所
岩井宜子	イワイヨシコ	2002.11.30	児童虐待への社会的対応システムの構築に向けて	内田文昭先生古稀祝賀論文集編集委員会	内田文昭先生古稀祝賀論文集	563-571	青林書院
		2002.12	特集 児童虐待防止法見直しに向けて		子どもの虐待とネグレクト 4-2	204-302	日本子どもの虐待防止研究会
平湯真人	ヒラユマサト	2002.12	児童虐待防止法・児童福祉法改正への提言および意見 JaSPCAN理事会案（平成14年11月28日）（特集 児童虐待防止法見直しに向けて）		子どもの虐待とネグレクト 4-2	204-209	日本子どもの虐待防止研究会
津崎哲郎	ツザキテツロウ	2002.12	法改正に向けて－児童相談所からの提言（特集 児童虐待防止法見直しに向けて）		子どもの虐待とネグレクト 4-2	210-216	日本子どもの虐待防止研究会
三宅邦宏	ミヤケクニヒロ	2002.12	児童養護施設からの提言（特集 児童虐待防止法見直しに向けて）		子どもの虐待とネグレクト 4-2	217-225	日本子どもの虐待防止研究会
佐藤喜宣	サトウヨシノブ	2002.12	法改正に向けて－医療の現場から（特集 児童虐待防止法見直しに向けて）		子どもの虐待とネグレクト 4-2	226-231	日本子どもの虐待防止研究会
中村正	ナカムラタダシ	2002.12	ダイバージョンによる加害者・虐待者への介入的援助（特集 児童虐待防止法見直しに向けて）		子どもの虐待とネグレクト 4-2	232-241	日本子どもの虐待防止研究会
斎藤学	サイトウサトル	2002.12	加害者対策をめぐるいくつかの疑問：児童虐待の場合		子どもの虐待とネグレクト 4-2	242-252	日本子どもの虐待防止研究会
横田園子	ヨコタソノコ	2002.12	国連子どもの権利委員会による政府初回報告審査「最終所見」から第2回政府報告書まで（特集 児童虐待防止法見直しに向けて）		子どもの虐待とネグレクト 4-2	253-263	日本子どもの虐待防止研究会
妹尾栄一	セノオエイイチ	2002.12	児童虐待の現況－調査結果から見える深刻な実態（特集 児童虐待防止法見直しに向けて）		子どもの虐待とネグレクト 4-2	264-275	日本子どもの虐待防止研究会

著者	カナ	年月	タイトル	雑誌	巻号	ページ	発行
小林登	コバヤシノボル	2002.12	1. 虐待発生と対応の実態（特集 児童虐待防止法見直しに向けて）―（児童虐待全国実態調査［平成13年度厚生科学研究費補助金［子ども家庭総合研究事業］児童虐待および対策の実態把握に関する研究］）	子どもの虐待とネグレクト	4-2	276-289	日本子どもの虐待防止研究会
小林登	コバヤシノボル	2002.12	2. 児童虐待全国実態調査（特集 児童虐待防止法見直しに向けて）―（児童虐待全国実態調査［平成13年度厚生科学研究費補助金［子ども家庭総合研究事業］児童虐待および対策の実態把握に関する研究］）	子どもの虐待とネグレクト	4-2	290-302	日本子どもの虐待防止研究会
井村たかね 中田美子	イムラタカネ ナカダヨシコ	2002.12	父母の離婚と児童虐待	子どもの虐待とネグレクト	4-2	317-323	日本子どもの虐待防止研究会
才村純	サイムラジュン	2002.12	テーマ講演 児童虐待対策の動向と課題（［同志社大学社会福祉学会 第16回年次大会報告 テーマ：福祉現場にルネッサンスの風を］）	同志社大学社会福祉学	16	5-18	同志社大学社会福祉学会
片岡佳美	カタオカヨシミ	2002.12	地域社会における児童虐待の危機介入に関する一考察―関係機関へのアンケート調査の結果から	法と心理	2-1	51-62	法と心理学会
横田光平	ヨコタコウヘイ	2002.12	親の権利・子どもの自由・国家の関与（3）―憲法理論と民法理論の統合的理解	法学協会雑誌	119-12	2405-2463	法学協会事務所
滝本シゲ子	タキモトシゲコ	2003	家庭内における性的虐待と刑事法	矯正講座	24	103-126	龍谷大学矯正・保護課程委員会 成文堂
細越亜起子	ホソコシアキコ	2003	児童相談所における児童虐待への取り組み―東京都と青森県との比較	現代行動科学会誌	19	9-16	現代行動科学会
磯谷文明	イソガエフミアキ	2003	虐待に対する法的手段の適切な活用―研修講演より	子どもの虹情報研修センター紀要	1	58-67	横浜博萌会子どもの虹情報研修センター
松井一郎	マツイイチロウ	2003	児童虐待の国際比較	子どもの虹情報研修センター紀要	1	77-83	横浜博萌会子どもの虹情報研修センター
松浦信二	マツウラシンジ	2003	児童虐待防止法改正における一考察	秋草学園短期大学紀要	20	137-149	秋草学園短期大学
保条成宏	ホジョウナリヒロ	2003	特集 社会変化と家庭における暴力―家庭と法をめぐる今日的課題：児童虐待に対する刑事処罰とその限界（1）―「不作為」による幇助」の事案をめぐって（共同研究「シリーズ「法学の新世紀」（1）特集 社会変化と家庭における暴力と法をめぐる今日的課題」）	中京法学	38-2	115-211	中京大学法学会
保条成宏	ホジョウナリヒロ	2003		中京法学	38-2	157-211	中京大学法学会
阿部信雅	アベノブマサ	2003	児童虐待の背景と家族問題（教育基本法と教育政策―日本教育政策学会公開シンポジウム 子育ての危機と教育・福祉政策）	日本教育政策学会年報	10	122-126	日本教育政策学会 八月書館
小泉千沙恵他	コイズミチサエ	2003	児童虐待をめぐる法と取り組みの課題―実効性ある法運用に向けて	法学会誌	53	8-47	明治大学法学会

著者	ヨミ	年	タイトル	掲載誌	巻号	ページ	発行所
		2003	日本子ども家庭総合研究所紀要（児童虐待に関する研究（第3報告））	法務総合研究所	法務総合研究所研究部報告 22	1-153	法務省法務総合研究所
		2003	第2部 聞き取り調査（児童虐待に関する研究（第3報告））	法務総合研究所	法務総合研究所研究部報告 22	33-105	法務省法務総合研究所
		2003	第3部「児童虐待問題に関する研究会」外部参加者による論文（第3報告）	法務総合研究所	法務総合研究所研究部報告 22	107-153	法務省法務総合研究所
岩井宜子	イワイヨシコ	2003	児童虐待対策への法的課題―（第3部「児童虐待問題に関する研究会」外部参加者による論文）	法務総合研究所	法務総合研究所研究部報告 22	109-117	法務省法務総合研究所
奥山眞紀子	オクヤママキコ	2003	本研究から見えてきた子どもやや家族への治療やケアが示唆（児童虐待に関する研究（第3報告）―第3部「児童虐待問題に関する研究会」外部参加者による論文）	法務総合研究所	法務総合研究所研究部報告 22	118-124	法務省法務総合研究所
柏女霊峰	カシワメレイホウ	2003	児童虐待防止市町村ネットワークの可能性―（第3部「児童虐待問題に関する研究会」外部参加者による論文）	法務総合研究所	法務総合研究所研究部報告 22	125-132	法務省法務総合研究所
松原康雄	マツバラヤスオ	2003	児童虐待における心理的虐待の位置（児童虐待に関する研究（第3報告）―第3部「児童虐待問題に関する研究会」外部参加者による論文）	法務総合研究所	法務総合研究所研究部報告 22	133-139	法務省法務総合研究所
西嶋嘉彦	ニシジマヨシヒコ	2003	児童虐待：連鎖模様（児童虐待に関する研究（第3報告）―第3部「児童虐待問題に関する研究会」外部参加者による論文）	法務総合研究所	法務総合研究所研究部報告 22	140-146	法務省法務総合研究所
大原美知子	オオハラミチコ	2003	児童虐待―親アプローチの現状と課題―（児童虐待に関する研究（第3報告）―第3部「児童虐待問題に関する研究会」外部参加者による論文）	法務総合研究所	法務総合研究所研究部報告 22	147-153	法務省法務総合研究所
樫原義比古	カシハラヨシヒコ	2003	子どもの監護教育上および親の宗教上の信念―アメリカの子ども虐待おける治療拒否の事例を通して		湊川女子短期大学紀要 37	89-96	湊川女子短期大学
岩志和一郎 鈴木博人 高橋由紀子訳	イワシワイチロウ スズキヒロヒト タカハシユキコ	2003	ドイツ「児童ならびに少年援助法」全訳（2）		比較法学37-1	219-231	早稲田大学比較法研究所
愛知県健康福祉部児童家庭課	アイチケンケンコウフクシブジドウカテイカ	2003	被虐待児童の家庭復帰のための保護者指導マニュアル（試案）			-	
足立区こども家庭支援センター	アダチクコドモカテイシエンセンター	2003	実践から生まれた実用版マニュアル PART1 児童虐待の初期対応と早期発見のために			-	
和氣安男	ワケヤスオ	2003.1	平成14年上半期の少年非行等の概要について（下）児童虐待事件の減少/他		警察時報 58-1	44-55	警察時報社
藤井和子	フジイカズコ	2003.1	講座 児童虐待―子どもの人権と権利の侵害として（かかわる・みとめる・つなげる―全国学校教育相談研究会第37回研究大会より）		月刊生徒指導 33-2	42-47	学事出版
平湯真人	ヒラユマサト	2003.1	講演録 子どもの人権はどのように守られるか―児童虐待を中心に		人権のひろば 5-5	27-30	人権擁護協力会

著者	よみ	日付	タイトル		雑誌	頁	発行所
横田光平	ヨコタコウヘイ	2003.1	親の権利・子どもの自由・国家の関与（4）一憲法理論の統合的理解		法学協会雑誌 120-1	138-199	法学協会事務所
和田美智代	ワダミチヨ	2003.1.13	「しつけ」と児童虐待一改正ドイツ民法1631条を手がかりに（第2部 労働・家族問題編）	「21世紀における社会保障とその周辺領域」古稀エッタ集編集委員会	21世紀における社会保障とその周辺領域の新展開	229-242	法律文化社
高坂和史	コウサカカズシ	2003.2	青森県の児童虐待防止・児童相談所事業		子どもの権利条約総合研究所	20-22	日本評論社
鈴木博人	スズキヒロヒト	2003.2	家事裁判例紹介 継父のDV・児童虐待を理由とする福祉施設入所承認（静岡家裁平成13.7.9審判）		民商法雑誌 127-4・5	722-727	有斐閣
初川愛美	ハツカワマナミ	2003.2	児童虐待の防止等に関する法律の歴史的意義と課題		大学院研究年報（法学研究科篇）32	273-289	中央大学
横田光平	ヨコタコウヘイ	2003.2	親の権利・子どもの自由・国家の関与（5）一憲法理論の統合的理解	法学協会事務所	法学協会雑誌 120-2	362-425	法学協会事務所
三枝妙子 岩志和一郎 他	ミエタエコ イワシワイチロウ	2003.2.25	家族ジェンダーと法			-	成文堂
武部知子	タケベトモコ	2003.3	アメリカにおける児童虐待関係事件の実務		家裁裁判月報 55-3	1-70	最高裁判所事務総局
西澤哲 他	ニシザワサトル	2003.3	特集1 座談会 近未来像と児童虐待防止法・児童福祉法の改正	全社協養護施設協議会	児童養護 33-4	4-25	全国社会福祉協議会全国児童養護施設協議会
三枝有	サエグサタモツ	2003.3	児童虐待における刑事事件の在り方		中京法学 37-3・4	265-292	中京大学法学会
塩見准一	シオミジュンイチ	2003.3	児童虐待が問題となる家事事件における家庭裁判所の処遇と児童相談所との連携の実情及びその在り方	家庭裁判所調査官研修所	調研紀要 75	47-66	家庭裁判所調査官研修所
池谷和子	イケヤカズコ	2003.3	アメリカにおける刑事法の歴史的研究		比較法 40	371-398	東洋大学比較法研究所
森伸子	モリノブコ	2003.3	家族からの被害経験を有する在院者の処遇に関する一考察		刑政 114-3	26-36	矯正協会
横田光平	ヨコタコウヘイ	2003.3	親の権利・子どもの自由・国家の関与（6）一憲法理論の統合的理解	法学協会事務所	法学協会雑誌 120-3	563-624	法学協会事務所
木間博彰 小野章郎	ホンマヒロアキ オノショウロウ	2003.3	児童虐待に対する治療的介入と児童相談所のあり方に関する研究 平成14年度厚生科学研究助成金補助金 分野子ども家庭総合研究			515-608	
高橋重宏 他	タカハシシゲヒロ	2003.3.31	児童相談所一時保護所の現状と課題に関する研究（子ども虐待に関する研究(6))	日本子ども家庭総合研究所・情報部	日本子ども家庭総合研究所紀要 39	7-46	日本子ども家庭総合研究所
		2003.3.31	子ども家庭相談体制のあり方に関する研究(3)	日本子ども家庭総合研究所企画・情報部	日本子ども家庭総合研究所紀要 39	47-81	日本子ども家庭総合研究所

著者	読み	日付	タイトル	発行元	掲載誌	頁	出版社
尾木まり他	オギマリ	2003.3.31	市町村保育センターの子ども家庭相談援助活動の実態と機能―（子ども家庭分析から（3））	日本子ども家庭総合研究所研究企画・情報部	日本子ども家庭総合研究所紀要 39	47-70	日本子ども家庭総合研究所
才村純他	サイムラジュン	2003.3.31	児童相談の実施体制に関する市町村調査	日本子ども家庭総合研究所研究企画・情報部	日本子ども家庭総合研究所紀要 39	215-236	日本子ども家庭総合研究所
望月彰	モチヅキアキラ	2003.4	保育問題としての児童虐待	全国保育問題研究連絡協議会編集委員会	季刊保育問題研究 200	54-57	全国保育問題研究連絡協議会
林弘正	ハヤシヒロマサ	2003.4	児童虐待の現況と刑事法的介入	日本刑法学会	刑法雑誌 42-3	311-328	有斐閣
家庭裁判所調査研究所/監修	カテイサイバンショチョウサケンキュウショ/カンシュウ	2003.4	児童虐待が問題となる家庭事件の実証的研究―深刻化のメカニズムを探る		-	1-80	司法協会
横田光平	ヨコタコウヘイ	2003.4	親の権利・子どもの自由・国家の関与（7）―憲法理論と民法	法学協会事務所	法学協会雑誌 120-4	800-865	法学協会事務所
小西聖子 伊藤晋二	コニシタカコ イトウシンジ	2003.4.30	犯罪被害学―加害者のこころ、被害者のこころ（武蔵野大学通信教育部テキストシリーズ）	武蔵野大学	-	-	角川学芸出版
青木建	アオキタツル	2003.5	児童虐待防止法施行後の状況と施策動向＜資料＞		家庭裁判月報 55-5	193-210	最高裁判所事務総局
巻美矢紀	マキミサキ	2003.5	公私区分―DV法、児童虐待（特集1 ニュースをみて憲法がわかる!）		法学セミナー 48-5	28-29	日本評論社
小林成隆	コバヤシシゲタカ	2003.5	児童虐待の防止に関する法律の改正に当たっての提言		名古屋文理短期大学紀要 27	5-12	名古屋文理短期大学
小林理英子	コバヤシリエコ	2003.5	ヒューマンライツ＆ロー 児童虐待の基礎知識と現状		NIBEN Frontier（二弁フロンティア）16	2-5	第二東京弁護士会
横田光平	ヨコタコウヘイ	2003.5	親の権利・子どもの自由・国家の関与（8）―憲法理論と民法理論の統合的理解	法学協会事務所	法学協会雑誌 120-5	995-1058	法学協会事務所
塩川宏郷 桃井真里子	シオカワヒロサト モモイマリコ	2003.6	児童福祉法に基づく委託一時保護入院症例の検討―小児科病棟に求められるもの	日本小児精神神経学会	小児の精神と神経 43-2	107-111	日本小児精神神経学会
川田昇	カワダノボル	2003.6	代理によるミュンヒハウゼン症候群と児童虐待（入所承認）＜家事裁判例紹介＞（平成12.11.15宮崎家都城支審判）		民商法雑誌 128-3	399-403	有斐閣
鈴木庸裕	スズキノブヒロ	2003.6	児童虐待と地域におけるソーシャルワークーオンタリオ州子ども家庭サービス法改正に関するCAS活動の変容より		福島大学教育学部論集 教育・心理部門 74	17-26	福島大学教育学部
社会保障審議会	シャカイホショウシンギカイ	2003.6	「児童虐待防止等に関する専門委員会」報告書		-	-	社会保障審議会児童部会
横田光平	ヨコタコウヘイ	2003.6	親の権利・子どもの自由・国家の関与（9）―憲法理論と民法理論の統合的理解	法学協会事務所	法学協会雑誌 120-6	1210-1274	法学協会事務所
		2003.6.13	児童虐待防止の取り組み強化を促す―社保審専門委が報告書案		厚生福祉 5117	5-6	時事通信社

著者	著者(カナ)	年月	タイトル	掲載誌	ページ	発行
		2003.7	「児童虐待防止等に関する専門委員会」報告書「特別の支援」から要支援家庭への「積極的アプローチによる支援」	厚生サロン 23-9	50-61	日本厚生協会
阿部潤	アベジュン	2003.7	特集 日本子どもの虐待防止研究第8回学術集会(東京大会)	子どもの虐待とネグレクト 5-1	4-105	日本子どもの虐待防止研究会
三沢直子 他	ミサワナオコ	2003.7	指定講演 児童虐待に対する家庭裁判所の取り組み (特集 日本子どもの虐待防止研究会第8回学術集会(東京大会))	子どもの虐待とネグレクト 5-1	4-7	日本子どもの虐待防止研究会
網野武博 他	アミノタケヒロ	2003.7	シンポジウム 東京都における児童虐待への地域の取り組み—子ども家庭支援センターを中心としたネットワーク作り— (特集 日本子どもの虐待防止研究会第8回学術集会(東京大会))	子どもの虐待とネグレクト 5-1	21-25	日本子どもの虐待防止研究会
平湯真人 他	ヒラユマサト	2003.7	分科会報告 児童虐待を里親制度から考える (特集 日本子どもの虐待防止研究会第8回学術集会(東京大会))	子どもの虐待とネグレクト 5-1	26-30	日本子どもの虐待防止研究会
藤岡淳子 他	フジオカジュンコ	2003.7	分科会報告 法的介入規定の解釈と司法審査の課題 (特集 日本子どもの虐待防止研究会第8回学術集会(東京大会))	子どもの虐待とネグレクト 5-1	45-49	日本子どもの虐待防止研究会
佐野信也 他	サノシンヤ	2003.7	分科会報告 非行の背景としての虐待について考える (特集 日本子どもの虐待防止研究会第8回学術集会(東京大会))	子どもの虐待とネグレクト 5-1	56-58	日本子どもの虐待防止研究会
吉村美恵 他	ヨシムラミエ	2003.7	分科会報告 児童虐待とネットワーク・ミーティング—実務上の諸問題について (特集 日本子どもの虐待防止研究会第8回学術集会(東京大会))	子どもの虐待とネグレクト 5-1	59-68	日本子どもの虐待防止研究会
浜田雄久 他	ハマダタケヒサ	2003.7	分科会報告 学校における子ども虐待の発見 (特集 日本子どもの虐待防止研究会第8回学術集会(東京大会))	子どもの虐待とネグレクト 5-1	81-85	日本子どもの虐待防止研究会
俵文真智子 他	シドリマチコ	2003.7	JaSPCAN虐待に関する制度検討委員会による「児童養護施設における処遇困難児等の対応に関する実態調査報告」の概要	子どもの虐待とネグレクト 5-1	106-108	日本子どもの虐待防止研究会
相模あゆみ 他	サガミアユミ	2003.7	『虐待問題への心理的援助に関する調査』報告	子どもの虐待とネグレクト 5-1	118-129	日本子どもの虐待防止研究会
		2003.7	児童虐待による死亡の実態—平成12年度児童虐待全国調査実態より 児童虐待全国調査実施 法改正への提言	子どもの虐待とネグレクト 5-1	141-150	日本子どもの虐待防止研究会

著者	ヨミ	日付	タイトル	掲載誌	巻号	ページ	出版社
二宮恒夫他	ニノミヤツネオ	2003.7	ネグレクト事例における母親とその家族への個別・家族療法的支援	子どもの虐待とネグレクト 5-1		254-258	日本子どもの虐待防止研究会
松岡典子	マツオカノリコ	2003.7	DV事例から見たNPOの限界と可能性-子育て相談室の現場から	子どもの虐待とネグレクト 5-1		259-263	日本子どもの虐待防止研究会
村瀬修	ムラセオサム	2003.7	児童虐待防止市町村ネットワークの意義と課題-静岡県西部児童相談所の実践から	子どもの虐待とネグレクト 5-1		264-269	日本子どもの虐待防止研究会
		2003.7	特集 現代日本の子どもの権利の展望	子どもの権利研究 3		1-59	日本評論社
吉田恒雄	ヨシダツネオ	2003.7	児童福祉法制と日本の子ども-児童虐待防止法改正の課題を中心に(特集 現代日本の子どもの権利の展望)	子どもの権利研究 3		12-15	日本評論社
最高裁判所事務総局家庭局	サイコウサイバンショジムソウキョクカテイキョク	2003.7	資料 児童福祉法28条事件の動向と事件処理の実情-平成13年11月20日から平成14年11月19日	家庭裁判月報 55-7		137-154	最高裁判所事務総局
高田宣子	タカダノリコ	2003.7	沈黙させられた子どもたち-Janice Mirikitaniの作品における近親相姦と虐待のテーマについて	桜文論叢 57		91-111	日本大学法学部
五月女友美子他	ソウトメユミコ	2003.7	研究・症例 虐待を否認する母親から法的手段で分離保護した2歳児男児例	小児科臨床 56-7		1619-1622	日本小児医事出版社
野瀬綾子	ノセアヤコ	2003.7.11	資料 社会保障審議会児童部会「児童虐待の防止等に関する専門委員会」報告書(上)	厚生福祉 5125		11-15	時事通信社
		2003.7.15	資料 社会保障審議会児童部会「児童虐待の防止等に関する専門委員会」報告書(中)	厚生福祉 5126		12-17	時事通信社
		2003.7.18	資料 社会保障審議会児童部会「児童虐待の防止等に関する専門委員会」報告書(下)	厚生福祉 5127		11-17	時事通信社
望月彰	モチヅキアキラ	2003.8	児童虐待当事者の権利擁護と福祉サービスの管理(1)-アメリカの児童擁護システムからの示唆	民商法雑誌 128-4・5		607-645	有斐閣
岩佐嘉彦	イワサヨシヒコ	2003.8	児童虐待ケースにおける警察と児童相談所の協力関係について(「日本司法福祉学会分科会レポート」)	司法福祉学研究 3		51-55	日本司法福祉学会
		2003.8	特集 子どもの権利擁護と自己決定-子ども観の転換を基軸に	法律時報 75-9		4-65	日本評論社
		2003.8	児童虐待と子どもの自己決定-現場から(特集 子どもの権利擁護と自己決定-子ども観の転換を基軸に)	法律時報 75-9		33-36	日本評論社
厚生労働省雇用均等・児童家庭局総務課虐待防止対策室	コウセイロウドウショウコヨウキントウトウ・ジドウカテイキョクソウムカギャクタイボウシタイサクシツ	2003.8	「児童虐待の防止等に関する専門委員会」報告書	厚生労働 58-8		48-49	厚生問題研究会
中澤智	ナカザワサトシ	2003.8	『児童虐待が問題となる家事事件の実証的研究』家庭裁判所調査官研修所監修<本の紹介>	ケース研究 276		92	家庭事件研究会

編著者	ヨミ	発行年月	タイトル	掲載誌	ページ	出版社
子ども虐待の予防とケア研究会編	コドモギャクタイノヨボウトケアケンキュウカイ	2003.8	子ども虐待の予防とケアのすべて	-	-	第一法規
鈴木博人	スズキヒロヒト	2003.8	親権概念の再検討－ドイツ親子法との比較の視点から（特集 子ども虐待と子どもの権利擁護と自己決定－子ども観の転換を基軸に）	法律時報75-9	28-32	日本評論社
岩佐嘉彦	イワサヨシヒコ	2003.8	児童虐待と子どもの自己決定－現場から－（特集 子どもの権利擁護と自己決定－子ども観の転換を基軸に）	法律時報75-9	33-36	日本評論社
野瀬綾子	ノセアヤコ	2003.9	児童虐待当事者の権利擁護と福祉サービスの管理（2完）－アメリカの児童保護システムからの示唆	民商法雑誌128-6	770-802	有斐閣
大江洋	オオエヒロシ	2003.9	子ども虐待（児童虐待）問題と法哲学	北海道教育大学紀要[人文科学・社会科学編] 54-1	59-73	北海道教育大学
井村たかね	イムラタカネ	2003.9	児童虐待と少年非行－被虐待児童期経験をもつ非行少年の処遇	家庭問題相談研究－聖徳大学家族問題相談センター紀要－2	31-41	聖徳大学家族問題相談センター
大関ミヨ子他	オオセキミヨコ	2003.9	子どもの福祉と家族・地域・自治体－育つ環境・傷つく環境－＜シンポジウム＞	神奈川大学法学研究所研究年報 21	1-68	神奈川大学法学研究所
陶山二郎	スヤマジロウ	2003.9	家族・ジェンダーと憲法的刑事法－家族・ジェンダーにまつわる「市民的」福祉立法の「刑事立法化」を素材として＜研究ノート＞	九大法学 86	273-307	九大法学会
小林英子	コバヤシエイコ	2003.9	児童虐待（2）－児童虐待の原因と今後の課題 ＜ヒューマンライツ＆ロー＞	NIBEN Frontier(ニ弁フロンティア) 20	2-5	第二東京弁護士会
森克己	モリカツミ	2003.9	海外福祉情報 イギリス児童虐待防止法制度の現状とわが国法制度改革の方向性	総合社会福祉研究 23	64-70	総合社会福祉研究所
吉田恒雄編	ヨシダツネオ	2003.9	児童虐待防止法制度－改正の課題と方向性	-	-	尚学社
許末恵	キョスエ	2003.10	児童自立支援施設への入所承認（父からの心理的虐待）（平成13.11.26東京家審判)＜家事裁判例紹介＞	民商法雑誌 129-1	128-133	有斐閣
成嶋隆	ナルシマタカシ	2003.10	コメント：子どもの権利条約と子どもの保護（特集 子どもの権利と子どもの保護）	国際人権 14	42-46	信山社
才村純	サイムラジュン	2003.10	児童虐待対応に伴う児童相談所への保護者のリアクション等に関する調査研究	厚生の指標 50-11	14-20	厚生統計協会
上野加代子 野村知二	ウエノカヨコ ノムラトモジ	2003.10.20	"児童虐待"の構築－捕獲される家族	-	-	世界思想社
中谷瑾子 岩井宜子他編	ナカタニキンコ イワイヨシコ	2003.10.30	児童虐待と現代の家族－実態の把握・診断と今後の課題	-	-	信山社
古橋エツコ 和田隆夫	フルハシエツコ ワダタカオ	2003.11	シンポジウム 親と子の法と政策	法政論叢 40-1	54-102	日本法政学会

著者	よみ	日付	タイトル	掲載誌	ページ	発行
荒木義修	アラキヨシノブ	2003.11	権威主義的パーソナリティ、幼児虐待、世代間連鎖（シンポジウム 親と子の法と政策）	法政論叢 40-1	58-65	日本法政学会
三枝有	サエグサタモツ	2003.11	児童虐待に対する刑事法の新たな役割（シンポジウム 親と子の法と政策）	法政論叢 40-1	66-78	日本法政学会
加藤佳子	カトウケイコ	2003.11	フランスにおける児童虐待への取組み―実態と課題	法政論叢 40-1	142-157	日本法政学会
		2003.11	特集 社会変化と家庭における暴力―家庭と法をめぐる今日的課題―	中京法学 38-2	115-211	中京大学法学会
保条成妊	ホジョウナリヒロ	2003.11	児童虐待に対する刑事処罰とその限界（1）―「不作為による幇助」の事実をめぐって（特集 社会変化と家庭における暴力―家庭と法をめぐる今日的課題）	中京法学 38-2	157-211	中京大学法学会
福岡久美子	フクオカクミコ	2003.11	児童虐待に関する憲法学的試論	阪大法学 53-3・4	1043-1068	大阪大学大学院法学研究科
岩田泰子	イワタヤスコ	2003.11	児童虐待	ケース研究 277	43-63	家庭事件研究会
佐藤和英	サトウカズヒデ	2003.11	ドイツにおける「児童虐待」に関わる家庭裁判所の手続及び少年局の活動について―実務ノート	ケース研究 277	179-189	家庭事件研究会
		2003.11	ひろば時論 児童虐待防止法施行3周年に思う	法律のひろば 56-11	3	ぎょうせい
読売新聞政治部	ヨミウリシンブンセイジブ	2003.11.10	法律はこうして生まれた―ドキュメント立法国家―（中公新書ラクレ）	-	-	中央公論新社
		2003.12	特集1 児童福祉に果たす司法の役割	子どもの虐待とネグレクト 5-2	301-313	日本子どもの虐待防止研究会
津崎哲郎	ツザキテツロウ	2003.12	親権の制限・回復、立入り調査、性的虐待判決をめぐって（特集1 児童福祉に果たす司法の役割）	子どもの虐待とネグレクト 5-2	301-307	日本子どもの虐待防止研究会
平湯真人	ヒラユマサト	2003.12	虐待問題への司法関与：議論状況と理論的実際的問題点（特集1 児童福祉に果たす司法の役割）	子どもの虐待とネグレクト 5-2	308-313	日本子どもの虐待防止研究会
		2003.12	特集2 もう1つの児童虐待	子どもの虐待とネグレクト 5-2	314-319	日本子どもの虐待防止研究会
坪井節子	ツボイセツコ	2003.12	児童売春と児童ポルノ―日本の現状（特集2 もう1つの児童虐待）	子どもの虐待とネグレクト 5-2	314-319	日本子どもの虐待防止研究会
尾崎京子他	オザキキョウコ	2003.12	『子ども虐待対応の手引き』活用実態調査	子どもの虐待とネグレクト 5-2	380-395	日本子どもの虐待防止研究会

著者	よみ	年月	タイトル	掲載誌	巻号	ページ	発行
坂元洋子 他	サカモトヨウコ	2003.12	地域ネットワークにおける地方自治体の取り組み	子どもの虐待とネグレクト 5-2		427-432	日本子どもの虐待防止研究会
田中チカ子	タナカチカコ	2003.12	社会保障審議会児童部会報告書―児童虐待に対応した変革求められる児童相談所	厚生サロン 23-14		36-45	日本厚生協会
		2003.12	児童虐待防止法改正と社会的養護の方向と課題	松山東雲短期大学研究論集 34		1-11	松山東雲短期大学
		2003.12	社会保障審議会児童部会報告書「児童虐待への対応など要保護児童及び要支援家庭に対する支援のあり方に関する当面の方向性について」(平成15年11月)	小児の精神と神経 43-5		393-405	日本小児精神神経学研究会
塚田敬義	ツカダユキヨシ	2003.12	医事紛争予防学 医師が母親による児童虐待を疑う 家裁が児童の施入所を承認	日経メディカル 32-12		116-118	日経BP社
中谷瑾子	ナカタニキンコ	2003.12	児童虐待を考える	-		-	信山社
大江洋	オオエヒロシ	2004	子どもの権利と関係性(シンポジウム・法の声1：法と情動―《第1分科会》「法言説の構造と情動―法の物語りと関係性」)	法社会学 60		47-58	日本法社会学会
東野充成 山瀬範子	ヒガシノミツナリ ヤマセノリコ	2004	児童虐待防止法立法過程にみる子ども観	九州教育学会研究紀要 32		157-164	九州教育学会
牛尾直行	ウシオナオユキ	2004	親の教育権と子どもの学習権―児童虐待防止法改正議論における親権のあり方をめぐって―(第11回[日本教育制度学会]研究大会報告)―(課題別セッション1教育制度改革と学習権)	教育制度学研究 11		73-76	日本教育制度学会
津崎哲郎	ツザキテツロウ	2004	児童虐待対応の変遷と課題―児童相談所を中心に	子どもの虹情報研修センター紀要 2		7-13	横浜博萌会子どもの虹情報研修センター
才村純	サイムラジュン	2004	ドイツ、フランスの児童虐待防止制度―視察結果の概要	子どもの虹情報研修センター紀要 2		107-113	横浜博萌会子どもの虹情報研修センター
保坂亨 他	ホサカトオル	2004	虐待の援助法に関する文献研究(第1報：1970年代まで)戦後日本社会の「子どもの危機的状況」という視点からの心理社会的分析	子どもの虹情報研修センター紀要 2		114-124	横浜博萌会子どもの虹情報研修センター
和田美智代	ワダミチヨ	2004	ドイツにおける「親権」の最近の動向―懲戒権と児童虐待の視点から―	法政論叢 40-2		182-191	日本法政学会
南部さおり	ナンブサオリ	2004	点からの児童虐待と「代理人による代理によるミュンヒハウゼン症候群」症候群―医学的症候群―証拠の意義と刑事裁判	犯罪社会学研究 29		95-111	日本犯罪社会学会
加賀美光祥	カガミコウショウ	2004	児童養護施設の現状について―社会的養育て支援のパラダイム転換と児童養護施設の役割(子どもの心のケア―温かく育むために)	小児科臨床 57		1557-1561	日本小児医事出版社

307

著者		年	タイトル	掲載誌	頁	出版社
李璟媛 安岡美穂ほか	Kyoung won Lee ヤスオカミホほか	2004	しつけと虐待に関する研究―子どもの生活に関わりをもつ人を対象にした調査に基づいて	宮崎大学教育文化学部附属教育実践総合センター紀要 12	117-130	宮崎大学教育文化学部附属教育実践総合センター
Stephen Thompson		2004	児童養護施設における心的トラウマを抱えている子どものケアについて―そのケアの基本的ニーズをもとにした実践の提起	横浜女子短期大学研究紀要 19	11-25	横浜女子短期大学
柳川敏彦	ヤナガワトシヒコ	2004	子どもの虐待防止の現状	和歌山県立医科大学保健看護学部紀要 1	11-22	和歌山県立医科大学保健看護学部
		2004	特集 虐待の社会病理	日本精神科病院協会雑誌 23-7	638-699	日本精神科病院協会
中田浩	ナカタヒロシ	2004	被虐待児の受け皿としての児童養護施設の現状 （特集 虐待の社会病理）	日本精神科病院協会雑誌 23-7	650-654	日本精神科病院協会
		2004	特集1 親子の絆―子ども虐待の現場から	発達 100	11-36	ミネルヴァ書房
奥山眞紀子	オクヤママキコ	2004	親子関係への支援―医療現場の試み （「発達」創刊100号記念 生きる意味を語ろう―特集1 親子の絆―子ども虐待の現場から）	発達 100	17-23	ミネルヴァ書房
大塚峰子	オオツカミネコ	2004	家族再統合―児童相談所の取り組み （「発達」創刊100号記念 生きる意味を語ろう―特集1 親子の絆―子ども虐待の現場から）	発達 100	24-30	ミネルヴァ書房
菱田理 藤澤陽子	ヒシダオサム フジサワヨウコ	2004	親子関係の再構築―福祉施設を語ろう―特集1 親子の絆―子ども虐待を語る （「発達」創刊100号記念 生きる意味を語ろう―特集1 親子の絆―子ども虐待の現場から）	発達 100	31-36	ミネルヴァ書房
児童虐待防止対策支援・治療研究会	ジドウギャクタイボウシタイサクシエン・チリョウケンキュウカイ	2004	子ども・家族への支援・治療をするために―虐待を受けた子どもとその家族と向きあうために		―	日本児童福祉協会
厚生労働省雇用均等・児童家庭局総務課虐待防止対策室	コウセイロウドウショウコヨウキントウ・ジドウカテイキョクソウムカギャクタイボウシタイサクシツ	2004	児童虐待死亡事例の検証と今後の虐待防止対策について		―	厚生労働省
杉山登志郎	スギヤマトシロウ	2004	被虐待児の医学的総合治療システムのあり方に関する研究 平成15年度厚生科学研究		―	

著者	ヨミ	発行年月	タイトル	発行所	掲載誌	ページ	出版社
厚生労働省雇用均等・児童家庭局総務課	コウセイロウドウショウコヨウキントウ・ジドウカテイキョクソウムカ	2004.1	「児童虐待への対応など要保護児童および要支援家庭に対する支援のあり方に関する当面の見直しについて」のとりまとめについて（児童部会報告書）	厚生問題研究会	厚生労働 59-1	28-30	厚生問題研究会
申榮鎬	Shin Yong ho	2004.1	韓国における親権法の現状と課題（上）＜第16回アジア家族法3 国会議報告＞		戸籍時報 565	4-14	日本加除出版
		2004.1.27	特集・厚生福祉一行政の介入機能強化など		厚生福祉 5169	2-4	時事通信社
川田昇	カワダノボル	2004.2	児童福祉施設収容承認（MSBPが疑われた事例）（平成15.1.22札幌高決）＜家事裁判例紹介＞		民商法雑誌 129-4-5	766-770	有斐閣
鈴木博人	スズキヒロヒト	2004.2	児童福祉施設収容承認（継父の性的虐待を放置した母）（平成14.12.6千葉家市川出張所）＜家事裁判例紹介＞		民商法雑誌 129-4-5	771-775	有斐閣
初川愛美	ハツカワマナミ	2004.2	アメリカ合衆国における児童虐待対策―日本の児童虐待対策への含意		大学院研究年報［法学研究科篇］33	301-316	中央大学
申榮鎬	Shin Yong ho	2004.2	韓国における親権法の現状と課題（下）＜第16回アジア家族法3 国会議報告＞		戸籍時報 566	15-26	日本加除出版
土屋恵司	ツチヤケイジ	2004.2	アメリカ合衆国における児童虐待の防止及び対処措置並びに養子縁組に関する法律（アメリカ合衆国法典第42編［保健及び福祉］第67章［児童虐待防止及び対処措置並びに養子縁組改革］の規定―アメリカ合衆国の児童虐待の防止及び対処措置に関する法律）＜翻訳・解説＞	国立国会図書館調査及び立法考査局	外国の立法 219	10-20	国立国会図書館調査及び立法考査局
土屋恵司	ツチヤケイジ	2004.2	児童虐待防止及び対処措置並びに養子縁組改革法による改正後の合衆国法典第42編「2003年児童及び家族の安全保障法」	国立国会図書館調査及び立法考査局	外国の立法 219	21-66	国立国会図書館調査及び立法考査局
		2004.2	特集 子どもに優しいまちづくり―地方分権時代の子どもの権利擁護	子どもの権利条約総合研究所	子どもの権利研究 4	4-88	日本評論社
白山真知子	シロヤママチコ	2004.2	虐待防止ネットワーク 摂津市 児童虐待防止ネットワーク―地方分権時代の子どもづくり―"子どもに優しい"まちづくり―（各地で進む"子どもに優しい"まちづくり）	子どもの権利条約総合研究所	子どもの権利研究 4	65-67	日本評論社
笹井康治	ササイコウジ	2004.2	虐待防止ネットワーク 沼津市 子育てSOSサポート事業―（特集 子どもに優しいまちづくり―地方分権時代の子どもづくり）―（各地で進む"子どもに優しい"まちづくり）	子どもの権利条約総合研究所	子どもの権利研究 4	68-71	日本評論社
佐伯裕子	サエキユウコ	2004.2	虐待防止ネットワーク 三鷹市 子ども家庭支援センター事業―（特集 子どもに優しいまちづくり―地方分権時代の子どもづくり）―（各地で進む"子どもに優しい"まちづくり）	子どもの権利条約総合研究所	子どもの権利研究 4	72-74	日本評論者
俵文真智子	シトリマチコ	2004.2	児童虐待―全国の統計と実務からの報告		犯罪と非行 139	133-151	日立みらい財団
		2004.2	社会保障審議会児童部会―児童虐待への対応など要保護児童および要支援家庭に対する支援のあり方に関する当面の見直しについて	全国社会福祉協議会	月刊福祉 87-2	104-114	全国社会福祉協議会
		2004.2	児童虐待への対応など要保護児童および要支援家庭に対する支援のあり方に関する当面の見直しについて―社会保障審議会児童部会報告書より		社会保険 55-2	4-6	全国社会保険協会連合会
		2004.2	特集 児童虐待問題をかかえる親・家族への支援―再発・連鎖防止の観点から		生活教育 48-2	6-46	へるす出版

著者	ヨミ	日付	タイトル		掲載誌	巻号	頁	出版
佐々木光郎	ササキミツロウ	2004.2	子どもを虐待した親にどう関わっているか―司法福祉の現場から（特集 児童虐待防止の観点から 連鎖防止の支援―再発・家族への支援―）		生活教育	48-2	28-33	へるす出版
野田正文	ノダマサフミ	2004.3	特集1 社会保障審議会児童部会「報告」を受けて	全社協養護施設協議会	児童養護	34-4	4-23	全国社会福祉協議会養護施設協議会
		2004.3	＜児童相談所＞児童虐待問題への対応について（特集1 社会保障審議会児童部会「報告」を受けて）	全社協養護施設協議会	児童養護	34-4	10-13	全国社会福祉協議会養護施設協議会
小原宏之	オハラヒロユキ	2004.3	児童虐待と刑事法の対応		中京大学大学院生法学研究論集	24	77-110	中京大学大学院法学研究科
		2004.3	家庭のなかの児童虐待の現状と法的課題―＜現代法政研究室第三回市民公開シンポジウム＞		九州国際大学法学論集	10-2・3	1-74	九州国際大学法学会
松岡眞介	マツオカシンスケ	2004.3	現代社会の児童虐待（家庭のなかの子供たち―児童虐待の現状と法的課題―＜現代法政研究室第三回市民公開シンポジウム＞）		九州国際大学法学論集	10-2・3	11-33	九州国際大学法学会
神野礼斉	ジンノレイセイ	2004.3	親権とは何か（家庭のなかの子供たち―児童虐待の現状と法的課題―＜現代法政研究室第三回市民公開シンポジウム＞）		九州国際大学法学論集	10-2・3	35-44	九州国際大学法学会
安部計彦	アベカズヒコ	2004.3	児童虐待の実態と法的課題（家庭のなかの子供たち―児童虐待の現状と法的課題―＜現代法政研究室第三回市民公開シンポジウム＞）		九州国際大学法学論集	10-2・3	45-55	九州国際大学法学会
吉田恒雄	ヨシダツネオ	2004.3	親権者の同意がある場合に児童福祉施設入所措置承認審判がなされた事例（平成14.12.6千葉家市川出張所審判）＜判例研究＞（子ども・教育と裁判）		季刊教育法	140	84-88	エイデル研究所
大矢武史	オオヤタケシ	2004.3	内縁の夫による自己の子供に対する虐待行為を阻止しなかった被告人に、無罪を言い渡した第一審判決を破棄して、傷害致死幇助罪の成立を認めた事例（平成12.3.16札幌高判）＜判例研究＞		朝日大学大学院法学研究論集	4	83-105	朝日大学大学院法学研究科
久禮義一	クレヨシカズ	2004.3	児童虐待防止対策の課題―法と行政の視点から		関西外国語大学人権教育思想研究	7	83-100	関西外国語大学人権教育思想研究所
後藤弘子	ゴトウヒロコ	2004.3	「けがなげ」な子どもと児童虐待（特集 被害にあう子どもたち）		青少年問題	51-3	16-21	青少年問題研究会
		2004.3	資料 児童虐待の防止等に関する法律の一部を改正する法律案と要綱 04年3月12日衆議院可決		賃金と社会保障	1336	57-62	労働旬報社
玉井邦夫	タマイクニオ	2004.3	児童虐待に関する学校の対応についての調査研究（文部科学省科学研究費補助金研究成果報告書）				―	
小林英義 小木曽宏 編	コバヤシヒデヨシ オギソヒロシ	2004.3.20	児童自立支援施設の可能性―教護院からのバトンタッチ（ニューウェーブ子ども家庭福祉）				―	ミネルヴァ書房

藤井誠二	フジイセイジ	2004.3.26	子どもを救え！苦悩する現場―児童虐待防止法改正		金曜日 12-12		48-53	金曜日
		2004.3.31	子ども虐待に関する研究（7）			日本子ども家庭総合研究所企画・情報部	7-57	日本子ども家庭総合研究所
高橋重宏他	タカハシシゲヒロ	2004.3.31	児童相談所一時保護所の現状と課題に関する研究（その2）（子ども虐待に関する研究（7））			日本子ども家庭総合研究所企画・情報部	7-57	日本子ども家庭総合研究所
		2004.3.31	虐待対応等に係る児童相談所の業務分析に関する調査研究（1）		日本子ども家庭総合研究所紀要 40		159-164	日本子ども家庭総合研究所
才村純他	サイムラジュン	2004.3.31	虐待対応等に係る児童相談所の業務分析に関する調査研究（1）		日本子ども家庭総合研究所紀要 40	日本子ども家庭総合研究所企画・情報部	159-164	日本子ども家庭総合研究所
		2004.4	（特集 子どもの虐待へのケアと支援）		そだちの科学 2		1-121	日本評論社
安永智美	ヤスナガサトミ	2004.4	警察の役割と課題―虐待事案への支援事例（特集 子どもの虐待へのケアと支援）		そだちの科学 2		41-44	日本評論社
藤川洋子・山内陽子	フジカワヨウコ・ヤマウチヨウコ	2004.4	家庭裁判所の役割と課題―家裁調査官の行う面接を中心に（特集 子どもの虐待へのケアと支援）		そだちの科学 2		45-50	日本評論社
鮎京眞知子	アユキョウマチコ	2004.4	弁護士の役割と課題（特集 子どもの虐待へのケアと支援）		そだちの科学 2		51-54	日本評論社
		2004.4	（特集 虐待無残 子供たちの叫び）		論座 107		46-71	朝日新聞社
平湯眞人	ヒラユマサト	2004.4	児童虐待防止法見直し 平湯真人弁護士に聞く―子どもを積極的に守る法改正が必要だ（特集 虐待無残 子供たちの叫び）		論座 107		64-65	朝日新聞社
橋本和明	ハシモトカズアキ	2004.8	虐待と非行臨床					創元社
小林美智子	コバヤシミチコ	2004.12	岸和田事件からみえる課題（特集2 岸和田事件）		子どもの虐待とネグレクト 6-3		317-325	日本子どもの虐待防止研究会
津崎哲郎	ツザキテツロウ	2004.12	岸和田事件をめぐって…福祉の立場から（特集2 岸和田事件）		子どもの虐待とネグレクト 6-3		326-331	日本子どもの虐待防止研究会
兼田智彦	カネタトモヒコ	2004.12	岸和田事件をめぐって…学校関係者として（特集2 岸和田事件）		子どもの虐待とネグレクト 6-3		332-336	日本子どもの虐待防止研究会
大阪府児童虐待問題緊急対策検討チーム	オオサカフジドウギャクタイモンダイキンキュウタイサクケントウチーム	2004.12	資料 大阪府レポート 子どもの明日を守るために―児童虐待問題緊急対策検討チームからの緊急提言（特集2 岸和田事件）		子どもの虐待とネグレクト 6-3		347-354	日本子どもの虐待防止研究会
		2005.3	特別企画 児童虐待事件における司法関与		法律時報77-3		66-95	日本評論社
石田勝之	イシダカツユキ	2005.4	子どもたちの悲鳴が聞こえる―児童虐待防止法ができるまで					中央公論事業出版

資料7　日本における児童福祉に関する年表　―児童虐待防止を中心に―　2000年～2005年

年	月	法律・政策・事件・研究等の動向	年	月	東京都・大阪府・大阪市の動向
2000 (平成12)	2	新潟県三条市の小学4年女子が連れ去られ、9年後りに柏崎市の無職の容疑者が逮捕される。	2000 (平成12)		東京都「訪問型一時保育事業」開始
	2	警察庁、昨年最悪の事故として扱ったうち京都柏崎市で柏崎事件の45人逮捕される			東京都「産後支援ヘルパー事業」開始
		「地方分権の推進を図るための関係法律の整備等に関する厚生省児童家庭局所管法令の改正等について」（厚生省児童家庭局長通知　児発第350号）			東京都「ひとり親家庭居住安定支援事業」開始
	3	「児童福祉施行規則等の一部を改正する省令」（厚生省令第43号）			東京都「ひとり親家庭総合支援事業」開始
	3	「児童福祉施設最低基準の一部を改正する省令」（厚生省令第44号）			東京都「母と子の健康相談室」（小児救急相談）開始
	3	「児童福祉法施行規則等の一部を改正する省令」（厚生省令第61号）			東京都「休日保育事業」開始
	3	児童養護施設の恩賜財団の元職員（前園長）の児童への強制わいせつ容疑で逮捕　児発第471号			東京都「訪問型一時保育事業」開始
	4	「児童福祉行政指導監査の実施について」（厚生省児童家庭局長通知　児発第471号）			大阪府「子ども保健支援事業」開始
	5	名古屋市緑区、15歳の無職少年3人が中学在学中に同級生から7万円脅し取ったとして逮捕、他に5人関与か。			大阪府　児童虐待危機介入援助チームの設置
	5	「児童虐待の防止等に関する法律」成立　2000年11月施行（平成12年法律第82号）			大阪府　子ども家庭センター　家庭支援課に虐待対応総括主査5名を配置
	6	「児童虐待の防止等に関する法律」（厚生省児童家庭局長通知　児発第583号）			大阪府　子ども家庭センター　家庭支援課に虐待対応総括主査5名を配置
	6	地域小規模児童養護施設の設置運営について			大阪府　児童虐待問題連絡会の設置
	6	（児童虐待防止協会）虐待傾向をもつ親への治療的活動の試行開始			大阪府　児童虐待防止市町村ネットワーク事業の開始
	6	児童福祉法施行令の一部を改正する政令　（政令第336号）			警察本部にチャイルドレスキューチームの設置
	6	恩賜財団恩賜園の元職員（前園長）の二男を婦女暴行罪で起訴　2000.10月　懲役4年の実刑判決			
	8	児童福祉施設最低基準の一部を改正する省令　（厚生省令第112号）			
	9	文部省、2000年度学校基本調査速報発表、不登校が小中学校で13万5千人超える。			
	9	法務省、少年院の教育プログラムの見直しを決定、被害者の視点を重視。			
	10	愛知県藤岡町の小4女児いじめによる両親と小学校の子５年生男子せっかん死事件			
	10	「児童虐待の防止等に関する法律」施行について　（厚生省児童家庭局長通知　児発第336号）			
	11	「児童虐待の防止等に関する法律」（児童虐待防止法）10周年記念フォーラム開催「子どもとともに」発行「10周年記念誌」発行			
	11	「児童虐待の防止等に関する法律の施行を踏まえた児童虐待への適切な対応について」（警察庁生活安全局長、刑事局長、官房長通達　警察庁丙少発第29号、警察庁丙生企第151号、警察庁丙地発第39号、警察庁丙給発第30号）（通達）			
	11	執務資料「児童虐待の防止等に関する法律の施行を踏まえた警察の運用」（警察庁生活安全局少年課長・刑事局捜査第一課長名通達）（警察庁丁少発第169号）			
	11	「児童虐待の防止等に関する法律の施行に伴う児童相談所運営指針の改正について」（厚生省児童家庭局長通知　児発第352号）			
	11	「児童虐待の防止等に関する法律の施行に伴う児童福祉施設最低基準の一部改正等について」（厚生省児童家庭局長通知　児発第30号）			
	11	「健やか親子21」決定（1949年以降初の抜本的改正、計画年度は2001（平成13）年から2010（平成22）年）			
	12	改正少年法成立　刑事処分対象年齢を厳罰化に重点、刑事罰16歳以上から14歳以上に。			
	12	児童相談所運営指針改定　（厚生省児童家庭局）			
	12	「子どもの権利に関する条約」（1989年12月21日付川崎市条例第72号）2001年6月29日　一部改正			
	12	愛知県知多郡武豊町　3歳女児ネグレクトによりダンボールの中で餓死			
		啓発リーフレット相談してくれてありがとう」（啓発）（厚生省）			
		「児童虐待防止市町村ネットワーク事業」の創設（機関連携の強化）（厚生省）			
		地域小規模児童養護施設の創設（施設の休制強化）（厚生省）			
		児童虐待対応協力員の手引（指導強化）（厚生省児童家庭局）			
		「子ども虐待対応の手引」（指導強化）（厚生省児童家庭局）			
		「児童虐待の防止等に関する法律の改正を求める全国ネットワーク設立			
2001 (平成13)	3	（児童虐待防止協会）『児童虐待ケースグループによるケア・ワーク』の実施	2001 (平成13)		東京都「認証保育所事業」開始
	3	「児童福祉法第33条第1項に基づき警察官が行う児童の一時保護について」（警察庁生活安全局少年課長　警察庁丁少発第33号）			東京都「家庭的保育支援事業補助」開始
	4	配偶者からの暴力の防止及び被害者の保護に関する法律成立（平成13年4月13日法律第31号）			警察官の配置　児童虐待防止対策「児童相談所の一時保護における心理療法担当職員」
	4	一時保護児童処遇改善促進事業の実施について　厚生労働省通知（児発第248号）			東京都　児童虐待防止対策「児童虐待カウンセリング強化事業」開始

年	月	法律・政策・事件・研究等の動向	年 月	東京都・大阪府・大阪市の動向
	4	改正少年法施行		東京都「児童虐待防止対策に係る被虐待児個別対応職員の配置」開始
	5	東京都世田谷区で4歳男児が母親の交際相手の男に殴られ死亡。保育園から虐待の疑いが児童相談所に通報されていた。		東京都 児童虐待対策「児童養護施設等〈母子生活支援施設〉における心理療法担当職員の配置」開始 [母子生活支援施設は平成11年度開始]
		厚生労働省の調査で、6歳の世帯が子育てに悩み、10年前に比べて10ポイント増。		東京都「TOKYO子育て情報サービス」開始
		「民生委員・児童委員の設置基準について」厚生労働省通知（雇児発第433号・社援第1145号）		大阪府 子ども家庭センター 大阪教育大学附属池田小学校事件を受けて、心のケアへの取組み
	6	「児童虐待防止法の改正を求める全国ネットワーク」設立シンポジウム開催 東京都飯田橋		大阪府 子ども家庭センター「子どもの権利ノート」改訂版作成
		大阪教育大学附属池田小学校に男性が侵入し児童8名を殺害し、教諭2名に傷害を負わす。		大阪府 子ども家庭センター「子ども虐待防止ハンドブック」改訂版作成
		「母子生活支援施設における夜間警備体制の強化について」厚生労働省通知（雇児発第508号）		大阪府 子ども家庭センター「カウンセリング強化事業」の実施
	8	「母子生活支援施設における夜間警備体制の強化について」厚生労働省通知		大阪府 子ども家庭センター 虐待対応課長の創設
	9	「児童虐待防止法の改正を求める全国ネットワーク 第2回シンポジウム開催		大阪府 子ども家庭センター 次長兼虐待対策課長の配置
		（児童虐待防止協会）第53回保健文化賞受賞		大阪市 大阪市児童相談所に児童虐待対策班、通称「なにわっ子支援班」を設置
	10	配偶者からの暴力の防止及び被害者の保護に関する法律（平成13年法律第31号）施行		大阪市 児童家庭支援センター・博愛社（淀川区）を設置
	12	「児童生徒が児童福祉施設に入所している場合等の出席停止等の手続について」文部科学省初等中等教育局児童生徒課通知		
	12	児童虐待防止対策の改正を求める全国ネットワークNo.2「あるお母さんの記録 一障害児虐待を考える」発行		
		ヨッちゃん体罰事件の最高裁判決で、戸塚宏被告の懲役6年実刑が確定 東京都 第1回「虐待死を悼み、命を讃える市民集会・パレード」		
	12	「子どもの虐待防止センター」CCAPブックスNo.3 『児童虐待防止法』発行		
2002 (平成14)	1	新潟地裁、9年におよぶ女性監禁事件の佐藤宣行被告に懲役14年の判決。	2002 (平成14) 4	東京都「児童虐待防止対策 虐待対策ネットワーク事業」開始
	2	ヨッちゃん体罰事件の最高裁判決で、戸塚宏被告の懲役6年実刑が確定		東京都「児童虐待防止対策 児童家族再統合のための治療援助事業」開始
		「児童虐待に係る通告の拡大及び通告を受けた子の措置について」（雇児発第0214001号）		大阪府 子ども小児医療研修
	3	山形地裁、中学生マット死事件の関係7人全員に対し、死亡と関係があると認定、遺族の賠償請求を棄却する判決。（厚生労働省令第38号）		大阪府 子ども家庭センター「大阪府子ども家庭センター危機管理マニュアル」作成
		厚生労働省、親族里親制度の創設を発表。		大阪府 虐待高入所児童の治療プログラム「施設プログラム」作成に着手
	4	最高裁判所家庭局が虐待を理由とした昨年度の家庭裁判所への申立て件数は過去最多の169件、10年前の8倍。うち子どもを親から引き離すことを認めたのは123件。虐待していたのは母親49%、父親36%、ネグレクト44%が最も多い。（児童家庭支援センターの取扱いについて）児童非行相談。		大阪府 子ども家庭センター 各センターに児童虐待対策コーディネーター（虐待専任主査）を配置
		（児童家庭支援センター運営事業の取扱いについて）児童非行相談		大阪府 子ども家庭センター 各センターに臨床心理士（中央2名、東大阪1名、堺1名）を配置
	6	「特定非営利活動法人 児童虐待防止協会」		大阪府 「広げよう児童虐待防止ネットワーク」作成
		児童福祉法に基づく指定短期居住事業を実施する者の設定に関する省令（厚生労働省令第82号）		大阪府 「子育てテレどこ」『子育て健康手帳』を冊子とともに配布する啓発冊子作成
	6	「地域保健対策の推進に関する基本的な指針の改正について」（健発第0619001号・雇児発第0619001号）		大阪市「母子家庭自立支援事業」の実施
		厚生労働省、2000年の児童虐待防止認可保育施設62人の子どもが虐待後遺症と報告。		大阪市 24区に児童虐待防止連絡会議を設置
	7	児童福祉施設最低基準及び児童福祉施設の設備及び運営に関する省令（厚生労働省令第96号）		大阪市 24区の保健センターに、児童虐待に関する相談・通報等に対する担当係長を配置
		厚生労働省、2001年国民生活基礎調査発表、1世帯平均所得1.5%減の616万円。母子家庭は8割強というと改正。		大阪市 大阪市保健福祉センター42の「子ども家庭支援員」を配置
		母子家庭の認定に関する厚生労働省令第二十九号第二十号制定		大阪市 虐待経験のある家庭への育児訪問・支援員等の派遣及び育児指導の実施
		児童福祉法施行令の一部を改正する政令（政令第255号）		
	9	少年警察活動規則（国家公安委員会規則第20号）制定		
		里親の認定等に関する厚生労働省令（厚生労働省令第115号）		
	9	里親が行う養育に関する最低基準（厚生労働省令第116号）		
	9	里親制度の運営について（雇児発第0905002号）		
	10	児童福祉施設最低基準について（雇児発第0905005号）		
	10	里親支援事業の実施について（厚生労働省通知）		
	12	母親委託費支給に関する要綱（厚生労働省告示第168号）		
	12	文部科学省、学校への不審者侵入時の危機管理マニュアル発表。		

年月		法律・政策・事件・研究等の動向	年月		東京都・大阪府・大阪市の動向
2003 (平成15)	1	東京地裁、乳幼児窒息死事件で「ちびっこ園」前社長に有罪判決	2003 (平成15)		東京都「専門養育家庭制度」開始
	4	神奈川県川崎市、学童保育廃止、小学校全児を対象とした「わくわくプラザ」へ。			東京都「親族里親制度」開始
		児童福祉施行令の一部を改正する政令(政令第193号)			大阪府 岸和田市子どもライフサポートセンター開設
	6	厚生労働省、2002年人口動態統計、合計特殊出生率は過去最低の1.32。			大阪府立母子家庭自立支援センター開設
		東京都の児童虐待防止法員立入り調査。親の同意なしに、母親からの虐待が疑われる小学6年生男児を保護していたことが判明。児童虐待防止法員立入り法実施。			大阪府「母子家庭等自立支援計画」策定
	7	長崎市幼稚園児(4歳)行方不明に。翌日駐車場屋上から突き落とされて死亡している遺体発見。7月9日、長崎県県警が幼稚園児殺害事件で市内男子中学1年生補導。児童相談所へ通告。			大阪府「児童虐待問題緊急対策検討チームから緊急提言」
		次世代育成推進法、参議院で可決成立。			
		少子化社会対策基本法、成立。国の少子化対策に初めて対策に。			
	8	厚生労働省、最未満の子どもをもつ親の育児休業を2年未満に延長。			
		児童福祉法施行規則の一部を改正する省令(政令第130号)			
	9	厚生労働省、2004年度から虐待親のカウンセリングを促し、「児童相談所と非行問題を中心に対応する機関」を新たに位置づけ、育児や保育などの相談業務を市町村に委譲する方針を決定。			
		長崎市幼稚園児殺害事件の少年、精神鑑定で「広汎性発達障害」一種と診断される。長崎家庭裁判所、第2回審判で児童自立支援施設送致2年間の行動制限(保護処分)を明確に決定。			
	10	村田地裁、池田小学校事件の宅間被告に死刑判決			
		神戸市高校生殺傷事件の少年(現在21歳)仮退院当日は、遺族へ通知予定。			
		「こころの相談員」の配置を2003年度では打ち切り、スクールカウンセラーの設置を要望。			
		「地域における保健師の保健活動について」厚生労働省健康局総務保健指導官。			
		「地域保健法の一部を改正する法律の一部を改正する省令」 厚生労働省総務保健指導官。			
		「地域における保健師の保健活動指針について」厚生労働省事務次官通達 スクールカウンセラーの配置 18歳以上を提とする必要			
		文部科学省「こころの相談員」の配置を2003年度では打ち切り、スクールカウンセラーの配置強化 18歳以上を提とする必要			
	11	児童自立支援施設OSAKA NPOアワード2003 (茨城県、東京都)岸和田子虐待事件 厚生労働省奨学金創設を要望			
		岸和田市事件(大阪府岸和田)中学3年生男子、虐待(丸3年1ヶ月)先駆病院に及ぶ意識不明3ヶ月間に及ぶ意識不明「先駆けでがんばり病院」により病院に運ばれる。			
	12	児童虐待防止法の一部を改正する法律(政令第521号)			
		児童福祉法の一部を改正する法律の一部を改正する政令(政令第469号)			
		厚生労働省、児童福祉法施行令の一部を改正する政令、児童相談所の対応が困難な事件の対応、児童相談に関する専門職員の整備などに関する政令を公布。児童虐待の業務を市町村に移すなど。			
2004 (平成16)	1	岸和田事件 被告児(中学3年生男子)の実の父と、その内縁の妻 殺人未遂容疑で逮捕	2004 (平成16)	2	東京都 児童虐待防止対策「通年開所」開始
		「児童虐待防止に向けた学校等における適切な対応について」文部科学省初等中等教育局児童生徒課長通知(15初児生第18号)			東京都 児童虐待防止対策「非常勤弁護士の配置」改修補助
	2	「児童虐待防止対策における学校等の対応等について」文部科学省初等中等教育局児童生徒課長通知(雇児総発第0130001号)			東京都「病後児保育事業」改修補助」開始
		愛知県蒲郡市で継母が小学6年生の女児(6歳)を、頭を扱うなどに腹を蹴るなどに虐待の原因となるなどのグループケアの一つ(三重県事例第39号)			東京都 特定不妊治療費助成開始
	3	三重県、虐待に関する条例公布「子どもを虐待から守る条例」(三重県事例第39号)			東京都 自立援助ホームの自立生活継続事業」開始
		大阪市で14年4ヶ月にわたり母が自宅で監禁した小学6年生の母親、母親と判明。母親の衰弱死、大阪の母親と妹(雇児母発第0310001号)			大阪府 子ども家庭センター「堺市子ども・高石市虐待事件
		「家族を必要とする子どもたちに関する医療についての法律に関する省令改正」児童福祉法の一部を改正する法律(雇児発第0331001号)			大阪府 子ども家庭センター「大阪府子ども・高石市虐待事件
		児童福祉法の一部を改正する法律及び母子家庭の母親の自立支援に関する法律(政令第111号)			大阪府 子ども家庭センター 虐待対応 12名増員
		厚生労働省、過去5年調査、虐待死129例、重障害1,452例。(朝日新聞)			大阪府 子ども家庭センター 非行専任ケースワーカー 心理職の配置
	4	小児科学会、公立小中学校を連続30日以上欠席した子どもの129例、3割1万3,900人と学校側面接会不可。軽症状態は1人に1人。(朝日新聞)			大阪府「子ども未来プラン」策定
		「現在長期間学校を休んでいる児童生徒の状況等に関する調査結果とその対応強化等について」文部科学省初等中等教育局児童生徒課長通知(16初児生第2号)			大阪府市町村家庭相談援助指針作成
	5	厚生労働省、合計特殊出生率、1.29で過去最低。自治体別の合計特殊出生率東京都渋谷区0.75、最高は沖縄県多良間町3.14。			
		警察庁「少年非行総合対策推進要綱」を7年ぶりに改訂			
		仙台高裁、1993年の山形・明倫中マット死事件で元生徒7人に賠償命令の逆転判決			
		厚生労働省調査、1993年平均所得600万円切る。			
	6	少子化社会対策大綱可決。			
		文部科学省新宿区、団地で中2の女子生徒(13歳)が男児(5歳)を突き落とす事件。			
		東京都新宿区、児童虐待に関する条例で小学6年生女児(12歳)が同級生女子の首をカッターナイフで切り殺害。			
		文部科学省、児童虐待の対応について、5人に1人が被害児童扱った経験あり、教師の3人に1人が校内で処理を望む、文科省委託東京都内では文科省調査。東京都女子生徒、加害女子裁家裁送致へ、東京家裁送致へ。			

年	月	法律・政策・事件・研究等の動向	東京都・大阪府・大阪市などの動向
	6	厚生労働省全国児童相談所長会議。全国の児童相談所が2003年度に処理した児童虐待件数、過去最高の2万6,573件。	
	7	児童白書。児童虐待ルに係る行為等の処罰及び児童の保護等に関する法律の一部を改正する法律(平成16年法律第64号)施行	
	7	全国児童福祉主管課長会議、学童保育の施設数1万4,678ヵ所(前年比6％増、需要に追いつかず。	
	7	厚生労働省児童委員連絡協議会調査。児童虐待者の認識なし 4割。	
	7	高知児童養護会調。子どもの権利や家庭の役割盛り込んだ「子ども条例」可決。都道府県レベルでは初めて(8月施行)	
	8	「特別の支援を要する家庭の児童の保育所入所における取扱い等について」厚生労働省通知(雇児発第0813003号)	
	8	「児童虐待の防止等に関する法律の一部を改正する法律の施行について」厚生労働省通知(雇児発第0813002号)	
	8	「児童虐待の防止等に関する法律の一部を改正する法律の施行について」文部科学省通知(文科生第313号)	
	8	大阪市阪南市、19歳の少年が餓死しているのが発見される。発見時身長182cm、体重32kg。	
	8	文部科学省、臨床心理士らが幼稚園教諭を巡回し、保護者の子育て相談に応じる保育カウンセラー制度を創設する方針を決定、2005年度予算概算要求に盛り込む(2005年5月に決定)	
	8	全国の公立小中学校の児童生徒が2003年度に起こした校内暴力は3万1,278件(前年比6.2％増)で3年ぶりに増加、いじめも2万3,351件(前年比5.2％増)。	
	9	栃木県小山市、父子家庭の幼い兄弟が同居していた父の友人らによって誘拐殺害される。	
	9	2004年9月、栃木県小山市の幼い兄弟2人が川の上から川に投げ入れられて死亡する事件が起き、その事件を機に子ども虐待防止を目指したNPO法人「カンガルーOYAMA」が2005年にスタート始めた。「カンガルーOYAMA」は、「児童虐待防止全国ネットワーク」は、3者間独自に相互協力する場として「オレンジリボンキャンペーン推進支援のアシスト基金を設け、2006年からは「児童虐待防止全国ネットワーク」が総合窓口を担い、厚生労働省との協働により全国的に活動を広げる。センターを設計、2006年から「児童虐待防止全国ネットワーク」が総合窓口を担い、厚生労働省との協働により全国的に活動を広げる。	
	9	「児童虐待の防止等の施策を求めていくことが困難な状況にある家庭を訪問し、養育訪問事業を行う。家庭訪問事業不振。125市町村の実施で想定数13％にとどまる。	
	11	警察庁「児童虐待の防止等に関する法律等の改正について」(警察庁丙少発第34号等)(通達)	
	12	児童委員会「児童虐待防止活動の指針について」(雇児発第1108001号)	
	12	児童福祉法の一部を改正する法律の一部の施行に関する省令の整備に関する省令(政令第402号)	
	12	児童福祉法の一部を改正する法律の一部の施行に伴う関係政令の整備に関する政令(政令第412号)	
	12	「児童福祉法の一部を改正する法律の施行について」(厚生労働省令第178号)	
	12	厚生労働省「児童虐待防止等のために、積極的に自ら支援を求めてくる家族への対応として「子ども・子育て応援プラン」を発表。2005年度から5年間取り組む少子化対策。特に働き方の見直し、子育て支援、若者の自立支援の3点に重点。	
	12	発達障害者支援法成立	
	12	厚生労働省、虐待を防ぐ離婚を図りなから、家族間の調整や家族が必要な家庭をはじめとする関係機関や児童を直接ケアする職員と連携した重家族訪問支援を担う家庭支援専門相談員(ファミリーソーシャルワーカー)を児童養護施設に配置	
2005 (平成17)	1	「児童虐待防止協会」大阪府からの委託事業「大阪府市町村職員児童虐待問題市町村職員研修等」実施 2005年1月~3月	
	2	「配偶者からの暴力の防止及び被害者の保護に関する法律の施行に関する留意点について」厚生労働省通知(雇児発第0214002号)	
	2	「市町村児童家庭相談援助指針について」厚生労働省通知(雇児発第0225003号)	
	2	「児童福祉施設の任用資格に関する業務等の範囲等について」厚生労働省通知(雇児発第0225001号)	
	2	「要保護児童対策地域協議会設置・運営指針について」厚生労働省通知(雇児発第0330008号)	
	3	「児童福祉施設等のケアの形態の小規模化グループによるケアの推進について」厚生労働省通知(雇児福発第0318001号)	
	3	「児童福祉施設等の小規模グループケアの推進について」厚生労働省通知(児福発0330001号)	
	3	「児童福祉法施行令の一部を改正する政令の施行について」厚生労働省通知(雇児発第0330001号)	
	4	厚生労働省乳幼児突然死症候群(SIDS)に関するガイドライン発表	
	5	「児童虐待防止対策支援事業の実施について」厚生労働省通知(雇児発第0502001号)	
	6	(児童虐待防止協会)大阪府からの委託事業「大阪府市町村児童虐待担当者研修事業」実施 2005年6月~12月	
	9	(児童虐待防止協会)子どもへの虐待を防ぐため、虐待を繰り返す親に対する心理療法の取り組みを2006年度から開始することを決定(児童福祉施設で家族療法を施す)	

年	月		東京都・大阪府・大阪市などの動向
2005 (平成17)	4		東京都「家庭的養護推進モデル事業」開始
			大阪府子ども家庭センター児童虐待相談業務IT化の推進―新児童相談システムの構築に向けて検討(19年度開始予定)
			大阪府市町村が行う児童虐待相談業務の支援をするため、大阪府市町村児童家庭相談援助指針の配布を行うとともに、市町村職員への研修を実施する。
			大阪市中央児童相談所「児童虐待対策室」として発展的に改組
			大阪市、児童虐待の発見、通報、啓発等に協力していただくことを目的とする「児童虐待防止地域協力員」の養成を開始。対象は、主任児童委員及び市民ボランティア。
	7		大阪市「エンゼルサポーター」派遣事業を開始。出産後まもなくの家庭を対象とする家事援助とともに、虐待のおそれがある家庭への相談・援助を行う
	7		大阪市「専門的家庭訪問支援員」事業を開始。育児不安や孤立感をもち、虐待のおそれのある出産後間もない養育者に対して、保健師及び助産師が一定期間、定期的に訪問型育児支援を行う。
	7		大阪市「育児支援家庭訪問事業実施要綱」制定
	7		大阪市「子ども家庭支援員による家庭訪問事業実施要領」制定
	7		大阪市「専門的家庭訪問支援事業実施要領」制定
	7		大阪市「エンゼルサポーター派遣事業実施要領」制定

年月	法律・政策・事件・研究等の動向	年月	東京都・大阪府・大阪市の動向
	参考文献		
	『児童虐待防止法等 関係法令通知集』中央法規,2007年		
	警察庁編『警察白書 平成17年版』大蔵省印刷局		
	厚生省編『厚生白書 平成12年版・平成17年版』財団法人厚生問題研究会		
	厚生省児童家庭局企画課監修『児童福祉21検討会報告書』財団法人日本児童福祉協会,1998年		
	厚生省児童家庭局母子保健課監修『健やか親子21検討会報告書』財団法人日本児童福祉協会,2000年		
	大阪府子ども家庭センター『大阪市における児童虐待にかかわる主な取り組み(平成18年度事業概要)』2007年		
	大阪市「育児支援家庭訪問事業実施要綱」制定 平成17年7月1日 改正 平成19年4月1日		
	大阪市「子ども家庭訪問支援員による家庭支援事業実施要領」制定 平成17年7月1日 改正 平成20年4月1日		
	大阪市「専門的家庭訪問支援事業実施要領」制定 平成17年7月1日 改正 平成19年4月1日		
	才村 純『子ども虐待ソーシャルワークの制度的枠組みに対する厚生労働省の取り組み』『子ども虐待ソーシャルワーク論』有斐閣,2005年		
	才村 純『児童虐待問題に対する厚生労働省の取り組み』『母子保健情報』第50号,2005年		
	子ども総合育成研究所 代表/森上史朗編『最新保育資料集』2007 ミネルヴァ書房,2007年		
	子どもの虐待防止センター『10年のあゆみ』2003年		
	児童虐待防止協会『10周年記念誌 支えられて10年―児童虐待防止協会の歩み』2000年		
	児童虐待防止協会 活動のあゆみ・協会概要 http://www.apca.jp/ 2007.4.29掲載内容		
	高橋重宏・網野武博・柏女霊峰編著 戦後の児童福祉のあゆみ『ハイライト児童福祉法制定60年の歩み』明石書店,1996年		
	日本子ども家庭総合研究所『日本の子ども家庭福祉・児童福祉法制定60年の歩み』明石書店,2005年		
	『子どもを守る会会報『日本子ども家庭白書』2000年版・2005年版,草土文化		
	『福祉保健局事業概要』平成16年版,東京都福祉保健局総務部総務課		
	村田典子『90年代を振り返る』『世界の児童と母性』Vol.48, 2000年		

資料8　児童虐待司法関係統計

表A　親権または管理権の喪失の宣告及びその取消し―全国家庭裁判所

	受理			既済						未済
	総数	旧受	新受	総数	認容	却下	取下げ	移送	その他	
昭和23年			229	146	55	7	80	4		83
24			258	247	110	15	117	5		90
25			246	241	86	28	125	2		97
26			261	262	82	22	153	5		96
27	501	96	405	387	127	35	217	8	-	114
28	452	114	338	314	98	28	175	12	1	138
29	731	137	594	558	152	34	352	15	5	173
30	568	173	395	436	115	26	275	14	6	132
31	414	132	282	306	87	20	194	4	1	108
32	333	108	225	211	48	8	147	6	2	122
33	366	122	244	253	84	16	139	8	6	113
34	295	113	182	185	40	13	125	4	3	110
35	266	110	156	178	53	8	113	3	1	88
36	226	88	138	150	34	11	99	2	4	76
37	211	76	135	136	31	5	100	-		75
38	221 (5)	75 (2)	146 (3)	136 (3)	34	-	97	2	3	85 (2)
39	176 (2)	85 (2)	91 (-)	109 (2)	24	8	74	2	1	67 (-)
40	203 (6)	67 (-)	136 (6)	125 (1)	31	3	90	1		78 (5)
41	177 (5)	78 (5)	99 (-)	115 (-)	23	11	81	-		62 (5)
42	159 (6)	62 (5)	97 (1)	104 (1)	14	6	80	3	1	55 (5)
43	151 (10)	55 (5)	96 (5)	89 (2)	11	16	60	1	1	62 (8)
44	159 (10)	62 (8)	97 (2)	98 (2)	27	7	61	2	1	61 (8)
45	150 (11)	61 (8)	89 (3)	80 (4)	6	7	64	3		70 (7)
46	129 (12)	70 (7)	59 (5)	84 (7)	25	2	54	3	-	45 (5)
47	157	45	112 (1)	93	16	5	59	7	6	64
48	147	64	83 (2)	85	12	4	65	2	2	62
49	136	62	74 (5)	87	21	3	63	-		49
50	151	49	102 (-)	78	17	3	57	-	1	73
51	170	73	97 (8)	99	10	14	74	-	1	71
52	156	71	85 (9)	106	14	2	87	2	1	50
53	144	50	94 (9)	100	18	8	74	-		44
54	140	44	96 (11)	87	10	3	73	1		53
55	135	53	82 (2)	86	12	7	65	-	2	49
56	136	49	87 (-)	87	13	5	68	1	-	49
57	130	49	81 (2)	88	14	5	66	3	-	42
58	115	42	73 (1)	71	19	5	46	1	-	44
59	113	44	69 (6)	77	18	3	56	-	-	36
60	110	36	74 (1)	77	13	7	54	2	1	33
61	98	33	65 (2)	61	10	6	41	1	3	37
62	125	37	88 (2)	72	14	6	52	-	-	53
63	145	53	92 (2)	90	7	11	71	-	1	55
平成元年	160	55	105 (1)	111	16	9	82	4	-	49
2	130	49	81 (7)	65	10	6	49	-	-	65
3	164	65	99 (3)	112	23	7	65	10	7	52
4	134	52	82 (6)	82	8	11	61	-	2	52
5	106	52	54 (1)	71	5	12	53	-	1	35
6	147	35	112 (1)	82	3	6	71	2	-	65
7	131	65	66 (9)	97	15	10	58	2	12	34
8	156	34	122 (-)	103	13	19	70	-	1	53
9	161	53	108 (3)	107	21	8	77	-	1	54
10	166	54	112 (1)	102	18	11	71	1	1	64
11	152	64	88	100	20	12	67	-	1	52
12	160	52	108	109	13	11	82	-	3	51
13	153	51	102	89	17	8	63	-	1	64
14	194	64	130	142	17	18	100	-	7	52
15	155	52	103	102	7	29	65	-	1	53
16	167	53	114	115	30	24	61	-	-	52
17	191	52	139	137	22	18	94	-	3	54
18	179	54	125	139	15	20	102	-	2	40
19	143	40	103	103	15	11	76	-	1	40

注)・（　）内は渉外事件の内数
　・昭和23～26年については昭和27年版を参照
　・「 - 」については該当数値のない場合
　・空欄については記載なし

資料：最高裁判所事務総局『司法統計年報．3．家事編』　昭和27～平成19年

表B　児童福祉法28条の事件

	受理			既済						未済
	総数	旧受	新受	総数	認容	却下	取下げ	移送	その他	
昭和27年	6	-	6	6	6	-	-	-	-	-
28	10	-	10	7	2	-	5	-	-	3
29	9	3	6	7	3	-	4	-	-	2
30	8	2	6	4	4	-	-	-	-	4
31	12	4	8	10	3	-	5	-	2	2
32	12	2	10	9	7	-	2	-	-	3
33	16	3	13	10	5	-	4	-	1	6
34	14	6	8	7	7	-	-	-	-	7
35	12	7	5	12	5	-	7	-	-	-
36	20	-	20	13	9	-	4	-	-	7
37	14	7	7	10	5	-	5	-	-	4
38	19	4	15	17	13	-	4	-	-	2
39	9	2	7	7	6	-	1	-	-	2
40	11	2	9	4	2	2	-	-	-	7
41	13	7	6	11	10	-	1	-	-	2
42	16	2	14	6	3	-	3	-	-	10
43	36	10	26	28	23	-	5	-	-	8
44	15	8	7	11	8	-	3	-	-	4
45	9	4	5	5	2	-	3	-	-	4
46	27	4	23	13	9	-	4	-	-	14
47	31	14	17 (-)	20	14	3	3	-	-	11
48	30	11	19 (-)	23	16	-	7	-	-	7
49	24	7	17 (-)	12	5	-	7	-	-	12
50	34	12	22 (-)	24	14	2	8	-	-	10
51	25	10	15 (-)	19	8	-	11	-	-	6
52	26	6	20 (-)	23	13	-	10	-	-	3
53	28	3	25 (-)	24	16	2	6	-	-	4
54	32	4	28 (3)	20	14	1	3	-	2	12
55	26	12	14 (-)	17	12	1	4	-	-	9
56	20	9	11 (-)	11	4	-	5	-	2	9
57	20	9	11 (-)	14	8	-	6	-	-	6
58	21	6	15 (-)	18	10	-	8	-	-	3
59	23	3	20 (-)	17	14	-	3	-	-	6
60	18	6	12 (-)	16	16	-	-	-	-	2
61	14	2	12 (-)	14	9	-	5	-	-	-
62	13	-	13 (-)	7	4	-	3	-	-	6
63	21	6	15 (-)	18	10	-	8	-	-	3
平成元年	17	3	14 (-)	10	3	-	4	-	3	7
2	44	7	37 (-)	33	19	2	12	-	-	11
3	32	11	21 (-)	25	17	-	8	-	-	7
4	26	7	19 (1)	22	18	-	4	-	-	4
5	19	4	15 (-)	12	6	-	6	-	-	7
6	35	7	28 (-)	20	12	-	8	-	-	15
7	51	15	36 (1)	43	18	1	22	-	2	8
8	62	8	54 (-)	51	39	-	12	-	-	11
9	74	11	63 (1)	49	36	-	13	-	-	25
10	90	25	65 (1)	69	40	1	26	-	2	21
11	118	21	97	81	58	-	23	-	-	37
12	179	37	142	142	101	6	35	-	-	37
13	206	37	169	170	131	2	36	-	1	36
14	165	36	129	133	93	6	34	-	-	32
15	184	32	152	139	106	4	24	-	5	45
16	279	45	234	221	163	9	44	-	5	58
17	242 〔43〕	58 〔 - 〕	184 〔43〕	195 〔 - 〕	141 〔 - 〕	6 〔 - 〕	40 〔 - 〕	8 〔 - 〕		47 〔43〕
18	260 〔185〕	47 〔43〕	213 〔142〕	205 〔168〕	170 〔155〕	2 〔 - 〕	32 〔13〕	1 〔 - 〕		55 〔17〕
19	302 〔75〕	55 〔17〕	247 〔58〕	241 〔59〕	195 〔56〕	4 〔 - 〕	42 〔3〕			61 〔16〕

注）
・（　）内は渉外事件の内数
・〔　〕内は児童福祉法28条2項の事件の内数
・「-」については該当数値のない場合
・空欄については記載なし
・昭和27年以前は独立した項目として計上されていない

資料：最高裁判所事務総局『司法統計年報．3．家事編』　昭和27～平成19年

表C　親権喪失等・児童福祉法28条の新受件数

	親権喪失等	児福法28条		親権喪失等	児福法28条		親権喪失等	児福法28条
昭和23年	229		昭和43年	96 (5)	26	昭和63年	92 (2)	15 (-)
24	258		44	97 (2)	7	平成元年	105 (1)	14 (-)
25	246		45	89 (3)	5	2	81 (7)	37 (-)
26	261		46	59 (5)	23	3	99 (3)	21 (-)
27	405	6	47	112 (1)	17 (-)	4	82 (6)	19 (1)
28	338	10	48	83 (2)	19 (-)	5	54 (1)	15 (-)
29	594	6	49	74 (5)	17 (-)	6	112 (1)	28 (-)
30	395	6	50	102 (-)	22 (-)	7	66 (9)	36 (1)
31	282	8	51	97 (8)	15 (-)	8	122 (-)	54 (-)
32	225	10	52	85 (9)	20 (-)	9	108 (3)	63 (1)
33	244	13	53	94 (9)	25 (-)	10	112 (1)	65 (1)
34	182	8	54	96 (11)	28 (3)	11	88	97
35	156	5	55	82 (2)	14 (-)	12	108	142
36	138	20	56	87 (-)	11 (-)	13	102	169
37	135	7	57	81 (2)	11 (-)	14	130	129
38	146 (3)	15	58	73 (1)	15 (-)	15	103	152
39	91 (-)	7	59	69 (6)	20 (-)	16	114	234
40	136 (6)	9	60	74 (1)	12 (-)	17	139	227 〔43〕
41	99 (-)	6	61	65 (2)	12 (-)	18	125	355 〔142〕
42	97 (1)	14	62	88 (2)	13 (-)	19	103	305 〔58〕

注）・（ ）内は渉外事件の内数
　　・〔 〕内は児童福祉法28条2項の事件の内数
　　・「 - 」については該当数値のない場合
　　・昭和23〜26年については昭和27年版を参照

資料：最高裁判所事務総局『司法統計年報．3．家事編』　昭和27〜平成19年

表D　親権者、管理権者等の職務執行停止又は職務代行者選任の申立て―全国家庭裁判所

	受理			既済					未済
	総数	旧受	新受	総数	認容	却下	取下げ	その他	
昭和28年			46						
29			27						
30			19						
31			28						
32			19						
33			35						
34			31						
35			30						
36			14						
37			10						
38			6						
39			10						
40			13						
41			7	…					
42			5	…					
43			18	…					
44			9	…					
45			8	…					
46			15	…					
47			9	…					
48			6	…					
49			5	…					
50			16	…					
51			10	…					
52			11	…					
53			4	…					
54			14	…					
55			14	…					
56	23	2	21	18	6	-	11	1	5
57	26	5	21	18	9	-	9	-	8
58	24	8	16	17	9	1	7	-	7
59	29	7	22	23	10	2	11	-	6
60	33	6	27	24	4	4	13	3	9
61	33	9	24	25	10	1	13	1	8
62	37	8	29	20	7	2	11	-	17
63	50	17	33	37	13	2	19	3	13
平成元年	59	13	46	40	23	1	16	-	19
2	44	19	25	27	10	3	14	-	17
3	40	17	23	30	12	3	14	1	10
4	29	10	19	23	10	2	10	1	6
5	48	6	42	39	22	3	11	3	9
6	56	9	47	38	17	4	15	2	18
7	50	18	32	40	6	2	31	1	10
8			50(23)	44(19)	12(6)	6(-)	24(13)	2(-)	15(6)
9			55(19)	57(23)	21(6)	1(-)	34(16)	1(1)	14(2)
10			53(30)	57(28)	28(21)	7(2)	22(5)	-	10(4)
11			55	49	19	6	22	2	16
12			65	68	26	2	37	3	12
13			68	53	19	10	21	3	27
14			65	68	17	21	29	1	24
15			75	74	31	8	34	1	25
16			82	74	23	11	40	-	33
17			106	108	36	15	56	1	31
18			94	101	38	17	43	3	24
19			96	92	39	7	40	6	28

注）・（　）内は特に親権喪失等に関して申立てが行われた数
・「-」については該当数値のない場合、…については不詳、表示省略または調査対象外の場合
・空欄については記載なし

資料：最高裁判所事務総局『司法統計年報．3．家事編』　昭和27～平成19年

表E　児童との面会又は通信の制限の申立て──全国家庭裁判所（旧特別家事審判規則18条の2）

	受理			既済					未済
	総数	旧受	新受	総数	認容	却下	取下げ	その他	
平成17年			6	6	2	1	3	-	-
18			7	5	1	-	2	2	2
19			8	7	3	-	4	-	3

注）・「-」については該当数値のない場合
　　・空欄については記載なし

資料：最高裁判所事務総局『司法統計年報．3．家事編』平成17～19年

表F　保護者に対する措置に関する都道府県への勧告件数（児童福祉法28条6項）

	28条1項容認審判		28条2項容認審判	
	総数	うち勧告のあったもの	総数	うち勧告のあったもの
平成17年度	121	15	84	17
18	164	22	69	6
19	165	23	68	10

資料：最高裁判所事務総局家庭局『児童福祉法28条事件の動向と事件処理の実情』平成17年4月1日～平成18年3月31日
　　　『同　平成18年4月1日～平成19年3月31日』
　　　『同　平成19年4月1日～平成20年3月31日』

表G　施設入所等の措置の期間の更新回数（児童福祉法28条2項）

	承認の対象		合計
	1回目の期間更新	2回目の期間更新	
平成19年度	40	28	68

資料：最高裁判所事務総局家庭局『児童福祉法28条事件の動向と事件処理の実情』平成19年4月1日～平成20年3月31日

表H 嬰児殺の検挙人員

	認知件数	検挙件数	検挙人員			
			計	男	女	女子比
昭和48年	196	156	145	11	134	92.4
49	190	160	153	13	140	91.5
50	207	177	156	17	139	89.1
51	183	161	152	19	133	87.5
52	187	168	151	12	139	92.1
53	163	149	137	12	125	91.2
54	165	142	120	9	111	92.5
55	167	154	122	7	115	94.3
56	138	123	111	9	102	91.9
57	138	124	118	9	109	92.4
58	146	127	106	6	100	94.3
59	112	106	97	9	88	90.7
60	129	120	109	10	99	90.8
61	99	93	78	3	75	69.2
62	107	102	87	5	82	94.3
63	91	78	70	4	66	94.3
平成元年	85	74	56	5	51	91.1
2	82	81	69	3	66	95.7
3	71	64	47	2	45	95.7
4	67	57	49	1	48	98
5	66	63	57	5	52	91.2
6	45	43	34	2	32	94.1
7	52	49	38	4	34	89.5
8	52	51	39	6	33	84.6
9	41	40	38	3	35	92.1
10	38	37	32	4	28	87.5
11	26	24	19	-	19	100
12	33	31	29	4	25	86.2
13	40	33	35	4	31	88.6
14	29	25	21	1	20	95.2
15	27	26	18	6	12	66.7
16	24	23	21	1	20	95.2
17	27	23	19	1	18	94.7
18	22	21	17	1	16	94.1
19	23	22	18	0	18	100

注) ・「-」については該当数値のないもの
資料: 警察庁　犯罪統計書　『昭和48年の犯罪』〜『平成19年の犯罪』　平成12年以降は警察庁のホームページ上で情報公開されている。

表Ⅰ　児童虐待に係る検挙件数・検挙人員

	総数	殺人	傷害	致死	暴行	逮捕監禁	強姦	強制わいせつ	保護責任者遺棄	重過失致死傷	その他
①検挙件数 平成11年	120	19	42	15	1	-	12	3	20	4	19
12	186	31	92	20	4	-	15	9	13	2	20
13	189	31	97	23	8	-	4	5	17	3	24
14	172	19	94	18	5	1	7	4	20	-	22
15	157	23	80	17	6	-	6	3	16	3	20
16	229	30	128	22	16	1	15	8	12	3	16
17	222	24	125	17	9	-	16	7	7	2	32
18	297	48	133	15	14	1	14	26	20	2	39
19	300	39	156	15	16	2	22	10	16	1	38
②検挙人員 平成11年	130	20	48	18	1	-	12	3	22	5	19
12	208	35	105	26	4	-	15	9	17	3	20
13	216	38	109	32	9	-	4	5	23	3	25
14	184	20	101	20	5	1	7	4	25	-	21
15	183	26	98	25	6	-	6	3	20	4	20
16	253	33	142	29	16	1	16	8	16	3	18
17	242	25	141	19	9	-	16	7	8	3	33
18	329	49	153	19	15	1	14	27	27	3	40
19	323	39	171	17	16	3	22	10	21	1	40

注）・無理心中及び出産直後の嬰児殺を除く
　　・罪名の「その他」について平成18年までは児童福祉法違反および少年保護条例違反である。平成19年は暴力行為等処罰法違反、児童福祉法違反、児童買春・児童ポルノ禁止法違反、青少年保護育成条例違反、覚せい剤取締法違反及び学校教育法違反である。（平成19年は、暴力行為等処罰法違反及び覚せい剤取締法違反はなかった。）
　　・「-」については該当数値が0のとき又は非該当のとき

資料：法務省法務総合研究所　『犯罪白書』　平成11年～20年版　大蔵省印刷局（～平成12年）、財務省印刷局（平成13・14年）、国立印刷局（平成15年～）

表J 児童虐待に係る加害者と被害者との関係（事件別）

1) 全事件

加害者／年	父親等				母親等			
	実父	養父・継父	母親の内縁の夫	その他（男性）	実母	養母・継母	父親の内縁の妻	その他（女性）
平成12年	60	22	47	8	64	1		6
13	50	31	46	9	74	2		4
14	43	34	34	5	60	3		5
15	49	40	23	7	58	2		4
16	81	41	30	11	72	7		11
17	77	47	43	1	69	3		2
18	86	56	52	24	96	8		7
19	91	55	46	23	97	1	－	10

2) 殺人

加害者／年	父親等				母親等			
	実父	養父・継父	母親の内縁の夫	その他（男性）	実母	養母・継母	父親の内縁の妻	その他（女性）
平成12年	9	－	3	－	23	－		－
13	5	－	4	1	26	－		2
14	3	1	－	－	15	－		1
15	6	1	3	－	16	－		－
16	7	2	－	1	21	1		1
17	2	1	2	－	20	－		－
18	10	2	3	－	34	－		－
19	7	－	－	1	29	－	－	2

注）無理心中、出産直後の嬰児殺を除く

3) 傷害・傷害致死

加害者／年	父親等				母親等			
	実父	養父・継父	母親の内縁の夫	その他（男性）	実母	養母・継母	父親の内縁の妻	その他（女性）
平成12年	28 (8)	10 (－)	31 (7)	3 (－)	26 (9)	1 (－)		6 (2)
13	30 (5)	14 (3)	31 (9)	3 (2)	27 (10)	2 (2)		2 (1)
14	23 (2)	14 (2)	29 (4)	4 (1)	24 (7)	3 (2)		4 (2)
15	25 (5)	24 (5)	17 (4)	1 (1)	27 (8)	2 (－)		2 (2)
16	48 (10)	20 (2)	21 (2)	6 (2)	32 (9)	6 (1)		9 (3)
17	48 (7)	23 (1)	28 (2)	－	37 (8)	3 (1)		2 (－)
18	42 (5)	26 (3)	29 (3)	6 (1)	36 (5)	8 (－)		6 (2)
19	57 (4)	24 (2)	28 (2)	11 (3)	44 (6)	1 (－)	－ (－)	6 (－)

注）（ ）内は傷害致死事件の内数
　　傷害事件件数には傷害致死事件件数も含まれる

4) 暴行

加害者／年	父親等				母親等			
	実父	養父・継父	母親の内縁の夫	その他（男性）	実母	養母・継母	父親の内縁の妻	その他（女性）
平成12年	1	1	1	－	1	－		－
13	5	－	2	－	2	－		－
14	2	－	1	－	2	－		－
15	4	－	1	－	－	－		1
16	7	2	4	－	3	－		－
17	4	2	1	－	2	－		－
18	7	5	1	1	1	－		－
19	6	1	5	－	4	－	－	－

5) 逮捕監禁

加害者／年	父親等				母親等			
	実父	養父・継父	母親の内縁の夫	その他（男性）	実母	養母・継母	父親の内縁の妻	その他（女性）
平成12年								
13								
14	－	1	－	－	－	－		－
15								
16	－	－	－	－	1	－		－
17								
18	－	－	－	－	1	－		－
19	1	－	1	－	1	－	－	－

6) 強姦

加害者＼年	父親等				母親等			
	実父	養父・継父	母親の内縁の夫	その他（男性）	実母	養母・継母	父親の内縁の妻	その他（女性）
平成12年	5	2	7	1	-	-	-	-
13	1	1	-	2	-	-	-	-
14	2	4	1	-	-	-	-	-
15	1	3	-	2	-	-	-	-
16	9	4	1	1	1	-	-	-
17	6	6	3	1	-	-	-	-
18	4	6	3	-	-	-	-	-
19	6	11	2	2	1	-	-	-

7) 強制わいせつ

加害者＼年	父親等				母親等			
	実父	養父・継父	母親の内縁の夫	その他（男性）	実母	養母・継母	父親の内縁の妻	その他（女性）
平成12年	2	1	3	3	-	-	-	-
13	1	1	3	-	-	-	-	-
14	1	2	1	-	-	-	-	-
15	-	1	-	2	-	-	-	-
16	-	6	1	1	-	-	-	-
17	2	4	1	-	-	-	-	-
18	4	7	5	10	1	-	-	-
19	-	5	4	1	-	-	-	-

8) 保護責任者遺棄

加害者＼年	父親等				母親等			
	実父	養父・継父	母親の内縁の夫	その他（男性）	実母	養母・継母	父親の内縁の妻	その他（女性）
平成12年	3	1	1	-	12	-	-	-
13	3	2	1	-	17	-	-	-
14	5	-	1	-	19	-	-	-
15	4	2	-	-	13	-	-	1
16	4	-	-	-	11	-	-	1
17	1	-	-	-	7	-	-	-
18	6	-	2	-	18	-	-	-
19	2	-	1	1	15	-	-	2

9) 重過失致死傷

加害者＼年	父親等				母親等			
	実父	養父・継父	母親の内縁の夫	その他（男性）	実母	養母・継母	父親の内縁の妻	その他（女性）
平成12年	1	-	-	-	2	-	-	-
13	1	-	1	-	1	-	-	-
14	-	-	-	-	-	-	-	-
15	4	2	-	-	13	-	-	1
16	2	-	-	-	1	-	-	-
17	1	-	-	-	2	-	-	-
18	1	-	-	-	2	-	-	-
19	-	-	-	-	-	-	-	-

10) その他（児童福祉法違反および青少年保護条例違反）

加害者＼年	父親等				母親等			
	実父	養父・継父	母親の内縁の夫	その他（男性）	実母	養母・継母	父親の内縁の妻	その他（女性）
平成12年	11	7	1	1	-	-	-	-
13	4	13	4	3	1	-	-	-
14	7	12	1	1	-	-	-	-
15	8	8	2	2	-	-	-	-
16	4	7	3	2	2	-	-	-
17	13	11	8	-	1	-	-	-
18	12	10	9	6	3	-	-	-
19	11	14	5	7	3	-	-	-

注）・加害者の「その他」について平成18年までは祖父母等である。平成19年は祖父母、伯（叔）父母、父母の友人・知人等で保護者と認められる者である。

・罪名の「その他」について平成18年までは児童福祉法違反および少年保護条例違反である。平成19年は暴力行為等処罰法違反、児童福祉法違反、児童買春・児童ポルノ禁止法違反、青少年保護育成条例違反、覚せい剤取締法違反および学校教育法違反である。（平成19年は、暴力行為等処罰法違反及び覚せい剤取締法違反はなかった。）

・「-」については該当数値が0のとき又は非該当のとき

・空欄については記載なし

資料：法務省法務総合研究所　『犯罪白書』　平成11年～20年版　大蔵省印刷局（～平成12年）、財務省印刷局（平成13・14年）、国立印刷局（平成15年～）

表K　児童虐待に係る加害者と被害者との関係（年別）

①平成12年

加害者	総数	殺人	傷害	致死	暴行	逮捕監禁	強姦	強制わいせつ	保護責任者遺棄	重過失致死傷	その他
総数	208	35	105	26	4			15	9	17	3	20
父親等	137	12	72	15	3			15	9	5	1	20
実父	60	9	28	8	1			5	2	3	1	11
養父・継父	22	−	10	−	1			2	1	1	−	7
母親の内縁の夫	47	3	31	7	1			7	3	1	−	1
その他	8	−	3	−	−			1	3	−	−	1
母親等	71	23	33	11	1			−	−	12	2	−
実母	64	23	26	9	1			−	−	12	2	−
養母・継母	1	−	1	−	−			−	−	−	−	−
その他	6	−	6	2	−			−	−	−	−	−

②平成13年

加害者	総数	殺人	傷害	致死	暴行	逮捕監禁	強姦	強制わいせつ	保護責任者遺棄	重過失致死傷	その他
総数	216	38	109	32	9		4	5	23	3	25
父親等	136	10	78	19	7		4	5	6	2	24
実父	50	5	30	5	5		1	1	3	1	4
養父・継父	31	−	14	3	−		1	1	2	−	13
母親の内縁の夫	46	4	31	9	2		−	3	1	1	4
その他	9	1	3	2	−		2	−	−	−	3
母親等	80	28	31	13	2		−	−	17	1	1
実母	74	26	27	10	2		−	−	17	1	1
養母・継母	2	−	2	2	−		−	−	−	−	−
その他	4	2	2	1	−		−	−	−	−	−

③平成14年

加害者	総数	殺人	傷害	致死	暴行	逮捕監禁	強姦	強制わいせつ	保護責任者遺棄	重過失致死傷	その他
総数	184	20	101	20	5	1	7	4	25	−	21
父親等	116	4	70	9	3	1	7	4	6	−	21
実父	43	3	23	2	2	−	2	1	5	−	7
養父・継父	34	1	14	2	−	1	4	2	−	−	12
母親の内縁の夫	34	−	29	4	1	−	1	1	1	−	1
その他	5	−	4	1	−	−	−	−	−	−	1
母親等	68	16	31	11	2	−	−	−	19	−	−
実母	60	15	24	7	2	−	−	−	19	−	−
養母・継母	3	−	3	2	−	−	−	−	−	−	−
その他	5	1	4	2	−	−	−	−	−	−	−

④平成15年

加害者	総数	殺人	傷害	致死	暴行	逮捕監禁	強姦	強制わいせつ	保護責任者遺棄	重過失致死傷	その他
総数	183	26	98	25	6		6	3	20	4	20
父親等	119	10	67	15	5		6	3	6	2	20
実父	49	6	25	5	4		1	−	4	1	8
養父・継父	40	1	24	5	−		3	1	2	1	8
母親の内縁の夫	23	3	17	4	1		−	−	−	−	2
その他	7	−	1	1	−		2	2	−	−	2
母親等	64	16	31	10	1		−	−	14	2	−
実母	58	16	27	8	−		−	−	13	2	−
養母・継母	2	−	2	−	−		−	−	−	−	−
その他	4	−	2	2	1		−	−	1	−	−

⑤平成16年

加害者	総数	殺人	傷害	致死	暴行	逮捕監禁	強姦	強制わいせつ	保護責任者遺棄	重過失致死傷	その他
総数	253	33	142	29	16	1	16	8	16	3	18
父親等	163	10	95	16	13	-	15	8	4	2	16
実父	81	7	48	10	7	-	9	-	4	2	4
養父・継父	41	2	20	2	2	-	4	6	-	-	7
母親の内縁の夫	30	-	21	2	4	-	1	1	-	-	3
その他	11	1	6	2	-	-	1	1	-	-	2
母親等	90	47	47	13	3	1	1	-	12	1	2
実母	72	32	32	9	3	1	1	-	11	1	2
養母・継母	7	6	6	1	-	-	-	-	-	-	-
その他	11	9	9	3	-	-	-	-	1	-	-

⑥平成17年

加害者	総数	殺人	傷害	致死	暴行	逮捕監禁	強姦	強制わいせつ	保護責任者遺棄	重過失致死傷	その他
総数	242	25	141	19	9	-	16	7	8	3	33
父親等	168	5	99	10	7	-	16	7	1	1	32
実父	77	2	48	7	4	-	6	2	1	1	13
養父・継父	47	1	23	1	2	-	6	4	-	-	11
母親の内縁の夫	43	2	28	2	1	-	3	1	-	-	8
その他	1	-	-	-	-	-	1	-	-	-	-
母親等	74	20	42	9	2	-	-	-	7	2	1
実母	69	20	37	8	2	-	-	-	7	2	1
養母・継母	3	-	3	1	-	-	-	-	-	-	-
その他	2	-	2	-	-	-	-	-	-	-	-

⑦平成18年

加害者	総数	殺人	傷害	致死	暴行	逮捕監禁	強姦	強制わいせつ	保護責任者遺棄	重過失致死傷	その他
総数	329	49	153	19	15	1	14	27	27	3	40
父親等	218	15	103	12	14	-	14	26	8	1	37
実父	86	10	42	5	7	-	4	4	6	1	12
養父・継父	56	2	26	3	5	-	6	7	-	-	10
母親の内縁の夫	52	3	29	3	1	-	3	5	2	-	9
その他	24	-	6	1	1	-	1	10	-	-	6
母親等	111	34	50	7	1	1	-	1	19	2	3
実母	96	34	36	5	1	1	-	1	18	2	3
養母・継母	8	-	8	-	-	-	-	-	-	-	-
その他	7	-	6	2	-	-	-	-	1	-	-

⑧平成19年

加害者	総数	殺人	傷害	致死	暴行	逮捕監禁	強姦	強制わいせつ	保護責任者遺棄	重過失致死傷	その他
総数	323	39	171	17	16	3	22	10	21	1	40
父親等	215	8	120	11	12	2	21	10	4	1	37
実父	91	7	57	4	6	1	6	-	2	1	11
養父・継父	55	-	24	2	1	-	11	5	-	-	14
母親の内縁の夫	46	-	28	2	5	1	2	4	1	-	5
その他（男性）	23	1	11	3	-	-	2	1	1	-	7
母親等	108	31	51	6	4	1	1	-	17	-	3
実母	97	29	44	6	4	1	1	-	15	-	3
養母・継母	1	-	1	-	-	-	-	-	-	-	-
父親の内縁の妻	-	-	-	-	-	-	-	-	-	-	-
その他（女性）	10	2	6	-	-	-	-	-	2	-	-

注）
- 無理心中及び出産直後の嬰児殺を除く
- 加害者の「その他」について平成18年までは祖父母等である。平成19年は祖父母、伯（叔）父母、父母の友人・知人等で保護者と認められる者である。
- 罪名の「その他」について平成18年までは児童福祉法違反および少年保護条例違反である。平成19年は暴力行為等処罰法違反、児童福祉法違反、児童買春・児童ポルノ禁止法違反、青少年保護育成条例違反、覚せい剤取締法違反及び学校教育法違反である。（平成19年は、暴力行為等処罰法違反及び覚せい剤取締法違反はなかった。）
- 「-」については該当数が0のとき又は非該当のとき
- 空欄については記載なし

料：法務省法務総合研究所　『犯罪白書』　平成13年〜19年版　財務省印刷局（平成13・14年）、国立印刷局（平成15年〜）

表L　児童相談所における親権・後見人関係請求・承認件数

	児童福祉法28条第1項・第2項による措置		親権喪失宣告の請求		後見人選任の請求		後見人解任の請求	
	請求件数	承認件数	請求	承認	請求	承認	請求	承認
昭和49年度	14	10	5	-	70	57	2	2
50	10	2	4	-	51	46	-	-
51	9	6	-	-	27	26	1	1
52	5	5	-	-	49	50	2	2
53	8	7	-	-	32	30	2	1
54	5	4	1	1	40	33	1	1
55	2	1	-	-	37	41	1	1
56	2	2	1	-	21	23	-	-
57	6	3	3	2	23	21	1	1
58	4	4	-	1	25	26	-	-
59	14	13	2	-	21	17	-	-
60	3	3	1	-	25	19	-	-
61	-	1	-	1	14	18	-	-
62	5	5	-	-	11	11	-	-
63	6	3	1	-	9	8	1	1
平成元年度	3	-	-	-	8	8	-	-
2	19	15	2	-	8	4	-	-
3	10	9	2	3	15	13	-	-
4	7	5	1	1	9	8	-	-
5	5	1	1	-	7	6	-	-
6	4	3	1	1	8	4	1	1
7	31	11	2	-	7	4	-	-
8	35	19	3	-	10	8	-	-
9	49	36	3	1	8	7	2	2
10	39	22	-	2	10	5	-	-
11	88	48	1	6	14	8	1	1
12	127	87	8	-	7	3	-	-
13	134	99	4	1	11	6	-	1
14	117	87	3	3	9	10	-	-
15	140	105	3	-	8	6	-	-
16	186	147	4	1	7	8	-	-
17	176	147	2	2	6	5	-	-
18	185	163	3	2	4	4	1	-
19	235	182	4	1	14	9	2	2

注）「-」については係数のない場合
資料：厚生省大臣官房統計情報部　『社会福祉行政業務報告（厚生省報告例）』　昭和49年度～平成11年度
　　　厚生労働省大臣官房統計情報部　『社会福祉行政業務報告（福祉行政報告例）』　平成12年度～平成19年度

表M　児童相談所における知事勧告件数及び家庭裁判所勧告件数

	知事勧告	家庭裁判所勧告
平成17年度	-	9
18	1	16
19	2	31

注）「-」については係数のない場合
資料：厚生労働省大臣官房統計情報部　『社会福祉行政業務報告（福祉行政報告例）』　平成15年度～平成19年度

表N　児童相談所における児童虐待相談の対応件数（立入調査・警察官の同行）

	立入調査	警察官の同行
平成15年度	249	247
16	287	364
17	243	320
18	238	340
19	199	342

資料：厚生労働省大臣官房統計情報部　『社会福祉行政業務報告（福祉行政報告例）』　平成15年度～平成19年度

第4期
(2004年5月から2007年6月まで)

第4期の概観

　第4期の研究は、2004年5月に行われた児童虐待防止法の最初の大改正から2007年の第2回目の大規模な改正に至る期間を対象とする、児童虐待に関する法制度および法学文献の研究である。

　2004年に国会で改正の議論がなされていたとき、いわゆる「岸和田事件」が報道され、児童福祉と教育分野との連携の重要性が指摘された。これに呼応するように虐待相談件数も急増し、児童相談所や受け皿としての児童福祉施設での対応について限界が指摘されるようになった。また「介入的ケースワーク」が各地の児童相談所に受け入れられ、児童相談所自体が支援的役割と介入的役割の狭間に立たされることになった。こうした状況のもとに、2004年の児童虐待防止法改正では、虐待の定義の見直しや国・自治体の責務の明確化、児童相談所、市町村の安全確認義務等が新たに規定された。同年の児童福祉法改正では、児童福祉法28条審判による施設入所等の措置に関する2年更新制度が設けられて司法関与が強化され、市町村が児童家庭相談の第一義的窓口とされたものの、各地の児童相談所や自治体は十分にこれらの相談に対応することができない状態が続いた。同時に法定化された「要保護児童対策地域協議会」も自治体による温度差が著しく、実効性をもって対応するための担当職員の確保や質の向上が課題として浮上してきた。

　受け皿としての児童福祉施設においては、依然として大都市周辺の施設では定員ギリギリの入所を余儀なくされ、施設の「野戦病院化」が現場から叫ばれるようになり、社会的養護の拡充が急務とされるようになった。

　このように、2004年から2007年にかけての時期は、法制度は徐々に整備されてきたものの、児童相談所や施設の不足、心理司や児童精神科医等の専門職の不足、市町村の対応力不足等、虐待対応の体制整備が法改正に追いつかないまま、より一層、積極的対応が求められるようになった時期でもあった。

　こうした困難状況は、その後も基本的にはなお改善されていないが、体制不備の問題性はこの時期に入ってより顕著になったといえよう。他方で、児童相談所における嘱託弁護士や医師の配置、施設における心理職員の配置や小規模グループケアの実施等、虐待に特化した対応が進んできたのもこの時期である。

　こうした意味では、この時期は急増する虐待相談に対応するための様々な試みがなされてきたものの、体制の整備がそれに追いつかず、個々の場面での断片的な試みによる対応がなされ始めた時期ともいえよう。これらの試みのいくつかは、その後、広く展開されるものもあり、虐待対応の体制強化のための試行的時期であったということもできる。

　今期では、これらの新たな試みや見解を紹介しながら、どのようにして法制度が整備され、法的対応がなされてきたかを明らかにすることとする。

（吉田　恒雄）

第4期（2004年5月から2007年6月まで）

I 法令・判例および法学研究の動向

1 全体の動向

(1) はじめに

　2004年4月には、児童虐待防止法が改正され、より積極的な介入（介入的ケースワーク）を可能とする法的枠組みが整えられるようになった。同年12月の児童福祉法改正では市町村が児童家庭相談の第一義的窓口とされる等、虐待対応の体制整備もなされた。しかし、虐待相談件数の急増に児童相談所や施設が十分に対応できず、体制整備が大きな課題として残された。

　児童虐待防止法の2度目の大改正では、介入的側面がさらに強められると、同時に、予防施策も徐々に図られるようになり、児童虐待防止の全体像が形成されるようになる。

　第3期に続いて、第4期は、こうして児童虐待防止制度が整備・充実していく時期であり、判例・審判例の蓄積も進んでくる。研究面でも、親子再統合に焦点をあてた研究や地域ネットワーク、子育て支援との関係等、多様な研究が展開していく。しかし、法改正を中心とする制度面での充実の一方で、児童相談所や施設、関係機関の専門性等、体制の整備がそれに追いつかない状況となり、児童相談所、市町村、施設等、関係機関のジレンマが大きくなっていく時期でもあった。

(2) 法改正および通知
①法改正

　2004年4月に児童虐待防止法が改正された。この改正は、介入後の支援の重要性に鑑み、虐待の定義の見直し、通告義務者の拡大、被虐待児や虐待親への治療的支援、要保護児童の自立支援等、分離された親子の再統合支援に向けた施策も含み得る総合的な内容となった。2004年12月3日の児童福祉法改正（法律第153号）では、市町村の相談体制の充実、都道府県・児童相談所による市町村に対する援助、児童相談所長が受けるべき研修、児童福祉司の資格、地方公共団体における要保護児童対策地域協議会の設置、児童福祉施設等のあり方（乳児院および児童養護施設における児童の年齢要件の柔軟化、児童自立生活支援事業の目的として対象者への就職支援の付加、里親の権限の強化）、要保護児童に対する司法関与の強化（強制入所措置の有期限化、家裁から児相への勧告等）を定める等、児童虐待対策について抜本的な改正が図られた。児童や家庭については、これまで都道府県が主要な役割を担うものとされていたのに対して、2004年の児童福祉法改正では市町村が第一次的役割を担うものとし、その実施体制が大幅に改められた。

　2007年5月25日、児童虐待防止法および児童福祉法の一部を改正する法律が成立した。児童虐待防止法については、2004年の改正に続く2回目の大きな改正であり、前回と同様「議員立法」の形式で行われた。

　主な改正点は、第1は司法関与による強制的立ち入り制度（臨検・捜索）が設けられたことであり、第2は親に対する児童福祉司指導等を、より実効性をもって行うことができるようにしたことである。

　この改正法の特徴は、初期介入を中心に法制度の整備がなされたものの、親権制度や親子分離

後のケア、自立といった面では直接の法改正は行われず、児童虐待防止法改正法附則2条により今後の課題とされた。

②通　知

　厚生労働省は、「児童虐待等緊急対策の実施について」（平成19年2月15日雇用均等・児童家庭局長通知雇児発第0215002号」を発出し、児童虐待対策の基盤整備のための総合的対策を講じることとした。

　2004年4月成立の改正児童虐待防止法の施行に向けて、とくに学校における対応を強化するために、「学校における児童虐待防止に向けた取り組みの推進について」（平成16年8月13日厚生労働省雇用均等・児童家庭局長通知雇児発第0813002号）や「児童福祉法等の一部を改正する法律等の施行について」（平成16年8月13日文部科学省生涯学習政策・初等中等教育局長連名通知16文科生第313号）は、改正児童虐待防止法で学校の役割が重視されたことに伴い、とくに学校・教育委員会の積極的対応を求めた。

　児童虐待防止体制の強化も図られ、「『児童福祉法施行令の一部を改正する政令』の施行について」（平成17年3月18日厚生労働省雇用均等・児童家庭局長通知雇児発第0318001号）により、都道府県等における児童福祉司の配置基準が改善されることになった。2004年の児童福祉法改正により、市町村が児童家庭相談の第一義的窓口とされたことに伴い、児童相談所運営指針を改定し、地域の実情に応じて適正に児童家庭相談援助活動を実施するものとされた（「児童相談所運営指針の改正について」〈平成17年2月14日厚生労働省雇用均等・児童家庭局通知雇児発第0214003号〉）。これにあわせて「子ども虐待対応の手引き」も改定された（「子ども虐待対応の手引きの改正について」〈平成17年3月25日厚生労働省雇用均等・児童家庭局総務課長通知雇児総発第0325001号〉他）。

　2004年の法改正に伴い、警察との連携強化を図る通知が数多く発出されている（「児童の安全の確認及び安全の確保を最優先とした児童虐待への対応について」〈平成18年9月26日警察庁生活安全局長・刑事局長通達警察庁丙少発第38号、丙生企発第83号、丙捜一発第29号〉、「警察との連携及び警察の事情聴取における児童相談所の対応について」〈平成18年9月26日厚生労働省雇用均等・児童家庭局総務課虐待防止対策室・事務連絡〉、「『児童福祉法施行令の一部を改正する政令』の施行について」〈平成18年9月26日厚生労働省雇用均等・児童家庭局長通知雇児総発第0926001号〉、「児童相談所運営指針等の改正について」〈平成18年9月27日厚生労働省雇用均等・児童家庭局通知雇児発第0927007号〉）。

　岸和田事件との関連で、学校・教育委員会の取り組み・連携の強化を求める通知も発出された（「学校における児童虐待防止に向けた取り組みの推進について」〈平成18年6月5日文部科学省初等中等教育局児童生徒課長通知、初児生第11号〉、「児童虐待事案等における関係機関との連携強化について」〈平成19年5月11日法務省人権擁護局調査救済課長通知法務省権調第219号〉）。

　児童虐待の発見については、「養育支援を必要とする家庭に関する医療機関から市町村に対する情報提供について」（平成16年3月10日厚生労働省雇用均等・児童家庭局総務課長通知雇児総発第0310001号）は、とくに医療機関からの情報提供を促進することを目的とする診療報酬の改定に関する通知であり、「『児童虐待に係る通告先の拡大』及び『通告を受けた場合の措置』につい

第4期（2004年5月から2007年6月まで）

て」（平成17年2月14日厚生労働省雇用均等・児童家庭局長通知雇児発第0214001号）は、2004年の児童虐待防止法および児童福祉法改正を受けて、通告先に市町村が加えられたこと、市町村・都道府県福祉事務所が通告を受けた場合の措置（児童の安全確認、児童相談所への通知等）やその留意事項を定めるものである。配偶者暴力との関連では、「児童虐待・配偶者等からの暴力（DV）の早期発見のための取組の促進について」（平成19年3月16日厚生労働省医政局総務課長通知医政総発第0316001号）が出されている。

児童養護施設、乳児院、児童自立支援施設関連では、小規模グループケア実施のために、設備、人数、職員、留意事項等の具体的な事項を定める指針として、「児童養護施設等のケア形態の小規模化の促進について」（平成17年3月30日厚生労働省雇用均等・児童家庭局長通知雇児発第0330008号）が出された。「児童養護施設等における入所者の自立支援計画について」（平成17年8月10日厚生労働省雇用均等・児童家庭局長通知雇児発第0810001号）は、児童養護施設等における入所者の援助に関する計画策定上の留意点を示し、入所者への援助向上の観点からその活用を求めるものである。

「児童養護施設、乳児院及び児童自立支援施設における虐待を受けた子ども等に対する適切な援助体制の確保について」（平成18年6月27日厚生労働省雇用均等・児童家庭局長通知雇児発第0627002号）は、児童養護施設等に心理療法を行う職員の配置、カウンセリング等の実施に関する通知である。

里親については、「里親委託推進事業の実施について」（平成18年4月3日厚生労働省雇用均等・児童家庭局長通知雇児発第0403001号）が、里親への子どもの委託、養子縁組の推進を目的に、「里親委託推進事業実施要綱」を定め、その実施を求めた。

2004年の児童福祉法改正により市町村が児童家庭相談に応じるものとされたことに伴い、「市町村児童家庭相談援助指針について」（平成17年2月14日厚生労働省雇用均等・児童家庭局長通知雇児発第0214002号）は、相談援助活動が適切に実施されるよう、相談援助の基本、市町村の具体的役割等を定める指針を示した。「要保護児童対策地域協議会設置・運営指針について」（平成17年2月25日厚生労働省雇用均等・児童家庭局長通知雇児発第0225001号）は、2004年の児童福祉法改正で法定化された「要保護児童対策地域協議会」について、その円滑な設置と運営を求める通知である。

熊本市慈恵病院におけるいわゆる「こうのとりのゆりかご」設置に関連しては、「出産や育児に悩みを持つ保護者に対する相談窓口の周知等について」（平成19年4月5日厚生労働省雇用均等・児童家庭局総務課長通知雇児総発第0405001号）が出されている。

(3) 判 例
①児童福祉法

第4期に入っても児童福祉法28条事件は引き続き増加傾向にある。2004年児童福祉法改正（「児童福祉法の一部を改正する法律」平成16年法律第153号）および2005年特別家事審判規則改正（「特別家事審判規則の一部を改正する規則」平成17年最高裁判所規則第5号）に関連して、児童福祉法28条6項に基づく勧告（保護者に対する指導及び援助に関する勧告）をした事例や施設入所等の措置の期間更新制度の新設に伴う更新承認の審判例が紹介されている。また、2005年の特別家

事審判規則改正によって、児童福祉法28条1項の承認申立てを本案とする保全処分制度が設けられ、これを承認する審判例等が公表された。

②民 法

民法766条に基づく第三者の監護者指定として、金沢家裁七尾支部審判平成17年3月11日（家裁月報57巻9号47頁【判例6】）は、事件本人未成年者の母方祖母が、実父母を相手方として自らを監護者とすることを申し立てた事件であり、子の祖母からの監護者指定の申立てが認められた。

親権喪失事件としては、名古屋家裁岡崎支部審判平成16年12月9日（家裁月報57巻12号82頁【判例7】）は、実母とその交際相手の婚姻届と交際相手と子の養子縁組届が提出された事案で、実母・養父には子の監護教育や施設の早期退所の必要性等についての配慮が全くうかがわれず、親権を児童相談所への抗議行動や実父に対する謝罪、金銭要求の手段としており、このような実母・養父の態度は、子の福祉を著しく損ねるもので、親権濫用といわざるをえないとして、親権喪失を宣告し、抗告審もこれを支持した（名古屋高裁決定平成17年3月25日、家裁月報57巻12号87頁）。

名古屋家裁審判平成18年7月25日（家裁月報59巻4号127頁【判例8】）は、宗教上の理由による医療ネグレクト事案で、児童相談所長が親権喪失宣告とともに、保全処分として親権者の職務執行停止と職務代行者の選任を申し立て、これを認容した事例である。類似事案として大阪家裁岸和田支部審判平成17年2月15日（家裁月報59巻4号135頁）が紹介されている。

性的虐待を理由とする損害賠償請求事件で、不法行為に基づく損害賠償請求権に対する3年の短期消滅時効（民法724条）の起算点が問題となった福岡高裁判決平成17年2月17日（判タ1188号266頁【判例9】）は、「被害者において、加害者に対する賠償請求が事実上可能な状況のもとに、その可能な程度にこれらを知ることを意味し、このうち「損害」については、単に損害の発生を知るだけでは足りず、加害行為が不法行為であることを認識する必要がある」とした。同様に性的虐待被害者からの損害賠償請求が認められた事例として、東京地裁判決平成17年10月14日（判時1929号62頁）がある。

③刑 法（第3期・第4期）

第3期から、第4期にかけて公刊物に搭載された児童虐待関連の刑事判例数が増加してきた。とくに、虐待者が傷害または傷害致死の罪に問われることの多い身体的虐待関連の刑事判例が多く公表された。第2期に続き、第3期、第4期ともに、不作為による幇助の事例があり、作為義務の発生、義務遂行の可能性等について、異なる見解が示されている。

第4期に入って、初めて被虐待者による虐待者に対する犯罪が公刊物で3事例確認された。いずれも、被虐待者が虐待者を殺害し、その死体を遺棄した事案であり、被害者が被告人らに虐待を加えていたことがその背景として、被告人らに有利な事情として考慮された。

第 4 期（2004 年 5 月から 2007 年 6 月まで）

(4) 研究動向
①児童福祉法分野
　第 4 期では児童虐待防止法の改正がなされ、その内容を解説する論考が発表された。2004 年 10 月からは虐待により子どもが死亡した事例の検証が厚生労働省で始まり、その報告書が公表され、これに関する解説も行われた。

　法学分野では、家庭に対する国家介入の問題が取り上げられるようになり、法社会学、比較法、実務の観点から司法関与制度のあり方が論じられた。また、次の児童虐待防止法改正に向けた検討も始められた。

　児童虐待防止法、配偶者暴力防止法に続き、2005 年に高齢者虐待防止法（高齢者虐待の防止、高齢者の養護者に対する支援等に関する法律）が成立したことを受けて、家庭内の暴力を総合的に捉える動きが出てきた。

　また、この頃からいわゆる「施設内虐待」の問題が積極的に論じられるようになり、児童福祉の現場はもちろん、法律学の立場からも検討されるようになった。

②民法分野
　第 4 期における民法学の研究動向としては、比較法研究が数多く公刊されたことが特徴的である。例えば、ドイツ法に関しては「暴力のない教育を受ける権利」を中心にドイツの親権に歴史的推移やその法的性格を論ずる論文、里親制度の紹介、児童虐待の取り扱いの現状に関する論文がある。イギリス法では、児童虐待への対応に関する裁判所の役割を紹介するもの、児童虐待防止制度の歴史を紹介する著書などがある。フランス法に関しては児童虐待の状況や制度を紹介するものがある。イギリス法を素材として親権の法的性質を詳細に論じた著書も刊行され、とくに「親責任」について詳細に論じられており、わが国における親権制度見直しに有益な視点を提供している。

③刑事法分野（第 3 期・第 4 期）
　第 2 期に引き続き、刑法学会において、児童虐待問題が取り上げられている。第 3 期・第 4 期の特徴としては、刑事法分野における児童虐待に関する問題点の整理が行われたことが挙げられる。

　刑事判例研究としては、母親が内縁の夫による子どもに対する折檻を放置し、死亡させたことにつき、母親に傷害致死幇助罪の成立を認めた判例（札幌高裁判決平成 12 年 3 月 16 日）についての評釈が出揃い、かつ、同判決についての研究が進み、児童虐待行為を放置した保護者の刑事責任について刑法学の展開が見られた。

　2000 年 4 月に第 10 回警察政策フォーラム「刑事司法におけるドメスティック・バイオレンス及び児童虐待対策～米国での取組み」では、ドメスティック・バイオレンスに関する報告が中心ではあったが、ドメスティック・バイオレンスを目撃して育った子どもの被害、警察と地域との連携等が指摘された。

　少年非行と児童虐待の関連性については、その関連性を示す初めての大規模な調査が法務総合研究所により行われ、2000 年 12 月の日本子ども虐待防止学会（JaSPCAN）第 6 回学術大会にお

ける分科会報告「少年非行の背景としての子ども虐待」(藤岡淳子)、2001年9月の日本犯罪心理学会第39回大会におけるディスカッション「虐待少年の社会適応について」でも報告された。さらに、犯罪被害者学会では、2001年6月の第12回学術大会で個別報告「少年院在院者の被害経験」(松田美智子・古田薫)として、前述の法務総合研究所による調査研究の概要が報告された他、2002年6月の第13回学術大会における個別報告が行われた。

④児童福祉分野

　児童福祉法改正で2005年4月より、児童家庭相談を実施する機関として、福祉事務所に加えて市町村が法定された。こうした法改正による制度改正を受けて、この期には市町村の相談業務に焦点を絞って編まれたマニュアルが散見される。見方を変えれば、ケースワークの技術を持たない市町村職員が法改正によって児童虐待相談業務の一端を担う可能性が生まれたことへの戸惑いが反映されているといえる。

　市町村による相談体制に対しては、設置への期待と当面の課題にも関心が向けられている。例えば、市町村が設置する要保護児童対策地域協議会に守秘義務が課されたため、民間団体等が協議会に参加し、公に虐待相談に加わることも可能となったとの期待が寄せられた。

　一方の児童相談所は、市町村の相談体制が整うまでの「当分の間」、市町村に対して必要な援助を行うこととされたが、児童相談所が困難ケースの対応に特化されていくことで、幅広い相談の中から重篤なケースを拾い上げることがかえって困難になることを危惧する声も寄せられた。

　児童虐待対応に関して、児童福祉の各領域の個別の取り組みも顕著になった。21世紀の母子保健のビジョンを示す「健やか親子21」では、2010年までに情緒障害児短期治療施設を全県に設置する方針が示され、小児保健領域においては、関係領域との学際的調査研究によって、児童虐待理解を深め広げる動きが見られた。

　里親制度の拡充に関連して、とくに注目される制度の1つに「専門里親」がある。専門里親の資格や研修が定められたが、その活用についても議論がなされた。

　児童虐待と障害福祉との関連についても研究が進められ、障害福祉と虐待対応の縦割り行政により、虐待と障害の関係や有機的連携を妨げていることが明らかにされた。被虐待児童が呈する症状が発達障害と類似点が大きいこと、発達障害の母子間での遺伝症例が少なくなく、こうした事例には母子並行治療の有効性が高いことを指摘しながら、被虐待児への治療や教育を、発達障害児への治療的教育という視点から見直す必要性を説く研究も現れた。

　2004年の児童福祉法改正により法定化された要保護児童対策地域協議会に関しては『市町村児童家庭相談援助指針』が2005年2月に発行され、『要保護児童対策地域協議会(子どもを守る地域ネットワーク)スタートアップマニュアル』が2007年5月に厚生労働省より公表された。

　市町村における児童家庭相談体制研究も進み、報告書が2006年4月に出された。2007年1月には、児童虐待防止対策のさらなる強化を図るという観点から、「要保護児童対策地域協議会設置・運営指針」等の改正を行い、市町村の相談体制の強化が図られた。

　第4期では、続発する虐待死亡事件を受けて2004年2月に、厚生労働省より「児童虐待死亡事例の検証と今後の虐待防止対策について」が発表された。2004年4月には、日本小児科学会でも虐待死亡事例の調査研究が行われた。2005年には、厚生労働省によって『児童虐待による

第 4 期（2004 年 5 月から 2007 年 6 月まで）

死亡事例の検証結果等について』（「児童虐待等要保護事例の検証に関する専門委員会」第 1 次報告、平成 17 年 4 月 28 日）が公表され、その後、2015 年現在で、第 11 次報告まで公表されている。研究領域においても、虐待死亡事例の分析・検証がいかに重要であるかが指摘され着目された。

　子育て期の家庭に対する支援メニューとして、厚生労働省の予算事業という形式で自治体において、2004 年から養育支援訪問事業（いわゆる育児支援家庭訪問事業）や、2007 年から、乳児家庭全戸訪問事業（いわゆる生後 4 か月までの全戸訪問事業：こんにちは赤ちゃん事業）が整備されてきた。「乳児家庭全戸訪問事業」「養育支援訪問事業」は、第 5 期の 2009 年 4 月施行の児童福祉法の一部改正（2008 年改正）で、「子育て支援事業」として法律上位置づけられるものになるが、「養育支援訪問事業」に関しては、地域格差も出ており、いまだ十分に整備されていない自治体もあるのが現状である。

⑤医療・保健・心理分野

　第 4 期における医療・保健・心理分野での研究の特徴は、性的虐待への関心の高まりである。日本子ども虐待防止学会京都大会では、国際シンポジウムで性的虐待がテーマとされた他、同学会の学会誌でも性的虐待についての特集が組まれた（『子どもの虐待とネグレクト』6 巻 2 号、7 巻 3 号）。

　これらのシンポジウム、特集では、性的虐待への対応方法、家庭内性的虐待の事例調査、児童相談所職員の意識調査等に関する論文が掲載され、さらに法的な課題として司法面接のあり方、刑事法規制の見直し等が提案されており、これを機に性的虐待問題への取り組みが本格化したといえよう。

　その他のテーマとしては、保護者への支援プログラム、保健領域での取り組み、法医学から見た虐待、周産期からの虐待予防等が取り上げられている。

⑥非行・教護分野

　第 3 期で明らかになった「非行の前に虐待あり」という理解が関係者にとって周知のものとなり、さらに被虐待体験を持つ非行少年の行動特性等を明らかにすることで、こうした対象者への理解を深め、よりよい矯正教育につなげようという観点からの実務的視点に立つ調査研究が目に付く。

⑦教育・保育分野

　児童虐待に関わる専門機関・専門職という認識が、保育施設で十分であるとはいいがたく、こうした状況を受けて、第 3 期には、保育者を対象とする児童虐待の発見と初期対応のマニュアルの作成も見られた。

　第 4 期になると、虐待初期対応のテーマは、保育施設にとって他人事ではなくなった切実感が研究成果にも如実に現れて、日本子どもの虐待防止研究会第 6 回学術大会においては、「保育園・幼稚園での初期対応を考える」分科会がもたれた。

　教育分野で、虐待問題が教育関係者にとって当事者意識を持って捉えられるようになった契機は、いうまでもなく岸和田事件であった。児童虐待に学校がどう向き合うかというテーマについ

ては、『児童虐待に関する学校の対応についての調査研究』（玉井他・2002）等、教育分野における虐待調査研究が本格的に始まった。教育現場に福祉的な方法論を取り込む役割を担うことを期待されるのがスクールソーシャルワーカーであり、この点に関する論考も現れるようになった。

（吉田 恒雄）

2 法令の動向

(1) 法律改正

① 2004年児童虐待防止法および児童福祉法改正

2004年4月に児童虐待防止法が、同年11月には児童福祉法がそれぞれ成立した。このうち、児童虐待対策については、従来の法制度が虐待の予防・発見・介入といった初期介入に重点をおいていたのに対して、これらの改正は、介入後の支援の重要性に鑑み、被虐待児や虐待親への治療的支援、要保護児童の自立支援等、分離された親子の再統合支援に向けた施策も含み得る総合的な内容となった。

また児童家庭相談については、これまで都道府県が主要な役割を担うものとされていたのに対して、2004年の児童福祉法改正では市町村が第一次的役割を担うものとし、その実施体制が大幅に改められた。

このように2004年の法改正は、児童虐待対策が主眼であるものの、これを含む児童福祉全体にわたるものであり、児童福祉制度の運用さらには法制度のあり方に大きな影響を与えた。

i) 2004年児童虐待防止法・児童福祉法改正の背景

2004年の法改正の背景としては、主に次のような要因が挙げられる。

第1に、2000年の児童虐待防止法成立後も、岸和田事件や小山事件のような深刻な児童虐待事件があとを絶たず、被虐待児保護のために、より踏み込んだ虐待対策が必要であるとの社会的認識が高まったこと。

第2に、児童虐待防止法成立を転機として、各地の児童相談所への虐待相談件数が急増したため、児童相談所による対応が困難になり、またその受け皿である児童養護施設等における被虐待児の入所が増加する等、虐待親や被虐待児への援助のための人的・物的資源の充実が必要になったこと。

第3に、児童虐待の対応には、児童相談所や警察、保健所、学校等の連携が不可欠であるにもかかわらず、その仕組みが不十分であるため適切に対応することができず、死亡に至ったケースもあり、警察による強制介入や裁判所の関与を含め、より実効性ある仕組みの必要性が指摘されるようになったこと。

第4に、児童虐待の予防には初期対応だけでなく、介入後の援助を含めた総合的な施策が不可欠であることについて社会的コンセンサスが形成されたため、児童養護施設等児童福祉施設の役割も、これまでの生活面の支援だけでなく、治療的援助が求められるとともに、要保護児童の家庭引取りを含めた自立支援、親支援が重要になってきたこと。

第5に、子育て支援施策の推進に伴って、これまで特殊な問題として捉えられがちであった虐待問題が、予防の視点から子育て支援・子育て不安対応施策としても位置づけられたこと。

第6に、地方分権の推進に伴って設置規制の見直しが行われ、児童相談所や児童福祉司のあり方について、児童を取り巻く環境の変化に対応するよう見直すことが求められるようになったこと。

その他、改正前の児童虐待防止法の附則2条9項において、施行後3年を目途として見直すものとされていることが、改正の直接的な要因であることはいうまでもない。

ⅱ）2004年改正児童虐待防止法
a　発見
改正前の防止法では、学校の教職員、児童福祉施設の職員、医師等の個人が虐待の早期発見に努めるものとされていたが（改正前防止法5条）、改正法では、これら個人の他に「学校、児童福祉施設、病院その他児童の福祉に業務上関係のある団体」も同様に早期発見の義務が課された（改正防止法5条）。

b　通告
ア）通告の対象

改正防止法では、児童虐待の通告の対象がこれまでの「児童虐待を受けた児童」から「児童虐待を受けたと思われる児童」に拡大された（6条1項）。学校や病院等で、児童の状態が虐待によるものか否か判断がつかない場合に通告を躊躇することが少なくなかったことから、虐待の疑いの段階で通告することができるものとすることにより、通告を促進する趣旨である。

イ）児童虐待の定義の拡大

通告の対象となる（防止法の適用対象となる）児童虐待の定義が拡大された。児童虐待の定義（2条）については、新たに3号で、「保護者以外の同居人」により身体的虐待や性虐待、ネグレクトがなされているにもかかわらず、保護者がこれらを制止せず放置することもネグレクトに含まれるものとされた。同条4号では、心理的虐待に「配偶者に対する暴力」が含まれることになった。具体的には、ドメスティック・バイオレンスを児童に目撃させることやそうした環境におくことが、児童の心理に重大な影響を与えることを顧慮して、これが心理的虐待に含められた。今回の改正により、ドメスティック・バイオレンスの状況下に児童がおかれている場合には、児童の保護および支援について実効性ある虐待対応が可能になった。

ウ）通告受理機関

改正防止法は、児童虐待を受けたと思われる児童を発見した者は、これを「市町村」、都道府県の設置する福祉事務所もしくは児童相談所に通告しなければならないとした（6条1項）。通告受理機関の改正は、児童および妊産婦の福祉に関する相談に応じることを市町村の業務としたこと（改正福祉法10条1項3号）とあわせて、虐待についても住民に身近な存在である市町村が積極的役割を果たすべきことを明らかにしたものである。

エ）通告後の対応——安全確認義務および状況把握義務

改正法では「児童の福祉に職務上関係のある者」（改正防止法5条1項）は、通告後における予防や防止、保護・自立支援に関する国および自治体の施策に協力するよう努めなければならないものとされた（同条2項）。

通告を受けた児童相談所もしくは福祉事務所または市町村は、近隣住民、学校の教職員、児童

福祉施設の職員等の関係者の協力を得て、児童との面会等の手段を通じて速やかに児童の安全確認を行うよう努めるものと規定され（改正防止法8条1項、2項）、同様に、改正福祉法では、通告を受けた市町村、都道府県の設置する福祉事務所または児童相談所は、「必要があると認めるときは、速やかに、当該児童の状況の把握」を行うものとした（同法25条の6）。

c　介入

ア）家庭的環境での養育の保障

　児童虐待を行った保護者に対する児童福祉司指導（児童福祉法27条1項2号）の措置は、親子の再統合を視野に入れて行われなければならない（改正防止法11条1項）。他方、親子分離されたケースでは、全てが再統合可能なわけではない。この場合、当該児童は「特別の保護および援助を受ける権利を有する児童」（子どもの権利条約20条1項）として、代替的な監護が保障されなければならない（同条2項）。このような場合には、できる限り家庭に近い環境が保障されなければならないとの趣旨から、児童福祉司指導にあたっては、被虐待児が「良好な家庭的環境」で生活できるよう配慮されなければならないものとされた（改正防止法11条1項）。

iii) 2004年改正児童福祉法

a　予防

　2004年の児童福祉法改正では、保健所と児童相談所との連携について、児童相談所長は、児童・保護者・妊産婦等について、保健所に対して保健指導その他の協力（例：保健・栄養上の指導依頼、健康診断の依頼等）を求めることができるものとされた（改正福祉法12条の6第2項）。

b　家庭裁判所の関与

　虐待等により児童への著しい福祉侵害があるにもかかわらず、親権者等が施設入所等の措置に同意しない場合、都道府県が家庭裁判所の承認を得てこの措置をとろうとするとき、措置の期間は2年を超えることができないものとされた（改正福祉法28条2項）。これは、都道府県の行う施設入所等の措置に対して、家庭裁判所がこれまで以上に都道府県の措置に関与することにより、保護者や児童の権利保障に配慮するとともに、保護者に対して状況改善の動機づけをすることにより、児童相談所がより実効性ある指導をすることができるようにする趣旨である。

c　保護・支援

ア）児童福祉施設における相談事業の強化

　乳児院、母子生活支援施設、児童養護施設、情緒障害児短期治療施設および児童自立支援施設を退所（院）した者について、相談その他の援助を行うことが、これら施設の業務とされた（改正福祉法37条、38条、41条、43条の5、44条）。

　児童福祉施設を退所した児童の自立支援のためには、退所後の支援（アフターケア）が重要であることはいうまでもない。従来、これらの施設においては個々に自立支援がなされてきたが、今回の法改正によりこれを明文化し、施設の業務とされた。

イ）乳児院および児童養護施設入所児童に関する年齢要件の見直し

　従来、幼児が2歳に達した場合に乳児院から児童養護施設への措置変更を行わざるをえず、これが児童の人格形成に重大な影響を及ぼすおそれがあるところから、2歳での措置変更には疑問の声があった。そこで乳児院や児童養護施設の対象年齢に柔軟性を持たせ、ケアの連続性や親子

関係の保持に配慮するから、入所児童の年齢に幅を持たせることとされた。

　これにより、乳児院においては「保健上、安定した生活環境の確保その他の理由により特に必要のある場合」には、2歳未満の幼児を入院させることができ（改正福祉法37条）、児童養護施設については、「安定した生活環境の確保その他の理由により特に必要のある場合」には、乳児を入所させることができることになった（同法41条）。

d　児童福祉の実施体制の改革：市町村の役割および児童相談所の専門性の強化
ア）市町村と都道府県の役割分担および連携

　これまで都道府県の業務であった児童および妊産婦の福祉に関する実情把握、情報提供、相談・調査・指導等が市町村の業務とされた（改正福祉法10条1項）。とはいえ、これらの業務を市町村が全て十分に遂行することは困難であるところから、改正福祉法は、専門性や権限の発動を要する場合には、都道府県が市町村をバックアップするものとした（改正福祉法10条3項）。

　この結果、市町村は児童や妊産婦等に関する比較的軽微なケースの相談に応ずる等の業務を行い、都道府県は専門的な判断や立入調査・一時保護等、権限の発動を必要とする「重度のケース」に対応し、あわせて市町村の業務をバックアップするといった役割分担が図られることになった。

イ）要保護児童対策地域協議会

　被虐待児等の支援には、児童相談所だけでなく、保健・医療・教育・司法等、関係機関・団体の連携が不可欠であることはいうまでもない。この点を踏まえて、全国的に児童虐待防止ネットワーク事業が展開されつつあった。

　こうしたネットワークにより、被虐待児に関する情報を共有化し、それぞれの機能や権限に応じた役割を分担し、関係機関・団体が連携することにより、児童虐待の再発防止や地域での見守り活動等を適切かつ効果的に行うことが可能になった。改正法は、地方公共団体に児童虐待への対応のための機関として「要保護児童対策地域協議会」をおくことができるものとし、その事務局的機能を担うものとして「要保護児童対策調整機関」を設け（同法25条の2第4項）、関係機関等の連絡調整、ケースの進行管理、情報の収集・整理等を適切に行うものとした。

iv）新制度をめぐる課題――市町村の体制整備を中心に

　市町村は、これまで児童家庭相談に習熟していないところが少なくなく、専門性やノウハウが十分でないところから、その対応力が懸念された。とくに児童相談所のバックアップを要する事案については、その判断を求めるタイミングや事案の深刻度の判断が難しく、適切な連携が図れるかどうか明らかでない。一時保護や立入調査等、児童相談所の権限に属する事項についても、市町村の夜間・休日体制の現状から見て、これら緊急対応についても疑問視された。

　他方、児童相談所が虐待対応に追われ、市町村からの協力依頼に十分応えることができるかどうか、また児童相談所自身の専門性にも疑問があるところから、適切な連携が行えない可能性があった。その結果、虐待事案が児童相談所と市町村の押しつけ合いになる等、被虐待児の保護に支障をきたすとの指摘もあった。

　改正後、新たな枠組みの中で法改正の趣旨を現実のものとするために、制度の充実およびその運用の拡充が指摘された。とくに市町村の取り組みについては、関係機関の十分な理解のもと

② 2007年児童虐待防止法および児童福祉法改正

2007年5月25日、児童虐待防止法および児童福祉法の一部を改正する法律が成立した。この改正は、2004年の改正に続く2回目の大きな児童虐待防止法の改正であり、前回と同様「議員立法」の形式で行われた。

主な改正点は、第1は司法関与による強制的立ち入り制度が設けられたことであり、第2は親に対する児童福祉司指導等をより実効性をもって行うことができるようにしたことである。この改正法の特徴は、初期介入を中心に法制度の整備がなされ、その後のケアや自立といった面では直接の法改正は行われず、児童虐待防止法改正法附則2条により今後の課題とされた。

i) 改正の背景

2007年改正の背景には、児童相談所や市町村における児童虐待相談件数が依然として増加しており、児童相談所の業務に著しい支障が生じていることがあった。2004年の児童福祉法改正では、児童家庭相談の第一義的相談窓口を市町村としたものの、児童相談所の負担は依然として大きいものがあり、また児童相談所の指導に応ずることなく虐待の傾向が改善されない親の存在等、指導困難な状況も深刻化していた。これに伴い大都市圏を中心に児童養護施設等児童福祉施設の入所率が上がり、その中に占める被虐待児の割合も増加する等、受け皿ともいえる施設の機能を見直さざるをえない状況にも至っていた。加えて、京都府長岡京における虐待死事件等の重大事件が発生したことも法改正につながったといえよう。

ii) 改正法の内容（以下の条文数は、原則として改正児童虐待防止法を指す）

a 法の目的および国・自治体・親の責務

ア）法の目的としての「児童の権利利益の擁護」（1条）

児童虐待防止法の目的が、従来の「児童虐待の防止等に関する施策を促進する」から、「施策を推進し、もって児童の権利利益の擁護に資すること」に改められた。

イ）国および地方公共団体の責務

国および地方公共団体の責務として、新たに(i)医療の提供体制の整備（4条1項）および(ii)児童虐待重大事例の分析が加えられた（同条5項）。(i)については、被虐待児について医療機関から児童相談所等への必要な医療情報の提供のためのシステムの整備や適切な評価・治療のための体制の整備等が予定されている。(ii)は、すでに国レベルや一部の自治体で実施されている虐待重大事例の検証をさらに進めるための規定である。

ウ）親権者の第一義的養育責任の明文化（4条6項）

親権者は、児童の育成につき第一義的養育責任を有し、できる限り児童の利益を尊重するよう努めるものとされた。同様の文言は、次世代育成支援対策推進法にもあり（同法3条）、いずれも国および地方公共団体が親による養育を支援し施策を推進するための理念を明らかにしたものである（同法4条参照）。

b　実効性ある連携の仕組み
ア）市町村等の安全確認義務

　これまで児童の安全確認については、市町村等が安全の確認を行うよう「努める」とされていたものが、改正法では「安全確認を行うための措置を講ずる」とされ、市町村の安全確認義務が強化された（8条1項）。また、市町村は、児童の保護に関し、立入調査、一時保護、出頭要求等の実施が適当であると認めるときは、これを知事または児童相談所長に通知するものとされ（8条1項2号、同旨：改正児童福祉法25条の7第1項3号、同条第2項4号）、市町村が児童相談所の権限の発動を促すことができるようにした。

イ）個人情報等の提供（13条の3）

　改正法は、児童虐待の防止等に関する事務の遂行に必要な場合、一定の要件のもとに、地方公共団体から児童相談所等に個人情報を提供できるようにし、児童虐待の予防・介入等について関係機関が円滑に連携できるようにした。

ウ）要保護児童対策地域協議会設置の努力義務化

　要保護児童対策地域協議会の設置が、これまでの「できる規定」から「努力義務」に改正された（改正児童福祉法25条の2）。

c　強制立入制度（臨検・捜索　8条の2～10条の6）
ア）制度の位置づけ

　2004年の改正では、長期間児童の安全が確認されない等の場合、裁判所の許可による強制立入制度とするか、警察の判断で強制的に立ち入ることができるものとするか決着が付かず、立法上の宿題として残された。2007年改正では新たに裁判所の許可により、解錠等の強制的手段を講じて保護者の住居に立ち入ることができる制度が設けられた。

　改正法は、保護者が立入調査に応じない場合、あらかじめ裁判所が発する許可状により、臨検・捜索（強制立入）ができるものとし、児童の保護と人権の保障・適正手続の確保を、中立の機関である裁判所の判断に委ねることにした。同時に改正法は、従来の「立入拒否罪」（児童福祉法62条5号）や警職法等による対応の道も残し、事案の内容に応じてこれらの制度を適宜利用できるものとした。

イ）強制立入の手続

　強制立入は、保護者が児童の安全確認や調査、保護に応じない場合の「最後の手段」であるところから、行政上の手続として厳格な要件および手続が定められている。また、強制立入は、保護者や児童の人権侵害につながるおそれが大きいところから、その権限の行使には慎重でなければならない。改正法は、児童虐待の特徴に鑑みて、適切にこれを運用するよう求める条文をおいている（9条の3第6項）。また、今回の改正により、正当の理由のない立入拒否に対する罰金が30万円以下から50万円以下に引き上げられた（改正児童福祉法61条の5）。

iii）親の権利の制限（実効性ある親指導　11条～12条の4）
ア）改正の背景

　改正前の児童福祉司指導制度については、実効性に乏しく親が指導を受け入れる動機づけとしても十分に機能していないとの批判もあり、一時保護や施設入所中の保護者からの面会強要等へ

の対応に苦慮する等、その見直しが求められていた。

　2007年改正では、保護者への児童福祉司指導に実効性を持たせるため、民法上の「親権の制限」という方法による法改正ではなく、現実に必要な場面で具体的・個別的に保護者の権利を制限することにより指導の動機づけにつなげる方法がとられた。

イ）知事の勧告に従わない場合の措置

　虐待を行った保護者が知事の勧告に従わない場合、都道府県知事は、さらなる措置として、児童について一時保護、強制入所等必要な措置を講ずるものとし（11条4項）さらに、保護者に親権を行わせることが著しく児童の福祉を害する場合には、適切に親権喪失の申立（児童福祉法33条の6）をすることで（同条5項）、指導に実効性を持たせることとされた。

ウ）面会等制限の拡大

　親権者の同意により施設入所している児童や一時保護されている児童についても、強制入所の場合と同様に、保護者に対して面会・通信を制限できるとすることで（12条1項）、児童福祉司指導に従わせようとする制度が設けられた。同時に、強制入所や一時保護の場合、保護者に児童の所在が知られることにより、児童の連れ去りや虐待再発のおそれがありまたは児童の保護に支障があるときは、児童相談所長は保護者に児童の住所等を知らせないことができるとされた（同条3項）。

エ）接近禁止命令の創設

　都道府県知事は、一定の要件のもとに、強制入所措置により入所した児童につき、保護者に対して児童へのつきまといや児童が所在する場所付近でのはいかいを、原則として6か月を超えない期間、罰則付きで禁止することができる旨の規定が設けられた（12条の第1項、17条）。この制度は、罰則という強制力により、児童福祉司指導の実効性を確保しようとするものである。DV法とは異なり、これら接近禁止が裁判所の関与なしに知事の判断のみで行えるとされたことは、適正手続保障の観点から疑問が残る。

iv）児童福祉法の改正──児童相談所長による親権の行使

　児童相談所長は、児童福祉施設に入所している児童を除き、未成年後見人選任の請求がなされている児童について、養子縁組の承諾を除き、この児童に親権または未成年後見がなされるまでの間、親権を行うものとされた（改正児童福祉法33条の7第2項）。

v）3年以内の見直し

　政府は、施行後3年以内に、児童の権利利益を擁護する観点から親権に関わる制度について見直しを行い、その結果に基づいて必要な措置を講ずるものとされた（附則2条1項）。

vi）社会的養護の見直し

　被虐待児の社会的養護に関し、里親および児童養護施設等の量的拡充、児童養護施設等における虐待の防止を含む児童養護施設等の運営の質の向上、児童養護施設等に入所した児童の教育、自立支援の充実等につき、政府は速やかに検討を行い、必要な措置を講ずることとされた（附則2条2項）。

社会的養護については、その後、厚生労働省内に「社会福祉審議会児童部会社会的養護専門委員会」が設置され、里親制度のあり方、施設機能の見直し、施設における児童の権利擁護制度等について見直しが行われた（543頁以下）。

vii）評価と課題

2007年5月の改正の特徴的な点は、児童虐待への初期介入の場面で、より実効性ある対応を目指したことにある。いわば、児童相談所の現場で直面している困難な場面に対応できるよう、制度的な手当をしたといえよう。

このような強制介入の方法は、まずは、指導に応じない親に対する威嚇的効果を目指しているのであり、安易にこの方法に頼るべきでないことは、改正法9条の3第6項が述べている通りである。強制介入の制度は、児童の安全確保のためには毅然として利用されるべき制度であるが、同時に最後の手段として慎重な運用が求められる。そのためには、児童相談所の介入的機能と同時に、本来のケースワーク的機能を十分に発揮できるような人的配置が不可欠となろう。

強制介入により、児童相談所が本来持っているケースワーク機能が損なわれ、保護者との関係が悪化し、その後の援助に支障が生ずるおそれもある。強制介入は、支援の各段階の最終的な場面で行われることを予定されている制度であり、その前提として児童相談所等による支援的対応がなされていなければならないことは、運用上の基準として明確にされる必要があろう。

私法分野の親権と児童福祉法上の権限との調整は、法律により明確に規定されるべき課題であるところから、親権・後見制度については、その後、法制審議会および社会保障審議会でその見直しの作業が行われ、法改正が実現した（704頁以下）。

【参考文献】
吉田恒雄「児童虐待防止法制度の現状と課題」（『都市問題研究』58巻2号、2006年）13〜28頁
吉田恒雄「2007年児童虐待防止法及び児童福祉法の改正」（『JASPCANニューズレター』23号、2007年）

(2) 通　知

①児童虐待防止施策

厚生労働省は、「児童虐待等緊急対策の実施について」（平成19年2月15日厚生労働省雇用均等・児童家庭局長通知雇児発第0215002号）を発出し、児童虐待相談・対応件数の増加・深刻化に対応するため、児童虐待等緊急対策実施要綱を定め、児童相談所等の機能強化として対応の迅速化のための車両配置や一時保護所の安全体制の強化、市町村の児童家庭相談体制の強化として要保護児童対策地域協議会調整機関に専任職員を配置すること等、児童虐待対策の基盤整備を定める児童虐待対応のための総合的対策を講じることとした。

②2004年児童虐待防止法改正法施行関係

2004年の改正児童虐待防止法の施行に向けて、とくに学校における対応を強化するために、「学校における児童虐待防止に向けた取り組みの推進について」（平成16年8月13日厚生労働省雇用均等・児童家庭局長通知雇児発第0813002号）は、2004年4月に成立した児童虐待防止法改正法

の内容および運用上の留意事項を示し、市町村、関係機関・団体への周知とその運用を求めた。

「児童福祉法等の一部を改正する法律等の施行について」（平成 16 年 8 月 13 日文部科学省生涯学習政策・初等中等教育局長連名通知 16 文科生第 313 号）は、改正児童虐待防止法の内容を示し、施行にあたり市町村教育委員会、所管の学校、教職員に周知を図るよう求める文部科学省の通知である。虐待対応として学校の役割がとくに 4 条 2 項、3 項、5 項、5 条 1 項 13 条の 2 第 2 項で明記されたところから、とくに学校・教育委員会の積極的対応を求める通知である。

「『児童虐待の防止等に関する法律の一部を改正する法律』の施行について」（平成 16 年 11 月 8 日厚生労働省雇用均等・児童家庭局長通知雇児発第 1108001 号）は、児童委員、主任児童委員の一斉改選を機に、児童委員の活動要領を改正してその周知を求めた。児童虐待防止における地域の役割が認識されたところから、児童委員、主任児童委員の果たすべき役割が明示された。児童委員については、児童虐待の発生予防、早期発見、再発防止、児童虐待防止ネットワークへの参画、児童相談所長の措置による児童や保護者への指導等を、主任児童委員については、児童委員への協力、関係機関との連携等について定める。

「『児童虐待の防止等に関する法律の一部を改正する法律』の施行について」（平成 16 年 12 月 3 日厚生労働省雇用均等・児童家庭局長通知雇児総発第 1203001 号）は、同改正法の施行を踏まえ、児童虐待への適切な対応と慢性疾患に罹っている児童に対する医療の適切な給付のために、改正法の内容を示し市町村、関係機関・団体への周知を図り、その適切な運用を求める通知である。同旨の通知として、「『児童福祉法の一部を改正する法律の施行に関する留意点について』」（平成 17 年 2 月 25 日厚生労働省雇用均等・児童家庭局総務課長通知雇児発第 0225002 号）がある。

③児童虐待防止体制

i) 児童福祉司配置基準の改正

かねてより児童虐待相談件数の増加により児童相談所の対応力の不足が指摘されていたが、「『児童福祉法施行令の一部を改正する政令』の施行について」（平成 17 年 3 月 18 日厚生労働省雇用均等・児童家庭局長通知雇児発第 0318001 号）は、児童福祉法施行令の一部改正により児童福祉司の担当区域を定める基準を人口おおむね 5 万から 8 万までを標準とすることとし、都道府県等における児童福祉司の配置が改善されることになった。本通知は、基準改善の意味や地方公共団体による取り組みのあり方について示すものである。

ii) 児童福祉司の任用資格

「児童福祉司の任用資格要件に関する指定施設における業務の範囲等について」（平成 17 年 2 月 25 日厚生労働省雇用均等・児童家庭局長通知雇児発第 0225003 号）は、2004 年の児童福祉法改正等により児童福祉司の任用要件が見直され、指定施設における相談等の業務に従事することが求められるようになったことに伴い、指定施設および業務の範囲を定めた通知である。

iii) 児童相談所運営指針の改正

2004 年の児童虐待防止法および児童福祉法の改正を踏まえ、児童相談所運営指針が改正された。「児童相談所運営指針の改正について」（平成 17 年 2 月 14 日厚生労働省雇用均等・児童家庭局

第4期（2004年5月から2007年6月まで）

長通知雇児発第0214003号）は、児童相談所による市町村への適切な支援、専門機関・職種との連携強化、司法関与の仕組みの有効活用等により児童、保護者も含めた家庭への支援に一層積極的に取り組むことが重要であること、児童家庭相談援助に携わる職員は、援助に必要な態度、知識、技術を習得し、児童の福祉を図るとともに、その権利を擁護することが求められていることから、児童家庭相談を取り巻く状況の変化を踏まえ、「児童相談所運営指針」を改正して、地域の実情に応じて適正に児童家庭相談援助活動が実施されるよう求めた。「児童相談所運営指針等の改正について」（平成18年9月27日厚生労働省雇用均等・児童家庭局通知雇児発第0927007号）は、平成18年9月26日警察庁生活安全局長・刑事局長通達「児童の安全の確認及び安全の確保を最優先とした児童虐待への対応について」の発出を受けて、都道府県等に情報共有、意見交換の機会を持つとともに、警察への援助要請、警察の事情聴取における児童相談所の対応について留意点を示して警察との連携を求める通知である。

「児童相談所運営指針等の改正について」（平成19年1月23日厚生労働省雇用均等・児童家庭局通知雇児発第0123002号）は、児童相談所および市町村（要保護児童対策地域協議会）の運営強化を図るため、虐待通告受付の基本の徹底、安全確認に関する基本ルール（48時間ルール）の設定、市町村における安全確認、「きょうだい」事例への対応の明確化、全ての在宅の虐待事例に関する定期的なフォロー、関係機関相互における情報共有の徹底（要保護児童対策地域協議会の運営強化）を定めるとともに、都道府県等に対し一時保護所定員の拡充や一時保護委託の積極的な活用等、適切な措置を講じるよう求める通知である。

「児童福祉法の一部を改正する法律の施行に関する留意点について」（平成19年1月23日厚生労働省雇用均等・児童家庭局総務課虐待防止対策室）は、児童虐待の深刻化を踏まえ、児童相談所運営指針の改正を行い、虐待通告の受付に関する基本の徹底、安全確認に関する基本ルールの設定、「きょうだい」事例への対応の明確化、全ての在宅虐待事例に関する定期的なフォロー等の措置を講ずることとした旨を示す事務連絡である。

iv）「子ども虐待対応の手引き」の改正

2004年の児童虐待防止法および児童福祉法の改正により、児童虐待の定義の明確化、国および地方公共団体の責務等の強化、児童虐待の通告義務の範囲の拡大、児童家庭相談業務の市町村移譲、要保護児童対策地域協議会の法定化、都道府県（児童相談所）における市町村への専門的支援・後方支援の役割、地域における児童家庭相談体制の充実等が定められたことに伴い、「子ども虐待対応の手引き」を改正する旨の「子ども虐待対応の手引きの改正について」（平成17年3月25日厚生労働省雇用均等・児童家庭局総務課長通知雇児総発第0325001号）が出された。

2007年の児童虐待防止法再改正に関連して、「子ども虐待対応の手引きの改正について」（平成19年1月23日厚生労働省雇用均等・児童家庭局総務課長通知雇児総発第0123003号）は、児童相談および市町村（要保護児童対策地域協議会）の運営強化を図るため、虐待通告受付の基本の徹底、安全確認に関する基本ルール（48時間ルール）の設定、市町村における安全確認、「きょうだい」事例への対応の明確化、全ての在宅の虐待事例に関する定期的なフォロー、関係機関相互における情報共有の徹底（要保護児童対策地域協議会の運営強化）を定めるとともに、都道府県等に対し一時保護所定員の拡充や一時保護委託の積極的な活用等、適切な措置を講じるよう求め

た。

④機関連携
i) 警察による対応

　警察による児童虐待への対応を示す通知として「児童の安全の確認及び安全の確保を最優先とした児童虐待への対応について」（平成18年9月26日警察庁生活安全局長・刑事局長通達警察庁丙少発第38号、丙生企発第83号、丙捜一発第29号）が出された。この警察庁通達は、「児童の生命、身体の保護という警察本来の責務を認識し、児童の安全の確認、安全の確保を最優先とする対応をするため、犯罪捜査および警職法の権限行使等によりできる限りの措置を講じるとともに、児童相談所に対しても児童の安全確認、安全確保を最優先とする対応をとるよう働きかけ、児童相談所等との連携、過去の個別事例の検証、要保護児童対策地域協議会の活用、厳正な捜査と被害児童の支援、警察内での情報の集約、組織的対応等」を都道府県警察に求めるものであり、警察による児童虐待への積極的対応の姿勢を見ることができる。

ii) 警察と児童相談所の連携

　2004年の児童虐待防止法改正により、児童相談所と警察との間でより緊密な連携が求められることになった（10条）。「『児童福祉法施行令の一部を改正する政令』の施行について」（平成18年9月26日厚生労働省雇用均等・児童家庭局長通知雇児総発第0926001号）は、平成18年9月26日警察庁生活安全局長・刑事局長通達「児童の安全の確認及び安全の確保を最優先しとした児童虐待への対応について」の発出を受けて、都道府県等に警察と情報共有、意見交換の機会を持つとともに、警察への援助要請、警察の事情聴取における児童相談所の対応について留意点を示している。厚労省の事務連絡「警察との連携及び警察の事情聴取における児童相談所の対応について」（平成18年9月26日厚生労働省雇用均等・児童家庭局総務課虐待防止対策室・事務連絡）は、児童相談所は、警察との連携および警察の事情聴取における児童相談所の対応として、児童相談所と警察との連携体制の点検整備を図り、情報交換に努めること、一時保護中の児童の事情聴取については児童の心身の状況に配慮した対応をすることに留意するものとした。
　前掲の「児童相談所運営指針等の改正について」（平成18年9月27日厚生労働省雇用均等・児童家庭局通知雇児発第0927007号）も、児童相談所運営指針の改正において児童相談所に警察との連携の強化を求めている。

iii) 学校、人権擁護機関との連携

　「学校における児童虐待防止に向けた取り組みの推進について」（平成18年6月5日文部科学省初等中等教育局児童生徒課長通知初児生第11号）は、改正児童虐待防止法上、学校および学校教職員が児童虐待の早期発見義務があること、児童虐待の防止、被虐待児の保護・自立支援に関する国・自治体の施策に協力すべきこと、児童虐待の通告義務があること、児童虐待防止に向けた学校等における適切な対応、教育委員会の責務等について、周知徹底を図ることを求める通知である。法務省関係では、「児童虐待事案等における関係機関との連携強化について」（平成19年5月11日法務省人権擁護局調査救済課長通知法務省権調第219号）が発出され、児童虐待、配偶者暴力、

第4期（2004年5月から2007年6月まで）

高齢者虐待に関する各種協議会との連携を強化するため、これら協議会等を正確に把握し、積極的に参加することが求められた。

⑤発見・通告

「養育支援を必要とする家庭に関する医療機関から市町村に対する情報提供について」（平成16年3月10日厚生労働省雇用均等・児童家庭局総務課長通知雇児総発第0310001号）は、支援を必要とする家庭を早期に把握するため、関係機関――とくに医療機関――からの情報提供を促進することを目的に、診療報酬を改定した旨を医療機関に周知するとともに、情報の的確な活用・的確な支援につなげるよう市町村に求める通知である。「『児童虐待に係る通告先の拡大』および『通告を受けた場合の措置』について」（平成17年2月14日厚生労働省雇用均等・児童家庭局長通知雇児発第0214001号）は、2004年の児童虐待防止法および児童福祉法改正を受けて、通告先に市町村が加えられたこと、市町村・都道府県福祉事務所が通告を受けた場合の措置（児童の安全確認、児童相談所への通知等）やその留意事項を定めた。

「児童虐待・配偶者等からの暴力（DV）の早期発見のための取組の促進について」（平成19年3月16日厚生労働省医政局総務課長通知医政総発第0316001号）は、犯罪被害者等基本法による「犯罪被害者等基本計画」における「医療施設における児童虐待や配偶者等からの暴力（DV）の早期発見のための取組を促進するための施策の実施」を踏まえ、児童虐待防止法の趣旨や配慮事項として、医療関係者による早期発見、研修の受講等を求める通知である。

⑥一時保護

「児童相談所の一時保護施設における教員OB等の配置について」（平成19年7月11日厚生労働省雇用均等・児童家庭局総務課長補佐事務連絡）は、平成19年度予算により、一時保護施設の機能強化として教員OB等の配置を行う「児童虐待防止対策支援事業（一時保護機能強化事業）」について、児童相談所単位で配置できるようにしたこと、配置については適宜、教育委員会に相談し、協力を求めることが考えられる旨を示す事務連絡である。

⑦社会的養護関係
i）児童養護施設、乳児院、児童自立支援施設

小規模グループケア実施のために、設備、人数、職員、留意事項等の具体的な事項を定める指針（平成16年5月6日厚生労働省雇児福発第050600は廃止）として、「児童養護施設等のケア形態の小規模化の促進について」（平成17年3月30日厚生労働省雇用均等・児童家庭局長通知雇児発第0330008号）が出された。これにより、被虐待児の施設入所の増加に対応して、家庭的環境の中できめ細かなケアを提供することを目的に、小規模なグループによるケアを行う体制を整備するため、児童養護施設等において小規模グループケア実施要綱を定め、その実施を求めることとされた。

「児童養護施設等における入所者の自立支援計画について」（平成17年8月10日厚生労働省雇用均等・児童家庭局長通知雇児発第0810001号）は、児童相談所や児童福祉施設における被虐待児等の増加を受けて、児童と家庭に対する的確なアセスメントおよび自立支援計画の策定のために、

児童養護施設等における入所者の援助に関する計画策定上の留意点を示し、入所者の援助向上の観点からその活用を求めるものである。

「児童養護施設、乳児院及び児童自立支援施設における虐待を受けた児童等に対する適切な援助体制の確保について」（平成18年6月27日厚生労働省雇用均等・児童家庭局長通知雇児発第0627002号）は、児童養護施設等に入所している被虐待児等で心理療法を必要とする児童について、施設における援助体制を確保するため、児童養護施設等に心理療法を行う職員を配置してカウンセリング等を実施し、児童の心的外傷の治癒、自立支援を図ることとした。

ii) 里親

「里親委託推進事業の実施について」（平成18年4月3日厚生労働省雇用均等・児童家庭局長通知雇児発第0403001号）は、被虐待児の保護のために、児童相談所、里親、乳児院等の児童福祉施設との連携を図り、里親への児童の委託、養子縁組の推進を目的に、「里親委託推進事業実施要綱」を定め、その実施を求める通知である。

⑧市町村・要保護児童対策地域協議会

「市町村児童家庭相談援助指針について」（平成17年2月14日厚生労働省雇用均等・児童家庭局長通知雇児発第0214002号）は、2004年の児童福祉法改正により市町村が児童家庭相談に応じるものとされたことに伴い、相談援助活動が適切に実施されるよう、相談援助の基本、市町村の具体的役割等を定める指針を示す。

「要保護児童対策地域協議会設置・運営指針について」（平成17年2月25日厚生労働省雇用均等・児童家庭局長通知雇児発第0225001号）は、2004年の児童福祉法改正で法定化された「要保護児童対策地域協議会」について、その円滑な設置と運営のため、同協議会の意義、基本的考え方、設立の設置主体、構成員、業務内容、相談から支援までの流れ、役割分担、関係機関への協力要請等を定める通知である。

⑨子育て支援（「こうのとりのゆりかご」関連）

「出産や育児に悩みを持つ保護者に対する相談窓口の周知等について」（平成19年4月5日厚生労働省雇用均等・児童家庭局総務課長通知雇児総発第0405001号）は、いわゆる「こうのとりのゆりかご」設置を機に、保護者が児童を置き去りにする行為は本来あってはならない行為であるとの基本認識のもとに、出産や育児に悩みを持つ保護者に対して、児童相談所や市町村保健センター等の相談窓口に相談するよう周知を図ること、若い世代に生命の大切さを訴える取り組みを推進すること等、積極的な取り組みを求める通知である。

（吉田　恒雄）

3　判例の動向

(1) 児童福祉法

2000年の児童虐待防止法施行以来、増加傾向にあった児童福祉法28条事件は、今期も引き続き増加傾向にある。司法統計年報によれば、児童福祉法28条1項・2項事件の新受件数は、

2004年234件、2005年227件、2006年355件であった。今期公表された28条審判例は8件であり、さらに乳児院入所措置承認申立を本案とする審判前の保全処分申立事件が1件ある。2004年の児童福祉法改正（「児童福祉法の一部を改正する法律」平成16年法律第153号）および2005年の特別家事審判規則改正（「特別家事審判規則の一部を改正する規則」平成17年最高裁判所規則第5号）によって、児童福祉法28条に関わる諸制度についてもいくつかの重要な改正が行われた。今期の公表裁判例の特徴も、これらの制度改正に関連する裁判例が公表されている点にあるといえる。

①児童福祉法28条6項に基づく勧告（保護者に対する指導及び援助に関する勧告）をした事例

2004年の児童福祉法改正によって、新たに、「家庭裁判所は、措置に関する承認の審判をする場合において、当該措置の終了後の家庭その他の環境の調整を行うため当該保護者に対し指導措置をとることが相当であると認めるときは、当該保護者に対し、指導措置を採るべき旨を都道府県に勧告することができる」ものとされた（児童福祉法28条6項）。東京家裁審判平成17年9月5日【判例3】、および鳥取家裁審判平成17年5月20日（家裁月報57巻11号64頁）は、この児童福祉法28条6項に基づく勧告を行った裁判例として注目される。

もっとも、本制度導入前の公表例においても、裁判所が28条審判において保護者に対する指導について具体的に言及することは珍しいことではなく、「児童相談所等の関係機関において保護者指導等の適切な措置が採られることを期待する旨付言した事例」（函館家裁審判昭和43年7月8日、家裁月報20巻11号185頁）、「児童相談所等の関係福祉諸機関に対しては適切な措置を講ずることを、保護者に対しては事態の改善に努めることをそれぞれ付言した事例」（大阪家裁審判昭和48年1月11日、家裁月報25巻12号57頁）、「保護者が児童相談所による継続的助言や指導を受けつつ、適正な養育知識等を積極的に獲得するよう努力する必要があることを付言した事例」（横浜家裁審判平成12年5月11日、家裁月報52巻11号57頁）、「保護者において児童相談所による助言や指導を受けるとともに、精神科医等のカウンセリングを受ける等して、養育態度の改善を図ることが必要である旨付言した事例」（福岡家裁審判平成13年4月23日、家裁月報53巻10号119頁）等、児童福祉法28条6項の新設に先鞭をつけたともいえる裁判例があることには注意を要するだろう。このように従来の裁判例においては児童相談所等の関係機関のみならず保護者に対しても付言するものがあったが、新設された児童福祉法28条6項では、家庭裁判所が保護者に対して直接勧告を行うことは予定されていない。保護者に対する勧告としては、児童虐待防止法11条3項（平成16年法律第30号による改正前は同法11条2項）において、児童虐待を行った保護者が指導を受けない場合に、当該保護者に対して都道府県知事が指導を受けるよう勧告できることが規定されているが、その実効性については従前より疑問のあるところでもある（吉田・2003：21頁、岩佐・2009：46頁等）。

なお、2005年度に出された児童福祉法28条認容審判205件の中32件、2006年度に出された児童福祉法28条認容審判233件の中28件、2007年度に出された児童福祉法28条認容審判233件の中33件について、児童福祉法28条6項に基づく勧告が行われている（最高裁判所事務総局家庭局・2006：117, 122頁、同・2007：149, 154頁、同・2008：277, 282頁）。

②施設入所等の措置の期間更新に関する事例

　従来、児童福祉法 28 条審判により里親委託または児童福祉施設入所措置がとられた場合に、期間制限の定めはなく、裁判所による措置後のチェックも想定されていなかった。しかし、2004 年の児童福祉法改正では、家庭裁判所の承認による施設入所等の措置期間が措置開始の日から「二年」までと新たに定められ、さらに、保護者に対する指導措置の効果等に照らし、当該措置を継続しなければ保護者がその児童を虐待し、著しくその監護を怠り、その他著しく当該児童の福祉を害するおそれがあると認めるときは、都道府県は、家庭裁判所の承認を得て、当該期間を更新することができるものとされた（児童福祉法 28 条 2 項）。

　施設入所措置等の期間更新に関する今期の裁判例としては、東京家裁審判平成 18 年 2 月 7 日【判例 4】がある。本審判は、児童養護施設入所措置後の児童の状況に依然として問題があること、児童の親権者である母親との接触がとれない状況にあること等、入所措置を継続しなければ著しく児童の福祉を害するおそれがあるとして、児童養護施設への入所措置の期間更新を承認した。

　なお、児童福祉法の一部を改正する法律（平成 16 年法律第 153 号）附則 4 条は、2004 年 3 月 31 日以前から児童福祉法 28 条に基づく入所措置等がとられていた場合については、2004 年 4 月 1 日から措置がとられたものとみなして、改正後の児童福祉法 28 条 2 項から 6 項までの規定を適用すると定める。本件審判は、この附則 4 条によって、従前措置が 2004 年 4 月 1 日からとられたものとみなして審判したものである点についても注目される。

　司法統計年報によれば、児童福祉法 28 条 2 項による施設入所措置期間更新事件の既済件数は、2006 年 168 件（認容：155 件、却下：0 件、取下げ：13 件）、2007 年 59 件（認容：56 件、却下：0 件、取下げ：3 件）であった。2006 年の既済件数が突出して多いが、これには 2004 年 3 月 31 日以前から児童福祉法 28 条に基づく入所措置等がとられていたケースが多数含まれているものと考えられる。

③児童福祉法 28 条審判を本案とする審判前の保全処分（面会・通信の制限）に関する事例

　児童福祉法 28 条審判を本案とした審判前の保全処分が可能か否かという問題は、これまでも議論のあったところである。従来の学説・実務においては、家事審判規則が児童福祉法 28 条事件を保全処分の対象審判事件として規定していないことから、消極的に解されていた一方で、家事審判規則 52 条の 2（子の監護に関する審判を本案とする審判前の保全処分）を児童福祉法 28 条事件に類推適用する可能性を指摘する見解（釜井・1998：52 頁）も存在した。また、公表例においても、浦和家裁審判平成 8 年 3 月 22 日（家裁月報 48 巻 10 号 168 頁）は、児童福祉法 28 条を本案とする審判前の保全処分として、①親権者が病院から児童を退院・転院させる手続をしてはならないこと、②児童が退院する際に、本案審判が確定するまでの間、児童相談所長が児童に一時保護を加えることができること、③親権者が児童相談所長による一時保護措置を妨げてはならないことを言い渡した。この浦和家裁による審判の存在は、厚生省児童家庭局長通知「児童虐待等に関する児童福祉法の適切な運用について」（平成 9 年 6 月 20 日児発第 434 号）や、厚生省児童家庭局『子ども虐待対応の手引き――平成 12 年 11 月改定版』（日本子ども家庭総合研究所・2001：125 頁）によっても紹介され、実務にも一定の影響を及ぼしたものと思われる。

2005年の特別家事審判規則改正によって、児童福祉法28条1項の承認の申立てがあった場合に、児童の保護のため必要があるときは、家庭裁判所は、当該申立てをした者の申立てにより、当該承認の申立てについての審判が効力を生ずるまでの間、児童の保護者について児童との面会又は通信を制限することができるものとされた（特別家事審判規則18条の2）。その一方で、前述の児童福祉法28条2項に基づく施設入所等の期間更新承認申立においては、前審判によってとられた措置が継続中であり、その措置の効果として児童との面会・通信の制限が可能であるため（児童虐待防止法12条）、審判前の保全処分の対象とはなっていない（岡他・2005：20頁）。また、特別家事審判規則18条の2は、面会・通信の制限を規定するにすぎず、前述の浦和家裁のような保全処分はできないとの指摘もなされている（佐上・2007：166頁）。

福岡家裁小倉支部審判平成18年4月27日【判例5】は、乳児院入所の承認申立事件を本案とする審判前の保全処分事件において、親権者らについて児童との面会および通信を制限した事例として注目される。本件では、実父母らが、重度の火傷を負い入院中の児童の退院要求を繰り返し、さらに、病院職員の制止を振り切って児童を病院から連れ去ったという事情があり、裁判所も、このような事情を重視し、本案審判が効力を生じるまでの間、児童との面会・通信の制限を言い渡したものである。

司法統計年報によれば、特別家事審判規則18条の2による審判前の保全処分事件（面会・通信の制限）の既済件数は、2005年6件（認容：2件、却下：1件、取下げ：3件、その他：0件）、2006年5件（認容：1件、却下：0件、取下げ：2件、その他：2件）、2007年7件（認容：3件、却下：0件、取下げ：4件、その他：0件）であった。全体的に見れば、事件数自体は比較的少数であり、また取下げ件数の多さが目立つといえる。

なお、特別家事審判規則18条の2は、その後、2008年の特別家事審判規則改正（「特別家事審判規則の一部を改正する規則」平成20年最高裁判所規則第1号）によって大幅に変更されることとなる。面会・通信の制限については、2007年の法改正（「児童虐待の防止等に関する法律及び児童福祉法の一部を改正する法律」平成19年法律第73号）によって、児童について一時保護措置や保護者の同意を得た施設入所等の措置がとられている場合にも、児童相談所長や入所施設の長は、児童虐待を行った保護者について児童との面会・通信を制限できるものとされた（2007年法改正後の児童虐待防止法12条1項）ために、面会・通信に関する審判前の保全処分はその意義を失うこととなった。2008年特別家事審判規則改正によって、特別家事審判規則18条の2は、従来の面会・通信の制限に関する審判前の保全処分の規定から、新たに、児童の身辺へのつきまとい・児童の通常所在する場所等の付近のはいかいの禁止に関する審判前の保全処分の規定に変更された（2007年法改正後の児童虐待防止法12条の4も参照）。

④すでに施設入所措置がとられている児童について、入所施設の種類の変更を承認した事例

以上のような2004年児童福祉法改正および2005年特別家事審判規則改正によって新設された諸制度に関連する裁判例以外にも、今期には注目される裁判例が公表されている。それが、すでに家庭裁判所の承認を得て施設入所措置がとられている児童について、入所施設の種類の変更を承認した事例である。京都家裁審判平成16年9月21日【判例2】は、すでに家庭裁判所の承認審判を経て情緒障害児短期治療施設に入所中の児童について、児童の中学卒業後も在籍可能で、

定時制高校への進学も可能な児童自立支援施設への入所を承認した。

　児童福祉法 28 条審判を経て施設入所等の措置がとられている児童の入所施設等の種類を変更することについては、児童福祉法上、明確な定めはない。しかしながら、家庭裁判所は、28 条事件において承認審判をする場合に、入所施設等の種類を特定して承認しなければならないというこれまでの公表裁判例の傾向（福岡高裁決定昭和 56 年 4 月 28 日、家裁月報 34 巻 3 号 23 頁、浦和家裁審判平成 8 年 5 月 16 日、家裁月報 48 巻 10 号 162 頁、広島家裁審判平成 10 年 1 月 5 日、家裁月報 50 巻 6 号 104 頁、東京高裁決定平成 15 年 12 月 26 日、家裁月報 56 巻 9 号 35 頁）からすれば、本件のように、すでに家庭裁判所の承認を得て入所措置等がとられている児童の入所施設等を変更する際にも、親権者の同意を得られない場合には、家庭裁判所の承認を再度得ることが必要であるように思われる。したがって、本件は、従来の裁判例の傾向と一致するものであり、許末恵の指摘するように「理論的には当然の結論」であったと考えられる（許・2006：102 頁）。

【参考文献】

橋爪幸代「児童福祉施設入所措置等の期間更新」（『社会保障判例百選［第 4 版］』別冊ジュリスト、有斐閣、2008 年）200 〜 201 頁

岩佐嘉彦「弁護士から見た児童虐待事件（2）――児童虐待の防止等に関する法律の二度にわたる改正を経て」（『家庭月報』61 巻 8 号、2009 年）1 〜 48 頁

釜井祐子「児童福祉法 28 条 1 項 1 号の家庭裁判所の承認について」（『家裁月報』50 巻 4 号、1998 年）1 〜 84 頁

許末恵「児童の福祉のため入所施設の種類変更を承認した事例」（『民商法雑誌』134 巻 1 号、2006 年）100 〜 106 頁

松村徹・田中寛明「児童虐待の防止等に関する法律及び児童福祉法の一部を改正する法律（平成 19 年法律第 73 号）の概要及び特別家事審判規則の一部を改正する規則（平成 20 年最高裁判所規則第 1 号）の解説」（『家裁月報』60 巻 7 号、2008 年）43 〜 75 頁

南方暁「乳児院入所の承認申立事件を本案とする審判前の保全処分が認められた事例」（『法学セミナー増刊速報判例解説』1 巻、2007 年 10 月号）139 〜 142 頁

日本子ども家庭総合研究所『厚生省　子ども虐待対応の手引き――平成 12 年 11 月改定版』有斐閣、2001 年

岡健太郎・武部知子「特別家事審判規則の一部を改正する規則（平成 17 年最高裁判所規則第 5 号）の解説」（『家裁月報』57 巻 7 号、2005 年）17 〜 28 頁

尾崎守正・福島直之「児童福祉法の一部を改正する法律の概説――司法関与に関する部分を中心に」（『家裁月報』57 巻 7 号、2005 年）1 〜 16 頁

最高裁判所事務総局家庭局「児童福祉法 28 条事件の動向と事件処理の実情――平成 18 年 4 月 1 日〜平成 19 年 3 月 31 日」（『家裁月報』59 巻 8 号、2007 年）139 〜 155 頁

最高裁判所事務総局家庭局「児童福祉法 28 条事件の動向と事件処理の実情――平成 19 年 4 月 1 日〜平成 20 年 3 月 31 日」（『家裁月報』60 巻 8 号、2008 年）107 〜 123 頁

最高裁判所事務総局家庭局「児童福祉法 28 条事件の動向と事件処理の実情――平成 17 年 4 月 1 日〜平成 18 年 3 月 31 日」（『家裁月報』58 巻 8 号、2006 年）107 〜 123 頁

佐上善和『家事審判法』信山社出版、2007 年

最高裁判所事務総局『司法統計年報　3．家事編（平成 16 年〜平成 19 年）』2005 〜 2008 年

吉田恒雄「児童虐待防止法の改正に向けて――法的視点からの検討」（『児童虐待防止法制度――改正の課題と方向性』尚学社、2003 年）3 〜 32 頁

全国裁判官懇話会家事分科会「市民に開かれた司法を目指して　第 16 回全国裁判官懇話会Ⅳ（分科会報告）」（『判例時報』1633 号、1998 年）3 〜 25 頁

（阿部 純一）

(2) 民法

①民法766条に基づく第三者の監護者指定

　第2期および第3期に民法766条を根拠にした第三者の監護者指定が焦点になった事例が登場したが、今期は、より密接に児童虐待に関連する形で問題になった。金沢家裁七尾支部審判平成17年3月11日の事件【判例6】である。

　本件は、事件本人未成年者の母方祖母が、実父母を相手方として自らを監護者とすることを申し立てた事件である。実父母には長女、長男、二女および本件の子がいたが、二女は相手方実父の暴行により死亡し、実父は傷害致死罪により懲役4年6月の実刑判決を受けている。実母は実父と離婚するという意思を表明しているが、具体的に離婚に向けての動きがあるのかどうかは不明である。裁判所は、父母が子の監護権に関する合意を適切に成立させることができず子の福祉に著しく反する結果をもたらしている場合には、家庭裁判所の権限については民法766条を、申立権の範囲については民法834条を類推適用し、子の親族は子の監護に関する処分事件の申立権を有し、申立てに基づいて、家庭裁判所は、子の監護者を定めることができるとして、子の祖母からの監護者指定の申立てを認めた。

　その際、第3期で示した【判例4】の仙台高裁決定平成12年6月22日とは事件類型が異なるとする。

②民法834条に基づく親権喪失

　今期の834条事件の特色は、1つは日本の現行民法上の制度の不具合が露呈した結果、親権喪失請求に至った事件ともう1つは医療ネグレクトに対する審判例が2例公表された点にある。

　前者の事例は、名古屋家裁岡崎支部審判平成16年12月9日【判例7】である。未成年者・子が実母とその交際相手から身体的虐待を受けている可能性があるとして、児童相談所が一時保護後、児童福祉法28条審判を経て施設入所させた。これに対して実母らは児童虐待をしたといわれたことに強く反発し、実父が行った親権者変更申立てと親権者の職務執行停止の仮処分および職務代行者の選任の審判書が実母に送達される前日に、実母とその交際相手の婚姻届と交際相手と子の養子縁組届が提出された。このため、親権者変更の申立ては却下された。実母・養父には子の監護教育や施設の早期退所の必要性等についての配慮が全くうかがわれず、親権を児童相談所への抗議行動や実父に対する謝罪、金銭要求の手段としており、このような実母・養父の態度は、児童の福祉を著しく損ねるもので、親権濫用といわざるをえないとして、親権喪失を宣告した。抗告審も抗告を棄却した（名古屋高裁決定平成17年3月25日、家裁月報57巻12号87頁）。養子法が自己又は配偶者の直系卑属を養子にするときには、未成年者養子縁組であっても家庭裁判所の許可を必要としないとしている（民法798条ただし書き）現行養子法制の欠点が露になった事例である。

　後者の事例は、名古屋家裁審判平成18年7月25日【判例8】である。本件は、先天性心疾患のため手術が必要な乳児について、親権者が信仰上の理由から手術への同意を拒否したため、児童相談所長が親権喪失宣告とともに、保全処分として親権者の職務執行停止と職務代行者の選任を申し立てた事例である。裁判所は、子は、重篤な心疾患を患い、早急に手術等の医療措置を数次にわたって施さなければ、近い将来死亡を免れない状況にあり、親権者の手術への同意拒否は

親権濫用にあたり、子の福祉を著しく損なうものとして申立てを認容した。

なお、類似事案として大阪家裁岸和田支部審判平成17年2月15日（家裁月報59巻4号135頁）が紹介されている。

③性的虐待と損害賠償請求

周知のように、児童虐待には予防から発生時の介入、その後のフォローといった各段階に切れ目のない対応をしていくことが大切であるといわれる。一般的には法的対応というと、虐待家庭への法的介入について論じられる。同じく法的対応といっても、虐待行為を民法上の不法行為として損害賠償請求をしていくという方法は、上記のような法的介入を行い、児童を保護するとか、親権を制限するといった対応とは異なり、事後的に虐待加害者の不法行為責任を問うものである。

虐待行為を不法行為と捉えるとき、問題になるのは、不法行為に基づく損害賠償請求権は3年の短期消滅時効にかかる（民法724条）という点である。例えば、性的虐待の発見は、児童虐待事例の中でもとりわけ難しい。虐待行為が行われたことを関係者が知ったときに、虐待が行われたときからすでに相当な時間が経っていることも少なくない。この場合には時効の起算点が問題になる。福岡高裁判決平成17年2月17日【判例9】は、民法724条の短期消滅時効の起算点について、「被害者において、加害者に対する賠償請求が事実上可能な状況のもとに、その可能な程度にこれらを知ることを意味し、このうち「損害」については、単に損害の発生を知るだけでは足りず、加害行為が不法行為であることを認識する必要がある」とした。

また、産婦人科医である祖父が孫娘に対して長年にわたり性的虐待を加えたことにより、孫娘が心的外傷後ストレス障害（PTSD）等に罹患したと認めて、後遺障害による逸失利益等の損害を認めた事例（東京地裁判決平成17年10月14日、判時1929号62頁）が存在する。

（鈴木博人）

(3) 刑事法（第3期・第4期）

①公刊判例数の増加

第3期から第4期にかけて、公刊物に登載された児童虐待関連の刑事判例数が増加している。とくに、虐待者が傷害または傷害致死の罪に問われることの多い身体的虐待関連の刑事判例が多く公表されている。

中には、児童相談所の対応に言及する判例もあり、児童相談所の対応の不備が虐待者である被告人にとって有利な事情と認定された判例（例えば、宇都宮地裁判決平成15年10月7日、裁判所ホームページ、刑事判例リスト22、以下「宇都宮事例」とする）もあれば、逆に、児童相談所からの助言があったにもかかわらず、態度を改めなかったことを被告人の刑事責任を重くする事情と認定している判例（例えば、福岡地裁判決平成13年12月6日、公刊物未搭載、刑事判例リスト7、以下「福岡事例」とする）もある。先の宇都宮事例は、虐待者が被害児の里親であり、虐待者が育児にストレスを感じており、児童相談所等の積極的な関与が必要なケースであったにもかかわらず、その積極的な関与がない中で起きた事件である一方で、福岡事例は、虐待者は被害児の実親であり、児童相談所の他、保育園等の関係諸機関が積極的に関与し、具体的な対応策を提案し

ていた。このように、児童相談所の関与の積極性が、その対応が被告人にとって有利な事情となるか、不利な事情となるかの差につながっているようである。

また、この期間における判例の中で、虐待者である被告人に保護観察付執行猶予が言い渡されている事例が2例ある（長野地裁判決平成14年6月18日、公刊物未搭載、刑事判例リスト12、以下「長野事例」とする。山形地裁判決平成14年7月31日、裁判所ホームページ・刑事判例リスト14、以下「山形事例」とする）。長野事例は、被害児の実母の同棲相手が実母とともに、被害児に身体的虐待を加え、傷害を負わせた事例であり、被告人は、保護司の指導のもとで、児童虐待に関する専門家のカウンセリングを受けることによって、子どもに暴力を振るう行為の犯罪性を自覚し、虐待行為の制御をすることも可能であると認定し、同人に保護観察付執行猶予を言い渡したものである。山形事例は、被害児の実母である被告人が、被害児に身体的虐待を加え、傷害を負わせた事例で、住居不定、無職の生活を送り、不特定多数の男性と不純交遊を繰り返していた被告人のそれまでの生活状況の悪さを指摘し、居所を安定させ、就労させて生活能力を高める等してその更生を図るためには、強力な保護的措置が必要であるとして、被告人に保護観察付執行猶予を言い渡したものである。どちらも、虐待の要因と考えられるもの（長野事例では被告人の暴力性、山形事例では被告人の生活態度）の改善のために、保護観察制度を活用しようとしている。

2004年12月8日に刑法が改正され（平成16年法律第156号）、重大犯罪の法定刑が見直された中で、身体的虐待に適用されることのある傷害致死罪も、その法定刑が2年以上の有期懲役から、3年以上の有期懲役へと変更されている。この刑法改正に関連して、注目すべき判例が【判例10】（東京高裁判決平成18年12月1日、東高刑事報57巻1～12号72頁、刑事判例リスト31）である。当時3歳の被害児を虐待死（傷害致死）させた両親に対し、第1審が父親に懲役7年、母親に懲役6年6月を言い渡したところ、検察側がこの量刑は、刑法改正の趣旨に反するとして控訴した事案において、第1審判決の量刑が軽すぎることはないとして、控訴が棄却されたものであるが、これまでの、判例を見ても、被害者1人の虐待致死（傷害致死）事件で、被告人に懲役7年を言い渡したのは名古屋地裁判決平成14年7月16日（裁判所ホームページ・刑事判例リスト13参照）だけであり、被害者1人の虐待致死（傷害致死）の中では、【判例10】の量刑も重いほうである。それにもかかわらず、検察側が控訴したというのは、2004年の刑法改正により、厳罰化の路線へと進む検察の態度を示したものであるとも受け取ることができる。

②不作為による幇助

第2期に続き、第3期、第4期ともに、不作為による幇助の事例がある。第3期に見られる不作為による幇助の事例（広島地裁判決平成16年4月7日、判タ1186号332号、刑事判例リスト24②）は、第2期の札幌高裁の判例（札幌高裁判決平成12年3月16日、判時1711号170頁）の基準を踏襲し、被害児の実母である被告人には「同居男性が暴行に及ぶことを防止すべき強度の作為義務があり、かつ暴力の防止の措置をとることが不可能あるいは困難であったような状況は認められず、同児の様子に変調が見られるまで何らの制止措置をとらなかったことは、同居男性の犯行を容易ならしめた」として、傷害致死の幇助の成立を認めている。これに対し、第4期で見られた不作為による幇助の事例【判例11】（名古屋高裁判決平成17年11月7日、高検速報716号292頁）の基準は、前記札幌高裁の基準とは異なり、被害児の実母である被告人は「自らの意思で同児の

生活圏内に交際相手のAの存在という危険な因子を持ち込んだものであり、自らの責めにより同児を危険に陥れた以上、Aとの関係においてはその危険を自らの責任で排除すべき義務をも負担するに至ったと解されるから、社会通念上、被告人にAの被害児に対する暴行を阻止すべき義務が課せられていたと解するのが相当」であり、「不作為による幇助犯においても、『犯罪の実行をほぼ確実に阻止できたのに放置した』との要件を必要とするものでない」として、傷害致死の幇助の成立を認めている。この基準は、虐待者という危険因子を被害児の生活圏内に入れた時点で、被告人に作為義務が生じ、それのみによって、不作為の幇助が成立することになり、前記札幌高裁の基準よりも不作為の幇助が認められる範囲が拡大している。

③被虐待者による犯罪

　第4期に入って、初めて公刊物で確認されたのが、被虐待者による虐待者に対する犯罪と認定された事例である。これまでも、少年の非行や成人の犯罪の背景に虐待経験があるということが情状として描かれた判例はあったが、被虐待者が虐待者に対し、犯罪行為を行ったと認定された事例は初めてである。後掲刑事判例リストに挙げた3事例（名古屋地裁判決平成17年3月24日、裁判所ホームページ、刑事判例リスト57、以下「名古屋事例」とする。函館地裁判決平成19年3月29日、裁判所ホームページ、刑事判例リスト58①、函館地裁判決平成19年5月15日、裁判所ホームページ・刑事判例リスト58②、以下、両事例をあわせて「函館事例」とする）はいずれも、被虐待者が虐待者を殺害し、その死体を遺棄した事案であり、被害者が被告人らに虐待を加えていたことがその背景として、被告人らに有利な事情として考慮されている。ところが、名古屋事例では、被害者に殺害されるまでの落ち度がないとする一方、函館事例では、被害者に重大な落ち度があるとしている。これは、名古屋事例は、被告人のみが被害者から身体的虐待を受けていたものである一方、函館事例は、その被害者が、内縁の妻である被告人Aおよびその長男である被告人Bに対し、身体的虐待を加えていただけでなく、被告人Bの妹にも性的虐待を繰り返していたものであり、被害者の行っていた虐待の内容に差があることから、被害者の落ち度の認定にも差が生じたものと思われる。

（初川　愛美）

4　法学研究の動向

(1) 児童福祉法分野

① 2004年児童虐待防止法

　第4期は、児童虐待防止法の改正がなされ、その内容を解説する論考が見られる。立法担当者によるものの他（奥・2004、古川・2004）、法改正を批判的に検討するものもある。そのうち竹中論文は、児童相談所と市町村の役割分担について懸念を示し、児童福祉における児童虐待防止の役割が大きくなることが児童福祉の変容をもたらすと指摘する。児童虐待に対する法改正、施策が拡充する中で、児童福祉本来の役割、児童相談所の機能が大きく変化しており、2つの法の関係をもう一度整理しなければならないとの指摘は、示唆に富んでいる（竹中・2004【文献1】）。

②死亡事例の検証

　2004年10月からは虐待により子どもが死亡した事例の検証が始まり、その報告書が公表された（児童虐待等要保護事例の検証に関する専門委員会・2004）。古川論文（古川・2004【文献2】）は、この報告書から明らかになった虐待の要因を分析し、それに基づく対策を提案する等、実際的な内容となっている。同報告書は、その提言の一部が虐待防止の制度として結実しているものもあり、虐待施策の展開を見る上では重要な資料である。同検証報告書は、その後、第11次（2015年）報告まで公表されている。

③児童虐待事件に関する家庭裁判所の関与

　児童虐待事件の深刻化に応じて家庭裁判所に対する児童福祉法28条事件の申立件数も増加してきた。こうした事態を受けて、岡論文は、家庭裁判所における申立の取扱い、承認の要件、審理の流れを概説する。また、家庭裁判所に現れる28条事件の類型を紹介した上で、家庭裁判所調査官による調査の実際を説明する（岡他・2006【文献13】）。

　2007年の児童虐待防止法改正、児童福祉法改正の主要なテーマの1つは、児童虐待介入に対する司法関与のあり方であった。法律時報77巻3号では、これをテーマに特集「児童虐待事件における司法関与」が組まれ、法社会学、比較法、実務の視点から検討がなされた。とくに児童福祉法28条事件については、これを児童相談所長と親との対立構造としてとらえ、当事者主義として制度化すべきか、それとも子どもの利益実現の視点から現在の職権主義を維持すべきかが論点となる。若林論文は、現在の職権主義を維持しつつ、事案の解明や迅速な処理、妥当な結論を導くためには当事者の手続保障が効果的であると述べる（若林・2005【文献6】）。岩城・2005【文献7】は職権主義を肯定しつつも、家庭裁判所による福祉的役割の重要性を強調し、岩佐論文（岩佐・2005【文献8】）も同様に職権主義を支持するが、当事者に対する手続等の説明の必要性、家庭裁判所による子どもの意向の聞き取りにおける親権者への説明と反論の機会の付与等が必要であるとする。

　この他、2007年の法改正に向けた提言の特集としては、吉田・2004、津崎・2005の他、「特集児童虐待防止法改正の課題」（『月刊少年育成』613号、2007年）があり、津崎（【文献15】）、峯本（【文献16】）、才村（【文献17】）、加藤（【文献18】）の4氏の論考が掲載されている。

④その他

　児童虐待防止法、配偶者暴力防止法に続き、2005年に高齢者虐待防止法（高齢者虐待の防止、高齢者の養護者に対する支援等に関する法律）が成立したことを受けて、家庭内の暴力を総合的に捉える動きが出てきた（岩城・2005【文献11】、平田・2006【文献12】）。同じく家庭内の暴力とはいえ、その発生の機序が異なるところから、必ずしも全て同じ対応とすることはできないため、個々の暴力の特質に応じた施策が必要になろう。これら密室的環境における弱者に対する暴力を総合的に検討する時期に来ているといえよう。

　また、この頃からいわゆる「施設内虐待」の問題が積極的に論じられるようになり、児童福祉の現場はもちろん、法律学の立場からも検討されるようになった（平湯・2004）。施設内虐待問題は、被虐待児保護の受け皿としての施設等での子どもへの虐待であり、虐待の防止のためには

こうした社会的養護分野での子どもの権利擁護も視野に入れなければならない。この点は、2007年の児童福祉法改正により「被措置児童等虐待の防止」として制度化された。

【参考文献】

原田綾子「ミシガン州ワシュトナウ郡における児童虐待・ネグレクトへの対応」（『法律時報』77巻3号、2005年）72～76頁【文献5】

平田厚「虐待防止法制の現状と課題」（『国民生活研究』46巻1号、2006年）9～19頁【文献12】

平湯真人「施設内虐待をめぐって」（『子どもの虐待とネグレクト』6巻3号、2004年）297～301頁

古川夏樹「児童虐待の防止に向けた取組みについて」（『戸籍時報』571号、2004年）61～68頁

古川夏樹「児童虐待事例の検証結果について」（『月刊福祉』87巻10号、2004年）98～103頁【文献2】

伊原和人「改正児童虐待防止法のポイント（上）児童虐待対策の強化について」（『厚生福祉』5473号、2007年）2～5頁

伊原和人「改正児童虐待防止法のポイント（中）児童虐待対策の強化について」（『厚生福祉』5474号、2007年）2～5頁

伊原和人「改正児童虐待防止法のポイント（下）児童虐待対策の強化について」（『厚生福祉』5475号、2007年）2～5頁

岩城正光「家庭内紛争をめぐる法律問題」（日本弁護士連合会編『現代法律実務の諸問題（平成16年版）』日弁連研修叢書、第一法規、2005年）35～64頁【文献11】

岩城正光「NPOの児童虐待防止活動を通じて見えてきた司法の役割」（『法律時報』77巻3号、2005年）82～85頁【文献7】

岩佐嘉彦「児童虐待事件における司法関与――職権主義と当事者主義の狭間　実務家からみた問題点（代理人の立場から）」（『法律時報』77巻3号、2005年）86～90頁【文献8】

児童虐待等要保護事例の検証に関する専門委員会「児童虐待による死亡事例の検証結果等について『児童虐待等要保護事例の検証に関する専門委員会』第1次報告」2005年4月

加藤曜子「児童虐待防止法改正にあたって――民間団体（NPO福祉団体）の立場から」（『月刊少年育成』613号、2007年）30～36頁【文献18】

峯本耕治「近づく2度目の改正」（『月刊少年育成』613号、2007年）16～22頁【文献16】

岡健太郎・河合明博「児童福祉法28条事件の審理について」（『ケース研究』288号、2006年）5～34頁【文献13】

奥克彦「児童虐待防止法の一部を改正する法律」（『ジュリスト』1276号、2004年）90～94頁

才村純「児童虐待防止法制度改正の論点」（『月刊少年育成』613号、2007年）22～29頁【文献17】

竹中哲夫「児童福祉法・児童虐待防止法改正をめぐる諸問題」（『日本福祉大学社会福祉論集』111号、2004年）1～26頁【文献1】

棚瀬一代「米国における児童虐待と家族再統合の試み」（『法律時報』77巻3号、2005年）91～95頁【文献9】

棚瀬孝雄「児童虐待事件の司法関与――職権主義と当事者主義の狭間」（『法律時報』77巻3号、2005年）66～71頁【文献4】

「特集　児童虐待防止法改正の課題」（『月刊少年育成』613号、2007年）8～41頁【文献14】

「特集　児童虐待事件における司法関与」（『法律時報』77巻3号、2005年）66～95頁【文献3】

津崎哲郎「児童虐待防止法改正の課題――主に児童相談所の立場から」（『月刊少年育成』613号、2007年）8～14頁【文献15】

津崎哲郎「子どもの人権の視点から見た親権」（『フォーラム現代社会学』4号、2005年）57～65頁

横湯園子「児童虐待防止――国連子どもの権利委員会『最終所見』の実施に向けて」（『教育学論集〈中央大学〉』2005年）287～303頁【文献10】

吉田恒雄「児童虐待ケースに対する司法関与制度試案」（『子どもの虐待とネグレクト』6巻1号、2004年）129～136頁

若林昌子「児童虐待事件について家裁実務の視点から――児童福祉法28条事件を中心に」（『法律時報』77巻3号、2005年）77～81頁【文献6】

（吉田　恒雄）

(2) 民法分野

　第4期において、民法学の領域で児童虐待問題に真正面から取り組んだ、公表された研究業績はほとんど存在しない。その中で、児童虐待問題に直結するテーマを扱っているのは、【文献19】である。研究会報告をもとにした論文である。ドイツにおける「暴力のない教育を受ける権利」（同論文中の das Recht auf gewaltfreie Erziehung の訳語）の背景を分析したものである。この権利を規定するドイツ民法1631条2項により、「虐待（Misshandlung）は懲戒（Bestrafung）を意味することとなった」という。従来民法学では、懲戒というのは、Züchtigung、体罰は körperliche Züchtigung と一般的には理解されてきた。外国法研究の場合は、対象国の術語と日本語の訳語とのニュアンス、対応関係を適合させることに苦心することが多い。「虐待は懲戒を意味することとなった」という分析は、単純に両者を同視したものなのかどうか、なお検証を要する。

　今期の特色の1つは、外国の法制度に関する研究文献が中心になっている点である。ドイツ【文献19】、【文献21】、【文献27】、イギリス【文献24】、【文献25】、【文献49】、フランス【文献23】である。児童虐待に対する対応や制度の紹介、あるいは理論的分析を論考の中心的テーマにすえたものとしては、【文献23】、【文献27】、【文献49】が該当する。【文献19】をこれに加えてもいいかもしれない。これらのうち、【文献49】は、児童福祉分野の専門家による歴史研究として立法史が扱われたものといえるので、民法学の視点、つまり法律学の基礎理論に基づいて分析、検討を行ったものとはいいがたい。【文献23】は、ジャーナリストによるフランスの児童虐待対応制度の紹介・概観である。【文献27】は、家庭裁判所調査官による、ドイツでの法制度の概観、家庭裁判所と少年局の関係、少年局の役割等についての調査報告で、ドイツの制度を概観するにはわかりやすい論考である。

　今期の民法学の業績では、児童虐待への民法による対応そのものを検討する論考は、以上のようにあまりない。しかし、親権の基礎理論に関わる問題を扱った論考が存在する。児童虐待との関係を中心にすえて論じたものではないが、親権の基礎理論に関わる問題提起を行っているのは、イギリス法を題材として親権の性質論を考察する川田昇による【文献25】である（厳密にいえば、【文献25】に収録されている諸論考のそれぞれが初めて公刊されたのは、本研究の時期区分の第4期よりも前である。それらが1冊の書物にまとめられて刊行されたのが第4期ということである）。川田の議論は、離婚後単独親権法制の現行日本民法を踏まえて、離婚後親権者にならなかった親に負わされる養育費支払い義務や非親権者である親の面会交流に関して、それぞれの場面で、親としての義務または権利だからといって説得することが、当事者間の紛争を発生させる根底にあるという。そして、親権の基礎を親であるという自然的事実に求めることから、虐待事例でも親権者の主張をまずは絶対的なものとして出発点にしてしまうことにつながっているという。親権とは、親による養育が、子の利益になることが多いから、とりあえず親が養育者に選択されて、法的な、あるいは社会的な職務として法によって与えられたもので、親子間に自然の関係が存在することから生まれる必然的な選択ではないと主張する。また、1989年イギリス児童法で導入された「親責任」概念についても、どのような文脈で理解しなければならないのかを示している。【文献25】の項でも紹介したものだが、「『親責任』は、親に対する子の権利を含意しないばかりか、かえって構造的には、子に対する責任が親にあることを強調することによって子の権利に制限を課すものとなっているのであって、子の養育について国家が手を引く代わりに、親の責

任を強調する」ものだという。この分析にしたがうならば、「親責任」という術語を日本語の語感で捉えて「子の権利」に対応する概念として理解するのは慎むべきということになる。【文献24】は、1989年児童法では、児童の家族再統合がケアの第1の目的であることが基本理念とされており、1989年児童法より前の時代に、「永続的計画」（いわゆるパーマネンシープランニング）に基づき、長期里親や養子が計画されるに伴って親との面会交流を停止することが望ましいと見られることが多かったという事情は、劇的に変化したのだと指摘する。これらの分析・指摘から見て取れるのは、親の権利は、そう簡単に取り上げてしまうことはできないのだという考え方が基本にすえられているということである。

　今期の民法学における研究は、児童虐待への直接的な民法上の対応を議論するものではないが、児童虐待対応に際しても前提となる、親権の法的性質論、親の権利論が、外国法（とりわけイギリス法）との比較を通じて展開されたところに、理論上の大きな意義があったと評することができる。

（鈴木 博人）

(3) 刑事法分野（第3期・第4期）

①学会の動向

　第2期に引き続き、刑法学会において、児童虐待問題が取り上げられている。第3期・第4期の特徴としては、刑事法分野における児童虐待に関する問題点の整理が行われたことが挙げられる。2000年5月に行われた第78回大会のワークショップ「児童虐待と青少年保護の周辺」において、刑事規制に積極的な立場からは、児童虐待防止法が児童虐待に対する刑事規制を設けなかったことについての批判が出る一方、刑事規制が児童虐待の防止にとって意味があるとは必ずしもいえないとする意見が出され、刑事規制の必要性についての議論が行われた。同様に、刑事罰に担保された通告義務についても賛否両論が出された。また、児童虐待を広く捉えた上で、児童買春、児童ポルノの問題、有害図書との問題も議論された。この他、2002年5月の第80回大会では、林弘正により、個別報告「児童虐待の現況と刑事法的介入」が行われている。また、2005年6月の第83回大会のワークショップ「児童虐待への刑事法的規制の課題」では、児童虐待に対する刑事手続の理論的・実務的問題点が整理され、とくに、子どもの証言の聴取の難しさが提示された。

　一方、日本犯罪学会では、2000年11月の第37回における一般報告において、犯罪精神医学の立場から「妄想に基づく実子殺人の鑑定例──異文化ストレスと妄想発展」（安藤久美子他）が報告され、在日外国人の女性が異文化ストレスからの妄想が萌芽し、体系化し、事件へと至る経緯が紹介された。また、2001年12月の第38回においても一般報告で、法医学の観点から「児童虐待」（山村武彦他）が報告され、14歳未満の児童司法解剖例、306例の分析、その中の虐待による死亡事例の加害者の分析等が紹介された。また、2004年11月の第41回におけるシンポジウム「子ども虐待」では、臨床的および法医学的側面等から、被虐待児の問題点等が報告された。

②不作為による虐待

母親が内縁の夫による子どもに対する折檻を放置し、死亡させたことにつき、母親に傷害致死幇助罪の成立を認めた判例（札幌高裁判決平成12年3月16日）についての評釈が出揃い、かつ、同判決についての研究が進み、児童虐待行為を放置した保護者の刑事責任について刑法学の展開が見られた。

③警察活動

児童虐待防止法施行に伴い、「児童虐待の防止等に関する法律を踏まえた児童虐待への適切な対応について」（警察庁丙少発第29号等）をはじめとして、様々な通達が発された。とくに、児童虐待防止法10条が警察官の援助について規定していることから、「児童虐待の防止等に関する法律第10条を踏まえた援助要領」（警察庁丁少発第170号等）が発されたことにより、児童虐待対策について警察活動のマニュアル化が図られた。

また、少年警察活動規則（2003年）が制定され、児童虐待を受け、または受けているおそれのある児童に関し、児童相談所その他の関係機関との緊密な連携のもと、当該児童に対するカウンセリング、保護者に対する助言又は指導その他の当該児童に対する支援を的確に実施する他、児童虐待の防止等に関する法律10条に基づく援助の求めがあった場合においては、その求めをした者との適切な役割分担のもと、必要な措置をとるものとする（同規則39条）との規定が設けられ、より警察の活動の明確化が図られた。

その他、2000年4月に第10回警察政策フォーラム「刑事司法におけるドメスティック・バイオレンス及び児童虐待対策～米国での取組み」では、ドメスティック・バイオレンスに関する報告が中心ではあったが、ドメスティック・バイオレンスを目撃して育った子どもの被害、警察と地域との連携等が指摘された。

そして、2004年の児童虐待防止法の改正に伴い、「児童虐待の防止等に関する法律の一部を改正する法律について（通達）」（平成16年9月21日、警察庁丙少発第34号等）が発され、児童虐待防止法の改正を踏まえた上で、①児童虐待の早期発見、②迅速かつ確実な通告、③警察署長に対する援助要請への適切な対応、④関係機関・団体との連携の強化、⑤指導、教養の徹底を図ることとされた。また、児童の安全確認等に関しては、「児童の安全の確認及び安全の確保を最優先とした児童虐待への対応について」（平成18年9月26日、警察庁丙少発第38号等）が発され、警察職員が直接児童の安全の確認をすることが重要であるとした上で、その他、①厳正な捜査および、②被害児童に対するカウンセリング支援、③情報の集約と的確な対応を図ることとされた。

④少年非行との関連

少年非行と児童虐待の関連性については、その関連性を示す初めての大規模な調査が法務総合研究所により行われた。同調査は、少年院在院者対象アンケート調査であり、少年院在院者（男子2266人、女子264人）を対象とし、その結果は、身体的虐待、性的虐待、ネグレクトを受けた経験を有すると認められた者が約50％（男子49.6％、女子57.1％）であり、一度も家族から身体的暴力、性的暴力、不適切な保護態度を受けた経験がない者は約27％（男子27.9％、女子20.5％）であったと報告され、非行少年は虐待経験を受けた者が多いという結論が出されている。

また、同様の主張が、2000年12月のJaSPCAN第6回学術大会における分科会報告「少年非行の背景としての子ども虐待」(藤岡淳子)、2001年9月の日本犯罪心理学会第39回大会におけるディスカッション「虐待少年の社会適応について」でも報告されている。

⑤被害者学の動向

犯罪被害者学会では、2001年6月の第12回学術大会で個別報告「少年院在院者の被害経験」(松田美智子・古田薫)として、前述の法務総合研究所による調査研究の概要が報告された他、2002年6月の第13回学術大会における個別報告で「児童虐待——若干の事例研究」(林弘正)が行われた。

また、被害者保護二法(刑事訴訟法および検察審査会法の一部を改正する法律・犯罪被害者等の保護を図るための刑事手続に付随する措置に関する法律、2000年11月施行)が施行されたことにより、刑事手続における被害者としての被虐待児の保護が図られることとなった。

【参考文献】
安部哲夫「児童虐待と青少年保護の周辺」(『刑法雑誌』40巻3号、2001年)423〜427頁
安藤久美子他「妄想に基づく実施殺人の鑑定例——異文化ストレスと妄想発展」(『犯罪学雑誌』67巻3号、2001年)130頁
加澤正樹他「児童虐待に関する研究(第1報告)」(『法務総合研究所研究部報告』11号、2000年)【文献28】
「特集　警察政策フォーラム・DV及び児童虐待と刑事法」(『警察学論集』53巻7号、2000年)1〜62頁
山村武彦他「児童虐待」(『犯罪学雑誌』68巻3号、2002年)98頁

(初川 愛美)

(4) 児童福祉分野
①児童福祉の制度

児童福祉法改正で2005年4月より、児童家庭相談を実施する機関として、福祉事務所に加えて市町村が挙げられ、そのために「職員の人材確保及び資質の向上のために必要な措置を講じなければならない」(法10条4項)と規定された。児童虐待防止法が施行されて以来の児童相談所の負担増は、改めて指摘するまでもない。児童相談所の設置が全市町村にほど遠い状況のまま、児童福祉司の抜本的な増員もない。加えて、1997年に新設された児童家庭支援センターが、児童相談所不足の打開策となりえていない現実もある。こうした中で、児童相談所の業務軽減と専門性の強化をねらって、相談業務のみを市町村に受け持たせる改正案が生まれた。この改正が市町村の行政現場に与えた困惑の波紋は小さくなかったようである。

こうした法改正による制度改変を受けて、この期には市町村の相談業務に焦点を絞って編まれたマニュアルが散見される(例えば、神奈川県・2005、大阪府健康福祉部児童家庭室・2005)。これらのマニュアルでは、改正児童福祉法と改正児童虐待防止法の条文を引用しながら、まずは、市町村に何がどのように求められているのかを説明している。見方を変えれば、ケースワークの技術を持たない市町村職員が法改正によって児童虐待相談業務の一端を担う可能性が生まれたことへの戸惑いが反映されているといえる。

市町村による相談体制に対しては、懸念が多く聞かれる反面、期待もまた寄せられている。兵

庫県川西市の「人権オンブズパーソン」が強い権限を持つ行政機関でないからこそ有効に機能しているという経験に立って、入念に組まれた研修と適切なスーパーバイズ確保への財源を手当することが、新しい相談体制の成否を分けるとする意見もある（石田・2005）。他に、市町村における実際の児童相談窓口として「家庭児童相談室」を挙げ、設置への期待と当面の課題にも関心が向けられている（桂・2005）。市町村は、要保護児童対策地域協議会の設置ができる。この協議会に守秘義務が課されたため、民間団体等が協議会に参加し、公に虐待相談に加わることも可能となったが、その点への期待も寄せられている（安部・2005）。

一方の児童相談所は、市町村の相談体制が整うまでの「当分の間」、市町村に対して必要な援助を行うことが規定されており、当初に予期されたほどの業務軽減にはなりえないと見られている。むしろ、市町村と児童相談所との受託相談の質的住み分けが進み、児童相談所が困難ケースの対応に特化されていくことで、幅広い相談の中から重篤なケースを拾い上げることがかえって困難になることを危惧する声も聞かれる（仙田・2005）。

第3期から模索されてきた虐待を抱える家族の支援は、この期には展開の様相を見せている。埼玉県では、2003年に「児童虐待予防ローラー作戦推進事業」と銘打って虐待ハイリスクの要支援家庭を的確に把握し、「親と子どもにかかわる関係機関や地域の人材と連携をして、自ら支援を求めてこない家庭に対して、訪問などによる支援を重点的に行う」取り組みを開始した（渡邊・2005）。さらに新しいことでは、行政の児童虐待予防プログラムの中にユース世代の教育を組み込んでいる。同じく埼玉県を例にとると、2003年度より高校生を対象とする児童虐待予防講座やイベント「児童虐待をなくそう！ ヤングミーティング」を開催し、CAPプログラムを紹介したり虐待や地域の子育て支援について考えたりする場を提供している（渡邊・2005）。

家族支援を念頭においた法の不備を指摘する意見もある。津崎哲郎は、残された課題として法整備が求められるいくつかの点を、以下のように挙げている。まず、従来からあった輸血拒否の問題とは異なり、手術同意が保護者から得られないとして医療機関から児童相談所へ相談が持ち込まれる医療ネグレクトケースの対応について論じている。現行制度のもとでは、親権喪失と後見人選任ないしは保全処分としての親権代行者選任を家庭裁判所に申し立て、その承認を待って手術を施す他なく、現実的ではない。また、かりにそうした手続が踏めたとしても、手術後に子どもが家族に受け入れられなくなる危惧が残り、根本的解決策とはいいがたい。虐待防止法改正の専門部会でも議論に上がったものの、法整備にはつながらなかったという。また、さらに津崎は、近年、性的虐待ケースが顕在化し、加害者である父親が児童福祉法34条で逮捕される事例が出てきている点を指摘する。この場合、刑事罰を伴うため、被害を受けた子どもが警察、検察、裁判所での供述を求められる等、二次被害的状況が生じたり、家庭破壊について母親から責められて孤立状態に陥ったりする危険がある。性的被虐待児童の保護システムは、法的にも整備される必要がある（津崎・2005）。

児童虐待対応に関して、児童福祉の各領域の個別の取り組みが顕著になるのも、この期の特色である。詳しくは項を改めて後述するが、児童福祉領域の中でも児童虐待対応で著しく取り残されてきた障害児福祉の領域が、独自な調査をもとに行政や関係者へ意識改革の働きかけを始めている。21世紀の母子保健のビジョンを示す「健やか親子21」では、2010年までに情緒障害児短期治療施設を全県に設置する方針が示された。情緒障害児短期治療施設への被措置児童に占める

被虐待児童の割合は増加しており、100％に近い施設もある。情緒障害児短期治療施設の充実は、被虐待の専門的ケアをねらった動きである（平田・2005）。また、小児保健領域においては、関係領域との学際的調査研究によって、児童虐待理解を深め広げる動きが見られた。例えば、むし歯等口腔内の状況と児童虐待の関連を調査した結果、被虐待児の口腔内状況は、一般の子どもと明らかな差が見られ、口腔内状況から児童虐待の早期発見も可能になることが判明したという。この結果を周知することで、「わが国では児童虐待と口腔内状況については、調査資料がないこともあり、関係者の間ではほとんど関心がもたれていなかった」状況が打破されることに期待が寄せられている（古谷・2004）。口腔内状況を改善するための援助を虐待防止への手がかりとして活用する可能性に期待が寄せられる。

【参考文献】
安部計彦「虐待防止ネットワークを考える」（『母子保健情報』50号、2005年）127〜129頁
古谷ひろみ「東京都が実施した『被虐待児童の口腔内状況調査』について」（『月刊保団連』835号、2004年）42〜46頁
平田美音「情緒障害児短期治療施設の現実」（『母子保健情報』50号、2005年）55〜58頁
石田文三「児童虐待の防止等に関する法律の制定の意義と課題」（『人権と部落問題』2号、2005年）6〜14頁
神奈川県『市町村における児童相談ガイドライン』神奈川県、2005年
桂浩子「市町村における児童相談サービス──家庭児童相談室活動を中心に」（『母子保健情報』50号、2005年）35〜38頁
大阪府健康福祉部児童家庭室『大阪府市町村児童家庭相談援助指針──相談担当者のためのガイドライン』大阪府健康福祉部児童家庭室、2005年
仙田富久「児童虐待──子どもの人権と児童相談」（『人権と部落問題』52巻2号、2005年）23〜32頁
津崎哲郎「児童相談所・児童センターでの対応」（『小児科診療』68巻2号、2005年）261〜267頁
渡邊タヱ子「都道府県の対応──埼玉県における児童虐待発生予防の取り組み」（『小児科診療』68巻2号、2005年）251〜259頁

②専門里親

この期にとくに注目される制度の1つに「専門里親」がある。専門里親とは、「特に家庭での親密な援助関係を必要とする」とみなされる「被虐待経験等から心理的外傷を受け又は問題行動があり、保護者に監護させることが不適当で、専門的ケアが必要であると診断された児童（2人以内）」を対象に「施設では提供できない家庭的な援助を提供する」ために「原則として2年以内の期間」預かる里親制度であり、2002年に新設された。「現に里親である者であって児童の養育に3年以上の経験を有する者」や「保育士、児童指導員、児童福祉司、医師、看護師、保健師、教員　その他児童の福祉、保健・医療、教育、矯正等に関連する資格を有する者」等、申請の条件も限定されている上に、概ね4か月間を要する通信教育8教科と「児童虐待論」を含むスクーリング4教科および7日間の養育実習の認定研修を受けることが義務づけられており、従来の里親とは異質な専門的機能が期待される。

しかしながら、必ずしも十全に機能しているとはいいがたい現状が指摘されている。一例として、小山虐待事件があった栃木県小山市で専門里親登録している小田和枝は、この事件の保護者のように施設入所同意が取れない虐待事件の一時保護先としての専門里親の可能性を主張する（小田・川村・斎藤・2005）。

【参考文献】
　　小田和枝・川村百合・斎藤学「民間の力を地域の虐待防止に活かすために――小山市の虐待死事件に学ぶ」(『子どもの虐待とネグレクト』7巻2号、2005年) 172〜181頁

③障害児福祉

　障害福祉が児童虐待と関わりが深いという指摘は、これまであまり積極的になされてこなかった。児童虐待の早期発見と初期対応を進めようとするあまり、対象とする子どもからかえって障害児が外されてしまっていた感がある。

　しかしながら、「障害児は虐待が生じるハイリスクグループであり、一方虐待の結果、後遺症として障害が生じることもある」(下山田・2004) という認識に立つ必要がある。下山田によれば、障害児に対する援助は、障害児に対する様々な公的福祉制度やサービスを利用することができる。しかし、それぞれの専門職が試行錯誤で援助を行っているのが現状であるという。また下山田は、虐待を受けた障害児に対する系統的援助の研究がなされておらず、障害と虐待についての基礎的な資料自体が日本では極めて少ないことを指摘する。児童虐待への児童福祉対応は、厚生労働省雇用均等・児童家庭局が所轄しているが、同局が里親、児童養護施設、情緒障害児短期治療施設、児童自立支援施設、乳児院、母子生活支援施設を対象に実施している実態調査に、障害児施設は含まれていない。障害児については、厚生労働省障害保健福祉部が所轄しているからである。こうしたごく狭い縦割り行政の結果が、虐待を受けた障害児への目が注がれることを著しく遅らせている。児童養護施設では、虐待に伴う緊急対策として2004年度から職員配置等の加算措置がなされたが、ここでも障害児施設は対象とされていない。「平成17年度障害福祉課予算概算要求の概要」によれば、障害児施設措置費の中に被虐待児受入加算の創設が新規施策として記載され、これが「被虐待児が入所している障害児施設に対する行政として初めての具体的な取り組みである」(下山田・2004) という。

　また、あいち小児保健医療総合センターの杉山登志郎は、被虐待児童が呈する症状が発達障害と類似点が大きいこと、発達障害の母子間での遺伝症例が少なくなく、こうした事例には母子並行治療の有効性が高いことを指摘しながら、被虐待児への治療や教育を、発達障害児への治療的教育という視点から見直す必要性を説いている (杉山・2006【文献43】、杉山・2007【文献44】)。

【参考文献】
　　下山田洋三「障害児施設に入所している被虐待児」(『子どもの虐待とネグレクト』6巻3号、2004年) 302〜309頁
　　杉山登志郎「発達障害としての子ども虐待」(『子どもの虐待とネグレクト』8巻2号、2006年) 202〜212頁【文献43】
　　杉山登志郎『子ども虐待という第四の発達障害』学習研究社、2007年【文献44】

④保　育

　保育所や幼稚園が児童虐待の第一発見者になることへの期待は、すでに児童虐待防止に関する法律にこれらの職員が挙げられていることからも明らかである。とはいえ、児童虐待に関わる専門機関・専門職という認識が、これらの保育施設で十分であるとはいいがたい。こうした状況を

受けて、第3期には、保育者を対象とする児童虐待の発見と初期対応のマニュアルの作成も見られた。

さてこの期には、児童虐待初期対応のテーマは、保育施設にとって他人事ではなくなった切実感が研究成果にも如実に現れている。一例を挙げると、日本子どもの虐待防止研究会第6回学術大会においては、「保育園・幼稚園での初期対応を考える」分科会が約190人の参加者を得て盛況であったという。関係者の危機意識の表れと見ることもできるだろう。

1999年の児童相談所への児童虐待相談件数1万1631件のうち、就学前児童は49.6％と約半数を占めている（1999年度厚生省報告）。大阪市を例にとると、虐待で通告された就学前児童のうち40％は保育所・幼稚園を利用しており、また保育所・幼稚園が第一発見者になった事例が12％に上った。ところが、これら保育施設から児童相談所に直に通告があった事例はその半数にすぎず、多くは市町村福祉事務所（保育所担当）や市町村教育委員会（幼稚園担当）を経由していたという（白石・2001）。

ここで指摘したいのは、保育所・幼稚園をめぐる従来の行政指導システムが確固たる縦割り窓口制である現実と、児童虐待対応については――市民であっても保育施設等の団体であっても――もちろん、その団体が公立私立であるかを問わず――児童相談所に直結することが期待されていることとの乖離である。保育施設が社会の期待に応えて児童虐待の初期対応機関として機能できるかどうかは、この辺りの擦り合わせにかかっているだろう。

【参考文献】
白石淑江「保育園・幼稚園での初期対応を考える――児童相談所・福祉事務所との連携」（『子どもの虐待とネグレクト』3巻1号、2001年）90～93頁

（田澤　薫）

⑤地域におけるネットワーク構築の動向――要保護児童対策地域協議会（子どもを守る地域ネットワーク）の取り組み

平成17年版少子化社会白書にも記されているように、2004年には、「児童虐待の防止等に関する法律」（平成12年法律第82号）及び「児童福祉法」の2つの法律が改正され、「児童虐待の防止等に関する法律の一部を改正する法律」（平成16年法律第30号、以下「2004年改正児童虐待防止法」とする）は2004年10月1日施行、「児童福祉法の一部を改正する法律」（平成16年法律第153号、以下「2004年改正児童福祉法」とする）は2004年12月3日より順次施行された（内閣府・2006：157頁）。

2004年改正児童虐待防止法においては、「〔1〕児童虐待の定義の見直し、〔2〕国及び地方公共団体の責務の改正、〔3〕児童虐待に係る通告義務の拡大、〔4〕警察署長に対する援助要請等、〔5〕面会・通信制限規定の整備、〔6〕児童虐待を受けた子ども等に対する学業の遅れに対する支援、進学・就職の際の支援等に関する規定の整備が行われた」（内閣府・2006：157頁）。

2004年改正児童福祉法においては、〔1〕児童相談に関する体制の充実、〔2〕児童福祉施設、里親等の在り方の見直し、〔3〕要保護児童に関する司法関与の見直しが図られた。とくに、児童相談に関する体制の充実については、「児童相談に応じることを市町村の業務として法律上明確

第4期（2004年5月から2007年6月まで）

にし、身近な市町村において虐待の未然防止・早期発見を中心に積極的な取組を求めつつ、都道府県（児童相談所）の役割を専門的な知識及び技術を必要とする事例への対応や市町村の後方支援に重点化することによって、児童相談に関わる主体を増やし、その役割を明確化することにより、全体として地域における児童相談体制の充実を図るものであり、児童福祉法制定以来の抜本的な改正内容となっている」（内閣府・2006：157頁）。

2004年改正児童福祉法の全面施行に向け、「2005（平成17）年2月から3月にかけて、〔1〕市町村児童家庭相談援助指針の策定、〔2〕児童相談所運営指針の改正、〔3〕要保護児童対策地域協議会設置・運営指針の策定、〔4〕子ども虐待対応の手引きの改正を行い、周知」が図られた（内閣府・2006：158頁）。

そして「2005（平成17）年4月には、要保護児童とその家庭に対するより良い支援のためのアセスメントと自立支援計画の策定指針をまとめた『子ども自立支援計画ガイドライン』を作成し、要保護児童に関わる援助関係者における積極的な活用を促した。また、学校における児童虐待の早期発見・早期対応体制の充実を図るため、2005年度より、学校等における児童虐待防止に関する国内外の先進的取組について調査研究を実施している」（内閣府・2006：158頁）。

このように、第4期の始まりは、2004年の2つの法律の改正により、児童虐待防止体制が大幅に変更された時期になる。とくに虐待相談体制が身近な市町村でできることにより、要保護児童対策地域協議会設置が法定化され、地域でのネットワーク強化が図られる。第3期には、児童相談所と各虐待防止関係機関との協定書・覚書の締結が、虐待に関する情報を共有化することを目的に行われたが、第4期の体制の変化は、さらにネットワークの強化の必要性が高まった結果の大変革となった。

第3期の報告書でも述べたが、協定書・覚書の締結は、時期により違いがあり、様々な段階を経て行われた。第1段階は、通告とその受理に関する取り決めを目的としており、第2段階は、連携をする上での個人情報の扱い（主に守秘義務）について、第3段階は保護に関する取り決めが目的とされていた。また、第4段階に入ると、ネットワーク作り・ケース検討会への出席に関する取り決めが目的の中に記載されていく。第4段階の時期は、まさにこの第4期であり、2005年に締結した「ながの子どもを虐待から守る会」と長野県中央児童相談所との間の「児童虐待の相談援助に関する協定書」からも確認することができる。このように協定書・覚書は、そのときに生じている虐待防止に関する問題の解決や、制定された法制度の影響を受けながら変遷している。そして、地域における虐待防止関係機関のネットワーク構築状況をその内容から把握することができる。

また、ネットワークを構築するときに発行されるマニュアル、指針等も、その状況把握の指標となる。例えば『市町村児童家庭相談援助指針』は、児童家庭相談に応じることが、2004年児童福祉法改正で市町村の業務として法律上明確化されたことを受け、地域の実情に応じて適正に児童家庭相談援助活動が実施されること、関係機関にそれを周知されることを目的として2005年2月に発行されている。その主な内容は、第1章「市町村における児童家庭相談援助の基本」、第2章「児童家庭相談援助の展開における市町村の具体的な役割」、第3章「相談種別ごとの対応における留意事項」、第4章「要保護児童対策地域協議会」、第5章「関係機関との連携」、第6章「統計」となっている。

そして『要保護児童対策地域協議会（子どもを守る地域ネットワーク）スタートアップマニュアル』が2007年5月に厚生労働省より公表されている。本マニュアルは、平成17年度　厚生労働科学研究「市町村及び民間団体の虐待対応ネットワークに関する研究」（加藤曜子・安部計彦他）『児童虐待等の子どもの被害、及び子どもの問題行動の予防・介入・ケアに関する研究』（奥山眞紀子他）において、新たに要保護児童対策地域協議会をスタートしようとする自治体の関係者を念頭に、その設置によって何が変わるのか、どのように運営していけばよいのか等、設置・運営にあたり必要となる知識、ノウハウ等をとりまとめたマニュアルである（厚生労働省・2007）。

　2005年2月に厚生労働省に設置された「今後の児童家庭相談体制のあり方に関する研究会」では、国および地域の取り組みを促すために、市町村における児童家庭相談体制の実情調査等を行い、報告書も2006年4月に出された。その研究会で議論された「市町村児童家庭相談業務調査結果及び要保護児童対策地域協議会等調査結果の概要」（平成17年6月調査）では、要保護児童対策地域協議会（以下「地域協議会」とする）の設置率は、全国でわずか4.6％であり、設置されているところとされていないところの地域間格差が顕著に出ていた。地域協議会または虐待防止ネットワークを設置していない理由として、「人材の確保が困難」とする自治体が多く、調整機関のコーディネーター等の人材の確保や資質の向上が課題であるという結果となった。また、相談担当職員の資質向上のための研修についても4割の市町村が未受講となっていた。

　2004年改正児童福祉法においては、[1] 地方公共団体は、要保護児童の適切な保護を図るため、関係機関等により構成され、要保護児童およびその保護者に関する情報の交換や支援内容の協議を行う要保護児童対策地域協議会を置くことができる。このように、「置くことができる」という規定では、上記の調査結果のように、地域における相談体制が思うように確立できないことが明らかになり、それらを受けて、2007年1月、児童虐待防止対策のさらなる強化を図るという観点から、「要保護児童対策地域協議会設置・運営指針」等の改正を行い、市町村の相談体制の強化を図り、2007年5月、「児童虐待防止法及び児童福祉法の一部を改正する法律」が成立し、「要保護児童対策地域協議会」の設置が「努力義務化」された（2008年4月施行）。そして、2007年3月末現在、地域協議会（虐待防止ネットワークを含む）は、全市町村の約85％で設置されるだろうとする報告書も発表されている（厚生労働省・2008）。

　地域協議会（子どもを守る地域ネットワーク）は、1997年「児童虐待防止市町村ネットワーク事業」として創設され、2004年には、「要保護児童対策地域協議会の法定化（H17.4.1施行）」がなされた。そして、2005年には、前述の通り「要保護児童対策地域協議会の設置・運営指針」が策定され、2007年に「地方公共団体による設置の努力義務化（H20.4.1施行）」に至った経緯がある（厚生労働省・2008）。

　第4期では、2004年の改正2007年の改正を経て、地域における児童相談体制のネットワークが早急に整備されてきた。しかし、身近な相談体制と児童相談所との連携の不十分さや、地域での虐待判断の甘さから、残念ながら、第4期以降も死亡事件の発生を減少させることができなかった。その背景には、市町村の合併や、保健サービス等行政機関内における人事異動の影響があったのではないだろうか。様々な虐待防止体制を整えても、それが円滑に運営できない現状がある。

第4期（2004年5月から2007年6月まで）

【参考文献】
加藤曜子・安部計彦他「市町村及び民間団体の虐待対応ネットワークに関する研究」（『児童虐待等の子どもの被害、及び子どもの問題行動の予防・介入・ケアに関する研究』奥山眞紀子他・平成17年度　厚生労働科学研究、2006年

厚生労働省『市町村児童家庭相談業務調査結果及び要保護児童対策地域協議会等調査結果の概要（平成17年6月調査）』2005年

厚生労働省　雇用均等・児童家庭局総務課虐待防止対策室『「要保護児童対策地域協議会（子どもを守る地域ネットワーク）スタートアップマニュアル」の公表について』2007年

厚生労働省『市町村域での要保護児童対策地域協議会・児童虐待防止を目的とするネットワークの設置状況調査の結果について（平成18年4月調査）』2008年

厚生労働省　雇用均等・児童家庭局総務課『児童虐待防止対策について』（日本子ども虐待防止学会・第14回学術集会ひろしま大会・配布資料）2008年

内閣府『平成17年版少子化社会白書』2006年

⑥死亡事例と「児童虐待等要保護事例の検証に関する専門委員会」報告書の影響

　第4期は、第3期終わりに発生した岸和田事件に続いて虐待対応の難しさに再度直面することになる。以下、何例かの死亡事例を確認したい。2004年年9月栃木県小山市で、幼児2人が同居していた父親の友人によって虐待され死亡した（『東奥日報』2004年9月17日掲載）。

　また、2006年7月には、福島県泉崎村で虐待死事件が発生する。食事を十分与えず3歳児が餓死した（『中国新聞』2006年7月31日掲載）。そして、2006年10月に京都府長岡京市においても、長女6歳は虐待で保護されたが、男児3歳は保護者からの虐待による餓死という事件が発生する（共同通信・2006年10月24日）。上記のケースは児童相談所・市町村が関わり、見守りながらも最悪な結果を避けることができなかったケースである。

　また、2006年10月、秋田県大仙市において、車の中で、保育園児（4歳）の頭や顔を殴り、口をふさぐ等して重傷を負わせた上、用水路に放置して窒息死させた虐待死亡事件が起こった。

　母親は懲役14年・交際相手男性は懲役16年が確定している。児童相談所は、虐待の通報を受け、市町村・保育所も関わっていたが十分な対応とはならなかった（共同通信・2008年1月29日）（『徳島新聞』2008年11月26日掲載）。

　児童虐待死亡事例の検証に関しては、2004年2月に、厚生労働省より「児童虐待死亡事例の検証と今後の虐待防止対策について」が発表されている。この報告書は、児童虐待防止法施行後の虐待死亡事例についての各自治体における検証・再発防止に向けた取り組みを厚生労働省において整理し、虐待防止に資する対策をまとめたものである。その後、継続して死亡事例に関しては、厚生労働省も各自治体も検証を行っているが死亡事件は後を絶たない。

　2004年4月に、日本小児科学会でも過去5年調査において、虐待で脳死・重度の障害が、全国の小児科施設と救命救急センターの計65か所で129例（15歳以下の児童）あり、「虐待が疑わしい」というケース（一部軽症を含む）は204か所で1452例あったことが報告されている（『読売新聞』2004年4月5日掲載）。

　第4期において、2005年には、厚生労働省によって『児童虐待による死亡事例の検証結果等について』（「児童虐待等要保護事例の検証に関する専門委員会」第1次報告）（平成17年4月28日）が示され、翌年、2006年にも『子ども虐待による死亡事例等の検証結果等について』（社会保障審議会児童部会「児童虐待等要保護事例の検証に関する専門委員会」第2次報告）（平成18年3月30

日）が発表された。そして、2007年『子ども虐待による死亡事例等の検証結果等について』（社会保障審議会児童部会「児童虐待等要保護事例の検証に関する専門委員会」第3次報告）（平成19年6月22日）が続いて発表されている。社会保障審議会児童部会に「児童虐待等要保護事例の検証に関する専門委員会」が設置され、全国の死亡事例検証から、乳児の死亡が死亡事例の4割を占めていること、また要因分析、ネットワークの構築への課題等が報告された。

　上記で述べた社会保障審議会児童部会「児童虐待等要保護事例の検証に関する専門委員会」の報告書の内容を受けて、「児童相談所の運営指針等の見直し」が2007年1月になされ、「安全確認に関する基本ルールの設定（48時間以内が望ましい）」「虐待通告の受付の基本を徹底」「きょうだい事例への対応を明確化」「関係機関相互における情報共有の徹底（要保護児童対策地域協議会の運営強化）」等が明記された。

　虐待発生予防策に関しても、乳児の死亡率が高いことを受けて、「2007（平成19）年度の予算において、生後4か月までの乳児がいるすべての家庭をボランティアなどが訪問する『こんにちは赤ちゃん事業』（乳児家庭全戸訪問事業）が創設され、虐待の発生予防に寄与することが期待されている」（才村・2007：221頁）。これは、地域の身近な保健サービスを利用して、虐待リスクの高い親子を早期に発見し、福祉・保健サービスにつなげることにより、虐待による乳児の死亡率を低くしようと試みた取り組みである。

　また、研究領域においても、ピーター・レイダー、シルヴィア・ダンカンの『子どもが虐待で死ぬとき――虐待死亡事例の分析』（小林美智子・西澤哲監訳）や田邉泰美による『イギリスの児童虐待防止とソーシャルワーク』等の著書の発刊により、虐待死亡事例の分析・検証がいかに虐待対策立案において重要であるかが指摘され着目された。

　そして、これらの動きは、家庭に介入し、子どもの命を守ることを重視する動きへとつながっていく。例えば「2005（平成17年）年度の予算事業として、『24時間・365日体制整備事業』」（才村・2007：220～221頁）が整備され、2007年の児童虐待防止法の改正・児童福祉法の改正において、児童保護が強化されたことも、多発する死亡事例への社会の関心の高まりと、その検証結果の影響といえよう。

【参考文献】

中国新聞「3歳児虐待死　なぜ救えなかったのか」2006年7月31日
厚生労働省『児童虐待死亡事例の検証と今後の虐待防止対策について』2004年
厚生労働省『児童虐待による死亡事例の検証結果等について』（「児童虐待等要保護事例の検証に関する専門委員会」第1次報告）平成17年4月28日、2005年
厚生労働省『子ども虐待による死亡事例等の検証結果等について』（社会保障審議会児童部会「児童虐待等要保護事例の検証に関する専門委員会」第2次報告）平成18年3月30日、2006年
厚生労働省『子ども虐待による死亡事例等の検証結果等について』（社会保障審議会児童部会「児童虐待等要保護事例の検証に関する専門委員会」第3次報告）平成19年6月22日、2007年
共同通信「児童相談所『通告』扱いせず　男児虐待、見逃す結果に」2006年10月24日
共同通信「交際相手に母親上回る求刑　男児殺害主導と懲役18年」2008年1月29日
ピーター・レイダー、シルヴィア・ダンカン著／小林美智子・西澤哲監訳『子どもが虐待で死ぬとき――虐待死亡事例の分析』明石書店、2005年
才村純「子ども虐待への社会的対応の課題と展望」（髙橋重宏監修『日本の子ども家庭福祉――児童福祉法制定60年の歩み』明石書店、2007年）215～229頁

第 4 期（2004 年 5 月から 2007 年 6 月まで）

  田邉泰美『イギリスの児童虐待防止とソーシャルワーク』明石書店、2006 年【文献 49】
  徳島新聞「交際相手に 2 審も懲役 16 年　秋田の 4 歳児殺害」2008 年 11 月 26 日
  東奥日報「兄弟虐待、乏しかった危機感」2004 年 9 月 17 日
  読売新聞「虐待で脳死や重度障害負った子、この 5 年で 129 人」2004 年 4 月 5 日

⑦子育て支援対策の動向（虐待予防策としての位置づけ）

 第 4 期の 2007 年の児童虐待防止法改正では、第 1 条（目的）に児童の権利利益の擁護が明記され、児童保護と虐待対応への司法関与が強められた。児童保護の内容自体も強化され、虐待を受けているおそれがある児童の安全確認のために、保護者が正当な理由なく立入調査を拒否した場合において、保護者への出頭要求（児童同伴による）が行えるようになり、再出頭要求を拒否した場合には、裁判所の許可状を得て児童相談所等が、臨検・児童の捜索をすることが可能になった。そして、一時保護中の児童や施設入所児童（保護者同意の入所も含め）への面会等の制限・接近禁止命令も盛り込まれ、保護者への段階的な指導も実施できるようになった。このように、児童虐待防止の対策は拡充し、家庭支援の様々なメニューも揃いつつある（加藤・2009：336頁）。

 しかし、第 5 期の 2009 年に入ってからも、児童虐待死事件、重篤な虐待事例は発生しており、その背景として、家族の「養育基盤」（就労・住居・家族形態の変動〈離婚等〉）の脆さからくる子育て能力の低下と、経済的問題（貧困）・失業等を起因とした保護者のストレスの増加が関係していることが様々な虐待実態調査から明らかになっている。貧困は、単に経済的問題だけではなく、養育力を低下させ、社会的孤立やその他の様々な負の要素を巻き込みながら家族に打撃を与える。そのような困難な生活環境の中で、子どもを育てていくということは非常に難しい。

 「子育て支援の諸事業は子ども・子育て応援プランに 2009 年度までの目標値が設定されている。これらをさらに進展させるために『子どもと家族を応援する日本重点戦略』（2007 年 12 月）等をふまえ、子育て支援に関する事業の制度上の位置づけを明確化するとして子育て支援の諸事業を法律上位置づけると同時に厚生労働省令で必要な基準等を設け、都道府県知事への届出・指導監督等をはかるとして児童福祉法の一部改正がはかられることになった」と実方が記しているように（実方・2008：95 頁）、2008 年の児童福祉法等の一部改正により、2009 年 4 月から同法に規定する事業となった（法制化された時期は、第 5 期にあたる）。その内容は、「乳児家庭全戸訪問事業」「養育支援訪問事業」「地域子育て支援拠点事業」「一時預かり事業」の 4 つである。ここでは、この 4 つの事業のうち、虐待予防策として期待されている「養育支援訪問事業」に焦点をあて、法制化される前の第 4 期においてのこの事業の動きを確認する。

i）経済的問題を抱える家庭への支援メニューの整備不足

 子育て期の家庭に対する支援メニューとして、厚生労働省の予算事業という形式で自治体において、2004 年から養育支援訪問事業（いわゆる育児支援家庭訪問事業）や、2007 年から、乳児家庭全戸訪問事業（いわゆる生後 4 か月までの全戸訪問事業：こんにちは赤ちゃん事業）が整備されてきた。近年の社会状況からすると、経済的問題を抱えた家庭におけるネグレクトを防ぐために、育児支援・家事援助は、子どもの乳幼児期、そして学童期に入っても重要なものとなるが、乳児

を抱えた家庭を対象にしての支援メニューは整備されているものの、小学校就学以降の支援は、メニュー自体が少なくなり、その現状は虐待対策の課題となっている。なぜなら、厚生労働省の「虐待を受けた子どもの年齢構成」（2007年度）を見ると、小学生が38.1％、中学生は14.5％、高校生・その他は5.2％であり、それらを合計すると、全体の57.8％が小学校就学以降の子どもたちになるからである（加藤・2009：336頁）。

上述した通り、「乳児家庭全戸訪問事業」「養育支援訪問事業」は、第5期の2009年4月施行の児童福祉法の一部改正（2008年改正）で、「子育て支援事業」として法律上位置づけられたものになるが、「養育支援訪問事業」に関しては、地域格差も出ており、いまだ十分に整備されていない自治体もある。厚生労働省報告『2008年度実施状況［平成20年4月1日現在］』では、乳児家庭全戸訪問事業は全国平均72.2％、育児支援家庭訪問事業は全国平均45.3％であった。

サービス（事業）を提供する側においても、育児支援は注目しても、家事援助に関しては十分に着目しているとは限らない。なぜなら、厚生労働省の『養育支援訪問事業ガイドライン』では、この事業目的が「養育支援が特に必要であると判断した家庭に対し、保健師・助産師・保育士等がその居宅を訪問し、養育に関する指導、助言等を行うことにより、当該家庭の適切な養育の実施を確保すること」となっており、相談や指導が主な内容として記載されているからである（加藤・2009：336～338頁）。

サービス（事業）の対象者も「乳児家庭全戸訪問事業の実施結果や母子保健事業、妊娠・出産・育児期に養育支援を特に必要とする家庭に係る保健医療の連携体制に基づく情報提供及び関係機関からの連絡・通告等により把握され、養育支援が特に必要であって、本事業による支援が必要と認められる家庭の児童及びその養育者」となり、具体例として、［1］若年の妊婦及び妊婦健康診査未受診や望まない妊娠等の妊娠期からの継続的な支援をとくに必要とする家庭、［2］出産後間もない時期（おおむね1年程度）の養育者が、育児ストレス、産後うつ状態、育児ノイローゼ等の問題によって、子育てに対して強い不安や孤立感等を抱える家庭、［3］食事、衣服、生活環境等について、不適切な養育状態にある家庭など、虐待のおそれやそのリスクを抱え、とくに支援が必要と認められる家庭、［4］児童養護施設等の退所又は里親委託の終了により、児童が復帰した後の家庭が挙げられている。このような状況から、サービス（事業）を実施する市町村では、乳幼児を抱える家庭を事業の対象とするケースが多く、家事援助というよりも、育児支援・子育て相談・指導・見守りに焦点があたる（加藤・2009：336～338頁）。

前述の「子育て支援事業」も含め、要支援家庭への支援サービス全体を見ると、乳幼児期は様々な機関が、子育ての支援メニューを整えているが、小学校就学以降になると、サービス数自体が減っていることがわかる。現状として、様々な支援メニューから、何かを選ぶという状況ではなく、また内容を確認すると、子育て相談という窓口は子どもの年齢が高くなってからもあるが、子育てをしている保護者の労力を軽減するメニューは、児童養護施設等で実施している子育て短期支援事業（ショートステイ・トワイライトステイ）ぐらいになる。とくに経済的問題を抱えている家庭への子育て支援メニューが非常に少ないことがわかる。以上を踏まえると、虐待対策の偏りがメニューを通して浮き上がって見える（加藤・2009：338頁）。

第4期は、児童虐待死亡事例検証報告書第1～3期（厚生労働省　社会保障審議会児童部会児童虐待等要保護事例の検証に関する専門委員会）が発表された時期になる。それらの報告書から、乳

第 4 期（2004 年 5 月から 2007 年 6 月まで）

幼児が死亡や重篤な被害を受けやすいこと、また親の精神的問題が子育てに大きな影響をもたらすことが明らかになっている。その状況への対策は非常に重要であるが、もう一方の経済的問題に焦点を絞った育児支援メニューを整備することも、同様に重要な課題といえる。日本の現状は、虐待対応策としての精神的問題への対策はあるものの、経済的問題に対しては、生活保護、母子家庭支援策、様々な手当て等の既存の対応策で対処しようとしているのである。既存のサービスを利用することが、虐待問題を抱える家族の経済的問題を直接解決する策であるのか、経済的問題から発生している諸問題に適切に対応できているのかについて検討する必要がある。そこで、ここでは経済的問題から発生している諸問題に対応できる可能性があると思われる事例に関して確認してみたい。

ii）家事援助サービス（在宅支援サービス）の比較

「子育て支援事業」を先駆的に取り入れて実施してきた 4 事例について、以下に紹介する。これらは第 3 期の終わりから第 4 期にかけて整備されてきたものである。4 つの事例に関しては、インタビュー（2009 年度 9 ～ 11 月にかけて実施）、あるいは発行されている報告書よりまとめている。

　a　東京都足立区こども家庭支援センターの家事援助事業「ほっとほーむ事業」は、「地域小回り型」といえ、①足立区という地域の中で、すぐに支援ができる形態をとっている。②対象家庭は、こども家庭支援センターが相談受理した要支援家庭が中心であるが、虐待のハイリスク家庭まで支援している（「地域におけるハイリスク対応型支援」である）。③費用は有料で、一部の家庭は減免を申請することができる。業務を実施しているのは、登録した協力家庭（区民に限らず個人の資質や活動歴重視）であり、足立区が管理している。

　b　大阪市「エンゼルサポーター派遣」事業は「利用者主体型」といえ、①大阪市（政令指定都市）によるサービスになる。②対象者は、利用者の申請による利用が原則となる。子育て支援が活動の中心になっている（「利用者申請型子育て支援」である）。③費用については、有料になる。一部の家庭での減免も用意している。業務の実施は、民間機関であり大阪市が委託している。

　c　横浜市の 4 つの児童相談所で行われている養育支援訪問事業は、「虐待家庭特化型（介入タイプ）」といえ、サービスは①横浜市（政令指定都市）による実施になる。横浜市の全ての地区で同一のサービスを提供している。②児童相談所で児童票が作成された家庭のみ支援対象となり、一般の子育て支援メニューとしての位置づけではない。利用者の費用は無料になる。すぐに親子分離をして保護しなくてはいけないという要保護児童のいる家庭ではないが、在宅支援が必要な家庭、要支援家庭が中心となる（「介入型在宅支援」である）。③業務の実施は、横浜市からの委託を受けている民間機関になっている。

　d　バディチーム（NPO 法人）は、「虐待家庭と子育て支援　柔軟型」といえ、①東京都内の利用者が多いが、利用者の対象エリアは関東地域となる。②東京都の特別区、市から委託を受け、援助対象の家庭が決まることが多い。現在、対象者は要支援家庭が中心になっているが、利用者からの申請によるサービス利用も受けつけている。活動は 365 日の対応である。「介入型にも申請型」にもなる（「柔軟対応型子育て支援」である）。③市区町村からの業務委託が多いため、利用者が払う費用は無料が中心である。前述したように、個人でもサービス利用の申請ができるの

で、有料のサービスもある。専任スタッフと登録したボランティアによる業務実施が特徴である。

このように、子育て支援策が、虐待対応の1つの施策として位置づけられ、少しずつではあるが地域に定着してきた過程を確認することができる。第3期から第4期における子育て支援策の中での児童虐待防止関連について確認すると、「少子化対策プラスワン——少子化対策の一層の充実に関する提案」(2002年9月20日厚生労働省発表)では、「家庭教育への支援の充実」の項目において、「育児不安の増大、児童虐待の急増等の背景として『家庭の教育力の低下』が指摘されていることを踏まえ、子育てについて学ぶ機会等の提供を行う」(厚生労働省・2002：3～4頁)と記載されている。

そして、次世代育成支援対策推進法(平成15年7月16日法律第120号)(最終改正：平成20年12月3日法律第85号)が、2003年に制定されたが、第2条には「『次世代育成支援対策』とは、次代の社会を担う子どもを育成し、又は育成しようとする家庭に対する支援その他の次代の社会を担う子どもが健やかに生まれ、かつ、育成される環境の整備のための国若しくは地方公共団体が講ずる施策又は事業主が行う雇用環境の整備その他の取組をいう」と定義され、地域における子育て支援についても明記されている。

平成17年度予算事業(厚生労働省)において、「次世代育成支援対策推進法に基づいて策定された市町村行動計画に定められている地域の特性や創意工夫を活かした子育て支援事業等、次世代育成支援対策に資する事業の実施を支援するため、『次世代育成支援対策交付金』(ソフト交付金)制度が創設された。従来の個別事業ごとに交付する金額を決定するのではなく、事業計画を総合的に評価して必要な経費を交付するものであり、『次世代育成支援対策施設整備交付金』(ハード交付金)と対をなすものである。このことにより、地域の実情に応じた弾力的な事業運営が可能となった」(才村・2007：220～221頁)。

2007年2月には、内閣府においても、第6回少子化社会対策会議において「子どもと家族を応援する日本」重点戦略検討会議開催が決定され、その会議の第4回「子どもと家族を応援する日本」「地域・家族の再生分科会」では、「困難な状況にある家族や子どもを支える地域の取組強化」(厚生労働省作成等)が配布され、地域における子育て支援・児童虐待防止策について検討されている(2007年5月)。

このように、子育て支援策は、虐待予防策の1つとして市町村の中で展開され、サービスの定着を目指し、その地域にあった支援を模索している。第4期は、市町村の「虐待相談体制の確立」と「虐待防止援助体制の整備」に向けての活動がスタートした時期である。

【参考文献】
バディチーム(NPO法人)『養育の困難な状況にある家庭への滞在型子育て支援の必要性について(ご提案)』2009年
次世代育成支援対策推進法(平成15年7月16日法律第120号)(最終改正：平成20年12月3日法律第85号)第2条(2003年)
実方伸子「子育て支援施策　法制化される子育て支援事業」(全国保育団体連絡会保育研究所編『保育白書2008』ひとなる書房、2008年)95～96頁
加藤洋子「困難を抱える家族を支える行政サービス——多様な支援メニューの整備と活用」(子どもの貧困白書

編集委員会編『子どもの貧困白書』明石書店、2009年）336～339頁
厚生労働省　政策統括官付社会保障担当参事官室『少子化対策プラスワン——少子化対策の一層の充実に関する提案』（2002年9月20日厚生労働省発表）』2002年
厚生労働省　雇用均等・児童家庭局総務課『児童虐待防止対策について』2008年
大阪市こども青少年局子育て支援部こども家庭支援担当「エンゼルサポーターの派遣について」2009年3月16日記載（大阪市ホームページ）2009年
才村純「子ども虐待への社会的対応の課題と展望」（髙橋重宏監修『日本の子ども家庭福祉——児童福祉法制定60年の歩み』明石書店、2007年）215～229頁
東京都足立区『平成21年度　足立区こども家庭支援センター風の子』報告書、2009年

(5) 医療・保健・心理分野

　第4期は、性的虐待への対応について関心が高まっていく。『子どもの虐待とネグレクト』6巻2号（2004年）に記載されている通り、「2003年12月18日に開催されたJaSPCAN（日本子どもの虐待防止研究会）第9回学術集会・京都大会・国際シンポジウムを『性的虐待：京都からの挑戦』のテーマで企画し」（桐野・2004：147頁）、議論が重ねられた。その研究動向の影響を受けて、性的虐待についての特集が『子どもの虐待とネグレクト』6巻2号（2004年）に組まれている。また、2005年にも特集が組まれ、「子どもの性虐待被害開示」（『子どもの虐待とネグレクト』7巻3号、2005年）について論じられている。ここでは、性的虐待への対応に関する特集『子どもの虐待とネグレクト』6巻2号（2004年）を中心に、その研究について確認したい。
　桐野は、上記のシンポジウムをきっかけにして「性的虐待を受けた子どもと家族に日本のそれぞれの地域の人々ができること、それぞれの地域における性的虐待防止のためのシステム再構築の方向性、他職種チームでの対処の重要性」（桐野・2004：149頁）について検討することができればと特集で述べている。
　特集には、前述した国際シンポジウムにおける講演についても記されている。キャロライン・レビット（医学博士、ミッドウェスト子ども資源センター所長）による講演では「子ども代弁センター（CAC: Children's Advocacy Centers）：地域の子ども性的虐待対応——その歴史・理念・成果・調査面接等のプログラム構成要素」（レビット・2004：150～155頁）について述べられており、CACモデルの理念では、まず被害にあった子どもとその家族に焦点をあてること、次に各機関が共同して、子ども虐待に対し地域で連携した対応をとらなければならないこと、CACモデルが機能するためには、人々が一体となって共通の目標のために努力を結集できる物理的場所が必要なこと、そして、建物も全てのチームメンバーが等しく重んじられる中立の場所であり、子どもにとっては、雰囲気が温かくてくつろげる、安全な場所でなくてはならないことであると示されていた（レビット・2004：151頁）。講演で、チームでの対応がいかに有効であるかをわかりやすく説明するために、3歳児のケースについて、面接の一部をビデオで紹介したことも記されており、特集では、その事例についての概要と、面接においての子どもと面接官（看護師）とのやり取りが記載されていた。
　その他、特集では、岡本他が「児童相談所における性的虐待事例の実態を目的に、8自治体の児童相談所が平成13年度に取り扱った家庭内性的虐待の事例調査（166事例）」（岡本他・2004：156頁）について分析している。また、全国の中央児童相談所（4か所／59か所中、回答者533人）における性的虐待相談の実態と児童相談所職員の意識調査（10人以上の職員）を実施して（岡本

他・2004：156頁)、児童期家庭内性的虐待の現状と課題について整理している。結果として、「①早期発見・早期援助のための社会（特に教員）への啓発の必要性、②初期対応時の課題としては特に子どもの二次的トラウマを防ぐ被害確認面接技術の確立と体制整備の必要性、③治療の課題としては、子ども本人と家族（特に母親）への継続した心理的ケアの充実と必要な時に相談できる体制の整備、④虐待者に責任を負わせる体制の整備の必要性、⑤予防教育の重要性、⑥児童相談所職員の課題としては、自分の性への気づきと虐待相談体制の整備、研修・SV体制の充実などがあげられた」（岡本他・2004：156頁)。研究やSV（スーパーバイズ）体制については、必要であるとの提案のみに留まっているが、児童相談所における性的虐待事例の実態については、非常に詳細にわたって記載されている。

特集の最後では、奥山が「日本における性的虐待への対応の現状と課題」（奥山・2004：175～180頁）について述べている。虐待対応の初期には、「命の危険があって目に見えやすい身体的虐待に注目が集まるのは当然であり、これまでの虐待対応は身体的虐待を中心に進められてきた。しかし、これからは、その他の虐待への対応に関しても確立していかなければならない」（奥山・2004：175頁）として、性的虐待対応の問題と課題について論述している。とくに性的虐待に関する法律の問題について、根本的な問題があることを指摘し、強姦罪と強制わいせつ罪、買春ポルノ法に関して、そして司法面接についても言及している。また、虐待者に関して刑が確定された後の治療体制の無さについても問題視している。また、「刑法に関する議論は多くの分野を巻き込まなければならず、親権に関する民法の問題同様、早期に議論を開始しなければならない問題である」（奥山・2004：179頁）と示唆している。「早急に取り組むべき問題」として、①社会の認識を高める、②専門家教育、③初期対応医療チームのモデルを作る、④司法面接の確立、⑤一時保護所の改善、⑥治療センターのモデル作り、⑦性的虐待対応の連携モデルを作る、の7つを提示していた。

第4期の医療・保健・心理領域では、性的虐待問題への研究以外に、保護者への支援プログラム、児童虐待予防活動における保健領域の取り組み、法医学から見た児童虐待、周産期からの児童虐待防止システムの構築、被虐待児への心理的アセスメントの導入等、様々な研究が行われていた。しかし、大きく特集が組まれたのは性的虐待への対応であり、それは、日本における虐待対応が、初期段階から次の段階に入ってきたことを意味している。

【参考文献】
キャロライン・レビット「講演　子ども代弁センター(CAC)：地域の子ども性的虐待対応——その歴史・理念・成果・調査面接等のプログラム構成要素」（『子どもの虐待とネグレクト』6巻2号、2004年）150～155頁
桐野由美子「国際シンポジウム『性的虐待：京都からの挑戦』を企画して」（『子どもの虐待とネグレクト』6巻2号、2004年）150～155頁
岡本正子他「実態調査からみる児童期性的虐待の現状と課題」（『子どもの虐待とネグレクト』6巻2号、2004年）156～174頁
奥山眞紀子「日本における性的虐待への対応の現状と課題」（『子どもの虐待とネグレクト』6巻2号、2004年）175～180頁

（加藤　洋子）

（6）非行・教護分野

　非行原因と児童虐待の関連については、第3期から目立って目が向けられるようになってきた。「非行の前に虐待あり」という理解が関係者にとって周知のものとなり、一方で、「根底に虐待問題を抱えているが、対象少年を被虐待児としてより非行少年として対応せざるをえない実情」へのジレンマが課題として認識されている（西嶋・2005）。この期には、さらに被虐待体験を持つ非行少年の行動特性等を明らかにすることで、こうした対象者への理解を深め、よりよい矯正教育につなげようという観点からの実務的視点に立つ調査研究が目に付く。

　松浦直己らによる研究は（松浦他・2007【文献51】）、不適切養育に関する少年院在院者と一般高校生との比較調査である。まとまった数の調査対象者を得て非行原因を実証的に調査した研究として、注目に値する。一方で、家庭裁判所調査官による事例研究の中にも、自身が担当した3事例を細かく分析することで、調査官が被虐待経験を持つ非行少年に向き合う際の視点を考察した成果も見られる（籠田・2001）。

【参考文献】
籠田篤子「被虐待経験を持つ非行少年についての一考察」（『調研紀要』72号、2001年）1～17頁
西嶋嘉彦「非行の中の虐待　児童自立支援施設」（『母子保健情報』50号、2005年）59～61頁
松浦直己・十一元三「少年院在院者における、児童期の不適切養育の実証的調査」（『現代の社会病理』22号、2007年）119～134頁【文献51】

（7）教育分野

　児童虐待問題が教育関係者にとって当事者意識を持って捉えられるようになった契機は、いうまでもなく岸和田事件であった。

　文部科学省では、「深刻な虐待事例が続発している」として2004年1月30日付けで「児童虐待の防止に向けた学校における適切な対応について」通知を発出した。この通知には、「1　学校の教職員は、職務上、児童虐待と発見しやすい立場にあることを再確認し、学校生活のみならず幼児児童生徒の日常生活面について十分な観察、注意を払いながら教育活動をする中で、児童虐待の発見・対応に努める必要があること」「2　虐待を受けた幼児児童生徒を発見した場合は、速やかに児童相談所または児童福祉事務所へ通告すること」といった児童虐待防止法の内容をなぞる事項に加え、「3　上記の対応に当っては、管理職への報告、連絡及び相談を徹底するなど、学校として組織的に取り組むとともに、教育委員会への連絡、又は必要に応じて相談を行うこと」と記され、学校教育が児童虐待対応に晩生であった原因を自ずと露呈させている。すなわち、学校は、学校行政という組織への配慮なしには児童虐待への対応はなされにくいという構造的課題を抱えている。

　さらに文部科学省は、岸和田事件を契機として、長期欠席の生徒の状況を学校が把握できていなかったという課題認識に立ち、都道府県教育委員会を通じて、全公立小・中学校を対象とした調査を実施し「長期間学校を休んでいる児童生徒の状況及び児童虐待に関する関係機関等への連絡等の状況について」（文部科学省・2004）にまとめた。その結果、2004年3月1日現在、学校を30日以上連続して休んでいる児童生徒4万9352人のうち、学校職員が会えていない児童生徒数は1万3902人おり、会えていない理由として「保護者の拒絶により会うことができない」も

挙がっている。文部科学省はこの結果を重く受け止め、「長期にわたる欠席の背景に児童虐待がある場合もあるという認識を持ち、当該児童生徒の家庭等における状況の把握に特に努める必要があること、学校だけで対応しようとせず、早期に教育委員会や関係機関等へ相談等を行うことなどの内容を盛り込んだ通知を平成 16 年 4 月に発出した」(采女・2005)。

児童虐待に学校がどう向き合おうかという困惑の中にあって、顕著な研究成果として『児童虐待に関する学校の対応についての調査研究』(玉井他・2002) がある。この調査研究では、法の周知徹底の成果として 9 割近い教員が児童虐待の早期発見努力義務について了解しておりながら、実際には、学校が児童虐待を発見しても関係機関への通告を行わずに可能な限り独自に対処しようとする傾向があることが示された。また、教師用の指導資料等の作成は都道府県レベルでは進展しているものの、市町村での作成は進んでいないこと、教員研修は都道府県で約 4 割、市町村で約 1 割が実施されているにすぎないこと、被虐待児童生徒の在籍校に対する特別な人的措置を行っている市町村は 4％にすぎないこと等の指摘もある (玉井他・2002)。これらの調査結果をもとに、これ以後、教育現場と児童相談所がどのように連携を実現し、教育行政が児童福祉行政と連携を取りつつ児童虐待対応を有効化していくかが問われよう。

具体的な方策として、教育現場に福祉的な方法論を取り込む役割を担うことを期待されるのがスクールソーシャルワーカーである。すでに学校には、主として不登校児童生徒の対策としてスクールカウンセラーや適応指導教室が設けられている。しかしながら、これらは、大人が子どもを指導し教える「教育」を軸とした子どもと大人の関係性によっており、極めて教育的な働きかけである。他方、スクールソーシャルワーカーは、児童虐待問題を抱える児童生徒の支援を主眼としており、学校関係者、保護者、社会資源との協働によって、児童生徒が課題解決に取り組む条件作りに参加する。もともと埼玉県所沢市で校内暴力への対策として導入されたスクールソーシャルワーカーが、年を追って、他地域にもまた私立学校にも取り入れられる今日の傾向の中で、課題を抱えた当事者へのカウンセリング、学校関係者へのコンサルテーションから、予防的な活動にも取り組めるような「『家庭に対して積極的な関与をする』活動スタイルと学校を基盤としつつ様々な期間との連携を実行する役割は、『虐待問題に関して少なからぬ示唆をもたらす』と考えられる」と期待されている (学校等における児童虐待防止に向けた取組に関する調査研究会議・2006【文献 52】)。

【参考文献】
学校等における児童虐待防止に向けた取組に関する調査研究会議『学校等における児童虐待防止に向けた取組について (報告書)』文部科学省、2006 年【文献 52】
文部科学省『文部科学広報』(49 号、2004 年) 4 頁
玉井邦夫他『児童虐待に関する学校の対応についての調査研究』平成 14 年度〜15 年度文部科学省科学研究費補助金、2002 年
采女智津江「学校における児童虐待に関する現状と課題への対応」(『母子保健情報』50 号、2005 年) 69〜72 頁

(田澤 薫)

II　主要判例解説

1　児童福祉法分野

【判例1】妹に対する身体的・心理的虐待を見た結果、複雑性PTSD（心的外傷後ストレス障害）と診断された児童（8歳）について、児童養護施設への入所が承認された事例（千葉家裁松戸支部審判平成16年6月16日、平成16年（家）第151号、家裁月報56巻12号122頁）

　本件は、児童相談所長が、一時保護した児童の児童養護施設への入所承認を求めた事件である。裁判所の認定した事実関係は次の通りである。本件児童A（女児）は、実母B、母方祖母Cおよび異父妹Dの4人で暮らしていた。その後、Bは、C、AおよびDを残して家出し、覚せい剤取締法違反で逮捕起訴され、執行猶予付の有罪判決を受け、2000年11月下旬、再び自宅に戻った。Bの不在中はもっぱらCがAとDの世話をしていたが、B不在中の2000年10月、CのDに対する加虐、Aとの差別的扱いや、たびたび罵声を浴びせる等の心理的な虐待が日常的に繰り返され、Dは同月16日に児童相談所に一時保護され、同年11月13日まで入所した。Dの家庭引取り後、Bが再び同居するようになったが、CのDに対する虐待が続き、Dは2001年2月5日に再び一時保護され、同年6月18日まで約4か月間入所した。2回目の一時保護後から、Dが自分の中に「ヘビ」がいると言ったり、生爪を剥がすようになったので、Bは児童相談所に相談した。その後、2003年1月14日にDは三たび一時保護され、同年3月12日まで約2か月間入所したが、入所直前の精神科医師による診断では、特定不能の解離性障害、反応性愛着障害が疑われた。一方、Aは、Dの退所後まもない2002年4月に地元の市立小学校に入学したが、Aの体にはBやCによる物理的な虐待をうかがわせる外傷はなく、2年生進級後の健康状態は良好で、Aの発育状態および学校生活にも問題はなかった。2003年11月10日頃、Dは自宅で転倒して後頭部を打って瘤ができた。BはDの負傷を知ったものの、元気そうであったので、医師に診せることなく、数日間様子を見ていた。Dは、同月15日朝から、茫として、唸っていたが、BはDの体中にある痣から虐待を疑われるのを懸念し、Dを病院に連れていかないでいた。しかし、一向に容態が良くならなかったので、Bはやむなく児童相談所に電話連絡したが、職員が自宅に到着する前にDの呼吸が止まったため、Bは救急車を呼び、Dは救急車で病院に搬送された。その後、病院職員から警察に通報がなされ、BとCは暴行容疑で逮捕された。Dは、同日午後10時28分、急性硬膜下血腫（小脳周辺）により死亡した。翌16日、警察署長から児童相談所に対し、Aの身柄付で、児童福祉法25条に基づく通告がなされ、児童相談所はAを一時保護した。一時保護当初のAには著しく情緒不安定な言動が見られ、Aを診察した精神科医師は、不安抑鬱状態（重度）と診断した。その後まもなくAを診察した別の精神科医師は、複雑性PTSDと診断し、今後の養育に関しては一貫して安定した母性的環境のもとで養育する必要があり、PTSDは些細な刺激で再燃増悪するおそれがあるので最低1年程度の母子分離は必要であると所見した。なお、Bは2003年12月7日に処分保留で釈放されたが、CはDに対する傷害致死容疑で起訴され、公判が継続中である。Aの親権者であるBは、児童相談所の説得に応じず、Aの児童養護施設入所を承諾していない。

　裁判所は、Aは直接的な虐待を受けることはなかったものの、Dが虐待を受けるのを近くで再

三見て強い心理的圧迫を受け、その加害行為に加担させられたこともあったところ、BはAとDの養育をCに任せ放しにして適切な監護を長期にわたり著しく怠っており、Aは複雑性PTSDと診断され、最低1年程度の母子分離が必要であると所見されるに至っており、Bによる適切な監護は期待できない等、児童福祉機関の措置権を行使すべき事態にあると認められるとして、児童の福祉のため、Aの児童養護施設への入所を承認した。

　本件は、保護者による身体的虐待行為等が直接的には児童に対して加えられてはいないが、同居する祖母による異父妹への虐待行為を再三目撃することによって、児童に複雑性PTSDが生じた事例である。これまでの公表例にも、父による弟に対する身体的虐待を目のあたりにしてきたこと等から、児童がPTSDに発展する可能性が高いことが指摘され、児童養護施設への入所措置が承認された事例（福岡家裁小倉支部審判平成11年12月1日、家裁月報52巻6号66頁）があるが、本件と同様に、直接的に『虐待』が問題とされているのではなく、保護者の監護能力が問題とされている点に特徴があるといえる。加えて、本件では、同居人である祖母による異父妹に対する虐待行為が児童に心理的圧迫を生じさせ、さらに、親権者である実母がその虐待行為を阻止しなかったという事情もある。2004年の児童虐待防止法改正（「児童虐待の防止等に関する法律の一部を改正する法律」平成16年法律第30号）によって、同居者による虐待の放置もネグレクトに含まれるとされ（児童虐待防止法2条3項）、心理的虐待の定義も「児童に対する著しい暴言又は著しく拒絶的な対応、児童が同居する家庭における配偶者に対する暴力……その他の児童に著しい心理的外傷を与えること」に拡大された（児童虐待防止法2条4項）。本件審判は、改正児童虐待防止法施行以前のものではあるが、暴力的環境におかれた結果として児童に複雑性PTSDが生じている点や、保護者が同居人による虐待行為を放置した点等を考えると、本件を「ネグレクト」「心理的虐待」として評価することも可能であるように思われる。

【判例2】すでに家庭裁判所の承認を得て情緒障害児短期治療施設に入所中の児童（15歳）につき、児童自立支援施設への入所を承認した事例（京都家裁審判平成16年9月21日、平成16年（家）第2382号、家裁月報57巻7号30頁）

　本件は、市長が、すでに家庭裁判所の許可を得て情緒障害児短期治療施設に入所中の児童（男児）について、中学卒業時における家庭復帰の見込みがないこと等を理由として、中学卒業後も入所可能な児童自立支援施設への入所承認を求めた事件である。児童については、情緒障害児短期治療施設入所後に、中学卒業と同時に家庭復帰させることを目標として教育プログラムが組まれた。同プログラムの中で、児童には、特定の職員との間で信頼関係を形成する等、一定の改善が見られる一方で、現段階では、感情を制御し行動を律するまでには至っておらず、一部職員に対する暴言・暴力等の問題行動がある等、改善が見られない面もある。児童の単独親権者である父との親子関係はいまだ修復されるには至っておらず、父は、児童を引き取ることに消極的である。なお、児童は、中学卒業後は定時制高校への進学を希望している。

　本件審判は、上記の事実を認定した上で、児童の福祉のために、児童を、中学卒業後も在籍可能で、定時制高校への進学も可能となる施設である児童自立支援施設へ入所させることを承認した。

　本件は、すでに28条審判を経て施設入所の措置がとられている児童について、入所施設の種

別の変更を認めた事件であり、公表裁判例としては初めてのケースであるといえる。従来の児童福祉法28条審判例の動向を見ると、28条審判の承認審判を行う際に、裁判所は、入所施設等の種別を特定して承認しなければならないものとされる。この動向を前提とすれば、入所施設の変更を行う際にも、親権者の同意を得られない場合には、家庭裁判所の承認審判を経る必要があるといえる。本件は、この点を示した裁判例として注目される。

なお、本期間中、28条審判によってすでに施設入所中の児童の入所施設の変更を認めた事例としては、前橋家裁太田支部審判平成17年12月19日（平成17年（家）第797号、家裁月報58巻7号62頁）がある。本件では、すでに家庭裁判所の許可を得て児童養護施設に入所中の児童（12歳）につき、児童自立支援施設への入所が承認されている。

【判例3】一時保護中の児童（5歳）につき、児童養護施設への入所を承認するとともに、児童相談所長からの意見を受けて、児童相談所長に対し児童福祉法28条6項に基づく勧告をした事例（東京家裁審判平成17年9月5日、平成17年（家）第4651号、家裁月報57巻11号73頁）

本件は、児童相談所長が、一時保護中の児童の児童養護施設への入所承認を求めた事件である。実母は、熱したフライパンを押しつける等して、児童に全治1か月余を要する熱傷等を負わせ、養父（覚せい剤取締法違反の罪により服役中）は、スプーンを投げつけ、児童の頭部に全治1週間余を要する傷害を負わせた。この他に、裁判所は、児童には一時保護時に熱傷等の他にも複数の傷跡があったこと、養父は覚せい剤の常習使用者であり、覚せい剤が切れると自宅内で暴力を振るう等していたこと等から、児童が実母および養父の双方から、しつけと称して、または八つあたり等の理由で、日常的に暴行を受けていたことを認めている。

本審判は、児童が実母および養父から暴行を受け、また養父が覚せい剤の影響で暴れたり、父母間の暴力を伴う喧嘩を日常的に目のあたりにする等の生活環境にいたものであるところ、実母はこれまでの暴力等を反省しており、養父は服役中で当面は家庭に戻らない状況ではあるものの、実母は定職に就かず、生活は極めて不安定である等の諸事情に照らすと、現時点において児童を保護者に監護させることは著しく児童の福祉を害するとして、児童養護施設への入所を承認した。また、児童相談所長からの意見書を受けて、裁判所は、児童相談所長に対し、勧告書を用いて児童福祉法28条6項に基づく勧告（保護者に対する指導及び援助に関する勧告）をした。

2004年の児童福祉法改正（「児童福祉法の一部を改正する法律」平成16年法律第153号）によって、新たに、「家庭裁判所は、措置に関する承認の審判をする場合において、当該措置の終了後の家庭その他の環境の調整を行うため当該保護者に対し指導措置を採ることが相当であると認めるときは、当該保護者に対し、指導措置を採るべき旨を都道府県に勧告することができる」ものとされた（児童福祉法28条6項）。本件は、この児童福祉法28条6項に基づく勧告を行った裁判例として注目に値する。

ところで、本件は2年後の2007年に入所措置の期間更新を迎えることになるが、期間更新を承認した審判例においても、本件指導勧告と同内容の勧告がなされている（東京家裁審判平成19年12月21日、平成19年（家）第6813号、家裁月報60巻7号87頁）。この点については、次期以降に紹介することとする。

さらに、本件以外に児童福祉法28条6項に基づく勧告を行った今期の審判例として、鳥取家

裁審判平成17年5月20日（平成17年（家）第198号、家裁月報57巻11号64頁）がある。本件と鳥取家裁ケースとの相違は、本件では児童相談所長の意見書を受けて勧告がなされているのに対し、鳥取家裁ケースでは児童相談所長の上申書を受けて勧告がなされている点である。いずれにしても、この2つの事例は、児童福祉法28条6項に基づく勧告のモデルを示すものと位置づけて良いだろう。

【判例4】児童（9歳）の児童養護施設への入所措置の期間更新を承認した事例（東京家裁審判平成18年2月7日、平成17年（家）第10712号、家裁月報58巻6号69頁）

　本件は、児童相談所長が、2004年3月31日以前に家庭裁判所の許可を得て児童養護施設に入所措置がとられている児童について、児童養護施設への入所措置の期間を2006年4月1日から更新することの承認を求めた事件である。児童については、すでに2003年2月27日に、単独親権者たる実母による監護懈怠および身体的虐待を理由として、東京家裁による児童養護施設への入所措置の承認審判がなされ、児童養護施設に入所している。児童は、入所当初に比べるとやや落ち着いてきているものの、施設内では挑発的な言動が多く、施設職員との関係においても問題行動等が見られる。また、児童は、実母と一緒に暮らすことについては、消極的な態度を示している。一方、実母は、原審判の際に家庭裁判所の調査および審問に出頭せず、入所措置後も児童相談所による働き掛けに一切応じず、指導はもとより接触することすらできない状況にある。

　本審判は、実母が児童の入所措置後児童相談所との接触を拒否し続けており、現在の実母の生活状況や児童の養育に対する考え方を把握することはできないが、少なくとも改善したと認めることはできず、児童を実母の元に返すと再び虐待等を受けるおそれがある等、入所措置を継続しなければ著しく児童の福祉を害するおそれがあるとして、児童養護施設への入所措置の期間を更新した。その際に、裁判所は、児童福祉法の一部を改正する法律（平成16年法律第153号）附則4条により、従前措置が2004年4月1日にとられたものとみなして、2006年4月1日から措置の期間を更新した。

　2004年の児童福祉法改正により、家庭裁判所の承認により施設入所等の措置がとられた場合に、当該措置の期間は措置開始の日から2年間と制限され、さらに、その間の保護者に対する指導措置の効果等に照らし、措置継続の必要性が認められる場合には、家庭裁判所の承認を得て、措置の期間を更新することができるものとされた（児童福祉法28条2項）。本件は、この措置の期間更新を認めた初めての公表例である。裁判所が、依然として児童に問題行動が見られること、児童の親権者である実母との接触がほとんどできないこと等、入所後の状況が改善していないことを認め、児童養護施設への入所措置の期間更新を承認している点に特徴がある。

【判例5】乳児院入所の承認申立事件を本案とする審判前の保全処分事件において、親権者らについて事件本人との面会及び通信を制限した事例（福岡家裁小倉支部審判平成18年4月27日、平成18年（家ロ）第502号、家裁月報59巻5号92頁）

　本件は、児童相談所長が、乳児院入所の承認申立事件を本案とする審判前の保全処分（児童との面会・通信の制限）を求めた事例である。本件児童（男児）は、全身の約50％に至る火傷を負い入院し、病院において4回にわたり手術を受けた。児童の入院中、父母は児童を退院させて欲

しいと依頼したが、医師は転院さえ無理な状態にあると考え、退院は無理である旨回答していたところ、父母は、児童の母方祖母、成人男性2人および父母夫婦の長男とともに6人で病院を訪れ、病院職員の制止を振り切り児童をHCU（高度治療室）から連れ去った。医師や警察官が児童を病院に戻すように説得したが、父はこれを拒否した。その後、児童は、父母らと一緒に児童の母方祖母宅付近にいるところを偶然発見され、警察官により保護され、児童の母方祖母に同伴されて病院に戻った。児童相談所は、児童を一時保護した。

　本審判は、①児童は、父母による養育中、何らかの事情により、重篤な火傷を負っていること、②その受傷状況に関し、父母ないしその関係者は、不自然な供述をしており、虐待の可能性も否定できないこと、③児童が転院さえ無理な状況にあるにもかかわらず、父母は退院要求を繰り返したこと、④父母は、夜間にもかかわらず退院を迫り、その親族らとともに、児童を入院中の病院のHCUから、病院職員の制止を振り切り連れ去っていること、⑤児童は、現在落ち着いた環境で順調に回復しつつあること、⑥父は、本件本案の審問期日に出頭せず、家庭裁判所調査官による面接調査をも拒否していること等の事実を認定した上で、特別家事審判規則18条の2に基づき、本件本案の審判がその効力を生ずるに至るまでの間、父母両名と児童との面会および通信を制限することとした。

　2005年に改正された特別家事審判規則18条の2は、児童福祉法28条1項の承認の申立てがあった場合に、児童の保護のため必要があるときは、家庭裁判所は、当該申立てをした者の申立てにより、当該承認の申立てについての審判が効力を生ずるまでの間、当該児童の保護者について当該児童との面会又は通信を制限することができるものと規定していた（なお、同規定は2008年の規則改正によって、つきまとい・はいかい禁止に関する審判前の保全処分の規定に変更された）。本件は、この特別家事審判規則18条の2に基づいて児童と保護者との面会・通信を制限した初めての公表例である。本件では、重篤な火傷を負い入院中の児童を親権者らが病院から連れ去ったという事情があり、裁判所もこの点を重視したといえる。

　なお、本件の本案である児童福祉法28条1項事件についても、裁判所は、父および母の養育には著しい不適切さが認められるとした上で、父母による養育に委ねていては、児童の心身の発達、回復に著しい問題を残すおそれが強く、児童の福祉を害する等として、同日付で児童の乳児院への入所措置を承認している（福岡家裁小倉支部審判平成18年4月27日、家裁月報59巻5号96頁）。

（阿部　純一）

2　民法分野

【民法766条関係】
【判例6】未成年者の母方祖母で未成年者と同居している申立人が、自己を未成年者の監護者と指定することを求めた事例で、父母が子の監護権に関する合意を適切に成立させられず、子の福祉に著しく反する結果をもたらしている場合には、家裁の権限につき民法766条を、申立権者の範囲につき民法834条を類推適用し、子の親族は子の監護に関する処分事件の申立権を有し、その申立てに基づいて家裁は監護者を定めることができるとした。その上で、相手方父は、すでに姉を虐待して死亡させており、父母にそのまま親権を行使させると子の福祉を不当に阻害するこ

ととなる特段の事情が認められるとして、祖母を監護者に指定した事例（金沢家裁七尾支部審判平成17年3月11日、平成16年（家）第61号、子の監護に関する処分〈監護者指定〉申立事件、家裁月報57巻9号47頁）

本件実父母には長女、長男、二女、本件児童がいたが、二女は父による暴行により死亡し、父は傷害致死罪で懲役4年6月の実刑判決を受けている。母は離婚の意思を表明しているが、離婚に向けた動きが具体的にあるのかどうかは不明である。そんな中で本件児童と同居して面倒を見ている祖母が、実父母を相手方として自らを監護者に指定するよう申し立てた。

これに対して、裁判所は、「父母が子の監護権に関する合意を適切に成立させることができず子の福祉に著しく反する結果をもたらしている場合には、家庭裁判所の権限につき民法766条を、請求権（申立権）者の範囲につき民法834条をそれぞれ類推適用し、子の親族は子の監護に関する処分事件の申立権を有し、家庭裁判所は、子の監護者と定めることができる」とした。

また、子の父母でない者を子の監護者に指定できるかについては、「民法766条1項は、家庭裁判所が定める監護者の範囲について、これを父母のみに制限する明文の規定をおかないばかりか、子の福祉の観点から見て父母以外の者が監護者として最適任という場合もあり得るから、父母が親権をその本来の趣旨に沿って行使するのに著しく欠けるところがあり、父母にそのまま親権を行使させると子の福祉を不当に阻害することになると認められるような特段の事情がある場合には、父母の意思に反しても、子の父母ではない者を子の監護者に指定することができる」とした。

【民法834条関係】
【判例7】未成年者が実母と実母が当時交際していた相手Aから身体的虐待を受けている可能性があるとして、児童相談所が一時保護措置をとり、さらに審判を受けて子を施設に入所させた後、児童相談所長である申立人が、その後婚姻しAと本児との養子縁組届を提出した（代諾者母）Aと実母の親権喪失宣告を申し立てた事例で、養父・実母には子の監護養育や施設の早期退所の必要性等についての配慮が全くうかがわれず、むしろ、子についての親権を、児童相談所への抗議行動や実父に対する金銭要求等の手段としているので、こうした態度は、子の福祉を著しく損ない、親権の濫用といわざるをえないとして、養父・実母の親権喪失を認めた事例（名古屋家裁岡崎支部審判平成16年12月9日、平成16年（家）第1548号、親権喪失宣告申立事件、家裁月報57巻12号82頁）

身体的虐待の疑いから児童相談所が一時保護後、児童福祉法28条審判を経て施設入所に至った子について、実父が親権者変更申立てと親権者の職務執行停止および職務代行者の選任の審判前の保全処分を申し立てた。このことを知った実母とその交際相手は、婚姻し、同時に子と交際相手との養子縁組届を提出した。この結果、養父と実母が親権者となり、実父が親権者変更を求めることができなくなったとして、親権者変更申立ては却下された。その後も、実母と養父は、児童相談所や実父を激しく攻撃し、子の今後の養育や養子縁組解消等については明確な態度を示さない。

裁判所は、子に早期に家庭生活を送らせることが子の福祉にとって重要であるが、実母・養父に子を引き渡すことは明らかに未成年者の福祉を害するという。そして、「養子縁組の経緯や事

件本人ら（実母・養父のこと、筆者注）の発言及び態度からは、未成年者についての親権を本件児相への抗議行動や実父に対する謝罪、金銭要求の手段としているのであって、こうした事件本人らの態度は、未成年者の福祉を著しく損なうものであり、濫用といわざるを得ない」とした。

〔判例評釈〕
　山田美枝子　民商法雑誌 135 巻 2 号 447 頁

【判例 8】手術の同意拒否が親権の濫用に該当するとして、親権喪失宣告申立事件を本案とする親権者の職務執行停止・職務代行者選任申立てを認容した事例（名古屋家裁審判平成 18 年 7 月 25 日、平成 18 年（家ロ）第 1026 号、親権者の職務執行停止・職務代行者選任申立事件、家裁月報 59 巻 4 号 127 頁）

　児童相談所長が申し立てた親権喪失宣告申立事件を本案とする親権者の職務執行停止・職務代行者選任申立事件において、未成年者が重篤な心臓疾患に罹患し、早急に手術等の医療措置を数次にわたって施さなければ、近い将来、死亡を免れえない状況にあるにもかかわらず、親権者が宗教上の理由から手術に同意することを拒否している状況において、この同意拒否は、合理的理由が認められず、親権を濫用し、未成年者の福祉を著しく損なっているものというべきものであるとして、親権者の職務執行を停止し、その停止期間中の職務代行者として弁護士を職務代行者に選任した。

　いわゆる医療ネグレクトへの対応策を示したものとして意義がある審判例ということができる。ただし、医療同意をとりたいだけなのに親権喪失請求をまずはしなくてはならないというのは、過剰請求であるとの批判も存在する。また、例えば高度の医学的判断を要するような事例の場合に、職務代行者として選任された者に、その決断を委ねられるのかという問題も生じ得る。大阪家裁岸和田支部審判平成 17 年 2 月 15 日（平成 17 年（家ロ）第 13 号審判前の保全処分〈親権者の職務執行停止、職務代行者選任〉申立事件、家裁月報 59 巻 4 号 135 頁）の事例では、「職務代行者としては、○○症に精通する医師が、未成年者の病状、手術への適応、手術の危険性等の諸条件を子細かつ慎重に検討した上で、最も適切な医療措置を選択する能力があるものと認められることから、適任である」とされた。

〔判例評釈〕
　神谷遊　判タ 1249 号 58 頁
　田中通裕　民商法雑誌 138 巻 1 号 107 頁

【性虐待と損害賠償関係】
【判例 9】児童が性的虐待を受けたことを理由とする損害賠償請求権の短期消滅時効の起算日を明らかにした事例（福岡高裁判決平成 17 年 2 月 17 日、平 16 年（ネ）第 780 号、損害賠償請求控訴事件、判タ 1188 号 266 頁）

　児童 X が、9 歳から 11 歳（1997～1999 年）頃まで、養父だった Y からわいせつ行為、姦淫行為を受けたとして、Y に対し、不法行為による損害賠償請求権に基づいて、慰謝料を請求した事例である。Y は、わいせつ行為等を否認した上、本訴提訴時（平成 15 年 5 月 6 日。平成 14 年 11

月7日に催告)までに民法724条の3年の短期消滅時効が完成していたと主張した。本件では、民法724条の「被害者又はその法定代理人が損害及び加害者を知った時」とはいつのことなのかが問題になった。

判例上確定しているのは、「民法724条の『損害及び加害者を知』るとは、被害者において、加害者に対する賠償請求が事実上可能な状況の下に、その可能な程度にこれらを知ることを意味し、このうち『損害』については、単に損害の発生を知るだけでは足りず、加害行為が不法行為であることを認識する必要がある」とされている。この基準を用いると、本件では以下のようになる。

裁判所は、「わいせつ行為等が行われた当時、それらの行為が嫌なことであるとか、子供心にそれが母親に対して後ろめたいことだという認識を持っていたことは窺えるが、それが違法なものであって損害賠償請求権を発生させるもの(不法行為を構成するもの)であるとの認識をもっていたと認めるのは困難である」ので、「わいせつ行為及び姦淫行為の時をもって消滅時効の起算点とすることはできない」とした。その上で、刑法176条(強制わいせつ)および177条(強姦)で、13歳未満の者について、暴行又は脅迫を用いなくても、同罪が成立するとしているのは、若年者には性的自由の意味することについて判断能力がないことを前提にしていると見ることができるので「暴行、脅迫を用いないわいせつ行為や姦淫行為の被害については、特段の事情がない限り、早くても13歳になる(本件児童の場合2001年8月23日)前には、不法行為を構成するとの認識をもつことは困難である」とする。

また、法定代理人親権者母については、2002年8月頃に加害行為があったことをXから聞いたのであるから、消滅時効の起算点は2002年夏頃だという。

以上から、本件では3年の短期消滅時効は完成していないという。

〔判例評釈〕
松本克美　法律時報78巻9号105頁
吉井隆平　判タ1215号114頁

(鈴木博人)

3　刑事法分野

【判例10】実子(3歳)に暴行を加え、死亡させた両親につき、傷害致死罪についての改正法を踏まえても、刑が軽すぎて不当であるとはいえないとした事例(東京高裁判決平成18年12月1日、東高刑事報57巻1〜12号72頁)

2005年1月1日に施行された改正刑法(平成16年法律第156号)により、傷害致死罪の法定刑が懲役2年以上の有期懲役から懲役3年以上の有期懲役に変更された。また、同改正法により、有期刑の上限が15年から20年(加重する場合は30年まで)へと引き上げられたことにより、傷害致死罪の法定刑の上限は懲役20年(加重の場合は30年)となった。

この改正を踏まえ、検察官が控訴した本事案において、裁判所は、「改正法により量刑の大本である法定刑が重くなり、最も重要な影響度を持つ量刑要素に変更があった以上は、その変更の趣旨を踏まえた量刑判断を行うべき」として、刑法改正による量刑判断の変更の必要性を唱えつつも、「改正法の趣旨は、近時の量刑実務においてすでに改正前から考慮され、これを折り込ん

だ傷害致死罪の量刑が実際に行われて」おり、「原判決は、近時の量刑の実情を踏まえ、改正法の趣旨を反映した量刑の幅の中で刑期を定めているものと認められる」として、検察官の控訴を棄却した。

本事案は、両親が3歳の実子を虐待死させた事案であり、原判決では、父親に懲役7年、母親に懲役6年6月が言い渡されている。両親による虐待方法等、被害児が死亡する経緯は不明であるが、被害者が1人である虐待死（傷害致死）事案の中でも、懲役7年が言い渡されるというのは、量刑として重いにもかかわらず、これに対し、検察官が量刑不当として控訴したというのは、検察が虐待死事例に対する厳罰化姿勢を表したものと見ることもできる。

【判例11】実子（4歳）に対する交際相手の暴行を制止しなかった母親に、不作為による傷害致死幇助罪の成立を認めた事例（名古屋高裁判決平成17年11月7日、高検速報716号292頁）

保護者が、他の保護者あるいは同居人による被保護者（児童）に対する虐待を制止せず、被保護者が死亡した場合に、当該保護者に不作為による傷害致死幇助罪が成立するかについては、第2期の札幌高裁判決（札幌高裁判決平成12年3月16日、判時1711号170頁）が「正犯者の犯罪を防止しなければならない作為義務のある者が、一定の作為によって正犯者の犯罪が防止することが可能であるのに、そのことを認識しながら、右一定の作為をせず、これによって正犯者の犯罪の実行を容易にした場合」という基準を示している。

しかし、本判決は、もう一歩踏み込み、「被告人は自らの意思で同児の生活圏内に交際相手のAの存在という危険な因子を持ち込んだものであり、自らの責めにより同児を危険に陥れた以上、Aとの関係においてはその危険を自らの責任で排除すべき義務をも負担するに至ったと解されるから、社会通念上、被告人にAの被害児に対する暴行を阻止すべき義務が課せられていたと解するのが相当である」として、被告人に交際相手という危険因子を持ち込んだことから、「正犯者の犯罪を防止しなければならない作為義務」を認定した上で、被告人には「保護すべき幼児を自らAの行為による危険の及ぶ状態に置いている以上、ある程度の犠牲を払うべきことが社会通念上当然に要請され」「被告人のAの暴行を阻止すべき義務は、自らがAからの暴行を引き受け、いわば体を張ってでも果たすべき程度に達していた」と判断して、被告人に不作為の傷害致死幇助罪の成立を認めている。

ここで、注目すべき点に、被告人には「体を張ってでも」正犯者の暴行を阻止すべき義務があったとする点がある。先の札幌高裁の事案でも、本事案でも、被告人である被害児の母親らは、正犯者である内縁の夫あるいは交際相手から暴力を受けていた。札幌高裁の判決は、被告人が正犯者の行動を監視し、あるいは言葉で制止することが可能であったとして、被告人を有罪としている（第1審では、制止が困難であったとして、無罪となっている）。しかし、本判決は「体を張ってでも」阻止しなかったとして有罪としていることから、札幌高裁の判決より、重い作為義務が被告人に認められたものと解される。

この名古屋高裁の基準に従えば、先の札幌高裁の事案の正犯者も内縁の夫であることから、被告人には、その内縁の夫という危険因子を被害児の生活圏内に持ち込んだ以上、強度の作為義務が認められることになり、言葉で制止可能であったかは問題にならないのかもしれない。では、正犯者が被害児の実父であった場合はどうなるのであろうか、被告人に夫という危険因子を被害

児の生活圏内から排除しないことから、強度の作為義務を認めることになるのであろうか。たしかに、保護者である母親には強度の作為義務があるといえるが、DV被害女性の実態も踏まえた上での判断基準が必要になると思われる。

（初川愛美）

Ⅲ 主要文献解説

1 児童福祉法分野

【文献1】竹中哲夫「児童福祉法・児童虐待防止法改正をめぐる諸問題」（『日本福祉大学社会福祉論集』111号、2004年）1～26頁

　本論文は、2004年の児童福祉法改正および児童虐待防止法の改正を踏まえて、児童相談所の変容について概観し、2つの法律のあり方について検討するものである。書かれた時期にはまだ改正児童福祉法が成立していないところから、同法法案を対象にし、児童虐待防止法については改正法を検討の対象としている。児童相談所の役割に関しては、児童福祉法における位置づけの変遷を詳細に示した上で、市町村への相談業務の移譲は児童相談所と市町村の連携がうまくいかない限り、相談・援助のたらい回しを引き起こすおそれがあると指摘し、専門的事項を児童相談所の業務としてもその範囲を明確にすることは困難であろうとする。市町村は、むしろ小規模でも判定機能を保持するのが望ましいとし、家庭児童相談室を相談事業の拠点とするのが望ましいと述べる。

　改正児童虐待防止法については、DVはDV法で扱うのが望ましこと、通告の対象を虐待を「受けたと思われる」とするのは通告基準を曖昧にするとの疑問を述べる。また虐待を行った保護者に対する指導（11条）、被虐待児に対する支援（13条の2）は児童福祉法で対応するのが望ましいのであり、こうした「児童虐待防止法の児童福祉法化」を懸念する。すなわち、児童虐待防止法のみがひとり歩きし、児童福祉法が想定していない「児童福祉」の理念や枠組みを越えた対応が進むことに懸念を示している。むしろ2つの法律の統合（ないし整合性を確保）を検討すべきであるとする。

　この指摘は、児童虐待防止法の成立当初から挙げられていた課題——一般法としての児童福祉法と特別法としての児童虐待防止法の関係——であり、いまなお通告先やケースの移管をめぐって議論のあるところである。2つの法律の関係ひいては今後の児童福祉、児童相談所のあり方を考える上で貴重な示唆を与えてくれる論文である。

【文献2】古川夏樹「児童虐待事例の検証結果について」（『月刊福祉』87巻10号、2004年）98～103頁

　本論文は、児童虐待防止法が国および地方公共団体が児童虐待防止のために必要な事項について調査および研究を行うものと定め（4条5項）、これを受けて厚生労働省がとりまとめた「児童虐待死亡事例の検証と今後の防止対策について」をもとに、虐待に至る要因や課題に対応するための現実的な手法について論じる論文である。

養育支援が必要となりやすい要素として、「養育力の不足」があり、それに至る要因として、家庭自身が不安定な状態にあることや周囲からの援助を受けられない・受けない状況が挙げられている。養育者自身に関する要因としては、育児不安、若年出産、養育者の性格的傾向、情緒不安定、精神疾患等、子どもの状況としては、未熟児、子どもの疾患・障害、発達の遅れ等が挙げられている。

その対策として、虐待の確実な把握と専門家等による支援、既存の子育て支援の活用を積極的に促進することが重要であると述べる。そのため、子育て支援サービスを積極的に利用しない家庭にその利用を促すために、「育児支援家庭訪問事業」が創設されたとする。

関係機関の関与については、20％近くの事例で児童相談所の関与があり、その他関係機関の何らかの関与があったのが7割弱にのぼっている。こうした事態を受け、スクリーニングの精度を高める手法の開発の重要性を指摘する。

死亡事例報告は、その後、第11次まで出され、その提言が施策に反映される等、重要な役割を担っている。虐待事例の分析とその対応の変化を見る上で貴重な報告である。

【文献3】「特集　児童虐待事件における司法関与」(『法律時報』77巻3号、2005年) 66～95頁

【文献4】棚瀬孝雄「児童虐待事件の司法関与——職権主義と当事者主義の狭間」(『法律時報』77巻3号、2005年) 66～71頁

本論文は、児童虐待事件に対する司法関与の強化には、家庭裁判所のあり方に発想の転換が必要であるとの観点から、アメリカにおける虐待事件の手続保障を参考に、司法関与のあり方を検討する。具体的には、訴訟後見人、当事者主義への展望を検討する。アメリカの当事者主義が、親の権利や児童保護の法が親の子育てに関する基本的なルール確立と当事者の主体性の尊重という2つを同時に追求するものであると位置づけ、それとの比較で日本の制度の現状を検討する。筆者は、アメリカにおける当事者主義に学ぶべきものがあるとして、「虐待事件のような複雑な司法関与が行われる領域では、身分関係の公益性や子の福祉への配慮といった権利の性質論から手続の性格を決めてしまうのではなく、資源の多寡や決定責任、そして主体性の尊重を総合的に勘案しながら可能な手続を工夫していくことが必要」であると結論づける。

児童虐待に関する親権制度の見直しが始められた現在、児童保護手続にどのように当事者主義を導入するかを検討する上で貴重な視点が示されている。

【文献5】原田綾子「ミシガン州ワシュトナウ郡における児童虐待・ネグレクトへの対応」(『法律時報』77巻3号、2005年) 72～76頁

本論文は、法によって高度に構造化された——「法化」が進んだ——アメリカの児童保護システムが、SaftyとParmanencyの2つの要請にどのように応えようとしているのかを論じるものである。ミシガン州におけるケース対応の流れを概説し、アメリカの当事者主義的な裁判制度を前提とした場合に、いくつかの側面で福祉的援助に負の影響を与えていることを指摘する。例えば、司法システムでは客観的な事実が重視され、虐待の背景にある原因が把握されにくく、審理の対象とはされない。また、こうしたシステムは親の行動変容の動機づけにつながりにくい。さらに個人責任の追及が貧困等の社会経済的な問題を問うことなく、問題の真の解決につながらな

い。こうした課題を乗り越える試みとして虐待問題にコミュニティとして対応する試みが紹介されており、法システムが絶対的な決定者というよりは、システムの調停者としての役割を担い始めたと述べる。児童虐待に関する親権制度の改正の根底にある司法の役割の問題を考える上で、高度に発達したアメリカの法システムの機能を検討する本論文は有益な示唆を与えてくれる。

【文献6】若林昌子「児童虐待事件について家裁実務の視点から——児童福祉法28条事件を中心に」(『法律時報』77巻3号、2005年) 77〜81頁

　本論文は、児童福祉法28条事件について司法に何が期待されているかとの観点から、28条事件実務の現状、職権主義における当事者の手続保障、人身保護請求の可能性等について論じている。28条の制度趣旨を、親子関係の修復を求めるものではなく、親子分離の必要性があるかどうかの司法判断にあるとし、裁判所による親子関係調整については否定的見解を述べる。また、28条事件が私的法律関係を審理の対象とするものではなく、審判対象が公益性を有するところから真実発見主義の要請が強く、職権主義が採用されているとする。しかし、審判対象の性質から当事者主義的審理原則により修正することが合理的であるとして、当事者の手続保障は事案の解明や迅速な処理、妥当な結論を導くためには効果的であると述べる。また子どもの手続保障としては、誰を子どもの意見の代弁者とするかが問題であるとしながらも、外国法の動向等は検討の参考資料になるとする。児童虐待事案に対する人身保護請求の可能性については、様々な制約はあるものの、最高裁判例の傾向も勘案し、その可能性のあることを示唆する。結論として、28条事件の司法関与については地域格差が大きく、弁護士の関与による充実が期待されるとする。実務の実情を踏まえて28条事件のあり方、手続法的に検討するものとして有益である。

【文献7】岩城正光「NPOの児童虐待防止活動を通じて見えてきた司法の役割」(『法律時報』77巻3号、2005年) 82〜85頁

　本論文は、児童福祉法28条の手続としては、子どもと親を対立させるのではなく、もっぱら子どもの最善の利益のためにどのような保護が望ましいかとの観点から考えるべきであり、親と児童相談所の対立構造としてとらえるべきではないと主張する。また、当事者主義を取り入れることで、28条事件で家庭裁判所は司法判断のみに傾くことになり、それまでの児童相談所によるケースワークを無にするおそれがあることも指摘する。将来的には、トータルな家族支援に司法が関わることが大事であり、親支援や家族再生に向けた福祉的機能が司法に求められるとする。また、家族再統合に向けた親自身の意欲を引き出すためにも司法が児童相談所のケースワークをチェックしながら支えていく役割が期待されると述べる。このように本稿は、職権主義を維持しつつ、家庭裁判所による福祉的役割の重要性を強調する点で特徴的である。

【文献8】岩佐嘉彦「児童虐待事件における司法関与——職権主義と当事者主義の狭間　実務家からみた問題点(代理人の立場から)」(『法律時報』77巻3号、2005年) 86〜90頁

　本論文は、児童福祉法28条事件が現実には、児童相談所および家庭裁判所が当事者主義的に行動することはあるものの、家庭裁判所による事実調査等、職権主義を基調として運用されているとする。なぜなら、家事紛争の解決には公益性を確保する必要が高く、家事審判手続は、子ど

もの最善の利益を実現するための公益的な裁判手続きであるからであると述べる。さらに、児童相談所や親権者による「当事者」の訴訟活動の良し悪しにより子どもの処遇が左右されてはならないし、親と児童相談所が対等に争うことで「子どもの最善の利益」が導かれるものではなく、重要なのは、児童相談所や親の当事者への手続保障よりも子どもの最善の利益の確保であると主張する。さらに、児童相談所による28条事件申立後の親権者への働きかけも、家事審判の公益的な性格から実現しやすいものとなると述べる。

こうした制度上の前提を踏まえて、現在の審判手続の課題として、職権主義をもとにしつつも、当事者に対する手続等の説明の必要性、家庭裁判所による子どもの意向の聞き取りにおける親権者への説明と反論の機会の付与等が必要であるとする。その他、一時保護に対する司法関与については、現在の法制度は法理論的には問題があるものの、現在の状況においてはそうした制度の導入には児童相談所の体制整備状況に配慮する必要があるとする。また、後に立法化することになる「強制立入制度」の導入は賛成するが、一時保護と同様に児童相談所の体制整備の状況に配慮しながら実施すべきであると述べる。在宅ケースについては、親が児童相談所の指導を受け入れない場合には、裁判所が命令を下す制度が必要であるとして、より進んだ主張となっている。

虐待ケースを数多く取り扱った経験を有する弁護士の視点から、当時の法制度の課題と立法の方向性が示されている。

【文献9】棚瀬一代「米国における児童虐待と家族再統合の試み」（『法律時報』77巻3号、2005年）91〜95頁

児童虐待への対応として「家族維持派」と「養子縁組による恒久的家族提供が子どもの最善の利益に合致すると考える立場」の対立があることを踏まえて、1980年代以降、アメリカの社会福祉システムが、子どもの保護責任の担い手が家族であり不必要な分離を避け、できる限り家族再統合に向けた努力をしていく姿勢から、子どもの措置決定に用いられるようになったチーム決定（TDM）や家族グループ会議（FGC）の実際とその効果について紹介する。また、児童保護裁判所において調停が用いられるようになった背景や「ケア受講命令」が実際には親や子がその決定プロセスに参加しながら作成されるものであり、このようにして行われる命令の遵守率の高いことが報告されている。また家族再統合に向けた試みとして、セラピストによる促進的面接や治療的面接の果たす役割が大きいことも指摘している。

【文献10】横湯園子「児童虐待防止――国連子どもの権利委員会『最終所見』の実施に向けて」（中央大学『教育学論集』2005年）287〜303頁

国連子どもの権利条約は、締約国が条約の実施にどのように取り組んでいるかを「国連子どもの権利委員会」に報告し（同条約44条1項）、この報告に対して委員会が勧告・意見表明を行うことができるとされている（45条(d)）。本論文は、日本政府が提出した初回の報告書に対して、NPO団体である「市民・NGO報告書をつくる会」が指摘した問題点、第2回報告書の問題点を指摘し、児童虐待防止法施行後の問題状況を述べた上で、提言をするものである。

初回の報告書に対しては、全国レベルでの児童虐待の実態把握の必要、児童虐待に関する親に

よる権利侵害に対して十分な規定のないこと、当時の児童福祉法のもとで関係機関の連携による対応がなされていないことが「つくる会」から指摘された。第2回報告書に対しては、児童虐待に関する実態把握の必要、施設内での体罰問題が言及されていないこと、ソーシャルワーカー等のメンタルヘルスについての言及がないこと、警察と福祉の連携で新たな課題が生じていること、被害児の関係機関へのアクセスの実態が明らかでないこと等が指摘された。これらの問題点を踏まえて、児童虐待が子どもの人権侵害であることを明記すること、虐待の通告対象の拡大、全国レベルでの調査の必要、児童相談所等関係機関の機能の見直し、警察との有機的連携による立入調査、関係機関職員の質の確保とメンタルヘルスへの配慮等を提言する。

子どもの権利条約における検証システムは、国の条約上の責務が適切に果たされているかを監視し、わが国の虐待防止対策を国際的なレベルで検証する制度として重要である。今後の虐待対策の方向性を考える上でこのような国際的動向を踏まえた研究は貴重であるといえる。

【文献11】岩城正光「家庭内紛争をめぐる法律問題」日本弁護士連合会編『現代法律実務の諸問題（平成16年版）』（日弁連研修叢書、第一法規、2005年）35～64頁

【文献12】平田厚「虐待防止法制の現状と課題」（『国民生活研究』46巻1号、2006年）9～19頁

2000年に児童虐待防止法が、2001年に配偶者暴力防止法（DV法）が、2005年には高齢者虐待防止法が成立し、現在、障害者暴力防止法の制定が議論されている。これら家庭（一部は施設）の中での暴力には共通の原因や課題があるところから、これらの「家庭暴力防止法」を統一的に論じる文献が現れてきた。

岩城論文は、これらの問題の背景として、家族の孤立や女性の社会進出といった家族の変貌があるとした上で、児童虐待の原因とその影響、法制度の状況や課題について述べている。ドメスティック・バイオレンス（DV）については、その原因、加害男性や被害女性の特徴等に触れた上で、DV法の内容や課題を説明し、最後に児童虐待とDVとの関係、とくにDV家庭で育った子どもの問題について触れている。

平田論文は、「法は家庭に入らず」との考え方にもかかわらず、現実には家庭の自律性が失われている現状では、国家は介入の責任を負っているとする。ただし、国家が介入するにしても、家庭暴力を各別の法律で規定することが適切かどうかは検討すべき課題であるとしつつ、具体的な虐待事件の態様は一律に論じることができない面も持っているところから、予防と事後的な支援体制は総合的に考えるべきであるが、具体的な事後的救済は個別的に考えるべきであろうとしている。また、障害者や高齢者への暴力は、家庭だけでなく、施設でも生じるのであり、家庭暴力とは異なる規制をすべきであると述べている。これらの前提のもとに、本論文は個々の家庭暴力の原因と法制度を概観・比較し、とくに高齢者虐待防止法制の意義として早期発見の重要性を明示したこと、養育者の支援を規定したことを挙げている。全体として高齢者虐待に関する論文ではあるが、今後の「家庭暴力」とその対応をどのように統一的に捉えるかといった問題について、示唆に富んだ内容となっている。

【文献13】岡健太郎・河合明博「児童福祉法 28 条事件の審理について」(『ケース研究』288 号、2006 年) 5～34 頁

　本論文は、東京家庭裁判所における児童福祉法 28 条事件の審理の実情や事件の特徴等について紹介するものである。まず、児童虐待に対する児童相談所の対応状況を踏まえて、家庭裁判所における申立の取扱い、承認の要件、審理の流れを概説した上で、家庭裁判所に現れる 28 条事件の類型を紹介し、家庭裁判所調査官による調査の実際を説明する。調査官調査では保護者や関係機関からの事情聴取では客観的な資料収集が困難であること、保護者との関わりでは「難しい」面があり、出頭しない親、虐待を認めない親（虐待行為を認めない、または「虐待」と認めない）が少なくないが、実際の調査では虐待を認めない親の気持ちを支えるような面接をすることで、親が問題を受け入れ始めることがあること、子どもとの関係では、精神的に不安定になっている子どもに対して、様子の観察、施設職員等からの子どもの言動の調査により子どもに関する情報を入手しているとのことである。調査官調査では、事実の調査として、虐待の事実や虐待の種類を調査するのであるが、保護者や子どもを傷つけることのないような配慮がなされており、親子が再び「生き直せるよう」に願う配慮もされているという（調整的働きかけ）。

　続いて、家庭裁判所における虐待ケースの特徴について、通告者、性別、保護者、虐待者、虐待の態様に分けて述べている。家庭裁判所に申し立てられる事件は、児童相談所の扱う事件の中でも重い事件であり、重度の虐待事件の特徴を見て取ることができる。また、保護者の特徴としては、性格的には過度に依存的であること、衝動的・攻撃的な傾向があること、社会的に未熟であること、共感性に乏しいこと、精神疾患・知的障害の影響を受けている場合があること、偏った価値観や信念があること、物事を被害的に受け止めること、夫婦関係が希薄であること、親族との関係が悪いこと、体罰肯定的であること等が挙げられている。最後に 2004 年の児童福祉法改正について、とくに家庭裁判所に関係する部分が詳細に述べられている。

　家庭裁判所における調査や審理の様子が詳細に述べられており、家庭裁判所の実務を知る上で貴重な資料となっている。また、家庭裁判所の立場として、児童相談所は「連携すべき関係機関」としてではなく申立人であることを押さえることが、保護者に対して児童相談所と家庭裁判所が同視されないためには必要であると述べ、家庭裁判所の立場を明確にしている。

【文献14】「特集　児童虐待防止法改正の課題」(『月刊少年育成』613 号、2007 年) 8～41 頁

　この特集は、2007 年に児童虐待防止法の改正作業が本格化したことを受けて、元児童相談所長、弁護士、児童福祉研究者、民間団体の立場から児童虐待防止法の改正提言をまとめたものであり、それぞれの実務に基づく実際的な提案がなされている。これらの提言の一部は 2007 年児童虐待防止法改正で実現したが、民法に関わる部分等その後の改正に委ねられたところも少なくない。法改正の作業は一挙に実現するものではなく、その時々の状況を反映しながら、実現できるところから徐々に成果が得られているのを見ることができる特集である。

　個々の論考は、以下の通りである。

【文献15】津崎哲郎「児童虐待防止法改正の課題──主に児童相談所の立場から」(『月刊少年育成』613号、2007年)8～14頁

　本論文は、家庭内問題としての児童虐待問題では「家庭機能の修復・再生を社会として支援する仕組み」が必要であるとして、単に被害者保護だけでなく、加害者として不全な親をいかにして修復・再生する仕組みを社会が実現するかが問われているとの基本認識を示す。そして、児童相談所に集中している役割を様々な機関が役割分担することで効果が得やすくなるかとの観点から、具体的な提言をする。初期介入については、24時間態勢をとることができる警察に積極的役割を担わせるために警察を通告先とし、以後の児童相談所の対応につなげることとする。親とのトラブル調整では、家庭裁判所にこの機能を期待できない状況では、第三者機関が児童相談所と親との間に立って調整する制度を提案する。立入調査については、迅速に対応するための工夫が必要であるとして、厳格な行政手続によることに疑問を投げかける。さらに、医療ネグレクトのような事案ではスピーディーに親権を部分的に制限する制度が必要であるとし、親指導のための制度として、裁判所が積極的な役割を果たし、親指導のための枠組みを作る制度が必要であると述べる。そしてこれらの制度を実現するには、児童福祉法、児童虐待防止法だけでなく、民法改正が必要であるとする。

　これらは、津崎氏がかねてより主張する、介入的ソーシャルワークを実現するために司法制度を積極的に活用する提言である。これらの内容は、──厳格な仕組みのもとでの強制立入制度を除き──2007年の児童虐待防止法および児童福祉法の改正では実現せず、その後の課題として持ち越されることになった。

　この他、【文献16】峯本耕治「近づく2度目の改正」『月刊少年育成』613号16～22頁では、被虐待児の安全確認の義務化にあたってはそれを実現できるだけの人員と専門性の確保が必要であること、強制立入調査については福祉行政的な手法が望ましいが、そこに警察主導の手法をどの程度持ち込むことが妥当かについての十分な議論が必要であるとする。①市町村等による児童相談所への一時保護の要請制度、②親権に関しては、一時停止制度の導入、③一時保護、同意入所における面会通信制限、④一時保護中・施設入所中の子どもに対する接近禁止が提唱されている。このうち、親権の一時停止制度を除き、2007年の児童虐待防止法および児童福祉法の改正で実現された。

【文献17】才村純「児童虐待防止法制度改正の論点」『月刊少年育成』613号22～29頁は、2007年の児童虐待防止法改正の過程で議論されている強制立入調査制度案では児童相談所が主体となっているのは、児童相談所と保護者との関係悪化が避けられないため、その後の援助が懸念されるとして疑問を示している。津崎論文が主張する警察を通告先とすることについては、ソーシャルワークの観点から問題があるとし、親指導に対する家庭裁判所関与については、家庭裁判所が親に直接勧告する制度、28条事件を試験観察的に運用できる制度、接近禁止制度の拡大等を提案している。そしてこれらの制度の担い手の充実が必要であり、人材の重要性と現在の状況に目を向けるべきことを強調する。

第4期（2004年5月から2007年6月まで）

【文献18】加藤曜子「児童虐待防止法改正にあたって——民間団体（NPO福祉団体）の立場から」『月刊少年育成』613号30～36頁は、児童虐待防止民間団体が果たしてきた役割を整理した上で、①民間団体の役割の明確化・充実、②要保護児童対策地域協議会における人材の確保、③親への支援に必要な社会資源の確保と親の言い分に耳を傾けることができる第三者機関の設置、④性的虐待対応の充実を提案する。

(吉田 恒雄)

2　民法分野

【文献19】和田美智代「ドイツにおける『親権』の最近の動向——懲戒権と児童虐待の視点から」（『法政論叢』40巻2号、2004年）182～191頁

　2000年に改正されたドイツ民法1631条2項により「暴力のない教育を受ける権利」が登場するまでのドイツでの親権に関する歴史的推移、本条項改正に至った背景、「暴力のない教育を受ける権利」の法的性格について、その要点を簡潔に紹介している。本稿によると、懲戒とは、親の配慮権（1979年民法改正により、ドイツ民法では親権〈eterliche Gewalt〉は廃止され、親の配慮〈elterliche Sorge〉に変更された）を持つ親が子の教育にあたって、親のいうことをきかない子どもに対して、怒って子どもに対して行う暴力のことだという。そして2000年に施行された民法1631条2項により、「虐待（Misshandlung）は懲戒（Bestrafung）を意味することとなった」という。「『身体上の虐待』は『身体上の懲戒』へと概念を変えた」のだという。ただし、本条項はプログラム規定であるとされ、そのため児童虐待の予防は、社会法典第8編16条1項により行われているという。子どもに肉体的、精神的に相当な危険がある場合は、民法1666条により親の配慮権限を制限して救済を図るが、子どもに危険を及ぼすほどではないにせよ、たびたび懲戒してしまう親に対しては親を罰するのではなく、援助が与えられるという仕組みになっていることを説く。本稿は、平成15年11月9日に行われた日本法政学会第99回研究会での報告をもとにしたものであるとのことである。

【文献20】鈴木經夫他「日弁連司法改革シンポジウム——子どもの立場からみた家事手続のあり方」（『判例タイムズ』55巻12号、2004年）4～41頁

　標題のシンポジウムの記録である。このうち児童虐待に直接関わるのは、棚瀬一代による基調講演「離婚と虐待にみる子どもの権利の日米比較」の前半8～13頁である。基調講演の後半およびパネルディスカッション等は、離婚後の子どもをめぐる問題、主に面接交渉（本稿ではこの用語が用いられている）に関する問題が扱われている。

　基調講演の児童虐待に関する部分では、1962年に発表された小児科医のケンプらの共著論文「ザ・バタード・チャイルド・シンドローム（The battered child syndrome）」以来のアメリカでの児童虐待発見の歴史、アメリカのチルドレンズ・コートでの対応とその後の流れが紹介されている。各項目ごとに簡単に紹介されているアメリカ（ロスアンゼルス郡）での取組みを以下に整理・列挙しておく。①在宅指導の方法：通告・訪問調査後に在宅指導となったとき、アメリカでは6か月という期間を設定し、その間は親子双方にカウンセラーをつけ、子育て支援も6か月という単位でサービスを提供する。②緊急一時保護の対応：緊急の親子分離をした場合、チルドレン

ズ・コートに48時間以内に子どもを保護した旨連絡しなくてはならない。裁判所による介入の開始。留置ヒアリングには子、親、児童保護局に郡の弁護士が代理人としてつけられている。③裁判所付属の調停：当事者間での家族再統合に向けた話合いのために調停を利用。④ケア受講命令：最終的には裁判所の「命令」という形をとるが、実際には調停を通じて、自分たちがどのようなケアを受けたら子どもと再び一緒に暮らせるようになるかの「ケース・プラン」作成過程への当事者の参加といえる。合意に達することができない場合もあるが、合意に至ったケースのほうが遵守率は高い。⑤パーマネンシー・プランの策定：原則として12か月という短期のうちにパーマネンシー・プランが決められる。例外的に6か月延長されて18か月で決定という例外もある。ケア受講命令の目的達成のときには、家族再統合に進む。目的がどうしても達成できないときには、親からの永久隔離を決定。選択肢は優先度順でいうと、養子縁組、後見人、長期里親である。⑥家族再統合に向けたサポート：親自身および親の親戚・友人関係等全てを含めて親の持っている資源に着目して、それらをエンパワーしていく。⑦再発防止から発生の防止へという方向転換。

【文献21】高橋由紀子「ドイツの里親制度――児童虐待との関連から」（『新しい家族』44号、2004年）20～35頁

　標題の通り、ドイツの里親制度についての紹介である。里親制度理解の前提となる少年援助システム（日本でいうと児童福祉システム）の概要から説明をして、根拠法である「児童ならびに少年援助法」に即しての里親制度の解説を行っている。その上で児童虐待との関係で重要な近時の法律改正（暴力によらずに教育される権利を定めた暴力排除法：【文献19】も参照のこと。子の権利改善法：DVとの関連で制定された法律で、児童虐待の場合にも子どもが家庭から引き離されるのではなくて、加害者に退去してもらうことを可能にした。性的自己決定に対する犯罪に関する規定変更法案：性的虐待についての相談を子どもから受けたときに、相談機関が警察に通告する義務を定めた法案だったが、そうすると子どもは秘密を打ち明けなくなってしまう等の理由からこの通告義務は削除された）を紹介している。調査先のベルリンでは、里親制度は短期里親（3か月から6か月で子どもが実親家庭に確実に戻れる場合。親の入院・出産等の場合）、長期里親（実親家庭復帰もあるかもしれないし、自立するまで里親家庭に子どもがとどまるかもしれないような場合）、治療里親（発達障害、困難な発達条件のために精神障害がある恐れがある場合、知的、精神的、身体的な障害がある子どもを引き取る場合等。里親には専門資格を有する者、里親学校を修了して認定された者）、緊急里親に分かれるという。児童虐待との関係で重要なのは、緊急里親である。これは緊急受け入れ里親という意味である。専門的な里親であり、家族が危機的な状況にあって、虐待やネグレクトで家庭から救出された子どもを短期で預かる里親である。子どもと家族の将来の見通しを解明する期間、約2か月子どもを保護するものだという。

【文献22】湯沢雍彦他「被虐待児受託里親の支援に関する調査研究」（『新しい家族』45号、2004年）50～92頁

　本調査は、平成14年度の里親制度改革の1年後に行われた養子と里親を考える会の有志による標題のプロジェクトである。平成14年度に児童虐待対応の1つとして、専門里親制度が創設

第 4 期（2004 年 5 月から 2007 年 6 月まで）

された。時期としては 1 年後の全国的な状況を調査したものである。調査は全国の児童相談所と里親および里子に対する郵送によるアンケート形式で行われている。また被虐待児を現在または過去に受託したことがある里親 20 ケースについては面談をしてケース記録が作成されている。新しい家族 45 号で紹介されているのは、プロジェクトリーダーである湯沢雍彦「調査の大綱」（50 〜 51 頁）、岩崎美枝子「児童相談所に対するアンケート調査の結果について」（52 〜 67 頁）、菊池緑「実親家族との交流について」（68 〜 92 頁）である。具体的な調査結果についてはここで紹介する余裕はないが、注意を要するのは、本調査は、新設された専門里親制度について行われた調査ではないという点である。岩崎は、「被虐待児の専門里親委託はこれから始まるべく制度ができたばかりですから、今そのことについて調査をしても何も出ないので、児童相談所における里親業務と平成 14 年 10 月に厚生労働省が出した新しい制度について児童相談所がどのように受け止めているのか、というあたりが調査のおおむねの目的に」（52 頁）なったと指摘している。「実親家族との交流について」は、新制度下での実態調査ではないが、調査の背景には、「専門里親の行う養育に関する最低基準の一つとして、委託児童の家庭環境の調整に協力することが義務づけられ」（68 頁）た（平成 14 年 9 月 5 日付児童家庭局長通知第 3 〜 20）という事情が存在したという。

　本調査が民法の主要文献・調査といえるかは微妙であるが、今後、民法にも里親に関する規定を設けるべきかどうかの議論、また親権法改正が行われる際の基礎資料という意味もあり、ここで取り上げることにした。

【文献 23】児玉しおり「フランスの児童虐待防止制度」(1) 〜 (4)
(1) フランスの児童虐待の現況（『保健師ジャーナル』61 巻 1 号、2005 年）62 〜 65 頁
(2) 国がつくる緻密な児童虐待監視ネットワーク（『保健師ジャーナル』61 巻 2 号、2005 年）168 〜 171 頁
(3) 児童虐待への対応と諸制度（『保健師ジャーナル』61 巻 3 号、2005 年）266 〜 269 頁
(4) 発達した里親制度とさまざまな虐待防止策（『保健師ジャーナル』61 巻 4 号、2005 年）356 〜 359 頁

　ジャーナリストによるフランスの児童虐待をめぐる状況、制度を全般的に概観した連載報告である。各号のテーマは上記の通りである。1996 年から 2003 年までの統計では、児童虐待相談処理件数は減少傾向にあること、最も件数が多いのは性的虐待であること等日本との違いが見られる。また取材インタビューからは「フランスはドイツとともに非常に行き届いた福祉国家で、児童虐待防止に国の果たす役割が大きい。しかし、ドイツでは連邦・州政府と同じくらい教会や市民団体も重要な役割を果たす一方、フランスは中央集権的性格が強く、国が細かい制度をつくり、各県に実行させて」おり、「他国ではソーシャル・サービスが重要な役割を果たすのに対して、フランスでは児童判事の役割が重要」という指摘も聞き出している（(2) 169 頁）。その児童判事は、日本の地方裁判所の民事部にあたる大審裁判所に付設された少年裁判所付きの裁判官で、未成年者の犯罪を裁くことと、未成年犯罪者や危険な状況にある子どもの更生、支援に関する決定を行うのだという。この児童判事は、日本のように児童相談所の児童福祉司が親との折衝を一手にこなすシステムと違い、調停役として、子どもの処遇をめぐって、子本人、家族、民生

委員等の意見を聞き、原則として全員の同意の上で解決策を決定するのだという。【文献24】が紹介するイギリスの制度とは大きな違いがあることがわかる。この時期のフランスの児童虐待に対応する制度全般が手際よく整理されており、直接民法に関わる部分は多くないが、有用な情報を提供しているものとしてここに紹介する。

【文献24】 久保野恵美子「児童虐待への対応における裁判所の役割――イギリスにおける被ケア児童との面会交流問題を素材に」(『法學』68巻6号、2005年) 839〜877頁

　日本では児童虐待問題が児童福祉実務の場で顕在化、深刻化するに伴い、家庭への介入事例の際に、児童相談所が親・子・家庭を支える相談・支援機関としての役割と強制介入機関としての役割の双方を担うのは困難・無理があるとして、司法関与の必要性が現在でもなお唱えられている。この日本の事情を前にして、本稿はイギリスの1989年児童法の立法過程からの裁判所の役割と児童にケアを提供する地方当局との役割分担をめぐる議論を紹介、検討するものである。裁判所の役割に関するイギリスでの議論は膨大なものであるというが、そのうち「裁判所の役割論の背景事情や裁判所の役割を根拠づけ又は限界づける重要な要因が典型的に現れている」(841頁)という面会交流事項をめぐる議論が本稿の対象となっている。注意しなくてはならないのは、筆者があえて図式化すればという前提をつけて整理しているところであるが、イギリスでの裁判所の役割は、国家による児童の養育への強制的関与の可否を決するところにあり、これに対して決定された強制的関与の内容、つまり被ケア児童へ提供するケアの内容を決定するのは地方当局であるという原則が存在することである。他方で、日本では、この点についての裁判所の関与についての原則がなお児童福祉の実務者・機関との間で確立されていないことが司法関与の強化をめぐる議論を引き起こしている点である。

　上記のような裁判所と地方当局との役割分担が原則として存在する中で、1989年児童法制では、「面会交流事項の判断は、裁判所の関与にかかわる原則すなわち被ケア児童の日々のケア内容の運営は地方当局の責任であり裁判所は関与しないという原則の例外に位置する」(859頁)という。面会交流事項がこのような位置づけに変化してきたのは、人権法の展開(欧州人権条約)――親の権利の正当な評価――、望ましいとされる児童ケアの内容に関する理念の変化等によるという。後者について筆者は次のように指摘している。「すなわち、1970年代には、児童に早期に安定した人的関係を与えることが重視され、児童の家族再統合が望めない場合には代替的な家庭を与えることが急がれた。その背景には、わが国でも有名な研究である『子の利益を超えて』の影響下に成人とは異なる児童の時間感覚と児童にとっての心理的な親を重視する傾向が顕著になったことがあった。児童のケアにおいて『永続的計画』が合言葉となり、長期的展望として長期里親や養子が計画されるに伴って親との面会交流を停止することが望ましいと見られることが多かった。これに対して、後にはむしろ児童と分離された元の家族との関係維持が重視されるようになった。1989年法は児童の家族再統合がケアの第一の目的であることを基本理念としており、その基本理念において前の時代からの劇的な変化が見られる」(866頁)と。なお、【文献25】による政治的動向の中に1989年法を位置づけた分析にも留意する必要がある。

第 4 期（2004 年 5 月から 2007 年 6 月まで）

【文献 25】 川田昇『親権と子の利益』信山社出版、2005 年

　本書は、親権に関して本格的な理論的検討を加えている論文集であるので、本欄で紹介する他の論考よりも詳しくその内容を紹介する。本書は I から IV までの 4 部構成をとっている。各部の標題を示すと、I 親権と子の利益、II 離婚後の子の養育費の確保、III「子のための」養子法、IV「子の虐待と法」となっている。直接、子の虐待と銘打っているのは IV 部だけだが、他の章が子の虐待と無関係であるかというとそうではない。とりわけ重要なのは、親権の性質論に迫る I 部第一章「親の権利と子の利益」、第二章「日本の親権法を考える――『イギリス親権法史』研究から得たもの」と、イギリスの 1989 年児童法で導入された「親責任」とは何かということについて紹介および解説・分析をする IV 部第一章「1989 年イギリス児童法」である。
　I 部第一章「親の権利と子の利益」では、現行の日本の離婚後単独親権法制のもとでは、親権者にも監護者にもならなかった親には民法上、何の権利も認められないかのように法文上は読める。しかし、その反面で「親権者とならなかった親につき事実上親たる地位を否定しておきながら、親としての当然の義務だからとして養育費の負担を迫り、親権者となった親に対しても親として当然の権利だからと説いて親権者とならなかった親との子の面接交渉を承知させるといったことが行われていること、そして、そのような措置がまかり通っていることが、子の奪い合いなどの親権に関する紛争を激化させる原因のひとつをなしている」として、「このような事態を解決するためには、養育費の負担を監護に関する権利義務のなかにとりこむとともに、親権者にならなかった親に対しても、子の監護教育に関与しうる一般的な権利義務を承認すべき」（はしがき v 頁）とする。そして非親権者である父母の一方の親権者変更申立権（民法 819 条 6 項）を、非親権者たる親の親権者に対する監視権として位置づける。続いて第二章「日本の親権法を考える――『イギリス親権法史』研究から得たもの」では、標題の通り、イギリス親権法史から、日本の学説で支配的な親権を親の義務とする学説が、この義務を親子の自然的関係に由来するものとしていることの危険性を指摘する。親子の血縁、自然的関係に親権の根拠を求めることは、児童虐待への対応でも、「親権者の主張を事実上絶対的なものとし、毅然とした対応を躊躇させ」（44 頁）ることになると指摘する。親権論において子どもの権利がいわれる場合であっても、それはほとんど親の義務を引き出すためのまくら言葉の役割しか果たしていないという。親による養育が、子の利益になることが多いから、とりあえず親が養育者に選択されたのであって、親権は、法的な、あるいは社会的な職務として法によって与えられたもので、親子間に自然の関係が存在するがゆえの必然的な選択に基づくものではないという。IV 部第一章「1989 年イギリス児童法」では、国連総会で子どもの権利条約が採択されるのとほぼ時を同じくして女王の裁可を受けた児童法に規定された「親責任（Parental responsibility）」の意義が説かれている。1989 年児童法は、親責任概念を採用し、「子を養育する主たる責任は親にあり、親としての地位はまさにこの責務に根拠づけられていることを明確にするとともに、地方当局に対しても子の養育について家族の支援を一般的に義務づけ、しかも当局はその支援を親との任意のパートナーシップのもとに遂行すべきこと、さらに子が親に虐待を受ける等の場合の介入に際しても家族の自治をみだりに侵害しないよう慎重な手続きにしたがうべきものとした」（297 頁）。日本では、「親責任」という日本語の語感が影響してなのか、子の権利を体現する概念あるいは制度のように受け取られている傾向があるが、1980 年代のイギリスの政治的・社会的状況の中で、この児童法および親責任

の意義を明らかにしているのが本章である。それによると、「結局、親責任は親が子の養育に第1の役割をもつことを強調するための概念になっているに過ぎない」という。家族は無条件に良いものという前提に立って、「親責任はそうした家族の理想像の再生という圧力となって、子が助力や援助を家族以外に求めることに制限を加えること、いいかえれば子の一般的な権利という視点を失わせる方向で作用する」(307頁)のだという。「『親責任』は、親に対する子の権利を含意しないばかりか、かえって構造的には、子に対する責任が親にあることを強調することによって子の権利に制限を課すものとなっているのであって、子の養育について国家が手を引く代わりに、親の責任を強調するという」(307頁)ものになっているのだという。

最後の「子の虐待と法」と題されるⅣ部第二章は「被虐待児童の児童養護施設への入所(家事審判例紹介)」である。そこでは、家庭裁判所による入所判断の基準として、当該事例の事実関係が虐待概念に該当する場合の他に、総合的に子の福祉を考慮した判断基準の存在、児童福祉法28条による審判で同法27条1項3号が挙げる措置を特定することを要するかどうかという問題、代理によるミュンヒハウゼン症候群事例での家庭裁判所の判断基準といった問題点が論じられている。

【文献26】飯田邦男『虐待親への接近——家裁調査官の目と技法』民事法研究会、2005年

本書は、家庭裁判所調査官により執筆されたものである。したがって、何といっても家庭裁判所調査官が、どのようなスタンスで事例に対応しているのかということが示されている点に特色がある(家庭裁判所調査官一般がそうなのか、著者がそのようにしているということなのかがやや不分明な点は見られる)。著者によって示されている家庭裁判所調査官の対応の仕方は、例えば児童福祉司が虐待する親に対応するのとはかなり異なるように見える。おそらく、当事者から見ると、家庭裁判所調査官という裁判所の人に対応されるのと、日常生活レベルで接する児童福祉司に対応されるのとでは、だいぶ意味合いが異なるのではないかと思われる。すなわち、本書の論述によると、虐待親に、少なくとも家庭裁判所調査官に暴力を加えるというような事例は登場してこない。児童相談所ではおとなしい事例と受け止められるような事例への対応とさえ受け止められるかもしれない。しかし、周知のように、児童虐待ケースで家庭裁判所に回されるケースは、児童虐待への対応としては、困難な事例であることが想定され得る。そうすると、児童相談所でと、家庭裁判所では、親の側の態度が変わる可能性を暗に示しているとも受け止められる。また、本書のもう1つの特色は、家庭裁判所で一般的に行われる手続の進行に応じて、必要な関連書類の書式や例示が示されている点にあり、関係者にとっては便利である。

【文献27】春田嘉彦「ドイツ連邦共和国における児童虐待の取扱いの実情について」(『家庭裁判月報』58巻1号、2006年)123〜162頁

家庭裁判所調査官によるドイツ・ベルリン市のテンペルホーフ・クロイツベルク区裁判所の家庭裁判所部門(紹介者注・この家庭裁判所は家庭裁判所としては、ヨーロッパ最大規模のものである)、同市シャルロッテンブルク・ヴィルメルスドルフ区少年局、ミュンヘン市少年局および緊急保護施設兼児童養護施設の訪問調査報告、ならびに理解の前提となる法制度の概要、少年局の組織等を紹介するものである。ドイツにおける児童虐待への法的対応および家庭裁判所と少年局の連携

第 4 期（2004 年 5 月から 2007 年 6 月まで）

協力関係、少年局の役割の大きさを知るための格好の文献である。

　本調査の目的として挙げられているのは以下の点である（125 頁）。すなわち、①児童虐待事例で裁判所が介入する手続きは、日本の親権喪失や児童福祉法 28 条事件の手続に似ているが、その異同も含め法的根拠を踏まえかつ実情を把握すること、②ドイツの家庭裁判所の審理過程での職権調査が、少年局に対して命じられる場合が多いようなので、少年局の組織・機構を含め、家庭裁判所と少年局との連携の実情を把握すること、その際、虐待を行った親と緊張関係にある少年局が調査を行うことに公平性の問題はないか、調査が困難な実情はないかといった実情把握である。

（鈴木　博人）

3　刑事法分野（第 3 期）

【文献 28】加澤正樹他「児童虐待に関する研究（第 1 報告）」（『法務総合研究所研究部報告』11 号、2000 年）
松田美智子他「児童虐待に関する研究（第 2 報告）」（『法務総合研究所研究部報告』19 号、2002 年）
庵前幸美他「児童虐待に関する研究（第 3 報告）」（『法務総合研究所研究部報告』22 号、2003 年）

　第 1 報告は、法務総合研究所研究部が 2000 年に少年院在院者を対象に実施した被害経験に関する調査の結果、とくに家族からの被害経験および児童虐待問題に関する研究会の実施概要を報告している。これに続く第 2 報告は、前記調査に表れた家族以外からの被害を取り上げ、被害経験の視点から少年院在院者の特徴を報告している。そして、第 3 報告は、同研究部が 2002 年に実施した「一般市民に対する被害経験等の調査」の結果を報告し、児童虐待問題に関する研究会のメンバーの研究論文を掲載している。

　とくに第 1 報告・第 2 報告で使用されている少年院在院者に対する調査は、少年院在院者の男子 2266 人、女子 264 人を対象としたものであり、これまでの非行少年の調査研究の中で最大の母集団を有している。身体的虐待、性的虐待、ネグレクトを受けた経験を有すると認められた者が約 50％（男子 49.6％、女子 57.1％）であり、一度も家族から身体的暴力、性的暴力、不適切な保護態度を受けた経験がない者は約 27％（男子 27.9％、女子 20.5％）であるとされ、非行少年には虐待経験を受けた者が多いという結論が出されている。

【文献 29】「特集　児童虐待の実態と対策」（『現代刑事法』2 巻 10 号、2000 年）4 ～ 54 頁

　児童虐待の防止等に関する法律の成立を受け、児童虐待の実態を明らかにし、児童虐待の法的問題点とその対応策を考察するために組まれた特集である。

　8 本の論文から構成され、警察、弁護士、児童福祉法、刑事法のそれぞれの立場から、児童虐待の実態と法的問題点が考察されている。とくに、刑事法分野では、児童虐待の犯罪化、被害者である児童の保護の強化、通告義務の法制化、刑事法から見た児童虐待の防止等に関する法律の問題点が考察されている。

【文献 30】「特集　改正児童虐待防止法の成立と展望」（『現代刑事法』6 巻 9 号、2004 年）22 ～ 81 頁

　同誌 2 巻 10 号の特集に続き、児童虐待の防止等に関する法律の改正法の成立（2004 年 4 月 7

日）を受け、児童虐待防止法の改正点ならびに展望について検討するために組まれた特集。

「児童虐待の現状と法整備」と題された座談会をはじめに、4本の論文から構成されている。座談会では、児童虐待防止法の改正について、①啓発に関する規定、②国・公共機関の責任の強化、③親権の制限、④行政機関相互の関係の充実、⑤子どもの人権の明確化の点につき、前進したことを評価している。その上で、児童虐待の予防、発見、児童の保護等について、座談会参加者それぞれの立場からの問題点の提起を行っており、改正児童虐待防止法の問題点が集約されている。

【文献31】林弘正『児童虐待——その現況と刑事法的介入』成文堂、2000年

児童虐待、中でもとくに性的虐待について、刑事法的観点からの筆者による主要な論文が収録されている。

親による性的虐待を防止するための方策、新たな構成要件の必要性、性的虐待の法制史、刑事訴訟法的視点からの性的虐待の問題点等を検討し、その結果、児童虐待防止については、まず、関係機関の連携が必要であるとした上で、全国規模での児童虐待の実態調査が必要であるとしている。

そして、刑事法的観点から、児童虐待に関わる傷害罪、傷害致死罪、暴行罪の構成要件の創設、性的虐待の構成要件の創設等を提言し、その構成要件の具体的内容を提示している。

【文献32】藤岡淳子『非行少年の加害と被害——非行心理臨床の現場から』誠信書房、2001年

約20年にわたり、少年鑑別所や少年院に勤務した筆者が、心理・臨床の専門家という立場から、非行を対人関係における暴力という枠組みで捉え、非行臨床の現場における実践と、アメリカにおける新たな非行理論を用いて、非行少年の非行行動を変化させるためにどう働きかけるかについて検討している。

とくに、児童虐待については、「被虐待児童のうち虐待者になるのは比較的少数である。しかし、虐待者のうちでは、被虐待体験率は非常に高い。すなわち、加害行動に走る大元には被虐待経験を扱うことは、はずせない。しかし同時に、被害者に留まるか、加害者に転じるかは、人により異なる」（174頁）として、加害者となってしまった者の治療は、「単に被害体験を扱うことだけでは完結しない。まず彼らの加害者としての感情と思考の偏りを扱い、その上で被虐待者としての治療が必要になる」（175頁）としている。また、少年非行にもこの考え方を適用し、非行少年には「加害者である相」と「被害者である相」を持つ少年がおり、その少年たちに対しては、まず非行行動をやめさせ、信頼関係を築き上げた上で少年の「被害者の相」を扱うべきであると考えている。

【文献33】岩井宜子編『児童虐待防止法——わが国の法的課題と各国の対応策』尚学社、2002年

2部構成になっており、Ⅰ部では、わが国における児童虐待への対応策と今後の課題を、Ⅱ部では、各国の児童虐待に対する法制度と社会的対応を取り上げている。

Ⅰ部では、児童虐待の類型、実態、児童虐待の防止法等に関する法律の内容等について、詳細に紹介し、具体的な方策を提示している。中でも、刑事規制のあり方では、配偶者からの暴力の

防止及び被害者の保護に関する法律（DV防止法）との関連で、「家庭内における暴力行為は、特に幼児には、死活問題となるため、厳格な刑事規制が要求される」（85頁）としつつ、重要なのは人々の意識改革であり、関係機関の連携であるとしている。また、刑罰を科すだけではなく、保護観察処分の遵守事項として「ケア保護命令」を発することを視野に入れ、刑事規制を背景とする、より強力な児童保護のシステムの構築を主張している。

Ⅱ部においては、アメリカ、カナダ、イギリス、デンマーク、スウェーデン、フィンランド、ベルギー、オランダ、ドイツの各国における児童虐待対策を紹介し、児童保護と家族支援のどちらに力点をおいているかという観点からそれぞれの国の児童虐待対策について分類および分析を行っている。

【文献34】中谷瑾子他編『児童虐待と現代の家族――実態の把握・診断と今後の課題』信山社出版、2003年

児童虐待について、法律、児童相談所、家庭裁判所、医療、保健所等からの対応について、多角的に紹介している。

法的側面としては、刑事法の観点から、児童虐待の予防、発見、救済について、児童虐待防止法の規定と刑法の役割を詳細に検討した上で、救済について、保護観察処分の遵守事項として「ケア保護命令」を発することの他、福祉犯として、家庭裁判所の管轄とし、刑罰に代替する処分として、家庭の修復に最も必要と考えられる処置を科すことも考えられるとして、刑事規制を背景とする家庭の修復の必要性を主張している。また、民事法の観点からは、親権・監護権の基本概念から監護者の指定・親権喪失宣告・養子縁組まで、民法の規定や基本理念について丁寧に解説し、それを児童福祉法、児童虐待防止法の規定とつなげ、児童虐待対策としては、最初に子どもと保護者との再統合を試み、その試みが功を奏せず、虐待の危険性が払拭できない場合に、親権・監護権の変更、親権の喪失、里親の選択、養子縁組等の手だてが考慮されることとなるとしている。

それぞれの著者は異なるが、刑事法的観点においても、民事法的観点においても、児童虐待対策については、子どもの最善の利益を図る方向で、家族の再統合を優先し、その再統合がかなわない場合に初めて、刑事法では刑罰、民事法では親権の剥奪を最終手段として用いることを主張している。この家族の再統合を最優先にするという理念は、本書の基本理念となっている。

【文献35】中谷瑾子『児童虐待を考える』信山社出版、2003年

『子殺し・親殺しの背景――《親知らず・子知らずの時代》を考える』（有斐閣、1982年）に収録された論文を含め、著者による児童虐待に関する主要な論文が所収されている。著者の最も代表的ともいえる「児童虐待と刑事規制の限界」（『団藤重光博士古稀祝賀論文集［第3巻］』有斐閣、1984年、209～251頁）が収録され、著者による児童虐待研究の集大成というべき書籍である。児童虐待という言葉があまり使用されていなかった1973年から児童虐待の防止等に関する法律が成立・施行された2000年までの論文を通して読むと、児童虐待に関する研究の歴史も見えてくる。

【文献36】保条成宏「児童虐待に対する刑事処罰とその限界（1）『不作為による幇助』の事案をめぐって」（『中京法學』38巻2号、2003年）43～97頁

　本論文では、第2期の報告書において紹介した札幌高等裁判所平成12年3月6日判決を題材に、児童虐待における「不作為における幇助」が、詳細に検討されている。その手法は、まず、共犯論および不作為論それぞれにおける、争点を取り上げ、その争点に対する判例・学説の状況を捉えた上で、札幌高等裁判所の判決とその原審である釧路地方裁判所平成11年2月12日判決がどのような理論を根拠としているのか、その位置づけを行っている。その結果、不作為による幇助の成立要件として、第1審判決は、これを不作為正犯の成立要件すなわち不真正不作為犯の一般的成立から推論し、両者を等置しているのに対し、控訴審判決は、幇助の一般的成立要件からそれを推論するものと位置づけている。

　次に、第1審のように、不作為による幇助の成立要件を不作為正犯の成立要件に等置することが可能かどうかを検討するために、「等置する」とはいかなることなのか、単一的正犯説を用いてその内容および可能性を検討し、そこから犯罪阻止には原則的に幇助が成立すると解する「原則幇助説」について詳細な検討を加え、不作為による幇助については、不作為正犯と等置された形で固有の成立要件を定立する理論的な可能性を示している。

　本論文はその可能性を示すにとどまっているが、刑事法上、児童虐待で問題となる不作為による幇助に関し、ここまで詳細な検討を加えたものは少ない。

【文献37】三枝有「児童虐待に対する刑事法の新たな役割」（『法政論叢』40巻2号、2003年）66～78頁

　刑事法の観点から児童虐待防止法の意義を検討し、児童虐待の一般禁止規定を設けたことに一定の意義を認めつつ、虐待行為に対する刑罰を設けなかったことを厳しく非難している。その根底にあるのは、刑罰を手段とするスティグマによる一般予防効果の主張であり、児童虐待防止法に、虐待行為に対する刑罰および専門家の通告義務違反に対する刑罰を導入する必要があるとしている。そしてそのような「刑罰による担保システムが整って、児童への虐待行為は、すべての人々が忌み嫌うものとして、何人も虐待行為をなすことを許されないと高らかに宣言できる」としている。また、刑法上の強制わいせつ罪（176条）の刑罰が6月以上7年以下の懲役（平成16年法律第156号による改正で6月以上10年以下の懲役になっている）であるのに対し、児童福祉法上の淫行禁止処罰規定（60条1項）が10年以下の懲役若しくは50万円以下の罰金（平成15年法律第121号による改正で10年以下の懲役若しくは300万円以下の罰金）であること、児童虐待防止法が禁止する性的虐待は、児童福祉法が禁止する「淫行をさせる行為」よりも一層強い違法性を生じさせるものであると考えられることから、児童虐待防止法による虐待行為に対する処罰規定の必要性を強く主張している。

　そして、最後に「刑罰は最後の手段である」という考え方を原則的に維持しながらも、これを修正して積極的な刑罰運用をなす必要があるとして、これまでにない児童虐待に対する強力な刑事規制を主張している。

（初川愛美）

4　憲法・行政法分野

【文献38】中里見博「家族が担う『公』と『私』――親密圏への法的介入」（『法の科学』37号、2006年）117～128頁

　本稿は、第4期において国民投票法の制定等に見られるように活発化した憲法改正論議において、「公共の再構築」と「家族の再構築」がどのように結びつけられているかを示し、その問題点を明らかにすることを目的とするものである。本稿によれば、現代の改憲論においては様々な「社会問題」の原因が「公共の欠如」にあるとして「公共への義務」が強調され（公共の再構築）、さらに「小さな公共」としての家族の崩壊に原因が求められて「家族への義務」が強調されるが、これを不可能にするものとして憲法24条の個人主義・両性平等主義が攻撃され、「家族保護」論が展開されているという（家族の再構築）。

　これに対し、本稿は「社会問題」「家族崩壊」の原因は新自由主義的「構造改革」、および「個人主義」の未発達にあるとし、憲法24条の「個人の尊厳」「両性の本質的平等」に反する①国家の介入と②家族内慣行をともに問題視し、①に対しては国家の求める「公共」に対する消極的規範意味、②に対しては国家の積極的介入を求める規範意味を憲法24条に見出す。こうして「自立した個人」や「自己決定」という「公」をそのまま女性や子どもにあてはめるのでなく、「個人の尊厳と両性の本質的平等」に基づき、公共の「介入と不介入の両方」が求められ、国家介入は不可避であるが、介入は常に専門家や自助グループ等の当事者集団の監視に開かれている必要があるとされる。

　本稿は憲法改正論に対するジェンダー論の視点からの批判をモチーフとし、主として念頭におかれているのもDV等であるが、国家の介入と不介入の両方の視点を重視し、介入に対する監視等、児童虐待に対する国家介入のあり方を考える上でも参考となる。

【文献39】森克己「児童虐待防止法制度の現状と今後の課題――子どもの人権論の観点から」（『現代立憲主義の認識と実践――浦田賢治先生古稀記念論文集』2005年）428～448頁

　本稿は、児童虐待防止法の2004年改正を踏まえ、同改正による児童虐待の問題状況の改善点、および残された課題につき、児童福祉法、ならびに国連子どもの権利委員会による第2回日本政府報告書に対する「総括所見」等を参考にしつつ検討した上で、子どもの人権論の観点から、わが国児童虐待防止法制度の問題点ならびに改革の方向性について提言するものである。

　まず児童虐待防止法の2004年改正については、同改正による改善点の指摘と並んで、①児童虐待の「防止」だけでなく「予防」までも視野に入れて子どもの人権論の視点を加味した制度見直し、②罰則付きの通告義務規定の検討、③立入調査制度の整備、④親権の一部の一時停止制度の導入、⑤民法「親権」規定、「懲戒権」規定の見直し等が課題として挙げられる。

　次に子どもの人権論の観点から児童虐待防止法制度改革の方向性について考察がなされるが、児童虐待の問題が、親の権利と子どもの人権の間の問題であるにとどまらず、国が親子間にどのように干渉し得るかという、親・子・国三者の衝突の問題であるとした上で、子どもの権利条約を踏まえ、親による子どもの抑圧を国家が放置してしまう問題については子どもの発達権、一般人権が、国家による家族機能の侵害の問題については子どもの「最善の利益」が判断基準として

主張される。並んで子どもの「最善の利益」の判断における子どもの「意見表明権」の重要性が強調され、また子どもの人権侵害に対する総合的な救済制度としての「子どもの人権オンブズパーソン」の創設が提言される。

　本稿は、憲法学において親・子・国家の法的権利関係に関わる子どもの人権論を論じる必要性を主張するものであり、注目される。

【文献40】福岡久美子「国家の家庭への介入──児童虐待とドメスティック・バイオレンス」（『憲法論叢』13号、2006年）87～108頁

　本稿は、児童虐待防止法、DV法の制定といった国家の家族への積極的介入につき、憲法学的考察を行うものである。まず児童虐待、DVそれぞれについて実態が確認され、法制度の概観がなされた後、①国家介入と家族との関係、②国家・自治体の責任、の2点につき憲法学的観点から論じられる。

　国家介入と家族との関係については、日本における1990年代からの「家族の憲法化」のもとで、家族に対する国家の介入と同時に個人の自己決定権の強調が見られるとしつつ、他方で国家介入に対抗するものとして家族単位での自律性の重要性が指摘される。具体的には、公的機関による早期介入につき、親の養教育権、家族のプライバシー権、自律権等との矛盾・衝突を指摘し、後者の保障を基本とした上での国家関与が主張され、あわせて家庭への介入に関する手続的保障の必要性が語られる。

　一方、国家・自治体の責任については、アメリカにおいて児童虐待、DVに関して自治体等の実体的デュー・プロセス違反・平等保護条項違反が争われた事例の分析を通じて、国や自治体の保護義務が認められる可能性につき考察がなされる。その上で日本における国・自治体に対する不作為の国家賠償の可能性につき、裁判所の保護命令の有無を基準として国家責任の可能性を探る方向が示唆される。

　国家介入の過剰と過少の双方の問題に直面する児童相談所や福祉事務所の対応の難しさを踏まえた上で、裁判所による手続保障に国家介入に対する防御とともに国家介入義務の手がかりを求めようとするものであり、憲法的観点から総合的考察を加える注目の文献である。

【文献41】横田光平「児童福祉における介入と援助の間」（岩村正彦・大村敦志編『個を支えるもの』融ける境　超える法①、東京大学出版会、2005年）115～139頁

　本稿は、児童虐待問題に関わる関係機関・団体相互の連携の問題として、児童福祉機関と司法警察との連携不足による過剰介入の問題を取り上げ、行政組織法に関わる問題とは別に、介入か援助かをめぐる基本的な考え方の違いという行政作用法に関わる問題の存在を指摘して、この点に関するドイツ法の考察を通じて日本法への示唆を得ようとするものである。

　本稿は、第1に国家介入よりも国家による援助が先行すべきであるとのドイツ法の考え方につき、親の権利を規定する基本法6条2項に関する連邦憲法裁判所判例および学説の展開を背景とした民法1666a条1項を中心に考察を加え、同条項に具体化された比例原則が子どもの福祉という介入目的から導かれるものであり、介入よりも援助が優先されることとなり、家族の再機能化を支援する児童少年援助法によって実質化される点を明らかにする。同時に援助優位の限界につ

いても考察され、時間的要因の重要性等が指摘される。

　第2に、国家による援助過程における侵害の問題につき、連邦憲法裁判所の判例を中心に考察し、援助の侵害効果に着目した介入と援助の相対化の視点を踏まえて、家族の再機能化に向けた援助における当事者の「任意性」の意義が指摘され、具体的な事例を踏まえた慎重な考慮が求められているとされる。また、援助に際しての情報収集の過程における侵害の問題も指摘される。

　以上のドイツ法の考察をもとに、本稿は、日本法の状況につき、「援助優位」の観点から見た司法警察による一方的介入の法的問題点を指摘し、また、司法警察の任意捜査により援助を支える自発性が損なわれる問題が指摘され、これらの点を踏まえた上で児童虐待防止法4条の定める親子再統合に向けた支援のための関係機関の連携が求められるとする。

（横田　光平）

5　児童福祉分野

【文献42】神奈川県『「子ども虐待」への家族支援──神奈川県児童相談所における「子ども家庭サポートチーム（虐待防止対策班）」「親子支援チーム」の取り組み』神奈川県、2006年

　神奈川県では、児童虐待防止法の改正に先立つ2001年4月から保護者へのカウンセリング機能を備えた「虐待防止対策班」を設置し、さらに2004年4月からは県内一部の児童相談所で親子の再統合支援を専門的に推進する「親子支援チーム」を設置してきた。世の中の虐待対応が親子再統合をテーマとしてシフトしてきた今の時期に、これからの家族支援のあり方を探るための「道しるべ」として本冊子がまとめられたという。

【文献43】杉山登志郎「発達障害としての子ども虐待」（『子どもの虐待とネグレクト』8巻2号、2006年）202～212頁

　子どもの障害と虐待との関連については、従来、あまり注目されず基礎研究データも著しく不足している領域であると指摘されている（下山田洋三「障害児施設に入所している被虐待児」『子どもの虐待とネグレクト』6巻3号、2004年、302～309頁）。

　本研究では、子どもの虐待と発達障害との関連性を明晰に証明していた研究の成果である。医療センターの「子育て支援外来」を受診した被虐待児の25％に広汎性発達障害が、20％に注意欠陥多動性障害が認められる等、何らかの発達障害の診断が可能な子どもが55％を占め、その85％がIQ70以上であったことから、軽度発達障害が虐待の高い危険因子となることが示された。また、高機能広汎性発達障害と虐待によって生じる反応性愛着障害は非常に類似した様相を呈するため、治療を行いながら長期にわたる鑑別が必要であるという。さらに、広汎性発達障害児の治療に際して母親対応の難しさは従来から指摘されてきたところであるが、母親が抱える難しさは子どもの障害によるストレスから二次的に生じたものばかりではなく、約2.5％の母親には母親自身に高機能広汎性発達障害が見られた。これらの事例では、母子並行治療によって大きな改善が認められたという。

　一方でADHDと虐待による多動性行動障害との鑑別はより困難になる。虐待系の多動が非行に結びつきやすいことも明らかになった。多動性行動障害が見られる虐待既往のある対象者71人の40％に非行が見られたが、虐待既往のない40人の10％だけに非行が見られた。

これらの知見にたって、筆者は、被虐待児への治療や教育を、発達障害児への治療的教育という視点から見直す必要性を説いている。

【文献44】杉山登志郎『子ども虐待という第四の発達障害』学習研究社、2007年

虐待された子どもたちは、心だけでなく脳の発達にも障害が起こる、と筆者は述べる。被虐待児の中には、自閉症と極めて類似する問題行動や症状を呈する者もいるが、それは自閉傾向とは異なり、虐待によって引き起こされたものである。児童精神科医師としての数多くの臨床経験から、脳に及ぼす影響という視点から児童虐待を捉え、臨床例を多く引きながら虐待と発達障害との連関を解き明かした。

【文献45】津崎哲郎「問題提起　児童相談所をめぐって　児童相談所をめぐる問題」（『子どもの虐待とネグレクト』8巻3号、2006年）362～369頁

ケースワーク援助から介入的対応へと、援助スタイルや制度が児童虐待をめぐって目まぐるしく改変している児童相談所の現状と課題が、整理されている。

児童福祉司の配置基準が人口10～13万人に1人であったものが、児童福祉法施行令の改正により5～8万人に1人となったものの、複数職員での対応体制が一般化し、夜間・休日業務が増加したことから、依然として厳しい状況にあることの指摘に始まり、組織としての専門力が伸びない背景に児童福祉司の在籍年数がわずか3年にすぎないことを、児童相談所実態調査（2004年度）のデータから指摘している。

筆者の主張は、介入型援助には裁判所の関与、初期介入における警察の役割、代理人等の制度の創設に向けられ、福祉の理念にとらわれることを危惧している。

一例として、2004年の児童福祉法改正により法28条の裁判所による施設入所の承認が期限2年の更新制になったことを挙げ、継続的に裁判所が児童虐待事例に関与する仕組みが導入されたと評価する一方で、更新手続の煩雑さもあって事件数の半分が同意入所に切り替わる現状に着目し分析している。

2004年の児童虐待防止法改正の1つの目玉であった市町村の相談体制について、市町村が一時保護機能を持たないことから、児童相談所の一時保護所の課題により一層目を向ける必要があることにも言及している。

35年もの実務経験のある筆者ならではの視点からの論説は、具体的で当事者意識に満ちている。

（田澤　薫）

【文献46】木村茂喜「被虐待児童に対する一時保護――一時保護の必要性判断に着目して」（『社会保障法』19号、2004年）

本研究は、一時保護の権限発動が適法であるかどうかを判断するための、必要性の要件を検討している。

最初に、保護者等の同意を得て児童を一時保護することが非常に困難な現状を見て、被虐待児童に対する一時保護の権限の発動段階における一時保護の判断基準について、法的な考察を行っている。一時保護の手続としては、児童相談所長は、安全確認を行うよう努めるとともに必要に

応じ、児童福祉法33条1項の規定による一時保護を行う（児童虐待防止法8条）こと、児童虐待防止法においては、児童相談所長が被虐待児の安全確認、立入調査および一時保護を行う際に、必要があると認めるときに警察官の援助を求めることができると規定されており（児童虐待防止法10条）、この規定を除き、児童虐待防止法には、一時保護に関する独自の手続が規定されていないことを指摘している。

次に、一時保護の発動要件について、児童福祉法33条1項2項および児童虐待防止法8条において、何ら具体的に定められていないことについて言及している。その点に関しては、「子ども虐待対応の手引き」で示されている、一時保護の必要性判断に用いているアセスメントシートの運用について分析を行っている。方法としては4つの機関（大阪府中央子ども家庭センター、福岡県中央児童相談所、北九州子ども総合センター、福岡市子ども総合相談センター）への聞き取り調査から実務上の相違点を確認している。

それぞれの現場においてアセスメントシートの取り扱いが違い、大阪府、福岡市では、一時保護を行うか否か判断するときに常に使用するのではなく、一時保護を行うべきかどうかの判断に迷いがあるときに使用している。大阪府、福岡市ともアセスメントシートは該当項目について点数を記入する方式をとっており、一時保護の必要性判断の客観性を担保するための一指標という認識で活用しているという。北九州市子ども総合センターでは、既存のアセスメントシートを使用せず、当該被虐待児個別具体的に判断していた。大阪府、福岡市とも、アセスメントシート（「一連の調査結果と児童相談所ワーカーの意見に基づいて作成した最終案」）をベースにして、各機関それぞれ独自に作成したシートを使用しているが、福岡県中央児童相談所は、アセスメントシート（「一時保護決定に向けてのアセスメントシート」）をそのまま活用した上で、児童相談所内で協議をして決定していたことについて述べている。

最後に、ドイツ社会法典第8編（SGBV Ⅲ）42条における暫定的保護措置の発動要件についてまとめ、その3つの特徴を挙げ、日本の一時保護制度において検討できる点について論及している。3つの特徴では、①児童または少年自らの保護の申し出があったときについて、保護要件を明確に規定していること。②危険性の判断基準として4つの類型（1. 親の配慮の不適切な行使、2. 児童の放置、3. 親の機能不全、4. 第三者の行為により危険にさらされている場合の家庭裁判所の必要な措置）が導き出されること。③急迫性の判断について、危険性の4類型全てに急迫性の判断が関与している点を挙げていた。

それらを踏まえた上で、ドイツの暫定的保護措置から得られる示唆について以下の2点を挙げている。第1に、児童からの保護の申し出について、日本においては、アセスメントシートでも性的虐待の場合に限られている点を指摘し、児童自ら保護を申し出る要素について積極的に認めることで、ドイツでは虐待の早期発見に寄与している点より、それを一時保護の権限を発動する要件を満たすものとして考えることが可能であると論じている。第2に、ドイツにおける「親の機能不全」に該当する判断要素の位置づけから、両親の対立やアルコール・薬物依存等、日本のアセスメントシートにも記載されてはいるが、一時保護の必要性の判断基準として、日本の場合も、より高くその要素を位置づけることが可能であることを示唆している。

このように、一時保護についての権限発動が適法であるのか、その判断基準と運用が、日本の場合と他国ではどのように違いがあるのか、それらを丁寧に比較することにより、主に児童相談

所に委ねられている一時保護の判断について、法的根拠と適正な手続、判断要素について分析されている研究である。

【文献47】

1) 加藤曜子他『家庭支援の一環としての虐待親へのペアレンティングプログラム作成』（平成15年度研究報告書）2004（平成16）年3月、厚生労働科学研究
2) 加藤曜子他『家庭支援の一環としての虐待親へのペアレンティングプログラム作成』（平成16年度研究報告書A）2005（平成17）年3月、厚生労働科学研究
3) 加藤曜子他『家庭支援の一環としての虐待親へのペアレンティングプログラム作成』（平成16年度研究報告書B）2005（平成17）年3月、厚生労働科学研究

　本研究は、児童虐待予防・再発予防領域において、親支援・家族支援の効果的なアプローチ方法の開発が急がれていることから、①児童相談所の虐待親の支援方法、②子どもが保護されている親の支援モデル、③児童福祉法28条に対応する親支援プログラム、④軽度虐待を扱う保健分野における親のための支援方法について検討を行っている。

　方法としては、1）全国児童相談所180か所へ2通ずつワーカーの親対応について調査分析（141通エピソード計273〈有効回答率37.8％〉）を行い、2）ペアレンティングプログラムを試行している。また、兵庫県家族再生プログラムにおけるペアレンティングトレーニング、サインズオブセイフティアプローチの家族支援方法を実施している。3）児童福祉法28条における虐待事例実態把握調査（全児童相談所所長対象127所〈回収率70.1％〉）を実施し、同時に、第28条ケース回答（157事例、分析対象142例）と援助方法について選択方式で調査を依頼して、さらに第28条についてのプログラム整理を試みている。4）保健分野では保健所の母親グループケアの聞き取り調査を実施している。

　結果として、以下の3点を導き出している。1）児童相談所ワーカー調査結果回答を分析し、これをもとに親対応マニュアル集を作成。2）サインズオブセイフティアプローチにおける親を参加させた親支援の有効性が示唆された。兵庫県家庭再生事業におけるペアレントトレーニングの実際から親参加の効果が実証でき、2つのモデルは第28条親支援の参考になること。3）保健所でペアレンティングプログラムであるグループケアを継続的・有効的に実施していくためには、市町村保健師に対する虐待予防の研修を行う、スーパービジョン体制が必須であることを示している。

　それらを踏まえ、結論として、1）虐待親へのペアレンティング支援でもある在宅プログラム、親子再統合プログラムおよび親子再生プログラムの発展開発が、児童福祉法改正後にさらに求められること、2）家庭再生プログラムおよびサインズオブセイフティのプログラムについては、モデルを実施してもらった成果を今後も発展をさせていく必要があることを指摘している。

　親子再統合の目標に、虐待親へのペアレンティング支援を実施することの有効性を明らかにして、そのプログラムを開発し、現場に定着させることがいかに重要であるかを詳細に論及した研究は、第4期の時点では希少であり、ペアレンティング支援について試行錯誤を重ねている状況の中、本研究は非常に重要な研究であり、先駆的なものであるといえよう。

第4期（2004年5月から2007年6月まで）

【文献48】川﨑二三彦『児童虐待——現場からの提言』岩波書店、2006年

　本書は、30年余の期間、児童相談所の心理職・児童福祉司という立場で、児童虐待対応の第一線で業務に携わってきた著者によるものである。あとがきに、「業務の合間を縫って、休日や夜間、早朝、疲れ気味の身体にむち打ちながら書き綴ったものだ」と記している通り、24時間365日、何時でも相談に応じ様々な通告に対応しなければならない過酷な業務を通して日頃感じていた筆者の児童虐待対策・体制への思いについて言及している。しかし、それは単なる感情論ではなく、統計と事例、死亡・重篤な虐待事件、2000年の児童虐待防止法制定過程における国会での審議をもとに論述している。

　そして、児童相談所が抱える諸問題、児童虐待対策についての課題解決への手がかりとして、自らの体験を基に提言している。日本の児童虐待の現状を良く知らない読者にも、この著書を読むことにより、どのような虐待が日々発生しており、その解決に挑んでいる児童相談所がどのような問題に困り、法制度の何が整備されていないのかが簡潔にわかる書である。また、現場の第一線で活躍する児童福祉司によるものとして、非常に着目された著書でもある。

　特筆すべき点は、児童虐待と貧困との関係について触れている部分であり、児童相談所へ寄せられる様々な「相談内容を深めれば深めるほど、児童相談所が関与するあらゆる相談の背景には広い意味での貧困問題が影を落としているといわざるを得ないのである。そう思って改めて児童虐待の問題を見ていくと、それらの相談にも増して深刻な状況が、つまり非常に厳しい貧困問題が奥深く存在することに気づかされる」と論じている。

【文献49】田邉泰美『イギリスの児童虐待防止とソーシャルワーク』明石書店、2006年

　本書は、イギリスにおける児童虐待防止の史的発展と現状を、ソーシャルワークの視点から考察している。そして、その視座は社会的かつ経済的な諸条件からも論考している。本書は4部、15章から構成され、各章は、独立した論文形式になっているが、史的発展の段階に応じた章立てになっており、全体としては一貫している。序章では児童虐待とは何かというテーマのもと、イギリスにおける児童虐待の定義について、1950年代以前から1990年代以降までその変遷をたどっている。また、広義の定義と児童虐待防止ソーシャルワークについて検討している。

　第1部は、児童虐待防止ソーシャルワークの成立過程を確認しており、第1章は、戦前における家族への介入（児童虐待防止協会の活動と児童保護）について考察している。第2章では、家族への予防介入（予防的ソーシャルワーク）の展開について、第3章では、マリア・コルウェル事件（児童虐待を社会問題として政府や国民に認知させた衝撃的な虐待事件）について論じている。

　第2部では、児童虐待防止ソーシャルワークの展開と質的変化について述べており、第4章では、児童虐待防止ソーシャルワークの展開について、第5章では、ジャスミン・ベクフォド事件（消極的介入が子の虐待死を招いた事件）について、第6章では、クリーブランド事件（積極的介入が親と子の人権侵害を招いた事件）について論考している。

　第3部では、1989児童法における児童虐待防止の展開と市場原理の影響について述べており、第7章では、1989年児童法と児童虐待防止ソーシャルワークに関して、第8章では、市場原理と児童虐待ソーシャルワーク　その1（保守党政権下における児童虐待防止ソーシャルワーク）について、第9章では、市場原理と児童虐待ソーシャルワーク　その2（労働党政権下における児童虐

待防止ソーシャルワークの課題と展望）について論じている。

　第4部では、児童虐待防止ソーシャルワークの実践について記しており、第10章では、ACPC（地域児童虐待防止委員会）の役割と実務について、第11章は、児童虐待ソーシャルワークの方法に関して、第12章では、リスク・アセスメント・モデルの理論と実際について、第13章では、FGC（ファミリー・グループ・カンファレンス）の理論と実際、終章では、イギリスの児童虐待防止とソーシャルワークについてまとめている。著者も本著の中で述べているが、「児童虐待防止は、より精確に言えば、児童虐待防止におけるソーシャルワーカーの対応は、その屋台骨となるソーシャルワーク（の法的・専門的枠組み）より強く影響を受けながら、発展、変化し、軌道修正されてゆく」。イギリスにおけるソーシャルワーク（の法的・専門的枠組み）の史的過程を詳細にわたり記述し分析した書であり、非常な労作で、日本の虐待防止対策の整備に様々なヒントを与えるものである。とくに、マリア・コルウェル事件、ジャスミン・ベクフォド事件、クリーブランド事件の検証結果と、それによって法的・専門的枠組みが変化していく過程を記述している点、また市場原理が、どのように虐待防止対策に影響を与えていくか、そして、政党の違いによる対策の方向転換等も参考になる点が多い。最後にファミリー・グループ・カンファレンス（FGC）により、子どもと家族を中心とした児童虐待防止ソーシャルワークの可能性について述べている点は、日本における虐待防止対策について様々な示唆を残している。

【文献50】田澤あけみ『20世紀児童福祉の展開――イギリス児童虐待防止動向から探る』ドメス出版、2006年

　本研究は、「現代の児童福祉のなかでもっとも特質的で統合的な児童福祉問題で、時にもっともその広義の解決が複雑で困難と想定できる、児童虐待問題、制度・サービスについて、20世紀児童福祉概念とその制度・サービスを象徴する特質を有するものと仮説し、その構成と展開の特質を研究することを目的」（16頁）として検討した著書である。著者は、象徴的特質について「発想そのものが貧困問題からいったん切り離した問題設定であること、福祉国家の枠組みを前提としていること、国家・家族、親子それぞれの関係性において内側での葛藤が存在すること、実践者の専門性を中心に展開される実践であること、サービス提供者と対象者との関係性に専門職実践としての質的特徴がみられること、人権を媒介に『緊急性』を課題とする介入であること、情報の管理・伝達が社会福祉サービスに追加されたこと、など」（16頁）と設定している。

　研究方法は、「イギリス児童虐待防止制度・サービスの成立と展開、そしてその変質について、ベヴァリッジ的福祉国家の出現を挟む前後の時期を含めて、反児童虐待運動・活動の中心的民間組織である全国虐待防止協会（NSPCC: National Society for the Prevention of Cruelty to Children）の活動や組織的特質とのメタファを通して考察する」（16～17頁）形を取っている。

　筆者は、「児童虐待防止制度・サービス（児童保護）こそが福祉国家のもとでの児童福祉の特質（『20世紀児童福祉』）を象徴しているとみて、その特質を考察」（282頁）しており、終章において、「その『20世紀児童福祉』の限界が新たな問題を取り込み、または21世紀に引き継ぐ要素とは何なのかについて、児童虐待問題や『児童保護制度・サービス』を通して社会福祉・児童福祉全体への課題として提示」（282頁）している。資料編として、NSPCCが関与した虐待事例について4事例、「NSPCCと児童福祉」年表（1866年から1991年）も記載されている。

児童虐待防止制度・児童保護サービスの内容は、その国家が子どもについて、どのように捉え対応しているかの指標となる。そして、それはその国の社会福祉・児童福祉全体の人権意識につながっている。子どもに関する制度・サービスは、社会情勢、人々の子どもに対する価値観、人々の虐待への認識、社会の資源等、様々な要素を絡めながら変遷していく。その過程を詳細に確認することができる著書である。

（加藤 洋子）

6　非行・教護分野

【文献51】松浦直己・十一元三「少年院在院者における、児童期の不適切養育の実証的調査」（『現代の社会病理』22号、2007年）119～134頁

　非行化群である男子少年院在院者（N=116）と女子少年院在院者（N=70）に加えて、コントロール群として一般高校生（N=540）に、ACE（Adverse Childhood Experiences）を使用して児童虐待を含む児童期の不適切養育体験を調査した研究である。まとまった数の調査対象者を得て非行原因を実証的に調査した研究として、注目に値する。

　調査の結果、少年院在院者の児童期の逆境体験は、いずれの質問項目についても男子で一般高校生の約5～22倍、女子で約4～33倍の経験率である等、極めて深刻であることが明らかにされた。また心理的虐待・性的虐待の2項目で、女子少年院在院者は有意に深刻な状況が示された。

　非行原因の研究成果として、非行と児童虐待との関連が指摘されるようになって久しい。家族からの虐待被害が自らの非行と関連していると考えている少年が多いという報告もある（法務総合研究所「児童虐待に関する研究（第1報告）」法務総合研究所研究部報告、2001年、11頁）。

　しかしながら、虐待は非行化の深刻な危険因子であることは間違いなくとも、虐待被害者のうち非行・犯罪化したのは26％にすぎないという報告があり（Widom, C. S., The cycle of violence. *Science*, 244: pp. 160–166, 1989）、虐待に加えて、生育家庭の養育機能が崩壊している場合に非行に至るリスクが高まるという（Lewis, D. O. et al., Parental criminality and medical histories of delinquent children. *American Journal of Psychiatry*, 136: pp. 288–292 (1979), Shanok, S. S. & Lewis, D. O. Medical of abused delinquents. *Child Psychiatry and Human development*, 11: pp. 222–231 (1981))。これらの指摘に本調査結果をあわせて考えることで、非行生成のリスク因子研究が児童虐待との関連において一段深まると同時に、少年院出院後の再犯リスク因子の視点からも具体的な支援方法を模索する有益な資料が得られる。

7　教育分野

【文献52】学校等における児童虐待防止に向けた取組に関する調査研究会議『学校等における児童虐待防止に向けた取組について（報告書）』文部科学省、2006年

　本書は、文部科学省の委託を受け、2005年度から実施された「学校等における児童虐待防止に向けた取組に関する調査研究」の成果がまとめられた報告書である。学校・教育委員会における児童虐待防止に関する実践事例の収集・分析や、海外の児童虐待防止に向けた先進的な取組に関する調査・分析が盛り込まれている。この成果をもとに、児童虐待防止に向けた学校等における取組を促進するために教員向けの研修プログラムの作成が行われつつあるという。

前年度より25％増加している児童相談所への児童虐待相談処理件数（2004年度、3万3408件）のうち、学校が相談経路になっているものが15.2％と前年度から約30％増加していることを早期発見・早期通告の趣旨が浸透していると評価している。それとともに、児童虐待のうち心理的虐待が約48％を占めることに着目し、専門家でなければ発見しにくい事例が増加しているとして、学校等において外部の専門家との連携が必要であることを指摘している。岸和田事件を契機として、学校が児童虐待対策のために児童相談所をはじめとする関連機関との連携をとることが課題であるという認識が、ここでも表れている。主たる虐待者が実父母である事例が83％を占めることも、学校の視点から捉えると、保護者への対応の困難さを示すことにあるのである。各教職員は、「被虐待児童生徒はどの学校にもどのクラスにも存在しうる」という危機感を持つ必要性が述べられている。

なお本報告書の第1章第5節には、玉井邦夫らによる『児童虐待に関する学校の対応についての調査研究』（平成14年度～15年度文部科学省科学研究費補助金）の概要が収められている。この研究が、本報告書の研究の前段階をなしており、児童虐待防止法に学校教職員の努力義務が謳われて以来、密接な関わりが求められるという社会的認識が確認されつつも、実態としてはとくに進展を見なかった学校教育現場の児童虐待に関する取り組みの課題に正面から取り組んだ研究の始めである。

【文献53】文部科学省「養護教諭のための児童虐待対応の手引」文部科学省、2007年

本書は、児童虐待の早期発見の努力義務（法5条）、通告義務（同6条）、虐待を受けた子どもの保護や自立支援に関し、関係機関への協力の努力義務（同8条）、虐待防止のための子どもへの教育に努めることの努力義務（同5条）が課せられている学校および教職員の中でも、とくに養護教諭に対象を絞って編まれた手引書である。

養護教諭は「全校の子どもを対象として」「入学時から経年的に子どもの成長・発達を見ることができ」、健康診断を通して「外傷の有無やネグレクトの状態であるかどうかなどを観察でき」「誰でもいつでも利用でき、子どもたちにとっては安心して話を聞いてもらえる人がいる場所」である保健室を拠点としていること等から、児童虐待を発見しやすい立場にあるといえる、と指摘することで、養護教諭には児童虐待の対応に果たすべき役割があることを確認している（4頁）。そうした役割を担うため、養護教諭は「児童虐待があるかもしれないという視点を常にもって」いる必要があるとされている。

その後、本書では、児童虐待防止法の主な改正を追うことで、対策強化の流れに学校が組み込まれていく様子が説明されている。つまり、2004年改正では、児童虐待の定義が広がるとともに通告義務の範囲も「児童虐待を受けたと思われる」まで拡大されたと同時に、早期発見の努力義務者に「学校」が追加された。また2007年改正では、通告を受けた児童相談所の長が行う子どもの安全確認に関する学校の協力は、従来の努力義務から義務規定に改められた。これらの改正点からは、教職員1人の判断による行動が実質上困難である「学校」という組織の特性に配慮した上で、学校の関与に実効性を持たせようという改正の方向性が読み取れる。

以上のように、児童虐待への対応に関する学校の役割を共通の認識とした後で、「児童虐待と心身の健康との関連性」が諸々の症状別に挙げられ、養護教諭としての関わり方の留意点が「ポ

イント」として添えられている。次いで「学校生活上のハンディ」「学校生活での現れ・気付き」として、虐待の心配がある子どもの姿と学校で備えておくべき視点が具体的に示されている。

【文献54】玉井邦夫『学校現場で役立つ子ども虐待対応の手引き——子どもと親への対応から専門機関との連携まで』明石書店、2007年

　文部科学研究費の研究代表として学校における児童虐待の対応に関する研究の先鞭をつけた筆者が、その調査研究のデータをもとに、学校と教育行政の視座に立ち具体的な虐待対応の方法を解説した書である。児童虐待を防止するために学校ができること、とりわけ1人ひとりの教職員ができることを事例に基づいて具体的に示している。

　改正児童虐待防止法に盛り込まれた児童虐待対応の学校の役割等も含む教職員に必要な児童虐待の基本的な知識を整理し、子どもや保護者への必要な対応の方法や、学校内と市町村や要保護児童対策地域協議会等の校外との連携の方法（第9章）、教師のメンタルケアにまで言及している。

　「虐待を防止するための具体的な方法」（第2部）として、「虐待を理解する」（第3章）、「虐待を発見する」（第4章）、「虐待を聴く」（第5章）と順を追って教職員の取るべき方向が示されている。とくに、「虐待という現象を理解すること」（第3章）で虐待を教職員の目に見える「現象」として気づくことを促し、「虐待が子どもに及ぼす影響」（第3章）を紹介しながら、「学校生活の流れに即した虐待発見の視点」（第4章）を教示し、「虐待発見のためのチェックリスト」（第4章）を添えた構成は、この筆者ならではである。

　さらに、虐待が疑われる場合の態度を「虐待を聴く」（第5章）と表現し、「虐待の確証を得るのは学校の義務ではない」（第5章）と現場の教職員を励ましつつ、聴き取った情報を記録する際の留意点は押さえられている。

　筆者らによる調査研究の結果として教職員にとっての困難さが浮かび上がった「保護者への対応」（第7章）については、とくに濃い内容となっている。他章にはない「不適切な対応の例」（第7章）を項目化するとともに、岸和田事件を想定した「教育ネグレクトと不登校」（第7章）への言及がある。また、「周囲の保護者への対応」（第7章）についても触れる等、現場教師の実務上の苦労に添う構成となっている。一方で、この章に「人格障害という概念」（第7章）の項目も立てられており、保護者対応の至難が物語られる。

　別書（【文献55】）においても言及されているが、筆者のライフワークとして、特別支援教育と虐待の関係、発達障害と虐待の関係は本書でも解き明かされている（第10章）。

　本書の最後には、虐待対応に取り組む教職員が受ける心的ダメージも取り上げ、「スクールトラウマ」という考え方を紹介しながら、対応する教職員が抱えるストレスへの認識とメンタルケアの必要性を主張している。さらに、授業に児童虐待防止教育を取り入れる可能性が述べられている。

　以上のように、本書は、児童虐待に向き合う学校教職員に対する共感に満ちた、極めて親身のガイダンスの書である。背景にあるのは、いうまでもなく、学校教職員が現状よりも児童虐待への対応で実効性を持つように力をつければ、そのことにより結果的に助けられる子どもが増えるに相違ないという信念だろう。

【文献55】玉井邦夫『特別支援教育のプロとして子ども虐待を学ぶ』学習研究社、2009年

　2007年度に完全実施となった特別支援教育と、2004年の児童虐待防止法改正が「密接な関連性を有している」ところに、本書の課題意識がある。

　本書の表題は「特別支援教育のプロとして」とあるが、本書の内容は、「知的な遅れに起因しない集団適応の問題」の原因の両端に発達障害と児童虐待を挙げる視座に立っているものの（例えば、20頁）、決して特別支援教育に限定したものではない。むしろ筆者がいうところの「すべての子どもと家庭に投網的に関与することができるわが国唯一のヒューマンサービスシステム」である学校の「虐待を見つける機関から、対応する機関への脱皮」を求めての啓蒙の書である（24頁）。

（田澤　薫）

8　医療・保健・心理分野

【文献56】
1) 奥山眞紀子他『児童虐待等の子どもの被害、及び子どもの問題行動の予防・介入・ケアに関する研究』平成17（2005）年度　厚生労働科学研究費補助金疾病・障害対策研究分野子ども家庭総合研究、2006年
2) 奥山眞紀子他『児童虐待等の子どもの被害、及び子どもの問題行動の予防・介入・ケアに関する研究』平成18（2006）年度　厚生労働科学研究費補助金疾病・障害対策研究分野子ども家庭総合研究、2007年
3) 奥山眞紀子他『児童虐待等の子どもの被害、及び子どもの問題行動の予防・介入・ケアに関する研究』平成19（2007）年度　厚生労働科学研究費補助金疾病・障害対策研究分野子ども家庭総合研究、2008年

　本研究は、平成17年度から平成19年度にかけて、予防・介入・ケアをキーワードにして、3年間の介入研究・実証研究等に基づき、子ども虐待対応の現場において必要なプログラムやガイドライン等の提示を行っている。以下の項目について具体的に分析を試みている。

　虐待予防：乳幼児揺さぶられ症候群予防プログラム、2か月親子講習会、子ども虐待予防のための両（母）親教室ガイドライン、子ども虐待予防のための妊婦支援マニュアル、「育児支援家庭訪問事業を実施してみませんか」パンフレット、「産後のメンタルヘルスと母子保健」冊子、在宅支援：在宅アセスメント指標シートマニュアル、児童相談所が行う在宅支援に関するガイドライン、医療を中心としたMDT（MultidisciplinaryTeam）の在り方提言、市区町村保健分野での子ども虐待在宅養育支援の手引き、市区町村での子ども虐待在宅養育支援の手引き、医療システム：妊娠・出産・育児期に支援を必要とする家庭の地域における保健医療連携システム構築のガイドライン、医療におけるデータベース、「虐待による頭部外傷」診断基準、「対応に医学的専門性を必要とする子ども虐待」に関する提言、性的虐待：児童養護施設における性虐待対応マニュアル（含ケア・キッドプログラム）、性的虐待を受けたと思われる子どもの聞き取り面接の導入に向けた提言、分離ケア：分離保護後の支援・治療モデルの提言、一時保護所向け6種類のガイドライン・マニュアル、施設内虐待対応モデルと提言、子どもの治療：愛着行動チェックリスト（ABCL）、愛着に方向づけられたケア、施設心理士のあり方に関する提言、感覚療法効果提示、

加害・被害の予防：加害・被害の負のサイクルモデルを使った支援への提言、児童自立支援施設生活改善尺度「生活ものさし」、ソーシャルワーカーおよびケアワーカー育成：概念図と経験年数別プログラムの提案等、現在、地域における医療・保健・福祉の領域で、虐待に関する支援体制下で、必要と考えられる様々な項目について、具体的に検討し、その中から示唆できる事柄について明らかにしている。

　結論としては、予防・在宅支援・分離支援・子どもの治療・行動の問題への対応と非行へのサイクルの予防および性的虐待等の特別な配慮が必要な虐待に関して、職種別、職種システム、総合的ガイドライン等、総合的な視点から必要と考えられた方法を提示している。

　また、本研究は、虐待についての「在宅支援」という形の援助について、具体的に何が必要であり、今後、何に力を注いでいかなければならないかについて、地域において専門家が行う援助という立場から検討している。

【文献57】

1）西澤哲他『児童福祉機関における思春期児童等に対する心理的アセスメントの導入に関する研究』平成16（2004）年度　厚生労働科学研究費補助金疾病・障害対策研究分野子ども家庭総合研究、2005年

2）西澤哲他『児童福祉機関における思春期児童等に対する心理的アセスメントの導入に関する研究』平成17（2005）年度　厚生労働科学研究費補助金疾病・障害対策研究分野子ども家庭総合研究、2006年

　本研究は2003（平成15）年度より開始された研究で、2005年に総括研究報告書（2005〈平成17〉年3月）、2006年に総合研究報告書（2006〈平成18〉年3月）が発行されている。以下は、西澤哲他『児童福祉機関における思春期児童等に対する心理的アセスメントの導入に関する研究』平成16（2004）年度の概要版をもとに記述している。

　虐待を受けた子どもの心理・行動上の問題のアセスメントや、虐待傾向を示す保護者や家族の特性のアセスメントが必須という観点から、日本の福祉臨床の領域で、このようなアセスメントツールがほとんど存在しないことを踏まえ、本研究では、虐待による子どもへの影響を評価するための半構造化面接法と行動チェックリスト、虐待につながる保護者の心理的特性や家族の特徴を評価するための質問紙の開発を目的とし研究を行っている。研究方法として、児童相談所に一時保護された子どもを対象に虐待の影響に焦点をあてた半構造化面接法を開発している。また、評価者間の一致度の分析によって信頼性を確認し、子どもの追跡調査によって本面接法の妥当性を確認している。子どもの行動チェックリストについては、就学未満の乳幼児用と就学以降の子ども用との2種類を作成。1901人の乳幼児を対象とした調査によって乳幼児版チェックリストを作成してT得点を算出し、さらに、施設に入所中の乳幼児を対象とした調査によって本チェックリストの信頼性と妥当性を確認している。子ども版チェックリストは、施設に入所中の子ども810人、一般家庭の子ども2071人を対象とした調査によって作成し、信頼性と妥当性の検討およびカットオフ値の設定を行っている。一般家庭の保護者120人を対象に虐待心性を評価するための質問紙の作成を目的とした調査も実施している。また、臨床群と一般群の家族を対象とした調査によって「家族アセスメントチェックリスト」を作成し、保護者の精神医学的問題の検討を

行っている。結果と考察では、本研究により、虐待の影響を的確に評価するための、十分な信頼性と妥当性および臨床適用性を備えた面接法と行動チェックリストを作成。また、虐待傾向を示す保護者の心理特性や虐待を生じる家族の特徴を評価するための質問紙を作成しその信頼性を確認したが、本研究においてはこれらの妥当性の検討は十分には行えなかったと記している。

結論では、子どもに対する虐待体験の心理・行動的影響、保護者の心理的特性、および家族の特徴を評価するため面接法およびチェックリスト等が作成されたこと、これらのツールを用いることで、従来、経験等に頼らざるを得なかった虐待事例に対するアセスメントおよびソーシャルワークを実証的に行うことが可能となったこと、今後、これらのツールを活用することで、子どもや保護者の心理的な治療やケアに対するニーズの客観的評価、ニーズに基づいた援助プランの策定、および援助効果の客観的評価が可能となることを示唆している。

本研究が示すように、心理領域における被虐待児童に対する心理的アセスメントツールは、ほとんど存在しておらず、その開発は非常に重要なものであった。筆者も述べているが、専門家にとって経験等に頼らざるを得なかった虐待事例対応に関して、アセスメントおよびソーシャルワークを実証的に行えるようになったことは、被虐待児や保護者にとっての治療をより効果的なものにし、的確な支援につながる可能性を広げるものとなったのではないだろうか。

（加藤　洋子）

資 料

1　児童虐待関係政令・省令リスト
2　児童虐待関係通知
3　児童福祉法分野判例リスト
4　民法（家族法）分野判例リスト
5　民法（財産法）・国家賠償法判例リスト
6　刑事法分野判例リスト
7　児童虐待関係文献リスト
8　日本における児童福祉に関する年表
9　児童虐待司法関係統計
　表A　児童福祉法28条の事件
　表B　親権または管理権の喪失の宣告及びその取消し（全国家庭裁判所）
　表C　親権喪失等・児童福祉法28条の新受件数
　表D　親権者、管理権者等の職務執行停止又は職務代行者選任の申立て（全国家庭裁判所）
　表E　児童との面会又は通信の制限の申立て－全国家庭裁判所（旧特別家事審判規則18条の2）
　表F　保護者に対する措置に関する都道府県への勧告件数（児童福祉法28条6項）
　表G　施設入所等の措置の期間の更新回数（児童福祉法28条2項）
　表H　児童相談所における親権・後見人関係請求・承認件数
　表I　児童相談所における知事勧告件数及び家庭裁判所勧告件数
　表J　児童相談所における児童虐待相談の対応件数（立入調査・警察官の同行）
　表K　嬰児殺の検挙人員
　表L　児童虐待に係る検挙件数・検挙人員
　表M　児童虐待に係る加害者と被害者との関係（事件別）
　表N　児童虐待に係る加害者と被害者との関係（年別）

資料1　児童虐待関係政令・省令リスト（平成16（2004）年12月～平成19（2007）年3月）

政令・省番号	政省令名	年月日	概要
厚生労働省令第178号	児童福祉法施行規則等の一部を改正する省令	平成16年12月24日	平成16年の児童福祉法改正及び改正法施行に伴い児童福祉法施行規則等の整備に関する関係政令の施行に伴う関係政令の整理に関する政令等を改正する省令の一部を改正し、児童福祉施設最低基準の一部改正（施設職員による虐待の禁止、職員の守秘義務、里親認定に関する省令の一部改正（職業指導に関する省令の一部改正、里親養育を行う養育里親の要、申請手続き、認定取り消し等）、里親養育に関する最低基準の一部改正（懲戒権の濫用禁止、職業指導等）をする省令
政令第53号	児童福祉法施行令の一部を改正する政令	平成17年3月18日	児童福祉司の担当区域を、人口「10万から13万まで」を「5万から8万まで」に改める政令
政令第350号	児童福祉法の一部を改正する法律の一部を改正する関係政令の整備に関する政令	平成17年11月24日	児童相談所設置市として横須賀市、金沢市を定め、その事務等について規定する政令
厚生労働省令第22号	児童福祉法施行規則の一部を改正する省令	平成17年2月25日	児童福祉司の任用資格、地方公共団体の長が要保護児童対策地域協議会を設置した際に公示すべき事項、児童福祉施設最低基準（職員の知識、技能向上の義務、施設長による研修の機会付与、児童養護施設等における自立支援計画策定義務を定める省令
厚生労働省告示第42号		平成17年2月25日	児童福祉司の任用資格として厚生労働省令で定めるもののうち、保健師が受けるべき「講習会」について定める告示
厚生労働省告示第43号		平成17年2月25日	児童相談所長の資格として必要な研修の基準を定める告示
厚生労働省令第89号	児童福祉法施行規則等の一部を改正する省令	平成18年3月31日	児童福祉に関する事務処理、里親認定、里親の最低基準に関し、児童相談所設置市を加える省令
厚生労働省告示第252号		平成18年3月31日	里親認定に関する省令に関し厚生労働大臣が定める「研修」について児童相談所設置市を加える告示
厚生労働省告示第253号		平成18年3月31日	児童福祉司の任用資格として厚生労働省令で定めるもののうち、保健師が受けるべき「講習会」について児童相談所設置市を加える告示
厚生労働省告示第254号		平成18年3月31日	児童相談所長の資格として必要な研修の基準について児童相談所設置市を加える告示
厚生労働省令第29号	児童福祉施設最低基準の一部を改正する省令	平成19年3月27日	児童福祉施設最低基準のうち、児童自立支援施設の長の資格を改正する告示

資料2　児童虐待関係通知（平成16（2004）年3月～平成19（2007）年7月

通知名	通知年月日	通知番号	概要
養育支援を必要とする家庭に関する医療機関から市町村に対する情報提供について	平成16年3月10日	厚生労働省雇用均等・児童家庭児童総務課長通知雇児総発第0310001号	支援を必要とする家庭を早期に把握するため関係機関―とくに医療機関―からの情報提供を促進することを目的に診療報酬を改定した旨を医療機関に周知するとともに、情報の的確な活用・提供について市町村に求める通知
児童福祉法等の一部を改正する法律等の施行について	平成16年3月31日	厚生労働省雇用均等・児童家庭、老健、保健局長連名通知雇児発第0331029、老発第0331015、保発第0331013号	児童福祉法改正に伴う政令、省令等改正の趣旨、主な内容を説明し、その適正な運用を求める通知
「児童虐待の防止等に関する法律の一部を改正する法律」の施行について	平成16年8月13日	厚生労働省雇用均等・児童家庭局長通知雇児発0813002号	平成16年4月に成立した児童虐待防止法改正法の内容及び運用上の留意事項を示し、市町村、関係機関・団体への周知とその運用を求める通知
「児童虐待の防止等に関する法律の一部を改正する法律」の施行について	平成16年8月13日	文部科学省生涯学習政策・初等中等教育局長連名通知16文科生第313号	平成16年4月に成立した児童虐待防止法改正法の内容を示し、施行に当たり市町村教育委員会、所管の学校、教職員に周知するよう求める通知
児童委員の活動要領の改正について	平成16年11月8日	厚生労働省雇用均等・児童家庭局長通知雇児発第1108001号	児童委員、主任児童委員の一斉改選を機に、児童委員の活動要領を改正し、その周知を求める通知。児童委員については、児童虐待の発生予防、児童委員の参画、児童相談所長による児童や保護者への指導等を、主任児童委員については、児童委員への協力、関係機関との連携等について定める。
児童福祉法の一部を改正する法律の施行について	平成16年12月3日	厚生労働省雇用均等・児童家庭局長通知雇児総発第1203001号	平成16年11月に成立した改正児童福祉法の施行を踏まえ、児童虐待への適切な対応と慢性疾患に罹っている児童に対する医療の適切な給付のために、改正法の内容を示し、市町村、関係機関・団体への周知を図り、その運用を求める通知
市町村児童家庭相談援助指針について	平成17年2月14日	厚生労働省雇用均等・児童家庭局長通知雇児発第0214002号	平成16年の児童福祉法改正により市町村が児童家庭相談に応じるものとされたことに伴い、相談援助活動が適切に実施されるよう、相談援助の基本、市町村の具体的役割等を定める指針
「児童虐待に係る通告先の拡大」及び「通告を受けた場合の措置」について	平成17年2月14日	厚生労働省雇用均等・児童家庭局長通知雇児発第0214001号	平成16年の児童虐待防止法および児童福祉法改正を受けて、通告先に市町村が加えられたこと、市町村・都道府県福祉事務所が通告を受けた場合の措置（児童の安全確認、児童相談所への通知等）やその留意事項を定める通知
児童福祉法の一部を改正する法律の施行に関する留意点について	平成17年2月25日	厚生労働省雇用均等・児童家庭児童総務課長通知雇児総発第0225002号	平成16年の児童福祉法改正を受けて、施行上の留意点として児童虐待防止策の充実強化（市町村の役割との関係）、要保護児童対策地域協議会、要保護児童の措置（2年更新等）等について内容を示し、その適切な運用を求める通知
児童福祉司の任用資格要件に関する指定施設における業務の範囲等について	平成17年2月25日	厚生労働省雇用均等・児童家庭局長通知雇児発0225003号	平成16年の児童福祉法改正により児童福祉司の任用要件が見直され、指定施設等における相談等の業務に従事することが求められるようになったことに伴い、指定施設およびその業務の範囲を定めた通知

タイトル	日付	発出番号	概要
要保護児童対策地域協議会設置・運営指針について	平成17年2月25日	厚生労働省雇用均等・児童家庭局長通知雇児発第0225001号	平成16年の児童福祉法改正により規定された要保護児童対策地域協議会につき、本指針を踏まえて設置都市市長に求める通知。設置都市市長に周知することを、都道府県知事・指定都市市長に求める通知
要保護児童対策地域協議会設置・運営指針について	平成17年2月25日	厚生労働省雇用均等・児童家庭局長通知雇児発第0225001号	要保護児童対策地域協議会の円滑な設置と運営のため、要保護児童対策地域協議会の意義、基本的考え方、設立の設置主体、構成員、業務内容、相談から支援までの流れ、役割分担、関係機関への協力要請などを定める通知
「児童福祉法施行令の一部を改正する政令」の施行について	平成17年3月18日	厚生労働省雇用均等・児童家庭局長通知雇児発第0318001号	児童福祉法施行令の一部改正により児童福祉司の担当区域を定める基準を人口おおむね5万から8万までを標準とするとされたことについて、その意味や地方公共団体による取組のあり方について通知
児童養護施設等のケア形態の小規模化の推進について	平成17年3月30日	厚生労働省雇用均等・児童家庭局長通知雇児発第0330008号	被虐待児の入所の増加に対応して、家庭的環境の中できめ細かなケアを提供することを目的に、小規模なグループによるケアを行う体制を整備するため、児童養護施設等において小規模グループケア実施要綱を定め、その実施を求める通知（平成16年5月6日雇児発第0506002号は廃止）
児童養護施設等の小規模なグループによるケアの推進における実施指針	平成17年3月30日	厚生労働省雇用均等・児童家庭局長通知雇児発第0330001号	同日の雇児発第030008号通知（平成16年5月6日雇児福発第050600）は廃止）に基づく指針。その実施にあたって、設備、人数、職員、留意事項等の具体的な事項を定める指針
児童虐待防止対策支援事業の実施について	平成17年5月2日	厚生労働省雇用均等・児童家庭局長通知雇児福発第0502001号	児童相談の中心的な役割を担う児童相談所の相談機能を強化し、その専門性を向上させるため、児童相談所が地域の医療、法律その他の専門機関や職種の協力を得て、高度で専門的な判断が可能となる体制を確保することを目的に、「児童虐待防止対策支援事業」を立ち上げ、主任児童委員等に対する研修、児童虐待防止対策の協力体制の整備、カウンセリング強化事業、医療機能強化事業、法的対応機能強化事業、スーパーバイズ・権利擁護機能強化事業、一時保護機能強化事業の実施内容等を定める通知
児童養護施設等における入所者の自立支援計画について	平成17年8月10日	厚生労働省雇用均等・児童家庭局長通知雇児発第0810001号	児童相談所や児童福祉施設における被虐待児等の増加を受けて、子どもと家庭に対する的確なケアセスメント及び自立支援計画の策定のために、児童養護施設等における入所者の自立支援計画の策定及び入所者の援助方向上の留意点を示し、入所者の援助向上の観点からその活用を求める通知（平成10年児家第9号、平成16年5月27日雇児福発第0527001号は廃止）
里親委託推進事業の実施について	平成18年4月3日	厚生労働省雇用均等・児童家庭局長通知雇児福発第0403001号	被虐待児の保護のために、児童相談所、里親、乳児院等の児童福祉施設との連携を図り、里親への子どもの委託、養子縁組の推進を目的に、養子縁組の推進を目的とし、里親委託推進事業実施要綱」を定め、その実施を求める通知
学校における児童虐待防止に向けた取り組みの推進について	平成18年6月5日	文部科学省初等中等教育局児童生徒課長通知児生第11号	改正児童虐待防止法上、学校及び学校教職員に児童虐待の早期発見義務があること、被虐待児の保護・自立支援に関する国・自治体の施策への協力、児童虐待の通告義務があること、児童虐待防止に向けた学校等における適切な対応、教育委員会の責務等について、周知徹底を図ること求める通知
児童養護施設、乳児院及び児童自立支援施設における虐待を受けた子ども等に対する適切な援助体制の確保について	平成18年6月27日	厚生労働省雇用均等・児童家庭局長通知雇児発第0627002号	児童養護施設等に入所している被虐待児等、心理療法を必要とする子どもについて、施設における援助体制を確保するため、児童養護施設等に心理療法を行う職員を配置することを目的とする通知（平成11年4月30日児発419号は廃止）

件名	発出元・番号	発出日	内容
児童の安全の確認及び安全の確保を最優先とした児童虐待への対応について	警察庁生活安全局長・刑事局長通達警察庁丙少発第38号、丙生発第83号、丙捜一発第29号	平成18年9月26日	児童の生命、身体の保護、身の安全の確認、安全の確保の確保を最優先とする対応をするため、警察本来の責務を認識し、児童相談所等との連携先と最優先とする対応を図り、児童相談所との連携、情報交換の検証、過去の個別事例の集約、組織的対応等を都道府県警察に求める通知
警察との連携及び警察の事情聴取における児童相談所の対応について	厚生労働省雇用均等・児童家庭局総務課長通知雇児総発第0926001号	平成18年9月26日	警察との連携及び警察の事情聴取における児童相談所の対応として、「児童の安全の確認及び安全の確保を最優先先」とした児童相談所・刑事局長通達をうけて、都道府県等に情報共有、意見交換の機会、一時保護中の児童について警察の事情聴取に配慮することに留意することを求める事務連絡
児童虐待への対応における警察との連携について	厚生労働省雇用均等・児童家庭局通知雇児総発第0926001号	平成18年9月26日	警察との連携及び安全の確保を最優先とし、警察への援助要請、警察の事情聴取における児童相談所の対応について、警察への連携を求める通知
児童虐待防止対策の強化について	厚生労働省雇用均等・児童家庭局総務課、虐待防止対策室	平成19年1月23日	児童虐待の深刻化を踏まえ、児童相談所運営指針の改正を行い、事例への対応について基本ルールの設定、「きょうだい」事例への対応、虐待通告の受付の明確化、すべての在宅虐待事例に関する定期的なフォロー等の措置を講ずることとした旨を示す。
児童虐待等緊急対策の実施について	厚生労働省雇用均等・児童家庭局通知雇児発第0215002号	平成19年2月15日	児童虐待の深刻化、増加を踏まえ、児童虐待等緊急対策実施要領を定め、児童虐待等への対応迅速化のための車両配置や一時保護所の安全体制の強化、市町村の児童家庭相談強化として要保護児童対策地域協議会調整機関に専任職員を配置すること等、児童虐待対応策の基盤整備を求める通知
児童虐待・配偶者等からの暴力（DV）の早期発見のための取組の促進について	厚生労働省医政局総務課長通知医政総発第0316001号	平成19年3月16日	犯罪被害者等基本法による「犯罪被害者等のための基本計画」における「医療施設における配偶者等からの暴力（DV）の早期発見のための施策の実施を促進するための取組みを促進するため、児童虐待についても医療関係者による早期発見、虐待防止法の趣旨や配慮事項等について、研修の実施、児童相談所等との連携の強化等を講ずることを求める通知
出産や育児に悩みを持つ保護者に対する相談窓口の周知について	厚生労働省雇用均等・児童家庭局総務課長通知雇児総発第0405001号	平成19年4月5日	「こうのとりのゆりかご」設置を機に、子どもを産み育てることの基本認識をもとに、保護者が子どもを産み育てに悩みを持ち去りにする行為は本来あってはならない行為であるとの基本認識のもとに、出産や育児に悩みを持つ保護者に対して、児童相談所や市町村保健センター等への相談窓口を周知を図ること、若い世代に命の大切さを訴える取組を推進すること等、積極的な取組を求める通知
児童虐待事案等における関係機関との連携強化について	法務省人権擁護局調査救済課長通知　法務省権調第219号	平成19年5月11日	児童虐待、配偶者暴力、高齢者虐待に関する各種協議会との連携を強化するため、これら協議会等を正確に把握し、積極的に参加することを求める通知
児童相談所の一時保護施設における教員OB等の配置について	厚生労働省雇用均等・児童家庭局総務課長補佐事務連絡	平成19年7月11日	平成19年度予算により、一時保護機能強化事業（一時保護機能強化事業）について、児童相談所単位で配置できるようにしたこと、協力を求めることが考えられる旨を示す。一時保護施設には適宜、教育委員会に相談し、教育委員会に相談し、協力を求めることを示す事務連絡

427

資料3　児童福祉法分野判例リスト

	判決日	裁判所	事件番号	事件名	主文	概要	掲載誌	評釈
1	H16.6.16	千葉家裁松戸支部（審判）	平成16年（家）第151号	児童の福祉施設入所承認申立事件	承認（即時抗告棄却・確定）	児相長が、一時保護した児童（8歳女児）の児童養護施設への入所措置の承認を求めた事件で、児童は、直接的な虐待を受けることをはかることはないものの、異父妹が同居していた祖母からの虐待を余儀なくされ、その結果、複雑性PTSD（心的外傷後ストレス障害）と診断され、最低1年程度の母子分離が必要であると所見されるに至っているところ、単独親権者たる実母は児童を相母に任せ放しにして適切な監護を期待できない等、単独親権者たる実母による監護を相母に任せ放しにして適切な監護を期待できない等、長期にわたり児童福祉機関の措置に委ねるべき急迫状態にあると認められるとして、児童の福祉のため、児童養護施設への入所を承認した。	家裁月報56-12 p.122	吉田恒雄・民商法雑誌133-1 p.228
2	H16.9.21	京都家裁（審判）	平成16年（家）第2382号	児童の福祉施設入所承認申立事件	承認（確定）	市長が、既に家庭裁判所の承認を得て情緒障害児短期治療施設に入所中の児童（15歳男児）につき、中学卒業時の家庭復帰を目指していた点を改め、児童、実母、親権者たる実父との関係調整の問題行動が未だなくなっていない点、児童、親権者たる実父との関係調整が未だなされていない点等を理由として身体自立支援施設入所措置への変更を求めた事件で、児童は中学校卒業に伴い現在入所中の施設での治療的関与が修復などには至らず、暴言、暴行等の関与問題行動を引き取ることはできず、未だ実父との親子関係が消極的である等、児童福祉機関の措置後も任意可能にあり、児童の福祉のために、中学卒業後も児童自立支援施設への入所を承認した。	家裁月報57-7 p.30	許末恵・民商法雑誌134-1 p.100
3	H16.11.10	広島家裁福山支部（審判）	平成16年（家）第257号	児童の福祉施設入所承認申立事件	承認（確定）	児相長が、単独親権者たる実母の児童養護施設への入所措置の承認を求めた事件で、実母は自らを児童に対する虐待行為を否認しながらも、こうしつけと称しての児童への暴力に及び、さらには児童に訴えかけた関係者への暴力にも及び、時には身体的暴力に至まで及ぶようになり、児童相談所や警察回行ってきたものであり、こうした実母を監護させ児童を同居させ返すことは、現状での不適切な監護を監然放置することとなり、このまま児童を実母の監護に委ねておくことは著しく児童の福祉を害するものであるとして、児童養護施設への入所を承認した。	家裁月報57-7 p.35	
4	H17.5.20	鳥取家裁（審判）	平成17年（家）第198号	児童の福祉施設入所承認申立事件	承認（確定）	児相長が、一時保護中の児童（14歳男児）の児童養護施設への入所措置の承認を求められた事件で、単独親権者たる実母及び同居人による児童の感情的虐待をコントロールする自信と意思が欠け、現状の実母に監護を委ねることはできないとして、また、実母は自己の精神的被害性や暴力に対する不安についての福祉施設への入所及び福祉28条6項に基づく勧告（保護者に対する指導及び援助に関する勧告）をした。	家裁月報57-11 p.64	

#	裁判所	事件番号	事件名	主文	事案の概要	出典	評釈
5	東京家裁（審判）	平成17年（家ホ）第4651号	児童の福祉施設入所承認申立事件	承認（確定）	児相長が、一時保護中の児童（5歳）の児童養護施設への入所措置の承認を求めた事件で、親権者たる実父及び実母から暴行を受けており、また養父が覚せい剤の影響下で日常的に目の当たりにするなどの生活環境にあったものであり、当面は家庭に戻すことは極めて不安定な事情にあるものであって、生活服役中で不当など諸事情に鑑み現時点における児童の福祉のためには養護施設への入所を承認することが相当として、児童福祉法28条6項に基づく勧告（保護者からの意見書を用いて児童の福祉に関する勧告）をした。	家裁月報57-11 p.73	
6	前橋家裁太田支部（審判）	平成17年（家ホ）第797号	児童の福祉施設入所承認申立事件	承認（確定）	児相長が、在宅指導中（平成14年4月30日審判）児童養護施設への入所措置を求めた事件で、未だ実父の下で健全に監護養育を望むものの、単独親権者たる実父は実情に欠かず、児童の引取りを拒否しており、入所措置後も児童を養育する環境が整わず、児童自立支援施設への入所ではなく、児童養護施設への入所を承認する。児童福祉法の一部を改正する法律（平成16年法律第153号）附則4条を適用して、児童養護施設入所措置の期間を更新することを承認した。	家裁月報58-7 p.62	
7	東京家裁（審判）	平成17年（家ホ）第10712号	児童福祉施設入所等の期間更新の承認申立事件	承認（確定）	児相長が、既に家庭裁判所の承認を得て（平成14年3月31日以前）児童養護施設に入所中の児童（12歳）について、平成15年2月27日（9歳）の実母は児童の引取りを希望しているものの、入所措置後虐待を行うおそれがあるため、児童福祉施設への入所継続を要する者であることから、児童福祉法28条2項の規定により児童福祉施設入所措置の承認を求めた。	家裁月報58-6 p.69	橋爪幸代・社会保障法判例百選[第4版]（別冊ジュリスト191）p.200
8①	福岡家裁小倉支部（審判）	平成18年（家ホ）第502号	審判前の保全処分申立事件	答認（確定）	児相長が本案として申し立てた児童（男児）の乳児院（乳児院）への入所措置につき、①児童は、父母による養育中、②その受傷状況に関し、父母が合理的な説明をしておらず、虐待の可能性を否定できない、③児童の退院の日をめぐり、父母が病院職員との接触を拒否している、④父母が病院を退院させ家族の面会交流を切り、また、⑤児童は、現在訴訟手続中で家庭調査の機会を持たない状況にあること、⑥父母は、本件本案の審判前出頭調査に応じていること、等の事情に鑑みると、特別家事審判規則18条2項に基づき、本件審判がその効力を生ずるまでの間、児童を乳児院への入所措置とし、父母と児童の面会及び通信を制限する。	家裁月報59-5 p.93	南方暁・法学セミナー増刊（速報判例解説）Vol.1 p.139
8②	福岡家裁小倉支部（審判）	平成18年（家ホ）第502号	児童の福祉施設入所承認申立事件	承認	児相長が、一時保護中の父母の養育下にある児童（男児）の乳児院への入所措置の承認を求めた事件で、親権者たる父母の健康・安全への配慮の懈怠、（ネグレクト）が認められること、身体的虐待の可能性もあるなど著しく不適切な養育下にあり、今後も長期間にわたる適切な治療が必要であるにもかかわらず、父母は乳児院への入所措置を否定的に考えており、児童相談所の措置にもかかわらず、黙示的には施設入所反対の意向を示しているものと認められることを認定した上で、乳児院に入所させることが相当であるとして、乳児院への入所を承認した。	家裁月報59-5 p.96	

資料4 民法（家族法）分野判例リスト

	判決日	裁判所	事件番号	事件名	主文	概要	掲載誌	評釈
1	H12.2.23	長崎家裁佐世保支部（審判）	平成10年（家）第331号、332号、333号	親権喪失申立事件	許可（確定）	児相長が、親権者（父。長男に対する傷害事件で在監中。）の児童ら（養女、長男、長女。いずれも児童養護施設入所中）に対する性的・身体的虐待、及び出所後に児童らの引取りを強要し、児童らが再び危険な状態に置かれることが予想されるとして、親権喪失申立てをした事例。親権者が想定された親権の濫用に加え、日常的な性的・身体的虐待を認め、その福祉を著しく損なったとして、親権者の児童らに対する親権の喪失をそれぞれ宣告した。	家裁月報52-8 p.55	床谷文雄・判例タイムズ1046 p.84松木ター・民商法雑誌124-6 p.119
2①	H12.3.10	山形家裁（審判）	平成11年（家）第212号、平成12年（家）第64号	子の監護者の指定申立事件及び子の引渡し申立事件	第1事件承認第2事件却下	事件本人の単独親権者であるY（実母、相手方）は、平成5年9月に事件本人A（実父Bは認知していない）を出産したが、生活状況が不安定で（実家から出されるなど）、精神的・経済的に苦しく、Aは乳児院に入園措置された。その際、Yが子どもを養育できない旨を述べたことから、児童相談所は事件本人Aを里親委託にすることとし、Xらが（里親、申立人）はAについて平成11年4月頃から、約3年7ヶ月にわたって里親として養育してきた。その後、児童相談所は、XらからAへの引取り希望が強く出されたため、平成11年4月頃から、Yから児童養育を継続したい旨の要望を伝え、XらとAを元に戻して欲しい方向での調整をすることとなった。そこで児童相談所は、同月30日付でXらへの里親委託を解除し、Yからの一時保護の要請により、AをXらから引き離し、YにAを引き取らせたい旨の要請を行ったところ、困難な引合い中Xらに対しAに対する監護者の指定を求めた（第1事件）ところ、家庭裁判所はXらをAの監護者として指定するとともに、（子の連れ去り禁止命令として）平成12年3月取りとしたAの引渡しを命じた。他方、平成11年11月16日、Yから、家庭裁判所にXらをAの監護者と指定する旨の仮処分の申立てがなされたが、第三者たるXらに監護者指定の審判の申立てとは別に監護者の指定を命ずる親権関係と監護関係の分離の問題について、民法766条も同766条の趣旨を認めた上で、Xらに対して本件監護者としての指定の申立てを認めるとともに、AがXらもとで監護されてきたことや、親の離婚時に親権者と監護者とを分けるべきであるという一時保護として実施されている状況等、Aにとって監護として、XからAの観点から見ると、一時保護の判断を受けて実際に児童保護している者という本件について認められるものであり、Xら第2事件については、子の福祉に意かんがみ、本件について実際に子を養育するXらに監護権を行うことが実情として妥当であるとして、これをXらに監護者として指定するよう求めた（第2事件）が、家庭裁判所は、子の福祉に子が予想されるような処分として、親権者との分離を避えることについて、行政措分の効力を争うものとし、家庭裁判所について児童養護中の子の親権関係に関する審判事項としての範囲を越えるものであり、家庭裁判所としての不適当であるとし、却下とした。また、家庭裁判所の審判において争うべきものであるとし、Yから呑みの判断を受けた実態について、XらはAを引き渡すことにも協力すべきことを付言した。	家裁月報54-5 p.139	
2②	H12.6.22	仙台高裁（決定）	平成12年（ラ）第60号	子の監護者の指定申立ての審判及び子の引渡し申立ての却下審判に対する即時抗告事件	第1事件原審判取消申立却下第2事件抗告棄却（確定）	Yが、原審判の取消を求めて抗告した。裁判所は、原審第1事件について、Yが、母であるYの父と母でることから、第1事件の監護者の指定の申立ての審判をすることができるのは、都道府県は、子の福祉を害しくするときには、親権者の意に反しても里親に託等の措置を採ることができるとともに、児童福祉法28条は、親権者の承諾を得て里親委託等の措置を採る場合には、その申立ては認められていないから、児童福祉法28条は、親権者の承諾を得ずに上記の措置を採る場合には、家庭裁判所の承諾を得て里親委託等の措置が採れると定められているので、親権者の意に反するXらを養育しているXらに対する児童福祉法28条の申立てを家庭裁判所に事件として、親権者でないXらがしたYの申立ては不適法である。また、民法834条所定の親権喪失の要件がある場合には、親権喪失の申立てをすることができるものであるから、Yの申立てについては不適法である。第2事件については、抗告は理由がないとして、これを棄却した。	家裁月報54-5 p.125	田中通裕・判例タイムズ1099 p.85山田美枝子・民商法雑誌128-4・5 p.243二宮周平・判例タイムズ

430

3	H14.7.23	新潟家裁（審判）	平成14年（家）第5454号、5455号	子の監護者の指定申立事件	承認（確定）	別居中の妻（X）が、夫（Y）を相手方として申し立てた未成年者ら（長女A。長男B。共にYが里親委託中）の監護者指定申立事件。（AB里親委託後の経緯としては、Xが親権者してうちだと自ら通報し、児相の一時保護下にある。AB共に虐待を受けたものである）。裁判所は、XYの合意の下でXが単独受託者として監護してきたことが認められ、Yは一時、AB共に残繞して監護していく意欲が見出せず、収入による生活保障が困難な状況にまだ、AB共に引き続き安定した子の養育環境が得られる予定であることなどから、XはAB共に養育できる状況にあると推測できる一方で、Yは、AB共に養育能力がないというのが現状であると、生活保護の間継がなかったこと等が認められ、生活保護の間継がなかったことが認められ、XとYとの監護能力の比較において、Xが児相の指導を受けることを前提として監護者に指定した。	家裁月報55-3 p.88	吉田恒雄・民商法雑誌129-1 p.134
4①	H14.7.19	福岡家裁久留米支部（審判）	平成14年（家ロ）第1004号	審判前の保全処分申立事件	却下	未成年者ら（長女A。二女B。）の祖母（X）が、未成年者らの母（Y2）を相手方として申し立てた子の監護者指定処分事件。（父Y1、母Y2の父母のもとで成長し、一時保護中、本審判時、父母のもとで生活中。）裁判所は、Aに対する暴力行為の蓋然性だけでなく、保全の必要性の疎明がないとして、申立を却下した。	家裁月報55-2 p.172	
4②	H14.9.13	福岡高裁（決定）	平成14年（ラ）第254号	審判前の保全処分申立却下の審判に対する即時抗告事件	一部取消・自判 一部棄却	Xは、性的虐待の特殊性を指摘し、本案認容の蓋然性を疎明することの緊急保全の必要性を明らかにしつつ、Aについては相当の蓋然性を伴った即時抗告を行っているものである。即時抗告審は、AB両者にY1Y2の暴力行為を加えられている可能性が極めて高いこと、Bについて本審判後児相から逃げ出してY1Y2の暴力行為から逃げ出し、審判後児相から逃げ出し、Y1Y2から連れ戻されておりAの生活も学校にも登校せず不安定な状況にあることから、XとAは、Y1Y2から保護することもできない状況において、保全の必要性を認め、AをXに仮に監護者を指定した。	家裁月報55-2 p.163 判例タイムズ1115 p.208	床谷文雄・判例タイムズ1120 p.80 村重慶一・戸籍時報561 p.50 鈴木博人・民商法雑誌129-4・5 p.298 棚村政行・判例タイムズ臨刊1154 p.102 二宮周平・判例タイムズ1119 p.106
5	H17.2.15	大阪家裁岸和田支部（審判）	平成17年（家ロ）第13号	親権者の職務執行停止・職務代行者選任申立事件（親権喪失を本案とする審判前の保全処分）	認容	児相長が申し立てた親権喪失申立事件・職務執行停止・職務代行者選任。裁判所は認定事実から未成年者らに行う宗教的信念に基づく医療行為の可否及び父母の早期的な反対が対認めたうえで、親権者たる父母の手術同意がこれらを得ることができない確信に基づくものであって、親権者たる父母の手術同意がこれらを得ることができない確信に基づくものであって、たとえそれが宗教的信念に確信に基づくものであっても、未成年者らの生命に危険を生じさせる可能性が極めて高く、未成年者の福祉に反するものといわざるを得ないこと、あるいは他利益を害する発達を妨げ、健全な発達を妨げるものとみる当たるといえる結果、未成年者の福祉を害することのみならず、生命を害する発達を起発させる結果、未成年者の福祉を害する発達を起発させる結果、未成年者の親権行使についての職務代行者を本案審判確定までの間のための職務代行者を選任するとみるべきとして、本案審判確定までの間のための職務代行者として医師を選任した。	家裁月報59-4 p.135	

6	H17.3.11 金沢家裁七尾支部（審判）	平成16年（家）第61号	子の監護者の指定申立事件	承認（権定）	未成年者の母方の祖母（X）が、実父母（父Y1、母Y2）を相手方として申し立てた未成年者の監護者指定申立事件。Y1・Y2間には、長女、長男、二女とY1の子がおり、平成10年12月24日、二女死亡事件について傷害致死罪により死亡。Y1は、一、二女の唐待行為について懲役4年6月の実刑判決を受けている。裁判所は、①子の監護をすることができるかという点については、家庭裁判所が指定した子の福祉に資する合意を適切にさせるという点については、民法834条、家庭裁判所の権限に関する法律766条、請求権（申立権）者の範囲に関する民法54巻5号125頁）に基づいて、本件については、子の親族に限定することなく、第三者にも類推適用されるものであり、②子の父母以外の親族が申立できるかという点については、家庭裁判所が定める子の監護者に、民法766条1項の趣旨から見て父母以外の者が最も適任という場合もあり得るところから、父母が親権をそのまま行使することを欠くに貧者を指導者と指定できると認められるような特別な事情がある場合には、子の親族を同居している第三者を子の親族に限らずの親権を適切に監護することのできる第三者（仙台高裁決定平成12年6月22日・家裁月報54巻5号125頁、判例時報1885号127頁参照）、としたうえで、X は、未成年者をX に自然な愛情を感じている子の父母以外の祖父母等であり、Xと同居している未成年者の監護を継続する意思を指定した場合、Y1・Y2は、父母の意思に反しても、子の福祉や監護の責任がある特段の事情や監護意欲や能力を欠いているなどの事情から見て同居を継続することができないことに合致したものであり、X が未成年者の親族である子の父母の意思に反して、未成年者を監護することができることから、未成年者の監護を続けることが子の福祉に資することと指定した。	家裁月報57-9 p.47
7①	H16.12.9 名古屋家裁岡崎支部（審判）	平成16年（家）第1548号	親権喪失申立事件	認容	児相長児が、児童福祉法28条の承認審判を受けて情緒障害児短期治療施設への入所措置が採られている未成年者の親権者たる実母・養父（実父、養父）について、親権喪失を求める事件。養父は、児相や市の教育委員会・傷害委員会等に激しい抗議を繰り返した。児童福祉法33条の6に基づき、児相から加害者たる未成年者らに暴行・傷害を加えた事件として拘留・審判の略式命令を受けて、未成年者らに対する教育委員会の傷害事件で逮捕・拘留され、罰金15万円の略式命令により審判による未成年者の略式移行決定中・保護処分前の審判前の一時保護中、実母の親権変更調停の申立後で、親権者の職務執行停止の命令を申し立てた。裁判所の早期退所措置により事件本人らとの養子縁組届（代諾者・実母）を提出した事件である。婚姻届及び養子縁組の申立が却下され、未成年者らが児童相当施設に入っている現状でも事件本人らの福祉のためには未成年者らに関わらないとに強く反発し、事件本人らに対しても事件本人らに面会等をすることを拒否することを明らかに示していたため、本件未成年者らに対する激しい親権行動等からして親権者としての父母らが事件本人らの早期児相退所の経緯や施設や保育所の必要性等に関する本件事件で、養子縁組を本件未成年の経緯や保育所に送るという経緯などについて事件本人らの心身をおよび安定を害し、未成年者の福祉を著しく害するものであり、また、児相福祉法に照らして著しく不相当であるとして、父母の親権を本件に関して行うことを本件事件本人らに対する事件行動等を本件事件本人らに対する著しく有害な事件本人らに対するないとして指摘し、未成年者らの福祉を著しく害するものであり、親権の濫用といえる行動と認定、全面的に要件充足しているとして、本件申立を認容し、事件本人らのおよび未成年者に対する養父の親権喪失を宣告した。	家裁月報57-12 p.82 山田美枝子・民商法雑誌 135-2 p.161

7②	名古屋高裁（決定）	H17.3.25	平成17年（ラ）第11号	親権喪失宣告認容審判に対する即時抗告事件	抗告棄却（確定）	抗告人ら（実母・養父）は、原審判を不服として即時抗告。抗告人らの抗告理由は、①抗告人らが児童福祉施設等への入所措置をとった前後の児童福祉施設等の取扱い等について、抗議等を繰り返し行っているのは不当な抗議行為に当たらない、②抗告人らの行動は、社会的に相当な範囲を超えたものではない、③抗告人らが児童福祉施設への入所措置に対して抗議や苦情を繰り返し、納得のいく説明をせず、対応の様々な問題があったため以降の対応や原審判の判断は、理由のあるものといえず、未成年者の福祉を考えるにあたり、養子縁組を行うとした原審判の判断は、未成年者の福祉のためにとられたものとはいえず、その後のみにおいて、社会的に相当である当然の抗議であり、何らかの養子縁組を意図したものではなく、親権者の変更の妨害を意図したものではない、というものであった。原審は、未成年者の福祉を考えながら、親権の行使について各種の措置をとっているが、①抗告人らが児童福祉施設等への入所措置の変更についてまったく納得ができないとし、②抗告人らに対し別の養子縁組を主張し、社会的に相当である養子縁組を行っていることをはじめ、その主たる目的が実父による親権の変更に対する実質的な阻害を生ずること等を指摘し、抗告を棄却した。	家裁月報57-12 p.87	木村茂喜・別冊ジュリスト191（社会保障法判例百選[第4版]）p.202
8	名古屋家裁（審判）	H18.7.25	平成18年（家ロ）第1026号	親権者の職務執行停止・職務代行者選任申立事件（親権喪失とする本案事件前の審判前の保全処分）	認容（確定）	児相長が申し立てた親権喪失申立事件を本案とする審判前の保全処分（親権者の職務執行停止・職務代行者選任）申立事件。裁判所は、未成年者を数次にわたって親権者である実母及び実父が児童相談所職員の再三の説得を拒否していることや、父母の親権拒否は、親権員を濫用し、未成年者の生命を危うくすることをほかならないとして、父母の親権者としての職務執行を停止させ、参考資料として本件の申立書が添付されている。なお、家裁月報59-4 p.130。	家裁月報59-4 p.127	神谷遊・判例タイムズ1249 p.58 田中通裕・商法雑誌138-1 p.107 澤田省三・戸籍826 p.31

433

資料5 民法（財産法）・国家賠償法分野判例リスト

	判決日	裁判所	事件番号	事件名	主文	概要	掲載誌	評釈
1	H13.3.30	大阪地裁（判決）	平成11年（ワ）第7473号	損害賠償請求事件	棄却（確定）	大阪府（Y1）の設置する母子家庭センターに一時保護されていた原告ら（養父X1、実養母X2）の子を帰宅させる条件として、同センターの所長Y2及び同センター職員Y3から離婚を強要されたと主張するXらが、Y1に対しては民法709条、719条に基づき、Y2・Y3に対しては国家賠償法1条1項に基づき、XらのAに対する親権行使又はYらによる権利侵害等の対応過程でのセンターの子どもに対する虐待行為の詳細を認定した上で、Yらによる損害賠償責任の有無に関し、①一時保護施設入所後のYらの調査・説得活動、②一時保護時のYらの帰宅してやる」と言ったか、⑤Xらの申込み込み行為がYらの親権喪失の申立てまでのYらの調査、説得活動、③離婚したら帰宅してやる」と言ったか、⑤Xらの申込み込み行為がYらに違法な行為がないとしてXらの請求を棄却した。	判例時報1760 p.106 判例タイムズ1109 p.149	
2	H13.11.27	名古屋地裁岡崎支部（判決）	平成13年（ワ）第77号	損害賠償請求事件	認容	原告Xが、元養父である被告Y1から養子縁組継続中の小学2年生から約8年間にわたり性的虐待行為を受けていたとして、また、元養母である被告Y2はY1による当該虐待行為を知りながらこれを黙認していたとして不法行為に基づき合計1000万円余の損害賠償を請求した事件。これに対して、Y2は、XがY1から性的虐待を受けていたことを知らなかったと主張した。判決は、XがY1から当該陵辱行為を受けていた事実を知っていたかにつき、Y2については、当該陵辱行為を知りうべき状況にあったにも関わらず長期間にわたり放置していたことを知り又は知りうべき状況を与えたものとして、Y2に救いの手を求めて来なかったXに対し筆舌に尽くしがたい精神的肉体的苦痛を与えたもので、Y1に勝るとも劣らない責任があるとして、Yらに対して、連帯して、1000万円余の支払いを命じた。	TKC法律情報データベースの検索結果による（文献番号：28070662）	
3	H17.2.17	福岡高裁（判決）	平成16年（ネ）第789号	損害賠償請求事件	控訴棄却（確定）	当時小学生であった被控訴人（1審原告）が、養父であった控訴人（1審被告）から、平成9年から平成11年頃までにわたってわいせつ行為及び姦淫行為を受けたとして、控訴人に対して慰謝料550万円余の損害賠償を請求した事件。原審は、控訴人の被控訴人に対するわいせつ及び姦淫行為を認定した。不法行為による損害賠償請求権の起算点を当該わいせつ行為及び姦淫行為が可能になった時点であるとし、控訴人が被控訴人と離縁した時（平成12年11月7日）であるとし、本件提訴時（平成15年5月6日、これに先立つ平成14年11月4日催告）に消滅時効は完成していないものと解するのが相当であるとして、控訴人に対して440万円余の支払いを命じた。これに対し控訴審は、消滅時効は存在せず、また加害者を知り得た時とは、法定代理人である母親について、被控訴人が13歳になった平成13年8月23日以降であると認定し、本件起訴時（平成15年5月6日）まで3年の短期時効消滅時効が完成していないとして、控訴を棄却した。	判例タイムズ1188 p.266	松本克美・法律時報78-9 p.105 吉井隆平・判例タイムズ臨時増刊1215 p.114 (平成17年度主要民事判例解説) 三林宏・私法判例リマークス33 p.86
4	H17.10.14	東京地裁（判決）	平成15年（ワ）第22852号	損害賠償請求事件	一部認容一部棄却（確定）	原告が、産婦人科を経営する医師である被告から相次いで、小学6年生から8年間にわたり性的虐待を受けたことにより心的外傷後ストレス障害（PTSD）等に罹患し、働くことができなくなったため、被告に対して不法行為に基づく損害賠償、逸失利益、慰謝料、弁護士費用等合計1億2509万円余の損害賠償を請求した事件。これに対し被告は、原告は被告から性的虐待を行っていたことやPTSDに罹患したことを否定し、原告が被告から相談した具体的な被害の供述内容の概要を、原告の虚言であると主張した。判決は、原告が、あまりにも奇異で不自然であり、原告が全く架空のことを被告から相談したとは考え難いとし、被告の供述の信用性を否定し、約8年間にわたり、被告から性的虐待行為をそれぞれ認定した。さらに、被告の性的虐待行為と原告のPTSDの	判例時報1929 p.62 判例タイムズ1230 p.251	

資料6　刑事法分野判例リスト

身体的虐待事例

	判決日	裁判所	事件番号	事件名	主文	概要	掲載誌	評釈等
1	H13.4.19	福岡高裁宮崎支部（判決）	平12（う）94号	交際中の女性の子ども（3歳）に対するいわゆる児童傷害事件につき、被告人に監護者としての立場を認めた事例（被告人：母親の交際相手）	原判決破棄懲役2年	被告人は妻子を有しながら、他の女性と親密になり、同女には自らの境遇を偽って結婚を考えているという素振りを見せたものの、同児が懐かないことに苛立ちを募らせ、同児の頭部を殴りつける等の暴行を加え、傷害を負わせた事案について、検察側が本件犯行が近時社会問題となっている児童虐待事案であり、被告人に懲役1年2月の実刑が相当であるとして控訴した。本判決は、被告人には監護者としての見地から厳しい処罰が必要なものの、一般予防の見地からも厳しい処罰が必要であるが、これに対し、「その経過からは悪質かつ動機に酌量の余地がないものの、本件の犯行について一般予防的な見地からの処罰の必要性を強調するのが相当とは思えない本件の被害児童が本件犯行について強い精神的ショックを被っており、本件犯行後の被害者との見合いや人形を使った心理面での安堵感が残っている様子がうかがわれ、今後の健全な成長に懸念されるものがある」として、懲役2年の執行猶予を言い渡した。	高検速報1419（平13）p.209	
2	H13.8.22	神戸地裁姫路支部（判決）	平12（わ）583号・634号・781号・平13（わ）18号・98号	両親が幼児（6歳）を折檻死させ、山中にその死体を遺棄した事例	父親：懲役10年、母親：懲役8年	被告人両名は、自らの子ども5歳児童に日常的に躾と称して極めて厳しい折檻を加え、手拳及び木の棒などで同児を殴るなどの暴行を加え、同児を死亡させた事案。本判決は「いかなる理由があろうと、子どもの虐待が許されることはない」とした。また、「この犯行以前の折檻について同児が盗み食いをしないことを改めさせないという罰として同児に腹いっぱい食べさせ、長時間の放置状態に追い込んだことからも、犯行態様は同児が食べ物を求め、同児に死ぬ気で立ち向かうように言われ、極めて空腹状態の陰湿さを隠匿し、犯行時、児が衰弱してしまうかもしれないことを示唆し、このまま児童を放置すれば治療により医師の発見を恐れて同児が異常を発見しないだろうと犯行を続け、折檻行為を悪質であるとして、児童の行動を悪質であるとして、児童の死亡を確信し、父親に懲役10年、母親に懲役8年（空巣について侵入窃盗を含む）について有罪が認定されている。なお、折檻について、本件死亡のほか、本件犯行については父親が単独でした。」	判タ1072 p.299	
3	H13.9.6	旭川地裁（判決）	平13（わ）194号	内縁の妻の実子である兄弟2名に暴行を命じさせた事例	懲役6月執行猶予3年	被告人の実子である7歳と5歳の児童らが兄弟げんかをし、兄が負けんかをし、兄が負けんかをし、兄弟が泣きついたことから、兄弟に罰として「いかなる暴力もふるってはいけない」と日常的に発見に指摘し、外部に対しては仮装した少年児童に対し罰を与え、しつけと称して暴行を繰り返し行っており、外部への発見にはいたらなかった。もっとも、しつけと称して暴行ではない点、動機に酌量の余地があること、被告人に前科前歴がなく、児童虐待に対する一般予防の必要性があること、反省悔悟の態度が高く、被告人の態度が高く、被告人には保護観察付き執行猶予が付けられた。	LEX/DBインターネット	
4	H13.9.27	福井地裁（判決）	平13（わ）34号	内縁の妻の実子（当時3歳）に暴行を加え、死亡させた事例	懲役3年6月	被告人が、内縁の妻の連れ子であるD（当時3歳）の背部、腹部、頭部を手拳などで殴打し、Dの頭部及び背部等に対して暴行を加えた事実が認められるが、うなり声を出し続け、脱糞をし、Dを窒息死させる傷害致死の事案を手掌で殴打し、Dの遺体に残った事実が明らかにDに対する暴行にDが死亡することを認識できるものであったが、たとえ本件犯行に対して被告人を十分認識できる以上、一般予防の必要性からは、本件犯行を被告人が当初は訴をしていた事実をしつけと称して暴行を加えたとしても、自らのかかる行為が非行に対する罪に相当すること、それ以前から前科もなく、本件犯行についても本件以前から前歴もなく、これまでも被告人は24歳と若年であることに加え、前科前歴もなく、これまでもまじめに働いて来た内縁の妻子の被告人との生活を支える情状をもって、懲役3年6月の実刑をもって望むほかないとした。	裁判所HP	http://www.courts.go.jp/hanrei/pdf/E20A83FA02C1833A49256B580009764E.pdf

5	H13.10.31 横浜地裁（判決）	平12(わ)693号	養父が、被害者(9歳)を殴打し、被害者の上腹部などに胸部付近まで持ち上げて落とさせるなどの暴行を加え、死亡させた事例	懲役3年	被告人は、妻とその前夫との特別養子であったA（当時10歳）と被害者（当時9歳）とを養子としていたが、被害者らが親の愛情を巡って反目し合ったり、被害者が学校からの連絡帳にしつけとして暴行を加えるなど、被告人を叱っていった。本件犯行当日、Aは小学校付近に自分に不利益なことが書かれていることを告げたところ、被告人が被告人の連絡帳を見てそのことで落ち込んでいたところ、被告人が被告人の連絡帳を確認する機会に不利益な記載を見つけ、殴打などの暴行を加えるなどの暴行を加え、死亡させたものである。これに対し、弁護人は、本件犯行は親の懲戒権の行使として社会的に相当と認められる範囲に照らし、本件暴行が親権者の主張には理由がないとして、量刑においても、他に明らかにできる方法がなかったことは弁護人の主張する方途を尽くしていたとは認め難いとして、他に明らかにできる方法がなかったことは弁明のできる経緯はなく、被告人に懲役3年を言い渡した。	裁判所HP	http://www.courts.go.jp/hanrei/pdf/8C9B464602ABTF2649256B5A0017O154.pdf
6	H13.11.15 福岡地裁飯塚支部（判決）	平13(わ)135号	妻の連れ子である被告者(1歳3ヶ月)を殴打し、床に叩きつけるなどの暴行を加えて死亡させた事案	懲役5年	被告人が、妻の連れ子である被害者(1歳3ヶ月)が被告人を見て泣き出したことに激昂し、被告人は自分の子供には余地なく短絡的に被告人の暴行（傷害）が被害者に加えられたと認めるに至っていることなど、被害児に対する反省態度、雇用主等からの嘆願書の状況等その他諸般の情状を考慮し、被告人に懲役5年を言い渡した。	裁判所HP	http://www.courts.go.jp/hanrei/pdf/939E0EF020B751E349256B570014ADCA.pdf
7	H13.12.6 福岡地裁（判決）	平12(わ)194号	当時6歳の被害者が他の子どもがもらったお年玉を取ったと隠して、実父と義母被告者と厳寒の屋外に放置した結果、凍死させた事案	懲役3年執行猶予5年	当時6歳の被害者が他の子どもがもらったお年玉を取って隠していると裁判所は年少者が長期間にわたり強度のストレスに晒されていたこと、遺体に残る多くの瘢痕や、胸腺相談所（保育園）、精神科医、児童相談所などの助言を改め、あるいは具体的に制御を回避することが被害者を養育施設に預けるための方法について危険な結果を招いていたことを考慮しているものの、最悪の事態を予想させる、被告人両名の行動に危険性を感じ、ありながら何らかこれを直接的に回避する方法をとらず、直ちに社会内での自力更生を期待させるかどうかについて8名の子供の養育に当たらせる中での自力更生の途を歩ませるものと判断し方が刑政の目的に適うとの判断より、被告人両名について刑の執行猶予を言い渡した。	LEX/DBインターネット	
8	H13.12.25 旭川地裁（判決）	平13(わ)297号	実母が、実子(1歳)の足裏にライターの火をつけるなど傷害を負わせた事案	懲役1年6月執行猶予4年	再婚後、施設から実子を引き取ったにもかかわらず、夫に重大な心理的負担を強いる結果を招き、経済的にも多大な負担を担うこととなり、その一環としてライターで被害者に傷害を負わせたもので、同児に対する刑責は重大であるが、同児に負わせた家族関係を見据えつつ、被告人の実母が養育に自責の念を深めていること、被告人の更生を支援する旨を述べていることなど、被告人のために酌量すべき事情があるとして、刑の執行猶予を言い渡した。	LEX/DBインターネット	

#	判決日	裁判所	事件番号	事案概要	量刑	判決要旨	出典	URL
9	H14.1.24	横浜地裁（判決）	平13(わ)689号	聴覚障害者である被告人夫婦が、当時3歳の長女が夫の餌を散らかしたことや夫と同様に聴覚障害のある妻から餌を食べている夫を叱ったのに反抗的な態度を取ったなどとして激昂し、被害児童の腹部を数回足蹴りするなどの暴行を加え、死亡させた事例	懲役4年	左記の事案において、本判決は、被告人夫婦に対し、保育園や社会福祉関係者らは被害者の惨状から種々の援助を申し出ていたのに、被告人らはこれを受け入れず、対応の保育教育を解消しようとせず、それどころか被害者に対する暴行の危険性についても十分理解しようともせず、感情的に腹立たしいという点から、育児情報の不足があったこと、これに加えて、被告人らは救命のための努力をしていること、高校生の具合が悪くなって小学校、幼稚園の離婚がということが両影響していたということが認められ、被告人らの経験が被告人らの激しいやすい性格の形成に影響を及ぼしたとみうることなどの被告人に有利に斟酌すべき事情も認められるとして、被告人に懲役4年を言い渡した。	裁判所HP	http://www.courts.go.jp/hanrei/pdf/07108462C2C7F98349256C470017C82D.pdf
10	H14.5.9	福井地裁（判決）	平13(わ)120号・141号	被害者（2歳4月）の両親らが、浴槽の湯に顔を浸けるなどで窒息死させた事例	父親：懲役5年6月、母親：懲役5年	被告人両名が、2歳4か月の実子に対し、ホテルの一室で浴槽の湯に顔を沈めるなどの暴行を加えて死亡させ、その死体を遺棄し、以後約8か月にわたり生活を目指して逃亡自動車で逃げ、免許運転を続けていたこと、被告人らが店舗で商品を窃取し、無銭飲食などにより生活費を得ていたこと、被害者について身勝手な延長上にあるとしか考えられない理不尽な暴行の程度は極めて強固かつ執拗であり、いわれのない理不尽な暴行を加えたこと、本件犯行の性質、態度、結果に徴し、被告人らに対する非難は甚大であり、被告人両名を全面的に見ればその回数や内容に大差はないという観点から、本件傷害致死及び死体遺棄に関与したことは明らかであり、共に積極的に関与したこと、父親に対し懲役5年6月、母親に対し懲役5年を言い渡した。	裁判所HP	http://www.courts.go.jp/hanrei/pdf/B4ABBE776lB3FD9E49256BDB001E7EF4.pdf
11	H14.6.14	さいたま地裁（判決）	平13(わ)2361号	同棲していた女性の次男（1歳8月）に暴行を加えて死亡させた事例	懲役4年	被告人が、同棲していた女性の次男（1歳8月）に暴行を加えて死亡させた事案において、被告人の公判供述について、その損傷を全面的に説明できない部分があるとはいえないものの、損傷を説明しうることに終始して唐突であり、これが供述として医学証拠上明らかに証拠に強度の信憑性を疑うことはできない等といわざるを得ないものであって、頭部的なる暴行を加えたことと証拠上認定できることが、これに対応する被告人の供述が相当に乏しいものといわざるを得ないが、本件事案に厳重に対応しているとして、被告人が被害者を死亡させたとして、日常的に暴行を加えていたことに終始して唐突であり、本件傷害致死の各実行行為を見れば、母親と同居しながら、その過程における被告人の被害者に対する暴行について、父親が被害者を見れば、母親とも、被告人に終始に至らせる等のために唐突に行なっている性も十分考慮しに、本件傷害致死について斟酌すべき事情も十分考慮した上で、懲役4年の実用性のある刑期に処することとした。	裁判所HP	http://www.courts.go.jp/hanrei/pdf/D238AB0F832F101249256C80001A6ED2.pdf
12	H14.6.18	長野地裁（判決）	平14(わ)73号	母親とその交際相手である同居男性が、被害者（男児、5歳）に暴行を加え、母親も被害者の足を蹴るなどの暴行を加え、傷害を負わせた事例	母親：懲役1年6月、同居男性：懲役1年6月、執行猶予3年	左記の事案において、本判決は、児童虐待の防止等に関する法律等を引用し、しつけの名目で被害児童の身体に外傷等が生じているからある暴行を加えることは、生じるような暴行、その程度のものではないと判示するとともに、犯罪行為のそのものであり、これを加える親や保護者の立場に立てば残虐な行為であって、自己への児童虐待と認識することに児童虐待を軽視することは、犯罪に対する無縁さを慎むべきであると判示した上で、単に自己の内的ストレスを発散すべきものでもあり、生存を理解できるので理解してしかも可能であること、保護観察付きの執行猶予に付することに、子供に対する暴力等を振るうことの専門性を自覚し、児童虐待に対するカウンセリングの制御を受けることに、同居男性を専門的な指導のもとで、子供に対する暴力を振るわないことの自覚を促し、虐待行為の抑制をすることは可能であること、母親には、同居男性との間に生まれた乳児を擁する等の事情を総合考慮し、刑の執行	LEX/DBインターネット	

13	H14.7.16	名古屋地裁(判決)	平13(わ)1762号	母親とその内縁の夫が、被告人(長女：7歳)に、長期間にわたり、様々な暴行を加え、同人を外傷性ショックにより死亡させた事例	母親：懲役5年6月 母親の内縁の夫：懲役7年	左記の事案において、被告人両名が認められるが、模範となるべき家庭環境において、これをもって親、あるいは、親に代わって残虐すべき立場にあった被告人両名が、第一に被害者の身体・生命の安全を考慮する者として、被告人両名に対して残忍なることを正当化できるものではないとして、被告人に懲役5年6月を、母親の内縁の夫に懲役7年を言い渡した。	裁判所HP	http://www.courts.go.jp/hanrei/pdf/395A744F13556B2049256C69003 1DC102.pdf
14	H14.7.31	山形地裁(判決)	平14(わ)99号	母親が生後わずか3か月の実子に対し、1メートルほどの高さから敷き布団に叩きつける等の過激な暴行を加え、発達遅延を伴う傷害を与えた事案	懲役3年保護観察付執行猶予4年	生後わずか3か月の我が子Bに対し、1メートルほどの高さの敷布団に叩きつけるなどの過激な暴行Bに発達遅延を伴う傷害を加えた本件犯行がB の人格形成に与える影響は計り知れないこと、もっとも、B は治療の結果、元気に成長していること、被告人は、自ら反省悔悟の情を示しており、警察署に出頭して本件事実を申告し、また、今後不十分ながらも警察署に手厚い保護監護を受けていること、被告人の夫らが今後の監護を申し出ていること、被告人は初犯であること等を考慮して、懲役3年、保護観察付執行猶予4年を言い渡した。	裁判所HP	http://www.courts.go.jp/hanrei/pdf/02D7C8DD4F11D004 9256C69003 1DE83.pdf
15	H14.11.8	岡山地裁(判決)	平14(わ)251号	被告人が、内縁の妻の連れ子(2歳)に対し、暴行を加え、死亡させた事例	懲役4年	左記の事案において、被告人は、それまでにも被害児童の母親から同児を叩かないよう再三注意されていたのに、本件犯行に及び、しかも立腹のあまり自己の意思表示すら十分表現できない弱者である2歳の幼児である被害児を足げにしたり、振り下ろした拳で3回も強く頭部に振り付けるものであって、犯行時、被害児童の意識不明な状況となってからも、大変な事態を目前にしている自覚もなく、病院に搬送することもなく、そのまま放置した点なお、本件は被告人にも酌量すべき事情が何ら見られないものがあるとして、懲役4年を言い渡した。	裁判所HP	http://www.courts.go.jp/hanrei/pdf/F4D80EA2A42691EA 49256C95002 5EA03.pdf
16	H15.1.20	名古屋地裁岡崎支部(判決)	平12(わ)666号	母親である被告人が、その連れ子の長男(10歳)をビニール紐で手足を縛った上、ベランダの雨樋に縛り付けて40時間以上も放置し、ショックにより死亡させた事案	懲役2年6月	被告人が、長男に盗みや妹に対するいじめなどの問題行動があるとして、自ら思い悩みつつも、親に対する恐怖感や怯え、親や妹に対する恨みのため自ら手を下しているなどの本件の動機の経緯、被害者を敗血症により約3日間、ほとんど飲食物も与えることなく、全裸で雨樋に縛り付け、10時間近くも放置し、死亡させたという傷害致死の事案である上、犯行前後において、被害児童に共犯者や異なる児童を虐待していたなどほぼ断じ難く、被害児童に対する親としての共犯者であるとはいえ、家庭に孤立し、共犯者に依存したためか、共犯者に対する加害について否定するなど、被告人に有利に斟酌すべき一面もあり、量刑上、これらの情状を加味して、懲役2年6月を言い渡した。	裁判所HP	http://www.courts.go.jp/hanrei/pdf/47D692D9F998167F4 9256D02001C 6AD7.pdf
17	H15.1.23	名古屋地裁(判決)	平14(わ)975号、2303号	被告人が妻の連れ子である養子(2歳)の頭部を叩いて転倒させ、傷害を負わせて死亡させた事案、同児の腹部を殴打するなどの暴行を加えて死亡させた事案、被告人が交際していた女性の児に暴行を加えて加療約1か月の鼻骨骨折等の傷害を負わせた事例など	懲役4年6月	被告人が、養子である被害児の頭部を叩いて転倒させ、同児の腹部を殴打するなどして、全治約1週間の額部挫傷、肝臓挫傷等の傷害を結果に加え、同児を死亡させた(第2)、別に交際していた女性の児に暴行を加えて加療約1か月の鼻骨骨折等の傷害を負わされ(第1)、この男性は被告人は女性から口止めを受けたにもかかわらず、警察に対して、結局、被告人は暴行を振るった旨申告した等で養育すべき者でありながら、犯情が反省の色を作成して悪くなく、更に、第3の犯行も犯して、懲役4年6月を言い渡した。	裁判所HP	http://www.courts.go.jp/hanrei/pdf/44F8CCB9D829EE994 9256D8296D D7003 2A6AC.pdf

18	H15.3.25	静岡地裁浜松支部(判決)	平14(わ)558号	同棲相手の連れ子である実子(2歳)に暴行を加えて死亡させた事例	懲役5年	被告人が、同棲相手の連れ子である当時2歳の被害児の頭部について、2回にわたり、手加減をすることなく手で殴りつけ、感情の赴くまま身体を押さえ付け、身体の重要部位である頭部等を強打する異常な状態になったのに気付かず、布団の中で寝ていた同児の頭部等を壁面もろとも床面に打ち付け、同児の頭部が異常な腫れ方をしていたのにもかかわらず、同児の腸間膜出血の負傷等の生活で後の処置等を怠り、さらに病院に連れて行こうとしなかった被害児の実母が長男がいたこと等、善処すべき点があったところ、被告人らが実母、被告人らは当処す善処すべき点があったこと、被告人は、これらの暴行を十分考慮しても、被告人に対する刑はやむを得ないと考え、懲役5年の実刑に処するために酌むべき事情を十分に考慮しても、被告人に対する実刑はやむを得ないと言わざるを得ない。	裁判所HP	http://www.courts.go.jp/hanrei/pdf/FEE910D1FD7E9382493256D0000393D70.pdf
19	H15.3.27	仙台地裁(判決)	平14(わ)766号	母親が長女(2歳)に暴行を加え、死亡させた事例	懲役3年8月	被害者の母親である被告人が、当時2歳のあるいは足蹴にするなどして被害者を多数回殴打し、硬膜下出血という傷害を負わせ、頭蓋内出血により被害者を死亡させた事案について、被害者を義父母に預けていた期間を除き、本件犯行の約1年前ころから被害者に虐待を加えていたものであり、本件犯行はその一環であることや、直ちに病院等に連れて行くことなど死に至らしめた犯行後の態様は残酷であり、被害者の異変に気付くや、直ちに病院等に連れて行くことなどをしないまま実母の帰り待ち死に至らしめた犯行後の態様は残酷である一方、被告人は、被害者の異常に気付きながらも救命措置を講じなかったなど、被告人の刑責は重いとしつつも、本件は被告人に懲役3年8月の実刑を言い渡した。	裁判所HP	http://www.courts.go.jp/hanrei/pdf/7C4FE23812A82A1B49256D12000142E1.pdf
20	H15.6.16	大分地裁(判決)	平15(わ)33号	母親が長女に対し、自宅において、約1ヶ月半にわたり、金属バット等で殴るなどの暴行を加えた結果、被害者を死亡させた事例	懲役6年	左記の事案において、被告人は、幼稚園へ通う長女と異なり、極めて理不尽かつ本件犯行に至るそのような抵抗をしたまだ年少の被害者に対し、しつけや正当化のあり得ない酩酊による動機による余地のないものであり、被告人は外部との接触がなく、被害者の苦しみを激しいような後退地や罪過の動きにまかせて暴行を繰り返し、その結果、残虐な虐待を持続し続けた挙句死に至ったものであり、密室で一切の抵抗をしないまだ年少の被害児の犯行後の犯行が、その動機が社会に与えた衝撃を考えて、社会に与えた衝撃と被害者に対する重篤な結果は重大であり、本件の犯行が悪質であることに鑑み、被告人を懲役6年に処した。	裁判所HP	http://www.courts.go.jp/hanrei/pdf/2B361C7A8CF72B49256D740004D97E.pdf
21	H15.9.24	札幌地裁(判決)	平15(わ)761号	養父が、同居する養女(5歳)に、加療約6か月以上を要する傷害を負わせた事例	懲役4年	被告人が、同居する5歳の養女の腹部を左手拳で殴打する暴行を加え、その背部を座椅子等に打ち付けて傷害を負わせ、同女に加療約6か月以上を要する傷害を発生した事案につき、被告人は、本件に至るまでが自己の怒りや子供に対し、繰り返し暴行を加えるという日常化した虐待であり、被告人は、本件犯行の数か月前から、被害者に対し暴行を加え、しつけや自らの数か月前日常化した虐待であり、被告人の本件犯行は一連の虐待の集大成ともいうべき性格が強く、身体的苦痛はかなりのものであるにもかかわらず、命にかかわるような重大な結果を招来するにはあった、本件犯行が悪質な結果を招来するに至ったことを認められるものの、身体的苦痛にとどまったのは、結果的に幸いしたとして、本件は、被告人の養女に対する従前の暴行を含めた結果、母親の不存在が原因があると認められるなど、被告人に対する刑はやむを得ないと考え、懲役4年の実刑に処した。	裁判所HP	http://www.courts.go.jp/hanrei/pdf/7D8689EE515D8C2049256F5F001A1655.pdf

22	宇都宮地裁（判決）H15.10.7	平14(わ)832号	日本人と婚姻していた大韓民国国籍の専業主婦の被告人が、里子として預かった日本人女児(3歳)に苛烈な暴行を加え、死亡させた事例	懲役4年	左記事案において、被告人は、既に被害児の実兄を里子として迎え入れていたほか、被害児は僅か4か月の間に3歳の幼子としては必ずしも十分懐いていたとまでは断定的に過ごす横たわりの関係がもうとも良好なものとまでは断定できないなかで、夫の忍耐強く寛容な精神をもって養育に努める一方、障害を心と懐かしはぎの親族を探り、打開策を仰ぎつつ、養育困難を判断した場合特に養育を受けた実子どもの間に不安定さを隠さざるを得ない程度、指示に従うことなど適切な養育を受けた実子どもの間に不安定さを隠さざるを得ない程度、指示に従うなど適切な養育を受けた、被害児を匿まぜざるを得ない程に、指示に従うなど適切な養育を受けた場合、打開策を仰ぎつつ、養育困難を判断した場合など適切な対応をした場合にも、少なくとも乳児院の記録等に基づき時期に体罰を含め、抑止的と受け取られなる直前時期まで打ちないし叩くといった押し勝り程度の身勝手な理由で里親の交流を図るなど、養育態度や措置命令としての責任ある対応に結びつかず、養育機関のストレスをその解決時期から関係を抜け出さざるを得ない、少なくとも乳児院の記録等から見る限り、本件犯行の直接的な原因と同様の行動様式であったかどうか、疑問の余地は残るものの言及を言わ、養育機関の対応が適切であったかどうか、疑問の余地は残るものの言及を言わせ、被告人に懲役4年の実刑を言い渡した。	裁判所HP http://www.courts.go.jp/hanrei/pdf/AC411F392DE9CF964925 6DD60005711E.pdf
23	大分地裁（判決）H16.1.22	平15(わ)341号	父親が、駐車中の自動車内で、生後3か月の長女が泣き止まないことに立腹し、同児の左右側頭部を手拳などで各1回殴打するなどした結果、同児を死亡に至らしめた事例	懲役2年6月	左記の事案において、専ら育児を担当する妻に代わって出ている妻に負い目を感じ、慣れないことにも負担を感じかねての中で、又、妻との関係も本件の1週間前ころから不仲となっていたため、苦手意識もっていた被害児に本件犯行に及んだことに反省の余地は乏しいものの、育児が負担となっていただけでなく、社会的経験に乏しい被告人にとって、本件当時、その年少性(本件当時19歳)や、少年期から始まった被告人の不安定な生育環境に基づく自己中心的かつ感情的な問題もあって、本件犯行の背景が単に個人的な事情であったかどうか、直面し困難な問題にそのまま直面することの余地もあるといえる以上、身勝手な理由で本件犯行に及んだといえる以上、身勝手な理由で本件犯行に及んだ、被害児の冥福を祈りたいと言い渡していることも考慮し、被告人に懲役2年6月を言い渡した。	裁判所HP http://www.courts.go.jp/hanrei/pdf/88769239E5603894 9256E32000D1191.pdf
24①	広島地裁（判決）H16.4.7	平12(わ)923号、平12(わ)946号、平13(わ)14号、平14(わ)67号	同居女性の長男(6歳)をビニール袋に入らせ窒息死させるなどして殺害し、同児の妹(4歳)に対する傷害致死罪等も併せて懲役15年を言い渡した事例(第1審、被告人：同居男性)	懲役15年	被告人が同居していた女性の長男(6歳)に対して虐待を加えた末、さらにその死亡20日後、被害児の殺害を決意するとして失血死させ、それぞれの死体を山中に遺棄した。本判決は、被告人が本件各種々の虐待行為を継続する中で、いずれも男児が死亡に至るであろうと認識していたとは考えられないうえ、本件密封の母親も同児に対し虐待行為を継続しており、被告人が本件犯行に及んだということも容認しがたく、合理的な疑いが残るから、長男を不満等から逃げ出す目的で身を守るべくとして単身殺害行為を受けたまま、密閉に至ったことについては真摯な疑いを解消したものとして解放する前にこれを激情的かつ真意から殺害措置を誤認できないうえ、長男を不満から逃げ出すとしても単発の虐待行為であって、死の恐怖を継続的に与えられていたのは出口ではなく男児については真意ある傷害致死罪として殺害致死を認定した。「愛情へするべき立場にあったのに刑罰的な虐待行為を繰り返し弱い者殺されていることからあまりに凄惨極まりない職務であり、同児らにおいて本件致死行為に至るほど受けた苦痛や死の恐怖に代える想像は想像するに絶するものがある」として、同児らの殺害遺棄などと併せて懲役15年を言い渡した。	判タ1186 p.332

440

	裁判所（判決等）	日付	事件番号	事案の概要	量刑	判決内容	出典	URL
24②	広島地裁（判決）	H16.4.7	平12(わ)946号・平13(わ)14号・67号	上記児の母親について、長男、長女に対する傷害致死の共同正犯の点及び同居男性による傷害致死罪に対する幇助犯につき不作為による幇助を認め、各不作為犯と併せて懲役8年を言い渡した事例	懲役8年	上記児の母親については、同居男性の指示に従っていることから、同居男性による傷害致死罪の共同正犯が成立するかどうかが争われた。この点について、本判決は同居男性の暴行を防止することは困難であったとも見られるが、その措置をとらなかったことが不可能又は著しく困難であったとはいえず、居児の母性の親権者による作為義務が認められ、かつ、同居児の暴力の防止のための唯一の措置が、同居児と同居して本件が発生するかどうかの点等から、不作為による幇助犯が成立するとした上、同居男性の犯行動機に同調していたわけではない。子どもたちは信頼していた母親に裏切られ、理不尽な虐待を受け、将来のあらゆる可能性を奪われて短い一生を終えねばならなかったこと、その結果はあまりにも重大であり、子の利益を優先させず自己の保身を図っていた母親に同情すべき量刑事情はないこと等を考慮のうえ、その他被告人の刑事責任と併せて懲役8年を言い渡した。	判夕1186 p.332	http://www.courts.go.jp/hanrei/pdf/1A92059 2C098D88E492570430029 7750.pdf
24③	広島高裁	H17.3.17	平16(う)115号	同居女性の長男（6歳）をビニール袋に入らせ窒息死させたなどとして母死に至らせた事例（控訴審、被告人：同居男性）	破棄差戻	上記事例において、同居男性が長男を窒息死させた点について、被告人はビニール袋に押し込み虐待行為を繰り返していたが、被害児の口をビニール袋で覆って窒息状態に陥れて、さらにニール袋に押し込んだことを熟知していたため、約5分間にわたって、その口を固く閉ざしたスポーツバッグ内に押し込んでいたことが明らかであって、未必の殺意を有していたと認定でき、未必の殺意を否定した原判決を破棄差し戻した。	判夕1200 p.297 高刑速平17-2 p.307	http://www.courts.go.jp/hanrei/pdf/E1EB7D6 42140F8149256F1E000 95591.pdf
24④	広島高裁（判決）	H17.4.19	平16(う)116号	上記事例の母親について、殺人及び死体遺棄の共同正犯の限度で共謀共同正犯の成立を認定し、懲役12年とした原判決を破棄した事例	原判決破棄 懲役12年	上記事例において、母親である被告人は、いわゆる虐待行為を繰り返し受けた結果、長男が共犯者から執拗かつ強烈な暴行等により全身衰弱状態に陥っていた上、共犯者がビニール袋に押し込んだことを熟知していながら、長男の口を固く閉じスポーツバッグに押し込んだことをも認めていたから、共犯者との間で殺人の殺意を有していたと認められ、殺人の暗黙の意思相通があったことが明らかであって、共犯者らとの殺意共謀を否認する判決には共謀の誤認があるとして、原判決を破棄する。傷害致死罪の限度で共謀が成立するにとどまるとして、殺人罪には共犯の意思を破棄して、長男及び長女に対する傷害致死幇助及び死体遺棄について懲役12年を言い渡した。	高刑速平17-3 p.312 裁判所HP	http://www.courts.go.jp/hanrei/pdf/B7D6421 40F8149256F1E000955 91.pdf
25	名古屋地裁（判決）	H16.7.26	平15(わ)2981号	父親が、生後4か月に満たない長男の頭部に重傷を負わせ、1週間後に死亡させた事例	懲役5年	被害児の父親である被告人が、生後4か月に満たない長男の頭部に殺意をもって殺害しようとした殺人の事案において、殺人の故意は争われ、かつ、自白の任意性とその内容の信用性が争われた事案。被告人の心情を踏まえ、その時の頭部に打ち付けたと述べる状況から、被告人の供述に信用性が認められること、少なくとも2回強く打ち付けたと認定できることから、被告人に確定的な殺意があったことを推定できる状況にあることを認定し、また、自白内容に客観的な状況とも一致する点が認められ、具体的状況から信用性がある点を認め、被告人らの殺意を有していたと認められ、原判決と合致すると認定した。また、被告人に殺意があったと認定することは正しいとして、懲役5年を言い渡した。	裁判所HP	http://www.courts.go.jp/hanrei/pdf/274A55DEFD2FEEDA4925707C00061739.pdf
26	名古屋地裁（判決）	H17.4.19	平15(わ)3288号・平17(わ)522号	18歳の少年が交際相手の子（4歳）に暴行を加え、死亡させた事例	懲役3年以上懲役5年以下	犯行当時18歳だった被告人が、交際相手であるBの母子であるC（4歳）に暴行を加えて死亡させた傷害致死とその母親であるBに対する暴行の事案において、被告人が殺人の犯意を争ったところ、被告人には殺意までは認められず、Cに対する暴行の内容、行為の態様等は、Cの死因となった原因関係にある暴行を加えたことに合理的な疑いが残るとはいえないが、被告人の右肋骨骨折を開放腔させたとしつけの不適切だったとそれは社会的に容認されるものではなく、被告人が養育開始により受けた苦労と比較して強度に酷いとまでは認められず、被告人が保護育成するものであるとして、被告人を懲役3年以上懲役5年以下の不定期刑に処した。	裁判所HP	http://www.courts.go.jp/hanrei/pdf/A55DEFD2FEEDA4925707C00061739.pdf

27	H17.5.20	さいたま地裁（判決）	平16(わ)654号	父親が生後3か月の四男と、その2年後に生後1歳3か月の長女をそれぞれ虐待して死亡させた事例	懲役9年	被告人が、生後3か月の四男死、その2年後に生後1歳3か月の長女を、執拗かつ激しく殴打又は投げ落として死亡させた各傷害致死の事案について、被告人は1歳3か月の乳幼児に対し、ベビーキャリーごと床に座らせて畳や布団の上に出血で下出血を生じさせるような暴行を加え、その動機も、できるように激怒し相応な理由もなく、独り座りもまだできない乳幼児に対し激しい非難抗力のない被告人の身近にいる身勝手極まりないもので、酌量の余地はなく、本件各傷害致死における長期間にわたる家庭内暴力が犯行の根源に罪刑事情と2名の無辜なる我が子の命を失わせた結果の重大性、犯罪性向を考慮して、懲役9年を言い渡した。	裁判所HP	http://www.courts.go.jp/hanrei/pdf/3E9118201A5323C5492570A4001E87B6/pdf
28	H17.9.6	仙台地裁（判決）	平16(わ)664号・746号・789号	父親が、生後間もない次男を殺害し、その約1か月後に、1歳の長男を殺害して死体を遺棄した事例	懲役17年	被告人が、生後間もない次男と、妻と共謀しての死体焼損し、その約1か月後に、1歳の長男の頭部を手拳で殴打する等し、死亡させた各事案において、殺意をもっての殺害、平手で殴打するなど等して死亡させた事案では、被告人の動機も、自己中心的で非人間的なもので、残酷を極めており、子どもを嫌悪する反面的情に基づく極めて非難されるばかりではなく、その子どもを生育する特異な重大性、被告人に前科前歴がないこと等を考慮して、懲役17年を言い渡した。	裁判所HP	http://www.courts.go.jp/hanrei/pdf/71B6058A4B120891492570D0018E21.pdf
29	H18.6.9	大阪地裁（判決）	平17(わ)6060号	内妻の実子（2歳）に暴行を加え、傷害を負わせたものの、殺害には至らなかった被告人に殺人未遂罪を認定した事例	懲役5年	被告人が内妻の実子（当時2歳）の腹部を炬燵天板に押し付け、全治約3ヶ月間を要する十二指腸破裂等の傷害を負わせたが、殺害には至らなかった殺人未遂事案について、殺意をもったものの、殺害に至らなかった被害者の死の危険性があること、被告人は当該暴行を加えたが、答弁の経過も悪化していくのを知りながら、当初隠ぺい工作に終始したこと、かかる行動からも、被告人が抱く殺意を推認することができること、継続的な幼児虐待の結果本件犯行されたものではなく、一時的な激情に駆られた偶発的犯行であることから、殺人未遂罪は認定することはできないと一方、本件は偶発的な殺人が下されたということもできないから、懲役5年を言い渡した。	裁判所HP	http://www.courts.go.jp/hanrei/pdf/200606271/20558.pdf
30	H18.10.11	東京高裁	平18(う)2203号	内妻と共謀の上、内妻の子（3歳9月）に暴行を加え、加療約6か月間の傷害を負わせた事案	原判決破棄 懲役2年8月	被告人は、内妻の子（当時3歳9か月）に加療約6か月を要する傷害を負わせた事案について、被告人は、単に自分たちの体罰を受け入れない過ぎたのであり、同児らを同児らの身勝手な都合から、過激な体罰により鬱憤を発散して暴行に及び児らを疎んじていく事情がうかがえ、酌むべき事情に乏しく、一般予防の観点から考慮すると、本件は執行猶予を付すべき事案とはいえないから、懲役2年8月の実刑を言い渡した。	高検速報3308(平18)p.242	
31	H18.12.1	東京高裁（判決）	平18(う)2349号	実子（3歳）に暴行を加え、死亡させ、傷害致死罪について、両親の量刑を踏まえ、刑法改正を踏まえても、不当であるとまではいえないとした事例	控訴棄却（父親：懲役7年 母親：懲役6年6月）	施設から引き取ったばかりの3歳の長男を虐待死させた傷害致死の量刑について、父親について懲役12年（求刑懲役13年）、母親について懲役6年6月（求刑懲役7年）を言い渡した原判決の量刑について、検察官が主張した量刑法（平成16年法律第156号）改正による児童虐待事案の処罰についての動機、態様、結果、関係者らに対する影響などの社会的影響の情状について検討した結果、結論において原判決に不当はないから、本件は必要以上に有利にも不利にも評価しているものではなく、原判決の量刑を量刑事情を総合的に考慮しても刑の執行を踏まえても不当であるとまではいえないとして、控訴を棄却した。	東高刑時報57-1~12 p.72	

ネグレクト事例

	判決日	裁判所	事件番号	事件名	主文	概要	掲載誌	評釈等
32①	H13.6.21	大阪高裁（判決）	平12（う）1227号	母親が長女（1歳8ヶ月）に対し、長期間生育に必要な飲食物を与えず衰弱死させ、同児の死亡を長男に告げる等をし死亡させ、長女の殺害及び三女への殺害についてはし確定的殺意、三女への殺害については夫との間で共同正犯の成立が認められた事例（被告人：母親）	破棄自判 懲役15年	(1) 被告人は、長女の発達が遅れがちで、愛嬌がないなどの理由から同児を疎ましく思い、夫と共謀の上、生育に必要な飲食物を与えずに殺害しようと決意し、同児がミルクしから食べないからと言って少量のみ与え、同児が衰弱死するようなスケジュールにより、やせ細るのを放置し続けた上、長女の死亡を餓死させた。(2) 同児の死亡を同様に望まず出生を期待していなかった三女に対しても、同様に同児が離乳しようとしたが、実母が同児に乳やせ細っていく事を見つけられ、夫に三女とも同じくるよう言い、同児を殺害しようとしたから泣きつかれた夫と泣きながら同児の就寝に立ち去らないと言い、同児及び保険金を騙し取った。(3) 三女の死亡を事故死を装い、保険会社から保険金を騙し取った、身勝手な言動を三度繰り返し、同児の頭顔面及び腹部を殴し、同児を天板につけ死し殴打された、同児を立たせたり、天板に立たせたりなどの暴行を加えた事案について、夫との共謀に基づき懲役13年を言い渡した。本判決は、三女の死亡及び保険金の詐取について未必の故意を認め、原判決は破棄し三女の殺害について夫との間で確定的殺意の共謀が認められるとして被告人と夫の共謀による三女の殺害行については夫の警察への通報に対する激烈なる暴行を加えられた被告人の精神的動機の共同正犯の成立が認められるとして夫との共謀による懲役15年を言い渡した。	判タ1085 p.292	
32②	H13.9.21	大阪高裁（判決）	平13（う）622号	上記事案の共犯である夫に対し、共犯者である妻との均衡等から被告人を懲役15年とした事例	原判決破棄 懲役15年	上記事案の共犯者である夫について、確定的殺意の放置を認め、夫に制止を求めるべきであったが、自らも犯行に加わっていたのであり、家事にしないので、家事に専念していた事、三女の殺害についても、止めるなどの気持ちがあったが、被告人自身の積極的な殺害計画とのことから、自らも犯行に及んだことが認められることから、被告人の犯行の程度に直接認定判断により妻に連絡して夫に対する激烈なる暴力を止めようと向けられたものがあるので、夫と共謀の上、自らに対する残虐行為を避けるためにしたいう事情に鑑み、一般社会に対する影響力が小さいとして夫との共謀による懲役15年を言い渡した。	裁判所HP	http://www.courts.go.jp/hanrei/pdf/83BFF7D91389909349256B5900222FCC.pdf
33	H14.2.25	さいたま地裁（判決）	平13（わ）870号	長男（3ヶ月）の低栄養による死亡について、同児との夫である者との共謀の上での保護責任者遺棄致死罪、三男（4ヶ月）について単独による傷害罪が認定された事案（被告人：母親）	懲役4年	被告人は、長男の親権者である夫との共犯者でもあり、同児を保護する責任を負っていたが、夫と暗黙のうちに意思を相通じ、同児を低栄養状態に陥らせ約1ヶ月の間において十分な授乳等の世話をせず、その頭部顔面が社会に死亡したこれらは、これを放置していた三男に熱湯を接触させたる物体を接触させる暴行を加え、同児の顔面等に加療正当時約3年8月を要する傷害を負わせたという事案において、乳幼児虐待型の育児放棄型に属するに子供が死亡したという事案に鑑み、懲役15年を言い渡した。	判タ1140 p.282	
34①	H14.6.21	神戸地裁（判決）	平14（わ）235号・345号	母親が、長男（2歳6ヶ月）及び次男（1歳7ヶ月）の幼児2人の養育を放棄し、その生存に必要な保護を怠り、次男を衰弱死するに至らせた事例	懲役2年	左記事案において、被告人は、被害児らの母親であり、夫が育児に関心を示さない状況下において、被害児らの面倒をみるほかすべての生存すら保ができること、被害児らは成長するほど最重要な保護責任を負う立場であったにもかかわらず、自ら被告人は幼い子らをほとんど世話することなく、家族を含めた他人を拒絶し続け、次男を死に至らしめた等の口実等で被害児らの手当を拒絶し、被告人の口論等により夫と共に心無関心で、育児に関して何ら実質的な協力を得ることができ夫が非情で、身勝手でバイローゼからず、夫と相談する事もできず、精神的な育児放棄には相当の影響が大きかったとも言える一方、本件当時、いわゆる育児ノイローゼや夫への相談等で追い詰められた心理状態であったことも家族や児童相談所などに相談もできなかったこと等から、被告人の残虐非情に対ところなく、被告人なく育児に関する責任を十分自覚できる状態ではなかった等を被告人に有利に考慮し、懲役2年の実刑を言い渡した。	裁判所HP	http://www.courts.go.jp/hanrei/pdf/A69C364586BA02E49256BF4002CB3AC.pdf

	日付	裁判所	事件番号	事案	判決	判決要旨	出典	URL
34②	H14.10.25	神戸地裁（判決）	平14（わ）317号351号	上記事案の被害者らの父親との妻の養育放棄を知りながら、被害者らを保護する必要な保護をせず、生存するまで生存死に至らせた事例	懲役2年	上記事案の父親について、同人は、被害児らに対して食事を与えたりなどの行動を全く取ることがないばかりか、夜は自動車内で寝るなど帰宅する生活を送りつけ、次男が自宅にしたもののど健康状態の確認をしないでいた間、被告人の行動は、被害児らの生存に必要な保護をしなかったことを通じて殺人の共謀が成立し得るものであり、その故意があったとも認められないとして、母親と同じく懲役2年の実刑の執行猶予を言い渡した。	裁判所HP	http://www.courts.go.jp/hanrei/pdf/415EE9288E7EC92B49256C92003167F3.pdf
35①	H14.10.30	名古屋地裁（判決）	平12（わ）2912号	両親が、被害児（3歳）に適切な食事を与えず、死んでもかまわないとの意思を相通じて放置し餓死させた事例	懲役7年（両名）	被害児の実の両親である被告人両名が、同居していた被害児の長女に3歳に至るまで適切な食事をさせることもなく、段ボール箱に入れたまま放置して、餓死させたという事案につき、殺害児の死の結果を防止するため、被害児の健康状態の確認をしなかったなど、被告人両名の死に至ることについて、暗黙の裡に了解し合ったものとも認められるとして、殺人の共謀共同正犯が成立した上で意思決定の実子であり、その故意があったことを通じて殺人の共同正犯が成立するとして、被告人両名を懲役7年に処した。	D1-Law.com	
35②	H15.10.15	名古屋高裁（判決）	平15（う）94号	上記事案の控訴審で、原審成立を認め、罪の成立を認め、被告人らの控訴を棄却した事例	控訴棄却（両名：懲役7年）	上記事案の控訴審につき、被害者を餓死するに至らせたことについて、被告人両名等からかろうじて死んであきらめた等の経緯を考えれば、被告人両名とも死んでしまってもやむを得ないとの「未必的な殺意」があったと認定した原判決が正当であるとし、更に被害児が餓死をまま放置すれば「未必の死」の親心が、暗黙のうちに了解を得ることが、未熟であり、事件に影響を及ぼさずはなかったとしても、被告人両名の人格的特性を積極的に振る舞っていたとみられるところ、被告人両名の生育環境に由る不備を考慮しても、これが重過ぎて不当であるとはいえないとした。	裁判所HP	http://www.courts.go.jp/hanrei/pdf/E63193D68E821034 49256E8210008 41E5.pdf
36①	H15.2.21	さいたま地裁（判決）	平14（わ）450号	母親が、思い通りにしつけができないことから、夫（被害者の養父）と共に、被害者（2歳）に暴行や飲食物を与えない等の行為を繰り返し、脱水による循環不全等により、被害者を死亡させた事例	懲役9年	左記の事案について、被害者は、当時2歳とまだ幼いことからすれば、食事中にいたずらをしたり、注意されても謝らずにすねたりすることは無理からぬことであるのに、犯行の動機、経緯は酌量の余地が一途に反しないものであり、本件における被告人の態度にはいっそう立ちよいところもなく、やがて終始一貫主体的かつ積極的に振舞っていることの果たした役割をみるに、被告人が加えたことにより、その刑責は夫に比べて重いと言わざるを得ないとして、懲役9年を言い渡した。	LEX/DBインターネット	
36②	H15.3.12	さいたま地裁（判決）	平14（わ）450号	上記事例の被告人の夫であり、被害者の養父であり、被告人に対し、懲役8年が言い渡された事例	懲役8年	左記の事案について、被害者は、当時2歳とまだ幼いことからすれば、食事中にいたずらをしたり、注意されても謝らずにすねたりすることは無理からぬことであるのに、犯行の動機、経緯は酌量の余地が一途に反しないものであり、自らが血のつながっていない被害者などをどうなってもよいといった気持ちから、食べ物や飲物を与えないなどして相当な激しい暴行を加えるに至ったのであるが、妻が行う相当の折檻を加えたことから、被告者が死亡するに至ったことにあたって、被告者に加えた折檻の全体として、その程度は軽いとみられることから、懲役8年を言い渡した。	裁判所HP	http://www.courts.go.jp/hanrei/pdf/8099E24CB85BC2C0 49256D0800396 F3C.pdf

37①	H15.4.23	岡山地裁 (判決)	平14(わ)773号	母親が、被害者（11歳）にわずかな食べ物しか与えずに、漫然とこれを放置し、飢餓状況下による衰弱を表現させた事例	懲役2年4月	左記の事案につき、被告人は、にわか行政機関に経済的支援を求めることもできたのにこれを怠ったこと、何らかの方法で肉親に連絡して児の危険な状態に陥るのを止めることもできたのに明らかに急を呼ぶ努力が乏しかったといえる一方で、被告人自らが飢餓状態に陥って移動・車椅子で移動しなければならない身体であり、現在も断続的に近い形態であること等を認められるとして、被告人に有利に斟酌すべき事情も認められるとして、被告人に懲役2年4月を言い渡した。	裁判所HP	http://www.courts.go.jp/hanrei/pdf/8D076 3B6DC2E21DF49256D410027FFFD.pdf
37②	H16.1.28	広島高裁岡山支部 (判決)	平15(う)59号	上記事案の控訴審で、本件は、いわゆる種々の悪条件が重なった死亡という消極的な側面から懲役というよりも、被告人のみに帰すべきだとが認められるとして、執行猶予を付すのが相当であるとして、執行猶予を付した事例	懲役2年4月保護観察付執行猶予4年	上記事案の控訴審において、弁護人は心神耗弱を主張したが、関係証拠から認められる事実から本件当時、被告人は心神耗弱の状態にあったとはいえず、そうした主張を排斥しつつ、初めての土地での居住生活を受けた2回程度の食料の提供を受けたことがあったとはいえ、公的機関を頼りがたい状況下で、親密な近所付き合いもなく、被害者共々衰弱し、遂には被害者共々死ぬしかないという気持ちに至ったことについて、その経緯という消極的な側面が重なったという悪条件が認められるものがあり、本件はいわば覚悟の全責任を被告人のみに帰するのが極めて酷であるので、一種の行政機関等が援助の申入れをすれば酌むべき側面から酷こくこともあるとして、執行猶予を付す酌量減刑すべき事情が認められる事例として、執行猶予を付した。	裁判所HP	http://www.courts.go.jp/hanrei/pdf/4A041EBF76086E0949256E51000B80AF.pdf
38	H17.8.10	広島高裁岡山支部 (判決)	平17(う)80号	妻が不貞をして出産した子（2歳）が熱傷を負い、十分な医療措置を受けさせず、妻と共謀して死亡させた、被告人の控訴を棄却した事例	控訴棄却 (同名: 懲役7年)	被告人が、妻のAが不貞をして出産し熱傷を負ったBを引き取ったが、当時2歳のBが生命に危険を生じかねない傷害を負い、そのままBに医療機関の治療を受けさせないで意思疎通を図り、放置して死亡させたことをAと見つつ、Bを暗黙のうちに見守り、意思相通じ、共に暗黙のうちに認識を一致させ、Bに対して医療機関等の不作為の手段について公的機関を知らないままに、殺人の実行行為を共にし、殺人罪の共同正犯が成立するとして、本件殺人の実行共同正犯である理由の判決の判断は結論において相当と認められるとして、原判決の判断は結論において相当と認め、控訴を棄却した。	裁判所HP	http://www.courts.go.jp/hanrei/pdf/566D1183EAFC65CF49257B2000CC14C.pdf
39①	H17.10.12	さいたま地裁 (判決)	平17(わ)209号	母親が、長女（3歳）に対して、4か月近くにわたり食事などを与えることをせず、適切な養育をすることなく死亡させた事例	懲役12年	母親が、交際相手と共謀の上、3歳の長女に対して、4か月余りにわたり、十分な食事を与えることなどをせず、さらに、途中、実家の両親のアパートへロフト上に放置して、被害児を極度にやせ水分不足にさせながら、被害児を極度の飢餓状態に陥らせ、被害児の死亡当日まで食事等を与えることなく、餓死等させるかもしれないという可能性があるといえる。被告人は、共犯者とともに殺人の未必の故意があったとは認められないとはいえ、被告人は、被害児の愛育を極めて邪険に扱うなどし、身勝手極まりない動機や経緯に酌量すべき事情もないことから、懲役12年を言い渡した。	裁判所HP	http://www.courts.go.jp/hanrei/pdf/0509192637.pdf
39②	H18.5.10	さいたま地裁 (判決)	平17(わ)209号	上記事例の被告人の交際相手について、交際相手との殺人罪の共同正犯が成立するとして、殺人罪が成立するとした事例	懲役8年	交際相手と共謀の上、交際相手の実子である3歳の女子に対し、交際相手が虐待を知りつつ同居しながら何の支援も与えず、これを容認しつつ、被害児を致死させる結果になる極度にやせた状態に陥らせ、医療機関に治療を受けさせるなど、特段の医療措置を講ずる必要があったこと、被告人は、医療行為を受ける必要があったことを知りながら、被害児を医療機関に治療を受けさせるなどの措置を取らず、速やかに治療を受けさせる義務があったとして、殺人罪の共同正犯が成立するものがあったとして、被告人に懲役8年を言い渡した。	裁判所HP	http://www.courts.go.jp/hanrei/pdf/0509192637.pdf

性的虐待事例

	判決日	裁判所	事件番号	事件名	主文	概要	掲載誌	評釈等
40	H14.1.15	さいたま地裁（判決）	平13(わ)694号・1014号	当時11歳の連れ子であった妻の連れ子を強姦し、さらに15歳となった同女に正当な理由なく同意性交をしたという事件	懲役5年	被告人は、幼い少女に性的興味を抱き、妻子ある身で間もない当時9歳の女児をフィリピンから引き取って養育し始めていることから、同女に対する性的非行は同女がこれで満足できるようになく、また、公判廷に至ると一緒に暮らしたいなど被告人の家族と一緒に暮らすことがわかっているかあるが、その判断と思われないまま供述をしており、十分な反省の態度はうかがわれないとして、懲役5年を言い渡した。	裁判所HP	http://www.courts.go.jp/hanrei/pdf/DD04583B223F837049256BF90015761.pdf
41	H15.3.27	前橋地裁（判決）	平14(わ)306号・343号・398号・531号	実の娘である被害者内（13歳）を強姦し、その際に傷害を負わせた事例等	無期懲役	関係証拠によれば、被告人は、髪をかきむしったり、自分が日々虐待している苦しい出来事決して見受けられ、自身でコントロールできない重症の強姦をも犯す、その他の強姦、殺人、死体遺棄等。	裁判所HP	http://www.courts.go.jp/hanrei/pdf/7881ED2FE9379FA949256D5F0021A4C.pdf
42	H17.6.16	東京高裁	平17(う)745号	父親が13歳の実の娘を相手に自己を性交させて児童に淫行させた事件	控訴棄却（懲役6年）	被告人が、中学1年の実の娘（当時13歳）に対して、自宅で2回にわたり自己と性交させたという児童福祉法違反の事案について、被告人は、小学校4年生のころから同女にわいせつな行為を繰り返し、以来2年間にわたる本件犯行に及んだうえ、同女との性交を止めようとせず、本件犯行による同女の人格形成に大きな悪影響を与えたうえ、同女の態度から深い反省を示していることは疑わしく、人への道を外れた犯行であって、児童福祉法違反事案として厳しい非難に値する悪質な事案であって、本件が性的虐待事案として重きに処することは不当とは言えないとした。	高検速報3242（平17）p.125	

子殺し事例

	判決日	裁判所	事件番号	事件名	主文	概要	掲載誌	評釈等
43	H13.2.15	神戸家裁姫路支部（決定）	平13(少)48号	分娩した男児を殺害し放置して死体遺棄事件を少年院に送致した19歳の女子少年を中等少年院に送致した事例	中等少年院送致	分娩した男児を浴槽の湯の中に入れ、殺意をもって放置して死亡させた事件、死体遺棄事件について、少年の年齢及び非行の内容からすると、少年に対する検察官送致処分もあり得るが、本件非行は少年の未成熟な面から引き起こされたものであり、少年の社会復帰に向けた矯正教育を施すことが相当であって、少年の質問面での問題点を改善することが必要であるとして、少年を中等少年院に送致した。	家裁月報53-8 p.84	
44	H13.9.19	横浜地裁川崎支部（判決）	平13(わ)265号	母親が、育児の行き詰まりから、当時4か月の長男を殺害した事例	懲役3年執行猶予4年	被告者の母親である被告人が、その前頭部に手を出すことができず、被告人の母親に代わって被告人に育児指導し強く圧迫し、本件犯行に走ったものである。弁護人は、本件非行は少年の積極的であり、本件犯行は突発的であって、被告人が自らの犯行を捜査機関に自ら出頭して自白したことからすると、被告人が本件犯行を行うことに反すべきであるとして、被告人の夫を介して夫の長男に対する出頭を依頼し、自ら捜査機関に出頭して自白したことは相当評価されるべきであり、罪数事情を申告することは、被告人が自ら出発で出頭をしたとしても、捜査機関に対して自白したとしても実を申告するのが当然であって出頭というべきではなく、被告人は産後のうつ病の症状があったと認められたことに反するという、異常ないわゆる「幼児虐待」に登録されている。	裁判所HP	http://www.courts.go.jp/hanrei/pdf/DA6D6E4D091EAAE549256B5A0001638l.pdf

						LEX/DBインターネット
45	H13.10.25	甲府地裁（判決）	平13（わ）270号	自室にて男児を分娩し、その処置に困り、被告人が窒息死させ、遺棄して自動車内で死体を遺棄した事例	懲役4年6月	被告人は、生まれてくるのであろう子の父親であることへの責任を放棄して育てての愛情を欠くに及んでおり、母親はもちろのこと極めて身勝手かつ自己中心的な犯行であり、本件犯行の約5年前にもその自覚と同様の犯行により、執行猶予付きで懲役6年前には同種の刑事責任は重大であるとして、本件の刑事責任は重大であるとして、被告人に懲役6年の判決が下されていることから、被告人に懲役6年の判決を受けていることからも、本件犯行に至っていることからも、被告人に懲役6年を言い渡した。	裁判所HP http://www.courts.go.jp/hanrei/pdf/CFEA1AC31CAE93874925 6CE0000C9A69.pdf
46	H14.10.24	青森地裁弘前支部（判決）	平14（わ）30号	母親が、生活苦から将来を悲観して、長女（7歳）を殺害し、自分も自殺しようと心中を決意し、就寝中の長女の首をスカーフで絞めて殺害した事例	懲役5年	被告人が、生活苦から、自分も自殺して心中しようと決意し、被告人は心神耗弱状態にあったと主張するが、関係証拠によれば、うつ的症状を呈し不安定ではあったが、心神耗弱状態であるとは認められないとしたう えで、その刑事責任能力は完全にはしも十全な事があったかったと認められ、あまりも身勝手と言わざるを得ず、犯行態様も残忍的であり、被告人は犯行後両親から何ら働らかけられることなく自ら犯行を認め、両親に謝ったり、被告人と一緒にいたこと、被告人は真摯に反省していること、前科前歴がないことを被告人にとって客観的に見て、経済及び刑事責任は、あくまで被告人の真摯な努力が認められること、前科前歴がないこと等を考慮し、懲役5年を言い渡した。	裁判所HP http://www.courts.go.jp/hanrei/pdf/F8EC3F4760CD18104 9256CB4001BE254.pdf
47	H14.11.1	さいたま地裁（判決）	平14（わ）967号	被告人が、自宅の便所内で分娩した男児の口腔内にトイレットペーパーを詰め込んで窒息死させた事例	懲役3年執行猶予4年	本件は、被告人が、自己が妊娠していることに気づいていながらも、交際相手にも両親にも妊娠の事実を告げないまま臨月を迎え、1人自宅内にて分娩に及んだが、母親に助けを求めることもなく、自宅にいた母親に気付かれるとはいえ、その処置に混乱し短絡的に我が子に対する哀しみの気持ちを忘れてしまった情状酌量的な事情があるものの、被告人自身からは反省の態度が強く見受けられるといえとしても、身勝手で自己中心的な犯行というほかないこと、被告人は前科前歴がないこと等を考慮し、懲役3年、執行猶予4年を言い渡した。	裁判所HP http://www.courts.go.jp/hanrei/pdf/5DD1495 7C5DFC1194 9256CF7002E0 4EA.pdf
48	H15.1.31	長崎地裁（判決）	平11（わ）188号、211号、225号、251号	母親とその内縁の夫が共謀の上、保険金目的で実子（次男、当時16歳）を殺害した事件において死刑が言い渡された事例	死刑	当時愛人関係にあった被告人両名が共謀して、生命保険会社から保険金を騙取することを企て、あるいはその処罰を免れるためだけの目的で、法律上は家族に入ることもあるを被害者の意思を用いて中で、家族内の人間関係に根ざした家族間の刑で執り行うような例もあることとは異なり、家族内の人間関係に根ざした犯行の動機に基づくものは、全くあくなき計画的かつ冷酷・残虐な犯行であって、家族間の愛情の希薄化、打算的な金銭欲、酌むべき事情を欠いているなどとして、被告人両名を死刑に処した。	判タ1164 p.292裁判所HP http://www.courts.go.jp/hanrei/pdf/5DD1495 7C5DFC1194 9256CF7002E0 4EA.pdf
49	H16.12.15	旭川地裁（判決）	平15（わ）264号	実子を殺害しようと企てて、殺人未遂の罪に問われた母親が無罪を言い渡された事例	無罪	被害児の母親である被告人が、実子を全身身体拘束の意図を持って、全治約3日間を要する傷害を負わせた事件として、被告人の犯行直後の自白があり、被告人の入れる余地があるかについては被告人が殺意を持ってしたことを本件犯行に及んだということについて十分な補強証拠がないことから、被告人の自白調書どちらの立証によるとしても、合理的な疑いを容れない立証がないとして、無罪を言い渡した。	裁判所HP http://www.courts.go.jp/hanrei/pdf/87FED38198B11 2E749256F8E0020A877.pdf
50	H18.3.10	鹿児島地裁（判決）	平17（わ）315号	女児を分娩した被告人が、生まれて間もない同児を殺害した事例	懲役3年	女児を分娩した被告人が、生まれて間もない同児の頭部等をつけた携帯電話を首に数回巻き付けた上圧迫して殺害し、同児を自宅居室中心の自己の意のままに押し込めて殺害したほか、本件犯行に至る自らの身勝手かつ悪質な中でもあるとして、本件犯罪事情は誠に残虐な事案と評価するべきであるとして、本件の実刑による、懲役3年の実刑を言い渡した。	裁判所HP http://www.courts.go.jp/hanrei/pdf/200604112 03816.pdf

心神耗弱事例

	判決日	裁判所	事件番号	事件名	主文	概要	掲載誌	評釈等
51	H15.7.15	さいたま地裁（判決）	平14（わ）411号	無理心中事案において、被告人が、神経症性うつ病又は反応性うつ病を伴ううつ状態にあったため、心神耗弱の状態にあったとした事例	懲役7年	母親である被告人が、知的障害のある次女（6歳）の将来を悲観し、2人を乗せた自動車内に火を放ち焼死させた事案につき、重度のうつ病に罹患しており、心神喪失ないし心神耗弱の状態にあったと主張したのに対し、被告人は反応性又は神経症性のうつ病に罹患し、犯行後、かけつけた男性に対する言動等からして、被告人の犯行当時の言動に照らすなどすると、被告人は犯行当時、事理を弁識してこれに従って行動する能力を全く失っていたとは認められないとして、心神耗弱の状態にあったと認定した。	裁判所HP	http://www.courts.go.jp/hanrei/pdf/28BD4534E980C6B349256D95001E0EBB.pdf

施設等における虐待児例

	判決日	裁判所	事件番号	事件名	主文	概要	掲載誌	評釈等
52①	H14.3.26	宮崎地裁（判決）	平12（わ）32号・63号・145号	加江田塾ミイラ化遺体事件判決	懲役7年	難病に罹患している男児の治療を親から引き受けた上、祈祷類似行為などを繰り返すのみで、医学的に必要な治療を受けさせるに至らせる目的で、死亡するに至らせる目的であったと認められるものと認め、同児の生存に必要な医療措置を怠り、同児の母親が医学的治療を受けさせたいと思うようになってからは、漫然と同児の母親が医学的治療を受けさせることを期待するにとどまり、自ら医療措置をとらず、この所為が「生存に必要な保護をしなかった」ときに該当するものであって、被告人らが出生以来、同児の生存を確保するためには、医学的に相当の処置について死体遺棄罪の成立を認めた。	判タ1115 p.284	
52②	H14.12.19	福岡高裁宮崎支部（判決）	平14（う）39号	加江田塾ミイラ化体事件控訴審判決	控訴棄却	上記事案の控訴審において、被告人らは、甲野塾の本館二階西側洋間の床下に置き、その後約3か月間、塾生を甲野塾の本館西側洋間に設置したと主張したのに対し、[振動機]等の工作物が認められ、死体を放置していたことに変わりはなく、男児の死亡の意図がいかなるものであれ、客観的には、死体を放置したものとして、死体遺棄罪の成立を認めた。	判タ1185 p.338 高検速報1433（平14）p.184	
53	H14.6.3	横浜地裁（判決）	平12（わ）1528号 1868号 1706号 2043号	無認可保育施設の園長をしていた被告人が、保育していた園児に暴行を加え、2名を死亡させ、4名に傷害を負わせた事例	懲役20年	左記の事案で、本件の被告者は、いずれも事件当時0歳ないし2歳の乳幼児であり、犯行は被告人と被告者らしかいない間における行為であるため、死亡に至る経過について直接的な証拠は被告人の供述に頼らざるを得ないところ、犯行前後における被告者が保育施設に行かれていないか調べていたことも、犯行直後に被告人らの周りに被告人らの虐待が認められたことや事件発覚直前の被告者が保育施設にいる間に体の異常が発見され、被告者が保育に預けられていない間に、被告人に預けられていた間などとの間接事実を積み重ねによる立証が行われ、被告人に懲役20年が言い渡された。	判タ1139 p.295	

告訴能力・証言能力

	判決日	裁判所	事件番号	事件名	主文	概要	掲載誌	評釈等
54	H15.6.20	東京地裁（判決）	平15（合わ）91号	強姦の被害者が告訴当時12歳3か月の小学6年生であったから告訴能力に欠けるとはされないとした事例	懲役8年	被告人が同居していた内妻の子である被害児童に対し、同児が13歳未満であることを知りながら姦淫した事案において、被害抄本作成の告訴状および検察官に対する処罰を求めているものであるから、本件被告人に対する処罰感情を持ちつつ、被害者の内容を具体的に認識しつつ、子が当時12歳3か月の小学6年生であったからといって、その供述内容の意義を理解しえないとは言えず、自分の告訴能力に欠けるところはなく、昨今、児童虐待の事例が多うく事情であるからといって、その告訴内容に照らし、情状として、その告訴事例が強く叫ばれる情勢に照らし、児童の保護法益より強く叫ばれる情勢に照らし、被告人の行為は厳しく非難を免れないとして、被告人に懲役8年を言い渡した。	判時1843 p.159	
55	H17.3.31	横浜地裁（判決）	平14（わ）2639号	被害者の兄である5歳児の目撃供述等から被告人を有罪とした事例	懲役4年6月	被告人が内縁の夫の連れ子である3歳の幼児の腹部を足蹴りにして死亡させたという事案で、被告人の兄である被害者の兄（当時5歳）の目撃供述があること、その目撃当時の諸事情と符合する祖母の相談状況、これらの諸事情と符合する祖母の証言等に加え、これらの証言の信用性を詳細に検討した上、幼児の目撃証言の信用性の成立に足りる客観的な事情が存在すること、これらの証言に被告人の暴行がみられる不自然な事件について、多分に死因として死亡に起因すべき偶発的な要素がみられることを踏まえて、虐待とは異質な悪質な暴行を足蹴りとして起こし、懲役4年6月を言い渡した。	判タ1186 p.342	
56	H17.9.27	東京高裁（判決）	平17（う）1645号	被告人の内縁の夫の連れ子に対する傷害致死事件につき、被害児の兄である6歳児の目撃証言等から認定した事例	控訴棄却	被告人が、内縁の夫の連れ子である3歳児を自宅内で折艦死させた事案において、被害児の実兄の目撃供述は、事件当時から証言時まで約1年4か月が経過しているが、その信用性を減じる方向に働く事情も認められない可能性があり、女性保育士に付き添われ、非公開で行われたこと、その間、幼児年齢相応に記憶している様子がうかがえる上、公判廷での供述に従って目撃時の対応の配慮があったと認められること、幼児が年齢相応に記憶している様子などがうかがえるなど、供述録取の過程、他の証拠との総合性とも整合しているといえることから、その証言は十分に信用できるものであるとし、さらに、遺体の成傷機序等についても、被告人の行為に合致するものであって、被告人にからによるものと認められることから、本件が事故死に起因するものとは否定されるものであって、計画的な犯行を否定した原判決を維持した。	高検速報3257（平17）p.188	

被害者による犯罪

	判決日	裁判所	事件番号	事件名	主文	概要	掲載誌	評釈等
57	H17.3.24	名古屋地裁（判決）	平16（わ）2314号・2476号	被害者の長女である被告人Aが、母親である被害者と、同棲相手と共に被害者Aの母親である被害者の死体を遺棄した事件において、被告人Aが被害者から虐待を受けていた過去があるとしても、被告人に殺害されることが認められる程度の落ち度があるとは認められないとした事例	被告人A（長女）：懲役12年 被告人B：懲役2年6月執行猶予4年	被告人Aが母親である被害者の首を絞めて殺害した事件及び殺人の被害者両名を被害者方の床下に埋めた事件並びに被害者の母親の口座から現金を引き出した事件、被害者Aの遺棄した有印私文書偽造・同行使、詐欺の各事案において、被告人Aが被害者から虐待されていた記憶がよみがえったとしても、それは10年以上前のことであり、犯行時点では、被告人Aの犯行の動因とは認められないとする一方、被告人Aが被害者から虐待を受けていたこと等から、被告人Aに懲役12年を言い渡した。	裁判所HP	http://www.courts.go.jp/hanrei.pdf/3A238E94D1B4973949257070009AD44.pdf

	判決日	裁判所	事件番号	事件名	主文	概要	掲載誌	評釈等
58①	H19.3.29	函館地裁（判決）	平18（わ）254号	被告人らの長男に対し日常的に暴力や脅迫を繰り返し、被告人の長女に対しては性的虐待をしていた内縁の夫を殺害し、その死体を遺棄した事例	懲役7年	被告人や被告人の長男に対し日常的に暴力や脅迫を繰り返していた内縁の夫を、被告人が共謀して殺害し、その死体を空き地に放置するという本件犯行時において、被害者からの暴力及びひその死体遺棄の事案において、被告人には過剰防衛が成立する旨主張するが、弁護人らは、本件犯行時における殺人及びひその死体遺棄の犯行について保護しようとする児童相談所に保護を正当視することはできないが、被告人は被害者からの暴力及びひ性的虐待を繰り返す夫の行動から逃れるために殺害計画を立てて、被告人の長女に対して性的虐待が行われることも極めて重大な結果に至る経緯を考慮して、被告人に懲役7年の言い渡した。	裁判所HP	http://www.courts.go.jp/hanrei/pdf/20070411174054.pdf
58②	H19.5.15	函館地裁（判決）	平18（わ）281号	上記事例の少年に対し不定期刑が言い渡された事例	懲役2年6月以上3年6月以下	上記事例の長男であり、弁護人は、被告人には過剰防衛が成立する旨主張したが、本件殺害及びひその死体遺棄の方法等からして実体を免れることはできないが、厳しい虐待を振るうなど常軌を逸した被告人の妹への常軌した行動から逃れようと殺害計画及びひ母親殺害を計画した事情、被害者は被告人の母親殺害及びひ性的虐待を繰り返すなど常軌を逸した行動に出ており、被告人に至る経緯に極めて重大な経緯が認められることを考慮して、被告人に懲役2年6月以上3年6月以下の不定期刑を言い渡した。	裁判所HP	http://www.courts.go.jp/hanrei/pdf/20070604105448.pdf

不作為による幇助

	判決日	裁判所	事件番号	事件名	主文	概要	掲載誌	評釈等
59	H17.11.7	名古屋高裁（判決）	平17（う）248号	実子（4歳）に対する交際相手の暴行を制止しなかった母親に、不作為による傷害致死幇助の成立を認めた事例	控訴棄却	被告人は、被害児（当時4歳）の実母であり、唯一の親権者として同居内で生活圏内で交際相手のAの存在は同児を保護すべき立場にありながら、自らの意思で同児を自らの責任により危険に陥れるためには同居を強いて、Aとの関係において、Aから同児に対する暴力をすべて排除する義務を負うに至ったから、社会通念上、不作為が相当であるAの被害児に対する暴行を犯罪において、「犯罪の実行を確実に阻止できるのが相当と認めた不作為があるのみでは足りない」との必要はないので、不作為による幇助の成立要件として、本件不作為には幇助の成立要件はないとして、原判決は不作為による幇助の成立を認め、控訴を棄却した。	高検速報716（平17）p.292	

その他

	判決日	裁判所	事件番号	事件名	主文	概要	掲載誌	評釈等
60	H18.10.12	最高裁第一小法廷（判決）	平17（あ）2437号	祖父母による未成年者誘拐事案の実行が破棄されて執行猶予が付された事例	破棄自判（懲役10月・執行猶予3年）	被告人両名の次女が、交際していた男性と同居して生活を得ないまま実家を出ていたことから、被告人両名の了解のもと、被告人両名は次女が当時3歳4か月の長女と2歳年下の長男と同居し始めたことから、長女を上記実家に連れて実家に戻ろうとしたところ、口論となったことから、被告人両名は上記男性に事案について話し合って解決を求める法的手段を講じる機会を正してその条理上、誘拐して長女の引渡しを求める法的手段として、家庭裁判所に人身保護の請求や調停手続の申立てが行われていた事情があるのであるから、当初から人身保護の養育監護を顧みる余地もなく、社会の福祉に反する行為ではないとして、祖父母が、幼児を直前まで平穏に生活していた住居に連れ戻したから、その安全を多少なりとも揺るがすものとはいえないので、執行猶予を付した。	判タ1225 p.227 判時1950 p.173 裁判集刑290 p.517	村井敏邦・法セ増刊（速報判例解説）1号201頁

資料7 児童虐待関係文献リスト

著者・筆者	著者・筆者フリガナ	発行年	著書・論文等タイトル	編集者名	著者名・雑誌名（巻号）	ページ	出版社
原田正文	ハラダマサフミ	2003.3	児童虐待発生要因の構造分析と地域における効果的予防法の開発		平成14年度厚生労働科学研究（子ども家庭総合研究事業）報告書「児童虐待発生要因の解明と児童虐待への地域における予防的支援方法の開発に関する研究」（主任研究者服部祥子）	211-276	日本加除出版
佐藤隆夫	サトウタカオ	2003.11	時報サロン 新・法律エッセイ（9）「人とはなにか」―子どもの虐待		戸籍時報 563	71-76	日本加除出版
東野充成 山瀬範子	ヒガシノミツナリ ヤマセノリコ	2004	児童虐待防止法立法過程にみる子ども観		九州教育学会研究紀要 32	157-164	九州教育学会
加藤曜子	カトウヨウコ	2004	日本における児童虐待防止における在宅支援の課題―市町村虐待防止ネットワークの個別事例ネットワーク会議のあり方―	ソーシャルワーク研究所	ソーシャルワーク研究 30-2（通号118）	115-121	相川書房
倉石哲也	クライシテツヤ	2004	児童虐待防止における保護者指導に関する研究―ソーシャルワークの立場から	武庫川女子大学大学院臨床教育学［臨床教育学］編集委員会	臨床教育学研究 11	91-99	武庫川女子大学大学院臨床教育学研究科
牛尾直行	ウシオナオユキ	2004	親の教育権と子どもの学習権―児童虐待防止法改正論議における親権のあり方をめぐって（第11回日本教育制度学会研究大会報告（課題別セッションI 教育制度改革と学習権））	日本教育制度学会紀要編集委員会	教育制度学研究 11	73-76	日本教育制度学会
近藤恵子	コンドウケイコ	2004	ドメスティック・バイオレンスと子どもへの虐待（特集 虐待の社会病理）		日本精神科病院協会雑誌 23-7（通号273）	693-699	日本精神科病院協会
鍋倉早百合	ナベクラサユリ	2004	児童養護施設における被虐待児童の教育を受ける権利の諸問題―面接調査及び参与観察を中心として		創価大学大学院紀要 26	261-276	創価大学大学院
佐藤隆夫	サトウタカオ	2004.1	時報サロン 新・法律エッセイ（10）「人とは何か」―子どもの虐待（2）		戸籍時報 565	70-74	日本加除出版
佐藤隆夫	サトウタカオ	2004.2	時報サロン 新・法律エッセイ（11）「人とは何か」―子どもの虐待（3）		戸籍時報 566	50-55	日本加除出版
鈴木博人	スズキヒロヒト	2004.2.15	家事審判例紹介 児童福祉施設認容措置取消承認（継父の性的虐待を放置した母）（千葉家裁市川出張所平成14.12.6審判）	有斐閣	民商法雑誌 129-4・5	771-775	有斐閣
佐藤隆夫	サトウタカオ	2004.3	時報サロン 新・法律エッセイ（12）「人とは何か」―子どもの虐待（4）		戸籍時報 567	47-52	日本加除出版
三島亜紀子	ミシマアキコ	2004.3	1933年「児童虐待防止法」に先行する児童虐待への介入に関する考察		会津大学短期大学部研究年報 61	107-122	会津大学短期大学部
大江洋	オオエヒロシ	2004.5	子どもの権利と関係性（シンポジウム・法の声I：法と関係性）（第1分科会「関係説」報告 被虐待児童に対する一時保護―法の物語りと関係）	日本法社会学会	法社会学 60	47-58	有斐閣
木村茂喜	キムラシゲキ	2004.5	個別報告 被虐待児童に対する一時保護―時保護の必要性判断に着目して（第43回日本社会保障法学会大会）	日本社会保障法学会	社会保障法 19	78-92	法律文化社
		2004.5	児童虐待防止対策の新展開 法改正により児童虐待防止対策を一層推進		厚生サロン 24-6（通号294）	10-13	日本厚生協会

著者	ヨミ	日付	タイトル	発行者	掲載誌	ページ	出版社
安部計彦	アベカズヒコ	2004.5	児童虐待防止市町村ネットワークの課題と児童相談所の役割（特集 日本子どもの虐待防止研究会 第9回学術集会（京都大会））	日本子どもの虐待防止研究会	子どもの虐待とネグレクト 6-1	4-9	日本子どもの虐待防止研究会
澤田真仁	サワダマサヒト	2004.5	児童虐待防止市町村ネットワークにおける取り組みと課題（特集 日本子どもの虐待防止研究会 第9回学術集会（京都大会））	日本子どもの虐待防止研究会	子どもの虐待とネグレクト 6-1	110-116	日本子どもの虐待防止研究会
吉田恒雄	ヨシダツネオ	2004.5	児童虐待ケースに対する司法関与制度試案──社会保障審議会児童部会報告書を手掛かりに（特集 日本子どもの虐待防止研究会 第9回学術集会（京都大会））	日本子どもの虐待防止研究会	子どもの虐待とネグレクト 6-1	129-136	日本子どもの虐待防止研究会
		2004.5	特集 岸和田事件が問いかけるもの──子どもの虐待を許さない社会へ──	はらっぱ編集部	はらっぱ 240	2-8	子ども情報研究センター
田中文子	タナカフミコ	2004.5	インタビュー 岸和田事件が問いかけるもの──子どもの虐待を許さない社会へ──（特集 岸和田事件が問いかけるもの──子どもの虐待を許さない社会へ──）	はらっぱ編集部	はらっぱ 240	2-5	子ども情報研究センター
和田美智代	ワダミチヨ	2004.5.15	ドイツにおける「親権」の最近の動向──懲戒権と児童虐待の視点から──	日本法政学会	法政論叢 40-2	182-191	日本法政学会
鈴木經夫	スズキツネオ	2004.5.15	子どもの立場からみた家事手続のあり方（日弁連司法改革シンポジウム）		判例タイムズ 1145	4-41	判例タイムズ社
高橋由紀子	タカハシユキコ	2004.5.22	ドイツの里親制度──児童虐待との関連から──［合質問と意見交換］		新しい家族 44	20-35	養子と里親を考える会
文部科学省	モンブカガクショウ	2004.5.24	長期間学校を休んでいる児童生徒の状況及び児童虐待に関する関係機関等への連絡等の状況について		文部科学広報 49	4	
古川夏樹	フルカワナツキ	2004.6	児童虐待の防止に向けた取組みについて（特集 ストップ！児童虐待）		月刊生徒指導 34-7	6-11	学事出版
中谷昇	ナカタニノボル	2004.6	学校における児童虐待の対応について（特集 ストップ！児童虐待）		月刊生徒指導 34-7	12-17	学事出版
		2004.6	特集資料1 ▼児童虐待防止等に関する通知（特集 ストップ！児童虐待）		月刊生徒指導 34-7	31-33	学事出版
		2004.6	特集資料2 ▼児童虐待防止等に関する法律の一部を改正する法律案（特集 ストップ！児童虐待）		月刊生徒指導 34-7	34-41	学事出版
		2004.6	特集資料3 ▼現在長期間学校を休んでいる児童生徒の状況及び児童虐待に関する関係機関等への連絡等の状況について──都道府県教育委員会を通じ公立小中学校について調査した結果──（特集 ストップ！児童虐待）		月刊生徒指導 34-7	42-45	学事出版
佐藤隆夫	サトウタカオ	2004.6	時報サロン 新・法律エッセイ（13）「人とはなにか」──子どもの虐待（5）		戸籍時報 570	75-80	日本加除出版
森望 北條正治 他	モリノゾム ホウジョウマサハル	2004.6	＜特集＞被虐待児のケア		月刊少年育成 49-6	8-27	大阪少年導協会
		2004.6	児童虐待についての研究（甲南大学総合研究所叢書 70）			—	甲南大学総合研究所（神戸）
佐藤隆夫	サトウタカオ	2004.6.25	教育法規あらかると 児童虐待への対応	時事通信社	内外教育 5487	22	時事通信社
		2004.6.30	親権の判例総合解説			—	信山社
兼田智彦	カネダトモヒコ	2004.7	まず子どもを支え適切な対応ができる校内体制を（特集 2 虐待の疑いを感じたとき）	学校教育相談研究所	月刊学校教育相談 18-8	26-29	ほんの森出版
		2004.7	CAPNA学校関係者虐待防止資料（抜粋）（特集 2 虐待の疑いを感じたとき）	学校教育相談研究所	月刊学校教育相談 18-8	30-33	ほんの森出版
川崎二三彦	カワサキフミヒコ	2004.7	児童相談所で考える児童虐待対策の課題（特集 子どもと親を虐待から守る）	総合社会福祉研究所	福祉のひろば 通号	16-19	大阪福祉事業

著者	ヨミ	年月	タイトル	発行所	雑誌名	ページ	財団
平湯真人	ヒラユマコト	2004.7	(特集 子ども 子どもと親を虐待から守る)		417	22-25	
横湯園子	ヨコユソノコ	2004.7	第二回「子どもの権利条約」と「もう一つの報告書をつくる会」と国連「最終所見」(特集 子ども 子どもと親を虐待から守る)	総合社会福祉研究所	福祉のひろば 通号 417	26-29	大阪福祉事業財団
森田洋司	モリタヨウジ	2004.7	座談会 深刻化する児童虐待問題─親権への介入とその回復に向けて─	解放教育研究所	解放教育 34-7 (通号 439)	6-8	明治図書出版
		2004.7	改正児童虐待防止法の概要		社会保険 55-7 (通号 648)	4-6	全国社会保険協会連合会
厚生労働省雇用均等・児童家庭局総務課児童虐待防止対策室	コウセイロウドウショウコヨウキントウジドウカテイキョクソウムカジドウギャクタイボウシタイサクシツ	2004.7	児童虐待の防止に向けた取り組みについて (特集 虐待をめぐる諸課題)		生活と福祉 580	12-19	全国社会福祉協議会
安達拓二	アダチタクジ	2004.7	文教ニュース 児童虐待への対応で文科省通知, 問題行動対応で関連機関と連携		学校運営研究 43-7 (通号 563)	74-77	明治図書出版
奥克彦	オクカツヒコ	2004.7	法令解説「厚生労働」児童虐待の防止等に関する法律の一部を改正する法律—平成16年4月14日法律第30号		法令解説資料総覧 270	41-45	第一法規
古川夏樹	フルカワナツキ	2004.7	児童虐待の防止に向けた取組みについて		戸籍時報 571	61-68	日本加除出版
佐藤隆夫	サトウタカオ	2004.7	時報サロン 新・法律エッセイ (14)「人とはなにか」—子どもの虐待 (6)		戸籍時報 571	116-121	日本加除出版
菱川雄治	ヒシカワユウジ	2004.7	児童虐待問題に思う		警察時報 59-7	6-8	警察時報社
家庭裁判所調査官研修所	カテイサイバンショチョウサカンシュウジョ	2004.7	虐待が問題となる少年事件の調査における留意点 (平成15年度少年調査実務研究)		総研所報 1	84-91	裁判所職員総合研修所
作田勉	サクタツトム	2004.7	児童虐待防止法の改正の動きに (子どもの心のケア─温かく育むために) (総論 3 家庭のあり方と子どもの心)		小児科臨床 57 (増刊) (通号 673)	1381-1388	日本小児医事出版社
		2004.8	特集 1 性的虐待	日本子どもの虐待防止研究会	子どもの虐待とネグレクト 6-2	147-180	日本子どもの虐待防止研究会
奥山眞紀子	オクヤママキコ	2004.8	日本における性的虐待への対応の現状と課題 (特集 1 性的虐待)	日本子どもの虐待防止研究会	子どもの虐待とネグレクト 6-2	175-180	日本子どもの虐待防止研究会
		2004.8	特集 2 虐待死—その実態と法的処置	日本子どもの虐待防止研究会	子どもの虐待とネグレクト 6-2	182-204	日本子どもの虐待防止研究会
福田直子 宿成茂行	フクダナオコ ツネナリシゲユキ	2004.8	法医学にみる虐待死亡児 (特集 2 虐待死—その実態と法的処置)	日本子どもの虐待防止研究会	子どもの虐待とネグレクト 6-2	182-186	日本子どもの虐待防止研究会
岩城正光 小野木朋子 他	イワキマサテル オノギトモコ	2004.8	児童虐待に対する刑事司法の現状とあるべき姿についての考察—2つのネグレクト死事件から見えてくるもの— (特集 2 虐待死—その実態と法的処置)	日本子どもの虐待防止研究会	子どもの虐待とネグレクト 6-2	187-195	日本子どもの虐待防止研究会
小宮純一	コミヤジュンイチ	2004.8	子どもを守る社会資源と精神の貧困—公的機関が関与した虐待死亡ケース取材から (特集 2 虐待死—その実態と法的処置)	日本子どもの虐待防止研究会	子どもの虐待とネグレクト 6-2	196-204	日本子どもの虐待防止研究会
関秀俊 藤田三樹	セキヒデトシ フジタミキ	2004.8	市民からの児童相談所への児童虐待通告の意義と問題点	日本子どもの虐待防止研究会	子どもの虐待とネグレクト 6-2	246-249	日本子どもの虐待防止研究会

著者	ヨミ	発行日	タイトル	編者	掲載誌	ページ	出版社
加藤曜子	カトウヨウコ	2004.8	[第二特集] 児童虐待をどうしたら防げるか―大阪岸和田の事件から学ぶもの		児童心理 58-11（通号 809）	1115-1134	金子書房
加藤曜子	カトウヨウコ	2004.8	虐待がなぜ頻発するか [第二特集] 児童虐待をどうしたら防げるか―大阪岸和田の事件から学ぶもの		児童心理 58-11（通号 809）	1115-1119	金子書房
山縣文治	ヤマガタフミハル	2004.8	子どもの虐待に関する地域による支援 [第二特集] 児童虐待をどうしたら防げるか―大阪岸和田の事件から学ぶもの		児童心理 58-11（通号 809）	1120-1124	金子書房
西澤哲	ニシザワサトル	2004.8	虐待された子どもへの対応 子ども・大人へのケア [第二特集] 児童虐待をどうしたら防げるか―大阪岸和田の事件から学ぶもの		児童心理 58-11（通号 809）	1125-1129	金子書房
長谷川博一	ハセガワヒロカズ	2004.8	虐待されたその後 [第二特集] 児童虐待をどうしたら防げるか―大阪岸和田の事件から学ぶもの		児童心理 58-11（通号 809）	1130-1134	金子書房
加藤曜子	カトウヨウコ	2004.8	児童虐待防止法とリスクアセスメントについて		司法福祉学研究 4	49-59	日本司法福祉学会
才村純	サイムラジュン	2004.8	現代における家族問題と法制度の改正―児童虐待、DVを中心に―（特集 家族の本質と課題）	全国社会福祉協議会	月刊福祉 87-9	28-31	全国社会福祉協議会
		2004.8	特集 虐待		月報司書士 390	8-55	日本司法書士会連合会
中村正	ナカムラタダシ	2004.8	子ども虐待防止の焦点―虐待する親へのアプローチ（特集 虐待）		月報司書士 390	8-15	日本司法書士会連合会
吉田恒雄	ヨシダツネオ	2004.8	子ども虐待をめぐる新たな状況と児童虐待防止法の改正（特集 虐待）		月報司書士 390	16-23	日本司法書士会連合会
山本弘二	ヤマモトコウジ	2004.8	家庭裁判所が関与する児童虐待事例を通して（特集 虐待）		月報司書士 390	24-29	日本司法書士会連合会
望月彰	モチヅキアキラ	2004.8	第21回夏季セミナーにむけて 保育における家族援助―児童虐待問題を契機とする保育の新たな役割	全国保育問題研究協議会	季刊保育問題研究（通号 208）	102-112	新読書社
林弘正	ハヤシヒロマサ	2004.8	裁判実務における性的虐待事例についての一考察		島大法学 48-2	29-72	島根大学
大阪府教育委員会振興室児童生徒課	オオサカフキョウイクイインカイキョウイクシンコウシツジドウセイトカ	2004.8	深刻化する児童虐待問題によせて 子どもたちの輝く未来のために（大阪府教育委員会児童虐待防止方針）―子どもにおける権利侵害―学校と教職員に求められる役割 平成16年3月	解放教育研究所	解放教育 34-8（通号 440）	122-131	明治図書出版
三枝とよみ	サエグサトヨミ	2004.8.1	子ども虐待予防に関する最近の行政の動きから（特集 子ども虐待予防に助産師はどうかかわれるか）	日本助産師会	助産師 58-3	6-10	創元社
橋本利明	ハシモトカズアキ	2004.8.10	虐待と非行臨床				日本助産師会出版
奥克彦	オクカツヒコ	2004.8.15	[法令解説] より強力な児童虐待防止法へ―国及び地方公共団体の責務の強化、通告義務の範囲等―児童虐待等に対する援助要請に関する規定の整備、警察署長に対する援助要請に関する規定等―児童虐待の防止等に関する法律の一部を改正する法律		時の法令（通号 1719）	30-41	全国官報販売協同組合
佐々木誠二	ササキセイジ	2004.9	児童虐待通告制度の考察	日本ソーシャルワーカー協会調査研究委員会	ソーシャルワーカー 8	88-94	日本ソーシャルワーカー協会
平湯真人	ヒラユマサト	2004.9	特集 改正児童虐待防止法の現状と法整備（特集 改正児童虐待防止法の成立と展望		現代刑事法 6-9（通号 65）	22-81	現代法律出版
田中嶋兎子 他	タナカジママサコ	2004.9	[座談会] 改正児童虐待防止法における罰則規定の考察（特集 改正児童虐待防止法の成立と展望		現代刑事法 6-9（通号 65）	22-46	現代法律出版

著者	ヨミ	発行年月	タイトル	掲載誌	号	ページ	出版社
安部哲夫	アベテツオ	2004.9	児童虐待の実態と問題点―児童虐待防止法改正児童虐待防止法の現状を中心に（特集 改正児童虐待防止法の成立と展望）	現代刑事法 6-9（通号 65）		47-53	現代法律出版
後藤弘子	ゴトウヒロコ	2004.9	児童虐待防止法の改正とその問題点（特集 改正児童虐待防止法の成立と展望）	現代刑事法 6-9（通号 65）		54-61	現代法律出版
岩佐嘉彦	イワサヨシヒコ	2004.9	児童虐待への法的対応―改正児童虐待防止法、児童福祉法改正を中心にして（特集 改正児童虐待防止法の成立と展望）	現代刑事法 6-9（通号 65）		62-68	現代法律出版
曽根威彦	ソネタケヒコ	2004.9	児童虐待防止と刑法理論―不作為犯における共犯を中心として（特集 改正児童虐待防止法の成立と展望）	現代刑事法 6-9（通号 65）		69-75	現代法律出版
才村純	サイムラジュン	2004.9	講演録 児童虐待を防ぐために―私たちに今できること	人権のひろば 7-3（通号 39）		16-21	人権擁護協力会
浅井春夫	アサイハルオ	2004.9	子どもの権利擁護と児童虐待防止（特集 児童虐待）	月刊保団連（通号 835）		22-27	全国保険医団体連合会
飯尾覚治	イイオカンジ	2004.9	子どもの虐待「子どもの権利条約」の視点で考える（特集 児童虐待）	月刊保団連（通号 835）		34-37	全国保険医団体連合会
古谷ひろみ	フルタニヒロミ	2004.9	東京都が実施した「被虐待児童の口腔内状況調査」について（特集 児童虐待）	月刊保団連（通号 835）		42-46	全国保険医団体連合会
川本哲郎	カワモトテツロウ	2004.9	B&Aレビュー 中谷瑾子他編『児童虐待と現代の家族』	法律時報 76-10（通号 948）		90-92	日本評論社
黒川雅子	クロカワマサコ	2004.9	児童福祉施設収容の要当性―児童虐待に対する学校の役割と発見後の対応を考える―（千葉家庭裁判所市川出張所平成14.12.6番判）（学校教育の基本判例 (30)）	月刊高校教育 37-12		81-87	学事出版
平田常子	ヒラタツネコ	2004.9	［社会保障裁判例研究 関西社会保障法研究会］父の心理的虐待を理由とする児童自立支援施設への入所承認―児童の福祉施設入所の承認申立事件・東京家裁平成13.11.26番判―	賃金と社会保障（通号 1377）		70-77	旬報社
古川夏樹	フルカワナツキ	2004.9	児童虐待事例の検証結果について	月刊福祉 87-10		98-103	全社協
大阪府児童虐待問題緊急対策検討チーム	オオサカフジドウギャクタイモンダイキンキュウタイサクケントウチーム	2004.9	子どもの明日を守るために―児童虐待問題緊急対策検討チームからの緊急提言―平成16年3月（特集 児童相談所の変貌する子どもたちの深層―多様な子ども像の読み方）	解放教育 34-9（通号 441）		43-73	明治図書出版
竹中哲夫	タケナカテツオ	2004.10	児童福祉法・児童虐待防止法改正をめぐる諸問題―児童福祉法改正をめぐる諸問題	日本福祉大学社会福祉学部・日本福祉大学福祉社会開発研究所 日本福祉大学社会福祉論集 111		1-25	日本福祉大学
南部さおり	ナンブサオリ	2004.10	「症候群」としての児童虐待―「代理人によるミュンヒハウゼン症候群」一医学的「症候群」証拠の意義と刑事裁判	犯罪社会学研究 29		95-111	日本犯罪社会学会
平湯真人	ヒラユマサト	2004.10	特集 子ども虐待：現状と対策	教育と医学 52-10（通号 616）		886-975	慶應義塾大学出版会
中板育美	ナカイタイクミ	2004.10	家庭内虐待防止と法律の役割―社会の深い洞察と理解を求めて（特集 子ども虐待：現状と対策）	教育と医学 52-10（通号 616）		952-959	慶應義塾大学出版会
西澤哲	ニシザワサトル	2004.10	わが国における子ども虐待に対する認識と対応の歴史（特集 児童虐待防止アセスメント）	月刊母子保健 546		6	資生堂社会福祉事業財団
相澤仁	アイザワマサシ	2004.10	保健所が開発した児童虐待防止アセスメント	世界の児童と母性 57		6-9	資生堂社会福祉事業財団
		2004.10	家族再統合や家族機能の養育機能の再生・強化に向けて―児童虐待防止対策の方から（特集 家族の再統合）	世界の児童と母性 57		10-13	資生堂社会福祉事業財団

著者	よみ	年月	タイトル	掲載誌	巻号	頁	出版社
益田幸辰	マスダコウシン	2004.10	アメリカ児童虐待の定義とその課題について	子ども家庭福祉学 4		51-59	日本子ども家庭福祉学会
丸山彰人	マルヤマアキヒサ	2004.10	児童虐待防止法の一部改正について	捜査研究 53-10		52-64	東京法令出版
荒木田美香子 井田真理子 他	アラキダミカコ イダマリコ	2004.10	小・中学校の虐待事例発見の特徴と連携の現状（特集 学校の現状と課題）	保健の科学 46-10		736-741	杏林書院
和田一郎 吉田譲太郎 他	ワダイチロウ ヨシダジョウタロウ	2004.10	住民による児童虐待防止事業の政策評価—CVMによる経済評価	犯罪学雑誌 70-5		139-152	日本犯罪学会
佐久間修	サクマオサム	2004.10	［実践的刑法講座（刑法各論）第11講］家庭内暴力における傷害罪と遺棄罪—児童虐待事件を中心として	警察学論集 57-10		132-152	立花書房
Aldridge,Michelle・Wood,Joanne		2004.10	子どもの面接法—司法手続における子どものケア・ガイド（法と心理学会叢書）			-	北大路書房
		2004.10	特集 1 親子の絆—子ども虐待の現場から（《発達》創刊100号記念 特集 1 親子の絆 子ども虐待を語ろう）	発達 25 (100)		11-36	ミネルヴァ書房
西澤哲	ニシザワサトル	2004.10	子ども虐待における「親子の再統合」に向けた取り組みをめぐって（《発達》創刊100号記念 特集 1 親子の絆 子ども虐待を語ろう）	発達 25 (100)		12-16	ミネルヴァ書房
奥山眞紀子	オクヤママキコ	2004.10	親子関係への支援—医療現場から（《発達》創刊100号記念 特集 1 親子の絆 子ども虐待を語ろう）	発達 25 (100)		17-23	ミネルヴァ書房
大塚峰子	オオツカミネコ	2004.10	家庭再構築への支援—児童相談所の現場から（《発達》創刊100号記念 特集 1 親子の絆 子ども虐待を語ろう）	発達 25 (100)		24-30	ミネルヴァ書房
菱田理 藤澤陽子	ヒシダオサム フジサワヨウコ	2004.10	親子関係の再構築—福祉施設の現場から（《発達》創刊100号記念 特集 1 親子の絆 子ども虐待を語ろう）	発達 25 (100)		31-36	ミネルヴァ書房
奥克彦	オクカツヒコ	2004.10	児童虐待防止法の一部を改正する法律（特集 第159回国会主要成立法律（3））	ジュリスト 1276		90-94	有斐閣
		2004.10.30	被虐待児受託里親の支援に関する調査研究	新しい家族 45		50-92	養子と里親を考える会
岩崎美枝子	イワサキミエコ	2004.10.30	第2報告 児童相談所に対するアンケート調査の結果について［合同意見交換：被虐待児受託里親の支援に関する調査研究］	新しい家族 45		52-67	養子と里親を考える会
菊池緑	キクチミドリ	2004.10.30	第3報告 里親委託児に関するアンケート調査結果（1）実親家族との交流について［合同意見交換：被虐待児受託里親の支援に関する調査研究］	新しい家族 45		68-92	養子と里親を考える会
丸山彰人	マルヤマアキヒサ	2004.11	児童虐待防止法の一部改正について	月刊警察ヴァリアント 22-11（通号254）		9-17	東京法令出版
		2004.11	事例-19 児童虐待における関係機関の役割とはなにか（自治体現場の法務・財務ケースで学ぶ政策財務・政策法務 第2章 法務／政策法務を考える実例22選）	地方自治職員研修 37(-)（通号520）（臨増77）		144-147	公職研
坂田仰	サカタタカシ	2004.11	法律・判例から考える生徒指導—いじめ、体罰から出会い系サイト、児童虐待まで	月刊生徒指導 34-14（増刊）		1-158	学事出版
坂田仰	サカタタカシ	2004.11	総論 生徒指導と法—学校運営の法的課題（法律・判例で考える生徒指導—いじめ、体罰から出会い系サイト、児童虐待まで）	月刊生徒指導 34-14（増刊）		7-20	学事出版
坂田仰	サカタタカシ	2004.11	2章 いじめ問題と学校病理（法律・判例で考える生徒指導—類型化と裁判の動向（法律・判例で考える生徒指導—いじめ、体罰から出会い系サイト、児童虐待まで）	月刊生徒指導 34-14（増刊）		37-52	学事出版

著者	ヨミ	日付	タイトル	掲載誌	巻号	ページ	出版
黒川雅子	クロカワマサコ	2004.11	3章 増加する児童虐待——法整備とともに取り組むべき生徒指導——いじめ、体罰から出会い系サイト、児童虐待まで）（第二部 生徒指導と社会問題)	月刊生徒指導 34-14（増刊)		143-157	学事出版
増沢高	マスザワタカシ	2004.11	読みもの 子どもを虐待から救うために (特集 危機介入)	更生保護 55-11		28-31	日本更生保護協会
横田恵子 今井美香子 他	ヨコタケイコ イマイミカコ	2004.11	児童虐待の要因に関する研究—乳幼児発達相談・発達訓練事業の事例対照研究	厚生の指標 51-13（通号 804)		13-18	厚生労働統計協会
山田秀雄	ヤマダヒデオ	2004.11	Q＆Aドメスティック・バイオレンス法 児童虐待防止法解説＜第2版＞			-	三省堂
前田徳晴	マエダトクハル	2004.12	児童虐待防止法の歴史 (特集 1 社会的養護を考える)	子どもの虐待とネグレクト 6-3		283-296	日本子どもの虐待防止研究会
平湯真人	ヒラユマサト	2004.12	児童養護施設と虐待防止法をめぐって (特集 1 社会的養護を考える)	子どもの虐待とネグレクト 6-3		297-301	日本子どもの虐待防止研究会
下山洋三	シモヤマヨウゾウ	2004.12	施設内虐待をめぐって (特集 1 社会的養護を考える)	子どもの虐待とネグレクト 6-3		302-309	日本子どもの虐待防止研究会
		2004.12	障害児施設に入所している被虐待児 (特集 1 社会的養護を考える)	子どもの虐待とネグレクト 6-3		317-354	日本子どもの虐待防止研究会
		2004.12	特集 2 岸和田事件	子どもの虐待とネグレクト 6-3		317-325	日本子どもの虐待防止研究会
小林美智子	コバヤシミチコ	2004.12	岸和田事件からみえる課題 (特集 2 岸和田事件)	子どもの虐待とネグレクト 6-3		326-331	日本子どもの虐待防止研究会
津崎哲郎	ツザキテツロウ	2004.12	岸和田事件をめぐって…福祉の立場から (特集 2 岸和田事件)	子どもの虐待とネグレクト 6-3		332-336	日本子どもの虐待防止研究会
兼田智彦	カネタトモヒコ	2004.12	岸和田事件をめぐって…学校関係者として (特集 2 岸和田事件)	子どもの虐待とネグレクト 6-3		337-341	日本子どもの虐待防止研究会
峯本耕治	ミネモトコウジ	2004.12	岸和田児童虐待事件が学校・教育委員会に問いかけたもの——岸和田市の事件に関連して (特集 2 岸和田事件)	子どもの虐待とネグレクト 6-3		342-346	日本子どもの虐待防止研究会
山本麻里	ヤマモトマリ	2004.12	児童虐待の現状と今後の対応—岸和田事件	子どもの虐待とネグレクト 6-3		362-371	日本子どもの虐待防止研究会
鈴木葉子	スズキヨウコ	2004.12	被虐待児のこころを支える生きがい感—児童養護施設における調査	子どもの虐待とネグレクト 6-3		32-84	日本子どもの虐待防止研究会
		2004.12	特集 虐待 虐待防止と学校で組む取り組むか—児童虐待防止法の改正と学校の対応課題	教職研修 33-4（通号 388)		32-35	教育開発研究所
玉井邦夫	タマイクニオ	2004.12	児童虐待防止法の改正と学校で求められるもの (特集 虐待防止と学校の対応課題)	教職研修 33-4（通号 388)		36-39	教育開発研究所
有村久春	アリムラヒサハル	2004.12	虐待防止に向けた学校組織体制づくりをどう進めるか—児童虐待防止法の改正と学校の対応課題 (特集 虐待防止と学校の対応課題)	教職研修 33-4（通号 388)			教育開発研究所

著者	ヨミ	年月	タイトル	掲載誌	巻号	ページ	出版社
迫田恒夫	サコタツネオ	2004.12	「虐待対応マニュアル」の作成と活用をどう進めるか（特集 虐待防止にどう取り組むか──児童虐待防止法の改正と学校の対応課題）	教職研修	教職研修 33-4（通号 388）	40-43	教育開発研究所
西澤哲	ニシザワサトル	2004.12	子ども虐待の早期発見・対応にどう取り組むか（特集 虐待防止にどう取り組むか──児童虐待防止法の改正と学校の対応課題）	教職研修	教職研修 33-4（通号 388）	44-47	教育開発研究所
門田光司	カドタコウジ	2004.12	長期欠席児童・生徒の状況の把握と対応にどう取り組むか（特集 虐待防止にどう取り組むか──児童虐待防止法の改正と学校の対応課題）	教職研修	教職研修 33-4（通号 388）	48-51	教育開発研究所
斎藤義房	サイトウヨシフサ	2004.12	児童虐待の通告義務をどう遂行するか（特集 虐待防止にどう取り組むか──児童虐待防止法の改正と学校の対応課題）	教職研修	教職研修 33-4（通号 388）	52-55	教育開発研究所
尾木和英	オギカズヒデ	2004.12	虐待を受けた児童・生徒への学習支援をどう充実するか（特集 虐待防止にどう取り組むか──児童虐待防止法の改正と学校の対応課題）	教職研修	教職研修 33-4（通号 388）	64-67	教育開発研究所
野田正人	ノダマサト	2004.12	虐待防止に向けた地域との連携をどう進めるか（特集 虐待防止にどう取り組むか──児童虐待防止法の改正と学校の対応課題）	教職研修	教職研修 33-4（通号 388）	72-75	教育開発研究所
富田公一	トダコウイチ	2004.12	虐待防止に向けて教育委員会の果たす役割は何か（特集 虐待防止にどう取り組むか──児童虐待防止法の改正と学校の対応課題）	教職研修	教職研修 33-4（通号 388）	76-79	教育開発研究所
吉永千恵子	ヨシナガチエコ	2004.12	話題 少年犯罪と児童虐待		精神科 5-6	448-452	科学評論社
大西兼功	オオニシカネヨシ	2004.12	児童虐待防止法の一部改正（上）		警察公論 59-12	18-25	立花書房
刑部明	オサカベアキラ	2004.12	［社会と刑事法］児童虐待と刑事法		警察時報 59-12	55-62	警察時報社
衆議院法制局	シュウギインホウセイキョク	2004.12	［弁護士のための新法紹介（269）］児童虐待の防止等に関する法律の一部を改正する法律（平成16年法律第30号）		自由と正義 55-12（通号 670）	95-99	日本弁護士連合会
津崎哲郎	ツザキテツロウ	2004.12.1	児童虐待対応の変遷と課題──児童相談所を中心に	子どもの虹情報研修センター	子どもの虹情報研修センター紀要 2	7-13	子どもの虹情報研修センター
岩佐嘉彦	イワサヨシヒコ	2004.12.1	研修講義より 虐待に対する法的手段の適切な活用	子どもの虹情報研修センター	子どもの虹情報研修センター紀要 2	44-56	子どもの虹情報研修センター
才村純	サイムラジュン	2004.12.1	ドイツ、フランスの児童虐待防止制度──視察結果の概要	子どもの虹情報研修センター	子どもの虹情報研修センター紀要 2	107-113	子どもの虹情報研修センター
保坂亨 増沢高	ホサカトオル マスザワタカシ	2004.12.1	虐待の援助法に関する文献研究（第1報：1970年代まで）戦後日本社会の「子ども虐待」という視点からの心理社会的分析	子どもの虹情報研修センター	子どもの虹情報研修センター紀要 2	114-124	子どもの虹情報研修センター
大西兼功	オオニシカネヨシ	2005.1	児童虐待防止法の一部改正（下）児童相談所と警察との連携強化等		警察公論 60-1	47-54	立花書房
刑部明	オサカベアキラ	2005.1	［社会と刑事法］児童虐待を防止するための法律		警察時報 60-1	33-42	警察時報社
齋藤哲三上邦彦 他	サイトウテツ ミカミクニヒコ ホカ	2005.1	虐待の家族援助─親子分離と再統合（法と心理学会第4回大会ワークショップ報告要旨）	法と心理学会	法と心理 4-1	128-130	日本評論社
大島俊之	オオシマトシユキ	2005.1	見逃されやすい児童虐待 MSBPの事例（平成12.11.15 宮崎家裁都城支部審判）＜民事判例研究837＞		法律時報 77-1	92-96	日本評論社
池谷壽美子	イケヤスミコ	2005.1	児童虐待と刑事処罰の実際		法の支配 136	107-122	日本法律家協会
児玉しおり	コダマシオリ	2005.1	フランスの児童虐待の現況		保健師ジャーナル 61-1	62-65	医学書院
		2005.1	特集 これからの子ども虐待防止を考える		母子保健情報 50	3-219	母子愛育会

著者	ヨミ	年月	タイトル	誌名	巻号	ページ	発行所
但馬直子	タジマナオコ	2005.1	わが国における児童虐待の現状及び児童虐待防止対策 これからの子ども虐待防止を考える—制度改正の動向と課題 (特集 これからの子ども虐待防止を考える—これまでの成果と課題)	母子保健情報	50	7-10	母子愛育会
磯谷文明	イソガイフミアキ	2005.1	児童虐待防止・制度改正の意義と課題 (特集 これからの子ども虐待防止を考える—制度改正の動向と課題)	母子保健情報	50	11-14	母子愛育会
才村純	サイムラジュン	2005.1	児童虐待対策の到達点と課題 (特集 これからの子ども虐待防止を考える—これまでの成果と課題)	母子保健情報	50	15-26	母子愛育会
柏女霊峰	カシワメレイホウ	2005.1	子ども家庭相談体制の再構築に向けて (特集 これからの子ども虐待防止を考える—これまでの成果と課題)	母子保健情報	50	27-30	母子愛育会
宮島清	ミヤジマキヨシ	2005.1	児童相談所の役割の変化と今後の子どもへの責任を果たすために (特集 これからの子ども虐待防止を考える—これまでの成果と課題)	母子保健情報	50	31-34	母子愛育会
桂浩子	カツラヒロコ	2005.1	市町村における児童相談サービス—家庭児童相談室活動を中心に (特集 これからの子ども虐待防止を考える—これまでの成果と課題)	母子保健情報	50	35-38	母子愛育会
平田美音	ヒラタミオ	2005.1	情緒障害児短期治療施設の現実 (特集 これからの子ども虐待防止を考える—これまでの成果と課題)	母子保健情報	50	55-58	母子愛育会
西嶋嘉彦	ニシジマヨシヒコ	2005.1	非行の中の虐待—児童自立支援施設 (特集 これからの子ども虐待防止を考える—これまでの成果と課題)	母子保健情報	50	59-61	母子愛育会
采女智津江	ウネメチヅエ	2005.1	学校における家族支援プログラム (特集 これからの子ども虐待防止を考える—これまでの成果と課題)	母子保健情報	50	69-72	母子愛育会
小笙典美	コザサノリコ	2005.1	児童相談所における親教育プログラム (特集 これからの子ども虐待防止を考える—これまでの成果と課題)	母子保健情報	50	73-75	母子愛育会
安部計彦	アベカズヒコ	2005.1	虐待防止ネットワークを考える (特集 これからの子ども虐待防止を考える)	母子保健情報	50	127-129	母子愛育会
奥山眞紀子	オクヤママキコ	2005.1	親子再統合の意味とその援助 (特集 これからの子ども虐待防止を考える)	母子保健情報	50	147-150	母子愛育会
加藤芳明 福間間徹	カトウヨシアキ フクマトオル	2005.1	児童相談所における家族支援プログラム (特集 これからの子ども虐待防止を考える)	母子保健情報	50	151-154	母子愛育会
田中清美	タナカキヨミ	2005.1	児童虐待防止のためのリーガルマインド 児童虐待防止法と学校教育	母子保健情報	50	155-158	母子愛育会
坂田卯	サカタウ	2005.1	三ミ講座 事務管理 早期発見と啓発活動	学校事務	56-1	34-39	学事出版 現代学校事務研究所
衛藤晟一	エトウセイイチ	2005.1	児童虐待防止に総合的支援 (巻頭 厚生労働省幹部年頭所感)	厚生サロン	25-1 (通号 304)	8-10	日本厚生協会
古荘純一	フルショウジュンイチ	2005.2	学校生活と虐待 (特集 児童虐待をめぐって) (虐待発見のきっかけ)	小児科診療	68-2 (通号 798)	235-241	診断と治療社
		2005.2	行政やネットワークの対応 (特集 児童虐待をめぐって)	小児科診療	68-2 (通号 798)	251-275	診断と治療社
渡辺タエ子	ワタナベタエコ	2005.2	都道府県の対応—埼玉県における児童虐待発生予防の取り組み (特集 児童虐待をめぐって) (行政やネットワークの対応)	小児科診療	68-2 (通号 798)	251-260	診断と治療社
津崎哲郎	ツザキテツロウ	2005.2	児童相談所・児童センターでの対応 (特集 児童虐待をめぐって) (行政やネットワークの対応)	小児科診療	68-2 (通号 798)	261-267	診断と治療社
		2005.2	特集 児童虐待・DV (配偶者からの暴力) 対策 新たな段階を迎えて	厚生労働	60-2	4-24	厚生労働問題研究会

著者	ヨミ	タイトル	発行年月	掲載誌	巻号	ページ	出版社
津崎哲郎 吉田恒雄 山本麻里	ツザキテツロウ ヨシダツネオ ヤマモトマリ	[座談会] 改正児童虐待防止法・改正児童福祉法と今後の課題（特集 児童虐待・DV対策－新たな段階を迎えて）	2005.2	厚生労働研究所	厚生労働 60-2	4-8	厚生労働問題研究会
厚生労働省雇用均等・児童家庭局総務課虐待防止対策室	コウセイロウドウショウコヨウキントウ・ジドウカテイキョクソウムカギャクタイボウシタイサクシツ	改正児童虐待防止法、改正児童福祉法の概要（特集 児童虐待・DV対策－新たな段階を迎えて）	2005.2	厚生労働問題研究所	厚生労働 60-2	20-22	厚生労働問題研究会
厚生労働省雇用均等・児童家庭局家庭福祉課母子家庭等自立支援室	コウセイロウドウショウコヨウキントウ・ジドウカテイキョクカテイフクシカボシカテイトウジリツシエンシツ	配偶者からの暴力の防止及び被害者の保護に関する法律の一部を改正する法律の概要（特集 児童虐待・DV対策－新たな段階を迎えて）	2005.2	厚生労働問題研究所	厚生労働 60-2	22-24	厚生労働問題研究会
佐藤隆夫	サトウタカオ	時報サロン 新・法律エッセイ (20) 平成16年は災の年－児童虐待防止問題について	2005.2		戸籍時報 580	48-53	日本加除出版
久保野恵美子	クボノエミコ	児童虐待への対応における裁判所の役割－イギリスにおける被害ケア 児童虐待との面会交流問題を素材に	2005.2		法学 68-6	839-877	東北大学法学会
石田文三	イシダブンゾウ	児童虐待の防止等に関する法律の制定の意義と課題（特集 児童虐待を考える）	2005.2		人権と部落問題 57-2（通号727）	6-14	部落問題研究所
櫻谷真理子	サクラダニマリコ	子どもの虐待と家族援助（特集 児童虐待を考える）	2005.2		人権と部落問題 57-2（通号727）	15-22	部落問題研究所
仙田富久	センダトミヒサ	児童虐待 子どもの人権と児童相談（特集 児童虐待を考える）	2005.2		人権と部落問題 57-2（通号727）	23-32	部落問題研究所
菱田理	ヒシダオサム	特集1 改正児童虐待防止法と各方面の役割	2005.2		児童養護 35-3	4-17	全国社会福祉協議会全国児童養護施設協議会
		改正児童虐待防止法と児童養護施設（特集1 改正児童虐待防止法と各方面の役割）	2005.2		児童養護 35-3	6-10	全国社会福祉協議会全国児童養護施設協議会
井上和江	イノウエカズエ	児童虐待防止法への取り組みと主任児童委員（特集1 改正児童虐待防止法と各方面の役割）	2005.2		児童養護 35-3	10-14	全国社会福祉協議会全国児童養護施設協議会
川崎二三彦	カワサキフミヒコ	児童虐待防止法改正と児童相談所（特集1 改正児童虐待防止法と各方面の役割）	2005.2		児童養護 35-3	14-17	全国社会福祉協議会全国児童養護施設協議会
小宮山洋子	コミヤマヨウコ	子どもの人権と児童虐待防止－虐待防止法の改正に残された課題（特集 児童虐待を乗り越える）	2005.2	東京市政調査会	都市問題 96-2	9-13	東京市政調査会
丸山彰久	マルヤママキヒサ	親権という砦の中の悲劇－学校を通して見えてくる子ども虐待の状況	2005.2	警察大学校	警察学論集 58-2	58-77	立花書房
玉井邦夫	タマイクニオ	児童虐待の防止等に関する法律の一部を改正する法律の状況を踏まえ 児童福祉と介入のあり方	2005.2	日立みらい財団	犯罪と非行 143	23-39	日立みらい財団
児玉しおり	コダマシオリ	フランスの児童虐待防止制度 (2) 国がつくる緻密な児童虐待監視ネットワーク	2005.2		保健師ジャーナル 61-2	168-171	医学書院

著者	カナ	発行日	タイトル	発行元	掲載誌	ページ	編集委員会
今井智香子	イマイチカコ	2005.2.20	の考察―子どもをもつバーバード・ヴーマンの事例を中心に		児丸中根糸木 篇 34		
藤田弘之	フジタヒロユキ	2005.3	イギリスにおける児童虐待防止とシステムの問題とその改善策―ヴィクトリア・クリンビー調査報告書とその後の対応	滋賀大学教育学部	滋賀大学教育学部紀要 I：教育科学 54	43-58	滋賀大学
佐々木美沙子	ササキミサコ	2005.3	児童虐待における司法関与のあり方―アメリカの虐待対応システムと比較して	弘前大学教育学部社会科学研究会	レ・シトワイヤン 22	39-44	弘前大学
安部計彦	アベカズヒコ	2005.3	子ども虐待法律問題 Q&A	福岡県弁護士会北九州部会子どもの権利委員会		-	第一法規
南野佳代	ミナミノカヨ	2005.3	死の儀礼と家族 子供の虐待とケア関係（シンポジウム 死そして生の法社会学 第2分科会『死の儀礼と法』）	日本法社会学会	法社会学 62	76-86	有斐閣
内山絢子	ウチヤマアヤコ	2005.3	［資料］非行少年の被虐待経験に関する研究	科学警察研究所	科学警察研究所報告 犯罪行動科学編 42-1（通号80）	49-58	科学警察研究所
鈴木博人	スズキヒロヒト	2005.3	学校における児童虐待対応の問題点	エイデル研究所	季刊教育法 144	92-96	エイデル研究所
永水裕子	ナガミズユウコ	2005.3	［判例研究］代理によるミュンヒハウゼン症候群と児童虐待（札幌高裁平成15.1.22決定）	上智大学法学会	上智法学論集 48-3・4	262-253	上智大学
大矢武史	オオヤタケシ	2005.3	児童虐待に対する刑事規制の潮流と諸問題（1）		朝日大学大学院法学研究論集 5	21-45	朝日大学
		2005.3	［ラウンド・テーブル・ディスカッションC］被虐待体験のある非行少年の治療と処遇（日本犯罪心理学会第42回大会発表論文集）	日本犯罪心理学会	犯罪心理学研究 42（特別号）	201-204	日本犯罪心理学会
		2005.3	［特別企画］児童虐待事件における司法関与	日本評論社	法律時報 77-3	66-95	日本評論社
棚瀬孝雄	タナセタカオ	2005.3	児童虐待事件の司法関与―職権主義と当事者主義の狭間（特別企画 児童虐待事件における司法関与）	日本評論社	法律時報 77-3	66-71	日本評論社
原田綾子	ハラダアヤコ	2005.3	ミシガン州ワシュトナウ郡における児童虐待・ネグレクトへの対応（特別企画 児童虐待事件における司法関与）	日本評論社	法律時報 77-3	72-76	日本評論社
若林昌子	ワカバヤシマサコ	2005.3	児童虐待事件について家裁実務の視点から―児童福祉法28条事件を中心に（特別企画 児童虐待事件における司法関与）	日本評論社	法律時報 77-3	77-81	日本評論社
岩城正光	イワキマサテル	2005.3	NPOの児童虐待防止活動を通じて見えてきた司法の役割（特別企画 児童虐待事件における司法関与）	日本評論社	法律時報 77-3	82-85	日本評論社
岩佐嘉彦	イワサヨシヒコ	2005.3	児童虐待事件の司法関与―職権主義と当事者主義の狭間 実務家からみた問題点（代理人の立場から）（特別企画 児童虐待事件における司法関与）	日本評論社	法律時報 77-3	86-90	日本評論社
棚瀬一代	タナセカズヨ	2005.3	米国における児童虐待と家族再統合の試み（特別企画 児童虐待事件における司法関与）	日本評論社	法律時報 77-3	91-95	日本評論社
宮島清	ミヤジママキヨシ	2005.3	児童虐待対応の現場から		立正大学法制研究所研究年報 10	29-39	立正大学
多田伝生	タダツタオ	2005.3	児童虐待に係る刑事告発事例について	北海道中央児童相談所	北海道児童相談所研究紀要 27	1-15	北海道中央児童相談所
流王治郎 坂本美夫	リュウオウジロウ サカモトヒデオ	2005.3	児童虐待に関する研究II―虐待防止の施策を中心に	関西福祉大学研究会	関西福祉大学研究紀要 8	97-107	関西福祉大学研究会

著者	ヨミ	日付	タイトル		雑誌名	ページ	出版社
横場園子	ヨコバソノコ	2005.3	児童虐待防止―国連子どもの権利委員会「最終所見」の実施に向けて	中央大学教育学研究会	教育学論集 47	287-303	中央大学
畠中信義	ハタナカノブヨシ	2005.3	虐待との関わり(2) ―児童虐待防止法を踏まえて		いわき短期大学研究紀要 38	57-67	いわき短期大学
中島美恵子	ナカジマミエコ	2005.3	優秀賞 児童虐待対応システムの再構築（伝聞 刑事政策に関する懸賞論文募集の結果について）		罪と罰 42-2（通号 166）	70-79	日本刑事政策研究会
児玉しおり	コダマシオリ	2005.3	フランスの児童虐待防止制度(3) 児童虐待への対応と諸制度		保健師ジャーナル 61-3	266-269	医学書院
芝野松次郎	シバノマツジロウ	2005.3	「子どもの最善の利益」のエビデンスを求めて ソーシャルワークにおけるチャイルドプラクティスを繋ぐ（特集 社会調査の社会学）		先端社会研究 2	359-399	関西学院大学
木村容子	キムラヨウコ	2005.3	被虐待児の養育を担う専門里親の潜在的ニーズに関するアンケート調査から		関西学院大学社会学部紀要 98	93-105	関西学院大学
梶原和子	カジハラカズコ	2005.3	わが国における児童虐待防止体制の現状と課題―裁判例を通して		九州看護福祉大学紀要 7-1	15-24	九州看護福祉大学
中路茂子	ナカジシゲコ	2005.3	被虐待児の指導について 千葉県 生実学校小学部の実践から（多様化する入所児童について）		非行問題 211	33-44	全国児童自立支援施設協議会
小林博美 他	コバヤシヒロミ	2005.3	［研究・資料］児童虐待事案における人権擁護機関の役割事例研修班高等科職員研修事例研究別研究班報告書（上）（第96回法務省・地方法務局職員高等科研修事例研究別研究班報告書）		みんけん（民事研修）575	47-71	誌友会民事研修編集室
玉井邦夫	タマイクニオ	2005.3.18	児童虐待に学校はどう取り組むか―子ども防ぐ		日本経済新聞 夕刊		
尾崎守正	オザキモリマサ	2005.3.30	［法令解説］児童虐待防止対策等の充実・強化、新たな小慢性特定疾患対策の確立等 児童福祉法の一部を改正する法律		時の法令 1734	23-36	雅粒社
川田昇	カワダノボル	2005.3.30	親権と子の利益			-	信山社
		2005.3.31	子どもの虐待に関する研究(8)			7-25	恩賜財団母子愛育会日本子ども家庭総合研究所
高橋重宏 澁谷昌史 他	タカハシシゲヒロ シブヤマサシ	2005.3.31	児童養護施設における権利擁護の実態に関する研究（その1 児童養護施設における子ども同士の権利侵害に関する意識調査）（子ども虐待に関する研究(8)）	日本子ども家庭総合研究所	日本子ども家庭総合研究所紀要 41	7-14	日本子ども家庭総合研究所
高橋重宏 澁谷昌史 他	タカハシシゲヒロ シブヤマサシ	2005.3.31	児童養護施設における権利擁護の実態に関する研究（その2 児童養護施設における子ども同士の権利侵害事例策定のためのインタビュー調査）（子ども虐待に関する研究(8)）	日本子ども家庭総合研究所	日本子ども家庭総合研究所紀要 41	15-25	日本子ども家庭総合研究所
才村純 澁谷昌史 他	サイムラジュン シブヤマサシ	2005.3.31	虐待対応等に係る児童相談所の業務分析に関する調査研究(2)（虐待対応等に係る児童相談所の業務分析に関する調査研究）		日本子ども家庭総合研究所紀要 41	129-174	日本子ども家庭総合研究所
石田勝之	イシダカツユキ	2005.4	子どもたちの悲鳴が聞こえる 児童虐待防止法ができるまで			-	中央公論事業出版
小林博美 他	コバヤシヒロミ	2005.4	［研究・資料］児童虐待事案における人権擁護機関の役割について（下）（第96回法務省・地方法務局職員高等科研修事例研究別研究班報告書）		みんけん（民事研修）576	57-78	誌友会民事研修編集室
八木敬雄	ヤギタカオ	2005.4	児童虐待への初期対応に係る制度整備について		大阪青山短期大学研究紀要 30	53-66	大阪青山短期大学

児玉しおり	コダマシオリ	2005.4	まな虐待防止策			61-4		
古荘純一他	フルショウジュンイチ	2005.4.01	小学生版QOL尺度スクリーニングと医師面接で虐待が判明した1例			日本小児科学会雑誌 109-4	528-529	日本小児科学会
寺戸亮二・藤野京子	テラドリョウジ・フジノキョウコ	2005.5	一般市民における児童虐待経験　アンケート調査　聞き取り調査結果を踏まえて（特集　児童福祉と少年司法）			犯罪と非行 144	99-121	日立みらい財団
津崎哲郎	ツザキテツロウ	2005.5	子どもの人権の視点から見た親権	関西家族の揺らぎと親子関係		フォーラム現代社会学 4	57-65	世界思想社
森和子	モリカズコ	2005.5.31	里親家庭に関するアンケート調査（B票）の結果と考察　里親の全体状況と児童相談所の現状との関係	養子と里親を考える会		新しい家族 46	2-14	養子と里親を考える会
兼井京子	カネイキョウコ	2005.5.31	里親家庭に関するアンケート調査（B票）の結果と考察　養育への支援　（被虐待児委託里親の支援に関する調査研究（その2））	養子と里親を考える会		新しい家族 46	15-26	養子と里親を考える会
桜井奈津子	サクライナツコ	2005.5.31	委託児童に関するアンケート調査（C票）の結果と考察　委託児童の状態、問題について［合同質問と意見交換］（被虐待児委託里親の支援に関する調査研究（その2））	養子と里親を考える会		新しい家族 46	27-47	養子と里親を考える会
		2005.6	第41回日本犯罪学会総会報告シンポジウム「子ども虐待」			犯罪学雑誌 71-3	63-103	日本犯罪学会
妹尾栄一	セノオエイイチ	2005.06.25	子ども虐待への臨床的アプローチ（第41回日本犯罪学会総会報告シンポジウム「子ども虐待」）			犯罪学雑誌 71-3	64-65	日本犯罪学会
宮本信也	ミヤモトシンヤ	2005.6	子ども虐待と反社会的行動（第41回日本犯罪学会総会報告シンポジウム「子ども虐待」）			犯罪学雑誌 71-3	65-71	日本犯罪学会
河野朗久	コウノアキヒサ	2005.6	法医学から見た児童虐待（第41回日本犯罪学会総会報告シンポジウム「子ども虐待」）			犯罪学雑誌 71-3	71-80	日本犯罪学会
森田展彰	モリタノリアキ	2005.6	被虐待体験によるトラウマ反応の観点から見た犯罪・非行とそれに対する治療的な介入（第41回日本犯罪学会総会報告シンポジウム「子ども虐待」）			犯罪学雑誌 71-3	80-86	日本犯罪学会
山脇由貴子	ヤマワキユキコ	2005.6	児童相談所における児童虐待への取り組みの課題（第41回日本犯罪学会総会報告シンポジウム「子ども虐待」）			犯罪学雑誌 71-3	87-91	日本犯罪学会
生活安全法令研究会	セイカツアンゼンホウレイケンキュウカイ	2005.6	SA＆論文　改正児童虐待防止法（昇試合格のための総合的実力要請欄）			Keisatsu koron 60-6	126-131	立花書房
初川愛美	ハツカワマナミ	2005.6	代理人によるミュンヒハウゼン症候群の定義と法執行機関の役割（The Definition of Munchausen Syndrome by Proxy and the Role of Law Enforcement）［資料］アメリカ犯罪学の基礎研究86			比較法雑誌（中央大学）39-1	274-287	日本比較法研究所
柏女霊峰他	カシワメレイホウ	2005.6.30	児童虐待　防止のためのポイント				-	年友企画
下西さや子	シモニシサヤコ	2005.7	明治期における児童虐待問題の構築と子どもの権利思想			日本社会福祉学会 社会福祉学 46-1	3-15	日本社会福祉学会
野沢利弘	ノザワカズヒロ	2005.7	［国内の動向］虐待防止法制定への動き活発化	鉄道弘済会社会福祉部		社会福祉研究 93	102-106	鉄道弘済会
平湯真人	ヒラユマサト	2005.7	家庭内虐待と公的介入の法的問題―権利としての自立支援 家庭支援前線（特集　現代に活かす"福祉と教育の権利"）	子どもの権利条約総合研究所		子どもの権利研究 7	22-25	日本評論社
玉井邦夫	タマイクニオ	2005.7	学校教職員と児童虐待の対応（特集　現代に活かす"教育と福祉"　教育と福祉の最前線）	子どもの権利条約総合研究所		子どもの権利研究 7	26-31	日本評論社

家庭問題情報センター	カテイモンダイジョウホウセンター	2005.7	家庭問題サロン 家庭問題よろず相談室(133) ウンセリングから ある児童虐待の親の力		戸籍時報 585	55-57	日本加除出版
清水真	シミズマコト	2005.7	時報紹介(123)	東京法令出版	捜査研究 54-7(通号 648)	38-40	東京法令出版
尾崎万帆之 福島直之	オザキマホノユキ フクシマナオユキ	2005.7	市町村児童虐待防止ネットワーク要保護児童対策地域協議会へ 加藤典子編著		家庭裁判月報 57-7	1-16	最高裁判所事務総局
岡健太郎 武部知子	オカケンタロウ タケベトモコ	2005.7	児童福祉法の一部を改正する法律の概説―司法関与に関する部分を中心に		家庭裁判月報 57-7	17-28	最高裁判所事務総局
		2005.7	特別家事審判規則の一部を改正する法律(平成17年最高裁判所規則第5号の解説)		家庭裁判月報 57-7	63-73	最高裁判所事務総局
		2005.7	[通達・回答]「児童虐待の防止等に関する法律の一部を改正する法律」の公布について(平成16.4.15 最高裁家―第135号)		家庭裁判月報 57-7	74-86	最高裁判所事務総局
		2005.7	[通達・回答]「児童福祉法の一部を改正する法律の公布等について(平成16.12.3 最高裁家―第000287号)		家庭裁判月報 57-7	87-130	最高裁判所事務総局
		2005.7	[通達・運営]「児童福祉法の一部を改正する法律の施行について(平成16.12.8 最高裁家―第000434号)		家庭裁判月報 57-7	131-138	最高裁判所事務総局
		2005.7	[通達・運営]特別家事審判規則の一部を改正する規則の公布等について(平成17.2.7 最高裁家―第000229号)		家庭裁判月報 57-7	139-143	最高裁判所事務総局
		2005.7	[通達・回答]児童相談所運営指針の改正について(平成17.3.9 最高裁家―第000368号)		家庭裁判月報 57-7	145-276	最高裁判所事務総局
岩城正光	イワキマサテル	2005.7	家庭内紛争をめぐる法律問題	日本弁護士連合会	現代法律実務の諸問題〈平成16年版〉[日弁連研修叢書]	35-64	第一法規
後藤弘子	ゴトウヒロコ	2005.7	The Children as Victims : Domestic Violence and Child Abuse		千葉大学法学論集 20-1	192-174	千葉大学法学会・千葉大学総合政策学会
石嶋康朗 他	イシジマヤスロウ	2005.7	児童福祉法28条事件における留意事項に関する研究―児童福祉法28条に基づいて措置された児童の処遇過程の分析を通して(平成16年最高裁判所事務研究報告書)	裁判所職員総合研修所	総研所報 2	71-74	裁判所職員総合研修所
林弘正	ハヤシヒロマサ	2005.7	裁判実務における身体的虐待及びネグレクト事例についての一考察	中央大学法学会	法学新報 112-1・2	793-847	中央大学
山口田名子 地菅和子 木村未夏	ヤマグチタナコ チスガカズコ キムラミカ	2005.7.1	臨床経験 「代理症」の子と「代理人」による虚偽性障害―その特徴と医療の対応	日本心身医学会	心身医学 45-7	537-544	三輪書店
望月彰 谷口泰史		2005.7.30	子どもの権利と家庭支援―児童福祉の新しい潮流			-	三学出版
		2005.8	特集1 法改正をめぐって		子どもの虐待とネグレクト 7-2	136-159	日本子どもの虐待防止学会
平湯真人	ヒラユマサト	2005.8	子どもの虐待をめぐる法をめぐって・法改正の問題点と課題(特集1 法改正をめぐって)		子どもの虐待とネグレクト 7-2	136-141	日本子どもの虐待防止学会
川崎二三彦	カワサキフミヒコ	2005.8	児童相談所から見た法改正と今後の課題(特集1 法改正をめぐって)		子どもの虐待とネグレクト 7-2	142-147	日本子どもの虐待防止学会
山本麻里	ヤマモトマリ	2005.8	児童虐待防止法・児童福祉法の改正と今後の取り組み方針(特集1 法改正をめぐって)		子どもの虐待とネグレクト 7-2	148-153	日本子どもの虐待防止学会
才村純	サイムラジュン	2005.8	子ども虐待防止制度の検証―制度改正から見えてきたもの(特集1 法改正をめぐって)		子どもの虐待とネグレクト 7-2	154-159	日本子どもの虐待防止学会

著者（カナ）	著者	日付	タイトル	所属等	雑誌名	頁	出版社
ツザキテツロウ	津崎哲郎	2005.8	児童虐待と警察の関わり―主に児童相談所問題への警察官教育（特集 2 虐待問題への警察官教育）	日本子ども虐待防止学会	子どもの虐待とネグレクト 7-2	160-165	日本子ども虐待防止学会
ヒデシマユカリ	秀嶋ゆかり	2005.8	イギリスにおける警察の虐待問題への関与と警察官教育について（特集 2 虐待問題への警察官教育）	日本子ども虐待防止学会	子どもの虐待とネグレクト 7-2	166-171	日本子ども虐待防止学会
オダカズエ カワムラユユリ サイトウサトル	小田和枝 川村百合 斎藤学	2005.8	［座談会］民間の力を地域の虐待防止に活かすために―小山市の虐待死事件に学ぶ（特集 2 虐待問題への警察官教育）	日本子ども虐待防止学会	子どもの虐待とネグレクト 7-2	172-181	日本子ども虐待防止学会
イワキマサテル他	岩城正光他	2005.8	［問題提起］虐待死を考える 死亡事例を検証する①刑事事例から治療への連携	日本子ども虐待防止学会	子どもの虐待とネグレクト 7-2	182-189	日本子ども虐待防止学会
ミヤモトシンヤ シオカワヒロサト	宮本信也 塩川宏郷	2005.8	［問題提起］メディカル・ネグレクトに関する調査報告	日本子ども虐待防止学会	子どもの虐待とネグレクト 7-2	190-196	日本子ども虐待防止学会
サイコウサイバンショジムソウキョクカテイキョク	最高裁判所事務総局家庭局	2005.8	［資料］児童福祉法 28 条事件の動向と事件処理の実情―平成 15 年 11 月 20 日～平成 16 年 11 月 19 日	最高裁判所事務総局	家庭裁判月報 57-8	133-143	最高裁判所事務総局
カシワメレイホ他	柏女霊峰他	2005.8	児童虐待防止―司法と福祉の新しい関係（日本司法福祉学会第 5 回大会分科会報告）	日本司法福祉学会	司法福祉学研究 5	88-94	日本司法福祉学会
イイダクニオ	飯田邦男	2005.8.5	虐待親への接近 家裁調査官の目と技法				民事法研究会
		2005.9	特集 児童虐待と自治体	自治研修協会	月刊自治フォーラム 552	2-46	第一法規
カシワメレイホ	柏女霊峰	2005.9	［視点］児童虐待防止制度改正と自治体	自治研修協会	月刊自治フォーラム 552	2-3	第一法規
ヤマモトマリ	山本麻里	2005.9	［解説］児童虐待防止法・児童福祉法の改正と今後の取組方針（特集 児童虐待と自治体）	自治研修協会	月刊自治フォーラム 552	4-9	第一法規
ツザキテツロウ	津崎哲郎	2005.9	［解説］自治体における児童虐待問題への地域ネットワーク等の取り組み―枚方市児童虐待問題連絡会議の歩みから―（特集 児童虐待と自治体）	自治研修協会	月刊自治フォーラム 552	10-15	第一法規
マツバラヤスオ	松原康雄	2005.9	［事例］児童虐待に対応する社会的養護のあり方と自治体の役割（特集 児童虐待と自治体）	自治研修協会	月刊自治フォーラム 552	16-21	第一法規
スギヤマハル	杉山春	2005.9	［事例］制度の整備の先に必要なもの（特集 児童虐待と自治体）	自治研修協会	月刊自治フォーラム 552	22-29	第一法規
オオクラヒロユキ	大藏裕之	2005.9	［事例］大阪府における児童虐待問題への取組（特集 児童虐待と自治体）	自治研修協会	月刊自治フォーラム 552	30-34	第一法規
ヤギアリコ	八木安理子	2005.9	［事例］枚方市における児童虐待等の地域ネットワーク等の取り組み―枚方市（特集 児童虐待と自治体）	自治研修協会	月刊自治フォーラム 552	35-41	第一法規
マミヤマサユキ	間宮正幸	2005.9	［事例］児童虐待への民間団体の活動―北海道子どもの虐待防止協会の活動経過と課題（特集 児童虐待と自治体）	自治研修協会	月刊自治フォーラム 552	42-46	第一法規
		2005.9	子ども虐待対応の手引き―平成 17 年 3 月 25 日改定版	日本子ども家庭総合研究所			有斐閣
サイムラジュン	才村純	2005.9	児童虐待防止制度の動向と保健領域の役割		小児保健研究 64-5	651-659	日本小児保健協会
ニホンベンゴシレンゴウカイコドモノケンリイインカイ	日本弁護士連合会子どもの権利委員会	2005.9	子どもの虐待防止・法的実務マニュアル＜第 3 版＞				明石書店

著者	ヨミ	年月	タイトル	編者	掲載誌	頁	出版社
横田光平	ヨコタコウヘイ	2005.9	児童福祉における介入と援助の間	岩村正彦 大村敦志	個を支えるもの	115-139	東京大学出版会
久保野恵美子	クボノエミコ	2005.9	児童虐待への対応における裁判所の役割―イギリスにおける被虐待児童との面会交流問題を素材に	岩村正彦 大村敦志	個を支えるもの	115-139	東京大学出版会
ハワード・ドゥヴァッツ ダイアン・デパンフィリス	ハワード・ドゥヴァッツ ダイアン・デパンフィリス	2005. 9.8	子ども虐待対応ハンドブック 通告から調査・介入そして終結まで	庄司順一監訳		-	明石書店
中嶋博行	ナカジマヒロユキ	2005.10	児童虐待を「正当化」する現行法（コラム・5つの扉・法律）		新潮 45 24-10	188-189	新潮社
吉田恒雄	ヨシダツネオ	2005.10	[家事裁判例紹介] 妹の虐待を見た姉の複雑性 PTSD と福祉施設入所認（平成16. 6.16 千葉松戸支審判）		民商法雑誌 133-1	228-236	有斐閣
里園梨恵	サトゾノリエ	2005.10	第10回日本子ども虐待防止研究会出席報告（家庭裁判所調査官及び裁判所技官（看護師）のその学会出席報告）		家庭裁判月報 57-10	274-289	最高裁判所事務総局
鈴木博人	スズキヒロヒト	2005.11	平成16年児童福祉法改正について（白門時評）		白門 57-11	4-5	中央大学
		2005.10.19	児童虐待防止 地域全体のサポートで児童虐待を防ごう！		官報資料版 2438	7	国立印刷局
加藤曜子	カトウヨウコ	2005.11	児童福祉法改正に伴う要保護児童支援する親支援の枠組みへの試み		流通科学大学論集 人間・社会・自然編 18-2	125-137	流通科学大学
相澤仁	アイザワマサシ	2005.11	子ども虐待防止等要保護児童保護児童対策の推進に向けて 次世代育成支援（特集		母子保健情報 52	13-16	母子愛育会
松原康雄	マツバラヤスオ	2005.11	子ども虐待等要保護児童対策に関する専門委員会報告書について（特集 次世代育成支援		母子保健情報 52	115-118	母子愛育会
森克己	モリカツミ	2005.11	児童虐待防止法制度の現状と今後の課題―子どもの人権論の観点から	愛敬浩二 水島朝穂 諸根貞夫	現代立憲主義の認識と実践―浦田賢治先生古稀記念論文集	428-448	日本評論社
梶原敦	カジワラアツシ	2005.11.10	今回の児童福祉法改正について 行政の立場から―児童虐待防止対策について		新しい家族 47	2-25	養子と里親を考える会
山田利子	ヤマダトシコ	2005.12	虐待、DV の発生を予防する支援のあり方（特集 虐待、DV を未然に防ぐために 発生予防、早期発見・対応の取組）		こども未来 411	7-9	こども未来財団
岩城正光 他	イワキマサテル	2005.12	[問題提起] 虐待死を考える 死亡事例から検証する②刑事弁護から治療への検証		日本子ども虐待防止学会 レクト 7-3	319-322	日本子ども虐待防止学会
中山正雄	ナカヤママサオ	2005.12	子どもの権利を地域に発信する保育所 保育所の役割		保育情報 349	2-6	全国保育団体連絡会
伊東ゆたか 犬塚峰子	イトウユタカ イヌヅカミネコ	2005.12	児童虐待 社会的養護の中にある子供の情緒行動上の問題と予後		犯罪学雑誌 71-6	183-198	日本犯罪学会
森武夫	モリタケオ	2005.12	海外の犯罪研究 虐待のプライマリ・ケア 子どもと動物虐待		犯罪学雑誌 71-6	199-201	日本犯罪学会
		2005.12	特集 虐待のプライマリ・ケア 子ども虐待・DV・高齢者虐待		治療 87-12	3149-3313	南山堂
角田由紀子	カクタユキコ	2005.12	虐待（家族間暴力）に関する法律とその問題点（特集 虐待のプライマリ・ケア 子ども虐待・DV・高齢者虐待）		治療 87-12	3163-3168	南山堂
小杉登	コスギメグミ	2005.12	虐待を受けた子どもへの児童相談所の対応（特集 虐待のプライマリ・ケア 子ども虐待・DV・高齢者虐待）		治療 87-12	3214-3220	南山堂
吉田恒雄	ヨシダツネオ	2005.12	児童虐待防止法と児童福祉法：虐待対応の今後（特集 虐待のプライマリ・ケア 子ども虐待・DV・高齢者虐待）		治療 87-12	3221-3226	南山堂

著者	よみ	年月日	タイトル	掲載誌	ページ	発行所
吉田恒雄	ヨシダツネオ	2005.12.1	児童虐待防止法および児童福祉法の改正とこれからの課題	子どもの虹情報研修センター	6-16	子どもの虹情報研修センター
慶野覚治	ノウノカンジ	2006	児童虐待への対応―児童福祉法第28条の成果と課題	教育福祉研究 32	21-27	大阪大谷大学教育福祉学科
安部行照	アベユキテル	2006	わが国における児童虐待の諸問題―日米における児童虐待の定義について	四天王寺国際仏教大学紀要 44	71-88	四天王寺国際仏教大学
岩志和一郎鈴木博人高橋由紀子訳	イワシワイチロウスズキヒロヒトタカハシユキコ	2006	ドイツ「児童ならびに少年援助法」全訳（3完）	比較法学 39-2	267-294	早稲田大学比較法研究所
松田美智子	マツダミチコ	2006.1	虐待と非行―少年院在院者の場合（シリーズ 非行の現在―非行臨床の課題）	現代のエスプリ 462	84-94	ぎょうせい
春田嘉彦	ハルタヨシヒコ	2006.1	［資料］ドイツ連邦共和国における児童虐待の取扱いの実情について	家庭裁判月報 58-1	123-162	最高裁判所事務総局
田邉泰美	タナベヤスミ	2006.1	英国児童虐待防止研究―ビクトリア・クリムビエ事件と児童ケア改革	園田学園女子大学論文集 40	39-62	園田学園女子大学
有沢貴美栄	アリサワキミエ	2006.2	児童虐待の子ども防止と相談の新しい役割―横須賀市・クリムビエ事件（自治体）シンポジウム、地方自治と子ども施策	子どもの権利研究 8	65-67	子どもの権利条約総合研究所
吉田恒雄	ヨシダツネオ	2006.2	児童虐待防止法制度の現状と課題（特集 子どもの安全をめぐる問題）	都市問題研究 58-2（通号 662）	13-28	都市問題研究会
棚瀬一代	タナセカズヨ	2006.2	児童虐待への対応―日米比較―（特集 子どもの安全をめぐる問題）	都市問題研究 58-2（通号 662）	54-69	都市問題研究会
上野加代子他	ウエノカヨコ	2006.2.20	児童虐待のポリティクス―「こころ」の問題から「社会」の問題へ		-	明石書店
西澤哲	ニシザワサトル	2006.2.25	子どもと虐待の現状と改正児童虐待防止法（部落解放研究第39回全国集会報告書）	部落解放 562 増刊号	62-69	解放出版社
岡澤潤次	オカザワジュンジ	2006.3	「児童虐待」防止と学校教育の課題―子どものSOSを聴ける人権感覚と組織的行動力を！	関西外国語大学人権教育思想研究 9	52-82	関西外国語大学人権教育思想研究所
坪井節子	ツボイセツコ	2006.3	講演録 子どもは大人のパートナー―いじめ、虐待、少年非行の現場から	人権のひろば 9-2（通号 48）	14-18	人権擁護協力会
		2006.3	連絡事項 児童虐待等保護児童対策の充実について（全国厚生労働関係部局長会議資料（2006.1.25））	保育情報 352	25-29	全国保育団体連絡会
山本麻理	ヤマモトマリ	2006.3	インタビュー 子どもの権利擁護は公の責任で―雇用均等・児童家庭局総務課長補佐兼児童虐待防止対策室室長 山本麻理室長	厚生サロン 26-4（通号 323）	16-21	日本厚生協会
林弘正	ハヤシヒロマサ	2006.3	児童虐待の諸問題	現代法律学の課題―日本法政学会創立五十周年記念論文集編集委員会	329-343	日本法政学会創立五十周年記念
三枝有	サエグサタモツ	2006.3	児童虐待防止法の改正と刑事規制の在り方	現代法律学の課題―日本法政学会創立五十周年記念論文集編集委員会	345-365	日本法政学会創立五十周年記念

著者	ヨミ	日付	タイトル	編者	掲載誌	ページ	発行
小尾栄子・北村愛子・望月初音	コオエイコ キタムラアイコ モチヅキハツネ	2006.3	子ども虐待の早期発見と予防に関する研究―保育所・幼稚園における虐待を疑った子どもとの遭遇経験及び外部機関との連携の実態	日本看護協会	日本看護学会論文集 地域看護 36	81-83	日本看護協会
大澤朋子	オオサワトモコ	2006.3.31	今日の児童虐待対策の矛盾「虐待不安」拡大の視点から	日本女子大学社会福祉学科研究室	社会福祉 46	67-80	日本女子大学
高橋重宏・澁谷昌史 他	タカハシシゲヒロ シブヤマサシ	2006.3.31	児童養護施設における権利擁護の実態に関する研究（その2）―子どもの権利ノートの活用実態について（9）	日本子ども家庭総合研究所	日本子ども家庭総合研究所紀要 42	3-49	日本子ども家庭総合研究所
才村純・澁谷昌史 他	サイムラジュン シブヤマサシ	2006.3.31	児童相談所における家族再統合援助実施体制のあり方に関する研究（虐待対応等に係る児童相談所の業務分析に関する調査研究）	日本子ども家庭総合研究所	日本子ども家庭総合研究所紀要 42	147-175	日本子ども家庭総合研究所
前田忠弘	マエダタダヒロ	2006.4	児童虐待への刑事法的規制の課題（日本刑法学会第83回大会ワークショップ）		刑法雑誌 45-3	540-543	日本刑法学会
鈴井江三子	スズイエミコ	2006.4	［周産期の最新情報］子どもへの性的虐待―「犯罪統計書」の分析（前編）		ペリネイタル・ケア 25-4	378-384	メディカ出版
南部さおり・藤原敏孝 他	ナンブサオリ フジワラサトシ	2006.4.25	児童虐待「症候群」と刑事裁判―被殴打児症候群、乳幼児ゆさぶられ症候群、代理人によるミュンヒハウゼン症候群		犯罪学雑誌 72-2	54-65	日本犯罪学会
才村純	サイムラジュン	2006.5	委員の実務画像、虐待される子どもへの援助のポイント	人権擁護協力会	人権のひろば 9-3	4-6	人権擁護協力会
鈴井江三子	スズイエミコ	2006.5	［周産期の最新情報］子どもへの性的虐待―「犯罪統計書」の分析（後編）		ペリネイタル・ケア 25-5	509-515	メディカ出版
大島剛・菅野道英	オオシママツヨシ スガノミチヒデ	2006.5	資料　被虐待児と保護者の再統合に関する児童養護施設調査報告―再統合に向けた子ども側の準備（特集〈日本子ども虐待防止学会〉第11回学術集会（北海道大会））		子どもの虐待とネグレクト 8-1	130-134	日本子ども虐待防止学会
学校等における児童虐待防止に向けた取組に関する調査研究会議	ガッコウトウニオケルジドウギャクタイボウシニムケタトリクミニカンスルチョウサケンキュウカイギ	2006.5	学校等における児童虐待防止に向けた取組について（報告書）		-	1-108	文部科学省
久保野恵美子	クボノエミコ	2006.5.1	英国および仏国における被虐待児保護と家族支援の法的側面		東北法学会会報 24	1-2	東北大学法学会
荒木義修	アラキヨシノブ	2006.5.15	わが国における児童虐待の実態：都市部（西東京市・三鷹市・武蔵野市）における実態調査報告（シンポジウム2「家族の変貌と暴力」）	日本法政学会	法政論叢 42-2	255-264	日本法政学会
三枝有	サエグサタモツ	2006.5.15	児童虐待と刑事サンクション（シンポジウム2「家族の変貌と暴力」）	日本法政学会	法政論叢 42-2	265-277	日本法政学会
田邉泰美	タナベヤスミ	2006.5.31	イギリスの児童虐待防止とソーシャルワーク		-	-	明石書店
		2006.6	特集　児童虐待対応のあり方		月刊生徒指導 36-7	6-28	学事出版
山川浩子	ヤマカワヒロコ	2006.6	児童虐待の実態と今後の課題―東京都における実態調査の結果から（特集　児童虐待―学校対応のあり方）		月刊生徒指導 36-7	6-11	学事出版
川崎二三彦	カワサキフミヒコ	2006.6	児童相談所が学校に求める虐待への情報―虐待対応における留意点（特集　児童虐待―学校対応のあり方）		月刊生徒指導 36-7	12-15	学事出版
柴崎武宏	シバサキタケヒロ	2006.6	虐待にかかわる校内体制の整備と外部連携（特集　児童虐待―学校対応のあり方）		月刊生徒指導 36-7	20-23	学事出版
平田厚	ヒラタアツシ	2006.6	虐待防止法制の現状と課題	国民生活センター	国民生活研究 46-1	9-19	国民生活センター

年月	著者	著者(カナ)	タイトル	掲載誌	巻号	ページ	発行所
2006.6		サポートセンター	[研修サロン] 時報同題みろ9 相談室 (144) 家庭内暴力 その信号				
2006.6	岩山伸二	イワヤマシンジ	[研修の現場から] 3歳の幼児に継続的な虐待を加えた結果、同児がストレスによる十二指腸潰瘍を発症し、これに起因する腹膜炎により死亡した事案に対し、傷害致死罪を適用した事例	研修	696	117-126	誌友会研修編集部
2006.6	イワヤマシンジ						
2006.7	野上恭子 渡邊菜緒	ノガミキョウコ ワタナベナオ	日本子どもの虐待防止学会 第11回学術集会出席報告 (看護師)の学会出席報告 (1)	家庭裁判月報 58-7		152-165	最高裁判所事務総局
2006.7	磯谷文明	イソガエフミアキ	子ども虐待の問題状況と対応 (特集 子育ち・安心と子ども支援)	子どもの権利研究	9	40-46	日本評論社
2006.7	張化貞 金燗胆(訳)	Hwa Jeong Jang Hyong Uk Kim	韓国における子ども虐待の現状と保護体制 (特集 子育ち・安心と子ども支援)	子どもの権利研究	9	51-56	日本評論社
2006.7	横山実	ヨコヤマミノル	Early Support, Protection and Intervention for Children in Japan	国学院法学	44-1	172-144	国学院大学
2006.7	吉村奏恵	ヨシムラカナエ	学校にできる児童虐待への支援―学校が子どもをケグレクトしないために―	こころの科学	128	8-13	日本評論社
2006.7.20	田澤あけみ	タザワアケミ	20世紀児童福祉の展開―イギリスの児童虐待防止の動向から探る			-	ドメス出版
2006.8	小林美智子	コバヤシミチコ	我が国の児童虐待の現状について―一法律を含めて (特集 周産期医学と児童虐待予防)	周産期医学	36-8	931-939	東京医学社
2006.8	松本克美	マツモトカツミ	[民事判例研究 (854)] 児童の性的虐待に対する損害賠償請求権の消滅時効の起算点 (福岡高裁平成17.2.17判決)	法律時報 78-9 (通号 973)		105-108	日本評論社
2006.8	升田純	マスダジュン	児童養護施設内における児童虐待を内容とするインターネット上の電子掲示板の書き込みが名誉段損に当たるとされた事例(さいたま地裁平成18.1.20判決)	Lexis 判例速報	2-8	85-87	レクシスネクシス・ジャパン
2006.8	三林宏	ミツバヤシヒロシ	児童の性的虐待による損害賠償請求権の短期時効起算日(福岡高裁平成17.2.17判決)	私法判例リマークス 33 2006(下) 平成17年度判例評論 法律時報別冊		86-89	日本評論社
2006.8	岡健太郎 河合明博	オカケンタロウ カワイアキヒロ	児童福祉法28条事件の審理について	ケース研究	288	5-34	家庭事件研究会
2006.8	最高裁判所事務総局家庭局	サイコウサイバンショジムソウキョクカテイキョク	[資料] 児童福祉法28条事件の動向と事件処理の実情 ―平成17年4月1日～平成18年3月31日―	家庭裁判月報 58-8		107-123	最高裁判所事務総局
2006.8	田中周子	タナカシュウコ	M・アルドリッジ=J・ウッド著/仲真紀子編訳/仲真紀子=斎藤憲一郎=臨中洋訳『子どもの面接法―司法手続きにおける子どものケア・ガイド (special edition 子ども虐待と学校)	法と心理	5-1	107-108	日本評論社
2006.8	一場順子	イチバヨリコ	児童虐待と学校―学校教育に求められるものは何か (special edition 子ども虐待と学校)	教育評論	712	16-19	アドバンテージサーバー
2006.8.18	川崎二三彦	カワサキフミヒコ	児童虐待―現場からの提言			-	岩波書店
2006.8.31	木村谷子 芝野松次郎	キムラヨウコ シバノマツジロウ	里親の子育てに対する支援ニーズと「専門里親資任性」の分析に基づく専門里親の研修のあり方についての検討	社会福祉学	47-2	16-30	日本社会福祉学会
2006.8.31	山縣文治	ヤマガタフミハル	書評 才村純著 子ども虐待ソーシャルワーク論―制度と実践への考察	社会福祉学	47-2	83-85	日本社会福祉学会
2006.9	玉井邦夫	タマイクニオ	学校現場および教育行政における虐待対応の実態と課題 (特集 学校と虐待)	子どもの虐待とネグレクト	8-2	183-189	日本子ども虐待防止学会
2006.9	森実	モリミノル	児童養護施設の子どもの教育保障 (特集 学校と虐待)	子どもの虐待とネグレクト	8-2	195-201	日本子ども虐待防止学会

著者	ヨミ	年月	タイトル	掲載誌	巻号	ページ	出版社
杉山登志郎	スギヤマトシロウ	2006.9	発達障害としての子ども虐待（特集 学校と虐待）	子どもの虐待とネグレクト	8-2	202-212	日本子ども虐待防止学会
三木憲明	ミキノリアキ	2006.9	教員による虐待（特集 学校と虐待）	子どもの虐待とネグレクト	8-2	213-217	日本子ども虐待防止学会
高橋蔵人・西山正 他		2006.9	問題提起 虐待を考える 死亡事例を検証する (3) 釈放後のカウンセリング	子どもの虐待とネグレクト	8-2	218-227	日本子ども虐待防止学会
安部計彦	アベカズヒコ	2006.9	問題提起 児童相談所をめぐって 一時保護の現状と課題	子どもの虐待とネグレクト	8-2	228-232	日本子ども虐待防止学会
松原康雄	マツバラヤスオ	2006.9	児童虐待対策と児童委員・主任児童委員の役割	国民生活研究	46-2	1-11	国民生活センター
原田綾子	ハラダアヤコ	2006.9	児童虐待と子育て支援―アメリカでの議論と実践を手がかりとして	法社会学	65	217-241	有斐閣
吉井隆平	ヨシイコウヘイ	2006.9	児童が性的虐待を受けたことを理由とする不法行為に基づく損害賠償請求権の消滅時効の起算日（福岡高裁平成17.2.17 判決）	『平成17年度主要民事判例解説』判例タイムズ臨時増刊1215		114-115	判例タイムズ社
佐藤馨	サトウカオル	2006.9.25	子どもの人権―児童虐待と法的対応				新風舎
緒方由紀子	オガタユキコ	2006.10	[実例捜査セミナー] 実子に対する虐待否認事件の捜査について	捜査研究	55-10	43-49	東京法令出版
岡本和美	オカモトカズミ	2006.10	児童虐待防止ネットワークから要保護児童対策地域協議会へ（行政 up to date―障害者自立支援法／市町村における児童相談／少年法の改正）	そだちと臨床	1	96-98	明石書店
林弘正	ハヤシヒロマサ	2006.10	児童虐待ケースについての考察	白門	58-10	61-77	中央大学通信教育学部
藤川浩	フジカワヒロシ	2006.10	被虐待児童の保護者に対する援助・治療方法に関する研究	明治安田こころの健康財団 研究助成論文集	41	166-172	明治安田こころの健康財団
橋本和明	ハシモトカズアキ	2006.11	児童虐待（司法臨床―法と臨床の交差点）	現代のエスプリ	472	88-96	ぎょうせい
		2006.11	[資料] 平成17年度家事関係機関との連絡協議会における児童虐待に関する協議結果の概要	家庭裁判月報	58-11	243-259	最高裁判所事務総局
和田美智代	ワダミチヨ	2006.11	虐待防止法の施行と家族―児童虐待防止法施行とポジティヴ家族をめぐる法的課題	法政論叢	43-1	259-269	日本法政学会
山田美枝子	ヤマダミエコ	2006.11	[家事裁判例紹介] 児童相談所長の申立による親権喪失宣言（名古屋家裁岡崎支部平成16.12.9 審判）	民商法雑誌	135-2	447-454	有斐閣
田中康雄	タナカヤスオ	2006.12	特集 子ども虐待と非行・犯罪	子どもの虐待とネグレクト	8-3	306-350	日本子ども虐待防止学会
林隆	ハヤシタカシ	2006.12	虐待されている子どもが示す手だて（特集 子ども虐待と非行・犯罪）	子どもの虐待とネグレクト	8-3	308-316	日本子ども虐待防止学会
		2006.12	非行・犯罪の背景にある虐待（特集 子ども虐待と非行・犯罪）	子どもの虐待とネグレクト	8-3	317-325	日本子ども虐待防止学会
藤岡淳子 寺村堅志	フジオカジュンコ テラムラケンジ	2006.12	非行少女の性虐待体験と支援方法について―施設での実態調査から（特集 子ども虐待と非行・犯罪）	子どもの虐待とネグレクト	8-3	334-342	日本子ども虐待防止学会
舟橋民江	フナバシタミエ	2006.12	量刑において被告人の被虐待経験を考慮することの意義（特集 子ども虐待と非行・犯罪）	子どもの虐待とネグレクト	8-3	343-350	日本子ども虐待防止学会
増沢高 小林登	マスザワタカシ コバヤシノボル	2006.12	[問題提起 虐待死を考える]「死亡事例を検証する④検証を振り返る―専門家によるコメント」について	子どもの虐待とネグレクト	8-3	351-353	日本子ども虐待防止学会

著者	ヨミ	日付	タイトル	掲載誌	号	ページ	出版社
小久保裕美	コクボヒロミ	2006.12	[問題提起]虐待死を考える③死亡事例にみる(テーマ)(死亡事例検証を検証する④検証をふり返る-専門家によるコメント)	日本子ども虐待防止学会	子どもの虐待とネグレクト 8-3	354-356	日本子ども虐待防止学会
山田弘明	ヤマダヒロアキ	2006.12	児童虐待防止対策の強化に向けての課題	衆議院調査局	Research Bureau 論究 3	93-101	衆議院調査局
四方光 佐藤久美子	シカタコウ サトウクミコ	2006.12	諸システムで構成される全体システム[全体像とは何か]-カナダにおける実践コミュニティによる児童虐待調査の推進 問題解決のための他機関連携アプローチ(下)	警察大学校	警察学論集 59-12	167-192	立花書房
Meripa T. Godinet	メリパ・ゴディネット	2006.12.1	アメリカ・ハワイ州における児童虐待対応システムについて	子どもの虹情報研修センター	子どもの虹情報研修センター紀要 4	16-22	子どもの虹情報研修センター
内田貴他	ウチダタカシ	2006.12.1	特別座談会 家族法の改正に向けて(上) -民法改正委員会の議論の現状	有斐閣	ジュリスト 1324	46-78	有斐閣
粟津美穂	アワヅミホ	2006.12.10	ディープ・ブルー-虐待を受けた子どもたちの成長と困難の記録-アメリカの児童保護ソーシャルワーク			-	太郎次郎社エディタス
内田貴他	ウチダタカシ	2006.12.15	特別座談会 家族法の改正に向けて(下) -民法改正委員会の議論の現状	有斐閣	ジュリスト 1325	148-179	有斐閣
林弘正	ハヤシヒロマサ	2006.12.24	児童虐待-その現況と用事法的介入<改訂版>			-	成文堂
福岡久美子	フクオカクミコ	2006.12.26	国家の家庭への介入-児童虐待とドメスティック・バイオレンス	関西憲法研究会	憲法論叢 13	87-109	関西憲法研究会
三村敏	ミムラサトシ	2007.1	児童虐待事案に対する警察の対応	警察時報社	警察時報 62-1	21-26	警察時報社
町野朔	マチノハジメ	2007.1	「児童虐待抑止策」の実態と対応-これから	社会安全研究財団	季刊社会安全 63	32-36	社会安全研究財団
福嶋淑子 郷間英世他	フクオカヨシコ ゴウマヒデヨ	2007.1	保護者から不適切な養育(虐待)を受けている年齢児童に関する研究(第1報) 兵庫県小学校における児童虐待の実態調査	日本小児保健協会	小児保健研究 66-1	16-21	日本小児保健協会
三村敏	ミムラサトシ	2007.1	児童虐待防止策のさらなる強化	警察公論社	警察公論 62-1	65-66	立花書房
佐竹文子 上野加代子 樫田美雄	サタケフミコ ウエノカヨコ カシダヨシオ	2007.2	児童虐待事例のつくられかた:D.スミス「Kは精神病だ」の分析方法を基にして	徳島大学総合科学部	徳島大学社会科学研究 20	19-36	徳島大学
橋本和明	ハシモトカズアキ	2007.2	虐待を受けて育った非行少年のケースの援助-淑子関係の修復に何が必要か?-(特集 被虐待 現代の家族)	法務省保護局	更生保護 58-2	18-23	日本更生保護協会
岩佐嘉彦	イワサヨシヒコ	2007.2	[同法の立場より]ある非行事件のケースをとおして子どもの保護とケア、親支援に関して		児童養護 37-4	23-25	全国社会福祉協議会全国児童養護施設協議会
岩崎清子 安裕佳里 伊藤則博	イワサキキヨコ ヤスユカリ イトウノリヒロ	2007.2	児童虐待問題に対する教員の意識と対応の実態	北海道教育大学	北海道教育大学紀要.教育科学編 57-2	17-30	北海道教育大学
菱川愛	ヒシカワアイ	2007.2	児童虐待問題における司法面接とは何か?(資料)	日本トラウマティック・ストレス学会	トラウマティック・ストレス 5-1	57-66	日本トラウマティック・ストレス学会
上野加代子	ウエノカヨコ	2007.3	発題 児童虐待-ジェンダー・社会階層(分科会 児童虐待-家族を見るまなざしを検証する)(第42回 日本臨床心理学会大会記録号)	日本臨床心理学会	臨床心理学研究 44-3	34-37	日本臨床心理学会

著者	ヨミ	発行年月	タイトル	掲載誌	巻号	ページ	発行元
川上輝昭	カワカミテルアキ	2007.3	児童虐待と現代の貧困に関する考察―経済的貧困と教育的貧困を中心に	名古屋女子大学紀要.人文・社会編 53		25-35	名古屋女子大学
上野加代子	ウエノカヨコ	2007.3	「こんにちは赤ちゃん事業」で虐待は防げるのか？―経済階層・ジェンダーと児童虐待 安倍構造改革と「家族の絆」	『女たちの21世紀』編集委員会	女たちの21世紀 49	24-26	アジア女性資料センター
増淵千保美	マスブチチホミ	2007.3	虐待事件にみる児童養護問題の階層的・地域的特徴	佛教大学学術委員会	佛教大学大学院紀要 35	255-270	佛教大学大学院
森木陽美	モリキヒトミ	2007.3	児童虐待死と刑事罰	山村学園短期大学	山村学園短期大学紀要 18	33-52	山村学園短期大学
岩志和一郎他	イワシワイチロウ	2007.3.20	子の権利保護のためのシステムの研究―実体親権法と児童福祉法の連動のあり方―（平成17年度-18年度科学研究費補助金基盤研究(C)一般 研究成果報告書）			-	(成文堂)
高橋重宏 澁谷昌史他	タカハシシゲヒロ シブヤマサシ	2007.3.31	児童福祉司の職務とストレスに関する研究（子ども虐待に関する研究(10)）	日本子ども家庭総合研究所	日本子ども家庭総合研究所紀要 43	3-42	日本子ども家庭総合研究所
才村純 澁谷昌史他	サイムラジュン シブヤマサシ	2007.3.31	児童相談所における家族再統合援助の実施体制の実態と効果的な援助に資する要因との相関関係等に関する研究―虐待対策等に係る児童相談所の業務分析に関する研究	日本子ども家庭総合研究所	日本子ども家庭総合研究所紀要 43	181-202	日本子ども家庭総合研究所
菱川愛 鈴木浩之	ヒシカワアイ スズキヒロユキ	2007.4	[活動報告] 神奈川県児童相談所における司法面接（事実確認面接）導入への取り組み（特集 第12回学術集会（みやぎ大会））		子どもの虐待とネグレクト 9-1	117-120	日本子ども虐待防止学会
		2007.4	特集 どう関わるか―子ども虐待		小児科臨床 60-4（通号 709）	553-866	日本小児医事出版社
泉裕之	イズミヒロユキ	2007.4	初期対応 通告（市町村、警察を含む）（特集 どう関わるか―子ども虐待）		小児科臨床 60-4（通号 709）	657-662	日本小児医事出版社
市川光太郎	イチカワコウタロウ	2007.4	初期対応 救急外来と非常事態への対応（特集 どう関わるか―子ども虐待）		小児科臨床 60-4（通号 709）	663-671	日本小児医事出版社
前橋信和 角田雄三 筏山大	マエバシノブカズ ツノダユウゾウ サクヤマヒロシ	2007.4	初期対応 児童相談所の役割（特集 どう関わるか―子ども虐待）		小児科臨床 60-4（通号 709）	681-686	日本小児医事出版社
		2007.4	虐待を受けた子どもへの対応と処遇（特集 どう関わるか―子ども虐待）		小児科臨床 60-4（通号 709）	731-778	日本小児医事出版社
鷲沢一彦	ワシザワカズヒコ	2007.4	虐待する養育者への対応（特集 どう関わるか―子ども虐待） 初期対応と診察方法		小児科臨床 60-4（通号 709）	739-744	日本小児医事出版社
佐伯裕子	サエキユウコ	2007.4	保育園と子ども虐待（特集 どう関わるか―子ども虐待）医療・保健・教育・福祉の連携		小児科臨床 60-4（通号 709）	811-816	日本小児医事出版社
中島朋子	ナカシマトモコ	2007.4	学校と子ども虐待（特集 どう関わるか―子ども虐待）医療・保健・教育・福祉の連携		小児科臨床 60-4（通号 709）	817-823	日本小児医事出版社
磯谷文明	イソガイフミアキ	2007.4	子ども虐待と法律（特集 どう関わるか―子ども虐待）		小児科臨床 60-4（通号 709）	825-830	日本小児医事出版社
菱川愛	ヒシカワアイ	2007.4	司法面接（特集 どう関わるか―子ども虐待）		小児科臨床 60-4（通号 709）	831-837	日本小児医事出版社
		2007.4	<特集> 児童虐待防止法改正の課題		月刊少年育成 52-4	8-36	大阪少年補導協会

著者名	ヨミガナ	年月日	特集・論題（タイトル）	発行元	掲載誌	頁	発行所
			（特集 詳述する家族と福祉課題）				
岡聰志	オカサトシ	2007.4	児童虐待通告への初期対応と告知 告発ではなく、支援のため、う伝えたいと思いつつ、現実は対立のなかま る援助—さまざまな現場から	『こどもと臨床2編集委員会	こどもと臨床2	16-19	明石書店
籠田篤子 鎌田耕一	カゴタアツコ カマタコウイチ	2007.4	家庭裁判所調査官の虐待への関わりと告知 告知といえる面接で心がけているのは、先入観をもたず客観的な事を述べること（特集 告知から始まる援助—さまざまな現場から	『こどもと臨床2編集委員会	こどもと臨床2	20-23	明石書店
後藤惠 山城あゆみ 他	ゴトウメグミ ヤマシロアユミ	2007.4.30	虐待の連鎖を断つための援助と横関連携：育児困難を抱える家庭を地域のネットワークで支えて		病院・地域精神医学 49-3	234-237	日本病院・地域精神医学会
		2007.5	児童虐待防止・対策等要保護児童対策の充実について（全国児童福祉主管課長会議（2）総務課関係	保育研究所	保育情報 366	49-51	全国保育団体連絡会
杉山登志郎	スギヤマトシロウ	2007.5.7	子ども虐待という第四の発達障害			-	学習研究社
大矢武史	オオヤタケシ	2007.5.15	児童虐待に対する警察の援助に関する一考察—児童虐待防止法10条2項、3項の規定をめぐって	日本法政学会	法政論叢 43-2	1-21	日本法政学会
豊吹雪	ユタカフユキ	2007.5.26	虐待された子、保護に前進 改正虐待防止法成立 ポイントと課題は		朝日新聞 朝刊	-	
仲真紀子 田中周子 訳	ナカマキコ タナカヒロコ	2007.5.30	子どもの司法面接—ビデオ録画面接のためのガイドライン	英国内務省・英国保健省		-	誠信書房
廣井亮一	ヒロイリョウイチ	2007.5.30	司法臨床の方法			-	金剛出版
才村純	サイムラジュン	2007.5.31	[国際シンポジウム 少子高齢社会における日韓の家族問題の現状と課題] わが国における虐待防止制度の現状と課題	日本社会福祉学会	社会福祉学 48-1（通号 81）	205-208	日本社会福祉学会
澁谷昌史	シブヤマサフミ	2007.6	小中学校における子ども虐待対応構造内配分の組織的配分と意思決定手続きに注目して	厚生統計協会	厚生の指標 54-6（通号 845）	1-6	厚生労働統計協会
伊原和人	イハラカズヒト	2007.6.19	児童虐待防止法の強化について（上）改正児童虐待防止法のポイント		厚生福祉 5473	2-5	時事通信社
伊原和人	イハラカズヒト	2007.6.22	児童虐待防止法の強化について（中）改正児童虐待防止法のポイント		厚生福祉 5474	2-5	時事通信社
伊原和人	イハラカズヒト	2007.6.26	児童虐待防止法の強化について（下）改正児童虐待防止法のポイント		厚生福祉 5475	2-5	時事通信社
山上明 他	ヤマガミアキラ	2007.8	子どもの虐待をめぐる法的諸問題（日本司法福祉学会第7回大会分科会報告）	日本司法福祉学会	司法福祉学研究 7	107-112	日本司法福祉学会
平井光治	ヒライミツハル	2007.8	児童虐待防止法をめぐる抗告制度について 一考察（子どもの虐待をめぐる法的諸問題）	日本司法福祉学会	司法福祉学研究 7	107-109	日本司法福祉学会
西澤芳次	ニシザワヨシツグ	2007.8	子どもの虐待をめぐる法的諸問題―児童相談所から―（子どもの虐待をめぐる法的諸問題）	日本司法福祉学会	司法福祉学研究 7	109-111	日本司法福祉学会
松浦直巳 十一元三	マツウラナオミ トイチモトミ	2007.9	少年院在院者における、児童期の不適切養育の実証的調査	日本社会病理学会	現代の社会病理 22	119-133	日本社会病理学会
初川愛美	ハツカワマナミ	2007.9	近隣地域が児童虐待を犯罪との関係に及ぼす影響―シュックとワイダーの研究（アメリカ犯罪学の基礎研究（95））	日本比較法研究所	比較法雑誌 41-2（通号 142）	145-163	日本比較法研究所
佐柳忠晴	サヤナギタダハル	2007.11	児童虐待の実態と現行法制の問題点	日本法政学会	法政論叢 44-1	46-65	日本法政学会
才村純	サイムラジュン	2007.12.25	児童相談所における虐待対応業務等の実態と課題—平成16年児童虐待防止法改正後の法施行状況調査結果から	子どもの虹情報研修センター	子どもの虹情報研修センター紀要 5	13-22	横浜博愛会子どもの虹情報研修センター
吉田恒雄 鈴木博人 他	ヨシダツネオ スズキヒロト	2007.12.25	児童虐待に関する法制度および法学文献資料の研究—第2期（1990年4月から2000年5月まで）	子どもの虹情報研修センター	子どもの虹情報研修センター紀要 5	110-163	横浜博愛会子どもの虹情報研修センター

資料8 日本における児童福祉に関する年表 —児童虐待防止を中心に— 2004年〜2007年

年	月	法律・政策・事件・研究等の動向	年	月	東京都・大阪府・大阪市の動向
2004（平成16）	1	岸和田事件 被害児：中学3年生男児の実父と、その内縁の妻 殺人未遂容疑で逮捕	2004（平成16）	2	東京都 児童虐待防止対策「通年開所」開始
	1	「児童虐待防止に向けた学校における適切な対応について」文部科学省初等中等教育局児童生徒課長通知（15初児生第18号）		4	東京都 子育て推進交付金（単独事業）
	1	「児童虐待防止対策における適切な対応について」厚生労働省通知（雇児総発第0130001号）		4	東京都「母子家庭自立支援給付金事業」開始（国庫補助事業—ひとり親家庭福祉）「母子家庭自立支援教育訓練給付金事業」「母子家庭高等技能訓練促進費事業」
	1	児童福祉施設最低基準の一部を改正する省令（厚生労働省第1号）		4	東京都「子どもの権利擁護専門相談事業」開始
	1	愛知県豊川市で継母が自分の娘に嫉妬するなどした虐待が原因で6歳の女子児童が死亡。頭を殴ったり腹を蹴る			東京都 児童虐待防止対策「非常勤弁護士の配置」開始
	2	児童虐待死亡事例の検証と今後の虐待防止対策について 報告書公表厚生労働省雇用均等・児童家庭局総務課長通知発表（平成16年2月27日）			東京都「病後児保育事業」改修補助」開始
	3	（児童虐待防止法協会）大阪方式マザーグループ「育児困難な母親たちのグループ・ケア」 冊子発行			東京都「特定不妊治療費助成」
	3	「児童福祉法等の一部を改正する法律案に着手する雇児局医療機関から市町村や児童相談所への通知徹底について」厚生労働省通知（雇児発0331015、老健0331013号）			東京都「自立支援ホームの自立着促進事業」開始
	3	三重県、虐待から守る条例公布。（三重県条例第39号）			大阪府 子ども家庭センター・和泉市・堺市・高石市虐待事件
	3	大阪府で1ヶ月にわたり自宅に監禁されていた小学6年生の児童が衰弱死。母親などを知人3人を逮捕			大阪府 子ども家庭センター「虐待対応の手引き」改訂
	3	養育支援を必要とする家庭とその子どもに対する育児支援家庭訪問事業について（雇児総発第0310001号）			大阪府 子ども家庭センター 虐待対応 12名増員
	3	「家庭の養育力」に着目した母子保健対策の推進について（雇児母発第0331001号）			大阪府 子ども家庭センター 非行専任ケースワーカー 心理職の配置
	3	児童福祉法の一部を改正した法律の施行に伴う関係政令の整備に関する政令（政令第111号）			大阪府「子ども未来プラン」策定
	3	児童福祉施設最低基準及び里親が行う養育に関する最低基準の一部を改正する省令（厚生労働省令第27号）			大阪府「大阪府市町村家庭相談援助指針作成」
	3	日本小児科学会、過去5年間、虐待で服毒死、虐待合わせ129例。軽症だが虐待合わせ1452例の疑い。（読売新聞）			
	4	文部科学省調査、公立小中学校を連続30日以上欠席している子どものうち、3割1万3900人と学校側直接会えず。文部科学省初等中等教育局児童生徒課長通知「児童虐待にあっているかなどを知るためにも面接必要」（16初児生第2号）			
	4	「現年長期間学校を休んでいる児童生徒の状況等に関する調査結果とその対応について」文部科学省初等中等教育局児童生徒課長通知（雇児総発第0415001号）			
	4	警察庁「少年非行総合対策推進要綱」を7年ぶりに改定、児童虐待の対応強化等を盛り込む。			
	5	厚生労働省調査、合計特殊出生率1.29で過去最低。自治体別の最低は東京都渋谷区0.75。最高は沖縄県多良間町3.14。			
	5	仙台高裁、1993年の山形・明倫中学マット死事件で元生徒7人に賠償命令で逆転判決。			
	5	厚生労働省調査、一世帯の平均所得600万円切る。			
	6	長崎県佐世保市立小学校で6年生女児（11歳）が同級生女児（12歳）の首をカッターナイフで切り殺害。			
	6	少子化社会対策大綱可決。（2003年中学校3年の女子生徒（13歳）が男児（5歳）が殺害（2003年［平成15年］少子化社会対策基本法七月三十日法律第百三十三号）を受けて策定			
	6	文部科学省調査、児童虐待に関する学校での対応について、5人に1人が「被虐待児扱った経験あり」。教師の3人に1人が「校内で処理」を望んだ。			
	6	東京都新宿区、団地で中2の小学校6年生の女子生徒（15歳）の首を絞め殺害。後に少年犯罪改正。東京裁判改正、過去最高の2万6573件。			
	6	厚生労働省、児童相談所が2003年度に処理した児童虐待等の処理所名各年で保育等に関する一部を改正する法律（平成16年法律第64号）施行			
	7	全国学童保育連絡協議会調査。学童保育の施設数1万4678ヶ所（前年比6%増）過去最高、需要に追いつかず。			
	7	厚生労働省調査、児童虐待者に「虐待の認識なし」4割。			
	8	高知県議会、子どもの権利や家庭・保育所の保育所等における虐待などを盛り込んだ「子ども条例」可決。都道府県レベルでは初めて（8月施行）			
	8	「特別の支援を要する家庭の児童の保育所等における取扱い等について」厚生労働省通知（雇児発第0813002号）			
	8	「児童虐待の防止等に関する法律の一部を改正する法律の施行について」厚生労働省通知（雇児発第0813003号）			
	8	文部科学省通知（16文科生第313号）			
	8	大阪市阪南市、19歳の少年が幼稚園を心理虐待しているのが発見される。発見時身長182cm、体重32kg。			
	8	文部科学省調査、全国の公立小中学校盛り込んだ虐待やいじめを検討した校内暴力は3万1278件（前年比6.2%増）である。3年に決定。2005年度の予算の概算要求に盛り込む 幼稚園教諭や保護者の子育て相談に応じる「保育カウンセラー制度」を創設する方針を			

474

年	月		内容		備考
	9			2004年9月、栃木県小山市で二人の幼い兄弟が橋の上から川に投げ入れられて死亡する事件が起き、その事件を機に虐待防止を目指した小山市の「カンガルーOYAMA」が、2005年に「オレンジリボンキャンペーン」を始める。「カンガルーOYAMA」「NPO法人児童虐待防止全国ネットワーク」は、3者間独自の「オレンジリボンキャンペーン」を開き、2006年からは「児童虐待防止全国ネットワーク」が総合窓口を担い、相互協力により全国的に活動を広げる。		
	9		厚生労働省調査、積極的に自ら支援を求めていくことが困難な状況にある家庭を訪問し、養育支援を行う、家庭訪問事業不振。125市町村の実施で国の想定数13%にとどまる。		
	9		児童虐待防止を目的とする市町村地域でのネットワークの設置状況調査の結果について（平成16年6月調査）警察庁　警察庁丙少第34号等（通達）		
	10		配偶者からの暴力の防止及び被害者の保護に関する法律の一部を改正する法律（平成16年法律第64号）施行		
	12		児童福祉法の一部を改正する法律の施行に伴う関係政令の整備に関する政令（政令第412号）		
	12		「児童福祉法の一部を改正する法律の施行について」厚生労働省通知（雇児発第1203001号）		
	12		児童福祉法施行規則の一部を改正する省令（厚生労働省令第178号）		
	12		厚生労働省「子ども・子育て応援プラン」を発表。2005年度から5年間取り組む少子化対策（新新エンゼルプランから改称）。特に働き方の見直し、子育てと連携しながら、施設の入所者から退所後に至る総合的な自立支援の3点が重点。		
	12		発達障害者支援法成立		
			厚生労働省「虐待等、家族間の調整が必要な家庭が多いことから、児童相談所をはじめとする関係機関や児童を直接ケアする職員と家庭支援専門相談員（ファミリーソーシャルワーカー）との連携を図りながら、施設入所中から退所後に至る家庭調整を担う家庭支援専門相談員の配置。」		
			育児支援家庭訪問事業」開始　厚生労働省		
2005 (平成17)	1		（児童虐待防止に協会）大阪府からの委託事業「大阪府児童虐待問題市町村職員研修事業」実施　2005年1月～3月	2005 (平成17)	3	東京都「子ども家庭支援センターガイドライン」作成
	2		「児童福祉法の一部を改正する法律の施行に関する政令の施行及び通告を受けた場合の措置」厚生労働省通知（雇児総発第0225002号）		3	東京都「家庭的養護推進モデル事業」開始
	2		「児童虐待防止法の改正に係る法律等の施行に伴う通告先の拡大」及び「通告を受けた場合の措置」厚生労働省通知（雇児発第0214001号）		4	東京都「ひとり親家庭自立支援計画（計画期間平成17年から平成21年。本計画は「次世代育成支援東京都行動計画」に包含されるもの。
	2		「市町村児童家庭相談援助指針について」厚生労働省通知（雇児発第0214002号）		6	大阪府　市町村が行う児童相談業務の支援を行うため、大阪府児童相談援助指針の配布を行うとともに、市町村児童相談担当職員への研修を実施する。
	2		「児童福祉司の任用資格等に関する指定施設における業務の範囲等について」厚生労働省通知（雇児発第0225003号）		7	大阪市「エンゼルサポーター」派遣事業を開始。出産後まもなくの家庭に対する家庭援助を行う。
	2		児童福祉司の任用資格として厚生労働省令で定めるものなどのうち、保育士として必要な研修の基準を定める告示		7	大阪市「専門家庭訪問員」事業を開始。育児不安や孤立や虐待のおそれのある出産直後の養育者に対して、保健師及び助産師が一定期間、定期的に訪問型育児支援を行う。
	2		厚生労働省告示第42号（児童福祉法施行令の施行に関する政令の施行先の拡大）及び「通告を受けた場合の措置」（厚生労働省令第22号）		7	大阪市「育児支援家庭訪問事業実施要綱」制定
	2		厚生労働省告示第43号（児童福祉法施行規則の一部を改正する省令の施行について）厚生労働省通知（雇児発第0318001号）		7	「子ども家庭支援員による家庭訪問支援要領」制定
	3		「児童福祉施設最低基準の一部を改正する省令の施行について」厚生労働省通知（雇児発第0330008号）		7	「専門家庭訪問員派遣事業実施要領」制定
	3		「児童養護施設等のケア形態の小規模化によるグループケアの推進について」厚生労働省通知（雇児発第0330001号）		10	東京都「エンゼルサポート事業」（単独事業・児童相談所の運営）
	3		要保護児童対策地域協議会設置・運営指針について」厚生労働省通知（雇児発第0318001号）		11	東京都「東京都要保護児童対策地域協議会の設置・運営会議」専門会議（平成18年11月児童相談所の運営）
	3		児童福祉法施行令の一部を改正する政令（政令第53号）			東京都「学童クラブ受入推進事業」（国庫補助事業・児童健全育成）
	3		厚生労働省「乳幼児突然死症候群（SIDS）に関するガイドライン」発表			東京都「学童クラブ設置促進事業」（国庫補助事業・児童健全育成）
	3		「子ども虐待対応の手引きについて」厚生労働省通知（雇児総発第0325001号）			大阪府　児童相談業務のIT化の推進・新児童対策システムの構築に向けて検討（19年度開始予定）
	4		発達障害者支援法施行　厚生労働省			大阪市　大阪市中央児童相談所の児童虐待対策班として発足的に改組
	4		「児童虐待等による死亡事例の検証結果等について」（児童虐待等要保護事例の検証に関する専門委員会）第1次報告」（平成17年4月28日）厚生労働省			大阪市　児童虐待の発見、通報、啓発等に協力していただくことを目的とする「大阪市児童虐待予防地域協力員」の養成及び市民サポーター」の養成を開始。対象は、主任児童委員

年	月	法律・政策・事件・研究等の動向	年	月	東京都・大阪府・大阪市の動向
	5	「児童虐待防止対策支援事業の実施について」厚生労働省通知（雇児発第0502001号）			
	6	「児童虐待防止協定」大阪府からの委託事業「大阪府市町村児童相談担当者等研修事業」実施 2005年6月-12月			
	8	「今後の児童家庭相談体制のあり方に関する研究会」中間的な議論の整理」について（平成17年8月11日）厚生労働省			
	8	「児童養護施設等による入所者の自立支援計画について」平成17年8月11日厚生労働省通知 児童福祉発第0810001号			
	9	厚生労働省、子どもの虐待を防ぐため、2006年から親に対する心理療法の取り組みを開始することを決定（児童福祉施設等で「家族療法」を施行）			
	11	「今後の児童家庭相談体制のあり方に関する研究会」の実施、厚生労働省市町村児童家庭相談業務及び要保護児童対策地域協議会等調査結果の概要（平成17年6月調査）			
	11	市町村域での要保護児童対策地域協議会及び児童虐待防止を目的とするネットワークの設置状況調査結果について（平成17年11月18日厚生労働省発表）設置率は全国で74.6%			
	11	平成17年度 市町村児童家庭相談業務の状況について（平成17年11月18日厚生労働省発表）			
	11	児童福祉法施行令の一部を改正する法律の施行に伴う関係政令の整備に関する政令（政令第350号）			
2006 (平成18)	3	「子ども虐待による死亡事例等の検証結果等について」（社会保障審議会児童部会「児童虐待等要保護事例の検証に関する専門委員会」第2次報告）	2006 (平成18)	3	東京都「要支援家庭の把握と支援のための母子保健事業のガイドライン」発行
	3	厚生福祉法施行規則等の一部を改正する省令（厚生労働省令第89号）		4	大阪府 平成18年4月政令市移行に伴い、児童相談所、児童相談センターは1箇所減とする。堺市から大阪府の子ども家庭センターは1箇所減となる。
	3	厚生労働省告示第252号（里親認定に関する者各に厚生労働大臣が定める「研修」について厚生労働省告示で定めるとする）（講習会）について告示を加える告示）		4	東京都 子育て支援基盤整備包括補助事業 平成18年から平成21年度実施
	3	厚生労働省告示第253号（児童福祉司の任用資格として厚生労働省告示で定めるとする「講習会」について告示を加える告示）		4	東京都「協力医師制度の運営」（国事補助事業・児童相談所の運営）
	3	厚生労働省告示第254号（児童相談所長の資格として必要な研修の基準について厚生労働省告示で定めるとする「講習会」について告示を加える告示）			大阪府 24時間365日切れ目のない虐待通告対応を行うため夜間休日虐待通告専用電話を設置。夜間、休日においても一時保護を確認、必要に応じて安全確保。
	4	市町村域での要保護児童対策地域協議会及び児童虐待防止を目的としたネットワークの設置状況について（平成18年4月調査）→里親委託推進事業について（厚生労働省 雇児発第0403001号）			大阪府 市内市町村の児童相談体制の強化のため、大阪府職員を市町村に派遣する（6市町村に6名の社会福祉職を派遣）
	4	「今後の児童虐待防止対策のあり方に関する研究会」報告書 中間的な議論の整理について公表			
	4	里親委託推進事業について 厚生労働省通知			
	6	栃木県小山市、父子家庭の幼い兄弟を虐待の末に殺害し思川へ捨てた被告が、拘置中の東京拘置所で病死（死刑判決は受けた） 平成17年4月28日公表			
	6	「学校における児童虐待防止に向けた取り組みの推進について」文部科学省通知（初児生第11号）			
	6	「児童虐待防止等に関する警察の対応について」（雇児発第0627002号）			
	7	福島県泉崎村虐待死事件。食事を十分与えず3歳児虐待死。			
	9	「児童の安全の確認及び安全確保を最優先とした児童虐待への対応について」（平成18年10月31日厚生労働省発表）警察庁生活安全局長・刑事局長通達 第38号、雇企発第83号、丙推発第29号			
	9	「警察との連携及び警察の事情聴取における児童相談所の対応について」（雇児労働省雇用均等・児童家庭局通知 雇児発第0927007号）			
	9	「児童相談所運営指針について」の一部改正について 厚生労働省通知（雇児発第0926001号）			
	9	「児童養護施設への警察官との連携について」（雇児労働省雇用均等・児童家庭局発表）			
	10	市町村における児童虐待の対応状況について（概要）（平成18年10月31日厚生労働省発表）			
	10	京都府長岡京市において虐待死事件。長男6歳は虐待死、男児3歳餓死。			
	10	「警察との連携及び警察の事情聴取における児童相談所の対応について」厚生労働省通知（雇児総発第1006001号）			
	10	秋田県大仙市、児童死亡事件。車の中で、保育を怠るなどして重傷を負わせたうえ、口をふさぐなどして男児を殺害し、用水路に放置して死亡させた。母親は虐待14年間と父親は懲役12年確定。（児童養護施設、乳児院及び里子生活支援施設など各種施設への通報対策には今まで、非常勤などの心理職員、常勤配置、常勤配置。			
2007 (平成19)	1	「児童相談所運営指針等の改正について」厚生労働省通知（雇児発第0123002号）	2007 (平成19)	4	東京都「専門機能強化型児童養護施設」（単独事業一社会的養護）
	1	被虐待児対応の心理職員、常勤配置、これを常勤配置と規定された。		6	東京都「10年後の東京」［平成18年12月］で掲げた「待機児童5千人の解消」「などの実現に向けて、社会全体で子どもと子育て家庭を支援する取組をさらに強力に推進していくため、平成19年6月、関係局で構成する「子育て支援総合連絡会議」を設置

476

年	月	法律・政策・事件・研究等の動向	東京都	大阪府など
	1	「児童虐待防止対策の強化について」（厚生労働省雇用均等・児童家庭局総務課、虐待防止対策室）　　　（平成19年1月23日）	東京都「学童クラブ環境改善事業」（国庫補助事業）一児童健全育成	
	2	「児童虐待等緊急対策の実施について」（厚生労働省雇用均等・児童家庭局総務課通知）（雇児発第0215002号）	東京都「ドクターアドバイザー」（単独事業―児童相談所の運営）	
	2	内閣府　第6回少子化社会対策会議において「子どもと家族を応援する日本」重点戦略検討会議開催を決定。第4回「子どもと家族を応援する日本」「地域・家族の再生分科会」で、困難な状況にある家族や子どもを支える地域の取組強化に〔厚生労働省作成分〕が配布される5月。	東京都「医療機関における虐待対応力強化事業」（単独事業―児童相談所の運営）	
	3	「児童虐待・配偶者からの暴力（DV）の早期発見のための取組の促進について」厚生労働省通知（医政局総務課長通知発第0316001号）		
	3	児童福祉施設最低基準の一部を改正する省令（厚生労働省令第29号）		
	4	「出産や育児に悩みを持つ保護者に対する相談窓口の周知等について」厚生労働省通知（雇児総発第0405001号）		
	4	生後4か月までの全戸訪問事業「こんにちは赤ちゃん事業」開始。2007年度から厚生労働省		
	4	「児童相談所における安全確認を行う際の「時間ルール」の設定状況について」（平成19年4月1日現在）厚生労働省（法務省権調第219号）		
	5	「今後目指すべき児童の社会的養護体制に関する構想検討中間とりまとめ」（今後目指すべき児童の社会的養護体制に関する構想検討会）厚生労働省		
	5	要保護児童対策地域協議会（子どもを守る地域ネットワーク）スタートアップマニュアル』2007（平成19）年5月に公表。厚生労働省		
	6	「子ども虐待による死亡事例等の検証結果等について（社会保障審議会児童部会児童虐待等要保護事例の検証に関する専門委員会）第3次報告」（平成19年6月22日）		
	7	「児童相談所の一時保護施設における教員OB等の配置について」厚生労働省通知（雇児発第1026003号）		
	10	「児童福祉施設所長児童部運営指針」の改正のための方策について（社会保障審議会児童部会・児童虐待等要保護事例に関する専門委員会）		
	11	「社会的養護体制の充実を図るための改正及び今後の見直しの方向性について」		
	12	第1回社会保障審議会児童部会特別部会設置「子ども家族を応援する日本」重点戦略検討会「児童福祉法及び児童虐待防止法の改正に向けて」提言を発表。		
		日本子ども虐待防止学会「児童虐待防止学会」第14回学術集会ひろしま大会配布資料2008年		

参考文献（アルファベット順）

林浩康『児童養護施設職員による子どもへの虐待とネグレクト』Vol.11 No.2, 2009年
「児童虐待防止法等　関係法令通知集」中央法規,2007年
児童虐待防止法協会　協会概要　活動のあゆみ　http://www.apca.jp/ 2007.4.29 掲載内容
警察庁『警察白書　平成16年版～平成19年版』大蔵省印刷局
厚生労働省『厚生白書　平成16年版～平成19年版』財団法人厚生問題研究会
厚生労働省　第1回社会保障審議会　少子化対策特別部会　配布資料2007年
厚生労働省雇用均等・児童家庭局総務課　少子化対策特別部会「子ども虐待対応の手引き」制定 平成17年7月1日 改正 平成20年4月1日
子どもと保育総合研究所　代表／森上史朗編『子ども虐待とその援助』ミネルヴァ書房,2007年
日本子どもを守る会編『子ども白書』2004年版～『子ども白書』2005年版　草土文化
大阪子ども家庭センター『大阪子ども白書　平成19年版』2007年
大阪市における児童虐待防止にかかわる主な取り組み　平成19年度
大阪市『育児支援家庭訪問事業実施要綱』制定 平成17年7月1日 改正 平成19年4月1日
大阪市『養育支援訪問事業による家庭訪問支援事業実施要綱』制定 平成17年7月1日 改正 平成20年4月1日
大阪市『専門的家庭訪問支援事業実施要綱』制定 平成17年7月1日 改正 平成19年4月1日
大阪市『エンゼルサポーター派遣事業実施要綱』制定 平成17年7月1日 改正 平成19年4月1日
才村純『子ども虐待ソーシャルワーク論の制度的枠組み』「子ども虐待情報」第50号2005年
東京都福祉保健局『児童虐待問題に対する厚生労働省の取り組み』平成16年版
東京都福祉保健局『要支援家庭の把握と支援のためのガイドライン』2005年3月
東京都福祉保健局『子どもと家族・女性施策、母子保健のためのガイドライン』（平成21年度）『母子保健事業のあゆみ』明石書店,2006年3月
高橋重宏監修『日本の子ども家庭福祉　児童福祉法制定60年の歩み』明石書店,2007年
読売新聞「児童虐待で脳死や重度障害負った子、この5年で129人」2004年4月5日

資料9　児童虐待司法関係統計

表A　児童福祉法28条の事件

	受理			既済						未済
	総数	旧受	新受	総数	認容	却下	取下げ	移送	その他	
昭和27年	6	—	6	6	6	—	—	—	—	—
28	10	—	10	7	2	—	5	—	—	3
29	9	3	6	7	3	—	4	—	—	2
30	8	2	6	4	4	—	—	—	—	4
31	12	4	8	10	3	—	5	—	2	2
32	12	2	10	9	7	—	2	—	—	3
33	16	3	13	10	5	—	4	—	1	6
34	14	6	8	7	7	—	—	—	—	7
35	12	7	5	12	5	—	7	—	—	—
36	20	—	20	13	9	—	4	—	—	7
37	14	7	7	10	5	—	5	—	—	4
38	19	4	15	17	13	—	4	—	—	2
39	9	2	7	7	6	—	1	—	—	2
40	11	2	9	4	2	2	—	—	—	7
41	13	7	6	11	10	—	1	—	—	2
42	16	2	14	6	3	—	3	—	—	10
43	36	10	26	28	23	—	5	—	—	8
44	15	8	7	11	8	—	3	—	—	4
45	9	4	5	5	2	—	3	—	—	4
46	27	4	23	13	9	—	4	—	—	14
47	31	14	17（—）	20	14	3	3	—	—	11
48	30	11	19（—）	23	16	—	7	—	—	7
49	24	7	17（—）	12	5	—	7	—	—	12
50	34	12	22（—）	24	14	2	8	—	—	10
51	25	10	15（—）	19	8	—	11	—	—	6
52	26	6	20（—）	23	13	—	10	—	—	3
53	28	3	25（—）	24	16	2	6	—	—	4
54	32	4	28（3）	20	14	1	3	—	2	12
55	26	12	14（—）	17	12	1	4	—	—	9
56	20	9	11（—）	11	4	—	5	—	2	9
57	20	9	11（—）	14	8	—	6	—	—	6
58	21	6	15（—）	18	10	—	8	—	—	3
59	23	3	20（—）	17	14	—	3	—	—	6
60	18	6	12（—）	16	16	—	—	—	—	2
61	14	2	12（—）	14	9	—	5	—	—	—
62	13	—	13（—）	7	4	—	3	—	—	6
63	21	6	15（—）	18	10	—	8	—	—	3
平成元年	17	3	14（—）	10	3	—	4	—	3	7
2	44	7	37（—）	33	19	2	12	—	—	11
3	32	11	21（—）	25	17	—	8	—	—	7
4	26	7	19（1）	22	18	—	4	—	—	4
5	19	4	15（—）	12	6	—	6	—	—	7
6	35	7	28（—）	20	12	—	8	—	—	15
7	51	15	36（1）	43	18	1	22	—	2	8
8	62	8	54（—）	51	39	—	12	—	—	11
9	74	11	63（1）	49	36	—	13	—	—	25
10	90	25	65（1）	69	40	1	26	—	2	21
11	118	21	97	81	58	—	23	—	—	37
12	179	37	142	142	101	6	35	—	—	37
13	206	37	169	170	131	2	36	—	1	36
14	165	36	129	133	93	6	34	—	—	32
15	184	32	152	139	106	4	24	—	5	45
16	279	45	234	221	163	9	44	—	5	58
17	242〔43〕	58〔—〕	184〔43〕	195〔—〕	141〔—〕	6〔—〕	40〔—〕		8〔—〕	47〔43〕
18	260〔185〕	47〔43〕	213〔142〕	205〔168〕	170〔155〕	2〔—〕	32〔13〕	1〔—〕		55〔17〕
19	302〔75〕	55〔17〕	247〔58〕	241〔59〕	195〔56〕	4〔—〕	42〔3〕		—	61〔16〕
20	260〔141〕	61〔16〕	199〔125〕	197〔114〕	169〔105〕	3〔—〕	25〔9〕		—	63〔27〕

注）・（　）内は渉外事件の内数
　　・平成17年以降は28条1項と2項を掲載。〔　〕内は児童福祉法28条2項の事件数
　　・「—」については該当数値のない場合
　　・空欄については記載なし
　　・昭和27年以前は独立した項目として計上されていない

資料：最高裁判所事務総局『司法統計年報．3．家事編』　昭和27～平成20年

表B　親権または管理権の喪失の宣告及びその取消し─全国家庭裁判所

	受理			既済						未済
	総数	旧受	新受	総数	認容	却下	取下げ	移送	その他	
昭和23年			229	146	55	7	80	4		83
24			258	247	110	15	117	5		90
25			246	241	86	28	125	2		97
26			261	262	82	22	153	5		96
27	501	96	405	387	127	35	217	8	－	114
28	452	114	338	314	98	28	175	12	1	138
29	731	137	594	558	152	34	352	15	5	173
30	568	173	395	436	115	26	275	14	6	132
31	414	132	282	306	87	20	194	4	1	108
32	333	108	225	211	48	8	147	6	2	122
33	366	122	244	253	84	16	139	8	6	113
34	295	113	182	185	40	13	125	4	3	110
35	266	110	156	178	53	8	113	3	1	88
36	226	88	138	150	34	11	99	2	4	76
37	211	76	135	136	31	5	100	－	－	75
38	221 (5)	75 (2)	146 (3)	136 (3)	34	－	97	2	3	85 (2)
39	176 (2)	85 (2)	91 (－)	109 (2)	24	8	74	2	1	67 (－)
40	203 (6)	67 (－)	136 (6)	125 (1)	31	3	90	1	－	78 (5)
41	177 (5)	78 (5)	99 (－)	115 (－)	23	11	81	－	－	62 (5)
42	159 (6)	62 (5)	97 (1)	104 (1)	14	6	80	3	1	55 (5)
43	151 (10)	55 (5)	96 (5)	89 (2)	11	16	60	1	1	62 (8)
44	159 (10)	62 (8)	97 (2)	98 (2)	27	7	61	2	1	61 (8)
45	150 (11)	61 (8)	89 (3)	80 (4)	6	7	64	3	－	70 (7)
46	129 (12)	70 (7)	59 (5)	84 (7)	25	2	54	3	－	45 (5)
47	157	45	112 (1)	93	16	5	59	7	6	64
48	147	64	83 (2)	85	12	4	65	2	2	62
49	136	62	74 (5)	87	21	3	63	－		49
50	151	49	102 (－)	78	17	3	57	－	1	73
51	170	73	97 (8)	99	10	14	74	－	1	71
52	156	71	85 (9)	106	14	2	87	2	1	50
53	144	50	94 (9)	100	18	8	74	－	－	44
54	140	44	96 (11)	87	10	3	73	1	－	53
55	135	53	82 (2)	86	12	7	65	－	2	49
56	136	49	87 (－)	87	13	5	68	1	－	49
57	130	49	81 (2)	88	14	5	66	3	－	42
58	115	42	73 (1)	71	19	5	46	1	－	44
59	113	44	69 (6)	77	18	3	56	－	－	36
60	110	36	74 (1)	77	13	7	54	2	1	33
61	98	33	65 (2)	61	10	6	41	1	3	37
62	125	37	88 (2)	72	14	6	52	－	－	53
63	145	53	92 (2)	90	7	11	71	－	1	55
平成元年	160	55	105 (1)	111	16	9	82	4	－	49
2	130	49	81 (7)	65	10	6	49	－	－	65
3	164	65	99 (3)	112	23	7	65	10	7	52
4	134	52	82 (6)	82	8	11	61	－	2	52
5	106	52	54 (1)	71	5	12	53	－	1	35
6	147	35	112 (1)	82	3	6	71	2	－	65
7	131	65	66 (9)	97	15	10	58	2	12	34
8	156	34	122 (－)	103	13	19	70	－	1	53
9	161	53	108 (3)	107	21	8	77	－	1	54
10	166	54	112 (1)	102	18	11	71	1	1	64
11	152	64	88	100	20	12	67	－	1	52
12	160	52	108	109	13	11	82	－	3	51
13	153	51	102	89	17	8	63	－	1	64
14	194	64	130	142	17	18	100	－	7	52
15	155	52	103	102	7	29	65	－	1	53
16	167	53	114	115	30	24	61	－	－	52
17	191	52	139	137	22	18	94	－	3	54
18	179	54	125	139	15	20	102	－	2	40
19	143	40	103	103	15	11	76	－	1	40
20	179	40	139	130	20	18	89	－	3	49

注)・（ ）内は渉外事件の内数
・昭和23～26年については昭和27年版を参照
・「－」については該当数値のない場合
・空欄については記載なし

料：最高裁判所事務総局『司法統計年報．3．家事編』　昭和27～平成20年

表C 親権喪失等・児童福祉法28条の新受件数

	親権喪失等	児福法28条		親権喪失等	児福法28条		親権喪失等	児福法28条
昭和23年	229		昭和43年	96 (5)	26	昭和63年	92 (2)	15 (-)
24	258		44	97 (2)	7	平成元年	105 (1)	14 (-)
25	246		45	89 (3)	5	2	81 (7)	37 (-)
26	261		46	59 (5)	23	3	99 (3)	21 (-)
27	405	6	47	112 (1)	17 (-)	4	82 (6)	19 (1)
28	338	10	48	83 (2)	19 (-)	5	54 (1)	15 (-)
29	594	6	49	74 (5)	17 (-)	6	112 (1)	28 (-)
30	395	6	50	102 (-)	22 (-)	7	66 (9)	36 (1)
31	282	8	51	97 (8)	15 (-)	8	122 (-)	54 (-)
32	225	10	52	85 (9)	20 (-)	9	108 (3)	63 (1)
33	244	13	53	94 (9)	25 (-)	10	112 (1)	65 (1)
34	182	8	54	96 (11)	28 (3)	11	88	97
35	156	5	55	82 (2)	14 (-)	12	108	142
36	138	20	56	87 (-)	11 (-)	13	102	169
37	135	7	57	81 (2)	11 (-)	14	130	129
38	146 (3)	15	58	73 (1)	15 (-)	15	103	152
39	91 (-)	7	59	69 (6)	20 (-)	16	114	234
40	136 (6)	9	60	74 (1)	12 (-)	17	139	184〔43〕
41	99 (-)	6	61	65 (2)	12 (-)	18	125	213〔142〕
42	97 (1)	14	62	88 (2)	13 (-)	19	103	247〔58〕
						20	139	199〔123〕

注）・（ ）内は渉外事件の内数
　　・平成17年以降は児童福祉法28条1項と2項を記載。〔 〕内は28条2項の事件数
　　・「-」については該当数値のない場合
　　・昭和23〜26年については昭和27年版を参照
資料： 最高裁判所事務総局『司法統計年報．3．家事編』　昭和27〜平成20年

表D 親権者、管理権者等の職務執行停止又は職務代行者選任の申立て—全国家庭裁判所

	受理			既済					未済
	総数	旧受	新受	総数	認容	却下	取下げ	その他	
昭和28年			46						
29			27						
30			19						
31			28						
32			19						
33			35						
34			31						
35			30						
36			14						
37			10						
38			6						
39			10						
40			13						
41			7	…					
42			5	…					
43			18	…					
44			9	…					
45			8	…					
46			15	…					
47			9	…					
48			6	…					
49			5	…					
50			16	…					
51			10	…					
52			11	…					
53			4	…					
54			14	…					
55			14	…					
56	23	2	21	18	6	−	11	1	5
57	26	5	21	18	9	−	9	−	8
58	24	8	16	17	9	1	7	−	7
59	29	7	22	23	10	2	11	−	6
60	33	6	27	24	4	4	13	3	9
61	33	9	24	25	10	1	13	1	8
62	37	8	29	20	7	2	11	−	17
63	50	17	33	37	13	2	19	3	13
平成元年	59	13	46	40	23	1	16	−	19
2	44	19	25	27	10	3	14	−	17
3	40	17	23	30	12	3	14	1	10
4	29	10	19	23	10	2	10	1	6
5	48	6	42	39	22	3	11	3	9
6	56	9	47	38	17	4	15	2	18
7	50	18	32	40	6	2	31	1	10
8			50 (23)	44 (19)	12 (6)	6 (−)	24 (13)	2 (−)	15 (6)
9			55 (19)	57 (23)	21 (6)	1 (−)	34 (16)	1 (1)	14 (2)
10			53 (30)	57 (28)	28 (21)	7 (2)	22 (5)	−	10 (4)
11			55	49	19	6	22	2	16
12			65	68	26	2	37	3	12
13			68	53	19	10	21	3	27
14			65	68	17	21	29	1	24
15			75	74	31	8	34	1	25
16			82	74	23	11	40	−	33
17			106	108	36	15	56	1	31
18			94	101	38	17	43	3	24
19			96	92	39	7	40	6	28
20			100	105	36	12	51	6	23

注）・（　）内は特に親権喪失等に関して申立てが行われた数
・「−」については該当数値のない場合、…については不詳、表示省略または調査対象外の場合
・空欄については記載なし

料：最高裁判所事務総局『司法統計年報．3．家事編』 昭和27〜平成20年

表E　児童との面会又は通信の制限の申立て—全国家庭裁判所（旧特別家事審判規則18条の

	受理			既済					未済
	総数	旧受	新受	総数	認容	却下	取下げ	その他	
平成17年			6	6	2	1	3	-	-
18			7	5	1	-	2	2	2
19			8	7	3	-	4	-	3
20			1	4	-	-	4	-	-

注）・「−」については該当数値のない場合
　　・空欄については記載なし
資料：最高裁判所事務総局　『司法統計年報．3．家事編』　平成17〜20年

表F　保護者に対する措置に関する都道府県への勧告件数（児童福祉法28条6項）

	28条1項容認審判		28条2項容認審判	
	総数	うち勧告のあったもの	総数	うち勧告のあったもの
平成17年度	121	15	84	17
18	164	22	69	6
19	165	23	68	10
20	145	16	88	7

資料：最高裁判所事務総局家庭局　『児童福祉法28条事件の動向と事件処理の実情　平成17年4月1日〜平成18年3月31日』
　　　　　　　　　　　　　　　　　　『同　平成18年4月1日〜平成19年3月31日』
　　　　　　　　　　　　　　　　　　『同　平成19年4月1日〜平成20年3月31日』
　　　　　　　　　　　　　　　　　　『同　平成20年1月1日〜平成20年12月31日』

表G　施設入所等の措置の期間の更新回数（児童福祉法28条2項）

	承認の対象		合計
	1回目の期間更新	2回目の期間更新	
平成19年度	40	28	68
平成20年度	41	47	88

資料：最高裁判所事務総局家庭局　『児童福祉法28条事件の動向と事件処理の実情平成19年4月1日〜平成20年3月31日』
　　　　　　　　　　　　　　　　　　『同　平成20年1月1日〜平成20年12月31日』

表H　児童相談所における親権・後見人関係請求・承認件数

	児童福祉法28条第1項・第2項による措置		親権喪失宣告の請求		後見人選任の請求		後見人解任の請求	
	請求件数	承認件数	請求	承認	請求	承認	請求	承認
昭和49年度	14	10	5	−	70	57	2	2
50	10	2	4	−	51	46	−	−
51	9	6	−	−	27	26	1	1
52	5	5	−	−	49	50	2	2
53	8	7	−	−	32	30	2	1
54	5	4	1	1	40	33	1	1
55	2	1	−	−	37	41	1	1
56	2	2	1	−	21	23	−	−
57	6	3	3	2	23	21	1	1
58	4	4	−	1	25	26	−	−
59	14	13	2	−	21	17	−	−
60	3	3	1	−	25	19	−	−
61	−	1	−	1	14	18	−	−
62	5	5	−	−	11	11	−	−
63	6	3	1	−	9	8	1	1
平成元年度	3	−	−	−	8	8	−	−
2	19	15	2	−	8	4	−	−
3	10	9	2	3	15	13	−	−
4	7	5	1	1	9	8	−	−
5	5	1	1	−	7	6	−	−
6	4	3	1	1	8	4	1	1
7	31	11	2	−	7	4	−	−
8	35	19	3	−	10	8	−	−
9	49	36	3	1	8	7	2	2
10	39	22	9	2	10	5	−	−
11	88	48	1	6	14	8	−	−
12	127	87	8	−	7	3	−	−
13	134	99	4	1	11	6	−	1
14	117	87	3	3	9	10	−	−
15	140	105	3	−	8	6	−	−
16	186	147	4	2	7	5	−	−
17	176	147	2	1	6	5	−	−
18	185	163	3	2	4	4	1	−
19	235	182	4	1	14	9	2	2

注）「−」については係数のない場合
資料： 厚生省大臣官房統計情報部『社会福祉行政業務報告（厚生省報告例）』 昭和49年度〜平成11年度
　　　厚生労働省大臣官房統計情報部 『社会福祉行政業務報告（福祉行政報告例）』 平成12年度〜平成19年度

表I　児童相談所における知事勧告件数及び家庭裁判所勧告件数

	知事勧告	家庭裁判所勧告
平成17年度	−	9
18	1	16
19	2	31

注）「−」については係数のない場合
資料： 厚生労働省大臣官房統計情報部 『社会福祉行政業務報告（福祉行政報告例）』 平成15年度〜平成19年度

表J　児童相談所における児童虐待相談の対応件数（立入調査・警察官の同行）

	立入調査	警察官の同行
平成15年度	249	247
16	287	364
17	243	320
18	238	340
19	199	342

資料： 厚生労働省大臣官房統計情報部 『社会福祉行政業務報告（福祉行政報告例）』 平成15年度〜平成19年度

表K　嬰児殺の検挙人員

	認知件数	検挙件数	検挙人員			
			計	男	女	女子比
昭和48年	196	156	145	11	134	92.4
49	190	160	153	13	140	91.5
50	207	177	156	17	139	89.1
51	183	161	152	19	133	87.5
52	187	168	151	12	139	92.1
53	163	149	137	12	125	91.2
54	165	142	120	9	111	92.5
55	167	154	122	7	115	94.3
56	138	123	111	9	102	91.9
57	138	124	118	9	109	92.4
58	146	127	106	6	100	94.3
59	112	106	97	9	88	90.7
60	129	120	109	10	99	90.8
61	99	93	78	3	75	69.2
62	107	102	87	5	82	94.3
63	91	78	70	4	66	94.3
平成元年	85	74	56	5	51	91.1
2	82	81	69	3	66	95.7
3	71	64	47	2	45	95.7
4	67	57	49	1	48	98.0
5	66	63	57	5	52	91.2
6	45	43	34	2	32	94.1
7	52	49	38	4	34	89.5
8	52	51	39	6	33	84.6
9	41	40	38	3	35	92.1
10	38	37	32	4	28	87.5
11	26	24	19	－	19	100
12	33	31	29	4	25	86.2
13	40	33	35	4	31	88.6
14	29	25	21	1	20	95.2
15	27	26	18	6	12	66.7
16	24	23	21	1	20	95.2
17	27	23	19	1	18	94.7
18	22	21	17	1	16	94.1
19	23	22	18	0	18	100
20	28	25	19	2	17	89.4

注）・「－」については該当数値のないもの
資料：警察庁　犯罪統計書　『昭和48年の犯罪』～『平成20年の犯罪』平成12年以降は警察庁のホームページ上で情報公開されている。

表L　児童虐待に係る検挙件数・検挙人員

	総数	殺人	傷害	致死	暴行	逮捕監禁	強姦	強制わいせつ	保護責任者遺棄	重過失致死傷	その他
①検挙件数											
平成11年	120	19	42	15	1	−	12	3	20	4	19
12	186	31	92	20	4	−	15	9	13	2	20
13	189	31	97	23	8	−	4	5	17	3	24
14	172	19	94	18	5	1	7	4	20	−	22
15	157	23	80	17	6	−	6	3	16	3	20
16	229	30	128	22	16	1	15	8	12	3	16
17	222	24	125	17	9	−	16	7	7	2	32
18	297	48	133	15	14	1	14	26	20	2	39
19	300	39	156	15	16	2	22	10	16	1	38
20	307	45	135	19	19	5	16	18	18	2	49
②検挙人員											
平成11年	130	20	48	18	1	−	12	3	22	5	19
12	208	35	105	26	4	−	15	9	17	3	20
13	216	38	109	32	9	−	4	5	23	3	25
14	184	20	101	20	5	1	7	4	25	−	21
15	183	26	98	25	6	−	6	3	20	4	20
16	253	33	142	29	16	1	16	8	16	3	18
17	242	25	141	19	9	−	16	7	8	3	33
18	329	49	153	19	15	1	14	27	27	3	40
19	323	39	171	17	16	3	22	10	21	1	40
20	319	45	144	23	18	5	16	17	21	3	50

）・無理心中及び出産直後の嬰児殺を除く
・罪名の「その他」について平成18年までは児童福祉法違反および少年保護条例違反である。平成19年は暴力行為等処罰法違反、児童福祉法違反、児童買春・児童ポルノ禁止法違反、青少年保護育成条例違反、覚せい剤取締法違反及び学校教育法違反である。（平成19年は、暴力行為等処罰法違反及び覚せい剤取締法違反はなかった。）
・「−」については該当数値が0のとき又は非該当のとき

: 法務省法務総合研究所　『犯罪白書』　平成11年〜21年版　大蔵省印刷局（〜平成12年）、財務省印刷局（平成13・14年）、国立印刷局（平成15年〜）

表M 児童虐待に係る加害者と被害者との関係（事件別）

1）全事件

年 \ 加害者	父親等				母親等			
	実父	養父・継父	母親の内縁の夫	その他（男性）	実母	養母・継母	父親の内縁の妻	その他（女性）
平成12年	60	22	47	8	64	1		6
13	50	31	46	9	74	2		4
14	43	34	34	5	60	3		5
15	49	40	23	7	58	2		4
16	81	41	30	11	72	7		11
17	77	47	43	1	69	3		2
18	86	56	52	24	96	8		7
19	91	55	46	23	97	1	−	10
20	85	66	52	18	95	2	−	1

2）殺人

年 \ 加害者	父親等				母親等			
	実父	養父・継父	母親の内縁の夫	その他（男性）	実母	養母・継母	父親の内縁の妻	その他（女性）
平成12年	9	−	3	−	23	−		−
13	5	−	4	1	26	−		2
14	3	1	−	−	15	−		1
15	6	1	3	−	16	−		−
16	7	2	−	1	21	1		1
17	2	1	2	−	20	−		−
18	10	2	3	−	34	−		−
19	7	−	−	1	29	−	−	2
20	8	−	1	1	34	1	−	−

注）無理心中、出産直後の嬰児殺を除く

3）傷害・傷害致死

年 \ 加害者	父親等				母親等			
	実父	養父・継父	母親の内縁の夫	その他（男性）	実母	養母・継母	父親の内縁の妻	その他（女性）
平成12年	28 (8)	10 (−)	31 (7)	3 (−)	26 (9)	1 (−)		6 (2)
13	30 (5)	14 (3)	31 (9)	3 (2)	27 (10)	2 (2)		2 (1)
14	23 (2)	14 (2)	29 (4)	4 (1)	24 (7)	3 (2)		4 (2)
15	25 (5)	24 (5)	17 (4)	1 (1)	27 (8)	2 (−)		2 (2)
16	48 (10)	20 (2)	21 (2)	6 (2)	32 (9)	6 (1)		9 (3)
17	48 (7)	23 (1)	28 (2)	−	37 (8)	3 (1)		2 (−)
18	42 (5)	26 (3)	29 (3)	6 (1)	36 (5)	8 (−)		6 (2)
19	57 (4)	24 (2)	28 (2)	11 (3)	44 (6)	1 (−)	−	6 (−)
20	48 (8)	24 (2)	29 (3)	6 (2)	35 (7)	1 (−)	−	1 (1)

注）（ ）内は傷害致死事件の内数
傷害事件件数には傷害致死事件件数も含まれる

4）暴行

年 \ 加害者	父親等				母親等			
	実父	養父・継父	母親の内縁の夫	その他（男性）	実母	養母・継母	父親の内縁の妻	その他（女性）
平成12年	1	1	1	−	1	−		−
13	5	−	2	−	2	−		−
14	2	−	1	−	2	−		−
15	4	−	1	−	−	−		1
16	7	2	4	−	3	1		−
17	4	2	1	−	2	−		−
18	7	5	1	1	1	−		−
19	6	1	5	−	4	−	−	−
20	10	2	3	1	2	−	−	−

5）逮捕監禁

年 \ 加害者	父親等				母親等			
	実父	養父・継父	母親の内縁の夫	その他（男性）	実母	養母・継母	父親の内縁の妻	その他（女性）
平成12年								
13								
14	−	1	−	−	−	−		−
15								
16	−	−	−	−	1	−		−
17								
18					1			
19	1	−	1	−	1	−	−	−
20	−	1	1	2	7	−	−	−

6）強姦

加害者 年	父親等				母親等			
	実父	養父・継父	母親の内縁の夫	その他（男性）	実母	養母・継母	父親の内縁の妻	その他（女性）
平成12年	5	2	7	1	－	－	－	－
13	1	1	－	2	－	－	－	－
14	2	4	1	－	－	－	－	－
15	1	3	－	2	－	－	－	－
16	9	4	1	1	1	－	－	－
17	6	6	3	1	－	－	－	－
18	4	6	3	1	－	－	－	－
19	6	11	2	2	1	－	－	－
20	5	5	2	3	1	－	－	－

7）強制わいせつ

加害者 年	父親等				母親等			
	実父	養父・継父	母親の内縁の夫	その他（男性）	実母	養母・継母	父親の内縁の妻	その他（女性）
平成12年	2	1	3	3	－	－	－	－
13	1	1	3	－	－	－	－	－
14	1	2	1	－	－	－	－	－
15	－	1	－	2	－	－	－	－
16	－	6	1	1	－	－	－	－
17	2	4	1	－	－	－	－	－
18	4	7	5	10	1	－	－	－
19	－	5	4	1	－	－	－	－
20	4	8	4	1	－	－	－	－

8）保護責任者遺棄

加害者 年	父親等				母親等			
	実父	養父・継父	母親の内縁の夫	その他（男性）	実母	養母・継母	父親の内縁の妻	その他（女性）
平成12年	3	1	1	－	12	－	－	－
13	3	2	－	－	17	－	－	－
14	5	－	1	－	19	－	－	－
15	4	2	－	－	13	－	－	1
16	4	－	－	－	11	－	－	1
17	1	－	－	－	7	－	－	－
18	6	－	2	－	18	－	－	1
19	2	－	1	1	15	－	－	2
20	1	－	3	－	17	－	－	－

9）重過失致死傷

加害者 年	父親等				母親等			
	実父	養父・継父	母親の内縁の夫	その他（男性）	実母	養母・継母	父親の内縁の妻	その他（女性）
平成12年	1	－	－	－	2	－	－	－
13	1	－	1	－	1	－	－	－
14	－	－	－	－	－	－	－	－
15	4	2	－	－	13	－	－	1
16	2	－	－	－	1	－	－	－
17	1	－	－	－	2	－	－	－
18	1	－	－	－	2	－	－	－
19	1	－	－	－	－	－	－	－
20	1	－	－	－	2	－	－	－

10）その他（児童福祉法違反および青少年保護条例違反）

加害者 年	父親等				母親等			
	実父	養父・継父	母親の内縁の夫	その他（男性）	実母	養母・継母	父親の内縁の妻	その他（女性）
平成12年	11	7	1	1	－	－	－	－
13	4	13	4	3	1	－	－	－
14	7	12	1	2	－	－	－	－
15	8	8	2	2	－	－	－	－
16	4	7	3	2	2	－	－	－
17	13	11	8	－	1	－	－	－
18	12	10	9	6	3	－	－	－
19	11	14	5	7	3	－	－	－
20	8	26	9	4	3	－	－	－

・加害者の「その他」について平成18年までは祖父母等である。平成19年は祖父母、伯（叔）父母、父母の友人・知人等で保護者と認められる者である。
・罪名の「その他」について平成18年までは児童福祉法違反および少年保護条例違反である。平成19年は暴力行為等処罰法違反、児童福祉法違反、児童買春・児童ポルノ禁止法違反、青少年保護育成条例違反、覚せい剤取締法違反及び学校教育法違反である。（平成19年は、暴力行為等処罰法違反及び覚せい剤取締法違反はなかった。）
・「－」については該当数値が0のとき又は非該当のとき
・空欄については記載なし

：法務省法務総合研究所 『犯罪白書』 平成11年～21年版　大蔵省印刷局（～平成12年）、財務省印刷局（平成13・14年）、国立印刷局（平成15年～）

表N 児童虐待に係る加害者と被害者との関係 (年別)

①平成12年

加害者	総数	殺人	傷害	傷害致死	暴行	逮捕監禁	強姦	強制わいせつ	保護責任者遺棄	重過失致死傷	その他
総数	208	35	105	26	4		15	9	17	3	20
父親等	137	12	72	15	3		15	9	5	1	20
実父	60	9	28	8	1		5	2	3	1	11
養父・継父	22	－	10	－	1		2	1	1	－	7
母親の内縁の夫	47	3	31	7	1		7	3	1	－	1
その他	8	－	3	－	－		1	3	－	－	1
母親等	71	23	33	11	1		－	－	12	2	－
実母	64	23	26	9	1		－	－	12	2	－
養母・継母	1	－	1	－	－		－	－	－	－	－
その他	6	－	6	2	－		－	－	－	－	－

②平成13年

加害者	総数	殺人	傷害	傷害致死	暴行	逮捕監禁	強姦	強制わいせつ	保護責任者遺棄	重過失致死傷	その他
総数	216	38	109	32	9		4	5	23	3	25
父親等	136	10	78	19	7		4	5	6	2	24
実父	50	5	30	5	5		1	1	3	1	4
養父・継父	31	－	14	3	－		1	1	2	－	13
母親の内縁の夫	46	4	31	9	2		－	3	1	1	4
その他	9	1	3	2	－		2	－	－	－	3
母親等	80	28	31	13	2		－	－	17	1	1
実母	74	26	27	10	2		－	－	17	1	1
養母・継母	2	－	2	2	－		－	－	－	－	－
その他	4	2	2	1	－		－	－	－	－	－

③平成14年

加害者	総数	殺人	傷害	傷害致死	暴行	逮捕監禁	強姦	強制わいせつ	保護責任者遺棄	重過失致死傷	その他
総数	184	20	101	20	5	1	7	4	25	－	21
父親等	116	4	70	9	3	1	7	4	6	－	21
実父	43	3	23	2	2	－	2	1	5	－	7
養父・継父	34	1	14	2	－	1	4	2	－	－	12
母親の内縁の夫	34	－	29	4	1	－	1	1	1	－	1
その他	5	－	4	1	－	－	－	－	－	－	1
母親等	68	16	31	11	2	－	－	－	19	－	－
実母	60	15	24	7	2	－	－	－	19	－	－
養母・継母	3	－	3	2	－	－	－	－	－	－	－
その他	5	1	4	2	－	－	－	－	－	－	－

④平成15年

加害者	総数	殺人	傷害	傷害致死	暴行	逮捕監禁	強姦	強制わいせつ	保護責任者遺棄	重過失致死傷	その他
総数	183	26	98	25	6		6	3	20	4	20
父親等	119	10	67	15	5		6	3	6	2	20
実父	49	6	25	5	4		1	－	4	1	8
養父・継父	40	1	24	5	－		3	1	2	1	8
母親の内縁の夫	23	3	17	4	1		－	－	－	－	2
その他	7	－	1	1	－		2	2	－	－	2
母親等	64	16	31	10	1		－	－	14	2	－
実母	58	16	27	8	－		－	－	13	2	－
養母・継母	2	－	2	－	－		－	－	－	－	－
その他	4	－	2	2	1		－	－	1	－	－

⑤平成16年

加害者	総数	殺人	傷害	傷害致死	暴行	逮捕監禁	強姦	強制わいせつ	保護責任者遺棄	重過失致死傷	その他
総数	253	33	142	29	16	1	16	8	16	3	18
父親等	163	10	95	16	13	－	15	8	4	2	16
実父	81	7	48	10	7	－	9	－	4	2	4
養父・継父	41	2	20	2	2	－	4	6	－	－	7
母親の内縁の夫	30	－	21	2	4	－	1	1	－	－	3
その他	11	1	6	2	－	－	1	1	－	－	2
母親等	90	47	47	13	3	1	1	－	12	1	2
実母	72	32	32	9	3	1	1	－	11	1	2
養母・継母	7	6	6	1	－	－	－	－	－	－	－
その他	11	9	9	3	－	－	－	－	－	－	－

平成17年

加害者	総数	殺人	傷害	致死	暴行	逮捕監禁	強姦	強制わいせつ	保護責任者遺棄	重過失致死傷	その他
総数	242	25	141	19	9	−	16	7	8	3	33
父親等	168	5	99	10	7	−	16	7	1	1	32
実父	77	2	48	7	4	−	6	2	1	1	13
養父・継父	47	1	23	1	2	−	6	4	−	−	11
母親の内縁の夫	43	2	28	2	1	−	3	−	−	−	8
その他	1	−	−	−	−	−	1	−	−	−	−
母親等	74	20	42	9	2	−	−	−	7	2	1
実母	69	20	37	8	2	−	−	−	7	2	1
養母・継母	3	−	3	1	−	−	−	−	−	−	−
その他	2	−	2	−	−	−	−	−	−	−	−

平成18年

加害者	総数	殺人	傷害	致死	暴行	逮捕監禁	強姦	強制わいせつ	保護責任者遺棄	重過失致死傷	その他
総数	329	49	153	19	15	1	14	27	27	3	40
父親等	218	15	103	12	14	−	14	26	8	1	37
実父	86	10	42	5	7	−	4	4	6	1	12
養父・継父	56	2	26	3	5	−	6	7	−	−	10
母親の内縁の夫	52	3	29	3	1	−	3	5	2	−	9
その他	24	−	6	1	1	−	−	10	−	−	6
母親等	111	34	50	7	1	1	−	1	19	2	3
実母	96	34	36	5	1	1	−	1	18	2	3
養母・継母	8	−	8	−	−	−	−	−	−	−	−
その他	7	−	6	2	−	−	−	−	1	−	−

平成19年

加害者	総数	殺人	傷害	致死	暴行	逮捕監禁	強姦	強制わいせつ	保護責任者遺棄	重過失致死傷	その他
総数	323	39	171	17	16	3	22	10	21	1	40
父親等	215	8	120	11	12	2	21	10	4	1	37
実父	91	7	57	4	6	1	6	−	2	1	11
養父・継父	55	−	24	2	1	−	11	5	−	−	14
母親の内縁の夫	46	−	28	2	5	1	2	4	1	−	5
その他	23	1	11	3	−	−	2	1	1	−	7
母親等	108	31	51	6	4	1	1	−	17	−	3
実母	97	29	44	6	4	1	1	−	15	−	3
養母・継母	1	−	1	−	−	−	−	−	−	−	−
父親の内縁の妻	−	−	−	−	−	−	−	−	−	−	−
その他（女性）	10	2	6	−	−	−	−	−	2	−	−

平成20年

加害者	総数	殺人	傷害	致死	暴行	逮捕監禁	強姦	強制わいせつ	保護責任者遺棄	重過失致死傷	その他
総数	319	45	144	23	18	5	16	17	21	3	50
父親等	221	10	107	15	16	4	15	17	4	1	47
実父	85	8	48	8	10	−	5	4	1	1	8
養父・継父	66	−	24	2	2	1	5	8	−	−	26
母親の内縁の夫	52	1	29	3	3	1	2	4	3	−	9
その他	18	1	6	2	1	2	3	1	−	−	4
母親等	98	35	37	8	2	1	1	−	17	2	3
実母	95	34	35	7	2	1	1	−	17	2	3
養母・継母	2	1	1	−	−	−	−	−	−	−	−
父親の内縁の妻	−	−	−	−	−	−	−	−	−	−	−
その他（女性）	1	−	1	1	−	−	−	−	−	−	−

・無理心中及び出産直後の嬰児殺を除く
・加害者の「その他」について平成18年までは祖父母等である。平成19年は祖父母、伯（叔）父母、父母の友人・知人等で保護者と認められる者である。
・罪名の「その他」について平成18年までは児童福祉法違反および少年保護条例違反である。平成19年は暴力行為等処罰法違反、児童福祉法違反、児童買春・児童ポルノ禁止法違反、青少年保護育成条例違反、覚せい剤取締法違反及び学校教育法違反である。（平成19年は、暴力行為等処罰法違反及び覚せい剤取締法違反はなかった。）
・「−」については該当数が0のとき又は非該当のとき
・空欄については記載なし
：法務省法務総合研究所 『犯罪白書』 平成13年～20年版　財務省印刷局（平成13・14年）、国立印刷局（平成15年～）

第5期
(2007年7月から2010年3月まで)

第5期の概観

　第5期の研究は、2007年7月から2010年3月までを対象に、その間の児童虐待の法律問題に関する法令、判例、研究の動向を探ることを目的とするものである。

　2000年の児童虐待防止法成立後、2004年には第1回目の大規模な改正がなされたが、その際の積み残し課題であった児童相談所による強制立入調査制度が実現したのが2007年の児童虐待防止法改正であった。重大な虐待事件が後を絶たない状況で、公権力による家庭への強制介入のあり方が議論され、裁判所関与による臨検・捜索制度が実現した。今期の対象期間では、この改正法の施行に向けた通知等が数多く発出されている。

　2008年の児童福祉法改正では、虐待ケースの早期発見・対応のため、乳児家庭全戸訪問事業（生後4か月までの乳児家庭全戸訪問事業　いわゆる「こんにちは赤ちゃん事業」）、養育支援訪問事業（いわゆる「育児支援家庭訪問事業」）、地域子育て拠点事業、一時預かり事業が児童福祉法に盛り込まれた。従来の児童虐待対策がとかく問題を抱えた家庭に対する特別な対応との視点が重視されていたのに対して、この児童福祉法改正では、一般家庭における虐待の発生予防が重視され、虐待施策の広がりを見ることができる。さらにこの改正では、困難を抱える子どもへの支援としての里親制度が改正され、養育家庭の法律上の明記や小規模住居型児童養育事業（ファミリーホーム）の創設等が図られ、社会的養護において家庭的環境での養育が目指された。国連の「子どもの代替的養護に関する国連指針」（2009年）にもあるように、親による養育に代わる養護（代替的養護）は、できる限り家庭や少人数のグループでの養育が求められているところであり（パラグラフ123）、また被虐待児の親子分離後の受け皿の不足が指摘される中、社会的養護充実の一環として改正がなされたと見ることもできる。こうした動きは、地方分権推進、子育てビジョン、子ども・子育て新システムとあいまって、次期の児童福祉施設最低基準の改正につながっていく。

　このように第5期の児童福祉法改正では、虐待への介入それ自体というよりは、その予防や介入後の子どもの保護にも焦点をあてた改正がなされたといえよう。介入については、介入後の子どもをめぐる親と児童相談所、児童福祉施設との対立調整のための制度改正――親権制度をめぐる民法・児童福祉法の改正――が、次の第6期に実現することになる。

　他方で、重大な虐待事件が生じ、国、自治体はその対応に追われた。東京都江戸川区の事件では、児童相談所、区、学校の連携が十分でないために子どもが虐待死し、大阪では度重なる通告にもかかわらず児童相談所が介入できず、2人の子どもがネグレクト死した。マスコミはこれら虐待死事件を大々的に報道し、厚生労働省は、児童相談所と市町村・学校等との連携に関する通知や2007年の児童虐待防止法改正により創設された臨検・捜索制度を視野に入れた対応を求める通知を発出し、都道府県等に適切な対応を求めた。

　研究面では、法律、福祉、保健・医療、心理から次第に教育、刑事司法にも広がりを見せ、虐待問題が多方面の関心を集めるようになるとともに、それぞれの役割や機能をどのように活かすのか、配偶者暴力（DV）や高齢者虐待、障害者虐待と児童虐待との横断的研究も試みられ、社会全体が家庭における弱者への暴力問題に目を向けてきたことをうかがわせる。虐待について

は、性虐待への対応は、まだ本格的に始まったとはいえないが、司法面接等、外国の手法を取り入れた事実確認の方法が模索される等、将来につながる研究や試みが芽吹いていると見ることができる。

(吉田 恒雄)

I　法令・判例および法学研究の動向

1　全体の動向

(1) はじめに

　第5期の動向としてまず挙げられるのは2008年11月の児童福祉法改正である。この改正では、子育て支援事業が法律上明記され、里親制度の改正や小規模住居型児童養育事業（ファミリーホーム）の創設、施設内虐待（被措置児童等虐待）が規定される等、被虐待児の受け皿となる社会的養護に関する改正が行われた。通知では2007年の児童虐待防止法改正、2008年の児童福祉法改正に関する施行通知や東京、大阪の虐待死事件を受けての通知が注目される。

　判例では、2004年の児童福祉法改正により創設された児童福祉法28条による措置の更新やミュンヒハウゼン症候群に関する審判例が公表された。刑事法では、虐待における不作為犯、事実認定等に関連する注目すべき判例が公表され、新たに導入された裁判員裁判における虐待事件の量刑について、今後も注視していくべき判例が登場している。行政法では、児童福祉法28条審判の取消訴訟の可否や施設内虐待をめぐる国家賠償責任に関する最高裁判決がある。

　研究面では、2007年の児童虐待防止法改正をめぐる解説や刑事介入の強化、警察との連携強化を主張する文献が目立つようになる。児童虐待を配偶者暴力等との関連で捉えようとする研究や学会シンポジウムも行われた。行政法分野では「家族への子どもの権利」「親に養育される子どもの権利」に焦点をあてた研究があり、臨検・捜索制度を素材に、児童虐待への国家介入に対する手続的観点からの考察が見られた。児童福祉分野では、社会的養護の当事者組織の活動に関する著述、自立援助ホームに関する歴史研究、里親制度改正に伴う運用状況、発達障害と里親養育等に関する研究が見られた。また刑事法とも関連して、前期に続き司法面接についての論考が目立つようになったのもこの時期である。教育分野との関係では、学校・教育委員会と児童相談所との連携やスクールソーシャルワーカーの活動に関する研究や調査報告書が明らかにされている。

(2) 法改正および通知

①法改正：2008年11月児童福祉法の一部改正

　「子どもと家族を応援する日本」重点戦略等を踏まえ、2008年11月に児童福祉法の一部が改正された。この改正の主要な柱は、1つは子育て支援事業の制度上の位置づけの明確化であり、もう1つは被虐待児等に対する家庭的環境における養護（社会的養護関係）の充実である。

　第1の子育て支援事業については、乳児家庭全戸訪問事業（生後4か月までの乳児家庭全戸訪問事業　いわゆる「こんにちは赤ちゃん事業」）、養育支援訪問事業（いわゆる「育児支援家庭訪問事

業」)、地域子育て拠点事業、一時預かり事業が児童福祉法に規定され、その法的根拠が明確にされた。その他、「家庭的保育事業」(いわゆる保育ママ)が法律上明記され、待機児童の減少に向けた取り組みの1つとして位置づけられることになった。

第2の社会的養護関係では、「困難な状況にある子どもや家庭に対する支援の強化」として、里親制度が改正され、養育を目的とする里親(養育里親)を法律上明記し、その要件や里親支援、普及啓発を都道府県の業務とし、一定の要件を満たす者に委託できるものとした。家庭的環境での養育を行うものとして、小規模住居型児童養育事業(ファミリーホーム)が創設され、養育者の要件、人員配置、設備、家事や養育の補助を行う者の確保等、事業に関する要件を定める他、都道府県の監督等必要な規定が設けられた。

施設内虐待についても新たな制度が設けられ、児童養護施設等における虐待を発見した者の通告義務、通告があった場合の都道府県や都道府県児童福祉審議会等が講ずべき措置等、施設内虐待防止のための規定が設けられ、施設内虐待の定義、通告義務、児童自身による届出、通告受理機関としての児童福祉審議会、都道府県等職員の守秘義務、事実確認、保護、立入調査、質問、勧告、業務停止等、都道府県、審議会が講じるべき措置、国による調査研究、公表の義務が規定された。

その他、要保護児童対策地域協議会の機能強化として、同協議会の協議対象を、養育支援がとくに必要である児童やその保護者、妊婦に拡大する他、要保護児童対策調整機関に一定の要件を満たす者をおく努力義務が課せられ、家庭支援の強化として、児童相談所における保護者指導を児童家庭支援センター以外の一定の要件を満たす者にも委託できることとされた。

年長児の自立支援策も見直され、児童自立生活援助事業について、対象者の利用申込みに応じて提供することとするとともに、利用対象者として義務教育終了後の児童の他、20歳未満の支援を要する者が追加される等の改正が行われた。

次世代育成支援関係では、都道府県における里親や児童養護施設等の提供体制の計画的な整備について、次世代育成支援対策推進法に基づく都道府県行動計画に、社会的養護の提供体制に関する事項が記載事項として追加され、次世代育成支援対策推進法の一部改正として、保育の実施の事業、放課後児童健全育成事業等に関する事項に関する国による参酌・標準の提示、地域行動計画の策定等に対する労使の参画、地域行動計画の適正な評価・見直しが次世代育成支援対策推進法の一部改正として行われ、一般事業主行動計画の策定・届出義務の対象の拡大、一般事業主行動計画の公表・周知等が図られた。

②通知等

i) 2007年改正児童虐待防止法施行関係

2007年の改正児童虐待防止法の施行に関連して、厚生労働省からは、「『児童虐待の防止等に関する法律及び児童福祉法の一部を改正する法律』の施行について」(平成20年3月14日厚生労働省雇用均等・児童家庭局長通知雇児発第0314001号)、最高裁判所からは「児童虐待の防止等に関する法律及び児童福祉法の一部を改正する法律の公布について」(平成19年6月5日最高裁家庭局長・刑事局長・行政局長通知最高裁家一第002471号)が発出された。同改正により新たに創設された接近禁止命令制度について、最高裁判所は「特別家事審判規則の一部を改正する規則の公布に

ついて」(平成20年2月21日最高裁家庭局長通知最高裁家一第000772号)を示した。

　同改正の重要な柱となる臨検・捜索制度について、警察庁は、「『『児童虐待の防止等に関する法律及び児童福祉法の一部を改正する法律』の施行について」(平成20年2月22日警察庁丙少発第6号・丙生企発第10号・丙地発第4号・丙給厚発第3号・丙捜一発第6号)により、改正の趣旨、改正の要点を示し、留意点として、臨検・捜索における警察署長への援助要請があった場合の措置、立入拒否事件についてその告発に関する相談があった場合の捜査等の対応方法、接近禁止命令があった場合の学校等関係機関との連携強化、違反事案に対する速やかな捜査着手、重大な虐待事例の分析とその活用等を示した。厚生労働省は、「『児童虐待の防止等に関する法律施行規則』及び『児童福祉法施行規則の一部を改正する省令』の施行について」(平成20年3月14日厚生労働省雇用均等・児童家庭局長通知雇児発第0314002号)により、「児童虐待の防止等に関する法律施行規則」「児童福祉法施行規則の一部を改正する省令」を制定し、出頭要求、面会通信の制限、接近禁止命令があった場合の対応方法、児童相談所長による養子縁組の承諾の申請方法等を定めた。

　同改正により新たに規定された地方公共団体による児童虐待死亡事例の検証に関連して、厚生労働省から「地方公共団体における児童虐待による死亡事例等の検証について」(平成20年3月14日厚生労働省雇用均等・児童家庭局総務課長通知雇児総発第0314002号)が発出され、検証の基本的考え方や進め方等を示し、市町村・関係機関への周知、適切な運用を図るよう求めた。

　この改正に関連して、「児童相談所運営指針等の改正について」(平成20年3月14日厚生労働省雇用均等・児童家庭局長通知雇児総発第0314003号)も改定され、児童の安全確認等のための立入調査等の強化、保護者に対する施設入所等の措置がとられた児童との面会または通信等の制限の強化、児童虐待を行った保護者が指導に従わない場合の措置等が示され、あわせて児童虐待を行った保護者に対する指導および支援の充実に資するよう、「児童虐待を行った保護者に対する援助ガイドライン」が取りまとめられ、保護者に対する援助指針の策定方法や保護者援助の基本ルール、施設入所の措置がとられた場合の保護者援助が定められた(「児童虐待を行った保護者に対する指導・支援の充実について」〈平成20年3月14日厚生労働省雇用均等・児童家庭局総務課長通知雇児総発第0314001号〉)。

ii) 2008年改正児童福祉法施行関係

　2008年の児童福祉法改正に関連して、「児童福祉法等の一部を改正する法律によって新たに第二種社会福祉事業として位置付けられた事業等について」(平成21年3月31日厚生労働省雇用均等・児童家庭局総務・保育課長連名通知雇児総発第0331002号、雇児保発第0331004号)は、新たに規定された乳児家庭全戸訪問事業、養育支援訪問事業、地域子育て支援拠点事業、一時預かり事業および小規模住居型児童養育事業が社会福祉法上の第二種社会福祉事業として位置づけられたことに伴い、これらの事業について、事業者の義務、都道府県等の役割の取扱いについて示し、あわせて小規模住居型児童養育事業について、その運営に関して通知するとともに、地方自治体からの疑義照会に対する回答を示している。市町村による養育支援訪問事業については、「養育支援訪問事業ガイドラインについて」(平成21年3月16日厚生労働省雇用均等・児童家庭局総務課長通知雇児発第0316002号)が、小規模住居型児童養育事業(ファミリーホーム)については、「小

規模住居型児童養育事業の運営について」(平成 21 年 3 月 31 日厚生労働省雇用均等・児童家庭局長通知雇児発第 0331011 号) が発出された。同改正では、児童の人権擁護と施設における支援の質の向上を図る目的で、新たに「被措置児童等虐待」(施設内虐待) に関連する制度が設けられ、「被措置児童等虐待対応ガイドラインについて」(平成 21 年 3 月 31 日厚生労働省雇用均等・児童家庭局家庭福祉・社会・援護局障害保健福祉部障害福祉課長連名通知雇児福発第 0331002 号・障障発第 0331009 号) が発出された。これにより、都道府県等に対して、児童の最善の利益や権利擁護の観点から、被措置児童等虐待の発生予防、早期発見、迅速な対応、再発防止のための取り組みを総合的に進め、被措置児童虐待防止に向けた関係部局の連携体制、通告に対する具体的対応等の体制整備、児童福祉審議会との連携強化等の周知が求められた。

iii) 社会的養護関係

「児童養護施設における医療的支援体制の強化について」(平成 20 年 6 月 12 日厚生労働省雇用均等・児童家庭局長通知第 0612014 号の 4) が発出され、日常生活上の観察や体調の把握、緊急時の対応を行う等の医療的支援体制の強化を図るため、医療的ケアを担当する職員を配置する施設を都道府県知事等が定めることができることや運営の基準、担当職員の業務内容、経費等が定められた。里親制度については、「養育里親研修制度の運営について」(平成 21 年 3 月 31 日厚生労働省雇用均等・児童家庭局長通知雇児発第 0331009 号) が発出され、養育里親研修の実施主体、研修の趣旨・種類・研修対象者・研修の実施方法等、修了認定の留意事項が定められた。

「里親支援機関事業の実施について」(平成 20 年 4 月 1 日厚生労働省雇用均等・児童家庭局長通知雇児発第 0401011 号) は、里親制度推進のために「里親支援機関事業実施要綱」を定め、里親制度の普及促進、里親研修の実施、児童の委託までのマッチングの調整、里親家庭への訪問等による相談支援等の業務を総合的に実施することとする通知である。

iv) 虐待死亡事件関連

2010 年に東京都江戸川区で発生した虐待死亡事件を受け、関係機関の連携に不備があったことから、厚生労働省が文部科学省と連名で「学校及び保育所から市町村又は児童相談所への定期的な情報提供に関する指針」を作成し、その周知を求める通知(「学校及び保育所から市町村又は児童相談所への定期的な情報提供について」平成 22 年 3 月 24 日厚生労働省雇用均等・児童家庭局長通知雇児発 0324 第 1 号)、「児童虐待防止に向けた学校等における適切な対応の徹底について」(平成 22 年 1 月 26 日文部科学省初等中等教育局児童生徒課長発通知 21 初児生第 29 号) が発出された。これに伴い、児童相談所運営指針等も改正された。

同じく 2010 年に大阪市で発生した二児ネグレクト死亡事件に関連して、立て続けに児童相談所による安全確認の方法に関する通知が出された。この事件では、児童相談所が関与していたにもかかわらず児童の安全確認が行われなかったことに鑑み、「児童の安全確認の徹底について」(平成 22 年 8 月 2 日厚生労働省雇用均等・児童家庭局総務課長通知雇児総発 0802 第 1 号) が発出された。この通知に基づいて、「児童の安全確認の徹底に係る調査について」(平成 22 年 8 月 10 日厚生労働省雇用均等・児童家庭局総務課長通知雇児総発 0810 第 1 号) も出された。さらに、「児童の安全確認の対応について」(平成 22 年 8 月 18 日厚生労働省雇用均等・児童家庭局総務課長通知雇児総発

0818第1号）では、児童の直接の目視、48時間以内の確認等初期対応の徹底や児童虐待に関する調査事項や調査方法について適切な運用が求められた。さらに「居住者が特定できない事案における出頭要求等について」（平成22年8月26日厚生労働省雇用均等・児童家庭局総務課長通知雇児総発0826第1号）では、出頭要求（児童虐待防止法8条の2）、立入調査（同法9条1項）、臨検・捜索制度（同法9条の3）等の強制手段の活用を念頭においた対応を図るよう求めた。

全国児童相談所による安全確認の徹底に関する調査結果が「児童の安全確認の徹底に係る調査結果について」（平成22年9月30日厚生労働省雇用均等・児童家庭局総務課長通知雇児総発0930第1号）により公表された。「『虐待通告のあった児童の安全確認の手引き』について」（平成22年9月30日厚生労働省雇用均等・児童家庭局総務課長通知雇児総発0930第2号）は、以上の状況に鑑み、児童の安全確認の基本的な考え方、通告受理時の対応の基本事項、安全確認の基本事項等、児童相談所が虐待通告を受理した段階から児童の安全確認を行うまでの対応方法や留意事項について取りまとめた手引きに関する通知である。

v) その他

医療ネグレクトに関し、「医療ネグレクトにより児童の生命・身体に重大な影響がある場合の対応について」（平成20年3月31日厚生労働省雇用均等・児童家庭局総務課長通知雇児総発第0331004号）は、医療ネグレクト事例において親権喪失宣告申立等、対象となる事例に即して現行法上対応可能な手続を具体的に示し、関係機関への周知を求めた。

2006年の児童福祉法改正により、都道府県、政令指定都市、中核市以外にも児童相談所を設置することができるものとされたが、さらに平成20年6月20日の地方分権改革推進要綱を受けて、児童相談所設置市として政令で個別に定める際の考え方、政令指定の手続、留意点を示す通知「児童相談所を設置する市について」（平成20年8月29日厚生労働省雇用均等・児童家庭局総務課長通知雇児総発第0829001号）が発出された。

児童相談所に付置される一時保護所について、「一時保護施設における学習環境の充実について」（平成21年4月1日厚生労働省雇用均等・児童家庭局総務課長通知雇児総発第0401003号）は、都道府県等の教育委員会との連携による現職教員の受け入れや教員OBの活用、それに必要な経費の基準額の改善、児童福祉法28条申立等による保護の長期化に対して一時保護所区域内の学校への就学を検討すること等の対応を求めた。

(3) 判 例
①児童福祉法関連審判例の動向

司法統計年報によれば、児童福祉法28条1項・2項事件の新受件数は、2007年305件、2008年324件、2009年294件、2010年366件であり、依然として件数は多い。第5期は、入所措置の期間更新に関する児童福祉法28条2項事件の却下例、「代理によるミュンヒハウゼン症候群」が疑われた事例が存在することが特徴として挙げられる。

児童福祉法28条審判では、申立が却下される例は極めて稀であり（2007年4件、2008年3件、2009年6件、2010年9件）、これまで公表されたのも大津家裁審判昭和50年10月15日（家裁月報28巻8号77頁）にとどまっている。このような状況の中で、今期、却下審判例が3件公表さ

れたことの意義は大きい。もっとも、これらの審判はいずれも、高裁において取り消され、施設入所等の措置が承認されている点は、事実関係の認定・評価の観点から見て興味深い。

28条審判に基づき施設入所等の措置がとられている場合の期間更新に関する審判例が前期に引き続き3件公表され、うち1件は更新の却下事例である。ちなみに、司法統計年報によれば、施設入所等の措置の期間更新に関する事件の既済件数は、2007年59件（認容：56件、却下：0件、取下げ：3件）、2008年114件（認容：105件、却下：0件、取下げ：9件）、2009年97件（認容：87件、却下：2件、取下げ：8件）、2010年125件（認容：112件、却下：1件、取下げ：10件）であった。取り下げ事件は、更新の申立がなされた後、親権者等による入所同意が得られたケースまたはその後の状況の改善により措置解除になったケースと思われる。

いわゆる「代理によるミュンヒハウゼン症候群（MSBP）」について、熊本家裁審判平成21年8月7日（抗告審：福岡高裁決定平成21年10月15日）は、実母の「代理によるミュンヒハウゼン症候群」が疑われた事件である。本件を含むこれまで全ての公表事例において、実親による「代理によるミュンヒハウゼン症候群」は直接的には認定されておらず、客観的な監護の不適切さを理由に承認審判がなされている。このことは、「代理によるミュンヒハウゼン症候群」の認定の難しさを表していると同時に、28条審判の要件として必ずしも虐待行為の存在が必要とはされないことを意味していると見ることもできよう。

（吉田恒雄）

②民　法

今期の民法関係判例としては、4件の裁判例がある。公表裁判例の件数は少ないが、それぞれが特徴的で重要な裁判例である。高松家裁審判平成20年1月24日は、親権喪失と比べるとこれまで公表例が極めて少なかった管理権喪失に関する裁判例であり、貴重な公表例であるといえる。同様に公表例は少ないが、子どもの生命・健康に重大な影響を及ぼすという点で、注目されるのが、医療ネグレクトに関する津家裁審判平成20年1月25日である。同事件では、親権喪失審判を本案とする審判前の保全処分として、親権者の職務執行停止、職務代行者（弁護士）の選任が認容された。これまでの裁判例においても問題とされてきた民法766条関係の裁判例として、東京高裁決定平成20年1月30日は、子の祖父母が申し立てた監護者指定の申立てを不適法であるとして却下した。青森家裁五所川原支部審判平成21年5月21日は、同意権の濫用等を理由として、実父の同意なしに特別養子縁組の成立を認めた事件である。

（阿部純一）

③刑　法

i) 不作為による共犯

児童虐待の刑事事件では、同居者等による暴行を制止しなかった者の不作為犯としての罪責が議論されてきた。第2〜4期には、不作為による幇助の事案が裁判例に表れていたが、第5期になって正犯としての責任を問われた事例が公刊物に現れた。作為の正犯者に不作為の正犯として関与する余地は、学説の多数が消極的に認めるものであったが、近時の学説にはこれを見直す動きもあり、本判決も含めた今後の判例の動向が注目される。

ii）児童虐待事件における事実認定

　児童虐待に関する刑事判例で公刊物に登載されたものの中に、犯罪であるとの合理的な疑いが残るという理由で被告人が無罪となった事案があった。札幌高裁判決平成19年9月13日は、実母の交際相手を被告人とする傷害事件において、主要な証拠が被害児の供述のみであるという事案で、事件当時6歳（証人尋問当時7歳）である被害児の供述の信用性が問題となったが、被害児供述は「虐待を受けた児童の心理ないし供述傾向から合理的に説明できるものではなく、やはり、不自然さは強く残る」ものと判示して、被告人を無罪とした。東京高裁判決平成20年4月3日も、被害児の死因と因果関係を有する暴行について、被告人両名以外に致命傷を与えられる者は想定できないという消去法的な立証に転じたが、この立証も成功しなかったというものである。

　たしかに、家庭等の閉鎖された空間で発生する児童虐待については、目撃者を得ることが難しく、刑事事件となれば被虐待者の供述に重きがおかれるようになることも容易に想像できるが、乳児に対する虐待であれば供述を得ることさえできないのはもちろん、年少者に対する児童虐待の事案でも、証言能力ないし供述の信用性が訴訟において問題となりやすい。他方で、周知の通り、犯罪であるという確信を裁判官に抱かせるほどの立証が有罪判決には必要であるが、児童虐待の事案では物的証拠の確保もそれほど期待できない。今後、児童虐待が刑事で立件される数は増加するものと一般に予想されているが、とりわけ裁判員裁判においてどのように事実認定がなされるのかには注目すべきであろう。

iii）裁判員裁判と量刑

　近時、児童虐待に関する刑事裁判では、以前よりも量刑が重くなったという指摘がある。重罰化の傾向については、そもそも統計データによる裏づけがあるわけではないことに加え、かりに重刑化の方向にあるとしても、刑法の改正による全体的な法定刑の引き上げといった他の要因も考えられるため、現状から児童虐待に対する姿勢の変化等を読み取ることには無理がある。もっとも、裁判員制度が2009年5月から実施され、児童虐待の関連でも、殺人、傷害致死、保護責任者遺棄致死といった事件では裁判員裁判によることとなった。市民の量刑感覚は裁判官のそれと異なるはずという単純な想定からではなく、量刑に関する証拠調べ・弁論や評議・評決における意見形成の過程等が従来とは違っていることから、裁判員裁判における量刑にどのような傾向が生じるのかについて今後見守っていくことは、非常に重要であるように思われる。

　この点で、大阪地裁判決平成22年7月21日、大阪地裁堺支部判決平成22年10月1日、東京地裁判決平成22年11月12日等は、いずれも被害者1人の傷害致死や保護責任者遺棄致死の被告事件（責任能力あり）で、主導的な立場でない事案あるいは継続的に虐待していなかった事案であるが、軒並み懲役8年を超える懲役刑が言い渡されている。

④行政法

　行政法分野では、児童福祉法28条1項1号に基づく家庭裁判所の承認の審判を得て同法27条1項3号に基づき児童相談所長がした児童福祉施設への入所措置決定に対して提起された取消訴訟が棄却された事例（東京地裁判決平成20年7月11日、平成19年（行ウ）第745号、児童福祉施

入所措置決定取消請求事件）および施設内虐待について、都道府県による児童福祉法27条1項3号の措置に基づき社会福祉法人の設置運営する児童養護施設に入所した児童に対する施設の長及び職員の養育監護行為につき、県及び社会福祉法人の損害賠償責任が問題となった事例（最高裁判決平成19年1月25日、平成17年（受）第2335号、第2336号、損害賠償請求事件）の2つの重要判例が公表された。

前者は、児童相談所長が、児童虐待の疑いの通告を受けた児童について、児童福祉法28条1項1号に基づく家庭裁判所の承認の審判を得た上、同法27条1項3号に基づく児童福祉施設への入所措置決定をしたところ、子どもの親権者が同決定の取消しを求めて抗告訴訟（行政訴訟）を提起した事案である。本判決は、取消訴訟（抗告訴訟）において確定審判の適法性および審判の認定・判断したところを争うことはできないとの判断を示した。

被措置児童等虐待（施設内虐待）については、都道府県による児童福祉法27条1項3号の措置に基づき社会福祉法人の設置運営する児童養護施設に入所した子どもに対する施設の長および職員の養育監護行為につき、県および社会福祉法人の損害賠償責任が問題となった事例（最高裁判決平成19年1月25日、平成17年（受）第2335号、第2336号、損害賠償請求事件）がある。最高裁判所は、「職員等による養育監護行為は、都道府県の公権力の行使」にあたるとして県の国家賠償責任を認めた。

社会福祉法人の責任については、国家賠償法1条1項により公務員個人が民事上の損害賠償責任を負わないことを理由に、国または公共団体以外の者の被用者が第三者に損害を加えた場合であっても、国または公共団体が国家賠償法1条1項に基づく損害賠償責任を負う場合には、被用者個人が損害賠償責任を負わないのみならず、使用者も民法715条に基づく損害賠償責任を負わないとした。

同じく施設内虐待に関する千葉地裁判決平成19年12月20日（平成12年（ワ）第544号、損害賠償請求事件）は、当該行為が児童福祉施設の長の正当な懲戒権行使の範囲内とはいえず、不法行為を構成し、同養護施設の長の養育監護行為が県の公権力の行使にあたる公務員の職務行為であるとして、その不法行為につき県に国家賠償法1条1項に基づく損害賠償責任を認める一方で、暴行を行った施設の長および社会福祉法人に対する損害賠償請求は棄却した。本判決の控訴審（東京高裁判決平成21年2月26日）も、県の安全配慮義務違反の主張が認められなかった他、基本的に同趣旨であり、最終的に最高裁決定平成22年11月5日において上告棄却、不受理の決定がなされた。

(4) 研究動向
①児童福祉法分野

2007年の児童虐待防止法改正をめぐる論考が多数公表されている。国会議員、立法を担当した省庁の解説も多数見られる。中でも新たに創設された臨検・捜索制度の運用に関する警察の立場からの解説は警察の立場を明確に示すものとして興味深い。研究者による評価として、改正法による制度の運用を図るには児童相談所・市町村の体制整備、職員の質的向上の必要性を強調するものの他、保護者との対立調整のために、より積極的な司法関与を求める主張や外国法研究をもとにした親権制度構築の必要性を指摘する研究も見られる。この点は、2011年の民法・児童

福祉法の改正でも議論されることとなる。

　2007年改正により、児童虐待対応の介入的側面が強化されたが、さらに刑事介入の強化、警察との連携強化を主張する文献が目立つようになる。この点は刑事法分野でも言及するが、児童福祉・司法・精神医学分野からも虐待親を刑法の対象、強制治療の対象とする主張や警察との連携強化、司法関与の強化を指摘する論考、配偶者暴力（DV）をも視野に入れた総合的な取り組みを行う体制作りの提案もあり、今後の改正にあたっては重要な論点になるであろうことをうかがわせる。

　その他、児童虐待、高齢者虐待、配偶者暴力について、横断的に検討する研究や学会シンポジウムも前期に引き続き散見された。

（吉田恒雄）

②民法分野

　第5期の特色として挙げられるのは、まず里親制度が変革されたということである。2008年4月に児童福祉法が改正され、里親制度の内容が変わり、里親の種別が養育里親と養子縁組里親になった。同年秋には養育里親手当が倍額に引き上げられる一方、養子縁組里親には里親手当は支給されないこととされた。また上記の児童福祉法改正によって、里親研修が義務化されたが、養子縁組里親については研修義務化の対象からはずされた。さらに里親の欠格事由が法定化された。10月には、里親支援事業が実施されるに至った。

　次に挙げられるのは、2010年2月に法制審議会に児童虐待の防止のための親権法改正が諮問されたが、そのための論点整理等を行う研究会が発足して議論が行われたということである。

　この改正の基礎作業の一環としての外国法研究も含めて、外国法の制度紹介および日本法との比較法研究は、この期でも行われている。日本民法の解釈レベルでの虐待関連の文献は、この期でも多いとはいえない。

（鈴木博人）

③刑事法分野

　刑事法関連の学会が児童虐待をめぐる問題の整理・検討にたびたび取り組んでいるが、傾向として主としてDVを議論の対象とするものの、問題の射程は児童虐待にも及ぶことが明らかにされ、関連した議論が交わされるようになった。刑事法学においても児童虐待の問題をDV等の問題とともに家族間暴力という広い枠組みに入れて扱うことについては、DVと児童虐待との関連等から有用であるという指摘もあり、こうした研究により法制度や運用の差異や施策の間隙等の発見が期待される。

　刑事法分野でも司法面接が徐々に注目されるようになり、司法面接の必要性・有用性が指摘されるが、裁判所・検察・警察の各機関が制度ないし運用で司法面接を導入することに前向きかといえば、現時点でそのような動きは乏しいようである。また、児童相談所の職員による公務員としての犯罪告発の積極化が児童相談所と保護者との間で構築された信頼関係を崩すおそれも指摘されている。

　その他、2007年の臨検・捜索の運用に関する警察庁の通達をめぐる検討や座談会、児童虐待

とくに性的虐待に関する罪の創設についてもこれまでに引き続き、論考が発表されている。刑事法分野においても、加害者である親等の側の背景・要因を具体的に取り上げて論じる研究が散見されるようになり、犯罪学・刑事政策の観点からは、虐待に関する犯罪を行った者の矯正・更生の問題も論じられている。

④憲法・行政法分野

　第5期においては、数は少ないが、子どもの問題に焦点をあてた憲法・行政法学的研究が見られる。憲法学的研究としては、外国法研究を主とし、「家族への子どもの権利」「親に養育される子どもの権利」に焦点をあてており、日本法における理論展開が期待されるところである。

　行政法学的研究としては、2007年の児童虐待防止法改正――臨検・捜索制度――を素材に、児童虐待への国家介入に対する手続的観点からの考察が見られる。児童虐待防止法9条の3における立入調査への司法関与の法理論的根拠として、従来の日本の判例とは異なる論拠を提示するもの、立入調査への司法関与と行政訴訟、刑事手続との関係を問い、あわせて児童福祉法28条の家事審判と行政訴訟との関係をも論じるものがある。いずれも行政法一般理論の観点からアプローチするものであり、児童虐待問題と行政法学の距離がさらに縮まっていくことが期待される。

⑤児童福祉分野

i) 社会的養護の当事者組織の活動

　2001年以降、全国各地に社会的養護の当事者組織が作られ、徐々にその活動が広がりをみせている。当事者組織の活動が行われ始めるのが第3期であり、第4期では、その活動が飛躍的に進み、政策等に影響を与えるようになり始めるのが第5期になる。児童福祉施設や里親家庭で生活していた人々による当事者組織は、2009年6月には、全国で5か所となり、その後、奈良県、栃木県にも開設され、2010年4月には当事者グループの全国組織も発足した。

　社会的養護の当事者からは、自分たちの「生きづらさ」や過去の経験について、講演会・シンポジウム、大学等のゼミ・研究会での発表や、書物・新聞等の文書を通じて、今後の政策について意見が述べられる等、今後、社会的養護の施策に与える影響も見逃せない。

ii) 自立支援（社会的養護）――自立援助ホーム（児童自立生活援助事業）法制化の動向

　第5期では、年長児の自立支援策の見直しがなされ、2007年の児童福祉法の改正では、児童自立生活援助事業について、対象者の利用の申し込みに応じてサービスを提供することとするとともに、義務教育終了後の子どもの他、20歳未満の支援を要する者を追加する等の規定が設けられた。

　児童養護施設等を退所した者の多くは、中学・高校卒業後に就労したものの、その後の生活を営むには非常に困難な状況を抱えている。離職や住居の確保の難しさ等があり、頼るべき保護者等の不在から、非行や犯罪に巻き込まれるケースもあった。自立援助ホームは、彼らの自立を支える大きな柱として、全国に73か所（2010年1月現在）となった。「子ども・子育てビジョン」（2010年1月閣議決定）においては、2014年度までに160か所を整備する目標が立てられた。こ

れら自立援助ホームについては、歴史研究がなされ、成立の背景やその後の展開過程、法制化をめぐる議論が明らかにされた。

iii) 里親制度改正

2008年の児童福祉法改正により里親制度が改正された。この点についてその趣旨や新たな里親制度の視点を示す論考がある。里親家庭における子どもの権利擁護に向けて「子どもの権利ノート（幼児・小学生用、中学生・高校生用）」と里親用のガイドブックも製作された。また、2002年に創設された専門里親制度の運用状況やその方向性を示す研究も公表され、発達障害のある里子の問題が指摘された。

iv) 小規模グループケア（「施設養護」の見直し）

第5期にあたる2007年の社会保障審議会児童部会社会的養護専門委員会報告書「社会的養護体制の充実を図るための方策について」は、社会的養護体制の拡充のための具体的施策として「子どもの状態に応じた支援体制の見直し」を提示し、家庭的な環境における養護を一層推進すること、子どもの年齢やその状態に応じた自立支援・生活支援や、心理的なケア等を行う観点から施策を組み立てることとした。

厚生労働省第1回社会保障審議会少子化対策特別部会の資料「社会的養護体制の現状と今後の見直しの方向性について」（2007年）では、「社会的養護」について、「家庭的養護」「施設養護」に加えて、「小規模住居型児童養育事業」（ファミリーホーム）も含めて3つの柱として捉え、小規模グループ形態の住居による新たな養育制度（ファミリーホーム）を創設することで、子どもの状態に応じた支援体制の見直しと拡充を図ろうとした。

社会的養護体制は、2000年代後半から大きく変化しており、「家庭的養護」の拡充、「施設養護」の生活単位の小規模化等、子どもの抱える問題に対応すべく、より家庭的な養育環境を整備する方向へと動いている。

「施設養護」の見直しでは、2004年から生活単位の見直しに着手している。具体的には、本体施設（本園）において小規模なグループによるケア（ユニットケア）を行うことを主に指しており、児童養護施設の他、乳児院、情緒障害児短期治療施設および児童自立支援施設等で推進されている。

v) 司法面接

第5期では、司法面接に関する研究の進展が見られる。その必要性やすでに実施されている英米の状況とわが国への導入の可能性、児童相談所における司法面接活用の意義や方法、多方面からの研究が行われるようになってきた。この期の課題として、主に児童相談所での司法面接（事実確認面接）にとどまり、警察等との連携が実現していないことや子どもへの治療的カウンセリングとの関係等が指摘された。

vi) 保　健

0日、0か月児の虐待死亡例が示すように、虐待の発生予防は虐待問題の根本的な課題である。

そのための出産前後の家事支援サービスが実施された自治体における報告や乳児期の虐待予防として「相談しやすい場にする」工夫や「子どもが泣きやまない時の対応を指導することで、乳幼児揺さぶられ症候群を予防するプログラム」を組み込む等の具体的な働きかけが乳幼児健診の場面では有意義であるとする提言等もなされた。

⑥非行・教護分野

　第4期に続き、虐待と非行との関係に関する研究が行われ、より明確な視点でそのメカニズムを明らかにする試みがなされた。児童自立支援施設に入所する子どもの虐待、発達障害に視点を向けた取り組みもなされ、児童自立支援施設における児童精神科医の不足が課題として挙げられた。

⑦教育分野

i) スクールソーシャルワーカー

　今期に顕著な状況としては、スクールソーシャルワーカーの活用がある。スクールソーシャルワーカーから見た学校の特徴や学校との連携の方法等を示す報告書が刊行された。スクールソーシャルワーカー活用の実情を示す報告もあるが、この時期では社会的な認知はいまだ十分とはいいがたい状況にあることが指摘された。

ii) 学校と児童相談所との連携

　虐待死事件の検証で指摘されるように学校と児童相談所との連携は重要な課題であるが、学校関係者に児童相談所の役割と権限に関する文献が著され、学校と児童相談所の連携における根本的な課題性を明らかにした研究が行われ、児童福祉司の小学校に対する連携の不全感と連携が困難となる理由が分析された。

(吉田 恒雄)

2　法令の動向

(1) 法律改正

　2008年11月の児童福祉法改正は、「子どもと家族を応援する日本」重点戦略等を踏まえ、子育て支援に関する事業の制度上の位置づけを明確にすること、被虐待児等に対する家庭的環境における養護の充実、地域や職場における次世代育成支援対策を推進するための所要の改正を行うことを目的に行われた。この改正で、社会的養護や児童虐待が、広く子ども・子育て支援の中に位置づけられたことは、とかく見過されがちな社会的養護の底上げに有効であるだけでなく、社会的養護・児童虐待問題発生の背景に子育て一般の問題があり、それとの関連を明確にする点で適切な視点であるといえる。

①児童福祉法の改正1（子育て支援関係）

i) 子育て支援事業の法律上の位置づけ

　子育て支援事業を児童福祉法に規定することにより、その法的根拠を明確にした。

これらの事業は、児童虐待との関係では、訪問・支援による孤立化の防止、訪問による虐待の早期発見・対応等、虐待のおそれのある家庭に対する支援を通じて、虐待の予防に効果を発揮するものとして実施されてきた。法改正により、これら事業の財政的な基盤の確保にもつながり、その後の普及につながった。

a　乳児家庭全戸訪問事業（生後4か月までの乳児家庭全戸訪問事業　同法6条の2第4項）

　いわゆる「こんにちは赤ちゃん事業」として2007年に開始された事業を、児童福祉法に明確に位置づけた。

　この事業は、生後4か月までの乳児のいる全ての家庭を訪問し、様々な不安や悩みを聞き、子育て支援に関する情報提供等を行うだけでなく、親子の心身の状況や養育環境等の把握や助言を行い、支援が必要な家庭に対する適切なサービス提供につなげることを目的としている。これにより、乳児を持つ家庭の孤立化を防ぎ、乳児の健全な育成環境の確保をねらいとしている。訪問には、保健師等の専門家だけでなく、愛育班員、母子保健推進員、児童委員、子育て経験者等も想定されている。

　訪問の結果、支援が必要と判断された家庭については、要保護児童対策地域協議会等による検討を経た上で、養育支援訪問事業をはじめとする適切なサービスの提供につなげることとされている。

b　養育支援訪問事業（いわゆる育児支援家庭訪問事業　同条第5項）

　この事業は、ア）乳児家庭全戸訪問事業等により把握した保護者の養育を支援することがとくに必要な児童とその保護者、イ）要保護児童とその保護者、ウ）出産後の養育について出産前に支援をすることがとくに必要と認められる妊婦（特定妊婦）、に対してその養育が適切かつ安定的に行われるよう、これら要支援児童等の居宅において養育に関する相談・指導、助言その他必要な支援を行うものである。

c　地域子育て拠点事業（同条第6項）

　この事業は、乳児やその保護者が相互の交流を行う場所を開設し、子育てについての相談、情報提供、助言その他の援助を行うものである。

d　一時預かり事業（同条第7項）

　家庭において保育されることが一時的に困難となった乳幼児について、主として昼間、保育所その他の場所で、一時的に預かり、必要な保護を行う事業である。

　市町村はこれらの事業が着実に実施されるよう必要な措置の実施に努めるものとし（同法21条の9）、あわせて、これらの事業を第二種社会福祉事業として位置づけた（社会福祉法2条3項2号）。

ii）家庭的保育事業の法律上の位置づけ

　いわゆる「保育ママ」といわれる制度が法律上明記され、待機児童の減少に向けた取り組みの1つとして位置づけられることになった（児童福祉法6条の2第9項）。

②児童福祉法の改正 2（困難な状況にある児童や家庭に対する支援の強化）

ⅰ) 里親制度の改正

　被虐待児の児童福祉施設入所の増加に伴い、社会的養護の受け皿の確保が必要になったこと、家庭的環境での児童の養育の実現、国連子どもの権利委員会の勧告等を背景に、里親制度が大幅に見直され、養育を目的とする里親（養育里親）を法律上明記し（児童福祉法 6 条の 3 第 2 項）、その普及を図ることとされた。

　養子縁組を前提とした里親と養育里親とを区別し、養育里親の要件として一定の研修を修めることとする等、里親制度の見直しが行われた。

　都道府県の業務として、里親に対する支援、研修等を行うことを明確化し、これらの業務を一定の要件を満たすもの（民間団体を含む）に委託できることとされた（同法 11 条 4 項）。

ⅱ) 小規模住居型児童養育事業の創設

　要保護児童の委託先として、養育者の住居で要保護児童を養育する事業（ファミリーホーム）を創設し、養育者の要件（里親としての受託経験、児童養護施設での経験等）、人員配置、設備、家事や養育の補助を行う者の確保等、事業に関する要件を定める他、都道府県の監督等必要な規定が設けられた（同法 6 条の 2、30 条の 2）。

ⅲ) 要保護児童対策地域協議会の機能強化

　要保護児童対策地域協議会の協議対象を、養育支援がとくに必要である児童やその保護者、妊婦に拡大する他、要保護児童対策調整機関に、一定の要件を満たす者をおく努力義務を課した（同法 25 条の 2 以下）。

ⅳ) 家庭支援の強化

　児童相談所における保護者指導を、児童家庭支援センター以外の一定の要件を満たす者にも委託できることとされた。また、児童家庭支援センターについても、施設に付置される場合だけでなく、一定の要件を満たす医療機関や NPO 等、地域で相談支援を行う機関も児童家庭支援センターになることができるとされた（同法 27 条 1 項 2 号）。

ⅴ) 年長児の自立支援策の見直し

　児童自立生活援助事業について、対象者の利用申込みに応じて提供することとするとともに、義務教育終了後の児童の他、20 歳未満の支援を要する者を追加する等の規定が設けられた（同法 6 条の 2 第 1 項、33 条の 6）。

ⅵ) 被措置児童等虐待（施設内虐待）の防止（同法 33 条の 10 以下）

　児童福祉施設内での施設職員による児童への暴力や無視、児童間暴力の放置等、いわゆる「施設内虐待」は、古くから指摘されている重大な課題である。施設内虐待は、児童の人権を害する行為であることはいうまでもない。同時に、近年における施設入所児童に占める被虐待児や発達障害児の割合の増加により、入所児童に対する治療的対応の重要性がさらに強調されるように

なってきた。これら治療的対応には、その前提として治療的環境の整備、とりわけ入所児童の安全と安心の保障が求められる。また、社会的養護充実の必要性が叫ばれているにもかかわらず、児童福祉施設における児童の人権侵害報道が後を絶たず、社会的養護への信頼にも関わる問題となった。こうした背景のもとに、2007年4月の児童虐待防止法改正法の附則では、「児童養護施設等における虐待の防止を含む児童養護施設等の運営の質的向上に係る方策……について速やかに検討を行い、その結果について必要な措置を講ずるものとする」とされ、また国連子どもの権利委員会からは2度にわたり施設における体罰の禁止の法制化が勧告された。また、公益通報者保護法（2004年6月）における通報者保護制度の制定や高齢者虐待防止法（2005年11月）において高齢者施設での虐待の防止措置規定（防止措置、通告、通告者保護、市町村・都道府県の責任等）が設けられたことも影響していると思われる。

　こうした背景のもとに、厚生労働省社会保障審議会児童部会では、「今後目指すべき児童の社会的養護体制に関する構想検討会中間とりまとめ」（2007年5月）で「施設内虐待等が発見された場合の通告や施設に対する調査、指導・監督等の仕組みの創設、これらについての責任主体の明確化等、こうした事件への早期対応や再発防止に有効な仕組みの導入を検討すべき」とされ、「社会的養護体制の充実を図るための方策について」（社会保障審議会児童部会社会的養護専門委員会報告書平成19年11月29日）でも、「被措置児童に対する児童養護施設等職員や里親による虐待等に対応するため、……対策を講じる必要」があるとの意見が述べられ、ようやく法改正が実現した。

　児童福祉施設内での暴力については、施設自身による自主的な取り組みがなされてきた。法令による対応としても、社会福祉法では、施設内の苦情処理の仕組み（第三者委員等）や運営適正化委員会が規定され、刑法や児童福祉法（都道府県の監督権限、社会福祉法人理事会の機能）でも対応できるものとされていた。

　しかし、高齢者施設や障害者施設と異なり措置制度のもとに成り立っている社会的養護においては、これらの制度は有効に機能しているとはいえなかった。また、行政通知である児童福祉施設最低基準では、施設内虐待の禁止、懲戒権の濫用の禁止や施設における苦情対応を定め、施設内虐待防止に関する多くの通知、第三者評価の受審、監査基準の改定、児童相談所運営指針等により対応してきたものの、いずれも施設内虐待防止の対応としては効果を挙げたとはいいがたく、法律の制定によらなければならない状況にまで至っていた。また、最高裁判決平成19年1月25日（暁学園判決【判例15】）で、児童養護施設内での児童間暴力を職員が防止できなかったことにつき、県に国家賠償責任が認められたことも、児童福祉施設を監督する地方自治体の責任の強化につながるものといえよう。

　改正法では、児童養護施設等における虐待を発見した者の通告義務、通告があった場合の都道府県や都道府県児童福祉審議会等が講ずべき措置等施設内虐待防止のための規定が設けられた。この目的のため、施設内虐待の定義、通告義務、児童自身による届出、通告受理機関としての児童福祉審議会、都道府県等職員の守秘義務、事実確認、保護、立入調査、質問、勧告、業務停止等、都道府県、審議会が講じるべき措置、国による調査研究、公表の義務が規定された。

　新たに設けられた施設内虐待防止制度は、主に都道府県の措置義務を定めるものであり、施設に直接の義務づけをするものではなく、施設内虐待に対応するため新たな権限を関係機関に認め

るものでもない。従来からある権限を関係機関が適切に行使するための法的仕組みを整備したものといえる。もっとも、施設としてこれら施設内虐待を防止するには、人員配置や設備基準の向上が不可欠であるが、これらの条件整備については、その後の「社会的養護体制の計画的整備」に委ねられることになった。

vii) その他

都道府県における里親や児童養護施設等の提供体制の計画的な整備について、次世代育成支援対策推進法に基づく都道府県行動計画に、社会的養護の提供体制に関する事項が記載事項として追加された（次世代育成支援対策推進法9条1項）。

以上の他、次世代育成支援対策推進法の一部改正として、保育の実施の事業、放課後児童健全育成事業等に関する事項に関する国による参酌・標準の提示、地域行動計画の策定等に対する労使の参画、地域行動計画の適正な評価・見直しが行われ、次世代育成支援対策推進法の一部改正として、一般事業主行動計画の策定・届出義務の対象の拡大、一般事業主行動計画の公表・周知等が図られた（同法9条、12条）。

③附帯決議

同法改正に関連して、参議院厚生労働委員会では、社会的養護を担う人材の確保と質の強化、児童養護施設等で生活する子どものプライバシーが十分確保できるよう、施設整備の要件について検討する旨の附帯決議がなされた。

(2) 通 知

① 2007年改正児童虐待防止法施行関係

i) 施行関係全般

2007年の改正児童虐待防止法の施行に関連して、厚生労働省は、「『児童虐待の防止等に関する法律及び児童福祉法の一部を改正する法律』の施行について」（平成20年3月14日厚生労働省雇用均等・児童家庭局長通知雇児発第0314001号）において、立入調査の強化、接近禁止命令制度等を定める児童虐待防止法・児童福祉法の一部改正法が成立したことに伴い、同法の内容について周知を求めるとともに、保護者に対する指導・支援、自治体における虐待重大事例の検証についての留意事項を示した。最高裁判所からは、「児童虐待の防止等に関する法律及び児童福祉法の一部を改正する法律の公布について」（平成19年6月5日最高裁家庭局長・刑事局長・行政局長通知最高裁家一第002471号）が発出された。

ii) 接近禁止命令

同改正により新たに創設された接近禁止命令制度について、最高裁判所は、「特別家事審判規則の一部を改正する規則の公布について」（平成20年2月21日最高裁家庭局長通知最高裁家一第000772号）を示し、従来の特別家事審判規則18条の2の「当該児童の保護者について当該児童との面会又は通信を制限することができる」を、当該保護者に対して当該児童へのつきまとい、はいかいの禁止（接近禁止）を命ずることができると改正した旨の通知をした。

iii）臨検・捜索

　警察庁は、「『児童虐待の防止等に関する法律及び児童福祉法の一部を改正する法律』の施行について」（平成20年2月22日警察庁丙少発第6号・丙生企発第10号・丙地発第4号・丙給厚発第□号・丙捜一発第6号）により、平成19年5月25日に成立した児童虐待防止法・児童福祉法一部改正法について、改正の趣旨、要点を示し、留意点として、臨検・捜索における警察署長への援助要請があった場合の措置、立入拒否事件についてその告発に関する相談があった場合の捜査等の対応方法、接近禁止命令があった場合の学校等関係機関との連携強化、違反事案に対する速やかな捜査着手、重大な虐待事例の分析とその活用等を示した。

　厚生労働省は、「『児童虐待の防止等に関する法律施行規則』及び『児童福祉法施行規則の一部を改正する省令』の施行について」（平成20年3月14日厚生労働省雇用均等・児童家庭局長通知雇児発第0314002号）により、児童虐待防止法等改正法の施行に伴い、「児童虐待の防止等に関する法律施行規則」「児童福祉法施行規則の一部を改正する省令」を制定し、出頭要求、面会通信の制限、接近禁止命令があった場合の対応方法、児童相談所長による縁組の承諾の申請方法等を定めた。

iv）児童虐待死亡事例の検証

　同じく児童虐待防止法改正により新たに規定された地方公共団体による児童虐待死亡事例の検証に関連して、厚生労働省から「地方公共団体における児童虐待による死亡事例等の検証について」（平成20年3月14日厚生労働省雇用均等・児童家庭局総務課長通知雇児総発第0314002号）が発出され、検証の基本的考え方や進め方等を示し、市町村・関係機関への周知、適切な運用を求めた。

v）児童相談所運営指針等

　「児童相談所運営指針等の改正について」（平成20年3月14日厚生労働省雇用均等・児童家庭局長通知雇児総発第0314003号）は、児童虐待防止法および児童福祉法の一部改正法が2008年4月1日より施行されるのに伴い、児童相談所運営指針等を改正し、児童の安全確認等のための立入調査等の強化、保護者に対する施設入所等の措置のとられた児童との面会または通信等の制限の強化、児童虐待を行った保護者が指導に従わない場合の措置等について、児童相談所運営指針を改正する旨の通知である。また、2008年3月には、2007年6月に公布された児童虐待防止法および児童福祉法改正法で、児童虐待を行った保護者が都道府県知事による指導に関わる勧告に従わない場合に都道府県知事が講ずるべき措置の明確化や、施設入所等の措置を解除する際に保護者指導の効果等を勘案しなければならないとされたこと等を踏まえ、児童虐待を行った保護者に対する指導および支援の充実に資するよう、「児童虐待を行った保護者に対する援助ガイドライン」を取りまとめ、保護者に対する援助指針の策定方法や保護者援助の基本ルール、施設入所の措置がとられた場合の保護者援助を定めた（「児童虐待を行った保護者に対する指導・支援の充実について」平成20年3月14日厚生労働省雇用均等・児童家庭局総務課長通知雇児総発第0314001号）。

② 2008 年改正児童福祉法施行関係

i) 施行全般

　2008 年の児童福祉法改正に関連しては、新たに設けられた制度について、その施行に関連する通知が数多く発出されている。そのうち、「児童福祉法等の一部を改正する法律によって新たに第二種社会福祉事業として位置付けられた事業等について」（平成 21 年 3 月 31 日厚生労働省雇用均等・児童家庭局総務・保育課長連名通知雇児総発第 0331002 号、雇児保発第 0331004 号）は、新たに規定された乳児家庭全戸訪問事業、養育支援訪問事業、地域子育て支援拠点事業、一時預かり事業および小規模住居型児童養育事業が社会福祉法上の第二種社会福祉事業として位置づけられたことに伴い、これらの事業に関して、事業者の義務、都道府県等の役割についてその取扱いについて示し、あわせて小規模住居型児童養育事業について、その運営に関して通知するとともに、地方自治体からの疑義照会に対する回答を示している。税法上の取扱いに関し、法人税、登録免許税、消費税、不動産取得税、固定資産税等について、課税の内容等を示す事務連絡がなされた（「児童福祉法等の一部を改正する法律によって新たに第二種社会福祉事業として位置付けられた事業等にかかる税法上の取扱いについて」平成 21 年 3 月 31 日事務連絡）。

ii) 養育支援訪問事業

　市町村による養育支援訪問事業について、「養育支援訪問事業ガイドラインについて」（平成 21 年 3 月 16 日厚生労働省雇用均等・児童家庭局総務課長通知雇児発第 0316002 号）は、それまで「育児支援家庭訪問事業」とされていた事業が、2008 年児童福祉法改正により「養育支援訪問事業」として位置づけられ、市町村に実施の努力義務が課されたことから、市町村が当面取り組むべき内容（事業目的、対象者、中核機関とその役割、訪問支援者、個人情報の保護等）を定め、その実施と充実を市町村に求めた。

iii) 小規模住居型児童養育事業

　「小規模住居型児童養育事業の運営について」（平成 21 年 3 月 31 日厚生労働省雇用均等・児童家庭局長通知雇児発第 0331011 号）は、当該事業の設備、運営に関する基準を定める児童福祉法施行規則とは別に、「小規模住居型養育事業実施要綱」を定め、その目的、設備および運営の主体、対象児童、対象人員、事業内容等を具体的に示す通知である。

iv) 施設内虐待

　2008 年の児童福祉法改正では、児童の人権擁護と施設における支援の質の向上を図る目的で、新たに「被措置児童等虐待」（施設内虐待）に関する制度が設けられた。これまでは児童福祉施設最低基準等の通知で対応してきたが、これを法律上の制度として規定した。「被措置児童等虐待対応ガイドラインについて」（平成 21 年 3 月 31 日厚生労働省雇用均等・児童家庭局家庭福祉、社会・援護局障害保健福祉部障害福祉課長連名通知雇児福発第 0331002 号・障障発第 0331009 号）は、都道府県等に対して、児童の最善の利益や権利擁護の観点から、被措置児童等虐待の発生予防、早期発見、迅速な対応、再発防止のための取り組みを総合的に進め、被措置児童等虐待防止に向けた関係部局の連携体制、通告に対する具体的対応等の体制整備、児童福祉審議会との連携強化等

の周知を求める通知である。

③児童養護施設における養育支援

児童養護施設への被虐待児や発達障害児の入所の増加に応じて、従来の生活支援に加えて医療的ケアの充実が必要になっていることから、その担当職員を配置することを目的に、「児童養護施設における医療的支援体制の強化について」（平成20年6月12日厚生労働省雇用均等・児童家庭局長通知第0612014号の4）が発出され、日常生活上の観察や体調の把握、緊急時の対応を行う等の医療的支援体制の強化を図るため、医療的ケアを担当する職員を配置する施設を都道府県知事等が定めることができること、運営の基準、担当職員の業務内容、経費等が定められた。

④里　親

里親制度については、2008年の改正により縁組里親と養育里親が区別され、都道府県の業務として、研修を行うことが明確化されたことから、「養育里親研修制度の運営について」（平成21年3月31日厚生労働省雇用均等・児童家庭局長通知雇児発第0331009号）が発出され、養育里親研修の実施主体、研修の趣旨・種類・研修対象者・研修の実施方法等、修了認定等の留意事項が定められた。

「里親支援機関事業の実施について」（平成20年4月1日厚生労働省雇用均等・児童家庭局長通知雇児発第0401011号）は、里親制度の推進のために「里親支援機関事業実施要綱」を定め、里親制度の普及促進、里親研修の実施、児の委託までのマッチングの調整、里親家庭への訪問等による相談支援等の業務を総合的に実施することとする通知である。

⑤医療ネグレクト

第6期で検討される民法改正に関連して、親権制限が問題となる医療ネグレクトに関し、当時の法制度のもとでの対応を示す通知がなされている。「医療ネグレクトにより児童の生命・身体に重大な影響がある場合の対応について」（平成20年3月31日厚生労働省雇用均等・児童家庭局総務課長通知雇児総発第0331004号）は、医療ネグレクト事例において親権喪失宣告申立等、対象となる事例に即し、対応可能な手続を具体的に示し、関係機関への周知を求める通知である。

⑥児童相談所の設置

2006年の児童福祉法改正により、都道府県、政令指定都市、中核市以外にも児童相談所を設置することができるものとされたが、さらに2008年6月20日の地方分権改革推進要綱を受けて、児童相談所設置市として政令で個別に定める際の考え方、政令指定の手続、留意点を示す通知「児童相談所を設置する市について」（平成20年8月29日厚生労働省雇用均等・児童家庭局総務課長通知雇児総発第0829001号）が発出された。

⑦一時保護所

児童相談所に付置される一時保護所については、就学年齢にある児童については、就学が義務づけられておらず、被虐待児の一時保護の長期化もあり、これらの学習権の保障、学習環境の充

実が問題になっている。

　この点について、「一時保護施設における学習環境の充実について」(平成21年4月1日厚生労働省雇用均等・児童家庭局総務課長通知雇児総発第0401003号)は、都道府県等の教育委員会との連携による現職教員の受け入れや教員OBの活用、必要な経費の基準額の改善の他、児童福祉法28条申立て等による長期化に対しては一時保護所区域内の学校への就学を検討すること等の対応を求めた。

⑧機関連携(学校・保育所と市町村・児童相談所との連携：江戸川区事件)

　虐待が疑われながら死亡した事件が2010年に東京都江戸川区で発生したことを受けて、学校と市町村、児童相談所等との連携が十分機能しなかったことに鑑み、「学校及び保育所から市町村又は児童相談所への定期的な情報提供に関する指針」を作成し、対象児童、情報提供の頻度・内容、依頼の手続き、機関間での合意、緊急時の対応等の事項について基本的な考え方を示し、その周知を求める通知(「学校及び保育所から市町村又は児童相談所への定期的な情報提供について」平成22年3月24日厚生労働省雇用均等・児童家庭局長通知雇児発0324第1号)が発出された。同様の通知は文部科学省からも発出されている(「児童虐待防止に向けた学校等における適切な対応の徹底について」平成22年1月26日文部科学省初等中等教育局児童生徒課長発通知21初児生第29号)。

　これに伴い、児童相談所運営指針等も改正された(「児童相談所運営指針等の改正について」平成22年3月31日厚生労働省雇用均等・児童家庭局長通知雇児発0331第6号)。

⑨安全確認の徹底(大阪市事件)

　大阪市で発生した二児ネグレクト死亡事件に関連して立て続けに児童相談所による安全確認に関する通知が出された。

　この事件に関しては、児童相談所が関与していたにもかかわらず児童の安全確認が行われなかったことに鑑み、児童相談所による安全確認措置を講じているが安全確認ができていない事例、安全確認は行えたが児童相談所による関与を拒否し、児童の姿が確認できていない事例を早急に確認し、これらの事例における対応方針の見直し、立入調査、臨検・捜索を念頭においた対応、適時適切な一時保護等を実施するよう求める通知が発出された(「児童の安全確認の徹底について」平成22年8月2日厚生労働省雇用均等・児童家庭局総務課長通知雇児総発0802第1号)。

　この通知に基づいて、都道府県で確認された児童の安全確認ができていない事例を把握することで、児童虐待防止のさらなる強化のための検討材料とする調査協力を求める通知も出された(「児童の安全確認の徹底に係る調査について」平成22年8月10日厚生労働省雇用均等・児童家庭局総務課長通知雇児総発0810第1号)。さらに、「児童の安全確認の対応について」(平成22年8月18日厚生労働省雇用均等・児童家庭局総務課長通知雇児総発0818第1号)では、虐待通告を受けた場合の初期対応として児童の直接の目視、48時間以内の確認等初期対応の徹底、児童虐待に関する調査事項や調査方法の適切な運用が求められた。

　大阪市事件では、虐待通告があったものの、児童相談所が虐待の行われている住居を特定できないため、対応できない事態となった。「居住者が特定できない事案における出頭要求等について」(平成22年8月26日厚生労働省雇用均等・児童家庭局総務課長通知雇児総発0826第1号)は、

居住者が特定できない事案における出頭要求について、関係機関への協力要請、出頭要求（児童虐待防止法8条の2）、立入調査（同法9条1項）、臨検・捜索制度（同法9条の3）の活用を念頭においた対応を図るよう求め、あわせて保護者や児童の氏名等が判明しない場合の対応について示した。

先の「児童の安全確認の徹底に係る調査について」（平成22年8月10日厚生労働省雇用均等・児童家庭局総務課長通知雇児総発0810第1号）により行われた全国児童相談所による調査結果が「児童の安全確認の徹底に係る調査結果について」（平成22年9月30日厚生労働省雇用均等・児童家庭局総務課長通知雇児総発0930第1号）により公表された。これによれば、児童相談所による安全確認について、2010年4月1日から6月30日までの間、1万3469件の虐待通告件数中、安全確認が必要と認められた件数1万2920件、うち8月10日時点で安全確認ができている件数1万2641件、確認できていない件数279件、同8月30日時点で安全確認ができていない件数が261件であることが明らかになった。

「『虐待通告のあった児童の安全確認の手引き』について」（平成22年9月30日厚生労働省雇用均等・児童家庭局総務課長通知雇児総発0930第2号）は、児童虐待による死亡事件が後を絶たない状況に鑑み、児童の安全確認の基本的な考え方、通告受理時の対応の基本事項、対応の基本事項、安全確認の基本事項等、児童相談所が虐待通告を受理した段階から子どもの安全確認を行うまでの対応方法や留意事項について取りまとめた手引きに関する通知である。

（吉田恒雄）

3　判例の動向

(1) 児童福祉法

司法統計年報によれば、児童福祉法28条1項・2項事件の新受件数は、2007年305件、2008年324件、2009年294件、2010年366件と推移しており、依然として件数は多い。今期の公表例は、9件であり、この中の3件が施設入所等の措置の期間更新（児童福祉法28条2項）に関する事件である。今期の特徴としては、この児童福祉法28条2項事件が公表されている点、これまでの公表例ではほとんど見られなかった却下例が公表されている点、「代理によるミュンヒハウゼン症候群」が疑われた事例が存在する点を挙げることができる。

①却下審判例

これまでの公表例において、申立てが却下されたのは、大津家裁審判昭和50年10月15日（家裁月報28巻8号77頁）だけであり、それ以外の事件では全て、施設入所等の措置が承認されている。そもそも、児童福祉法28条事件においては、認容・取下げが大半を占めており、例えば、今期の司法統計上も、児童福祉法28条審判が却下されたのは、2007年4件、2008年3件、2009年6件、2010年9件にとどまる。このような状況の中で、今期、却下審判例がいくつか公表されたことの意義は大きいものといえる。

大阪家裁審判平成20年7月3日【判例3】は、虐待が疑われる実父と離婚し、児童の単独親権者となった実母について、実母には虐待行為が一切うかがわれず、むしろ養育に熱心であること、離婚が単なる仮装や方便ではないこと等から、児童の乳児院入院措置承認申立てを却下し

た。また、秋田家裁審判平成21年3月24日【判例5】は、すでに28条審判を経て児童養護施設入所措置がとられている児童について、児童の問題行動に一定の改善が見られること、実母が児童相談所等に対して否定的言動を行いつつも、児童に対するこれまでの対応を改める必要性や養育方法について関係機関の関与を受け入れる必要性を認識していること、児童が母との同居を強く望んでいること等から、児童養護施設入所措置の期間更新を認めなかった。さらに、大阪高裁決定平成21年3月12日【判例4】の原審である大阪家裁審判平成21年1月23日では、親権者である実父が施設入所に同意していた点を重視し、また、大阪高裁決定平成21年9月7日【判例6】の原審である大阪家裁岸和田支部審判平成21年4月3日では、実父による性的虐待およびその恐れがないこと等を理由として、それぞれ申立てが却下されているが、これらの審判はいずれも、高裁において取り消され、施設入所等の措置が承認されている。

②施設入所等の措置の期間更新に関する事例

　2004年の児童福祉法改正によって、28条審判に基づき施設入所等の措置がとられている場合の措置の期間は「二年を超えてはならない」とされ、当該措置に関わる保護者に対する指導措置の効果等に照らし、「当該措置を継続しなければ保護者がその児童を虐待し、著しくその監護を怠り、その他著しく当該児童の福祉を害すると認めるとき」には、家庭裁判所の承認を得て、措置期間を更新できるとされた（児童福祉法28条2項）。すでに、前期（第4期）には、施設入所等の措置の期間更新に関する裁判例も存在したが（東京家裁審判平成18年2月7日、家裁月報58巻6号69頁）、今期はより多くの裁判例が公表されている。

　東京家裁審判平成19年12月21日【判例2】は、実母および養父の生活状況等が改善していないこと、児童が依然として日常的な支援や心理的なケアを要する状況にあること等に鑑み、児童養護施設への入所措置の更新を承認した。本件は、前審判（東京家裁審判平成17年9月5日、家裁月報57巻11号73頁）時になされた保護者指導措置の勧告（児童福祉法28条6項）と同内容の勧告がなされた点でも注目される。また、大阪高裁決定平成21年3月12日【判例4】では、親権者である実父が施設入所に同意しているが、当該同意が翻意される可能性が大きいこと等から、本件の入所措置が実父の「意に反する」場合にあたるとして、施設入所措置の期間が更新されている。これに対して、秋田家裁審判平成21年3月24日【判例5】は、児童福祉法28条2項事件で、初めて却下審判が確定した事件である。これらの裁判例はいずれも、前審判によって施設入所等の措置がとられてから今回の更新申立てに至るまでの間に、保護者および児童の状況にどのような変化があったのかに焦点があり、この点が、児童福祉法28条1項事件との相違であるといえるだろう。

　なお、司法統計年報によれば、施設入所等の措置の期間更新に関する事件の既済件数は、2007年59件（認容：56件、却下：0件、取下げ：3件）、2008年114件（認容：105件、却下：0件、取下げ：9件）、2009年97件（認容：87件、却下：2件、取下げ：8件）、2010年125件（認容：112件、却下：1件、取下げ：10件）であった。

③「代理によるミュンヒハウゼン症候群」が疑われた事例

　いわゆる「代理によるミュンヒハウゼン症候群（MSBP）」については、専門家の立場によっ

て、その評価が分かれており、これを親の精神疾患と捉えるか、それとも虐待の一類型として捉えるかについても、議論のあるところである（南部・2004：181頁以下、永水・2005：246頁以下、梅澤・2010：231頁以下）。わが国においては、厚生労働省『子ども虐待対応の手引き——平成21年3月31日改定版』において、「特別な視点が必要な事例への対応」の1つとして「代理ミュンヒハウゼン症候群」が挙げられる（日本子ども家庭総合研究所・2009：297〜298頁）等、近年、この問題を『虐待』との関係で重視する傾向にあることがうかがわれる。また、2009年に京都で発生した点滴異物混入事件は、「代理によるミュンヒハウゼン症候群」が社会的に認知される1つの契機となった。同事件では、3人の実子に対する傷害罪・傷害致死罪に問われた実母に、懲役10年の実刑判決が言い渡されている（京都地裁判決平成22年5月20日〈LEX/DB：文献番号25463847〉、事件については、その裁判経過を含めて、南部・2010：157〜191頁が詳細である）。

　熊本家裁審判平成21年8月7日（抗告審：福岡高裁決定平成21年10月15日【判例7】）は、実母の「代理によるミュンヒハウゼン症候群」が疑われた事件として、注目されるものである。本件以前の児童福祉法28条審判事件において、「代理によるミュンヒハウゼン症候群」が問題とされた公表例としては、宮崎家裁都城支部審判平成12年11月15日（家裁月報54巻4号74頁）、札幌高裁決定平成15年1月22日（原審：釧路家裁北見支部審判平成14年5月31日）（家裁月報55巻7号68頁）があるが、本件を含む全ての事件において、実親の「代理によるミュンヒハウゼン症候群」が直接的には認定されていない点が特徴的である。これらの公表例においては、「両親の対応」「父母の監護養育方法」「実母の薬物管理」等の問題点が指摘され、いずれも客観的な監護の不適切さを理由として、承認審判がなされている。このことは、「代理によるミュンヒハウゼン症候群」の認定の難しさを表しているものと見ることもできよう。

【参考文献】

川田昇『親権と子の利益』信山社出版、2005年（とくに331〜343頁）

許末恵「児童養護施設入所中の児童につき里親委託を承認した例」（『民商法雑誌』140巻1号、2009年）121〜125頁

永水裕子「代理によるミュンヒハウゼン症候群」（玉井真理子・永水裕子・横野恵編『子どもの医療と生命倫理——資料で読む』法政大学出版局、2009年）177〜178頁

永水裕子「代理によるミュンヒハウゼン症候群と児童虐待」（『上智法学論集』48巻3・4号、2005年）243〜252頁

南部さおり「病気か犯罪か？——代理人によるミュンヒハウゼン症候群についての最近の議論と事例」（『犯罪学雑誌』70巻6号、2004年）180〜197頁

南部さおり・藤原敏・佐藤雄一郎・西村明儒「児童虐待『症候群』と刑事裁判——被殴打児症候群、乳幼児ゆさぶられ症候群、代理人によるミュンヒハウゼン症候群」（『犯罪学雑誌』72巻2号、2006年）54〜65頁

南部さおり『代理ミュンヒハウゼン症候群』アスキー・メディアワークス、2010年

日本弁護士連合会子どもの権利委員会編『子どもの虐待防止・法的実務マニュアル[第4版]』明石書店、2008年

日本子ども家庭総合研究所編『子ども虐待対応の手引き——平成21年3月31日厚生労働省の改正通知』有斐閣、2009年

最高裁判所事務総局『司法統計年報　3.家事編（平成19年〜平成22年）』

坂井聖二『子どもを病人にしたてる親たち——代理によるミュンヒハウゼン症候群』明石書店、2003年

田中通裕「児童養護施設入所措置の再度の更新が認容された事例」（『民商法雑誌』142巻2号、2010年）107〜114頁

梅澤彩「代理によるミュンヒハウゼン症候群——児童虐待としての概念と対応について」（『摂南法学』42・43

合併号、2010 年）229 〜 250 頁

山口亮子「原審判を取り消し児童福祉施設入所を承認した事例」（『民商法雑誌』144 巻 3 号、2011 年）88 〜 94 頁

山口亮子「虐待が疑われる父と離婚後の親権者母による子の監護」（『民商法雑誌』141 巻 6 号、2010 年）101 〜 108 頁

(阿部 純一)

(2) 民 法

　第 5 期の民法に関する公表裁判例は 4 件であり、数こそ少ないものの、いずれも重要な問題にかかわるものである。まず、高松家裁審判平成 20 年 1 月 24 日【判例 8】は、これまでの公表例が必ずしも多いとはいえない管理権喪失に関する事件である。本件では、親権者父が大学生である未成年者の所有する不動産を無断で売却したこと等から、親権者父による財産管理が適切ではないとして、管理権の喪失が認められた。津家裁審判平成 20 年 1 月 25 日【判例 9】は、医療ネグレクトに関する事件である。本件では、緊急に手術・治療をしなければ死亡を免れない未成年者について、手術・治療をすれば約 90％の確率で治癒が見込まれる一方で、手術・治療の結果として両眼の視力をほぼ失うことになるという状況を前に、親権者たる父母が障害を持つ子を育てていくことに不安があるという理由から、同意をしていない。裁判所は、上記のような親権者の対応に合理的理由がないこと等から、親権者の職務執行を停止し、職務代行者として弁護士を選任した。東京高裁決定平成 20 年 1 月 30 日【判例 10】は、未成年者の祖父母による監護者指定の申立てについて、これを不適法であるとして却下した事件である。父母以外の第三者の監護者指定の申立てが認容されてきた近年の裁判例および学説の傾向に逆行する本件の判断に対しては、強い批判も向けられている。青森家裁五所川原支部審判平成 21 年 5 月 21 日【判例 11】は、特別養子縁組の成立に対して養子となるべき者の実母が同意している一方で、実父がこれに同意していないケースについて、実父の不同意が同意権の濫用にあたり、養子となる者の利益を著しく害する事由がある場合に該当する等として、実父の同意なしに特別養子縁組の成立を認容した。

(阿部 純一)

(3) 刑事法

①不作為による共犯

　児童虐待の刑事事件では、作為の正犯者に不作為で関与する者が刑事責任を負うのかという刑法理論上の問題の各論として、同居者等による暴行を制止しなかった者の罪責が議論されてきた。第 2 〜 4 期には、不作為による幇助の事案が裁判例に表れていたが、第 5 期になって正犯としての責任を問われた事例が公刊物に現れている。

　東京高裁判決平成 20 年 6 月 11 日【判例 12】は、先に被害児に対する暴行を加えていた被告人について、居宅を訪れた交際相手の男性もさらなる暴行を始めたことに対しては積極的な阻止の態度に出るべき義務があったといった理由から、傷害致死の正犯を認めている。作為による致死傷の結果に対して不作為の幇助犯にとどまらず不作為の正犯としての責任が認められた事例は、公刊物に登載された判例を一覧する限り、見あたらない（ただし、大阪高裁判決平成 3 年 6

月21日を同じ事例と理解する余地もある）。作為の正犯者に不作為の正犯として関与する余地は、学説の多数が消極的に認めるものであったが、近時の学説にはこれを見直す動きがあり（平山・2008【文献45】を参照）、本判決も含めた今後の判例の動向が注目される。

②児童虐待の事件における事実認定

　児童虐待に関する刑事判例で公刊物に登載されたものの中に、犯罪であるとの合理的な疑いが残るという理由で被告人を無罪とした事案が散見される（筆者の知る限り高裁判決も含めて4件が挙げられており、犯罪事実の一部を認定できなかった事案も合わせれば6件になる）。例えば、札幌高裁判決平成19年9月13日は、実母の交際相手を被告人とする傷害被告事件において、主要な証拠が被害児の供述のみであるという事案のため、事件当時6歳（証人尋問当時7歳）である被害児の供述の信用性が問題となったが、被害児が身近で保護してもらったと感じていたはずの母親から虐待されたとの供述は「虐待を受けた児童の心理ないし供述傾向から合理的に説明できるものではなく、やはり、不自然さは強く残る」ものと判示して、被告人を無罪としている。また、東京高裁判決平成20年4月3日は、被害児の死因となった暴行を誰が行ったのかについて公判で争われたところ、しつけと称した暴行によって被害児を死亡させたという被告人夫婦の捜査段階での供述と医師の鑑定結果との間に齟齬が生じたため、検察官が当初の訴因を変更して、被告人両名以外に致命傷を与えられる者は想定できないという消去法的な立証に転じたが、この立証も成功しなかったというものである。

　たしかに、自宅等の閉鎖された空間で発生する児童虐待については、目撃者を得ることが難しく、刑事事件となれば被虐待者の供述に重きがおかれるようになることも容易に想像できるが、乳児に対する虐待であれば供述を得ることさえできないのはもちろん、年少者に対する児童虐待の事案でも、証言能力ないし供述の信用性が訴訟において問題となりやすい。他方で、周知の通り、犯罪であるという確信を裁判官に抱かせるほどの立証が有罪判決には必要であるが、児童虐待の事案では物的証拠の確保もそれほど期待できない。それゆえ、通常であれば、負傷・死亡の原因が虐待であるとの推認を合理的に成立させるためには、診断書や死体検案書等を基礎に他の証拠も加えて固めるというやり方がとられるだろうが、その立証は容易でないはずである。今後、児童虐待が刑事で立件される数は増加するものと一般に予想されているが、とりわけ裁判員裁判においてどのように事実認定がなされるのかには注目すべきであろう。

③裁判員裁判と量刑

　近時、児童虐待に関する刑事裁判では、以前よりも量刑が重くなったという指摘がある。重罰化の傾向については、そもそも統計データによる裏づけがあるわけではないことに加え、かりに重刑化の方向にあるとしても、刑法の改正による全体的な法定刑の引き上げといった他の要因も考えられるため、現状から児童虐待に対する姿勢の変化等を読み取ることは容易でない。もっとも、裁判員制度が2009年5月から実施され、児童虐待の関連でも、殺人、傷害致死、保護責任者遺棄致死といった事件では裁判員裁判によるものとなった。市民の量刑感覚は裁判官のそれと異なるはずという単純な想定にとらわれず、量刑に関する証拠調べ・弁論や評議・評決における意見形成の過程等が従来とは違っていることに留意しながら、裁判員裁判における量刑にどのよ

うな傾向が生じるのかについて今後見守っていくことこそ、非常に重要であるように思われる。

さしあたって裁判例をながめれば、大阪地裁判決平成22年7月21日、大阪地裁堺支部判決平成22年10月1日、東京地裁判決平成22年11月12日等は、いずれも被害者1人の傷害致死や保護責任者遺棄致死の被告事件（責任能力あり）で、主導的な立場でない事案あるいは継続的に虐待していなかった事案であるが、軒並み懲役8年を超える懲役刑が言い渡されている。それぞれの量刑の理由では、犯行の態様や死亡という結果の重大性を主たる要素として挙げており、断定は厳に慎むべきであるが、これらの外形的事情は刑を重く量定する材料として重視されている可能性がある。

【参考文献】
平山幹子「児童虐待と刑法理論——不作為による共犯を中心として」（『刑事法ジャーナル』12号、2008年）23～30頁【文献45】
佐伯仁志・太田達也・川出敏裕他「座談会（刑事政策研究会〈新連載・1〉児童虐待）」（『ジュリスト』1426号、2011年）112～144頁

（岩下　雅充）

(4) 行政法

行政法分野ではこれまで目立った裁判例がなかったが、今期は2つの異なる観点からの重要判例が公となった。

1つは、児童福祉法28条1項1号に基づく家庭裁判所の承認審判を得て同法27条1項3号に基づき児童相談所長がした児童福祉施設への入所措置決定に対して提起された取消訴訟が棄却された事例（東京地裁判決平成20年7月11日、平成19年（行ウ）第745号、児童福祉施設入所措置決定取消請求事件【判例14】）である。いわゆる28条審判と取消訴訟（行政訴訟）の関係については、行政法学の観点から問題の所在が指摘されてきたところであるが、同判決は両者の関係が実際の裁判例において問題となったものとして、その判断が注目されるところである。

同判決は、28条審判を得た児童福祉施設入所措置決定に対しても取消訴訟を提起し得ることを前提とした上で、審判手続およびその上訴審手続で争い得る事項はもっぱら当該手続で争うことが予定されており、当該手続において審判が有効に確定した以上、後行の手続においてそれらの違法事由を主張することはできないとして訴えを棄却しており、取消訴訟の可能性は認められるものの、同訴訟において主張し得る違法事由は例外的なものに限られることとされた。同判決を受けて、学説のさらなる深化が期待されるところである。

【参考文献】
古畑淳「被虐待児童に対する措置の決定過程における家庭裁判所と児童相談所の役割」（『神奈川大学大学院法学研究論集』9号、2000年）1～69頁
古畑淳「家庭裁判所の承認と児童相談所の措置決定——児童福祉法28条・親権者等の同意が得られない場合の措置の決定をめぐって」（『社会保障法』18号、2003年）33～46頁
橋爪幸代「要保護児童の処遇に係る行政機関及び司法機関の役割——イギリスとの比較を通して（2・完）」（『上智法学論集』46巻2号、2003年）65～101頁
横田光平「国家による家族への介入と国民の保護——統治構造の変容と個人の権利保障」（『公法研究』70号、

2008 年）117 〜 127 頁

横田光平「行政過程における司法と行政訴訟——家事審判・臨検捜査・一時保護」（礒野弥生ほか編『現代行政訴訟の到達点と展望　宮崎良夫先生古稀記念論文集』日本評論社、2014 年）95 〜 113 頁

　もう 1 つは、施設内虐待として、都道府県による児童福祉法 27 条 1 項 3 号の措置に基づき社会福祉法人の設置運営する児童養護施設に入所した児童に対する施設の長および職員の養育監護行為に関し、県及び社会福祉法人の損害賠償責任が問題となった事例（最高裁判決平成 19 年 1 月 25 日、平成 17 年（受）第 2335 号、第 2336 号、損害賠償請求事件、民集 61 巻 1 号 1 頁【判例 15】）である。

　同判決は、児童養護施設の長は本来都道府県が有する公的な権限を移譲されてこれを都道府県のために行使するものと解されるとし、職員等による養育監護行為は都道府県の公権力の行使にあたるとして国家賠償法 1 条 1 項に基づき県に対する損害賠償請求を認容するとともに、社会福祉法人の責任については、国家賠償法 1 条 1 項により公務員個人が民事上の損害賠償責任を負わないことを理由に、国又は公共団体以外の者の被用者が第三者に損害を加えた場合であっても、使用者は民法 715 条に基づく損害賠償責任を負わないとする注目すべき判断を示した。同判決を受けて、続く千葉地裁判決平成 19 年 12 月 20 日（平成 12 年（ワ）第 544 号、損害賠償請求事件【判例 16】）は、児童養護施設の長が行った暴行により入所児童が被った損害に対する損害賠償請求事件において、同養護施設の長の養育監護行為が県の公権力の行使にあたるとして国家賠償法 1 条 1 項に基づき県に対する損害賠償請求を認容する一方で、暴行を行った施設の長、および社会福祉法人に対する損害賠償請求を棄却している。

　上記最高裁判決をめぐっては、近年の行政法学の主要テーマである「公私協働」における賠償責任問題に関わる重要判例として、行政法学的観点から理論的考察が積み重ねられている。

【参考文献】
礪井光明「政府業務の民間開放と法制度の変革」（江頭憲治郎・礪井光明編『法の再構築［Ⅰ］国家と社会』東京大学出版会、2007 年）3 〜 40 頁
山本隆司「日本における公私協働」（稲葉馨・亘理格編『行政法の思考様式——藤田宙靖博士東北大学退職記念』青林書院、2008 年）171 〜 232 頁
米丸恒治「行政の多元化と行政責任」（礒部力・小早川光郎・芝池義一編『行政法の新構想Ⅲ』有斐閣、2008 年）305 〜 322 頁他多数。

（横田光平）

4　法学研究の動向

(1) 児童福祉法分野

① 2007 年児童虐待防止法改正

　第 5 期は、2007 年に児童虐待防止法の改正が行われた。改正の議論の過程は、馳浩『ねじれ国会方程式——児童虐待防止法改正の舞台裏』が詳しい（馳・2008【文献 1】）。関係省庁による解説としては、立法担当者による解説の他（仁田山・2008a, b）、裁判所から（松村・田中・2008【文献 3】、最高裁判所事務総局・2008〔資料〕）関連する解説が公表されている。改正に際しては、

虐待家庭への強制立入のあり方について、司法関与のもとに児童相談所が介入する制度を設けるか、警察が保護者による立入拒否を理由とする刑事介入とするかが主要な論点になった。結果的には、児童相談所が裁判所の許可状を得て行う臨検・捜索制度が新たに創設されることになったが、この方法によるとしても、児童相談所と警察との連携は不可欠である。この点に関する警察の立場からの解説としては、若林・2007、菊澤・2007【文献2】がある。厚生労働省による解説としては、「小特集　児童虐待の防止に向けて」が児童虐待の現状、広報啓発の取り組みの他、自治体による特色ある取り組みとして、「神奈川県児童相談所における性的虐待対応――性的虐待被害児からの司法面接スキルを用いた聞き取りの面接手法」を紹介している（厚生労働省雇用均等・児童家庭局総務課虐待防止対策室・2008）。

　研究者による同改正の評価として、児童福祉の見地からは、才村純が同改正を強制立入制度の創設により立入調査の実効性が確保されたと評価する。しかし、児童相談所の権限の一極集中により、保護者と児童相談所が熾烈な対立関係に陥りかねないところから、司法機関によるケア受講命令制度の導入を提案する。そして、今後の児童虐待防止対策の課題として、パーマネンシー保障のための社会的養護体制の改革、家族再統合援助の充実、児童相談所、市町村、児童福祉施設の体制整備の必要性を主張する（才村・2008【文献6】）。相澤論文（相澤・2009【文献21】）は、総合的な青少年の自立を支援するための「仮称・青少年自立センター」を設置し、福祉行政と労働行政が一体となった取り組み等による、年長児童の自立支援対策の拡充が必要であると述べる。

　児童福祉分野では、2007年の改正により初期対応の制度は整備されてきたが、制度を運用する人材の質・量の充実の必要性を指摘する論文が多い（相澤・2008【文献14】、才村・2007b、才村・2007c、川﨑・2008）。

　心理学の立場から西澤哲は、今回の改正により、児童相談所の役割が子どもの保護、家族への介入にあることがより明確になり、これにより家族や保護者への支援的機能を果たすことが困難になるとの危惧を示す。こうした事態からすれば、戦後60年を経た児童福祉法にピリオドを打ち、児童虐待が中心になっているわが国の子ども家庭福祉の現状を正面から見据えて、子ども家庭福祉の理念に即した法制度体制を再整備することが急務であると指摘する（西澤・2007【文献7】）。

　法律学からは、鈴木論文（鈴木・2007【文献17】）が、ドイツ法との比較を通じて、親権制度のあり方を検討し、法改正においては親の権利の確保と子どもの福祉・権利確保のバランスを図った制度構築が行われるべきであると主張する。平湯は弁護士の立場から、2007年の法改正により、虐待対応としてより強制的な方向に傾いたとの印象を持たれがちであるが、実際には同改正はこれまでの介入や親の行動制限の分野での不備を補強したものであり、親への働きかけの中心が非権力的な方法である点は変わっていないとしている。その上で、残された課題として親権制限および社会的養護の充実のための方策、虐待の予防と親支援のための方策の充実が必要であるとし、改正法による公的介入の実施には様々な人的資源の充実が必要であることを強調する（平湯・2007【文献4】）。

②刑事介入のあり方に関する議論

　2007年改正により、児童虐待対応の介入的側面が強化されたが、さらに刑事介入の強化、警察との連携強化を主張する文献が目立つようになる（特集・2008【文献9】）。斎藤論文【文献10】は「特集にあたって——児童虐待における福祉的保護主義の限界」で、「被害者→加害者」の逆再演を阻止するための措置として、司法システムのもとに加害者に対する指導・教育・治療をし、加害者がこれを拒否する場合には、刑法の対象とするとの「司法化」「強制治療」の方向を提案する。斎藤は、二度の大きな改正により児童虐待防止の法制度は、司法関与を強化し家庭への公的介入を強化してきたが、さらなる司法関与の強化を提案するものであり、興味深い。同特集では、岩城・2008【文献11】が、より積極的な司法－警察－児童相談所の役割分担、連携を法制度に明記すべきことを主張し、津崎論文（津崎・2008【文献12】）が虐待対応における警察関与、親指導に対する裁判所関与の強化を提案する。これに対して、坪井は同特集の座談会で、「DVの場合は、……暴力に対しての保護命令で、かならず暴行罪か傷害罪が成立している」ために警察への抵抗感が薄いのではないかと推測する。これに対して、児童虐待では暴行脅迫が成り立たない場合があり、親を犯罪者とすることについて子どもにも抵抗がありそうだとする。とくに母子分離に警察が犯罪として関わるのはどうかとの疑問を示している。

　さらに家庭における暴力としてのDVも視野に入れた総合的取り組みを図る体制作りの必要性も提案される等（岩井・2008【文献15】）、児童虐待への司法介入について立場の異なる論者が、様々な取り組みや外国の例等を紹介している。

③その他

　第4期に続いて児童虐待、高齢者虐待、配偶者暴力について、横断的に検討する研究が行われている。朴・2009【文献48】は、各法律の異同を検証し、今後の課題としては、それぞれの法律固有のアプローチだけでなく、暴力の連鎖の視点から相互連関的に検討されるべきこと、教育啓発相談活動を通じての予防策が現実的であること等を挙げている。

　児童虐待に関するシンポジウムの報告としては、京都産業大学法学部によるものがある（川﨑他・2009【文献20】）。このシンポジウムでは、子どもの虹情報研修センターの川﨑の基調講演をはじめ、弁護士、家族法研究者、臨床心理士（被害者学）の立場からそれぞれ報告がなされている。法学部による児童虐待のシンポジウムであり、虐待と司法関与の関係が多岐にわたって議論された。意見交換では、通告制度、虐待問題に対する裁判所の役割、裁判所による受講命令制度、一時保護制度等、虐待の法律問題が様々な角度から論じられている。

　児童福祉法関係の学会動向としては、2011年5月15日に、日本社会保障学会が「シンポジウム　近親者からの虐待・暴力に対する法制度の課題——各国比較をふまえて」をテーマに名古屋大学で開催された。シンポジウムの趣旨は、わが国の虐待・暴力に関する法制度が実効性ある対応をしているのかどうかを明確にするため、予防・発見、一時保護、自立支援、更正プログラム、長期的支援も視野に入れて、社会保障法学の対象として捉えることとされている。子ども、女性、高齢者といった家庭内の弱者を横断的に捉え、比較法的見地から一定の方向性を明らかにし、わが国の法制度の課題を明らかにしようとする規模の大きな研究である。今後さらなる研究成果の公表が待たれるところである。

【参考文献】

相澤仁「児童虐待の防止に向けて――改正児童虐待防止法の改正を中心にして（共同研究児童虐待防止に向けて）」（『被害者学研究』18号、2008年）87〜93頁【文献14】

相澤仁「子ども虐待の『今』（第6回）子ども虐待防止対策における法制度上の対応と現在の課題」（『子どもの虐待とネグレクト』11巻3号、2009年）341〜351頁【文献21】

「虐待防止法の改正と福祉の現場（特集 岐路に立つ子ども政策――厳罰主義か、支援主義の道か）」（『子どもの権利研究』13号、2008年）1〜39頁

馳浩『ねじれ国会方程式――児童虐待防止法改正の舞台裏』北國新聞社、2008年【文献1】

朴元奎「『家庭内暴力』に関する法的対応とその課題――いわゆる『虐待防止三法』の制定と改正をめぐる動向を中心として（特集 現代社会と刑事法の動向）」（『犯罪と非行』160号、2009年）58〜88頁【文献48】

平湯真人「［特別寄稿］児童虐待防止法・児童福祉法の改正について」（『子どもの虐待とネグレクト』9巻2号、2007年）179〜183頁【文献4】

岩井宜子「児童虐待防止に向けての法制度（共同研究児童虐待防止に向けて）」（『被害者学研究』18号、2008年）94〜103頁【文献15】

岩城正光「児童虐待防止法の改正と今後の課題について（特集 改正児童虐待防止法施行に向けて）」（『アディクションと家族』24巻4号、2008年）288〜293頁【文献11】

岩城正光「法制定後の児童虐待対策の現状と課題（特集 母子保健をめぐる今日的課題）」（『公衆衛生』74巻10号、2010年）854〜859頁

「児童虐待防止に向けて」（『被害者学研究』18号、2008年）78〜103頁【文献51】

川﨑二三彦「児童虐待の実態と対応の動向（特集 子どもの権利を守る）」（『月刊福祉』91巻1号、2008年）22〜25頁

川﨑二三彦・岩佐嘉彦・山口亮子・新恵理・成田秀樹「どうする？子ども虐待――現状と課題を考える：京都産業大学法政策学科開設記念シンポジウムパートⅡ」（『産大法学』43巻2号、2009年）301〜235頁【文献20】

菊澤信夫「児童虐待防止法等の改正及び児童虐待防止に向けた取組について」（『警察学論集』60巻10号、2007年）153〜185頁【文献2】

厚生労働省雇用均等・児童家庭局総務課虐待防止対策室「小特集 児童虐待の防止に向けて」（『厚生労働』63巻11号、2008年）24〜27頁

松村徹・田中寛明「児童虐待の防止等に関する法律及び児童福祉法の一部を改正する法律（平成19年法律第73号）の概要及び特別家事審判規則の一部を改正する規則（平成20年最高裁判所規則第1号）の解説」（『家庭裁判月報』60巻7号、2008年）43〜75頁【文献3】

日本社会保障法学会編「近親者からの虐待・暴力に対する法制度の課題――各国比較をふまえて」（『社会保障法』26号、2011年）5〜102頁

西澤哲「子ども虐待の『今』（第2回）子ども虐待をめぐる社会の動向」（『子どもの虐待とネグレクト』9巻3号、2007年）351〜356頁【文献7】

仁田山義明a「配偶者からの暴力の防止及び被害者の保護に関する法律の一部を改正する法律（平成19年法律第113号）／児童虐待の防止等に関する法律及び児童福祉法の一部を改正する法律（平成19年法律第73号）（弁護士のための新法令紹介309）」（『自由と正義』59巻5号、2008年）163〜166頁

仁田山義明b「法律解説 厚生労働 児童虐待の防止等に関する法律及び児童福祉法の一部を改正する法律（平成19.6.1法律第73号）」（『法令解説資料総覧』320号、2008年）15〜20頁

最高裁判所事務総局「資料『児童虐待の防止等に関する法律施行規則』及び『児童福祉法施行規則の一部を改正する省令』の施行並びに児童相談所運営指針等の改正について」（『家庭裁判月報』60巻7号、2008年）115〜283頁

才村純a「児童虐待防止法改正の意義と課題」（『精神科看護』35巻7号、2008年）17〜21頁【文献6】

才村純b「新法の紹介 児童虐待防止制度改正の概要と課題」（『人権のひろば』10巻5号、2007年）4〜6頁

才村純c「わが国における虐待防止制度の現状と課題（国際シンポジウム：少子高齢社会における日韓の家族問題の現状と課題）」（『社会福祉学』48巻1号、2007年）205〜208頁

斎藤学「特集にあたって――児童虐待における福祉的保護主義の限界」（『アディクションと家族』24巻4号、2008年）286〜287頁【文献10】

第 5 期（2007 年 7 月から 2010 年 3 月まで）

　　鈴木博人「児童虐待事例における一時保護制度と強制立入制度——日本法とドイツ法の比較法的考察」（『中央ロー・ジャーナル』4 巻 3 号、2007 年）59 〜 77 頁【文献 17】
　　竹中哲夫「児童福祉法改正　児童福祉関係法の変遷——1997 年以降の動きをめぐって」（『子どもと福祉』2 号、2009 年）20 〜 25 頁
　　「特集　児童虐待防止法の改正・児童相談所運営指針の改定と児童養護施設」（『児童養護』38 巻 1 号、2007 年）17 〜 27 頁【文献 5】
　　「特集　改正児童虐待防止法施行に向けて」（『アディクションと家族』24 巻 4 号、2008 年）286 〜 326 頁【文献 9】
　　坪井節子・平川和子・斎藤学「座談会：児童虐待防止法をめぐって（特集　改正児童虐待防止法施行に向けて）」（『アディクションと家族』24 巻 4 号、2008 年）313 〜 326 頁【文献 13】
　　津崎哲郎「児童虐待における警察の関与と連携」『アディクションと家族』24 巻 4 号（2008 年）294 〜 300 頁【文献 12】
　　若林栄児「改正児童虐待防止法と児童虐待への今後の対応」（『警察公論』62 巻 10 号、2007 年）30 〜 37 頁

（吉田　恒雄）

(2) 民法分野
i) 里親制度の改革と民法

　里親制度に関しては、まずは児童福祉実務の側からの提言や問題提起がなされている。ただし、これらの問題提起等が、自覚的に法学あるいは民法学に向けて、あるいは両者の連携を目指してなされたものであるとはいいがたい。それはともかく、その貴重な指摘は以下のようなものである。第 5 期の民法主要文献欄の「虐待・発達障害と里親養育」という特集に寄せ、宮島は、里親制度の特色を的確に言い表している（宮島・2007【文献 25】）。すなわち、里親委託は、「子どもを実親から切り離して、里親にプレゼントすることではな」いという。プレゼントという言い方が適切かどうかは別にして、子どもを実親から切り離して、育ての親に委ねるのは、里親ではなく養親（養子縁組）である。したがって、里親委託は、子どもの養育を里親に任せきりにすることではないというのである。里親委託は、子どもと実親と里親の関係をつなげるもので、三者をそれぞれ援助することだという。これは、里親委託は、子どもを一時的に里親に預けて、ゆくゆくは実親のもとに帰れるようにするのか、実親のもとへ帰ることはなかなか難しくても、実親との交流が途絶えることのないようにしていくものなのか（あるいは両方なのか）は別としても、里親に預けっぱなしにしておくものではないということを意味する。ソーシャルワークの観点からは、子ども、実親、里親家庭それぞれにケアプランを作成して、それらを統合することでなくてはならないとする。日本の里親制度は、その運用の仕方を見ると必ずしもその性格が明らかでない。もちろん、代替的養育であることは当然として、実親のもとに子どもを帰すための制度なのか、あたかも養子縁組のように身分関係の変動は伴わない長期養育に用いることも想定しているのかが判然としない。これは、実親のもとに帰すことを原則としているが、結果的に長期養育になってしまったというのとは異なる。宮島の主張は、里親制度とは実親との交流を保ち続けるようにするものであり、ひいては里子の実親家庭への復帰を目指すものであるという考えであるといえる。庄司・篠島は、2003 年度の里親委託児童とその家族との交流は、23.0％が交流あり、75.7％が交流なしであるが、1993 年度の交流なし 84.4％から 10％近く減少している（交流ありは増加）ということを指摘する（庄司・篠島・2007【文献 24】）。宮島は、児童福祉の側には、「『里親支援』を、心理療法の提供、レスパイトサービス、家事援助サービス、里親サロンのことと狭義

く理解してはならない」と警句を発している。

　さらに、宮島は、里親委託は、関係当事者の法に基づく合意・契約であり、法に基づく社会福祉サービスの提供であるとする。里親委託の場合でさえ、「実親の存在を告知するかしないか」「本人の実の姓を名乗らせるか名乗らせないか」「実親との交流を認めるか認めないか」の決定権があたかも里親にあるかのように取り扱われることに違和感を覚えるとしている。上に挙げられるような事項は、養子縁組の場合に問題になることであり、本来里親委託にあっては里親の権限の範疇には含まれないという趣旨であると考えられる。

　また、中島は、子どもを養育する意思がないにもかかわらず、実親が養子縁組に同意しないあるいは一度した同意を翻すというとき、結局養子縁組を行えないというのは、子どもの養育責任よりも親であることのほうが優先されており不合理ではないかという（中島・2010【文献39】）。この問題提起は、例えば、一定期間親の行方がわからないままであれば、親の同意を得なくても養子縁組を行えるようにしてもいいのではないかという主張にもつながる。

　2008年児童福祉法改正による2009年4月施行の改正里親制度について、「児童福祉法改正と里親制度」という特集で柏女、米沢、宮島（2010【文献33～35】）が論じている。この改正で、里親が、養育里親と養子縁組里親に新たに区分された。養子縁組里親は、里親研修の必修化から外され、里親手当も支給されないことになった。米沢は、養子縁組里親も子どもの自立を目的にしており、その上、養子縁組は永続的な関係であるだけに、養子縁組里親が民法上の一般の子育てと同じだとして支援を受けられず、孤立してしまえば子どもの福祉は守られないと指摘する（米沢・2010【文献34】）。

　以上のような指摘は、民法の養子法や親権法との関連を持つ問題である。すなわち、里親制度と養子制度はどこがどの程度異なるのか、実親と里親との子どもの養育に関する権利関係はどのような関係にあるのか、あるいは、子どもの養育権限の保有について、里親と実親は直接的な対抗関係にあるのか、それとも子どもの養育権限の保有割合等を割り振る主体は児童相談所長とか都道府県知事なのか不明確である。以上のような視点から見ると、里親里子関係について民法が何の規定も置いていなくていいのかという問題が生じる。

　民法学の側で里親制度について論じているのは、【文献36】と【文献44】の親権制限関係での論述部分である。【文献36】は、親権法改正案を提示するものであるが、「子の利益のため必要があると認めるときは、家庭裁判所は、里親家庭その他委託を受けて現に子を養育している者の請求により、その者のもとに子の居所を定めることができる。その際、家庭裁判所は、日常生活における監護について相当な処分を命じることができる」という提案をしている。現に子どもが生活している養育環境の継続性を保障し、親権者の引渡し請求があったとき、その時点での子どもの引渡しが子どもの福祉を侵害すると考えられる場合、一挙に引き渡すのではなく時間をかけての面会交流期間を設けての引渡しなどを可能にするために、親権者の居所指定権を家庭裁判所の判断に基づいて一時的に制限しようとする提案である。ドイツ民法1632条4項をモデルにした提案であるという。【文献44】は、家族法全体の改正提案をする中で親権法や養子法の改正提案をしている。本書の改正提案は、個別テーマに絞った提案ではなく、民法典中の親族法全体の改正提案をするものなので広大な構想の中で、各問題にも複数箇所で言及している。提案されている改正条文の中に直接里親という文言は出てこないが、里親について言及されるのは親権法

中、2011年の民法改正前の民法834条の親権喪失制度を規定する条文をめぐってである。すなわち、834条の改正案として「父又は母が、親権を濫用し、子を放置することによって、子の身体的、精神的健康を危うくしたときは、家庭裁判所は、子の養育にかかわる正当な利益をもつ者からの請求又は職権によって、その親権の全部若しくは一部を失権させ、又は子を養育する者若しくは都道府県知事に移譲させることができる」（同書147頁）と提案している。子どもを養育委託するものとして里親に言及し、「都道府県知事の下で、あるいは特別法で親権行使を認めることにする」としている。「都道府県知事の下で」という意味は、親権を保持するのは都道府県知事であって、里親はそこから養育委託をされるということであり、特別法による親権行使の認容というときには、里親自身に親権行使権限が移譲されるということであろうか。

　そもそも里親は、民法上の監護権の一部を有しているのか、都道府県からの養育委託を受けているだけなのかなお曖昧である。理論的には、親権中のどの要素を権限として里親は持っているのかを明らかにすることが、児童福祉サイドからの里親委託は契約であるという主張の内容を明確なものにすることにもなる。ケースごとに必要な養育権限が異なるということを考えると、個別のケースで司法（具体的には家庭裁判所）が、その内容を確定していくという方法による他ないといえる。裁判官数が少ないという理由から当分事前審査はあきらめざるをえない状況だという（中田編・2010：48頁【文献44】）が、そうだとすると、日本では裁判を受ける権利が十分に保障されていないことになる。

ii) 外国法研究

　他の各期同様、外国法研究は、今期も行われている。スウェーデン（【文献26】）、アメリカ（【文献27】、【文献29】、【文献32】、【文献37】）、ドイツ（【文献38】）、韓国（【文献31】）、イギリス（【文献30】）である。この他に、親権法のいくつかのテーマについてヨーロッパ諸国の家族法を比較法の対象としたものとして【文献41】がある。今期の収穫として挙げられるのは、アメリカ法の仕組みが原田と池谷の研究によりかなり明らかになった点である。アメリカは「虐待対応先進国」であると同時に「虐待大国」であるという。虐待対応先進国であるにもかかわらず、虐待は減らない、減っていないということを意味する。池谷は、家庭への法的介入は、親からの保護を子どもが受けられない場合に国家や社会が公的に手を差しのべる補充的なものであるはずなのに、この補充性の原則がアメリカでは怪しくなっているという（池谷・2009【文献29】）。原田が詳細を明らかにしているフォスターケアから養子縁組への流れも、実の親がダメであれば、里子に出したり養子縁組させたりして、子どもには代わりの家庭を提供していくという方向性は、虐待の発生頻度の減少には結びついていないという。池谷は、予防の重要性を指摘しつつ、アメリカの制度をその欠点や弱点を検討しないまま、部分的にそのまま導入しようとすることに警鐘を鳴らしている。原田も、アメリカの児童福祉が力点を置いてきたのが、親の支援よりも親から虐待を受けた子どもの保護だったため、虐待予防や防止の視点が弱く、虐待の増加を抑えられなかったという。この背景には、問題が発生したときにだけ援助すればいいという自由主義的家族観が存在するとする。

　1997年の養子縁組と安全家庭法の制定によって、時間を限定した実親への支援、実親子再統合サービスの提供と実親子の再統合がうまくいかないときに備えて、養子縁組をはじめとする代

替計画を同時進行で行うことは、アメリカの児童虐待への介入方法、介入後の法的対応という点で、子どもを育てる親の支援に力を入れる西ヨーロッパ型の対応とは大きく異なる。日本でも、養育しない、指導にも応じない、子どもの親権は手放さない親の場合には、ある段階で見切りをつけて、養子縁組への道を開けないかという主張は存在する（実務家からの問題提起として中島・2010【文献39】）が、親が同意をしていなくても見切りをつけられた親の手元から子どもは養子縁組されるというシステムは、日本では受け入れられないだろう。

ii) 親権および親権制限

児童虐待防止のための親権制度研究会の報告書が2010年1月に公表された（この報告書は、http://www.moj.go.jp/MINJI/minji191.html で読むことができる）。【文献36】は、児童虐待防止のための親権法改正の議論が持ち上がったときに行われたシンポジウムに合わせて養子と里親を考える会有志が作成した改正案と改正理由である。【文献38】は、上記親権制度研究会でのドイツに関する調査報告書に加筆修正したものである。

一方、児童虐待に限らない親権法およびその他の家族法領域に関する共同研究の成果をまとめたものが【文献44】である。また、家庭裁判月報には、2008、2009年の親権喪失宣告事件及び管理権喪失宣告申立事件、親権喪失宣告取消事件の分析（田中・2010【文献42】）や医療ネグレクト事例での親権者の職務執行停止・親権代行者選任の保全処分に関する分析も公表された（吉田・2008【文献28】）。

児童虐待への法的対応をめぐって、大きな問題点となったのは、次の2点である。1つは、児童福祉法や児童虐待防止法等による法的介入は、民法の親権を実質的に制限することにつながっている。このような行政法や行政行為によって親権は制限されうるのかという問題である。もう1つは、何らかの問題に対処するときに、親権の制限とはどういうときに、どこまでできるのかという問題である。いわゆる親権の過剰制限の問題である。2つの問題は相互に関連する問題でもある。外国法を参照すると、親権の制限が問題になると、その判断は事前に、一時保護のように緊急性を要するときには事後に、さらにケアプランニング策定もしくは実施状況のチェック時に裁判所が判断したり、監督したりする仕組みになっている。もちろん、裁判所は福祉機関ではないので、実際にソーシャルワーカーを裁判所がその人員としてかかえていたり、直接指揮・命令をするわけではない。しかし、親権制限に関しては、典型的にはドイツ法に見られるように、福祉法から民法の親権制限手続に移行するのである。この仕組みが日本法ではうまく構築されていない。

親権制限問題では、何をどの程度制限するのかということが問題になる。これについても外国法の示すところは、必要な限りで必要最小限の親権制限が行われるということである。例えば、居所指定権と日常の監護権のみの制限とか、居所指定権のみの制限という具合にである。こうした仕組みを持っていないが故に、「民法も親権喪失規定を持っているが、実際には民法の規定は、児童虐待のような行為への制限としては、ほとんど有効に機能しない」（中田編・2010：120頁【文献44】）。それに加えて、この仕組みがないことは、親権の過剰制限の問題も引き起こしている。吉田彩は、医療ネグレクトに対処するための親権者の職務執行停止、親権代行者の保全処分に関しての分析を行っている（吉田・2008【文献28】）。必要な治療行為を実施するのに、疎明

で足りる保全処分で親権の全部の効力を停止し、さらに必要な治療という目的を達成すると本案の親権喪失宣告請求の申立てを取下げるというやり方に、今期では強い疑問・批判が提起されている（伊藤・2010【文献40】および石田・2010：247頁）。同じ問題意識に基づく指摘と改正案の提案を【文献36】は行う。一方、外国と比較して、対人口比の裁判官数が圧倒的に少ないという司法的なインフラの不備を抱える日本では、それを前提とした制度設計をせざるをえないという指摘も存在する（例えば、【文献44】128頁）。ことは国民の裁判を受ける権利が保障されているのかどうかという大問題、日本は、二流国家ではないかという疑義さえ呼び起こしかねない問題が根底に存在する。

【参考文献】

原田綾子「児童虐待への対応における親族の位置づけ──アメリカでの親族里親・養子縁組・後見の動向を手がかりに」（『比較法学』43巻3号、2010年）63～102頁【文献37】

原田綾子a『「虐待大国」アメリカの苦闘──児童虐待防止への取組みと家族福祉政策』ミネルヴァ書房、2009年【文献27】

原田綾子b「要保護児童のための養子縁組支援──アメリカでの実情と日本への示唆（上）（下）」（上）（『戸籍時報』646号、2009年）67～78頁・（下）（『戸籍時報』648号、2009年）60～73頁【文献32】

池谷和子『アメリカ児童虐待防止法制度の研究』樹芸書房、2009年【文献29】

石田文三「実務法学の現場（1）親権とは何か」（『子どもの虐待とネグレクト』12巻2号、2010年）243～249頁

伊藤暢章「未成年者に対する輸血強制と親権者の職務執行停止──実例に基づく問題点の考察」（『法律時報』82巻4号、2010年）84～89頁【文献40】

戒能民江「DV・子ども虐待」（内田貴・大村敦志編『民法の争点』有斐閣、2007年）342～343頁【文献23】

柏女霊峰「新しい里親制度の概要と今後の課題」（『里親と子ども』4巻、2010年）84～92頁【文献33】

喜多明人・森田明美・荒牧重人・李在然・安東賢・李亮喜編『子どもの権利──日韓共同研究』日本評論社、2009年【文献31】

庄司順一・篠島里佳「虐待・発達障害と里親養育」（『里親と子ども』2巻、明石書店、2007年）6～12頁【文献24】

宮島清「虐待を受けた子どもを委託する場合──ソーシャルワークの立場から」（『里親と子ども』2巻、明石書店、2007年）126～136頁【文献25】

宮島清「里親支援機関の可能性と課題──質の高い里親支援機関作りへの提言」（『里親と子ども』4巻、2010年）107～112頁【文献35】

中島悦子「里親委託・養子縁組と親権制度──実践からの報告」（『児童養護』40巻4号、2010年）39～41頁【文献39】

中田裕康編『家族法改正──婚姻・親子関係を中心に』有斐閣、2010年【文献44】

西谷祐子「ドイツにおける児童虐待への対応と親権制度（一）（二・完）」（一）（『民商法雑誌』141巻6号、2010年）545～580頁・（二）（『民商法雑誌』142巻1号、2010年）1～56頁【文献38】

大久保香織・廣田幸紀「英国における児童虐待防止制度の実情について」（『家庭裁判月報』61巻8号、2009年）49～89頁【文献30】

鈴木博人・髙橋由紀子・中川良延・西川公明・横田光平「親権法及び関連法改正提案」（『戸籍時報』650号、2010年）4～13頁【文献36】

高橋美恵子「スウェーデンにおける子ども虐待対策と現状──子どもの権利擁護と社会的ネットワークの視点から」（『IDUN──北欧研究』18号、2008年）179～204頁【文献26】

田中智子「親権喪失宣告等事件の実情に関する考察」（『家庭裁判月報』62巻8号、2010年）1～61頁【文献42】

「特集　子どものための親権法をめざして」（『法と民主主義』447号、2010年）2～45頁【文献41】

吉田彩「医療ネグレクト事案における親権者の職務執行停止・職務代行者選任の保全処分に関する裁判例の分

析」(『家庭裁判月報』60巻7号、2008年)1～42頁【文献28】
米沢普子「養子縁組里親についての改正点と今後の課題」(『里親と子ども』4巻、2010年) 93～96頁【文献34】

(鈴木 博人)

(3) 刑事法分野

①学会の動向

　第5期において、刑事法関連の学会は児童虐待をめぐる問題の整理・検討にたびたび取り組んでいるが、傾向として認められるのは、問題の取り上げ方そのものに変化が見られるということである。2010年に、日本刑法学会の大会で「ファミリー・バイオレンス」(オーガナイザー：後藤弘子)と題する分科会が開かれたが、主としてDVが議論の対象となっていたものの、問題の射程は児童虐待にも及ぶことが明らかにされ、関連した議論が交わされている。その上で、早期の発見・対応や適切な保護・支援による家族間暴力の予防と回復に関しては、刑事罰による規制の方向性や刑事司法機関・執行機関による介入のあり方が他の領域の法制度・法執行を意識しながら模索されるべきものと理解されている(『刑法雑誌』「特集　ファミリー・バイオレンス」・2011参照)。なお、同大会では、児童虐待を取り上げたものでないが、「女性と児童の犯罪被害と対策」と題されたワークショップも開かれた(小名木・2011参照)。

　2007年6月に開催された日本被害者学会の大会におけるシンポジウム「児童虐待防止に向けて」(オーガナイザー：安部哲夫)にも、同じ傾向が見てとれる。すなわち、「DVの問題がある家庭においては、必然的に子どもの安全に対する懸念が生ずるが、……一時保護の機関も異なるため、対応に遅れが出る可能性もある。将来ファミリーバイオレンスへの総合的取り組みをはかる体制づくりの模索が必要であろう」(岩井宜子)というのである(岩井・2008【文献15】)。この問題意識は、いくつかの文献にも表れている(岩井編・2010、岩井・2009参照)。

　刑事法学において児童虐待の問題をDV等の問題とともに家族間暴力という広い枠組みに入れて扱うことについては、一括して考えれば児童虐待に固有の問題が把握しにくくなるという状況も懸念されるであろうが、DVと児童虐待との関連等に鑑みて広い枠組みで問題を捉えることが有用であるという指摘もあり、また、他の問題と比較すれば法制度・運用のおうとつや施策の間隙等を発見できることが期待されている。

②児童虐待防止法の改正と研究の動向

　2004年3月に成立した「児童虐待の防止等に関する法律の一部を改正する法律」(以下「第1次改正」とする)および2007年5月に成立した「児童虐待の防止等に関する法律及び児童福祉法の一部を改正する法律」(以下「第2次改正」とする)のそれぞれの改正部分に関して刑事法分野で議論となり得るのは、警察所長に対する援助要請の規定、そして、児童の住所・居所に対する立入調査の実効化および臨検・捜索の権限に関して新たに設けられた規定であろう。このうち後者については、臨検・捜索制度の導入そのものは歓迎されているが(例えば、磯谷・2008【文献45】)、要件がそろうまでのハードルが高いため使いにくい制度であるという指摘もある(岩佐・2009)。

これとは別に、児童虐待・性的虐待に関する罪を創設するという提言や通告義務違反を刑事罰の対象とすべきという主張は、第3期・第4期に引き続いて見られる（例えば、林・2007【文献46】）。もっとも、すでに主張されていたように、新たな犯罪類型の創設に伴って非刑罰処分による制裁・教育を実施する途が模索されており（例えば、後藤・2011）、また、諸外国の規定を参考に、家庭における暴力・虐待の罪として包括する余地を指摘するものもある（林・2011）。

③警察活動

第2次改正を踏まえて発された「児童虐待の防止等に関する法律及び児童福祉法の一部を改正する法律の施行について（通達）」（平成20年2月22日警察庁少年課通達丙少発第6号等）によれば、臨検等にあたって要請を受けた警察署長は、児童相談所長等との事前協議を通じた適切な連携・役割分担の実現のために、個別事案に即して適切な措置を講じねばならないものとされ、また、各都道府県警察は、保護者による立入調査の拒否について、告発があれば事案に応じた判断に基づき可能な限り速やかに捜査に着手すること、接近禁止命令が出たときは、入所施設や学校等との連携を強化するとともに、命令違反に対して迅速・的確に捜査に着手すること、および、関係機関との事例検証や情報交換に取り組むことが必要となっている。

また、「児童虐待への対応における児童相談所との連携について（通達）」（平成22年10月1日警察庁少年課通達丁少発第134号）は、警察庁との協議の上で発された「『虐待通告のあった児童の安全確認の手引き』について（通達）」（平成22年9月30日厚生労働省雇用均等・児童家庭局総務課長通知雇児総発0930第2号）を受けて、児童相談所との一層緊密かつ適切な連携を図ることとした。これらの通達によって、警察と児童相談所との連携の内容が具体的に示された。注目すべきものを厚労省の通達から拾い上げれば、児童虐待防止法10条1項にいう援助の「必要があると認めるとき」とは、「保護者又は第三者から物理的その他の手段による抵抗を受けるおそれがある場合、現に子どもが虐待されているおそれがある場合等であって、児童相談所長等だけでは職務を執行することが困難なため、警察官の措置を必要とする場合」と定義された。また、立入調査等については、念のために警察官の任務・権限（同3項を参照）との関係を確認するという意味で、児童相談所が主体的に調査等を実施するものであり、警察官は権限を行使する上での補助者とならないということも、法令上明確にされた。さらに、自ら捜査機関に告発した児童相談所等は当該事件の捜査における職員の事情聴取や資料の提出に積極的に協力するものとされた。

以上の通達のもとでどのような運用がなされているのかについて参考となるのは、日本子ども虐待防止学会の「虐待に関する制度検討委員会」によるアンケート調査のうち、警察との連携に関して全国の児童相談所を対象に実施されたものである。この調査においては、連絡会や要保護児童対策地域協議会との平素の協力、通告から立入調査や保護までの各過程、刑事事件としての立件、これらそれぞれについて、警察と連携して「よかった点」と「困った点」が多種多様に表れた（日本子ども虐待防止学会虐待に関する制度検討委員会・2008）。もっとも、「虐待の通告先に警察を加え、初期の安全確認に警察が一定の役割を担うことについて」の回答に対しては、賛成および条件付き賛成がかなり多かった。このことも踏まえ、24時間万全の体制での緊急対応を児童相談所に求めるのは非現実的なので警察が積極的に役割を担うべき、といった見解が唱えられている（津崎・2008【文献12】）。もっとも、これに対しては、初期の強制介入に否定的な見解も

ある（吉田・2008）。他方で、警察の側は公刊物で連携の実状について積極的・具体的に語ることがないようである。さしあたって、所管の地域や事案の個性によって連携にばらつきが見られるという指摘が少なくないので、運用の実態について今後さらに明らかになることが期待される（警察との連携に対する評価については、佐伯・太田・川出他・2011 も参照）。

④児童虐待事件と刑事手続

司法面接が刑事法分野でも徐々に注目されるようになってきた。警察による取調べを受けることや公判手続において証言することが被害児童にさらなる苦痛や不利益を与えることは、すでに性犯罪等の刑事手続に関して同様に問題とされてきたが、これに加え、未発達な児童については、その供述が加害者の行為を立証する上で証拠として有用でないという問題も顕在化する。このような理由から、司法面接の必要性・有用性が指摘されている（一場・木場・2008【文献 50】）。ただし、裁判所・検察・警察の各機関が制度ないし運用で司法面接を導入することに前向きなのかといえば、現時点でそのような動きは乏しい（司法面接をめぐる動向については、536 頁以下参照）。

また、児童相談所の職員は公務員であるがゆえに犯罪の告発義務を課されているが、告発に積極的になれば上記のような被害児童の苦痛・不利益の問題が切実になることや、（児童相談所が実際に通報に積極的なのかどうかはともかくとして）通報の積極化が児童相談所と保護者との間で構築された信頼関係を崩すおそれ等も、これまでに引き続いて指摘されている（前田・2008【文献 47】）。

⑤児童虐待と犯罪・非行の原因

刑事法の分野でも、被虐待児童を犯罪の被害者として位置づけた研究や、虐待を受けた経験と犯罪・非行との関連に着目した研究は、早くから展開されて議論が積み重ねられてきたが、加害者である親等の側の背景・要因を具体的に取り上げて論じる研究も、刑事法の分野で散見されるようになった（稲垣・2010【文献 52】、初川・2010）。

犯罪学・刑事政策の観点からは、虐待に関する犯罪を行った者の矯正・更生の問題も論じられている。更生保護の段階であれば、保護観察において、2003 年から類型別処遇プログラム（「家庭内暴力対象者」）が設けられ、また、更生保護法の施行によって専門的処遇プログラム（「暴力防止プログラム」による処遇）が始められた。虐待加害者は社会内処遇としてこのプログラムを受けられるようになっている。これに対し、施設内の矯正に関しては、「刑事収容施設及び被収容者等の処遇に関する法律」を受けて設定された類型別の専門プログラムに、更生保護の段階で実施されているのと同じようなものが用意されていないようである（佐伯・太田・川出他・2011）。保護観察については、設けられたプログラムの中で児童虐待に特化したものを編成して充実させるべきであり、また、施設内処遇については、新たな専門プログラムを立ち上げるべきある、といった提言がある（朴・2009【文献 48】）。

【参考文献】
後藤弘子「ファミリー・バイオレンス──新たな制裁のあり方をめざして（特集　ファミリー・バイオレンス）」

第 5 期（2007 年 7 月から 2010 年 3 月まで）

　　（『刑法雑誌』50 巻 3 号、2011 年）391 ～ 395 頁
　初川愛美「女性による性的虐待の特性――米国における児童保護機関および刑事司法機関の標本比較（アメリカ犯罪学の基礎研究 105）」（『比較法雑誌』43 巻 4 号、2010 年）181 ～ 193 頁
　林弘正『児童虐待Ⅱ　問題解決への刑事法的アプローチ』成文堂、2007 年【文献 46】
　林美月子「家庭内暴力（DV）と犯罪立法（特集　ファミリー・バイオレンス）」（『刑法雑誌』50 巻 3 号、2011 年）417 ～ 427 頁
　一場順子・木田秋津「司法面接と諸専門領域にわたる多角的児童虐待の評価について」（『自由と正義』59 巻 11 号、2008 年）77 ～ 84 頁【文献 50】
　稲垣由子「児童虐待の現状と課題（特集　犯罪・非行と家族関係）」（『犯罪と非行』163 号、2010 年）22 ～ 45 頁【文献 52】
　磯谷文明「児童虐待の実態と法的対応（特集　児童虐待をめぐる法整備と課題）」（『刑事法ジャーナル』12 号、2008 年）15 ～ 22 頁【文献 45】
　岩井宜子「児童虐待防止に向けての法制度（共同研究児童虐待防止に向けて）」（『被害者学研究』18 号、2008 年）94 ～ 103 頁【文献 15】
　岩井宜子「ファミリー・バイオレンスの法的問題とその課題」（『ジュリスト』1371 号（2009 年）2 ～ 5 頁
　岩井宜子編『ファミリー・バイオレンス［第 2 版］』尚学社、2010 年
　岩佐嘉彦「弁護士から見た児童虐待事件（2）――児童虐待の防止等に関する法律の二度にわたる改正を経て」（『家庭裁判月報』61 巻 8 号、2009 年）1 ～ 48 頁
　前田忠弘「児童虐待の刑事対応」（前野育三先生古稀祝賀論文集刊行委員会編『刑事政策学の体系――前野育三先生古稀祝賀論文集』法律文化社、2008 年）400 ～ 419 頁【文献 47】
　日本子ども虐待防止学会虐待に関する制度検討委員会「委員会調査報告　児童虐待防止における児童相談所と警察の連携に関する調査（概要）」（『子どもの虐待とネグレクト』10 巻 2 号、2008 年）198 ～ 206 頁
　小名木明宏「女性と児童の犯罪被害と対策（ワークショップ）」（『刑法雑誌』50 巻 3 号、2011 年）501 ～ 505 頁
　朴元奎「『家庭内暴力』に関する法的対応とその課題――いわゆる『虐待防止三法』の制定と改正をめぐる動向を中心として（特集　現代社会と刑事法の動向）」（『犯罪と非行』160 号、2009 年）58 ～ 88 頁【文献 48】
　佐伯仁志・太田達也・川出敏裕他「［座談会］（刑事政策研究会（新連載・1）児童虐待）」（『ジュリスト』1426 号、2011 年）112 ～ 144 頁
　「特集　ファミリー・バイオレンス」（『刑法雑誌』50 巻 3 号、2011 年）391 ～ 443 頁
　津崎哲郎「児童虐待における警察の関与と連携」（『アディクションと家族』24 巻 4 号、2008 年）294 ～ 300 頁【文献 12】
　吉田恒雄「児童虐待防止法の改正と福祉の現場（特集　岐路に立つ子ども政策――厳罰主義か、支援主義の道か）」（『子どもの権利研究』13 号、2008 年）8 ～ 11 頁

（岩下　雅充）

(4) 憲法・行政法分野

　憲法・行政法の観点から児童虐待問題にアプローチする研究は依然として数少ない。それでも第 5 期においては児童虐待問題に焦点をあてた研究が見られるようになっている。すなわち、第 4 期においては、家族への国家介入という視点から、児童虐待問題とドメスティック・バイオレンス（DV）問題をまとめて、あるいはむしろ DV 問題に力点をおき、両者に共通する問題という枠組みで論じる研究が主であったが、第 5 期においては、子どもの問題に焦点をあてた憲法・行政法学的研究が登場した。

　まず憲法学的研究としては、イタリア法を素材とする椎名論文（【文献 54】）であり、ドイツ法を素材とする古野（【文献 55】）、横田（【文献 56】）の著書が挙げられる。いずれも外国法研究を主とするものであり、研究成果が今後どのように日本法研究に取り入れられていくかが注目される。例えば、参照する外国法を異にするものの、椎名、横田は「家族への子の権利」「親に養育さ

れる子どもの権利」に焦点をあてており、日本法における理論展開が期待されるところである。

一方、行政法学的研究としては、2007 年の児童虐待防止法改正を素材に、児童虐待への国家介入に対する手続的観点からの考察が見られる。山本論文（【文献 58】）は、アメリカ法を参照しつつ、児童虐待防止法 9 条の 3 における立入調査への司法関与の法理論的根拠として、従来の日本の判例とは異なる論拠を提示する。横田論文（【文献 56】）は、立入調査への司法関与と行政訴訟、刑事手続との関係を問い、あわせて児童福祉法 28 条の家事審判と行政訴訟との関係をも論じる。いずれも行政法一般理論の観点からアプローチするものであり、児童虐待問題と行政法学の距離がさらに近づくことが期待される。

（横田　光平）

(5) 児童福祉分野

①里親制度改正

2008 年 12 月の児童福祉法改正で里親制度が改正された。専門里親が創設された 2002 年に次ぐ里親制度の変更である。児童虐待対策との関連でいえば、被虐待児童の受け皿として期待されている専門里親が、被虐待児童や非行児童に加えて身体障害・知的障害・精神障害のある子どもを対象とするようになった。後述するように今期においては里親養育の二大課題として児童虐待と発達障害を関連させた研究が見られるが、こうした制度的な改変と関連する動きであることが指摘できる。

専門里親の創設に加えての今回の里親制度改正は、里親を一部の奇特な個人的な福祉ではなく、「誰もが社会的養護の一翼をになうことができるように養育里親を拡充するとともに、里親に対する認定を厳格にすることによって社会的役割の強化を図」（柏女・2009）ろうという児童福祉行政の意思の現れであろう。同じ法改正で「被措置児童等虐待の防止」に関する規定が新たに盛り込まれたが、従来の「施設内虐待」から「被措置児童等虐待」への捉え直しは、当然ながら、児童福祉行政の中でより重い役割を担うことが期待されている里親措置を念頭においたものだといえる。児童福祉施設にしても里親にしても、「組織および個人的な資質に頼るだけでなく、その養護過程をオープンにし、公的活動として社会から認識され、その養護活動において必要な支援を社会から受けられるという関係を持つことが大切である」（櫻井・2009）という視点ははずせまい。その点で、2008 年 10 月に朝日新聞厚生文化事業団が全国の里親家庭で生活する子どものために「子どもの権利ノート（幼児・小学生用、中学生・高校生用）」と里親用のガイドブックを製作、発行したことの意味は大きい。

【参考文献】
柏女霊峰「新しい里親制度の概要と今後の課題」（『里親と子ども』4 号、2009 年）85 頁
櫻井奈津子「被措置児童の虐待問題——児童福祉法改正の概要と課題」（『里親と子ども』4 号、2009 年）115 頁

②発達障害と虐待の関連と里親養育の可能性

虐待を受けた子どもを受託する専門里親制度が 2002 年に創設されてから 5 カ年が経過した今期においては、「専門里親に委託された子どもは約 80 人にすぎない。里親制度、とくに専門里親

制度は虐待対応に役立っていないように思われる」(庄司・篠島・2007)等、専門里親が虐待対応として機能しているのかを疑問視する声がきかれる。里親の関係者の間では、「今日の里親養育における重要な問題の一つは、虐待を受けた子どもと発達障害のある子どもの養育です」(庄司・2007)という実践に即した問題認識がありながら、それに制度が応えきれていない問題があるだろう。

　専門里親制度の課題について、宮島清は現場の里親・里親委託に従事する児童相談所職員の声を拾い上げながら課題を整理した上で、「児童相談所は、里親委託にあたって、子ども、実親、里親との間でイニシアチブをとり、面会、通信、呼称の在り方、引き取りの条件等についてすり合わせ、その合意を明確にする役割を担うことが不可欠だということであり、この合意を曖昧にして委託をすすめてはならない」と述べる(宮島・2007)。その上での専門里親制度の積極的な活用が有効であるとして、まずは「里親が、今預かっている子どもの委託をそのままにするのではなく、まずは専門里親としても登録したうえで、専門里親としての委託に切り替える」ことを進めるよう求めている(宮島・2007)。

　そうした現行の専門里親制度とその実情への課題意識がある中で、前の期に発達障害と虐待の相互の関連性が指摘され始めたことから一歩進んで、今期には、発達障害と虐待のキーワードを里親養育と関連させた言説が見られるようになった。里親および里親関係者を主な読者として想定している専門誌『里親と子ども』(明石書店)の2巻(2007年10月)は、「虐待・発達障害と里親養育」の特集を組み、里親養育の視座からこの2つの問題の関連性を論じた。本誌の巻頭で、編集委員長の庄司順一が「ここで取り上げた問題の中には、現在研究が進行中であるものもあるということです。いやむしろ、この分野は活発に研究が行われているところだと言うほうがよいでしょう。したがって、ここに掲載された論文は現時点での成果を反映したもので、今後さらに検討が必要になる場合もあることでしょう」と述べ、この領域の検討がまだ定評を得る段階にはないことを示唆している。

　虐待と発達障害が切り離せないものとしての認識は、「被虐待児が、ADHDと同様の行動特徴、つまり、多動性や衝動性、注意力障害を示すことは珍しくない」(宮本・2007)という理解から一歩進んで、「純粋の発達障害としてのADHDと比べると、低年齢から攻撃的言動や反社会的行動(とくに盗みと虚言)が出やすいのが特徴である」(宮本・2007)という、より突っ込んだ理解に到達している。こうして「被虐待児は臨床的輪郭が比較的明確な、一つの発達障害症候群として捉えられるべきではないかと考えるようになった」(杉山・2007)。専門里親の対象に知的障害のある子どもを加えている東京都の例も、このラインに沿った現場の対応を端的に示しているといえるだろう。里親養育の現場の認識としては、発達障害と虐待が概念としてどう関連するかということよりも、「本来、発達障害は素質的な要因にもとづくと考えられるが、虐待を受けた子どもでは知的発達が遅れることがあることは以前からよく知られていたし、行動面でもたとえば注意欠陥多動性障害と区別できない状態にあることもしばしば経験される」(庄司・篠島・2007)という実感のほうが力を持つだろう。

【参考文献】
　宮島清「虐待を受けた子どもを委託する場合――ソーシャルワークの立場から」(『里親と子ども』2号、2007

年）126〜136 頁【文献 63】
宮本信也「発達障害と子ども虐待」（『里親と子ども』2 号、2007 年）19〜25 頁【文献 63】
杉山登志郎「絡み合う子ども虐待と発達障害」（『里親と子ども』2 号、2007 年）26〜32 頁【文献 63】
庄司順一「特集『虐待・発達障害と里親養育』の企画にあたって」（『里親と子ども』2 号、2007 年）5 頁【文献 63】
庄司順一・篠島里佳「虐待・発達障害と里親養育」（『里親と子ども』2 号、2007 年）6〜12 頁【文献 63】

③保 育

2004 年の法改正を受けて、同年 8 月 13 日に厚生労働省雇用均等・児童家庭局長通知「特別の支援を要する家庭の児童の保育所入所における取扱い等について」（雇児発第 0813003 号）が発出され、「保育所に入所する児童を選考する場合においては、児童虐待の防止に寄与するため、特別の支援を要する家庭を保育所入所の必要性が高いものとして優先的に取り扱うこと」が、児童虐待防止のための具体的な方策として社会的な共通理解を得るようになった。この場合、「特別の支援」とは「保育所における保育」を指す。保育所は、待機児童の多い都市部であっても、児童虐待防止の観点から特別の支援を要する家庭への優先的な入所を徹底するだけでなく、市町村が、特別の支援を要する家庭について保育所の実施の申込みを勧奨することの実質的な受け皿を担うことになった。

法で役割が期待されている「学校等と児童福祉施設」の中で、保育所は幼稚園、小学校、中学校と比較し児童虐待への意識が高く、児童虐待に関する法制度への認知度も高いことが知られている（西原他・2008）。これまでの期の中で、保育士に向けた児童虐待早期発見マニュアル等の作成・配布等、各地方自治体が示している保育所保育士への期待に応えて、自己研修を重ねてきた成果と見られる。

保育所の運営を司る「保育所保育指針」（2008 年 3 月 28 日厚生労働省告示第 141 号）は、2008 年 3 月に改訂されたが、その内容に「保護者に不適切な養育等が疑われる場合には、市町村や関係機関と連携し、要保護児童対策地域協議会で検討する等適切な対応を図ること。また、虐待が疑われる場合には、速やかに市町村又は児童相談所に通告し、適切な対応を図ること」（「保育所に入所している子どもの保護者に対する支援」）と、児童虐待が疑われる場合についての保育所の業務について盛り込まれた。

制度的には、保育所が対象とする産休明けから就学前までの子どもについては、早期に虐待に気づく保育士の目と、虐待問題を抱えている家庭に保育所が積極的に関わっていく手立てとがともに確立されたように見える。しかしながら、保育所の現場では、児童虐待の要因を形成しうる保護者の様々な情報について保育士同士で共有する体制がとられていない。

改訂された「保育所保育指針」の中に「子どもの利益に反しない限りにおいて、保護者や子どものプライバシーの保護、知り得た事柄の秘密保持に留意すること」（「保育所保育指針」の「保育所における保護者に対する支援の基本」）と明記されているにもかかわらず、現実には、保育現場は臨時雇用や短時間勤務の保育士が増えている事情もあって、保護者の個人情報保護の観点から保護者に関わる情報を全員の保育士にまで伝えていないことが少なくない。「子どもの利益に反しない」の判断基準と、課題を抱える家族に対する子育て支援のバランスのとり方が、今期以降の課題として残されている。

また2010年5月には、保育士養成カリキュラムが大幅に改正された。このうち、指定保育士養成施設のカリキュラムにおいては、従来の「児童福祉」を「児童家庭福祉」とする等、子どもの育ちをめぐる諸問題を家庭単位で捉えようとする意識変革が表された。乳幼児健診を切り口とした子育て支援で虐待防止を担う保健師による、「法制定前の母子保健は子ども中心で『個』に焦点があったが、法制定後は子どもを取り巻く家族全体の人間関係を把握し、それぞれの成育歴を含めた背景や家庭基盤、生活状況等の情報を聴取しなければ適切なアセスメントはできない。原家族だけでなく、きょうだい、祖父母も入れた三世代のジェノグラムの聞き取りは必須であり、家族関係の情報が大切である」（徳永・2010）という実感が、保育士に共有されることが期待されている。

【参考文献】
西原尚之・原田直樹・山口のり子・張世哲「子ども虐待防止にむけた保育所、学校等の役割と課題」（『福岡県立大学人間社会学部紀要』17巻1号、2008年）45〜58頁
徳永雅子「虐待防止法と母子保健援助論――虐待の気づきと支援を振り返って」（『子どもの虐待とネグレクト』12巻1号、2010年）28〜31頁

④司法面接
　性的虐待の深刻さが着目されるにつれて、英米における各々の方法論に学んだいわゆる司法面接への関心が高まってきた。その経緯は、奥山が述べるように、「性的虐待はその証拠を確定しにくい虐待である。性器への暴力があっても低年齢の子どもは1〜2週間で外傷所見は消失してしまうし、もともと性器－性器の性交を伴わない性的虐待も少なくない。一方で、性的虐待は一般の親子関係の延長線上にあるものではなく、犯罪としての対応が求められることが多い。その結果、性的虐待では刑事裁判の対象となる可能性があり、その証拠として司法面接が重要になる」（奥山・2008）という文脈で説明できよう。刑事裁判において、「法廷外で行われた子どもの面接のビデオ録画が裁判の証拠として認められる」イギリスや「収録されたビデオテープは、大陪審の正式起訴決定に供されるにとどまらず、その後の裁判の証拠とする実務」がなされているアメリカの事情とは大きく異なり、日本では「司法、特に、検察庁、裁判所がこの議論にかかわっていない」現状がある（一場・木田・2008）。「司法」面接を児童相談所の取り組みの1つとして、児童福祉の枠の中で取り上げること自体が、本件に関する日本の特徴の1つである。そのため、「児童相談所を中心とした司法面接の導入は、捜査や裁判所での尋問の繰り返しを回避しえず、子どもを繰り返し尋問し事件にさらすことによる二次被害を回避しようとする本来の目的を果たせない」という根本的な課題を抱えている。
　司法面接はもともと児童虐待（とくに性的虐待）が疑われる子どもへの事実調査の方法として開発された面接方法である。司法面接を日本に紹介した1人である菱川が説明するように、「調査に特化した面接プロトコルが開発されたのには、子どもへの虐待を社会の犯罪として捉え、親告罪ではなく扱う英米諸外国の取り組みが背景としてあ」（菱川・2011）ると考えられる。
　日本では、2006年に神奈川県児童相談所が司法面接の方法論を取り入れた「事実確認面接」を実施したのが初めだという（菱川・2011）。神奈川県児童相談所における先駆的な取り組みを可能にしたのは、同県が児童虐待防止法の施行に伴い中央児童相談所に担当ケースを持たない児童

福祉司4人を核とする虐待防止対策班を設置したことによるところが大きい（神奈川県児童相談所における取り組みの実際については以下の文献を参照されたい。菱川・鈴木・2007）。その後、国内の児童福祉司を中心として、司法面接への関心が高まり、また研修機会が得られるようになってきている経緯の詳細は、神奈川県中央児童相談所の虐待防止対策班に属する鈴木浩之が明らかにしている（鈴木・2011）。

　1990年代以降に現在の形が確立してきたといわれる司法面接は、「警察と児童相談所など複数の関係機関が参画できるようにと『Forensic』という言葉が選ばれ」（菱川・2011）たとあるように、関係他機関の協働の上に実施されることに特徴の1つがある。しかしながら、日本で、同様の方法論が取り入れられつつある現在においても、警察・検察との連携への方向性は見られない。2011年8月には、日本弁護士連合会による「子どもの司法面接制度の導入を求める意見書」が法務省、最高検察庁、警察庁、厚生労働省に宛てて出された。同意見書は、司法面接を面接技法の側面と他機関連携システムの側面の双方から評価し、導入に向けた制度的な検討を求めている。縦割りと称される日本の行政のあり様に言及し、他機関連携を可能にするためには面接者は第三者機関に所属するほうが望ましいと指摘する等、日本社会の独自性を踏まえた上での具体的な提言として注目される。

　司法面接の導入が英米の方法論に依っていることから、現在のところ基礎文献として評価が定まっているのは、イギリスの方法論をまとめた『子どもの司法面接――ビデオ録画面接のためのガイドライン』（英国内務省・保健省・2007）とアメリカの方法論をまとめた『子どもの面接ガイドブック――虐待を聞く技術』（ボーグ・2003）である。

　「司法面接は必要な情報を確定する為のものであって、カウンセリングではありません」（仲・2010）という理解は、司法面接において児童相談所のソーシャルワーク業務からの客観的視点を保持するためにも不可欠な大前提である。そのことを十全に踏まえた上で、実際の場面で面接終了後に面接者が対象児に対して「ため息をつき、また手を振りながら去ることで、この場所に出来事を置いていく感覚が少し持てるように、と願いながら」（田中・2009）関わることがあるというように、「司法上の要件を満たし、かつ、子どもが回復するステップとなりうる手続き」（田中・2009）としても、司法面接への期待が寄せられる。『子どもの面接ガイドブック――虐待を聞く技術』の巻末に監訳者の1人が「アメリカにおける司法面接の実際」という体験記を解説としてつけているが、その中で臨席した事例について、「このケースは本当に悲惨な性的虐待で、その様子はリアルに再現されたものの、面接は不思議と（本当に不思議としか言いようがなかった）、終始、暖かな雰囲気が漂っており、子どももにこやかな表情のまま帰宅することができた」（164頁）と記している点が注目される。非常に深刻な事態にあって、被害児童が「にこやかな表情のまま帰宅することができ」ることを問う水準にまで、児童虐待対応の専門職による対応が成熟しつつあることの意味は大きい。

　また、司法面接の技法習得のための独自の研修の試みも始まっている。子どもの虐待防止センターでは、「性的虐待を受けた子どもの生活支援と心理療法に関するワークショップ2011」と称した研修会を児童養護施設の養護職員対象のものに加え、児童養護施設の心理職対象に開催することにしている（同センターホームページ http://www.ccap.or.jp/06/1112201202240311-csa.html）。

【参考文献】
ボーグ,W 他、藤川洋子・小澤真嗣監訳『子どもの面接ガイドブック――虐待を聞く技術』日本評論社、2003年【文献64】
英国内務省・保健省編、仲真紀子・田中周子訳『子どもの司法面接――ビデオ録画面接のためのガイドライン』誠信書房、2007年【文献65】
菱川愛・鈴木浩之「神奈川児童相談所における司法面接（事実確認面接）導入の取り組み」（『子どもの虐待とネグレクト』9巻1号、2007年）117〜120頁
菱川愛「でも、子どもたちから話を聞かなかったら…」（『CAPニュース』80号、2011年）1〜5頁
一場順子・木田秋津「司法面接と諸専門領域にわたる多角的児童虐待の評価について」（『自由と正義』59巻11号、2008年）77〜84頁【文献50】
仲真紀子「子どもの記憶――子どもの証言と司法面接」（『子どもの虹情報研修センター紀要』8号、2010年）39〜55頁
奥山眞紀子「司法面接――性的虐待を中心に」（『児童青年精神医学とその近接領域』49巻3号、2008年）94頁
鈴木浩之「司法面接（被害確認面接）の導入と『子どもの調査面接ピアスーパービジョン（PSV）の会』の活動」（『CAPニュース』80号、2011年）6〜9頁
田中周子「子どもの司法面接」（『臨床心理学』9巻3号、2009年）320〜325頁

⑤地域における予防的な取り組み

　児童虐待の予防に関して、「『虐待を悪化させない』『子どもを死なせない』ではなく、そもそも虐待を『発生させない』こと」（竹田・2009）と、より積極的に捉える認識が今期に顕著になっている。「その集団に属する『すべての親子』を対象として、リスクの低い状態あるいはゼロの状態を維持させるための働きかけを行」う予防医学におけるポピュレーションストラテジーの考え方が、虐待防止にも転用されるようになっている（竹田・2009、ポピュレーションストラテジーについては、藤内・2007を参照されたい）。

　厚生労働省の調査（厚生労働省・2003）からは、出産退院直後より生後1か月までの時期に育児不安が高くなる時期があることが読み取れ、加えて、厚生労働省統計によって虐待で死亡した子どもの年齢は0歳児が最も多く、その45％が生後0か月であることが明らかになった。このデータを受け、「産後ヘルパー派遣事業」を実施する自治体が増えている。2004年度に子育て中の母親約2500人を対象とした調査の結果、出産前後の家事支援サービスの必要性を8割以上の母親が挙げたことから、2005年度から先駆的に同事業を開始した宝塚市では、「母親の負担を軽減することで、社会問題化している児童虐待や育児放棄などが起きないようにしたい」と虐待の予防的な観点から実施に踏み切ったことを明かしている（竹田・2009）。

　乳児期の虐待予防として従来から期待が寄せられている乳児健診の現状と課題を整理し、有効性を高めようという動きも見られる。奥山は、「スクリーニングが中心の健診では、親が自分の子育てと子どもを査定されるという意識」が生じやすいと指摘し、「相談しやすい場にする」工夫や「子どもが泣きやまない時の対応を指導することで、乳幼児揺さぶられ症候群を予防するプログラム」を組み込む等の具体的な働きかけが有為であると述べる（奥山・2009）。奥山は、「虐待死の40％は乳児期におきる」ことから乳幼児健診の有効性を挙げ、「子どもにストレスがかかった場面」である乳幼児健診場面では親子関係が観察しやすい点も指摘している（70頁）。児童虐待防止に関わる専門職が、「気づかずに見落とすこと、気づいて放置することは、専門職による二重の虐待（ネグレクト）であると考えるべき」（松田・2008）だという見解の上に専門職が

立たされる段階を迎えたともいえる。

【参考文献】
藤内修二「なぜ、いまポピュレーションアプローチなのか」(『保健師ジャーナル』63巻9号、2007年) 756～761頁
厚生労働省『厚生白書　平成15年度』2003年、121頁
松田博雄「発達障害と子ども虐待」(『月刊地域保健』39巻11号、2008年) 22～33頁
奥山眞紀子「乳幼児健診と虐待予防、発見、対応」(『小児科臨床』62巻12号、2009年) 65～71頁
竹田伸子「虐待予防のための支援　地域の子育て力を高める取り組み」(『発達』117号、2009年) 81～88頁

(田澤　薫)

⑥社会的養護の当事者組織の活動

　2001年以降、全国各地に社会的養護の当事者組織が作られ、徐々にその活動が広がりをみせている。当事者組織の活動が行われ始めるのが第3期であり、第4期では、その活動が飛躍的に進み、政策等に影響を与えるようになり始めるのが第5期になる。

　第4期における通知の中で、施設に関係するものでは、被虐待児入所の増加への対応として、2004年に厚生労働省から小規模施設による養護に関する通知(平成16年5月6日雇児発第0506002号「児童養護施設のケア形態の小規模化の推進について」)が出され、2005年には「児童養護施設等のケア形態の小規模化の推進について」(平成17年3月30日雇用均等・児童家庭局長通知雇児発第0330008号)が発出された。第5期の2007年8月には、社会的養護を必要とする子どもの増加や虐待等による子どもの抱える問題の複雑化を踏まえ、児童の社会的養護の拡充に向けた具体的施策を検討するために、厚生労働省社会保障審議会児童部会に「社会的養護専門委員会」が設置される。社会的養護の質の改善が強く求められ、社会的養護に関する動きが活発になる。

　それと同時期に、社会的養護を経験した当事者組織も活動を広げていく。児童福祉施設や里親家庭で生活していた人々による当事者組織は、日向ぼっこ編著『「日向ぼっこ」と社会的養護』(日向ぼっこ編著・2009：88～90頁)によると、2009年6月時点で全国に5か所あり、①日向ぼっこ［東京］、②CVV (Children's Views & Voices)［大阪］、③社会的養護の当事者参加民間グループ　こもれび［千葉］、④社会的養護の当事者推進団体　なごやかサポートみらい［愛知］、⑤地域生活支援事業　ひだまり［鳥取］がその5か所になる。その後、栃木県に「社会的養護の当事者自助グループとしてのサロン　だいじ家」(サロン開設2010年1月)が開設され、2010年9月には「奈良県社会的養護の当事者団体　明日天気になぁれ」が発足している。以下に先述した5か所の当事者組織の概要を記す。

　①「日向ぼっこ」は、社会的養護の当事者参加の実現や孤立防止を目指している当事者グループであり、2006年3月に結成され、2007年4月に社会的養護を経験した人が集まれる場所『日向ぼっこサロン』を東京に開設した。2008年7月、特定非営利活動法人として認可を受けている。2008年8月から、東京都「ふらっとホーム事業」(東京都地域生活支援事業)を受託し、社会的養護のもとで生活していた人たちの居場所・相談事業を実施している。当事者の声が政策や現場で取り入れられるように、具体的な取り組みやネットワーク作りを目標として活動している。

　②「CVV (Children's Views & Voices)」は、大阪の児童養護施設の子どもたちが、2000年にカナ

ダの当事者組織 PARC を訪れた際に影響を受け 2001 年に発足した組織である。月に 1 回程度、児童養護施設で生活している中高生や、退所した若者たちへの居場所活動を開催している。2009 年の 8 月には PARC を招致して、交流を実施している。

③「社会的養護の当事者参加民間グループ　こもれび」は、千葉の児童養護施設で暮らしていた女性が、友人と 2008 年 6 月に発足させた組織である。交流会や、大学等での講演会を実施している。

④「社会的養護の当事者推進団体　なごやかサポートみらい」は、前身の団体「子来（みらい）」を譲り受けて、愛知の児童養護施設を退所した後、児童養護施設職員として働いている男性が 2008 年 9 月に発足させた組織である。なごやかサロン、学習会、施設訪問等を実施している。

⑤「地域生活支援事業　ひだまり」は、児童養護施設「鳥取こども学園」の一事業として、2008 年 10 月から地域生活支援事業（鳥取県退所児童等アフターケア事業［児童福祉施設 OB・OG 自立生活支援］）を実施している団体である。そして、「鳥取こども学園」の卒園児たちにより発足した当事者グループ「レインボーズ」は、毎月恒例の食事会を行い、まもなく 18 歳になり退所する子どもたちへ、自分たちの経験を語る機会等を設け支援している。

社会的養護の当事者は、自分たちの「生きづらさ」や過去の経験について、講演会・シンポジウム、大学等のゼミ・研究会での発表や、書物・新聞等の文書を通じて、今後の政策について意見を述べ、また、当事者同士が集まり支援し合う活動を実施することにより、これからも社会的養護の施策に影響を与えていくであろう。また、厚生労働省社会保障審議会社会的養護専門委員会の会議への参加（社会的養護専門委員会 2007 年 9 月発足　第 1 回会議に参考人として日向ぼっこの渡井さゆりが参加し、2011 年「児童養護施設等の社会的養護の課題に関する検討委員会」の委員に就任している）を当事者が行うことで、近年の施策への反映も起きている。

当事者が出版した書物には、社会的養護の当事者参加推進団体日向ぼっこ編著『施設で育った子どもたちの居場所「日向ぼっこ」と社会的養護』（明石書店、2009 年）。渡井さゆり『大丈夫。がんばっているんだから』（徳間書店、2010 年）、社会的養護の当事者参加推進団体日向ぼっこ編集『子どもの視点にたった「育ち」・「育て」について、考えよう！』（アート印刷、2011）等がある。

第 6 期に入ると、当事者のグループの活動はさらに拡大し、社会的養護の当事者グループ全国ネットワーク「こどもっと」が 2010 年 4 月に結成され、全国の当事者グループ間で連携を取り活動を行い始めた。「こどもっと」は、児童養護施設や里親家庭で生活をした者たちが中心になり活動するグループと朝日新聞厚生文化事業団が設立させたものである。具体的な活動内容は、月に一度、定例会を開き情報交換をしながら、それぞれの当事者グループの活性化と社会への周知活動等になる。

その他の団体を挙げると、「社会的養護の当事者地域生活自立支援協会」（ONELOVE ONELIFE）が、2011 年 12 月に兵庫県神戸市で設立された。協会の理事は、社会的養護（乳児院・児童養護施設）で育った当事者である。協会の活動の目的は、「社会的養護の下で育った若者たちが社会で継続的かつ安定した生活を営むための基盤を作る時間を提供する。また、1 人 1 人が平等に安心した暮らしが送れるよう、個々に継続的な支援をおこなう事」（社会的養護の当事者地域生活自立

支援協会ホームページ）としている。団体活動、支援事業の内容は、「退所児童等のアフターケア事業」1.生活相談サポート、2.家事援助サポート、3.心理ケアサポート、4.ふれあいサポート、5.就労支援サポートと、「子ども・若者育成推進事業」1.ひきこもり・ニートサポート、2.次世代育成、3.ふれあいサポート、4.職業体験になる。協会のホームページによると、2012年9月現在、社会的養護の当事者組織は、全国に13か所になる。

　永野は、「当事者活動が全国に広がりはじめた今だからこそ、当事者が表明する意味、それを受け止める意味について、本質的な意味を関係する人たちすべてが、振り返る必要があるのではないだろうか」（永野・2011：368頁）と問いかける。当事者の語る社会的養護の実態と経験、彼らの人生についての語りから、彼らのメッセージを受け止めていきたいと思う援助者・研究者等は、彼らとともに施策への提言を行い、社会的養護を現在経験している子どもたち、過去に経験した当事者たちの「生きづらさ」について理解を深める必要がある。

【参考文献】
朝日新聞厚生文化事業団ホームページ http://www.asahi-welfare.or.jp/kodomotto/setsuritsu.html（2011年11月27日）
朝日新聞「支えあい　それが励み　ひだまりを求めて　養護施設を出た若者たち⑦」2011年5月4日朝刊－鳥取全県
永野咲「当事者活動の今を考える」（『子ども虐待とネグレクト』13巻3号、2011年）363〜368頁
「認定特定非営利活動法人　青少年の自立を支える会　通信」（冬平成22年　会報）49号（2010年）
「NPO法人おかえり　奈良県社会的養護の当事者団体　明日天気になぁれ」ホームページ http://npo-okaeri.net/?page_id=45（2012年2月21日）
「社会的養護の当事者地域生活自立支援協会」（ONELOVE ONELIFE）ホームページ http://oneloveonelife-osaka.jimdo.com/（2015年9月12日）
「社会的養護の当事者推進団体　なごやかサポートみらい」ホームページ（NPO法人　こどもサポートネットあいち内）http://nagoyakamirai.com/blog/2011/06/post-6.html（2012年2月21日）
社会的養護の当事者推進団体　なごやかサポートみらい「みらい通信」創刊号（2008年）
社会的養護の当事者参加推進団体日向ぼっこ編著『施設で育った子どもたちの居場所「日向ぼっこ」と社会的養護』明石書店、2009年
社会的養護の当事者参加推進団体日向ぼっこ「日向ぼっこ通信」84号、2011年

⑦自立支援（社会的養護）：自立援助ホーム（児童自立生活援助事業）法制化の動向

　第5期では、社会的養護の質の見直しや改善が様々な形で行われる。その1つが、2009年4月施行の児童福祉法等の一部を改正する法律から実施されるようになった、年長児の自立支援策の見直しである。今回の改正では、児童自立生活援助事業について、対象者の利用の申し込みに応じて提供することとともに、義務教育終了後の児童の他、20歳未満の支援を要する者を追加する等の規定が設けられた。

　自立援助ホーム（児童自立生活援助事業）については、義務教育終了児童等が共同生活を営むべき住居において、相談その他の日常生活上の援助および生活指導並びに就業の支援等を行わなければならない（児童福祉法第33条の6）と規定されており、社会的養護を利用した児童を対象にして、自立支援、アフターケアを図るために整備されたものである。

　児童養護施設等を退所した者の多くは、中学卒業後、あるいは高校卒業後就労したものの、その後の生活を営むには非常に困難な状況を抱えていた。離職や住居の確保の難しさ等があり、頼

るべき保護者等の不在から、非行や犯罪に巻き込まれるケースもあった。現在、自立援助ホームは、彼らの自立を支える大きな柱となっている。全国に73か所（2010年1月現在）あり、「子ども・子育てビジョン」（2010年1月閣議決定）においては、2014年度までに160か所を整備する目標が立てられている（加藤・2011：65〜71頁）。

　日本における自立援助ホームの法制化の流れは、土井他（2001：271頁）によると「1988（昭和63）年に国の予算事業として自立援助事業が認められ、1980年代後半から1990年代初頭にかけて、全国で自立援助ホームが徐々に増え始めた」ことに端を発しているという。「しかし、自立援助ホームは児童福祉法上の児童福祉施設としては認められておらず、国からの補助金額は、1988年の『自立相談援助事業』の通達により、定員10名までは154万円、10名以上は276万円で、いずれもその4分の1は、法人負担という支給内容であった。支給金額の少なさと同時に、自治体の補助金や、助成団体の寄付金を受けるには法人格が必要であるが、自立援助ホームが児童福祉法上に位置付いていないため、社会福祉法人にはなることができず、運営は非常に厳しいものであった」（土井他・2001：270頁）。「この一方で社会的支援を必要とする子どもたちは多く、自立援助ホームへの需要は高まるばかりであった。そこで、運営基盤を固め、全国に自立援助ホームを普及させてゆくため、1993年、『全国自立援助ホーム連絡協議会』が結成された。そして、自立援助ホームを第一種社会福祉事業として法制化することが要求されることになった。憩いの家の広岡知彦氏は『自立援助ホームは、収容施設であるが、措置施設ではない。措置することへのためらいは、子どもが働いていることに起因していると考えられる。しかし、児童が生活費を自己負担できることを前提に施設運営するような仕組みでは、生活が安定しない児童の面倒を見ることが困難になる』と述べている。

　法制化要求の結果、1997年の児童福祉法改正により、1988年の『自立相談援助事業』が『児童自立生活援助事業』となり、第二種社会福祉事業という位置付けで、児童福祉法第6条の2において児童居宅生活支援事業の一類型として法制化され」（土井他・2001：271頁）、1998年より事業が実施されるようになった。

　当事業については、2009年4月施行の児童福祉法等の一部を改正する法律において、都道府県にその実施を義務づけ、費用を負担金で支弁することとしている（『平成23年版　子ども・子育て白書』）。

【参考文献】
　土井洋一他「ある自立援助ホームの戦後史——カトリック礼拝会の活動を通して」（大阪府立大学『社會問題研究』51巻1・2号、2001年）、257〜290頁
　加藤洋子「第3章　3家庭的養護と施設養護」（春見静子・谷口純世編著『社会的養護——保育士養成課程』光生館、2011年）65〜74頁
　内閣府　少子化社会対策会議「子ども・子育てビジョン」少子化社会対策基本法〈平成15年法律第133号〉第7条の規定に基づく「大綱」、2010年1月29日閣議決定
　内閣府編「第2部　平成22年度における子ども・子育て支援策の具体的実施状況　第2章第5節」（『平成23年版　子ども・子育て白書』2011年）91頁

⑧社会的養護体制の見直し（家庭的な養育環境の整備）
⑧-1　小規模グループケア（「施設養護」の見直し）

　第5期にあたる2007年の社会保障審議会児童部会社会的養護専門委員会報告書「社会的養護体制の充実を図るための方策について」（厚生労働省）には、「社会的養護を必要とする子どもの数の増加、虐待等子どもの抱える背景の多様化等が指摘される中、社会的養護体制はこのような状況に適切に対応することが強く求められている」と示され、社会的養護体制の拡充のための具体的施策として「子どもの状態に応じた支援体制の見直し」が提示された。その内容は、家庭的な環境における養護を一層推進すること、子どもの年齢やその状態に応じた自立支援・生活支援や、心理的なケア等を行う観点から施策を組み立てることであった。

　厚生労働省第1回社会保障審議会少子化対策特別部会の資料「社会的養護体制の現状と今後の見直しの方向性について」（2007年）では、社会的養護の仕組みについて記しており、「社会的養護」について、「家庭的養護」「施設養護」に加えて、「小規模住居型児童養育事業」（ファミリーホーム）も含めて3つの柱として捉えている。小規模グループ形態の住居による新たな養育制度（ファミリーホーム）を創設することで、子どもの状態に応じた支援体制の見直しと拡充を図ろうとしたのである。

　社会的養護体制は、2000年代後半から大きく変化しており、「家庭的養護」の拡充、「施設養護」の生活単位の小規模化等、子どもの抱える問題に対応すべく、より家庭的な養育環境を整備する方向へと動いている。

　「施設養護」の見直しでは、2004年から生活単位の見直しに着手している。現状の児童養護施設における子どもたちの生活単位は、大舎制（20人以上）、中舎制（13～19人）、小舎制（12人以下）と分かれており、大舎制の割合が全体の約7割を占め、家庭的な養育環境を提供することが難しい状態が長年続いていた。しかし、入所する子どもたちは、被虐待や愛着障害、発達障害、軽度の知的障害・肢体不自由等、様々な問題を抱えており、対応の難しい子どもたちを大きな集団で養育することには限界があった。そこで、より家庭的な養育環境を整備し、情緒面の安定と心身の発達を促すために、施設のケア単位の小規模化が推進された。それが、小規模グループケアである。

　具体的には、本体施設（本園）において小規模なグループによるケア（ユニットケア）を行うことを主に指している。児童養護施設の場合、小規模グループによるケア単位の定員は、原則6人以上8人以下で構成され、ハード面でも各ユニットにおいて居室とリビングダイニング（居間および食堂）の整備等、できる限り家庭的な住居環境を提供している「児童養護施設における小規模グループケア実施要綱」（「児童養護施設等のケア形態の小規模化の推進について」雇児発第0330008号平成17年3月30日【一部改正】平成23年3月30日　雇児発第0330第2号、別紙1）。また、小規模化を推進することにより、子どもへのきめ細かい対応が必要になり、職員の労働負担が増える問題が浮かび上がり、それに合わせて職員の人員配置の引き上げ等が検討され、児童福祉施設最低基準等の一部を改正する省令が公布された（平成23年厚生労働省令第71号、平成23年6月17日公布施行）。

　児童養護施設等での小規模グループケアは、全国に458か所（2009年度）あり、「子ども・子育てビジョン」において、2014年度までに800か所を整備する目標が立てられている。そして、

第5期（2007年7月から2010年3月まで）

　小規模グループケアは、児童養護施設の他、乳児院、情緒障害児短期治療施設および児童自立支援施設等、「施設養護」を対象に推進されている（加藤・2011：71～72頁）。
　また、小規模グループケアには、「職員間の連携が取れる範囲内で、本体施設から離れた場所で実施するものを含む」と「児童養護施設における小規模グループケア実施要綱」（「児童養護施設等のケア形態の小規模化の推進について」雇児発第0330008号、平成17年3月30日　別紙1）に記載されている通り、本体施設以外の地域小規模児童養護施設（グループホーム）も小規模グループケアの枠組みの中に含められている。2000年に制度化された地域小規模児童養護施設（グループホーム）は、「子ども・子育てビジョン」においては、2014年度までに300か所を整備する目標が小規模グループケアの目標とは別に立てられていた。

【参考文献】
加藤洋子「第3章　3家庭的養護と施設養護」（春見静子・谷口純世編著『社会的養護――保育士養成課程』光生館、2011年）65～74頁
厚生労働省　社会保障審議会児童部会社会的養護専門委員会報告書「社会的養護体制の充実を図るための方策について」2007年
厚生労働省第1回社会保障審議会少子化対策特別部会の資料「社会的養護体制の現状と今後の見直しの方向性について」2007年
厚生労働省「児童養護施設における小規模グループケア実施要綱」「児童養護施設等のケア形態の小規模化の推進について」雇児発第0330008号平成17年3月30日、別紙1
厚生労働省「児童養護施設における小規模グループケア実施要綱」「児童養護施設等のケア形態の小規模化の推進について」雇児発第0330008号平成17年3月30日【一部改正】平成23年3月30日　雇児発第0330第2号、別紙1
厚生労働省「児童福祉施設最低基準等の一部を改正する省令の施行について」雇用均等・児童家庭局長　雇児発0617第7号、社会・援護局　障害保健福祉部長　障発0617第4号平成23年6月17日
内閣府　少子化社会対策会議「子ども・子育てビジョン」少子化社会対策基本法（平成15年法律第133号）、第7条の規定に基づく「大綱」、2010年1月29日閣議決定

⑧-2　ファミリーホーム「小規模住居型児童養育事業」

　養育者の住居において、子どもを5人以上受け入れて養育する形を「ファミリーホーム」としている。2009年に創設された「ファミリーホーム」は、児童福祉法第6条の2項第8号に規定され「小規模住居型児童養育事業」として位置づけられている。その内容を確認すると「第二十七条第一項第三号の措置に係る児童について、厚生労働省令で定めるところにより、保護者のない児童又は保護者に監護させることが不適当であると認められる児童（以下「要保護児童」とする）の養育に関し相当の経験を有する者その他の厚生労働省令で定める者（次条第一項に規定する里親を除く）の住居において養育を行う事業をいう」と記されている。「ファミリーホーム」は従来の里親と類似した養育環境を提供しているが、事業として位置づけられている。
　里親への委託児童数は、3836人（福祉行政報告例：2009年度末現在）であり、その内訳は、養育里親3028人、専門里親140人、養子希望里親159人、親族里親509人であった。また、里親委託率は、2002年の7.4％から2009年度3月末には10.8％に上昇している。ちなみに2009年の児童養護施設での割合は81.3％、乳児院は7.9％であった。「子ども・子育てビジョン」では、家庭的養護の推進を図るために、ファミリーホームを含めた里親等委託率を、2014年度までに

16％に引き上げる目標を挙げている。そして「里親に支給される手当」を確認すると、2009年度に引き上げられ、里親における養育環境の向上も徐々にではあるが図られていることがわかる（加藤・2011：65 〜 74 頁）。

【参考文献】
加藤洋子「第 3 章　3 家庭的養護と施設養護」（春見静子・谷口純世編著『社会的養護――保育士養成課程』光生館、2011 年）65 〜 74 頁
厚生労働省　第 11 回社会保障審議会社会的養護専門委員会資料「社会的養護の現状について」2011 年
厚生労働省　第 11 回社会保障審議会社会的養護専門委員会資料「社会的養護の課題と将来像についての論点」2011 年
厚生労働省　第 1 回社会保障審議会少子化対策特別部会　平成 19 年 12 月 26 日　資料 2-3「社会的養護体制の現状と今後の見直しの方向性について」2007 年
内閣府　少子化社会対策会議「子ども・子育てビジョン」少子化社会対策基本法〈平成 15 年法律第 133 号〉第 7 条の規定に基づく「大綱」、2010 年 1 月 29 日閣議決定

⑨「子どもの貧困」と「子ども虐待と貧困」研究の動向

　第 5 期にあたる 2000 年代後半を中心に、「子どもの貧困」に関する社会の関心が高まり、それと同時に「子ども虐待と貧困」問題が関連づけられて研究されることにも注目が集まるようになる。とくに 2008 年は、「子どもの貧困」に関する著書が多く出版され、「『子どもの貧困問題発見・元年』になることが期待される」年でもあった（山野・2008：272 頁）。

　「子どもの貧困」が議論されるバックグラウンドについて、松本（2008：16 頁）は「1990 年後半から日本では社会的格差への関心が高まり、ここ 1、2 年は社会的に容認できない状態としての貧困が議論の対象となりつつある。これは現実の格差の拡大と貧困の深化、雇用の不安定化、生活のゆとりのなさの実感、それにもかかわらず公的責任が後退する社会福祉政策への危惧などを背景としているだろう」と指摘する。それは、児童福祉施設で生活する、あるいは生活した子どもたちを支える専門職、家庭や児童に関わる専門職たちが、貧困問題に直面する人々の苦悩が悲鳴に近いものに変化してきた状況を直接感じとるようになったからではないだろうか。松本は「貧困は見ようとしないと見えない」（松本・2008：377 頁）と、浅井他『子どもの貧困』（2008）の中で述べ、貧困は意識して見ないと問題の根本が見えにくくなるものであることを強調する。そして、松本と一緒に執筆している湯澤が同書で「親のモラルの問題にすることによって貧困問題を曖昧化させつつある昨今の風潮の中で、本著の編集は『子どもの貧困』の問題は『いのち』の問題であることを再確認する作業でもあった」とも述べている様に、とくに「子どもの貧困」は、家族の問題として捉えられ、子ども 1 人ひとりの問題として捉えられてはこなかった 2000 年代以前の状況がわかる。

　しかし、長引く不況の中で「子どもの貧困」問題は待ったなしの状態になっていた。授業料を払えずに高校を卒業できない卒業クライシスの問題、保険料が払えない理由から医療保険（国民健康保険）に入れず、子どもが病気や怪我をしても医療機関を利用しない問題が全国各地で起こり、新聞にも大きく取り上げられるようになる。また、一日の主な栄養源が給食で、朝食をとれずに学校に来る子どもたちの存在と、給食がない夏休み等に、体重の減る子がいる現状が明らかになっていった。そのような状況を打開するために、2010 年 4 月 25 日に「なくそう！子どもの

貧困」全国ネットワーク設立記念シンポジウムが立教大学で開催され、日本における「子どもの貧困」の解決を目指して任意団体（「なくそう！子どもの貧困」全国ネットワーク）が発足した。活動は、月1回のネットワーク会議と、プロジェクトチームの活動が中心となっている。また、年数回、訪問交流セミナーも実施している。プロジェクトチームは、①政策チーム、②調査チーム、③学びサポートチームの3つから構成されており、①政策チームでは、2010年5月の各政党への要望書の提出、6月の政党アンケートの実施、7月の報告会開催等を行ってきた。②調査チームでは、2011年から「就学援助のあり方——各自治体における相違を明らかにするための調査」を実施している。③学びサポートチームでは、2007年以降「無料学習塾」等の学びのサポート活動が社会に広がりつつある現象に対して、小学生から若者まで、経済的困難を抱える子ども・若者たちへの支援の実際と課題を明らかにするための調査を実施し、さらに、全国で活動する「学びのサポート」組織間のネットワーク構築の場も提供している。

また、「なくそう！子どもの貧困」全国ネットワークは、定期的に大学等でシンポジウムを実施しており、「子どもの貧困対策法（仮）」成立に向けて活動を行っている。2010年11月に行われた「子どもの貧困解決元年2010　国際シンポジウム　イギリスに学ぶ子どもの貧困解決——日本の子どもの貧困解決スタートへ」は、2011年8月に『イギリスに学ぶ　子どもの貧困解決』（かもがわ出版、2011年）としてまとめられ公刊された。

学会等の「子どもの貧困」研究に関する動向を確認すると、2008年を中心に動きが活発になり、福祉学や教育学の領域において、シンポジウム等のテーマに「子どもの貧困」が取り上げられ、機会不平等の議論が注目を浴びるようになる。「子どもの貧困」問題の一項目として挙げられる「子ども虐待と貧困」の関係を、シンポジウム等で取り上げているのは、福祉領域では、2008年9月13日に東京児童相談研究会（全国児童相談研究会の東京支部）により行われた東京児相研例会「子ども虐待と貧困」（山野良一・川松亮・加藤洋子）。2009年6月20日に開催された、「第14回児童虐待防止シンポジウム」（こども未来財団・児童虐待防止全国ネットワーク主催）での松本伊智朗報告による「『子どもの貧困』から見えてくること——『子ども虐待防止』が有効に機能するには反貧困政策・実践が必要不可欠」。その他には、子どもの虐待防止センター設立20周年記念シンポジウムにおいて、「子ども虐待の背景と今後の対応を考える——子どもの虐待防止センターの目指すもの」の中で、阿部彩が報告している「1.子ども虐待を生みだす社会的背景を考える、（1）貧困という面から」（2011年10月30日実施）等が挙げられる。法律・医療領域で、シンポジウムのテーマとして「子ども虐待と貧困」が取り上げられているものには、日本弁護士連合会による日弁連第53回人権擁護大会プレシンポジウム「子供の貧困と虐待リスク」（2010年9月4日実施）。神奈川県保険医協会・地域医療対策部会の「子どもの虐待と貧困の無い社会を目指して」（2010年10月31日実施）等がある。

「子ども虐待と貧困」の関連について、学会の中で着目されるようになるのは、「子どもの貧困」に関する著書が多数出版され、社会がこの事態に対して関心を抱く2008年以降であろう。もちろん1990年代後半から、リスクアセスメントの研究や「子ども虐待と貧困」の問題を関連づけて研究する一部の研究者による発表・論文はあったものの、虐待の要因について精神的な要因だけではなく、社会経済的要因も重要な因子であると学会や専門職、関係機関の中で認識されるようになるのは、第5期の2000年代後半ということになろう。

次に、研究動向（とくに文献）から「子どもの貧困」についての関心が定着するに至った過程を確認する。2008年4月に『子どもの貧困』（浅井他・2008）が出版され、研究・実践の立場から子どもの貧困について問題提起がなされた。この著書を皮切りにして、日本の「子どもの貧困」がいかに深刻な状態であり、将来、そのことは、日本の社会に多大な影響を及ぼしていくものであると、多くの研究者・実践者が、世間に訴えかけたのである。

　2008年5月には『週刊東洋経済』で「子ども格差」の特集が組まれた。OECD加盟25か国の子ども貧困率（2000年）では、日本は子どもの貧困率が14.3％と高く、相対的貧困が広がっていることや、ひとり親世帯の子どもの貧困率が57.3％であり、OECD加盟25か国中、第2位の貧困率の高さであること。さらに低学歴と貧困、虐待の相関関係。児童養護施設の子どもと全国の子どもとの進路状況の違い（大学進学率　全国の子ども〈2006年度〉67.5％、児童養護施設の子ども〈2005年度〉16％）等が、特集には掲載されていた。2008年11月には『子どもの貧困――日本の不公平を考える』（阿部・2008【文献66】）が刊行され、日本の「子どもの貧困」について、様々な統計から客観的なデータが提供された。また、2008年9月には、山野の『子どもの最貧国・日本』（2008）が発行されている。山野は、日本の子どもたちに広がる著しい貧困化について、統計を利用しながら説明し、その貧困がもたらす脳・身体・心への影響について記している。2009年6月には、子どもに直接援助を行う現場である児童福祉施設や保育所における現場の貧困な生活環境・人的環境について記述している『福祉・保育現場の貧困』（浅井他・2009）が刊行された。また、子どもやその家庭の貧困、政策の乏しさ等、子どもの貧困根絶に向けて、様々な角度から論及している『子どもの貧困白書』（子どもの貧困白書編集委員会編・2009年）が出版され、「子どもの貧困」は1つの流行のように取り扱われるようになる。『子どもの貧困白書』は105人にも及ぶ執筆者により作成され、2000年代に実際に起こっている子どもを取り巻く貧困について多角的に論じられており、社会の関心を集めるのに最も影響を与えた著書でもあった。

　次に、「子どもの貧困」が注目を集める中、「子ども虐待と貧困」研究の動向についても確認しよう。「子ども虐待と貧困」も同様に脚光を浴びるようになる。「子どもの貧困」の著書の中で、1つの節・章として「子どもの虐待と貧困」を扱っているものも多い。先述した山野は『子どもの最貧国・日本』（2008：11頁）の中で、児童虐待問題と子どもたちの貧困問題の関連について繰り返し触れている。第4期にあたる2006年2月に発行された『児童虐待のポリティクス――「こころ」の問題から「社会」の問題へ』（上野編著・2006）の第2章の中で、山野は「『貧困』問題をすでに克服した『豊かな社会』のなかでの『現代的な児童虐待』『家族病理』といった意匠で問題が語られることが、今のわが国の児童虐待の捉え方の主流となっている」（山野・2006：61頁）と指摘し、「家族や保護者個人の『こころ』への手当てが志向され、貧困等の社会的な要因やそれを改善できない行政や社会の責任問題はどこかに消えてしまう」（山野・2006：61～62頁）と主張していた。このように第4期までは、虐待はどの家庭にも起こり得る問題であり、一般的な子育ての中で虐待を予防することに重点がおかれ、また家族の病理として捉えられ、それに対応する施策が重視されていたのである。

　第5期に入り「子どもの貧困」への社会的関心の高まりが強くなることにより、現場で出会う子ども、その家族が直面している貧困問題が、子ども虐待と深く関連して存在していることが理解され、その手立てを十分にしてこなかった行政の施策、研究の偏りについて是正しようとする

動きが始まる。そして、虐待対策の流れを変えていくきっかけが作られていくのである。

先述の阿部も、子ども虐待についての貧困対策の不整備について、「日本で、貧困と虐待の関係性が議論されてこなかった理由の一つには『貧困者＝児童虐待者』というイメージを固定させてしまうような差別を避けたいという配慮もあると考えられる。しかし、虐待を発生させてしまうような家庭の経済問題に目をつむってきたことにより、虐待を防止する本当に必要な手段が講じられてこなかったといえる」(阿部・2008：13頁【文献66】)と指摘し、貧困問題を直視しなかった日本の状況を非難する。

その他に、「子ども虐待と貧困」を扱ったものとしては、「児童相談所からみる子どもの虐待と貧困」(川松・2008：85～111頁)がある。川松は、調査・統計から「子ども虐待と貧困」の関係を示している。平成15年度　厚生労働科学研究費補助金(子ども家庭総合研究事業)分担研究報告書『児童相談所が対応する虐待家族の特性分析——被虐待児及び家族背景に関する考察』のデータから、生活保護世帯が19.4％、「市町村民税非課税世帯・所得税非課税世帯」が合わせて26％となっていることを提示して、虐待が発生するような家族には、経済的困難を抱えている家族が多いことを主張した。また東京都福祉保健局「児童虐待の実態Ⅱ」(2005年12月)のデータから、「精神的な問題のみが単独で表れるというよりは、やはり経済的な困難が背景にあり、そのためにストレスをため込んでいる」(川松・2008：94頁)と考えられると述べている。

2010年7月には、加藤が「虐待問題を抱える家族と貧困——児童相談所が対応する家族の類型化」『子ども虐待の予防とケアのすべて』(加藤・2010：851～862頁)において、「子ども虐待と貧困」との関係について、家族の特徴を類型を用いて論じている。内容は、髙橋重宏(主任研究者)による平成15年度　厚生労働科学研究費補助金(子ども家庭総合研究事業)分担研究報告書『児童相談所が対応する虐待家族の特性分析——被虐待児及び家族背景に関する考察』のデータを活用して再分析(2次分析)したもので、クラスター分析により家族を類型化し、さらに、その類型と他の変数をクロス集計することによって家族の特徴について言及している。3都道府県17児童相談所で一時保護し、一定の方針が立った虐待501ケース(児童数)を分析(世帯別416ケースのうち362ケースが有効)し、その世帯別ケースより類型を3つ導き出している。結果は、類型①「養育基盤安定型」が166ケース(全体の45.9％)、類型②「母子家庭　養育基盤不安定型」が154ケース(42.5％)、類型③「養育基盤不安定型」は42ケース(19％)となった。類型①「養育基盤安定型」と類型③「養育基盤不安定型」では、虐待の種別において、身体的虐待が多く、②「母子家庭　養育基盤不安定型」では、ネグレクトが非常に多かった。類型②の「母子家庭　養育基盤不安定型」は、生活保護世帯と非課税世帯(市町村民税・所得税)を合わせて約6割近くを占めている。最終学歴を見ると、類型②「母子家庭　養育基盤不安定型」では中学卒業が41.6％、類型③「養育基盤不安定型」父親の40.5％、母親も40.5％が中学卒業であり、最終学歴の低さが、2つの類型で顕著に表れていた。結論として、貧困が経済的な問題のみならず、他の問題を巻き込みながら、家族の養育能力を下げており、「養育基盤」があまりにも脆い中で子育てをしている厳しい実態が浮かび上がり、それらの家族への対策が喫緊の課題であることを主張している。

2010年2月には、松本伊智朗編著による『子ども虐待と貧困』が出版されている。この著は、「子ども虐待と貧困」の関係について議論を提起することを目的に論じられており、子どもの年

齢段階ごとの課題（児童相談所、母子保健、学校教育、自立援助ホーム）を意識して構成されているところに特徴がある。そして、誰ひとり「『忘れられた子ども』がいない社会を作るために、これからが本番なのだ」（松本編著・2010：241頁）と締めくくられており、子ども虐待と貧困問題に対する対策の拡充は始まったばかりであると示している。

　「子ども虐待と貧困」との関係を明らかにした第5期の調査としては、松本伊智朗（主任研究者）による『子ども虐待問題と被虐待児童の自立過程における複合的困難の構造と社会的支援のあり方に関する実証的研究』（2008～2009年度）がある。調査対象は、2003年度に北海道内全ての児童相談所（札幌市児童相談所および道立8児童相談所）において虐待相談として受理したもののうち、当該児童の受理時の年齢が5歳、10歳、14歳、15歳のもの129例全てとなっている。分析の結果、貧困と社会的孤立が大きな背景として確認され、大多数の家族に、子どもの障害、養育者の障害やメンタルヘルスの問題等の不利と困難が重複していたことを明らかにしている。結論では、児童虐待に対する政策的対応は、広く生活基盤の安定と個々の不利と困難を緩和するための政策を含まなければならないと指摘している。

　日本において、この第5期は「子どもの貧困」や「子ども虐待と貧困」の関係を問題視して、人々がそれを直視しようとした時期である。また、「子どもの貧困」に対する問題提起は、子どもについていったん家族と切り離して考え、個人として、どのように支え発達の保障をしていくか、それらを具体的な施策に乗せて考える契機となった。松本が述べるように「『格差社会』論に端を発して、貧困・不平等への社会的関心が高まり、研究や議論が見られるようになってき」た。「これが一過性の『流行りもの』で終わるのか、社会的関心が持続し、研究と議論が深化し、貧困への対策が社会に根づいたものになっていくのか、これからの数年が大切になってくる」のである（松本・2008：378頁）。

【参考文献】
阿部彩『子どもの貧困――日本の不公平を考える』岩波書店、2008年【文献66】
浅井春夫他『福祉・保育の現場の貧困――人間の安全保障を求めて』明石書店、2009年
加藤洋子「虐待問題を抱える家族と貧困――児童相談所が対応する虐待家族の類型化」（『子ども虐待の予防とケアのすべて』（追録第14号）第一法規、2010年）851～862頁
川松亮「児童相談所からみる子どもの虐待と貧困　虐待のハイリスク要因としての貧困」（浅井春夫他『子どもの貧困――子ども時代のしあわせ平等のために』明石書店、2008年）84～111頁
子どもの貧困白書編集委員会編『子どもの貧困白書』明石書店、2009年
松本伊智朗「貧困の再発見と子ども」（浅井春夫他『子どもの貧困』明石書店、2008年）14～61頁
松本伊智朗「貧困は見ようとしないと見えない」（浅井春夫他『子どもの貧困』明石書店、2008年）377～381頁
松本伊智朗他「子ども虐待問題と被虐待児童の自立過程における複合的困難の構造と社会的支援のあり方に関する実証的研究」厚生労働科学研究費補助金行政政策研究分野　政策科学総合研究（政策科学推進研究）2008～2009年度
松本伊智朗編著『子ども虐待と貧困――「忘れられた子ども」のいない社会をめざして』明石書店、2010年
「なくそう！子どもの貧困」（全国ネットワーク編『イギリスに学ぶ子どもの貧困解決――日本の「子どもの貧困対策法」にむけて』かもがわ出版、2011年）
東洋経済新報社「子ども格差」（『週刊東洋経済』特大号第6142号、2008年）
山野良一「児童虐待は『こころ』の問題か」（上野加代子編著『児童虐待のポリティクス――「こころ」の問題から「社会」の問題へ』明石書店、2006年）53～99頁

第 5 期（2007 年 7 月から 2010 年 3 月まで）

　　山野良一『子どもの最貧国・日本』光文社、2008 年
　　湯澤直美「いのちをつなぐ」（浅井春夫他『子どもの貧困――子ども時代のしあわせ平等のために』明石書店、2008 年）382 ～ 385 頁

⑩「子育て支援」に関する地域資源の整備（在宅支援の可能性）

　第 5 期にあたる 2008 年 11 月児童福祉法の一部改正の 1 つの柱が、「子育て支援事業」の制度上の位置づけの明確化である。それは、地域の実情に応じて適正に「児童家庭援助活動」が実施されることへの法的根拠となった。そして、そのことは家族のみで子育てを行うのが難しい場合に、その地域が家族に代わり子育てを補い、地域社会全体で子どもたちを育てていくということを意味している。すなわち、「子育て支援」の推進は、市町村（行政）と地域住民とが一体となって、地域の子育て資源を整備していくということを指すのである。

　第 4 期では、2004 年の児童福祉法改正で、児童家庭に関する相談窓口が市町村に移り、第一次的相談窓口となったため、「市町村を中心とした相談体制」の整備が急がれた。児童虐待相談の増加により、児童相談所だけでは担いきれなくなった児童家庭相談を市町村も担うことになり、虐待相談に対応できる専門性の確保と児童相談所との連携が大きな課題となった。そして、第 5 期は、「市町村を中心とした援助体制」の整備に重点が移る。すなわち、地域において、きめ細かく柔軟な子育て支援を行うことが求められたのである。また、子育て支援は虐待の早期発見、予防においても非常に大きな役割を担っていた。

　2008 年 11 月の改正では、「子育て支援事業」として、①乳児家庭全戸訪問事業（生後 4 か月までの全戸訪問事業　いわゆる「こんにちは赤ちゃん事業」）、②養育支援訪問事業（いわゆる育児支援家庭訪問事業）、③地域子育て拠点事業、④一時預かり事業が児童福祉法に規定され、その法的根拠が明確にされた。その他、「家庭的保育事業」（いわゆる保育ママ）も法律上明記され、待機児童の減少に向けた取り組みの 1 つとして位置づけられた。以下に、①乳児家庭全戸訪問事業、②養育支援訪問事業、③地域子育て拠点事業について、自治体の動向を確認する。

　「乳児家庭全戸訪問事業」は、2007 年から事業が開始された。全国の乳児家庭全戸訪問事業の実施率は、2007 年度 58.2％、2008 年度 71.8％、2009 年度 84.1％、2010 年度 89.2％（厚生労働省 2010 年度「乳児家庭全戸訪問事業」及び「養育支援訪問事業」都道府県別実施状況）であった。活動の担い手は、保健所や保健センター等の保健師が中心であり、第 5 期にあたる 2007 年に事業がスタートし 4 年間で全国約 9 割という整備状況の良さから、乳児家庭全戸訪問事業は、地域住民にスムーズに受け入れられ定着したものと考えられているが、一方で、「訪問対象家庭が簡単に訪問者を受け入れるわけではなく、また、一度の面接で、しかも場合によっては玄関先での観察で、家庭の抱える養育上の問題をどこまでキャッチできるのか」と問題点を指摘した、益巴他（2011：3 頁）による〈訪問拒否等対応困難事例への支援体制に関する研究〉見解と現状にも注目する必要がある。

　第 4 期報告書で述べたように「子育て支援策は、虐待予防策の一つとして市町村の中で展開され、サービスの定着を目指し、その地域にあった支援を模索している」（加藤・2010：52 頁）。その担い手の確保と育成、地域資源としての整備は、第 4 期と第 5 期にかけて確立されてきたのである。第 4 期の報告書（48 ～ 53 頁）で紹介しているが、「養育支援訪問事業」は、2004 年に開

始された事業であり、管理は市町村が行い、その担い手は委託先であるNPO法人等の民間団体、民間機関という自治体が多い。対象となる家庭も利用者の申請によるもの、市町村や児童相談所が把握している要支援家庭が中心等、地域により違いがある。利用者の費用も無料の自治体から有料までと幅がある。実際に事業を実施している例を挙げると、それぞれ特徴がある。子育ての問題を抱える家庭へ「介入型」で入るサービスを進めている横浜市の児童相談所。要支援家庭が中心だが、虐待のハイリスク家庭までと支援の対象幅が広いのは、東京都足立区こども家庭支援センターによる家事援助事業「ほっとホーム事業」。「バディチーム」(NPO法人)は、東京都の特別区・市から多数、委託を受けており、虐待家庭から一般的な子育て家庭までを支援範囲としており、足立区の「ほっとホーム事業」と同様に対象幅が広い。東京都荒川区子ども家庭支援センターでは、養育支援訪問事業による家事ヘルパーの派遣を行っている。

　茶谷は「児童福祉法で市町村の責務となった養育支援訪問事業は、養育環境の改善に向けた切り札の役割を担っている」と述べる(茶谷・2011：39頁)。また、「回数や期間に制限があり、焼け石に水のようであっても、母子分離をせずに子どもに適切な養育環境を提供できることと、保護者への家事・育児指導等家庭に密接に係わることができるので、貧困対策にも極めて有用である」と主張する(茶谷・2011：39頁)。このように、徐々にではあるが「在宅支援」の可能性が広がり、地域の中で定着してきているのである。しかしながら、全国の養育支援訪問事業の実施率は、2007年度42.9％、2008年度45.4％、2009年度55.4％、2010年度59.5％(厚生労働省2010年度「乳児家庭全戸訪問事業」及び「養育支援訪問事業」都道府県別実施状況)と、約6割の自治体でしか行われていない。

　その他の家庭訪問支援サービスについて確認すると、世田谷区が2007年から開始している「世田谷区学生ボランティア派遣事業」がある。事業は、児童虐待を受けた小中学校児童生徒へ、大学生等の学生ボランティアを派遣して、話し相手や遊び相手を通して精神的支援・学習支援を行うことにより被虐待児童の自立支援を図っている。担い手は、世田谷区が委託したNPO法人「学ボラ・サポート・プロジェクト」である。

　その他には、「ホームスタート・ジャパン」(NPO法人)の活動がある。ホームスタートとは、未就学児(6歳以下)がいる家庭にボランティア(以下「HSホームビジター」とする)が訪問する、イギリス発祥の「家庭訪問型子育て支援」である。「親が親をサポートする」ピアな活動のHSホームビジターは子育て経験がある人が大半で、訪問を希望した家庭へ週1回2時間程度、ボランティア(無償)で訪問し、滞在中「傾聴」「協働」等の活動をしている。ホームスタートの要となっている「ホームビジティング」は、子育て中の親の自宅を訪問し、子育ての現実に沿った実際的なサポート(家事等へのアドバイスや協働、ロールモデル)、精神的なサポート(傾聴、共感)をする活動である。日本では2007年から活動が始まり、多くの自治体でホームスタート・ジャパンは講演会を行っている(ホームスタート・ジャパンホームページ、2012年)。

　養育支援訪問事業、その他の家庭訪問支援サービスについては、運営管理は各自治体が行い、サービスを提供するのは、民間団体等に委託をするという構造になっていた。きめ細かい子育て支援を行うには、民間の手を借りながら実施せざるをえない実態が浮かび上がる。そこで危惧されるのは、委託間関係のパートナーシップである。子育て支援策(児童福祉分野)でも、高齢者、障害者分野と同様に、行政と委託関係機関との間に様々な問題が存在する。とくに、養育支援訪

問事業は、子どもの状況・家庭の状況が訪問者によってある程度明らかになっていくという特色がある。その個人情報をどのように扱うのか、また自治体がキャッチしている児童・家庭の情報をどこまで事業委託先の民間団体・機関に提供していくのかが問題視される。それらは協定書、契約書等で定めていく必要があるであろう。そして、東京都は社会的養護の当事者組織(民間団体)にも事業委託をしている。事業が法制化され、拡大していくことにより、福祉多元化はさらに進むと思われる。障害福祉分野では、村田が『福祉多元化における障害当事者組織と「委託関係」』という著書の中で、組織間関係論の観点から当事者組織が国の福祉供給システムにビルトインされた過程を検証し、実施レベルの「委託関係」を通した組織変容と新たに発生していく課題・ジレンマについて検討している(村田・2009)。児童福祉の分野でも、福祉多元化の議論が今後深められるであろう。

　第3期で取り上げた「行政と民間組織におけるネットワークの整備」では、協定書・相談援助に関する覚書について整理をした(加藤・2009:16～20頁)。民間団体の相談援助サービスと児童相談所の間の取り決めは、段階を経て進展してきた。「相談体制」の整備を行うときに、児童相談所、市町村の相談窓口、民間団体の相談サービスは、児童・家庭の個人情報に関して、そして児童保護についての取り決めを行わなくてはならない。現在は、2004年に創設された要保護児童対策地域協議会(子どもを守る地域ネットワーク)という情報や援助方針を共有する場がある。それも関係機関がパートナーシップを構築する重要な場であるが、協定書、契約書も同様に大きな効力を持っている。「援助体制」の整備においても「相談体制」整備時と同様にパートナーシップについて考える段階に入ってきている。それが第5期の特徴といえよう。

　最後に、「地域子育て拠点事業」について自治体の動向を確認する。「地域子育て拠点事業」は地域社会全体で、子育てを支援するサービスの重要な柱として、全国で様々な取り組みが行われている。その形態に関しては、「公共の空きスペースや商店街の空き店舗において実施する『ひろば型』、保育所等において実施する『センター型』、民間児童館において実施する『児童館型』の3類型があり、平成21年度より『ひろば型』において、一時預かりや放課後児童クラブなどを一体的に実施し機能の拡充が図られている」(志濃原・2011:80頁)。「地域子育て拠点事業」も「養育支援訪問事業」と同様に、行政が民間団体等に委託しているケースが多く、親子の居場所作りは、子どもと安心して遊ぶこと、子育て仲間を作ることを目的として急速に拡大していったのである。

　例えば、NPO法人が運営する「親と子のつどいの広場事業　おやこの広場『びーのびーの』」は、商店街の空き店舗を借り上げて、子育て当事者たちにより2000年4月に開設された。横浜市社会福祉協議会「親と子のつどいの広場事業」として現在も活動が行われている。「びーのびーの」(NPO法人)理事長の奥山千鶴子は、「地域子育て支援」という概念がなかった2000年当時、0～3歳児とその親が一緒に和める場所が欲しいという思いで、自分たちが住んでいる地域の横浜市に『ひろば型』の施設を作ったという。「びーのびーの」(NPO法人)は、その他にも「預かり保育事業　妙蓮寺ほっとプラザ　ゆーのびーの」を2006年1月に開設し、「横浜市コミュニティ再生モデル事業」として運営している。また「港北区地域子育て支援拠点　どろっぷ」を2006年3月に開設し、「港北区地域子育て支援拠点委託事業」として実施している(高橋・2008:10～13頁)。「びーのびーの」理事長の奥山は、NPO法人子育てひろば全国連絡協議

会理事長、内閣府「子どもと家族を応援する日本重点戦略会議」点検・評価分科会委員（2007年度）も務めている。子育てをする当事者が立ち上げた活動は、その地域の自治体から事業として委託を受けるほどに成長し、地域の資源として根付いていったのである。

その他、子育て支援事業には様々な民間団体が参加している。2008年10月には、日本生活協同組合連合会が東京渋谷・コーププラザで「福祉・助け合い活動、子育て支援交流会」を開催し、子育て支援活動についての交流の場を設けた。その分科会では「みんなでつながり　めざそう　やさしいまちづくり～助け合いの輪を広げるためにコープだからできること～」をテーマにして、生活協同組合が全国で展開している「ひろば型」地域子育て拠点事業や、家庭訪問の事業、預かり保育事業についての報告会を開いた（日本生活協同組合連合会・2008年）。子育て支援事業の担い手は、その地域の要望に応え柔軟に対応している。しかし、地域において展開される事業が、運営・情報管理等、全てにおいて順調にいき、簡単に定着しているわけではない。子育て支援事業を拡充する上で、様々な問題も孕んでいることにも留意しなくてはならない。

武蔵野市を中心に2007年から活動している「子育て家族支援団体Somlic」（NPO法人）は、海外で実績のある子育て支援プログラムや、虐待予防を目的に作られた専門プログラム、そしてリフレッシュや仲間作りのための親子が集えるイベント等を企画して子育て中の保護者に提供している（子育て家族支援団体Somlic・2010）。「子育て家族支援団体Somlic」（NPO法人）の活動は、3つのペアレンティングプログラムを提供しているのが特徴で、「前向き子育てプログラム（トリプルP）」「コモンセンスペアレンティング」「ノーバディズ・パーフェクト～完璧な親なんていない～」を一団体で行い、その中から保護者たちがプログラムを選んで利用している。1つの組織で3つの異なるプログラムを提供する団体は、全国にはまだ殆どない状況であり、先駆的な取り組みを行っている。

「子育て家族支援団体Somlic」のように、「子育て支援」の民間団体が「親と子のつどいの広場」を開き、そこでペアレンティングプログラムを実施しているケースも増えている。柳川他「児童虐待予防のための地域ペアレンティング・プログラムの評価に関する研究──「前向き子育てプログラム（トリプルP）の有用性の検討」『子ども虐待とネグレクト』11巻1号（2009年【文献72】）や、犬塚峰子他『児童虐待──父・母・子へのケアマニュアル～東京方式』（弘文堂、2009年【文献73】）は、今後、親をサポートするプログラムを実践しようとする組織には非常に参考になる文献となるであろう。

「子育て家族支援団体Somlic」（NPO法人）代表の田中真衣は、行政との関わりの中で、「対等な協働関係」が持ちづらいことについて問題提起する。子育て支援のプログラムを行うと様々な保護者が参加する。そのときに子どもに対して不適切な関わりをしている、あるいは要支援家庭・グレーゾーンと思われる気になる親子、発達に問題があると思われる子どもも訪れる。その情報を自治体に連絡しても、自治体が持っている情報は、NPO法人にはなかなか提供されないのである。子育て支援を地域で行おうと同じ目的意識で活動していても、個人情報を扱う上での障壁は残る。養育支援訪問事業でも同様なパートナーシップの議論がある。

2008年児童福祉法改正で「子育て支援事業」が法定化され、「市町村を中心とした援助体制」の整備が急務となった。地域における子育てに関わる様々な機関の「対等な協働関係」に関する議論については、今後さらに深化させる必要があろう。松本伊智朗は『子ども虐待──介入と支

援のはざま』（2007）の著書の中で、子ども虐待の取り組みについて、「介入から支援へ方向の転換が必要であり、わが国はその段階にきているが、現実にはそのように一直線には進まない可能性が指摘されている。こうした『介入と支援のはざま』の中で、子どもを主体としてみること、育ちを軸として専門職の立ち位置を再考すること、連携の仕組みを具体的に作り上げることが論点として提起」されるべきであると述べる（松本・2007：19頁【文献18】）。第5期は、まさしくその時期になる。「子どもを主体としてみること、育ちを軸として専門職の立ち位置を再考すること、連携の仕組みを具体的に作り上げること」（松本・2007：19頁【文献18】）を常に意識しながら、地域を中心にして虐待防止の取り組みに臨む必要がある。

【参考文献】
茶谷由紀子「子ども家庭支援センターでの『子どもの貧困』との係わり」（荒川区自治総合研究所編『子どもの未来を守る──子どもの貧困・社会排除問題への荒川区の取り組み』三省堂、2011年）34〜43頁
犬塚峰子他『児童虐待──父・母・子へのケアマニュアル〜東京方式』弘文堂、2009年【文献73】
児童虐待防止全国ネットワーク　第17回シンポジウム「『子ども虐待防止に向けた取り組みの現状と課題』──行政・民間団体・企業・個人など多様な連携の推進」2012年1月28日配布資料
加藤洋子「行政と民間組織におけるネットワークの整備（協定書・相談援助に関する覚書について）」（吉田恒雄他『平成18・19年度研究報告書　虐待の援助法に関する文献研究〈第4報：2000年代〉児童虐待に関する法制度および法学文献資料の研究　第3期〈2000年6月から2004年4月まで〉』子どもの虹情報研修センター、2009年）16〜20頁
加藤洋子「子育て支援対策の動向（虐待予防策としての位置づけ）」（吉田恒雄他『平成20・21年度研究報告書　虐待の援助法に関する文献研究〈第5報〉児童虐待に関する法制度および法学文献資料の研究　第4期〈2004年5月から2007年6月まで〉』子どもの虹情報研修センター、2011年）48〜53頁
「子育て家族支援団体Somlic」（NPO法人『2010年度　子育て家族支援団体SomLic事業報告書』「子育て家族支援団体Somlic」2010年）
松本伊智朗「序章　介入と支援のはざま──本書の課題と構成」（小林美智子・松本伊智朗編著『子ども虐待──介入と支援のはざまで』明石書店、2007年）9〜24頁【文献18】
ホームスタート・ジャパン　ホームページ（NPO法人Home-start Japan）http://www.homestartjapan.org/modules/report/index.php?content_id=17（2011年3月6日）
益邑千草他「『乳児家庭全戸訪問事業（こんにちは赤ちゃん事業）』における訪問拒否等対応困難事例への支援体制に関する研究　平成22年度　総括・分担研究報告書」厚生労働科学研究費補助金　成育疾患克服等次世代育成基盤研究事業、2011年
日本生活協同組合連合会　中央地連「分科会『みんなでつながり　めざそう　やさしいまちづくり──助け合いの輪を広げるためにコープだからできること』」報告書、2008年
村田文世『福祉多元化における障害当事者組織と「委託関係」──自立性維持のための戦略的組織行動』ミネルヴァ書房、2009年
志濃原亜美「少子化と子育て支援サービス」（佐々木政人・澁谷昌史編著『子ども家庭福祉』光生館、2011年）74〜81頁
高橋裕昌「キーパーソンに聞く　地域子育て支援の推進　行政と連携し、市民・NPOの得意分野を担う」（三菱総合研究所『自治体チャンネル＋人と組織を育てる』107号、2008年）10〜13頁
東京都世田谷区「世田谷区学生ボランティア派遣事業実施要綱」平成21年4月1日　21世要児第30号
柳川敏彦他「児童虐待予防のための地域ペアレンティング・プログラムの評価に関する研究──『前向き子育てプログラム（トリプルP）』の有用性の検討」（『子ども虐待とネグレクト』11巻1号、2009年）【文献72】

⑪死亡事例検証
　第5期には、社会が注目した2つの死亡事件が発生する。1つは、2010年1月に、東京都江戸

川区小学 1 年男児が両親（父親は継父、母親 22 歳：本児は 15 歳時の若年出産）に虐待され死亡した事件である。2009 年 9 月に歯科医師から、本児の虐待に関する通報が入り、学校、子ども家庭支援センターともに情報を知り家庭訪問等で対応していたが命を救うことができなかった。通報後、本事件に対応していた中心機関は小学校であった。男児は、長期欠席（2009 年 9 月以降 85 日間中 35 日欠席）もしており、また、2009 年 10 月には、急性硬膜下血腫で都立墨東病院にも入院していたが病院も虐待と疑わず通報しなかった。事件後の検証で、様々な情報が集約されていなかった問題が浮かび上がった。

　東京都は、「児童虐待死亡ゼロを目指した支援のあり方について提言（江戸川区事例　最終報告）平成 21 年度東京都児童福祉審議会児童虐待死亡事例等検証部会報告書」（福祉保健局）を 2010 年 5 月 11 日に公表し、その 1 か月前の 2010 年 4 月 28 日に（江戸川区事例　中間報告）を発表している。

　報告書では、児童相談所、子ども家庭支援センター、小学校、医療機関等の連携問題と、市町村の相談・虐待対応体制や学校の虐待対応の問題、子どもの安全確認の課題等が指摘された。学校関係については、2010 年 1 月に、文部科学省から「児童虐待防止に向けた学校等における適切な対応の徹底について」（21 初児生第 29 号、初等中等教育局児童生徒課長通知）が発出されている。

　2 つ目は、2010 年 7 月に発生した、大阪市西区のマンションで幼児 2 人が母親に置き去りにされて死亡（ネグレクト）した事件である。大阪市は 12 月 24 日、大阪市社会福祉審議会児童福祉専門分科会・児童虐待事例検証部会（部会長・津崎哲郎花園大学教授）がまとめた再発防止のための報告書「大阪市における幼児死亡事例検証結果報告書」を公表した。児童の安否確認ができていない状態について、こども相談センター（児童相談所）内で、この情報が共有されていなかったことを問題視している。

　また、地域での保護者の孤立も指摘されている。その後、情報管理体制の見直しや、初期対応マニュアルの作成等が求められ、虐待対応体制の見直しが図られた。この事件では、児童相談所が関与していたにもかかわらず、児童の安全確認が行われなかった。そのことから、児童を直接目視して確認できていない事例を早急に確認し、これらの事例における対応方針の見直し、立入調査、臨検・捜索を念頭においた対応、適時適切な一時保護等を実施するよう求める通知が発出された（「児童の安全確認の徹底について」平成 22 年 8 月 2 日厚生労働省雇用均等・児童家庭局総務課長通知雇児総発 0802 第 1 号）。

　2007 年の児童虐待防止法の改正により、2008 年 4 月から、国および地方公共団体は、児童の心身に著しく重大な被害があった虐待事例について、事例の分析（検証）を行わなければならないこととされ、2 つの死亡事件に関しても検証、報告書の発行がなされている。

　第 5 期の 2007 年 7 月から 2010 年 3 月にあたる「子ども虐待による死亡事例等の検証結果等について」（厚生労働省）の報告は、「子ども虐待による死亡事例等の検証結果等について」厚生労働省社会保障審議会児童部会「児童虐待等要保護事例の検証に関する専門委員会」第 4 次報告（2008 年 3 月）と、「子ども虐待による死亡事例等の検証結果等について」厚生労働省社会保障審議会児童部会「児童虐待等要保護事例の検証に関する専門委員会」第 5 次報告（2009 年 7 月）が該当する。

第4次報告では、死亡した事例（心中以外）に関しては、0～3歳が45人で（73.8％）であった。また、乳幼児健康診断未受診の割合が大幅に増加するという現象が起きていた。第5次報告では、心中以外の事例37人のうち17人（45.9％）が生後1か月に満たない時期に死亡しており、とくに生後まもなく亡くなった事例は16人（43.2％）であった。また0～3歳までの子どもが占める割合はこれまでの報告でも7割で推移してきたが、第5次報告では8割を超えていた。死亡事例では、年齢の低さが際立った特徴として挙げられている。そして、第6期の報告書（第6次報告・第7次報告）に見られるように、0日、0か月児の虐待死亡例の割合が高いことを考えると、出産前後の支援サービス、周産期からの見守りを地域で行うことが重要ということになる。保健領域の虐待予防対策の拡充が望まれ、その兆候が第5期の死亡事例検証からもうかがえた。

【参考文献】
「児童虐待死亡ゼロを目指した支援のあり方について提言（江戸川区事例　最終報告）平成21年度東京都児童福祉審議会児童虐待死亡事例等検証部会報告書」東京都福祉保健局、2010年
「子ども虐待による死亡事例等の検証結果等について」（厚生労働省　社会保障審議会児童部会「児童虐待等要保護事例の検証に関する専門委員会」第4次報告）2008年
「子ども虐待による死亡事例等の検証結果等について」（厚生労働省　社会保障審議会児童部会「児童虐待等要保護事例の検証に関する専門委員会」第5次報告）2009年
「大阪市における幼児死亡事例検証結果報告書」大阪市社会福祉審議会児童福祉専門分科会・児童虐待事例検証部会、2010年

（加藤　洋子）

(6) 非行・教護分野

　前の期から指摘されてきていた被虐待経験と非行の関連性に関して、より明確な視点でそのメカニズムを明らかにしようという研究が見られる。

　非行と児童虐待の複合問題を、虐待する加害者（養育者）の点から論じたものに、稲垣の論文がある（稲垣・2010【文献52】）。稲垣は、虐待者が抱える問題を「発達障害～精神疾患を抱えている」「育児技術の問題」「人格～性格の問題がある」に分け（稲垣・2010：35頁）、「加害者を診療する精神科の報告では、うつ圏障害が43.6％と多く、加害親の60％に自らの被虐待体験がある」（稲垣・2010：37頁）と指摘している。一方で、「被虐待児童が成長発達していく段階でどのように影響を受け、特に非行・犯罪に至るのかについてはまだ研究段階である」として「発達的観点と、トラウマとしての観点の二つの軸から考察」する必要を指摘している（稲垣・2010：38頁）。とくに被虐待児の非行と犯罪との関連性について「攻撃性」を鍵概念とし、動物としての種の保存行動としての、いわゆる弱肉強食としての攻撃性に加えて、「自分自身の存在確認作業の現れ」としての攻撃性があると述べている（稲垣・2010：40頁）。

　児童自立支援施設に入所する児童の問題に児童虐待、発達障害の視点をむけたものに、小木曾宏の論文がある。「児童自立支援施設のあり方に関する研究会」（厚生労働省雇用均等児童家庭課、2005年設置）の第5回研究会では、杉山登志郎医師（あいち小児保健医療総合センター）を招聘し、被虐待体験・発達障害を有する児童自立支援施設入所児童について専門的見地から講義を受けたという。

　同会会員である小木曾宏によれば、杉山は被虐待経験によって「反応性愛着障害」に陥ってい

る児童にとって、次のような点で児童自立支援施設での処遇が有効であるとの見解を示したという。以下に小木曾によるまとめの部分を引用する。「児童自立支援施設の『枠のある生活』が、このような状況にある子どもたちの支援に必要な条件を有していると指摘した。たとえば、虐待環境から離れることで保護、愛着の形成の場の確保ができる。児童自立支援施設と児童精神科医が連携し、薬物療法等を併用し、衝動的行動をコントロールしながら、生活の構造化、悪循環を断ち切ることが可能になるという。そして、重篤な場合でも解離状況に対して精神療法等を行うことも保障できるだろう。そして、何よりも教護院時代から、積み上げられてきた作業指導、個別の学習指導、そしてスポーツ指導が、そのような症状を呈する子どもにも有用であると話された」（小木曾・2010：403 頁）。小木曾は、杉山の論説を受けて、児童自立支援施設における児童精神科医の不足を課題として挙げている。

【参考文献】
稲垣由子「児童虐待の現状と課題」（『犯罪と非行』163 号、2010 年）22 ～ 45 頁【文献 52】
小木曾宏「児童養護施設・児童自立支援に入所する児童の現状と支援施策の課題」（『季刊社会保障研究』45 巻 4 号、2010 年）396 ～ 406 頁

(7) 教育分野
①文部科学省の取り組み

　岸和田事件を契機とした教育関係者の虐待への関心は、前の期の『学校における児童虐待への対応』（平成 14・15 年度文部科学省科学研究費特別研究促進費研究班『児童虐待に関する学校の対応についての調査研究』研究代表者：玉井邦夫）・「学校等における児童虐待防止に向けた取組について（報告書）」（学校における児童虐待防止に向けた取組に関する調査研究会議〈文部科学省委託　座長：玉井邦夫、2006 年〉）の成果を踏まえて、今期は学校での虐待対応のシステム構築の形で実を結び始めたことがわかる。2006 年 6 月に発出された初等中等教育局児童生徒課長通知「学校等における児童虐待防止に向けた取組の推進について」（18 初児生第 11 号）の効果が表れ始めたといってよいかもしれない。

　文部科学省は、2007 年の児童虐待防止法の改正を受けて、「改正法の趣旨などについて、通知を出すなど学校教育関係者等に周知徹底を図ってい」る、「19 年度にはこの調査研究〔註：平成 17 年度より実施した「学校等における児童虐待防止に向けた取組に関する調査研究」〕を踏まえ、虐待を受けた子どもへの支援等について教職員の対応スキルの向上を図るよう、研修教材を作成してい」る、「『子どもと親の相談員』やスクールカウンセラーを学校に配置し、児童虐待の早期発見・早期対応などに努めてい」る、「子育てヒント集としての『家庭教育手帳』の作成・配布や子育てに関する学習機会や情報の提供など、子育てについて無関心な親や、子育てに不安や悩みを持ちながら孤立しがちな親を含めたすべての親に対するきめ細やかな家庭教育の支援を行ってい」る、と『平成 19 年度　文部科学白書』の中で、文部科学行政における児童虐待への取り組みを挙げている。

　また 2010 年 1 月に江戸川区で小学 1 年生の虐待死が起こったことを受け、2010 年 1 月 26 日に「児童虐待防止に向けた学校等における適切な対応の徹底について（通知）」（21 初児生第 29 号）

も発出された。本通知には「児童虐待の疑いがある場合には、確証がないときであっても、早期発見の観点から、児童相談所等の関係機関へ連絡、相談をするなど、日頃からの連携を十分に行うこと」と、「通告」以前の「連絡、相談」の概念を提示して、児童相談所との連携を進める内容が含まれている。

一方で、法が「学校及び児童福祉施設は、児童及び保護者に対して、児童虐待防止のための教育又は啓発に努めなければならない」（5条3項）と定めていながら、学校等が保護者に対して積極的に踏み込んだ働きかけをしにくい現状を踏まえて、「学校側、児童福祉施設側が、より主導的な立場で活動できるような運用指針を明示する必要がある」（内外教育・2010）という指摘もなされている。

【参考文献】
「児童虐待死事件と保護者啓発　教育法規あ・ら・か・る・と」（『内外教育』6029号、2010年）19頁

②学校現場への期待

こうした文部科学省の動きを受けて今期の学校現場では、子どもに日常的に関わりを持つ学級担任だけでなく、スクールソーシャルワーカー、養護教諭、学校管理職等、それぞれの立場に応じた虐待防止への役割が認識されるようになってきたと見られる。2007年10月に文部科学省が『養護教諭のための児童虐待対応の手引』【文献67】を作成したことも、その一例である。同『手引』では、児童虐待防止法に謳われた学校および教職員の早期発見の努力義務（法第5条）、児童相談所への通告義務（法第6条）、関係機関への協力の努力義務（法第8条）、虐待防止のための教育の努力義務（法第5条）を受けて「学校における児童虐待への対応の重要性」を指摘した上で、教職員の中でも特に児童虐待を発見しやすい立場にある養護教諭の職務内容にそった「早期発見の機会と視点」を例示している。児童相談所への通告書の書式例、「校内における児童虐待対応の流れ」チャートも示し、養護教諭が教職員の要となることへの期待が読み取れる。この『手引』と併用することを期待して教職員用のマニュアルを編んだ地方自治体もあり（奈良県教育委員会・2008年）、前の期に作成された地方自治体の教職員用のマニュアルがこの『手引』を参考に改訂された例もある（埼玉県福祉部こども安全課・教育局市町村支援部人権教育課・2005年3月・2008年9月改訂）。

一方で、学校管理職の虐待対策機能に言及する文献も見られた。学校からの通告で子どもを一時保護されたことに不満を持つ父親が、「保護すべきと判断したのは養護教諭」という情報を得たことから養護教諭を個人攻撃し、追い詰められた養護教諭が休職を余儀なくされ自殺に追い込まれたという事件を踏まえて、学校管理職の責務の中に学校教職員をも守る責務が含まれることが改めて確認されている。

学校管理職に期待される虐待対策機能としては、①子どもだけでなく、保護者と教職員を守ること、②虐待発見、③学校現場における虐待の通告を阻害する要因を直視し、取り除くこと、④児童相談所への通告、の4点が挙げられ、そのそれぞれについて有効性を高めるにあたっての留意点が指摘されている（週刊教育資料・2010）。

これまでに整理してきたことは、いずれも児童虐待への対策として学校教職員に寄せられる期

待である。次には、学校教育の場で子ども自身に何ができるかについて模索が始まっていることについて言及しておきたい。

児童虐待が発生する前、児童虐待が深刻化する前に有効な方法として、子ども自身が児童虐待に関する知識を備え、対処法を身につけておく「powerbase」への取り組みが考えられている。これは、改正法第5条第3項で「学校は、児童に対して、児童虐待の防止のための教育に努めなければならない（一部省略）」とあることとも一致する。「これを受け、京都市や埼玉県は、教師向けの指導事例集を発行し、子どもが虐待を知識として習得したり、複数の場面を設定してその場合の対処法を学習するという授業を試行的に行っている」といった実践も始まっている（横島・岡田・2007：17頁）。

また新しい視点として、子どもの権利に関する条約において児童虐待を受けた子どもの回復支援が国家の義務と規定されていることを指摘して、学校が教育的機能に加えて福祉的機能を強化することで被虐待児童の回復支援に取り組む必要性が主張されている（大河内・2008【文献71】）。実際に、子どもの状況を考慮した個別対応も可能な情緒障害児短期治療施設（児童心理療育施設）・施設内学級の取り組み事例も報告されている（池田・2007）。

【参考文献】
池田恭子「育ちなおしの教室——児童心理療育施設・施設内学級の取り組み」（『はらっぱ』275号、2007年）38頁
奈良県教育委員会「教職員のための　児童虐待対応の手引」2008年
大河内彩子「虐待を受けた子どもの回復支援と学校の課題——学校の福祉的機能の強化を目指して」（『早稲田大学大学院　文学研究科紀要』54輯、2008年）55〜66頁【文献71】
埼玉県福祉部こども安全課・教育局市町村支援部人権教育課「教職員・保育従事者のための児童虐待対応マニュアル」2005年・2008年改訂
週間教育資料編「教育の危機管理（実務編）児童虐待への対応で、学校管理職がやるべきこと①」（『週刊教育資料』1134号、2010年）20〜21頁
横島三和子・岡田雅樹「児童虐待の現状と学校支援のあり方について——子どもに力を育成するの視点より」（『湊川短期大学紀要』43号、2007年）11〜21頁

③児童相談所との連携

学校にとって、児童相談所との連携という点については道のりはまだ遠いといわざるをえない。「こんなときどうする『学校保健』——すべきこと、してはいけないこと」を特集した『小児科診療』（70巻11号・2007年）に収録されている「児童相談所との連携」（平岩・2007）は、「児童相談所と仲良くなろう」と呼びかける。本論文には、児童相談所の相談内容について「要するに子どもの問題すべてを含んでいると言っても過言ではない」と説明されたり、児童相談所が「市町村と異なり、一時保護を含めた措置権を有している」と児童相談所の特性の基本について言及されており、学校保健の領域においては、児童相談所の認知度が低いことを自ずと示すことになっている。学校と児童相談所の連携における根本的な課題性を明らかにした論文に高良「児童虐待におけるスクールソーシャルワーカーの役割に関する一考察——児童相談所と小学校との連携に注目して」（高良・2008）がある。調査にこたえた児童福祉司のうち、半数以上が「小学校との連携が難しい」と感じており、そう感じている人の74％が連携困難な内容を「小学校と

合意形成をすること」だと挙げている。

そして、その原因として、71％の人が「児童相談所の機能に関する小学校教職員の無理解」を挙げ、59％の人が「虐待に関する教職員の認識の低さ」を挙げた。このデータには、児童福祉司の小学校に対する拭いがたい不信感と連携への絶望が読み取れる。片や、「学校教員は個人情報の取扱の難しさや教員の多忙さを他機関との連携での主な困難だと捉えており、児童福祉司との相違が見られる」（高良・2008：5頁）との指摘が、問題の深刻さを一層浮き彫りにする。

【参考文献】
平岩幹男「児童相談所との連携」（『小児科診療』70巻11号、2007年）1942～1944頁
高良麻子「児童虐待におけるスクールソーシャルワーカーの役割に関する一考察——児童相談所と小学校との連携に注目して」（『学校ソーシャルワーク研究』3号、2008年）2～13頁

④スクールソーシャルワーカーの活用

学校における児童虐待への対応のことを考える際に、今期に顕著なことの1つはスクールソーシャルワーカーの活用が意識されるようになってきたことであろう。スクールソーシャルワーカーは、「ソーシャルワーク（以下「SW」とする）の理念と方法論を適用し、何らかの葛藤を抱える学齢期の子どもたちを援助する」（山下・2008【文献68】）専門職である。スクールソーシャルワーカーの活用が「学校等における児童虐待防止に向けた取組について」（報告書）（2006年5月）の中で、学校等が行うことのできる児童虐待に向けた取り組みとして言及されたことは記憶に新しい。学校の特性を、「職階に応じたピラミッド型の構造を有しており、上下での情報交換はスムーズに行われても、横のつながりを保持することについては、充分な経験を有していない場合は多い」（日本スクールソーシャルワーク協会編・2008：116頁）、「基本的に校内で対応することを長年続けてきたため、教育委員会や児童相談所以外の機関と連携した経験が一般に少ない。また他機関と連携する場合、お互いの機関が重要としている部分が異なったり、同じ言葉が違うように使われる場合もある」（日本学校ソーシャルワーク学会編・2008：171頁【文献69】）と見た上で、「そのためスクールソーシャルワーカーは、教育と福祉の両方の立場がわかる人間として、学校の思いや判断を適切に市町村や児童相談所、警察、児童委員、医療関係者など、関係機関に伝える必要がある。また逆に地域の機関の役割や限界、そこで働く人たちの権限などの情報を学校に繰り返し丁寧に説明することも、他機関連携がスムーズに進行するうえで大切である」と、児童虐待の防止や対応に関して往々にして関係諸機関と共通の理解や行動様式を持ちにくい学校とこれら諸機関との間にスクールソーシャルワーカーが入ることで、双方をつなぐ方法が提案されている。具体的には、「教員が支えられていると感じられる対応」（日本スクールソーシャルワーク協会編・2008：116頁）に心を砕き、「教職員が求められる役割を実行できる環境形成に力を注」（日本スクールソーシャルワーク協会編・2008：116頁）ぐこと、「①教職員に不足している社会福祉サービスの情報提供、②非常勤の勤務体制からくる巻き込まれない立場と全体的視点、③教職員の行っている煩雑な作業の補助、④教育関係者と福祉関係者の視点や大切にする部分の違いの説明や、用語の翻訳作業など両者の橋渡し業務」（日本学校ソーシャルワーク学会編・2008：172頁）等のサポートが考えられている。

具体的な方法論は試行錯誤の段階であるにしても、スクールカウンセラーは「学校システムが抱えている社会構造の問題にかかわっている」のであり、「子どもたちの暴力行為の背後の現状を把握し、具体的な支援のあり方を考えることからはじめなければならない。そこにせまり、構造的暴力からぬけだすためにこそ、スクールソーシャルワーカーの視点は不可欠なのである」との認識に立つことこそ、学齢児童の児童虐待にスクールソーシャルワーカーが新たに参画する意義であろう（金澤・2009）。

　しかしながら、スクールソーシャルワーカー自体の社会的な認知はいまだ十分とはいいがたい。日本におけるスクールソーシャルワーカーの活動には「SW活動を学校で実践する場合、学校という組織における教育活動を円滑に行うための補完的な役割を担うものとする考え方」に立つものと、「SWの価値と理念に基づいて学校を基盤として、子どもの最善の利益実現のための支援活動を行おうとする考え方」に立つものの2つの流れがある（山下・2008）といわれており、学校と社会をつなぐ役割を十全に果たすために学校と社会の双方から頼りにされるためには、スクールソーシャルワークのぶれない理念の確立が先に求められるだろう。『スクールソーシャルワーク論——歴史・理論・実践』（日本スクールソーシャルワーク協会編・2008）といったスクールソーシャルワーカーに関する基礎文献・養成テキストが相次いで刊行されたのも、スクールソーシャルワーカーの実体化を求める動きの表れと見ることができよう。

　高良の児童相談所児童福祉司に対する調査によれば、小学校との窓口対応の際に、実際にはスクールソーシャルワーカーが担う例は18％で見られたが、スクールソーシャルワーカーの対応を希望する児童福祉司は有効回答134票中1人しかいなかったという（高良・2008）。

【参考文献】

金澤ますみ「児童虐待と貧困——スクールソーシャルワークの現場から」（『解放教育』39巻2号、2009年）25～31頁

日本学校ソーシャルワーカー学会編集『スクールソーシャルワーカー養成テキスト』中央法規、2008年【文献69】

高良麻子「児童虐待におけるスクールソーシャルワーカーの役割に関する一考察——児童相談所と小学校との連携に注目して」（『学校ソーシャルワーク研究』3号、2008年）2～13頁

山下英三郎「1章　子どもたちの現状とスクールソーシャルワーク」（日本スクールソーシャルワーク協会編『スクールソーシャルワーク論——歴史・理論・実践』学苑社、2008年）【文献68】

（田澤　薫）

第 5 期（2007 年 7 月から 2010 年 3 月まで）

Ⅱ 主要判例解説

1 児童福祉法分野

【判例 1】複数の児童福祉施設（知的障害児施設、情緒障害児短期治療施設、児童養護施設又は児童自立支援施設）への入所措置の承認を求める申立てに対して、知的障害児施設への入所だけが承認された事例（大阪家裁審判平成 19 年 8 月 21 日、平成 19 年（家）第 2638 号、家裁月報 60 巻 7 号 79 頁）

　本件は、児童相談所長が、一時保護中の児童（13 歳、女児）について、現在一時保護委託中の知的障害児施設（第一種自閉症児施設）の他に、次の措置先とすることが適当であると考えられる情緒障害児短期治療施設、その後の措置先として検討している児童養護施設又は児童自立支援施設への入所措置の承認を求めた事件である。児童は、単独親権者たる実母と 2 人で生活保護を受けて暮らしていた当時には、昼夜逆転した生活を続け、基本的な生活習慣も身についていない状況にあったが、一時保護委託により知的障害児施設に入所した後は、急速に、社会生活能力を向上させている。

　本審判は、実母の児童に対する監護態度が極めて不適切であったこと、児童が施設入所後に急速に社会生活能力を向上させていること、実母が学校関係者や児童相談所の担当者等との接触を避け、その指導に従わず、その改善も当面見込めないこと等を認めた上で、実母に児童を監護させることは、著しく児童の福祉を害することになり、児童には、知的面および情緒面での治療的な関わりが必要と認められる等として、これが可能な知的障害児施設（第一種自閉症児施設）への入所を承認した。なお、児童相談所長があわせて求めた情緒障害児短期治療施設、児童養護施設又は児童自立支援施設への入所措置については、「種々の事情から知的障害児施設（第一種自閉症児施設）での入所に期間の限定があり、次の措置先となる施設が予想されるとしても、情緒障害児短期治療施設、児童養護施設、児童自立支援施設は、それぞれ処遇内容が異なり、単に年齢のみによって区別されるというものでもなく」、児童について、「なお知的障害児施設（第一種自閉症児施設）での入所を継続し、その結果を見た上で次の具体的な措置先を決定する必要があると認められるから、知的障害児施設（第一種自閉症児施設）の次の措置先につき承認を与えることは相当ではない」として、これを認めなかった

　児童福祉法 28 条審判に際しては、同法 27 条 1 項 3 号に列挙された措置先を可能な限り特定すべきであり、「児童福祉施設への措置を承認する」といった包括的承認はできないというのが、近年の公表例の傾向であるが（福岡高裁決定昭和 56 年 4 月 28 日、家裁月報 34 巻 3 号 23 頁、東京高裁決定平成 15 年 12 月 26 日、家裁月報 56 巻 9 号 35 頁等）、その一方で、里親委託または児童養護施設への入所措置を承認した事例（浦和家裁審判平成 8 年 5 月 16 日、家裁月報 48 巻 10 号 162 頁）や、乳児院または児童養護施設への入所措置を承認した事例（横浜家裁審判平成 12 年 5 月 11 日、家裁月報 52 巻 11 号 57 頁）のように、複数の措置を選択的に承認することは可能であると考えられる。もっとも、これらの選択的承認を認めた裁判例は、いずれも現在問題となっている措置先に関するものである点で、将来的に予想される措置先をも問題としている本件とは異なるといえる。将来の措置を見据えた選択的承認という観点から注目されるのは、岡山家裁審判平成 15 年

5月8日(家裁月報56巻1号128頁)であり、同事件では、「事件本人の発達障害の早急な回復と今後の適切な教育のためには、専門的な施設処遇が必要であり、まず乳児院に入院させて乳児並の処遇を行って愛着関係を育成しながら全般的な発達の改善を図った上で、その後に児童養護施設に変更入所させて措置するのが適当というべきである」として、乳児院又は児童養護施設への入所措置が承認されている。岡山家裁が入所を承認した「乳児院」と「児童養護施設」はそれぞれ、法律上、乳児の「養育」と児童の「養護」を目的としており(児童福祉法37条、41条)、その処遇内容にも一定の共通性があると考えられるのに対して、本件で問題となった「知的障害児施設」「情緒障害児短期治療施設」「児童養護施設」「児童自立支援施設」は、本件審判も指摘するように、その処遇内容がそれぞれ異なるものと考えられる(同法42条、43条の5、41条、44条)。さらに、京都家裁審判平成16年9月21日(家裁月報57巻7号30頁)では、28条審判を受けて情緒障害児短期治療施設に入所中の児童について、児童自立支援施設へ措置先を変更するに際して、再度家庭裁判所の審判を受けている。以上のことから、裁判所は、将来的に措置先の変更が想定される場合であっても、原則として、目下問題となっている措置先だけを審判の対象とするべきであり、措置変更の必要がある場合には、改めてこれを審判するべきであるといえるだろう。この点で、本件の判断は、正当であると考えられる。

【判例2】児童養護施設への入所措置承認審判に基づく措置がとられている児童(7歳)について、児童養護施設への入所措置の期間更新を承認するとともに、児童福祉法28条6項に基づき、児童相談所長に対し入所措置審判時になされた指導勧告と同内容の勧告をした事例(東京家裁審判平成19年12月21日、平成19年(家)第6813号、家裁月報60巻7号87頁)

　本件は、児童相談所長が、児童養護施設への入所措置承認審判(東京家裁審判平成17年9月5日、家裁月報57巻11号73頁参照)に基づいて同措置がとられている児童について、措置期間の更新を求めた事件である。前審判による措置後の状況として、次のような事実が認定されている。児童は、施設において安定した生活を送っている一方で、実母および養父から受けた暴力がトラウマになっており、被虐待経験による精神症状が依然として続いていて、施設入所後現在に至るまで夜尿がほぼ毎日見られる。また、学習面での遅れや性的問題行動も散見されている。児童は、実母には会いたいと述べる一方で、養父についてはとくに会いたい気持等を表現していない。実母は、2005年より生活保護を受けて生活していたが、生活保護のケースワーカーによる就労指導に体調不良を理由に従わず、2006年に生活保護が打ち切られた。さらに、実母は、「子育ては慣れているから自分だけでできる」等と主張し、親子再統合のための治療的プログラムに一度も参加せず、児童相談所との面接や家庭訪問等も、実母の体調不良等を理由に、予定通りに行われていない。養父が2007年に刑務所から出所すると、実母と養父は同居を再開したが、同年、養父は、覚せい剤取締法違反で逮捕され、同罪(使用)によって懲役2年の実刑判決を受けている。

　裁判所は、実母が児童相談所に対して拒否的であり、児童が家庭で健全な養育を受けるための環境作りや、実母の養育に対する考え方の修正に向けた働きかけが全く進展していないこと、実母の生活状況も安定していないこと、養父は出所後数か月で再び覚せい剤取締法違反の罪で実刑に処せられており、従前の生活態度に対する反省が全く認められないこと、児童には、実母およ

び養父から受けた虐待体験による精神症状が依然として続いている他、学習の遅れや性的問題行動が見られる等、日常的な支援や指導、継続的な心理的ケアが必要な状況にあること等を認めた上で、児童に対しては、引き続き、安心できる施設の人間関係の中で、落ち着いた生活を保障していくと同時に、児童が抱えている問題について留意しながら、関係機関協力のもとで、適切な支援や心理的なケアを行っていく必要があるとし、結論として、措置を継続しなければ著しく児童の福祉を害するおそれがあるとして措置の期間更新を承認した。あわせて、児童相談所長に対して、入所措置承認時になされたのと同じ内容の指導勧告を行った。

　児童福祉法28条2項の期間更新に関する裁判例に共通するのは、前審判後に保護者や児童の状況にどのような変化があったかを中心として、児童の福祉のために措置の継続が必要であるか否かが判断される点である。本件でとくに注目されるのは、保護者が児童相談所等の関係機関による指導措置等にほとんど応じていないことである。また、裁判所は、前審判と同一内容の保護者指導措置の勧告（児童福祉法28条6項）を児童相談所に対して行っているが、少なくとも本件において、このような勧告が実際に保護者に対してどれほどの効果があるのかについては疑問も残る。

【判例3】虐待が疑われる実父と離婚した実母に児童（0歳）を監護させることが児童の福祉を著しく害するとはいえないとして、乳児院入所措置の承認申立てを却下した事例（大阪家裁審判平成20年7月3日、平成20年（家）第2607号、家裁月報61巻8号103頁）

　本件は、児童相談所長が、入院中の児童について、乳児院への入所措置の承認を求めた事件である。自宅から救急搬送された児童には、脳挫傷、眼底出血、頭蓋骨骨折、前胸部・背部皮下出血の症状が見られ、虐待を疑った病院が児童相談所に虐待通告を行った。児童の受傷について、眼底出血は頭部への強い揺さぶりが加わり、皮下出血は前胸壁や背部が強く圧迫され、硬膜下出血や頭蓋骨骨折は前後頭部が比較的広い面を持つ鈍体と急激に衝突した結果と判断され、他からの外力により、相当程度の加速度で鈍体と衝突して生じた損傷であると認められた。児童の実父は、不自然な説明を繰り返している一方で、実母は、児童の入院以来、ほぼ毎日病院を訪れ、午後3時から午後8時の面会時間一杯に面会を続けて、授乳や投薬、さらには脳機能回復のための感覚刺激等を行っている。児童の入院中に、実父と実母は、実母の申出により、児童とその姉の親権者をいずれも実母と定めて協議離婚をし、実母は、婚姻前の氏に復した上で、子の氏の変更の手続をして、児童らについて母の氏を称する入籍をした。婚姻中の住居は実母の母が所有する建物であったが、離婚に伴い、実父は同住居から退去した。

　裁判所は、加害者が実父以外には考えられないこと、児童の父母が婚姻中であれば、虐待の加害者と疑われる実父のもとに児童を戻すことは不適切と考えられるが、現実に離婚にまで至り実父が自宅を退去した現在では、児童を実母のもとに戻すことが養育上とくに不適切とは考えられないこと、その離婚が、現実に婚姻関係が破綻した結果と認められるのであって、単なる仮装や便法ではないこと等を認めた上で、実父に関しては虐待の疑いを抱かざるをえないものの、実母に関しては別異に考えるのが相当であり、実母については、保育士の資格も有し、これまで姉や児童の養育に関して虐待に類する行為は一切うかがわれず、むしろ養育に熱心であったとうかがわれること等から、実父と実母の離婚が成立し現実に別居に至っている現在では、実母に関し

て、児童を監護させることが著しく児童の福祉を害するというべき事情は認められないとして、申立てを却下した。

児童福祉法28条審判の公表例において、これまで申立てを却下した事例は、大津家裁審判昭和50年10月15日（家裁月報28巻8号77頁）が唯一であり、このことからも、本件は、極めて貴重な公表例であるといえる（なお、今期は、この他にも、後述する秋田家裁審判平成21年3月24日【判例5】や、大阪高裁決定平成21年3月12日【事件4】の原審である大阪家裁審判平成21年1月23日、大阪高裁決定平成21年9月7日【判例6】の原審である大阪家裁岸和田支部審判平成21年4月3日でも、申立ての却下という判断が示されている）。本件では、虐待者として疑われているのが実父であり、実母は虐待者と考えられず、むしろ実母は子の養育に熱心であること、父母の離婚に伴い実母が単独親権者となったが、この離婚が仮装や方便によるものではないこと等から、単独親権者たる実母を基準として児童の福祉侵害を判断した結果、子に重大な後遺障害が生じているにもかかわらず、申立ての却下という結論に至った点が特徴的である。虐待者と疑われる実父の親権や現実の養育への関与が、父母の離婚によって排除された点が重視されているように思われるが、非親権者となった実父についても、単独親権者死亡後の親権者変更申立ての可能性等の「潜在的権利」や「面会交流の権利」が依然として残ることが指摘されている（山口亮子「虐待が疑われる父と離婚後の親権者母による子の監護」『民商法雑誌』141巻6号〈2010年〉107〜108頁）ことには注意しなければならないだろう。

【判例4】児童養護施設への入所措置承認審判に基づく措置がとられている児童（15歳）の児童養護施設への入所措置の期間更新について、更新に対する実父の同意は翻意される可能性が大きいこと等を理由として、入所期間更新承認申立てを却下した原審判を取り消し、入所期間の更新を承認した事例（大阪高裁決定平成21年3月12日、平成21年（ラ）第124号、家裁月報61巻8号93頁）

本件は、児童相談所長が、児童養護施設への入所措置承認審判に基づく措置がとられている児童（女児）について、児童養護施設への入所期間の更新（2回目）を求めた事件である。児童については、2004年に、裁判所の承認審判によって児童養護施設への入所措置がとられ、さらに2007年には、児童養護施設入所措置の期間更新承認審判によって入所措置の期間がすでに一度更新されている。原審である大阪家裁審判平成21年1月23日（家裁月報61巻8号97頁）は、単独親権者である実父（1934年生）が入院中であり、退院後の住居も児童との同居を前提としたものではないこと、親子統合に向けた動きが十分ではないこと、児童が施設からの高校通学を希望し、実父もその内容に同意していること等から、「今後も事件本人は児童養護施設において生活するものとすることが事件本人の福祉に適うものということができる」とした一方で、次のように述べて申立てを却下した。「しかしながら、……本件においては、父は明確に児童福祉法27条1項3号による事件本人の施設入所に（実質的に無条件に）同意する旨の意思を示しており、事件本人につき、いわゆる同意入所に切り替えることに大きな支障はないものと考えられ、そうであれば、本件においては、『当該措置を継続』（児童福祉法28条2項ただし書）しなくとも、事件本人は児童養護施設において生活ができるのであり、著しく事件本人の福祉が害されるおそれがあるものと認めることは困難である」。これに対して、児童相談所長が、父の精神的に不安定な状況や父の翻意の可能性を理由として抗告したのが本件である。

抗告審である大阪高裁は、父の児童相談所職員に対する脅迫的な発言や児童の引取りをめぐる自暴自棄な発言から、児童の施設入所や引取りをめぐる父の心情が穏やかでないこと、父の健康状態や生活状況が安定していないこと、児童の父に対する心情も以前よりは緩和しているが、父との同居を希望するまでには至らず、今後も児童養護施設で生活し、同施設から高校に通うことを希望していることを認定した上で、父の同意の翻意の可能性については、「父は、本件審理を通じて事件本人の上記希望を知り、父なりにこれを了解し、本件同意書に署名押印したものと考えられるが、父の上記心情やこれまでの本件児相への対応、父の健康状態や生活状況等にかんがみると、その同意は必ずしも父の心情を反映するものではなく、父が事件本人の引取りを希望して、同意を翻意する可能性は大きいといえ、なお、本件入所措置は親権者たる父の意に反する場合に当たるというべきである」と述べ、本件入所措置を継続しなければ児童の福祉を著しく害するおそれがあるとして、児童養護施設入所措置の期間更新を承認した。

　行政機関が、親権者又は未成年後見人の意に反しても、児童福祉施設入所等の措置（児童福祉法27条1項3号）をとろうとする際には、家庭裁判所による措置の承認を得る必要がある（同法28条1項、27条4項）。したがって、28条審判事件においては、親権者等が施設入所等の措置に反対しているか否かが重要な問題となる。この点、公表審判例のほとんどでは親権者等の不同意が明確である一方で、親権者が行方不明でその意向は問えないが、現に児童の監護にあたっている者が積極的な反対の意向を表明している事例（長崎家裁審判昭和46年10月2日、家裁月報24巻10号111頁）、共同親権者の間で同意に関する意見が分かれている事例（長崎家裁審判平成3年2月15日、家裁月報43巻7号99頁）、親権者が施設入所に同意する旨述べているものの、容易に翻意して児童の引取りを強硬に主張するおそれがある事例（福岡家裁小倉支部審判平成11年12月1日、家裁月報52巻6号66頁）、施設入所自体には同意しているが、虐待を理由とする施設入所には同意していない事例（千葉家裁市川出張所審判平成14年12月6日、家裁月報55巻9号70頁）のように、同意の有無およびその内容が問題となる公表例も存在するが、いずれも裁判所によって承認審判が下されている。親権者等の同意がある場合にも、28条審判を求めることができるかについては、「原則として困難であるが、例えば親権者が同意と撤回を繰り返したり、著しく精神的に不安定であって、現時点での同意も早晩覆されるおそれがある場合には、親権者の同意があっても裁判所に法第28条の承認を求めることが考えられる」とするもの（日本子ども家庭総合研究所編『子ども虐待対応の手引き――平成21年3月31日厚生労働省の改正通知』有斐閣、2009年、136頁）や、児童福祉法28条の立法趣旨が「行政機関が親権者の意思に反して子どもを施設入所することが憲法第31条に抵触するおそれがあることから、司法審査に服するようにした点にあった」ことを理由に、「親権者等が同意している場合に、重ねて家庭裁判所の承認を得ることは何ら法の趣旨に反しない」とするもの（日本弁護士連合会子どもの権利委員会編『子どもの虐待防止・法的実務マニュアル（第4版）』明石書店、2008年、111頁）がある。本件の原審と高裁の判断が分かれたのも、まさに父の同意が存在することをどのように評価するのかという点にあり、翻意の可能性があることを理由として、承認審判を下した本件高裁判断の意義は大きいだろう（この点については、田中通裕「児童養護施設入所措置の再度の更新が認容された事例」『民商法雑誌』142巻2号、2010年、113～114頁も参照）。

Ⅱ 主要判例解説

【判例5】児童養護施設への入所措置承認審判に基づく措置がとられている児童について、児童養護施設入所措置の期間更新の承認申立てを却下した事例（秋田家裁審判平成21年3月24日、平成20年（家）第114号、家裁月報62巻7号79頁）

本件は、児童相談所長が、家庭裁判所による入所措置承認審判を受けて児童養護施設に入所中の児童（1997年生、男児）について、同措置の期間更新を求めた事件である。2005年に、単独親権者である実母が「子どもを殺してしまいそう」等と言って児童相談所に相談し、児童は一時保護された。同年、母と児童は、母子生活支援施設に入所したが、母が児童の盗癖や虚言癖等を理由に、児童を居室から追い出して入室を拒んだり、執拗に児童を責める等したために、2006年に、児童は再び一時保護され、秋田家裁大館支部によって児童の児童養護施設入所措置が承認された。その後、母は、児童との面会に児童相談所の担当者らが立ち会うことに不満を述べたり、児童相談所の担当者や施設職員らの児童や母への対応に不満を述べ、批判したりしていた一方で、担当者に対して、児童と一日も早く同居するためには何をすればよいかを質問し、虐待を認め児童に謝罪すること、施設を信頼することとの担当者の説明を受け入れ、児童に謝罪する等し、さらに、児童の心理状況や児童相談所との今後の関わり方のあり方について質問したりした。また、母は、児童のために居室を用意することが可能な状況にあり、経済的・精神的にも安定していること、児童への対応方法について、愛情に基づくものであったが、行きすぎた点があり、児童からすればつらかったと思う旨述べ、今後も児童の養育に関して青森県の児童相談所の継続的な指導を受ける他、職場の関係や児童の祖母に相談していく意向を明らかにしていること等が、裁判所によって認定されている。

本審判は、児童の問題行動に一定の改善が見られること、母は、児童相談所や施設に対して批判的な言動をしながらも、①自らの児童に対する対応の仕方に行きすぎた部分があったこと、これを改める必要性、児童の養育方法について児童相談所等の関係機関の関与を受け入れる必要性を各認識していること、②母が児童のための居室を準備し、経済的にも児童を受け入れることが可能な状況にあること、③児童が母との同居を強く望んでいることを認めた上で、これらの事情からすれば、原審判に基づく措置を継続しなければ母が児童を虐待し、著しくその監護を怠る等して著しく児童の福祉を害すると認めることはできないとして、申立てを却下した。

先にも指摘したように、児童福祉法28条事件の公表例の特徴として、却下例の公表が極めて少ないことが挙げられるが、本件は、単に申立てが却下されただけではなく、2004年の児童福祉法改正によって追加された、家庭裁判所の審判による施設入所措置等の期間更新（児童福祉法28条2項）に関する初めての却下公表例である点でも注目されるものである。本件では、原審判以降の児童および母の状況に一定の改善があり、措置を解除しても母による児童の福祉侵害の可能性がないことが重視されたものと考えられる。その一方で、本審判には不明確な点が多いことも指摘しなければならない。

まず、母と児童との間では、2007年より、概ね1か月から3か月の間に一度程度の頻度で、面会や外出・外泊が行われていたのに対して、2008年以降は、児童相談所によって母と児童との面会等が禁止されているが、そもそもどのような理由から面会等の禁止に至ったのかが明らかではない。また、今後は児童相談所の継続的な指導に従う旨述べる等、母の態度に一定の変化があることが認められるが、母の児童相談所等に対する否定的な態度もうかがわれるし、母が今後

指導に従うと述べているのは本件の申立てを行った児童相談所とは異なる青森県の児童相談所であることも考え併せると、これまで事件を担当してきた児童相談所と母との間に信頼関係が築かれてきたとは必ずしもいえないように思われるのである。いずれにしても、却下が確定した本件審判については、今後、青森県の児童相談所による母子への継続的な関わり合いが重要になるだろう。

【判例6】2名の児童の児童養護施設等への入所措置承認申立てを却下した原判決を取り消して、児童を乳児院及び児童養護施設にそれぞれ入所させる措置を承認した事例（大阪高裁決定平成21年9月7日、平成21年（ラ）第488号、家裁月報62巻7号61頁）

　本件は、児童相談所長が、一時保護中の2人の女児について、児童養護施設等への入所措置の承認等を求めた事件である。A（2002年生）は、2004年に、B（2006年生）は、2008年に、それぞれ父によって認知された。父母は、A、Bおよび母と前夫との間に生まれたE（1999年生）とともに2004年頃から同居しており、2008年に婚姻した。Aは、超未熟児として出生したため、生後8か月まで入院生活を送り、2003年に乳児院に同意入所となり、2005年に児童養護施設に措置変更となった。同年に、親権者である母がAの引取りを要求し、児童相談所長は、父によるEに対する性的虐待を疑っていたこと等から、母の要求に躊躇を覚えたが、父とAを夜2人にしないこと等を母に約束させ、引取り要求に応じた。2006年に、Aは、父から性的虐待を受けている疑いが生じたことから、一時保護され、同年、児童相談所長によって28条審判の申立てがなされたが、母が施設入所に同意したため、申立ては取り下げられた。Bは、超未熟児として出生し、出生後病院から引き取られることなく、母の同意によって、2007年に乳児院に入所した。父は、2006年に、Aらの異父姉Eに対する強制わいせつ事件等で起訴され、さらに、Aに対する強制わいせつ致傷事件で追起訴された。父はいずれの事件についても犯行を否認したが、2008年に大阪地裁堺支部は、Eに対する2度にわたる強制わいせつ等については有罪とし、Aに対する強制わいせつ致傷については無罪とし、懲役3年、執行猶予5年の判決を言い渡した（父は、大阪高裁に控訴、最高裁に上告したが、いずれも棄却され、有罪判決が確定している）。Aに対する事件の無罪判決が出たのを受け、父母が、2008年に、児童相談所長に抗議文を送り、A、Bの引取りを主張したため、児童相談所長は、A、Bについて一時保護に切り替えた上で、Aの児童養護施設入所措置とBの乳児院又は児童養護施設入所措置をそれぞれ承認することを申し立てた。なお、Eについては、2005年に児童相談所長によって28条審判の申立てがなされていたが、親権者が母から母の前夫に変更されたために、申立てが取り下げられている。原審（大阪家裁岸和田支部審判平成21年4月3日、家裁月報62巻7号68頁）は、父によるAに対する性的虐待があったとまでは認定できないこと、A、Bが父の実子であり、母が子どもを守る旨の決意を示しているという事情から、今後A、Bについて性的虐待が行われる恐れが、児童相談所長の主張するほどは大きくないこと等を認めた上で、「……確かに、親権者父によるA、Bに対する性的虐待が今後起こる恐れを全く否定することはできず、親権者父母の監護能力には不安がないわけではない。しかしながら、性的虐待の恐れは申立人の主張するほど大きくないこと、親権者父母の監護意欲は低くはないこと、経済的状況には問題がないことなどに照らせば、性的被害の回復困難性などその他申立人が主張する事情を考慮しても、本件においては、保護者に監護させるこ

とが著しく当該児童の福祉を害する場合に当たるとまでは認められないというべきである」として、申立てを却下した。これに対して、児童相談所長が抗告したのが本件である。

大阪高裁は、原審の認定した事実関係を一部訂正した上で、父母の監護能力および監護者としての適格性に疑問があること、育児の主体となることが予想される母の健康面に不安があること、父による性虐待の危険性について、父が執行猶予中であることを考慮しても、母だけでA、Bが性的虐待の被害に遭うことを防止できるかについては疑問があり、ある程度の期間、児童相談所長によって父母に対する適切な指導を実施する必要があること等から、「……事件本人らを直ちに親権者父母の監護に服させるのでは事件本人らの福祉を著しく害するおそれがあるというべきであり、親権者父母が事件本人らを監護教育するに先立ち、1年程度の準備期間が必要であると認められる。したがって、かかる準備期間を確保するため、抗告人が事件本人らを児童養護施設等に入所させることを承認するのが相当である」として、原審判を取り消し、Aについては児童養護施設への入所措置を、Bについては乳児院又は児童養護施設への入所措置をそれぞれ承認した。

父が児童の異父姉に対する性的虐待行為で有罪判決を受ける一方で、実子である児童に対する性的虐待については無罪判決を言い渡されているという事情がある点、そして、原審と高裁の判断が分かれた点に本件の特徴がある。原審では、父によるAに対する性的虐待の有無については、刑事事件で無罪判決が出されていること等からこれを認めず、さらに、父による性的虐待の恐れについては、A、Bに対する性的虐待が今後起こる恐れを全く否定することはできないとしつつも、児童相談所長が主張するほどには大きくない等と評価されている。これに対して、高裁は、性的虐待行為の有無については明言していないが、その危険性について、母だけでA、Bが性的虐待の被害に遭うことを防止できるかについて疑問があると述べている。さらに、父母の監護能力についても、原審は、監護能力に不安がないわけではないとしつつも、父母の監護意欲が低くないと評価したのに対し、高裁は、母に健康面で不安があること等から、父母が直ちにA、Bを引き取ることが可能な状況にないと評価している。このように、本件では、事実評価について、原審と高裁との間に相違が認められ、これが、原審と高裁の判断が分かれた理由であるといえるだろう。なお、高裁が、父母がA、Bを監護するために1年程度の準備期間を確保するために、施設入所を承認すべきであると述べている点は、これまでの裁判例に見られなかった特徴であると考えられる。

【判例7】実母の「代理によるミュンヒハウゼン症候群」が疑われる児童について、児童養護施設への入所措置が承認された事例（熊本家裁審判平成21年8月7日、平成21年（家）第323号、家裁月報62巻7号85頁）

本件は、児童相談所長が、児童について、児童養護施設への入所措置の承認を求めた事件である。2005年に出生した児童は、未熟児であったため、2か月間入院したが、同年中にはすでに、病院と警察署から、それぞれ実母の養育能力の問題やネグレクトを理由として通告がなされている。2006年、児童は、実母の精神薬を服用したため、ベンゾジアゼピン系およびバルビツール系の中毒を起こし、緊急入院した。後日、実母の精神不安定のために、児童は一時保護されたが、その後も、実母の体調不良のために、一時保護や施設入所措置が繰り返された。2009年、

児童について「立てない、歩けない、呂律が回らない等の症状」があり、尿検査の結果、薬物反応（ベンゾジアゼピン中毒）が出たこと等から、「薬物を故意に服用させた疑い。代理ミュンヒハウゼン症候群の疑いもあり」として、病院から虐待通告がなされた（同日、警察署からも、同趣旨の理由で虐待通告がなされている）。退院と同時に、児童は一時保護された。児童相談所長は、児童が、これまでの2回にわたり、実母の服用していた精神薬を誤飲もしくは実母による投与により服薬し、救急車で搬送されていること、主治医の所見では、実母の代理ミュンヒハウゼン症候群の疑いがあり、かりに故意の投薬でないとしても、薬の管理についての監護能力が疑われること等を理由として、本件申立てを行った。なお、実母は、児童の2回の薬物服用について、いずれも故意による薬の投与ではなく、児童の誤飲である旨述べている。

　裁判所は、実母に処方されていた薬の中に、薬物反応（ベンゾジアゼピン中毒）を引き起こす精神薬が含まれていることを認定した上で、本件誤飲が実母の故意による服薬によるものかどうかについて、2009年に医師が作成した診療情報提供書中に「本件誤飲について『入院前は症状が徐々に悪化したことを考えると、単回投与ではなく、継続的に内服していた可能性も考えるべきでしょうか？』との記載」があること、同年作成の心理診断書中に「本件誤飲の薬について（事件本人が）『あーんってしたらママが飲ませた』と話している旨の記載」があることから、「本件誤飲は実母の故意による服薬によるものではないかが疑われる」としつつも、実母が故意に薬を飲ませたようなことはない旨述べていること、児童は誤飲当時4歳であり、その発言をうのみにすることが躊躇されること、実母が代理によるミュンヒハウゼン症候群であることを裏づける具体的資料がないことから、「結局、実母が故意による服薬をさせたことを否定する以上、他に証拠がない本件では、本件誤飲が実母による故意による服薬とすることは困難である」と述べた。その上で、裁判所は、児童の入所を承認するかどうかについて、実母の体調不良のためしばしば、児童が児童養護施設等に一時保護され、実母の体調不良が児童の養育に支障を来していること、実母の薬物管理には問題があることから、これが「保護者に監護させることが著しく当該児童の福祉を害する場合」にあたるとし、さらに実母の提出した反論書面に対しても、「実母が薬物管理の不十分さを率直に反省し、現在薬物の保管を厳重にし、自宅を整理整頓していることは評価できるが、薬物事故は今回で二度目であり、実母が今後薬物保管を厳重にし、自宅内を整理整頓するという意思の表明だけでは薬物事故が事件本人に生命健康に重大な危険を及ぼす可能性があること、事件本人が満4歳という幼少であって薬物事故に対し無防備であることなどを総合考慮すると、実母の上記反論の中で事件本人と実母を離すことで生じる問題点や心配、懸念といったことを考慮しても、事件本人を危険な状況においたままにすることは相当でない」と述べ、結論として、児童の福祉のために、児童を施設に入所させるのが相当であるとして、申立てを認容した。なお、本件の抗告審（福岡高裁決定平成21年10月15日、家裁月報62巻7号93頁）も、本件審判の判断を支持し、抗告を棄却している。

　児童福祉法28条審判事件で、いわゆる「代理によるミュンヒハウゼン症候群（MSBP）」が疑われた公表例は、宮崎家裁都城支部審判平成12年11月15日（家裁月報54巻4号74頁）、札幌高裁決定平成15年1月22日（原審：釧路家裁北見支部審判平成14年5月31日、家裁月報55巻7号68頁）に続き、本件が3件目であると考えられるが、いずれの裁判例にも共通するのは、「代理によるミュンヒハウゼン症候群」を理由としてではなく、実母の監護状況や実父母の養育態度

が不適切であること等を理由として、児童養護施設への入所措置が承認されていることである。これまでの裁判例においても現れているように、「代理によるミュンヒハウゼン症候群」に該当するか否かの認定が容易ではないことに鑑みれば、少なくとも現状の28条審判事件を前提に考える限りにおいては、「代理によるミュンヒハウゼン症候群」の認定に固執することよりも、その可能性をも含めた児童の福祉侵害を認定することのほうが重要であるだろう。この点で、実母による故意の投薬を認めない一方で、実母の体調不良が児童の養育に支障をきたしていること、実母の薬物の管理に問題があることを重視し、児童養護施設への入所措置を承認した本件裁判所の判断は、正当であったように思われる。

2　民法分野

【判例8】親権者父が未成年者の財産を危うくしたものとして、親権者父の未成年者に対する管理権を喪失させた事例（高松家裁審判平成20年1月24日、平成19年（家）第427号、家裁月報62巻8号89頁）

　本件は、未成年者Aの親権者BがAの所有する土地（当該土地はBの父CがAに遺贈したものである）を売却等した行為が未成年者の財産を危うくしたものとして、Bの管理権の喪失が宣告された事例である。裁判所は、BがAの所有不動産を正確に把握していないこと、Aの所有不動産をAに無断で売却したこと、売却代金を大学の費用にしたいというAの希望にもかかわらず売却代金の一部しかAの学費のために使用していないこと等の事実から、Aの所有不動産についてのBによる管理が適切でないことを認めている。

　管理権喪失宣告に関する戦後の公表裁判例として、浦和家裁審判昭和26年6月8日（家裁月報3巻9号107頁）、東京高裁決定昭和35年2月9日（家裁月報12巻11号125頁）、東京高裁決定平成2年9月17日（家裁月報43巻2号140頁）等があり、親権喪失の申立てに対して管理権の喪失を認めた事例として、長崎家裁佐世保支部審判昭和59年3月30日（家裁月報37巻1号124頁）がある。管理権喪失宣告に関する公表裁判例が必ずしも多くない中で、本件審判が公表された意義は大きいといえる。

【判例9】親権者が生命の危機にある未成年者に必要な治療を行うことに同意しないことを理由として、親権者の職務執行を停止し、職務代行者を選任した事例（津家裁審判平成20年1月25日、平成20年（家ロ）第501号、502号、家裁月報62巻8号83頁）

　本件は、いわゆる「医療ネグレクト」に関する裁判例である。未成年者に対する医療行為は、当該未成年者に同意能力がない限りで、親権者による同意を必要とする。親権者が正当な理由なく子の必要的な医療同意を拒絶しており、その結果として未成年者の生命を危険に晒す行為は、医療ネグレクトとして評価される。本件の未成年者は、緊急に手術・治療をしなければ死亡を免れない一方で、手術・治療をすれば約90％の確率で治癒が見込まれるが、その結果として両眼の視力をほぼ失うことになるという状況にある。親権者たる父母は、障害を持つ子を育てていくことに不安があるという理由から、手術・治療に対して同意をしていない。

　医療ネグレクトについては、親権喪失宣告申立を本案とする審判前の保全処分として、親権者の職務執行停止と職務代行者選任を申し立て、選任された職務代行者による医療同意に基づいて

手術等の医療処置を行うという法的対応策がとられてきた。これまでの公表例においても、大阪家裁岸和田支部審判平成17年2月15日（家裁月報59巻4号135頁）では、職務代行者として未成年者の症例に精通した医師が選任され、名古屋家裁審判平成18年7月25日（家裁月報59巻4号127頁）では、職務代行者として弁護士が選任されている。本件の判断も、従来の公表例における判断と基本的に一致している。これに対して、これまでの公表例における父母の同意拒絶が宗教上の理由に基づいていることは、本件における事情とは異なる点である。

　2011年5月に成立した「民法等の一部を改正する法律」によって、新たに親権停止制度（民法834条の2）が導入された。同制度を利用した医療ネグレクト事案への対応が期待される一方で、親権停止審判の確定を待つことのできないような緊急性の高いケースについては、審判前の保全処分を依然として利用する必要性も指摘されている（飛澤知行『一問一答　平成23年民法等改正――児童虐待防止に向けた親権制度の見直し』商事法務、2011年、24頁）。

【判例10】未成年者の祖父母が未成年者の親権者母を相手方として申し立てた子の監護者指定の申立てを却下した事例（東京高裁決定平成20年1月30日、平成19年（ラ）第1685号、家裁月報60巻8号59頁）

　公表裁判例からは本件の事実関係は明らかでないが、未公表の原審審判書に基づく事実関係の要約が本件の判例評釈において行われており、そこでは本件について「虐待が明確な事案とはいえない」との評価が下されている（二宮周平「子の監護者の指定審判に対する抗告事件」『判例タイムズ』1284号、2009年、156頁）。従前より民法766条による子の監護者指定審判を虐待対応に際して活用できるか否かが、とりわけ子の父母以外の第三者を監護者に指定することができるか否かを中心として議論されてきた経緯を前提とすれば、本件の位置づけが明らかになる。

　近年の裁判例の動向としては、仙台高裁決定平成12年6月22日（家裁月報54巻5号125頁）において、「家庭裁判所に対して子の監護者の指定の審判の申立てをすることができる者が協議の当事者である父又は母であることはいうまでもない」などとして、里親が求めた親権者指定の申立てが却下された一方で、福岡高裁決定平成14年9月13日（家裁月報55巻2号163頁）では、審判前の保全処分として子らの祖母が申し立てた子の監護者指定の申立てが認容されていた。また、金沢家裁七尾支部審判平成17年3月11日（家裁月報57巻9号47頁）は、子の祖母が申し立てた監護者指定の申立てについて、家庭裁判所の権限については民法766条を、申立権者の範囲については親権喪失に関する民法834条をそれぞれ類推適用して、祖母を監護者に指定した。学説においては、父母以外の第三者の監護者指定の申立権、および第三者を監護者に指定することができることを肯定する見解が有力に主張されており、「未成年の子に父母があり、その一方が親権者として定められている場合に、未成年の子の父母以外の親族が自らを監護者として指定すること」が認められないとした本件判断に対しては強い批判も向けられている。

II 主要判例解説

【判例11】 特別養子縁組に対する実父の不同意が同意権の濫用にあたり、養子となる者の利益を著しく害する事由がある場合に該当するなどとして、実父の同意なしに特別養子縁組の成立を認容した事例（青森家裁五所川原支部審判平成21年5月21日、平成19年（家）第117号、家裁月報62巻2号137頁）

　本件は、特別養子縁組の成立に対して養子となるべき者の実母が同意している一方で、実父が同意していないケースについて、実父の同意なしに特別養子縁組の成立を認容した事例である。本件の事件本人は、生後11か月の時に低体重、予防接種等の未接種等が明らかとなり、児相に一時保護され、乳児院を経た後に、本件特別養子縁組の申立人である里親夫婦に里親委託された（すでに申立人夫婦のもとで1歳10か月の時から5年以上にわたって生活している）。

　裁判所は、実父の同意がないことについて、本件の事件本人だけでなく実父の他の子についても児童養護施設入所や里親委託措置等がなされていること、実父が特別養子縁組に反対し、親権者変更の手続を行う旨回答しているにもかかわらず、なんら引取りのための手続をしていないこと、家庭裁判所調査官の照会に応答せず審問期日に出頭しないこと等から、実父の行動が同意権の濫用にあたるものと評価している。その上で、裁判所は、不同意を巡る事実関係が、養子となる者の健全な生育の著しい妨げとなるもので、その利益を著しく害する事由がある場合に該当するとして、実父の同意なしに特別養子縁組の成立を認容した。

　特別養子縁組の成立が子と実親との間の親族関係の終了という重大な効果（民法817条の9参照）を伴うことから、成立要件として、父母の同意が要求されている（民法817条の6本文）。もっとも、「父母がその意思を表示することができない場合又は父母による虐待、悪意の遺棄その他養子となる者の利益を著しく害する事由がある場合」には、例外的に、父母の同意がなくても特別養子縁組の成立を認めることができる（民法817条の6但書）。本件は、父母の同意を不要とした公表裁判例が少ない中で公表されたケースであるだけでなく、長期にわたる里親委託によって里親と子との間に親子関係が形成されていたケースである点でも、注目されるものである。

（阿部　純一）

3　刑事法分野

【判例12】 交際相手が被告人の二男（当時3歳）に対して加えた暴行につき、阻止せずに容認していたと認められることを理由に、不作為の幇助犯にとどまらず不作為の正犯にあたると認めた事例（東京高裁判決平成20年6月11日、平成19年（う）第449号、判タ1291号306頁、刑事判例リスト8）

　本件は、長男と二男の3人で生活していた被告人が、二男の態度に怒り、二男に対して暴行を加え、さらにしばらく後に二男を下半身裸のまま屋外に約1時間放り出したが、その後に来訪した交際相手の男性と共謀した上で、交際相手が二男に対して頭部を床に打ちつける等の暴行を加えて死に至らしめたという傷害致死の事案である。

　本件において、第1審は被告人の単独犯行を認定したのに対し、本判決は、交際相手との共謀による共同犯行を認定して、原判決を破棄自判している。しかしながら、判示によれば、暴行を加えたのが被告人でなく交際相手であるという認定を前提に、交際相手による「暴行につきこれ

を阻止することなく、容認していたと認められるから、被告人の責任は、幇助犯に止まるものではなく、不作為の正犯者のそれに当たる」という。

　もっとも、この判示については、刑法理論との関係で2つの問題を指摘できる。第1に、作為の正犯者に対する不作為の関与形態が幇助犯にとどまらず正犯となったことに関して、本判決は幇助犯と正犯をどのように区別した上で本件の被告人が正犯であると認定したのかである。これまでの裁判例が幇助犯を認定したのと違って、本判決が先行行為を強調していることは、注目に値する。すなわち、本件においては被告人が交際相手の来訪に先立って虐待行為を行っていたが、本判決は、「先行行為としてこれだけの暴行等を加えた者については、その暴行により被害者に生じた具体的危険な状況を自ら解消すべき義務があるから、他の者によるさらなる暴行を積極的に阻止すべき義務がある」ものと述べて、これを「不作為の正犯者……に当たる」ことの根拠とするようである。第2に、交際相手「の作為犯と被告人の不作為犯との共同意思の連絡、すなわち共謀があったと認め」たことの意味についてである。さしあたって、本件は、ネグレクトの一形態として不作為の保護責任者遺棄致死や殺人を共同して行ったという事例、あるいは、虐待行為に対して不作為犯の同時犯になるという事例とは、明確に区別される。本判決は、共犯関係について共同正犯であると認定したようであるが、致死に至る暴行の前に、顔は殴らないから大丈夫といった交際相手の言葉に対して被告人が了解の意を示した時点で、交際相手との間には共謀が成立したとも認定しているのであるから、共謀があったのならば、わざわざ不作為の正犯という関与形態を認定せずに、単純に、実行行為に加担しなかった共謀共同正犯として処理すれば足りたようにも思われる（もっとも、判示に対しては、傷害の限度で共同の意思が認められるのにとどまるという読み方も可能なのかもしれない）。

　これら2つの問題は、今後の刑事裁判における事案の処理に大きく影響するような論点をはらんでおり、そこに本判決の意義を見出すことができる。

〔判例評釈〕
中森喜彦　近畿大学法科大学院論集7号125頁

【判例13】養父が児童をして自己を相手に性交させた行為が児童福祉法34条1項6号にいう「児童に淫行をさせる行為」に該当するとされた事例（東京高裁判決平成22年8月3日、平成22年（う）第317号、裁判所HP、刑事判例リスト24）

　本判決が「罪となるべき事実」として挙示したのは、「被告人は、平成20年5月中旬ころ、養女であるB（当時15歳）が満18歳に満たない児童であることを知りながら、養父の立場を利用して、神奈川県……の被告人方居宅内において、被害児童をして被告人を相手に性交させ、もって、児童に淫行をさせる行為をした」というものである。

　これは、原判決が被害児童に対して事実上の影響力を及ぼした結果として淫行をさせたものと判示せずに児童淫行罪を認定したという点に理由不備の違法があると認め、破棄自判して認定した事実である。

　本判決の処理には、児童淫行罪の解釈上の問題が影響しているように思われる。すなわち、第1に、児童福祉法34条1項6号によって禁止される「児童に淫行をさせる行為」の意義について、東京高裁判決平成8年10月30日、高刑集49巻3号434頁は、「淫行の相手方が行為者以外

の第三者であるか、それとも行為者自身であるかは、児童の心身に与える有害性という点で、本質的な差異をもたらすべき事項とは考えられない。……以上の次第で、同号にいう『児童に淫行をさせる行為』とは、行為者が児童をして第三者と淫行をさせる行為のみならず、行為者が児童をして行為者自身と淫行をさせる行為をも含むものと解するのが相当である」という判断を示していたが、このような解釈は、最高裁判決平成10年11月2日、刑集52巻8号505頁によって支持されたため、判例として認められたものと理解されており、本判決も、先例に従った判断を下している。

もっとも、この解釈は、いわゆる青少年保護育成条例等に規定された淫行処罰規定との区別が不明確になりかねないという問題をはらんでいる。この点に関して、前掲の東京高裁は、第2に、第三者と淫行させた行為に関する従来の判例にならって、事実上の影響力を及ぼして児童による淫行を原因・助長することが少なくとも必要であるとの解釈も展開している。

第2の解釈は、法定刑が最高で懲役10年と重いことを根拠として、処罰の範囲を事実上の影響力のもとで児童に「させる」行為に限定したというものであるが、それだけに、とりわけ自己を相手とする場合であれば、処罰の対象に包摂することの合理性を確保するために、事実上の影響力の行使を厳密に認定しなければならないであろう。そうであれば、本判決の原審が理由を十分に摘示しなかったことは、批判されてしかるべきように思われる。

付言すべきなのは、本判決と同じ理由で原審を破棄自判した裁判例が過去にも存在するということである（名古屋高裁判決平成20年4月30日、公刊物未登載）。もとより、児童福祉法34条1項6号の文言から第1の解釈を導くことには無理があると批判されてきたが、解釈論上の疑念と構成要件の不安定さを前にして、立法上の解決を模索する余地もあるように思われる。

（岩下　雅充）

4　行政法分野

【判例14】児童福祉法28条1項1号に基づく家庭裁判所の承認の審判を得て同法27条1項3号に基づき児童相談所長がした児童福祉施設への入所措置決定に対して提起された取消訴訟が棄却された事例（東京地裁判決平成20年7月11日、平成19年（行ウ）第745号、児童福祉施設入所措置決定取消請求事件）

本件は、児童相談所長が、児童虐待の疑いの通告を受けた児童について、児童福祉法28条1項1号に基づく家庭裁判所の承認の審判を得た上、同法27条1項3号に基づく児童福祉施設への入所措置決定をしたところ、当該児童の親権者が同決定の取消しを求めて抗告訴訟（行政訴訟）を提起した事案である。原告は主に、①本件承認審判による虐待の事実認定の違法、②本件承認審判の手続的違法（憲法31条の適正手続の保障を侵害）、③本件入所措置決定において本件児童の入所施設名を開示していないことの手続的違法を主張した。

本判決は、本件承認審判に基因する本件入所措置決定の違法性（①②）につき、28条1項をはじめとする児童福祉法の定めに加え、「親権者等の手続保障として、審判手続中の意見聴取の機会に加え、承認の審判に対する即時抗告の権利が付与されている（特別家事審判規則19条1項、20条2項）」と指摘した上で、以下のような判断を示した。「施設入所等の措置及びその承認の審判の手続構造、施設入所等の措置の当否に関する認定・判断を家庭裁判所の専権にゆだねた制度

の趣旨等によれば、〔1〕児童福祉法28条1項所定の要件の有無（虐待の事実など児童の福祉を害する事情の有無）、当該措置の相当性といった承認の実体要件のみならず、〔2〕審判の手続要件を含め、当該審判手続及びその上訴審手続で争うことができる事由については、児童福祉法及び関連法令上、専ら当該審判手続及びその上訴審手続において争うことが予定されており、承認の審判に対する事実誤認・判断不当、審理不尽・手続違背等の実体上又は手続上の不服についても、憲法違反の不服を含め、すべて抗告、特別抗告、許可抗告の上訴審手続の中で争うべき事柄であって、抗告棄却の決定を経るなどして承認の審判が有効に確定した以上、親権者等は、後行の手続において、これらの不服を主張して確定審判の適法性を争うことはできず、また、上記〔1〕の実体要件について、確定審判の基準時以前の事情に基づき確定審判の認定・判断に反する主張をしてこれを争うことはできないと解するのが相当である」。

もっとも、本判決は、「児童福祉法において、承認の審判を得た上で行われる児童福祉施設への入所措置決定につき、行政不服審査法の審査請求に関する規定の適用を除外する規定が設けられていないこと」を理由に当該入所措置決定に対する取消を求める抗告訴訟を提起し得ることを認めるが、「既に承認の審判が有効に確定し、その承認に係る施設への入所の措置が採られている場合には」「当該抗告訴訟において争い得るのは、裁判権の欠如等による審判の無効、確定審判の基準時後（入所措置決定前）の事情変更による上記〔1〕の実体要件の欠如等の事由に限られるものと解される」とした。

本判決は、本件入所措置決定自体の手続的違法性（③）についても、入所施設名の告知がなされなかったとしても違法ではないとし、結局請求を棄却した。

児童福祉法28条1項の手続を経てなされる児童福祉施設への入所措置決定をめぐっては、決定に先行する家庭裁判所の承認審判と決定に対する取消訴訟との関係が問題となるが、本判決は、取消訴訟（抗告訴訟）において確定審判の適法性、および審判の認定・判断したところを争うことはできないとの判断を示した点で注目される。承認審判の範囲内で家庭裁判所の最終的判断権を認めたのである。

もっとも本判決においては抗告訴訟の提起自体が許されないとされたわけではなく、請求棄却判決である点には注意が必要である。この点は、家庭裁判所の承認審判が、裁判所の審査とはいえ、行政による入所措置決定に先行する事前手続の一環、すなわち憲法上の「適正手続の保障」に基づくものであり、憲法32条の「裁判を受ける権利」に基づく抗告訴訟とは区別されることによって説明されるところである。

しかし、そうすると承認審判の存在によって抗告訴訟の審査範囲が限定される点は、憲法32条の観点から見て吟味が必要であるように思われるが、本判決は、そのような視点を持ち合わせていないように見える。

【施設内虐待についての判例】
【判例15】都道府県による児童福祉法27条1項3号の措置に基づき社会福祉法人の設置運営する児童養護施設に入所した児童に対する施設の長及び職員の養育監護行為につき、県及び社会福祉法人の損害賠償責任が問題となった事例（最高裁判決平成19年1月25日、平成17年（受）第2335号、第2336号、損害賠償請求事件、民集61巻1号1頁）

　本件は、被告県による児童福祉法27条1項3号に基づく入所措置により、被告社会福祉法人が設置運営する児童養護施設に入所した原告が、他の児童らから暴行を受けて被った損害につき、同施設職員が加害児童を保護監督すべき注意義務を懈怠したとして、被告県に対し、施設長および職員による入所児童の養育監護行為は県の公権力の行使にあたるという理由で国家賠償法1条1項に基づく損害賠償を求めるとともに、被告社会福祉法人に対し、民法715条の使用者責任に基づく損害賠償を求めて出訴した事案である。

　第1審（名古屋地判平成16年11月12日）は、職員の過失を認めた上で、県の責任につき原告の請求を認容したが、社会福祉法人については、国賠法上の「公務員」に該当する職員個人が責任を負わないことを理由に使用者責任を否定して原告の請求を棄却した。

　これに対し、控訴審（名古屋高判平成17年9月29日）は、県の責任につき原告の請求を認容するとともに、社会福祉法人についても、「公務員」個人が責任を負わないとしても、行為の違法性が消滅するものではないから、使用者の不法行為責任まで排除するものではないとして原告の請求を認容した。

　最高裁は、県の責任につき、児童福祉法は「保護者による児童の養育監護について、国又は地方公共団体が後見的な責任を負うことを前提に、要保護児童に対して都道府県が有する権限及び責務を具体的に規定する一方で、児童養護施設の長が入所児童に対して監護、教育及び懲戒に関しその児童の福祉のため必要な措置を採ることを認めている」とした上で、27条「3号措置に基づき児童養護施設に入所した児童に対する関係では、入所後の施設における養育監護は本来都道府県が行うべき事務であり、このような児童の養育監護に当たる児童養護施設の長は、3号措置に伴い、本来都道府県が有する公的な権限を移譲されてこれを都道府県のために行使するものと解される」との判断を示し、「職員等による養育監護行為は、都道府県の公権力の行使」にあたるとして原告の請求を認めた。

　一方、社会福祉法人の責任については、国家賠償法1条1項により公務員個人が民事上の損害賠償責任を負わないことを理由に、国又は公共団体以外の者の被用者が第三者に損害を加えた場合であっても、国又は公共団体が国家賠償法1条1項に基づく損害賠償責任を負う場合には、被用者個人が損害賠償責任を負わないのみならず、使用者も民法715条に基づく損害賠償責任を負わないとした。

　県のみが賠償責任を負い、社会福祉法人は被害者に対して賠償責任を負わないとする本判決は、児童養護の実務に対し大きな影響を及ぼすものであり、また、本判決を受けて、以下のような下級審判決が下されるに到っている。

【判例16】千葉地裁判決平成19年12月20日（平成12年（ワ）第544号、損害賠償請求事件、裁判所HP）
　本件は、児童福祉法（平成9年法律第74号による改正前のもの）27条1項3号の措置に基づき

社会福祉法人の設置する養護施設に入所した児童に対して同養護施設の長が行った暴行により被った損害につき賠償請求がなされた事案である。本判決は、当該行為が児童福祉施設の長の正当な懲戒権行使の範囲内とはいえず、不法行為を構成し、同養護施設の長の養育監護行為が県の公権力の行使にあたる公務員の職務行為であるとして、その不法行為につき県に国家賠償法1条1項に基づく損害賠償責任を認める一方で、暴行を行った施設の長、および社会福祉法人に対する損害賠償請求は棄却した。

本判決の控訴審（東京高判平成21年2月26日）も、県の安全配慮義務違反の主張が認められなかった他、基本的に同趣旨であり、最終的に最高裁決定平成22年11月5日において上告棄却、不受理の決定がなされた。

なお、同事件については、県が社会福祉法人に対し支弁した施設の長の人件費相当額の損害賠償を県知事に求める住民訴訟（平成14年地方自治法改正前のもの）が提起されており、平成12年に請求棄却判決が下されているが、同判決は、施設の長による虐待の事実を認め、県知事が社会福祉法人に対して改善勧告をしなかったことを違法と認定していた。

（横田 光平）

III 主要文献解説

1 児童福祉法分野

【文献1】馳浩『ねじれ国会方程式――児童虐待防止法改正の舞台裏』北國新聞社、2008年

2007年の児童虐待防止法改正は議員立法として行われた。その過程でチャイルドライン支援議員連盟を母体とする「児童虐待防止法見直し勉強会」が作られた。本書はその座長となった馳浩衆議院議員によるものである。序章では、児童虐待の実状を踏まえて、改正をめぐる議論の状況が改正に直接携わった立場から述べられている。第2章は、本改正の4人の主要メンバーによる座談会であり、省庁を巻き込んだ超党派による議論の経過が語られている。とくに強制立入制度をめぐる警察、裁判所、法務省、厚労省とのやり取りは興味深く、議員立法による法改正のプロセスを知る上でも参考になる。その他、資料として同改正法に関する議事録、逐条解説、論点整理等も付されており、2007年児童虐待防止法改正の舞台裏を知る上で、欠かせない資料である。

【文献2】菊澤信夫「児童虐待防止法等の改正及び児童虐待防止に向けた取組について」『警察学論集』60巻10号（2007年10月）153～185頁

本稿は、警察の立場から、児童虐待の検挙件数等、児童虐待を取り巻く状況を概観し、2007年の児童虐待防止法および児童福祉法改正の内容、これら法律の施行に向けた取り組み・課題等、今後とるべき児童虐待防止対策を解説するものである。とくに、警察が関わるべき臨検・捜索、接近禁止、立入拒否罪についてはその取り組みの課題が詳細に述べられ、警察と連携する児童相談所等の関係機関にとっても有益な資料である。

臨検・捜索については、児童相談所職員が令状請求手続に慣れておらず、具体的にどのような

形で手続を進めていくかを十分に検討する必要があることを強調する。立入拒否罪については、親告罪とされてはいないものの、「事実上児童相談所職員の告発を受け、または処罰する旨の意思確認をした上で現行犯として検挙することになるが、そのためには、実際に児童相談所職員が保護者に対して立入拒否罪の適用を明確に伝えるなど、毅然とした態度で対応する必要がある」と現実の運用方法を示すとともに、立入拒否罪の適用は、拒否の態様が極めて悪質な場合等限定的に行われるべきであるとして、制度の趣旨に鑑みた運用の指針が示されている。立法時に議論された臨検・捜索と立入拒否罪の関係や、これまで適用の例のない立入拒否罪の運用方法が警察の立場から解説される等、興味深い解説が行われている。

【文献3】 松村徹・田中寛明「児童虐待の防止等に関する法律及び児童福祉法の一部を改正する法律（平成19年法律第73号）の概要及び特別家事審判規則の一部を改正する規則（平成20年最高裁判所規則第1号）の解説」『家庭裁判月報』60巻7号（2008年）43～75頁

　家庭裁判所の立場から、2007年児童虐待防止法および児童福祉法改正について、主として家庭裁判所の実務にも関連する部分の概要を紹介し、あわせて同年に改正された特別家事審判規則の趣旨および内容を解説するものである。家庭裁判所の立場からこれらの改正法・規則を運用するに際しての解釈論が詳細に論じられており、家庭裁判所関係者のみならず児童相談所関係者、弁護士等、児童虐待の法律実務に携わる者にとって有益な資料である。例えば、臨検・捜索制度については、「立入調査を実施しようとしてもなお、頑なに立ち入りが拒否されるようなケースについて、例外的に実施されることが想定されている」として同制度の位置づけが示され、立入拒否罪による「威嚇、刑事捜索の実施によって従前よりも立入調査の実効があがることが期待されている」等、臨検・捜索制度と立入拒否罪の関係から、立入調査制度全体の運用が論じられる等、詳細な検討がなされいる。また、臨検・捜索制度に関しては、その手続の煩雑さが指摘され、柔軟に運用しがたいとの批判もあるが、本解説では、対象となるケースの性質から、「緊急性の高い事件として、即時、請求の当否を審査し、直ちに許可状発布または不発布（請求却下）の判断をする必要がある」と述べ、家庭裁判所として迅速に対応すべきことを示唆しており、同制度の趣旨に沿った運用がなされるよう記述されている。児童虐待事件に関わる分野において、こうした認識が共有され、さらに適切に被虐待児の安全確認、保護、立入調査がなされることが期待される。

【文献4】 平湯真人「［特別寄稿］児童虐待防止法・児童福祉法の改正について」『子どもの虐待とネグレクト』9巻2号（2007年）179～183頁

　2007年児童虐待防止法および児童福祉法改正は強制的な方向に傾いたとの印象を持たれがちであるが、実際には同改正はこれまでの介入や親の行動制限の分野での不備を補強したものであり、親への働きかけの中心が非権力的な方法である点は変わっていないとしている。その上で、改正法の概要を説明し、残された課題として親権制限があり、また改正法附則で示された社会的養護の充実のための方策の検討を挙げている。その他、附則には掲げられていない課題として、虐待の予防と親支援のための施策があるとし、改正法による公的介入には様々な人的資源の充実が必要であることを強調する。

第 5 期（2007 年 7 月から 2010 年 3 月まで）

【文献 5】「特集　児童虐待防止法の改正・児童相談所運営指針の改定と児童養護施設」『児童養護』38 巻 1 号（2007 年）17 〜 27 頁

　2007 年の児童虐待防止法の改正および児童相談所運営指針の改正を児童養護施設がどう受け止めるかを議論するために組まれた特集。基調論文は才村純「児童虐待防止法制度の改正の意義と課題」であり、続いて児童相談所からは、児童相談所の現状から見た法改正の評価と課題が、児童養護施設からは、司法関与が児童相談所を最前線にして行われると親と対立的になり、施設の回転率を下げる結果となるとのジレンマが指摘されている。

【文献 6】才村純「児童虐待防止法改正の意義と課題」『精神科看護』35 巻 7 号（2008 年）17 〜 21 頁

　本論文は、強制立入制度の創設により立入調査の実効性が確保されたこと、接近禁止命令制度により子どもの強引な引取り防止が可能になったこと、知事勧告に従わない親への対応措置が明示されたことを評価する。しかし、児童相談所の権限の一極集中により、保護者と児童相談所が熾烈な対立関係に陥りかねないことを懸念し、司法機関によるケア受講命令制度の導入を提案する。児童虐待防止対策の課題としては、パーマネンシー保障のための社会的養護体制の改革、家族再統合援助の充実、児童相談所、市町村、児童福祉施設の体制整備の必要性を主張する。とくに市町村による虐待ケースのスクリーニングには高度の専門性を必要とすることから、市町村相談員の任用にあたっては児童福祉司と同様の資格が必要であるが、現実にはそうした資格を有する者は 8％にすぎないことを指摘する。

【文献 7】西澤哲「子ども虐待の『今』（第 2 回）子ども虐待をめぐる社会の動向」『子どもの虐待とネグレクト』9 巻 3 号（2007 年）351 〜 356 頁

　児童虐待をめぐる社会的動向として、2007 年の児童虐待防止法および児童福祉法改正、虐待死亡事例検証委員会による調査、社会的養護の見直し、施設内虐待を取り上げる。法改正については、今回の改正により、児童相談所の役割が子どもの保護、家族への介入であることがより明確になり、これによって家族や保護者への支援的機能を果たすことが困難になるとの危惧を示す。こうした事態からすれば、戦後 60 年を経た児童福祉法にピリオドを打ち、児童虐待が中心になっているわが国の子ども家庭福祉の現状を正面から見据えて、子ども家庭福祉の理念に即した法制度体制を再整備することが急務であると述べる。

【文献 8】岩井宜子「児童虐待防止法改正の意義と課題」『刑事法ジャーナル』10 号（2008 年）87 〜 91 頁

　2000 年の児童虐待防止法成立から 2007 年 5 月の児童虐待防止法・児童福祉法改正に至るまでを概観し、2007 年改正法の内容を紹介し、その評価と課題を述べる。立入調査制度の創設については、児童相談所が関与しつつも救済されなかったケースが多い点を反省し、対応体制の強化が図られた点を評価する。しかし、臨検・捜索に至る手続が緊急を要するときに対応できるかの懸念はあるものの、憲法 35 条の住居の平穏の保障を打ち破る行為にあたるので、やむをえないとする。将来的には、ファミリーバイオレンスへの総合的取り組みを図る体制作りの模索の必要

性を指摘する。

【文献9】「特集　改正児童虐待防止法施行に向けて」『アディクションと家族』24巻4号（2008年）286〜326頁

【文献10】斎藤学「特集にあたって――児童虐待における福祉的保護主義の限界（特集　改正児童虐待防止法施行に向けて）」『アディクションと家族』24巻4号（2008年）286〜287頁

　児童虐待を福祉的問題であると同時に司法問題、保健・医療問題として捉え、「被害者→加害者」の逆再演を阻止するための措置として、司法システムのもとに加害者に対する指導・教育・治療をし、加害者がこれを拒否する場合には、刑法の対象とするとの「司法化」「強制治療」の方向を提案する。二度の大きな改正により、児童虐待防止法の法制度は、司法関与を強化し、家庭への公的介入を強化してきたが、さらなる司法関与の強化を提案するものであり、興味深い。

【文献11】岩城正光「児童虐待防止法の改正と今後の課題について（特集　改正児童虐待防止法施行に向けて）」『アディクションと家族』24巻4号（2008年）288〜293頁

　2007年の法改正後の課題として、18〜19歳の未成年者への公的支援対策、児童相談所と児童虐待防止民間団体との公私の役割の明確化、より積極的な司法−警察−児童相談所の役割分担・連携を法制度に明記すべきことを主張し、児童虐待に対する権限を行政が独占していることに疑問を呈す。

【文献12】津崎哲郎「児童虐待における警察の関与と連携（特集　改正児童虐待防止法施行に向けて）」『アディクションと家族』24巻4号（2008年）294〜300頁

　本論文は、児童虐待への初期介入段階での警察の積極的役割、親指導・改善の枠組みの設定による裁判所の役割強化を内容とする司法関与の強化を提案する。相談件数の増加、児童相談所への権限の一極集中、度重なる改正による児童相談所業務の拡大等により児童相談所の負担が大きくなっていること、児童相談所が介入と支援の相矛盾する機能を果たさざるをえないこと、虐待親の特徴として虐待の自覚がなく、他者からの援助や改善のための関与を容易に受け入れないこと等の理由を挙げ、虐待対応における警察関与、親指導に対する裁判所関与の強化を提案する。また、日本子ども虐待防止学会制度検討委員会の調査からも、児童相談所の現場が警察に積極的役割を求めていることが明らかであるところから、警察の積極的初期活動に否定的な考え方に疑問を投げかけている。

【文献13】坪井節子・平川和子・斎藤学「座談会：児童虐待防止法をめぐって（特集　改正児童虐待防止法施行に向けて）」『アディクションと家族』24巻4号（2008年）313〜326頁

　この座談会では、主に児童虐待に対する警察・裁判所の関与をテーマとして意見交換が行われている。DV法では、その通告先として警察が規定されており、またその制定段階から警察・法務関係者が関わっていたが、児童虐待防止法は児童福祉法の枠組みを基礎としているところから、警察との関わりは大きくなかった。その理由として、坪井は「DVの場合は、……暴力に対しての保護命令で、かならず暴行罪か傷害罪が成立している」ために警察への抵抗感が薄いので

はないかと推測する。これに対して、児童虐待では暴行脅迫が成り立たない場合があり、親を犯罪者とすることについて子どもにも抵抗がありそうだとする。とくに母子分離に警察が犯罪として関わるのはどうかと疑問を示している。斎藤は、警察だけの判断による拘束ではなく、裁判所の関与が必要であるとし、ダイバージョン制度の必要性を強調している。児童相談所のあり方としては、現在の児童相談所の職員数だけでは対応できないことでは認識が共通しているが、これを児童相談所職員の増員で対応するか、警察の介入する範囲を拡大するかでは意見は分かれる。児童相談所の現在の機能として、親のトリートメントまでできるかどうかについて斎藤は疑問を投げかけている。こうした児童相談所をサポートする役割をNPOが果たせるのではないかとの点で、東京の「子どもの虐待防止センター」やシェルターである「カリヨン」の活動が紹介されている。最後に、性虐待に関しては、子どもへの性虐待と成人女性への性暴力との連続性を挙げ、子どもへの性暴力、性搾取、ポルノ禁止法等を統合した法律の制定が提案されている。

【文献14】相澤仁「児童虐待の防止に向けて——改正児童虐待防止法の改正を中心にして（共同研究児童虐待防止に向けて）」『被害者学研究』18号（2008年）87～93頁

　本論文は、法制度を含めた児童虐待防止対策の強化について、発生予防、早期発見・早期対応、保護・支援の各ステージごとに概観し、今後の課題として、とくに人材確保の重要性を指摘する。これまで、児童福祉司や児童相談所長等の任用資格要件を改正してきたが、昨今の児童虐待では精神的問題を抱える親や発達上・資質上の課題を持つ子どもや複雑な家族関係を持つケースが少なくないことから、現在の資格要件を見直し、児童福祉司、児童指導員、児童自立支援専門員等を統合して、（仮称）児童福祉師という国家資格の創設を提唱する。また、児童福祉施設の質の向上を図るためには施設長の資格要件について児童福祉施設最低基準に規定すべきであるとする。初期介入場面での法制度の整備は徐々にではあるが進んできており、その担い手の確保と専門性の向上が求められている現在、注目すべき提案である（なお、児童福祉施設長の資格については、2011年の児童福祉施設最低基準の改正で新たに要件が明示された）。

【文献15】岩井宜子「児童虐待防止に向けての法制度（共同研究児童虐待防止に向けて）」『被害者学研究』18号（2008年）94～103頁

　本論文は、児童虐待に対する各国の対応を、N.ギルバートの分類をもとに、児童保護を主眼として法的介入を強調する制度＝児童保護システム（アメリカ、カナダ、イギリス）と家族への援助を主眼として、治療的介入を強調する制度＝家族支援型システムに分け、通告の現状や通告制度の法定等を比較している。続いて、わが国の児童虐待防止法制度の歴史を1933年の「児童虐待防止法」から2007年の児童虐待防止法および児童福祉法改正までを概観し、今後の課題の1つとしDVと児童虐待を「ファミリーバイオレンス」として総合的取り組みを図る体制作りの模索が必要であるとする。

【文献16】才村純「改正児童虐待防止法の円滑な運用をめざして——保護者援助ガイドライン等の概要（特集　児童虐待防止のために）」『こども未来』446号（2008年）7～9頁

　保護者を援助する際のガイドラインおよび家庭復帰の適否を判断するためのチェックリストを

作成する準備として全国の児童相談所を対象に保護者援助の実態調査が行われた。施設入所等の措置と併行して児童福祉司指導等が行われていた児童相談所が3割にすぎないこと、措置解除のためのチェックリストを作成している自治体は2割に満たないこと、措置解除されたケースでチェックリスト等のアセスメントツールが使われたのは措置解除事例全体の23％に止まっていること、措置解除されたケースの3分の1以上が措置後半年で家庭復帰していることが明らかになった。その結果、どの程度家族再統合がなされているのか、措置解除に際してどの程度適切なアセスメントがなされているかといった疑問が生じ、保護者援助のあり方に関する標準的なガイドラインが策定された。このガイドラインには、家庭復帰の適否判断のためのチェックリストが示され、その運用の方法についても留意点が紹介されている。

【文献17】鈴木博人「児童虐待事例における一時保護制度と強制立入制度——日本法とドイツ法の比較法的考察」『中央ロー・ジャーナル』4巻3号（2007年）59〜77頁

　本論文は、2007年の児童虐待防止法および児童福祉法改正が、親の権利について十分に議論されることなく、親権制限が図られた点に疑問を呈し、一時保護および立入調査制度を中心に、ドイツ法との比較を通じて、親権制度のあり方を検討する。とくに、その後の民法の親権制度改正にあたっては、基本理論に立ち返って議論する必要があるとする。すなわち、わが国の一時保護制度には、親および子どもの同意は必要とされてはいないが、ドイツ法では法定保護者が一時保護に同意していないとき、少年局と保護者の意見が対立しているときには、常に家庭裁判所の判断を求めなければならないとされている。また、強制立入調査においても、ドイツ法においては親と少年局が対立するときには、民法上の親の配慮権制限に関する手続にのるため、親は裁判所に登場し、裁判官の審問を受けることになる。こうした違いの背景には、親権に関する理解、すなわちドイツでは親権が国家との関係では親の権利として捉えられ、基本法でこれを明文化していることがあるとする。親の権利が憲法で保障されていないわが国においても、こうした親権の本質的性格を踏まえ、今後の法改正においては親の権利の確保と子どもの福祉・権利確保のバランスを図った制度構築が行われるべきであるとの主張は、次の法改正に向けての有益な示唆となる。

【文献18】小林美智子・松本伊智朗『子ども虐待　介入と支援のはざまで——「ケアする社会」の構築に向けて』明石書店、2007年

　本書は、2005年9月に札幌市で開催された「日本子ども虐待防止学会」における国際シンポジウム「子ども虐待防止活動の総括と展望——日英の比較を通して」をもとに、支援と介入の間をゆれる虐待対応について、「どこまで来てどこに行くのか／どちらに行くべきか」との問題を論じるものである。これまで蓄積がなされてきたこの時期にこそ、今後の方向をじっくり考える必要があるとの方針で編集されている。日英の比較については、イギリスの経験から得られた教訓を共有し、わが国の議論の素材とすることで、視野を広げ、論点を明確にする趣旨から比較がなされている。収録された論文のうち、とくに小林論文「子どもをケアし親を支援する社会の構築に向けて」は、わが国の虐待防止策が早期発見・通告・初期対応からケアに大きく発展すべき時期に来ていることを指摘し、再発予防、次世代の虐待発生予防、ハイリスク群から虐待群への

移行、発生予防への移行の重要性を強調する。子どもを救うために、法権力で親権を抑えるのは「力で他者を押さえ込むのは虐待親子の関係と同じであり、……支配論理以外の人間関係を習得してもらうという治療的論理とは矛盾する」との言葉は、法的介入の制度を構築するにあたり、重みのある言葉である。虐待防止施策の方向性を考える上で、示唆に富む論文である。

【文献19】才村純「法改正に伴う児童相談所の現状と課題（特集　日本子ども虐待防止学会第14回学術集会〈ひろしま大会〉）」『子どもの虐待とネグレクト』11巻1号（2009年）26～33頁

　本稿は、2007年の児童虐待防止法および児童福祉法の改正により、児童相談所の権限強化に関する制度が創設されたものの、現実にはその多忙さから初期対応、対立する親への対応、権限行使に対する適正手続保障のための業務、親子再統合支援等の業務を適切に遂行できるか疑問であるとして、児童相談所の権限強化が児童相談所に投げかけた課題について論じている。児童福祉司の業務量が急増している状況では、現在の人口おおむね5～8万人に1人の児童福祉司配置では「焼け石に水であり」、抜本的な増員が必要であると訴える。児童心理司については、児童福祉司と同数の配置とするとともに配置基準の明確化が必要であるとする。児童相談所業務の専門性の確保については、専門職任用と人事システムの弾力化が必要であるとして、民間のエキスパートの中途採用ないし任期付職員の雇用とともに、業務の中の可能な部分についてはアウトソーシングも検討すべきことを提案する。その他、一時保護所に特化された設備・運営基準の策定、職員のメンタルヘルスへの対応等、筆者が行った数多くの調査研究に基づく詳細な分析と積極的な提言がなされており、今後の児童相談所運営体制を考える上で貴重な文献である。

【文献20】川﨑二三彦・岩佐嘉彦・山口亮子・新恵理・成田秀樹「どうする？子ども虐待──現状と課題を考える：京都産業大学法政策学科開設記念シンポジウムパートⅡ」『産大法学』43巻2号（2009年）301～235頁

　この資料は同大学法学部法政策学科開設記念シンポジウムの記録である。子どもの虹情報研修センターの川﨑の基調講演をはじめ、弁護士、家族法研究者、臨床心理士（被害者学）の立場からそれぞれ報告がなされている。法学部による児童虐待のシンポジウムであり、虐待と司法関与の関係が多岐にわたって議論されている。川﨑からは、児童虐待の現状、児童相談所による対応の実情に続き、とくに一時保護をめぐる司法関与について詳細に報告され、虐待に関して司法が関与すべき場面、関与のあり方等、積極的な検討が必要であるとしている。弁護士の岩佐は、司法関与の強化は重要であるものの、児童相談所の専門性や人員強化とあわせて、総合的に考えるべきであるとの意見を述べる。家族法の立場から山口は、虐待防止にかける予算の少なさを指摘し、虐待通告、一時保護、児童福祉司の数、虐待対応の司法手続等について、アメリカ法との比較を通じて、日本の児童相談所の負担が大きすぎること、予算と人員が絶対的に不足していること、関係機関との連携がうまくいっていないこと、親子分離においては裁判所の関与が必要であること、をわが国の課題として挙げている。最後に司法関与については、適正手続の保障や児童相談所へのチェックという点から必要であると結論づけている。臨床心理士の立場から新は、虐待された子どものトラウマ、司法手続における子どもへの配慮、保護段階での配慮等、アメリカの取り組みを紹介し、虐待する親へのカウンセリング──とくに自分自身に問題を感じていない

親へのカウンセリング——が時間と労力がかかり、困難であることを挙げ、施設の充実等、被害者や子どもに予算を振り向けるべきこと提案する。

　意見交換では、通告制度、虐待問題に対する裁判所の役割、裁判所によるケア受講命令制度、一時保護制度等、虐待の法律問題が様々な角度から論じられ、有益な資料となっている。

【文献21】相澤仁「子ども虐待の『今』（第6回）子ども虐待防止対策における法制度上の対応と現在の課題」『子どもの虐待とネグレクト』11巻3号（2009年）341～351頁

　2000年の児童虐待防止法成立から2008年の児童福祉法等一部改正までの経緯とその内容を概説し、現代の課題として、①医療ネグレクト等への対応、児童相談所の相矛盾する役割の克服のための親権の一時・一部停止制度の検討、②治療的なケアの提供・親子支援プログラムを実施している機関の活用、施設退所後の子ども・保護者への支援、ショートステイ・デイケア・トワイライトステイ等による在宅支援サービスの拡充、③社会的養護関係職員の国家資格化、④地域小規模児童養護施設等施設分園型グループホームの種類と運営の拡充、⑤相談機能、シェルター機能、生活支援機能、就労支援機能、経済的支援機能、コーディネート機能等を持った総合的な青少年の自立を支援するための仮称・青少年自立センターを設置し、福祉行政と労働行政が一体となった取り組みをする等による、年長児童の自立支援対策の拡充を挙げている。現在の社会的養護の重要課題である自立支援に対する福祉と労働分野の総合的取り組みの提案は、相澤の児童自立支援施設長としての立場から、実情を踏まえた提案であり、今後の方向性を示すものとして興味深い。

【文献22】日本弁護士連合会子どもの権利委員会『子どもの虐待防止・法的実務マニュアル［第4版］』明石書店、2008年

　本書は、2007年の児童虐待防止法改正により、臨検・捜索制度、接近禁止命令制度等が新たに創設されたこと、2004年の児童福祉法改正で設けられた28条審判の更新や要保護児童対策地域協議会の実務が積み重ねられてきたことに伴い、従来の版を改めたものである。書式には、出頭要求告知書、臨検・捜索許可状請求書、接近禁止命令書等の書式も掲載され、児童虐待対応の実務の参考になる内容となっている。

　　　　　　　　　　　　　　　　　　　　　　　　　　　　　　　　　　　　　（吉田　恒雄）

2　民法分野

【文献23】戒能民江「DV・子ども虐待」（内田貴・大村敦志編『民法の争点』有斐閣、2007年）342～343頁

　家族と暴力が問題となるDVと子ども虐待が、歴史的に公的領域と私的領域との分離の中で、見えないものとされ、国家による介入を受けない領域（私的領域）のものとされてきたことが説かれる。そのような歴史的背景の中で、DV防止法や児童虐待防止法は、「法は家庭に入らず」原則の打破を意味するという。

　子ども虐待への対応については、児童相談所の裁量の広さゆえに親と児童相談所の対立が激化し、結果として子どもの保護の障害となっているという。親の意思に反した措置について親への

解除の手続的保障の付与、家庭裁判所による司法審査の制度化、一部・一時親権停止制度、懲戒権の削除をはじめとする民法親権制度の抜本的改正等が必要であるが、それらは、虐待被害者への総合的支援システムに裏づけられたものでなければならないと指摘する。

【文献24】庄司順一・篠島里佳「虐待・発達障害と里親養育」（『里親と子ども』2巻、明石書店、2007年）6〜12頁

【文献25】宮島清「虐待を受けた子どもを委託する場合——ソーシャルワークの立場から」（『里親と子ども』2巻、明石書店、2007年）126〜136頁

　【文献24】と【文献25】を並べて挙げたのは、『里親と子ども』第2巻で組まれている特集「虐待・発達障害と里親養育」にともに収録されているからである。この特集自体は、「1. 総論」「2. 虐待の影響」「3. 心理・行動上の問題」「4. 対応と治療」という項目ごとに複数の論考が寄せられている。特集のテーマから見てとれるように心理学系の論考が中心になっている。それら論考のうち、民法上の問題を理解するために有用である、里親里子関係の実情を知ることができると考えられる2つの論考をここに挙げる。

　【文献24】は、上記特集の全体の構成を示している。本欄に必要な限りで、内容を紹介する。厚生労働省が5年ごとに実施する「児童養護施設入所児童等調査」によると、心身に障害がある子どもの割合は平成5年度の6.0%から12.6%に倍増しており（里親委託子については、知的障害〈4.7%〉を筆頭に身体虚弱、言語障害、ADHD、視聴覚障害、肢体不自由、てんかんなどが続く）、家族との交流については、面会や一時帰宅などがある割合が漸増している。2003年度の「交流あり」が23.0%、「交流なし」が75.7%と、1993年度の「交流なし」84.4%から10%近く減少している（「交流あり」は増加）。里親を対象とした調査によると、被虐待児の委託を受けた経験があるのは28.9%、実親と交流のある子どもがいる里親は26.2%だった。以上のことから、「里親養育において虐待や子どもの障害、子どもと実親の交流の問題が重要になっている」という。一方、里親に委託された子どもに焦点を合わせると、平成17年度虐待を受けた子どもで、里親に委託された子どもは243人、虐待相談対応件数の0.7%、専門里親に委託された子どもは約80人で、「里親制度、とくに専門里親制度は虐待対応に役立っていない」ように見える。しかし、里親側から見ると、243人という委託数は、里親委託児童の約18%を占め、虐待は大きな問題であるという。

　障害のある子どもの割合の増加に関連して、子どもの障害が診断・特定されることの里親にとっての意義が示されている。第1に挙げられているのは、障害名が明確になることにより、子どもの状態や行動を具体的に評価できるようになるということである。なぜ子どもがそのような行動をとるのかといったことの理由がわかることは養育者にとっては大きな意味を持つ。第2は、医学的診断に基づく障害の有無の明確化は、治療計画を立て、行動の意味や必然性を理解して、経過を見通すことを可能にする。また、「子どもとのかかわりがうまくいかないのを、里親がすべて自分のせいにしなくてもすむ」という。第3に、障害と診断されると、子どもの行動をすべて障害のせいにしてしまいやすくなることには留意しなくてはならないという。障害の有無にかかわらず、子どもがある行動を示すのには理由があるということも考えなくてはならない。

　【文献25】は、「虐待を受けた子どもを里親へ委託する場合の前提、その際の留意事項」を

「ソーシャルワークの立場から実践的に論じる」ものである。法律家にとって里親制度とは何であるかをよく理解できる論考である。里親制度と養子制度はどこがどう異なるのかは、従来も時々論じられてきたことである。里親委託の意義として、次の諸点が挙げられる。第1に、里親委託は、「子どもを実親から切り離して、里親へプレゼントすることではなく」、子どもの養育を里親に任せきることでもない。第2に、里親委託は、子どもと実親と里親の関係をつなげることであり、三者を三者とも援助することである。第3に、里親委託は、子ども、実親、里親家庭それぞれのケアプランを作成して、統合することでなければならない。「『里親支援』を、心理療法の提供、レスパイトサービス、家事援助サービス、里親サロンのことと狭義に理解してはいけない」という。重要なのは、これらのサービスを効果的にマネージメントして必要に応じて提供すること、こうした視点の下での援助は、子どもにも実親にも並行して行われなければならない。これらのことは、里親委託は、ソーシャルワークとの協働があって初めて成り立つものであることを意味し、このことは、1987年の新要綱により廃止された1948年厚生次官通牒中の「家庭養育運営要綱」から読みとれる内容だという。2002年の里親制度改革は、「多くの点でここに回帰し、いくつかの点でこれを超え、いくつかの点でまだここに追いついていない」のだとする。

　上述のことを前提として、被虐待児の里親委託について検討を加えている。まず、国通知（平成14年9月5日雇児発0905002号「里親制度の運営について」）では、専門里親への委託は虐待の影響が軽い子どもが対象とされているのに対して、実際には虐待を受けた影響が重い場合を専門里親への委託対象としている可能性があり、それは制度の適切な運用とはいえない。今後の被虐待児の里親養育の方向性が示されている。第1は、深刻な問題を持つ子どもの委託は安易に行うことのないよう注意することである。第2は、児童相談所の有する情報、委託前に児童福祉施設等に入所していたときに得た情報は、整理した上で里親に文書送付することである。これは、児童福祉法施行規則26条の義務であるにもかかわらず、不徹底だという。第3は、必要に応じて専門的な援助につなげることである。第4は、里親委託は、関係当事者の法に基づく合意・契約であり、法に基づく社会福祉サービスの提供であることが自覚されなければならない。この点について、次の指摘は民法上、養子縁組と里親委託とを区別して考えるときに重要である。すなわち、「筆者は、養子縁組においてではなく、里親委託の場合でさえ、『実親の存在を告知するかしないか』『本人の実の姓を名乗らせるか名乗らせないか』『実親との交流を認めるか認めないか』の決定権が里親にあるかのように取り扱われ、しばしば里親の研究会・研修会の話題となっていることに違和感を覚えないではいられない」という。「これらは、多くの場合、里親も、児童相談所も、彼らを支える研究者も、前提そのものの『ズレ』や『くるい』を意識せずに、そのまま放置しているとしか思えない」という。

【文献26】高橋美恵子「スウェーデンにおける子ども虐待対策と現状――子どもの権利擁護と社会的ネットワークの視点から」（『IDUN――北欧研究』18号、2008年）179〜204頁

　本論文は、副題が示すように法律学領域の論文に振り分けられるかは微妙である。しかし、あまり多くはないスウェーデンに関する情報を提供していることと、法制度についての言及もあるので、本欄でも紹介しておく。なお、民事法、刑事法、社会法としての福祉法は、同じく法律とはいえ、それぞれ異なる原則に基づくものであるが、そのことが必ずしも意識されての論述に

なっていない部分もあるので、その点については補って整理する。

スウェーデンでは、1902年に児童福祉法が制定され、被虐待児からの直接の訴えがあるときにのみ家庭への介入が行われて子どもを保護することとされた。1924年の改正児童福祉法により、子ども保護委員会が設置され、子どもを虐待している親に警告・指導を行い、事態が改善しなければ子どもを保護し、里親か施設に措置することとされた。1960年の児童福祉法改正では、子どもの保護のため行政権限が拡大され、施設での体罰が禁止された。1979年には親子法第6章第1条（「子どもは個人として尊重されるので、体罰やその他の人権侵害を受けてはならない」）で、世界に先駆けて体罰を全面禁止した。親がしつけという名目で行使する体罰も禁止された。1982年、児童福祉法と社会扶助法およびアルコール濫用防止対策法を統合した社会福祉サービス法施行。家庭内暴力が刑法の対象となる。2000年に、子どもの法定代理人に関する法律が制定された。対象は、被疑者が子どもの近親者（養育者）の場合。2005年、子どもの性的虐待法成立。

2003年には、子どもの権利擁護体制が強化され、社会福祉サービス法の改正によって、危険にさらされているかそのリスクのある子どもの問題に対し、社会福祉委員会が、関連諸機関や団体と連携して問題に対応する責任を負うことになったという。子どもと接する職に就く者は、社会福祉サービスを通じて社会福祉委員会への通報義務を負い、匿名希望の通報者には、社会福祉委員会が保護責任を負う。社会福祉委員会は、通報後4か月以内に調査を完了させる義務を負う。このように、社会福祉委員会は守秘義務を負うが、子どもの虐待については、警察への通報義務を負う。社会福祉委員会の統括責任の下で、コミューンの福祉行政、警察、検察、小児医療、教育機関等の専門領域横断的な連携強化が図られたのだという。

【文献27】原田綾子『「虐待大国」アメリカの苦闘——児童虐待防止への取組みと家族福祉政策』ミネルヴァ書房、2009年、300頁

ミシガン州ワシュトナウ郡での調査を踏まえて、アメリカにおける児童虐待への取り組みとその背景にある社会の実状を明らかにした上で、家族問題に対応するために求められる社会政策を理論的・実践的に検討するというのが、本書で掲げられている課題である。アメリカは、虐待対応の仕組みが発達した「虐待対応先進国」である一方で、膨大な虐待事件が存在する「虐待大国」でもある。虐待対応が進んでいるのならば、なぜ膨大な虐待件数が存在するのかという疑問がわいてくる。この疑問を持つことは、家族と子どもの問題がどんな社会背景の中で発生してくるのか、社会全体としてそうした問題にどう対処するのかということを考えることを可能にするのだという。

第Ⅰ部「児童虐待ケースへの対応」では、アメリカの児童虐待対応の流れが順番に描かれている。すなわち、虐待通報、調査、在宅支援、親子分離、フォスター・ケアへの委託、再統合支援、親権終了、養子縁組、自立支援という各段階での継続的な関わり方についてである。各段階で裁判所は、必要な法的決定を迅速に下し、その決定に基づいて福祉機関が必要なサービスを提供するという形になっているという。第Ⅰ部で、特にポイントとなるのは、アメリカの児童虐待対応システムが深刻な資金不足に陥っているということだという。第Ⅱ部「予防への取り組み」では、アメリカでの虐待予防・防止という観点から、児童虐待対応の実態が扱われる。アメリカの児童虐待対応システムは、虐待通報をきっかけに対応が始まるというものであり、問題を抱え

た家族を探知することはできるが、予防的なサービスはあまり提供されていないこと、虐待が立証されなかった事例の優先度は低くなるという特色が明らかにされる。虐待通報を出発点にするシステムは、虐待予防にはうまく機能していないという。そこで、虐待予防とは虐待通報とは別に考えるべきであるとして、地域レベルでの予防と、社会経済的観点からの予防が取り上げられる。地域レベルでの予防とは、子育てに問題を抱える人への官民の支援であり、社会経済的予防とは、虐待が著しく集中している貧困世帯への経済支援による予防である。双方の支援とも、公的予算のカットや地域経済の悪化、地域サービスの財政基盤の悪化、福祉給付の大幅削減により、十分な対応がなされていないことが示される。第Ⅲ部「制度改革に向けて」では、アメリカの児童福祉が力点を置いてきたのが、子どもを育てる親の支援よりも親から虐待を受けた子どもの保護だったために、虐待予防や防止の視点が弱く、その結果、虐待の増加を抑えることができなかったのだという。これは、家族のプライバシーを重視する自由主義的家族観に起因するという。自由主義的な考え方の下では、家族形成・家族運営について「個人の選択」という理念が優先し、この理念が「家族の自助自立」という理念に結びついて、親には自立して子育てを行う能力があるということが前提にされてしまう。そのために、問題が発生したときにだけ援助を与えればいいという考え方（残余主義的福祉政策）に帰着する。この個人主義的、自由主義的な家族観を相対化することが、虐待予防策を考えていくときには必要だという。

【文献 28】 吉田彩「医療ネグレクト事案における親権者の職務執行停止・職務代行者選任の保全処分に関する裁判例の分析」（『家庭裁判月報』60 巻 7 号、2008 年）1〜42 頁

　親権者が正当な理由なしに未成年者に対する医療行為への同意を拒否・放置して、未成年者の生命・身体を危険にさらす「医療ネグレクト」事例を紹介し、法的な問題点や審理のあり方について検討する論考である。医療ネグレクト事例では、医療行為への同意を拒否する親権者に対し、親権喪失宣告の審判が申し立てられ、併せてこれを本案とする親権者の職務執行停止・職務代行者選任の保全処分が申し立てられることがある。この保全処分により親権者の職務執行を一時停止して、職務代行者を選任し、その職務代行者の同意に基づいて、未成年者に対する医療行為を行い、未成年者の生命・身体に対する危険を回避しようというのである。平成 12 年から平成 18 年にかけて全国の家庭裁判所で出されたこのタイプの保全処分の 6 事例が紹介される。
　医療ネグレクト事件で、親権喪失宣告審判を本案とする保全処分が認められるためには、本案審判認容の蓋然性が必要とされるので、保全処分が認められるためには、親権者が未成年者に対する医療行為に同意しないことが親権の濫用に当たるかどうかが審理の中心となる。その際の判断基準は、①未成年者の疾患及び現在の病状、②予定される医療行為及びその効果と危険性、③予定される医療行為を行わなかった場合の危険性、④緊急性の程度、⑤親権者が医療行為を拒否する理由及びその合理性の有無という諸点を総合的に考慮する必要があり、保全処分事件でもこれら諸点の審理が中心になるという。そして、保全処分事件の審理のあり方で重要なのは、第 1 に、本案事件の審理手続でのように職権による事実調査や証拠調べが行われないので、疎明資料である。第 2 に、申立人による疎明を踏まえて、家庭裁判所が行うべきは、事件本人の陳述聴取であり、これは審問で足りることが多いので、調査官調査は、補充的・補完的なものとされるべきであるという。医療ネグレクト事件では、高度の迅速性が要求され、審判官・書記官・調査官

の連携と申立て時の情報収集が重要なので、受理面接を行って情報収集を図ることが大切である。さらに、事件本人（親権者）に対する働きかけをして、合理的な観点から翻意を促すことも大切であるという。

【文献29】池谷和子『アメリカ児童虐待防止法制度の研究』樹芸書房、2009年、226頁

　法制度研究といっても、本書では、単なる制度紹介や条文の解釈がおこなわれているわけではない。現行法制度の紹介というより、アメリカの虐待対応のための法制度制定の経緯、その社会的背景、関連する制度相互の関係、虐待対応政策の変遷等のように、条文の紹介や解説よりも、条文を理解するための前提や背景を詳しく解明したものである。

　第Ⅰ部「現代の社会問題としての児童虐待現象」では、アメリカでの児童虐待はどのような状況にあるのか、虐待の原因はどのようなものか、虐待が子どもに与える影響などの社会的実態を、家族の機能不全という視点から紹介している。第Ⅱ部「機能不全家族への法的介入に関する歴史的展開」は、児童福祉立法者や法を運用する者が、子ども・親・家庭をどうとらえ、何を理想とするかによって家庭への介入の程度や保護した子どもの扱い方が決まってくるという見解に基づき、法的介入制度を歴史的に検証している。「児童福祉の本質的部分は本来、両親から受けられるべき保護を子どもが不幸にも受けられない場合に、国家や社会がこれに代わって公に手を差しのべる『補充的』な制度である。補充的であるが故に、どのような場合に子どもが保護されていないと考えるか、強制的手段を使っても家庭に介入し子どもを家族から取り上げるべきだと考えるか否か」は、決して一義的なものとはなりえないという。第Ⅲ部が「児童虐待防止法制度における法的諸問題——児童保護手続きを中心に」である。第Ⅲ部は、虐待の発見（第7章）、虐待の認定（第8章）、「虐待の解決」（第9章）というように、通告から加害者・被害者への処遇までの流れを批判的に検討している。

　さらに次のような根本的な指摘がなされている。子どもを虐待から守り、子どもの保護・教育を受ける権利の法的保障に際しては、上記の「補充性」というキーワードが法的には重要であると。すなわち、「虐待する親であってさえ、子どもを親から引き離せば子どもの心を傷つける場合」があり、「虐待の範囲を拡大し、些細なことでも国家が家庭に強引に介入しようとするならば、逆に家庭内の人間関係をギクシャクさせ、家庭そのものを崩壊させかねない。そうなれば、家庭外へ放り出される子どもの数はますます増えることになって」「本末転倒の事態」に陥るという。そして、この「補充性」が、アメリカ児童虐待防止法制度では、「もはや実際上かなり怪しいことになってしまっている」という。子どもにはできる限り実の家庭で保護・教育を受ける権利があるという視点からすると、「『虐待されている子どもを1人でも多く発見し保護することを最優先とするならば、①例え無実の家庭が虐待関連の裁判に巻き込まれても仕方がない、②実の親がダメであれば、里子に出したり養子縁組させたりして、子どもには代わりの家庭を提供してやればよい』という現行のアメリカ児童虐待防止法制度に潜む根本思想自体が、無実の家庭まで崩壊させ、子どもの保護・教育を受ける権利を侵害している疑いが生じてくる」というのである。こうしたアメリカの施策は、虐待の発生頻度を減少させていることには結びついていないようであるということから、予防の重要性を指摘している。「アメリカの虐待防止法制度の欠点や弱点を全く検討しないまま、部分的にそのまま導入しようと」いうことには注意を要すると主張

する。

【文献30】 大久保香織・廣田幸紀「英国における児童虐待防止制度の実情について」（『家庭裁判月報』61巻8号、2009年）49～89頁

　平成20年1月12日から25日の間に行われた英国、ロンドン・レスター・カーディフでの調査結果報告である。英国の児童虐待防止制度およびその前提となる親責任制度（日本法の親権制度に該当）の概要を説明した上で、日本での児童相談所に該当する地方当局の児童虐待対応の流れ、具体的には子ども保護プラン（Child Protection Plan）の策定と実行、子どもの緊急保護の手続的な流れが明らかにされている。さらに子ども保護プランの内容としてのケア命令や指導監督命令という法的手段による保護の仕組みが示されている。

　本調査報告で強調されているのは、地方当局と裁判所との関係、とくにそれぞれの役割はなんであるかということである。そして、行政機関が行うべきことと、司法機関が行うべきこととの棲み分けが図られているというのである。すなわち、地方当局は、現に重大な危害を受けている児童や、重大な危害を受けるおそれがある児童を調査し、必要な措置をとる責任を負っており、そのような児童を保護するために策定する「子ども保護プラン」の中で、例えば、親子分離が必要とされるにもかかわらず、親がそれに同意しない場合等には、裁判所に対し、地方当局に「親責任」を与えて強制的な保護手続を可能にすることを求めるケア命令の申立て等を行うなどして、要援助児童の保護を図っている。裁判所は、これらの申立てを審理し、ケア命令等を発令する場面において、児童虐待防止と関わりを持っている。

　裁判所による審査の対象は、ケア命令を発令すべきかどうかといった地方当局による強制的関与の可否であって、裁判所には、強制的関与により地方当局がどのような監護を行うのが相当かといった監護内容を決める権限や、ケア命令発令後の地方当局による監護を監督する権限等はない。「その背景には、児童のケア内容にかかわる判断は、ケアを提供する地方当局が責任を持って行うのが望ましいという基本理念がある」というのである。その結果、英国では、地方当局に子どもを保護する一般的な義務が与えられていて、そのための強力な権限も地方当局に与えられている。裁判所は、後見的、福祉的に児童虐待防止に関与するのではなくて、ケア命令を発令すべきどうかを通じて、地方当局の強力な権限の行使を監視する役割を果たしているのだという。

　なお、裁判所におけるケア命令事件の審理手続は、極めて当事者主義的に行われている。それを支えているのは、地方当局が弁護士を有している一方、両親などの当事者も法律扶助によって無償で弁護士を依頼できる仕組みであるという。

【文献31】 喜多明人・森田明美・荒牧重人・李在然・安東賢・李亮喜編『子どもの権利──日韓共同研究』日本評論社、2009年、327頁

　本書所収の論考のうち児童虐待に関するものは、磯谷文明「日本における子ども虐待の現状と課題」（127～138頁）、吉田恒雄「日本における児童虐待防止の法制度」（139～149頁）、張化貞「韓国における子ども虐待の現状と保護体制」（188～196頁）である。日本と韓国の共同研究という性格から、それぞれの国のこの時点での児童虐待の実態、法制度の仕組み、今後の課題がコンパクトにまとめられている。この意味で、日本・韓国それぞれの児童虐待に対応する法制度を

理解するのに極めて便利である。

【文献32】原田綾子「要保護児童のための養子縁組支援――アメリカでの実情と日本への示唆（上）（下）」（上）（『戸籍時報』646号、2009年）67〜78頁・（下）（『戸籍時報』648号、2009年）60〜73頁

　要保護児童について、アメリカ（本稿では、同じ筆者の他の論考同様、マサチューセッツ州法が対象になっている）では永続的な養育環境の確保を目指す「パーマネンシー・プランニング」という枠組みの中で社会的養護が行われている。そこでは、実親を支援して実親家庭への親子再統合が目指されるが、それが困難なときには、実親の家庭に代わる代替的な家庭を確保することが目指される。1997年の連邦法「養子縁組と安全な家庭に関する法律」（ASFA）と「養子縁組2002」によって養子縁組が積極的に推進されるようになった。このような背景を踏まえて、要保護児童の社会的養護は次のような順番で行われることになる。すなわち、虐待等を理由に実親家庭から引き離された子どもは、フォスターケアを主として里親の下で受ける。フォスターケアは、実親子の再統合を目標とするが、再統合支援は、ASFAによると原則1年とされている。その後の代替的養育方法として養子縁組が推進されているという。80年代以後、パーマネンシーの重視によって、里親家庭も永続的家庭になりうると考えられるようになって、里親による養子縁組が推進されるようになった。

　里親から養子縁組への移行はコンカレント・プランニングによって行われる。コンカレント・プランニングとは、実親子の再統合サービスを提供しながら、再統合できない場合に備えて、養子縁組などの代替計画を同時進行で行うソーシャルワークの手法である。また、マサチューセッツ州では、里親との養子縁組成立後も、子どもと実親、兄弟等との関係性を保持できるようサポートすることが期待されているという。その際、オープンな養子縁組が利用されるようになっているという。ただし、縁組後の実家族との交流合意に法的強制力を認めるか否かについて、子どもの出自を知り実親との交流を確保できるという積極意見と養子縁組により形成された家庭の統合性を保護するために実親との交流は養親の判断に委ねるべきという消極意見とがあるという。里親が養子縁組を行えないときには、養親候補者が広く探され、シングルや同性愛カップルなども候補者として平等に取り扱うようになっている。

　これらの考察を踏まえて、日本の現行養子縁組法制の欠点、今後目指すべき方向性が示されている。

【文献33】柏女霊峰「新しい里親制度の概要と今後の課題」（『里親と子ども』4巻、2010年）84〜92頁

【文献34】米沢普子「養子縁組里親についての改正点と今後の課題」（『里親と子ども』4巻、2010年）93〜96頁

【文献35】宮島清「里親支援機関の可能性と課題――質の高い里親支援機関作りへの提言」（『里親と子ども』4巻、2010年）107〜112頁

　上記3つの論文は、「児童福祉法改正と里親制度」という特集で掲載されている2009年4月施行（2008年児童福祉法改正）の改正里親制度に関連する論考である。

【文献33】は、1947年児童福祉法成立とともに制度化された里親制度の3度目の大改正の概要を紹介する。ちなみに1度目の大改正は、1987年の特別養子制度の導入時、2度目の大改正は、2002年に行われたもので、専門里親・親族里親制度の創設、「里親の認定等に関する省令」「里親が行う養育に関する最低基準」が厚生労働省令として公布された。

　2009年施行の改正では、家庭的養護の拡充のために里親制度を時代に合わせたものにリニューアルして、養育里親を拡充し、他方で里親の認定を厳格にして社会的役割を強化することにより、里親手当も増額したものである。里親の種類は、「養育里親」「専門里親」「親族里親」「養子縁組を希望する者」(いわゆる養子縁組里親)とされ、従来の短期里親は養育里親に組み込まれ、職業里親は廃止された。養子縁組里親には里親手当は支給されないこととなった。その他、里親支援業務が規定されるとともに、これら業務を民間機関に委託できるようになった。小規模住居型児童養育事業(いわゆる里親ファミリーホーム)および被措置児童等虐待に対応する仕組みが制度化された。

　上記改正項目のうち養育里親と養子縁組里親とを区別する制度改革についての疑問点を提示するのが【文献34】である。養子縁組里親は、今回の里親制度改正で養育里親と異なり、里親研修の必修(義務)化から外され、里親手当も支給されなくなった。これに対して、【文献34】は、養子縁組の対象となる子は、健康な乳児であるとは限らないという。委託時年齢は、比較的低年齢であるが、発達に遅れが見られる場合や遺棄されたりネグレクトの子どもである場合も珍しくない。このような子どもの養育には里親支援や養育スキル向上のための研修も欠かせない。養子縁組里親も子どもの自立を目的にしていることは養育里親と同じで、「養子縁組はさらに永続的な関係であるだけに、児童福祉法上の里親ではなく、民法上の一般の子育てと同じとして支援を受けられず、孤立してしまっては子どもの福祉は守られない」という指摘は誠にもっともである。里親認定時の研修も養子縁組里親は受けなくてよいという扱いになったことは、社会的養護の子どもの状況や子どもの権利擁護について理解してスタートしてもらうこと、子どもの成長に伴う課題を乗り越えていくためには研修が必要だとする。養子縁組里親には里親手当不支給というのも、里親としての養育期間は、子どもにとって恒久的な家族として、引き受けてもらうだけの適合性ができたかを確認していく期間であり、主体は子どもの福祉であることからすると疑問が残るという。

　【文献35】は、2002年前後から使われるようになった「里親支援」という名称の下で、里親からの養育相談を受けること、里親サロン、里親のレスパイトサービス、里親への家事援助が事業化された。さらに2009年4月から里親支援は都道府県の責務とされた。都道府県は、直接里親を支援する他、適当と認めるものに、里親支援業務を委託できることになった。この委託制度についての不安・課題を指摘するのが本稿の主たる内容である。まず、ここでいう里親支援の内容・範囲が曖昧であるという。里親支援の必要性が認識されても、虐待対応に追われる児童相談所には里親支援はできないだろう。それならば外部機関に委託しましょうという制度設計のように思われるのだという。本稿では、その結果、安上がりで貧弱な支援機関を作り、それをもって都道府県の責任は果たした、児童相談所は、支援機関からのマッチングに関する情報によって委託を促進するという「新たな丸投げ」が拡がることが危惧されている。

　そもそも里親支援に対する基本的スタンスとして前提にされるのは次のようなことであるとい

う。すなわち、里親は、養育里親であっても養子縁組里親であっても、行おうとする養育に対して「支援を受ける」権利を持つ。そして、この権利は、この権利自体を行使するという義務を伴うものだとする。これは、「公の存在として、実親のもとで養育できない子どもを、社会的な存在として養育する里親が、自分たちだけで子育ての課題を抱え込んで（養育に伴うリスクを放置して）よいはずはない」ということである。里親が目指すのは、子どもの利益であり、これは養育里親でも養子縁組里親でも同じである。「養育里親と専門里親は、子どもの利益を目指す里親であり、養子縁組里親は、自己の利益のために、子どもをもらい受ける里親である」という理解は正しくないという。普通養子でも特別養子でも、法的親子関係は、子どもの利益を無視したものであってはならないと主張されている。

【文献36】鈴木博人・高橋由紀子・中川良延・西川公明・横田光平「親権法及び関連法改正提案」（『戸籍時報』650号、2010年）4〜13頁

　児童虐待防止のための親権法改正作業（2009年6月から「児童虐待防止のための親権制度研究会」で実施された。この研究会の審議状況は、株式会社商事法務のホームページ公開されていたが、2015年8月10日時点で議事録・審議資料は見られない状態になっており、この状態はすでに相当長期に及んでいる。早急に議事録等資料が再び公開される必要がある）が行われるのに合わせて、養子と里親を考える会に所属する民法学者3名、行政法学者1名、里親1名が作成した親権法および関連する児童福祉法改正案である。他の多くの改正提案が問題点と改正の方向性を示したものであるのに対して条文の提案という形をとっている点に特色がある。児童虐待防止のための親権法改正案にとどまらないが、親権法の全条文について改正条文を示しているわけではない。改正が提案されている各条文について書かれている改正理由が今後の議論の参考になる。

【文献37】原田綾子「児童虐待への対応における親族の位置づけ——アメリカでの親族里親・養子縁組・後見の動向を手がかりに」（『比較法学』43巻3号、2010年）63〜102頁

　子どもとその親の日常的な状況をある程度理解している、祖父母やおじおば等の親等の近い親族が、親の援助者や子どもの一時的養育者として、児童虐待の予防・対応で人的リソースになりうるということが考えられる。他方で、親族は、親子と近い関係にあるが故に、子どもを十分に守りきれないということもありうる。児童虐待対応制度の中で、上記の二面性を持った親族は、どのような位置づけを与えられるのかをアメリカの制度紹介および経験を通じて検討する論考である。

　アメリカでは、子どもの施設ケアを、子どもの福祉の観点と社会のコストの観点から受け入れていないため、里親が増えない中で、子どもの周りにあるリソースとして親族の利用が注目されるようになった。しかし、里親が足りないので親族が、親族であるということだけでリソースとして利用されるようになったわけではない。どの州でも、親族が養育者として適切で、養育意思の存在が認定され、子どもの安全性が確保されるかが重視される。つまり、親族が子どもの委託を受ける場合には、①完全な里親資格認定、②緩和された里親資格認定、③里親資格とは別の承認プロセスを経なくてはならない。①のみを基準とする州の場合は、養育者としての基準は厳格になるため、子どもの委託は認められにくくなる。いずれの場合も、親族は、私人としてではな

く、公的な代替的養育の担い手として子どものケアを行うことになる。また、基準が厳格な①②の里親のほうが、利用できる里親への養育支援サービスの幅が広い。

里親としてではなく、永続的な養育の場合の親族の活用方法として親族による養子縁組は、実親子の再統合に劣後する。しかし、親子再統合が、支援をしているにもかかわらず不可能であると判断されたときには、親族による養子縁組は、年長児を受け入れる傾向や兄弟を一緒に養子にする傾向があるという。

親族による養子縁組は認めがたいというような場合（例えばアフリカ系家族）には、補助金つき後見が利用される。後見は、実親の親権を終了せずに子どもの監護権限を後見人に移すので、劇的な家族関係の変化を生まず、親族にとっては養子縁組よりも望ましいオプションとなりうるという。

最後に日本の親族里親とアメリカ（本稿では欧米とされているが、欧を米と同一に捉えられるかは問題がある）の親族里親の背景事情の違いに関する比較検討が行われている。

【文献38】西谷祐子「ドイツにおける児童虐待への対応と親権制度（一）（二・完）」（一）（『民商法雑誌』141巻6号、2010年）545〜580頁・（二）（『民商法雑誌』142巻1号、2010年）1〜56頁

本稿は、法務省が株式会社商事法務に委託した調査研究業務（「児童虐待の防止を図り、児童の権利利益を擁護する観点からの親権制度の見直しの必要性およびその内容に関する調査研究業務」）の一環として作成された海外制度調査報告書（ドイツ）に加筆修正したものだという（執筆者による注記）。この報告書は、「児童虐待防止のための親権制度研究会」報告書とその添付資料とともに、法務省ウェブサイト（http://www.moj.go.jp/MINJI/minji191.html）に公表されている（2015年8月1日確認）（なお、株式会社商事法務で行われた調査研究業務の議事録等は2015年8月1日時点ですでに相当の期間ウェブサイト上で閲覧できなくなっている。法制審議会に委託調査研究が前置される仕組みにしたのであれば、立法経過の検証作業のためには研究会議事録を早急に閲覧可能状態に戻すことが求められる）。

ドイツの親権制度一般および後見・保佐制度全般についての概説（全体のおよそ3分の2）を踏まえて、第三章で「児童虐待への対応のメカニズム」が紹介される。第三章でどのような事柄が扱われているのかというと次のような順番による。すなわち、「一　少年局による社会福祉法上の養育援助」「二　少年局による一時保護」「三　行政による児童虐待への対応」「四　家庭裁判所による保護措置」「五　司法介入の利点」「六　制度上又は運用上の問題点」である。この順番は、日本での児童虐待への対処、介入と対応するものである。それぞれの項目でのドイツの特色はあるが、最も大きな特色は、親権への介入は、司法機関の専権事項とされている点である。また、一時保護の際の要件と少年局の権限、少年局の権限と親権との関係、家庭裁判所が父母から親権を全面的または部分的に取り上げる際の基準、後見人または保佐人の選任とその権限が明確にされている。もちろん、日本の裁判所がかかえる構造的な問題（例えば、裁判官数の少なさ）があるので、ドイツ（に限らないが）の制度を右から左にという具合に日本に持ち込めばいいというほど単純な話にはならない。しかし、親権とそれへの法的介入に関する相当性の原則の存在、きめ細かな親権制限の段階とそれに対応しうる家庭裁判所の能力等については、今後の日本の制度改革の方向性を考えるにあたって大いに参考になる。

【文献39】中島悦子「里親委託・養子縁組と親権制度──実践からの報告」(『児童養護』40巻4号、2010年) 39〜41頁

「特集『児童虐待防止のための親権制度研究会報告書』を読み解く──社会的養護・児童養護施設への課題提起」の中での、子どものために里親や養親を探す現場からの声である。養子縁組を行うのが適切である子どもであっても、親が養子縁組に同意しないあるいは同意を翻す場合、たとえその親が子どもを養育しないとしても、その子どもを養子にすることができないのでは、子どもを養育する責任より、親であることが優先されてしまうことになり、おかしいというのである。

【文献40】伊藤暢章「未成年者に対する輸血強制と親権者の職務執行停止──実例に基づく問題点の考察」(『法律時報』82巻4号、2010年) 84〜89頁

2008年7月16日さいたま家裁審判(平成20年(家)第911号、親権喪失宣告申立事件、平成20年(家ロ)第1024号、審判前の保全処分〈親権者の職務執行停止及び職務代行者選任〉申立事件)に即して、表題の問題について検討を加えるものである。親権喪失請求は、児童虐待事件でも最後の手段として位置づけられてきたものであるが、未成年者の治療行為に対する医療同意、とりわけ緊急性を要する輸血をめぐる親権者の不同意事例に関しては、親権喪失請求を行い、それを本案として親権者の職務執行停止と職務代行者の選任の保全処分を求め、親権の職務代行者が選任されるとその者が医療同意を与えて治療を行うということが行われるようになっている。この手法についての問題性を事例に即して明らかにした論考である。

未成年者の治療行為としての輸血不同意事例での「親権濫用」該当性について必要な判断要素として、①輸血医療の危険性、②代替治療(無輸血治療)の効果性、③輸血治療と無輸血治療の比較が挙げられ、輸血治療・無輸血治療が治療方法の選択の範囲であるならば、輸血拒否は親権濫用には該当しないとする。また、手続保障の視点からの問題も指摘するとともに、輸血治療の実施という目的を達し、親権喪失宣告と審判前の保全処分の取下げが行われると、親権者としては、親権制限という大きな問題について争う手段がなくなってしまうという問題も指摘している。

【文献41】「特集　子どものための親権法をめざして」(『法と民主主義』447号、2010年) 2〜45頁

本特集は、次のような視点で企画されている。日本は1994年に「子どもの権利主体性」の承認と「子どもの利益」の保障を規定する「子どもの権利条約」を批准したものの、民法の親権法の内容は、明治民法時代からその基本構造が変わっていない。親権法の中で子どもが「権利の主体」および「子どもの利益」という観点から位置づけられていない。これに対して、ヨーロッパ諸国では、「子の利益」のための家族法に向けた改革が進められてきた。本特集は、ヨーロッパ諸国の家族法との比較法的視点および新しい実務的観点という見地から、日本の家族法のパラダイムを転換し、「子の利益」のための親権法の構築の道筋を示すことが目的にされている。

本特集は以下の論考から構成されている。①広渡清吾「国家と家族──家族法における子の位置」。基本法(憲法)に家族保護条項を持つドイツ法と日本法を比較して、家族関係の多様性、親子関係が子に対する責任関係であることを明らかにした上で、子をめぐる家族(親)と国家の関係について、「子は、国家・社会の未来を担うものであり、国家・社会にとって大事な資産で

あるが、子はそのために家族と国家の保護を受けるのではない。子は、人間の尊厳を担い、自由で独立の存在に成熟する権利を有する」がゆえに国家は子を保護するのだとする。②岩志和一郎「児童の権利条約からみた親権法」。子どもの権利条約と日本の親権法の整合性を論じ、日本法の親権規定に、子どもの権利条約の理念に照らすと何が求められるのかを論じる。③家永登「親権行使における意見の対立――医療行為を中心に」。医療行為の同意をめぐる問題を、関係者の意見対立が生じる類型ごとに分けて論じる。まず未成年者に自分自身にかかわる医療行為の決定権、とくに同意権があるのかをイギリスのギリック判決を引き合いに出して検討する。その上で、未成年の子と親権者の意見の対立、共同親権者間の意見の対立、親権者と監護者の意見の対立について論じる。④鈴木博人「親権濫用論の限界と親権制限制度の課題」。親権を制限する際に親権濫用＝権利濫用構成を行うことに対して疑問を提起する。また、民法上の親権制限と福祉法上の必要な措置をとることは相関関係に立つということ、親権制限は必要最小限のものにとどめられなければならない（相当性の原則）ことを主張する。⑤椎名規子「離婚後の共同親権――イタリアにおける共同分担監護の原則から」。離婚後共同親権を原則とするドイツ、フランス、なかんずくイタリア法（共同分担監護）を比較法の対象として、離婚後も父母の共同親権が原則として子の利益をもたらすものであること、子の利益の判断も、従来の性別役割分担による価値観に基づくのではなく、父母双方が子の養育に参加するという新しい価値観に基づくものでなければならないとする。⑥本山敦「婚外子への親権」。日本法上の婚外子をめぐる諸問題を瞥見した上で、婚外子の共同親権ということを構想する場合、認知者の権利と義務の拡大という側面もあるため、任意認知制度のあり方も検討しなくてはならないとする。その他、婚外子の共同親権をどのような場合に認めるのかによっては内縁・事実婚を民法の中に取り込む必要性が生じること、未認知の婚外子の場合、実母、婚外子と養子縁組する実母の婚姻相手（夫）、実父（認知者）という3人の親権者が登場する可能性について指摘する。⑦大塚正之「家事事件手続における子の参加の保障」。子の家事事件手続への参加保障について、子のための代理人制度を設けるだけでは足りず、実体法上、子にどのような権利が保障されているのかと切り離して考えることはできないとする。

【文献42】田中智子「親権喪失宣告等事件の実情に関する考察」（『家庭裁判月報』62巻8号、2010年）1～61頁

　平成19年の児童虐待防止法改正の改正法附則を受けて、児童虐待防止のための親権制度研究会が組織され、平成22年1月に報告書を提出した。それを受けて、同年2月に親権制度改正が必要となる部分について、法制審議会に諮問された。そこでは親権喪失制度の見直しが検討課題の1つに挙げられている。こうした状況で、平成20、21年に全国の家庭裁判所で終局した親権喪失宣告申立事件及び管理権喪失宣告申立事件、若干数の親権喪失宣告取消事件の概要を紹介・分析して、親権喪失宣告申立事件を中心に運用の実情、課題、審理のあり方について検討を加えている。

　親権喪失宣告の実質的機能として挙げられるのは、親権者から子を法律上引離すことにある。すでに第三者が未成年者を監護し、親子分離が実現しているときには、親権喪失宣告はほとんど実質的意義を持たない。例外的に、親権者が親権を根拠に監護者に対して子の引渡しを求める場

合がある。また、親権喪失宣告事件の全般的特徴は、取下げで終局する事件が多く（60％以上）、認容・却下は10％台にとどまる。これは、親権喪失原因がないにもかかわらず、（元）夫婦間や親族間の紛争が拡大して申立てに至った事例や、事件の性質や当事者の意向を踏まえて、別の手続による解決が図られた例が相当数存在するからだとされる。このことは、親権喪失請求宣告申立事件には、親族間紛争型や別途解決相当型等が相当数あり得るので、親権喪失宣告で解決すべき紛争を選別する必要があることを意味している。全般的傾向だけではなく、本稿では、児童相談所長申立の親権喪失事例と親族申立事例とがそれぞれ別に分析されてもいる。

親権喪失宣告は、その法律効果が大きいために、慎重な審理が求められる反面、子の福祉の観点からは、迅速な審理が求められる。また、親権喪失に伴い未成年後見が開始する場合、未成年後見人の確保は困難なので、審理が長期化して、未成年者を不安定な立場に置くことがないようにすることが求められるという。

親権喪失制度についての実証的な分析が少ない中で、数少ない貴重な論考といえる。

【文献43】平田厚『親権と子どもの福祉——児童虐待時代に親の権利はどうあるべきか』明石書店、2010年、448頁

本書の副題を見て、日本の親権法が抱える問題やその構造について、児童虐待事例が提起する諸課題に触発されて、抜本的に考え直しているのではないかと考えると、期待外れに終わる。伝統的な法実務、法解釈の枠内で親権法上の問題がどのように議論されてきたのか、またその枠の中で親権制度の改革を提示するとどのようなものになるのかという観点からのとりまとめがなされており、その意味での資料的意義はあるといえる。本書標題のみならず、本書は「第1部　親権法と児童虐待防止法」「第2部　わが国における親権概念の成立と変遷」「第3部　イングランドにおける親権概念の成立と変遷」となっているが、いずれも、既発表の日本語文献に基づく立論構成になっているため、日本での伝統的法律学の観点から見ると親権法はどのように扱われてきたのかを見るのには便利な文献といえる。

【文献44】中田裕康編『家族法改正——婚姻・親子関係を中心に』有斐閣、2010年、338頁

「民法改正委員会家族法作業部会」の共同研究の成果をまとめたものであり、他の雑誌等にすでに上記委員会の名称を示して公表されたものを一書にまとめたものである。2009年10月12日開催の私法学会シンポジウム資料として『ジュリスト』1384号（2009年9月1日号）に掲載されたものが、本書第一部である。また、民法改正委員会という名称が付されているが、これは公的な委員会ではなく、研究者の任意の研究活動集団である。こうした事情を知らない読者が誤解をしないようにここでコメントを付したが、詳しくは、本書の「序」「1　民法改正委員会作業部会の検討の経緯」を参照していただきたい。

扱われているのは、目次に従うと、「婚姻法・離婚法」「実子法」「養子法」「親権法」「婚外カップルの関係」「親子の養育関係」である。民法全体の体系的な仕組みの中での改正の議論であるので、児童虐待に特化した議論が行われているわけではない。現行の民法典の中で家族法がどのような問題を抱えているのかを知るのには有用である。

（鈴木博人）

3 刑事法分野

【文献45】「特集 児童虐待をめぐる法整備と課題」『刑事法ジャーナル』12号（2008年）2～30頁

　本特集は、2007年5月に児童虐待の防止等に関する法律が改正されたことを受けて組まれたもので、3本の論考で構成されている。

　改正された児童虐待防止法の概要の紹介（磯谷文明論文）の他に、ネグレクトに対する刑事責任（とりわけ不作為による共犯）に関する理論的な考察がある（平山幹子論文）。また、児童虐待に関する統計・裁判例や法改正に至るまでの動向に触れた上で、今後の法改正に解決が委ねられた課題として、とくに、児童期の性的虐待に関する定義や犯罪類型の新設等が論じられている（林弘正論文）。

【文献46】 林弘正『児童虐待Ⅱ　問題解決への刑事法的アプローチ』［初版］成文堂、2007年

　本書は、児童虐待に関して筆者がこれまで著してきた論考に、書き下ろしの論考をいくつか加え、さらに児童虐待の現状に関するデータや法令資料を盛り込んでまとめられたものである。なお、後年公にされた増補版（2011）も、初版発行後に公表された2つの論考とデータ・法令資料を追加したものである。

　児童虐待がどのような被害から犯罪に値するのか、また、児童虐待を犯罪としてどのように規定するのかという視点から検討した上で、解釈・立法に関する問題点を指摘し、児童虐待にかかる構成要件の新設や防止のための方策を提言している。また、児童虐待に関する最近の刑事裁判例を類型ごとに紹介・検討している。さらに、とりわけ性的虐待に関しては、アメリカの現状や法制度も紹介・検討されている。

【文献47】 前田忠弘「児童虐待の刑事対応」前野育三先生古稀祝賀論文集刊行委員会編『刑事政策学の体系――前野育三先生古稀祝賀論文集』法律文化社、2008年、400～419頁

　本稿は、刑事裁判例に表れた児童虐待の具体例の考察とともに、近年の実務・立法に見られる「児童虐待の刑事対応」にどのような課題があるのかを整理・検討することで、児童虐待防止対策のあり方を探ろうとするものである。

　刑事政策学の立場から論じており、おおよそ3つの論点に対して考察が加えられている。児童虐待の犯罪化に関しては、これまでの学説を踏まえ、被虐待者の視点から犯罪として処罰の対象にすることの意義を見出している。また、刑事手続上の問題として、年少者の証言・供述の信用性を刑事訴訟法の一般論に引き直して考察している。そして、加害者の更生と親子の再統合を目指して、福祉・教育の取り組みと十分に結びついた「児童虐待の刑事対応」が模索されるべきものと主張される。その背景にある問題意識として、生活支援・就労支援や親子関係再構築の取り組み等と相即不離の関係にあるべき「児童虐待の刑事対応」が先行するばかりでは、治安政策に偏って再発の防止と親子関係の修復につながらない、という危惧がある。

　刑事法の介入に積極的な意義を認めながらも、これを相対化して、過大な期待に警戒することの必要性を主張するのとともに、教育・福祉の取り組みと刑事法による介入との関係を強調するものとして参考となる。

【文献48】朴元奎「『家庭内暴力』に関する法的対応とその課題──いわゆる『虐待防止三法』の制定と改正をめぐる動向を中心として（特集　現代社会と刑事法の動向）」『犯罪と非行』160号（2009年）58～88頁

　家庭内暴力に対する法整備の状況について、本稿の公表までに制定されていた児童虐待防止法・DV防止法・高齢者虐待防止法の各内容を比較するとともに、虐待者に対する処遇のあり方についても論じている。家族間暴力という広い枠組みで問題を捉える動きは刑事法学においても見られるが、本稿は、その一環として、制定・改正された法律のそれぞれに残った課題を比較により明らかにしようと試みたものである。また、虐待者に対する矯正・更生の段階での教育が充実していないという現状を指摘した上で、施設内・施設外での処遇の充実について提言している。

【文献49】小長井賀與「児童虐待と修復的実践」『犯罪と非行』154号（2007年）122～140頁

　筆者は、保護観察官として犯罪者の処遇に長年携わったという経験があり、本稿は、加害者の更生や親子の再統合といった視点から、加害者である親等と被害者である児童との関係を修復する上で、その支援の方法として、修復的アプローチに基づいた取り組み、すなわち、筆者によれば「児童、保護者、拡大家族その他児童にとって重要な他者が集い、児童への虐待を巡る問題解決について話し合う過程」を提案し、このような修復的実践の過程に意義を見出すとともに、その理論的位置づけと実践的なプログラムの内容について考察を加えている（なお、本稿を加筆・修正したものは、細井洋子・西村春夫・高橋則夫編『修復的正義の今日・明日──後期モダニティにおける新しい人間観の可能性』成文堂、2010年、31頁以下に掲載されている）。

　筆者によれば、家族とその周辺に問題解決の道筋づくりを委ねることは、保護者と児童との間で情緒的きずなを深めて「家族再統合」に結びつけていくための取り組みとして有効な方法であるという。

　この「家族再統合」のプログラムについては、児童虐待の事案に対してオーストラリア・ニュージーランドや欧米で実施されているものが紹介されている。いずれも、家庭裁判所や福祉行政の各機関に所属する者およびソーシャルワーカーが、ミディエーションないしカンファレンスと呼ばれる話し合い・合意の場と手続を設けてこれに関与し、合意事項ないし裁判所の命令を形成するというものである。

　その上で、筆者は、家庭裁判所を活用して外国と同じような取り組みを日本に導入するよう提言している。

　刑事法学においては、「修復的司法」と呼ばれている加害者−被害者の紛争解決が大きなテーマの1つとして論じられているが、これと軌を一にする考え方が、福祉の視点に重きをおきながら、児童虐待に起因した問題の解決策として論じられているという点で、本稿は、刑事法の分野に種々の示唆を与える文献として注目される。

【文献50】一場順子・木田秋津「司法面接と諸専門領域にわたる多角的児童虐待の評価について」『自由と正義』59巻11号（2008年）77～84頁

　本稿は、弁護士である筆者らが、司法面接（いわゆるフォレンジック・インタビュー〈Forensic

Interview〉〉の有益性・必要性について、主に刑事司法の観点から論じたものである。

　児童虐待とりわけ性的虐待に対する刑事上・民事上の責任を追及する上で、被害児童の供述による立証が困難であるという問題意識を出発点として、アメリカで行われている司法面接を紹介しながら、日本に導入することの必要性と導入に伴う課題について検討している。裁判における立証に耐えられるような内容の供述を得るために、一定のシステムのもとで検察官、警察、臨床心理士、ソーシャルワーカー等が連携して司法面接を実施することで、司法の利益にかなうのとともに、何よりも子どもの利益を保護できるというのである。

　司法面接については、最近になって児童福祉の専門家が相次いで紹介・検討するようになっているのに対し、法学の分野で詳細に触れられることはほとんどなかったが、司法・行政の作用において用いられる資料としての適格性・合理性という観点からながめれば、司法面接を導入する上では解決されねばならない法的課題がいくつもある。本稿には、今後の議論を喚起するものとしての意義が認められる。

　なお、司法面接については【文献64】および【文献65】も参照されたい。

【文献51】「共同研究　児童虐待防止に向けて」『被害者学研究』18号（2008年）78〜103頁

　2007年6月に開催された日本被害者学会のシンポジウムの内容をまとめたものである。児童虐待の被害が増加して社会的に注目されるようになったことを踏まえ、被虐待児童の発見・保護に向けて児童相談所の支援や警察の援助が適切になされるための方策を示そうとする（安部哲夫）。被害の防止に向けて、児童相談所の人的・物的資源、虐待のあった家族の支援、他の機関や地域との連携の体制等を充実させること（片倉昭子論文）や、「切れ目のない児童虐待防止対策」に必要な人材の確保（相澤仁論文）等を課題として挙げるとともに、司法の関与や刑事関係機関の対応について考える段階でも家族に対する包括的な支援・取り組みの一環の問題として論じることを求めている（岩井宜子論文）。

【文献52】稲垣由子「児童虐待の現状と課題（特集　犯罪・非行と家族関係）」『犯罪と非行』163号（2010年）22〜45頁

　筆者は、小児科医としての臨床経験に基づき、「犯罪・非行という視点から児童虐待をとらえる」ことの意義を示唆する。これは、すでに刑事法の分野でも注目されていた犯罪・非行と児童虐待との関連性、すなわち、過去に被害者であった被虐待児童による成長後の犯罪・非行を問題とするのに加え、児童虐待の加害者である養育者の内部に形成されてきた虐待行為のリスク・因子も問題としており、このリスク・因子として、精神疾患・発達障害、育児技術、人格形成・性格形成が挙げられている。医療・心理の分野では研究が進められてきた問題であるが、刑事法の分野では被虐待児童に着目した議論が中心であっただけに、本稿は、加害者の側に見出される問題を刑事法関係の刊行物で意識的に論じた文献として意義がある。

【文献53】大矢武史「児童虐待に対する警察官の援助に関する一考察──児童虐待防止法一〇条二項、三項の規定をめぐって」『法政論叢』43巻2号（2007年）1〜21頁

　2004年3月に児童虐待防止法が改正され、10条2項・同3項の新設によって警察官の援助が

法的に要請されるようになったが、とりわけ立入調査との関係でこれらの規定の意義について考察したのが本稿である。立入調査にあたっては、児童相談所の職員による立入調査の権限、警察官職務執行法6条1項に定められた強制的な立入の権限、犯罪捜査に関する権限のそれぞれについて、権限を行使できる場合が明確でないため警察による不当な介入が危惧されると指摘する。その後、2007年6月の改正によって裁判官の許可状による臨検捜査の制度が新設されたため、前提となる状況には変化が生じているが、警察の権限がどのような場合に行使できるのかという問題は依然として解決されていないので、その考察は今後の議論にとって参考となる。

(岩下　雅充)

4　憲法・行政法分野

【文献54】椎名規子「親権制限と未成年養子制度における『子の福祉』——イタリアにおける『家族への子の権利』」『専修大学法学研究所紀要35　民事法の諸問題XIII』(2010年) 43〜99頁

　本稿は、親権喪失後に虐待を受けた子をどのようにサポートするかという点につき、養子縁組は民法、子の保護は児童福祉法といったように法制度が分断されている日本法とは対照的に、「家族への子の権利」を親権や養子制度等の統一理念として子の権利の保障の中核におくイタリア法から示唆を得るべく、「家族への子の権利」について考察するものである。

　「家族への子の権利」は未成年養子縁組を源とするが、これを超えて親子法における子の権利保護の中心的な基本理念となり、まず第一次的には子の実親への権利の保障、さらに貧困等の困窮状態にある親を国や自治体が支援する義務とされ、養子縁組制度はこれらの援助によっても子が救済されない場合の最後の手段とされた。また子の収容施設の廃止も導かれた。

　以上が本稿の要旨であるが、より具体的には、まず1865年民法典にまで遡って親権と養子制度の歴史をたどった後、「家族への子の権利」の分析を行う。第1に「家族への子の権利」が家族の機能による子の人格の成長を保障するものであるとした上で、第2に養子縁組等との関係における実親のもとで成長する権利の優位、第3に親の不適性は貧困が原因であることが多いとの認識から憲法が保障する連帯の思想の具体化として国や自治体が親を支援する義務を負う点が強調される。次いで、親権の失効および制限につき、憲法上の根拠を確認した後、判例分析を行う。さらに子が実親のもとに再び戻ることを目的とする一時的な養育委託制度、続いて子の収容施設の廃止についても検討を加えるが、とりわけ未成年養子制度について要件等詳細な考察を行う。最後に子の手続への参加の権利と子の自己の出自を知る権利についても扱う。

　統一理念としての「家族への子の権利」のもとに、子の権利保障を総合的に捉えようとするイタリア法から日本法が学ぶべき点は多く、必読の重要文献である。

【文献55】古野豊秋『憲法における家族——親の人権と子どもの人権』尚学社、2010年

　本書は、親子に関するドイツおよびオーストリアの憲法判例の研究を中心とした論文集であり、「第一章　親の子どもに対する宗教教育の問題」「第二章　親の離婚後における子どもの世話の問題」「第三章　E.-W. ベッケンフェルデの所論」の三章構成となっている。加えて付録として若干の研究論文が収録されている。

　このうち第一章においてもドイツでの「エホバの証人」事件に関する判例等児童虐待に関す

る論点が取り上げられ考察がなされているが、注目すべきは第三章である。ドイツ法における憲法上の「親の権利」につき包括的な考察を行ったベッケンフェルデの所論につき、Essener Gespräche 報告を中心に検討を加える第三章は、同報告の 45 のテーゼを全て紹介した上で、同報告に対する質疑応答をも踏まえて、そのドイツにおける実践的、および学説上の意義、国法理論上の背景を論じ、わが国における意義に言及する。

　ドイツにおいて親権概念を廃止した 1979 年の民法改正、および同改正をめぐる議論については、すでに日本においても知られるところとなっているが、本書は、憲法上の「親の権利」に関わる基本法 6 条 2 項の解釈をとおして同改正を援護するものとしてベッケンフェルデの所論を位置づける。そしてわが国の憲法における家族、親と子どもの関係を理論的に考える上で、とくにベッケンフェルデが親の権利の基礎を「親の利益は人格の発展ではなく、子どもの利益や人格の自由な発展」に求めている点（テーゼ⑩）、親の権利の法的拘束性や限界を、「親の権利は、自己本位のものではなく、子どもの自由な発展や人格の発展のために存する」ことに求めている点（テーゼ⑪）を参考とすべきとする。

　ベッケンフェルデの所論も含め、ドイツおよびオーストリアの憲法判例の展開を軸に憲法上の「親の権利」を論じる点に本書の特徴があり、2000 年代の新たな動向をも踏まえて貴重な憲法研究の書である。

【文献 56】横田光平『子ども法の基本構造』信山社出版、2010 年

　本書は、子どもに関わる法が憲法、民法、教育法、少年法、児童福祉法といった法領域ごとに別個独立に理論展開がなされてきたとの現状理解に基づき、法領域ごとに異なる問題意識を共有するための「子ども法」の構想を提示した上で、児童虐待の場合にも問題となる「子ども・親・国家の法的関係」を包括的に考察しようとするものである。児童虐待においては、①親権の「濫用」の問題と②国家介入の「濫用」の問題の両方を視野に入れる必要があるが、従来、②子どもあるいは親と国家の関係は主として憲法学で論じられ、他方で①子どもと親の関係は民法学の対象とされていたため、児童虐待の問題を法的観点から包括的に考察することが困難であった。本書はドイツ法の考察を通じてこのような法理論状況の克服を目指すものである。

　ドイツ法の考察から得られる日本法への示唆は、大要 14 点にまとめられるが、児童虐待との関係では、(1) 憲法上の「親の権利」と民法上の「親権」の理論的関係の解明を試みた上で、(2)「親権」の義務説を憲法上の「親の権利」論に反映させた（β）特殊説＝「親の自己決定ではなく子どものための特殊な憲法上の権利」の理論構成を提示する点がまず注目される。この（β）特殊説に対応する「親に養育される子どもの権利」の理論的考察も重要である。加えて、（β）特殊説から導かれる「減少説＝子どもの成長とともに権限が減少してゆく親の権利」の理論構成も子どもと親との関係を理解する上で無視できないが、他方で国家介入との関係で介入要件として「親の過失」を否定し、これに代えて「子どもの福祉の危険の重大性」を要件とする立場と整合させるため、子どもと親の関係を「実体法」、国家介入との関係を「手続法」（手続法的「家族の自律」）として両者を峻別する視点を提示する点が本書の理論的到達点である。

　総じて公法と私法の双方にまたがる主題につき包括的な考察のあり方を示した点に本書の意義があるといえよう。

【文献57】横田光平「国家による家族への介入と国民の保護――統治構造の変容と個人の権利保障」『公法研究』70号（2008年）117〜127頁

　本論文は、児童虐待防止法をはじめとする近年の家族介入立法の動向を踏まえ、家族への介入という形での国家による国民の保護のあり方につき、公法学の観点から、主として個人の権利保障に焦点をあてて考察するものである。

　考察の前提として、本書はまず家族の憲法論につき、個人と国家の対抗図式の中で中間団体としての家族を異質なものとして捉えるのではなく、国家に対する家族の自律を個々の家族構成員個人の尊厳に「還元」する構想＝「家族の自律の個人化」を主張する。これによって「家族の自律」が透明化され、介入の「過少」に対処し得るとともに、家族構成員にとっての「家族の自律」の意義が明確化され、介入の「過剰」をも防御し得ることとなる。

　他方、私人の侵害に対する国家による国民保護の増大は、①個人の権利実現における「民事訴訟中心」モデルの変容、と②複数の国家機関の関与に伴う機関相互の関係の調整問題をもたらすことが確認され、この観点から行政と司法の関係を問い直し、個人の権利保障にとって有する意味を明らかにすべく、DVと児童虐待を具体的素材として考察がなされる。

　このうち児童虐待については、まず2007年の児童虐待防止法改正で立入調査につき強制的な実力行使とともに事前の司法関与が導入される一方で、差止め訴訟の排除が法定された点に対し、裁判を受ける権利の観点から問題となり得る旨指摘がなされる。次に、子どもの親からの引き離しにつき児童福祉法28条の家庭裁判所の審判と取消訴訟との関係の問題が扱われ、一方で家庭裁判所における手続保障の不備、他方で「裁判を受ける権利」の観点から取消訴訟を認めることに伴う家庭裁判所との関係の問題が指摘され、「裁判を受ける権利」の観点からの家庭裁判所の手続の整備が主張される。

　この他、家庭裁判所の審判と取消訴訟の審査範囲の分担の問題、立入調査の司法関与と刑事手続における令状主義の関係の問題が指摘される。

　以上の考察を踏まえた上で、本論文は、家族への国家介入の問題の特殊性に鑑み、自ら裁判手続を利用することが困難とされる被害者を国家が保護する必要性と、国家介入から守られる家族構成員の権利、両者の要請を同時に満たす必要があると結論づける。児童虐待問題につき、国家の統治構造、個人の権利保障といった憲法的観点から考察するものとして注目される。

【文献58】山本未来「児童虐待防止法9条の3に基づく児童虐待強制立入調査と令状主義――合衆国憲法修正4条の行政調査への適用を手がかりに」『愛知大学法学部法経論集』183号（2009年）1〜62頁

　本論文は、2007年の児童虐待防止法改正により同法9条の3以下として導入された強制立入調査制度における裁判官の令状主義につき、行政調査に憲法35条の令状主義が及ぶかという従来の議論枠組みを踏まえつつ、同制度における令状主義の根拠を改めて問い直すものである。

　その際、本論文は問題へのアプローチとして、行政職員に要保護者の住居への立ち入りを認めている生活保護法28条に基づく家庭訪問において令状主義がとられていないこととの比較という手法をとるが、日本において児童虐待や生活保護に関わる裁判例がほとんど見られないことから、この分野での判例の蓄積が見られるアメリカ合衆国での法理が探求されることとなる。すな

わち、本論文は、児童虐待事例や公的扶助実施に際しての行政調査への合衆国憲法修正4条の適用に関する判例の分析を通じて日本法への示唆を得ようとするものである。

まず、アメリカ法では行政調査にも修正4条が適用されるが、(1) 令状発付の要件は緩和されることがあり、また、(2) 個別事例において同意や緊急性がある場合には令状のない調査が許容され、(3) 「緊密な規制を受ける産業」への検査や、「特別の必要性」の法理が適用される場合には令状主義の例外が認められることが確認される。このような一般論のもとで、公的扶助受給者の自宅への訪問は、プライバシーへの不当な侵害とならないとして修正4条の対象とならない。これに対して、児童虐待強制立入調査は、①強制の有無、②個別の疑いの存否、③プライバシーの期待の程度、④犯罪捜査との関連性の有無の4点で異なり、上記 (3) 令状主義の例外にも該当しないため、原則として令状主義が適用されるとする。一方、(2) 同意や緊急性がある場合は犯罪捜査に準じ、また、令状発付の要件は犯罪捜査との異同をどう見るかによることとなり、一義的には判断できないとされる。

以上の合衆国判例法理を踏まえた上で、本論文は、日本法においても生活保護家庭訪問は憲法35条の対象とならないが、児童虐待強制立入調査は憲法35条の対象となり、令状主義が適用されるとし、さらに、日本の判例法理である、①強制力および、④刑事手続への関連性に加え、②個別の疑いの存否、③プライバシー侵害の程度、といった児童虐待強制立入調査の性質ゆえの令状主義の必要性が認識されなければならないとする。また、犯罪捜査とは異なる要件により令状発付の要否が判断されることから、犯罪捜査との峻別が要求されるとする。

児童虐待強制立入調査につき、生活保護家庭訪問との比較という方法を取り入れることによって、令状主義に関する川崎民商最高裁大法廷判決以来の議論に対し、新たな視点を提示する注目すべき論考である。

【文献59】町野朔編『児童虐待の予防と対応』(科学研究費補助金／基盤研究 (B)「児童虐待の予防と対応——法的検証と医学的・心理学的・社会学的考察」報告書) (2010年)

本書は科学研究費補助金の報告書であり、非売品であるが、法学的・医学的・心理学的・社会学的観点から、また理論的・実務的観点から多様なアプローチの論考が収められており、注目の書といえる。

本書は「第1章　児童福祉法・児童虐待防止法の展開」「第2章　児童虐待と親権」「第3章　家庭裁判所と児童虐待」「第4章　刑事司法関与のあり方」「第5章　児童保護、親の回復支援プログラム」「第6章　被虐待児の治療とケア」の6章構成であり、25の論考からなる。

いずれも重要な論考であるが、全体的な特徴としては、まず編者が刑法学者であることを反映してか、刑事法的アプローチの論考が多く、とりわけ刑事法と他の法学分野、あるいは法学以外の学問分野を視野に入れた論考に注目すべきものがある。第1章では「第3節　子どものシェルターの役割 (角南和子＋藤田香織)」であり、また、第4章を構成する「第1節　警察と児童相談所 (高橋幸成)」「第2節　訪問調査制度に関する法的規制 (鈴木一郎)」「第3節　検視制度・死因究明システムと児童虐待 (水留正流)、「第4節　立法問題としての『児童虐待罪』(岩井宜子・渡邊一宏)」である。

もう一点の特徴としては、医学的・心理学的・社会学的考察が、虐待保護の後の子どもの治

療・ケア、親の回復支援に焦点をあてる点であり、第 5 章、第 6 章あわせて 13 の論考が集まっている。

　以上の特徴は、これまで児童虐待文献が比較的手薄であった領域に関わるものであり、今後の研究動向を先取りするものと見ることができよう。なお、本報告書は、町野朔・岩瀬徹編『児童虐待の防止——児童と家庭、児童相談所と家庭裁判所』（有斐閣、2012 年）として刊行されている。

【施設内虐待の主要文献】
【文献 60】野津牧「児童施設における人権侵害等の現状と発生要因」『東日本国際大学福祉環境学部研究紀要』4 巻 1 号（2008 年）49 〜 66 頁

　本論文は、全国の乳児院、児童養護施設、情緒障害児短期治療施設、児童自立支援施設を調査対象として、①施設職員による入所児童に対する体罰などの虐待、②施設職員による入所児童に対する体罰以外の虐待や不適切な養育などの人権侵害、③入所児童間の暴力行為をとめることができなかったことによる入所児童の被害、④入所児童から職員に対する暴力、⑤安全管理等が不十分なために発生した事故、⑥入所児童が一時帰宅中に発生した被害、⑦入所児童の支援に使用される措置費等の不正使用を含む管理・運営上の問題、⑧施設の幹部職員が施設外で起こした事故、など直接か間接かにかかわらず入所児童にとって不適切と思われる行為につき調査、分析するものである。調査方法は、人権侵害等については、施設内虐待を許さない会の調査資料、CD 毎日新聞、朝日新聞データベース、その他の新聞報道を用い、施設数は社会福祉施設等調査、施設の概要については全国児童養護施設協議会の資料を用いており、1993 年 1 月から 2007 年 9 月までを調査対象期間としている。

　本論文は、上記各類型ごとに具体例を紹介した後、これら人権侵害の発生要因として、①被虐待児など関わり方の難しい入所児童の増加、②非民主的な施設運営の問題、③職員配置基準の低さ、④施設職員の専門性の低さと人権感覚の乏しさ、⑤行政や第三者機関の機能が果たされていないこと、などを挙げた上で、施設内虐待を防ぐための方策を提示する。すなわち、1. 子どもの人権を尊重する施設運営として、(2) 権利ノートの作成、(1) 職員のチームワークを機能させる援助方針の決定、2. 法人・施設の運営体制に関し、(1) 親族経営等の独善的な運営体制に対する規制、(2) 職員会議を柱とした民主的な運営体制、(3) 子どもたちの意見表明権の確保、(4) 公平な職員採用、3. 施設長など管理者の役割に関し、(1) 施設長の資格要件の明確化、(2) リーダー的職員の確保、4. 施設で働く職員を守る課題として、職員数の確保、人権侵害通告者の保護、5. 施設の自己評価と第三者評価、6. 人権侵害発生時の対応として、(1) 施設内人権侵害の通告制度と通告後の対応の整備、(2) 苦情解決制度、(3) 都道府県運営適正化委員会の積極姿勢が挙げられ、まとめとして人権侵害の背景となっている職員配置基準の改訂や職員の資質向上のための措置など、援助体制の抜本的な見直しが主張される。

　児童福祉施設内における人権侵害の具体例を詳細に検討するものとして、参考にすべき文献である。

　なお、本論文の著者には、他に後掲の「児童福祉施設で生活する子どもたちの人権を守るために」『子どもと福祉』2 号（2009 年）49 〜 54 頁があり、あわせて参照されたい。

【文献61】平湯真人「施設内児童虐待をどのように防止するか」『月刊少年育成』53巻12号（2008年）28〜33頁

　本論文は、施設内児童虐待に対し、住民訴訟や損害賠償訴訟に取り組んできた弁護士が、直接間接に関わりを持ったり情報を集めたりしてきた事例から得た教訓を整理するものである。
　まず、施設内虐待がどうして生じたのか、その原因については、子どもの自立＝成長発達権を支援する権利支援的処遇（観）とは異なる管理的処遇（観）が直接の原因、職員の意識レベルにおける原因であり、その背景として指摘される劣悪な施設最低基準（人的物的条件）の不備は、管理的処遇の口実にされてはならないとする。
　次に、どうして早期に是正できなかったのかという点については、管理的職場運営によって内部での職員の意見が管理職や施設長に押さえられ、自浄能力の喪失した施設では、良心的職員は外部に解決を委ねるしかなくなると指摘する。
　その上で、良心的職員が頼る行政についても、定期的な監査は会計監査が主で、子どもの処遇についての監査はおざなりで、行政への通報に対してもおざなりの調査しかせず、却って管理的養育、管理的職場支配を庇ってきたことにより自浄作用を阻み、施設内虐待が発生する原因を行政の怠慢が作ってきたとする。
　以上から、施設内の子どもの人権の守り手は、施設現場で子どもたちと日常を共有している施設職員であり、子どもの処遇に関する意見交換を民主的に保障することが最も重要であると主張する。行政の役割は、自浄機能の働かない施設に速やかに監督を実施することであり、外部に通報した職員の保護も行政の責任であるとする。
　一方、子どもたち自身の発言を保障することも大切であるが、管理的に運営されている施設にいる子どもたちが自分たちの権利を自覚して発言することは容易でなく、実効性のある権利保障についての真剣な検討が必要であるとする。また、第三者の実効性ある関与についても真剣な検討が必要であるとする。
　最後に、2008年に改正されることになる児童福祉法改正法案につき、現行児童福祉法に規定する改善勧告等の行政権限をより補強するものであると同時に、自浄機能が喪失した場合の行政介入の態様や通報者の保護を具体化することによって、逆に自浄機能の発揮を促しているとし、自浄機能を促すものとして、不利益処分の禁止の規定をとくに評価すると述べ、論文を締めくくっている。
　長年、施設内虐待の問題に取り組んできた弁護士による自らの経験を踏まえた的確な問題分析であり、施設内虐待の問題を理解する上で重要な文献である。
　なお、本論文は『月刊少年育成』53巻12号（2008年）の特集「施設内児童虐待」に掲載されたものであるが、同特集は他に、前橋信和「施設内児童虐待の今」、桑原教修「施設内児童虐待（施設内権利侵害）に思う」、草間吉夫「施設内虐待の発生抑制を考える」の3論文を掲載する。

【文献62】黒田邦夫「施設内虐待の構造的問題とその克服に向けて」『子どもと福祉』2号（2009年）44〜48頁

　本稿は、児童養護施設の運営改善に取り組んできた筆者が、施設内虐待について、施設の不適切な管理運営や監督官庁の不作為を含む構造的問題であるとの基本的立場から、具体的な問題点

を指摘し、その克服に向けた視点を提示するものである。

　まず施設の不適切な管理運営として、施設長のワンマン運営のもとで、現場は「実力者」に支配されるという二重構造の非民主的な管理支配が指摘され、このような「いじめの構造」において職員相互の協力、外部とのつながりも認められず、結果として子どもを守ろうとする良心的な職員は、自身の身を守ることができずに辞めていくとされる。次に、施設としてのまとまりがなくなり、子どもたちの問題に対応できなくなった結果、子どもの安心、安全が守られない崩壊状態の施設においてネグレクトが蔓延した事例を挙げ、まず全職員の知恵と力を結集できる運営体制の整備が必要であるとする。さらに施設長の公私混同や不正に対し、自治体が監査や指導を通して適正な運営を確保していない問題が指摘される。

　以上を踏まえた上で、問題点を、①自らの施設運営や養護実践を検証しないこと、②外部の意見を聞く耳を持たないことと整理し、問題の克服に向けて、①自らの施設の「職務の改善向上の取り組み」を推進する運営体制を構築し機能させること、②とはいえ、当該法人・施設だけで解決することは困難であるから、施設関係者や行政の協力、専門家の支援を組織して取り組むことが必要であるとする。

　筆者自身の施設運営改善の実績を踏まえて説得力のある主張が展開されており、施設内虐待の問題に取り組む上で必読の文献である。

　なお、本稿は子どもと福祉2009年2号の特集「児童福祉法と虐待対応」に掲載されたものであるが、同特集には本稿の他、吉田恒雄×石塚かおる×武藤素明×佐藤隆司×二宮直樹×川﨑二三彦「［座談会］児童福祉のこの10年を振り返る――児童家庭相談／社会的養護の現場からの報告」、竹中哲夫「児童福祉関係法の変遷――1997年以降の動きをめぐって」、佐藤隆司「里親制度と児童相談所――里親と『協働』する里親制度」、堀善一「市町村における子ども家庭相談の展望――地方都市、郡部での取り組みから」、野津牧「児童福祉施設で生活する子どもたちの人権を守るために」、関貴教「施設内虐待の構造と施設改善――こうして施設内虐待はなくなった」が掲載されている。

（横田　光平）

5　児童福祉分野

【文献63】「特集　虐待・発達障害と里親養育」『里親と子ども』2号（2007年）

　発刊からまだ日が浅い里親の専門誌第2号で、さっそく「虐待」「発達障害」が特集のテーマとして取り上げられたことに着目したい。しかも「虐待」と「発達障害」がそれぞれに問われているのではなくその関連に本誌の目が向けられたことが、児童虐待に関しては発達障害を切り離しては考えられず、被虐待児の受皿として里親は重要な役割を果たしており、そして里親にとって被虐待児の養育に取り組むことは多くの研究課題を内包する難題である、ということを示している。

　しかしながら、本誌に収録されている論文の多くは、「児童虐待と発達障害」と「里親養育」の関連における論考にはなっていない。「アタッチメントの機能と発達」（久保まり）、「発達障害と子ども虐待」（宮本信也）／「絡み合う子ども虐待と発達障害」（杉山登志郎）／「アタッチメント――トラウマ問題」（奥山眞紀子）／「虐待を受けた子どもの心理的特徴――トラウマと愛

着の問題を中心に」(西澤哲)/「解離」(海野千畝子)/「虐待が脳の発達に及ぼす影響」(田村立、遠藤太郎、染矢俊幸)/「愛着障害」(青木豊)/「注意欠陥多動性障害——最近の話題」(原仁)/「反抗挑戦性障害・行為障害」(原田謙)/「学習障害」(宮尾益知)/「虐待を受けた子どもへの精神医学的治療」(杉山登志郎)/「虐待を受けた子どもの心理療法——トラウマに焦点をあてた心理療法を中心に」(西澤哲)/「行動への対応」(塩川宏郷)/「ADHDのペアレントトレーニング」(中田洋二郎)/「虐待を受けた乳児へのかかわり」(山﨑知克)といった虐待を受けた子どもの問題特性をそれぞれの専門課題の視点から取り上げた論考を、里親への関心を持った読者が受けとめて、総体として「児童虐待と発達障害」のテーマを「里親養育」と関連づけることが期待されているようである。

そうした全体の編集傾向の中で、「虐待を受けた子どもを委託する場合——ソーシャルワークの立場から」(宮島清)/「虐待を受けた子どもを委託する場合——里親支援の立場から」(兼井京子)の2論文は、むしろ視点が里親養育に向けられている。とくに、宮島の論考は、実施されたものの振るわない専門里親制度に目を向けて、その問題点を従来の日本の児童福祉における里親制度の根本から問い直すことで、今後、専門里親制度が実効性を持つための提言を具体的に行っている。

【文献64】ボーグ,W他、藤川洋子・小澤真嗣監訳『子どもの面接ガイドブック——虐待を聞く技術』日本評論社、2003年

本書は、1999年にアメリカの児童虐待問題に関わっている医師・ソーシャルワーカー・法律家によって出版された"A Child Interviewer's Guidebok"の翻訳である。本書で説明されている子どもの面接方法は、「虐待を疑われる子どもの面接方法の一つの到達点である」とされ、「裁判の証拠とするための面接方法＝司法面接(forensic interview)が用いられている」(166頁)という。本書で紹介されているアメリカの司法面接では、児童虐待に犯罪という観点から関わる警察の警察官、子どもの保護という観点から関わる児童保護機関のケースワーカー、治療という観点から関わる医療スタッフ、加害者に対する裁判という観点から関わる検察官等が1つの調査チーム(Multidisciplinary Team)を構成して実施し、1回の面接でそれぞれの機関にとって必要な情報を収集している。

なお、日本においても「子どもの虐待に対する法的介入の要請はますます増え、いずれ虐待の事実が争われることもそれほど珍しいことではなくなるであろう」という認識に立つ、東京家庭裁判所に勤務する有志によって翻訳がなされたという。

【文献65】英国内務省・保健省編、仲真紀子・田中周子訳『子どもの司法面接——ビデオ録画面接のためのガイドライン』誠信書房、2007年

本書は、司法面接を最も早期に法制度の中に取り入れたイギリスの内務省・保健省が1992年に発行した"Memorandum of Good Practice"(以下「MOGP」とする)の翻訳である。MOGPは、「刑事事件における目撃者、被害者の面接に関するガイドライン」であり、「刑事手続きに焦点を当てて」(1頁)、「子どもと話す訓練を受け、経験や適性がある」(5頁)、「警察官とソーシャル・ワーカーが連携して面接を行う」(3頁)、「ワーキング・トゥギャザー(ともに働く)」(2頁)た

めの具体的な注意事項集である。しかしながら、あくまでガイドラインであることから、訳者が「このような場面でいざ面接を行おうとしても、具体的にどうすればよいのか、何に気をつければよいのか、ガイドラインだけでは十分なイメージがつかめないかもしれません」と述べており、巻末に訳者による「ビデオ録画面接に際して」の解説（101～142頁）が掲載されているように、実際の司法面接のイメージを共有するための十分な情報とはいえない面がある。

（田澤　薫）

【文献66】阿部彩『子どもの貧困——日本の不公平を考える』岩波書店、2008年

　本書が刊行された2008年は、「子どもと貧困」の問題を取り上げた著書が多く出版された年である。その中でも本書は、日本の「子どもの貧困」について、様々な統計から客観的なデータを提供し、データの検証から政策課題についても言及している。阿部は、日本で、貧困と虐待の関係性が議論されてこなかった理由の1つに、「貧困者＝児童虐待者」というイメージを固定させてしまうような差別を避けたいという配慮もあったと考えられると指摘し、しかし、虐待を発生させてしまうような家庭の経済問題に目をつむってきたことにより、虐待を防止する本当に必要な手段が講じられてこなかった日本の政策、社会の関心の低さについて非難する。本著の構成は7章からなっており、第1章は、貧困世帯に育つということ。第2章は、子どもの貧困を測る。第3章は、誰のための政策か政府の対策を検証する。第4章は、追い詰められる母子世帯の子ども。第5章は、学歴社会と子どもの貧困。第6章は、子どもにとっての「必需品」を考える。第7章は「子ども対策」に向けてとなっている。

　とくに、第3章では、長年にわたって子どもの貧困が重要な政策課題として論じられてきた欧米諸国において、家族政策に子どもの貧困に関する視点が盛り込まれているのに対し、日本の家族政策にその視点がなかったことを疑問視する。そして、日本において貧困研究を行うことへの関心の低さ、社会が許すべきでない生活水準＝子どもの貧困が何であるかを問いかける。また、貧困の世代間連鎖が社会に及ぼす影響についても述べている。あとがきにおいては、「子どもの貧困」に特化したことは、その他の貧困問題、例えば、単身女性や子育て後の母子世帯の母親、高齢者の貧困問題が深刻ではない、ということではないと、日本社会に充満する貧困の影を強調し締めくくっている。阿部は、日本の貧困問題は、長引く不況のために深刻化しており、それは単なる自己責任の問題ではなく、国家が、その社会がその問題に対して、真剣に向き合わなければいけないと何度も主張する。本書は、非常に緻密にデータを扱い、子どもを取り巻く様々な貧困について論理的に分析を行っている。「子どもの貧困」という新たな視点を社会に投げかけ、それを、特殊なケースに限られた現象ではなく、全ての人の身近にある問題として扱い、説得するだけの十分なデータを組み入れた優れた論考である。

（加藤　洋子）

6　教育分野

【文献67】文部科学省スポーツ・青年局『養護教諭のための児童虐待対応の手引』文部科学省、2007年

　教職員の中でもとくに児童虐待を発見しやすい立場にあると考えられる養護教諭に対象を絞っ

て、児童虐待防止法に謳われた学校および教職員の早期発見の努力義務（法第5条）、児童相談所への通告義務（法第6条）、関係機関への協力の努力義務（法第8条）、虐待防止のための教育の努力義務（法第5条）を受けて「学校における児童虐待への対応の重要性」を指摘し、養護教諭の職務内容にそった「早期発見の機会と視点」を例示することで、学校における児童虐待の発見に関して養護教諭による実効性のある取り組みを期待するものである。児童相談所への通告書の書式例、「校内における児童虐待対応の流れ」チャートも示され、学校の中で養護教諭が児童虐待発見以降の対応の要となることまでも期待されていることが読み取れる。この『手引』と併用する目的で教職員用のマニュアルを編んだ地方自治体もある。

【文献68】日本スクールソーシャルワーク協会編、山下英三郎・内田宏明・半羽利美佳編著『スクールソーシャルワーク論――歴史・理論・実践』学苑社、2008年

　「〔註：スクールソーシャルワーカーの〕実践が学校を基盤とした支援活動である」という考え方に立って活動してきた日本スクールワーク協会が、同協会の考えるスクールワークの理念に立ってスクールソーシャルワークを概説した文献である。

　スクールソーシャルワーカーの活動自体は世界的には100年以上の歴史があるというものの、日本における活動はまだ社会的認知を得ている途上である。それと同時に、スクールソーシャルワーカー自身にとっても理念や活動内容が確立されているとはいいがたい状況であることがうかがわれる。2008年度のスクールソーシャルワーク活動事業を受けて、急ぎ、日本語版スクールソーシャルワークの理論や実践モデルの提起がなされた。

　児童虐待については、「人と環境との相互作用に焦点を当てる、エコロジカルな視点から問題の発生状況を把握し、子どもと家族が滋養豊かな環境のもとで生活できるように支援を展開していく」（113頁）ことがスクールソーシャルワーカーの役割だと主張する。この立場は、「専門家が独占的に知っていることを前提に」（114頁）した診断や指導や教育といった、学校教育の方法論になじんだ論理とは相容れない。そのため、ここで想定されているスクールソーシャルワーカーの活動を、学校現場が受容でき生かし切れることが今後の課題となるだろう。

【文献69】日本学校ソーシャルワーカー学会編集『スクールソーシャルワーカー養成テキスト』中央法規、2008年

　2008年度の文部科学省「スクールソーシャルワーカー活用事業」を歓迎しながらも、教育委員会においてスクールソーシャルワーカーの役割や業務について十分な把握がなされておらず、「スクールソーシャルワーカー」として社会福祉士、精神保健福祉士、臨床心理士、退職教員、その他、ソーシャルワーカー以外の人材も活用されている現状があることを憂い、人材養成とすでに採用された「スクールソーシャルワーカー」の専門性を向上させる研修の必要性にたって編まれた養成テキストである。

　アメリカのスクールソーシャルワークの単なる移入ではなく、「わが国の学校教育領域が抱える制度や文化、課題を踏まえ、子どもや保護者、教職員に対しどのようなソーシャルワーク実践による支援が有効かを探求していくことに重点をおいていること」から、学会名に「学校ソーシャルワーク」の用語を採用しているという。

児童虐待問題への取り組みに関しては、「基本的には教職員が中心であり、スクールソーシャルワーカーは教職員が適切に行動できるようにサポートする役割である」という姿勢を保っている（172頁）。その具体例として「①教職員に不足している社会福祉サービスの情報提供、②非常勤の勤務体制からくる巻き込まれない立場と全体的視点、③教職員の行っている煩雑な作業の補助、④教育関係者と福祉関係者の視点や大事にする部分の違いの説明や、用語の翻訳作業など両者の橋渡し業務など」（172頁）が挙げられている。しかしながら、その一例として「学校の組織として判断や管理職や担任など、中心者の心理的な負担を軽減するためにも判定会議に出席して意見を述べたり」（170頁）という役割期待に見られるように、本来、学校で行うべきではない「児童虐待の判定」を試みる方向性に与する立場をとり、児童虐待対応が不調である根本原因と考えられる学校独自の論理的特異性を切り崩す第三者として機能しえない面がうかがわれる。

【文献70】玉井邦夫『特別支援教育のプロとして子ども虐待を学ぶ』学習研究社、2009年

教師は虐待の発見者になる可能性が高い。著者は「学校は子ども虐待防止においてわが国唯一のヒューマンサービスとして期待されている」と述べる。2007年度に『月刊実践障害児教育』誌上に連載された「特別支援教育のプロなら知らないではすまされない子ども虐待を学ぶ」をもとに単行本化したものである。

【文献71】大河内彩子「虐待を受けた子どもの回復支援と学校の課題──学校の福祉的機能の強化を目指して」『早稲田大学大学院　文学研究科紀要』54輯（2008年）55～66頁

児童虐待問題に取り組むために学校がなすべきことに関する、新しい切り口からの論考である。従来から学校の役割として期待されてきた早期発見・早期通告に加えて、虐待を受けた子どもの回復支援の必要性について力説されている。虐待を受けた子どもが学校において呈しやすい指導の困難を感じさせる言動の例を示し、取り組み事例を検討することで、これらの領域においては学校教育の指導的視点から福祉的視点への転換が求められることを示している。

学校における回復支援に実効性を持たせるためには、専門教員の加配やスクールカウンセラーの配置を含む人的加配、教職員への研修とメンタルケアの他、被虐待児童に応じた教育環境を保障できていない現状での就学義務への見直しの必要性についても言及されている。論文の最後には、児童相談所が在宅指導として関わるケースに対する学校の回復支援機能への期待に触れられている。

（田澤　薫）

7　医療・保健・心理分野

【文献72】柳川敏彦他「児童虐待予防のための地域ペアレンティング・プログラムの評価に関する研究──『前向き子育てプログラム（トリプルP）』の有用性の検討」『子ども虐待とネグレクト』11巻1号（2009年）54～68頁

本研究は、虐待予防の観点から、子育て支援の家族介入プログラムであるトリプルPの有用性を検討している。和歌山（15人）、大阪（20人）、摂津（25人）に在住する2歳から5歳の子どもを持つ母親を対象にグループ・トリプルPを実施し、親が報告する子どもの困難な行動、親

の子育てスタイル、親の抑うつ、不安、ストレス等の精神状態、親の子育てへの自信、夫婦間の関係の質と満足度、夫婦間の意見の衝突の程度、親の子どもへの不適切な行為の7種類の質問票を用いて介入前後、介入前と介入3か月後、および待機後の変化を比較している。結果としては、子どもの状態、親の状態、夫婦間の状態、親が行う不適切な行為において、有意な効果が得られ、また持続効果ももたらされたことが明らかになった。

　第5期には、柳川他の研究のように、子育て支援を必要とする親を対象とするプログラムの提供について、どの程度の有用性があるのか、実際に、プログラムを実施しながらその効果を証明し、それが子育て支援の1つの効果的な活動として認知されることを証明するような研究が行われるようになった。

【文献73】犬塚峰子・田村毅・広岡智子『児童虐待──父・母・子へのケアマニュアル～東京方式』弘文堂、2009年

　2002年に児童相談センター治療指導課で「家族再統合のための援助事業」が開始された。この事業全体を本著では「父・母・子へのケア～東京方式」と名づけ、その内容について記述している。本著の中で記載されている支援の対象と目的は、虐待で分離中、あるいは虐待問題を抱えつつも在宅のまま支援を受けている親子を対象に、親の虐待行為からの回復と親子の愛着関係の再構築を目的として、グループ心理療法を主体とした治療的・教育的支援を行っている。また、分離中の親子に関しては、必ずしも家庭復帰がゴールではなく、親と子どもが肯定的な関係を維持できる最適の距離を見出すことも、支援の目標としている。

　本著の特徴は、虐待が生じた家族への治療的・教育的支援サービスの立ち上げと、その背景を振り返り、その支援の特徴を示し7年間のサービス実施の結果を報告しているところにある。本著は4章構成であり、第1章は「父・母子へのケア～東京方式」とは。第2章は、ファミリー・ジョイント・グループ／理論と実践。第3章は、父親グループ／理論と実践。第4章は、母親グループ／理論と実践となっている。第2章のファミリー・ジョイント・グループでは、多職種のスタッフで親子グループ、親グループ、子どもグループを一体として実施するというオリジナルな方法を編み出して、その実践について記載している。

　本著は、治療的・教育的支援サービスの事例とプログラムについて、7年間継続して行われてきた内容をもとに、現場の専門職がどのように虐待家族への支援を実施すればよいのかについて詳細にわたり述べており、今後、同様な支援サービスを行おうと考えている側にとって非常にわかりやすいマニュアルとなっている。「子育て支援事業」が法制化された第5期において、ペアレンティングプログラムに関するマニュアルは、今後、地域において子育て支援サービスを展開しようとする民間団体等にとって、非常に参考になる文献である。

（加藤 洋子）

資 料

1 児童虐待関係通知
2 児童福祉法分野判例リスト
3 民法（家族法）分野判例リスト
4 刑事法分野判例リスト
5 行政法分野判例リスト
6 児童虐待関係文献リスト
7 日本における児童福祉に関する年表
8 児童虐待司法関係統計
　表A　児童福祉法28条の事件
　表B　親権または管理権の喪失の宣告及びその取消し（全国家庭裁判所）
　表C　親権喪失等・児童福祉法28条の新受件数
　表D　親権者、管理権者等の職務執行停止又は職務代行者選任の申立て（全国家庭裁判所）
　表E　児童との面会又は通信の制限の申立て（全国家庭裁判所）
　　　　（旧特別家事審判規則18条の2）
　表F　児童の身辺へのつきまとい又は住所等の付近のはいかい禁止の申立て（全国家庭裁判所）（旧特別家事審判規則18条の2）
　表G　保護者に対する措置に関する都道府県への勧告件数（児童福祉法28条6項）
　表H　施設入所等の措置の期間の更新回数（児童福祉法28条2項）
　表I　児童相談所における親権・後見人関係請求・承認件数
　表J　児童相談所における知事勧告件数及び家庭裁判所勧告件数
　表K　児童相談所における児童虐待相談の対応件数（立入調査・警察官の同行）
　表L　嬰児殺の検挙人員
　表M　児童虐待に係る検挙件数・検挙人員
　表N　児童虐待に係る加害者と被害者との関係（事件別）
　表O　児童虐待に係る加害者と被害者との関係（年別）

資料1　児童虐待関係通知（平成19（2007）年6月～平成22（2010）年9月）

通知名	通知年月日	通知番号	概要
児童虐待の防止等に関する法律及び児童福祉法の一部を改正する法律の公布について	平成19年6月5日	最高裁家庭局長・刑事局長・行政局長通知最高裁家一第002471号	2007年に改正された児童虐待防止法及び児童福祉法が公布され施行される旨の通知
児童相談所運営指針の改正について	平成19年10月26日	厚生労働省雇用均等・児童家庭局長通知雇児発第1026003号	2007年の少年法改正により、警察が調査を行った結果、一定の重大事件に係る触法少年と思料し、または当該少年に係る事件につき家庭裁判所の審判に付することが適当と思料するときは、警察の調査結果を活かし事案の真相解明を踏まえた適切な措置がとられるよう児童相談所長に送致する制度が設けられたことに伴い、児童相談所運営指針を改正した旨の通知
特別家事審判規則の一部を改正する規則の公布について	平成20年2月21日	最高裁家庭局長通知最高裁家一第000772号	2007年の児童虐待防止法改正により「接近禁止命令」制度が創設されたことに伴い、従来の特別家事審判規則18条の2「当該児童の保護者について当該児童との面会を制限することができる」を、当該保護者に対して当該児童へのつきまとい、はいかいの禁止（接近禁止）を命ずることができると改正した旨の通知
「児童虐待の防止等に関する法律及び児童福祉法の一部を改正する法律」の施行について	平成20年2月22日	警察庁丙少発第6号・丙生企発第10号・丙地発第4号・丙給厚発第6号3号・丙捜一発第6号	2007年に成立した児童虐待防止法・児童福祉法一部改正法について、改正の趣旨、改正の要点を示し、留意点として、臨検・捜索における警察署長への援助要請があった場合の措置、立入拒否事件についての告発に関する留意事項、告発があった場合の捜査等の対応方法、接近禁止命令があった場合の学校等関係機関との連携強化、違反事案に対する速やかな捜査着手、重大な虐待事例の分析とその活用等を示す。
「児童虐待の防止等に関する法律及び児童福祉法の一部を改正する法律」の施行について	平成20年3月14日	厚生労働省雇用均等・児童家庭局長通知雇児発第0314001号	児童虐待防止法の強化、接近禁止命令制度等を定める改正児童福祉法・児童福祉法一部改正法が成立したことに伴い、同法の内容等について周知を求めるとともに、運用上の留意事項として、自治体における虐待重大事例の検証についての留意事項を示す通知
「児童虐待の防止等に関する法律施行規則」及び「児童福祉法施行規則の一部を改正する省令」の施行について	平成20年3月14日	厚生労働省雇用均等・児童家庭局長通知雇児発第0314002号	2007年児童虐待防止法等改正法の施行に伴い、「児童虐待の防止等に関する法律施行規則」を新たに制定し、「児童福祉法施行規則の一部を改正する省令」を制定し、面会・通信の制限、接近禁止命令があった場合の対応方法、児童相談所長による養子縁組の承諾の申請方法等を定める。
地方公共団体における児童虐待による死亡事例等の検証について	平成20年3月14日	厚生労働省雇用均等・児童家庭局総務課長通知雇児総発第0314002号	2007年の児童虐待防止法改正法4条で地方公共団体に重大事例の分析の責務が規定されたことに伴い、検証の基本的考え方、検証の進め方等を示し、市町村・関係機関への周知、適切な運用を図るよう求める通知

児童相談所運営指針等の改正について	平成20年3月14日	厚生労働省雇用均等・児童家庭局長通知雇児発第0314003号	児童虐待防止法および児童福祉法の一部改正が2008年4月1日より施行されるのに伴い、児童相談所運営指針等を改正し、児童の安全確認等のための立入調査等の強化、保護者に対する指導の強化、児童虐待を行った保護者に対する面会または通信等の制限の強化、施設入所等の措置がとられた児童との面会または通信等の措置に従わない場合の措置について、保護者が指導に従わない場合の措置について、児童相談所運営指針を改正する旨の通知
児童虐待を行った保護者に対する指導・支援の充実について	平成20年3月14日	厚生労働省雇用均等・児童家庭局総務課長通知雇児総発第0314001号	2007年に成立した「児童虐待の防止等に関する法律及び児童福祉法の一部を改正する法律」により、児童虐待を行った保護者に対する指導に係る勧告に従わない場合に都道府県知事等が施設入所等の措置を解除する際に都道府県児童福祉審議会等の意見を聴かなければならないとされたこと等を踏まえ、指導及び支援の充実に資するよう、「児童虐待を行った保護者に対する援助ガイドライン」を取りまとめた旨の通知
児童虐待を受けた児童の安全確認及び安全確保の徹底並びに関係機関との連携強化について	平成20年3月17日	厚生労働省雇用均等・児童家庭局総務課長通知雇児総発第0317001号	2007年の関与がありながら児童虐待等により死亡した事例が相次いで発生したことにかんがみ、児童相談所等の一時保護の実施、虐待者本人との面接を含めた適切な調査、診断・判定な調査、情報共有等、基本に立ち返った対応の徹底、改正法により導入された出頭要求等の制度の積極的活用により、児童の安全確認、安全確保を最優先した対応を求める旨の通知
「児童虐待の防止等に関する法律及び児童福祉法の一部を改正する法律」の施行について	平成20年3月28日	文部科学省生涯学習政策局男女共同参画学習課・初等中等教育局児童生徒課長連名通知19生参学第4号	2007年成立の児童虐待防止法等一部改正法の趣旨を踏まえ、関係機関との連携等、児童虐待防止について適切な対応を求める旨の通知。あわせて児童虐待の防止、被虐待児の保護・自立に関する支援施策への協力、施設入所児童の教育、職員の理解促進を留意事項として示す。
妊娠・出産・育児期に養育支援を特に必要とする家庭に係る保健医療の連携体制について	平成20年3月31日	厚生労働省雇用均等・児童家庭局総務課長通知雇児総発第0331003号	虐待死亡事例で0歳児が多いことから、医療機関と保健機関の間で効果的な情報提供・共有するための連携体制を整備するために、情報提供の対象となる親や児童の状況、各関係機関の役割等を示す通知
医療ネグレクトにより児童の生命・身体に重大な影響がある場合の対応について	平成20年3月31日	厚生労働省雇用均等・児童家庭局総務課長通知雇児総発第0331004号	医療ネグレクト事例において親権喪失宣告申し立て等、対象となる事例に即し可能な手続きを具体的に示し、関係機関への周知を求める通知
児童相談所運営指針等の改正について	平成20年3月31日	厚生労働省雇用均等・児童家庭局長通知雇児発第0331034号	「児童福祉法等の一部を改正する法律」（平成20年法律第85号）が、一部の規定を除き、2008年4月1日に施行されることに伴い、児童相談所運営指針、要保護児童対策地域協議会設置運営指針を改正し、改正の内容について、市町村児童家庭相談援助指針はじめ管内の市町村並びに関係機関及び関係団体等に対し、周知徹底を求める通知

通知名	日付	番号	内容
里親支援機関事業の実施について	平成20年4月1日	厚生労働省雇用均等・児童家庭局長通知 雇児発第0401011号	より家庭的な環境で愛着関係形成を図ることができる里親制度を推進するために「里親支援機関事業実施要綱」を定め、里親制度の普及促進、里親研修の実施、児童の委託までのマッチングの調整、里親家庭への訪問等による相談支援などの業務を総合的に実施することとする通知
児童養護施設における医療的支援体制の強化について	平成20年6月12日	厚生労働省雇用均等・児童家庭局長通知 雇児発第0612014号の4	児童養護施設に入所する被虐待児、発達障害児の増加に伴い医療的ケアの必要性が高まっているところから、日常生活上の観察や体調把握、緊急時の対応などを行うことによって医療的ケアの強化を図ることを目的に、医療的ケアを担当する職員を配置する都道府県知事等が定めることができること、担当職員の業務内容、運営の基準、経費等を定める通知
児童相談所を設置する市について	平成20年8月29日	厚生労働省雇用均等・児童家庭局総務課長発第0829001号	2008年6月20日の地方分権改革推進要綱を受けて、児童相談所設置市として個別に定める際の考え方、政令指定の手続、留意点等を定める通知
乳児家庭全戸訪問支援事業ガイドラインについて	平成21年3月16日	厚生労働省雇用均等・児童家庭局総務課長発第0316001号	「生後4か月までの全戸訪問事業」が2007年児童福祉法改正により、同法に「乳児家庭全戸訪問事業」として位置付けられたことから、その効果的な実施のために、事業の目的、対象者、訪問時期、母子保健法にもとづく訪問指導との関係、地域の子育て支援事業との関係、訪問者、実施内容を示すとともに、具体的な実施方法を定める通知
養育支援訪問事業ガイドラインについて	平成21年3月16日	厚生労働省雇用均等・児童家庭局総務課長発第0316002号	「育児支援家庭訪問事業」が2008年児童福祉法改正により、同法に「養育支援訪問事業」として位置付けられ、市町村に実施の努力義務が課されたことから、市町村が当面取り組むべき内容（事業の目的、対象者、訪問支援者の役割、中核機関の保護者等の定め、その実施内容と充実を求める通知
児童福祉法等の一部を改正する法律によって新たに第二種社会福祉事業として位置付けられた事業等について	平成21年3月31日	厚生労働省雇用均等・児童家庭局総務課長通知 雇児発第0331002号、保発第0331004号	2008年に成立した児童福祉法の一部改正法により規定された乳児家庭全戸訪問事業、養育支援訪問事業、地域子育て支援拠点事業、一時預かり事業、小規模住居型児童養育事業が社会福祉法上の第二種社会福祉事業として位置付けられたことに伴い、これらの事業について、事業者の義務、都道府県等の役割等について、あわせて小規模住居型児童養育事業の運営について示し、地方自治体からの疑義照会に対する回答を示す通知
児童福祉法等の一部を改正する法律によって新たに第二種社会福祉事業として位置付けられた事業にかかる税法上の取扱いについて	平成21年3月31日	厚生労働省事務連絡	2008年に成立した児童福祉法の一部改正法により規定された乳児家庭全戸訪問事業、養育支援訪問事業、地域子育て支援拠点事業、一時預かり事業および小規模居住型児童養育事業が社会福祉法上の第二種社会福祉事業として位置づけられたことに伴い、法人税、登録免許税、消費税、不動産取得税、固定資産税等について課税庁に問合せを行った内容等を示す事務連絡
養育里親研修制度の運営について	平成21年3月31日	厚生労働省雇用均等・児童家庭局長通知 雇児発第0331009号	養育里親研修制度の運営について、その実施主体、研修対象者・種類・研修の趣旨、研修対象者・研修の内容等、実施方法、修了認定等の留意事項を定める。

通知名	日付	発出元・番号	概要
小規模住居型児童養育事業の運営について	平成21年3月31日	厚生労働省雇用均等・児童家庭局長通知雇児発第0331011号	2008年の児童福祉法の一部改正により創設された小規模住居型児童養育事業について、当該事業の設備、運営に関する基準を定める児童福祉法施行規則とは別に、「小規模住居型児童養育事業実施要綱」を定め、その目的、設備及び運営の主体、設備、対象児童、対象人員、事業内容等を具体的に示す通知
被措置児童等虐待対応ガイドラインについて	平成21年3月31日	厚生労働省雇用均等・児童家庭局家庭福祉・社会援護局障害保健福祉部障害福祉課長連名通知雇児福発第0331002号・障障発第0331009号	2008年の児童福祉法一部改正法の施行を踏まえ、被措置児童等虐待の発生予防、早期発見、迅速な対応、再発防止のための取組みを総合的に進め、被措置児童等虐待防止に向けた関係部局の連携体制、通告に対する具体的対応等の体制整備、協議会との連携強化等の対応を求める通知
児童相談所運営指針等の改正について	平成21年3月31日	厚生労働省雇用均等・児童家庭局長通知雇児発第0331034号	2008年の児童福祉法の一部改正法の施行を踏まえ、被措置児童等虐待、小規模住居型児童養育事業（ファミリーホーム）、自立援助ホームについて新たに記述を改めた通知
一時保護施設における学習環境の充実について	平成21年4月1日	厚生労働省雇用均等・児童家庭局総務課長発第0401003号	一時保護に保護されている児童の保護期間の長期化に伴い、児童の学習環境の充実が求められていることにかんがみ、都道府県等の教育委員会との連携による現職教員の人材受け入れや教員OBの活用、それに必要な経費の保護基準額の改善、児童福祉法28条申立等による長期化に対しては一時保護中の学校への就学への対応を求める通知
学校及び保育所から市町村又は児童相談所への定期的な情報提供について	平成22年3月24日	厚生労働省雇用均等・児童家庭局総務課長発0324第1号	江戸川区で発生した児童虐待を受けながら死亡した事件で、児童相談所との連携が十分機能しなかったことにかんがみ、文部科学省と連名で「学校及び保育所、市町村又は児童相談所への定期的な情報提供に関する指針」を作成し、対象児童、頻度、内容、依頼の手続き、機関間での合意、緊急時の対応等の事項について基本的な考え方を示し、その周知の通知を求める通知。同様の通知は文部科学省からも発出されている（「児童虐待防止に向けた学校等における適切な対応の徹底について」（平成22年1月26日文部科学省初等中等教育局児童生徒課長発通知21初児生第29号）。
児童相談所運営指針等の改正について	平成22年3月31日	厚生労働省雇用均等・児童家庭局長通知雇児発0331第6号	「学校及び保育所から市町村又は児童相談所への定期的な情報提供に関する指針」（平成22年3月24日付け児発0324第1号）を策定したことに伴い、児童相談所運営指針等を改正し、その改正内容について周知徹底を求める通知
児童の安全確認の徹底について	平成22年8月2日	厚生労働省雇用均等・児童家庭局総務課長発0802第1号	大阪市で発生した2児ネグレクト死亡事件、児童相談所が関与していたにもかかわらず児童の安全確認が行われなかったことを重く受け止め、児童相談所による安全確認による安全確認措置による事例の早急な確認、安全確認は行えたが児童相談所にもかかわらず安全確認ができていない事例、かかる事例の早急に確認できていない事例の早急な確認、児童の姿が確認できていない事例にあっては、立入調査、臨検捜索を念頭に置いた対応、対応方針の見直し、適時適切な一時保護等の実施を求める通知

児童の安全確認の徹底に係る調査について	平成22年8月10日 厚生労働省雇用均等・児童家庭局総務課長通知雇児総発0810第1号	大阪市で発生した2児ネグレクト死亡事件に関連する「児童の安全確認の徹底について」平成22年8月2日雇児総発第0802号第1号にもとづき、都道府県で確認された児童の安全確認ができていない事例を把握することで、児童虐待防止の更なる強化のための検討材料とするための調査協力を求める通知
児童の安全確認の対応について	平成22年8月18日 厚生労働省雇用均等・児童家庭局総務課長通知雇児総発0818第1号	大阪市での2児ネグレクト死亡事件に関連して、虐待通告を受けた場合の初期対応として「児童相談所運営指針について」(平成2年3月5日児発第133号厚生省児童家庭局長通知)による児童の直接の目視、所定時間以内の確認の徹底や児童虐待初期対応の徹底を図るなど調査方法の適切な運用を求める通知
居住者が特定できない事案における出頭要求等について	平成22年8月26日 厚生労働省雇用均等・児童家庭局総務課長通知雇児総発0826第1号	大阪市で発生した2児ネグレクト死亡事件を受けて、居住者が特定できない事案における出頭要求、立入調査(児童虐待防止法8条の2)、関係機関への協力要求(同法9条1項)、臨検捜索制度(同法9条の3)の活用を念頭に置いた対応を図るよう求め、あわせて保護者や児童の氏名等が判明しない場合の対応についての通知
児童の安全確認の徹底に係る調査結果について	平成22年9月30日 厚生労働省雇用均等・児童家庭局総務課長通知雇児総発0930第1号	児童相談所による安全確認について、2010年4月1日から同6月30日までの間、13,469件の虐待通告を受け、安全確認が必要と認められた件数12,920件、うち8月10日時点で安全確認ができている件数中、安全確認が必要とされる件数12,641件、確認できている件数279件、同8月30日時点で安全確認ができていない件数が261件であるとの調査結果を示す通知
「虐待通告のあった児童の安全確認の手引き」について	平成22年9月30日 厚生労働省雇用均等・児童家庭局総務課長通知雇児総発0930第2号	児童虐待による死亡事件が後を絶たない状況にかんがみ、児童の安全確認の基本的な考え方、対応の基本事項、安全確認の基本事項等、児童相談所が虐待通告を受理した段階から児童の安全確認を行うまでの対応方法や留意事項について取りまとめた手引きに関する通知

資料2 児童福祉法かか判例リスト

	判決日	裁判所	事件番号	事件名	主文	概要	掲載誌	評釈
1	H19.8.21	大阪家裁（審判）	平成19年（家）第2638号	児童福祉施設入所の承認申立事件	承認（確定）	児相長が、単独親権者たる実母の育児放棄のために、知的障害児施設（第一種自閉症児施設）に一時保護委託中の児童（13歳女児・父未認知）について、現在入所中の知的障害児施設（第一種自閉症児施設）のほか、次の委託先とすることが適当であると考えられる情緒障害短期治療施設又は児童自立支援施設への入所委託の承認を求めた事件で、実母の児童に対する監護態度は極めて不適切であった等、実母に児童を監護させることは、著しく児童の福祉を害することになり、知的障害児施設（第一種自閉症児施設）への入所措置が必要と認められるとして、児相長が求めていた他の3種類の施設については次の委託先とされる施設が予想されるとしても、情緒障害児施設、児童養護施設、児童自立支援施設は、それぞれ処遇内容が異なり、単に年齢のみによって区別されるものでもなく、次に委託先とな知的障害施設（第一種自閉症児施設）での入所を継続し、その結果を見た上で次の具体的な措置先を決定することも要があると認められるから、知的障害児施設（第一種自閉症児施設）の次の措置先につき承認を与えることは相当ではないとされた。	家裁月報60-7 p.79	
2	H19.10.15	横浜家裁川崎支部（審判）	平成19年（家）第811号	児童養護施設入所措置等承認申立事件	承認（確定）	児相長が、児童養護施設入所中の児童（15歳女児）について里親委託措置の承認を求めた事件。実父母は、1993年に児童とその弟の親権者を母と定めて協議離婚したが、その後、実母は児童をを無認可保育機関に預けたまま行方不明となり、1994年には乳児院に入所措置され、1995年には親権者を父に変更された。児童らは乳児院を満年齢によって退所した後は、一時里親家庭に入所したこととなるが、別々に生活することに難色を示し、単独親権同意することが体調を崩すため、現在も児童養護施設入所している。また、児童の里親委託については、児童は里親委託に同意しており、児童と良好な関係を築き、里親も里親委託されることが適応できる対応ができる里親もおり、将来的には児童の弟と同じ里親に委託することも想定していること等の事情に照らした上で、児童の福祉のため、里親委託措置を承認した。	家裁月報60-7 p.84	許末恵・民商法雑誌140-1 p.121
3	H19.12.21	東京家裁（審判）	平成19年（家）第6813号	児童福祉施設入所措置の期間更新の承認申立事件	承認（確定）	児相長が、児童養護施設入所中の児童（7歳）の児童養護施設入所措置更新の承認を求めた同措置がとられている児童（7歳）の児童養護施設入所措置更新の承認を求めた事件で、実母は、児童の養育に否定的であり、児童が健全な養育を受けるための環境作りや、実母の養育に対する考え方の修正に向けた働きかけを実用していない状況であること、出所後再び母親せい剤取締法違反で実刑に処せられており、従前の生活態度に対する反省が全く認められないこと、児童は、施設で安定した生活を送っているものの、日常及び継続的な支援による指導、継続的な心理的ケアが必要な状況にあるとそれおり、本件入所措置の期間を継続しなければ児童の福祉を著しく害することとなるとして、児童養護施設入所措置の期間更新するとの内容に沿った入所措置承認審判に対して、児童福祉法28条6項に基づき、実母及び養父から受けた被虐待状が依然として、継続的な支援を必要とする理由ケアが進展しないないこと、裁判所は、養父は、出所後再び母親せい剤取締法違反で実刑に処せられており、児童は、施設で安定した生活を送っているものの、日常及び継続的な支援による指導、継続的な心理的ケアが必要な状況にあるとそれおり、本件入所措置の期間を継続しなければ児童の福祉を著しく害することとなるとして、児童福祉法28条6項に基づき、児相長に対して、前審判でなされた指導措置の内容と同内容の事項について勧告をした。（なお、前審判は家裁月報57-11 p.73に掲載されている。）	家裁月報60-7 p.87	南方暁・速報判例解説（法学セミナー増刊）Vol.4 p.95

621

4	大阪家裁（審判）H20.7.3	平成20年(家)第2607号	児童福祉施設入所の承認申立事件	却下（確定）	児相長が、脳挫傷等の受傷状況等から虐待が疑われた児童（0歳）について児童福祉法28条1項3号による入所措置の承認を求めた事件で、裁判所は、入院中の乳児院への継続的な観察や治療は必要としないことを認定する一方で、児童については乳児院に入院させるまでの単なる仮定の観察のために乳児院ではなく、現実には自宅を退去した現在では、実母との婚姻関係が破綻した結果に不適切であった実父宅を実母の下に戻すことが必要であることから、実母との婚姻関係に頼らず、離婚者としての資格を有し、児童とその姉の養育に関して信頼関係を持って虐待に関与する行為を一切行わないかがわれること等から、実母を虐待することは認められず、むしろ児童を虐育させることが著しく児童の福祉を害するという事情は認められないとして、申立てを却下した。	家裁月報61-8 p.103	山口亮子・民商法雑誌141-6 p.101
5	東京家裁（審判）H20.7.14	平成19年(家)第11538号	児童福祉施設入所措置等の承認申立事件	承認（確定）	児相長が、実母が児童の実兄に対する暴行を原因として一時保護委託中の児童（4歳）について、児童養護施設への入所措置の承認を求めた事件で、裁判所は、児童が実父母から実兄に対する重度な暴行を直接目撃したことによって児童が心的外傷を受けたことが推認されること、安定した環境の中で生活させる必要があること等に加え、児童相談所において、段階的に児童を親権者たる父母の下に戻すための父母と児童の再統合プログラムを策定しているが、本件においては、児童養護施設に児童を監護させることが著しく児童の福祉を害するとまでは認められず、また、現状の問題点を認識するとともに、再統合プログラムが円滑に実施されるためには、父母らにおいて現状認識を受け入れる必要であるとして、児童福祉法28条1項に基づき適切な養育方法に向けての努力が必要であるとして、児童福祉法28条1項に基づき、親権者らに適切な指導の措置をとることを勧告した。	家裁月報61-8 p.111	許末恵・民商法雑誌142-1 p.131
6①| 大阪家裁（審判）H21.1.23	平成20年(家)第6147号	児童福祉施設入所期間更新承認申立事件	却下	児相長が、児童養護施設への入所措置審判（2004年）を受け、その後入所措置（2007年）を受け同意している児童（15歳女児）の児童養護施設入所期間更新の期間更新の承認を求めた事件で、裁判所は、単独親権者である父が児童と同居を前提としないのではなく、退院後の住居も児童と同居している等の事情にあたっては、父もそうした内容に同意しているとともに、児童も父と生活することができるのであるといっては、本件においては、父が明確に児童を引き取ることによる児童福祉法27条1項3号による児童福祉法の施設入所措置（児童福祉法28条2項）しなくとも、児童は児童養護施設において生活することは困難であることは、本件施設入所措置の期間更新の承認申立を却下した。さらに、児相所は、「当該措置は児童福祉法28条2項による措置が否されるそれがあるときを認めるのとしており、いわゆる同意入所への切り替えること（実質的に無条件）を支障がないものと考えられ、本件については、本件は児童養護施設において生活することは困難であるものとし、児童の福祉が害されるおそれがある等のといった受動的な対応ではなく、今後は、父からの連絡に応じられるといった受動的な対応ではなく、積極的に父子の統合が図られることを目指していくこととし、しかるべき時期に本件親子の積極的な統合が図られることが望まれると付言した。	家裁月報61-8 p.97	

番号	裁判所	年月日	事件番号	事件名	結果	要旨	出典	評釈
6②	大阪高裁(決定)	H21.3.12	平成21年(ラ)第124号	児童福祉施設入所期間更新承認申立却下審判に対する抗告事件	取消・承認(確定)	児相長による抗告を受け、父が、児童宅に頻繁に電話をかけ、数回である一方で、児童の施相を訪問し、その際、児童の安否を尋ね、児童への贈り物を持参する一方で、児童の施設入所に対して不満を示し、児童相談所等の職員等に対する脅迫的な発言をするなど、父の健康状態や生活状況が穏やかとはいえないこと、父に対して手紙や贈り物をするなど、以前に比べて父に対する心情は緩和していることを認定した上で、父は、今後も本件施設に通う児童の面会を希望することを了解したが、児童宅への児童の引取りを希望しているのではなく、父の健康状態や生活状況等にかんがみると、同意を反映するものではなく、父の希望はまだ大きいといえ、本件入所措置は親権者たる父の意思に反する恐れ合には必要入所措置を継続しなければ児童の福祉を害する恐れがあるとして、原審判を取り消し、措置の期間更新申立てを承認した。	家裁月報61-8 p.93	田中通裕・民商法雑誌142-2 p.107
7	秋田家裁(審判)	H21.3.24	平成20年(家)第114号	児童福祉施設入所措置等の期間更新の承認申立事件	却下(確定)	児相長が、児童養護施設への入所措置がとられている児童(男児)の児童養護施設入所措置の期間更新の承認を求めた事件で、裁判所は、単独親権者である実母は、児相や児童への対応の仕方にさきさ批判的な部分があったこと、これを改める必要性、(1)自らの養育方法について児相ほかの関係機関の関与を受け入れる意思があり、さまざまな改善意欲を示していること、経済的にも受け入れられることが可能な状況にあること、(3)母が児童との同居を強く望んでおり、経済的にも受け入れられることが可能な状況にあること等から、児童の監護を怠ることができないとして著しく児童の福祉を害するとは認められないとして、児童の福祉のために必要と認められるとまでは認められないとして、期間更新承認申立てを却下した。	家裁月報62-7 p.79	竹中智香・民商法雑誌144-3 p.82
8①	大阪家裁岸和田支部(審判)	H21.4.3	平成20年(家)第1345号, 1346号	児童福祉施設入所の承認申立事件	却下	児相長から、同意入所から一時保護に切り替えられた児童らについて、児童養護施設への入所措置について有罪判決が下された実父による性的虐待のおそれがあることをなどから、児童ら入所措置(児童養護施設・乳児院)の承認を求めた事件。裁判所は、実父による性的虐待等を実父が主張するほどには大きくないこと、実母は実父による性的虐待等の黙認が疑われ児相長が主張するほど認められないこと、実母が長男からの性的虐待を防止できないことは否めないが、実母の監護能力には不安があるわけではないこと、その保護意欲は低くないこと、経済的状況に問題があること、監護能力においても、そのため、本件においては監護させることが著しく当該児童の福祉を害することまでは認められない(「保護者による監護を怠ることが認められない」)として、申立てを却下した。	家裁月報62-7 p.68	
8②	大阪高裁(決定)	H21.9.7	平成21年(ラ)第488号	児童福祉施設入所申立却下審判に対する抗告事件	取消・承認(確定)	上記審判に対する抗告審。裁判所は、同意の認定を一部修正した上で、実父母の監護能力及び監護主体としての適格性に疑問があること、育児の主体となることが予想される実母の健康面にも不安があること、実父が児童らの異父姉妹に対する性的虐待のため執行猶予中であることを考慮しても、児童らだけに対する適切な指導を行う必要があることを認め、児童らを直ちに実父母の監護に服させるのは児童らの福祉を著しく害する恐れがあり、実父母が児童らを監護養育するのに先立ち、1年程度の準備期間が必要であるなどとして、申立てを却下した原審判を取り消し、原審判をそれぞれ承認した。児童養護施設又は乳児院への入所措置をそれぞれ承認した。	家裁月報62-7 p.61	山口亮子・民商法雑誌144-3 p.88 / 羽生香織・速報判例解説(法学セミナー増刊)8 p.141

9①	H21.8.7 熊本家裁 (審判)	平成21年(家) 第323号	児童福祉施設入所措置の承認申立事件	承認	児相長が、2度にわたり実母の服用していた精神薬を服薬し救急搬送された児童について、実母の「代理によるミュンヒハウゼン症候群」が疑われ、仮に故意の投薬でないとしても薬の管理について実母の監護能力が疑われることを理由として、児童養護施設への入所措置の承認を求めた事件。裁判所は、実母が故意による服薬をさせたことを否定する以上、他に証拠のない本件では、誤飲が実母の故意による服薬とすることは困難であるとする一方で、実母の体調不良などから、「保護者に監護させることが著しく当該児童の福祉を害する場合」に当たるとして、児童を児童養護施設に入所させることを承認した。	家裁月報62-7 p.85 川田昇・民商法雑誌149-3 p.119
9②	H21.10.15 福岡高裁 (決定)	平成21年(ラ) 第311号	児童福祉施設入所の承認申立認容審判に対する抗告事件	抗告棄却(確定)	抗告審は、原審の認定した事実を一部修正したほかは、前記原審判の判断を支持し、抗告を棄却した。	家裁月報62-7 p.93

資料3 民法（家族法）カテゴリ判例リスト

	判決日	裁判所	事件番号	事件名	主文	概要	掲載誌	評釈
1	H20.1.24	高松家裁（審判）	平成19年（家）第427号	管理権喪失宣告申立事件	認容（確定）	本件未成年者Aは、1988年に、申立人X（実母）と事件本人B（実父）との間に生まれた子である。1997年、X・Bは、Aの親権者をBと定めて協議離婚した。その際、Bは無職であったが、Bの父などがAの財産などを有していたために、XがAの親権者となるものであった。2001年にCが死亡し、Aは遺贈によって、その後、分筆が繰り返され、Bは相続により取得した（共有持分、分筆によって、その後、分筆が繰り返され、Bは相続により取得した）。本件土地については、Bは、その後、Bとの土地となっている。その他に、Bは、一筆の土地をCから相続により取得し、さらに、2007年の時点で五筆の土地となっている。この他に、Bは、2003年に共有物分割を原因として残りの共有持分25分の14を取得しているが、Bは、Aに持分25分の11も取得した）。2005年、Bは、債務返済のために、自己所有の三筆の土地とAとの共有の土地の持分2分の1をDに売却した。その際に、Aの持分2分の1についてもDに売却した。Aの持分を売却するに当たり、Bは、当該土地売却の旨を200から1300万円で売却する予定であることなどをもらいたいと伝えて承諾をもらったが、Aに対して、Aは売却代金のうち200から250万円はAに入金されることはなかった。さらに、Bは、2007年に、Aに無断でA所有の土地を売却することを予定した。同年、BがA本件土地を売却しようとしていることに気づいたXは、Aに対財産管理喪失宣告申立てをするとともにA所有不動産の処分禁止・職務執行停止・職務代行者選任を申し立てた。（なお、申立前の保全処分として管理相当の負債を抱えていた、審判前の保全処分としてXを職務代行者に選任する等の審判が出ている。）裁判所は、BがAに対する授業料として使用しなかったこと、さらに、2005年にはBがA所有不動産を売却しようとしたことから、今度はAの希望と一致せず、Bの説明を前提としてもその管理が適切でないことは明らかではできないとした上で、Bの説明する時価としてもその管理が適切でないことは明らかではできないこと等を認めた上で、財産管理権の喪失を宣告した。A所有不動産の経過が処分であるとし、管理が失当であったことによってA所有の財産を危うくしたものと認められるとして、財産管理権の喪失を宣告した。	家裁月報62-8 p.89	古畑淳・季刊教育法167 p.92 奥山恭子・民商法雑誌144-2 p.127
2	H20.1.25	津家裁（審判）	平成20年（家口）第501号、502号	親権者の職務執行停止・職務代行者選任（審判前の保全処分）申立事件	認容（確定）	本件は、児相長が、未成年者（3か月、男児）の父母が未成年者の手術・治療に同意しないことを理由に申し立てた親権喪失宣告本案ならびに審判前の保全処分として親権者の職務執行停止、職務代行者選任を求めた事件である。未成年者の右眼の眼球腫瘍と右眼と比較して軽度の腫瘍の左眼眼窩腫瘍が認められ、進行中の右眼の眼球腫瘍摘出手術、右眼の局所治療及び全身化学療法を行えば、左眼の約90パーセントの確率で治療が見込まれるが、緊急治療が行われるのに加え、左眼の視力が失われると診断されており、数か月以内には死亡することになる）。未成年者の父母は、三度にわたり医師等から未成年者の病状と手術・治療の必要性の説明を受けたが、障害を持つ子供を育てていくことに不安があるとの理由から、手術・治療に同意しない。再三にわたり子供を育てていることを危うくするものであり、父母は再度緊急に手術・治療の対応をもしないに同意するようを得ないに値するととて、未成年者の監護養育に当たる権利を有し、義務を負っているが、父母が、その対応は、未成年者の福祉を著しく損なっているとと解されるのであって、父母から同意を得る時間的余裕がないことし、父母の親権行使を停止させ、弁護士を職務代行者に選任した。	家裁月報62-8 p.83	古畑淳・季刊教育法167 p.93 羽生香織・民商法雑誌144-2 p.133 鈴木伸智・新・判例解説Watch（法学セミナー増刊）10 p.103 永水裕子・別冊ジュリスト219（医事判例百選〔第2版〕p.82）

625

3	H20.1.30	東京高裁（決定）	平成19年（ラ）第1685号	子の監護者の指定審判及び子の監護に関する処分（子の引渡し）申立却下審判に対する抗告事件	一部取消、申立却下、一部抗告棄却（確定）	本件は、未成年者の祖父母（相手方ら）が、同居している未成年者について、その監護者として相手方らを指定することを求めたのに対し、未成年者の親権者であるその母（抗告人）が、相手方らに対して、原審の監護者を相手方らと定め、未成年者の引渡しを求めた事件である。原審は、抗告人の申立てを却下する旨の審判をした。そこで、抗告人が、原審判の判断を不服として、抗告した事件である（本件決定は、原審判の状況を含めて事実関係が明確ではないが、これまでに定められた審判に紹介かすることを含めて事実関係が明確ではないが、これまでに定められた審判に関連することとした。家事審判所は、審判に定めることができる事項に属することで、家事審判に当たって、抗告人が、家事審判法9条1項乙類2号の法律によって家庭裁判所の権限に属することを求めたうえで、同法その他の法令によって家庭裁判所の権限とされた事項について、それ以外の事項について、(1) 相手方らを指定することを求める部分については、未成年者の父母以外の親族が自らを監護者に当たらず、家事審判法9条1項乙類4号の定める未成年者の子の引渡しを命ずる規定に基づいて定めることはできないとして、不適法とし、却下すべきとし、(2) 抗告人の申立てについては、抗告人の申立ては家庭裁判所の審判事項として法律上の根拠とされる家事審判法9条1項乙類4号が定める審判事項に当たらず、ただし、子の引渡しを命ずることが明らかか、その根拠とされる家事審判法9条1項乙類4号及び審判規則53条については、監護者の指定を現にしている他の子について、監護者の指定を現にしている他の子について家庭裁判所が審判することができる旨を定めているのであり、家事審判法9条1項乙類4号が定める審判事項に基づき家庭裁判所の審判において、子の引渡しを命ずることができる旨定めているのではないうえ、その他の民法及び審判規則上の規定を併せ考えても、親権者が審判の申立てにおいて、法により家庭裁判所が審判のほかに認めるものといったほかはないとしてむ、家事審判事項として定める趣旨のものではなく、法令上の規定として家庭裁判所の審判を求めることを定めたものではないとして、不適法として却下すべきとされた。	家裁月報60-8 p.59	梶村太市・判例タイムズ1281 p.142 二宮周平・判例タイムズ1284 p.153 野田愛子・判例タイムズ1285 p.22 平田厚・民商法雑誌139-4・5 p.137 梶村太市・別冊判例タイムズ25（平成20年度主要民事判例解説）p.112
4	H21.5.21	青森家庭裁判所五所川原支部（審判）	平成19年（家）第117号	特別養子縁組成立申立事件	認容（確定）	申立人であるAB夫婦が、養子となるべき者Cを特別養子とする審判を申し立てた事件。Cは、D（実父）E（実母）夫婦間の二男として2002年に出生した。2003年、生後11か月で受診した病院から低体重や子防接種の未接種等を理由として児童相談所に通告がなされ、緊急一時保護の後に乳児院に入所措置が取られた（Cの実兄F（2000年生）についても、2000年と2001年にネグレクトを理由として通告され、乳児院、児童養護施設入所を経て、2004年以降は里親委託されている）。DEは、2003年に離婚し、Eが引き続きCFの親権者となった。Cは、2004年にも一度、Cを特別養子とすることをAB夫婦に監護委託されたが、実父であるDの同意が得られなかったことから、再度の申立てをEを前提とされ、取り下げた。本件の特別養子縁組の申立てについて、Cを引き取りたくない旨を述べ、Cの実母であるEからも同意書を取り付けているものの、実父であるDの監護状況等からは、CをAB夫婦の特別養子とすることが認められ、AB夫婦は、Dの同意がないことが認められ、AB夫婦は、CをAB夫婦の特別養子とするため、実父Dの同意のない特別養子縁組成立の手続を行う旨回答していることから、実父Dの健全な生育の妨げとなることに鑑み、特別養子に必要なその他の特別養子縁組の要件等を認めたうえで、Cの特別養子縁組の申立てについて、実父Dの同意は同意権濫用の事由により、Dの行動は児童養護施設入所や里親委託等措置を行う旨回答していること、家庭裁判所調査官の照会に応答せず審問期日に出頭しないこと等から、実父Dの同意はない場合にも認めず、その利益を妨げることとなるので特別養子縁組の成立を認容した。	家裁月報62-2 p.137	梅澤彩・月報司法書士460 p.90 大伏由子・速報判例解説（法学セミナー増刊）7 p.113 秋元健一・別冊判例タイムズ32（平成22年度主要民事判例解説）p.176

資料4 刑事法分野判例リスト

	判決日	裁判所	事件番号	事件名	主文	概要	掲載誌	評釈等	備考
1	H19.7.18	東京家裁（決定）	平19(少)1727号	19歳の少年に対する窃盗、ぐ犯保護事件において、少年を中等少年院送致とした事例	中等少年院送致	少年の窃盗及びシンナー吸引に係る「ぐ犯」の事実に対する保護処分について、少年の窃盗に対する規範意識は著しく鈍麻しており、違法薬物に対する親和性及び依存性並びに認識の甘さを考慮すると薬物事犯に係る実際の犯罪に至る存在は極めて大きいことに加えて、幼少期から、母又はその交際相手より著しい身体的虐待を受け続け、児童相談所から計5回一時保護され、児童養護施設に入所したこともあったとはいえ、愛情欲求が満たされない生育歴を経たために自己の存在を受け入れる存在を渇望するという資質的な問題点は根深く、また、保護環境の乏しさ等を鑑みれば、少年に前歴がないことを考慮しても、自己の問題点を改善させるとともに、社会に戻った際に効く子を育てるという現実を正確に把握させる必要があるとして、少年を中等少年院送致に送致することに決定した。矯正施設に収容して、少年を中等少年院送致に送致することに決定した。	家裁月報60-1 p.139		（被虐待者による犯罪・非行）
2	H19.7.20	奈良地裁（判決）	平18(わ)454号	雇い入れた女子とその実子を自宅に寄宿させていた間、自宅浴室内で暴行を加えて傷害を負わせた事例	懲役6年	被告人が、風俗店店長として雇い入れた風俗嬢に対し、自宅に寄寓させていたところ、自宅の浴室内において、B（当時生後8か月）に対し、その身体を強く揺さぶり、顔面を殴るなどの暴行を加え、硬膜下血腫等の傷害を負わせたという事案につき、被告人がBの顔面を殴ったり、その身体を強く揺さぶったりした際、被告人にBに対する未必的殺意があったと認めるには、合理的な疑いが残り、被告人の前記行為は刑法204条に該当するとして、被告人を懲役6年に処した。	裁判所HP		（身体的虐待事例）
3	H19.9.13	札幌高裁（判決）	平18(う)351号	当時6歳の被害者にタバコの火を押しつけたと認めるにはなお合理的な疑いが残るとして、控訴を棄却した事例	控訴棄却（無罪）	被害者の母親と交際していた被告人が、当時6歳の被害者Aに対し、タバコの火を押しつけ、腕や足の4か所に熱傷及び続発性膿痂疹の傷害を負わせたという公訴事実に対し、原判決が被告人を無罪としたため、検察官が控訴した事案につき、AのタバコやAの年齢などにも照らして供述内容は相当具体的なものにと評価できる、被告人がタバコの火を押しつけたという証言は一応信用できるようにもみえるが、タバコの火を押しつけたという証言は、本件創傷がタバコによる傷であり生じた可能性が高く疑いを容れない疑問点があることからすると、被告人がAにタバコの火を押しつけたと認めるにはなお合理的な疑いが残るというべきであるとして、控訴を棄却した。	裁判所HP		（証言能力）
4	H19.9.20	水戸家裁土浦支部（決定）	平19(少)363号	非行及びぐ犯の事案で、少年の家庭状況や生活力に照らしても少年を中等少年院送致とした事例	中等少年院送致	少年は、B及びCと共謀の上、女子高生Dから現金を喝取することを企て、DおよびEらに対し、金員を要求し、さらに暴行を加えるなど金員を喝取しようとしたが、同人らが店内に逃げ込み、店員を介して警察に通報したためその目的を遂げなかった非行、及び、少年が正当な理由なく家庭裁判所に寄りつかず、犯罪性のある人と交際する等して、少年の医療状況はしばしば将来犯罪を犯すおそれがあるなど就職状況から、性格傾向についての家庭裁判所調査官調査及び少年鑑別所の鑑別結果の矯正されるので、少年が自ら勤労して健全な生活を営む力を合わせていないと判断されるから、保護者としても非行を繰り返していること等から、少年を中等少年院送致とした。	裁判所HP		（被虐待者による犯罪・非行）

5	H19.11.13	札幌高裁(判決)	平19(う)144号	母親と共謀の上、母親の内縁の夫である被害者を殺害し、その死体を遺棄した事案について、被告人の少年には懲役刑処分を相当とする事情がないとして、懲役刑の原判決を破棄し、家庭裁判所に移送した事例	破棄移送	被告人が、母親と共謀の上、母親の内縁の夫である被害者を殺害し、その死体を遺棄した事案において、原審は懲役2年6月以上3年6月以下、本件各犯行当時16歳6か月で、本件各犯行は少年法20条2項所定の原則逆送事件ではあるが、被告人のこれまでの育成歴等にも照らして人命を奪った重大事件であり、被告人の少年事件であり、保護処分の余地相当とする事情とはいえず、刑罰を科すよりも保護処分によってその健全育成を図ることが相当と認められる特段の事情があるものとして、函館家庭裁判所に移送した。	季刊刑事弁護58 p.198	中島宏・季刊刑事弁護:無罪判例要旨58(被虐待者による犯罪)
6	H19.12.17	札幌地裁室蘭支部(判決)	平19(わ)24号	交際相手の長男と三男を自宅に置き去りにして、長男を遺棄、三男を殺害し、死体を遺棄した事例	懲役15年	3歳の長男と1歳3か月の三男を養育していた実母である被告人が、同人らの存在が疎ましくなり、その世話を厭う気持ちが強くなって、ドアに鍵をかけて容易に他者が立ち入ることのできない状態にした上で自宅から立ち去って同人らを置き去りにし、1か月余りの間、一度も自宅に戻ることなく同人らを放置したため、三男が栄養不良又は脱水症又はこれらの競合により死亡するとともに長男も低体温水及び飢餓による衰弱に至ったという、殺人、保護責任者遺棄致死及び保護責任者遺棄の事案につき、被告人を三男の死及び長男遺棄の刑事責任は極めて重いとして懲役15年に処した。	裁判所HP	(ネグレクト事例)
7	H20.4.3	東京地裁(判決)	平12(合わ)274号	実子に対する傷害致死事件において、被告人を有罪とするには合理的疑いが残るとされた事例	無罪	事件当時4歳の実子に対する傷害致死罪の公訴事実について、裁判所は、同人らが被害児に対する直前まで継続的に強度の暴行を加え続けていたものであるから、被害児に致命傷を加えるような暴行を加えることができる人物は被告人両名以外には想定することはできず、したがって、被告人両名が被害児を死に至らしめる一連と継続的に強度の打撃を加えたことにより被害児死に至ったしめという、いわば消去法的な立証方針を採用することに決定したもの、背部及び左右下方の打ち身、圧迫による外傷性ショックであるとの検察官調べてた全証拠を総合して考え死因をもたらした暴行が被告人らの共謀に加えた暴行であると認めるには合理的な疑いが残り、上記死因を起訴されたとの証明があったと言えないとして、無罪を言い渡した。	判タ1293 p.307	(その他)
8	H20.6.11	東京高裁(判決)	平19(う)449号	当時3歳の被告人の二男を死亡させた傷害致死被告事件につき、共犯者の被害者に対する暴行を阻止していなかったことが不作為の正犯に当たるとした事例	懲役3年6月	被告人が、当時3歳の被告人の二男の被害者に対し、暴行を加えた上、裸の上、下半身裸のまま約1時間屋外に甲に連れ出し、被害者方を訪れた甲と共謀の上、甲において、その後頭部を床等に打ちつけること等により、よって急性硬膜下血腫等の傷害を負わせ、同日、その傷害により死亡させた事実を認定した原判決につき、これが判決に影響することは明らかであると認め、原判決を破棄し、共犯者による暴行に対しては被告人に共犯者の暴行を阻止しうる範囲内であったことにかんがみられるから、被告人の責任は、共犯者が被害者の暴行を止めることができる途中で容認することなく、甲の関与が予想されて結果的に傷害致死という甲の関与には、被告人が共犯者に対する傷害致死を積極的に阻止すべき義務があること、また、被告人は共犯者の暴行を止めることが可能であったにもかかわらず容認していたことにかんがみれば、被告人は共同正犯の責任を負い、幇助犯にとどまるものではなく、不作為のそれに当たるとして、被告人に傷	判タ1291 p.306	中森喜彦・近畿大学法科大学院論集7 p.125(不作為による関与)

9	H20.6.27	大阪地裁（判決）	平20(わ)1151号	同棲していた交際相手の子である6歳の女児に対し、長時間にわたって暴行を加え、断続的に暴行を加えて死亡させた事例	懲役7年	被告人が、同棲していた交際相手の子である6歳の女児に対し、長時間にわたって断続的に暴行を加えさせたという傷害致死の事案で、被害児を身をもって守るべき存在の母親が、被告人の日常的な暴行等を目の当たりにしながら、被告人との男女関係が悪化することをおそれて被告人に対する態度を迎合する態度をとっていたという事情があり、このことが被告人の被害児に対する行き過ぎた行為を助長する結果となったとの事情は、本件の被害者である被害児に帰することはできないのであるし、本件の経緯については被告人自身の問題が大きいというべきであるから、犯行の経緯や動機について格別酌量すべき事情はないなどとして、被告人を懲役7年に処した。	裁判所HP	（身体的虐待事例）
10	H21.6.16	水戸家裁（決定）	平21(少)222・249号	18歳の少年に対する窃盗、傷害、器物損壊保護事件において、中等少年院に送致し併せて保護観察所長に対し環境調整命令を発した事例	中等少年院送致	少年が、当時の交際相手であることから些細なことから口論になった末、Cに腹を立てて、同人に暴行を加えて傷害を負わせるとともに、同人の携帯電話を壊したという傷害、器物損壊、ドラッグストアで歯ブラシ、毛染め液等を万引したという窃盗の各事案につき、本件各非行をみれば比較的軽微であり、実母から虐待を受けたことによる児童相談所の一時保護や児童養護施設の入所歴などがあったとはいえ、少年のこれまでの生育歴や資質に問題などがあったとはいえ、少年のこれまでの生活状況、それに伴う非行性は根深く、深刻であり、少年のこれまでの生活状況、それに伴う非行性は根深く、深刻であり、少年のこれまでの生活状況、それに伴う非行性は根深く、深刻であり、少年の抱える問題は根深く、その要保護性は大きく、少年を社会内処遇で更生させることは困難であるとして、少年を中等少年院に収容して、性格の矯正、健全な価値観を涵養することが相当であるとし、別途、保護観察所長に対し、出所後の環境調整に関する措置を命じた。	家裁月報61-10 p.87	（被虐待者による犯罪・非行）
11	H21.7.13	神戸地裁（判決）	平21(わ)1158号	前夫との間の次女（当時5歳11か月）に対し暴行を加えて死亡させた事案で、被告人となった被害者を何とかうまく育てていこうと努力した一面もあることなどを酌んで被告人を懲役5年に処した事例	懲役5年	被告人が、離婚した前夫との間の次女（当時5歳11か月）である被害者に対し、その頭部を同所等に置かれた布団等に何らかの外傷を伴わない急性硬膜下出血、脳腫脹により死亡させた事案で、被告人の前歴から暴行を加えられたものと認めた上で、被告人の被害者に対する虐待については、量刑上有利に考慮することができず、施設に相談する期間をすごしてきたことからすれば、被告人の子をかかえ、他に3名の子をかかえ、夫に相談できず、夫に相談できず、夫ともたたへ、母の子をうまく育てられないという限度を超えた被害者に対する暴行の過干渉を抱えながら、夫とも相談できず、被告人ともに被告人の養育に大きな不安を抱えながら、夫とも相談できず、被告人となった被害者を何とかうまく育てていこうと努力していた一面もあることなどを酌んで、被告人を懲役5年に処した。	裁判所HP	（身体的虐待事例）

629

12	H21.7.14	福岡地裁飯塚支部（判決）	平20(わ)82・179号	食事を一切与えず、かつ水分を摂ることも禁じ、断続的に殴打することを繰り返した保護責任者遺棄及び傷害の事例	懲役3年	被告人が内縁関係にあったBと共謀の上、Bの実子である当時6歳の被害者に対し、椅子にビニールテープで縛り付けた上、その顔面を手拳で殴打するなどして加療約1か月半を要する上口唇裂傷等の傷害を負わせた害、及び、約2か月間にわたり食事を減らしたりなどの措置を与えなかったという保護責任者遺棄及び傷害が衰弱して生存に必要な保護を果たさなかった、食事を一切与えることも、積極的な虐待をし、事実上の親として、犯行形態は、約1日半にわたって断続的に手拳や金属バットで被害者を殴打するというものであり、平成18年にも一時保護の措置が講じられ、再びBが被害者を引き取ってから、わずか1か月ほどで被害者らに対する虐待を再開したのであって、本件被告は、継続されてきた虐待行為の一環であるとして、懲役3年の実刑に処した。	（身体的虐待事例）（ネグレクト事例）
13	H21.8.21	広島家裁（決定）	平21(少)541号	過去に長期間の少年院入院歴のある19歳の少年に対する建造物侵入、窃盗保護事件において、少年を特別少年院に送致した事例	特別少年院送致	少年による店舗荒らしの事案で、小学校就学時前後から実父及び継母から虐待を受け、小学3年時ころから養護施設で生活したことから、中学2年時ころ同施設を退所したが家庭内で落ち着けず、中学3年時以降、万引きや家出を繰り返すようになり、保護観察決定を受け、その後も原付盗、自動車盗及び無免許運転などを次々に敢行し、過去少年院送致の決定を受けた少年について、過去の経緯及び現在に至る経緯、家庭環境及び過去の非行性の深度に照らせば、あらためて少年院において、緻密な専門的教育を施すことが不可欠であるとして、本件非行について、特別少年院への送致を決定し、環境調整命令を発した。	家裁月報61-12 p.73	（被虐待者による犯罪・非行）
14	H21.8.28	大阪地裁（判決）	平19(わ)4841号	長男（当時5ヶ月）に傷害を負わせたとして起訴された夫の事案で、妻の供述を全面的に信用することは困難であるとして無罪を言い渡した事例	無罪	自宅で長男（当時5ヶ月）に対し、その両足首をつかんで同人を逆さにし、同人の頭部を殴打するなどの硬質性の床等に打ち付けるなどの暴行を加え、一連の暴行にたより被害者に後遺症を伴う外傷性くも膜下出血等の傷害を負わせたとして検察官が起訴した被告人の妻の供述を唯一絶対の根拠としてこれを払拭する様々な疑問点があって、妻の供述を直ちに信用することは困難であり、このほかにこの事実を認めるに足りる証拠は存在しないため、結局被告事件については犯罪の証明がないとして、無罪を言い渡した。	LEX/DBインターネット	（その他）
15	H21.11.11	名古屋家裁（決定）	平21(少)3393号	少年を医療少年院に送致した上、医療措置終了後は中等少年院に移送するのが相当である旨の処遇勧告を付した事例	医療少年院送致	少年が、Aと共謀の上、被害者らに対し、目がみあったこと因縁を喝取したという非行事実につき、被害者らに対し現金を喝取したという非行事実につき、被害者らに対し、目があったこと因縁を喝取したという非行の背景には少年の不良性や非行性が認められること、本件以前にも、同種行為の方法や引き起こす非行の深化も認められ、母からの虐待や母の根深い資質の問題を背景として、非行性を急速に深化させ、本件非行を始めとして大人に対する非行を繰り返し施設入所を経て信頼関係のゆらぐなど、落ち着いて環境に対する心情の整理を受け入れた反面、社会規範意識や将来の社会適応能力をゆがめて身に付けて反応を示し、適正な価値観のむえきを図り、少年が少年院における矯正教育を必要としている上で、少年がてんかんに対する適切な治療を行われていないことから、これまでてんかんを始めとする大人との関係をゆがめて身に付けた反応性等障害の診断を受けておりながら、まずは医療少年院に送致することとし、医療措置終了後は中等少年院相当であるあの旨の処遇勧告を行った。	家裁月報62-6 p.86	（被虐待者による犯罪・非行）

No.	裁判所	事件番号	事案の概要	量刑	判決要旨	出典	類型
16	札幌地裁（判決）H21.11.30	平18(わ)1414号	交際相手の長女と次女を被害者とする傷害致死と死体遺棄が認められた事例	懲役17年	被告人は、交際相手の次女（当時3歳）に対し、両足をつかんで逆さ吊りにして、身体が床に当たるくらいまで前後に何回も振るなどの暴行を加え、意識を喪失するなどしても治療を受けさせることもせず、もって暴行致死させたとして、傷害致死罪で起訴され、その上で、その死体を遺棄したとして、死体遺棄罪で起訴され、同時に、交際相手の長女（当時4歳）に対し、顔面を平手で殴打するなどの暴行を加えているにもかかわらず、暴行を加えた後に殺意をもって放置し、もって長女を意識障害を呈した約21時間後に死亡するに至らしめ、その死体を遺棄したとして、不作為による殺人罪と死体遺棄罪で起訴されたが、不作為による殺人罪については、医師による治療行為を受けさせたとしても長女を救命できたのかには合理的な疑いが残るが否定されたが、殺人罪の成立が否定された。その経緯からすると、その死亡に対する殺人の疑いは高いなどとして、傷害致死罪が認定された。	裁判所HP	（身体的虐待事例）（ネグレクト事例）
17	神戸地裁（判決）H21.12.10	平20(わ)838・1247号	児童ポルノ製造及び強姦の事案につき、被害者である養女の供述の信用性が高いとして、有罪性を認定した事例	懲役14年	被告人は、養女であったA（12ないし13歳）に対して長期間にわたり虐待を加え、児童虐待を極度に畏怖させているものであるが、Aの裸の姿態を撮影させ、画像データファイルを保存して記録し、もって、同児童に義務のないことを行わせるなどして、児童ポルノを製造した。また、Aが極度に反抗を抑圧した状態である同児を姦淫していた乗じて、複数の児童ポルノ製造及び強姦の罪で起訴されるまで、童ポルノ製造及び強姦の罪で起訴されるに至った。Aの供述が、具体的、かつ詳細に供述しており、その内容に格別不自然・不合理な点は当たらず、他の証拠と概ね符合しており、精神医学的にも裏付けのあるものでもある点の信用性は高いと評価できるため、Aを異常に扱い、その反抗を抑圧して強姦した等の事実が認定できるとして、有罪が認定された。	裁判所HP	（証言能力）（性的虐待事例）
18	広島地裁（判決）H21.10.19	平21(わ)502・576号	広島少年院の法務教官であった被告人が、在院中の少年2名に対して暴行及び陵辱・加虐の行為をした事例	懲役9月	少年院の法務教官である被告人が、在院中の少年Aに対し、その胸ぐらをつかんでロッカーに押し付け、さらに、その頭部を洗面台に近付けるなどした上、その口に洗剤の容器を押し付けるなどしたほか、在院中の少年Bに対し、その腹部をつかみ、その顔面を平手で数回にわたり叩いて特別公務員暴行陵虐の事案をかみ、同人を浴槽内に投げ入れて同浴槽に失墜させたとした等に及ぶ事案が、本件各犯行が被害少年らの成長等に重大な影響を及ぼすものとし、矯正教育を担当する国民の信頼を大きく失墜させたなど、行為態様の悪質さ、犯行の経緯も強い動機に酌むべき事情が全くないこと、犯行における陵辱事件も悪質だということなど、被告人のために酌むべき事情を最大限考慮しても、本件は、被告人に刑の執行を猶予するのが相当であると判断し難い事案であるとして、被告人を実刑に処した。	LEX/DBインターネット	（施設等における虐待事例）
19	広島地裁（判決）H21.12.15	平21(わ)500・574・630号	広島少年院の法務教官であった被告人が、単独で、あるいは他の法務教官と共謀の上、在院中の8人の少年に対して暴行及び陵辱・加虐の行為をした事例（裁判員裁判）	懲役1年4月	少年院の法務教官である被告人が、在院中の少年8名に対し、殴る蹴るなどの暴行を加え、あるいは、全裸の状態で義務のないことを行わせるなどした特別公務員暴行陵虐の事案につき、被告人らが、犯行当時の多数の件数の少年に対する暴行を犯行を行っていること、犯行態様が極めて悪質で犯行及び少年の更生を図るために行われた身体に深刻な影響を与えたこと、犯行に及ぶ経緯や動機に酌むべき事情に乏しく、少年の更生の成長に悪い影響を与えたことを併せ考えると、被告人の刑事責任は相当重いものであると言わざるを得ないとして、被告人を実刑に処した。	LEX/DBインターネット	（施設等における虐待事例）

631

No.	年月日・裁判所	事件番号	事案概要	処分	事実の概要	出典	類型
20	H22.4.12 旭川地裁（判決）	平21(わ)72号	同棲相手の女性と共謀の上、女性の子に対し、冷水の張った浴槽内に水没させるなどの暴行を加えて死亡させた事例（裁判員裁判）	懲役8年	被告人らが、同棲相手の女性と共謀の上、女性の子供である当時4歳の児童に対し、裸にして頭から冷水のシャワーをかけた上、極めて低温の冷水を張った浴槽内にうつ伏せに倒し、必死に抵抗するBの頭やまた付近を手で押さえ付け、水中に5秒ないし10秒程度沈めるといった行為を連続して3度も繰り返す等の暴行を加え、その結果、遷延性窒息により死亡させるという傷害致死の事案につき、本件犯行の約3、4カ月前から、子供らをクローゼットや布団ケースに閉じ込めることを始め、次第に内容をエスカレートさせ、平手や拳で殴打したり、冷水のシャワーをかけたり、冷水を張った浴槽に沈めるなどしようとする行為を繰り返しており、本件犯行に至ったり、児童を死亡させ、児童の死に直接つながる行為であって、常習的な虐待行為の一環であり、児童の死に直接つながる行為を行っており、その責任は重大であるとして、被告人を懲役8年に処した。	裁判所HP	（身体的虐待事例）
21	H22.7.21 大阪地裁（判決）	平21(わ)2154号	当時9歳の次女が極度に衰弱したため保護を確保するべき責任があったにもかかわらず、放置して死亡させた事例（裁判員裁判）	懲役8年6月	被告人が、内縁の夫であるAとともに、Aが当時9歳の次女Bに対し、殴打して、必要十分な食事を与えないなどの虐待を加えていたところ、同児が極度に衰弱し、身動きもほとんど不自由な状態になったにもかかわらず、Aと共謀の上、医療措置を受けさせず、寝具を与えず、わずかな飲食物を与えるのみで、玄関土間あるいはベランダに置いて共同墓地に運搬してBの死体をAから受け取り、その死体を穴の中に埋めてBの同調によりAにより遺棄されることを容認し、自らも虐待事件を受けたことに遭遇し、被告人自身も、虐待の発覚を免れA、自らBに対しても十分な量の食事を与えることなど、適切な医療を受けさせずBに対しても十分な量の食事を与えないことなど、保護を怠ったことを認め、被告人とAとの間には、B死亡について死体遺棄及び死亡についての共謀があったと認めることができるとして、被告人を懲役8年6月に処した。	裁判所HP	（ネグレクト事例）
22	H22.8.2 大阪地裁（判決）	平21(わ)2154号	上記事案につき、保護責任者遺棄致死罪の成立を認めた事例（裁判員裁判）	懲役12年	上記事案につき、次女は衰弱死ではなく、てんかんの持病があるなど、保護責任者遺棄致死罪は成立しないと主張し、衰弱死の原因が被告人らによる不保護にあることも優に推認することができるなどとして、保護責任者遺棄致死罪の成立を認めた。	裁判所HP	（ネグレクト事例）
23	H22.7.23 大阪家裁（決定）	平22(少)1519号	14歳の男子少年に対する窃盗保護事件において、少年を初等少年院に送致するとともに、環境調整の措置を命じた事例	初等少年院送致	マンガ本8冊を万引きしたという単純で比較的軽微な事案につき、少年は、小学校低学年時に父母が別居して以後養育放棄されて以降、アルコール依存の実父の下で養育され、小学校卒業とともに実母方に引き取られたものの、実母の再婚相手の下で実母から体罰的で高圧的な体罰を加えられ、保護されて児童自立支援施設送致決定に及んでいるのであって、ほかの募集や再行等の問題行動を示した後も、児童自立支援施設送致決定に及んでいるのであって、保護されても原付窃盗の非行に及んだことから、当てにならず上京して本件非行に及んだのであって、対人不信感やがみが強く、劣悪な家庭環境にしても顕著で被虐待体験を重ねてきたため、強い枠組みの中で、少年を引き取る考えの乏しい実父母等の監護が期待できない状況にあることから、少年に必要性が高く、初等少年院に送致することが高く、社会適応力を身に付けさせる必要性が高いから、少年を初等少年院に送致するとともに、上記のとおり社会復帰の際の帰住先等についての懸念を発し、併せて環境調整命令を発した。	家裁月報63-1 p.154	（被虐待者による犯罪・非行）

24	東京高裁（判決）H22.8.3	平22(う)317号	養父が児童を相手に性交を行う行為が児童福祉法34条1項6号にいう「児童に淫行をさせる行為」に該当するとされた事例	原判決破棄懲役3年	被告人が、養女につき満18歳に満たない児童であることを知りながら、養父の立場を利用して、被害児童に性交をさせる行為をした事案の控訴審において、養女は、当時15歳でアルバイトをしていたものの、生活のほとんどを被告人に頼っていて、養母は、実母を利用し、被害児童と性交していたのであるから、被告人は、そのような被害児童の養父であるという立場を利用して、被害児童と性交していたものであり、自己中心的な犯行の動機に酌量の余地はなくないとして、原判決を破棄し懲役3年に処した。	裁判所HP	（性的虐待事例）
25	前橋家裁（決定）H22.8.24	平22(少)273号	数人による傷害の事案につき、生育歴もふまえた少年の要保護性の高さから初等少年院に送致するとした事例	初等少年院送致	少年が、友人らとの間で、少年の同級生が所属する暴走族を馬鹿にしたという話や、その同級生が悪い噂を広めたなどと同級生を呼び出すこととなり、数人で暴行を加えて傷害を負わせた事案につき、実母から虐待を受けたことや非行性を急速に深めており、本件犯行当時保護性は極めて高さとがあるが、保護環境及び少年の性格等に照らし、少年には、これまで家庭裁判所の係属歴はないが、その要保護性の高さを考えれば、少年の健全育成を図るべく、本人の抱える問題点を改善し、健全な社会生活を営む能力を身に付けさせ、落ち着いた環境のもとで、ある程度時間をかけて系統的な矯正教育を施す必要があるとして、少年を初等少年院に送致するとした。	家裁月報63-4 p.167	（被虐待者による犯罪・非行）
26	福岡地裁（判決）H22.9.14	平22(わ)545号	ライターで次女にやけどを負わせ浴室内に監禁するなどした事例	懲役3年執行猶予5年	被告人が、点火して加熱させたライターの金属部分を次女である被害者の左頭部に数回押しつけ熱傷の傷害を負わせたほか、夫と共謀の上、空室の状態の浴槽内に入れ、その右手首をガムテープで水道の蛇口に巻き付けて緊縛し放置して逮捕監禁した、児童虐待として、テーブルに向かい立ったままで次女を突き押して体罰を加えて傷害を負わせるなど、しつけと称して本件各犯行に及んだほか、反省の態度を示しているものの、今後の被告人の更生に助力する旨述べている面もあり、本件犯行に現状がないこと、被告人の実父が、本件犯行を機に今回に限り、常習性が認められるなどから、被告人に十分な支援をする旨述べていることなどから、被告人を直ちに実刑に処するのはためらわれ、社会内での更生の機会を与えることが相当であると判断して、執行猶予を付した判決を下した。	裁判所HP	正木祐史・法セミ672 p.126	（身体的虐待事例）
27	東京地裁（判決）H22.9.15	平22(わ)1547号	同棲していた男女が共謀して男児をトイレ内に閉じ込めて監禁した事案	懲役1年6月、懲役1年4月	被告人A（男性）とその交際相手である被告人B（女性）が、共謀の上、Aの次男である被害者本件犯行の約3ないし4か月前から、被害者の些細な過ちや約束違反を咎め、しつけの名に値しない苛烈な暴力や継続的なはなはだ独善的な考えの下に、はなはだ独善的な考えの下に、はなはだしい仕打ちを繰り返し加えていたものであって、本件犯行はこれらの日常的に継続された不尽な虐待行為の一環として評価すべきものであって、本件犯行に至る経緯・動機に特に酌量すべきものが見当たらないとして、Aに懲役1年6月、Bに懲役1年4月の判決を言い渡した。	LEX/DBインターネット	（身体的虐待事例）

28	大阪地裁堺支部(判決)	H22.10.1	平22(わ)488・569号	同居していた女性の長男に断続的に暴行を加えて死亡させたことにつき被告人を実刑に処した事例（裁判員裁判）	懲役8年	被告人が、当時同居していた女性の長男が泣きやまないことに腹を立て、長男の額を拳で殴り頭突きをする暴行を加え、その後約1週間の治療を要するけがを負わせ、長男の腹部等を平手で強く押さえ付けたり、これによる出血性ショックにより死亡させる傷害及び傷害致死等の事案につき、被告人がこのような日常的な虐待を加えていたとは認められず、また、被告人のためにAに酌むべき事情があることを十分考慮しても、被告人がAに加えた各暴行の態様や、A死亡時に酌むべき事情や、A死亡に至るという被害結果の重大性からすれば、その刑事責任を厳しく自覚させるためには、被告人を実刑に処するのが相当であるとして、被告人を懲役8年に処した。	LEX/DBインターネット	(身体的虐待事例)
29	京都地裁(判決)	H22.10.27	平21(わ)1661号	長男に対し左大腿骨骨折の傷害を負わせたとして起訴された事案で、合理的な疑いが残るとして無罪を言い渡した事例	無罪	被告人は、被告人方において、長男に対し、その左大腿骨骨折を加療約1か月間を要する大腿骨幹部骨折によって生じた傷害を加えたとして起訴されたが、本件骨折は故意による暴力行為によって引き起こされた可能性が高いとは考えられないものの、そのように断定するには合理的な疑いが残るとして、被告人に対しては無罪を言い渡した。	LEX/DBインターネット	(その他)
30	東京地裁(判決)	H22.11.12	平22(合わ)25号	同棲していた2人が共謀して、当時1歳の長女を揺さぶる、殴打するなどの暴行を加えて死亡させた事案（裁判員裁判）	懲役9年	被告人が、同棲していた共犯者の女性に対し、共犯者において、数回にわたって、その頭部等を浴槽やその付近に打ちつけるなどし、共犯者において、その頭部等をヘアブラシで殴打させて死亡させた事案につき、犯行態様は、一方的かつ執拗、凶暴で、しつけとはいえない卑劣なものであり、死への直接の原因となる傷害を生じさせた暴行を行っていること、児童虐待が社会的にも大きな問題とされていること、窃盗罪の前科3犯を有することなど、主導的に犯行を行っていた可能性を示す必要があるとして、懲役9年を言い渡した（なお、共犯者である女性に対しては懲役6年の刑が確定している）。	LEX/DBインターネット	(身体的虐待事例)
31	大津地裁(判決)	H19.10.26	平18(わ)207号	長男の殺害について、犯行当時男の被告人は、妄想型統合失調症に起因して心神喪失の状態にあったとして無罪を言い渡した事例	無罪	被告人が長男である被害者を殺害して自らも死のうと決意し、文化包丁でその前頭部及び左胸部を突き刺し、よって死亡させたという事案で、長男を妊娠したころから被害妄想が強固になるとともに妄想の対象が拡大し、やがて被害妄想が見られるようになり、同時に生活能力の低下がみられるようになり、被告人は、妄想型統合失調症を発症していたものと認められ、その後、本件犯行及び幻聴も出現していて、本件犯行当時の被告人は、妄想型統合失調症が急性増悪し、それに伴う妄想及び幻聴に支配された状態にあり、是非善悪を判断する能力及びその判断に従って行動を制御する能力がなく、心神喪失の状態にあったというべきであるとして、無罪が言い渡された。	LEX/DBインターネット	(子殺し事例・心神喪失の事例)

32	仙台地裁（判決）H20.1.8	平18(わ)385号	犯行時18歳であった被告人が、自己が出産した男児の処置に困り、同児を殺害し、その死体を遺棄し、心神耗弱の状態にあることを認めた事例	懲役3年	被告人が、自己が出産した男児を殺害し、同児の死体を遺棄した事案で、その死亡した男児の死因は自然死・事故死の可能性は認められず、被告人の作為あるいは不作為により生じたものである、被告人に致害者に対する殺意を認めるべきであるといえべきである、被告人に致害者の処遇に困り、結果も、一人の命を奪ったものできる重大であり、捜査段階から公判に至るまで不合理な弁解を繰り返しており、被告人には十分な反省が見られない、他方で、行為当時18歳と若年であることや、これまでに前科、前歴がないこと、死体遺棄については自首が成立すること被告人に酌むべき事情も認められるとして、懲役3年に処した。	裁判所HP	（子殺し事例）
33	大阪地裁（判決）H20.5.30	平19(わ)110号	二男に対する殺人と長男に対する殺人未遂の事案について、被告人は本件犯行当時の統合失調型障害のため心神耗弱の状態にあったと認定した事例	懲役6年	被告人が、就寝中の二男（当時5歳）を絞殺し、続いて長男（当時8歳）を絞殺しようとしたが、父親らに制止されたため、加療日数不詳の傷害を負わせるに止まった殺人未遂の事案で、「本件各犯行当時の被告人の事理弁識能力とそれに従って自己の行動を制御する能力は大きく障害されていた」等の鑑定に加え、被告人の平素の人格からのかい離の大きさ、犯行動機の異常性等を併せ考えれば、本件各犯行当時の被告人の事理弁識能力及び犯行制御能力は、本件各犯行当時の被告人の統合失調型障害の影響により著しく低下していたことが否定することができず、本件各犯行当時、心神耗弱の状態にあったものと認めるのが相当であるとし、懲役6年を言い渡した。	裁判所HP	（子殺し事例）・（心神耗弱の事例）
34	京都地裁（判決）H22.5.20	平21(わ)678・882号	「代理ミュンヒハウゼン症候群」と診断された母親による傷害及び傷害致死の裁判員裁判	懲役10年	被告人が、多数回にわたって、四女の点滴回路中に水道水を注入し、肺動脈血栓塞栓症による呼吸・循環障害、3回にわたって、同様に三女の点滴回路中に水道水を注入して同女に血管カテーテル関連血流感染症等を発症させた各傷害の事案、3回にわたって、同様に三女の点滴回路内に敗血性菌血症等を発症させた各傷害の事案、多数回にわたって、同女の点滴回路に五女の点滴回路内にスポーツドリンクなどを注入して同女に脱血症を発症させた結果死亡させるに至った傷害致死の事案であり、それによって生じた傷害及び死亡の結果はいずれも非常に重大な社会的非難を受けるべきものであるので、本件犯行は極めて悪質であることに加え、一定程度の事理弁識能力及び行動制御能力が低下していたことにも有利な事情には見当たらないことなど、被告人に前科前歴がないことや、反省の態度、一定程度の事理弁識能力及び行動制御能力が低下していたことなども有利な事情を十分考慮しても、被告人を相当長期間の懲役刑に服させる必要があるとして、被告人を懲役10年に処した。	LEX/DBインターネット	堀和幸・季刊刑事弁護64 p.94	（身体的虐待事例）・（その他）
35	静岡地裁（判決）H22.10.21	平21(わ)515号	実子の殺人の事案において、犯行当時、心的外傷後ストレス障害（PTSD）による抑うつ状態で心神耗弱の状態にあることを認めた（裁判員裁判）	懲役3年執行猶予5年（保護観察付）	被告人は、当時6歳の長男を心中しようと決意し、その場にあった紐を頭部に巻き付けて強く絞め付け、よって長男を絞頸による窒息死させて殺害したのであるが、本件犯行当時、心的外傷後ストレス障害（PTSD）に基づく強い希死念慮を伴った急性一過性の抑うつ状態のため、心神耗弱の状態にあったので、被告人に有利な事情も総合的に考慮すれば、被告人を実刑に処することも考えられるが、今回は、社会内において、心ともに自立した生活を営ませることが相当であるため、その用の教育から心情の適切な指導監督に服させる、これまでの生活度等に照らし、補導援助を受けさせるのが相当であるとして、その猶予期間中保護観察に付することとした。	裁判所HP	（子殺し事例）・（心神耗弱事例）・（その他）

36	H21.9.14	広島地裁（判決）	平20（わ）385・464・541・626・743・910号・平21（わ）4号	小学校教師であった被告人が勤務先の女子児童計10名に対し多数回にわたり校内その他でわいせつ行為等を行った事例 懲役30年	小学校教師であった被告人が、約4年8か月の間に、その勤務先の女子児童であった計10名の13歳未満の少女に対して校内で多数回にわたりわいせつ行為を行い、強姦未遂11件、強制わいせつ25件、児童に淫行をさせる行為13件からなる事案につき、被告人は、指導上の必要などといった虚言を弄して女子児童の身体に触わり、その反応を確かめながら徐々にわいせつ行為の度合いを高めていき、初めが教師という絶対的に優位な立場を利用し、意のままに被告児童の人生び長期間にわたる蛮行に及び、多数の被害児童らの人生の歯車を大きく狂わせているのであり、被害児童らからその衝撃をもって受けとめられたのであって、周辺地域の教育界にも及び、被告人にとって酌むべき事情をもって余りに重大であり、被告人に情状酌量すべき事情をもって刑責を大幅に軽減させるものと評価することなど到底できないとして、被告人を懲役30年に処した。	裁判所HP	(施設等における虐待事例)・(性的虐待事例)
37	H19.1.29	東京高裁（判決）	平18（う）1585号	3歳の幼児を飢餓死させた事案で、実母の交際相手にも殺人の不真正不作為犯の成立を認めた事例 控訴棄却（懲役8年）	3歳の幼児に十分な飲食物を与えなかったことなどによって極度の低栄養により飢餓死させた事案において、被害児の実母の交際相手であり、両名と同居していたのみで法律上の身分関係にはないが、本件は、被害児を救命するための行動に出ることができる者が実母を除き被告人しかいないという密室的な環境の中での事件であって、かつ、被告人が被害児の実権を疎んじるようになって、結局被害児を死亡させる契機を作っており、被告人が一家の実権を握っていたなどの生活通念から考慮すると、条理ないし社会通念上、被告人には、不真正不作為犯による殺人罪において被害児を救命すべき作為義務があったと認めた。	高検速報3309（平成19）p.107 櫻庭総・九大法学101p.149	(ネグレクト事例) 第5報39②の上訴審

	判決日	裁判所	事件番号	事件名	主文	概要	掲載誌	評釈
1	H19.1.25	最高裁第一小法廷（判決）	平成17年（受）第2335号、2336号	損害賠償請求事件	一部破棄自判一部棄却（確定）	県による児童福祉法27条1項3号に基づく入所措置により、社会福祉法人が設置運営する児童養護施設に入所した原告が、他の入所児童から受けた加害行為による損害賠償に対する国家賠償の可否について、同施設職員等による養育監護を保育監護に当たるとした上で、職員等の加害行為による損害賠償に対する国家賠償責任1条1項に基づき県に対する損害賠償責任を認容するとともに、社会福祉法人に対する民法715条に基づく損害賠償請求を棄却した。	民集61-1 p.1 裁判所時報1428 p.6 判時1957 p.60 判タ1233 p.56 賃金と社会保障1445 p.77	羽根一成・地方自治職員研修40-4 p.57 岡田正則・賃金と社会保障1445 p.70 稲葉一将・法学セミナー増刊速報判例解説 Vol.1) p.67 武田真一郎・判時1978 p.175 西埜章・民商法雑誌136-6 p.53 原田大樹・法政研究74-2 p.117 杉原丈史・早稲田法学83-4 p.239 板垣勝彦・自治研究84-8 p.133 増森珠美・ジュリスト1365 p.124 中野妙子・法政論集226 p.263 良永和隆・民事研修618 p.44 横田光平・法学協会雑誌125-12 p.145 岩﨑勝成・判例地方自治310 p.96 豊島明子・ジュリスト臨時増刊1354（平成19年度重要判例解説）p.56 田上富信・私法判例リマークス37 p.52橋森珠美・法曹時報61-4 p.254 秋元美世・別冊ジュリスト191（社会保障判例百選〔第4版〕）p.224 野田崇・法学論叢165-3 p.136 菅康生・専修ロージャーナル5 p.177 朝倉亮子・別冊判例タイムズ22号（平成19年度主要民事判例解説）p.98 増森珠美・ジュリスト増刊（最高裁時の判例平成18〜20）p.51 小幡純子・最高裁判所判例解説民事篇平成19年度 p.1 中原太郎・法曹時報64-3 p.1 岸本太樹・別冊ジュリスト212（行政判例百選II〔第6版〕）p.490 増森珠美・別冊ジュリスト215（地方自治判例百選〔第4版〕）p.114
2	H19.12.20	千葉地裁（判決）	平成12年（ワ）第544号	損害賠償請求事件	一部認容一部棄却	児童福祉法27条1項3号の措置に基づき入所した児童に対する損害賠償請求事件において、当該行為が児童福祉施設の長の養育監護権行使の範囲内にはいらず、不法行為を構成するとした上で、同養護施設の長の養育監護行為の公権力の行使に当たるとして国家賠償法1条1項に基づき県に対する損害賠償請求を認容する一方で、暴行を行った施設の長、及び社会福祉法人に対する損害賠償請求は棄却した。	裁判所HP LEX/DB（文献番号：28140616）	
3	H20.7.11	東京地裁（判決）	平成19年（行ウ）第745号	児童福祉施設入所措置決定取消請求事件	棄却	児童福祉法28条1項1号に基づく家庭裁判所の承認の審判を得て同法27条1項3号に基づく児童相談所長が行った児童福祉施設への入所措置決定に対して提起された取消訴訟について、取消訴訟を提起しうることを前提とした上で、審判手続及びその後の上訴手続等でその有効性を当該手続において争いえて当然と確定するの訴訟法上において争うことはできないとの理由を主張として訴えを棄却した。	裁判所HP LEX/DB（文献番号：25440329）	

資料6 児童虐待関係文献リスト

著者名	著者名フリガナ	発行年	著書・論文等タイトル	編著者名	雑誌名（巻号）	ページ	出版社
W. ボーゲ他 藤川洋子 小澤真嗣 監訳	フジカワヨウコ オザワマサツグ	2003.10	子どもの面接ガイドブック			—	日本評論社
椎名規子	シイナノリコ	2005.12	イタリア憲法の家族条項および国家と家族の関係についての家族法的考察(1) —ファシズム下における国家による家族への介入の歴史とともに—		専修法学論集 95	75-115	専修大学
		2006.2	児童虐待のポリティクス—「こころの問題」から「社会」の問題へ	上野加代子		—	明石書店
椎名規子	シイナノリコ	2006.3	イタリア憲法の家族条項および国家と家族の関係についての家族法的考察(2) —ファシズム下における国家による家族への介入の歴史とともに—		専修法学論集 96	145-179	専修大学
植野妙実子	ウエノマミコ	2006.10	憲法24条と憲法「改正」・教育基本法「改正」（（特集 現代家族をめぐる法状況—個人の尊厳と両性の平等をめぐって）		法律時報 78-11	13-18	日本評論社
椎名規子	シイナノリコ	2006.12	イタリア憲法の家族条項および国家と家族の関係についての家族法的考察(3) —ファシズム下における国家による家族への介入の歴史とともに—		専修法学論集 98	215-263	専修大学
花田裕子 他	ハナダヒロコ	2007	児童虐待の歴史的背景と定義	長崎大学大学院医歯薬学総合研究科	保健学研究 19-2	1-6	長崎大学
柳川敏彦 他	ヤナガワトシヒコ	2007	児童虐待防止ネットワーク構築と評価への支援：3年間の取り組みより		和歌山県立医科大学保健看護学紀要 4	61-68	和歌山県立医科大学
山口敬子	ヤマグチケイコ	2007	要養護児童のアタッチメント形成と里親委託制度	京都府立大学福祉社会学部社会福祉研究会	福祉社会研究 8	65-79	京都府立大学
太田由加里	オオタユカリ	2007	児童虐待死亡事例の検証と再発予防に関する今後の施策	田園調布学園大学人間福祉学部	田園調布学園大学紀要 2	81-95	田園調布学園大学
三島亜紀子	ミシマアキコ	2007	書評論文 日本の児童虐待問題に関する研究の10年—社会福祉学の研究者 vs. 社会学の研究者？— ［田邉泰美著.2006『イギリスの児童虐待防止ソーシャルワーク』明石書店 田澤あけみ著.2006『20世紀児童福祉の展開』ドメス出版 上野加代子編著.2006『児童虐待のポリティクス』明石書店］		福祉社会学研究 4	189-196	福祉社会学会
笠原正洋	カサハラマサヒロ	2007	シンポジウム 虐待を受けた子どもたちを守るために—保育園や幼稚園にできること—（第6回長崎純心大学心理教育相談センター講演会記録）	長崎純心大学心理教育相談センター	長崎純心大学心理教育相談センター紀要 6	33-39	長崎純心大学
Gabriele Wolfslast 山本紘之（訳）	ヤマモトヒロユキ	2007	翻訳 未成年者における児童虐待に対する医師の守秘義務について	日本比較法研究所	比較法雑誌 40-4	47-61	中央大学
横島三和子 岡田雅樹	ヨコジマミワコ オカダマサキ	2007.3	教育現場における児童虐待へのアンケート意識調査：兵庫県内小中学校教員へのアンケートをもとに	湊川短期大学	湊川短期大学紀要 43	1-9	湊川短期大学

著者	よみ	年月	タイトル	掲載誌	巻号	ページ	発行
伊尻正一 上野加代子 井上秀之 他	イジリショウイチ ウエノカヨコ イノウエヒデユキ	2007.3	学校現場における子ども虐待対応支援研究	東日本国際大学福祉環境学部研究紀要 3-1		31-50	東日本国際大学
加藤曜子	カトウヨウコ	2007.3	市町村ネットワーク（要保護児童対策地域協議会）多機関会議実務者会議を中心に考える	流通科学大学論集 人間・社会・自然編 19-3		29-42	流通科学大学
高橋活夫	タカハシカツオ	2007.3	児童虐待防止に関する予防視点の検討	常磐大学コミュニティ振興研究 7		57-72	常磐大学コミュニティ振興学部
川上輝昭	カワカミテルアキ	2007.3	児童虐待の背景要因と現代の貧困─経済的貧困と教育的貧困を中心に	名古屋女子大学紀要 人文・社会編 53		25-35	名古屋女子大学
森本陽美	モリモトヒトミ	2007.3	児童虐待死と刑事罰	山村学園短期大学紀要 18		33-52	山村学園短期大学
稚井光明	ウスイミツアキ	2007.3	政府業務の民間開放と法制度の変革	江頭憲治郎『法の再構築[Ⅱ]国家と社会』		3-40	東京大学出版会
上田庄一	ウエダショウイチ	2007.3	児童虐待と児童相談所	東大阪大学・東大阪大学短期大学部教育研究紀要 4		15-22	東大阪大学
鈴木玉緒	スズキタマオ	2007.3	児童虐待と現代の家族（一）	廣島法學 30-4		250-231	広島大學法學會
斎藤知子	サイトウトモコ	2007.4	要保護児童に対するソーシャルワーク（特集 第12回学術集会 みやぎ大会）	日本子ども虐待防止学会 9-1		55-67	日本子ども虐待防止学会
菱川愛 鈴木浩之	ヒシカワアイ スズキヒロユキ	2007.4	[活動報告] 神奈川県児童相談所における司法面接 事実確認面接導入の取り組み（特集 第12回学術集会 みやぎ大会）	日本子ども虐待防止学会 9-1		117-120	日本子ども虐待防止学会
林弘正	ハヤシヒロマサ	2007.5	児童虐待Ⅱ：問題解決への刑事法的アプローチ 初版	―		―	成文堂
仲真紀子 田中周子（訳）	ナカマキコ タナカチカコ	2007.5	子どもの司法面接：ビデオ録画面接：ビデオ録画面接のためのガイドライン	―		―	誠信書房
大矢武史	オオヤタケシ	2007.5	児童虐待に対する警察官の援助についての一考察─児童虐待防止法10条2項、3項の規定をめぐって	法政論叢 43-2		1-21	日本法政学会
才村純	サイムラジュン	2007.5	わが国における虐待防止制度の現状と課題（国際シンポジウム：少子高齢化における日独の家族問題の現状と課題）	社会福祉学 48-1		205-208	日本社会福祉学会編
川崎二三彦	カワサキフミヒコ	2007.7	児童虐待を防ぐ一急がれる「現場」の強化（VOL.1：新連載）急増する児童虐待に一歩踏み込んだ対応を	ガバナンス 75		121-123	ぎょうせい
		2007.7	特集 被虐待の子どもたちと学ぶ権利	はらっぱ 275		2-8	子ども情報研究センター
池田恭子	イケダキョウコ	2007.7	育ちなおしの教室・児童心理療育施設・施設内学級の取り組み	はらっぱ 275		3-8	子ども情報研究センター
椎名篤子	シイナアツコ	2007.7	「愛をおしえて」を拒絶される子どもたち─虐待ケアへの挑戦	―		―	大和書房
福岡徹子 郷間英世 戸松玲子 他	フクオカトオコ ゴウマヒデヨ トマツレイコ	2007.7	保護者から不適切な養育（虐待）を受けている学齢児童に関する研究：第2報 兵庫県小学校における教諭の虐待認識と対応システム	小児保健研究 66-4		545-550	日本小児保健協会
最高裁判所事務総局家庭局	サイコウサイバンショジムソウキョクカテイキョク	2007.8	児童福祉法28条事件の動向と事件処理の実情 平成18年4月1日～平成19年3月31日	家庭裁判月報 59-8		139-155	最高裁判所事務総局

菊池緑	キクチミドリ	2007.8	特集 子ども虐待と家庭福祉における里親制度の現状と課題	子どもの虐待とネグレクト 9-2	145-178	日本子ども虐待防止学会
矢満田篤二	ヤマンタトクジ	2007.8	日本で里親制度が利用されない理由とは？―国際比較研究を通して言えること（特集 子ども家庭福祉における里親制度の現状と課題）	子どもの虐待とネグレクト 9-2	147-155	日本子ども虐待防止学会
庄司順一	ショウジジュンイチ	2007.8	里親制度の問題点と新生児養子縁組の実践例―実親が養子放棄している乳幼児処遇のあり方（特集 子ども家庭福祉における里親制度の現状と課題）	子どもの虐待とネグレクト 9-2	156-161	日本子ども虐待防止学会
橋本明	ハシモトアキラ	2007.8	里親制度の現状と課題―里親制度を発展させるために（特集 子ども家庭福祉における里親制度の現状と課題）	子どもの虐待とネグレクト 9-2	162-170	日本子ども虐待防止学会
平湯真人	ヒラユマサト	2007.8	里親を求める愛の手運動45年の実践から（特集 子ども家庭福祉における里親制度の現状と課題）	子どもの虐待とネグレクト 9-2	171-178	日本子ども虐待防止学会
川﨑二三彦	カワサキフミヒコ	2007.8	[特別寄稿]児童虐待防止法・児童福祉法の改正について	子どもの虐待とネグレクト 9-2	179-183	日本子ども虐待防止学会
野田さとみ 濱口佳和	ノダサトミ ハマグチヨシカズ	2007.8	[問題提起]児童相談所をめぐって―児童虐待対応の課題から一事例を通して考える	子どもの虐待とネグレクト 9-2	184-189	日本子ども虐待防止学会
川﨑二三彦	カワサキフミヒコ	2007.8	児童相談所司のバーンアウトモデル	子どもの虐待とネグレクト 9-2	213-224	日本子ども虐待防止学会
		2007.8	児童虐待を防ぐ―急がれる「現場」の強化 (2) 死亡事例は何を語るのか	ガバナンス 76	117-119	ぎょうせい
齋藤美江子	サイトウミエコ	2007.8	特集 児童虐待防止法の改正・児童相談所運営指針の改正・児童相談所運営指針の改正と児童養護施設	児童養護 38-1	17-27	全国社会福祉協議会養護施設協議会
木村哲雄	キムラテツオ	2007.8	児童相談所のいま（特集 児童虐待防止法の改正・児童相談所運営指針の改正と児童養護施設）	児童養護 38-1	18-21	全国社会福祉協議会養護施設協議会
才村純	サイムラジュン	2007.8	児童養護施設の立場から（特集 児童虐待防止法の改正・児童相談所運営指針の改正と児童養護施設）	児童養護 38-1	21-23	全国社会福祉協議会養護施設協議会
藤野京子 髙橋哲	フジノキョウコ タカハシサトシ	2007.8	児童虐待防止法改正の意義と課題（特集 児童虐待防止法の改正・児童相談所運営指針の改正と児童養護施設）	児童養護 38-1	24-27	全国社会福祉協議会養護施設協議会
山上明 他	ヤマガミアキラ	2007.8	覚せい剤事犯受刑者の現状 (2) 児童虐待被害経験からの分析	アディクションと家族 24-2	160-168	家族機能研究所
山野則子 峯本耕治	ヤマノノリコ ミネモトコウジ	2007.8	子どもの虐待をめぐる法的諸問題 <日本司法福祉学会第7回大会分科会報告>	司法福祉学研究 7	107-112	日本司法福祉学会
初川優美	ハツカワマナミ	2007.8	スクールソーシャルワークの可能性―児童虐待の学校と福祉の協働・大阪からの発信	—	—	ミネルヴァ書房
		2007.9	近隣地域が児童虐待と犯罪との関係に及ぼす影響―シュックとウィダムの研究〈The Role of Neighborhood Context in the Criminal Consequence of Child Maltreatment:The Study by Schuck and Widom〉（アメリカ犯罪学の基礎研究 (95)）	比較法雑誌 41-2	145-163	日本比較法研究所 中央大学
戒能民江	カイノウタミエ	2007.9	DV・子ども虐待	民法の争点 [ジュリスト増刊 新・法律学の争点シリーズ1]	342-343	有斐閣 内田貴 大村敦志

著者	ヨミ	年月	タイトル	掲載誌編者	掲載誌	頁	出版社
		2007.9	「少連二四四」八童虐待」兄重虐待防止法）改正する法律の公布について		家庭裁判月報 59-9	59-94	最高裁判所事務総局
小久保裕美	コクボヒロミ	2007.9	2007年「児童虐待防止法」改正の動向と今後の課題		精神保健福祉 38-3（通号71）	323-326	日本精神保健福祉士協会
川崎二三彦	カワサキフミヒコ	2007.9	児童虐待を防ぐ―急がれる「現場」の強化（3）もとめられる自治体全体での理解と努力		ガバナンス 77	117-119	ぎょうせい
倉石哲也	クライシテツヤ	2007.9	各国の福祉事業（第38回）米国・ベイエリア（Bay Area）の虐待予防と子育て支援（1）		月刊福祉 90-10	94-97	全国社会福祉協議会
小島妙子	コジマタエコ	2007.9	ドメスティック・バイオレンスをめぐる政策―「人権アプローチ」と「福祉アプローチ」	辻村みよ子	「ジェンダーの基礎理論と法（東北大学21世紀COEプログラムジェンダー法・政策研究叢書10巻）」	―	東北大学出版会
藤内修二	トウナイシュウジ	2007.9	なぜ、いまポピュレーションアプローチなのか		保健師ジャーナル 63-9	756-761	医学書院
		2007.10	特集 虐待・発達障害と里親養育	『里親と子ども』編集委員会	里親と子ども 2	4-143	明石書店
庄司順一	ショウジジュンイチ	2007.10	特集「虐待・発達障害と里親養育」の企画にあたって（特集 虐待・発達障害と里親養育）	『里親と子ども』編集委員会	里親と子ども 2	5	明石書店
庄司順一・篠島里佳	ショウジジュンイチ・サザシマリカ	2007.10	虐待・発達障害と里親養育（特集 虐待・発達障害と里親養育）	『里親と子ども』編集委員会	里親と子ども 2	6-12	明石書店
久保田まり	クボタマリ	2007.10	アタッチメントの機能と発達（特集 虐待・発達障害と里親養育）	『里親と子ども』編集委員会	里親と子ども 2	13-18	明石書店
宮本信也	ミヤモトシンヤ	2007.10	発達障害と子ども虐待（特集 虐待・発達障害と里親養育）	『里親と子ども』編集委員会	里親と子ども 2	19-25	明石書店
杉山登志郎	スギヤマトシロウ	2007.10	絡み合う子ども虐待と発達障害（特集 虐待・発達障害と里親養育―虐待のトラウマ問題―）	『里親と子ども』編集委員会	里親と子ども 2	26-32	明石書店
奥山眞紀子	オクヤママキコ	2007.10	アタッチメント―トラウマ問題（特集 虐待・発達障害と里親養育）の影響）	『里親と子ども』編集委員会	里親と子ども 2	33-39	明石書店
西澤哲	ニシザワサトル	2007.10	虐待を受けた子どもの心理的特徴―トラウマと愛着の問題を中心に（特集 虐待・発達障害と里親養育）	『里親と子ども』編集委員会	里親と子ども 2	40-47	明石書店
海野千畝子	ウンノチホコ	2007.10	解離（特集 虐待・発達障害と里親養育―虐待の影響）	『里親と子ども』編集委員会	里親と子ども 2	48-53	明石書店
田村立・遠藤太郎・染矢俊幸	タムラリュウ・エンドウタロウ・ソメヤトシユキ	2007.10	虐待が脳の発達に及ぼす影響（特集 虐待・発達障害と里親養育―虐待の影響）	『里親と子ども』編集委員会	里親と子ども 2	54-60	明石書店
青木豊	アオキユタカ	2007.10	愛着障害（特集 虐待・発達障害と里親養育―心理・発達障害の話題）	『里親と子ども』編集委員会	里親と子ども 2	61-69	明石書店
原仁	ハラヒトシ	2007.10	注意欠陥多動性障害（特集 虐待・発達障害と里親養育―心理・発達障害・行動上の問題）	『里親と子ども』編集委員会	里親と子ども 2	70-77	明石書店
原田謙	ハラダケン	2007.10	反抗挑戦性障害・行為障害（特集 虐待・発達障害と里親養育―心理・発達障害・行動上の問題）	『里親と子ども』編集委員会	里親と子ども 2	78-85	明石書店
宮尾益知	ミヤオマストモ	2007.10	学習障害（特集 虐待・発達障害と里親養育―心理・発達障害・行動上の問題）	『里親と子ども』編集委員会	里親と子ども 2	86-91	明石書店

著者	ヨミ	年月	タイトル	掲載誌編者	掲載誌	ページ	出版社
杉山登志郎	スギヤマトシロウ	2007.10	虐待を受けた子どもの精神医学的治療（特集 虐待・発達障害と里親養育―対応と治療）	「里親と子ども」編集委員会	里親と子ども 2	92-98	明石書店
西澤哲	ニシザワサトル	2007.10	虐待を受けた子どもの心理療法―トラウマに焦点をあてた心理療法を中心に（特集 虐待・発達障害と里親養育―対応と治療）	「里親と子ども」編集委員会	里親と子ども 2	99-105	明石書店
塩川宏郷	シオカワヒロサト	2007.10	行動への対応（特集 虐待・発達障害と里親養育―対応と治療）	「里親と子ども」編集委員会	里親と子ども 2	106-112	明石書店
中田洋二郎	ナカタヨウジロウ	2007.10	ADHDのペアレントトレーニング（特集 虐待・発達障害と里親養育―対応と治療）	「里親と子ども」編集委員会	里親と子ども 2	113-118	明石書店
山崎知克	ヤマザキトモカツ	2007.10	虐待を受けた乳幼児へのかかわり（特集 虐待・発達障害と里親養育―対応と治療）	「里親と子ども」編集委員会	里親と子ども 2	119-125	明石書店
宮島清	ミヤジマキヨシ	2007.10	虐待を受けた子どもを委託する場合―ソーシャルワークの立場から（特集 虐待・発達障害と里親養育―虐待を受けた子どもの委託）	「里親と子ども」編集委員会	里親と子ども 2	126-136	明石書店
兼松京子	カネマツキョウコ	2007.10	虐待を受けた子どもを委託する場合―里親支援の立場から（特集 虐待・発達障害と里親養育―虐待を受けた子どもの委託）	「里親と子ども」編集委員会	里親と子ども 2	137-143	明石書店
川崎二三彦	カワサキフミヒコ	2007.10	児童虐待防止法の改正の概要と今後の課題（行政 up to date (3)）	「そだちと臨床」編集委員会	そだちと臨床 3	67-71	明石書店
森田ゆり	モリタユリ	2007.10	エンパワメントと人権（続編 第75回）子どもの性的虐待からめざむけ―あなたにできる大切なこと	部落解放・人権研究所	ヒューマンライツ 235	58-63	解放出版社
菊澤信夫	キクザワノブオ	2007.10	児童虐待防止法等の改正及び児童虐待防止に向けた取組について		警察学論集 60-10	153-185	立花書房
若林栄児	ワカバヤシエイジ	2007.10	改正児童虐待防止法と児童虐待への今後の対応		警察公論 62-10	30-37	立花書房
平岡篤武	ヒラオカアツタケ	2007.10	虐待と家族（3）子供虐待支援の現場から―児童相談所		Sexuality 33	122-127	エイデル研究所
川崎二三彦	カワサキフミヒコ	2007.10	児童虐待を防ぐ「現場が急がれる」（最終回）現場の努力を支える抜本的な体制の整備を		ガバナンス 78	131-133	ぎょうせい
新藤美代子	シンドウミヨコ	2007.10	主任児童委員発の「民生児童委員・児童委員活動」（特集 制度創設100周年に向けた民生委員・児童委員活動）		月刊福祉 90-11	32-35	全国社会福祉協議会
倉石哲也	クライシテツヤ	2007.10	各国の福祉事情（第39回）米国・ベイエリア (Bay Area) の虐待予防と子育て支援 (2) 被虐待児と養育者の支援；愛着障害の理解と対応		月刊福祉 90-11	94-97	全国社会福祉協議会
濱田多衛子	ハマダタエコ	2007.10	子どもと家族 虐待予防 児童福祉のための児童養護施設の役割―児童家庭支援センターの活動から―（特集 社会福祉の制度と実践の総検証―人間の尊厳を基盤として）	鉄道弘済会社会福祉部	社会福祉研究 100	93-98	鉄道弘済会
佐藤喜宣	サトウヨシノブ	2007.10	基礎医学から臨床法医学へ 児童虐待		日本医事新報 4356	66-69	日本医事新報社
藤本哲也	フジモトテツヤ	2007.10	犯罪学の森			―	中央大学出版部
山本浩子	ヤマモトヒロコ	2007.11	保健室からみた心のサポート (8) 被虐待問題を抱えた児童への支援		心とからだの健康 11-11（通号117）	72-75	健学社
砂川恵正	スナガワケイショウ	2007.11	児童虐待相談の現場から		研究論集 5	31-38	沖縄女性研究者の会
倉石哲也	クライシテツヤ	2007.11	各国の福祉事情（第40回）米国・ベイエリア (Bay Area) の虐待予防と子育て支援 (3)「親」への支援―里親による子どもと実親への支援		月刊福祉 90-12	94-97	全国社会福祉協議会
鈴木浩之	スズキヒロユキ	2007.11	「子ども虐待」への保護者参加型支援モデルの構築を目指して―児童相談所における家族再統合についての取り組み		社会福祉学 48-3（通号83）	79-93	日本社会福祉学会

秋元美世	アキモトミヨ	2007.11	書評 田澤あけみ著『20世紀児童福祉の展開―イギリス児童虐待防止の動向から探る』		社会福祉学 48-3（通号 83）	229-233	日本社会福祉学会
		2007.11	特集 児童虐待の防止にむけて―きこえるよ 耳をすませば 心のさけび	厚生労働問題研究会	厚生労働 62-11	4-23	中央法規出版
奥山眞紀子 才村純 平湯真人 他	オクヤママキコ サイムラジュン ヒラユマサト	2007.11	座談会 児童虐待対策の今、そして、これから （特集 児童虐待の防止にむけて―きこえるよ 耳をすませば 心のさけび）	厚生労働問題研究会	厚生労働 62-11	6-15	中央法規出版
藤城友樹 岩城正光 木ノ内博道 他	フジシロヒロキ イワキマサテル キノウチヒロミチ	2007.11	児童虐待防止に向けた関係者の思い （特集 児童虐待の防止にむけて―きこえるよ 耳をすませば 心のさけび）	厚生労働問題研究会	厚生労働 62-11	20-23	中央法規出版
		2007.11	特集 STOP虐待―発生予防・早期対応のために	こども未来財団	こども未来 434	6-14	こども未来財団
坂本正子	サカモトマサコ	2007.11	児童虐待を防止するために （特集 STOP虐待―発生予防・早期対応のために）	こども未来財団	こども未来 434	7-9	こども未来財団
厚生労働省雇用均等・児童家庭局総務課虐待防止対策室	コウセイロウドウショウコヨウキントウジドウカテイキョクソウムカギャクタイボウシタイサクシツ	2007.11	生後4か月までの全戸訪問事業「こんにちは赤ちゃん事業」合 児童虐待防止法及び児童福祉法の改正について （特集 STOP虐待―発生予防・早期対応のために）	こども未来財団	こども未来 434	10-12	こども未来財団
平岩幹男	ヒライワミキオ	2007.11	児童相談所との連携 （特大号 こんなときどうする「学校保健」―すべきこと、してはいけないこと）		小児科診療 70-11	1942-1944	診断と治療社
武田真一郎	タケダシンイチロウ	2007.11	社会福祉法人が運営する養護施設に入所していた児童が傷害を受けた場合の県および同法人の賠償責任（平成19.1.25最高一小判）〈最新判例批評81〉		判例時報 1978	175-178	判例時報社
		2007.11	裁判する心 （司法改革の流れの中で）第20回全国裁判官懇話会報告（3完）		判例時報 1979	18-29	判例時報社
佐柳忠晴	サヤナギタダハル	2007.11	児童虐待の実態と現行法制の問題点	日本法政学会	法政論叢 44-1	46-65	日本法政学会
佐藤万作子	サトウマサコ	2007.11	虐待の家―義母は十五歳を餓死寸前まで追い詰めた		中央公論叢		中央公論新社
虐待防止法研究会	ギャクタイボウシホウケンキュウカイ	2007.11	児童虐待防止法等関係法令通知集	虐待防止法研究会			中央法規出版
小長井賀興	コナガイカヨ	2007.12	児童虐待と修復的実践		犯罪と非行 154	122-140	日立みらい財団
		2007.12	特集 法医学から見た子ども虐待	日本子ども虐待防止学会	子どもの虐待とネグレクト 9-3	277-321	日本子ども虐待防止学会
久保真一	クボシンイチ	2007.12	日本法医学会の子ども虐待への取り組みについて （特集 法医学から見た子ども虐待）	日本子ども虐待防止学会	子どもの虐待とネグレクト 9-3	279-288	日本子ども虐待防止学会
向井敏二 内ヶ崎西作 一場一江	ムカイトシジ ウチガサキセイサク イチバカズエ	2007.12	法医学から見た児童虐待死亡事例の課題 （特集 法医学から見た子ども虐待）	日本子ども虐待防止学会	子どもの虐待とネグレクト 9-3	289-297	日本子ども虐待防止学会

著者	読み	年月	タイトル	掲載誌発行元	雑誌名・巻号	ページ	出版社
佐藤喜宣 松村桜子 高木徹也 他	サトウヨシノブ マツムラサクラコ タカギテツヤ	2007.12	臨床法医学と子ども虐待（特集 法医学から見た子ども虐待）	日本子ども虐待防止学会	子どもの虐待とネグレクト 9-3	298-302	日本子ども虐待防止学会
大島徹 大津由紀 恒成茂行	オオシマトオル オオツユキ ツネナリシゲユキ	2007.12	法医学教室と児童相談所の関わりについて（特集 法医学から見た子ども虐待）	日本子ども虐待防止学会	子どもの虐待とネグレクト 9-3	303-313	日本子ども虐待防止学会
美作宗太郎 恒成茂行	ミマサカソウタロウ ツネナリシゲユキ	2007.12	被虐待児における損傷の客観的な評価法（特集 法医学から見た子ども虐待）	日本子ども虐待防止学会	子どもの虐待とネグレクト 9-3	314-321	日本子ども虐待防止学会
岩城正光 才村純 津崎哲郎 他	イワキマサテル サイムラジュン ツザキテツロウ	2007.12	座談会 法改正をめぐって	日本子ども虐待防止学会	子どもの虐待とネグレクト 9-3	322-344	日本子ども虐待防止学会
西澤哲	ニシザワサトル	2007.12	子ども虐待の「今」（第2回）子ども虐待をめぐる社会の動向	日本子ども虐待防止学会	子どもの虐待とネグレクト 9-3	351-356	日本子ども虐待防止学会
河合直樹 野口啓示	カワイナオキ ノグチケイジ	2007.12	ペアレント・トレーニングを用いた家族再統合への援助一効果測定の試み	日本子ども虐待防止学会	子どもの虐待とネグレクト 9-3	373-383	日本子ども虐待防止学会
佐々木大樹	ササキダイキ	2007.12	一時保護中に児童相談所が行う面接―その役割と課題について	日本子ども虐待防止学会	子どもの虐待とネグレクト 9-3	394-400	日本子ども虐待防止学会
瀧澤透	タキザワトオル	2007.12	青森県における地域子育て支援センターの実態―実施事業と子育て支援センターの役割の関連	日本子ども家庭福祉学会	子ども家庭福祉学 7	1-10	日本子ども家庭福祉学会
本多修	ホンダオサム	2007.12	子ども時代からの虐待と支配を克服し母になる面接過程 家族療法的視点による親の人心理療法		武庫川女子大学発達臨床心理学研究紀要 9	1-20	武庫川女子大学
山野則子 中里昌子	ヤマノノリコ ナカザトショウコ	2007.12	通知文から見た児童虐待防止体制―市町村への拡大	大阪府立大学人間社会学部	社会問題研究 57-1（通号135）	225-250	大阪府立大学
鈴木博人	スズキヒロヒト	2007.12	児童虐待事例における一時保護制度と強制入院制度―日本法とドイツ法の比較法的考察	中央大学法科大学院	中央ロー・ジャーナル 4-3（通号13）	59-77	中央大学
坪井節子 片岡洋子	ツボイセツコ カタオカヨウコ	2007.12	インタビュー 親から守らなければならない子どもたち―児童虐待の発見と対応（特集 ジェンダー平等と家族）		教育 57-12（通号743）	74-83	国土社
平田厚	ヒラタアツシ	2007.12	親権法の争点	明治大学法科大学院	明治大学法科大学院論集 3	163-225	明治大学
立花直樹 吉川知己	タチバナナオキ ヨシカワトモキ	2007.12	市町村における子ども虐待ネットワーク―要保護児童対策地域協議会の現状と課題		大阪薫英女子短期大学児童教育学科研究誌 13	9-17	大阪薫英女子短期大学
小林美智子 松本伊智朗	コバヤシミチコ マツモトイチロウ	2007.12	子ども虐待 介入と支援のはざまで「ケアする社会」の構築に向けて			―	明石書店
保坂亨	ホサカトオル	2007.12	日本の子ども虐待―戦後日本の子ども虐待問題の分析			―	福村出版
田上時子	タガミトキコ	2007.12	知っていますか？子どもの危機的状況 一問一答 第2版			―	解放出版社
玉井邦夫	タマイクニオ	2007.12	学校現場で役立つ子ども虐待対応の手引き―子どもと親への対応から専門機関との連携まで			―	明石書店

著者	読み	年	タイトル	掲載誌	巻号	頁	発行
高橋重宏（監修）	タカハシシゲヒロ	2007.12	日本の子ども家庭福祉―児童福祉法制定60年の歩み	児童福祉法制定60周年記念全国子ども家庭福祉会議実行委員会	―	―	明石書店
三林真弓	ミツバヤシマユミ	2008	カナダにおける児童虐待のスクールカウンセリング事情（研究ノート）	臨床心理学部研究報告1	―	109-120	京都文教大学
田中真衣	タナカマイ	2008	日本における児童虐待的対応の変遷：明治時代・大正時代	社会福祉49	―	101-114	日本女子大学
波田埜英治	ハタノエイジ	2008	児童虐待防止法の意義と課題	聖和大学論集．A・B，教育学系・人文学系36	―	175-181	聖和大学
藤野京子	フジノキョウコ	2008	虐待を受けた少年の生活に及ぼす影響について	犯罪心理学研究46-1	―	31-43	日本犯罪心理学会
大河内彩子	オオコウチアヤコ	2008	虐待を受けた子どもの回復支援と学校の福祉的機能の強化を目指して	早稲田大学大学院文学研究科紀要（第1分冊）54	―	55-66	早稲田大学
望月初音 北村愛子 大久保ひろ美 他	モチヅキハツネ キタムラアイコ オオクボヒロミ 他	2008	子ども虐待の早期発見・予防に関する研究―保育士が子どもの虐待を疑った時の対応と苦慮していること	研究紀要14	―	175-188	つくば国際大学
岩城正光	イワキマサテル	2008	児童虐待防止法の改正と課題（人権キーワード2008 子ども・教育）	部落解放598増刊	―	54-57	解放出版社
高橋美恵子	タカハシミエコ	2008	スウェーデンにおける子ども虐待対策と現状―子どもの権利擁護と社会的ネットワークの視点から（社会篇）	大阪大学世界言語研究センター・デンマーク語・スウェーデン語研究室 IDUN：北欧研究18	―	179-204	大阪大学
Jonathan Picken		2008	特別講演より 公開講座 イギリスから学ぶ児童虐待対応	子どもの虹情報研修センター紀要6	―	18-32	子どもの虹情報研修センター
Jonathan Picken 青木紀久代 山下洋 他	アオキキクヨ ヤマシタヒロシ 他	2008	特別講演より シンポジウム イギリスから学ぶ児童虐待対応	子どもの虹情報研修センター紀要6	―	33-56	子どもの虹情報研修センター
保坂亨 他	ホサカトオル	2008	児童虐待の援助法に関する文献研究（第4報）2000～2006年まで一般後日本社会の「子どもの危機的状況」という視点からの心理社会的分析	子どもの虹情報研修センター紀要6	―	154-199	子どもの虹情報研修センター
柴橋祐子	シバハシユウコ	2008	児童虐待に関する文献の概観―2000年から2006年までの雑誌特集号を対象として	千葉工業大学研究報告 人文編45	―	37-48	千葉工業大学
松原康雄	マツバラヤスオ	2008	児童虐待の理解と対応（1） 児童虐待の「発見」と通告	Nurse eye 21-4	―	92-97	桐書房
		2008	特集 2008年度・第1回福祉社会フォーラム 児童問題の社会構築と児童福祉	京都府立大学福祉社会学部社会福祉研究会 福祉社会研究9	―	1-33	京都府立大学
上野加代子	ウエノカヨコ	2008	児童虐待の社会構築（特集 2008年度・第1回福祉社会フォーラム 児童問題の社会構築と児童福祉）	京都府立大学福祉社会学部社会福祉研究会 福祉社会研究9	―	3-10	京都府立大学
津崎哲雄	ツザキテツオ	2008	児童社会的養護の構築性（特集 2008年度・第1回福祉社会フォーラム 児童問題の社会構築と児童福祉）	京都府立大学福祉社会学部社会福祉研究会 福祉社会研究9	―	11-22	京都府立大学

著者	ヨミ	年	タイトル	編者	雑誌	ページ	発行
羽間京子	ハザマキョウコ	2008	質疑応答（特集 2008年度・第1回福祉社会フォーラム 児童問題の社会構築と児童福祉）	京都府立大学福祉社会学部福祉社会研究会	福祉社会研究 9	23-33	京都府立大学
羽間京子	ハザマキョウコ	2008	少年非行をめぐって（12）虐待が大きな影響を与えたと思われるK君のこと		精神医療第4次 51	108-113	批評社
羽間京子	ハザマキョウコ	2008	少年非行をめぐって（13）虐待が影響を与えたLさんのこと		精神医療第4次 52	114-118	批評社
岩下美代子 岩本愛子	イワシタミヨコ イワモトアイコ	2008	日本における「子ども虐待」の変遷（第1報）		鹿児島純心女子短期大学研究紀要 38	31-55	鹿児島純心女子短期大学
平木護	ヒラキマモル	2008	アメリカ合衆国における児童養護の現状と課題		上智社会福祉専門学校紀要 3	81-88	上智社会福祉専門学校
田中晶子	タナカアキコ	2008	子どもへの事実確認面接―司法面接を使った3歳児への面接事例より― 量的分析の報告		四天王寺大学紀要 47	63-74	四天王寺大学
茂木俊彦	モギトシヒコ	2008	障害のある子どもの発達といじめ・虐待（新教育基本法と教育法学第5分科会 いじめと学校安全）	日本教育法学会	日本教育法学会年報 37	111-117	有斐閣
丸岡桂子	マルオカケイコ	2008	ドイツにおける子どもと虐待に関する保護制度・ソーシャルワーカーの刑事事件・法改正について		人間文化研究科年報 24	225-238	奈良女子大学
横田光平	ヨコタコウヘイ	2008	国家による家族への介入と国民の保護―統治構造の変容と個人の権利		公法研究 70	117-127	日本公法学会
兼田智彦	カネダトモヒコ	2008.1	事務局長 虐待から子どもを守る―子どもと虐待防止ネットワーク・あいちの取り組み（小特集 地域の性と生―愛知）		Sexuality 34	62-65	エイデル研究所
柏女霊峰	カシワメレイホウ	2008.1	特集 子どもの権利を守る		月刊福祉 91-1	10-47	全国社会福祉協議会
若穂井透	ワカホイトオル	2008.1	子どもの権利を保障するための児童家庭福祉の再構築期を迎えて（特集 子どもの権利を守る）		月刊福祉 91-1	12-17	全国社会福祉協議会
川崎二三彦	カワサキフミヒコ	2008.1	少年法の改正と児童福祉の課題（特集 子どもの権利を守る）		月刊福祉 91-1	18-21	全国社会福祉協議会
山縣文治	ヤマガタフミハル	2008.1	児童虐待の実態と対応の動向（特集 子どもの権利を守る）		月刊福祉 91-1	22-25	全国社会福祉協議会
橋本明	ハシモトアキラ	2008.1	子どもの権利擁護・権利保障と児童福祉施設―専門職の視点から（特集 子どもの権利を守る）		月刊福祉 91-1	26-29	全国社会福祉協議会
福田雅章	フクダマサアキ	2008.1	里親支援の現状と課題（特集 子どもの権利を守る）		月刊福祉 91-1	30-32	全国社会福祉協議会
木間博彰	ホンマヒロアキ	2008.1	子どもの権利を守るための児童福祉施設の取り組み（特集 子どもの権利を守る）		月刊福祉 91-1	33-35	全国社会福祉協議会
才村純	サイムラジュン	2008.1	自治体における相談支援機能の強化（特集 子どもの権利を守る）		月刊福祉 91-1	36-38	全国社会福祉協議会
田村勲	タムライサオ	2008.1	児童虐待の再発防止に向けた取り組み（特集 子どもの権利を守る）		月刊福祉 91-1	39-41	全国社会福祉協議会
平岡朋洋 藤野興一 他	ヒラオカトモヒロ フジノコウイチ	2008.1	児童家庭支援センターにおける地域協働の実践（特集 子どもの権利を守る）		月刊福祉 91-1	42-44	全国社会福祉協議会
石川義之	イシカワヨシユキ	2008.1	子ども虐待の基礎理論―身体的虐待を中心に		大阪障蔭女子大学人間科学研究紀要 7	1-35	大阪障蔭女子大学
田邊泰美	タナベヤスミ	2008.1	英国児童虐待防止研究―児童社会サービス改革と児童虐待防止		園田学園女子大学論文集 42	247-270	園田学園女子大学

著者	ヨミ	年月	タイトル	発行団体	掲載誌	ページ	出版社
加藤曜子	カトウヨウコ	2008.1	要保護児童対策地域協議会への移行期における課題		流通科学大学論集, 人間・社会・自然編 20-2	63-77	流通科学大学
岩井宜子	イワイヨシコ	2008.1	児童虐待防止法改正の意義と課題		刑事法ジャーナル 10	87-91	イウス出版
		2008.1	児童虐待防止等に関する法律及び児童福祉法の一部を改正する法律（平成19年法律第73号）＜資料＞		刑事法ジャーナル 10	92-98	イウス出版
金子恵美	カネコメグミ	2008.1	児童虐待防止、子ども・家庭支援ソーシャルワークに関する研究（「日本社会事業大学社会福祉学会」第46回社会福祉研究大会報告―教員研究報告）	日本社会事業大学社会福祉学会	社会事業研究 47	39-46	日本社会事業大学
山﨑佐季子	ヤマザキサキコ	2008.1	関係と回復 子ども虐待と動物虐待の関連性（「日本社会事業大学社会福祉学会」第46回社会福祉研究大会報告―教員研究報告）	日本社会事業大学社会福祉学会	社会事業研究 47	83-85	日本社会事業大学
Duijist,Wilma L.J.M. 甲斐克則［訳］	カイカツノリ	2008.1	致死の経過を辿る児童虐待―オランダの解決	早稲田大学比較法研究所	比較法学 41-2	293-303	早稲田大学
原田綾子	ハラダアヤコ	2008.1	「虐待大国」アメリカの苦闘―児童虐待防止への取組みと家族福祉政策		-	-	ミネルヴァ書房
大國美智子 川並利治	オオクニミチコ カワナミトシハル	2008.1	権利擁護相談事例集―財産侵害・借金・虐待への対応		-	-	中央法規出版
		2008.1	Q＆A児童虐待防止ハンドブック	児童虐待問題研究会	-	-	ぎょうせい
田島朝信 寺岡祥子	タジマチョウシン テラオカショウコ	2008.2	児童虐待について（第1報）新聞紙上で見る児童虐待の実態		熊本大学医学部保健学科紀要 4	53-58	熊本大学
寺岡祥子 田島朝信 他	テラオカショウコ タジマチョウシン	2008.2	児童虐待について（第2報）児童虐待予防に関する助産師の職責について		熊本大学医学部保健学科紀要 4	59-69	熊本大学
		2008.2	特集 改正児童虐待防止法施行に向けて	家族機能研究所	アディクションと家族 24-4	286-326	ヘルスワーク協会
斎藤学	サイトウサトル	2008.2	特集にあたって―児童虐待における福祉的保護主義の限界 改正児童虐待防止法施行に向けて	家族機能研究所	アディクションと家族 24-4	286-287	ヘルスワーク協会
岩城正光	イワキマサテル	2008.2	児童虐待防止法の改正と今後の課題について（特集 改正児童虐待防止法施行に向けて）	家族機能研究所	アディクションと家族 24-4	288-293	ヘルスワーク協会
津崎哲郎	ツザキテツロウ	2008.2	児童虐待における警察の関与と連携（特集 改正児童虐待防止法施行に向けて）	家族機能研究所	アディクションと家族 24-4	294-300	ヘルスワーク協会
徳永雅子	トクナガマサコ	2008.2	保健機関における親支援グループの現状と課題（特集 改正児童虐待防止法施行に向けて）	家族機能研究所	アディクションと家族 24-4	301-305	ヘルスワーク協会
森田ゆり	モリタユリ	2008.2	虐待する親の回復と法改正―MY TREEペアレンツ・プログラムの実践から（特集 改正児童虐待防止法施行に向けて）	家族機能研究所	アディクションと家族 24-4	306-312	ヘルスワーク協会
坪井節子 平川和子 斎藤学	ツボイセツコ ヒラカワカズコ サイトウサトル	2008.2	座談会 児童虐待防止法をめぐって（特集 改正児童虐待防止法施行に向けて）	家族機能研究所	アディクションと家族 24-4	313-326	ヘルスワーク協会
辻保彦	ツジヤスヒコ	2008.2	被害者が被害を否定した児童虐待事件の捜査について（実例捜査セミナー）		捜査研究 57-2	43-49	東京法令出版
伊藤悠子	イトウユウコ	2008.2	ジェンダーの視点でみる子どもの虐待―予防教育の可能性（特集 ジェンダーをめぐる新たな課題―歴史に学び未来を拓く）		解放教育 38-2	50-58	明治図書出版

著者	ヨミ	年月	タイトル	掲載誌	巻号	ページ	発行
馳浩	ハセヒロシ	2008.2	スクールソーシャルワーク論 歴史・理論・実践	日本スクールソーシャルワーク協会	—	—	学苑社
仁田山義明	ニタヤマヨシアキ	2008.2	ねじれ国会方程式 児童虐待防止法改正の舞台裏		—	—	北國新聞社
藤田真幸	フジタマサユキ	2008.2	虐待防止のため、立入調査等を強化し、面会・通信等の制限を強化―児童虐待の防止等に関する法律及び児童福祉法の一部を改正する法律（平成19.6.1公布平成20.4.1施行右法律第73号）＜法令解説＞	時の法令 1803		21-29	朝陽会
野津牧	ノヅマキ	2008.3	乳幼児虐待への保育所の対応―当該乳幼児の登園日が減少した事例に対する援助	社会福祉学研究 3		25-34	日本福祉大学
野津牧	ノヅマキ	2008.3	児童施設における人権侵害等の現状と発生要因	東日本国際大学福祉環境学部研究紀要 4-1（通号 4）		49-66	東日本国際大学
野津牧・伊尻正一・井上秀之他	ノヅマキ・イジリショウイチ・イノウエヒデユキ	2008.3	保育現場における子ども虐待対応の現状―いわき市内保育士・幼稚園教諭に対する調査研究報告	東日本国際大学福祉環境学部研究紀要 4-1（通号 4）		67-88	東日本国際大学
田中真衣	タナカマイ	2008.3	近年における英国児童虐待対策の展開過程と人間の問題（The Development of Child Protection Policy and the State: Analysing Systematic Problems and Humanity Problems）	上智大学総合人間科学部社会福祉学科	上智大学社会福祉研究 32	65-79	上智大学
淀澤勝治	ヨドサワカツジ	2008.3	子どもの虐待の背景―学校の子どもを通して（学校・家庭のなかの人権研究―虐待・いじめ問題について）	兵庫県人権啓発協会研究推進委員会	研究紀要 9	33-49	兵庫県人権啓発協会
木下隆志	キノシタタカシ	2008.3	阪神間における子ども家庭福祉施策の現状について	兵庫県人権啓発協会研究推進委員会	研究紀要 9	181-193	兵庫県人権啓発協会
安部哲夫	アベテツオ	2008.3	共同研究 児童虐待防止に向けて		被害者学研究 18	78-108	日本被害者学会
片倉昭子	カタクラアキコ	2008.3	共同研究の趣旨（共同研究 児童虐待防止に向けて）		被害者学研究 18	78-80	日本被害者学会
相澤仁	アイザワマサシ	2008.3	児童相談所の立場から（共同研究 児童虐待防止に向けて）		被害者学研究 18	81-86	日本被害者学会
岩井宜子	イワイヨシコ	2008.3	児童虐待の防止に向けて―改正児童虐待防止法の改正を中心にして（共同研究 児童虐待防止に向けて）		被害者学研究 18	87-93	日本被害者学会
		2008.3	児童虐待防止に向けての法制度（共同研究 児童虐待防止に向けて）		被害者学研究 18	94-103	日本被害者学会
洪奉銑	Hong BongSun	2008.3	シンポジウム報告 日本・韓国における児童虐待・性虐待の諸相	立正大学社会福祉学会	立正社会福祉研究 9-2（通号 16）	79-116	立正大学
洪奉銑	Hong BongSun	2008.3	韓国における青少年たちの性意識・性問題の理解と性非行に対する社会的対応様式（シンポジウム報告 日本・韓国における児童虐待・性虐待）	立正大学社会福祉学会	立正社会福祉研究 9-2（通号 16）	81-95	立正大学
宮島清	ミヤジマキヨシ	2008.3	児童虐待の本当の姿を考える―家族支援の立場から（シンポジウム報告 日本・韓国における児童虐待・性虐待の諸相）	立正大学社会福祉学会	立正社会福祉研究 9-2（通号 16）	96-104	立正大学
村尾泰弘	ムラオヤスヒロ	2008.3	育児、児童虐待、少年非行（シンポジウム報告 日本・韓国における児童虐待・性虐待の諸相）	立正大学社会福祉学会	立正社会福祉研究 9-2（通号 16）	105-111	立正大学
		2008.3		立正大学社会福祉学会	立正社会福祉研究 9-2（通号 16）	113-116	立正大学
坂田仰	サカタタカシ	2008.3	事例で考える 実践教育法規セミナー（36）児童虐待と公立学校教員―守秘義務の免除、研修		総合教育技術 62-15	95-92	小学館

杉田菜穂	スギタナホ	2008.3	日本における児童権論の展開と社会政策：1933年児童虐待防止法を見据えて		経済学雑誌 108-4	53-76	大阪市立大学
小湊慶彦	コミナトヨシヒコ	2008.3	特別講演 法医学からみた子どもの虐待（第54回 日本小児保健学会（群馬））		小児保健研究 67-2	198-201	日本小児保健協会
頭川典子	ズカワノリコ	2008.3	乳児期における育児参加と虐待予防に対する父親の意識—核家族の父親への面接調査より		小児保健研究 67-2	403-410	日本小児保健協会
平田厚	ヒラタアツシ	2008.3	わが国における親権概念の成立と変遷	明治大学法科大学院	明治大学法科大学院論集 4	55-209	明治大学
山本隆司	ヤマモトリュウジ	2008.3	日本における公私協働	稲葉馨 亘理格	『行政法の思考様式』	171-232	青林書院
荒牧重人 吉永省三 吉田恒雄 半田勝久	アラマキシゲヒト ヨシナガショウゾウ ヨシダツネオ ハンダカツヒサ	2008.3	子ども支援の相談・救済—子どもが安心して相談できる仕組みと活動				日本評論社
信田さよ子	ノブタサヨコ	2008.3	加害者は変われるか？：DVと虐待をみつめながら				筑摩書房
高橋保	タカハシタモツ	2008.3	女性をめぐる法と政策：原理・体系・課題（改訂版）				ミネルヴァ書房
松田博雄	マツダヒロオ	2008.3	子ども虐待 多職種専門家チームによる取り組み（淑徳大学総合福祉学部研究叢書 28）				学文社
		2008.3	ファミリーソーシャルワークと児童福祉の未来—子ども家庭援助と児童福祉の展望	中山正雄編集代表			中央法規出版
高橋重宏 庄司順一 才村純 他	タカハシシゲヒロ ショウジジュンイチ サイムラジュン	2008.3	一時保護所の職員のストレスに関する研究（子ども虐待に関する研究（11））		日本子ども家庭総合研究所紀要 44	3-36	日本子ども家庭総合研究所
玉井邦夫	タマイクニオ	2008.4	巻頭インタビュー このの人に聞く（第42回） 玉井邦夫 子どもの児童虐待について考える		こころとからだの健康 12-4（通号122）	6-8	健学社
滝川一廣	タキガワカズヒロ	2008.4	子育て と児童虐待（特集 子育てのこれから）（子育てを論をめぐって）		そだちの科学 10	80-86	日本評論社
		2008.4	特集〔日本子ども虐待防止学会〕第13回学術集会（みえ大会）	日本子ども虐待防止学会	子どもの虐待とネグレクト 10-1	17-123	日本子ども虐待防止学会
山田不二子 田中真一郎 彦根倫子 他	ヤマダフジコ タナカシンイチロウ ヒコネトモコ	2008.4	乳幼児揺さぶられ症候群 (Shaken Baby Syndrome) 予防プログラムの試験的実施（特集〔日本子ども虐待防止学会〕第13回学術集会（みえ大会））	日本子ども虐待防止学会	子どもの虐待とネグレクト 10-1	17-24	日本子ども虐待防止学会
秋津佐智恵 山崎嘉久 加藤直実	アキツサチエ ヤマザキヨシヒサ カトウナオミ	2008.4	小児科医の子育て支援や虐待対応に関する意識と取り組み（特集〔日本子ども虐待防止学会〕第13回学術集会（みえ大会））	日本子ども虐待防止学会	子どもの虐待とネグレクト 10-1	45-53	日本子ども虐待防止学会
鈴木昭 藤沢直子 水品さく枝 他	スズキアキラ フジサワナオコ ミズシナサクエ	2008.4	裁判例に見る乳幼児虐待死過程の実証的研究—ハイリスクな人々の支援に向けた evidence based practice (EBP) を目指して（特集〔日本子ども虐待防止学会〕第13回学術集会（みえ大会））	日本子ども虐待防止学会	子どもの虐待とネグレクト 10-1	54-65	日本子ども虐待防止学会
佐藤拓代	サトウタクヨ	2008.4	保健分野における乳幼児虐待リスクアセスメント指標の評価と虐待予防のためのシステム的な地域保健活動の構築（特集〔日本子ども虐待防止学会〕第13回学術集会（みえ大会））	日本子ども虐待防止学会	子どもの虐待とネグレクト 10-1	66-74	日本子ども虐待防止学会

著者	著者(カナ)	年月	タイトル	編者等	掲載誌	巻号	頁	発行
実方由佳 笠原麻里 奥山眞紀子	ジツカタユカ カサハラマリ オクヤママキコ	2008.4	Munchausen Syndrome By Proxyの症例における「接近困難性」に対する一考察　(特集〔日本子どもの虐待防止学会〕第13回学術集会(みえ大会))	日本子ども虐待防止学会	子どもの虐待とネグレクト	10-1	75-82	日本子ども虐待防止学会
吉田敬子 長尾圭造	ヨシダケイコ ナガオケイゾウ	2008.4	養育者に精神疾患がみられる場合の虐待事例への支援―支援スタッフに潜む問題と周産期からの予防　(特集〔日本子どもの虐待防止学会〕第13回学術集会(みえ大会))	日本子ども虐待防止学会	子どもの虐待とネグレクト	10-1	83-91	日本子ども虐待防止学会
鈴木浩之 菱川愛 佐々木智子	スズキヒロユキ ヒシカワアイ ササキトモコ	2008.4	性的虐待を受けた子どもから被害を聞き取るための課題―「性的虐待調査」(2003-2005)と「同席面接」のスキルを導入した実践(2006-)から　(特集〔日本子どもの虐待防止学会〕第13回学術集会(みえ大会))	日本子ども虐待防止学会	子どもの虐待とネグレクト	10-1	92-100	日本子ども虐待防止学会
中村友紀 関口博久	ナカムラユキ セキグチヒロヒサ	2008.4	特殊教育諸学校における虐待対応に関する研究―東北6県の学校へのアンケート調査をもとに　(特集〔日本子どもの虐待防止学会〕第13回学術集会(みえ大会))	日本子ども虐待防止学会	子どもの虐待とネグレクト	10-1	101-108	日本子ども虐待防止学会
鈴宮寛子 山下洋 吉田敬子	スズミヤヒロコ ヤマシタヒロシ ヨシダケイコ	2008.4	周産期における虐待予防活動の課題―周産期精神保健の技術研修と継続支援システム構築の取り組みから　(特集〔日本子どもの虐待防止学会〕第13回学術集会(みえ大会))	日本子ども虐待防止学会	子どもの虐待とネグレクト	10-1	109-117	日本子ども虐待防止学会
山田不二子 田中真一郎 彦根倫子 他	ヤマダフジコ タナカシンイチロウ ヒコネトモコ 他	2008.4	乳幼児揺さぶられ症候群(Shaken Baby Syndrome)予防プログラムの一例　(特集〔日本子どもの虐待防止学会〕第13回学術集会(みえ大会))	日本子ども虐待防止学会	子どもの虐待とネグレクト	10-1	118-123	日本子ども虐待防止学会
山本知加 尾崎仁美 沼谷直子 他	ヤマモトチカ オザキヒトミ ヌマタニナオコ 他	2008.4	虐待を受けた子どもの行動チェックリスト(ACBL-R)の標準化の試み	日本子ども虐待防止学会	子どもの虐待とネグレクト	10-1	124-136	日本子ども虐待防止学会
松原康雄	マツバラヤスオ	2008.4	赤ちゃんポストが投げかけたこと　(特集 子どもの命が獅くとき)		世界の児童と母性	64	36-39	資生堂社会福祉事業財団
加納尚美	カノウナオミ	2008.4	DVと子ども虐待を考える―第48回日本母性衛生学会学術集会ワークショップより		母性衛生	49-1	39-47	日本母性衛生学会
池田ひかり	イケダヒカリ	2008.4	保健・医療の現場からできること　(DVと子ども虐待を考える―第48回日本母性衛生学会学術集会ワークショップより)		母性衛生	49-1	39-41	日本母性衛生学会
松山容子	マツヤマヨウコ	2008.4	DVと子ども虐待を考える―女性からの相談を通して　(DVと子ども虐待を考える―第48回日本母性衛生学会学術集会ワークショップより)		母性衛生	49-1	42-44	日本母性衛生学会
遠藤浩	エンドウヒロシ	2008.4	子どもと虐待　(DVと子ども虐待を考える―第48回日本母性衛生学会学術集会ワークショップより)		母性衛生	49-1	45-47	日本母性衛生学会
山田利行 他	ヤマダトシユキ 他	2008.4	自立援助ホーム―虐待を受けた子どもたちの心の安全基地	最高裁判所事務総局	家庭裁判月報	60-4	27-73	最高裁判所事務総局
前田忠弘	マエダタダヒロ	2008.4	配偶者暴力及び児童虐待に関する総合的研究		法務総合研究所研究部報告	40	1-146	法務総合研究所
		2008.4	児童虐待の刑事対応	前野育三先生古稀祝賀論文集刊行委員会	『刑事政策学の体系』		400-419	法律文化社
Turnell Andrew, Essex Susie	アンドリュー・ターネル スージー・エセックス	2008.4	児童虐待を認めない親への対応―リゾリューションズ・アプローチによる家族の再統合	井上薫 井上直美 訳著				明石書店

著者		日付	タイトル	掲載誌	巻号	頁	出版社
松本伊智朗	マツモトイチロウ	2008.4	子どもの貧困―子ども時代のしあわせ平等のために	―	―	―	明石書店
松本伊智朗	マツモトイチロウ	2008.4	貧困の再発見と子ども	『子どもの貧困―子ども時代のしあわせ平等のために―』	―	14-61	明石書店
川松亮	カワマツアキラ	2008.4	児童相談所からみえる子どもの貧困―虐待―貧困と虐待のハイリスク要因として	『子どもの貧困―子ども時代のしあわせ平等のために―』	―	84-111	明石書店
松本伊智朗	マツモトイチロウ	2008.4	貧困は見ようとしないと見えない	『子どもの貧困―子ども時代のしあわせ平等のために―』	―	377-381	明石書店
湯澤直美	ユザワナオミ	2008.4	いのちをつなぐ	『子どもの貧困―子ども時代のしあわせ平等のために―』	―	382-385	明石書店
		2008.4	子ども虐待―子どもへの最大の人権侵害― 新版	―	―	―	有斐閣
柏女霊峰	カシワメレイホウ	2008.4	子ども家庭福祉サービス供給体制―切れめのない支援をめざして	―	―	―	中央法規出版
仁田山義明	ニタヤマヨシアキ	2008.5	配偶者からの暴力の防止及び被害者の保護に関する法律の一部を改正する法律（平成19年法律第113号）／児童虐待の防止等に関する法律及び児童福祉法の一部を改正する法律（平成19年法律第73号）（弁護士のための新法令紹介309）	自由と正義 59-5（通号712）		163-166	日本弁護士連合会
		2008.5	特集 発達障害と子ども虐待	発達障害研究 30-2（通号120）		63-120	日本発達障害学会
宮本信也	ミヤモトシンヤ	2008.5	子ども虐待の理解（特集 発達障害と子ども虐待）	発達障害研究 30-2（通号120）		64-76	日本発達障害学会
宮本信也	ミヤモトシンヤ	2008.5	発達障害と子ども虐待（特集 発達障害と子ども虐待）	発達障害研究 30-2（通号120）		77-81	日本発達障害学会
林隆	ハヤシタカシ	2008.5	発達障害の危険因子・増悪因子としての子ども虐待（特集 発達障害と子ども虐待）	発達障害研究 30-2（通号120）		82-91	日本発達障害学会
下泉秀夫	シモイズミヒデオ	2008.5	発達障害のある子どもの医療機関での育児支援（特集 発達障害と子ども虐待）	発達障害研究 30-2（通号120）		92-101	日本発達障害学会
玉井邦夫	タマイクニオ	2008.5	発達障害と虐待状況が絡み合う事例への援助（特集 発達障害と子ども虐待）	発達障害研究 30-2（通号120）		102-110	日本発達障害学会
杉山登志郎	スギヤマトシロウ	2008.5	子どものトラウマと発達障害（特集 発達障害と子ども虐待）	発達障害研究 30-2（通号120）		111-120	日本発達障害学会
		2008.5	特集 子ども格差	週刊東洋経済 6142（特大号）		36-105	東洋経済新報社
		2008.5	浅井春夫 立教大学コミュニティ福祉学部教授―森下攻樹 中央大学法科大学院教授（特集 子ども格差 INTERVIEW）	週刊東洋経済 6142（特大号）		45	東洋経済新報社
		2008.5	生活苦、虐待、家庭崩壊…「子どもの貧困」最前線（特集 子ども格差 PART1）	週刊東洋経済 6142（特大号）		46-63	東洋経済新報社
		2008.5	虐待問題への対応で疲弊 パンク状態の児童相談所（子どもの格差―このままでは日本の未来が危ない！―「子どもの貧困」最前線）	週刊東洋経済 6142（特大号）		46-48	東洋経済新報社
		2008.5	生活苦、虐待、家庭破綻…「子どもの貧困」最前線―COLUMN 社会的養護に子どもの視点を 声を上げ始めた施設出身者たち（特集 子ども格差 PART1）	週刊東洋経済 6142（特大号）		49	東洋経済新報社

著者	カナ	年月	タイトル	編者等	掲載誌	頁	出版社
佐藤香代	サトウカヨ	2008.5	生活苦 虐待 家庭破綻…「子どもの貧困」最前線―「際限なく広がる母子家庭の貧困」「過酷さを増す就労指導 生活保護家庭が上げる悲鳴」（特集 子ども格差 PART1）		週刊東洋経済 6142（特大号）	50-52	東洋経済新報社
		2008.5	教育問題 法律相談（No.7）学校が、保護者による児童虐待の疑いを通告した場合の「留意点」		週刊教育資料 1028	28	教育公論社
ジョン・E. B. マイヤーズ ルーシー・バーリナー ジョン・ブリエール C・テリー・ヘンドリックス キャロル・ジェニー テレーザ・A・ライド	ジョン・E. B. マイヤーズ ルーシー・バーリナー ジョン・ブリエール C・テリー・ヘンドリックス キャロル・ジェニー テレーザ・A・ライド	2008.5	マルトリートメント 子ども虐待対応ガイド	小木曽宏 和泉広恵 小倉敏彦 佐藤まゆみ 御園生直美		―	明石書店
庄司順一	ショウジジュンイチ	2008.6	児童虐待の現状とその防止等のための課題（特集 刑事施策を支えるボランティア）	日立みらい財団	犯罪と非行 156	144-166	日立みらい財団
守山正	モリヤママサシ	2008.6	イギリス保護観察100年―回顧と展望	日立みらい財団	犯罪と非行 156	167-190	日立みらい財団
山本譲司	ヤマモトジョウジ	2008.6	罪を犯した障害者との関わりのなかで	日立みらい財団	犯罪と非行 156	191-210	日立みらい財団
金子龍太郎 中島賢介	カネコリュウタロウ ナカジマケンスケ	2008.6	NPO 法人による被虐待児に対応する新たな社会的養護の創出―国際児童支援組織 SOS こどもの村の理論的機軸を探る―国際児童福祉組織 SOS こどもの村の導入をめぐって（2）世界での新たな展開と日本での導入経過	龍谷大学国際社会文化研究所	龍谷大学国際社会文化研究所紀要 10	53-68	龍谷大学
中山和弘	ナカヤマカズヒロ	2008.6	現場からのレポート 我が子への虐待事件の対象者を振り返って	日本更生保護協会	更生保護 59-6	48-50	日本更生保護協会
武市敏孝	タケイチトシタカ	2008.6	母親が知的障害と判定された家庭内児童虐待の検討	日本小児精神神経学会	小児の精神と神経 48-2	111-120	アークメディア
奥山眞紀子	オクヤママキコ	2008.6	司法面接―性的虐待を中心に		児童青年精神医学とその近接領域 49-3	320-321	
嶋崎政男	シマザキマサオ	2008.6	教育の危機管理＜実務編＞提言（60）児童虐待の現状と対応	日本教育新聞社	週刊教育資料 1030（通号1160）	18-19	教育公論社
若井彌一	ワカイヤイチ	2008.7	教育と時事―解説・提言（60）児童虐待防止法と少年法の改正と課題	教育開発研究所	教職研修 36-11（通号431）	84-86	教育開発研究所
林弘正	ハヤシヒロマサ	2008.7	特集 児童虐待をめぐる法整備と課題		刑事法ジャーナル 12	2-30	イウス出版
磯谷文明	イソガエフミアキ	2008.7	児童虐待をめぐる現況と法的対応（特集 児童虐待をめぐる法整備と課題）		刑事法ジャーナル 12	2-14	イウス出版
平山幹子	ヒラヤマミキコ	2008.7	児童虐待の実態と関連法理論―不作為による共犯を中心にして（特集 児童虐待をめぐる法整備と課題）		刑事法ジャーナル 12	15-22	イウス出版
西原尚之 原田直樹 山口のり子 他	ニシハラナオユキ ハラダナオキ ヤマグチノリコ	2008.7	子ども虐待防止にむけた保育所、学校等の役割と課題	福岡県立大学人間社会学部	福岡県立大学人間社会学部紀要 17-1	45-58	福岡県立大学
		2008.7	特集 児童虐待にかかわる視点	日本精神科看護技術協会	精神科看護 35-7（通号190）	11-43	精神看護出版

著者（漢字）	著者（カナ）	年月	タイトル	編著者等	掲載誌	発行元	ページ	出版社
天賀谷隆	アマガヤタカシ	2008.7	児童虐待の実態からみえてくる課題（特集 児童虐待にかかわる視点）		精神科看護 35-7（通号 190）	日本精神科看護技術協会	12-16	精神看護出版
才村純	サイムラジュン	2008.7	児童虐待防止法改正の意義と課題（特集 児童虐待にかかわる視点）		精神科看護 35-7（通号 190）	日本精神科看護技術協会	17-21	精神看護出版
伊達直利	ダテナオトシ	2008.7	地域で暮らせる社会的養護を充実させたい―児童養護施設での支援で感じること（特集 児童虐待にかかわる視点）		精神科看護 35-7（通号 190）	日本精神科看護技術協会	22-27	精神看護出版
向山晴子	ムコウヤマハルコ	2008.7	児童相談所・児童福祉との連携を考える―地域精神保健福祉の視点から（特集 児童虐待にかかわる視点）		精神科看護 35-7（通号 190）	日本精神科看護技術協会	28-33	精神看護出版
寺田悦子 中野ふみ子	テラダエツコ ナカノフミコ	2008.7	精神疾患をもつ母親と子どもを支える―訪問看護ステーション支援をつなぐ（特集 児童虐待にかかわる視点）		精神科看護 35-7（通号 190）	日本精神科看護技術協会	34-38	精神看護出版
秋津佐智恵	アキツサチエ	2008.7	子ども虐待へのチームアプローチ―あいち小児保健医療総合センターにおける取り組み―（特集 児童虐待にかかわる視点）		精神科看護 35-7（通号 190）	日本精神科看護技術協会	39-43	精神看護出版
吉田彩	ヨシダアヤ	2008.7	医療ネグレクト事案における親権者の職務執行停止・職務代行者選任に保全処分に関する裁判例の分析		家庭裁判月報 60-7	最高裁判所事務総局	1-42	最高裁判所事務総局
松村徹 田中寛明	マツムラトオル タナカヒロアキ	2008.7	児童虐待の防止等に関する法律及び児童福祉法の一部を改正する法律（平成19年法律第73号）の概要及び特別家事審判規則の一部を改正する規則（平成20年最高裁判所規則第1号）の解説		家庭裁判月報 60-7	最高裁判所事務総局	43-75	最高裁判所事務総局
		2008.7	［通達・回答］特別家事審判規則の一部を改正する規則の公布について		家庭裁判月報 60-7	最高裁判所事務総局	105-107	最高裁判所事務総局
		2008.7	［資料］「児童虐待の防止等に関する法律施行規則及び児童福祉法施行規則の一部を改正する省令」の施行並びに児童相談所運営指針等の改正について		家庭裁判月報 60-7	最高裁判所事務総局	115-283	最高裁判所事務総局
Chiristopher J.Hobbs, Helga G.I.Hanks, Jane M.Wynne	クリストファー・J.ホッブス、ヘルガ・G.I.ハンクス、ジェーン・M.ウィン	2008.7	子どもの虐待とネグレクト 臨床家ハンドブック	稲垣由子 岡田由香	―	―	―	日本小児医事出版社
朝日新聞大阪本社編集局	アサヒシンブンオオサカホンシャヘンシュウキョク	2008.7	ルポ 児童虐待（朝日新書）		―	―	―	朝日新聞出版
最高裁判所事務総局家庭局	サイコウサイバンショジムソウキョクカテイキョク	2008.8	児童福祉法28条事件の動向と事件処理の実情（平成19年4月1日〜平成20年3月31日）		家庭裁判月報 60-8	最高裁判所事務総局	267-284	最高裁判所事務総局
		2008.8	虐待防止法の改正と福祉の現場から（特集 岐路に立つ子ども政策 厳罰主義か、支援主義の道か―虐待防止法の改正と福祉の現場）		子どもの権利条約 13	子どもの権利条約総合研究所	1-39	子どもの権利条約総合研究所
佐藤隆司	サトウタカシ	2008.8	福祉の現場から―児童相談所の活動から（特集 岐路に立つ子ども政策 厳罰主義か、支援主義の道か―虐待防止法の改正と福祉の現場）		子どもの権利条約 13	子どもの権利条約総合研究所	4-7	子どもの権利条約総合研究所
吉田恒雄	ヨシダツネオ	2008.8	家庭への強制介入と2007年法改正（特集 岐路に立つ子ども政策 厳罰主義か、支援主義の道か―虐待防止法の改正と福祉の現場）		子どもの権利条約 13	子どもの権利条約総合研究所	8-11	子どもの権利条約総合研究所
		2008.8	特集にあたって 子ども虐待への看護職の対応視点		子どもの虐待とネグレクト 10-2	日本子ども虐待防止学会	163-197	日本子ども虐待防止学会
鈴木敦子	スズキアツコ	2008.8	特集にあたって（特集 子ども虐待への看護職の対応視点）		子どもの虐待とネグレクト 10-2	日本子ども虐待防止学会	163-165	日本子ども虐待防止学会

著者	ヨミ	年月	タイトル	誌名	雑誌名	号	頁	発行所
長谷川喜久美	ハセガワキクミ	2008.8	助産師の妊娠中からの母親へのかかわり—事例を通して（特集 子ども虐待防止）（特集 子ども虐待への看護職の対応視点）	日本子ども虐待防止学会	子どもの虐待とネグレクト	10-2	166-174	日本子ども虐待防止学会
島田佐織	シマダサオリ	2008.8	子どもが新生児期にある母親への支援—家庭訪問に焦点をあてて（特集 子ども虐待への看護職の対応視点）	日本子ども虐待防止学会	子どもの虐待とネグレクト	10-2	175-180	日本子ども虐待防止学会
上野昌江	ウエノマサエ	2008.8	保健師の母親の「しんどさ」に焦点をあてた支援と虐待発生予防をめざす支援（特集 子ども虐待への看護職の対応視点）	日本子ども虐待防止学会	子どもの虐待とネグレクト	10-2	181-187	日本子ども虐待防止学会
鎌田佳奈美	カマタカナミ	2008.8	大阪初期の被虐待児に対する看護師の治療的なかかわりと課題（特集 子ども虐待への看護職の対応視点）	日本子ども虐待防止学会	子どもの虐待とネグレクト	10-2	188-192	日本子ども虐待防止学会
楢木野裕美	ナラキノヒロミ	2008.8	虐待を受け入院してきた5歳児に対する看護師の対応視点（特集 子ども虐待への看護職のケア）（特集 子ども虐待への看護職の対応視点）	日本子ども虐待防止学会	子どもの虐待とネグレクト	10-2	193-197	日本子ども虐待防止学会
日本子ども虐待防止学会虐待に関する制度検討委員会	ニホンコドモギャクタイボウシガッカイギャクタイニカンスルセイドケントウイインカイ	2008.8	委員会調査報告 児童虐待防止における児童相談所と警察の連携に関する調査（概要）	日本子ども虐待防止学会	子どもの虐待とネグレクト	10-2	198-206	日本子ども虐待防止学会
佐々木大樹	ササキダイキ	2008.8	児童相談所の早期虐待予防への関与—保育所巡回相談の活用	日本子ども虐待防止学会	子どもの虐待とネグレクト	10-2	250-253	日本子ども虐待防止学会
高良麻子	コウラアサコ	2008.8	児童虐待におけるスクールソーシャルワーカーの役割に関する一考察—児童相談所と小学校との連携に注目して	日本学校ソーシャルワーク学会誌編集委員会	学校ソーシャルワーク研究	3	2-13	日本学校ソーシャルワーク学会
津崎哲郎	ツザキテツロウ	2008秋	子ども虐待をめぐる課題（特集 子ども・若者政策再考）	大阪市政調査会	市政研究	161	18-27	大阪市政調査会
仁田山義明	ニタヤマヨシアキ	2008.9	法律解説 厚生労働 児童虐待の防止に関する法律及び児童福祉法の一部を改正する法律（平成19.6.1法律第73号）		法令解説資料総覧	320	15-20	第一法規
家庭問題情報センター	カテイモンダイジョウホウセンター	2008.9	時報サロン 家庭問題よろず相談室 (171) 実父からの性的虐待に苦悩するAさん		戸籍時報	631	91-93	日本加除出版
私の紀代子	シイチキヨコ	2008.9	子ども虐待防止—民間活動の広がり—ひとりひとりの存在を守るために		月刊少年育成	53-9	40-45	社団法人大阪少年補導協会
藤岡孝志	フジオカタカシ	2008.9	愛着臨床と子ども虐待					ミネルヴァ書房
山野良一	ヤマノリョウイチ	2008.9	子どもの最貧国・日本					光文社
和歌山県福祉保健部福祉保健政策局子ども未来課	ワカヤマケンフクシホケンブフクシホケンセイサクキョクコドモミライカ	2008.10	自治体条例REPORT 和歌山県子どもの未来を託す子どもを虐待から守るために—和歌山県子どもを虐待から守る条例		自治体法務navi	25	34-39	第一法規
薬師川厚子	ヤクシガワアツコ	2008.10	自治体条例REPORT 大阪府東大阪市 子どもの人権を守る条例 ネットワーク—東大阪市子どもを虐待から守る条例		自治体法務navi	25	40-45	第一法規
北川拓	キタガワタク	2008.10	虐待相談を通しての発信—子どもの代弁者として声をあげる—（特集「子どもの貧困」に向きあって）（実態報告）	総合社会福祉研究所	福祉のひろば	103（通号468）	18-20	大阪福祉事業財団
佐藤喜宣	サトウヨシノブ	2008.10	臨床法医学からみた子ども虐待	日本新生児看護学会	日本新生児看護学会誌	14-2	2-5	日本新生児看護学会
大原天青 楢木満生	オオハラタカハル ナレギミツキ	2008.10	児童自立支援施設入所児童の被虐待経験と非行の関係	日本カウンセリング学会	カウンセリング研究	41-3	193-203	日本カウンセリング学会
吉田恒雄	ヨシダツネオ	2008.10	児童相談所長の申立による親権喪失の宣告（昭和54.5.16東京家八王子）		家族法判例百選〈第7版〉			有斐閣

著者	ヨミ	年月	タイトル	掲載誌	号	頁	出版社
矢澤克憲 橋本美香	ヤザワカツノリ ハシモトミカ	2008.10	日本子ども虐待防止学会第13回学術集会出席報告（家庭裁判所調査官及び裁判所技官（医師）の学会出席報告（2）}	家庭裁判月報 60-10		158-165	最高裁判所事務総局
沖潤一 岡宮隆一 小久保推代他	オキジュンイチ オカミヤタカイチ コクボマサヨ	2008.10	児童虐待防止法改正後の3年間に一地方都市で起きた重篤な子ども虐待4例について	日本小児科学会雑誌 112-10		1562-1566	日本小児科学会
仲真紀子	ナカマキコ	2008.10	児童虐待における子どもとの司法面接—出来事を話す	そだちと臨床 5		147-150	明石書店
		2008.10	スクールソーシャルワーカー養成テキスト			—	中央法規出版
バーバラ・ローエンサル	バーバラ・ローエンサル	2008.10	子ども虐待とネグレクト—教師のためのガイドブック			—	明石書店
佐藤香代	サトウカヨ	2008.10	教育問題法律相談（No.25）虐待があり、家に帰れない子どもへの法的対応	週刊教育資料 1046（通号1176）		25	教育公論社
森田ゆり	モリタユリ	2008.10	子どもへの性的虐待			—	岩波書店
横田光平	ヨコタコウヘイ	2008.11	親の権利・子どもの自由・国家の関与（10・完）—憲法理論と民法理論の統合的理解	法学協会雑誌 125-11		2435-2534	法学協会事務所
		2008.11	性虐待の未然防止—現場からの報告—学校現場からの報告	現代のエスプリ 496		5-198	至文堂
桂子 石川瞭子	ケイコ イシカワリョウコ	2008.11	インタビュー 性虐待を生きぬいて—トラウマを抱えて生きる意義（性虐待の未然防止—現場からの報告）	現代のエスプリ 496		5-39	至文堂
石川瞭子	イシカワリョウコ	2008.11	はじめに 性虐待と性暴力のはざまで（性虐待の未然防止—現場からの報告）	現代のエスプリ 496		40-68	至文堂
柳沼初江	ヤギヌマハツエ	2008.11	児童期の現場からの報告—小学校の現場から（性虐待の未然防止—現場からの報告—学校現場からの報告）	現代のエスプリ 496		69-81	至文堂
佐藤量子	サトウリョウコ	2008.11	思春期の現場からの報告—中学生の事例から（性虐待の未然防止—現場からの報告—学校現場からの報告）	現代のエスプリ 496		82-92	至文堂
湯浅とも子	ユアサトモコ	2008.11	青年期の現場からの報告—早期発見の視点（性虐待の未然防止—現場からの報告—学校現場からの報告）	現代のエスプリ 496		93-101	至文堂
森時尾	モリトキオ	2008.11	性的虐待を受けた子どもに代わって（性虐待の未然防止—現場からの報告—公的機関からの報告）	現代のエスプリ 496		102-115	至文堂
津嶋悟	ツシマサトル	2008.11	児童養護施設における性被害・性加害の防止に向けた取り組み（性虐待の未然防止—現場からの報告—公的機関からの報告）	現代のエスプリ 496		116-128	至文堂
吉川由香	ヨシカワユカ	2008.11	臨床心理士の立場からの援助と予防について（性虐待の未然防止—現場からの報告—司法機関からの報告）	現代のエスプリ 496		129-138	至文堂
織田栄子	オダエイコ	2008.11	性犯罪被害者家族に対する警察の支援（性虐待の未然防止—現場からの報告—司法機関からの報告）	現代のエスプリ 496		139-150	至文堂
手塚一朗	テヅカイチロウ	2008.11	「母と子のクリニック（精神科）」での取り組みからの報告—民間支援機関（性虐待の未然防止—現場からの報告—民間支援機関）	現代のエスプリ 496		151-157	至文堂
齊藤麻里子	サイトウマリコ	2008.11	事例研究から考える性虐待の子防—絵本を読んで学んだこと（性虐待の未然防止—現場からの報告—民間支援機関）	現代のエスプリ 496		158-173	至文堂

著者	ヨミ	年月	タイトル		雑誌名	ページ	出版社
村松邦子	ムラマツクニコ	2008.11	女性ライフサイクル研究所における性虐待防止の取り組み（性虐待の未然防止―現場からの報告）		現代のエスプリ 496	174-185	至文堂
西澤哲	ニシザワサトル	2008.11	子ども虐待における性的虐待の動向（性虐待の未然防止―現場からの報告）		現代のエスプリ 496	186-198	至文堂
柳澤正義	ヤナギサワマサヨシ	2008.11	子ども虐待をめぐって		小児科臨床 6-11（通号730）	2190-2193	日本小児医事出版社
才村純	サイムラジュン	2008.11	特集 児童虐待防止のために	こども未来財団	こども未来 446	6-14	こども未来財団
才村純	サイムラジュン	2008.11	改正児童虐待防止法の円滑な運用をめざして―保護者援助ガイドライン等の概要（特集 児童虐待防止のために）	こども未来財団	こども未来 446	7-9	こども未来財団
杉山登志郎	スギヤマトシロウ	2008.11	性的虐待への取り組みを（特集 児童虐待防止のために）	こども未来財団	こども未来 446	10-12	こども未来財団
厚生労働省雇用均等・児童家庭局総務課虐待防止対策室	コウセイロウドウショウコヨウキントウジドウカテイキョクソウムカギャクタイボウシタイサクシツ	2008.11	小特集 児童虐待の防止に向けて		厚生労働 63-11	24-27	中央法規出版
松田博雄	マツダヒロオ	2008.11	発達障害と子ども虐待（特集 発達障害 up to date）		月刊地域保健 39-11	22-33	東京法規出版
新井肇 三浦薫	アライハジメ ミウラカオル	2008.11	教師カウンセラーのための生徒指導実践プログラム（8）担任として虐待を受けている子どもをどう支援するか？	学事出版	月刊生徒指導 38-13	40-49	学事出版
一場順子 木田秋津	イチバヨリコ キダアキツ	2008.11	司法面接と諸専門領域にわたる多角的児童虐待の評価について〈寄稿〉		自由と正義 59-11	77-84	日本弁護士連合会
阿部彩	アベアヤ	2008.11	子どもの貧困―日本の不公平を考える			-	岩波書店
奥山眞紀子	オクヤママキコ	2008.12	虐待が疑われる子どもに対するケア（特集 目の病気における看護ケアのポイント―入院治療を要する重症眼疾患を対象に―知っておきたい知識）		小児看護 31-13（通号395）	1756-1760	へるす出版
山田典子 米虫奈々子 宮本真巳 他	ヤマダノリコ ヨネムシナナコ ミヤモトマミ	2008.12	暴力や虐待の被害を繰り返さないために必要な日本における法看護学教育の検討		看護学雑誌 72-12	1024-1028	医学書院
		2008.12	特集 アタッチメント	日本子ども虐待防止学会	子どもの虐待とネグレクト 10-3	275-321	日本子ども虐待防止学会
庄司順一	ショウジジュンイチ	2008.12	特集にあたって（特集 アタッチメント）	日本子ども虐待防止学会	子どもの虐待とネグレクト 10-3	275-277	日本子ども虐待防止学会
北川恵	キタガワメグミ	2008.12	アタッチメントと分離・喪失（特集 アタッチメント）	日本子ども虐待防止学会	子どもの虐待とネグレクト 10-3	278-284	日本子ども虐待防止学会
青木豊	アオキユタカ	2008.12	アタッチメントの問題とアタッチメント障害（特集 アタッチメント）	日本子ども虐待防止学会	子どもの虐待とネグレクト 10-3	285-296	日本子ども虐待防止学会
西澤哲	ニシザワサトル	2008.12	施設養育におけるアタッチメントの形成―アタッチメント理論に焦点をあてて（特集 アタッチメント）	日本子ども虐待防止学会	子どもの虐待とネグレクト 10-3	297-306	日本子ども虐待防止学会
御園生直美	ミソノオナオミ	2008.12	里親養育とアタッチメント（特集 アタッチメント）	日本子ども虐待防止学会	子どもの虐待とネグレクト 10-3	307-314	日本子ども虐待防止学会

著者名	ヨミ	年月	タイトル	掲載誌	巻号	ページ	出版者
庄司順一	ショウジジュンイチ	2008.12	子どもに対する母親の結びつき（特集 アタッチメント）	子どもの虐待とネグレクト 10-3		315-321	日本子ども虐待防止学会
長尾正崇	ナガオマサタカ	2008.12	臨床法医学で読む虐待事件（2）不登校の原因が子ども虐待であった虐待死事例	子どもの虐待とネグレクト 10-3		322-328	日本子ども虐待防止学会
松本伊智朗	マツモトイチロウ	2008.12	子ども虐待の「今」（第4回）貧困と子ども虐待	子どもの虐待とネグレクト 10-3		329-334	日本子ども虐待防止学会
山崎佐和子	ヤマサキサワコ	2008.12	日本と米国における子ども虐待と動物虐待の関連性に関する歴史と現状の比較	子どもの虐待とネグレクト 10-3		353-362	日本子ども虐待防止学会
		2008.12	〈特集〉施設内児童虐待	月刊少年育成 53-12		8-33	大阪少年補導協会
前橋信和	マエバシノブカズ	2008.12	施設内児童虐待の今	月刊少年育成 53-12		8-13	大阪少年補導協会
桑原教修	クワバラキョウシュウ	2008.12	施設内児童虐待（施設内権利侵害）に思う	月刊少年育成 53-12		14-19	大阪少年補導協会
草間吉夫	クサマヨシオ	2008.12	施設内児童虐待の発生抑制を考える	月刊少年育成 53-12		20-26	大阪少年補導協会
平湯真人	ヒラユマサト	2008.12	施設内児童虐待をどのように防止するか	月刊少年育成 53-12		28-33	大阪少年補導協会
田中俊英	タナカトシヒデ	2008.12	なぜ民間支援機関に事件が起こるのか（僕たちのドーナツトーク153）	月刊少年育成 53-12		48-49	大阪少年補導協会
費田美鈴	キダミスズ	2008.12	2002年の里親制度の改定に影響を及ぼした社会的要因—子どもの権利条約批准と児童虐待の社会問題化	名古屋市立大学大学院人間文化研究科人間文化研究 10		77-89	名古屋市立大学
大原天青・楡木満生	オオハラタカハル・ニレギミツキ	2008.12	児童自立支援施設入所児童の行動特徴と被虐待経験の関係	発達心理学研究 19-4		353-363	日本発達心理学会機関誌編集委員会
田中和泉	タナカイズミ	2008.12	声なき声を聴け—権利擁護のまちづくり（7）家庭用・施設用の虐待防止マニュアルを独自に作成 千葉松戸市	介護保険情報 9-9（通号105）		58-61	社会保険研究所
	日本弁護士連合会子どもの権利委員会	2008.12	子どもの虐待防止・法的実務マニュアル〈第4版〉			—	明石書店
米丸恒治	ヨネマルツネハル	2008.12	行政の多元化と行政責任	磯部力・小早川光郎・芝池義一『行政法の新構想Ⅲ』		—	有斐閣
川崎二三彦・増沢高	カワサキフミヒコ・マスザワタカシ	2008.12	いっしょに考える子ども虐待			—	明石書店
才村純	サイムラジュン	2008.12	図表でわかる子ども虐待—保育・教育・養育の現場で活かすために			—	明石書店
岩下美代子・岩本愛子	イワシタミヨコ・イワモトアイコ	2009	日本における「子ども虐待」の変遷（第2報）	鹿児島純心女子短期大学研究紀要 39		21-45	鹿児島純心女子短期大学
浅倉むつ子	アサクラムツコ	2009	書評 原田綾子著『「虐待大国」アメリカの苦闘—児童虐待防止への取組みと家族福祉政策』	法社会学 70		291-296	有斐閣
岡部眞勝・桑原博道	オカベマサカツ・クワハラヒロミチ	2009	児童虐待防止法（知っておきたい日常診療に関わる法律と制度—医療トラブルを起こさないために）	小児科臨床 62（通号738）		1517-1523	日本小児医事出版社
墨岡亮・桑原博道	スミオカリョウ・クワハラヒロミチ	2009	医師の守秘義務について（知っておきたい日常診療に関わる法律と制度—医療トラブルを起こさないために）（個人情報保護について）	小児科臨床 62（通号738）		1539-1544	日本小児医事出版社
倉石哲也	クライシテツヤ	2009	海外研修報告 アメリカ西海岸を中心とした虐待対応の取組について	臨床教育学研究 15		15-37	武庫川女子大学大学院臨床教育学研究科

著者	ヨミ	発行年月	タイトル	掲載誌	巻号	頁	発行所
栄留里美	エイドメサトミ	2009	市町村行政における児童虐待防止対応の課題―子どもの人権の視点に立った家庭援助とは	人権問題研究 9		25-41	大阪市立大学
相原眞人	アイハラマサト	2009.1	アメリカおよびイギリスとの比較に見るわが国児童虐待対応システムの課題	静岡福祉大学紀要 5		77-89	静岡福祉大学
厚生労働省雇用均等児童家庭局家庭福祉課	コウセイロウドウショウコヨウキントウジドウカテイキョクカテイフクシカ	2009.1	被虐待児童等虐待対応ガイドライン（案）―都道府県・児童相談所 改正児童福祉法施行に向けて―（特集 設置児童養護施設が取り組むべき課題）	児童養護 39-3		34-46	全国社会福祉協議会全国児童養護施設協議会
加藤曜子	カトウヨウコ	2009.1	要保護児童対策地域協議会（子どもを守る地域ネットワーク）のための共通アセスメントと合同研修の効果	流通科学大学論集・人間・社会・自然編 21-2		115-126	流通科学大学研究会
渡辺咲子	ワタナベサキコ	2009.1	刑事法よろず相談室（第43回）子どもの虐待に関する問題	Keisatsu koron 64-1		97-103	立花書房
田邉泰美	タナベヤスミ	2009.1	英国児童虐待防止研究―児童性的虐待（ペドファイル：児童性愛者集団）対策に関する一考察（その1）	園田学園女子大学論文集 43		119-133	園田学園女子大学
実務判例研究会	ジツムハンレイケンキュウカイ	2009.1	最新判例にみる身近な犯罪（第3回）児童虐待	捜査研究 58-1		80-85	東京法令出版
石川義之	イシカワヨシユキ	2009.1	子ども虐待の基礎理論―身体的虐待を中心に：その2	大阪樟蔭女子大学人間科学研究紀要 8		1-24	大阪樟蔭女子大学
金澤ますみ	カナザワマスミ	2009.2	児童虐待と貧困―スクールソーシャルワークの現場から（特集 子どもと暴力―暴力からの回復）	解放教育 39-2		25-31	明治図書出版
岩井宜子	イワイヨシコ	2009.2	ファミリー・バイオレンスの法的問題とその課題	ジュリスト 1371		2-5	有斐閣
遠藤野ゆり	エンドウノユリ	2009.2	虐待された子どもたちの自立―現象学からみた思春期の意識			—	東京大学出版会
佐藤香代	サトウカヨ	2009.2	教育問題法律相談（No.39）虐待から子どもを守るための法的な対処法	週刊教育資料 1060（通号1190）		27	日本教育新聞社
西澤哲	ニシザワサトル	2009.2	こども虐待―虐待による心理的影響とそのケア、虐待傾向を示す親子の理解とケア	ケース研究 298		45-73	家庭事件研究会
池谷和子	イケヤカズコ	2009.3	アメリカ児童虐待防止法制度の研究			—	樹芸書房
稲富眞也藤澤陽子	イナトミシンヤフジサワヨウコ	2009.3	児童虐待防止の子どもは施設入所をどのように捉えているのか	臨床心理学 9-2		230-240	金剛出版
菊池美恵	キクチミエ	2009.3	児童虐待防止ネットワークが機能するための要因―要保護児童対策地域協議会構成員への面接調査の分析から	高知女子大学紀要 社会福祉学部編 58		1-14	高知女子大学
		2009.3	公開シンポジウム 虐待防止法制の横断的検討―障害者虐待防止の法制化にむらんで	臨床法務研究 7		1-85	岡山大学大学院法務研究科
平田厚	ヒラタアツシ	2009.3	基調講演 虐待防止法制の現状と課題（公開シンポジウム 虐待法制の横断的検討―障害者虐待防止の法制化にむらんで）	臨床法務研究 7		5-19, 65-68	岡山大学大学院法務研究科
水島真寿美	ミズシママスミ	2009.3	シンポジスト児童分野報告 子どもの最善の利益のための一子どもの虐待防止の現状と今後目指すべき―（公開シンポジウム 虐待法制の横断的検討―障害者虐待防止の法制化にむらんで）	臨床法務研究 7		27-32, 73-76	岡山大学大学院法務研究科

著者	ヨミ	発行年月	タイトル	掲載誌	巻号	ページ	発行元
西田和弘 小田敬美 平田厚 他	ニシダカズヒロ オダタカミ ヒラタアツシ	2009.3	パネル討議　虐待防止法制の横断的検討―障害者虐待防止の法制化にちなんで（公開シンポジウム　虐待防止法制の横断的検討―障害者虐待防止の法制化にちなんで）	臨床法務研究 7		41-62	岡山大学大学院法務研究科
朴志允	パクジユン	2009.3	韓国における被虐待の現状と地域支援システム	東洋大学人間科学総合研究所紀要	創刊号	133-152	東洋大学人間科学総合研究所
片岡優子	カタオカユウコ	2009.3	原胤昭の生涯とその事業：児童虐待防止事業を中心として	Human Welfare: HW	創刊号	19-31	関西学院大学人間福祉学部
木下隆志	キノシタタカシ	2009.3	阪神間における子ども家庭福祉施策の現状について―芦屋市住民を対象とした児童虐待に対する意識調査から	研究紀要 10		55-65	関西国際大学
		2009.3	第三セッション　子ども虐待と社会的養護―これまでとこれから（［日本小児精神神経学会］第100回記念学術集会　特集　小児精神神経学の過去・現在・未来（その2））	小児の精神と神経（通号182）	49-1	11-36	日本小児精神神経学会
庄司順一	ショウジジュンイチ	2009.3	社会的養護のこれまでとこれから（［日本小児精神神経学会］第100回記念学術集会　特集　小児精神神経学の過去・現在・未来（その2））（第三セッション　子ども虐待と社会的養護―子どもの権利の視点から）	小児の精神と神経（通号182）	49-1	11-16	日本小児精神神経学会
小林美智子	コバヤシミチコ	2009.3	虐待を受けた子どもの社会的養護これまでとこれからがなすべきこと―（［日本小児精神神経学会］第100回記念学術集会　特集　小児精神神経学の過去・現在・未来（その2））（第三セッション　子ども虐待と社会的養護―子どもの権利の視点から）	小児の精神と神経（通号182）	49-1	17-25	日本小児精神神経学会
井上登生	イノウエナリオ	2009.3	小規模市町村における子ども虐待の予防（［日本小児精神神経学会］第100回記念学術集会　特集　小児精神神経学の過去・現在・未来（その2））（第三セッション　子ども虐待と社会的養護―子どもの権利の視点から）	小児の精神と神経（通号182）	49-1	26-32	日本小児精神神経学会
大野貴子	オオノタカコ	2009.3	障害児と虐待（［日本小児精神神経学会］第100回記念学術集会　特集　小児精神神経学の過去・現在・未来（その2））（第三セッション　子ども虐待と社会的養護―子どもの権利の視点から）	小児の精神と神経（通号182）	49-1	33-36	日本小児精神神経学会
田中陽子 藤田由美子 横山裕	タナカヨウコ フジタユミコ ヨコヤマヒロシ	2009.3	児童虐待に対する教師の意識に関する調査研究（5）保護者の社会的意識と児童虐待判断指標の予備的分析	九州保健福祉大学研究紀要 10		25-30	九州保健福祉大学研究委員会
才村純	サイムラジュン	2009.3	子ども虐待防止の観点から（特集　札幌学院大学人文学部創立30周年記念講演とシンポジウム）（シンポジウム　共通テーマ「家族・学校・地域の再生を考える」）	札幌学院大学人文学会紀要 85		28-34,53-56	札幌学院大学人文学会
小嶋勇	コジマイサム	2009.3	子どもの人権と子の福祉	日本大学法科大学院法務研究 5		67-79	日本大学
横田光平	ヨコタコウヘイ	2009.3	児童福祉法の一部を改正する法律―社会的養護：施設内虐待の防止を中心に（特集　時の法律）	ジュリスト 1374		39-47	有斐閣
田中義人	タナカヨシト	2009.4	広島における子どもの虐待防止への取り組み（特集［日本子ども虐待防止学会］第14回学術集会（ひろしま大会））	子どもの虐待とネグレクト 11-1		3-5	日本子ども虐待防止学会
		2009.4	特集［日本子ども虐待防止学会］第14回学術集会（ひろしま大会）	子どもの虐待とネグレクト 11-1		6-103	日本子ども虐待防止学会
才村純	サイムラジュン	2009.4	法改正に伴う児童相談所の現状と課題（特集［日本子ども虐待防止学会］第14回学術集会（ひろしま大会））	子どもの虐待とネグレクト 11-1		26-33	日本子ども虐待防止学会

著者	カナ	年月	タイトル	掲載誌	ページ	出版社
奥山眞紀子	オクヤママキコ	2009.4	ケアの現場からみた子どもの権利擁護(特集[日本子ども虐待防止学会]第14回学術集会(ひろしま大会))	子どもの虐待とネグレクト 11-1	34-42	日本子ども虐待防止学会
柳川敏彦 平尾恭子 他	ヤナガワトシヒコ ヒラオキョウコ	2009.4	児童虐待予防のための地域ペアレンティング・プログラム(トリプルP)の有用性の検討―前向き子育てプログラムの評価[日本子ども虐待防止学会]第14回学術集会(ひろしま大会)	子どもの虐待とネグレクト 11-1	54-68	日本子ども虐待防止学会
森田展彰 春原由紀 古市志麻 他	モリタノブアキ スノハラユキ フルイチシマ	2009.4	ドメスティック・バイオレンスに曝された母子に対する同時並行グループの試み(その1)プログラムの概要と子どもに関する有効性(特集[日本子ども虐待防止学会]第14回学術集会(ひろしま大会))	子どもの虐待とネグレクト 11-1	69-80	日本子ども虐待防止学会
春原由紀 森田展彰 古市志麻 他	スノハラユキ モリタノブアキ フルイチシマ	2009.4	"論題 ドメスティック・バイオレンスに曝された母子に対する同時並行ケアループプログラムの試み(その2)子どもグループについて"(特集[日本子ども虐待防止学会]第14回学術集会(ひろしま大会))	子どもの虐待とネグレクト 11-1	81-89	日本子ども虐待防止学会
大塚美知子 妹尾栄一 信田さよ子 他	オオツカミチコ セノオエイイチ ノブタサヨコ	2009.4	ドメスティック・バイオレンスに曝された母子に対する同時並行グループの試み(その3)母親の回復過程について(特集[日本子ども虐待防止学会]第14回学術集会(ひろしま大会))	子どもの虐待とネグレクト 11-1	90-97	日本子ども虐待防止学会
山田光治 佐々木大樹	ヤマダミツハル ササキダイキ	2009.4	愛知県全児童相談所における児童虐待対応法医学医師への相談実績(特集[日本子ども虐待防止学会]第14回学術集会(ひろしま大会))	子どもの虐待とネグレクト 11-1	98-103	日本子ども虐待防止学会
許末恵	キョスエ	2009.4	児童養護施設入所中の児童につき親権委託を承認した例	民商法雑誌 140-1	121-125	有斐閣
村田文世	ムラタフミヨ	2009.4	福祉多元化における障害当事者組織と「委託関係」―自立性維持のための戦略的組織行動―	-	-	ミネルヴァ書房
浅井春夫 他	アサイハルオ	2009.6	福祉・保育の現場の貧困―人間の安全保障を求めて	-	-	明石書店
PARK Won-Kyu	PARK Won-Kyu	2009.5	「家庭内暴力」に関する法的対応とその課題―いわゆる「虐待防止三法」の制定と改正をめぐる動向を中心として(特集 現代社会と刑事法の動向)	犯罪と非行 160	58-88	日立みらい財団
椎名規子	シイナノリコ	2009.5	イタリアにおける「家庭への子の権利」―国や自治体の実成年養子制度の関係	民事研修 625	2-13	民事研修編集室
田中周子	タナカヒロコ	2009.5	子どもの司法面接 特集 児童虐待と法的対応	臨床心理学 9-3	320-325	金剛出版
佐藤馨	サトウカオル	2009.5	子どもの人権―児童虐待と法的対応― 改訂版	-	-	文芸社
社会的養護の当事者参加推進団体日向ぼっこ	シャカイテキヨウゴノトウジシャサンカスイシンダンタイヒナタボッコ	2009.6	施設で育った子どもたちの居場所「日向ぼっこ」と社会的養護	-	-	明石書店
千葉華月 横野恵 永水裕子	チバカヅキ ヨコノメグミ ナガミズユウコ	2009.6	親による治療拒否・医療ネグレクト	玉井真理子 永水裕子 横野恵『子どもの医療と生命倫理 一資料で読む』	155-176	法政大学出版局
永水裕子	ナガミズユウコ	2009.6	代理による治療によるミュンヒハウゼン症候群	玉井真理子 永水裕子 横野恵『子どもの医療と生命倫理 一資料で読む』	177-178	法政大学出版局
柴田朋	シバタトモ	2009.7	子どもの性虐待と人権―社会的ケア構築への視座	-	-	明石書店

著者	よみ	年月	タイトル	共著者	掲載誌	ページ	出版社
吉田恒雄 石塚かおる 武藤素明 他	ヨシダツネオ イシヅカカオル ムトウソメイ 他	2009.7	特集 児童福祉法と虐待対応		子どもと福祉 2	4-78	明石書店
		2009.7	座談会 児童福祉のこの10年を振り返る―児童家庭相談/社会的養護の現場からの報告 (特集 児童福祉法と虐待対応)		子どもと福祉 2	6-19	明石書店
竹中哲夫	タケナカテツオ	2009.7	児童福祉法改正 児童福祉関係法の変遷―1997年以降の動きをめぐって (特集 児童福祉法と虐待対応)		子どもと福祉 2	20-25	明石書店
佐藤隆司	サトウタカシ	2009.7	里親制度と児童相談所―里親と「協働」する里親制度 (特集 児童福祉法と虐待対応)		子どもと福祉 2	26-31	明石書店
村田和木	ムラタカズキ	2009.7	里親制度促進のための課題―子どもの支援＋子育て支援としての位置づけを (特集 児童福祉法と虐待対応)		子どもと福祉 2	32-37	明石書店
和泉広恵	イズミヒロエ	2009.7	里親家族支援は進むのか―児童福祉法改正と里親支援事業の未来 (特集 児童福祉法と虐待対応)		子どもと福祉 2	38-43	明石書店
黒田邦夫	クロダクニオ	2009.7	施設内虐待の構造的問題とその克服に向けて (特集 児童福祉法と虐待対応)		子どもと福祉 2	44-48	明石書店
野津牧	ノヅマキ	2009.7	児童福祉施設で生活する子どもたちの人権を守るために―こうして施設内虐待はなくなった (特集 児童福祉法と虐待対応)		子どもと福祉 2	49-54	明石書店
関貴教	セキタカノリ	2009.7	施設内虐待の構造と施設改善 (特集 児童福祉法と虐待対応)		子どもと福祉 2	55-59	明石書店
堀善一	ホリヨシカズ	2009.7	市町村における子ども家庭相談の展望―地方都市、郡部での取り組みから (特集 児童福祉法と虐待対応)		子どもと福祉 2	60-65	明石書店
小川英子	オガワエイコ	2009.7	児童相談所と市町村児童家庭相談窓口との連携 (特集 児童福祉法と虐待対応)		子どもと福祉 2	66-71	明石書店
志村浩二	シムラコウジ	2009.7	市町村における児童家庭相談の実態と今後の課題―「亀山市子ども総合支援室」の取り組みを参考に― (特集 児童福祉法と虐待対応)		子どもと福祉 2	72-78	明石書店
岩井嘉彦	イワイヨシヒコ	2009.8	弁護士から見た児童虐待事件 (2)―児童虐待の防止等に関する法律の二度にわたる改正を経て		家庭裁判月報 61-8	1-48	最高裁判所事務総局
大久保香織 廣田幸紀	オオクボカオリ ヒロタコウキ	2009.8	英国における児童虐待防止制度の実情について		家庭裁判月報 61-8	49-89	最高裁判所事務総局
最高裁判所事務総局家庭局	サイコウサイバンショジムソウキョクカテイキョク	2009.8	児童福祉法28条事件の動向と事件処理の実情―平成20年1月〜12月		家庭裁判月報 61-8	141-159	最高裁判所事務総局
宮腰英一	ミヤコシエイイチ	2009.8	世界の動き 進む「子供行政」の統合化―児童虐待の急増受けた英国		内外教育 5928	4-6	時事通信社
		2009.8	子どもの権利―日韓共同研究	喜多明人 李在然 他			日本評論社
磯谷文明	イソガエフミアキ	2009.8	日本における子ども虐待の現状と課題	喜多明人 李在然 他	子どもの権利―日韓共同研究	127-138	日本評論社

著者	よみ	年月	タイトル	共著者等	掲載誌	頁	出版社
吉田恒雄	ヨシダツネオ	2009.8	日本における児童虐待防止の法制度	喜多明人 李任然 他	子どもの権利―日韓共同研究―	139-149	日本評論社
張化貞	Jang Hwa-jung	2009.8	韓国における子ども虐待の現状と保護体制	喜多明人 李任然 他	子どもの権利―日韓共同研究―	188-196	日本評論社
浅井春夫 松本伊智朗 他	アサイハルオ マツモトイチロウ	2009.9	子どもの貧困白書	子どもの貧困白書編集委員会	―	―	明石書店
川崎二三彦 山口亮子 佐嘉彦 新恵理 成田秀樹	カワサキフミヒコ イワサキヨシヒコ ヤマグチリョウコ アタラシエリ ナリタヒデキ	2009.9	どうする？子ども虐待：現状と課題を考える：京都産業大学法政策学科開設記念シンポジウムパートⅡ	京都産業大学法学会	産大法学 43-2	301-235	京都産業大学
		2009.9	子ども虐待対応の手引き―平成21年3月31日厚生労働省の改正通知	日本子ども家庭総合研究所	―	―	有斐閣
井樋三枝子（訳）	イビミエコ	2009.9	合衆国法典第18編犯罪及び刑事訴訟手続（抄）第110章子どもの性的搾取及びその他の虐待（児童ポルノ及び子どもに対する性犯罪に関する法律）	国立国会図書館調査及び立法考査局	外国の立法 241	26-42	紀伊國屋書店
星野崇啓	ホシノタカヒロ	2009.9	子ども虐待と社会的養護―子どもの権利の視点から― 社会的養護への医学・心理学的支援に関して（第100回記念学術集会特集 小児精神神経学の過去・現在・未来（その4））	日本小児精神神経学会	小児の精神と神経 49-3	181-186	日本小児精神神経学会
		2009.9	特集　家族法改正―婚姻・親子法を中心に		ジュリスト 1384	4-97	有斐閣
中田裕康	ナカタヒロヤス	2009.9	検討の経緯―「民法改正委員会家族法作業部会」について―（特集　家族法改正―婚姻・親子法を中心に）		ジュリスト 1384	4-5	有斐閣
大村敦志	オオムラアツシ	2009.9	婚姻法（特集　家族法改正―婚姻・親子法を中心に）		ジュリスト 1384	6-21	有斐閣
窪田充見	クボタアツミ	2009.9	実子法（特集　家族法改正―婚姻・親子法を中心に）		ジュリスト 1384	22-40	有斐閣
床谷文雄	トコタニフミオ	2009.9	養子法（特集　家族法改正―婚姻・親子法を中心に）		ジュリスト 1384	41-57	有斐閣
水野紀子	ミズノノリコ	2009.9	親権法（特集　家族法改正―婚姻・親子法を中心に）		ジュリスト 1384	58-74	有斐閣
山下純司	ヤマシタヨシカズ	2009.9	婚姻外カップルの関係（特集　家族法改正―婚姻・親子法を中心に）		ジュリスト 1384	75-86	有斐閣
久保野恵美子	クボノエミコ	2009.9	親子の養育関係（特集　家族法改正―婚姻・親子法を中心に）		ジュリスト 1384	87-97	有斐閣
原田綾子	ハラダアヤコ	2009.10	要保護児童のための養子縁組支援―アメリカでの実情と日本法への示唆（上）		戸籍時報 646	67-78	日本加除出版
		2009.10	特集　児童福祉法改正と里親制度		里親と子ども 4	82-116	明石書店
柏女霊峰	カシワメレイホウ	2009.10	新しい里親制度の概要と今後の課題（特集　児童福祉法改正と里親制度）		里親と子ども 4	84-92	明石書店
米沢普子	ヨネザワフコ	2009.10	養子縁組里親についての改正点と今後の課題（特集　児童福祉法改正と里親制度）		里親と子ども 4	93-96	明石書店
鈴木力	スズキツトム	2009.10	ファミリーホームとは何か（特集　児童福祉法改正と里親制度）		里親と子ども 4	97-101	明石書店
宮島清	ミヤジマキヨシ	2009.10	里親支援機関の可能性と課題―質の高い里親支援機関作りへの提言（特集　児童福祉法改正と里親制度）		里親と子ども 4	107-112	明石書店

著者	ヨミ	発行年月	タイトル	掲載誌	ページ	出版社	分類
櫻井奈津子	サクライナツコ	2009.10	被措置児童等の虐待問題―児童福祉法改正の概要と課題（特集 児童福祉法改正と里親制度）	里親とこども 4	113-116	明石書店	
原田綾子	ハラダアヤコ	2009.11	要保護児童のための養子縁組支援―アメリカでの実情と日本法への示唆（下）	戸籍時報 648	60-73	日本加除出版	
		2009.11	特集　母子保健と小児保健による虐待予防―ポピュレーションアプローチからハイリスクアプローチへ	子どもの虐待とネグレクト 11-3	272-334	日本子ども虐待防止学会	
佐藤拓代	サトウタクヨ	2009.11	特集にあたって　母子保健と小児保健による虐待予防―ポピュレーションアプローチからハイリスクアプローチへ（特集 母子保健と小児保健による虐待予防―ポピュレーションアプローチからハイリスクアプローチへ）	子どもの虐待とネグレクト 11-3	272-278	日本子ども虐待防止学会	
佐藤拓代	サトウタクヨ	2009.11	妊娠期・産褥期からの支援―妊婦への支援（特集 母子保健と小児保健による虐待予防―ポピュレーションアプローチからハイリスクアプローチへ）	子どもの虐待とネグレクト 11-3	279-284	日本子ども虐待防止学会	
井村真澄	イムラマスミ	2009.11	虐待予防と母乳育児（特集 母子保健と小児保健による虐待予防―ポピュレーションアプローチからハイリスクアプローチへ）	子どもの虐待とネグレクト 11-3	285-287	日本子ども虐待防止学会	
大場千佳	オオバチカ	2009.11	北海道の母子保健活動における虐待予防の取り組み（特集 母子保健と小児保健による虐待予防―ポピュレーションアプローチからハイリスクアプローチへ）	子どもの虐待とネグレクト 11-3	288-297	日本子ども虐待防止学会	
石塚りか	イシツカリカ	2009.11	乳幼児健診と虐待予防（特集 母子保健と小児保健による虐待予防―ポピュレーションアプローチからハイリスクアプローチへ）	子どもの虐待とネグレクト 11-3	298-304	日本子ども虐待防止学会	
江原伯陽	エハラハクヨウ	2009.11	虐待防止の観点から見た周産期医療と地域小児科外来の病診連携（特集 母子保健と小児保健による虐待予防―ポピュレーションアプローチからハイリスクアプローチへ）	子どもの虐待とネグレクト 11-3	305-312	日本子ども虐待防止学会	
来生奈巳子	キスギナミコ	2009.11	こんにちは赤ちゃん事業と養育支援訪問事業（特集 母子保健と小児保健による虐待予防―ポピュレーションアプローチからハイリスクアプローチへ）	子どもの虐待とネグレクト 11-3	313-321	日本子ども虐待防止学会	
小林美智子	コバヤシミチコ	2009.11	子ども虐待発生予防における母子保健のめざすもの（特集 母子保健と小児保健による虐待予防―ポピュレーションアプローチからハイリスクアプローチへ）	子どもの虐待とネグレクト 11-3	322-334	日本子ども虐待防止学会	
都築民幸	ツヅキタミユキ	2009.11	臨床歯科医学で読む虐待事件（4）　子ども虐待の早期発見における臨床歯科法医学の果たす役割	子どもの虐待とネグレクト 11-3	335-340	日本子ども虐待防止学会	
相澤仁	アイザワマサシ	2009.11	子ども虐待の「今」（第6回）子ども虐待防止対策における法制度上の対応と現在の課題	子どもの虐待とネグレクト 11-3	341-351	日本子ども虐待防止学会	
迫田朋子	サコタトモコ	2009.11	文化の中の子ども虐待（13）メディアのなかの、子ども虐待	子どもの虐待とネグレクト 11-3	352-356	日本子ども虐待防止学会	
山田和子　森岡郁晴　柳川敏彦	ヤマダカズコ　モリオカイクハル　ヤナガワトシヒコ	2009.11	「児童虐待を含む継続的な支援を必要とする養育上の問題をもつ親子」の実態とその関連要因―A市における平成16年調査と平成17年調査の比較	子どもの虐待とネグレクト 11-3	357-365	日本子ども虐待防止学会	
前田清	マエダキヨシ	2009.11	被虐待児の医療機関受診状況の実態	子どもの虐待とネグレクト 11-3	366-371	日本子ども虐待防止学会	
鈴木浩之	スズキヒロユキ	2009.11	性的虐待事例における被害児支援のためのリーフレット	子どもの虐待とネグレクト 11-3	372-380	日本子ども虐待防止学会	

著者	ヨミ	発行年月	タイトル	掲載誌	頁	出版社
澁谷昌史	シブヤマサシ	2009.11	特集 虐待・DV 予防―地域のつながりの中で子育て家庭を支える	こども未来 458	6-14	こども未来財団
湯澤直美	ユザワナオミ	2009.11	子育て支援としての虐待予防 （特集 虐待・DV 予防―地域のつながりの中で子育て家庭を支える）	こども未来 458	7-9	こども未来財団
		2009.11	DVの予防および支援 （特集 虐待・DV 予防―地域のつながりの中で子育て家庭を支える）	こども未来 458	10-12	こども未来財団
厚生労働省雇用均等・児童家庭局総務課児童虐待防止対策室	コウセイロウドウショウコヨウキンドウジドウカテイキョクソウムカジドウギャクタイボウシタイサクシツ	2009.11	小特集 児童虐待防止対策の推進について―守ろうよ 未来を見つめる小さなひとみ	厚生労働 64-11	36～40	中央法規出版
阿部彩也高田治	アベシンヤタカダオサム	2009.11	被虐待児がキレるのをそやめるとき （キレる―怒りと衝動の心理学）	こころの科学 148	39-43	日本評論社
戸部真澄	トベマスミ	2009.11	行政判例研究（551・862） 保育ママによる児童虐待と国家賠償責任［東京地方裁判所平成19.11.27 判決］	自治研究 85-11	125-139	第一法規
		2009.Win.	特集 子ども虐待の現状と支援	発達 30(117)	1-88	ミネルヴァ書房
数井みゆき	カズイミユキ	2009.Win.	現状の概観―虐待を社会全体の問題として考える （特集 子ども虐待の現状）	発達 30(117)	2-7	ミネルヴァ書房
金井剛	カナイツヨシ	2009.Win.	児童相談所―虐待が生じる背景・メカニズムと支援 （特集 子ども虐待の現状と支援）	発達 30(117)	8-15	ミネルヴァ書房
木村秀	キムラシュウ	2009.Win.	児童養護施設―トラウマのケアのための養育環境 （特集 子ども虐待の現状と支援）	発達 30(117)	16-23	ミネルヴァ書房
八木修司	ヤギシュウジ	2009.Win.	情緒障害児短期治療施設―心理治療と生活支援による回復 （特集 子ども虐待の現状と支援）	発達 30(117)	24-31	ミネルヴァ書房
塩崎尚美	シオザキナオミ	2009.Win.	保育所―コンサルテーション活動を通して見えてきたこと （特集 子ども虐待の現状と支援）	発達 30(117)	32-39	ミネルヴァ書房
山崎知克	ヤマザキトモカツ	2009.Win.	医療機関―親子を支え治療する安全基地として （特集 子ども虐待の現状と支援）	発達 30(117)	40-47	ミネルヴァ書房
八木安理子	ヤギアリコ	2009.Win.	家庭児童相談室（市町村）―虐待の発見から、ネットワークによる支援へ （特集 子ども虐待の現状）	発達 30(117)	48-56	ミネルヴァ書房
森田展彰	モリタノブアキ	2009.Win.	子どもへの支援―児童福祉施設での治療的介入 （特集 子ども虐待の現状と支援）	発達 30(117)	57-65	ミネルヴァ書房
德永雅子	トクナガマサコ	2009.Win.	親への支援―親支援グループと個別支援 （特集 子ども虐待の現状と支援）	発達 30(117)	66-73	ミネルヴァ書房
宮口智恵	ミヤグチトモエ	2009.Win.	親への支援―NPOによる新たな親教育プログラムの試み （特集 子ども虐待の現状と支援）	発達 30(117)	74-80	ミネルヴァ書房
竹田伸子	タケダノブコ	2009.Win.	虐待予防のための支援―地域の子育て力を高める取り組み （特集 子ども虐待の現状と支援）	発達 30(117)	81-88	ミネルヴァ書房

著者	よみ	発行年月	タイトル		掲載誌	頁	発行元
青木一憲 澤田杏子 佐治洋介 他	アオキカズノリ サワダキョウコ サジヨウスケ	2009.12	2歳未満の虐待が疑われる頭部外傷の臨床的特徴		日本小児科学会雑誌 113-12	1814-1819	日本小児科学会
小野真樹 杉山登志郎	オノマキ スギヤマトシロウ	2009.12	背景に親の虐待行為がある場合（通常学級で使える 特別支援教育 実践のコツ―「難しい親」との付き合い方―臨床の現場から）		児童心理 63 (18 臨増)	138-141	金子書房
岡village邦之	オカダクニユキ	2009.12	児童虐待とその予防（特集 今、改めて"思春期"を考える―その問題点と対策）		産婦人科治療 99-6	623-626	永井書店
幸喜一史	コウキカズフミ	2009.12	児童虐待の現状と児童虐待への適切な対応		Keisatsu koron 64-12	19-26	立花書房
林弘正	ハヤシヒロマサ	2009.12	児童虐待—その現況と課題		憲法論叢 16	115-152	関西憲法研究会
森田ゆり	モリタユリ	2009.12	性的虐待に対応する六つの困難性と被害児・教育への影響（特集 性暴力と教育の課題）		教育 59-12	4-12	国土社
山本未来	ヤマモトミライ	2009.12	児童虐待防止法9条の3に基づく児童虐待強制立入調査と令状主義―愛国憲法修正4条の行政調査への適用を手がかりに		愛知大学法経論集 183	1-62	愛知大学
奥山眞紀子	オクヤママキコ	2009.12	乳幼児健診と虐待の予防、発見、対応（特集 乳幼児健診とその周辺）		小児科臨床 62-12	2601-2607	日本小児医事出版社
犬塚峰子 他	イヌヅカミネコ	2009.12	児童虐待父・母・子へのケアマニュアル―東京方式			—	弘文堂
山崎将文	ヤマサキマサフミ	2009.12	憲法における個人と家族	関西憲法研究会	憲法論叢 16	35-68	関西憲法研究会
岩下美代子 岩本愛子	イワシタミヨコ イワモトアイコ	2010	日本における「子ども虐待」の変遷（第3報）		鹿児島純心女子短期大学研究紀要 40	17-34	鹿児島純心女子短期大学
大岡由佳 杉本正 他	オオオカユカ スギモトタダシ	2010	市町村における児童虐待相談の実態―市町村における被虐待児事例のレトロスペクティブ調査の結果から		帝塚山大学心理福祉学部紀要 6	1-13	帝塚山大学
柏野健三	カシノケンゾウ	2010	日英政府における児童虐待防止対策の比較研究		帝塚山大学心理福祉学部紀要 6	49-66	帝塚山大学
上野加央里 長尾光城	ウエノカオリ ナガオミツキ	2010	看護師の児童虐待認識に関する研究―虐待発見に必要な対策		川崎医療福祉学会誌 19-2	379-385	川崎医療福祉学会
藤野京子	フジノキョウコ	2010	児童虐待を受けた女性サバイバーが30歳代に至るまでのプロセス		犯罪心理学研究 47-2	33-46	日本犯罪心理学会
鈴木麻佳 田中哲	スズキアサカ タナカテツ	2010	居場所がないと訴え続けた被虐待女児の入院治療		聖マリアンナ医学研究誌 10	19-21	聖マリアンナ医学研究所
伊勢麻衣子	イセマイコ	2010	被虐待児に対する環境療法的アプローチ―わが国における研究の動向と今後の課題		聖マリアンナ医学研究誌 10	34-39	聖マリアンナ医学研究所
徳永健介	トクナガケンスケ	2010	児童自立支援施設の「生活」場面において、転移が処遇の転回点として機能した事例について		非行問題 216	214-228	全国児童自立支援施設協議会
金井剛	カナイツヨシ	2010	児童虐待とADHD（特集 ADHDをめぐって）		児童青年精神医学とその近接領域 51-2	133-142	日本児童青年精神医学会
藤川洋子	フジカワヨウコ	2010	教育講演 虐待を聴く技術―子どもの司法面接（第50回日本児童青年精神医学会総会特集（1）スローガン：螺旋―共生社会への歩み）		児童青年精神医学とその近接領域 51-3	271-274	日本児童青年精神医学会
櫻庭総	サクラバサトシ	2010	刑事判例研究 近時の児童虐待事案に関する判例動向（東京高裁平成19年1月29日判決）		九大法学 101	149-178	九州大学

著者	著者カナ	年	タイトル		掲載誌	頁	出版社
池田聡子・小林桃利	イケダサトシ・コバヤシマリ	2010	児童虐待の現状と防止対策		芦屋大学論叢 53	75-90	芦屋大学
江川みえ子	エガワミエコ	2010	保育士・教員に求められる子ども虐待対応について―事例検証・死亡事例検証など から見る現状について		大阪成蹊短期大学研究紀要 7	75-95	大阪成蹊短期大学
初川愛美	ハツカワマナミ	2010	女性による性的虐待の特性―米国における児童保護機関および刑事司法機関による犯罪学の基礎研究105		比較法雑誌 43-4	181-193	中央大学
仲真紀子	ナカマキコ	2010	子どもの記憶―子どもの証言と司法面接		子どもの虹情報研修センター紀要 8	39-55	
加藤洋子	カトウヨウコ	2010	虐待問題を抱える家族と貧困―児童相談所が対応する虐待家族の類型化	子ども虐待の予防とケア研究会	『子ども虐待の予防のすべて』追録第14号	851-862	第一法規
鈴木博人・高橋由紀子・中川良延・西川公廣・横田光平	スズキヒロヒト・タカハシユキコ・ナカガワヨシノブ・ニシカワキミヒロ・ヨコタコウヘイ	2010.1	親権法及び関連法改正提案		戸籍時報 650	4-13	日本加除出版
谷沢春美	タニザワハルミ	2010.1	初めて被虐待児と向き合って―寄宿舎での取り組み		Sexuality 44	66-71	エイデル研究所
田邉泰美	タナベヤスミ	2010.1	英国児童虐待防止研究―児童性的虐待（ペドファイル・児童性愛者/集団）対策に関する一考察（その2）		園田学園女子大学論文集 44	189-201	園田学園女子大学
加藤曜子	カトウヨウコ	2010.1	市町村ネットワーク―要保護児童対策地域協議会調整機関と個別ケース検討会議参加機関調査から		流通科学大学論集 人間・社会・自然編 22-2	51-62	流通科学大学
木田秋津	キダアキツ	2010.1	チャイルド・アドヴォカシーモデルの理論と実践 アメリカにおける多職種専門家チームによる虐待事案への対応		自由と正義 61-1	91-100	日本弁護士連合会
岩永靖	イワナガヤスシ	2010.1	スクールソーシャルワーカーから見た児童虐待の現状と課題（特集 生きづらい子どもたち）		部落解放 623	20-27	解放出版社
		2010.1	総務省 今年度［平成21年度］第3期行政評価・監視等計画に着手 児童虐待、食品流通、職員研究施設調査など3計画		官界通信 2655	18-21	官界通信社
		2010.1	親権一時停止を提言―虐待防止へ民法改正・法務省研究会		厚生福祉 5699	10	時事通信社
上野加代子	ウエノカヨコ	2010.2	特集 児童虐待		小児科 51-2	117-190	金原出版
高木徹也・佐藤喜宣	タカギテツヤ・サトウヨシノブ	2010.2	児童虐待の社会学（特集 児童虐待）		小児科 51-2	117-124	金原出版
市川光太郎	イチカワコウタロウ	2010.2	死に至る児童虐待（特集 児童虐待）		小児科 51-2	125-133	金原出版
小熊栄二	コグマエイジ	2010.2	児童虐待の画像診断（特集 児童虐待）		小児科 51-2	135-147	金原出版
山本正二	ヤマモトショウジ	2010.2	虐待の画像診断（特集 児童虐待）		小児科 51-2	149-159	金原出版
有瀧健太郎	アリタキケンタロウ	2010.2	死に至る児童虐待におけるAutopsy imaging(Ai)の役割（特集 児童虐待）		小児科 51-2	161-170	金原出版
田崎みどり・金井剛	タザキミドリ・カナイツヨシ	2010.2	虐待を疑ったら（特集 児童虐待）		小児科 51-2	171-176	金原出版
岡田邦之・堀江都美他	オカダクニユキ・ホリエトミ他	2010.2	児童相談所の現場（特集 児童虐待）		小児科 51-2	177-184	金原出版
		2010.2	児童虐待の予防―対処システムのあるべき姿（特集 児童虐待）		小児科 51-2	185-190	金原出版

著者	ヨミ	発行年月	タイトル	編者等	掲載誌	頁	発行
秋山邦久	アキヤマクニヒサ	2010.2	配偶者が子どもに虐待（暴力等）をします〔特集 子育てを楽しめない親になる子育てを楽しめない悩み 私ならこうアドバイスする〔家族内の関係で〕〕		児童心理 64(3臨増)	109-114	金子書房
田中千穂子	タナカチホコ	2010.2	「虐待不安」から見えるもの〔特集 「お受験」と「貧困」〕		都市問題 101-2	84-91	東京市政調査会
山野良一	ヤマノリョウイチ	2010.2	子ども虐待の背景にある貧困〔特集 子どもの貧困と社会保障〕		月刊保団連 1018	22-27	全国保険医団体連合会
武田卓也	タケダタクヤ	2010.2	「不適切な処遇」の概念修飾枠組みに関する基礎的研究		桃山学院大学社会学論集 43-2	49-74	桃山学院大学
小林浩子	コバヤシヒロコ	2010.2	『愛されない子』にみられるリハビリテーション教育─虐待の連鎖を断ち切る教育への一考察		羽陽学園短期大学紀要 8-4	419-427	羽陽学園短期大学
稲垣由子	イナガキユウコ	2010.2	児童虐待の現状と課題〔特集 犯罪・非行と家族関係〕		犯罪と非行 163	22-45	日立みらい財団
大井倫太郎	オオイリンタロウ	2010.2	教育問題法律相談(No.84) 児童虐待通告義務と保護者のクレームへの対応方法		週刊教育資料 1105	29	教育公論社
		2010.2	子ども虐待と貧困―「忘れられた子ども」のいない社会をめざして	松本伊智朗			明石書店
		2010.2	教育法規あらかると 児童虐待と親権制限		内外教育 5973	19	時事通信社
椎名規子	シイナノリコ	2010.2	親権制限と未成年養子制度における「子の福祉」―イタリアにおける「家族への子の権利」		『専修大学法学研究所紀要 35（民事法の諸問題Ⅷ）』	43-99	専修大学法学研究所
原田綾子	ハラダアヤコ	2010.2	児童虐待への対応における親族の位置づけ─アメリカでの親族里親・養子縁組・後見の動向を手がかりに		比較法学 43-3	63-102	早稲田大学比較法研究所
西谷祐子	ニシタニユウコ	2010.3	ドイツにおける児童虐待への対応と親権制度 (一)		民商法雑誌 141-6	545-580	有斐閣
山口亮子	ヤマグチリョウコ	2010.3	虐待が疑われる父と離婚後の親権者母による子の監護（大阪家裁平成20年7月3日審判）		民商法雑誌 141-6	645-652	有斐閣
		2010.3	児童虐待防止のための親権制度研究会報告書		民事月報 65-3	63-125	法務省民事局
		2010.3	児童虐待防止のための親権制度研究会報告書添付資料		民事月報 65-3	126-151	法務省民事局
石川義之	イシカワヨシユキ	2010.3	家庭のしつけ放棄と虐待〔特集 今どきの家庭のしつけ〕	教育と医学の会	教育と医学 58-3	258-265	慶應義塾大学出版会
奥山眞紀子	オクヤママキコ	2010.3	シンポジウム 子ども虐待─発生予防・再発防止、そして世代間連鎖を断つために─（第56回 日本小児保健学会（大阪）講演内容論文） 虐待死亡事例検証から見える子ども虐待の「予防」を考える─発生予防・再発防止、そして世代間連鎖を断つために		小児保健研究 69-2	217-229	日本小児保健協会
佐藤拓代	サトウタクヨ	2010.3	虐待予防（大阪）講演内容論文─発生予防・再発防止、そして世代間連鎖を断つために（第56回 日本小児保健学会（大阪）シンポジウム 子ども虐待の「予防」を考える─発生予防・再発防止、そして世代間連鎖を断つために） 妊娠中・乳児期・幼児期の保健活動が発生予防・子ども虐待の鍵		小児保健研究 69-2	217-221	日本小児保健協会
加藤曜子	カトウヨウコ	2010.3	市町村ネットワークが挑戦する親と子のための在宅支援（第56回 日本小児保健学会（大阪）シンポジウム 子ども虐待の「予防」を考える─発生予防・再発防止、そして世代間連鎖を断つために）		小児保健研究 69-2	222-225	日本小児保健協会
		2010.3			小児保健研究 69-2	226-229	日本小児保健協会
森田展彰	モリタノブアキ	2010.3	ドメスティックバイオレンス被害を受けた母子を加害男性に対する包括的介入〔特集 ドメスティックバイオレンスをどう克服するか〕		臨床精神医学 39-3	327-337	アークメディア
上野千鶴子	ウエノチヅコ	2010.Spr.	ニッポンのミソジニー(14) 児童性虐待者のミソジニー		Scripta 4-3	40-50	紀伊國屋書店出版部

著者	ヨミ	年月	タイトル		掲載誌	ページ	発行所
竹沢純子	タケザワジュンコ	2010.Spr.	特集 児童虐待の背景と新たな取り組み		季刊社会保障研究 45-4	346-416	国立社会保障・人口問題研究所
水野紀子	ミズノノリコ	2010.Spr.	児童虐待の現状と子どもの living 世帯を取り巻く社会経済的状況―公的統計及び先行研究に基づく考察（特集 児童虐待の背景と新たな取り組み）		季刊社会保障研究 45-4	346-360	国立社会保障・人口問題研究所
久保田まり	クボタマリ	2010.Spr.	児童虐待への法的対応と親権制限のあり方（特集 児童虐待の背景と新たな取り組み）		季刊社会保障研究 45-4	361-372	国立社会保障・人口問題研究所
津崎哲郎	ツザキテツロウ	2010.Spr.	児童虐待における世代間連鎖の問題と援助介入の方略―発達臨床心理学の視点から（特集 児童虐待の背景と新たな取り組み）		季刊社会保障研究 45-4	373-384	国立社会保障・人口問題研究所
小木曽宏	オギソヒロシ	2010.Spr.	児童相談所の取組みの現状と今後の課題（特集 児童虐待の背景と新たな取り組み）		季刊社会保障研究 45-4	385-395	国立社会保障・人口問題研究所
加藤曜子	カトウヨウコ	2010.Spr.	児童養護施設・児童自立支援に入所する児童の現状と支援施策の課題（特集 児童虐待の背景と新たな取り組み）		季刊社会保障研究 45-4	396-406	国立社会保障・人口問題研究所
稲月正	イナヅキタダシ	2010.3	児童虐待の防止に向けた地域の取り組みの現状と課題―自治体、NPO等との連携―（特集 児童虐待の背景と新たな取り組み）		季刊社会保障研究 45-4	407-416	国立社会保障・人口問題研究所
辻佐恵子 鈴木敦子	ツジサエコ スズキアツコ	2010.3	図書紹介『青少年の治療・教育的援助と自立支援』―虐待・発達障害・非行などに深刻な問題を抱える青少年の治療・教育モデルと実践構造―［土井高徳著］		リベラシオン 137	120-123	福岡県人権研究所
高橋利一	タカハシトシカズ	2010.3	子ども虐待のケアにおいて小児看護師が感じる困難さとその内容とその要因		四日市看護医療大学紀要 3-1	43-51	四日市看護医療大学
藤井美江	フジイヨシエ	2010.3	特集「児童虐待防止のための親権制度研究会報告書」を読み解く―社会的養護・児童養護施設への課題提起		児童養護 40-4	29-41	全国社会福祉協議会全国児童養護施設協議会
川崎二三彦	カワサキフミヒコ	2010.3	児童養護施設における親権問題の現状と今後の課題（特集「児童虐待防止のための親権制度研究会報告書」を読み解く―社会的養護・児童養護施設への課題提起）		児童養護 40-4	31-34	全国社会福祉協議会全国児童養護施設協議会
中島悦子	ナカジマエツコ	2010.3	児童相談所から考える親権制度の課題・施設・里親との関係性（特集「児童虐待防止のための親権制度研究会報告書」を読み解く―社会的養護・児童養護施設への課題提起）		児童養護 40-4	35-37	全国社会福祉協議会全国児童養護施設協議会
		2010.3	里親委託・養子縁組と親権制度―実践からの報告（特集「児童虐待防止のための親権制度研究会報告書」を読み解く―社会的養護・児童養護施設への課題提起）		児童養護 40-4	37-39	全国社会福祉協議会全国児童養護施設協議会
		2010.3	報告書を読み解く（特集「児童虐待防止のための親権制度研究会報告書」を読み解く―社会的養護・児童養護施設への課題提起）		児童養護 40-4	39-41	全国社会福祉協議会全国児童養護施設協議会
教育政策研究会	キョウイクセイサクケンキュウカイ	2010.3	文部科学省通知（42）児童虐待防止に向けた学校等における適切な対応の徹底について（通知）		週刊教育資料 1111	36-37	教育公論社
		2010.3	児童虐待防止に専門家チームを派遣―電気自動車の普及目指す―大阪市（特集 都道府県政令都市 2010年度厚生・労働・環境関係予算（9）青森県、山口県、大阪市、石川県）		厚生福祉 5714	19-20	時事通信社
新島一彦	ニイジマカズヒコ	2010.4	養子縁組・養子養育を中心に「家族法改正」―実例に基づく問題点と考察		法律時報 82-4	23-27	日本評論社
伊藤鶴章	イトウツルアキ	2010.4	未成年者に対する輸血強制と親権停止				

著者	ヨミ	年月	タイトル	雑誌名	巻号	頁	出版社
吉田恒雄	ヨシダツネオ	2010.4	親権法の見直し 児童虐待防止に関する親権制度改正の経緯と課題 (行政 up to date8)	子どもと臨床 8		58-62	明石書店
		2010.4	特集 子どものための親権法をめざして	法と民主主義 447		2-45	日本民主法律家協会
内藤光博	ナイトウミツヒロ	2010.4	特集にあたって (特集 子どものための親権法をめざして)	法と民主主義 447		2-3	日本民主法律家協会
広渡清吾	ヒロワタリセイゴ	2010.4	国家と家族一家族法における子のための親権法をめざして (特集 子どものための親権法をめざして)	法と民主主義 447		4-9	日本民主法律家協会
岩志和一郎	イワシワイチロウ	2010.4	児童の権利条約からみた親権法 (特集 子どものための親権法をめざして)	法と民主主義 447		10-15	日本民主法律家協会
家永登	イエナガノボル	2010.4	親権行使における意見の対立一医療行為を中心に (特集 子どものための親権法をめざして)	法と民主主義 447		16-21	日本民主法律家協会
鈴木博人	スズキヒロヒト	2010.4	親権濫用論と親権制限制度の課題 (特集 子どものための親権法をめざして)	法と民主主義 447		22-27	日本民主法律家協会
椎名規子	シイナノリコ	2010.4	離婚後の共同親権—イタリアにおける共同分担監護の原則から (特集 子どものための親権法をめざして)	法と民主主義 447		28-33	日本民主法律家協会
木山敦	モトヤマアツシ	2010.4	婚外子への親権 (特集 子どものための親権法をめざして)	法と民主主義 447		34-40	日本民主法律家協会
大塚正之	オオツカマサユキ	2010.4	家事事件における子の参加手続の保障 (特集 子どものための親権法をめざして)	法と民主主義 447		41-45	日本民主法律家協会
西谷祐子	ニシタニユウコ	2010.4	ドイツにおける児童虐待への対応と親権制度 (二完)	民商法雑誌 142-1		1-56	有斐閣
許末恵	キョスエ	2010.4	児童相談所に対する児童福祉法に基づく指導措置の勧告 (東京家裁平成20年7月14日審判)	民商法雑誌 142-1		131-137	有斐閣
河津英彦	カワヅヒデヒコ	2010.4	子どもの生命危機と虐待—全国児童相談所調査を手がかりに	社会福祉研究 107		2-11	鉄道弘済会
小林美智子	コバヤシミチコ	2010.4	基調講演 虐待問題が日本の社会に鳴らした警鐘一虐待防止法までの10年、その後の10年、そしてこれからの10年 (特集 日本子ども虐待防止学会第14回学術集会 (埼玉大会) 一虐待防止法制定10周年記念シンポジウム)	子どもの虐待とネグレクト 12-1		8-24	日本子ども虐待防止学会
平湯真人	ヒラユマサト	2010.4	虐待防止システムの進歩と法律の役割 (特集 日本子ども虐待防止学会第14回学術集会 (埼玉大会) 児童虐待防止法制定10周年記念シンポジウム)	子どもの虐待とネグレクト 12-1		25-27	日本子ども虐待防止学会
徳永雅子	トクナガマサコ	2010.4	児童虐待防止法と母子保健援助論—虐待発生への気づきと支援を振り返って (特集 日本子ども虐待防止学会第14回学術集会 (埼玉大会) 一児童虐待防止法制定10周年記念シンポジウム)	子どもの虐待とネグレクト 12-1		28-31	日本子ども虐待防止学会
青木孝志	アオキタカシ	2010.4	児童虐待防止法前の取り組み—児童家相談所の活動をとおして (特集 日本子ども虐待防止学会第14回学術集会 (埼玉大会) 児童虐待防止法制定10周年記念シンポジウム)	子どもの虐待とネグレクト 12-1		32-34	日本子ども虐待防止学会
森田展彰・徳山美知代	モリタノブアキ・トクヤマミチヨ	2010.4	児童虐待福祉施設における被虐待児童の持つアタッチメントの問題に対する援助 日本子ども虐待防止学会第14回学術集会 (埼玉大会) 国際シンポジウム 「虐待とアタッチメント」)	子どもの虐待とネグレクト 12-1		49-51	日本子ども虐待防止学会
坂本雅子	サカモトマサコ	2010.4	活動報告 市民がつくる社会的養護—子ども虐待防止学会第14回学術集会 in 福岡 (特集 日本子ども虐待防止学会第14回学術集会 (埼玉大会))	子どもの虐待とネグレクト 12-1		93-98	日本子ども虐待防止学会
岩井宜子	イワイヨシコ	2010.4	ファミリー・バイオレンス (第2版)			—	尚学社
		2010.4	社説拝見 [2010年] 3月前期 孤立した家庭で児童虐待	厚生福祉 5715		12-14	時事通信社

著者	ヨミ	発行年月	タイトル	発行元	雑誌名	ページ	出版社
笠原正洋	カサハラマサヒロ	2010.5	児童虐待防止のための親権制度研究会報告書		家庭裁判月報 62-5	97-212	最高裁判所
田中通裕	タナカミチヒロ	2010.5	児童虐待防止における保育所の役割と課題（特集 今、必要な子育て支援とは）		教育と医学 58-5	406-413	慶應義塾大学出版会
山野則子	ヤマノノリコ	2010.5	児童養護施設入所措置の再度の更新が認容された事例		民商法雑誌 142-2	107-114	有斐閣
都筑民幸	ツヅキタミユキ	2010.6	市町村児童虐待防止ネットワークとコミュニティソーシャルワーク（特集 コミュニティソーシャルワークにおける介入1）	日本地域福祉研究所	コミュニティソーシャルワーク 5	32-42	中央法規出版
		2010.6	子ども虐待と臨床歯科法医学（第46回日本犯罪学会総会報告シンポジウム 歯科法医学の新しい展開）		犯罪学雑誌 76-3	77-81	日本犯罪学会
金子勇	カネコイサム	2010.6	児童虐待の防止等のための学校、教育委員会等の的確な対応について（通知）（特集 家庭教育支援の充実について）	文部科学省	教育委員会月報 62-3	53-55	第一法規
古野豊秋	フルノトヨアキ	2010.6	都市の児童虐待とコミュニティ・ケア（特集 社会政策と子ども・フロンティア）		社会政策研究 10	122-145	東信堂
戸田典子	トダノリコ	2010.6	憲法における家族―親の人権と子どもの人権			-	高学社
増沢高	マスザワタカシ	2010.6	海外法律情報 ドイツ―児童虐待の防止のために		ジュリスト 1402	73	有斐閣
平湯真人	ヒラユマサト	2010.7	情緒障害児短期治療施設の治療的援助と子どもたちの姿		家庭裁判月報 62-7	1-58	最高裁判所
吉田恒雄	ヨシダツネオ	2010.7	特集 児童虐待防止法制定10年で見えてきたもの		子どもと福祉 3	29-53	明石書店
		2010.7	児童虐待防止法制定から10年を振り返って（特集 児童虐待防止法制定10年で見えてきたもの）		子どもと福祉 3	30-34	明石書店
川崎二三彦 川島慎子 山口薫 他	カワサキフミヒコ カワシマシンコ ヤマグチカオル	2010.7	親権制度見直し研究会で何が議論されたのか（特集 児童虐待防止法制定10年で見えてきたもの）		子どもと福祉 3	35-40	明石書店
		2010.7	座談会 初期対応強化だけでは虐待は防げない。今こそ虐待予防の総合的な対策を（特集 児童虐待防止法制定10年で見えてきたもの）		子どもと福祉 3	41-48	明石書店
加藤洋子	カトウヨウコ	2010.7	児童虐待現場最前線 児童相談現場が抱える苦悩と課題（特集 児童虐待防止法制定10年で見えてきたもの）		子どもと福祉 3	49-53	明石書店
津崎哲郎	ツザキテツロウ	2010.7	児童虐待防止対策からみえる家族にとっての子どもの存在		子どもと福祉 3	117-127	明石書店
山野良一 斎藤幸一	ヤマノリョウイチ サイトウコウイチ	2010.7	特集 子ども虐待と社会的支援		住民と自治 567	6-23	自治体研究社
		2010.7	子ども虐待の背景と社会的支援の基本課題（特集 子ども虐待と社会的支援）		住民と自治 567	7-10	自治体研究社
渡部たつ子	ワタベタツコ	2010.7	子ども虐待が問いかけるもの―児童虐待防止法10年の到達点と私たちの課題―（特集 子ども虐待と社会的支援）		住民と自治 567	11-14	自治体研究社
角田幸代	ツノダユキヨ	2010.7	世田谷区の児童虐待予防の取り組み―東京都世田谷区（特集 子ども虐待と社会的支援）		住民と自治 567	15-17	自治体研究社
斎藤大	サイトウマサトシ	2010.7	要保護児童対策地域協議会が子ども虐待予防に果たす役割―神奈川県横須賀市（特集 子ども虐待と社会的支援）		住民と自治 567	18-20	自治体研究社
		2010.7	自分が3人欲しい―児童相談所 第一線で見る虐待・埼玉県・東京都（特集 子ども虐待と社会的支援）		住民と自治 567	21-23	自治体研究社
南部さおり	ナンブサオリ	2010.7	代理ミュンヒハウゼン症候群			-	アスキー・メディアワークス

著者	著者(カナ)	年月	タイトル		掲載誌	頁	出版社
田中智子	タナカトモコ	2010.8	親権喪失宣告等事件の実情に関する考察		家庭裁判月報 62-8	1-61	最高裁判所
石田文三	イシダブンゾウ	2010.8	実務法学の現場(1) 親権とは何か	日本子ども虐待防止学会	子どもの虐待とネグレクト 12-2	243-249	日本子ども虐待防止学会
古畑淳	フルハタアツシ	2010.8	児童福祉法・児童虐待防止法-その立法動向と課題 (特集 子どもの権利基本法の提言を占める・警察庁)		子どもの権利研究 17	10-16	日本評論社
平田厚	ヒラタアツシ	2010.8	児童虐待の摘発、過去最多―実父や養父7割を占める・警察庁		厚生福祉 5749	14	時事通信社
岩永泉 竹林千佳 大西由香里	イワモトイズミ タケバヤシチカ オオニシユカリ	2010.8	親権と子どもの福祉―児童虐待時代に親の権利はどうあるべきか			—	明石書店
大久保真紀	オオクボマキ	2010.9	北海道立保健所が取り組む児童虐待予防活動―その成果と課題		保健師ジャーナル 66-9	840-846	医学書院
衣斐哲臣	イビテツオミ	2010.9	児童虐待防止法制定後の児童虐待の現状 (特集 子どもの命と育ちをまもる)		月刊福祉 93-11	12-15	全国社会福祉協議会
菅原哲男	スガワラテツオ	2010.9	児童虐待対応の最前線としての児童相談所の取り組み (特集 子どもの命と育ちをまもる)		月刊福祉 93-11	16-19	全国社会福祉協議会
高田治	タカダオサム	2010.9	虐待を受けた子どもや家族への関わり (特集 子どもの命と育ちをまもる)		月刊福祉 93-11	20-23	全国社会福祉協議会
杉山登志郎	スギヤマトシロウ	2010.9	情緒障害児短期治療施設における被虐待児支援 (特集 子どもの命と育ちをまもる)		月刊福祉 93-11	24-27	全国社会福祉協議会
茂籠知美	モロトモミ	2010.9	子どもへの虐待の医療機関を核とした子ども・親へのケア (特集 子どもの命と育ちをまもる)		月刊福祉 93-11	32-35	全国社会福祉協議会
前川寿子	マエカワヒサコ	2010.9	地域連携で取り組む虐待予防 (特集 子どもの命と育ちをまもる)		月刊福祉 93-11	36-39	全国社会福祉協議会
松宮透髙 井上信次	マツミヤユキタカ イノウエシンジ	2010.9	児童虐待対応にかかる児童相談所と医療機関との組織化実践に関する研究的取組―児童相談所における医療的機能強化事業の構築		厚生の指標 65-9	46-51	中央法規出版
青木悦	アオキエツ	2010.9	児童虐待と親のメンタルヘルス問題―児童福祉施設への量的調査にみるその実態と支援課題		厚生の指標 57-10	6-12	厚生労働統計協会
井上仁	イノウエヒトシ	2010.Aut.	支配・被支配の関係を見抜く―「教育」「しつけ」という名の児童虐待を減らすために (特集 虐待の構造からどう抜け出すか)		福祉労働 128	8-16	現代書館
山野良一	ヤマノリョウイチ	2010.Aut.	子どもの権利擁護から見た児童虐待防止法改正の課題と制度の整備 (特集 虐待の構造からどう抜け出すか)		福祉労働 128	17-27	現代書館
高橋亜美	タカハシアミ	2010.Aut.	子どもと家族への棄民政策―児童虐待の構造から見える子ども虐待問題 (特集 虐待の構造からどう抜け出すか)		福祉労働 128	28-37	現代書館
松山容子	マツヤマヨウコ	2010.Aut.	自立援助ホームから見た子どもの虐待、虐待を受けた子どもの支援とは―自立援助ホームあすなろ荘の取組から (特集 虐待の構造からどう抜け出すか)		福祉労働 128	38-46	現代書館
安藤由紀	アンドウユキ	2010.Aut.	病院の救急外来から見える虐待の諸相 (特集 虐待の構造からどう抜け出すか)		福祉労働 128	47-54	現代書館
		2010.Aut.	子どもへの虐待防止の取組み―民間のNPOの取組みから (特集 虐待の構造からどう抜け出すか)		福祉労働 128	100-106	現代書館
		2010.9	〈シリーズ〉ファミリー・バイオレンス I児童虐待		ジュリスト 1407	81-105	有斐閣
川﨑二三彦	カワサキフミヒコ	2010.9	児童虐待の実情と課題―対応現場で見えるもの 〈シリーズ〉ファミリー・バイオレンス I児童虐待		ジュリスト 1407	82-86	有斐閣

著者	年月	タイトル	掲載誌	巻号	頁	出版社
横田光平	2010.9	「関係」としての児童虐待と「親によって養育される子どもの権利」（《シリーズ》ファミリー・バイオレンス Ⅰ児童虐待）	ジュリスト	1407	87-94	有斐閣
西澤哲	2010.9	子ども虐待—虐待傾向のある親の心理の理解と支援（《シリーズ》ファミリー・バイオレンス Ⅰ児童虐待）	ジュリスト	1407	95-101	有斐閣
白井京	2010.9	海外の動向—韓国（《シリーズ》ファミリー・バイオレンス Ⅰ児童虐待）	ジュリスト	1407	102-105	有斐閣
横田光平	2010.9	子ども法の基本構造	—	—	—	信山社
櫻谷眞理子	2010.10	特集 児童虐待を考える	人権と部落問題	62-12	6-48	部落問題研究所
田中幹夫	2010.10	子ども虐待介入と援助について考える（特集 児童虐待を考える）	人権と部落問題	62-12	6-15	部落問題研究所
山野良一	2010.10	「児童虐待防止法」から10年（特集 児童虐待を考える）	人権と部落問題	62-12	16-23	部落問題研究所
山野良一	2010.10	アメリカと日本の現場から見える子ども虐待（特集 児童虐待を考える）	人権と部落問題	62-12	24-31	部落問題研究所
仙田富久	2010.10	児童虐待・子どもの人権と私たちの運動（特集 児童虐待を考える）	人権と部落問題	62-12	32-39	部落問題研究所
菅江佳子	2010.10	子ども虐待の相談現場から—社会福祉法人子どもの虐待防止センターの取り組み（特集 児童虐待を考える）	人権と部落問題	62-12	40-48	部落問題研究所
	2010.10	性的虐待を受けた子どもたち特集 子どもと性—児童養護施設からのメッセージ 児童養護施設での性の取り組み	Sexuality	48	54-67	エイデル研究所
	2010.10	性的虐待への法的対応を求めます（特集 子どもと性—児童養護施設からのメッセージ 児童養護施設からの提言）	Sexuality	48	90-97	エイデル研究所
望月由妃子 篠原充次 他	2010.10	被虐待児育児環境の特徴と支援に関する研究	厚生の指標	57-12	24-30	厚生統計協会
上松幸一 笹川宏樹 伏見真理子	2010.10	こんなときどうする？事例で学ぶ市区町村の児童家庭相談—児童虐待相談への対応—初期段階編（特集 児童家庭相談 はじめの一歩、二歩、三歩）	そだちと臨床	9	110-116	明石書店
藤井美江	2010.10	被虐待児童の権利擁護—里親家庭で生活する子どもの権利ノート（特集 子どもからみた里親制度）	里親と子ども	5	21-26	明石書店
岩城正光	2010.10	法制定後の児童虐待対策の現状と課題（特集 母子保健をめぐる今日的課題）	公衆衛生	74-10	854-859	医学書院
川崎二三彦	2010.10	教育の危機管理（実践編）児童虐待への対応で、学校管理職がやるべきこと（1）管理職には、子どもだけでなく、保護者と教職員を守る義務が存在する	週刊教育資料	1134	20-21	教育公論社
川崎二三彦	2010.10	教育の危機管理（実践編）児童虐待への対応で、学校管理職がやるべきこと（2）2004年の「岸和田中学生虐待事件」のこころから変わらない虐待発見の難しさ	週刊教育資料	1135	18-19	教育公論社
川崎二三彦	2010.10	児童虐待死事件と保護者告発	内外教育	6029	19	時事通信社
川崎二三彦	2010.10	教育の危機管理（実践編）児童虐待への対応で、学校管理職がやるべきこと（3）虐待の通告に慎重な学校現場。阻害要因を直視し、取り除く勇気を持とう	週刊教育資料	1136	20-21	教育公論社

著者	ヨミ	年月	タイトル	共著/編	掲載誌	ページ	出版社
川崎二三彦	カワサキフミヒコ	2010.10	教育の危機管理（実践編）児童虐待への対応で、学校管理職がやるべきこと（4）児童相談所に、通告する場合に管理職が踏まえておきたい四つの注意点		週刊教育資料 1137	18-19	教育公論社
厚生労働省雇用均等・児童家庭局総務課児童虐待防止対策室	コウセイロウドウショウコヨウキンドウトウジドウカテイキョクソウムカジドウギャクタイボウシタイサクシツ	2010.11	特集 児童虐待防止対策の推進について―児童虐待防止法施行10年を迎えて		厚生労働 65‐11	4-15	中央法規出版
安部哲夫	アベテツオ	2010.11	なぜ児童ポルノは規制されるのか？―児童の性的虐待・偏執的趣味（ペドフィリア）からの保護（児童ポルノ禁止法を考える）		法学セミナー 55‐11	37-39	日本評論社
宮本信也	ミヤモトシンヤ	2010.11	医療ネグレクトとは（特集 医療ネグレクト）	日本子ども虐待防止学会	子どもの虐待とネグレクト 12-3	318-367	日本子ども虐待防止学会
柳川敏彦	ヤナガワトシヒコ	2010.11	医療の場における医療ネグレクトの実態と課題（特集 医療ネグレクト）	日本子ども虐待防止学会	子どもの虐待とネグレクト 12-3	318-334	日本子ども虐待防止学会
山本恒雄	ヤマモトツネオ	2010.11	児童福祉の場における医療ネグレクトの実態と課題と課題―ヘルスケア・ネグレクトという考え方を含めて（特集 医療ネグレクト）	日本子ども虐待防止学会	子どもの虐待とネグレクト 12-3	335-344	日本子ども虐待防止学会
磯谷文明	イソガイフミアキ	2010.11	医療ネグレクトに関する法的論点（特集 医療ネグレクト）	日本子ども虐待防止学会	子どもの虐待とネグレクト 12-3	345-353	日本子ども虐待防止学会
石田文三	イシダブンゾウ	2010.11	精神科の治療と親の同意（特集 医療ネグレクト）	日本子ども虐待防止学会	子どもの虐待とネグレクト 12-3	354-362	日本子ども虐待防止学会
浜田雄久	ハマダタケヒサ	2010.11	実務法学の現場（2）法的対応における親等の有する当事者的地位	日本子ども虐待防止学会	子どもの虐待とネグレクト 12-3	363-367	日本子ども虐待防止学会
		2010.11	虐待防ぐ、連携の試み―2児死亡事件後の大阪市児童相談所		厚生福祉 5773	379-385	日本子ども虐待防止学会
梅澤彩	ウメザワアヤ	2010.12	代理によるミュンヒハウゼン症候群―児童虐待としての概念と対応について		摂南法学 42・43	2-3	時事通信社
菱川愛	ヒシカワアイ	2010.12	家族法改正・婚姻・親子関係を中心に	中田裕康	—	229-250	摂南大学
鈴木浩之	スズキヒロユキ	2011	でも、子どもたちから話を聞かなかったら…		CAPニュース 80	1-5	有斐閣
		2011	司法面接（被虐待認識面接）の導入と子どもの調査面接ビアスーパービジョン（PSV）の会」の活動		CAPニュース 80	6-9	有斐閣
後藤弘子	ゴトウヒロコ	2011.3	特集 ファミリー・バイオレンス	日本刑法学会	刑法雑誌 50-3	391-443	有斐閣
		2011.3	ファミリー・バイオレンス―新たな制裁のあり方をめざして（特集 ファミリー・バイオレンス）	日本刑法学会	刑法雑誌 50-3	391-395	有斐閣
坂本佳鶴恵	サカモトカズエ	2011.3	ファミリー・バイオレンスの特性をめぐって―社会学の視点から（特集 ファミリー・バイオレンス）	日本刑法学会	刑法雑誌 50-3	396-405	有斐閣
小島妙子	コジマタエコ	2011.3	ドメスティック・バイオレンスの法的救済―警察の法的機能（特集 ファミリー・バイオレンス）	日本刑法学会	刑法雑誌 50-3	406-416	有斐閣
林美月子	ハヤシミツコ	2011.3	家庭内暴力（DV）と犯罪立法（特集 ファミリー・バイオレンス）	日本刑法学会	刑法雑誌 50-3	417-427	有斐閣

朴元奎	PARK Won-Kyu	2011.3	ファミリー・バイオレンスの加害者への対応策の現状と課題（特集 ファミリー・バイオレンス）	日本刑法学会	刑法雑誌 50-3	428-443	有斐閣
小名木明宏	オナギアキヒロ	2011.3	女性と児童の犯罪被害と対策（ワークショップ）	日本刑法学会	刑法雑誌 50-3	501-505	有斐閣
		2011.3	子ども家庭福祉—保育士養成課程	佐々木政史 澁谷昌史	—	—	光生館
		2011.5	日本社会保障法学会第57回大会 シンポジウム 近親者からの虐待・暴力に対する法制度の課題—各国比較をふまえて—（虐待・暴力に対する法制度／医療制度改革）	日本社会保障法学会	社会保障法 26	3-100	法律文化社
山口亮子	ヤマグチリョウコ	2011.6	原審判を取り消し児童福祉施設入所を承認した事例		民商法雑誌 144-3	418-424	有斐閣
許末恵	キョスエ	2011.6	児童虐待防止のための親権法改正の意義と問題点—民法の視点から（小特集 児童虐待防止を目的とする親権法の一部改正について）		法律時報 83-7	65-71	日本評論社
津崎哲雄	ツザキテツオ	2011.6	民法改正と被虐待児の社会的養護—児童福祉法の観点から（小特集 児童虐待防止を目的とする親権法の一部改正について）		法律時報 83-7	72-77	日本評論社
多田元	タダゲン	2011.6	親権法の改正と子どもの自立支援・親子の関係修復（小特集 児童虐待防止を目的とする親権法の一部改正について）		法律時報 83-7	78-83	日本評論社
佐伯仁志 太田達也 川出敏裕他	サエキヒトシ オオタタツヤ カワイデトシヒロ	2011.7	座談会（刑事政策研究会（新連載・1）児童虐待）		ジュリスト 1426	112-144	有斐閣
		2011.8	イギリスに学ぶ 子どもの貧困解決—日本の「子どもの貧困対策法」にむけて	「なくそう！子どもの貧困」全国ネットワーク	—	—	かもがわ出版
		2011.9	社会的養護—保育士養成課程	春見静子 谷口純世	—	—	光生館
浅井由紀子	アサイユキコ	2011.11	子ども家庭支援センターでの「子どもの貧困」との係わり	荒川区自治総合研究所	『子どもの未来を守る 子どもの貧困・社会排除問題への荒川区の取り組み』	34-43	三省堂
永野咲	ナガノサキ	2011.12	当事者活動の今を考える	日本子ども虐待防止学会	子どもの虐待とネグレクト 13-3	363-368	日本子ども虐待防止学会

資料7 日本における児童福祉に関する年表 ―児童虐待防止を中心に― 2007年〜2011年

年	月	法律・政策・事件・研究等の動向	年	月	東京都・大阪府・大阪市の動向
2007 （平成19）	1	「児童相談所の運営指針等の改正について」厚生労働省通知（雇児発第 0123002 号）	2007	4	東京都 「専門機能強化型児童養護施設」（東京都単独事業・社会的養護）
	1	児童相談所運営指針等の改正により、安全確認に関する基本ルールの設定（48 時間以内が望ましい）、要保護児童対策地域協議会の運営強化などが規定される。	(平成19)	4	大阪市 こども青少年局が新設、中央児童相談所は部職場となる。
	1	「子ども虐待対応の手引きの改正について」厚生労働省通知（雇児総発第 0123003 号）		6	大阪府 6月より「児童相談ITナビシステム」の運用開始
	1	「児童虐待防止対策について」（平成19年1月23日）厚生労働省雇用均等・児童家庭局総務課、虐待防止対策室		6	東京都 「10年後の東京」（平成18年12月）で掲げた「待機児童5千人の解消」などの実現に向けて、社会全体で子どもと子育て家庭を支援する取組みをさらに強力に推進していくため、平成19年6月、関係局で構成する「子育て応援戦略会議」を設置。
	2	「児童虐待等緊急対策の実施について」厚生労働省通知（雇児発第 0215002 号）		8	大阪市 大阪市社会福祉審議会児童福祉専門分科会・児童相談所審査部会に「児童相談所の機能強化について」を提言
	2	内閣府 第6回少子化社会対策会議において「子どもと家族を応援する日本」重点戦略検討会議開催を決定。第4回「子どもと家族を応援する日本」「地域・家族の再生分科会」、「困難な状況にある子どもや家族を支える地域の取組強化」が配付される（2007年5月）		10	大阪市 児童虐待対応児童福祉司 4名増員
	3	「児童虐待・配偶者等からの暴力（DV）の早期発見のための取組の促進について」厚生労働省通知（医政局総務課長通知 医政発第 0316001 号）		12	大阪市 （仮称）こども総合相談センター基本構想をまとめる
	3	児童福祉施設最低基準の一部を改正する省令（厚生労働省令第29号）			東京都 「事業所内保育所施設への支援」（東京都単独事業）
	4	「こうのとりのゆりかご」設置（熊本県熊本市）「赤ちゃんポスト」			東京都 「子育てスタート事業」（東京都単独事業・子育て支援）（平成19年度から平成21年度はモデル実施）
	4	「出産育児等に悩みを抱える保護者に対する相談窓口等の周知等について」厚生労働省通知（雇児総発発第 0405001 号）（平成19年4月5日）			東京都 「学童クラブ環境改善事業」（国庫補助事業、児童健全育成）
	4	生後4ヶ月までの全戸訪問事業「こんにちは赤ちゃん事業」2007年度から厚生労働省開始			東京都 「ドクターアドバイザー」（東京都単独事業、児童相談所の運営）
	4	「児童相談所における安全確認を行う際の『時間ルール』の設定状況について」（平成19年4月1日現在）厚生労働省			大阪府 「すこやか家族再生応援事業」の開始
	5	少年法改正（平成19年11月施行）			（大阪府） 朝日新聞「ルポ児童虐待」連載
	5	児童虐待防止法改正（平成20年4月施行）			大阪府 点検・検証チーム立ち上げ（大阪府社会福祉審議会児童福祉専門分科会 児童審査部会）
	5	「今後目指すべき児童の社会的養護体制との連携強化について」法務省通知（法務省権調第 219 号）			東京都 「専門機能強化型児童養護施設」（東京都単独事業）
	5	「今後目指すべき児童の社会的養護体制に関する構想検討会」2009年2月2日に示した、今後目指すべき児童の社会的養護体制に関する構想及び、現在の社会的養護の課題を整理し、今後目指すべき社会的養護のあり方を実現するための方策についてとりまとめた。			東京都 「母子自立支援プログラム策定事業」（国庫補助事業）
	5	「要保護児童対策地域協議会（子どもを守る地域ネットワーク）スタートアップマニュアル」2007（平成19）年5月に公表。厚生労働省				
	6	「子ども虐待による死亡事例等の検証結果について（社会保障審議会児童部会「児童虐待等要保護事例の検証に関する専門委員会」）第3次報告」（平成19年6月22日）				
	6	児童虐待の防止等に関する法律及び児童福祉法の一部を改正する法律の公布について（平成19年6月5日最高裁判所刑事局長・行政局長通知最高裁第 002471 号）最高裁判例				
	7	「配偶者からの暴力の防止及び被害者の保護に関する法律」（DV防止法）法の施行後も、検討を重ね改正に向けての施行後も、討議を重ね法の改正を目指す。「改正DV防止法」が施行。保護命令制度の拡充、市町村に対する基本計画策定の努力義務を定めた。平成19年の通常国会で成立し、7月11日に公布。平成20年1月11日に施行。				
	7	「児童養護施設等一時保護施設における教員OB等の配置について」（厚生労働省雇用均等・児童家庭局総務課長補佐事務連絡）				
	10	「児童相談所運営指針の改正について」厚生労働省通知（雇児発第 1026003 号）				

年	月	法律・政策・事件・研究等の動向	年	月	東京都・大阪府・大阪市の動向
	11	「社会的養護体制の充実を図るための方策について」（社会保障審議会児童部会社会的養護専門委員会）　厚生労働省　施設内虐待への対応等			
	12	日本子ども虐待防止学会「児童虐待死亡事件の両面調査を開始し、2月26日夜、父親が殺人未遂容疑で逮捕」			
	12	第1回社会保障審議会　少子化対策特別部会　設置　「子どもと家族を応援する日本」重点戦略等について。「社会的養護体制の現状と今後の見直しの方向性について」			
2008 (平成20)	1	「配偶者からの暴力の防止及び被害者の保護に関する法律」（DV防止法）　平成19年法改正　平成20年1月1日施行	2008 (平成20)	4	大阪市　児童虐待対応児童福祉司　3名増員
	2	大阪府泉南郡岬町　乳児虐待死亡事件。2月16日、岬町在住の生後5ヶ月の乳児（男児）が救急搬送先の病院で死亡した。警察が事件性ありとみて捜査を開始し、2月26日夜、父親を殺人容疑で逮捕		4	大阪市　児童相談所業務支援システム稼働
	2	大阪府寝屋川市　幼児虐待死事件。2月16日、6歳の女児が母親の内縁男性からの暴行により、意識不明の重体となり、病院に搬送される。同日、警察が内縁男性を殺人未遂容疑で逮捕。2月20日、本児死亡		6	東京都　「親の子育て力向上支援事業」（東京都単独事業）
	2	「児童虐待防止法等に係る法律及び児童福祉法等の一部を改正する法律の施行について」（平成20年2月22日警察庁丙少発第6号・丙生企発第10号・丙地発第4号・丙輔厚発第3号・丙輔発第6号）　警察庁		6	大阪府　岬町・寝屋川市における児童虐待死亡事案死亡事例検証結果報告書発表。（大阪府社会福祉審議会児童福祉専門分科会　児童虐待審査部会・点検・検証チーム）
	2	「特別家事審判規則の一部を改正する規則の公布について」（平成20年2月21日最高裁家一第000772号）　社会的養護の当事者参加推進団体　日向ぼっこ　「地域生活支援事業（ふらっとホーム）」を8月に受託。		6	東京都　「地域生活支援事業（ふらっとホーム）」社会的養護の当事者参加推進団体　日向ぼっこ「地域生活支援事業（ふらっとホーム）」を8月に受託。
	3	「児童虐待を行った保護者に対する指導・支援の充実について」（平成20年3月14日雇用均等・児童家庭局総務課長通知雇児総発第0314001号）　厚生労働省			東京都　「区市町村相談対応強化事業」（東京都単独事業）
	3	「地方公共団体における児童虐待等による死亡事例等の検証について」（平成20年3月14日厚生労働省雇用均等・児童家庭局長通知雇児発第0314002号）　厚生労働省			東京都　「子育て親子の外出環境整備事業（赤ちゃん・ふらっと事業）」（東京都単独事業）
	3	「児童相談所運営指針等の改正について」（平成20年3月14日厚生労働省雇用均等・児童家庭局総務課長通知雇児総発第0331004号）　厚生労働省			東京都　「院内保育環境整備費補助」（国庫補助事業）
	3	「医療ネグレクトにより児童の生命・身体に重大な影響がある場合への対応について」（平成20年3月31日雇用均等・児童家庭局総務課長通知雇児総発第0331004号）　厚生労働省			東京都　「子育て応援とうきょう会議」発足（東京都単独事業）
	3	「児童福祉法施行規則及び『児童福祉法施行令の一部を改正する政令』の施行について」（平成20年3月14日厚生労働省雇用均等・児童家庭局長通知雇児発第0314002号）			東京都　「要支援家庭の早期発見・支援事業」（東京都単独事業）
	3	「子ども虐待による死亡事例等の検証結果等について」児童虐待等要保護事例の検証に関する専門委員会　第4次報告			東京都　「病児・病後児ケア相談支援事業」（包括）（東京都単独事業）
	3	「『児童虐待防止法等に関する法律及び児童福祉法の一部を改正する法律等の施行について』（平成20年3月14日雇用均等・児童家庭局総務課長通知雇児総発第0314001号）厚生労働省			大阪府　大阪府虐待対応の手引き　改訂
	4	児童福祉法、児童虐待防止法の一部改正施行（平成20年4月）　立入調査等の強化・面会・通信等の制限			大阪府　「すこやか家族再生応援事業」の継続実施
	4	里親支援機関事業の実施について（平成20年4月1日厚生労働省雇用均等・児童家庭局長通知雇児発第0401011号）			大阪府　里親委託推進事業（里親支援機関の設置）
	6	「児童養護施設等の医療的支援の強化について」（平成20年6月12日厚生労働省雇用均等・児童家庭局長通知雇児発第0612014号の4）　厚生労働省			大阪府　一時保護児童の権利擁護についての取り組み（権利ノート作成など）
	8	「児童相談所を設置する市について」（平成20年8月29日雇用均等・児童家庭局総務課長通知雇児総発第0829001号）　厚生労働省			大阪府　大阪府社会福祉審議会児童福祉専門分科会　児童虐待審査部会・点検・検証チームが、各センターの点検、報告書まとめる。
	12	改正児童福祉法　成立（平成20年12月3日公布、平成21年4月、家庭的保育事業一部は平成22年4月施行）　厚生労働省			大阪府　大阪府市町村児童家庭相談援助指針の改訂及び市町村虐待防止モデルマニュアルの作成など
		保育所待機児童対策について、平成20年度末に創設された国の「子育て支援対策特別交付金」を原資として、各都道府県が「安心こども基金」を造成し、保育所施設整備等に取り組んでいる。安心こども基金については、期限が平成23年度まで延長されるなど一定の改善がなされた。			東京都　「マンション等併設型保育所等設置促進事業」（東京都繋急支援拠点病院事業）
					東京都　「ひとり親家庭生活支援事業」（国庫補助事業）
					東京都　「子供の心診療支援拠点病院事業」（国庫補助事業）

年	月	法律・政策・事件・研究等の動向	年	月	東京都・大阪府・大阪市の動向
2009 (平成21)	3	厚生労働省「乳児家庭全戸訪問事業ガイドラインについて」平成21年3月16日 雇児発第0316001号「乳児家庭全戸訪問事業ガイドライン」策定（厚生労働省通知 雇児発第0316002号 厚労省通知 雇児発第0316002号）「養育支援訪問事業ガイドラインについて」平成21年3月16日）	2009	3	東京都 都内区市町村の実情に即した、新生児訪問と「こんにちは赤ちゃん事業」のあり方について、「東京都版ガイドライン」を作成。（母子保健法に基づく新生児訪問と、児童福祉法に基づく「こんにちは赤ちゃん事業」は、同じ新生児からの乳児期にかけての子育て家庭へのアプローチ）
	3	「平成20年度子育て支援対策臨時特例交付金（安心こども基金）の交付について」（平成21年3月31日雇児発第0305005号）の交付通知、「安心こども基金の管理運営要綱を定め、平成21年1月27日から適用する。（20文科初第1278号、厚生労働省発雇児第0305005号、20文科初第1279号、雇児発第0305005号）		8	大阪市 大阪市社会福祉審議会児童福祉専門分科会・児童虐待事例検証部会 大阪市における小学生女児死亡事例 検証結果報告書を公表 （東京都単独事業）
	3	児童相談所運営指針等の改正について（平成21年3月31日雇児発第0331034号）「児童福祉法等の一部を改正する法律」（平成20年法律第85号）が、平成21年4月1日に施行されること等に伴い、児童相談所運営指針を改正。			東京都「待機児童解消区市町村支援事業」（東京都単独事業）
	3	「小規模住居型児童養育事業の運営について」（平成21年3月31日雇用均等・児童家庭局長通知雇児発0331011号）			東京都「認証保育所運営指導事業」（東京都単独事業）
	3	「養育里親研修制度の運営について」（平成21年3月31日雇用均等・児童家庭局長通知雇児発0331009号）厚生労働省			東京都「病児・病後児保育ネットワーク事業」（包括）（東京都単独事業）
	3	「児童福祉法等の一部を改正する法律によって新たに第二種社会福祉事業として位置付けられた事業等について」（平成21年3月31日雇用均等・児童家庭局・保育課長通知雇児発第0331002号、雇児発第0331004号）		3	大阪府「児童養護施設等の生活向上のための環境改善事業」（国庫補助事業）
	3	「被措置児童等虐待対応ガイドラインについて」（平成21年3月31日雇用均等・児童家庭局雇用均等・児童家庭局・社会・援護局障害保健福祉部障害福祉課長連名通知雇児発第0331009号・障障発0331002号）作成 平成21年3月			大阪府「児童虐待110番」に虐待通告電話の名称を変更
	3	厚生労働省「保育所における自己評価ガイドラインについて」（平成21年3月31日雇児発第0331034号）策定			大阪府 施設内虐待防止のための「あなたへの大切なお知らせ」リーフレットを入所児へ配布
	3	「児童相談所運営指針の改正について」（平成21年3月31日雇児発第0331034号）厚生労働省			東京都「一時預かり事業」（東京都単独事業）
	4	平成21年4月1日に施行された児童福祉法等の改正により、施設職員等による被措置児童虐待について、都道府県市等が通告を受けて、その状況を都道府県市等が公表する制度等が法定化。			東京都「里親支援機関事業」（国庫補助事業）
	4	「一時保護施設における学習環境の充実について」（平成21年4月1日雇用均等・児童家庭局総務課長発0401003号）厚生労働省			東京都「児童養護施設等人材育成支援事業」（東京都継ぎ足し事業）
	4	大阪市西淀川区に居住する女児の母が、夕方になっても女児が帰宅しないと捜索願を出すが、4月23日、母、同居男性、その知人（男性）の3人が死体遺棄容疑で逮捕、5月13日に死体遺棄致死罪で追起訴される。		4	東京都「再チャレンジホーム」（東京都継ぎ足し事業）
	4	改正児童福祉法施行（平成20年12月に改正）平成21年4月1日施行（乳児家庭全戸訪問事業、養育支援訪問事業の法制化等）乳児家庭全戸訪問事業、養育支援訪問事業が法律上位置づけられ、市町村の役割が明確化される。		7	東京都「養護児童グループホーム」平成21年度から、本体施設に加えて小規模グループケア地域型ホームを開始（東京都継ぎ足し事業）
	4	児童福祉法一部改正（里親関係）（里親）、さらに養育里親と専門里親に区分し、従来の短期里親は養育里親と専門里親に分ける。養子縁組を前提とし、「親族里親」（財）全国里親会		7	東京都「保育人材確保事業」（東京都継ぎ足し事業）
	7	「子どもの虐待による死亡事例等について 社会保障審議会児童部会 児童虐待等要保護事例の検証に関する専門委員会」第5次報告			東京都「保育所緊急整備事業」（国庫補助事業）
	7	東京都練馬区2歳児虐待死事件（男児をゴミ箱に閉じ込めて懲役11年判決。母親は2010年2月父親が監禁致死で懲役11年判決。後日判決。			東京都「母子家庭高等技能訓練促進費等補助」（区市分 安心こども基金）
					東京都「児童相談所の評価・検証委員会」（国庫補助事業）
					東京都「東京都児童相談業務研修」（国庫補助事業）
					東京都「墨田児童相談所移転改築工事」（東京都継ぎ足し事業）
					東京都「立川児童相談所一時保護所転改築工事 一時保護需要対応」（東京都継ぎ足し事業）

年	月	法律・政策・事件・研究等の動向	年	月	東京都・大阪府・大阪市の動向（国庫補助事業）
2010 (平成22)					東京都 妊婦健康診査補助事業」（国庫補助事業）
	1	「児童虐待防止に向けた学校等における適切な対応の徹底について」（平成22年1月26日文部科学省初等中等教育局児童生徒課長発通知21初児生第29号）文部科学省	2010 (平成22)	5	東京都「児童虐待死ゼロを目指した支援のあり方について」提言（江戸川区事例 最終報告）平成21年度東京都児童福祉審議会児童虐待死亡事例等検証部会報告書「江戸川区事例」福祉保健局 平成22年4月28日 （江戸川区事例 中間報告）公表 平成22年5月11日
	1	東京都江戸川区小学1年男児 両親（父親は継父、母親22歳。未児は15歳時の若年出産）に虐待され死亡。2009年9月に歯科医師からの通報あり、学校、子ども家庭支援センターが対応していたが死亡。長期欠席（2009年9月以降85日間中35日大阪）、2009年10月以降は硬膜下血腫で墨東病院に入院しており虐待も疑わず通報せず。		9	大阪市「児童虐待ホットライン」の専用電話を設置
	1	平成22年1月27日、寝屋川市在住の1歳8ヶ月の女児が心肺停止で病院に救急搬送され、顔面にあざ、体にタバコを押し当てられたようなやけどがあり大阪府中央子ども家庭センターが同日、職権による一時保護を行ったが、平成22年3月7日、硬膜下血腫による脳腫脹により死亡。（大阪府寝屋川市における幼児死亡事案検証結果報告書 抜粋）		10	大阪府 寝屋川市・門真市における幼児死亡事案検証結果報告書（平成22年10月発表）（大阪府児童福祉審議会児童虐待死亡事例等措置審査部会 児童虐待死亡事例検証のための報告書「大阪府における幼児死亡事案検証結果報告書」）を公表。（児童相談所）、「児童の安否確認ができていないのに、こども相談センター（児童相談所）内で、この情報共有がされていなかったことを問題視。情報管理体制の見直しや、初期対応マニュアルの作成を求めた。
	3	平成22年3月28日、大阪府門真市在住の2歳の男児が病院で死亡（全身打撲と硬膜下血腫い）。搬送先の病院から通報、母の知人である19歳の少年を傷害容疑で逮捕。警察は、同日、繰り返し暴行を加えていたとして、寝屋川市・門真市における幼児死亡事案検証結果報告書（大阪府）抜粋		12	大阪市 教育センター教育相談部門と統合し、「大阪市こども相談センター」（大阪市中央区森ノ宮中央1丁目17番5号）を開設（大阪府中央子ども家庭センターから移転）
	3	「児童相談所運営指針等の改正について」（平成22年3月31日雇用均等・児童家庭局長通知雇児発0331第6号）厚生労働省		12	大阪府 大阪市西区のマンションで幼児2人が母親に置き去りにされて死亡した事件を受け、大阪市は12月24日、大阪市社会福祉審議会児童福祉専門分科会・児童虐待事例検証部会（部会長・津崎哲郎花園大学教授）がまとめた再発防止のための報告書「大阪市における児童虐待事例検証結果報告書」を公表。
	5	改正児童福祉法施行による養育里親の制度化がスタート。平成20年の児童福祉法改正、養育里親と養子縁組里親を区別して法定化。平成20年度に里親手当の引き上げ、里親支援機関事業の実施		5	病児・病後児保育事業費補助（東京都単独事業）
	6	文部科学省「児童虐待防止に向けた学校等における適切な対応の徹底について」（21初児生第29号）		6	大阪府 家庭的養護推進プロジェクト設置
	6	川端達夫文部科学大臣、2月19日に閣議後会見で、警察庁の暫定値で児童虐待事件で児童の摘発数が過去最多だったことに対して「深刻な問題だ」（学校現場でも）「子どもがいろんなメッセージを出している時にしっかり対応する力を向上させなければならない」と述べる。産経新聞 2010.2.19		6	大阪府 母子寡婦福祉資金貸付金緊急整理特別推進事業3ヵ年計画開始
	6	奈良県、当時中学3年の次男（15）を自宅トイレに閉じ込めたとして監禁の疑いで母親（47）と交際相手の男（34）が逮捕された。東京都練馬区内の中学校の校長らが記者会見し「家庭訪問などを繰り返したが虐待がほとんど気付かなかった」と謝罪。		6	大阪府 「大阪市社会的養護体制備計画」策定
	6	東京都、4歳の息子を手段り傷害容疑で、義父逮捕。義父増田文彦容疑者が自宅で男児の右頬を殴り、内出血などで約10日間の軽症を負わせたと疑い。実父の2女長女にも虐待の可能性あり。		6	東京都「児童虐待への対応について」（通知）東京都教育庁指導部指導企画課長通知第1074号 大阪府「大阪府社会的対応力強化事業」
	6	臓器提供の拒否、十分確認を 臓器移植新指針了承（朝日新聞 asahi.com） 臓器移植法改正臓器移植委員会は10日、7月に本格施行される改正臓器移植法の運用方針とガイドラインの改正案を了承。改正法では本人の意思が不明でも家族の同意で臓器提供が可能。そのためガイドラインでは、コーディネーターが家族にしっかり説明するよう求めた。拒否の意思は年齢にかかわらず有効で、書面以外の方法でもかまわない。新たに子どもの法的脳死判定に準じるため、6歳未満の判定は24時間以上の間隔で2回実施する。（2010.6）		6	東京都「医療機関における虐待対応力強化事業」（東京都単独事業）
	7	臓器提供の拒否、十分確認を、臓器移植新指針了承 厚生労働省の臓器移植委員会は、改正法の運用方針とガイドラインを了承。改正法施行が施行。十分な意思を改正案のため、次男方通っていた東京都練馬区の中学校の校長らが記者会見し「家庭訪問などを繰り返したが虐待がほとんど気付かなかった」と謝罪。		7	東京都「子供家庭支援区市町村包括補助事業」（東京都単独事業）
	7	「子どもに虐待による死亡事例等の検証結果等について」厚生労働省 社会保障審議会児童部会「児童虐待等要保護事例の検証に関する専門委員会」第6次報告		7	東京都「児童養護施設退所者等の就業支援事業」（国庫補助事業）

年	月	法律・政策・事件・研究等の動向	年	月	東京都・大阪府・大阪市の動向
	7	インターネット上の児童ポルノ画像へのアクセスを遮断する「ブロッキング」を児童ポルノ排除総合対策（案）を発見後に即時実施することなどを柱とする総合対策案「児童ポルノ排除対策ワーキングチーム」（児童ポルノ排除総合対策（案））9省庁（内閣府、警察庁、厚生労働省、総務省、文部省、外務省、法務省など）のワーキングチームが公表。			東京都「子どもマスタート支援事業」（東京都単独事業）＜平成19年度から平成21年度はモデル事業＞
	7	大阪市西区マンションで、幼児2人（3歳女児及び1歳男児）が母親に置き去りにされて餓死。			東京都「都型学童クラブ事業補助」（国庫補助事業）
	8	岐阜北警は、児童相談所に相談に来たな女子中学生（14）と顔見知りになった後、みだらな行為をしたとして県青少年健全育成条例違反の疑いで「岐阜県中央子ども相談センター」の元非常勤職員小池大容疑者（23）を逮捕。			東京都「地域子育て創生事業」（東京都単独事業）
	8	「児童の安全確認の徹底に係る調査について」（平成22年8月10日厚生労働省雇用均等・児童家庭局総務課長通知児総発0810第1号）厚生労働省			東京都「児童養護施設等の職員の資質向上のための研修事業」・「特定保育事業」（国庫補助事業）
	8	「安全確認の対応について」（平成22年8月18日雇用均等・児童家庭局総務課長通知児総発0818第1号）厚生労働省			東京都「定期利用保育事業」（東京都単独事業）（国庫補助事業）
	8	「居所不特定ができない事業における出頭要求について」（平成22年8月26日雇用均等・児童家庭局総務課長通知児総発0826第1号）厚生労働省			東京都「児童養護施設の退所者等の就業支援事業」（国庫補助事業）
	9	「児童の安全確認の徹底に係る調査結果について」（平成22年9月30日雇用均等・児童家庭局総務課長通知児総発0930第1号）厚生労働省 児童相談所又は児童相談所が依頼した者が、子どもを直接目視することによりおこなうこと。			東京都「児童福祉施設耐震化等整備事業補助」（国庫補助）足し事業
	9	「虐待通告のあった児童の安全確認の手引き」について（平成22年9月30日雇用均等・児童家庭局総務課長通知児総発0930第2号）			東京都「ひとり親家庭等就業コーディネート事業」（国庫補助事業）
	12	児童虐待防止等に関する政策評価に関する意識や負担等を把握するための調査」公表。（平成22年12月7日）総務省 ＜行政評価の一環として、児童虐待対応を行う現場の実態調査＞			東京都「一時保護対応協力員」
	12	「児童虐待防止のための親権の在り方に関する要綱案」（法制審議会児童虐待防止関連親権制度部会）公表 平成22年12月15日 法務省			東京都「児童虐待防止対策強化事業」（国庫補助事業）児童の安全確認等
2011 (平成23)	1	宇都宮市で、2歳女児死亡 母（22歳）に傷害致死容疑 朝日新聞朝刊（2011.1.15）	2011 (平成23)	2	大阪府「子どもを虐待から守る条例」施行。
	1	社会保障審議会児童部会児童虐待等要保護事例の検証に関する専門委員会報告書（平成23年1月28日 社会保障審議会児童部会児童虐待等要保護事例の検証に関する専門委員会）厚生労働省		5	東京都「児童虐待死を目指した支援のあり方について」提言 平成22年度東京都児童福祉審議会児童虐待死亡事例等検証部会報告書 東京都福祉保健局
	2	「児童の安全確認の徹底に係る調査の追跡調査結果について」（平成23年2月10日 事務連絡 厚生労働省雇用均等・児童家庭局総務課）		8	東京都「児童養護施設等退所者へのアンケート調査結果」公表
	2	「大阪府子どもを虐待から守る条例」が、平成23年2月1日より施行。			東京都「定期借地権利用による認可保育所整備促進事業」（東京都単独事業）
	3	「震災により親を亡くした子どもへの対応について」（平成23年3月25日 事務連絡 厚生労働省雇用均等・児童家庭局総務課）（子どもの心のケア相談連絡）作成を事務連絡通知にて公表。			東京都「児童虐待防止対策強化事業」（東京都単独事業）
	3	「学校及び保育所への定期的な情報提供の実施状況について」平成23年3月4日 22初生徒第64号・雇児総発0304 第1号 文部科学省初等中等教育局長・厚生労働省雇用均等・児童家庭局総務課長通知			東京都「医療機関における虐待対応力向上支援事業」（東京都単独事業）
	4	2011年4月に「里親委託ガイドライン」を策定し、専門里親、養育里親の推進を図ることとされており、さらにその中でも養育里親の特色を生かしながら推進する。厚生労働省			東京都「区市町村児童虐待対応力向上支援事業」（東京都単独事業）
	5	「国際的な子の奪取の民事上の側面に関する条約の締結に向けた準備について」（平成23年5月20日 閣議了解）（ハーグ条約の締結に向けて、必要となる法律案件作成準備にとりかかることを閣議決定した。）			東京都「秋山実務学校全体改築工事・児童寮新設工事」（東京都単独事業）
	5	私立九州国際大学が、開学80年の記念事業として、開学内の約160の産婦人科医会を対象に調査。定期的な妊娠健診を受けず、出産直前に病院に駆け込む「未受診妊婦」による出産の実態調査結果を発表。2011年6月9日			
	6	大阪府と大阪市が、両親との死別により学内の6か所の児童養護施設で暮らす高校生が同大学校に進学する場合、学資4年分を全額負担すると発表。			
	5	親権を最長2年間停止する制度の新設を柱とした改正民法が27日参議院本会議で全員一致で可決。成立。2012年4月施行。			

年月	法律・政策・事件・研究等の動向	年月	東京都・大阪府・大阪市の動向
6	愛知県警天白署は、長女（5歳）に約7ヶ月間適切な食事を与えずに衰弱した状態で放置、意識不明の重体にさせたとして保護責任者遺棄致傷容疑で無職母親大野忍容疑者（34）と妻養護師忍容疑者（34）を逮捕。		
7	「妊娠期からの死産・出産・子育て等に係る相談体制等の整備について」雇児総発0727第1号 雇児福発0727第1号 雇児母発0727第1号 厚生労働省通知（平成23年7月27日）		
7	「社会的養護の課題と将来像」厚生労働省 児童養護施設等の社会的養護の課題に関する検討委員会・社会保障審議会児童部会社会的養護専門委員会とりまとめ 平成23年7月		
7	「子ども虐待による死亡事例等の検証結果等について（第7次報告）厚生労働省社会保障審議会児童部会児童虐待等要保護事例の検証に関する専門委員会 2011年7月20日＜第1次報告から第7次報告の対象期間内に発生、発覚した0日・0か月児の死亡77人（69事例）＞		
7	宮城県、東日本大震災で親を失った県内の子どもたちを支援するため、全国の企業、団体、個人などから寄付金を募る「東日本大震災みやぎこども育英募金」を開設したと発表。		
8	岡山市で、知的障害のある長女（16歳）を裸で浴室に監禁、死亡させたとして母親の清原陽子容疑者を逮捕。地元の児童相談所が約2年前に虐待を認識、県警に通報し、定期的に連絡を取り合い、学校とも一定の連携があった。		
8	親権の停止新設。改正民法成立。2012年4月に施行		
8	2010年8月に東京都杉並区の自宅で乳児していた保育園児（当時3歳）を虐待して死亡させたとして保育士ら傷害致死で警視庁は、傷害致死容疑で鈴池静子容疑者（43）を逮捕（2011年8月20日）		
8	千葉県警で、2歳10ヶ月の長男に十分な食事を与えず餓死させた保護責任者遺棄致死の疑いで無職小坂雄造容疑者（39）と妻アルバイト里美容疑者（27）を逮捕、賜に口に入れたとみられる紙やプラスチック片が詰まっていた。長女（6歳）、次女（5歳）も5月に児童相談所が保護。		
8	千葉県警市原署が、長男（3歳）に熱湯をかけでやけどを負わせたとして、傷害の疑いで、中山浩容疑者（24）を逮捕。妻の連れ子の長男を当時（2）=を虐待して、やけどを負わせた。調べに対し「腹が立ったので、風呂場のシャワーで背中に熱湯をかけた」と容疑を認めている。（産経新聞 2011.8.22）		
8	大阪市西淀川区で2011年8月、小学2年の藤木翼君（7）を死亡させたとして、親族が傷害致死容疑で継父と母親が逮捕された虐待事件をめぐり、市こども相談センター（児童相談所）やや学校などの関係機関が一家と深く関わっていながら、虐待事件として共通認識ができなかった実態が再発防止に向け市が進めるかる検証作業で浮かび上がっている。翼君は生後3か月で乳児院に入所、その後ずっと施設で暮らしていたが、母親は引き取りを強く希望し、担当者も、翼君と母親を一緒に外泊・外出させ、様子を見た上で「家庭に引き取っても大丈夫」と判断。翼君は2011年3月、家に戻った。		
8	厚生労働省は、2011年8月23日東日本大震災の孤児について、親族が里親となって養育することを希望しても、震災後に18歳の誕生日が来て児童福祉法により対象外となるケースについて、特例として里親認定し通常と同様に養育費用を支給する方針を明らかにした。震災孤児231人（2011年8月19日現在）のうち震災児17歳で、児童相談所が把握した際には18歳になっていたため、弾力的対応による支援が必要と判断。		
9	「児童福祉施設最低基準及び児童福祉施設最低基準法施行規則の一部を改正する省令等の施行について」（雇児発0901第1号）1.児童福祉施設の名称変更（乳児院）。母子生活支援施設、児童養護施設、情緒障害児短期治療施設及び児童自立支援施設＞2.児童福祉施設法施行規則の一部改正。母子生活支援施設及び児童自立支援助事業所の位置に関する情報の提供方法の見直し。家庭的保育事業に係る見直し。		
10	長崎県警は2011年10月18日、出産して間もない乳児の遺体を、当時勤務していた保育所内に捨てたとして、死体遺棄容疑で元保育士勝見久美容疑者39歳（39歳）を逮捕。勝見容疑者は2010年3月市内の病院で出産し、女児は2010年3月に退院。同容疑者は当時独身。（2011年10月18日）		
10	改正臓器移植法の運用指針（ガイドライン）の改正法案が、厚生労働省の臓器移植委員会で了承され、事実上決まった。改正法では、現在は不可能な15歳未満からの脳死での提供が可能になる。改正省指針は、小児の虐待施設、児童虐待に対応する院内体制やマニュアルの整備を求め、虐待の疑いがあるかの確認や警察や児童相談所との連携を定めた。（平成22年7月）→「臓器の移植に関する法律」の運用に関する指針（ガイドライン）（平成23年10月1日一部改正）		
11	愛知県名古屋市東区で、2011年10月、中学2年生服部昌己（14歳）が母親の交際相手の男に暴行され死亡した事件で、名古屋地裁は11日、傷害致死罪で無職酒井秀志容疑者（37歳）を起訴		
	子育て支援付金（国制度）創設		

年 月	法律・政策・事件・研究等の動向	年 月	東京都・大阪府・大阪市の動向
	参考文献（アルファベット順）		
	「臓器提供の拒否、十分確認を 臓器移植法の新指針了承」（朝日新聞 http://www.asahi.com）2010年6月		
	朝日新聞 朝刊 2011年1月15日「宇都宮市で、2歳女児死亡 母（22歳）に傷害致死容疑」		
	林浩康「児童養護施設職員による子どもへの虐待予防とその課題」「子どもの虐待とネグレクト」Vol.11 No.2, 2009年		
	「児童虐待防止法等 関係法令通知集」中央法規, 2007年		
	児童虐待防止協会 協会概要 活動のあゆみ http://www.apca.jp/ 2007.4.29 掲載内容		
	警察庁編「警察白書 平成19年版」大蔵省印刷局		
	厚生省編「厚生白書 平成19年版」財団法人厚生問題研究会		
	厚生労働省 第1回社会保障審議会 少子化対策特別部会 配布資料 2007年		
	子どもと保育総合研究所 代表／森上史朗編「最新保育資料集」2007 ミネルヴァ書房, 2007年		
	子どもと保育総合研究所 代表／森上史朗編「最新保育資料集」2010 ミネルヴァ書房, 2010年		
	「子ども虐待の予防とケアのすべて」第一法規, 2010 - 2012年		
	「難しい帰宅判断、生かされなかった虐待情報 大阪・西淀川の7歳男児死亡事件」産経新聞 2011年10月5日 msn産経ニュース http://sankei.jp.msn.com		
	大阪府子ども家庭センター「大阪子ども家庭白書 平成23年版（平成22年度事業概要）」2011年		
	大阪府 社会福祉審議会児童福祉専門分科会 児童措置審査部会 点検・検証チーム「岬町」・寝屋川市における児童死亡事案検証結果報告書」平成20年6月, 2008年		
	大阪府 社会福祉審議会児童福祉専門分科会 児童措置審査部会 点検・検証チーム「寝屋川市・門真市における幼児死亡事案検証結果報告書」平成22年10月, 2010年		
	大阪市 社会福祉審議会児童福祉専門分科会 児童虐待事例検証部会「大阪市における小学生女児死亡事例検証報告書」平成21年8月, 2009年		
	大阪市 社会福祉審議会児童福祉専門分科会 児童虐待事例検証部会「大阪市における幼児死亡事例検証結果報告書」平成22年12月, 2010年		
	大阪市こども相談センター「大阪市の児童相談」（平成21年度実績）, 2010年		
	大阪市「大阪市における児童虐待防止にかかわる主な取り組み」2010年		
	大阪市「育児支援家庭訪問事業実施要綱」制定 平成17年7月1日 改正 平成19年4月1日		
	大阪市「専門的家庭訪問支援事業実施要領」制定 平成17年7月1日 改正 平成20年4月1日		
	大阪市「エンゼルサポーター派遣事業実施要領」制定 平成17年7月1日 改正 平成19年4月1日		
	社会的養護の当事者参加推進団体日向ぼっこ編著「施設で育ったこどもたちの居場所「日向ぼっこ」と社会的養護」明石書店, 2009年		
	産経新聞 2011年8月22日（千葉県 児童虐待 傷害の疑い） msn産経ニュース http://sankei.jp.msn.com		
	東京都福祉保健局「子供と家庭・女性福祉、母子保健施策概要 平成23年度」東京都福祉保健局少子社会対策部計画課, 2011年3月発行		
	高橋重宏監修「日本の子ども家庭福祉―児童福祉法制定60年の歩み」明石書店, 2007年		

資料8　児童虐待司法関係統計

表A　児童福祉法28条の事件

	受理			既済						未済
	総数	旧受	新受	総数	認容	却下	取下げ	移送	その他	
昭和27年	6	−	6	6	6	−	−	−	−	−
28	10	−	10	7	2	−	5	−	−	3
29	9	3	6	7	3	−	4	−	−	2
30	8	2	6	4	4	−	−	−	−	4
31	12	4	8	10	3	−	5	−	2	2
32	12	2	10	9	7	−	2	−	−	3
33	16	3	13	10	5	−	4	−	1	6
34	14	6	8	7	7	−	−	−	−	7
35	12	7	5	12	5	−	7	−	−	−
36	20	−	20	13	9	−	4	−	−	7
37	14	7	7	10	5	−	5	−	−	4
38	19	4	15	17	13	−	4	−	−	2
39	9	2	7	7	6	−	1	−	−	2
40	11	2	9	4	2	2	−	−	−	7
41	13	7	6	11	10	−	1	−	−	2
42	16	2	14	6	3	−	3	−	−	10
43	36	10	26	28	23	−	5	−	−	8
44	15	8	7	11	8	−	3	−	−	4
45	9	4	5	5	2	−	3	−	−	4
46	27	4	23	13	9	−	4	−	−	14
47	31	14	17（−）	20	14	3	3	−	−	11
48	30	11	19（−）	23	16	−	7	−	−	7
49	24	7	17（−）	12	5	−	7	−	−	12
50	34	12	22（−）	24	14	2	8	−	−	10
51	25	10	15（−）	19	8	−	11	−	−	6
52	26	6	20（−）	23	13	−	10	−	−	3
53	28	3	25（−）	24	16	2	6	−	−	4
54	32	4	28（3）	20	14	1	3	−	2	12
55	26	12	14（−）	17	12	1	4	−	−	9
56	20	9	11（−）	11	4	−	5	−	2	9
57	20	9	11（−）	14	8	−	6	−	−	6
58	21	6	15（−）	18	10	−	8	−	−	3
59	23	3	20（−）	17	14	−	3	−	−	6
60	18	6	12（−）	16	16	−	−	−	−	2
61	14	2	12（−）	14	9	−	5	−	−	−
62	13	−	13（−）	7	4	−	3	−	−	6
63	21	6	15（−）	18	10	−	8	−	−	3
平成元年	17	3	14（−）	10	3	−	4	−	3	7
2	44	7	37（−）	33	19	2	12	−	−	11
3	32	11	21（−）	25	17	−	8	−	−	7
4	26	7	19（1）	22	18	−	4	−	−	4
5	19	4	15（−）	12	6	−	6	−	−	7
6	35	7	28（−）	20	12	−	8	−	−	15
7	51	15	36（1）	43	18	1	22	−	2	8
8	62	8	54（−）	51	39	−	12	−	−	11
9	74	11	63（1）	49	36	−	13	−	−	25
10	90	25	65（1）	69	40	1	26	−	2	21
11	118	21	97	81	58	−	23	−	−	37
12	179	37	142	142	101	6	35	−	−	37
13	206	37	169	170	131	2	36	−	1	36
14	165	36	129	133	93	6	34	−	−	32
15	184	32	152	139	106	4	24	−	5	45
16	279	45	234	221	163	9	44	−	5	58
17	242〔43〕	58〔−〕	184〔43〕	195〔−〕	141〔−〕	6〔−〕	40〔−〕		8〔−〕	47〔43〕
18	260〔185〕	47〔43〕	213〔142〕	205〔168〕	170〔155〕	2〔−〕	32〔13〕		1〔−〕	55〔17〕
19	302〔75〕	55〔17〕	247〔58〕	241〔59〕	195〔56〕	4〔−〕	42〔3〕		−	61〔16〕
20	260〔141〕	61〔16〕	199〔125〕	197〔114〕	169〔105〕	3〔−〕	25〔9〕		-	63〔27〕
21	265〔119〕	63〔27〕	202〔92〕	207〔97〕	174〔87〕	4〔2〕	29〔8〕		-	58〔22〕
22	295〔151〕	58〔22〕	237〔129〕	234〔125〕	192〔112〕	8〔1〕	32〔10〕		2〔2〕	61〔26〕

注）・（ ）内は渉外事件の内数
　　・平成17年以降は28条1項と2項を掲載。〔 〕内は児童福祉法28条2項の事件数
　　・「−」については該当数値のない場合
　　・空欄については記載なし
　　・昭和27年以前は独立した項目として計上されていない

資料：最高裁判所事務総局『司法統計年報　3．家事編』昭和27～平成22年

表B 親権または管理権の喪失の宣告及びその取消し（全国家庭裁判所）

	受理			既済						未済
	総数	旧受	新受	総数	認容	却下	取下げ	移送	その他	
昭和23年			229	146	55	7	80	4		83
24			258	247	110	15	117	5		90
25			246	241	86	28	125	2		97
26			261	262	82	22	153	5		96
27	501	96	405	387	127	35	217	8	－	114
28	452	114	338	314	98	28	175	12	1	138
29	731	137	594	558	152	34	352	15	5	173
30	568	173	395	436	115	26	275	14	6	132
31	414	132	282	306	87	20	194	4	1	108
32	333	108	225	211	48	8	147	6	2	122
33	366	122	244	253	84	16	139	8	6	113
34	295	113	182	185	40	13	125	4	3	110
35	266	110	156	178	53	8	113	3	1	88
36	226	88	138	150	34	11	99	2	4	76
37	211	76	135	136	31	5	100	－	－	75
38	221 (5)	75 (2)	146 (3)	136 (3)	34	－	97	2	3	85 (2)
39	176 (2)	85 (2)	91 (－)	109 (2)	24	8	74	2	1	67 (－)
40	203 (6)	67 (－)	136 (6)	125 (1)	31	3	90	1	－	78 (5)
41	177 (5)	78 (5)	99 (－)	115 (－)	23	11	81	－	－	62 (5)
42	159 (6)	62 (5)	97 (1)	104 (1)	14	6	80	3	1	55 (5)
43	151 (10)	55 (5)	96 (5)	89 (2)	11	16	60	1	1	62 (8)
44	159 (10)	62 (8)	97 (2)	98 (2)	27	7	61	2	1	61 (8)
45	150 (11)	61 (8)	89 (3)	80 (4)	6	7	64	3		70 (7)
46	129 (12)	70 (7)	59 (5)	84 (7)	25	2	54	3		45 (5)
47	157	45	112 (1)	93	16	5	59	7	6	64
48	147	64	83 (2)	85	12	4	65	2	2	62
49	136	62	74 (5)	87	21	3	63	－		49
50	151	49	102 (－)	78	17	3	57	－	1	73
51	170	73	97 (8)	99	10	14	74	－	1	71
52	156	71	85 (9)	106	14	2	87	2	1	50
53	144	50	94 (9)	100	18	8	74	－		44
54	140	44	96 (11)	87	10	3	73	1		53
55	135	53	82 (2)	86	12	7	65	－	2	49
56	136	49	87 (－)	87	13	5	68	1	－	49
57	130	49	81 (2)	88	14	5	66	3		42
58	115	42	73 (1)	71	19	5	46	1		44
59	113	44	69 (6)	77	18	3	56	-		36
60	110	36	74 (1)	77	13	7	54	2	1	33
61	98	33	65 (2)	61	10	6	41	1	3	37
62	125	37	88 (2)	72	14	6	52	-	-	53
63	145	53	92 (2)	90	7	11	71	-	1	55
平成元年	160	55	105 (1)	111	16	9	82	4	-	49
2	130	49	81 (7)	65	10	6	49	-	-	65
3	164	65	99 (3)	112	23	7	65	10	7	52
4	134	52	82 (6)	82	8	11	61	－	2	52
5	106	52	54 (1)	71	5	12	53	－	1	35
6	147	35	112 (1)	82	3	6	71	2	－	65
7	131	65	66 (9)	97	15	10	58	2	12	34
8	156	34	122 (－)	103	13	19	70	－	1	53
9	161	53	108 (3)	107	21	8	77	－	1	54
10	166	54	112 (1)	102	18	11	71	1	1	64
11	152	64	88	100	20	12	67		1	52
12	160	52	108	109	13	11	82		3	51
13	153	51	102	89	17	8	63		1	64
14	194	64	130	142	17	18	100		7	52
15	155	64	103	102	7	29	65		1	53
16	167	53	114	115	30	24	61		-	52
17	191	52	139	137	22	18	94		3	54
18	179	54	125	139	15	20	102		2	40
19	143	40	103	103	15	11	76		1	40
20	179	40	139	130	20	18	89		3	49
21	159	49	110	111	21	11	74		5	48
22	195	48	147	136	16	32	84		4	59

注）・（ ）内は渉外事件の内数
・昭和23～26年については昭和27年版を参照
・「－」については該当数値のない場合
・空欄については記載なし

資料：最高裁判所事務総局『司法統計年報　3．家事編』昭和27～平成22年

表 C　親権喪失等・児童福祉法 28 条の新受件数

年	親権喪失等	児福法28条	年	親権喪失等	児福法28条	年	親権喪失等	児福法28条
昭和23年	229		昭和44年	97 (2)	7	平成2年	81 (7)	37 (－)
24	258		45	89 (3)	5	3	99 (3)	21 (－)
25	246		46	59 (5)	23	4	82 (6)	19 (1)
26	261		47	112 (1)	17 (－)	5	54 (1)	15 (－)
27	405	6	48	83 (2)	19 (－)	6	112 (1)	28 (－)
28	338	10	49	74 (5)	17 (－)	7	66 (9)	36 (1)
29	594	6	50	102 (－)	22 (－)	8	122 (－)	54 (－)
30	395	6	51	97 (8)	15 (－)	9	108 (3)	63 (1)
31	282	8	52	85 (9)	20 (－)	10	112 (1)	65 (1)
32	225	10	53	94 (9)	25 (－)	11	88	97
33	244	13	54	96 (11)	28 (3)	12	108	142
34	182	8	55	82 (2)	14 (－)	13	102	169
35	156	5	56	87 (－)	11 (－)	14	130	129
36	138	20	57	81 (2)	11 (－)	15	103	152
37	135	7	58	73 (1)	15 (－)	16	114	234
38	146 (3)	15	59	69 (6)	20 (－)	17	139	184 〔43〕
39	91 (－)	7	60	74 (1)	12 (－)	18	125	213 〔142〕
40	136 (6)	9	61	65 (2)	12 (－)	19	103	247 〔58〕
41	99 (－)	6	62	88 (2)	13 (－)	20	139	199 〔125〕
42	97 (1)	14	63	92 (2)	15 (－)	21	110	202 〔92〕
43	96 (5)	26	平成元年	105 (1)	14 (－)	22	147	237 〔129〕

注）・（ ）内は渉外事件の内数
　　・平成17年以降は児童福祉法28条1項と2項を記載。〔 〕内は28条2項の事件数
　　・「－」については該当数値のない場合
　　・昭和23～26年については昭和27年版を参照

資料：最高裁判所事務総局『司法統計年報　3．家事編』昭和27～平成22年

表D 親権者、管理権者等の職務執行停止又は職務代行者選任の申立て（全国家庭裁判所）

	受理			既済					未済
	総数	旧受	新受	総数	認容	却下	取下げ	その他	
昭和28年			46						
29			27						
30			19						
31			28						
32			19						
33			35						
34			31						
35			30						
36			14						
37			10						
38			6						
39			10						
40			13						
41			7	…					
42			5	…					
43			18	…					
44			9	…					
45			8	…					
46			15	…					
47			9	…					
48			6	…					
49			5	…					
50			16	…					
51			10	…					
52			11	…					
53			4	…					
54			14	…					
55			14	…					
56	23	2	21	18	6	−	11	1	5
57	26	5	21	18	9	−	9	−	8
58	24	8	16	17	9	1	7	−	7
59	29	7	22	23	10	2	11	−	6
60	33	6	27	24	4	4	13	3	9
61	33	9	24	25	10	1	13	1	8
62	37	8	29	20	7	2	11	−	17
63	50	17	33	37	13	2	19	3	13
平成元年	59	13	46	40	23	1	16	−	19
2	44	19	25	27	10	3	14	−	17
3	40	17	23	30	12	3	14	1	10
4	29	10	19	23	10	2	10	1	6
5	48	6	42	39	22	3	11	3	9
6	56	9	47	38	17	4	15	2	18
7	50	18	32	40	6	2	31	1	10
8			50 (23)	44 (19)	12 (6)	6 (−)	24 (13)	2 (−)	15 (6)
9			55 (19)	57 (23)	21 (6)	1 (−)	34 (16)	1 (1)	14 (2)
10			53 (30)	57 (28)	28 (21)	7 (2)	22 (5)	−	10 (4)
11			55	49	19	6	22	2	16
12			65	68	26	2	37	3	12
13			68	53	19	10	21	3	27
14			65	68	17	21	29	1	24
15			75	74	31	8	34	1	25
16			82	74	23	11	40	−	33
17			106	108	36	15	56	1	31
18			94	101	38	17	43	3	24
19			96	92	39	7	40	6	28
20			100	105	36	12	51	6	23
21			123	115	58	9	38	10	31
22			99	92	49	12	25	6	38

注）・（ ）内は特に親権喪失等に関して申立てが行われた数
・「−」については該当数値のない場合、…については不詳、表示省略または調査対象外の場合
・空欄については記載なし

資料：最高裁判所事務総局『司法統計年報　3．家事編』昭和27〜平成22年

表E　児童との面会又は通信の制限の申立て（全国家庭裁判所）（旧特別家事審判規則18条の

	受理			既済					未済
	総数	旧受	新受	総数	認容	却下	取下げ	その他	
平成17年			6	6	2	1	3	－	－
18			7	5	1	－	2	2	2
19			8	7	3	－	4	－	3
20			1	4	－	－	4	－	－

注）・「－」については該当数値のない場合
　　・空欄については記載なし
資料：最高裁判所事務総局『司法統計年報　3．家事編』平成17～20年

表F　児童の身辺へのつきまとい又は住所等の付近のはいかい禁止の申立て
（全国家庭裁判所）（旧特別家事審判規則18条の2）

	受理			既済					未済
	総数	旧受	新受	総数	認容	却下	取下げ	その他	
平成20年			－	－	－	－	－	－	－
21			－	－	－	－	－	－	－
22			3	2	－	－	2	－	1

注）・「－」については該当数値のない場合
　　・空欄については記載なし
資料：最高裁判所事務総局『司法統計年報　3．家事編』平成20～22年

表G　保護者に対する措置に関する都道府県への勧告件数（児童福祉法28条6項）

	28条1項容認審判		28条2項容認審判	
	総数	うち勧告のあったもの	総数	うち勧告のあったもの
平成17年度	121	15	84	17
18	164	22	69	6
19	165	23	68	10
20	145	16	88	7
21	152	20	77	22
22	176	22	89	8

資料：最高裁判所事務総局家庭局『児童福祉法28条事件の動向と事件処理の実情　平成17
　　　年4月1日～平成18年3月31日』
　　　『同　平成18年4月1日～平成19年3月31日』
　　　『同　平成19年4月1日～平成20年3月31日』
　　　『同　平成20年1月1日～平成20年12月31日』
　　　『同　平成21年1月1日～平成21年12月31日』
　　　『同　平成22年1月1日～平成22年12月31日』

表H　施設入所等の措置の期間の更新回数（児童福祉法28条2項）

	承認の対象			合計
	1回目の期間更新	2回目の期間更新	3回目の期間更新	
平成19年度	40	28	－	68
平成20年	41	47	－	88
平成21年	60	17	－	77
平成22年	50	15	24	89

資料：最高裁判所事務総局家庭局『児童福祉法28条事件の動向と事件処理の実情平成19
　　　年4月1日～平成20年3月31日』
　　　『同　平成20年1月1日～平成20年12月31日』
　　　『同　平成21年1月1日～平成21年12月31日』
　　　『同　平成22年1月1日～平成22年12月31日』

表I　児童相談所における親権・後見人関係請求・承認件数

	児童福祉法28条第1項・第2項による措置		親権喪失宣告の請求		後見人選任の請求		後見人解任の請求	
	請求件数	承認件数	請求	承認	請求	承認	請求	承認
昭和49年度	14	10	5	−	70	57	2	2
50	10	2	4	−	51	46	−	−
51	9	6	−	−	27	26	1	1
52	5	5	−	−	49	50	2	2
53	8	7	−	−	32	30	2	2
54	5	4	1	1	40	33	1	1
55	2	1	−	−	37	41	1	1
56	2	2	1	−	21	23	−	−
57	6	3	3	2	23	21	1	1
58	4	4	−	1	25	26	−	−
59	14	13	2	−	21	17	−	−
60	3	3	1	−	25	19	−	−
61	−	1	−	1	14	18	−	−
62	5	5	−	−	11	11	−	−
63	6	3	1	−	9	8	1	1
平成元年度	3	−	−	−	8	8	−	−
2	19	15	2	−	8	4	−	−
3	10	9	2	3	15	13	−	−
4	7	5	1	1	9	8	−	−
5	5	1	1	−	7	6	−	−
6	4	3	1	1	8	4	1	1
7	31	11	2	−	7	4	−	−
8	35	19	3	−	10	8	−	−
9	49	36	3	1	8	7	2	2
10	39	22	9	2	10	5	−	−
11	88	48	1	6	14	8	1	1
12	127	87	8	−	7	3	−	−
13	134	99	4	2	11	6	−	1
14	117	87	3	3	9	10	−	−
15	140	105	3	−	8	6	−	−
16	186	147	4	1	7	8	−	−
17	176	147	2	2	6	5	−	−
18	185	163	3	2	4	4	1	−
19	235	182	4	1	14	9	2	2
20	230	173	3	2	14	9	-	-
21	230	214	3	2	14	9	1	1

注）「−」については係数のない場合
資料：厚生省大臣官房統計情報部『社会福祉行政業務報告（厚生省報告例）』昭和49年度～平成11年度
　　　厚生労働省大臣官房統計情報部『社会福祉行政業務報告（福祉行政報告例）』平成12年度～平成20年度
　　　厚生労働省大臣官房統計情報部『福祉行政報告例』平成21年度

表J　児童相談所における知事勧告件数及び家庭裁判所勧告件数

	知事勧告	家庭裁判所勧告
平成17年度	−	9
18	1	16
19	2	31
20	2	35
21	−	34

注）「−」については係数のない場合
資料：厚生労働省大臣官房統計情報部『社会福祉行政業務報告（福祉行政報告例）』平成15年度～平成20年度
　　　厚生労働省大臣官房統計情報部『福祉行政報告例』平成21年度

表K　児童相談所における児童虐待相談の対応件数（立入調査・警察官の同行）

	立入調査	警察官の同行
平成15年度	249	247
16	287	364
17	243	320
18	238	340
19	199	342

資料：厚生労働省大臣官房統計情報部『社会福祉行政業務報告（福祉行政報告例）』平成15年度～平成19年度

表L　嬰児殺の検挙人員

	認知件数	検挙件数	検挙人員 計	男	女	女子比
昭和48年	196	156	145	11	134	92.4
49	190	160	153	13	140	91.5
50	207	177	156	17	139	89.1
51	183	161	152	19	133	87.5
52	187	168	151	12	139	92.1
53	163	149	137	12	125	91.2
54	165	142	120	9	111	92.5
55	167	154	122	7	115	94.3
56	138	123	111	9	102	91.9
57	138	124	118	9	109	92.4
58	146	127	106	6	100	94.3
59	112	106	97	9	88	90.7
60	129	120	109	10	99	90.8
61	99	93	78	3	75	69.2
62	107	102	87	5	82	94.3
63	91	78	70	4	66	94.3
平成元年	85	74	56	5	51	91.1
2	82	81	69	3	66	95.7
3	71	64	47	2	45	95.7
4	67	57	49	1	48	98.0
5	66	63	57	5	52	91.2
6	45	43	34	2	32	94.1
7	52	49	38	4	34	89.5
8	52	51	39	6	33	84.6
9	41	40	38	3	35	92.1
10	38	37	32	4	28	87.5
11	26	24	19	-	19	100
12	33	31	29	4	25	86.2
13	40	33	35	4	31	88.6
14	29	25	21	1	20	95.2
15	27	26	18	6	12	66.7
16	24	23	21	1	20	95.2
17	27	23	19	1	18	94.7
18	22	21	17	1	16	94.1
19	23	22	18	0	18	100
20	28	25	19	2	17	89.4
21	17	17	12	1	11	91.6
22	13	11	10	1	9	90.0

注）・「－」については該当数値のないもの
資料：警察庁　犯罪統計書　『昭和48年の犯罪』～『平成22年の犯罪』平成12年以降は警察庁のホームページ上で情報公開されている。

M 児童虐待に係る検挙件数・検挙人員

	総数	殺人	傷害	致死	暴行	逮捕監禁	強姦	強制わいせつ	保護責任者遺棄	重過失致死傷	その他
検挙件数											
平成11年	120	19	42	15	1	-	12	3	20	4	19
12	186	31	92	20	4	-	15	9	13	2	20
13	189	31	97	23	8	-	4	5	17	3	24
14	172	19	94	18	5	1	7	4	20	-	22
15	157	23	80	17	6	-	6	3	16	3	20
16	229	30	128	22	16	1	15	8	12	3	16
17	222	24	125	17	9	-	16	7	7	2	32
18	297	48	133	15	14	1	14	26	20	2	39
19	300	39	156	15	15	2	22	10	16	1	38
20	307	45	135	19	19	5	16	18	18	2	49
21	335	23	183	12	22	4	26	18	7	4	48
22	354	27	201	14	35	4	16	10	16	1	44
検挙人員											
平成11年	130	20	48	18	1	-	12	3	22	5	19
12	208	35	105	26	4	-	15	9	17	3	20
13	216	38	109	32	9	-	4	5	23	3	25
14	184	20	101	20	5	1	7	4	25	-	21
15	183	26	98	25	6	-	6	3	20	4	20
16	253	33	142	29	16	1	16	8	16	3	18
17	242	25	141	19	9	-	16	7	8	3	33
18	329	49	153	19	15	1	14	27	27	3	40
19	323	39	171	17	16	3	22	10	21	1	40
20	319	45	144	23	18	5	16	17	21	3	50
21	356	25	196	14	22	6	26	18	9	5	49
22	387	29	220	18	37	7	16	11	20	1	46

注）・無理心中及び出産直後の嬰児殺を除く
・罪名の「その他」について平成18年までは児童福祉法違反および少年保護条例違反である。平成19年は暴力行為等処罰法違反、児童福祉法違反、児童買春・児童ポルノ禁止法違反、青少年保護育成条例違反、覚せい剤取締法違反及び学校教育法違反である。（平成19年は、暴力行為等処罰法違反及び覚せい剤取締法違反はなかった。）
・「-」については該当数値が0のとき又は非該当のとき

資料：法務省法務総合研究所 『犯罪白書』平成11年～23年版 大蔵省印刷局（～平成12年）、財務省印刷局（平成13・14年）、国立印刷局（平成15年～）

表N 児童虐待に係る加害者と被害者との関係（事件別）

1) 全事件

年 \ 加害者	父親等				母親等			
	実父	養父・継父	母親の内縁の夫	その他（男性）	実母	養母・継母	父親の内縁の妻	その他（女性）
平成12年	60	22	47	8	64	1		6
13	50	31	46	9	74	2		4
14	43	34	34	5	60	3		5
15	49	40	23	7	58	2		4
16	81	41	30	11	72	7		11
17	77	47	43	1	69	3		2
18	86	56	52	24	96	8		7
19	91	55	46	23	97	1	－	10
20	85	66	52	18	95	2	－	1
21	118	67	53	13	98	2	－	5
22	109	86	64	9	108	4	3	4

2) 殺人

年 \ 加害者	父親等				母親等			
	実父	養父・継父	母親の内縁の夫	その他（男性）	実母	養母・継母	父親の内縁の妻	その他（女性）
平成12年	9	－	3	－	23	－		－
13	5	－	4	1	26	－		2
14	3	1	－	－	15	－		1
15	6	1	3	－	16	－		－
16	7	2	－	1	21	1		1
17	2	1	2	－	20	－		－
18	10	2	3	－	34	－		－
19	7	－	－	1	29	－	－	2
20	8	－	1	1	34	1	－	－
21	6	－	1	－	17	－	－	1
22	4	2	1	－	22	－	－	－

注）無理心中、出産直後の嬰児殺を除く

3) 傷害・傷害致死

年 \ 加害者	父親等				母親等			
	実父	養父・継父	母親の内縁の夫	その他（男性）	実母	養母・継母	父親の内縁の妻	その他（女性）
平成12年	28 (8)	10 (－)	31 (7)	3 (－)	26 (9)	1 (－)		6 (2)
13	30 (5)	14 (3)	31 (9)	3 (2)	27 (10)	2 (2)		2 (1)
14	23 (2)	14 (2)	29 (4)	4 (1)	24 (7)	3 (2)		4 (2)
15	25 (5)	24 (5)	17 (4)	1 (1)	27 (8)	2 (－)		2 (2)
16	48 (10)	20 (2)	21 (2)	6 (2)	32 (9)	6 (1)		9 (3)
17	48 (7)	23 (1)	28 (2)	－	37 (8)	3 (1)		2 (－)
18	42 (5)	26 (3)	29 (3)	6 (1)	36 (5)	8 (－)		6 (2)
19	57 (4)	24 (2)	28 (2)	11 (3)	44 (6)	1 (－)	－	6 (－)
20	48 (8)	24 (2)	29 (3)	6 (2)	35 (7)	1 (－)	－	1 (1)
21	78 (2)	29 (－)	31 (3)	4 (1)	48 (7)	2 (1)	－ (－)	4 (－)
22	64 (4)	48 (5)	42 (2)	1 (－)	57 (6)	4 (1)	2 (－)	2 (－)

注）（）内は傷害致死事件の内数
傷害事件件数には傷害致死事件件数も含まれる

4) 暴行

年 \ 加害者	父親等				母親等			
	実父	養父・継父	母親の内縁の夫	その他（男性）	実母	養母・継母	父親の内縁の妻	その他（女性）
平成12年	1	1	1	－	1	－		－
13	5	－	2	－	2	－		－
14	2	－	1	－	2	－		－
15	4	－	1	－	－	－		1
16	7	2	4	－	3	－		－
17	4	2	1	－	2	－		－
18	7	5	1	1	1	－		－
19	6	1	5	－	4	－	－	－
20	10	2	3	1	2	－	－	－
21	7	5	3	－	7	－	－	－
22	12	8	7	4	4	－	1	1

5) 逮捕監禁

年 \ 加害者	父親等				母親等			
	実父	養父・継父	母親の内縁の夫	その他（男性）	実母	養母・継母	父親の内縁の妻	その他（女性）
平成12年								
13								
14	－	1	－	－	－	－		－
15								
16	－	－	－	－	1			
17								
18	－	－	－	－	1			
19	1	－	1	－	1	－	－	－
20	－	1	1	2	7	－	－	－
21	2	1	－	1	2	－	－	－
22	1	1	2	－	3	－	－	－

強姦

加害者 年	父親等				母親等			
	実父	養父・継父	母親の内縁の夫	その他（男性）	実母	養母・継母	父親の内縁の妻	その他（女性）
平成12年	5	2	7	1	−	−	−	−
13	1	1	−	2	−	−	−	−
14	2	4	1	−	−	−	−	−
15	1	3	−	2	−	−	−	−
16	9	4	1	1	1	−	−	−
17	6	6	3	1	−	−	−	−
18	4	6	3	2	−	−	−	−
19	6	11	2	2	1	−	−	−
20	5	5	2	3	1	−	−	−
21	9	10	5	1	1	−	−	−
22	5	6	5	−	−	−	−	−

強制わいせつ

加害者 年	父親等				母親等			
	実父	養父・継父	母親の内縁の夫	その他（男性）	実母	養母・継母	父親の内縁の妻	その他（女性）
平成12年	2	1	3	3	−	−	−	−
13	1	1	3	−	−	−	−	−
14	1	2	1	−	−	−	−	−
15	−	1	−	2	−	−	−	−
16	−	6	1	1	−	−	−	−
17	2	4	1	−	−	−	−	−
18	4	7	5	10	1	−	−	−
19	−	5	4	1	−	−	−	−
20	4	8	4	1	−	−	−	−
21	2	7	7	2	−	−	−	−
22	1	3	5	−	1	−	−	−

保護責任者遺棄

加害者 年	父親等				母親等			
	実父	養父・継父	母親の内縁の夫	その他（男性）	実母	養母・継母	父親の内縁の妻	その他（女性）
平成12年	3	1	1	−	12	−	−	−
13	3	2	1	−	17	−	−	−
14	5	−	1	−	19	−	−	−
15	4	2	−	−	13	−	−	1
16	4	−	−	−	11	−	−	1
17	1	−	−	−	7	−	−	−
18	6	−	2	−	18	−	−	1
19	2	−	1	1	15	−	−	2
20	1	−	3	−	17	−	−	−
21	1	−	1	−	7	−	−	−
22	3	−	−	−	16	−	−	1

重過失致死傷

加害者 年	父親等				母親等			
	実父	養父・継父	母親の内縁の夫	その他（男性）	実母	養母・継母	父親の内縁の妻	その他（女性）
平成12年	1	−	−	−	2	−	−	−
13	1	−	1	−	1	−	−	−
14	−	−	−	−	−	−	−	−
15	4	2	−	−	13	−	−	1
16	2	−	−	−	1	−	−	−
17	1	−	−	−	2	−	−	−
18	1	−	−	−	2	−	−	−
19	1	−	−	−	−	−	−	−
20	1	−	−	−	2	−	−	−
21	2	−	1	−	2	−	−	−
22	−	−	−	−	1	−	−	−

９）その他（児童福祉法違反および青少年保護条例違反）

加害者 年	父親等				母親等			
	実父	養父・継父	母親の内縁の夫	その他（男性）	実母	養母・継母	父親の内縁の妻	その他（女性）
平成12年	11	7	1	1	−	−	−	−
13	4	13	4	3	1	−	−	−
14	7	12	1	1	−	−	−	−
15	8	8	2	2	−	−	−	−
16	4	7	3	2	2	−	−	−
17	13	11	8	−	1	−	−	−
18	12	10	9	6	3	−	−	−
19	11	14	5	7	3	−	−	−
20	8	26	9	4	3	−	−	−
21	11	15	2	5	14	−	−	−
22	19	18	2	3	4	−	−	−

注）・加害者の「その他」について平成18年までは祖父母等である。平成19年は祖父母、伯（叔）父母、母の友人・知人等で保護者と認められる者である。
　　・罪名の「その他」について平成18年までは児童福祉法違反および少年保護条例違反である。平成19年は暴力行為等処罰法違反、児童福祉法違反、児童買春・児童ポルノ禁止法違反、青少年保護育成条例違反、覚せい剤取締法違反及び学校教育法違反である。（平成19年は、暴力行為等処罰法違反及び覚せい剤取締法違反はなかった。）
　　・「−」については該当数値が0のとき又は非該当のとき　・空欄については記載なし

資料：法務省法務総合研究所　『犯罪白書』　平成11年〜23年版　大蔵省印刷局（〜平成12年）、財務省印刷局（平成13・14年）、国立印刷局（平成15年〜）

表O　児童虐待に係る加害者と被害者との関係　（年別）

①平成12年

加害者	総数	殺人	傷害	致死	暴行	逮捕監禁	強姦	強制わいせつ	保護責任者遺棄	重過失致死傷	その他
総数	208	35	105	26	4		15	9	17	3	20
父親等	137	12	72	15	3		15	9	5	1	20
実父	60	9	28	8	1		5	2	3	1	11
養父・継父	22	−	10	−	1		2	1	1	−	7
母親の内縁の夫	47	3	31	7	1		7	3	1	−	1
その他	8	−	3	−	−		1	3	−	−	1
母親等	71	23	33	11	1		−	−	12	2	−
実母	64	23	26	9	1		−	−	12	2	−
養母・継母	1	−	1	−	−		−	−	−	−	−
その他	6	−	6	2	−		−	−	−	−	−

②平成13年

加害者	総数	殺人	傷害	致死	暴行	逮捕監禁	強姦	強制わいせつ	保護責任者遺棄	重過失致死傷	その他
総数	216	38	109	32	9		4	5	23	3	25
父親等	136	10	78	19	7		4	5	6	2	24
実父	50	5	30	5	5		1	1	3	1	4
養父・継父	31	−	14	3	−		1	1	2	−	13
母親の内縁の夫	46	4	31	9	2		−	3	1	1	4
その他	9	1	3	2	−		2	−	−	−	3
母親等	80	28	31	13	2		−	−	17	1	1
実母	74	26	27	10	2		−	−	17	1	1
養母・継母	2	−	2	2	−		−	−	−	−	−
その他	4	2	2	1	−		−	−	−	−	−

③平成14年

加害者	総数	殺人	傷害	致死	暴行	逮捕監禁	強姦	強制わいせつ	保護責任者遺棄	重過失致死傷	その他
総数	184	20	101	20	5	1	7	4	25	−	21
父親等	116	4	70	9	3	1	7	4	6	−	21
実父	43	3	23	2	2	−	2	1	5	−	7
養父・継父	34	1	14	2	−	1	4	2	−	−	12
母親の内縁の夫	34	−	29	4	1	−	1	1	1	−	1
その他	5	−	4	1	−	−	−	−	−	−	1
母親等	68	16	31	11	2	−	−	−	19	−	−
実母	60	15	24	7	2	−	−	−	19	−	−
養母・継母	3	−	3	2	−	−	−	−	−	−	−
その他	5	1	4	2	−	−	−	−	−	−	−

④平成15年

加害者	総数	殺人	傷害	致死	暴行	逮捕監禁	強姦	強制わいせつ	保護責任者遺棄	重過失致死傷	その他
総数	183	26	98	25	6		6	3	20	4	20
父親等	119	10	67	15	5		6	3	6	2	20
実父	49	6	25	5	4		1	−	4	1	8
養父・継父	40	1	24	5	−		3	1	2	1	8
母親の内縁の夫	23	3	17	4	1		−	−	−	−	2
その他	7	−	1	1	−		2	2	−	−	2
母親等	64	16	31	10	1		−	−	14	2	−
実母	58	16	27	8	−		−	−	13	2	−
養母・継母	2	−	2	−	−		−	−	−	−	−
その他	4	−	2	2	1		−	−	1	−	−

⑤平成16年

加害者	総数	殺人	傷害	致死	暴行	逮捕監禁	強姦	強制わいせつ	保護責任者遺棄	重過失致死傷	その他
総数	253	33	142	29	16	1	16	8	16	3	18
父親等	163	10	95	16	13	−	15	8	4	2	16
実父	81	7	48	10	7	−	9	−	4	2	4
養父・継父	41	2	20	2	2	−	4	6	−	−	7
母親の内縁の夫	30	−	21	2	4	−	1	1	−	−	3
その他	11	1	6	2	−	−	1	1	−	−	2
母親等	90	47	47	13	3	1	1	−	12	1	2
実母	72	32	32	9	3	1	1	−	11	1	2
養母・継母	7	6	6	1	−	−	−	−	−	−	−
その他	11	9	9	3	−	−	−	−	1	−	−

⑥平成17年

加害者	総数	殺人	傷害	致死	暴行	逮捕監禁	強姦	強制わいせつ	保護責任者遺棄	重過失致死傷	その他
総数	242	25	141	19	9	−	16	7	8	3	33
父親等	168	5	99	10	7	−	16	7	1	1	32
実父	77	2	48	7	4	−	6	2	1	1	13
養父・継父	47	1	23	1	2	−	6	4	−	−	11
母親の内縁の夫	43	2	28	2	1	−	3	1	−	−	8
その他	1	−	−	−	−	−	1	−	−	−	−
母親等	74	20	42	9	2	−	−	−	7	2	1
実母	69	20	37	8	2	−	−	−	7	2	1
養母・継母	3	−	3	1	−	−	−	−	−	−	−
その他	2	−	2	−	−	−	−	−	−	−	−

⑦平成18年

加害者	総数	殺人	傷害	致死	暴行	逮捕監禁	強姦	強制わいせつ	保護責任者遺棄	重過失致死傷	その他
総数	329	49	153	19	15	1	14	27	27	3	40
父親等	218	15	103	12	14	－	14	26	8	1	37
実父	86	10	42	5	7	－	4	4	6	1	12
養父・継父	56	2	26	3	5	－	6	7	－	－	10
母親の内縁の夫	52	3	29	3	1	－	3	5	2	－	9
その他	24	－	6	1	1	－	1	10	－	－	6
母親等	111	34	50	7	1	1	－	1	19	2	3
実母	96	34	36	5	1	1	－	1	18	2	3
養母・継母	8	－	8	－	－	－	－	－	－	－	－
その他	7	－	6	2	－	－	－	－	1	－	－

⑧平成19年

加害者	総数	殺人	傷害	致死	暴行	逮捕監禁	強姦	強制わいせつ	保護責任者遺棄	重過失致死傷	その他
総数	323	39	171	17	16	3	22	10	21	1	40
父親等	215	8	120	11	12	2	21	10	4	1	37
実父	91	7	57	4	6	－	6	－	2	1	11
養父・継父	55	－	24	2	1	－	11	5	－	－	14
母親の内縁の夫	46	1	28	2	5	－	2	4	1	－	5
その他	23	1	11	3	－	－	2	1	1	－	7
母親等	108	31	51	6	4	1	1	－	17	－	3
実母	97	29	44	6	4	1	1	－	15	－	3
養母・継母	1	－	1	－	－	－	－	－	－	－	－
父親の内縁の妻	－	－	－	－	－	－	－	－	－	－	－
その他(女性)	10	2	6	－	－	－	－	－	2	－	－

⑨平成20年

加害者	総数	殺人	傷害	致死	暴行	逮捕監禁	強姦	強制わいせつ	保護責任者遺棄	重過失致死傷	その他
総数	319	45	144	23	18	5	16	17	21	3	50
父親等	221	10	107	15	16	4	15	17	4	1	47
実父	85	8	48	8	10	－	5	4	1	1	8
養父・継父	66	－	24	2	2	1	5	8	－	－	26
母親の内縁の夫	52	1	29	3	3	1	2	4	3	－	9
その他	18	1	6	2	1	2	3	1	－	－	4
母親等	98	35	37	8	2	1	1	－	17	2	3
実母	95	34	35	7	2	1	1	－	17	2	3
養母・継母	2	1	1	－	－	－	－	－	－	－	－
父親の内縁の妻	－	－	－	－	－	－	－	－	－	－	－
その他(女性)	1	－	1	1	－	－	－	－	－	－	－

⑩平成21年

加害者	総数	殺人	傷害	致死	暴行	逮捕監禁	強姦	強制わいせつ	保護責任者遺棄	重過失致死傷	その他
総数	356	25	196	14	22	6	26	18	9	5	49
父親等	251	7	142	6	15	4	25	18	2	3	35
実父	118	6	78	2	7	2	9	2	1	2	11
養父・継父	67	－	29	－	5	1	10	7	－	－	15
母親の内縁の夫	53	1	31	3	3	－	5	7	1	1	4
その他	13	－	4	1	－	1	1	2	－	－	5
母親等	105	18	54	8	7	2	1	－	7	2	14
実母	98	17	48	7	7	2	1	－	7	2	14
養母・継母	2	－	2	1	－	－	－	－	－	－	－
父親の内縁の妻	－	－	－	－	－	－	－	－	－	－	－
その他(女性)	5	1	4	－	－	－	－	－	－	－	－

⑪平成22年

加害者	総数	殺人	傷害	致死	暴行	逮捕監禁	強姦	強制わいせつ	保護責任者遺棄	重過失致死傷	その他
総数	387	29	220	18	37	7	16	11	20	1	46
父親等	268	7	155	11	31	4	16	10	3	－	42
実父	109	4	64	4	12	1	5	1	3	－	19
養父・継父	86	2	48	5	8	1	6	3	－	－	18
母親の内縁の夫	64	1	42	2	7	2	5	5	－	－	2
その他	9	－	1	－	4	－	－	1	－	－	3
母親等	119	22	65	7	6	3	－	1	17	1	4
実母	108	22	57	6	4	3	－	1	16	1	4
養母・継母	4	－	4	1	－	－	－	－	－	－	－
父親の内縁の妻	3	－	2	－	1	－	－	－	－	－	－
その他(女性)	4	－	2	－	2	－	－	－	1	－	－

注) ・無理心中及び出産直後の嬰児殺を除く
・加害者の「その他」について平成18年までは祖父母等である。平成19年は祖父母、伯(叔)父母、父母の友人・知人等で保護者と認められる者である。
・罪名の「その他」について平成18年までは児童福祉法違反および少年保護条例違反である。平成19年は暴力行為等処罰法違反、児童福祉法違反、児童買春・児童ポルノ禁止法違反、青少年保護育成条例違反、覚せい剤取締法違反及び学校教育法違反である。(平成19年は、暴力行為等処罰法違反及び覚せい剤取締法違反はなかった。)
・「－」については該当数が0のとき又は非該当のとき
・空欄については記載なし

資料：法務省法務総合研究所 『犯罪白書』平成13年～23年版　財務省印刷局(平成13・14年)、国立印刷局(平成15年～)

第6期
(2010年4月から2012年3月まで)

第6期の概要

　本研究は、第6期として2010年4月から2012年3月までの間の児童虐待に関する法令、判例、研究の動向を明らかにすることを目的としている。これらに関連して、児童虐待に関する司法関連の統計、事件や出来事を整理した年表および文献リストを付している。この時期は、児童虐待に関する親権制度をめぐる民法・児童福祉法等の改正の議論が本格化し、様々な議論を経て2011年5月に法改正が行われ、その施行のための通知等が発出され、改正法施行の準備がなされた時期である。研究面においても、法改正および児童虐待に関する法制度改革に関する論考や新たな課題に関する研究が深められた時期でもある。

　児童虐待に関する親権の問題については、児童虐待防止法成立前から、虐待された子どもの保護と支援に対して「親権の壁」が重大な障壁となっていることが指摘され、通知や判例等による対応がなされ、または面会通信等の個別の場面での親権制限により対応されてきた。しかし、基本法たる民法については、長い間、抜本的改正がなされなかった。この間、国会では児童虐待防止法等の改正の際の附則で親権制度の見直しが求められ、2011年にようやく民法の親権・未成年後見等の改正とともに児童福祉法の改正も実現した。この改正をめぐっては、法学研究者、社会福祉研究者だけでなく、法曹関係者、社会福祉の実務家からも様々な提言がなされ、児童虐待の実態や対応の実情、被虐待児保護の現場の実態に留意した改正が行われた。

　児童虐待への対応についても、度重なる重大な虐待事例の発生に対する世論の厳しい指摘もあり、児童相談所をはじめとする関係機関の積極的な対応を求める声が高まってきた。厚生労働省による「子ども虐待による死亡事例等の検証」もこの時期までに7回行われ、乳幼児虐待への対応等、検証により明らかにされた課題に対する通知が発出された。この時期は、学校・教育委員会や警察との連携の強化の必要性が強調され、関連する通知も少なくない。総務省による行政評価結果も公表され、社会全体による虐待への適切な対応が強く求めらるようになってきた。

　第5期に続いて、虐待された子どもの受け皿となる社会的養護の改革も行われている。これと並行して地方分権の流れから、児童福祉施設最低基準を地方自治体の条例に委ねる「地域の自主性及び自立性を高めるための改革の推進を図るための関係法律の整備に関する法律」が制定され、これにあわせて職員配置基準等の施設基準の改定も行われた。

　研究面では、児童虐待防止法制度に関する比較法研究が進められ、制度のあり方に関する議論が活発になってきた。社会的養護においては、児童福祉法改正による「被措置児童等虐待（施設内虐待）」に関する研究が深められ、臓器移植法の改正においては虐待問題との関係が論じられた。刑事法分野においても虐待に関する刑事法全体を対象とする研究が進められるとともに、前期に続いて司法面接に関する議論も深化している。性的虐待については、対応のガイドラインが示され、わが国における性虐待への本格的対応が始まったと見ることができる。

　以上のように、今期においては民法・児童福祉法の改正を中心に、児童虐待に関する法的対応のあり方とともに、法制度の方向性、法と福祉の連携等、研究の対象の拡がりを見ることができる。それとともに、続発する虐待重大事例に関わる研究や臓器移植などの新たな課題に対する研究等、児童虐待に関する法学的研究が拡がってきていることをうかがわせる。　　（吉田　恒雄）

第6期（2010年4月から2012年3月まで）

I　法令・判例および法学研究の動向

1　全体の動向

(1) はじめに

　今期は、法令等については、2011年に成立した児童虐待防止に関連する民法・児童福祉法等の改正とそれに関連する通知、児童虐待等重大事例検証に関連する通知の他、臓器移植、社会的養護制度改革に関連する通知が数多く発出されている。判例としては「被害児童の告訴能力」に関する刑事判例が公表された。

　研究の動向としては、児童福祉法関係では児童虐待防止法制度に関するシンポジウム報告や個別の外国法研究が、刑事法では児童福祉と警察との連携、司法面接に関する論考を数多く見ることができた。臓器移植と虐待の問題については、刑事法のみならず児童福祉や医療分野でも活発な議論が行われた。児童福祉分野では、被措置児童虐待に関する研究や虐待防止における保育所の役割、里親制度に関する論考に見るべきものがある。教育分野の研究としては、児童虐待防止に関する学校の認識、役割の変化を指摘する研究、教育課程における児童虐待の扱いについても模索が始まった。保健・医療・福祉分野では、民法改正の影響もあり、医療ネグレクトに関する研究の進展が著しい。児童虐待等による死亡事例の検証については、従来の厚生労働省の死亡検証報告（第7次・第8次報告）のゼロ歳児についての対応以外に、新たな動きのあることが紹介されている。

(2) 法改正および通知

①法改正

　今期の法律関係での最大のトピックは、2011年5月に「民法等の一部を改正する法律」が成立したことである。これまで、児童福祉法や児童虐待防止法改正に際して、児童虐待防止法制度の根幹をなす民法の親権部分の改正の必要性が繰り返し主張されてきたが、今期に至ってようやく実現した。これにより民法では親権停止制度の創設、親権喪失宣告の要件の見直し、未成年後見制度の改正等が行われた。あわせて、児童福祉法における親権関係の規定——児童福祉施設入所中や一時保護中の児童の親権に関わる規定等——が改正された。また、2011年8月には、「地域の自主性及び自立性を高めるための改革の推進を図るための関係法律の整備に関する法律」が制定され、「施設・公物設置管理の基準」に関する義務づけ、枠づけの見直しが行われ、これまでの児童福祉施設最低基準が「児童福祉施設の設備及び運営に関する基準」として条例に委任されることになり、都道府県等が条例で施設基準を設けることができるようになった。これを契機として、社会的養護制度の大規模な改正が行われ、里親委託優先の原則や家庭的養護の推進が図られるとともに、養護の質の向上が求められるようになった。

②通　知

i) 民法・児童福祉法等の一部改正

　2011年の民法・児童福祉法等の改正に関して、多くの施行通知が発出されている。

児童福祉法33条の2第3項および47条4項では親権者等が児童福祉施設長、児童相談所長、里親等の行う監護・教育・懲戒を不当に妨げてはならないとされた。この点は国会の審議で論点となり、これを明確にすべきとの付帯決議も行われたことから、「不当に妨げる行為」の意味や対応に関する通知、ガイドラインが詳細に示された。法改正に伴って、「児童虐待防止対策支援事業」や「子ども虐待対応の手引き」「児童相談所運営指針」も改正された。

ii) 社会的養護制度改革

　「地域の自主性及び自立性を高めるための改革の推進を図るための関係法律の整備に関する法律」の成立に伴い、その施行に関する通知、施設基準に関する通知が数多く発出されている。社会的養護における里親委託の推進に関連して、「里親委託ガイドラインについて」が策定され、里親支援のための相談員等も配置された。里親およびファミリーホームにおける養育の質の確保のための「里親及びファミリーホーム養育指針」も定められた。さらに社会的養護の質の向上を目的に、施設長の資格要件の明確化および研修の義務化、第三者評価等の義務化も図られた。

iii) 児童虐待等重大事例検証関係

　児童虐待等重大事例検証の第7次報告に関連して、地方公共団体における児童虐待による死亡事例等の検証対象のあり方が見直された。また同報告でとくに問題となった「妊娠期からの妊娠・出産・子育て等に関する相談体制や連携体制、職員の質の向上」を求める通知が発出され、重大事例の検証に基づく虐待対応の見直しが積極的に行われた。

iv) 児童相談所の体制強化

　「児童福祉法施行令の一部を改正する政令」の改正により、児童福祉司の担当区域を定める基準が、これまでの「人口おおむね5万から8万まで」に代えて、「4万から7万まで」が標準とされた。他に、児童相談所の体制強化として児童福祉司等の研修の強化を求める通知が発出された。

v) 一時保護所関係

　一時保護の充実に関する通知として、児童相談所からの一時保護委託を受ける里親等に対し、新たに一時保護委託手当を支弁することとし、対象となる児童、経費等について定められた。一時保護所における心理療法担当職員や個別対応職員の配置義務化に対応するため、児童相談所に付設する一時保護所への専任の心理療法担当職員の配置、個別指導等を行う個別対応職員の配置、乳児が入所している一時保護所における看護師の配置が定められた。

vi) 通告の促進

　児童虐待防止の広報・啓発により児童相談所等への通告や相談が促進されることが期待されることに伴い、通告者および通告内容の情報管理について改めて児童相談所職員等、通告に関わる職員に対し徹底を図る通知が発出された。とくに教育機関に対しては、児童相談所との情報共有、要保護児童対策地域協議会における情報共有、研修講師の派遣等、学校・教育委員会の一層

vii）行政評価報告書

　総務省による児童虐待防止の政策評価報告書が2012年1月に公表され、厚生労働省、文部科学省に対して虐待の予防、対応等に関する勧告がなされた。

viii）その他

　その他、虐待された児童が臓器移植の対象となることを防止するための通知や、大阪市二児ネグレクト死事件に関連して、居所が特定できない事案への対応や安全確認の方法等に関する通知が発出された。

（吉田　恒雄）

（3）判　例
①刑事法分野

　児童虐待に関する刑事事件では、被害児童による告訴の有効性を問題とする裁判例（名古屋高裁金沢支部判決平成24年7月3日、平成24年（う）第19号）があり、注目に値する。告訴能力（有効な告訴を行うための能力）の有無は起訴・不起訴を左右するため、一般に、低年齢の被害者本人について告訴能力が肯定できるのか否かは重要な問題である。本件は、少女に対する強制わいせつの事件であるが、第1審は、10歳11か月の少女の告訴能力について相当な疑問が残るため告訴の有効性を認めず、公訴棄却を言い渡したのに対して、控訴審は、当時の少女が告訴能力を備えているものと判示して、原判決と正反対の結論を示した。告訴能力の意味内容に関しては、本件の控訴審がそうであるように高い能力を要求しない見解に対し、取調べ・公判廷で供述・証言するといった後々の負担を被害者が了解しないまま刑事手続に関与させられてしまうという問題点も指摘されている。もっとも、高い能力を要求すればかえって制裁を求める被害者の意思を無にしてしまうという批判もあり、これまでの裁判例でも見解が分かれていた。

　なお、第6期は裁判員制度が本格的に動き出した時期であり、児童虐待による死亡の事件は総じて裁判員裁判の対象となった。この種の事件における量刑の傾向や手続のありように変化が生じるのかどうかについて、時間をかけて注視することが必要であろう。

（岩下　雅充）

（4）研究動向
①児童福祉法分野

　今期は、民法・児童福祉法等の改正に関する文献が数多く得られ、比較法研究についてはいくつか学会報告、特集がなされている。

　社会保障法学会は「近親者からの虐待・暴力に対する法制度の課題——各国比較をふまえて」をテーマにシンポジウムを開催した（古橋他・2011）。ここでは必ずしも児童虐待に限定せず、配偶者暴力や高齢者暴力を含めた検討がなされている。日本法政学会も「シンポジウム　虐待防止法に関する総合的研究」を行った。個別の外国法研究としては、フランス法、スウェーデン法、

アメリカ法、ニュージーランド法、韓国法、イギリス法の論考が著された。

2008年の児童福祉法改正により法制化された被措置児童等虐待（児童福祉法33条の10以下、施設内虐待）については、雑誌『子どもと福祉』4号が特集を組んでいる。また、被措置児童等虐待防止制度の実施状況については、厚生労働省のホームページで報告されている（http://www.mhlw.go.jp/bunya/kodomo/syakaiteki_yougo/04.html）。その他、施設内虐待防止の取組みの紹介や調査報告がなされている。

性虐待については、2011年に厚生科学研究事業として「性的虐待対応ガイドライン」が作成され運用されたことで、わが国における性虐待対応が本格化した。その他、弁護士実務の経験をもとに、性虐待対応の状況を紹介し、制度上の問題点を指摘して法改正の提言をする論文が見られた。

児童虐待への対応に関しては、重大事案への介入の段階では、現在以上に積極的な介入の必要性を主張する論考がいくつか発表された。

今期の重要なトピックである児童虐待防止に関する民法・児童福祉法等の改正については、公表された改正案を論じる文献、改正法成立を受けて立法担当者や法律や児童福祉関係者から実務に及ぼす影響等に関する論考が数多く著された。

（吉田　恒雄）

② 民法分野

第6期の間に児童虐待に関連する親権法の改正が行われたために、その内容を解説・評価する論考が多く公表され、いくつかの主要な法律雑誌では特集が組まれた。今回の親権法改正は児童虐待対応に苦慮していた児童福祉の現場からの要請にしたがった限定的な親権制度の見直しであったが、総じて今回の改正内容を評価していると言えよう。

他方で、今回の改正作業以前から、家族法関連のいくつかの学会や研究グループにより、児童虐待に関連する親権規定の改正にとどまらず親権法の根本的な見直しが必要であるとする認識のもとに親権法改正のための研究が進められてきたが、その成果が今期に公表された。これらは現行親権法の問題点を指摘し、検討すべき項目を明らかにし、さらなる改正提案を行っている。これらの改正提案の中には、不適切な親権行使があった場合の子の福祉・権利保護システムの新たな構築が含まれるが、外国の親権法研究の成果が反映されている。

（髙橋　由紀子）

③ 刑事法分野

第6期においては、児童虐待の認知から事件の捜査、公判手続、虐待者の刑事処遇という一連の過程のそれぞれに生じ得る法的問題を包括的に論じた共同研究が多く見られるようになった。また、それぞれの過程における個々の問題を深く掘り下げて検討する文献も多くなった。

福祉機関と警察との連携に関していえば、警察と福祉機関が個別の事案での連携や平素の連携を推進するという方向性は、改訂された「子ども虐待対応の手引き」や各種の通知・通達によって一層明確化した。このような状況にあって、認識の共有に向けた枠組みの構築や個別の事案での有機的な連携という点に関しては、必要性の主張や体制づくりの提案が一段と具体的になされるようになっている。これらを受けた現場の変化については、児童相談所への警察官・警察官

OB の配置の拡がりがもたらす影響とともに、さらなる研究が必要な状況にある。

　一般に司法面接と呼ばれる手続については、刑事法分野でも第5期に引き続いて関心が一層高まっている。日本弁護士連合会が「子どもの司法面接の導入を求める意見書」において司法面接を制度として導入するよう提言したことは、その一例である。また、多くの児童相談所で司法面接の方法論を取り入れた手続が試行されているという状況にある。他方で、司法面接をめぐる議論にはふくらみが出るようになった。日弁連の意見書は、複数の観点から制度のあり方を検討している。また、この種の面接は捜査の目的と児童福祉の目的を併有するため、制度の導入にあたって関係者に変化が求められることも強く指摘・意識されるようになった。もっとも、現在の刑事司法制度のもとでは、司法面接のような手続によって得られた資料を証拠として活用することに限界があるため、法解釈論や制度論の進展が必要であるという見解も散見される。

　臓器移植法の改正と児童虐待の関係について、2009年に改正された「臓器の移植に関する法律」は、脳死状態になった15歳未満の子どもからの臓器の摘出を許したことに伴い、児童虐待を受けて死亡した疑いについて移植医療にたずさわる者が適切に確認・対応すべきものと定めて、「虐待が行われた疑いがある児童」から臓器が摘出されないような体制の構築を臓器提供施設に要請している。

（岩下　雅充）

④児童福祉分野

　被虐待児童の生活支援の観点からと被措置児童等虐待防止の観点からとの両側面の関心から、社会的養護に関する研究が多く見られた。2009年4月施行の改正児童福祉法で新設された、施設職員等による被措置児童等虐待に関して都道府県市等が届出・通告を受けて調査等を行った状況を公表する制度に応えた報告書（厚生労働省「平成23年度における被措置児童等虐待への各都道府県市の対応状況について」〈2012年10月15日、厚生労働省HPにて公表〉）の結果を受けて、社会的養護の実務レベルでの議論が生まれている。

　また、保育所は児童虐待防止への関与機関であるという期待が強まる実態を受けて、保育所ないし保育士と児童虐待に関する研究が見られるようになってきた。加えて、保育所を利用していた幼児の被虐待死亡事例の検証を契機として、子どもの保護者もまた児童福祉支援の対象である場合や、里親等の社会的養護の対象児童が保育所を利用する場合について、保育所の果たすべき役割の模索が始められた。

　民法改正をめぐり里親制度に関しても活発な議論が見られた。里親を取り巻く公的機関の関与により養育の分担を図る方向性が検討され始めている。

　児童相談所に警察職員や学校教職員の配置が進められるようになってきた実態を受け、とくに行政関係者による実態確認と情報公開や広報を意図した報告が見られた。今後、法制度の解釈も含めた本格的な検討を要する領域と見られる。

⑤非行・教護分野

　児童福祉全般における社会的養護への着目と同じ方向性の中で、児童自立支援施設に対しては、児童自立支援施設が備えている被虐待児童保護の社会的養護面での特質と、施設内虐待事件

防止の側面との双方からの検討が見られた。

⑥教育分野

　学校の関わり方が問われる児童虐待の事例が相次いだことに対する社会からの批判と学校内部の反省を通して、児童虐待防止に関する学校の認識が、大きく変化してきた。学校こそ、全ての子どもの家庭と、虐待が起こる以前から継続的に関わることができる機関であるとの理解に立って、性虐待も含めた虐待発見に学校が大きな役割を果たし得るという意識が持たれるようになってきた。学校の問題意識への開眼は、長期不登校児童に対する認識の変化でもある。

　加えて、2011年に障害者虐待防止法が成立した影響が、早々に学校教育における児童虐待対策に認められた。また、2009年に学校保健法が一部改正されるとともに学校保健安全法（平成21年法律第76号）として改題されたことを契機として、児童虐待は学校生活における心の健康問題の1つとして捉えられるようになった。児童虐待を一例とする子どもの心の健康問題に向き合うためには、ひとり養護教諭にのみ保健指導を任せておける状況ではないという認識が、学校教育における共有理解となってきている。要保護児童対策地域協議会への参画、スクールソーシャルワーカーの活用、児童相談所との連携のとり方等が、学校行政の場で課題認識として上がっている。

　一方で教育課程における児童虐待の扱いも模索が始まった。高等学校の「家庭」では「子どもの虐待」が取り上げられることになった。その具体的な授業内容の検討についてが、今後の課題となっている。

（田澤　薫）

⑦医療・保健・心理分野

　医療・保健・心理分野から見た第6期の動向で特記すべきことは、医療ネグレクトへの対応である。2010年の『医療ネグレクトへの対応手引き』（厚生労働省）の発行を契機に、現場では医療ネグレクトへの適切な対応が行われるようになり、徐々に対応のための体制も整備されていく。研究領域においては、医療ネグレクトの定義と対応についての議論が活発になり、『子どもの虐待とネグレクト』12巻3号（日本子ども虐待防止学会、2010年）では特集が組まれ、それぞれの分野の研究者が医療ネグレクト対応の難しさや対策について検討している。法領域においては、「医療ネグレクト」により子どもの生命・身体に重大な影響がある場合について、これまで親権喪失宣告の申立て等により対応していたが、2012年4月1日に施行された「民法等の一部を改正する法律」（平成23年法律第61号）により、親権の停止制度を活用して対応する形となった。

　死亡検証（デスレビュー）の動向では、従来の厚生労働省の死亡検証報告（第7次・第8次報告）で指摘されているゼロ歳児についての対応以外にも、新たな動きが出てくる。それは、日本小児科学会と国立成育医療研究センター（東京）が2012年より進めている虐待死防止・虐待死亡事例の見逃し防止を視野に入れたチャイルド・デス・レビュー（CDR）制度の確立である。その他、第6期は、助けることができた命を失うこととなった重大な死亡事件が多発した。1つは2010年の東京都江戸川区の小学1年男児の死亡事件であり、子どもに関わる関係機関の連携・学校に

おける虐待対応の難しさを浮き彫りにした。もう1つは2010年7月に起こった大阪市西区の幼児2人のネグレクト死亡事件である。その事件を通して、安全確認の問題が提起された。上記の2つの事件には、通報された関係機関が動いていたにもかかわらず、子どもたちを救うことができなかったという共通点がある。日本の虐待対策の盲点を明らかにした死亡事件であった。

その他、2010年には臓器移植ガイドラインの改正が行われ、虐待を受けた子どもの臓器移植はできないことが明記された。保健領域では妊娠期から行う虐待予防の活動が活発になり、妊娠期における虐待予防に関する通知が2011年には多数発出された。2012年の総務省の「児童虐待の防止等に関する政策評価」においても、乳児家庭全戸訪問事業と養育支援訪問事業は、3歳未満の児童虐待の発生予防に関して一定の効果があったとする結果が出ている。

第6期の心理・児童福祉分野では、施設内での性暴力への対応に関する実践と研究が行われるようになり、施設内の性暴力について、以前は発覚を恐れて見て見ぬふりや隠してしまう傾向、あるいは、そのようなことは発生しないと真っ向から向き合わなかった状態から抜け出しつつある状況が示された。それらは、2008年の児童福祉法改正により規定された被措置児童への虐待防止の動きの影響とも理解できる。

(加藤 洋子)

2 法令の動向

(1) 法律改正

①民法・児童福祉法等の改正

2011年5月27日に「民法等の一部を改正する法律」が成立し、翌2012年4月1日から施行された。この法律により、児童虐待の防止を図り、児童の権利利益を擁護する観点から、親権停止制度の創設、親権喪失、未成年後見制度の改正といった民法改正の他、児童福祉施設入所中や一時保護中の児童に対する親権行使等に関する児童福祉法の改正も行われた。

被虐待児の保護のためには、これまで児童福祉法、児童虐待防止法等による対応がなされてきたが、虐待親の中には親権を主張して虐待を正当化し、保護された児童の引き渡しを求める等不当な主張をする者があり、親権の根拠法たる民法の改正が求められていた。また、児童福祉施設に入所する児童等、社会的養護のもとにある児童の親権に関して、児童の自立や医療等をめぐり、施設長や児童相談所長と親権者が対立する場面も少なくなかった。これらの状況から国会では、これまで2度にわたり児童虐待防止法等の改正法で親権規定の見直しを図る旨の附則が規定されていた。今回の民法等の改正は、こうした状況を受けての改正ということができる。

主な改正内容は、以下の通りである。

i) 親権関係
a 親権および管理権の喪失原因の見直し（民法834条、835条）、親権停止制度の新設（民法834条の2）
b 親権喪失宣告請求権者の見直し（民法834条、835条）
c 児童福祉施設長等の権限と親権との関係の調整（児童福祉法47条2項、4項、5項）

ii) 未成年後見、親権代行関係
a 法人後見および複数後見制度の創設（民法840条2項、3項、842条の削除、857条の2）
b 里親委託中および一時保護中の児童で親権者・未成年後見人のない児童に対する児童相談所長の親権代行（児童福祉法33条の2第1項、47条2項）

iii) その他
a 監護教育の権利義務における「子の利益」の明示（民法820条）、懲戒権規定の改正（民法822条）
b 離婚後の監護に関する監護費用、面会交流に関する事項の追加（民法766条1項）
c 親権者等の意に反して2か月を超えて一時保護をする場合の都道府県児福祉審議会の意見聴取（児童福祉法33条5項）

　以上のうち、i) の親権喪失、停止宣告の請求権者として子にも請求権が認められたが、この請求により子自身に不利益が及ぶおそれがある。この点については、同年に制定された家事事件手続法の「手続代理人」制度により意思能力のある子の裁判手続を行うことができるものとされた（同法23条）。また、i) cの施設長等の権限と親権者等の権限の調整については、厚生労働省から「『児童相談所長又は施設長等による監護措置と親権者等との関係に関するガイドライン』について」（後述：平成24年3月9日厚生労働省雇用均等・児童家庭局総務課長通知雇児総発0309第1号）が発出され、現場の対応で混乱が生じないよう措置が講じられている。その他、ii) 未成年後見に関連して、厚生労働省の「児童虐待防止支援事業」に未成年後見支援事業が設けられ、その報酬や損害賠償責任について一定の支援がなされることとなった。

②地域の自主性および自立性を高めるための改革の推進を図るための関係法律の整備に関する法律の制定

　地方分権改革推進計画（2009年12月15日、閣議決定）を踏まえ、関係法律の整備を行うものとされ、その第1次一括法として「地域の自主性及び自立性を高めるための改革の推進を図るための関係法律の整備に関する法律」が2011年8月に制定された。この法律の目的は、地方自治体の自主性を強化し、自由度の拡大を図るため、義務付け・枠付けを見直すことにある。その内容として、「施設・公物設置管理の基準」に関する義務付け、枠付けの見直しが行われることとなった。児童福祉に関しては、児童福祉施設の設備および運営に関する基準が条例に委任されることになった。

(2) 通　知
①民法・児童福祉法等の一部改正
　2011年の民法・児童福祉法等の改正に関して、多くの施行通知が発出されている。「民法等の一部を改正する法律に係る運用上の留意点について」（平成24年3月9日文部科学省初等中等教育局初等中等教育企画課、特別支援教育課事務連絡）は、民法等の一部を改正する法律が2012年4月1日から施行されるにあたり、児童相談所長等の措置に対する親権者等による「児童の教育上支障を生じさせる」不当な行為に対する児童相談所長等の対応や児童相談所長の親権代行、親権停

止制度等、児童福祉法の改正の趣旨および運用上の留意点について周知を求めている。「『民法等の一部を改正する法律』の施行について」(平成23年6月3日厚生労働省雇用均等・児童家庭局長通知雇児発0603第1号)は、民法等の一部改正法の施行を控えて、改正法の内容を示し、改正法の了知およびその遺漏のない運用、周知を求める通知である。「『児童相談所長又は施設長等による監護措置と親権者等との関係に関するガイドライン』について」(平成24年3月9日厚生労働省雇用均等・児童家庭局総務課長通知雇児総発0309第1号)は、2011年の児童福祉法の改正により親権者等が児童福祉施設長、児童相談所長、里親等の行う監護・教育・懲戒を不当に妨げてはならないとされたことから(同法33条の2第3項、47条4項)、「不当に妨げる行為」についての考え方、事例、これらの行為があった場合の対応について示している。「児童福祉法第47条第5項に基づき児童福祉施設の長等が緊急措置をとった場合の都道府県知事又は市町村長に対する報告について」(平成24年3月27日厚生労働省雇用均等・児童家庭局総務課長・母子保健課長・社会援護局障害保健福祉部障害福祉課長通知雇児総発0327第1号、雇児福発0327第2号、雇児保発第1号、雇児母発03127第1号、障障発0327第1号)は、児童福祉施設長等は、入所中または委託中の児童等につき、親権者・未成年後見人のある者であっても、監護等に関し、その児童の福祉のため必要な措置をとることができ(改正児童福祉法47条3項)、児童等の生命または身体の安全を確保するために緊急の必要があると認めてこれらの措置をとった場合(同条5項)の報告先について整理し、了知を求める通知である。緊急措置は親権者等の意に反してもとることができるところから、同通知は、親権者等の意に反したかどうかを問わず緊急措置を報告すべき旨を明らかにするものである。「『民法等の一部を改正する法律』の施行等に伴う児童相談所運営指針の改正について」(平成24年3月21日厚生労働省雇用均等・児童家庭局長通知雇児発0321第2号)は、民法等の一部を改正する法律の施行に伴い、親権喪失、親権停止、管理権喪失の請求、未成年後見人の選任請求、里親委託中または施設入所中の児童等に関する里親、施設長等の監護、児童福祉法28条の審判の運用方法、未成年者への援助を定める通知である。

「『民法等の一部を改正する法律の施行に伴う関係政令の整備に関する政令』及び『民法等の一部を改正する法律の施行に伴う厚生労働省関係省令の整備に関する省令』の施行について」(平成23年12月28日厚生労働省雇用均等・児童家庭局長通知雇児発1228第4号)は、民法および児童福祉法の改正に伴う地方自治法施行令の一部改正により、大都市に関する特例として、所定の事務が都道府県の事務として追加されることに伴い、これらの事務を政令指定都市および児童相談所設置市の処理する事務として追加されたことを示す通知である。

民法等の一部改正に伴って「児童虐待防止対策支援事業」も改正され、新たに未成年後見支援事業が設けられた(平成24年3月24日「児童虐待防止対策支援事業の実施について」厚生労働省雇用均等・児童家庭局長通知雇児発0514第1号)。また、「児童相談所運営指針」も改正され、児童福祉施設長等と親権者等との権限の調整、親権喪失・親権停止、未成年後見人の選任等に関する改正の他、里親委託優先の原則、委託に際しての留意事項等が改正された(平成24年3月21日「児童相談所運営指針の改正について」厚生労働省雇用均等・児童家庭局長通知雇児発0321第2号)。

②社会的養護制度改革

「『地域の自主性及び自立性を高めるための改革の推進を図るための関係法律の整備に関する

法律』の一部の施行に伴う厚生労働省関係省令の整備に関する省令の施行について」（平成23年10月28日厚生労働省雇用均等・児童家庭局長通知雇児発1028第1号）は、同法により児童福祉法45条等が改正され、都道府県等が児童福祉施設の設備および運営について条例で定めることとされ、また当該条例を定めるにあたり、「従うべき基準」および「参酌基準」については厚生労働省令で定めることとされたところから、都道府県等が条例を定める際の基準として児童福祉施設最低基準の規定を、「従うべき基準」および「参酌すべき基準」に区分する等、所要の改正を行った旨の通知であり、改正法の概要を示している。

この通知に関連し、児童福祉施設最低基準、児童福祉法施行規則、婦人保護施設の設備および運営に関する最低基準等の改正が行われたことから、改正の趣旨および内容を示す「児童福祉施設最低基準等の一部を改正する省令の施行について」（平成23年6月17日厚生労働省児童家庭局長、社会・援護局障害保健福祉課長連名通知雇児発0617第7号・障発0617第4号）が発出された。

社会的養護においては里親制度の拡充も図られている。「里親委託ガイドラインについて」（平成23年3月30日厚生労働省雇用均等・児童家庭局長通知雇児発0330第9号）は、都道府県、政令指定都市、児童相談所設置市および児童相談所ならびに里親会、里親支援機関、児童福祉施設等の関係機関が協働し、より一層の里親委託の推進を図るため、里親委託の意義、里親委託の優先、里親委託される児童、保護者の理解、里親委託の方法、里親認定・登録、里親支援、委託された児童の権利擁護、里親制度の普及と支援の充実を定めたガイドラインに関する通知である。さらに里親支援については、児童福祉施設等に、新たに里親支援専門相談員を配置して里親支援を充実させることとした旨の「家庭支援専門相談員、里親支援専門相談員、心理療法担当職員、個別対応職員、職業指導員及び医療的ケアを担当する職員の配置について」（平成24年4月5日厚生労働省雇用均等・児童家庭局長通知雇児発0405第11号）が発出されている。

「児童福祉法施行規則及び里親が行う養育に関する最低基準の一部を改正する省令の施行について」（平成24年3月29日厚生労働省雇用均等・家庭局長通知雇児初0329第14号）は、小規模住居型児童養育事業（ファミリーホーム）に関し、2011年7月にとりまとめられた「社会的養護の課題と将来像」に基づき、「里親及びファミリーホーム養育指針」を定めることにあわせ、社会的養護制度が目指す家庭養護の理念をより明確にするため所要の改正を行った旨の通知である。

児童福祉施設最低基準の改正にあたり、社会的養護の質の向上を図る目的等から「児童福祉施設最低基準及び児童福祉法施行規則の一部を改正する省令等の施行について」（平成23年9月1日厚生労働省雇用均等・児童家庭局長通知雇児発0901第1号）が発出された。この通知は、児童福祉施設最低基準の一部改正（施設長の資格要件の明確化および研修の義務化、第三者評価等の義務化）、児童福祉法施行規則の一部改正（親族里親等の要件の見直し、母子生活支援施設および児童自立生活援助事業所の位置に関する情報の提供方法の見直し、家庭的保育事業に関する見直し）の内容を示す通知である。

③児童虐待等重大事例検証関係

第7次報告に関連して「『地方公共団体における児童虐待による死亡事例等の検証について』の一部改正について」（平成23年7月27日厚生労働省雇用均等・児童家庭局総務課長通知雇児総発0727第7号）は、地方公共団体における児童虐待死亡事例等の検証対象の範囲、提言のあり方を

改正するとともに、ヒアリングの際の留意事項を示す。同じく第7次報告に関連して、「妊娠期からの妊娠・出産・子育て等にかかる相談体制等の整備について」（平成23年7月27日厚生労働省雇用均等・児童家庭局総務・家庭福祉・母子保健課長連名通知雇児総発第0727第1号、雇児福発第0727第1号、雇児母発第0727第1号）は、同報告書で妊娠に悩みを抱える者への相談体制の充実・周知が提言されたことを受け、相談しやすい体制の整備、相談窓口の周知、各種相談窓口での対応のあり方、保護支援制度の活用、体制整備のための経費等について市町村、都道府県の対応を求めている。さらに同日の通知「妊娠・出産・育児期に養育支援を特に必要とする家庭に係る保健・医療・福祉の連携体制の整備について」（平成23年7月27日厚生労働省雇用均等・児童家庭局総務・母子保健課長連名通知雇児総発第0727第4号、雇児母第0727第3号）では、同報告書において乳幼児期の児童の虐待死が多くを占めることが明らかになったところから、妊娠・出産・育児期に養育支援をとくに必要とする家庭を早期に把握して、速やかに支援を開始するために、保健・医療・福祉の連携体制を整備することが必要となるとの認識を踏まえ、市町村、医療機関、都道府県の役割とともに、情報提供の対象となる例を示した。これに関連して、医療機関の協力を得るため日本医師会、日本産婦人科医会等に協力が依頼されることとなった。第7次報告に関連して、「児童虐待防止対策の推進について」（平成23年7月20日厚生労働省雇用均等・児童家庭局総務・母子保健課長連名通知雇児総発第0720第1号、雇児母第0720第1号）が発出され、児童の安全確認・確保の徹底、妊娠期からの相談・支援体制の整備・充実、虐待の早期発見のための対策強化、対応職員の専門性の確保等、地方公共団体に児童虐待防止対策の徹底が求められた。

④児童相談所の体制強化

「児童福祉法施行令の一部を改正する政令」（平成24年3月14日政令第47号）は、児童福祉司の担当区域を定める基準について、これまでの「人口おおむね5万から8万まで」に代えて、「4万から7万まで」を標準として定めた。「『児童福祉法施行令の一部を改正する政令』の施行について」（平成24年3月14日厚生労働省雇用均等・児童家庭局長通知雇児発0314第1号）は、この政令が施行される旨を周知する通知である。

「児童相談所及び市町村の職員研修の充実について」（平成24年2月23日厚生労働省雇用均等・児童家庭局総務課長通知雇児総発0223第2号）は、児童虐待等重大事例検証専門委員会の検証結果および総務省による政策評価による勧告を踏まえ、児童福祉司等の研修のあり方を定めた。とくに重要と考えられる新任時の研修については、児童福祉司が実務を行うにあたって必要最低限の知識を備えるための新任児童福祉司および児童心理司、市町村新任相談職員の研修プログラムを示している。

⑤一時保護所関係

一時保護の充実に関する通知として、「一時保護の充実について」（平成24年4月5日厚生労働省雇用均等・児童家庭局長通知雇児発0405第27号）は、里親等に対する一時保護委託について適切な支援体制を確保するため、児童相談所から一時保護委託を受ける里親等に対し、新たに一時保護委託手当を支弁することとし、対象となる児童、経費等について定めている。「一時保護所における専門職員等の配置について」（平成24年4月5日厚生労働省雇用均等・児童家庭局長通知雇

児発 0405 第 28 号）は、一時保護所における心理療法担当職員や個別対応職員の配置義務化に対応するため、児童相談所に付設する一時保護所への専任の心理療法担当職員の配置、虐待、非行等種々の問題のある児童が多数入所する一時保護所における個別指導等を行う個別対応職員の配置、乳児が入所している一時保護所における看護師の配置を定め、一時保護の充実を図るものである。

⑥通告の促進

「児童虐待の通告者及び通告内容等の情報管理について」（平成 22 年 11 月 19 日厚生労働省雇用均等・児童家庭局総務課長通知 1 号雇児総発 1119 号第 1 号）は、児童虐待防止の広報・啓発により児童相談所等への通告や相談が促進されることが期待されることに伴い、児童の安全確認等の通告への対応に万全を期すとともに、通告者および通告内容の情報管理について、改めて児童相談所職員等、通告に関わる職員に対し徹底を図る通知である。とくに児童虐待防止法 7 条の趣旨として、保護者に通告内容が漏れることにより通告を躊躇するおそれがあることから、通告者の秘匿等により通告を促進すること、「当該通告をした者を特定させるもの」とは通告者の氏名、住所だけでなく、通告のあった時間、虐待を目撃した時間・場所等の情報も含むこと、通告者等の秘匿が関係機関の連携を妨げるものではないことを示している。

教育機関に関して「児童虐待に係る速やかな通告等に関する学校との連携について」（平成 24 年 3 月 29 日厚生労働省雇用均等・児童家庭局総務課長通知雇児総発 0329 第 1 号）は、文部科学副大臣より「児童虐待に係る速やかな通告の一層の推進について」（23 文科発大 1707 号）が発出されたことに伴い、児童相談所、市町村への周知を求めるとともに、児童相談所と学校との情報共有、要保護児童対策地域協議会における情報共有、研修講師の派遣等、学校・教育委員会との一層の連携強化を働きかけるよう求めている。

⑦行政評価報告書

総務省による児童虐待防止の政策評価の公表が 2012 年 1 月に行われ、厚生労働省に対しては、児童虐待の発生予防に関わる取り組みの推進、早期発見に関わる取り組みの推進、早期対応から保護・支援に関わる取り組みの推進が、文部科学省に対しては児童虐待の早期発見について勧告がなされた。この勧告に対応して、「児童虐待の防止等に関する政策評価書（総務省統一性・総合性確保評価）について」（平成 24 年 2 月 23 日、厚生労働省雇用均等・児童家庭局総務課長通知 0223 第 1 号、保育課長通知 0223 第 1 号）は、勧告における地方公共団体による虐待対応に関する要請に応えるべく対応を求める内容である（【文献 25】）。

⑧臓器移植法関係

「『臓器の移植に関する法律』の運用に関する指針（ガイドライン）における虐待を受けた児童への対応等に関する事項に係る留意事項」（平成 22 年 6 月 25 日厚生労働省健康局疾病対策課臓器移植対策室長通知健臓発 0625 第 2 号）は、患者である児童について虐待の疑いがあるかどうかの確認とその対応については「児童虐待の対応に関するマニュアル」に手順が示されていること、児童からの臓器提供を行う施設において虐待対応マニュアルを整備するにあたっては、関係学会、

行政機関等において作成された指針等を参照するものとすること等を求める通知である。また、臓器提供施設は、当該施設の患者である児童について虐待が行われた疑いがあるかどうかの確認を的確に行うことができるよう、日頃から児童相談所等地域の関係機関と連携を図るとともに、地方自治体等が実施する児童虐待防止に資するための研修に積極的に参加すること等により、児童虐待への対応にあたる職員の資質の向上に努めるよう求めている。

⑨大阪市二児ネグレクト死事件関係

「居住者が特定できない事案における出頭要求等について」（平成22年8月26日厚生労働省雇用均等・児童家庭局総務課長通知雇児総発第0826第1号）は、大阪市で発生した母による二児ネグレクト死事件で、児童相談所への通告があり、訪問を重ねたにもかかわらず児童の安全確認を行えないまま事件が発生したことを受けて、居住者が特定できない場合の出頭要求等について、関係機関への協力要請、出頭要求制度の活用、児童・保護者の氏名が特定できない場合の出頭要求の実施等を定め、対応の徹底を求める通知である。

同じく、二児ネグレクト死亡事件に関連して、「虐待通告のあった児童の安全確認の手引きについて」（平成22年9月30日、厚生労働省雇用均等・児童家庭局長通知雇児総発0930第2号）は、安全確認、臨検・捜索等の権限を迅速・的確に行使して児童の安全確保を実施する責務を果たすよう、本手引きを熟知した上で活用するともに、平素から繰り返し部内研修を行う等して職員の実務能力の向上を図ることとし、虐待通告者の心の動き、通告受理時の留意事項等、対応に関する基本的事項等を定める通知である。

【参考文献】
植木祐子「児童虐待防止のための親権制度の見直し──民法等の一部を改正する法律案」（『立法と調査』320号、2011年）3～11頁

（吉田恒雄）

3 判例の動向

(1) 刑事法

①児童虐待の被害者による告訴能力

第5期研究報告書において、児童虐待の事件で生じる事実認定上の問題として、被害児童の証言の信用性というテーマに触れたが（518頁参照）、第6期における裁判例には、被害児童による告訴の有効性が問題となる裁判例も現れた。告訴とは、捜査機関に犯罪事実を申告した上で訴追を求めるという意思表示であり、強姦や強制わいせつといった犯罪類型にあっては、検察官が起訴するための条件となるものである。被害者その他の告訴権者において告訴能力（有効な告訴を行うための能力）が備わっていなければ、告訴が無効となって起訴は許されないため、告訴能力の有無は、事件の帰すうを決するほどの重要な意味を持つ。

富山地裁判決平成24年1月19日は、11歳弱の少女に対する2件の強制わいせつの被告事件のうち1件について、被害児童の告訴能力を否定したため、公訴棄却の判決を言い渡して訴訟手続を打ち切った。これに対して、その控訴審判決である名古屋高裁金沢支部判決平成24年7月

3日【判例1】は、告訴能力を備えているものと認めて、公訴を棄却した原判決を破棄した。本件では、特殊な事情があったため、供述調書における被害児童の供述を告訴状として有効なものと認めることはできるのか否かが争点となったのである（他の1件については、被害児童の実母が同棲相手の行為を幇助した者として被告人となっていたため、被害児童の祖母が実母に代わる告訴権者の地位を得て、祖母による告訴が可能であったのに対して、本件については、実母が被疑者・被告人となっていなかったため、そもそも被害児童の祖母が実母に代わって告訴権者となれるのかは判然とせず、これに加えて、この祖母も本件について処罰の意思を示したものとは認められないという事案であった）。児童虐待の事案では、親権者がいずれも被疑者・被告人であることも多く、かつ、被害者に代わって告訴するのか否かを適切に判断できる者が見あたらないということも少なくないはずであり、それゆえ、一般に、低年齢の被害者本人について告訴能力が肯定できるのか否かは、重要な問題となる。

　被害者の保護という観点からは、できる限り本人の意思を尊重することが求められている。また、取調べ・公判廷で事件について供述・証言することも、事件が公になることも、また、加害者との間でいわば敵対関係になることも、被害者にとっては不利益・負担であるため無視できない。それゆえ、被害者にとっての最善の利益を実現しようというのであれば、告訴するのか否かは、告訴に伴う利害得失を適切に考慮した上で決まるようにするのが最も望ましい。もっとも、このような考慮・決定は、その後に生じる事態を想像しながら本人の人生に対する長期の影響にまで思いをめぐらすという難しい作業であろう。

　刑事訴訟法の解釈論においては、もっぱら、被害者本人はどの程度の理解力・判断力を有していればよいのかという問題に焦点があてられている（刑事法分野判例リストに挙げられた各文献を参照）。しかしながら、ことに児童虐待の事案に関していえば、焦点は、被害児童に関与する側の問題にもあてられなければならないように思われる。すなわち、捜査機関に限らず児童相談所その他の関係機関にあっては、被害児童にどのような情報の提供や説明を行えばよいのか、被害児童の当面の生活環境や今後の人生も慮った上での助言・相談ができるのか、さらには、処罰を要望したのであれば刑事手続上・社会生活上の不利益・負担をどこまで軽減できるのか等、被害児童との関わり方が問われなければならないはずである。関わり方の現状を把握せずに議論すれば、あるいは、あるべき関わり方の検討をおざなりにして議論すれば、どのような被害児童に処罰・不処罰の意思をゆだねるべきなのか正しく結論づけられないように思われるからである。研究の進展が期待される。

【参考文献】
飯島泰「告訴能力につき要求される能力を示した上、告訴当時10歳11か月の被害者の告訴能力を肯定した事例」（『警察学論集』65巻11号、2012年）175〜184頁
石山宏樹「告訴当時10歳11か月の被害者の告訴能力」（『ジュリスト』1453号、2013年）179〜180頁
黒澤睦「強制わいせつ被害について告訴当時10歳11か月の被害者の告訴能力を肯定した事例」（『刑事法ジャーナル』35号、2013年）177〜184頁
三谷真貴子「告訴当時10歳11か月の被害者の告訴能力を認め、被害者の告訴能力を否定した第一審判決を破棄し差し戻した事例」（『研修』773号、2012年）17〜24頁
恩田祐将「強制わいせつ被害に対する告訴当時10歳11か月であった被害者の告訴能力を否定して公訴棄却した原判決について、被害者の告訴能力を認め、請求を受けた事実について審判しなかった違法があるとして

原判決を破棄した事例」(『創価法学』43巻1号、2013年) 145～153頁
佐藤美樹「強制わいせつ罪に対する告訴当時10歳11か月の被害者の告訴能力」(『新・判例解説Watch (法学セミナー増刊)』12号、2013年) 169～172頁

(岩下 雅充)

4 法学研究の動向

(1) 児童福祉法分野

①比較法研究

　今期は、民法・児童福祉法等の改正に関する文献が数多く得られた。そのうち比較法研究についてはいくつか学会報告、特集がなされている。

　社会保障法学会は「近親者からの虐待・暴力に対する法制度の課題——各国比較をふまえて」をテーマにシンポジウムを開催した (古橋他・2011)。ここでは必ずしも児童虐待に限定せず、配偶者暴力や高齢者暴力を含めた検討がなされている。報告内容は、暴力の定義、早期発見、一時保護、保護・支援等の個別課題について各国の制度を比較検討し、今後の課題を示している。日本法政学会も「シンポジウム　虐待防止法に関する総合的研究」を行った。その報告としての倉田論文は、児童虐待をおとなと子どもという非対等な関係から生ずる生活に対する継続的なリスクと捉え、被虐待児、虐待者を視野に入れ、予防から家族再統合に至るまで、包括的かつ継続的なアプローチが可能になるところから、社会保障法学的に児童虐待を論じる意義があるとしている。その上で、リスク予防・発見のプロセス、リスクの軽減・滅失のプロセスに二分し、それぞれわが国の現行法上の課題を明らかにした上で、比較法的手法により児童虐待法制を包括的に検討している (倉田・2011【文献1】)。

　個別の外国法研究としては、神尾論文が2007年のフランス法改正の内容とその取り組み状況——とくに予防と発見の重要性、行政機関と司法機関の連携の仕組み——を論じている (神尾・2011)。安見論文は、同じくフランス法においては育成扶助処分、親権移譲制度、親権喪失制度と多くの保護処分制度が存在し、これらの制度が段階的・重層的に位置づけられ、多様な対応がなされている状況を紹介している (安見・2011【文献2】)。スウェーデンについては、高田論文が、1979年に世界で初めて法律で体罰を禁止した児童虐待防止法制度とその運用の実情について論じている (高田・2010【文献3】、2011)。

　その他、アメリカ (平山・2010)、ニュージーランド (林・2011)、韓国 (藤原・2011【文献4】)、イギリス (橋爪・2011【文献5】、田澤・2012、田邉・2012)、ドイツ (岩志・2011) の各国における児童虐待への対応状況を紹介する文献が著された。

②被措置児童等虐待 (施設内虐待)

　2008年の児童福祉法改正により法制化された被措置児童等虐待 (児童福祉法33条の10以下、施設内虐待) については、雑誌『子どもと福祉』4号が特集を組んでいる (子どもと福祉編集委員会・2011)。

　この特集は、施設内での暴力を施設管理上の問題としてだけでなく、被虐待児の入所に伴う子ども集団に潜む暴力発生の危険性、施設基準と現実の矛盾等の現状を踏まえて編集されている。

個々の論考としては、施設内虐待発生の要因と課題、施設の取組み――とくに小舎制グループでの取組み――、児童相談所との連携、性暴力への取組み等がある。

その他、いわゆる「安全委員会方式」による施設内虐待――とくに子ども間暴力への対応――に関する図書が刊行された（田嶌・2011）。本書は、施設内暴力問題を子どもたちの成長の基盤としての安心・安全という最優先で取り組まれるべき問題として捉え、子ども間暴力の実態とその理解、施設内での暴力の類型、問題解決のための視点、安全委員会活動の実際と課題、限界等について論じている。施設内虐待への対応を考える上での有益な著作である。酒井他の論文では、兵庫県内における児童養護施設内での子ども間暴力の実態を把握し、そのメカニズムをとらえることを目的にした調査報告であり、子ども間暴力の向かう方向性、男女別の暴力の内容、それに対する職員の対応状況等を明らかにする。必要な対応として行動変容に必要な認知的側面のアプローチの必要性、職員配置や居住環境等の社会的な制度に関する課題について検討している（酒井他・2011）。なお、被措置児童等虐待については、725頁以下も参照されたい。

③性虐待

性虐待については、2011年に厚生科学研究事業として「性的虐待対応ガイドライン」が作成され、運用されたことで、わが国における性虐待対応が本格化したといえる。

このガイドラインでは、児童虐待防止法の定義とは異なる視点から児童虐待を5つに分類し、即座に対応すべき事案を明確にしている。これまで困難とされていた性虐待の発見、事実調査、保護、保護者への関与等について包括的かつ詳細に対応方法が示されており、実務に与えた影響は大きいといえよう（山本・2011、山本a・2011）。日本子ども虐待防止学会誌『子どもの虐待とネグレクト』（13巻2号、2011年、166～237頁）においても性虐待に関する特集が組まれ、その中で、福谷他の論文は、弁護士実務の経験をもとに、性虐待対応の状況を紹介し、制度上の問題点を指摘して法改正の提言をしている（福谷他・2011【文献6】）。なお、性虐待については、741頁以下も参照されたい。

④児童虐待への介入

児童虐待への対応に関しては、発生予防については家族支援としての「乳児家庭全戸訪問事業（こんにちは赤ちゃん事業）」に見られるように、親による養育を支援する施策がとられている一方で、子どもの生命に関わるような重大事案に対しては、迅速かつ強力な救済措置が講じられなければならない。児童虐待対応のあり方については、虐待の定義とも関連して、その程度、支援の目的、家庭の状況等に応じた対応とその根拠となる施策全体について総合的に検討される必要がある。

山田論文はこの課題に関して、虐待行為の防止・被虐待児の救済としては、親密圏内の虐待を止める最も効果的な方法は親密圏の解体、関係性の遮断にあることから、虐待者と被虐待者の分離が原則となるとする。親密圏内の犯罪を壊滅できる手法は親密圏の解体のみであるので、親子の再統合（児童虐待防止法4条1項、11条1項）は、本来考慮されるべきではないと主張する。そして、現在の行政の改革では親密圏内の暴力・虐待に十分対応できないところから、「親密圏虐待対策保護センター」のような特別の行政機関を設置し、発見・救済・保護等に一義的に責任を

負えるようにすることが必要であるとする（山田・2011【文献7】）。

岩城論文は、児童虐待対策を4つのステージに分け、第1ステージ（早期発見、予防）については、要保護児童対策地域協議会の質の向上が不可欠であり、学齢前の子どもについては保健所、保健センターが、学齢期は学校に情報を管理させることで、これらの機関による虐待の早期発見が確実になるとする。第2ステージ（危機介入）の段階については、危機介入権限は警察の役割に委ねるべきであると提案する。また司法面接も広く虐待について実施すべきであるとする。第3ステージ（治療・回復）については、裁判所が福祉的機能を果たし、親への治療命令制度の創設を提案する。第4ステージ（親子再調整、自立）としては、施設入所措置の解除における保護者指導の効果等を勘案する必要性について説明する（岩城・2010）。

山田論文、岩城論文ともに重大事案への介入の段階では、現在以上に積極的な介入の必要が主張されている。児童相談所や市町村による虐待介入制度の改革にもかかわらず、死亡等の重大な虐待事例や居所不明児童の保護等への対応のあり方が議論されている現在、1つの方向性を示す主張として興味深い。同様の主張として、濱崎論文は、フランスでの取組みを参考に重大な虐待事案の処理に特化した警察・司法・医療主体の介入システムの構築を検討すべきであると提案する（濱崎・2010）。また、藤田論文は、2010年7月に大阪市で発生した2児のネグレクト死亡事件を法的観点から検討し、誤通告の免責制度の創設、情報提供者への明示的免責規定、立入要件の緩和、虐待の可能性あるときには立入調査と臨検・捜索とで要件を加重すべきでないとの提案がなされている（藤田・2011）。その他、野村論文は児童虐待への危機介入における保健師の役割の重要性について論じており、保健師が虐待予防の場面だけでなく、介入の場面でも重要な役割を果たし得ることを指摘している（野村・2011）。

⑤児童虐待防止に関する児童福祉法等の改正
i) 改正案等

2011年の民法、児童福祉法等の改正では、児童虐待防止に関連して親権等に関する改正が行われた。民法改正は法務省が所管し、児童福祉法改正は厚生労働省が所管したが、いずれも児童虐待防止に関わる改正であり、両者は密接に関連している。ここでは、児童福祉法改正に関わる文献を中心に研究動向を概観し、民法改正に関する動向は（2）民法分野717頁以下に譲る。

改正案としては、法制審議会の「児童虐待防止のための親権にかかる制度の見直しに関する要綱案」および社会保障制度審議会児童部会「児童虐待防止のための親権の在り方に関する専門委員会報告書」が公表されている（法務省法制審議会児童虐待防止関連親権制度部会・2011、厚生労働省社会保障審議会児童部会児童虐待防止のための親権の在り方に関する専門委員会・2011）。

これら要綱案等について、吉田論文がその内容や審議の概要を紹介している（吉田・2011）。養子と里親を考える会では「ミニ・シンポジウム　親権法改正の課題」が開催され、改正案等をめぐる報告および意見交換の内容が雑誌『新しい家族』54号に掲載されている（養子と里親を考える会・2011）。

ii) 改正法の紹介

改正された民法および児童福祉法等については、立法担当者による解説がある（飛澤a・2011、

飛澤 b・2011、飛澤 c・2011、高松・2011)。植木論文では、今回の改正の背景、改正法の内容、審議会、国会での議論の状況等が、議事録等をもとに要領よくまとめられている (植木・2011)。

iii) 改正法の評価

2011 年の民法・児童福祉法等の一部を改正する法律については、雑誌の特集が組まれている。『法律のひろば』による「特集 児童虐待防止に向けた法改正」は、民法改正に関わった法務省、厚生労働省担当者による改正法の説明の他、最高裁、民法学研究者、児童福祉学研究者、弁護士、児童福祉施設長、医師が個々の現場への影響と課題について論じる特集である (法律のひろば・2011 年)。このうち、児童福祉分野からの論考として、松原論文は、親権停止制度の運用のためには児童相談所体制の整備、被虐待児が措置された施設におけるケアの質の確保が必要であり、親権が停止された子どもの家庭引取り後を見据えた親権者への支援やソーシャルワークによる家族支援の充実強化の重要性を指摘する (松原・2011、同旨、宮島・2011)。

武藤論文は、児童養護施設関係者として、全国の児童養護施設のうち 65 施設を対象に行ったアンケート結果から見えてきた課題を踏まえ、今回の民法改正で「子の最善の利益」が明記されたこと、児童福祉法 28 条審判よりも要件が緩和された親権停止制度の創設により子どもの権利を保障しやすくなったこと、子どもの意見表明権尊重の視点から子ども自身による親権喪失・停止の申立てができるようにされたこと等を評価する。児童福祉法改正で残された課題としては、施設長優先の原則を明確に規定すべきこと、保護者指導への司法関与制度を設ける等、親支援に関する具体的プログラムに司法が関与するシステムを早期に設ける必要があること等を挙げている (武藤・2011)。

雑誌『アディクションと家族』は「親権と児童虐待」の特集において、精神科医、弁護士の座談会の他、家族と親権、家族内の支配関係と法律等のテーマで論考が掲載されている (アディクションと家族・2011)。

雑誌『月刊福祉』は「特集 虐待から子どもを護るために——親権停止の意義」を特集し、民法改正により創設された親権停止制度の適切な運用のあり方について、児童福祉研究者、施設関係者、里親等の論考を掲載する (月刊福祉・2012)。雑誌『法律時報』では「小特集 児童虐待防止を目的とする親権法の一部改正について」が組まれ (法律時報・2011)、審議会での議論を参考に民法の親権規定の見直しを検討する論文、わが国の社会的養護の現状から見た法改正の意味を論じる論文、弁護士の立場から見た虐待や医療ネグレクト等の問題に対する改正法の意義を論じた論文が掲載されている。

【参考文献】

『アディクションと家族』28 巻 1 号、2011 年、6 〜 41 頁
藤田香織「『大阪ネグレクト死事件』にみる児童福祉法の問題点」(『刑事法ジャーナル』30 号、2011 年) 84 〜 91 頁
藤原夏人「韓国 家庭内暴力及び児童虐待への対応を強化」(『外国の立法』249 号、2011 年) 20 〜 21 頁【文献 4】
古橋エツ子・金川めぐみ・廣瀬真理子・高田清恵・片桐由喜・本澤巳代子「近親者からの虐待・暴力に対する法制度の課題——各国比較をふまえて」(『社会保障法』26 号、2011 年) 5 〜 86 頁
福谷朋子・桐井弘司・吹野憲征・小野晶子・柳瀬陽子「性的虐待への法的対応と今後の課題」(『子どもの虐待

とネグレクト』13 巻 2 号、2011 年）229 ～ 237 頁【文献 6】

『月刊福祉』95 巻 6 号、2012 年、12 ～ 41 頁

濱崎由紀子「虐待事案に対する介入システムの問題点と今後の展望――被虐待児のトラウマケアを中心に」（『現代社会研究』13 号、2010 年）63 ～ 71 頁

橋爪幸代「近親間虐待への法的対応――日英制度比較」（『現代法学』20 号、2011 年）197 ～ 216 頁【文献 5】

林浩康「海外見聞録 ニュージーランドにおける子ども虐待と家族支援」（『児童養護』41 巻 4 号、2011 年）40 ～ 42 頁

平山真理「米国における児童虐待の防止、介入プログラムから何を学ぶのか――米国の専門家 2 人を招いて」（『白鷗法學』17 巻 2 号、2010 年）164 ～ 178 頁

法務省法制審議会児童虐待防止関連親権制度部会「『児童虐待防止のための親権に係る制度の見直しに関する要綱』及び社会保障審議会児童部会児童虐待防止のための親権の在り方に関する専門委員会『児童の権利利益を擁護するための方策について』」（『家庭裁判月報』63 巻 6 号、2011 年）205 ～ 261 頁

「法令解説 児童虐待防止のための親権制度の見直し――親権停止制度の新設、未成年後見制度等の見直し等 民法等の一部を改正する法律（平成 23 年法律第 61 号）」（『時の法令』1900 号、2012 年）17 ～ 27 頁

『法律時報』83 巻 7 号、2011 年、65 ～ 83 頁

『法律のひろば』64 巻 11 号、2011 年、4 ～ 57 頁

岩城正光「法制定後の児童虐待対策の現状と課題」（『公衆衛生』74 巻 10 号、2010 年）854 ～ 859 頁

岩志和一郎「子の利益保護のための親権の制限と児童福祉の連携――ドイツ法を参考として」（『法律時報』83 巻 12 号、2011 年）18 ～ 23 頁

神尾真知子「児童虐待に対するフランスの取組み」（『女性空間』28 号、2011 年）137 ～ 150 頁

子どもと福祉編集委員会「特集 施設内暴力問題――現場からの報告と児童相談所との連携をめぐって」（『子どもと福祉』4 号、2011 年）5 ～ 51 頁

倉田賀世「社会保障法学的見地からみた児童虐待法制のあり方」（『法政論叢』47 巻 2 号、2011 年）102 ～ 118 頁【文献 1】

松原康雄「親権制度改正と児童福祉分野における実践の課題と展望」『法律のひろば』64 巻 11 号（2011 年）12 ～ 17 頁

宮島清「虐待から子どもを護る――新たな制度を活用するために必要なこと」（『月刊福祉』95 巻 6 号、2012 年）26 ～ 29 頁

武藤素明「親権法改正に伴う児童養護現場の現状と課題」（『法律のひろば』64 巻 11 号、2011 年）43 ～ 50 頁

野村武司「児童虐待事例における危機介入と人権保護――法的根拠および解釈」（『保健師ジャーナル』67 巻 11 号、2011 年）980 ～ 985 頁

酒井佐枝子・稲垣由子・樋口耕一他「児童養護施設内における子ども間暴力の内容と対応の分析」（『子どもの虐待とネグレクト』13 巻 1 号、2011 年）115 ～ 124 頁

田嶌誠一『児童福祉施設における暴力問題の理解と対応――続・現実に介入しつつ心に関わる』金剛出版、2011 年

高田清恵「スウェーデンにおける児童虐待防止に関する法制度の特徴と現状――予防から被害児童へのケアまで（その 1）」（『国民医療』278 号、2010 年）17 ～ 24 頁

高田清恵「スウェーデンにおける児童虐待防止に関する法制度の特徴と現状――予防から被害児童へのケアまで（その 2）」（『国民医療』279 号、2010 年）17 ～ 24 頁【文献 3】

高田清恵「スウェーデンにおける児童虐待への対応――2009・2010 年現地調査の概要」（『琉大法學』86 号、2011 年）97 ～ 171 頁

髙松利光「『民法等の一部を改正する法律』における児童福祉法の改正の概要」（『法律のひろば』64 巻 11 号、2011 年）25 ～ 29 頁

田邉泰美「英国児童虐待防止研究――労働党政権における児童福祉／虐待防止政策のソーシャルワークへの影響と変化」（『園田学園女子大学論文集』46 号、2012 年）209 ～ 226 頁

田澤あけみ「マンロー報告書（最終版）にみるイギリス児童保護政策の軌跡と転換」（『人間の福祉〈立正大学社会福祉学部紀要〉』26 号、2012 年）25 ～ 43 頁

飛澤知行 a「平成 23 年民法等の一部改正について」（『戸籍』862 号、2011 年）1 ～ 10 頁

飛澤知行 b『一問一答 民法等改正 児童虐待防止に向けた親権制度の見直し〈平成 23 年〉』商事法務、2011

飛澤知行 c「児童虐待防止のための親権制度の見直しについて──平成 23 年民法等の一部を改正する法律（民法改正部分及び家事審判法改正部分）の概要」（『民事月報』66 巻 7 号、2011 年）8 ～ 25 頁

植木祐子「児童虐待防止のための親権制度の見直し──民法等の一部を改正する法律案（第 177 回国会の論議の焦点 (2)）」（『立法と調査』320 号、2011 年）3 ～ 11 頁

山田晋「暴力・虐待をめぐる現代的課題と権利擁護──法的視点から考える」（『社会福祉研究』111 号、2011 年）28 ～ 49 頁【文献 7】

山本恒雄 a「児童相談所における性的虐待対応ガイドラインの策定に関する研究」（『世界の児童と母性』71 号、2011 年）37 ～ 41 頁

山本恒雄 b「子どもの性的虐待の現状と課題──H20 ～ 22 年度の厚生労働省科学研究からみえてきた現状と課題（特集　性的虐待）」（『子どもの虐待とネグレクト』13 巻 2 号、2011 年）169 ～ 178 頁

安見ゆかり「フランスにおける育成扶助・親権移譲・親権喪失（retrait）制度について」（『青山法学論集』53 巻 2 号、2011 年）165 ～ 188 頁【文献 2】

養子と里親を考える会「ミニ・シンポジウム　親権法改正の課題」（『新しい家族』54 号、2011 年）4 ～ 38 頁

吉田恒雄「親権停止制度」（『月刊福祉』95 巻 6 号、2012 年）16 ～ 21 頁

吉田恒雄「児童虐待に関する親権制度の見直しについて」（『子どもと福祉』4 号、2011 年）52 ～ 57 頁

（吉田恒雄）

(2) 民法分野

　第 6 期の間に児童虐待に関連する親権法の改正が行われたために、今期は法改正に関連する多くの資料および文献が公表された。その内容を大きく分類すると、立法資料、親権法改正のための立法提案、立法経過における議論、改正法の解説と評価、外国親権法紹介である。

①立法資料

　本文献研究第 5 期にあたる 2010 年 1 月に、「児童虐待防止のための親権制度研究会」の成果が報告書としてとりまとめられ、その内容等を踏まえて、同年 2 月 5 日に法務大臣から法制審議会に対して、「児童虐待防止のための親権に係る制度の見直しに関する諮問」が行われた。これを受けて法制審議会は「児童虐待防止関連親権制度部会」を設置し、立法のための準備作業が開始された。同時に、厚生労働省は親権に関わる児童福祉法等の改正の検討作業のため、社会保障審議会児童部会に「児童虐待防止のための親権の在り方に関する専門委員会」を設置した。

　このような経緯を経て、第 6 期では立法資料が公表された。まず、「児童虐待防止のための親権に係る制度の見直しに関する中間試案について」が『家庭裁判月報』62 巻 12 号に、「『児童虐待防止のための親権に係る制度の見直しに関する要綱』及び社会保障審議会児童部会児童虐待防止のための親権の在り方に関する専門委員会報告書『児童の権利利益を擁護するための方策について』」が同 63 巻 6 号に掲載された。改正法成立後には、「通達・回答　民法等の一部を改正する法律の施行に伴う戸籍届書の標準様式の一部改正について：平成 24.2.2 民 - 271 通達」「訓令・通達・回答（5311）民法等の一部を改正する法律の施行に伴う戸籍届書の標準様式の一部改正について（平成 24 年 2 月 2 日付け法務省民 - 第 271 号法務局長, 地方法務局長あて法務省民事局長通達）」「通達・回答　民法等の一部を改正する法律の施行に伴う戸籍届書の標準様式の一部改正について：平成 24 年 2 月 2 日付け法務省民 - 第 271 号法務局長、地方法務局長あて法務省民事局長通達」「一目でわかる戸籍の処理（37）あんなとき　こんなとき 4 月 1 日施行の戸籍関係法令 1 戸籍法施行規則（別表第一）の改正 2 民法等の一部を改正する法律の施行に伴う戸籍事務の取扱い

(1)」が出されている。

②立法提案

　親権法改正のための立法提案はすでに第5期中にいくつかの学会や研究グループによって公表されている。中田裕康編『家族法改正──婚姻・親子関係を中心に』（有斐閣、2010年）は2009年の私法学会シンポジウムで公表された第2次案報告を再現したものであり、その中の水野紀子執筆部分が「5　親権法」である。棚村政行は「日本における家族法改正」（『戸籍時報』672号、2011年）の中で児童虐待と親権制限に触れ、前述の水野案同様、現行の親権喪失規定の改正は必要最小限の範囲にとどめ、あとは児童虐待防止法や児童福祉法で対応することを提言する。

　家族法改正研究会第2回シンポジウム「親権法等グループ中間報告会」（『戸籍時報』673号、2011年）では広く親権法全般の改正意見が表明された。その中で岩志和一郎は、「親権概念等に関する検討」として、親の支配権的色彩の払拭、子の福祉・権利保護のシステムとしての位置づけ、司法・福祉の資本の現状の考慮の3点が同研究会で基本的な視点として検討されたことを報告している。同報告会の中で許末恵は「親権制限及び未成年後見についての検討課題」として、親権制限の意味と親権制限の態様と結果について報告している。

　鈴木博人・髙橋由紀子・中川良延・横田光平・西川公明「親権及び関連法改正案」（『戸籍時報』650号、2010年）は養子と里親を考える会のメンバー5人による改正提案である。この提案の趣旨について簡潔に解説したのが鈴木博人報告である。とくに、法制審議会での審議やその他の提案では焦点があてられなかった里親の観点から現行法の見直しを行っている点に特徴がある。

　梶村太市はこれら立法諸提案について独自の観点から論評している（『戸籍時報』675号、2011年）。

③立法経過における議論

　立法経過における議論については、『新しい家族』54号が親権制度見直し作業にあたっている法制審議会と社会保障審議会での議論の途中経過を紹介している。ここでは、2つの審議会の委員であった吉田恒雄により親権法改正に至るまでの経過と2つの審議会での論点と主たる意見がわかりやすく解説され、児童養護施設の立場から法制審議会で現場の実態と親権法改正についての意見を述べた武藤素明による報告が行われている。

　また、渡邉泰彦「『児童虐待防止のための親権に係る制度の見直しに関する中間試案』へのパブリックコメント」は、法制審議会児童虐待防止関連親権制度部会でとりまとめられた中間試案に対して提出した執筆者の意見である。

④立法解説

　立法解説としてはまず、飛澤知行編著『一問一答　平成23年民法等改正　児童虐待防止に向けた親権制度の見直し』【文献10】を挙げなくてはならない。立案担当者による親権法改正の詳解である。簡素化された解説としては、中田裕康「新法解説」【文献11】、森田亮「児童虐待の防止等を図るための民法の改正について」、村瀬遼「弁護士のための新法令紹介（Vol.352）民法等の一部を改正する法律：平成23年法律第61号」が公表された。

⑤改正法の解説と評価

　親権法改正を契機としていくつかの法律雑誌が特集で改正法の解説と評価を行っている。『法律のひろば』は「特集　児童虐待防止に向けた法改正」で民法、児童福祉分野、家庭裁判所、児童虐待に関わる弁護士実務、児童養護施設、医療の各視点から今回の改正法の意義を解説する。『法律時報』は民法、被虐待児の社会的養護、年長の子どもの自立支援と親子の関係修復の視点から今回の改正の意義を分析している。また同誌83巻12号【文献9】は、「子の利益」を中心とした子ども・親・国家の関係の考察を試みる。とくに改正後の法状況の構造的理解を深めるために、親権制限を伴う国家介入の場での「子の利益」とは何か、その判断主体は誰か、虐待からの児童保護のために今後必要とされるシステムはどのようなものかが横田光平、岩志和一郎により論じられている。『ジュリスト』1430号の特集は親権に関する新しい動き、すなわち親権法改正と子の奪取に関する民事面におけるハーグ条約批准を扱う。親権法改正に関しては、窪田充見による論考（窪田・2011【文献13】）が改正点を解説し、さらに児童虐待に限定されない親権制度全般についての将来における検討課題を示す。

　ところで、親権法の一部改正に対応するために家事審判法も改正された（関連する家事審判事項の削除及び追加）が、同法を抜本的に改正する家事事件手続法が2011年5月25日に成立した。家事事件手続法制定過程で、「子の利益」を確保するために父母いずれからも独立した子の利益の保護を専一にする「子の代理人制度」を導入すべきかが議論されたが、選任要件、家裁調査官との役割分担、権限、報酬など解明すべき問題が多いために今回は採用が見送られた。『法律時報』83巻11号（2011年）は、「非訟事件手続法・家事事件手続法の制定」で特集を組み、これらの問題の解説も行っている。

　今回の親権法改正は児童虐待対応に苦慮していた児童福祉の現場からの要請に従った限定的な親権制度の見直しであったが、上記論考は程度の差はあれ今回の改正を一応評価していると言えよう。具体的には、(1) 親権の法的性質を定めた民法820条に「子の利益のために」が明記された点、(2) 親権喪失要件の改正および親権停止制度の導入、(3) 親権停止／喪失申立権者が拡大され、とくに子自身に申立権が認められた点、(4) 未成年後見制度の改正である。他方で、今回の改正では懲戒権規定が削除されなかった点を非難し、将来的には削除すべきだとする意見もいくつかあった。また、立法議論の中で出たように、親権の一部制限採用については賛否が分かれている。

　第5期に引き続き今期も、児童虐待に関連する親権規定の改正にとどまらず親権法の根本的な見直しが必要であるとする意見が多く公表されたのは当然のことであろう。

⑥外国親権法との比較

　比較法研究としては、久保野恵美子と岩志和一郎の論考が代表例として挙げられる。久保野は、大村敦志・河上正二・窪田充見・水野紀子編著『比較家族法研究──離婚・親子・親権を中心に』【文献8】の中でイギリスとフランスにおける親権喪失制度を紹介する。岩志は「特集　子ども・親・国家──『子の利益』を中心として」でドイツにおける児童保護システム、すなわち「子の福祉の危険」回避のための司法と児童福祉行政機関の連携システムを取り上げている。これらの研究により、イギリス、フランス、ドイツでは「介入より援助」原則が確立し、親権制

限に至る前に手厚い援助プロセスが用意されていることと、児童福祉（行政機関）と民法（裁判所）の有機的連携が構築されていることが明らかにされた。今後のわが国における児童虐待への取り組みの議論の参考になると思われる。

【参考文献】
古谷恭一郎「児童虐待に関する家事事件の概況と今後の展望」（『法律のひろば』64巻11号、2011年）30～35頁【文献14-5】
磯谷文明「法改正を踏まえた弁護士実務」（『法律のひろば』64巻11号、2011年）36～42頁【文献14-6】
岩志和一郎「子の利益保護のための親権の制限と児童福祉の連携——ドイツ法を参考として」（『法律時報』83巻12号、2011年）18～23頁【文献9-2】
岩志和一郎「親権概念等に関する検討」『戸籍時報』673号（2011年）10～20頁
門広乃里子「子どもと親に関わる最近の法状況を契機として——企画趣旨」（『法律時報』83巻12号、2011年）4～9頁【文献9-1】
梶村太市「家事審判・家事調停の改革についての評価と課題——実務家の視点から」（『法律時報』83巻11号、2011年）37～40頁
梶村太市「特別増刊号　家族法の改正をめぐる諸問題」（『戸籍時報』675号、2011年）42～47、48～50、68～69、82～87、90～91頁〔本号は、家族法・戸籍制度研究会　第20回定例研究会〈平成23年6月26日〉における梶村の講演録である〕
小池泰「児童虐待防止に関する親権制度の改正」（『法律のひろば』64巻11号、2011年）4～11頁【文献14-1】
久保野恵美子「2－5　親権（1）——『総則』『親権喪失』を中心に」（大村敦志・河上正二・窪田充見・水野紀子編著『比較家族法研究——離婚・親子・親権を中心に』商事法務、2012年）235～272頁【文献8】
窪田充見「親権に関する民法等の改正と今後の課題」（『ジュリスト』1430号、2011年）4～11頁【文献13】
「訓令・通達・回答（5311）民法等の一部を改正する法律の施行に伴う戸籍届書の標準様式の一部改正について（平成24年2月2日付け法務省民−第271号法務局長、地方法務局長あて法務省民事局長通達」（『戸籍』867号、2012年）62～82頁
許末恵「児童虐待防止のための親権法改正の意義と問題点——民法の視点から」（『法律時報』83巻7号、2011年）65～71頁【文献12-1】
許末恵「親権制限及び未成年後見についての検討課題」（『戸籍時報』673号、2011年）31～43頁
松原康雄「親権制度改正と児童福祉分野における実践の課題と展望」（『法律のひろば』64巻11号、2011年）12～17頁【文献14-2】
水野紀子「親権法」（中田裕康編『家族法改正——婚姻・親子関係を中心に』有斐閣、2010年）119～149頁
森田亮「児童虐待の防止等を図るための民法の改正について」（『NBL』959号、2011年）110～113頁
村瀬遼「弁護士のための新法令紹介（Vol.352）民法等の一部を改正する法律：平成23年法律第61号」（『自由と正義』62巻13号、2011年）81～86頁
武藤素明「児童虐待をめぐる親権法（民法等）改正に関する検討について」（『新しい家族』54号、2011年）16～25頁
武藤素明「親権法改正に伴う児童養護現場の現状と課題」（『法律のひろば』64巻11号、2011年）43～50頁【文献14-7】
中田裕康「新法解説　民法改正——児童虐待防止のための親権制度等の改正」（『法学教室』373号、2011年）58～65頁【文献11】
大村敦志・河上正二・窪田充見・水野紀子編著『比較家族法研究——離婚・親子・親権を中心に』商事法務、2012年【文献8】
最高裁判所事務総局家庭局「児童虐待防止のための親権に係る制度の見直しに関する中間試案について」（『家庭裁判月報』62巻12号、2010年）149～218頁
最高裁判所事務総局家庭局「『児童虐待防止のための親権に係る制度の見直しに関する要綱』及び社会保障審議会児童部会児童虐待防止のための親権の在り方に関する専門委員会報告書『児童の権利利益を擁護するための方策について』」（『家庭裁判月報』63巻6号、2011年）205～261頁

鈴木博人「児童虐待に関する親権制度改正に関連する若干のコメント」『新しい家族』54号（2011年）26～29頁

鈴木博人・髙橋由紀子・中川良延・横田光平・西川公明「親権法および関連法改正提案」（『戸籍時報』650号、2010年）4～13頁

多田元「親権法の改正と子どもの虐待——子どもの自立支援・親子の関係修復」『法律時報』83巻7号、2011年）78～83頁【文献12-3】

髙橋昌昭「一目でわかる戸籍の処理（37）あんなとき　こんなとき4月1日施行の戸籍関係法令1戸籍法施行規則（別表第一）の改正2民法等の一部を改正する法律の施行に伴う戸籍事務の取扱い（1）」（『戸籍時報』681号、2012年）95～107頁

髙松利光「『民法等の一部を改正する法律』における児童福祉法の改正の概要」（『法律のひろば』64巻11号、2011年）25～29頁【文献14-4】

棚村政行「日本における家族法の改正」（『戸籍時報』672号、2011年）2～21頁

飛澤知行編著『一問一答　平成23年民法等改正　児童虐待防止に向けた親権制度の見直し』商事法務、2011年【文献10】

飛澤知行「平成23年民法等一部改正の概要について」（『法の支配』164号、2012年）15～23頁

飛澤知行「民法等の改正の概要」（『法律のひろば』64巻11号、2011年）18～24頁【文献14-3】

「通達・回答　民法等の一部を改正する法律の施行に伴う戸籍届書の標準様式の一部改正について：平成24.2.2民-271通達」（『民事月報』67巻2号、2012年）177～197頁

「通達・回答　民法等の一部を改正する法律の施行に伴う戸籍届書の標準様式の一部改正について：平成24年2月2日付け法務省民-第271号法務局長、地方法務局長あて法務省民事局長通達」（『戸籍時報』679号、2012年）112～131頁

津崎哲雄「民法改正と被虐待児の社会的養護——児童福祉の観点から」（『法律時報』83巻7号、2011年）72～77頁【文献12-2】

山本和彦「非訟事件手続法・家事事件手続法の制定の理念と課題」（『法律時報』83巻11号、2011年）4～10頁

柳川敏彦「児童虐待防止における医師の役割」（『法律のひろば』64巻11号、2011年）51～57頁【文献14-8】

横田光平「子どもの意思・両親の権利・国家の関与——『子の利益』とは何か」（『法律時報』83巻12号、2011年）10～17頁【文献21】

吉田恒雄「児童虐待に関する親権制度改正の動向——審議会での議論の状況」（『新しい家族』54号、2011年）5～15頁

渡邉泰彦「『児童虐待防止のための親権に係る制度の見直しに関する中間試案』へのパブリックコメント」（『産大法学』44巻4号、2011年）74～86頁

（髙橋　由紀子）

(3) 刑事法分野

①福祉機関と警察との連携

「『子ども虐待対応の手引き』の改正について（通知）」（平成21年3月31日雇児総発第0331001号）により改訂された「子ども虐待対応の手引き」は、平成19年の児童虐待防止法改正を踏まえ、臨検・捜索や施設入所中の児童に対する接近禁止命令などの処分にあたって児童相談所ないし都道府県児童福祉担当部局が警察と緊密に連携すること、そのために警察との間で事前の十分な情報交換・協議が必要であること等、児童虐待防止法10条に基づいた要請による警察の援助を一層活用するよう求める内容となった。

援助の要請やその他の緊急な対応の要請で個別に連携することに加えて、これらに備えた平素の連携に努めることについても、すでに、厚生労働省の通知（平成20年9月30日厚生労働省雇用均等・児童家庭局総務課長通知雇児総発0930第2号）により定められた「虐待通告のあった児童の安全確認の手引き」において、児童相談所が都道府県警察本部の少年警察担当課および警察署と

の間で連絡窓口の確認や連絡会議の定期的な開催を行うこと、研修の実施および人事交流さらには警察官 OB の配置等に向けて児童相談所が警察と協議すること等、児童相談所に平素から警察との提携体制を整備するよう求める記述はあったが、その後、「児童虐待への対応における警察との連携の推進について」（平成 24 年 4 月 12 日厚生労働省雇用均等・児童家庭局総務課長通知雇児総発 0412 第 1 号）によって、これらの連携体制を具体的な形で実施することが求められるようになった。そして、これに対応して発出された「児童虐待への対応における取組の強化について（通達）」（平成 24 年 4 月 12 日警察庁丁少発第 55 号他）は、同様のことを各都道府県警察にも要求している。

もっとも、この平成 24 年の通知・通達は、援助の要請等に視野を限定した連携に限らず、警察からの通告を受けた後の対応等を包括した総合的な連携体制も一層強化するよう求めている。すなわち、児童相談所および警察に対しては、通告の時点から児童の状況に関する情報の提供・交換がなされるための体制を整えるよう求めるとともに、要保護児童対策地域協議会に対しては、「構成員として警察の参画を求め、個別ケース検討会議等における警察との情報交換、意見交換を積極的に行う」ことを求めている。

以上のように個別の事案での連携や平素の連携を推進するという方向性は、現場でどこまで実行に移されているのか。例えば、警察官等の配置に関しては、2011 年 4 月 1 日現在で警察官計 12 人と警察官 OB 計 59 人の合計 71 人が全国各地の児童相談所に配置されているという（高橋・2012）（なお、田村正博「児童相談所における警察経験者配置の意義――アンケート調査の結果から」『早稲田大学社会安全政策研究所紀要』4 号、2012 年、によれば、2009 年 4 月の時点で警察庁が把握していた人数は合計 73 人であったという）。すでに、情報・知識の共有に向けた枠組みの構築や、対応の具体的な手法・手順および個々の事案における介入の手続について、児童相談所と警察との間で検討するための共同作業が必要となっていることは指摘されてきたが（山本恒雄・佐藤和宏「児童相談所と警察・家庭裁判所等の司法機関との連携について」『日本子ども家庭総合研究所紀要』45 集、2008 年）、近時の人事交流は、連携推進の下地となる余地がある。もっとも、いわゆる多機関連携チーム（MDT）の設立といった提案（山田・2011【文献 20】）に沿うような方向に進むものなのかどうかは、さらなる評価・研究を待たねばならないように思われる。

②司法面接

司法面接については、すでに第 5 期研究報告書において検討を加えたが（531 頁以下および 536 頁以下参照）、その目的や技法に関する研究が日本で積み重ねられるにつれ、刑事法分野でも議論にふくらみが出るようになった。

虐待の被害を受けた児童から被害の事実を聴取するときは、「知らなかった大人から何度も聞かれる子どもへの負担を減らすこと」が要請されるし、入れ替わり立ち替わりの聴取には、「子どもが語る内容に影響を及ぼす」という問題もある（菱川・2011）。このような意味では、刑事司法の観点からも、「子どもの記憶が鮮明なうちに……原則として一度だけ面接を行ない、これを……録画」するという聴取の方法（仲真紀子「児童虐待における子どもとの司法面接――出来事を話す」『そだちと臨床』5 号、2008 年）を日本に導入することが有益と考えられるようになってきた。日本弁護士連合会が 2011 年 8 月 19 日に法務省、最高検察庁、警察庁および厚生労働省に宛てて

提出した「子どもの司法面接の導入を求める意見書」も、「児童福祉に関する調査及び犯罪捜査のための事実の聴取りを行う」ための司法面接を制度として導入するよう提言する。

　もっとも、聴取して得られる情報は、福祉機関であれば「社会福祉援助（ソーシャルワーク）のアセスメント」に用いられるのに対して、捜査機関であれば、いわゆる「事件化」のために用いられるということになる（菱川・2011）。司法面接はこのような2つの利用目的を併有するため、司法面接の導入にあたって福祉機関の関係者にも刑事司法の関係者にも変化が求められるということが指摘されている。すなわち、児童相談所の職員からは被害児童が正しいと信じている事実の確認こそ「児童相談所の根幹であると思う」ところ、これからは児童相談所も客観的な事実の確認からスタートするようになるが、「それは、時代の要請である」、という見解が表明されている（多田他・2011［二口］）。他方で、刑事法分野の関係者に対しても、「司法面接の手法によって、現在の刑事手続で求められているような、きめ細かい事実認定に耐えうる事実関係まで聴取できるのかは、なお検討を要する」と述べた上で、「司法関係者は、子どもをはじめとする、いわゆる供述弱者の供述について、正しい評価方法を学ぶ必要がある」と主張している（藤井・2011【文献17】）。

　また、「司法（forensic）と名が着く〔ママ〕以上、司法的場面で使用されることが予定される」（平山・2010）ものであれば、刑事司法制度の側で解決しなければならない法的な問題は少なくないはずであり、現に、いくつかの問題が指摘されている。例えば、聴取を録画したものは伝聞証拠となるが、現行法の解釈として、「刑事裁判になった場合には、弁護人の同意が得られない限り、証拠にはならない。……面接の結果を証拠法上どのように取り扱うべきかについても、議論が必要である」（岩佐・2011）。この録画については、ビデオリンク方式による証人尋問の録画媒体と同じように取り扱う規定を新設して証拠とすることも提案されているが（佐伯他・2011［川出発言］【文献16】）、その場合にも、司法面接の手続を制度として法定することは、前提として必要となる。加えて、新たな制度のもとであれ、公判手続において子どもに対する証人尋問を省略することはできないため、裁判所をはじめとした訴訟の関与者が証人尋問にどのように臨むべきなのかも、なお残された問題として検討することが必要となる（佐伯他・2011［岩佐発言等］【文献16】）。

③臓器移植法の改正と児童虐待

　「臓器の移植に関する法律」が2009年に改正され、脳死状態になった15歳未満の子どもについても、脳死判定を経て臓器を摘出することが許されるようになったが、附則5項においては、「政府は、虐待を受けた児童が死亡した場合に当該児童から臓器……が提供されることのないよう、移植医療に係る業務に従事する者がその業務に係る児童について虐待が行われた疑いがあるかどうかを確認し、及びその疑いがある場合に適切に対応するための方策に関し検討を加え、その結果に基づいて必要な措置を講ずるものとする」よう定められた。そして、これを受けて改正された「『臓器の移植に関する法律』の運用に関する指針（ガイドライン）」の第5により、児童から臓器を摘出する施設に対しては虐待防止委員会等の院内体制を整備することが義務づけられ、また、「虐待が行われた疑いがある児童」からは臓器の摘出が実施されないことになった。

　もっとも、これらの規定によって「虐待が行われた疑いの有無の確認」を要求されるのは「児

童からの臓器提供を行う施設」に限られるため、今回の改正が虐待死の問題を臓器移植と関連する範囲に押し込めて矮小化させてしまったという批判も、刑事法分野から投げかけられている（町野・2010）。

なお、臓器移植については、（7）医療・保健・心理分野（738頁以下）も参照されたい。

④その他：児童虐待の防止と捜査

警察の側では、警察庁生活安全局少年課長とともに警察庁刑事局の捜査第一課長等の連名で発出された「児童虐待への対応における取組の強化について（通達）」（平成24年4月12日警察庁丁少発第55号他）が「警察組織としての的確な対応の徹底」を要求している。

注目すべきなのは、まずもって、この通達が早期の発見・保護に向けた直接確認のために「最大限の措置を講ずる」よう指示していることである。また、児童相談所に対する通告あるいは立入調査に向けて少年警察部門が危険度・緊急度の的確な判断および必要な情報の提供を行うことや、虐待が疑われる家庭の転居に関する情報を管轄の警察署に提供すること等も、明確に要請するようになった。さらに、通達には刑事事件化に関しても踏み込んだ要請が盛り込まれている。すなわち、警察署の刑事課長は、少年警察部門が事件化の要否を判断する段階であれば、警視庁・警察本部の捜査第一課等に報告・相談して指導・助言を受けながら少年警察部門を補佐すべきであり、また、事件化することになった段階では、警視庁・警察本部が捜査員の派遣等の支援によって捜査体制の確立を迅速に図るべきであるというのである。とくに、通達は、「児童の死亡等事態が深刻化する前に児童を救出保護するため、……事件化の可否及び要否を的確に判断し……、事件として取り扱うべき……事案については、可能な限り速やかに所要の捜査を行って児童を救出保護する」よう指示している。

「所要の捜査」は「児童を救出保護するために」なされるというスタンスに立ったものなので、児童の生命・身体等の保護を目的として、犯罪に関する被疑者の確保や証拠の収集を目的とした手段が用いられることになる。しかしながら、制度に手を加えずに、捜査という強力な権限の行使が保護を目的として認められるようになれば、児童相談所その他の機関は、連携して児童虐待を発見する過程で、しばしば警察による捜査の成果に頼むようになるかもしれない。関係機関が捜査に依存するという傾向を強める可能性は、連携のあり方に大きな影響を及ぼすであろう。「捜査体制の確立を迅速に図」って「速やかに所要の捜査を行」うという要請が何を意味するのかは必ずしも明らかでないだけに、今後の展開やその問題点に対する研究の盛り上がりが予想される。

【参考文献】

藤田香織「『大阪ネグレクト死事件』にみる児童福祉法の問題点」（『刑事法ジャーナル』30号、2011年）84～91頁

平山真理「米国における児童虐待の防止、介入プログラムから何を学ぶのか──米国の専門家2人を招いて」（『白鷗法學』17巻2号、2010年）164～178頁

岩佐嘉彦「基調報告　児童虐待と刑事司法について（刑事政策研究会（新連載・1）児童虐待）」（『ジュリスト』1426号、2011年）106～111頁【文献16】

町野朔・岩瀬徹編『児童虐待の防止──児童と家庭、児童相談所と家庭裁判所』有斐閣、2012年【文献18】

町野朔「臓器移植法の展開（特集　改正臓器移植法の成立）」（『刑事法ジャーナル』20号、2011年）2〜10頁
宮城貴「児童虐待事件への対応について」（『捜査研究』60巻3号、2011年）2〜16頁
仲真紀子「児童虐待における子どもとの司法面接——出来事を話す」（『そだちと臨床』5号、2008年）147〜150頁
岡田行雄「虐待問題と刑事法——子ども虐待への刑事法的介入を中心に」（『九州法学会会報』2012年号、2013年）70〜73頁
佐伯仁志・太田達也・川出敏裕他「座談会（刑事政策研究会（新連載・1）児童虐待）」（『ジュリスト』1426号、2011年）112〜144頁【文献16】
多田伝生・佐藤薫・藤本真由美他「児童相談所における司法面接（事実確認面接）の在り方と課題等について」（『研究紀要』30号、2011年）1〜45頁
「特集　司法面接のこれから」（『子どもの虐待とネグレクト』13巻3号、2011年）314〜362頁【文献17】
山田不二子「子ども虐待対応における警察の役割」（『警察政策』13号、2011年）25〜58頁【文献20】
山下隆志「児童虐待に関する研究について」（『刑政』123巻5号、2012年）80〜90頁【文献19】
山下隆志「家庭内における暴力（配偶者暴力及び児童虐待）の実態と問題点」（『研修』765号、2012年）51〜78頁

（岩下　雅充）

(4) 児童福祉分野

①社会的養護

　児童虐待防止法成立から10年が経過し、法制定を契機とした社会的関心の高まりから児童虐待事例件数がうなぎ上りであり続ける中で、一時であっても家庭から分離されることになった被虐待児童がどのように受けとめられるのかという社会的養護の課題が強く問われるようになってきたのは当然のことと理解される。

　『臨床心理学』誌は「児童虐待と社会的養護」の特集を組み、「問題は、誰が、どの施設が、どのようにして、親子を癒し、護り、あらためて『生きる』ことへの前向きな応援を行うことができるか、ということである」（田中・2011）とその意図を述べて、この期の社会的関心を代弁している。『臨床心理学』誌の特集は、児童虐待防止と被虐待児童保護の主軸を担いながら決して社会的認知が高いとはいえない社会的養護を、「児童虐待という行為を生き抜いてきた子どもたちの生活支援の有り様」への問題関心に立脚して多方面から光をあてようとした試みである。各論で取り上げられたのは、児童養護施設（森田・2011）、児童自立支援施設（富田・2011【文献28】）、情緒障害児短期治療施設（平田・2011）、自立援助ホーム（高橋・2011）、里親（山縣・2011）、NPO活動（渡部・2011）、そして児童相談所との関連（藤田・2011）である。この目次立ては、自ずと、被虐待児童が非行や情緒障害等の様々な課題を呈する状態になることを示し、同時に、被虐待児童の社会的養護が多様な施設や機関で取り組まれる現実を示している。

　2009年4月に施行された改正児童福祉法は、施設職員等による被措置児童等虐待に関して、都道府県市等が届出・通告を受けて調査等を行った状況を公表する制度を設けたが、それを受けて、厚生労働省は報告書「平成23年度における被措置児童等虐待への各都道府県市の対応状況について」（2012年10月15日、厚生労働省HPにて公開）を公表した。この報告書によれば、「平成23年度の全国の被措置児童等虐待の届出・通告受理件数総数は193件で、そのうち事実確認の結果、都道府県市において虐待の事実が認められた件数は22.3％にあたる46件（平成22年度に届出・通告のあった事例で調査中であった1件を含む）」である。該当者の措置施設等は、児童養護施設が28件（60.9％）、里親・ファミリーホームが6件（13.0％）等であり、虐待の種別・類型

は、身体的虐待が37件（80.4％）、心理的虐待が6件（13.0％）、ネグレクトが2件（4.3％）、性的虐待が1件（2.2％）だった。該当児童の性別は、男が69.4％、女が30.6％であり、就学等の状況は、中学生が30人（35.3％）、小学生が29人（34.1％）、高校生が16人（18.8％）、未就学児童が10人（11.8％）で（年齢構成では、0〜4歳が6人で7.1％、5〜9歳が19人で22.4％、10〜14歳が40人で47.1％、15歳以上が20人で23.5％）、大学・短大等の学生や無職の少年に該当者はおらず、被害にあったのは圧倒的に小学生と中学生が多い。また届出・通告者の内訳は、「児童本人」が64人（31.5％）、「当該施設・事業所等職員、受託里親」が51人（25.1％）、「家族・親戚」が25人（12.3％）、「近隣・知人」が15人（7.4％）であった。「届出・通告先別件数では、「児童相談所」が113件（58.5％）、「都道府県市の担当部署」が70件（36.3％）等であった」といい、児童本人が児童相談所に直接相談するケースが少なくない。

　被措置児童等虐待の事実が認められた46件に関連する職員は79人だったが、うち29歳以下が23人（29.1％）、30歳代が21人（26.6％）、40歳代が15人（19.0％）、50歳代が13人（16.5％）、60歳以上が7人（8.9％）、同じく職員の実務経験年数は、5年未満が31人（39.2％）、5〜9年が16人（20.3％）、10〜19年が18人（22.8％）、20〜29年が11人（13.9％）、30年以上が3人（3.8％）あった。対応としては、各都道府県市による「児童福祉法第30条の2に基づく指示又は報告徴収」の実施が33回、「児童福祉法第46条第1項に基づく報告徴収・立入検査等」が33回、「児童福祉法第46条第3項に基づく改善勧告」が4件、施設・里親等からの改善計画の提出は33件あった。都道府県市による指示・指導等を踏まえ、施設等で再発防止に向けた体制の見直し・研修の実施等が行われた例には、「職員が問題を抱えこまないようにチームとしての支援、職員へのスーパーバイズ機能の強化」「支援スキル向上のための研修を実施」「管理者や嘱託医による職員への心理的支援」等があり、被措置児童に対する虐待行為の是非を十分に認識している職員が状況によって問題行為に追い込まれやすい実情がここでも浮き彫りにされることとなった。

②スクールソーシャルワーカーの活用

　児童虐待の解決にソーシャルワークの視点が不可欠であるという主張は、スクールソーシャルワーカーの活用に関する提案の中でも見られる。日本スクールソーシャルワーカー協会会長の山下英三郎は、「加害者の側が放置されたままでは、部分的な解決にしかならない」として、「心のケア」が偏重され心理的な側面のみに焦点をあてることが多かった従来の風潮に警鐘をならし、「複雑な構造を持った状況を理解し、心だけではなく、人々の関係の中に介入し、関係を修復したり調整したりする行為が必要となってくる」と心理治療だけではないソーシャルワークの重要性を指摘している（山下・2011）。

③保育関係

　もはや保育所は、単に日中の保育に欠ける乳幼児を保護者に代わって育児するだけの施設ではなく、多岐にわたる子育て支援機関として社会的に認知されるようになった。児童虐待防止への関与機関としての保育所という理解も進み、「特に親または親子関係に直にアプローチできる重要な場である」（笠原・2011）保育所への期待はますます高まっている。こうした現状を反映する

ように、保育所ないし保育士と児童虐待に関する研究が見られるようになってきた（一例として、笠原・2010がある）。

保育所は、児童福祉法に位置づく児童福祉施設であり、児童福祉法において「保育所が虐待や不適切な養育の兆候が認められる子どもの入所を依頼され、関係機関と協働しながら親子の見守りを行っている」（笠原・2011）実態がある。保育所という施設の特性から、児童虐待防止に有効な機能を果たしやすいとしても、実際に、それを担うのは1人ひとりの保育士である。児童福祉法18条の4は保育士を「児童の保育及び児童の保護者に対する保育に関する指導を行うことを業とする者をいう」と定めるが、児童虐待防止においては、この「保護者に対する保育に関する指導」が鍵となる。保育が子どもの個別性を踏まえることが基本であるのと同様に、「親支援においても1人ひとりの親の背景を理解した取り組みが求められる。保育所が、親にとっても社会と関わりを持つ最後の場となっているケースもあり、保育所と親との関係が切れてしまえばケースのリスクは非常に高まってしまう」状況を、保育士が意識する必要がある。1人ひとりの保育士の力量が求められるとはいえ、保育士は個人としての働きが求められているわけではない。いうまでもなく、「保育士自身が保育所の組織に守られていると実感できる」ことが、保育士の働きの支えとなる。さらに保育所そのものも、関係他機関との協働のもとでこそ力が発揮されよう。保育所について「自分たちにできることは責任を持って行い、できないことは他の関係機関に支援を要請しなければならない」と指摘されている（笠原・2011）。

このように児童虐待防止と虐待のおそれのある親子へのサポートの両面で保育所への期待が高まる中で、埼玉県朝霞市の死亡事例は多くの教訓を残した。この事件は、2012年7月9日に朝霞市内の保育所に通う5歳の子どもが母親と内縁の夫による暴行によって死亡したもので、加虐の母親が児の妊娠中に未成年者で未婚の妊婦として朝霞に転入して以来、市は様々な行政サポートの場で継続的かつ多角的に関わり続けていたが、子どもの死亡を防げなかった。この最悪の結果を市は真摯に受けとめ、早速、朝霞市児童虐待防止等検討委員会を立ち上げ、関わりを持った行政諸機関の記録等の諸情報を開示した上で真摯な検討を行い、2013年3月に『朝霞市児童虐待重大事例振返り作業結果報告書』（朝霞市児童虐待防止等検討委員会・2013）を公表した。報告書によれば、加虐の母親は児童自立支援施設の入所中に、一時帰宅した際に被害児童を妊娠し措置解除となり、子どもの父親から継続的にDV被害があったと見られることに加え、死亡した子どもは多動傾向が見られる等養育・保育のしにくさが顕著であった。母親が児童相談所のペアレント・トレーニングを受けたりする姿から、指導を受け入れる能力があるとみなされていたというが、一方で、母親自身がもともとは被害児童の側面を持っていた点については保育所の認識外であったと見られ、そこが遺憾な点として指摘されている。また内縁の夫についても、服役歴があり薬物依存の既往がある点について、保育所は子どもの安全を保障する観点からの認識を持っていなかった。乳幼児に対する視点だけでなく保護者をも児童福祉の対象として見つめ、児童福祉ないし少年矯正の対象者による加虐のおそれという、極めてケアが困難な事例としての対処を、今後の保育所は求められることになる。

今ひとつ、保育所が関わった死亡事例として、東京・杉並区の里親による里子の虐待致死事件がある。これについては、東京都児童福祉審議会が児童虐待死亡事例等検証部会で取り上げ、2012年1月に『児童虐待死亡ゼロを目指した支援のあり方について（里親事例中間まとめ）――

平成23年度東京都児童福祉審議会児童虐待死亡事例等検証部会報告書』（平成24年1月17日、東京都児童福祉審議会）（東京都児童福祉審議会・2012）としてまとめ、都知事に提出した。この報告書によると、被害児童は、里親家庭に委託された後に入所した未満児保育を行う保育所から別の保育所に異動したが、異動先の保育所ではごく一部の職員しか本児が里子であることを知らず、保育の中での社会的養護の対象児としての配慮や家族支援を受ける機会が保障されていなかったという。つまり、里親家庭の乳幼児が保育所を利用することは珍しくないが、保育所保育においては里親家庭のケアは虐待防止の点だけでなく一般的な意味においても意識されにくい場合がある。

上記の2事例は、児童虐待対策に関して保育所がマル・トリートメント段階の保護者に対する家族支援、虐待事例の早期発見と見守りを行うだけでは、子どもの命が守れなかった現実を示している。これらの事例においては、保育所には保育を超えた社会的養護との連携までが求められることになるが、それが保育所の役割と言い切れるか難しい局面に立たされているといえるだろう。

④里　親

里親による被措置児童等虐待の死亡事例を受けて、専門里親に限らない全般的な里親制度の見直しがいくつかなされた。その背景には、専門里親でない一般里親が多くの被虐待児童を養育し、苦労している現状があると見られる。自身も里親経験のある津崎哲郎は、児童相談所が委託や解除の権限を持っているために、里親は児童相談所に対して養育の困難を明かしにくいと指摘している。里親が児童相談所に対しては苦労を見せず取り繕った返答を行いがちであることの結果として、児童相談所は「里親のしんどさをくみ取れない」事態が起こり得るという指摘はリアリティがある（寺沢・2011）。そうした指摘の上で、津崎は、親族里親の枠組を広げること、2009年度に制度化されたファミリーホームに施設職員が独立するケースが増えるよう施策上の整備をすることを提言している。加えて、児童虐待相談に関して市町村は児童相談所の下請け的な役割を果たすのではなく、「市町村は権限型でなく支援型に」なることを提案している。被虐待児童の里親養育という困難な事業に取り組む里親が本音を出せる環境の整備が、児童虐待に関わる里親制度にとっては鍵概念となるだろう。

民法改正を受けて里親の立場から親権制度に対する要望が著された。公益財団法人全国里親会副会長の星野崇は、「日常の生活のなかで里親が望む親権制度」の論考の中で、里子に未成年後見人をつける場合に「成年後見のように登録制度として、戸籍への記載は避けてほしい」等、「子どもの最善の利益という本質から外れないように、簡便な方法を設けてほしい」と要望した。ここで言及された内容は、星野個人の意見というより、全国里親会で話されていることの概要であると想定される。また、里親委託中の子どもで「親権者・未成年後見人がいない場合に児童相談所長に親権代行が認められた」ことを「大きな成果である」と評しながら、「措置解除後、20歳まで継続していただきたい」と要望が出され、児童福祉法の対象から外れた後の成年までの期間への法的な配慮が求められている。さらに、里親経験を踏まえて「里親が親権代行者や未成年後見人を必要としているのは、親のいない子どもの場合だけでなく、むしろ親がいる場合に問題が多いから」と、里子の親権代行者や未成年後見人の利用が親権者のいない場合に限定されない

ことを提言している。「制限された親権の空白部分を補う機関のひとつ」という里親理解に立てば、とくに、実親との調整に加えて里親子間の意見の食い違いが生じやすい自立期以降に、親権付与等で里親の権限を強めるのではなく「里親よりむしろ公的機関による支援システムを確立してほしい」とする意図も当然と考えられる（星野・2014）。被虐待児の受け皿として専門里親の創設等、里親の技量を高め権限を強める方向で制度は動いてきたが、養育の困難さを超えて被虐待児童の健やかな育ちを保障するためには、むしろ、里親を取り巻く公的機関の関与により養育の分担を図る方向性が吟味の対象となることが妥当だろう。

⑤児童相談所への人的資源の投入

児童相談所に、警察職員や学校教職員の配置が進められるようになっている。

厚生労働省雇用均等・児童家庭局総務課長通知「児童虐待への対応における警察との連携の推進について」（平成24年4月12日雇児総発0412第1号）によれば、「子どもの生命・身体の保護を責務とする警察との情報共有や相互協力の連携体制を一層強化する」ことを目的として、「警察職員等の知見の活用」が進められることになった。具体的には、「児童相談所では、虐待対応の場面において警察実務の経験に基づく知見が有効であることも多いことから、都道府県警察との協議により、「児童虐待・DV対策等統合支援事業」における「児童虐待防止対策支援事業」を活用した警察官OB等の非常勤職員採用を進めること」が盛り込まれた。さらに、この通知では、「現職警察官に係る警察との人事交流についても、地域の実情に応じて検討し、都道府県警察に相談すること」と言及されている。他方では、児童相談所に学校教職員を配置する試みも見られる。一例を挙げれば、札幌市で「児童相談所の児童虐待初期対応の部署に現職の教員（教育委員会の指導主事経験者）を係長職で配置した」（築島・2012）。このように、「最近、現職の教員を児童福祉司として児童相談所に配属することは決して珍しいことではない」（築島・2012）という。

平成22年度全国児童相談所長会議資料（平成22年8月26日開催）には「都道府県等別児童相談所における警察官・教員等の配置状況」（平成22年4月1日現在）が明らかにされ、それによると、児童福祉司として配置されている警察官が1人、教員が65人いる。また、さらに初期対応を担うと考えらえる「電話・受付相談員として」配置されている警察官OBが9人、教員が5人、教員OBが19人いる。

職員の出向を通した児童相談所との連携の一方で、警察の内部においても児童虐待への積極的な取り組みが広報されている。一例を挙げれば、神奈川県警察本部少年育成課のホームページ（http://www.police.pref.kanagawa.jp/mes/mesd5022.htm）には、「児童虐待から子どもを救うために！」として啓発ページが作成されており、「平成23年中、全国の警察が検挙した児童虐待事件は384件（前年比プラス32件）で、虐待で死亡した児童は39人（前年比プラス6人）となっています。神奈川県警察では、検挙数が15件（前年比マイナス2件）、死亡数が3人（前年比プラス1人）でした。児童虐待は繰り返されエスカレートします。早く発見して対応することが、被害児童を救うことにつながります」として、児童虐待事例への早期介入に警察が果たしている役割を明記し、「警察では、児童虐待対策について、子どもの生命、身体を守る責務として取り組んでおり、警察本部および各警察署に『児童虐待対策班』を設置し、児童の安全確認及び安全確保を最優先

とした活動を行っています」としている。

　この他に児童相談所と警察の連携を具現化している例として、各地で児童相談所と茨城県警察少年課が合同で「家庭裁判所の許可を得て、対象家庭に立ち入り、子どもを救出する」強制立ち入り調査場面の臨検が実施されている（全国初の臨検は、2010年12月、東北地方であったという（「虐待死は防げないのか（4）そのとき警察は　『家庭に入らず』は昔話　福祉と刑事"呉越同舟"」産経ニュース2010.7.23）。福岡県のホームページ（http://www.pref.fukuoka.lg.jp/f17/keisatutonogoudoukenshu.html）によると、県と警察による臨検・捜索合同訓練は、2013年6月25日に実施した福岡県が全国で10例目であり、これまで青森・群馬・三重・滋賀・兵庫・島根・愛媛・長崎・熊本の9県で実施されたという。その後、2013年9月には茨城県でも同様の臨検が行われた（『毎日新聞』2013年9月12日地方版）。特徴的なのは、臨検の実施についてホームページでの予告をはじめ、その映像が報道誌のインターネットで公開される等、児童相談所と警察の連携の様子が積極的に広報されていることである。

⑥発達障害と児童虐待

　発達障害と児童虐待の関連性について研究を続けている杉山登志郎は、広く用いられている精神障害の診断基準であるDSM-IV-TR（『精神障害の診断と統計の手引き［第4版改訂版］』）による診断では、児童虐待を要因とする発達障害の病因を特定しないために児童虐待を見落とし、効果のないままに通常の発達障害に対する治療を行う危険があると、警鐘をならしている。杉山らの成果から知られるようになってきたように、①発達障害は児童虐待の高リスクになる、②児童虐待の結果生じた反応性愛着障害の症状は発達障害と判別が困難なものがある、③児童虐待が「未治療で経過したとき、脳全体の後遺症によって、ある種の発達障害症候群と言わざるを得ない病態を呈する」の各点において、児童虐待と発達障害は深く関連している。中でも、前述の③に関しては、児童虐待の結果として「子どもの脳全体を巻き込んだ後遺症を生じ」ることから、今日の日本で一般的になされているような「通常の力動的カウンセリング」では対応が可能でないばかりか、かえって悪化を招くという。しかしながら、現在においても、あいち小児保健医療総合センター以外に、児童虐待へのケアを目的とした専門外来を開設する医療機関は存在せず、それとは気づかれないまま、児童虐待の後遺症に対して適切な治療を受けられずにいる場合が非常に多いと見込まれる。杉山が主張するように、「子どもの多動に対しすぐにADHDと診断せず、家庭状況など少し注意を払い総合的な診断を行うこと」が広がることが望まれる（杉山・2011）。

【参考文献】
朝霞市児童虐待防止等検討委員会「朝霞市児童虐待重大事例振り返り作業結果報告書」2013年
藤田美枝子「社会的養護と児童相談所の融和的発展」（『臨床心理学』11巻5号、2011年）683～688頁
平田美音「情緒障害児短期治療施設における生活支援」（『臨床心理学』11巻5号、2011年）659～664頁
星野崇「日常の生活のなかで里親が望む親権制度」（『月刊福祉』95巻6号、2012年）30～33頁
厚生労働省「平成23年度における被措置児童等虐待への各都道府県市の対応状況について」（2012年10月15日、厚生労働省HPにて公開）
森田喜治「被虐待児への児童養護施設での対応」（『臨床心理学』11巻5号、2011年）648～652頁
笠原正洋「保育者の意思決定支援ツールを用いた児童虐待対応包括プログラムの開発」科学研究費補助金研究成果報告書（基盤研究C）H17～H19、課題番号19530881、2010年

笠原正洋「子ども虐待と保育所の役割——他分野協働の重要性」(『教育と医学』59巻6号、2011年) 524〜532頁

杉山登志郎「子ども虐待とADHD」(別冊発達31『ADHDの理解と援助』ミネルヴァ書房、2011年) 198〜204頁

高橋一正「虐待を受けてきた入居者への自立援助ホームでの支援について」(『臨床心理学』11巻5号、2011年) 665〜670頁

田中康雄「児童虐待と社会的養護を特集する意味」(『臨床心理学』11巻5号、2011年) 633〜635頁

寺沢健之「児童虐待を考える 里親が本音出せる場必要 親族制度の拡大も——津崎哲郎・京都花園大特任教授 インタビュー」(『厚生福祉』5843号、2011年) 2〜4頁

東京都児童福祉審議会「児童虐待死亡ゼロを目指した支援のあり方について(里親事例中間まとめ)——平成23年度東京都児童福祉審議会児童虐待死亡事例等検証部会報告書」東京都児童福祉審議会、平成24年1月17日

富田拓「児童自立支援施設の場合」(『臨床心理学』11巻5号、2011年) 653〜658頁【文献28】

築島健「虐待における児童相談所との連携」(『子どもの心と学校臨床』6号、2012年) 125〜132頁

渡部達也「市民活動による社会的養護」(『臨床心理学』11巻5号、2011年) 677〜682頁

山縣文治「里親等制度等の状況と社会的支援」(『臨床心理学』11巻5号、2011年) 671〜676頁

山下英三郎「子ども虐待とスクールソーシャルワーク」(『教育と医学』59巻6号、2011年) 533〜540頁

(5) 非行・教護分野

この期においては、ほとんどの入所児童が被虐待経験を持つといわれる児童自立支援施設における社会的養護の特性を分析した優れた研究が出されたことと、施設内虐待事例に関する対応がなされたことの双方から動きがあった。施設内虐待事例そのものが、児童自立支援施設における社会的養護の特性が内包する課題を浮き彫りにしたものだといえる。

児童自立支援施設における社会的養護の特性を研究した成果として、国立きぬ川学院の富田拓による「児童自立支援施設の場合」(富田・2011【文献28】)が発表された。

一方で、国立きぬ川学院において発生した被措置児童等虐待事件については、厚生労働省において「国立児童自立支援施設処遇支援専門委員会」が設置され、報告書が公表されたが、さらにそれを受けて国立武蔵野学院院長が、全国児童自立支援施設協議会の機関誌である『非行問題』に「施設内虐待を予防するために——基本を踏まえてあたりまえのことをあたりまえに」を特別寄稿した(相澤・2011)。この一連の振り返りからは、明治期の感化院以来、非行児童保護の世界で有効性を発揮し続けている夫婦小舎制が内包する閉鎖性を乗り越えて、職員間の協働により児童自立支援施設が培ってきた独自の専門性の高さをどう活かすかが自問されている。

【参考文献】

相澤仁「施設内虐待を予防するために——基本を踏まえてあたりまえのことをあたりまえに」(『非行問題』217号、2011年) 174〜192頁

富田拓「児童自立支援施設の場合」(『臨床心理学』11巻5号、2011年) 653〜658頁【文献28】

(6) 教育分野

長らく学校は、児童虐待の防止に関して積極的であるとはいいがたかったが、次第に、学校は「すべての子どもと家族に関わることができ、子どもが虐待にあう前から発見に至るまでの間、

継続的に子どもと関わることができる唯一の機関である」という前向きな認識が見られるようになってきた（中島・2011）。性虐待についても、発見に学校が大きな役割を果たしていることが明らかになった。一例を挙げれば、神奈川県中央児童相談所による調査の結果（神奈川県中央児童相談所・2010）、「性的虐待発見の経緯」として「子どもの告白」が約68％を占め、「児童相談所に通告されるきっかけとなった一番最初の告白相手」は「学校」が28％で最も多かった。こうした結果を重く受け止めて、性的虐待の初期情報を得た後の対応が司法面接の方法論を視野にいれながら学校でも児童相談所との連携において吟味されなければならないだろう（なお司法面接については、（3）刑事法② 722頁以下も参照されたい）。

①障害者虐待防止法への視点

文部科学省が「研修教材 児童虐待防止と学校（スライド版）」と「児童虐待防止と学校ノート版（指導者、自学・自習用）」を作成し公表した。これは、文部科学省の「学校等における児童虐待に向けた取組に関する調査研究会議」（平成18年度 座長玉井邦夫）の成果をもとに教材化したものである。

これら「児童虐待防止と学校」の内容は以下の通りである。

「オリエンテーション／第1章 虐待の基本的理解／第2章 虐待と子どもの心理／第3章 学校生活での現れ／第4章 虐待と生徒指導・特別支援教育／第5章 虐待関連法規／第6章 疑いから通告へ／第7章 虐待を聴く技術 コミュニケーションの技術／第8章 虐待を受けた子どもへの具体的な関わり／第9章 家庭への対応／第10章 関係機関との連携とケース会議／第11章 家庭から分離された子どもへの対応／第12章 障害者虐待の防止と対応」

ここから明らかなように、2011年に障害者虐待防止法が成立したことの影響が、早々に学校教育における児童虐待対策の研修教材に反映されたことは特筆に値する。

② 学校保健安全法の成立

2009年に旧来の学校保健法が一部改正されるとともに学校保健安全法（平成21年法律第76号）として改題されたことを契機として、児童虐待は学校生活における心の健康問題の1つとして捉えられるようになった。これは2008年1月に出された中央教育審議会答申「子どもの心身の健康を守り、安全・安心を確保するために学校全体としての取組を進めるための方策について」を踏まえたものである。新法で、健康観察、教職員等による健康相談・保健指導、医療機関等との連携等について所要の規定が新たに設けられたことの持つ意味は少なくない。つまり、年間行事の1つに組み込まれた健康診断等として特別活動の中の1つとして位置づいていたこれまでの保健指導が、新たに、日々の学級指導の中で学級担任をはじめとする一般教職員が取り組むべきものとして位置を得たのである。こうした変更の対応策として、文部科学省は2011年に「教職員のための子どもの健康相談及び保健指導の手引」を作成したが、この「まえがき」にも児童虐待は「学校生活における心の健康問題」の1つとして明記されている（文部科学省スポーツ・青少年局長布村幸彦「まえがき」教職員のための子どもの健康相談及び保健指導の手引、2011）（布村・2011）。児童虐待を一例とする子どもの心の健康問題に向き合うためには、ひとり養護教諭にのみ保健指導を任せておける状況ではないという認識が、学校教育の世界での共有理解となってき

ているように見える。

　こうした課題意識から、校医・園医との連携についても言及されるようになった。児童虐待対応のためには、「教育機関でのグレーゾーンを含めての要支援・保護児童の抽出が不可欠であり、保育等の教育機関と医療機関との連携が必須となる。このためには、地域教育機関・医師会が協働でその事業を行う必要がある」（市川・2011）との指摘がある。「子ども虐待における教育機関・医療機関の初期対応における最大の問題点は、虐待を受けた、あるいは受けつつある子どもたちへのアプローチが悪いと、いわゆるその場限りの対応・遭遇となり、かえって虐待行為を深く潜行させることになることである」ことがよく認識され、とくに多職種で構成されている医療機関や教育機関においては、「被虐待児や家族への対応が不均一になりやすく、良かれと思った単独行動が不適切な初期対応になりかねない危険性を持っているといえる」という機関の構造的特性を自覚した取り組みが求められるだろう（市川・2011）。

　文部科学省は、2010年3月に「児童虐待の防止等のための学校、教育委員会等の的確な対応について」（21文科初第777号、平成22年3月24日）を発出した。これは、文部科学省・厚生労働省の合意のもとで、「学校及び保育所から市町村又は児童相談所への定期的な情報提供に関する指針」を作成したものである。この中では、学校における対応として、「(1) 児童虐待の早期発見（「児童虐待の防止等に関する法律〈平成12年5月24日法律第82号〉」〈以下「児童虐待防止法」とする〉第5条第1項関係）学校および学校の教職員は、児童虐待を発見しやすい立場にあることを自覚し、児童虐待の早期発見に努める必要があることから、以下のことに留意して取り組むことを挙げ、学校保健安全法第9条に基づいて「幼児児童生徒の心身の状況の把握」を行うことを求めている。これは、「児童虐待の早期発見の観点から、幼児児童生徒の心身の健康に関し健康相談を行うとともに、幼児児童生徒の健康状態の日常的な観察により、その心身の状況を適切に把握すること」である。重ねて、学校保健安全法第13条を典拠として、「健康診断においては、身体測定、内科検診や歯科検診を始めとする各種の検診や検査が行われることから、それらを通して身体的虐待及び保護者としての監護を著しく怠ること（いわゆるネグレクト）を早期に発見しやすい機会であることに留意すること」と言及している。

③要保護児童対策地域協議会と学校

　前述の「児童虐待の防止等のための学校、教育委員会等の的確な対応について」（21文科初第777号、平成22年3月24日）の中には、「学校の要対協への参加」も盛り込まれている。

　要保護児童対策地域協議会、いわゆる要対協については、2007年に厚生労働省の「要保護児童対策地域協議会（子どもを守る地域ネットワーク）スタートアップマニュアル」が、厚生労働科学研究「市町村及び民間団体の虐待対応ネットワークに関する研究」（厚生労働科学研究「市町村及び民間団体の虐待対応ネットワークに関する研究」は、研究者：加藤曜子〈流通科学大学教授〉、研究協力者：安部計彦〈西南学院大学准教授〉らによって実施）の成果をもとに策定された結果として、代表者会議・実務者会議・個別事例検討会の3層構造で運営されるようになってきたが、これまでは、もっとも個々の児童虐待事例に直結しネットワークを生かした支援につながり得る個別事例検討会の活用が芳しくないとの評価がある。「限定的にしか行われていない」どころか「実務者会議での指示がなかったから個別事例検討会を開かなかったという言い訳さえも聞かれ

る」（宮島・2012）という。それが、子どもの安全確保に目が拓かれた学校関係者が児童の担任であることの自覚をもって参画することで、こうした状況に変化が生じる可能性が期待できる。

　ただし、学校関係者の参画について、せっかくソーシャルワークの専門家であるスクールソーシャルワーカーが出席したとしても、それが「ソーシャルワークの機能を果たす存在としてではなく、学校組織を代表する一人の専門家として参加する」問題点が指摘されている（山下・2011）。

④学校の危機意識

　学校教育と児童虐待の関連についての文部科学省の危機感の表れともいえるのが、2012年5月1日現在で実施された「居所不明児童生徒に関する教育委員会の対応等の実態調査」である。その結果概要によると、「居所不明」の児童生徒については1491件の事例があるという。不明期間が、1年未満、1年から3年未満、3年以上のそれぞれがおよそ3分の1ずつの割合である。

　こうした文部科学省の危機感を受けて、明らかに学校教育の世界における児童虐待への関心は前の期までとは異なる緊急性を帯びてきた。教育専門情報誌である『内外教育』は、「学校が救える命」として連載を組んだ（田幡・2011【文献27】）。以下に紹介したい。

　初回は、江戸川区の児童虐待死亡事例を取り上げ、学校の視点からこの事件を検証し、「両親とも保護者会には必ず出席するなど、一面では教育熱心という印象を与えていた」「学校に提出される家庭環境調査票に記入されているのは、ほとんどが保護者の氏名とその緊急連絡先だけだ。保護者の職業や年齢を記入させる欄はあっても、『プライバシーに関わる』として空白になっている場合が多い」「父親が継父であることも学校側は把握していない」「（筆者注：男児の背中にあったやけどの痕を発見できなかったが）身体測定は体操着を着て行うことが多い」と、「この事件の場合、学校の感度が鈍かったわけではない」と捉え、児童相談所への通告に踏み込まなかった学校側の事情を挙げている。保育所等の児童福祉施設と異なり、学校が構造的に児童虐待を発見しにくい面を抱えていることは否めない。しかし、「当時の関係者」の述懐として「児相への通告は重い。通告は親として認めないという厳しい判断を下すことになる」という「児相への通告」への認識は偏向に過ぎるといわざるをえない（田幡・2011【文献27】）。第2回では、さらに初回に挙げた学校の事情の背後にある「教育界の常識」が、初回の死亡事例の検証を受けて180度転換し、以降に起きた児童虐待事例で生かされている様子がレポートされた。紹介されている区教委の指導室長の「教員は教育公務員。子どもの生命を守る立場に立てば、リスクは発生する。その分、身分は保障されている。現場の教職員にも腹をくくってもらう必要がある」という言葉には、従来にはない、学校教育現場と児童相談所が足並みをそろえて児童虐待防止に乗り出そうという姿勢が読み取れる（田幡・2011【文献27】）。これまでの学校教育界の文献とは異なるこうした姿勢は、この連載の表題そのものが表現している。児童虐待の死亡事例に学校が関わりを持ってしまった苦い経験が繰り返されたことで、学校教育現場が変容しようとしていると見られる。

　学校関係者の児童虐待防止への開眼は、「長期不登校」に対する問題意識化であろう。北海道札幌市では事件例を受けて「児童虐待による死亡事例等に係る検証報告書」（2009年3月）（札幌市・2009）を公表し、さらに、札幌市教育委員会において「園・学校における児童虐待対応の手

引」（2009 年度）（札幌市教育委員会・2009）を作成配布した。不登校に対する認識をめぐっても、児童福祉的な発想と学校教育的な発想では大きな違いがある。上記の手引きの策定過程で「教育委員会と児童相談所は、文化も仕組みも歴史も体制も異なる 2 つの機関がともに作業する価値ある体験をした。両者は文化の違いを知り、互いの『台所事情』を知ることになった」と、従来になかった共同作業の経験を持つことで「コミュニケーションの壁」が取り払われる様子が指摘されている（築島・2012）。児童相談所と学校現場が、互いの専門性や力量に学び合うことで、児童虐待に向き合う過程で「相手方が達成したいと考えている価値を当方の資源を使ってともに達成することと、こちらが達成したいと願っている価値を相手方の資源を借りる形で達成することを同時に行うような、互恵的関係の中で課題を解決する」方法を模索することが現実に始まってきている（築島・2012）。

『週刊教育資料』の「教育問題法律相談」欄に「児童虐待による『一時保護』への対応」に関する質問が寄せられたことも、学校にとって児童虐待への対応が本腰を入れて臨まざるを得なくなってきた事象であることを物語る（角南・2011）。

⑤高等学校「家庭」における児童虐待教育

現行の「高等学校学習指導要領解説　家庭編」（文部科学省・2010）には、「第 5 節　子どもの発達と保育」の「子どもの福祉と子育て支援　ア　児童福祉の理念と関係法規・制度　イ　子育て支援」の「イ　子育て支援」における「内容の範囲や程度」で、「子どもの虐待とその予防などにも触れること」「近年問題とされる子どもの虐待の実態や原因等について扱い、その予防について考えさせる」と、児童虐待について言及がある。

高等学校の「家庭」の科目は「〔引用者註：児童〕虐待の防止教育としての意味を持っている」（鈴木真由子・岡本正子・岡本真澄・2011）という認識は、高等学校の家庭科教員の中でも広がりつつあるようである。一方で、授業で児童虐待を扱うことを通じて、「虐待を経験している生徒がいる」現状に直面し、「クラス担任や養護教諭と連携を図りながら展開」せざるをえない実態もある。児童虐待防止に関する教育内容が「生徒の現状に近すぎる」ために、「気分が悪くなったり、人権等の授業でフラッシュバックのような状態に陥ったり」する場合が、現実に起こっているという。

ただし、児童虐待に向き合う学校の姿勢が、教職員による児童虐待対策に偏向するのではなく、子ども自身が年齢に応じて児童虐待を防ぐ目を養い、被害にあわない力を養うことは大切な視点である。このことについて、奥山眞紀子は「子どもに権利教育を行っていくことは、子どもが自分におきていることを開示したり、そこから脱出してトラウマから回復する力をつけることに繋がります」（奥山・2011）と述べている。

【参考文献】
市川光太郎「子ども虐待に対する学校と医療機関の連携」（『教育と医学』59 巻 6 号、2011 年）568 ～ 580 頁
角南和子「教育問題法律相談」（『週刊教育資料』1183 号、2011 年）
神奈川県中央児童相談所「神奈川県児童相談所における性的虐待調査報告書（第 3 回）」2010 年
厚生労働科学研究「市町村及び民間団体の虐待対応ネットワークに関する研究」（研究者：加藤曜子、研究協力者：安部計彦ら）

第6期（2010年4月から2012年3月まで）

厚生労働省「要保護児童対策地域協議会（子どもを守る地域ネットワーク）スタートアップマニュアル」2007年
宮島清「虐待から子どもを護る――新たな制度を活用するために必要なこと」（『月刊福祉』95巻6号、2012年）26～29頁
文部科学省「研修教材　児童虐待防止と学校（スライド版）」「児童虐待防止と学校ノート版（指導者、自学・自習用）」
文部科学省『高等学校学習指導要領解説　家庭編』開隆堂出版、2010年
中島朋子「児童虐待に対するスクールカウンセラーの役割」（『教育と医学』59巻6号、2011年）550～558頁
布村幸彦「まえがき」（『教職員のための子どもの健康相談及び保健指導の手引』文部科学省スポーツ・青少年局、2011年）
奥山眞紀子「学校に願うこと：知識と実行力を」（『教育と医学』59巻6号、2011年）2～3頁
札幌市「児童虐待による死亡事例等に係る検証報告書」2009年3月
札幌市教育委員会「園・学校における児童虐待対応の手引」2009年度
鈴木真由子・岡本正子・岡本真澄「高等学校家庭科教育における子ども虐待の取り扱い――教員へのヒアリングを通して」（『生活文化研究』50号、2011年）75～84頁
田幡秀之「失った2度の時機――東京江戸川区児童虐待死事件から――学校が救える命①」（『内外教育』6120号、2011年）6～7頁【文献27】
田幡秀之「教委が通告を後押し――親『性善説』を転換・東京都江戸川区――学校が救える命②」（『内外教育』6121号、2011年）8～9頁【文献27】
築島健「虐待における児童相談所との連携」（『子どもの心と学校臨床』6号、2012年）125～132頁
山下英三郎「子ども虐待とスクールソーシャルワーク」（『教育と医学』59巻6号、2011年）533～540頁

（田澤　薫）

（7）医療・保健・心理分野

医療・保健・心理分野から見た第5～6期の動向においては、医療ネグレクトへの対応と死亡検証（デスレビュー）の新たな動き、臓器移植ガイドラインの改正という医療分野における虐待防止の新たな展開が起こり、保健領域では妊娠期から行う虐待予防の活動がさらに広がる。心理領域では施設内での性暴力への対応に関する実践と研究が行われるようになる。

①医療ネグレクトに関する研究動向

医療ネグレクトに関する主な研究動向と行政の動き等を確認すると、1985年、交通事故により輸血を伴う手術を行う際に宗教の信仰を理由に保護者が輸血を拒否するという出来事が起こる。第5期になると、井上みゆき「日本における医療ネグレクトの現状と法的対応に関する文献検討」（『日本小児看護学会誌 Journal of Japanese Society of ChildHealth Nursing』2007）、2008年「宗教的輸血拒否に関するガイドライン」日本輸血学会〈当時。現在の日本輸血・細胞治療学会〉）の発行、2008年「医療ネグレクトにより児童の生命・身体に重大な影響がある場合の対応について」（雇児総発第0331004号）の通知の発出等、医療ネグレクトに対する対応について虐待の研究領域では関心が高まり、具体的な対応についても注目が集まるようになる。第6期に入ると2010年『医療ネグレクトへの対応手引き』（厚生労働省）が発行され、研究においては、宮本信也による2010年「医療ネグレクトにおける医療・福祉・司法が連携した対応のあり方に関する研究」等が行われる。とくに、研究において、医療ネグレクトの定義と対応についての議論が活発になり、『子どもの虐待とネグレクト』12巻3号（日本子ども虐待防止学会、2010年）では特集が組まれ、「医療ネグレクトとは」（宮本信也）、「医療の場における医療ネグレクトの実態と課題」

（柳川敏彦）、「児童福祉の場における医療ネグレクトの実態と課題——ヘルスケア・ネグレクトという考え方を含めて」（山本恒雄）、「医療ネグレクトに関する法的論点」（磯谷文明）、「精神科の治療と親の同意」（石田文三）が、それぞれの分野・立場から論文を記載している。

　法的対応に関しては、民法改正により親権の一時制限が実施できるようになり、対応が行いやすくなった。改正に伴い「医療ネグレクトにより児童の生命・身体に重大な影響がある場合の対応について」の通知（平成24年3月9日厚生労働省雇用均等・児童家庭局総務課長通知雇児総発0309第2号）も発出されている。通知内容を確認すると、医療ネグレクトにより子どもの生命・身体に重大な影響がある場合の対応について保護者が子どもに必要とされる医療を受けさせない、いわゆる「医療ネグレクト」により子どもの生命・身体に重大な影響がある場合については、これまで親権喪失宣告の申立て等により対応していた部分を、2012年4月1日に施行された「民法等の一部を改正する法律」（平成23年法律第61号）により、親権の停止制度が新設されたこと等に伴い、対応方法に変更が見られるようになることが記されており、児童相談所および市町村、関係団体は改正の周知を図ること、また具体的な手続きについても述べられている。

【参考文献】
井上みゆき「日本における医療ネグレクトの現状と法的対応に関する文献検討」（『日本小児看護学会誌（Journal of Japanese Society of ChildHealth Nursing）』16巻1号、2007年）69〜75頁
日本子ども虐待防止学会『子どもの虐待とネグレクト』12巻3号、2010年

②児童虐待死亡検証（デスレビュー）

　2011年7月の「子ども虐待による死亡事例等の検証結果等について」（第7次報告）（厚生労働省社会保障審議会児童部会児童虐待等要保護事例の検証に関する専門委員会）では、第1次報告から第7次報告の対象期間内に発生・発覚した0日・0か月児の死亡77人（69事例）が報告された。2012年7月には、厚生労働省の子ども虐待による死亡事例等の検証結果（第8次報告）が公表された。子ども虐待による死亡事例等の検証についての第8次報告（社会保障審議会児童部会「児童虐待等要保護事例の検証に関する専門委員会」）によると、2010年4月1日から2011年3月31日までの間に、子ども虐待による死亡事例として厚生労働省が各都道府県を通じて把握した82例（98人）について分析し、関係機関の関与があった一部の事例について個別にヒアリングを実施した結果、心中以外の虐待死で0歳は45.1％、心中は、0〜15歳まで各年齢に分散している傾向が明らかになった。妊娠期からの支援の必要性、望まない妊娠について相談できる体制の充実、経済的支援制度、情報の共有化（転居、住民票がない等、市町村と児童相談所の間）について問題点が明らかになった。

　第7期の動向に含まれるが、2013年7月25日に子ども虐待による死亡事例等の検証結果（第9次報告）が公表された。検証対象は2011年4月1日から2012年3月31日までの子どもの虐待死事例を扱っている。第9次報告によると（1）対象期間に発生又は表面化した心中以外の虐待死事例は56例（58人）（平成22年度：45例〈51人〉）、心中による虐待死事例は29例（41人）、（平成22年度：37例〈47人〉）、（2）心中以外の虐待死事例で死亡した子どもの年齢は、0歳が25人（43.1%）と最も多く、3歳未満が39人と約7割を占めていた。（3）地方公共団体と国への提

言のうち主なものは、養育支援を必要とする家庭の妊娠期・出産後早期からの把握および支援のための保健機関（母子保健担当部署）の質の向上と体制整備、児童相談所と市町村における専門性の確保と体制整備、要保護児童対策地域協議会の活用促進と調整機関の機能強化が課題として提示されている。

第8次・第9次報告とも、ゼロ歳児の死亡問題に着目しており、その状況は第5次・第6次報告から続いている。死亡児童数が減少するという大きな変化はなく、様々な施策が実施されていても、改善できぬ児童虐待死亡の状況が明らかにされている。

子どもの死亡検証に関する新たな動きとして、医療分野における活動が展開されるようになった。それが、チャイルド・デス・レビュー制度の確立である。虐待死防止、虐待死亡事例の見逃し防止も視野に入れて、チャイルド・デス・レビュー（CDR）制度の確立に向けて、日本小児科学会と国立成育医療研究センター（東京）が、「子どもの死亡登録・検証制度」導入に向けて試験調査を2012年より開始した。具体的には、2011年の1年間、東京都で発生した0～4歳乳幼児の全死亡症例を調査し、死亡原因を含む死亡に至る正しい情報、予防可能な因子を把握し、今後の多分野連携型前方視的な小児の死因究明制度を施行するにあたっての問題点を抽出することを目的として「東京都チャイルド・デス・レビュー（2012年　パイロットスタディ）」を行っている。調査実施者は東京都と厚生労働科学研究費補助金・政策科学推進研究事業研究班（国立成育医療研究センター研究所）である。

第7期には、チャイルド・デス・レビュー研究会と日本法医学会が2013年6月に「死因究明制度の一環として、子どもの死亡登録・検証制度を法的に位置づけ、地域ごとに本制度を行うシステムの構築を要望する」として要望書を内閣府死因究明等推進会議、国家公安委員会あてに提出している。

児童虐待の死亡検証に関しては、「『地方公共団体における児童虐待による死亡事例等の検証について』の一部改正について」（厚生労働省雇用均等・児童家庭局総務課長　雇児総発0727第7号　平成23年7月27日）の通知が発出され、死亡事例が発生した各自治体でも検証が行われているが、様々な分野においても、死因の究明と虐待が発生して深刻化した原因を探り、防止につなげる活動が第6～7期にかけて展開された。

【参考文献】
厚生労働省「子ども虐待による死亡事例等の検証結果等について」（第7次報告）（厚生労働省社会保障審議会児童部会児童虐待等要保護事例の検証に関する専門委員会）2011年7月
厚生労働省「子ども虐待による死亡事例等の検証結果等について」（第8次報告）（厚生労働省社会保障審議会児童部会児童虐待等要保護事例の検証に関する専門委員会）2012年7月
厚生労働省「子ども虐待による死亡事例等の検証結果等について」（第9次報告）（厚生労働省社会保障審議会児童部会児童虐待等要保護事例の検証に関する専門委員会）2013年7月
東京都「東京都における小児の死因調査実施に当たっての協力について（依頼）」東京都福祉保健局医療政策部（24福保医救第627号）平成24年8月1日

③臓器移植ガイドラインの整備

2010年7月の「臓器の移植に関する法律」の一部改正に伴い、厚生労働省により「臓器の移植に関する法律」の運用に関する指針（ガイドライン）が改正され公表された（平成9年10月8

日制定)。また、厚生労働省からは「『臓器の移植に関する法律』の運用に関する指針(ガイドライン)の一部改正について」(平成22年6月25日厚生労働省健康局健康局長通知健発0625第2号)が発出されている。改正されたガイドラインには、虐待を受けた子どもへの対応等に関する事項についても規定されており、以下にその内容をガイドラインより記述する。

　臓器の移植に関する法律の一部を改正する法律(平成21年法律第83号)附則第5項においては、虐待を受けた児童が死亡した場合に当該児童から臓器が提供されることのないよう、移植医療に係る業務に従事する者がその業務に係る児童について虐待が行われた疑いがあるかどうかを確認し、その疑いがある場合に適切に対応する必要がある旨規定されていること。
　このため、脳死・心臓死の区別にかかわらず、児童(18歳未満の者をいう。以下同じ)からの臓器提供については、以下のとおりとし、虐待が行われた疑いがある児童が死亡した場合には、臓器の摘出は行わないこと。

i) 児童からの臓器提供を行う施設に必要な体制
　次のいずれも満たしていること。
(1) 虐待防止委員会等の虐待を受けた児童への対応のために必要な院内体制が整備されていること。
(2) 児童虐待の対応に関するマニュアル等が整備されていること。なお、当該マニュアルは、新たな知見の集積により更新される必要があること。

ii) 虐待が行われた疑いの有無の確認について
(1) 児童の診療に従事する者は、臓器の提供に至る可能性があるか否かにかかわらず、可能な限り虐待の徴候の有無を確認するよう努めること。また、その徴候が確認された場合には、児童からの臓器提供を行う施設においては、当該施設の患者である児童について、虐待対応のための院内体制のもとで、虐待が行われた疑いがあるかどうかを確認すること。
(2) この結果、当該児童について虐待が行われた疑いがあると判断した場合には、児童からの臓器提供を行う施設は、児童虐待の防止等に関する法律(平成12年法律第82号)第6条第1項の規定により児童相談所等へ通告するとともに、警察署へ連絡する等関係機関と連携し、院内体制のもとで当該児童への虐待対応を継続すること。
(3) なお、その後、医学的理由により当該児童について虐待が行われたとの疑いが否定された場合についても、その旨を関係機関に連絡した上で、当該児童への虐待対応の継続の要否について検討すること。

iii) 臓器提供を行う場合の対応
(1) 主治医等が家族に対し、臓器提供の機会があること等を告げようとする場合には、事前に、虐待防止委員会の委員等とそれまでの診療経過等に関して情報共有を図り、必要に応じて助言を得ること。

(2) 児童から臓器の摘出を行う場合には、施設内の倫理委員会等の委員会において、2および3 (1) の手続を経ていることを確認し、その可否について判断すること。

(3) なお、施設内の倫理委員会等の委員会で、児童について虐待が行われた疑いがなく当該児童から臓器の摘出を行うことが可能であると判断した場合であっても、刑事訴訟法（昭和23年法律第131号）第229条第1項の検視その他の犯罪捜査に関する手続が行われる場合には、捜査機関との連携を十分に図ること。

このように上記の指針には、児童虐待を受けた子どもの臓器移植はできないことが明記されている。2010年7月に改正臓器移植法が施行され、15歳未満の子どもから脳死で臓器提供ができるようになった。新たに子どもの法的脳死判定基準も決められ、6歳未満の判定は24時間以上の間隔で2回実施するが規定されている。

④妊娠期から行う虐待予防の活動

第6期の2011年7月には、妊娠期における虐待予防に関する通知が発出される。その1つが「妊娠・出産・育児期に養育支援を特に必要とする家庭に係る保健・医療・福祉の連携体制の整備について」（平成23年7月27日厚生労働省雇用均等・児童家庭局総務課長及び母子保健課長通知雇児総発0727第4号、雇児母発0727第3号）、2つ目が「妊娠期からの妊娠・出産・子育て等に係る相談体制等の整備について」（平成23年7月23日厚生労働省雇用均等・児童家庭局総務課長家庭福祉課長及び母子保健課長通知雇児総発0727第1号雇児福発0727第1号雇児母発0727第1号）になる。

また、現場の動きとしては、大阪府と大阪産婦人科医会が府内の約160の産婦人科施設を対象に調査を行い、定期的な妊娠健診を受けず、出産間近に病院に駆け込む「未受診妊婦」による出産の実態調査結果を発表、「児童虐待につながるリスクがあり、自治体と医療機関が連携した支援が必要」とする見解を明らかにしている（2011年6月）。

総務省は2012年1月20日に、児童虐待の防止等に関する政策評価の結果をまとめ、厚生労働省と文部科学省に対して①児童虐待の発生予防、早期発見の推進、②児童虐待の早期対応から保護・支援の取組の推進、③関係機関の連携強化等を勧告している【文献25】。その中でも「発生予防」については、乳児家庭全戸訪問事業と養育支援訪問事業を実施して、3歳未満の児童虐待の発生予防に関して、一定の効果があったとした。しかし、さらなる効果的な取り組みを検討することも勧告している。保健分野は、厚生労働省の児童虐待による死亡事例等の検証結果のゼロ歳児の死亡率の高さを受けて、発生予防の活動を様々な角度から展開している。

東京都においても、発生予防の活動がそれぞれの地域で定着しつつある。東京都にある武蔵野大学附属産後ケアセンター（世田谷区桜新町　2008年3月開設）では、出産後4か月未満の母親の休養と体力回復に向けて、産後のケアの拠点として24時間体制で助産師が中心となり母子への対応を行っている。このように、第5期から6期にかけて、虐待発生予防の対応策が保健領域で検討され、実践につなげ定着していった。

【参考文献】
行政管理協会「行政評価の動き　早期発見、保護支援、連携強化など勧告　総務省が児童虐待防止の政策評価

で」(『週刊行政評価』2491号、2011年)6〜8頁【文献25】

⑤性的虐待への対応

　性的虐待対応への関心が第6期は高まる。実務レベルでは、児童相談所における性的虐待対応について、平成21年3月31日の厚生労働省通知によって改正更新された「子ども虐待対応の手引き」に実務上の留意点が記載された。また、「児童相談所における性的虐待対応ガイドライン2011年版」は「子ども虐待対応の手引き」に追加して、より具体的な対応の強化・充実を図ることを目指すガイドラインとして作成され、現場の職員が性的虐待に対応できるように厚生労働省から提供された【文献23】。また、ガイドラインとともに各地域では様々な研修が、児童相談所および関係機関において実施され、性的虐待対応の技法が定着するようにと働きかけがあった。

　研究領域では、児童虐待防止全国ネットワーク第20回シンポジウム　子育て支援者向け研修事業〈大規模研修会〉「性虐待への対応——その現状と課題」が2014年1月に開かれ、2010年頃より対応してきた現場での事例を含めて発表が行われている。

　第6期は、児童福祉施設の現場からの研究報告も散見されるようになる。吉野は「児童養護施設における性暴力への取り組みと課題——ある施設の実践を通して」『子どもと福祉』(4号、2011年)【文献24】の論文の中で、児童養護施設の現場職員の立場から施設内で子ども間での性暴力が発生した場合の対応について具体的に示している。施設における性暴力の問題は、とても重大であり、改善するためには多大なエネルギーと時間がかかることを指摘し、被害を受けた子どもの回復、加害をしたことで生活場所を変えることになる子ども(措置変更)、そして、それぞれの保護者への報告とケア、また子どもたちに深い心の傷を負わせてしまったことを悔やむ職員の心のダメージ等、それぞれへの対応・状況について言及している。論文は、施設内の性暴力について、以前は発覚を恐れて見て見ぬふりや隠していた傾向、またそのようなことは発生しないと真っ向から向き合わなかった状況から抜け出しつつある現在の状況を示している。

【参考文献】
(故)庄司順一他「性的虐待の被害確認のための面接のあり方に関する研究」(厚生労働科学研究費補助金政策科学総合研究事業『子どもへの性的虐待の予防・対応・ケアに関する研究』平成22年度総括・分担研究報告書〈研究代表者　柳澤正義〉2011年)91〜106頁【文献23】
山本恒雄他「児童相談所における性的虐待対応ガイドラインの策定に関する研究」(厚生労働科学研究費補助金政策科学総合研究事業『子どもへの性的虐待の予防・対応・ケアに関する研究』平成22年度総括・分担研究報告書〈研究代表者　柳澤正義〉2011年)25〜90頁【文献23】
吉野りえ「児童養護施設における性暴力への取り組みと課題——ある施設の実践を通して」(『子どもと福祉』4号、2011年)22〜27頁【文献24】

(加藤　洋子)

Ⅱ　主要判例解説

1　刑事法分野

【判例1】告訴の当時に 10 歳 11 か月の女児であった被害者について告訴の効力を認め、被害者の告訴能力を否定して公訴を棄却した原判決を破棄し、事件を原裁判所に差し戻した事例（名古屋高裁金沢支部判決平成 24 年 7 月 3 日、平成 24 年（う）第 19 号、裁判所 HP、刑事判例リスト 18）

　本件は、同棲していた被告人 A（男）および B（女）のうち、A については傷害 1 件、準強姦 2 件、強制わいせつ 2 件で公訴が提起され、B については、これらの準強姦および強制わいせつを幇助したものとして起訴されたという事案である。捜査の段階で作成された検察官調書は、B の実子であって本件の被害者の 1 人である女児 C が処罰の意思を求めるかのような記載を含んでいたが、ここで問題となったのは、この記載から C の告訴があったものと認めて公訴の提起を有効と評価できるのかという点である（強制わいせつの罪は親告罪であるため（刑法 176 条・180 条）、告訴がなければ起訴できない）。

　この点について第 1 審は、検察官調書が作成された時点で C は 10 歳 11 か月であったところ、この時点で C が告訴能力を有していたことには相当な疑問が残るため、C による有効な告訴があったものとは認めがたいと判示して、C に対するわいせつな行為を幇助したという強制わいせつ 2 件のうち 1 件の公訴事実に対して、公訴棄却を言い渡した。しかしながら、検察官による控訴の申立てを受けた控訴審は、当時の C が告訴能力を備えているものと判示して、原判決を破棄し、事件を第 1 審に差し戻した。

　第 1 審は、「告訴が有効であるためには、告訴人に、訴訟行為能力として、犯罪となるべき行為により被害を受けたという客観的な経緯を認識し、これにつき被害感情を有して、犯人に対し公の制裁を望むことが可能なだけの能力」が必要と述べて、このような意味内容の能力を C が有するものとは認めなかった。第 1 審は、C の告訴能力に相当な疑問を認めたことの根拠として、C が当時 10 歳 11 か月という幼い年齢であったことに加え、そもそも C が告訴の意味をよく理解できていないと考えた捜査機関は祖母に告訴状の提出を働きかけたという事実等も挙げている。

　これに対して控訴審は、「告訴は、犯罪被害にあった事実を捜査機関に申告して、犯人の処罰を求める行為であって、その効果意思としても、捜査機関に対し、自己の犯罪被害事実を理解し、これを申告して犯人の処罰を求める意思を形成する能力があれば足りる」ものと判示した上で、本件についても、小学 5 年生として「普通の学業成績を上げる知的能力を有した C が被害状況を具体的に申告し……、その犯人として被告人を特定してその処罰を求める意思を申告していたのであるから、告訴能力としてはこれを備えている」という判断を示した。

　告訴能力の意味内容に関しては、これまでの裁判例でも見解が分かれていた。学説も、本件の控訴審が示したような見解に対して、被害を受けた事実を理解した上で、告訴によって生じる社会生活上の利害得失をある程度見通し得る能力まで要求する見解が唱えられている。後者の見解によれば、前者の程度しか有しない被害者は、取調べ・公判廷で供述・証言することや事件が公になることといった各種の負担が後々生じるのに、それらの負担を理解しないまま被ることに

なってしまうという。他方で、本件のように告訴権を有する者が事実上Cに限定されていたような事案では、後者の程度まで能力を要求することがかえって制裁を求める被害者の意思を無にしてしまうという問題も指摘される。本判決は、いずれの見解が被害を受けた児童の利益になるのかという、重要であるが難しい問題に関して先例を加えたものであり、児童虐待と刑事司法のあり方に関する今後の議論にも影響するものとして、相応の意義を有する。

（岩下 雅充）

2 行政法分野

【判例2】両親がその児童に対して適切に栄養を与えておらず、必要な治療等を受けさせていないとして、児童の入院先の病院が児童福祉法25条に基づく通告を行い、通告を受けた児童相談所の長が同法33条に基づき同児童を一時保護する決定をした事案について、同通告および同決定がいずれも違法ではないとされた事例（横浜地裁判決平成24年10月30日、平成21年（ワ）第2425号、損害賠償請求事件、判例時報2172号62頁）

本件は、両親がその児童に対して適切に栄養を与えておらず、必要な治療等を受けさせていないとして、児童の入院先の病院が児童福祉法25条に基づく通告を行い、通告を受けた市の児童相談所の長が同法33条に基づき同児童を一時保護する決定をした後、同市の別の児童相談所で一時保護中の当該児童に対して職員がアレルギー源を含む食べ物を誤って食べさせたため、アナフィラキシーショックにより児童が死亡したことから、児童の両親が損害賠償を請求した事案である。原告は、①通告を行った病院に対して、虚偽の事実を通告したとして民法上の損害賠償を請求し、②児童相談所を設置する市に対して、一時保護決定等が違法であると主張して国家賠償法1条1項に基づく損害賠償を請求し、また、③児童相談所の職員が誤ってアレルギー源を含む食物を食べさせたため児童が死亡したとして国家賠償法1条1項に基づく損害賠償を請求した。

本判決は、原告による栄養ネグレクト、医療ネグレクトを認定した上で、①本件通告は必要かつ合理的なものであるとして病院に対する請求につき理由がないとして認めなかった。②本件一時保護決定については、「一時的にせよ児童を保護者から強制的に引き離す行為であるから、合理的な根拠に基づいてされなければならず、その判断に合理的な根拠がない場合には、一時保護決定は違法となる」としつつ、児童相談所長の判断には合理的な根拠があり、違法とはいえないとした。この他一時保護機関の不告知、面会拒否についても、原告らが児童を取り戻す危険があったとして、違法とはいえないとした。これに対し、③誤ってアレルギー源を含む食物を食べさせたことには注意義務を怠った過失が認められるとして、原告の請求を一部認容した。

本判決において注目すべきは、児童福祉法25条に基づく通告、および一時保護決定について違法でないとした判断である。このうち一時保護決定については、一時保護が児童を保護者から強制的に引き離す行為であると指摘して合理的な根拠を求める点が注目される。これに対して、通告については、基本的に通告を受けた児童相談所の側がどのように対応するか責任を負うものと考えられる。通告が誤りであった場合の免責規定の必要性が主張され、児童虐待防止法2004年改正でも通告義務について「児童虐待を受けた『と思われる』児童を発見した者」と改正されたことからすれば、本判決においても通告が必要かつ合理的なものであったことにつき立ち入った判断が必要であったかは疑問の余地がある。本事案では医学的判断に基づく通告であり、ま

た、必要かつ合理的であるとの認定が可能であったことから立ち入った判断がなされたものと思われるが、一般的には通告の違法性についてはより緩やかな判断によるべきであろう。

なお本判決は、控訴審（東京高裁判決平成25年9月26日、平成24年（ネ）第7965号、損害賠償請求控訴、同附帯控訴事件、判例時報2204号19頁）において取り消され、原告の損害賠償請求が棄却されている（上告・上告受理申立て）。

【判例3】処分行政庁が児童福祉法33条に基づきなした一時保護決定につき、当該児童が親権者母から虐待を受けた要保護児童等にあたり、一時保護が必要であるとした処分行政庁の判断に裁量の逸脱があるとはいえず、その手続にも違法はないとして、当該児童及び親権者母による取消請求を棄却した事例（大阪地裁判決平成23年8月25日、平成23年（行ウ）第39号、児童福祉法による一時保護決定取消請求事件、判例地方自治362号101頁）

本件は、頸部および頭部を刃物で切られて傷害を負い総合医療センターに救急搬送された児童につき、意識回復後も意識障害があったことから尿中薬物検査を実施したところ睡眠薬の成分が検出され、母親から薬を飲まされたとの同児童の発言を聞いたとの看護師からの報告を受けて、総合医療センターから児童相談所に児童虐待を受けた疑いがある旨の通報がなされ、児童相談所長によって一時保護が決定されたことに対し、児童および母親が一時保護決定の取消を請求した事案である。原告は、①看護師の供述内容を争う等、母親が睡眠薬を飲ませたと疑う理由がないとの主張に加え、②処分行政庁が十分な裏づけをとることなく、もっぱら傷害の捜査への協力のために一時保護決定をしたとして手続の違法性を主張した。

本判決は、①一時保護決定が必要であるとした処分行政庁の判断に裁量の逸脱があるとはいえないとした上で、②手続の違法性についても、一時保護決定の暫定的性質、緊急性を理由に、一時保護決定前に看護師から直接聴取りを行っていないことをもって、十分な裏づけを欠いているとはいえないとし、また、一時保護決定が児童福祉法26条や27条の後続手続を予定するものであることから、一時保護決定後に調査をする等して後続手続に必要な資料を収集し、関係者への事情聴取をしたとしても違法とはいえず、捜査への協力目的とはいえないとし、児童に対する警察官の取調べを容認したこともやむをえないとして、処分行政庁が裁量権を濫用したとは認められないとし、原告の請求を棄却した。

本判決は、一時保護決定に関わる行政庁の裁量の逸脱・濫用の有無を判断するにあたり、手続の違法性について具体的な判断を示している点で注目される。とりわけ一時保護決定が後続の措置を予定するものであるとして暫定的性質を指摘し、後続の手続での情報収集によることも認められるとする判断は、児童福祉法全体の仕組みの中での一時保護の位置づけに着目するものであり、近時行政法学において注目されつつある「仮の行政処分」の議論の観点からしても、極めて興味深い判断が示されているといえよう。手続の違法性に関する本判決の具体的な判断が果たして妥当であるか、行政法一般理論の観点からも有益な検討の素材といえよう。

【判例4】児童福祉法33条の規定による一時保護決定の効力の停止を求めた執行停止申立事件において、一時保護決定の取消しを求める本案について理由がないとみえるとして、申立てが却下された事例（大阪地裁決定平成23年12月27日、平成23年（行ク）第123号、執行停止申立事件、判例地方自治367号69頁）

　本件は、平成23年1月21日、生後2か月に満たない乳児を寝室に運ぼうとした際、1メートル程度の高さから誤って右側頭部を下にして落としたとして救急外来に来院した事例につき、乳児を診察した医師が当該乳児を入院させ虐待通告をした後、児童相談所が別の鑑定医の鑑定をもとに一時保護を行おうとしたところ、通告をした医師が診断を変更して乳児を退院させたことから、一時保護を行わなず見守りを継続することとしたが、同年11月10日に当該乳児が左大腿骨骨折という重症を負ったことから、通告を受けた児童相談所長が虐待の存在を疑って一時保護決定をしたのに対し、執行停止が申立てられた事案である。

　本決定は、申立てを却下するにあたり、一時保護が暫定的な処分であることに加え、緊急を要する場合が多いことを確認した上で、一時保護は虐待が確実に認められる場合にのみ行い得るものではなく、虐待の存在の疑いが認められれば足りるとし、また、虐待が存在しなかったとしても今後の落下事故を防止する等当該乳児の安全を図る必要から一時保護をすべきであるとした処分行政庁の判断の判断が不合理であるとはいえないとして、裁量の逸脱ないし濫用があるとはいえないとした。

　加えて、本決定は、①児童福祉法33条1項の規定する一時保護は、要保護児童等に対する行政処分であるとした上で、処分の通知は両親が親権者である場合であってもいずれかに通知すれば足りるとし、また、②一時保護決定は要保護児童等に対する不利益処分といえるから、当該処分を行うに際しては名宛人に対してその理由を示す必要があるとした上で、一時保護の暫定的かつ緊急的な処分としての性質に加え、一時保護を行う際に要保護児童等の生育状況および環境等について必ずしも詳細な情報を入手しているとは限らないことを指摘して、ある程度抽象的な理由の提示であっても許容されるとの解釈を示し、通知書に法33条に基づき一時保護をした旨および一時保護が必要と判断したためとの理由が記載されているにすぎないとしても手続的瑕疵があるとは認められないとした。

　本決定においても一時保護につき手続的瑕疵に関する具体的な判断が示されているが、一時保護決定が行政手続法上の不利益処分であるとの判断を明示した上で、一時保護の暫定的かつ緊急的な処分としての性質を強調する点は、「仮の行政処分」論の具体的展開として行政法学の観点からも注目される。もっとも、一時保護が必要と判断したためとの理由が記載されているにすぎないとしてもやむをえない面があるとの具体的判断は、適正手続の要請に基づく理由付記の趣旨からして疑問のあるところである。一時保護の性質からして詳細な理由を示すことが困難であるとしても、暫定的にそのような行為を行う理由を当該事案に照らして示す必要はあるのではないか。「仮の行政処分」論の観点からのさらなる検討が求められる。

（横田　光平）

III 主要文献解説

1 児童福祉法分野

【文献 1】 倉田賀世「社会保障法学的見地からみた児童虐待法制のあり方」『法政論叢』47 巻 2 号 (2011 年) 102～118 頁

　本論文は、児童虐待をおとなと子どもという非対等な関係から生ずる、生活に対する継続的なリスクと捉え、被虐待児、虐待者を視野に入れ、予防から家族再統合に至るまで、包括的かつ継続的なアプローチが可能になる点をもって社会保障法学的に児童虐待を論じる意義があるとする。その上で、この「リスク」に着目し、リスク予防・発見のプロセス、リスク軽減・滅失のプロセスに二分し、それぞれわが国の現行法上の課題を明らかにした上で、比較法的手法により包括的な児童虐待法制を検討する。

　リスクの発生予防・発見のプロセスについては、父親による虐待や乳幼児以外の年齢の子どもに対する早期発見の方法、家庭訪問に応じない家庭に対する効果的な予防策の検討が必要であるとする。比較法的視点からは、リスクを滅失し、家族再統合を進めるという長期的な展望に立った場合、状況によっては個人の保護に重きをおいた家族介入のあり方が親子の再統合を困難にする可能性も考慮し、長期的・包括的観点からの検討が必要であるとする。虐待の発見の促進については、通告に対する法的免責規定がないことから、これを改正し、通告に対する心理的障壁を除去する方法が容易かつ現実的な手段であると提案する。

　機関・政策連携については、イギリスの 2004 年児童法の「すべての子どもに対する普遍的サービスに児童虐待を対象とする選別的なサービスを統合し、普遍的なサービスに早期予防の機能をもたせるという考え方」に注目し、児童虐待予防策と貧困家庭の子育て支援政策等、より広く、子どもを対象とする施策間での連携——具体的には生活保護施策との連携——の有用性を指摘する。

　リスク軽減・滅失プロセスに関しては、保護した後の子ども・親双方を支援する法制が不十分であると述べ、イギリスおよびアメリカの法制から見てわが国の一時保護、職権保護のいずれにおいても行政機関の役割が過重になりすぎていると指摘し、わが国での司法機関による積極的な関与を期待する。

　児童虐待防止法制に関する比較法的視点から、当事者双方、虐待に至る背景等も視野に入れたより包括的な支援のあり方を検討するには、「リスク」の観点から児童虐待を捉える社会保障法学からのアプローチの視点は、示唆に富んでいる。

【文献 2】 安見ゆかり「フランスにおける育成扶助・親権移譲・親権喪失（retrait）制度について」『青山法学論集』53 巻 2 号（2011 年）165～188 頁

　フランスにおける子どもの権利保護処分について、手続法を中心に解説する。フランス法においては、育成扶助処分、親権移譲制度、親権喪失制度と多くの保護処分制度が存在する。これらの制度は段階的・重層的に位置づけられ、手続保障にも十分配慮がなされており、多様な管轄裁判官の存在および分担についても、それぞれの処分権限に配慮して管轄を異にしているという。

事案の程度・内容に応じて、多様な対応を可能にしている状況が示されており、興味深い。

【文献3】高田清恵「スウェーデンにおける児童虐待防止に関する法制度の特徴と現状──予防から被害児童へのケアまで（その1）」『月刊国民医療』278号（2010年12月）17～23頁
　同「スウェーデンにおける児童虐待防止に関する法制度の特徴と現状──予防から被害児童へのケアまで──（その2）」『月刊国民医療』279号（2010年）17～24頁

　本論文は、1979年に世界で初めて法律で体罰を禁止したスウェーデンにおける児童虐待防止の法制度とその運用の実情について論じている。(1)では体罰の法的禁止が実現するまでの背景、児童虐待を子どもへの人権侵害として「子どもの法的権利の問題」として取り組む姿勢、体罰禁止後の体罰の改善状況が詳しく報告されている。児童虐待に関する法制度としては、通報義務等の手続きの整備とともに、子育て支援等の家族支援の手厚さ、被害児童に対する福祉、医療ケア等の多彩な支援施策が講じられている点が特徴であるとする。他方で、近親者間の暴力が犯罪に該当するとの認識が浸透し、被害を受けた子どもに対する公費による特別代理人制度等が紹介されている。虐待家庭に対する介入の方法として任意に基づく介入に関する「社会サービス法」と強制介入の根拠となる「強制法」があり、その手続きが述べられている。(2)ではこれらの法律の内容・手続きが概説され、保護された子どもへの福祉的・医療的支援や親への支援の実情が紹介されている。とくに子育てに特別なサポートが必要な家族に対して家族が一時的に滞在し、職員が生活をともにして専門的判定、養育方法の指導等を行う「家族ユニット」制度が興味深い。

　体罰禁止が2011年の民法改正において実現しなかったわが国における今後の法改正に必要な取組みを知る上で参考になるとともに、「人権侵害」として児童虐待を捉え、その視点に基づく制度のあり方を検討する上で有用な文献である。

【文献4】藤原夏人「家庭内暴力及び児童虐待への対応を強化」『外国の立法』249巻1号（2011年）20～21頁

　2011年6月に韓国で成立した「家庭暴力犯罪の処罰等に関する特例法一部改正法」および「児童福祉全部改正法」の成立の背景、改正内容について紹介する。前者においては、警察官の判断で接近禁止を命ずることができる「緊急臨時措置」制度の法定化、被害者が自ら「被害者保護命令」を請求できる制度が新設された。後者については、家庭外の児童虐待も対象とすること、子どもの総合的実態調査の実施、親権喪失請求権者の拡大、通報義務者の拡大、虐待行為者の児童保護専門機関職員および司法警察官吏に対する暴行脅迫、調査拒否の禁止の明文化が図られたこと等が紹介されている。

【文献5】橋爪幸代「近親間虐待への法的対応──日英制度比較」『現代法学』20号（2011年）197～216頁

　本論文は、児童虐待およびDVを対象に、わが国とイギリスの法制度を比較する。児童虐待についていえば、イギリスにはわが国の児童虐待防止法のような虐待に特化した法律は存在せず、通告義務も法律により規定されていない。わが国においては児童虐待防止法によりたしかに制度

整備が進んだ部分があるが、近親者間の虐待について、虐待対象を特定しすぎると家庭全体の問題を見失うおそれがあることから、関連機関相互の連携を高め、広い視野から問題に対応することが重要であると述べる。

【文献6】福谷朋子・桐井弘司・吹野憲征・小野晶子・柳瀬陽子「性的虐待への法的対応と今後の課題」『子どもの虐待とネグレクト』13巻2号（2011年）229〜237頁

　児童虐待の中でも性的虐待は、その特質から特別な配慮が必要であるとの認識から、被害児童は原則として加害親から分離すべきであるとする。児童福祉法28条審判による入所措置の場合、2年更新に際しては、児童相談所は、その間、加害者以外の家族、とくに母親に対して加害者と決別して子どもをサポートする決意をするよう支援する等、別の形での再統合を模索する必要性を説く。また、両親の離婚により加害親と子どもとの分離を図るときには、親とは別に子どもの代弁者としての弁護士をつけるような注意が必要であると述べる。また、被害児童が15歳以上に達しているときは、親権者の同意なくして子ども本人として養子縁組をすることができるため、実務では祖父母や里親との養子縁組が活用されていると紹介されている。

　提言として、児童福祉法34条1項6号の「淫行罪」について、13歳以上の子どもに対する親子関係者間でのわいせつ行為・姦淫行為に関しては、「暴行または脅迫」の要件を撤廃した犯罪類型を設けるべきであり、公訴時効は撤廃すべきであると主張する。

【文献7】山田晋「暴力・虐待をめぐる現代的課題と権利擁護——法的視点から考える」『社会福祉研究』111号（2011年）28〜49頁

　親密圏内の暴力・虐待の特徴は、虐待者と被虐待者との間に家族関係や扶養関係等の特別な関係があるところから、刑法上の犯罪と区別される。その差異としては、加害行為の継続性・被害者の固定性があり、救済関係あるいは一定の依存・充足関係のもとで発生する点にある。親密圏内の暴力・虐待に対するアプローチには、加害者への課罰を主眼とする制裁的アプローチ、暴力・虐待が生じた家庭の改善・再生に主眼をおく福祉的アプローチがあるが、その根本的解決には、被害者の保護・救済を主眼とする人権論的アプローチによるべきであるとする。しかし、児童虐待についていえば、被害児童の保護・救済が最優先事項である点に異論はないものの、児童虐待が親子という関係から生じ、子どもが家庭的環境で成長発達する権利を持つことを考えると、保護・救済のみに視点をあてた法制度は、適切とはいえない。むしろ人権論的アプローチと福祉的アプローチをどのように適切に用いるかが考えられなければならないと述べる。さらに、人権論的アプローチから、親密圏内の暴力・虐待に関する法制度を、虐待の発見、親密圏の定義、虐待の定義、虐待行為への対処、行動制限と自由権との関係等について、児童虐待防止法、DV法、高齢者虐待防止法を比較しながら論じる。児童虐待に関連する点を取り上げれば、虐待行為の防止・救済としては、親密圏内の虐待を止める最も効果的な方法は、親密圏の解体、関係性の遮断にあることから、虐待者と被虐待者の分離が原則となるとする。親密圏内の犯罪を壊滅できる手法は親密圏の解体のみであるので、親子の再統合（児童虐待防止法4条1項、11条1項）は、本来考慮されるべきではないと主張する。まとめとして、現在の行政の改革では親密圏内の暴力・虐待に十分対応できないところから、「親密圏虐待対策保護センター」のような特別の行

政機関を設置し、発見・救済・保護等に一義的に責任を負えるようにすることが必要であるとする。例として警察に「ファミリーバイオレンス保護・救済センター」を設置することを挙げ、児童相談所はカウンセリングという本来可能な業務のみを行うべきであると提言する。そして、裁判所が人権保障のためにより積極的な役割を担うべきであるとする。

しかし、親密圏内の虐待が全て家族の解体を必要とするものではないのであるところから、――とくに児童虐待については――家族再統合・家族維持との福祉的アプローチを放棄するのは、家庭に対する過剰介入を招くおそれがあろう。また、個々の暴力・虐待の発生の機序が異なること、被害者の特性等を考慮すれば、一元的対応には無理があること、暴力・虐待の発生予防も重大な責務であるところ、重度虐待に焦点をあて、過度に保護・介入を強調することが、全体としての暴力・虐待への対応として望ましい対応といえるかどうか、さらに検討が必要であろう。

（吉田 恒雄）

2 民法分野

【文献8】 大村敦志・河上正二・窪田充見・水野紀子編著『比較家族法研究――離婚・親子・親権を中心に』商事法務、2012 年

本書は 2008 年 4 月から 2010 年 5 月までの間に家族法研究会によって行われた離婚、実子、養子、親権の 4 項目についての比較法的な調査・検討の成果報告書である。これらの 4 項目はわが国においてとくに改正の必要性が高い領域であるとの認識から選ばれた。比較法調査の対象国はイギリス、ドイツ、フランスである。本書のうち、親権法制、とくに親権喪失を扱った部分「2－5 親権（1）――『総則』『親権喪失』を中心に」（久保野恵美子執筆）を紹介する。

本稿では現行親権法の問題点として、(1) 共同親権者間の意見対立の調整、(2) 離婚後の共同親権の導入、(3) 不適切な親権行使への対応、(4) 第三者の関与の位置づけ、(5) 親権の性質をどう捉えるか、を指摘し、上記の点につきイギリス法とフランス法の規定を紹介しつつ日本法の検討を行っている。

以上の 4 点のうちからここでは (3) ～ (5) に関する部分を取り上げる。第 1 に、親権喪失・制限についてイギリスとフランスでは親子関係の切断、親権喪失、親権への援助的介入という段階的な構造が取られている。そこでは親権の喪失は同時に親子関係の切断と密接な関係を有し、養子縁組（イギリス）、養子縁組または公的未成年後見開始（フランス）という受け皿が用意されている。第 2 に、親権制限の要件において親の有責性は必要かという問題がある。イギリス法では客観的な子の福祉の基準で統一されているが、フランスでは子の福祉の基準に加えて親権者の有責性または意思的な事由も基準に含まれる。第 3 に、子の利益の確保と親子の再統合の可能性を考慮する段階では、両国ともに親権を喪失させず国家による「援助的介入」を用意している。フランスにおける援助的介入としての育成扶助も、イギリスのケア命令も、子の健康、安全、精神が危険な状況にあるという客観的な状態があれば開始される。援助的介入においては、親権およびそれに付随する権限のうち比較的容易に介入を受ける側面と、喪失に至らない限りは留保される重要な側面が段階的に設定され、親子の再統合または親子の最低限度のつながりが維持されるようはかられている。この方法は日本法への参照可能性も高いと思われるが、援助的介入は相

当に充実した関係の機関、専門家、専門的知見が必要とされると執筆者は指摘している。虐待法制にとって重要な指摘である。

本稿はさらに親権の性質についてイギリス法、フランス法およびドイツ法の比較法的考察に進む。それぞれの国の親権法における子の権利性と親権者の固有の利益——とくに国との関係で——がどのように考慮され認められるかが検討されている。

以上の比較法的知見から、最後に日本法の構造の見直しの要否が検討される。すなわち、外国法には子に関わる複数の親権者間での親権行使の対立を調整するための介入（水平的介入）と、親権行使が不適切な場合の介入（垂直的介入）の両方が多様に用意されているが、日本の現行法には行使の局面での調整および介入についての規定がほとんど存在しない。これらの介入方法の充実なくして子の利益を適切に図りうる親権法を想像するのはむつかしいと言う。また、実態としての家族が多様化しているとすれば、婚姻家族の有無を基準とする介入が妥当かと問題提起し、さらに、財産管理と身上監護という枠組みにこだわらずに個別の事項について裁判所が介入しうるきめの細かい柔軟な介入が必要ではないかと論じている。

なお、従来から指摘されてきた日本の親権喪失制度の3つの問題点、すなわち、①要件の設定が適切でないために利用が抑制される、②親権喪失の効果が強すぎる、③親権喪失後の未成年後見人の確保が難しいため子の保護につながらない、は2011年の改正で概ね対応されたと執筆者は評価している。

【文献9】「特集　子ども・親・国家——『子の利益』を中心として」（『法律時報』83巻12号、2011年）4～54頁

【文献9-1】 門広乃里子「子どもと親に関わる最近の法状況を契機として——企画趣旨」4～9頁

本稿は特集の企画趣旨を説明するが、子ども・親・国家の関係を検討する前提として、親権の法的性質を明らかにしようとする。親権が子を監護養育する親の義務であることは従来より強調されてきたが、誰に対する義務か、それと関連して子に親に対する監護養育請求権を認めるのか、また親が義務を履行しない場合に国家がどう介入・支援すべきかについて解釈が分かれてきた。本稿は戦前からの公的義務説と戦後主張された公的義務説、私法義務説、近時の私法義務説の内容を紹介した上で、今日共有されつつある親権の基本的枠組みを以下のように要約する。すなわち、子どもの権利（「子ども自身の成長・発達する権利」「子の独立した人格に成長する権利」等）を起点とすべきであり、民法上は子どもの権利は親に対する監護教育請求権となって現れる。子どもの権利の実現に向けて、親は第一次養育者として子を監護養育する義務を負い、「子の利益」とは何かを判断する権限を有する（親の考慮事項としての「子の利益」）。親は第一次的な裁量権限を有するという意味で親権は権利性を帯び、第三者に対しては妨害排除請求権を有する。他方、親が裁量権限を逸脱するなどして「子の利益」が害されるときに国家が介入する（裁判規範ないし介入基準としての「子の利益」）。

このような理解を前提に、各論では次のような点が検討されることになる。親の考慮事項としての「子の利益」と裁判規範ないし介入基準としての「子の利益」との関係をはじめとして、(1) 子の意見の尊重を民法上明確にすべきではないか、(2)「子の利益」に関する父母の意見の不一致の場合の対応ないし合意形成のあり方、(3) 親権制限を伴う国家介入の場での「子の利

益」の判断主体は誰か、である。

【文献 9-2】岩志和一郎「子の利益保護のための親権の制限と児童福祉の連携——ドイツ法を参考として」18〜23 頁

　本論文では今回の親権法改正を、親権喪失の要件を明確化させた上、より早い段階での親権制限を可能にする仕組みを講じたと評価する。他方で、親権の喪失と一時停止をその運用上分ける要素は何か、および一時停止といえども親権全部の取り上げは介入の度合いが強く、これが用いられる事態は現実には限定的にとどまるのではないかという疑問を表明する。

　今回の改正は「児童虐待防止のため」という限定付きで行われたが、親権制度の根本的な見直し作業の実現が望まれるところであり、見直しに向けた 1 つの視点として本論文ではドイツの児童保護における司法と児童福祉の連携が紹介されている。

　児童虐待からの子の保護は一連のプロセスとして実現されるものであるが、ドイツでは児童虐待よりも広い概念である「子の福祉に危険が及ぶ場合」という枠組みで、「介入より援助」優先の 4 段階に分けた法的対応が取られている。すなわち、第 1 フェーズでは、児童福祉当局である少年局が子の福祉の危険についての手掛かりを得て危険の度合いを評価し、緊急の場合は一時保護をする。第 2 フェーズでは少年局は危険の評価に基づき、原則として児童本人と身上配慮権者である親を参加させて援助計画を策定し、福祉的援助を提供する。この児童福祉上の援助に身上配慮権者が同意しないために子の福祉に危険が及ぶおそれがある場合は、少年局は家庭裁判所の関与を求め、身上配慮権の制限について決定してもらう。これが第 3 フェーズである。家庭裁判所の決定により親の配慮権の剥奪等が行われると、後見または保護（一部後見）が開始し、後見人または保護人により子の福祉のために必要な援助が少年局に申請され援助の提供が開始する第 4 フェーズとなる。これら一連のプロセスの中で、児童福祉の専門行政機関である少年局と家庭裁判所は子の保護のための責任共同体として緊密に連携している。

　以上のようにドイツでの連携システムを紹介した後、本論文は今回の親権法改正において日本では実現されなかった司法と児童福祉の連携構築の必要を訴えている。

【文献 10】飛澤知行編著『一問一答　平成 23 年民法等改正　児童虐待防止に向けた親権制度の見直し』商事法務、2011 年

　立案担当者による平成 23 年親権法改正の詳解である。構成は以下の通りである。第 1 章総論として改正法の概要、立法経緯、比較法の解説、第 2 章第 1 節「離婚後の子の監護に関する事項の定め等」、第 2 節「15 歳未満の者を養子とする縁組」、第 3 節「親権の効力」、第 4 節「親権の喪失」、第 5 節「未成年後見」。さらに第 3 章は家事審判法、第 4 章は戸籍法の改正について解説している。

　本書は一問一答形式での解説であるが、親権の一部制限制度や裁判所による同意に代わる許可制度はなぜ採用されなかったのかなど、なぜ改正法はこうならなかったのかという問いが多く含まれている。それに対する回答を読むことで法制審議会や児童虐待等防止のための親権制度研究会における議論の内容が理解でき、読者の関心が深まるとともに今後の議論の展開の参考にもなる。

【文献11】中田裕康「新法解説　民法改正——児童虐待防止のための親権制度等の改正」(『法学教室』373号、2011年）58～65頁

　本稿は平成23年親権法改正を、児童虐待防止のための改正と、より一般的な家族法改正という2つの文脈で解説する。

　今回の親権法の改正に関しては、とくに820条に「子の利益のために」という文言が追加された点と懲戒権についてコメントしている。親権法を根本的に見直すとすれば、「親権」の概念や用語について正面から検討する必要があるが、その概念は権利性と義務性、親の利益と子の利益、親権行使の自由と国家の介入のそれぞれの調整を内包するものである以上、簡単になし得るものではないという。執筆者は、今回の改正で「子の利益のために」が明記されたことは、実質的に最も重要な点が明らかにされた上、法律家でない人々が民法の親権の規定を読んだときに、その性質を理解しやすくなるという点でその意義は非常に大きいと評価する。

　懲戒権については親権法全体の見直しの際には削除されることが望ましく、さらには体罰禁止規定の導入も検討されるべきと述べられている。

【文献12】「小特集　児童虐待防止を目的とする親権法の一部改正について」(『法律時報』83巻7号、2011年) 65～83頁

【文献12-1】許末恵「児童虐待防止のための親権法改正の意義と問題点——民法の視点から」65～71頁

　本稿は2011年の親権法改正法律案に至るまでの審議会等での議論を参考に、民法の親権に関する規定の見直しの意義について論じている。

　まず、従来の親権喪失制度の問題とされた、親権喪失原因が親権者に対する非難を含むために申立てや審判が躊躇され必ずしも適切な運用がされていない点と、親権喪失の効果が強すぎる点は、今回の改正で一応解決が図られたと執筆者は評価する。しかし、親権停止制度については、同時に行われた児童福祉法の改正で、行政法上の対応がされた児童に対する児童相談所長や児童福祉施設の長等の権限が強化されたために、民法の親権停止が適用される場面は実際にはかなり限定されるのではないかと予想する。また、親権を停止された親は、親子再統合に向けた支援等を十分に受けることができるのか、他方、親権停止の審判が繰り返されることにより子は永続的ないし安定した代替養育を確保されずに社会的養護を受け続けるおそれがあるのではないかと危惧を表明している。

　次に執筆者は、法律案における親権の喪失と停止の意味内容が不明確であると指摘する。そもそも従来の解釈では、親権喪失とは親権の全部又は一部を失わせるものであるとされてきたが、法律案では「喪失」について権利を失うという説明がされていない。また、親権喪失の法的効果を「親権の行使ができなくなる」点に求め、その点で親権の一時的制限との間に差がないとする法律案の説明は適切でないと批判する。これと関連して、法律上親権者のいない状況となる親権喪失と異なるはずの親権停止において未成年後見は必要なのかという疑問も出される。そして、親権停止による後見開始を認めるとしても、親権停止が「親権者のいない場合」に該当する理由をより丁寧に説明すべきであろうと述べる。

　本稿ではその他に4点が言及されている。親権喪失の審判の申立人に子を加えた点と体罰の禁

止が規定されなかった点を執筆者は批判する。また、親権行使は「子の利益のために」行われることが明確にされたが、子の利益は家庭裁判所の判断基準であって、裁判規範としての子の利益と親権者の考慮事由としての子の利益の意味（の異同）は十分に考慮されたのだろうかと問いかけている。最後は医療ネグレクトについてである。この問題は親権の一時・一部停止を認める理由の1つとされたが、新設される親権停止制度も親権の全部についての停止であるから、医療行為以外に親権者の養育に問題のない場合には効果が過大であるのは従来と同じである。あらゆる人を対象にした医療行為の同意についての総合的な検討を行った上で医療ネグレクトに対応してもよかったのではないかと述べている。

【文献 12-2】津崎哲雄「民法改正と被虐待児の社会的養護——児童福祉の観点から」72～77頁

　本稿は、社会的養護の視点から今回の親権法改正の中の親権の停止と施設長の権限強化を論じたものである。日本の社会的養護の顕著な特徴として、少ない司法関与、非専門職的児童相談所、民間の大規模施設収容、政治的無関心が挙げられるが、政治的無関心を除く3つの特徴が親権停止と施設長の権限強化によりどのような影響を受けることになるのかが考察される。

　執筆者によれば、親権の一時停止制度の導入の効果は不透明である。確かに、司法関与の可能性が若干増えると推測されるし、28条審判の別選択肢として（28条手続の私法版として）社会機関が介入する方策が新たに整備された点は評価できるが、法改正の目的とされた虐待そのものの減少にはつながらないという。親権停止は、親権者による施設入所児の無理な引取り要求を阻むことで被虐待児への再虐待を防ぐための介入促進策とも位置づけられるが、実際には多くの被虐待児の権利利益は国家介入後の社会的養護において侵害されている。それは、虐待・ネグレクトを行った親権者の居所指定権濫用を児童相談所が容認してきたことで生じてきたのである。今後は居所指定権行使の停止という側面が重視され、児童相談所が子の最善の利益に資する措置・委託先の決定を行えるような実務体制の確立が望まれると述べる。

　施設長の権限強化は、民法の未成年後見に関する改正とともに、入所児を無理に引き取ろうとする保護者への対抗手段として導入された規定であり、保護者の親権再濫用への歯止めとしては理解できるが、手放しに評価できないと執筆者は言う。なぜなら、本来、社会的養護児の親子関係の調整責任は児童相談所が担うべきであり、施設長の権限強化は児童相談所のさらなる非専門職化と施設の児童相談所機能代行機関化を強めるからである。執筆者は、これではますます施設中心の社会的養護体制の強化に繋がると懸念を表明する。そして、この問題の根本には民間施設の安定経営・存続を児童相談所が実質的に支援しているという図式があると指摘する。

　最後に、子の利益のための社会的養護を構築するには、今回のようなパッチワーク的な改正ではなく、「父権主義」が浸み込んだ親子法を土台組替的に今世紀化することを本稿は訴える。

【文献 12-3】多田元「親権法の改正と子どもの虐待——子どもの自立支援・親子の関係修復」78～83頁

　弁護士である執筆者は、緊急に子どもが避難できる子どものシェルターの開設者の1人であり、虐待された子どもたちに寄り添い自立を支えてきた。また、医療ネグレクトケースにおける親権代行者を務めた経験もある。本稿は、これらの視点からの親権法改正についての論考であ

る。
　第1に、執筆者は懲戒権規定が削除されなかったことを疑問視する。親権行使を「子の利益のため」と規定する民法改正案820条と懲戒権を認める822条には本質的な矛盾があると言う。
　次に、虐待された子どもの視点からは、親権停止や親権喪失の申立権を子ども本人に認めたことは画期的であると評価する。とくに、子どものシェルター利用者には、18歳を超えて、児童相談所を経由しない場合が少なくない現状を考えると前進である。虐待を受けた子どもが自立の道を歩もうとするときに直面するアパートの賃借や雇用契約、携帯電話の購入などの問題に対して親権停止制度が柔軟に運用されることを期待したいという。また、新しい親権喪失要件が親に対する倫理非難の要素を必須の要件としない点は子どもの視点を重視したものである。
　医療ネグレクトケースで親権代行者を務めた経験から言えば、これを虐待と扱う手続には違和感を覚えると言う。執筆者は、親の不同意を医療に関する意見の相違の問題として捉え、子どもの権利を守るための子どものための国選代理人制度を設けることを提案する。

【文献13】窪田充見「親権に関する民法等の改正と今後の課題」(『ジュリスト』1430号、2011年) 4～11頁

　法制審議会「児童虐待防止関連親権制度部会」委員であった執筆者による親権制度に関する民法上の変更に焦点を当てた解説である。とくに改正のポイントとして、(1) 親権は「子の利益のため」のものであることが明確化された、(2) 親権制限をめぐる制度が変更され、親権停止が新設されるとともに、子自身も申立ができるようになった、(3) 複数の未成年後見人の選任が可能になったことの3点が挙げられている。執筆者によれば、未成年後見人の人数制限撤廃は、未成年後見というしくみに対する基本的な視点の変化をもたらし得るという。すなわち、従来の擬似的な親権者を作り出す制度から、「親権を行う者がいない未成年者に対する補助のしくみ」への移行である。
　親権制限の項では、今回の改正で導入が見送られた「親権の一部制限」と「親権者の同意に代わる家庭裁判所の判断」についても今後の議論のために言及されている。親権の一部制限は、現行法でも管理権喪失が用意されており、その延長と理解することもできるが、特定の契約締結についての親権制限の範囲が確定できるのか、また、契約後の親権者の介入に対して十分対応できるのか等の点で明確でない点が残されているために導入が見送られた。後者について執筆者自身は、とくに特定の医療行為（手術等）に対する親の拒絶といった場面で独自の存在意義があると考えている。
　最後に、児童虐待に限定されない親権制度全般についての将来的な検討課題が3点指摘されている。1. 親権の基本的な概念に関する問題（親権の権利性、対象・内容、親権の帰属と行使、親権と未成年後見との関係）、2. 婚姻中および離婚後の共同親権をめぐる問題、3. 親権に関する規定のあり方である。

【文献14】「特集　児童虐待防止に向けた法改正」(『法律のひろば』64巻11号、2011年) 4～57頁

　以下の1から8までは『法律のひろば』64巻11号の「児童虐待防止に向けた法改正」特集の論考である。親権法に関連する民法、児童福祉法および手続法の改正点についての解説と、実務

の立場からの改正法の分析と問題提起が簡潔にかつわかりやすく解説されている。

【文献 14-1】小池泰「児童虐待防止に関する親権制度の改正」4〜11頁

　法制審議会児童虐待防止関連親権制度部会のメンバーであった著者による改正親権法の解説である。従来の親権喪失制度では対応できなかった事案、すなわち親権喪失では過剰であるが子の利益保護のための適切な対応が必要とされる類型を引用しつつ、法改正によってこれらがどのように解決され得るかを解説している。

【文献 14-2】松原康雄「親権制度と児童福祉分野における実践の課題と展望」12〜17頁

　新たに導入された親権停止制度が社会的養護全体のあり方に及ぼす影響を説明した上で、法改正を有効ならしめるために児童福祉の実践現場で必要とされる今後の方策を提案する。
　本稿で論じられているのは、児童福祉司の増員と資質の向上、児童相談所での人事異動のあり方、施設長の資質と施設職員の量と質の確保、彼らの労働のあり方、未成年後見制度の運用、親権停止期間中の親権者支援や家族関係調整などのソーシャルワーク機能の強化等である。

【文献 14-3】飛澤知行「民法等の改正の概要」18〜24頁

　主として民法の改正についての解説であるが、それに関係する家事審判法および戸籍法の一部改正にも言及している。

【文献 14-4】髙松利光「『民法等の一部を改正する法律』における児童福祉法の改正の概要」25〜29頁

　児童福祉法改正部分の概要を解説している。とくに、児童相談所長が親権喪失、親権停止および管理権喪失の審判ならびにこれらの審判の取消について請求権を有することになったこと、施設入所中の児童のためには施設長が、一時保護中の児童のためには児童相談所長が、そして里親委託中の児童については里親が児童の監護に関して親権者の不当な主張に対応できるようになったこと、施設入所中や一時保護中の児童に緊急に医療を受けさせる必要がある場合には、親権者の意に反しても、児童相談所長、施設長等の判断で必要な措置を取ることができる旨明確化されたこと、一時保護中又は里親委託中の児童についても親権者又は未成年後見人があるに至るまでの間、児童相談所長が親権代行権を持つようになったことは児童の権利利益の擁護への取り組みが前進したことを示すという。

【文献 14-5】古谷恭一郎「児童虐待に関する家事事件の概況と今後の展望」30〜35頁

　家庭裁判所の立場からの論考である。まず、2001年から2010年までの10年間の親権喪失、管理権喪失および児童福祉法28条審判事件の動向が紹介されているが、28条1項審判申立事件は増加傾向にある。親権喪失宣告等申立事件のうち1割弱が児童相談所長による申立てであり、深刻な児童虐待事案と医療ネグレクト事案に大別できる。
　次に、改正親権法と、その後に予定されている家事事件手続法の施行が家庭裁判所における事件の審理に大きな影響を及ぼすと思われる点が指摘されている。第1に、親権制限の要件が、①親

権行使の困難さ・不適当さ、②それによる子の利益の侵害、に変更されたことにより、虐待行為の有無が認定されなくても、他の認定事実を総合して判断することにより要件該当性を判断できる場合が少なからず生じるであろう。第2に、子自身による請求の場合は、子に対し、法テラスや児童相談所に相談することを促すなどして、子が適切な法的支援を得られるよう対応することが相当である。また、家事事件手続法においては、親権制限の審判をする場合には子の陳述を聴取しなければならないとされており、子の意思を適切に把握・考慮するための具体的な審理の在り方が検討される必要がある。第3に、家事事件手続法の下では、親権制限の審判では親権者の陳述聴取を審問の期日においてしなければならない。さらに同法では利害参加の手続が設けられ、親権者は当然に親権制限事件に利害関係参加することができ、親権者の手続保障が配慮される。

その他にも、再度の親権停止の申立て時や、一時保護中や入所中の児童の生命又は身体の安全を確保するために緊急の措置を取る必要がある場合の児童相談所長による保全処分の申立て時には、家庭裁判所に適切な情報が資料として提出され、審判に反映されることが重要であると述べている。

【文献 14-6】磯谷文明「法改正を踏まえた弁護士実務」36〜42頁

児童相談所に助言等を行ったり、親族や子ども自身から、あるいは乳児院や児童養護施設などから相談を受ける弁護士の立場から親権法改正の影響を論じている。

本稿によれば、親権喪失と管理権喪失の要件が見直され、かつ親権停止が新設されたために実務上制度選択の問題が新たに生じた。そこで、本稿では、親権喪失と親権停止、親権停止と28条の申立て、親権停止と管理権喪失が比較される。たとえば親権停止と28条の申立ての比較では、28条の方が要件が高くハードルが高いように思われるが、効果は親権停止の方が大きい。結局、両制度の使われ方は今後の実務に委ねられているが、従来の28条承認ケースは親権停止の要件に該当するものと思われるので、児童相談所としてはどちらの申立てをすることも可能であるという。執筆者はしかし、親権停止の方が子どもの生活の安定に資するので、今後は原則として児童相談所は親権停止制度を選択すべきという意見である。

その他に、親権制限制度のすべてにおいて子に申立権が認められた点、複数後見人と法人後見が可能になった点の意義を評価する。これらとは別に、公的保護下にある子に親権者がいないときは施設長または児童相談所長が漏れなく親権を行うこととなったため、親権停止や親権喪失の審判がなされた場合、未成年後見人を選任しない運用も許容されるという。さらに、医療ネグレクトのケースにおいても、児童相談所が病院に一時保護した上で、親権停止およびその保全処分を申立て、その保全処分により親権者の職務執行が停止されれば、児童相談所長が親権を行うことになるため、あえて職務代行者を選任しなくても児童相談所長が適法に医療行為に同意することができるとの考えが示されている。改正法の適切な運用で従来の困難事例に対処できると期待されるという。

【文献 14-7】武藤素明「親権法改正に伴う児童養護現場の現状と課題」43〜50頁

施設入所児童の親の多くは自身が虐待したという認識を十分に持たず、したがって入所措置に納得していないために、児童との面会や施設での生活への干渉や苦情で施設と葛藤を引き起こす

例が多数報告されているという。他方で、発達障害や知的障害を抱える児童の特別支援学級への通級や養護学校への入学に承諾しない親、進学・就職にさいして、あるいはアパートの賃貸借契約時に保証人になろうとしないなど児童の自立に非協力的な親が存在する。本稿では、このような場合に子の最善の利益を守るために法改正や制度の充実が必要であったとし、児童養護施設の立場から民法親権法と児童福祉法改正を評価するとともに今後の課題を提示している。

　民法改正では、①親権は「子の利益のために」行使すべきことが明確に示されたことが評価できる、②親権停止制度の導入により親子関係の修復が視野に入ることになる、③子自身の申立権を認めた点は評価するが、子には長期的に心のサポートを提供するシステムも必要である、④未成年後見制度は活用しやすくなるだろうが、後見人への十分な保障を担保するシステムを作らないと現実に使えない制度になりかねない。以上の肯定的評価の一方で今後の課題としては、今回採用されなかった「親権の一部停止制度」と「親権者の同意に代わる裁判所の許可制度」を将来は是非創設してほしいと言う。前者は親子間の絆を断ち切らないためにも、また施設入所中の身上監護権行使において施設長や児童相談所長の権限を優先するためにも導入の必要性があり、後者は社会的養護の現場で直面する「携帯電話、パスポート、アパートの保証人、予防接種、預金通帳作成」などの場面での解決のためである。

　児童福祉法の改正では、施設入所中、または里親委託中に親権者は不当な主張をしてはならないとされた点、里親委託／一時保護中の親のいない児童について児童相談所長が親権を行うと明記されたこと、一時保護の期間が限定されたことは評価できるが、親権者の主張の不当性の判断基準が不明確なままであると指摘する。また、虐待の認知、再統合への目標、具体的プログラムなど保護者指導への司法関与を明確にすべきだとも主張する。

　最後に、児童養護施設が今後取り組むべき課題として、今回の親権法改正の趣旨を現場で活用するための検討や準備、社会的養護現場での子どもにとって十分な親権代行に足る実践、「子の利益のため」の親支援の充実が挙げられている。

【文献14-8】柳川敏彦「児童虐待防止における医師の役割」51〜57頁

　医療ネグレクトは広義（ヘルスケアのネグレクト）と狭義（傷病・疾病について医療処置のネグレクト）で定義される。全国の大学病院と総合病院の小児科および小児病院に勤務する312名の小児科医に対して行われたアンケート調査によると、小児科医の多くは、医療ネグレクトを疾患の治療に留まらず、子どもの心身の健康に必要な対応がされていない状態まで含めて広く捉えていることがわかったという。

　本論文ではこれらを前提に、広義の医療ネグレクトに対し医療現場はどう対応すべきかを整理した後に、狭義の医療ネグレクトケースで親権制限が考慮される事案での医療機関の（1）保護者への対応、（2）子どもへの対応、（3）児童相談所との連携の具体的対応内容が示されている。それによれば、とくに児童相談所との連携では、虐待通告を行うとともに、児童相談所からの事情聴取への対応として、「治療処置の必要性と有効性」「その治療の代替療法の選択可能性」「当該治療を実施する必要性があるとの医療機関の見解」などの立証性のある資料が医療機関から提示される。

　最後に執筆者は、医療者の側から「"医療ネグレクト"に対しては、親権を抑制し、虐待に迅

速、柔軟に対処できるようになることが期待される」と今回の改正を評価している。

(髙橋由紀子)

【文献15】許末恵「Ⅴ　親権制限及び未成年後見についての検討課題」(『戸籍時報』673号、2011年) 31～43頁

　『家族法改正研究会』は、「日本家族〈社会と法〉学会」を母体にし、親族法分野の改正に向けて具体的な立法提案を行うことを目的として設置された研究会であり、2010年6月から2015年7月までに9回のシンポジウムを開催している。本稿は、2011年6月12日に早稲田大学において開催された第2回シンポジウム「親権法等グループ中間報告会」での報告に基づいて執筆されたものである。本シンポジウムにおいては、「Ⅲ　親権概念等に関する検討」(報告者：岩志和一郎)、「Ⅳ　共同親権・面会交流」(報告者：山口亮子)など親権法に関係した他のテーマについても報告されているが、ここでは親権制限と未成年後見に関する許論文を中心に紹介する。

　はじめに、同論文においては、「……親権制限の意味について、厳格さにはやや欠けるが、親権者に全面的に親権(の帰属又は行使)を認めることが適切でないと認められる場合に親権者の親権(の帰属又は行使)を何らかの形で制限することと、広く捉えることとする」ことが示される。親権制限の意味を広く捉えることからは、単に親権の制約される場面を広げる以上の意味、すなわち「保護の必要な場面では子の保護を図りつつ、他方、子の成長に応じてその自律に向けた支援を行うという親権制度の本来的な目的の実現に資するような親権制限を考える必要」性が説かれる。

　その上で、親権制限の検討課題として、次の3つの具体的な課題が挙げられる。まず第1に、そもそも親権喪失が必要な制度といえるのかという制度それ自体の存在意義が問題とされる。このような――一見すると過激にも思われる――問題が提起された背後には、親権喪失はあくまでも父母から民法上の親権を剥奪するだけで、実際の子の保護を担うのは未成年後見制度や児童福祉法等の措置によるのであり、真に子の利益保護を図るのであれば、親権喪失よりもこれら諸制度の拡充と実効性を図る必要があるという筆者の問題意識がある(但し、検討グループの他のメンバーからは、親権喪失の必要性が強く主張されたとのことである)。第2は、親権喪失審判の請求権者について、子どもの虐待防止センターのような児童虐待防止に関わる社会福祉法人や市町村長などによる公益的な申立てを拡張する必要性である。その一方で、実際の申立てがほとんどない検察官を申立権者から除外することには反対の態度が示される。親権喪失制度を子の保護制度として位置づけるために、公益的な申立ての拡張を図るべきであることが指摘されるだけでなく、さらに公益の代表者による申立てを促す仕組みを設けることについても言及される。第3は、2011年民法・児童福祉法改正によって拡大された児童相談所長の権限に関する問題である。同改正後の児童福祉法33条の2、47条において、児童相談所長は、親権者等のいない一時保護中の児童だけでなく、親権者等のいる一時保護中の児童についても、監護・教育等に関して児童の福祉のために必要な措置をとることができるとされ、さらに、親権者等は、児童相談所長のとるこのような措置を不当に妨げてはならないものとされた。許は、行政処分である一時保護によって児童相談所長に上記権限が認められることの問題を指摘し、少なくとも一時保護に親権者が反対しているケースについては司法関与の仕組みを設けるべきであると提言する。

未成年後見制度については、制度の基本設計にかかわる問題が指摘される。例えば、成年後見制度と未成年後見制度の関係、身上監護と財産管理のいずれに重点がおかれるべきかなどの問題である。2011年民法・児童福祉法改正によって導入された法人後見やドイツにおける官庁後見のような公的後見に対しては消極的な評価が与えられており、むしろ親権法制や児童福祉法の諸措置の整備・拡充が必要であるとの立場が示されている。

（阿部　純一）

3　刑事法分野

【文献16】「刑事政策研究会第1回　児童虐待」『ジュリスト』1426号（2011年）106～144頁

　本特集は、刑事政策上の各種のテーマを扱う『ジュリスト』の連載企画（後に『論究ジュリスト』に媒体を移す）の1つであり、基調報告と座談会から構成されている。はじめに、児童虐待事件を対象とした刑事手続の問題について概観した基調報告「児童虐待と刑事司法について」がなされ（岩佐嘉彦論文）、これに続いて、刑事法学の研究者（佐伯仁志・太田達也・川出敏裕・金光旭）とゲスト（岩佐嘉彦・西澤哲）による座談会の記事があり、児童虐待の認知から事件の捜査、公判手続、虐待者の刑事処遇という一連の過程のそれぞれに生じ得る法的問題が論じられている。

　児童虐待の実態に関しては、暗数や統計操作の問題が取り上げられている。また、児童虐待の発見に関しては、児童相談所に対する通告義務のあり方が検討されるとともに、児童相談所と警察との関わり合いの現状に問題があること等も議論されている。捜査および公判手続に関しては、司法面接の導入に伴う問題や被害者のプライバシー保護のあり方が論じられている。刑罰に関しては、有罪となった虐待者に対する宣告刑（量刑）の近況や施設内外の処遇の現状を紹介・分析するとともに、処遇のための新たな措置を導入する余地も検討されている。新たな犯罪類型を新設することの意義に関しては、立法政策の観点とあわせて実体法・手続法の法原理の観点からも議論され、新設の提案に対しても現行法の運用に対しても種々の検討課題が指摘されている。

　本特集は、主として刑事手続上の問題と虐待者の処遇に関する問題を中心に扱ったものであり、また、個々の論点に深く立ち入って論証することを目的とした記事とはいえないが、多くの研究者が目にする媒体において、これまで多方面で議論されてきた様々な論点を取り上げて刑事法上の課題を明らかにしたという点で、相応の意義を有する。

【文献17】「特集　司法面接のこれから」『子どもの虐待とネグレクト』13巻3号（2011年）316～357頁

　本特集は、司法面接の必要性やその手法および課題を明らかにするという目的のもとに組まれたもので、8本の論説で構成されている。

　特集の冒頭では、この問題に関する情報の共有という特集のねらいが明らかにされている（山本恒雄）。それぞれの論説については、児童相談所で実施された研修プログラム（NICHDガイドラインに基づいた面接法を用いたもの）における模擬面接の方法の紹介およびその結果の分析・考察（仲真紀子）や、児童相談所での実践例の報告（菱川愛・渡邊直・笹川宏樹・馬場優子・大前亜矢

子）の他に、子どもに対する耐誘導トレーニング（子どもの側に一定の働きかけを行って耐誘導性をつけるという措置）の研究の紹介（越智啓太）や供述心理の研究を概説したもの（田中晶子）がある。さらに、弁護士の立場から司法面接の導入に向けた課題も論じられている（藤井美江）。司法面接に関する研究の進展を示した特集記事として意義を有するとともに、刑事法の分野にも影響を及ぼすものと思われる。

本特集においては、考察の対象とされている面接方法の呼び名として、「司法面接」という語の他に、「事実確認面接」「被害確認面接」「調査面接」といった語も見られ、執筆者によって異なる語が用いられているが、この事実は、欧米で開発された Forensic interview の手法に期待されている役割や成果（ねらい）に違いがあって必ずしも統一されていないということを推知させる。

なお、司法面接の実践例の詳細な紹介も今期になされているが（多田伝生・仲真紀子他「児童相談所における司法面接〈事実確認面接〉の在り方と課題等について」『北海道児童相談所研究紀要』30号〈2011年〉1～45頁）、本特集とともに参照すべき文献である。

【文献18】町野朔・岩瀬徹編『児童虐待の防止――児童と家庭、児童相談所と家庭裁判所』（有斐閣、2012年）

本書は、すでに第5期研究報告書において紹介した科学研究費補助金の報告書（605頁以下参照）を公刊したものであるが、収録された論説には若干の追加と割愛がある。編者がともに刑事法を専門とするせいもあって、論説の多くは刑事法上の問題そのものまたは刑事法に関連のある問題を考察したものであるため、刑事法の分野に多様な示唆を与える文献として注目される。

本書の目的は、事前の予防から事後の措置までを見通した包括的なシステムの構築が必要であるという立場（本書の帯紙）から児童虐待の防止体制を構築することとなっているが、「第5章　刑事司法関与のあり方」においても、様々な観点からの考察が試みられている。

このうち、奥山眞紀子論文は、事例をもとに、解剖の実施と親に対するアセスメントが重要であることや、他の機関との連携にあたって警察による適切な情報収集・分析が必要となること等に論及する。また、水留正流論文は、児童虐待による死亡の発見・解明に関連する法制度を概観した上で、公的制度である死体の検案や解剖あるいは検視が十分な体制のもとで実施できるものとなっていないことや、通報あるいは届出の実効性も関係機関における情報の共有も十分でないこと等、法制度・法運用に見られる様々な問題（法的限界の問題）を指摘する。さらに、高橋幸成論文は、警察と児童相談所のそれぞれによる対応や両者の連携をテーマとして取り上げ、「子ども家庭総合センター」（東京都福祉保健局）と児童虐待対策班（大阪府警察本部）の例を挙げながら連携の現状について論じるとともに、今後の課題に言及する。鈴木一郎論文は、訪問調査に対する憲法その他の規制について考察を加えている。岩瀬徹論文は、児童福祉法28条の手続と刑事手続が並行して行われたという事案を紹介して、児童虐待に対応する上での法的問題を元裁判官の立場から考察するというものである。

【文献19】山下隆志「児童虐待に関する研究について」『刑政』123巻5号（2012年）80～90頁

筆者は法務省法務総合研究所の前研究部長であり、本稿は、ここ10年ほどにわたって法務総合研究所により実施された調査・分析の結果の概要を紹介するとともに、被虐待者であった非行

少年や虐待者であった受刑者に対する収容処遇・社会内処遇にあたって留意すべき点を挙げている。

　このうち、①『研究所報告11：児童虐待に関する研究（第1報告）』（2001年）、②『研究所報告19：同（第2報告）』（2002年）、③『研究所報告22：同（第3報告）』（2003年）は、少年院に在院する非行少年に対して、虐待を受けた経験についてアンケート調査を実施した上で、その結果をまとめたものであり、④『研究所報告40：配偶者暴力及び児童虐待に関する総合的研究』（2008年）と⑤『研究所報告45：家庭内の重大犯罪に関する研究』（2012年）は、受刑者に対して、虐待した経験についてアンケート調査を実施した上で、その結果をまとめたものである（なお、これらのアンケート調査の結果は、山下・2010にも掲載されている）。

　このうち前者について、少年院に在院する非行少年のほぼ半数が何らかの虐待を近親者から受けたという結果は、一般市民に対するアンケート調査の結果（15％弱）と比較して大きな開きがあり、留意すべき点も多々指摘されている。すなわち、非行の背景に被虐待経験によるトラウマ等があるといった所見から、治療その他の手当てを少年院において実施することが提案され、また、退院した少年の多くが虐待の加害者である保護者のもとへの帰住を希望するといった現実も踏まえ、虐待を受けた事実の把握や帰住先の調整さらには保護観察の有効利用等による見守りと支援を実施して、虐待の再発を防止すべきものと論じている。また、後者すなわち受刑者については、抱える問題にDVの加害者との共通性が見られるため、保護観察において始められた暴力防止プログラムと同種のものを施設内処遇の段階でも実施すべきであるといった提案がなされている。

【文献20】山田不二子「子ども虐待対応における警察の役割」『警察政策』13巻（2011年）25～58頁

　本稿は、児童虐待に対する警察の関与のあり方について、児童虐待の持つ特殊性を踏まえた上で、諸外国の例も参照しつつ提言するものである。その出発点は「Child First Doctrine：子どもを最優先にするという基本理念」にある。

　本稿は、「多機関連携チーム」による事件の取扱いといった戦略がないことや、事件の調査・捜査および起訴に関与する公務員に対して事件の取扱いに関する研修を実施すべきこと等、種々の勧告が国連子どもの権利委員会によってなされているという事情を指摘した上で、連携の必要性を主張する。そして、連携体制の構築によって保護・医療の実現と情報・資料の収集といったそれぞれの目的が過不足なく追求できるように、警察がチームの結成と体制の確立に深く関与すべきであること等も提言している（警察に対しては、捜査情報の共有の必要性について認識することや他機関の職責を尊重すること等を求めている）。また、児童虐待の事件における調査・捜査の難しさについて詳細に論じた上で、司法面接に必要な組織づくり・体制づくりの必要性を強調するとともに、警察の役割の重要性を説いている。

（岩下　雅充）

4 憲法・行政法分野

【文献 21】横田光平「子どもの意思・両親の権利・国家の関与――『子の利益』とは何か」『法律時報』83 巻 12 号（2011 年）10～17 頁

　本論文は、児童虐待問題を念頭においた 2011 年の民法改正、これと関連する家事事件手続法といった法改正後の法状況を踏まえ、改めて子ども・親・国家の基本的な法的関係を問い直そうとするものである。

　その際、民法改正において①親権が「子の利益」のために行使するものと明記され、また、②親権喪失の審判ならびに新設された親権一時停止の審判において「子の利益」が基準として明記された他、さらに③これら審判を請求し得る者として子ども本人が明記され、加えて④家事事件手続法でも子どもの意思の尊重が明記されたことから、「子の利益」「子どもの意思」を軸に多面的な法状況の構造的な理解が試みられる。すなわち本論文は「子の利益」を積極的な目標・指針としての「積極的・子の利益」と消極的な最低基準・限界としての「消極的・子の利益」に二分し、これらと「子どもの意思」の関係に着目しつつ、子ども・親・国家の法的構造の 2 類型、および相互の相克を描き出そうとする。

　具体的には、①「子の利益」が「積極的・子の利益」とされるのに対し、②「子の利益」は「消極的・子の利益」として区別され、A 子どもと親の関係への国家の後見的介入の構造が明らかにされるとともに、離婚をめぐる夫婦間の争いにおいて基準とされる「子の利益」は「積極的・子の利益」であるとして、B 夫婦間の自律を基礎とする構造との対比がなされる。さらに DV 問題を素材として、児童虐待と DV が交錯する局面に焦点をあて、「子の利益」をめぐる A、B2 つの構造の間の緊張関係を明らかにする。

　以上の構造的な理解の試みの中で、虐待予防のための国家援助が子どもの出生前から要請され、DV 等親個人の生命、身体、人格の保護が「子の利益」との関連で捉えられ、さらに面会交流等「子どもの意思」も他者との関係において理解されるべきである等、「子の利益」「子どもの意思」を考える上で時間的、人間関係的に広い視野が求められるとの立場もあわせて主張される。

（横田 光平）

5 児童福祉分野

【文献 22】都議会ネットリポート　平成 24 年　第 1 回定例会（一般質問 2 日目）松下玲子（民主党）「児童虐待防止」2012 年 3 月 1 日

http://www.gikai.metro.tokyo.jp/netreport/2012/report03/index.html（2015.9.6 確認）

　2012 年の都議会第 1 回定例会の一般質問においてなされた、児童虐待防止に関わる松下玲子議員の質問に、警視総監・福祉保健局長が答弁した記録である。ここから、この時期の東京都の児童虐待防止の現状と課題認識が読み取れる。第 1 質問は「警視庁としての児童虐待防止対策の取り組み」である。

　「児童相談所と警視庁との連携について」は、警視総監が、2006 年に設置された東京都要保護児童対策地域協議会、そのもとの専門部会である警視庁と児童相談所との連絡協議会を活用し、情報交換と支援内容の協議を行っていると述べ、「さらに、現場レベルでも、児童相談所ごとに

実務者レベルの会議も開かれて」いる旨を明らかにしている。また2011年12月に警視庁生活安全部と東京都福祉保健局との間で、①「職員が相互の研修会に参加してお互いの実務的な知識やノウハウを習得しようではないかということ」、②「児童相談所の現場執行力の強化を支援するために警察官OBを配置すること」等の具体的な連携の中身に踏み込んだ確認書を締結し、改正児童虐待防止法で追加された9条の3にある児童相談所職員の臨検・捜索等の権限が「適宜適切に行使できるように、警視庁、警察としても支援をさせていただこうという趣旨であ」ると説明した。

次いで、杉並の里親死亡事例について2012年1月に出された中間報告が「児童福祉法の規定に基づき設置された検証部会の議論を取りまとめたもの」であることを指して、厚生労働省の通知に反して「死亡事件後一年が経過し、里親が逮捕された後に」部会への検証依頼を行ったのかと見解を問われ、福祉保健局長が、「都では事件発生後、直ちに所管の児童相談所が保育所や医療機関等の関係機関から可能な限り情報収集を行いまして、事実経過を確認いたしますとともに、内部検証を開始し、児童福祉審議会における検証に向けた準備を行って」いたものの、「警察による捜査が継続されていたため、児童福祉審議会への付議は捜査状況を見きわめた上で行うものとした」と説明した。また、この事件を契機として、東京都では、2013年度より「里子に対して心理面接も定期的に行い」子どもの発達状況に応じた支援内容を充実させるとともに、「民間団体等を活用いたしまして、相談支援を行う里親支援機関事業をすべての児童相談所に拡大いたしまして、新たに夜間、休日の養育相談や定期的な訪問なども実施」することにしたという。一方で、虐待事例の発見に期待がかかる医療機関の院内虐待対策委員会の設置については、2007年度から「産科、小児科を有する二次医療機関と二次および三次救急医療機関を対象といたしまして、児童虐待への組織的対応を担う院内虐待対策委員会を設置していただくよう、各児童相談所で働きかけを行って」いるものの、都内の対象医療機関約300のうち、2011年6月現在で57医療機関に委員会が設置されているにすぎない状況であることを明らかにした。

東京都児童福祉審議会の2008年8月の答申で「虐待などにより重い情緒、行動上の問題を抱える児童に対して、生活、医療、教育の三部門が一体的な支援を行う新たな施設の整備について検討が必要であるという提言」がなされたことを受け、新たな治療的ケア施設の基本構想検討会が発足し、二年の議論を経て、2011年3月に報告書としてとりまとめられた連携型専門ケアについては、「生活、医療、教育の部門が連携して支援を行う連携型専門ケア事業を都立石神井学園において試行する」こととし、2012年度はその準備に取り組むことを明らかにしている。

(田澤　薫)

【文献23】（故）庄司順一他「性的虐待の被害確認のための面接のあり方に関する研究」（厚生労働科学研究費補助金政策科学総合研究事業『子どもへの性的虐待の予防・対応・ケアに関する研究』平成22年度総括・分担研究報告書〈研究代表者　柳澤正義〉2011年）91〜106頁
山本恒雄他「児童相談所における性的虐待対応ガイドラインの策定に関する研究」（厚生労働科学研究費補助金政策科学総合研究事業『子どもへの性的虐待の予防・対応・ケアに関する研究』平成22年度総括・分担研究報告書〈研究代表者　柳澤正義〉2011年）25〜90頁

　ガイドラインは、性的虐待、子どもの家庭内性暴力被害への対応について、児童相談所が通告

受理からの初期対応の実務に資することを目的として作成されている。

　児童相談所における性的虐待対応については、平成21年3月31日の厚生労働省通知によって改正更新された「子ども虐待対応の手引き」に実務上の留意点等が記載されており、これは現在の児童相談所の対応の基本を示している。ガイドラインはこれに追加して、より具体的な対応の強化・充実を図ることを目指すガイドラインとして作成された。

　ガイドラインは、2009年に「子どもへの性的虐待の予防・対応・ケアに関する研究（研究代表者　柳澤正義）：児童相談所における性的虐待対応ガイドラインの策定に関する研究（研究分担者　山本恒雄）」が作成したガイドライン試行版をもとに、2009年9月から2011年2月までの間に実施された合計37自治体でのモニターフィードバックや意見と情報提供、および全国児童相談所からのアンケート調査意見等を参考に作成している。

　構成は、13項目からなっており以下の通りである。1.「家庭内性暴力被害」への統一的な対応、2. あいまいな情報から始まる虐待通告情報の5分類、3. 通告要件の見直し、4. 直接接触による初期調査と調査保護の実施、5. 調査保護に伴う保護者への保護告知内容、6. 専門的な（法的）被害（事実）確認面接、7. ソーシャルワークの重要性と forensic interview の将来、8. 非加害保護者への支援、家庭内性暴力問題におけるパーマネンシー・プランニングの課題（加害者排除の原則）、10. 一時保護所での対応・ケアについて、11. 家庭内性暴力被害に遭った子どもへの中長期のケア課題、12. 子どもの性暴力被害問題と関係領域の対応体制について、13. 子どもの家庭内性暴力被害についての初期対応の将来、資料：主な自治体対象の研究活動歴が記載されている。

　そして、日本国内で実施されている専門的な（法的）被害（事実）確認面接：forensic interview 技法には、アメリカ合衆国の米国国立子ども健康および発達研究所（NICHD）の面接プロトコルの日本版（北海道大学司法面接支援室作成）と米国 CornerhHouse 日本支部の RATACTM 面接の2種類があり、基本的な聴取法には共通点が多いが、面接手法の発想には対照的なところがあると記されている。

　また、子どもの証言については、裁判所が法的証拠能力を評価して、面接法を指定している欧米のシステムとは、全く異なるわが国の実務にとって、様々な面接技法が導入され、開発されることが望ましいと指摘している。

　「児童相談所における性的虐待対応ガイドライン」は、平成20年度に児童相談所の相談実態（平成19年度）、先進地域（神奈川県・大阪府）の調査を実施した上で、平成21年度に試行版を作成した。さらに、平成22年度末までに37自治体で研修を行い、11自治体で実務における継続的なモニターを実施し、それらを踏まえて平成22年度末に作成されている。ガイドラインは、子どもに起こった被害への注目と統一的な対応を実施するために、全国の児童相談所で確認され、関連機関がその専門性を確立しながら、如何に共同対応を行うか、その課題について提起している。

　本ガイドラインは、実務レベルで見ると、性的虐待対応のガイドラインとして性的虐待が発生したときの対応フロー概要図が記載されており、どのような対応を具体的に進めていくかについて手順が示されている。また、ガイドライン作成とともに実施された様々な研修は、児童相談所および関係機関に、性的虐待対応の技法が定着するように働きかけたものとして理解することができる。

【文献24】吉野りえ「児童養護施設における性暴力への取り組みと課題――ある施設の実践を通して」『子どもと福祉』4号（2011年）22～27頁

　本論文は、児童養護施設の現場職員の立場から施設内で子ども間での性暴力が発生した場合の対応について具体的に記されている重要な文献である。施設における性暴力の問題は、とても重大であり、改善するためには多大なエネルギーと時間がかかることを指摘し、被害を受けた子ども、加害をしたことで生活場所を変えることになる子ども（措置変更）、そして、それぞれの保護者、また子どもたちに深い心の傷を負わせてしまったことを悔やむ職員の心のダメージ等、それぞれへの対応・状況について言及している。

　筆者が関わったＰ施設における性暴力対応の実践について、「性暴力への対応」「性暴力の発生予防」「性暴力に巻き込まれた子どもへのケア」「措置変更に対する対応」の4点から、取り組みを通しての変化や残された課題について検討している。施設における性問題については、職員が気になっているがどうしたらよいのかわからず、そのため具体的にどのように取り組めばよいのかがわからなかった現状、外部の性教育の先生の助言を聞き、その後の対応の方向性が明確になったこと、また児童相談所との連携が行われたことを、詳細に記述している。施設全体として、職員の勤務体制を変更し、子どもがいる時間は常に職員がいる体制に変え、子どもの安全を如何に守っているか子どもに示す姿勢を子どもたちに明らかにし、同時に回復については被害児の精神科受診、心理療法についても明らかにしている。施設としては「性トラブル対応会議」を設定して、性暴力について継続的に話し合う体制ができたことが記されている。

　性問題への対応に関する情報の共有に関しては、性暴力問題が施設の恥と捉えられ、施設間で共有化されない傾向について、限られた情報や資源の中で、性暴力の対応を行わなければならない問題点を挙げている。杉山登志郎編著による「児童養護施設における性虐待対応マニュアル」が2008年に各施設に配布されているが、職員への周知が十分ではない点についても指摘しており、子どもが安心して暮らせるような体制や環境作り、常にそれを実施するための知識・技術を身につけることを職員が意識することの重要性を示唆している。

　本論文は、施設内の性暴力について、以前は発覚を恐れて見て見ぬふりや隠していた時代、またそのようなことは発生しないと真っ向から向き合わなかった状況から抜け出しつつある現在の状況を示している。

　施設内の性暴力事例を扱った貴重な論考であり、性暴力防止にとどまらず施設のケアや施設のあり方を振り返り、ケアの向上を図るためには何が必要かについて課題を投げかけている論文となっている。

【文献25】行政管理協会「行政評価の動き　早期発見、保護支援、連携強化など勧告　総務省が児童虐待防止の政策評価で」『週刊行政評価』第2491号（2011年1月26日）6～8頁

　本報告では、総務省が2012年1月20日に、児童虐待の防止等に関する政策評価の結果をまとめ、厚生労働省と文部科学省に対して①児童虐待の発生予防、早期発見の推進、②児童虐待の早期対応から保護・支援の取組の推進、③関係機関の連携強化等を勧告したことが記されている。

　児童虐待相談件数が増加していること、虐待死亡事例も依然として後を絶たない状況に対して、総務省（行政評価局）は児童相談所、市町村等に対する実地調査と児童福祉司や小中学校担

当者等に対するアンケート調査により政策効果を把握した。児童虐待防止に関する政策評価は初めての実施であった。

　一定の効果が見られるものとして「早期対応から保護・支援」が挙げられており、その他の「発生予防」「早期発見」「関係機関の連携」の各施策に対しては不十分だとしている。

　「発生予防」については、乳児家庭全戸訪問事業と養育支援訪問事業を実施しており、3歳未満の児童虐待の発生予防に関して、一定の効果があったとしている。しかし、さらなる効果的な取り組みを検討することも勧告している。

　「早期発見」に関しては、通告に関する通知を様々な角度から発出しているが、速やかな通告の徹底が必要な場合には原因を分析した上で、徹底方策を検討することを勧告している。

　「早期対応から保護・支援」については、保護者への援助ではアセスメントが不十分であるケースも起こっているが、虐待を行った保護者への援助の結果、悪化や再発がおおむね抑制されていることが示されていた。しかし、児童相談所では、一時保護等の行政権限があることから、保護者の反発が生じているとの指摘もあった。また、アセスメントシートを利用している児童相談所・市町村では悪化率、再発率が低いことから、虐待の状況を把握し適切な判断を行うためのアセスメントシートを積極的に利用することを勧告している。

　「関係機関の連携強化」については、要保護児童対策地域協議会が設置されているが、関係機関の連携が不十分とされており、効果的に機能していないという数値38.9％について、要保護児童対策地域協議会の各種会議の活性化を図るように要請することを勧告している。

　本報告は、虐待防止施策に関する政策評価の結果を簡潔にまとめたものであるが、今後策定しなくてはならない施策、改善する必要がある事業について提起している。

（加藤　洋子）

6　教育分野

【文献26】羽間京子・保坂亨・小木曾宏「接触困難な長期欠席児童生徒（および保護者）に学校教職員はどのようなアプローチが可能か――法的規定をめぐる整理」『千葉大学教育学部研究紀要』59号（2011年）13～19頁

　不登校を含む長期欠席児童生徒の中に深刻な児童虐待ケースを含むという課題意識にたち、家庭訪問しても児童生徒に会えない等の接触困難な長期欠席児童生徒（および保護者）に学校教職員がとり得るアプローチを探る基礎作業として、保護者の就学義務とその不履行に関する法的規定と裁判例の整理から、学校教職員による家庭訪問の法的位置づけとその限界を検討した。その結果、不登校を就学義務不履行の「正当な事由」とする解釈が主流であり、保護者が監護教育を懈怠放置する場合の出席督促もなされていないのが現状であり、このことは、家庭の劣悪な社会経済的要因に起因した不登校が少なくないことを踏まえれば、ネグレクトを見逃す危険性をはらむといえる。学校教職員による家庭訪問は、学校教育法第37条第11項「教諭は、児童の教育をつかさどる」を根拠規定とする、教育活動の一環と考えられ、学年度初めの家庭訪問行事を通例としているが、家庭訪問自体を対象とした具体的な規定はない。そのため、児童虐待の疑いがあるケースであっても保護者の拒絶をおしてまで児童生徒の安全確認を行うことは、規定上は妥当性を欠いている。一方で、学校教育法施行令第20条「休業日を除き引き続き7日間出席せず」

その出席させないことについて保護者から正当な事由を聞くことができないときに、教育委員会に通知を行うとともに児童相談所に通告を行い、「児童の保護と保護者への出席督促等の措置は、並行して見当されるべきものと考えられる」(18頁) と提言されている。

【文献27】田幡秀之「学校が救える命①〜⑤完」『内外教育』6120〜6124号 (2011年11月11日〜29日)

　時事通信社が発行している教育専門情報誌である『内外教育』に5回の連載がされたものである。まず、情報誌である特性を考慮しても、児童虐待に関する論考に「学校が救える命」と表題をつけることは従来の教育領域では考えにくかった。

　表題からは、学校の取り組み次第では被虐待児童が命を落とすことにはならないという強い主張が読み取れる。言い換えれば、学齢期児童の虐待による死亡事例はその責任の一端が学校にある、という投げかけが、本特集を通して教育関係者になされたことになる。連載5回は、「失った2度の時機——東京都江戸川区児童虐待事件から」「教委が通告を後押し——親「性善説」を転換・東京都江戸川区」「見えない心の虐待——性被害も増加の兆し」「家族再統合へ——虐待通告、その後」「問題の背景を見る——子どもの虐待防止センター片倉昭子理事に聞く」からなる。5回にわたる内容は、学校の責任の追究を含む死亡事例の検証から始まり、死亡事例への教育関係者の真摯な反省から具体的な事項に変化が生じ、それが個々の事例に影響を及ぼしている実際例を紹介している。

　　　　　　　　　　　　　　　　　　　　　　　　　　　　　　　　　　　　　(田澤　薫)

7　非行分野

【文献28】富田拓「児童自立支援施設の場合」『臨床心理学』11巻5号 (2011年) 653〜658頁

　国立児童自立支援施設職員である筆者は、「国立児童自立支援施設に措置される児童の約7割が明らかな被虐待経験を持」(653頁) っている事実を踏まえて、児童自立支援施設に入所する要因としての非行を、被虐待児の行動化という捉え方をしている。さらに踏み込んで、非行を、「被虐待経験とそこからもたらされるものに対する自己治癒の試みだと考えられる」(658頁) という全く新しい見地から捉えている。そして、「被虐待経験を持つ非行少年が被害者であるとともに加害者性を持つことによって、行動化の責任を問うことにためらわないで済むことは、結果的に子どものためになっている」という実践における実感から、被虐待児の行動化においては加害者性を持つことは一般的であり、その場合に、被虐待経験への考慮から「加害者性を軽んずることは、結局子ども自身を不安定にさせ、子ども自身のためにならないのではないか」と問題提起を行っている。また、児童自立支援施設が、同質の小集団であることから、寮長寮母に対する甘えに見られるような他児の行動モデルの影響力が強く、結果的に「被虐待児の愛着行動を促進する」(657頁) ことになるという。「虐待から非行に至った子どもに対するケアにおいて重要なのは、さまざまに表出される病的な症状や行動化に対する対処よりも、この自己治癒の試みをエンパワーし、暴走することなく成功に至るように導くことではないだろうか」と呼びかけ、そこに自身を含める児童自立支援施設職員の実践があるという見方からは、児童自立支援施設のみならない児童福祉施設における被虐待児ケアの新しい地平が拓かれていく印象を受ける。

　　　　　　　　　　　　　　　　　　　　　　　　　　　　　　　　　　　　　(田澤　薫)

8　医療・保健・心理分野

【文献29】田附あえか「児童養護施設における心理職による家族支援の実態に関する研究——質問票調査の結果から」『子ども虐待とネグレクト』14巻3号（2012年）373～385頁

　本研究は、全国の児童養護施設における心理職による家族支援の実態調査の結果と、その傾向について示している。

　本調査によると、心理職による家族支援の実態は、入所児童の家族と直接会い、心理的支援を実施しているものが1割程度であり、6割以上は間接的にも家族支援に関わっていないことが明らかになった。一方、心理職からは、「心理職は家族支援に関わった方がよい」「自分は家族支援に機会があれば関わりたい」と考えており、実際には、心理職として家族支援に関わってはいないが、家族支援に強い関心を抱いている実態を提示している。

　調査対象は、全国579箇所（2010年6月現在）の児童養護施設に勤務する心理療法担当職員およびファミリーソーシャルワーカー（以下、FSW）等であった。FSW等による家族支援に関する心理職への期待等も調査項目に入っており、家族支援実践に心理職が関わることに対する施設の方針等も確認している。

　心理職が家族支援を実際に行えない理由として、勤務体制上の限界や、子どもの心理療法で時間を取られるため、家族支援まで手が回らない実態を挙げている。

　研究結果では、本調査から心理職が家族支援に関わる3つのパターンを示している。それは、①家族合同面接、親面接等直接的な家族支援を行う「直接援助型」、②直接は家族と会わないがFSW等と一緒に家族についての理解・アセスメントを行う、関係者会議に参加する等支援の可能性を検討する「間接援助型」、③子どもの内的な家族のイメージを肯定的に育んだり、子どもが語る家族像を丁寧に聞き、面会・外泊の際に子どもが感じたことや経験したことを傾聴する「子ども援助重視型」になる。そして、ソーシャルワークの支援と心理的支援を備えた家族支援の広がりを支えるモデルを作成することを課題としている。

　心理職が行う家族支援について分析している研究は、まだ散見され始めたばかりであり、制度としては、心理職の施設への配置が行われ、現在、子どもへの支援について、その活動が定着しつつある状況である。施設においての支援が、子どもと家族を含めての支援の段階に入っている現状を確認できる論文といえよう。

（加藤　洋子）

資 料

1 児童虐待関係通知
2 刑事法分野判例リスト
3 行政法分野判例リスト
4 児童虐待関係文献リスト
5 日本における児童福祉に関する年表
6 児童虐待司法関係統計
  表A　児童福祉法28条の事件
  表B　親権または管理権の喪失の宣告及びその取消し（全国家庭裁判所）
  表C　親権喪失等・児童福祉法28条の新受件数
  表D　親権者、管理権者等の職務執行停止又は職務代行者選任の申立て（全国家庭裁判所）
  表E　児童との面会又は通信の制限の申立て（全国家庭裁判所）（旧特別家事審判規則18条の2）
  表F　児童の身辺へのつきまとい又は住所等の付近のはいかい禁止の申立て（全国家庭裁判所）（旧特別家事審判規則18条の2）
  表G　保護者に対する措置に関する都道府県への勧告件数（児童福祉法28条6項）
  表H　施設入所等の措置の期間の更新回数（児童福祉法28条2項）
  表I　児童相談所における親権・後見人関係請求・承認件数
  表J　児童相談所における知事勧告件数及び家庭裁判所勧告件数
  表K　児童相談所における児童虐待相談の対応件数（立入調査・警察官の同行）
  表L　嬰児殺の検挙人員
  表M　児童虐待に係る検挙件数・検挙人員
  表N　児童虐待に係る加害者と被害者との関係（事件別）
  表O　児童虐待に係る加害者と被害者との関係（年別）

資料1　児童虐待関係通知（平成22（2010）年4月～平成24（2012）年3月

通知名	通知年月日	通知番号	概要
「臓器の移植に関する法律」の運用に関する指針（ガイドライン）における虐待を受けた児童への対応等に関する事項に係る留意事項	平成22年6月25日	厚生労働省健康局疾病対策課臓器移植対策室長通知健臓発0625第2号	患者である児童について虐待の疑いがあるかどうかの確認、その対応に関するマニュアルに手順等が示されていること、児童からの臓器提供を行う施設においては虐待対応マニュアルを整備するに当たっては、関係学会、行政機関等において作成された指針等を参照し、当該マニュアル中に、参照した指針等を明記すること等を求める通知。
居住者が特定できない事案における事件等における児童の安全確認に係る出頭要求等について	平成22年8月26日	厚生労働省雇用均等・児童家庭局総務課長通知雇児総発第0826第1号	大阪市で発生した母による2児ネグレクト死事件で、児童相談所への通告があり、訪問を重ねたにもかかわらず児童の安全確認を行えないまま事件が発生したことを受けて、居住者が特定できない場合の児童・保護者の氏名が特定できない場合の出頭要求等について、関係機関への協力要請、出頭要求制度の活用、児童・保護者の氏名が特定できない場合の出頭要求の実施等を定め、対応の徹底を求める通知。
虐待通告のあった児童の安全確認等の手引きについて	平成22年9月30日	厚生労働省雇用均等・児童家庭局総務課長通知雇児総発0930第2号	大阪市における2児ネグレクト死亡事件を受けて児童の安全確保を実施する責務を果たすため、（1）その職責を自覚し、安全確認・臨検・捜索等の権限を最優先して取り組むこと、（2）法律上与えられた権限を円滑かつ適切に行使できるよう、本手引きを最優先に活用することとともに、平素から繰り返し部内研修を行うなどとして職員の実務能力の向上を図ることと、虐待通告受理時の留意事項等、対応に関する基本的事項を定める通知。
里親委託ガイドラインについて	平成23年3月30日	厚生労働省雇用均等・児童家庭局長通知雇児発0330第9号	都道府県、政令指定都市、児童相談所設置市及びその児童相談所並びに里親会、里親支援機関、児童福祉施設等の関係機関が協働し、より一層の里親委託の推進を図るため、里親委託の意義、里親委託の方法、里親認定・登録、里親支援、里親委託された児童の権利擁護、里親制度の普及及び支援の充実を定める通知。
「民法等の一部を改正する法律」の施行について	平成23年6月3日	厚生労働省雇用均等・児童家庭局長通知雇児発0603第1号	民法等の一部改正の施行を控えて、改正法の内容を示し、改正法の了知および周知等を求める通知。
児童福祉施設最低基準等の一部を改正する省令等の施行について	平成23年6月17日	厚生労働省児童家庭局、社会・援護局障害保健福祉部長通知雇児発0617第7・障発0617第4	標記省令の改正について、児童福祉施設最低基準、児童福祉法に基づく指定知的障害児施設等の設備及び運営に関する基準、婦人保護施設の設備及び運営に関する基準、児童福祉法に基づく指定知的障害児施設等の人員、設備及び運営に関する基準の改正が施行されたことから、改正の趣旨及び内容を示す通知。
児童虐待防止対策の推進について	平成23年7月20日	厚生労働省雇用均等・児童家庭局総務課長・母子保健課長連名通知雇児総発0720第1号、雇児母発第0720第1号	「子ども虐待等による死亡事例の検証結果等について（第7次報告）」に基づき、児童の安全確認、児童早期発見のための対策強化、対応職員の専門性の確保、妊娠期からの相談・支援体制の整備・充実、虐待防止対策等を理解し、地方公共団体に児童虐待防止対策の徹底を求める通知。

平成23年7月27日	厚生労働省雇用均等・児童家庭局総務・育成環境・母子保健課長連名通知雇児総発0727第4号、雇児母発0727第3号	虐待等死亡事例検証委員会第7次報告によれば、乳幼児期の児童の虐待死が多くを占めるところから、妊娠・出産・育児期に養育支援を特に必要とする家庭を早期に把握して、速やかに支援を開始するため、妊娠・出産・保健・医療・福祉の連携体制を整備することが必要となるとの認識のもとに、市町村、医療機関には、情報提供の対象となる事例などを示した通知、都道府県の役割とともに、日本産婦人科医会等、医療機関の協力を得るため日本産科医会に、これに関連して、医療機関の協力が依頼されることとなった。
平成23年7月27日	厚生労働省雇用均等・児童家庭局総務課長通知雇児総発0727第7号	「地方公共団体における児童虐待による死亡事例等の検証について」の一部改正 検証対象の範囲、提言のあり方を改正するとともに、ヒアリングの際の留意事項について言及する。
平成23年7月27日	厚生労働省雇用均等・児童家庭局総務・家庭福祉・母子保健課長連名通知雇児福発0727第1号、雇児母発0727第1号	虐待死亡検証委員会第7次報告等で、妊娠に悩みを抱える者への相談体制の充実・周知が提言されたことを受け、妊娠等に関する相談等を必要とすることから、相談しやすい体制の整備、相談窓口の周知、各種相談窓口での対応のあり方、保護・支援制度の活用、体制整備のための経費等について市町村、都道府県の対応を求める通知。
平成23年9月1日	厚生労働省雇用均等・児童家庭局長通知雇児発0901第1	児童福祉施設最低基準の一部改正（施設長の資格要件の明確化および研修の義務化、第三者評価の義務化等）、児童福祉法施行規則の一部改正（親族里親要件の見直し、母子生活支援施設の要件の見直し、家庭的保育事業等に関する情報の提供方法の見直し、生活援助事業所の位置に関する見直し）の内容等を示す通知。
平成23年9月2日	厚生労働省令112号	地域の自主性及び自立性を高めるための改革の推進を図るための関係法律の整備に関する法律附則第4条の基準を定める省令の施行について
平成23年9月14日	政令289号	地域の自主性及び自立性を高めるための改革の推進を図るための関係法律の整備に関する法律の一部施行に伴う厚生労働省関係政令等の整備および経過措置を定める政令
平成23年10月28日	厚生労働省雇用均等・児童家庭局長通知雇児発1028第一号	地域の自主性及び自立性を高めるための改革の推進を図るための関係法律の整備に関する法律により児童福祉法等が改正され、都道府県が児童福祉施設の設備および運営について条例で定めることとされ、また都道府県等が当該条例を定めるにあたり「従うべき基準」および「参酌すべき基準」について厚生労働省令で定めることとされたことから、都道府県が条例で定める際の基準として児童福祉施設最低基準の規定について、従うべき基準および参酌すべき基準を区分する等、所用の改正を行った旨の通知であり、改正の概要が示されている。

件名	日付	番号	内容
児童養護施設等又は里親等への措置延長措置について	平成23年12月28日	厚生労働省雇用均等・児童家庭局長通知雇児発1228第2号	措置の終了までに自立生活に必要な力が身に付いているような養育の在り方が重要であることを踏まえ、自立生活能力がないまま措置解除することのないよう、18歳以降の措置継続、再措置等を適切に実施にあたり留意するとともに、中学校卒業や高校中退等で就職する児童等の措置の積極的な活用を図るべき点を示す通知。
「民法等の一部を改正する法律の施行に伴う関係政令の整備に関する政令」及び「民法等の一部を改正する法律の施行に伴う厚生労働省関係省令の整備に関する省令」の施行について	平成23年12月28日	厚生労働省雇用均等・児童家庭局長通知雇児発1228第4号	民法及び児童福祉法の改正に伴う地方自治法施行令の一部改正により、大都市に関する特例として、一定の事務が都道府県の事務として追加されることに伴い、特定の事務の処理を政令指定都市及び児童相談所設置市の処理する事務として追加されたことを示す通知。
児童相談所及び市町村の職員研修の充実について	平成24年2月23日	厚生労働省総務課長通知雇児総発0223第2号	虐待死亡事例検証専門委員会の検証結果および総務省による政策評価による勧告を踏まえ、児童福祉司等の研修について定められた通知。特に重要と考えられる新任時の研修については、児童福祉司が実務を行うにあたって必要最低限の知識を備えるための新任者の児童福祉司および児童心理司、市町村新任相談職員等の研修プログラムを示す。
児童虐待の防止等に関する政策評価（総務省統一性・総合性確保評価）について	平成24年2月23日	厚生労働省総務課長通知0223第1号	総務省による児童虐待防止等に関する政策評価により行われた勧告に対する対応を求める通知。地方公共団体に求められた要請についても示す。
児童相談所及び市町村の職員研修の充実について	平成24年2月23日	厚生労働省総務課長通知雇児総発0223第2号	「子どもの死亡事例等の検証結果等について」「児童虐待の防止等に関する政策評価書」（平成24年1月20日公表）において繰り返し資質の向上策を講ずることが提言されていること、及び総務省が実施した担当者の資質の向上について勧告されたことについて、児童福祉司、児童心理司、市町村児童家庭相談担当職員の資質の研修について、研修主体、実施方法、研修要領等について定めた通知。
子ども・子育て新システムの基本制度について	平成24年3月2日	少子化社会対策会議決定	子ども・子育て新システムの給付・事業における社会的養護施策の対象、社会的養護施策、子育て家庭を対象とすることを明示し、都道府県が、対応する専門性の高い施策を引き続き担うこと、市町村との連携を確保すること、契約による利用が著しく困難と判断した場合において、市町村が措置を行うことと、その利用により妨げる場合にも、利用者保護のための仕組みを設けることを明記する通知。
「児童相談所長、児童福祉施設の長及び里親等が行う監護・教育及び懲戒に関し、その権限の濫用禁止に関するガイドライン」について	平成24年3月9日	厚生労働省雇用均等・児童家庭局総務課長通知雇児総発0309第1号	平成23年の児童福祉法の改正により親権者等が児童福祉施設の長、児童相談所長、里親等が行う監護・教育・懲戒を不当に妨げてはならないとされたことから（同法47条4項）、「不当に妨げる行為」についての考え方、事例、これらの行為があった場合の対応について示す通知。
医療ネグレクトにより児童の生命・身体に重大な影響がある場合の対応について	平成24年3月9日	厚生労働省雇用均等・児童家庭局総務課長通知雇児総発第0309第2号	平成24年4月1日の民法一部改正法の施行に伴い、医療ネグレクトへの対応方法に変更が生じたことから、改正法の考え方に沿い必要な手続を整理等を通知した通知。これに伴い、平成20年3月31日の通知（雇児総発第0331004号）は廃止された。

772

民法等の一部を改正する法律に係る運用上の留意点について	平成24年3月9日	文部科学省初等中等教育局初等中等教育課企画課、特別支援教育課事務連絡	民法等の一部を改正する法律が平成24年4月1日から施行されるに当たり、親権者等による「監護及び教育に必要な範囲を超えて児童を懲戒することその他の監護及び教育に関し不適当な行為」により「子の利益を害する」場合には、家庭裁判所は、親権喪失のほか、親権停止の審判をすることができることとなり、これに伴い、児童相談所長等の親権代行、親権停止制度の新設に係る児童福祉法の改正が行われたところ、同改正法の児童の教育に係る改正部分に係る運用上の留意点について周知して事務連絡。
児童福祉法施行令の一部を改正する政令	平成24年3月14日	政令第47号	児童福祉法施行令の一部を改正し、児童福祉司の担当区域を定める基準を、人口おおむね5万から8万までを4万から7万までを定めた政令。
「児童福祉法施行令の一部を改正する政令」の施行について	平成24年3月14日	厚生労働省雇用均等・児童家庭局長通知雇児発0314第1号	児童福祉法施行令の一部を改正し、児童福祉司の担当区域を定める基準を、人口おおむね4万から7万までを定める基準として改めることとした政令が施行される旨の通知。
児童相談所運営指針の改正について	平成24年3月21日	厚生労働省雇用均等・児童家庭局長通知雇児発0321第2号	民法等の一部を改正する法律等の施行に伴い、児童運営指針において児童福祉施設長等と親権者等との権限との調整、親権喪失・親権停止、未成年後見人の選任等に関する改正その他、里親委託優先の原則、緊急措置の報告等としての留意事項等を改正する通知。
児童福祉法第47条第5項に基づき施設長又は里親が行う緊急措置をとった場合の都道府県又は市町村長等に対する報告等について	平成24年3月27日	厚生労働省雇用均等・児童家庭局総務課長・社会援護局障害保健福祉部障害福祉課長通知雇児総発0327第1号、雇児発0327第2号、障発0327第1号	平成24年4月1日から民法等の一部を改正する法律の施行により児童福祉施設の長又は里親等について、入所中または委託中の児童等について親権を行う者であっても監護、教育及び懲戒に関し必要な措置をとることができることとされたこと（改正児童福祉法47条3項）。さらに、児童の生命又は身体の安全を確保するために緊急の必要があると認めるときは、その親権者等の意に反してもこれらの措置をとることができること（同条5項）。その報告について整理し、了知、緊急措置の報告は親権者等の意に反したかどうかを問わず報告すべきとされることから、緊急措置の報告に際しては親権者等の意に反したかどうかを明らかにしている。
児童福祉法施行規則及び里親が行う養育に関する最低基準の一部を改正する省令の施行について	平成24年3月29日	厚生労働省雇用均等・児童家庭局長通知雇児発0329第14	小規模住居型児童養育事業（ファミリーホーム）に関し平成23年7月にとりまとめられた「社会的養護の課題と将来像」に基づき、「里親及びファミリーホーム養育指針」を定めることに併せ、省令とも、制度が目指す家庭養護の理念により所要の改正を行った旨の通知。
児童虐待に係る速やかな通告等に関する学校との連携について	平成24年3月29日	厚生労働省雇用均等・児童家庭局総務課長通知雇児総発0329第1号	文部科学副大臣より「児童虐待に係る速やかな通告等の推進について」（23文科初第1707号）が発出されたことに伴い、この通知について、児童相談所、市町村への周知を求めるとともに、要保護児童対策地域協議会における情報共有、学校・児童相談所との連携強化を図り、研修講師の派遣等、学校・教育委員会との一層の連携強化を図るよう求める通知。
児童虐待に係る速やかな通告の一層の推進について	平成24年3月29日	文部科学副大臣23文科初第1707号	平成24年1月の総務大臣から文部科学大臣に児童虐待の早期発見に係る取り組みの推進に関する勧告がなされたことを受けて、総務大臣から文部科学大臣に、速やかな通告を推進するための留意事項として、①一般的な主観により児童虐待が認められるであろうという通告義務が発生すること。②保護者への対応は市町村の児童虐待担当部署や児童相談所と連携して行うこと。③保護者との関係悪化を懸念して通告をためらわないこと。要保護児童・保護者双方の支援に資する養育支援を行うこと。④通告の躊躇を見逃さず、校内の連携を図ること。⑤児童虐待を疑うきっかけを認識すること。

773

一時保護の充実について	平成24年4月5日　厚生労働省雇用均等・児童家庭局長通知雇児発0405第27号	里親等に対する一時保護委託について適切な支援体制を確保するため、児童相談所からの一時保護委託を受ける里親等に対し、新たに一時保護委託手当を支弁することとし、対象となる児童、経費等について定める通知。
一時保護所における専門職員等の配置について	平成24年4月5日　厚生労働省雇用均等・児童家庭局長通知雇児発0405第28号	一時保護所における心理療法担当職員や個別対応担当職員の配置義務化に対応するため、児童相談所に付設する一時保護所への専任の心理療法担当職員の配置、虐待、非行等種々の問題のある児童の入所する一時保護所における個別指導等を行う個別対応職員の配置、乳児が入所している一時保護所における看護師の配置を定める通知。
家庭支援専門相談員、里親支援専門相談員、心理療法担当職員、個別対応職員、職業指導員及び医療的ケアを担当する職員の配置について	平成24年4月5日　厚生労働省雇用均等・児童家庭局長通知雇児発0405第11号	児童福祉施設に入所する児童の早期家庭復帰支援体制の強化や、被虐待児への援助体制の確保のため、被虐待児童への専門相談員等が配置されてきたが、新たに里親支援専門相談員を配置して里親支援を充実させることとした旨の通知。
児童虐待防止医療ネットワーク事業の実施について	平成24年4月5日　厚生労働省雇用均等・児童家庭局長通知雇児発0405第1号	小児医療機関の対応力の向上、医療機関と地域の関係機関との連携体制の強化等を目的に、中核的医療機関における児童虐待防止専門コーディネーターの配置、虐待対応に関する助言、教育研修等の実施を求める通知。
児童虐待への対応における警察との連携の推進について	平成24年4月12日　厚生労働省雇用均等・児童家庭局総務課長通知雇児総発0412第1号	警察との情報共有や相互協力の連携体制の一層の強化を目的に、個別事案における連携、平素からの連携、要保護児童対策地域協議会における連携の促進を求める通知。
児童虐待への対応における取組の強化について	平成24年4月12日　警察庁生活安全局少年課長・生活安全企画課長・地域課長・刑事企画課長・刑事企画課長他通知警察庁丁少初発第55号、生企発第165号、地初発第58号、捜一発第54号、丁地発第87号	児童虐待をめぐる昨今の厳しい状況に鑑み、警察と児童相談所との一層からの緊密な連絡を図るとともに、児童虐待への対応の強化の推進を求める通知。児童相談所とは個別事案の情報変化後の情報把握等、平素からの連携の強化の推進、状況の変化後の情報把握等、平素からの連携の推進、少年サポートセンターの移転等に関する研修の積極的な協力、人事交流の推進、迅速的確化と警察組織としての的確な対応の徹底としては児童の安全確認の直接確認の徹底、児童の保護、危険度・緊急度の的確な判断に関する配慮と、捜査体制の確立、児童虐待の早期発見と事件化に関する配慮と、捜査体制の確立、児童虐待事案が転居した場合の教養、危険度・緊急度の的確な判断および情報の共有、児童虐待事案の対象が転居した場合の措置について定める。
児童虐待防止対策支援事業の実施について	平成24年5月14日　厚生労働省雇用均等・児童家庭局長通知雇児発0514第1号	児童相談体制の充実が喫緊の課題であり、児童相談所の相談機能を強化し、専門性を高めることが重要になっていることから、「児童虐待防止対策支援事業実施要項」を定めて実施することとした通知。
児童福祉施設の設備及び運営に関する基準の一部を改正する省令の施行について	平成24年5月31日　厚生労働省雇用均等・児童家庭局長通知雇児発0531第3号	標記省令が改正されたことに伴い、改正法の内容（児童福祉施設の人員配置の引き上げ、個別対応職員の配置の義務化の拡大）を示して都道府県等に児童福祉施設最低基準の条例の整備を求める通知。

標題	日付	発出元・番号	内容
「子ども虐待による死亡事例等の検証結果等を踏まえた対応について	平成24年7月26日	厚生労働省雇用均等・児童家庭局総務課長通知雇児総発0726第1号、雇児母発0726第1号	「子ども虐待による死亡事例等の検証結果等について(第8次報告)」が取りまとめられたことを受けて、(1)妊娠期からの支援(2)望まない妊娠への対応(3)養育支援を要する児童(要支援児童・特定妊婦)への早期支援として 1 養育支援を要する家庭の把握及び関係部署との連携 2 各機関に応じた広報・啓発の推進として(1)若年等に向けた広報・啓発(2)通告に関する広報・啓発 3 家庭への対応(1)乳幼児健康診査等を予防のための広報・啓発(2)健診等を受診していない家庭等への対応 4 虐待対応機関における体制の充実と役割分担(1)体制整備と専門性の確保(2)児童相談所と市町村における役割分担 5 地域における関係機関の連携強化として(1)要保護児童対策地域協議会の機能強化(2)転居事例の情報共有(3)医療機関との積極的な連携 6 死亡事例等の検証(1)転居事例の検証における留意事項(2)検証報告の活用の促進 等の検証における地方公共団体間の協力について留意する旨を求める通知
「住民基本台帳の一部の写しの閲覧及び住民票の写し等の交付並びに戸籍の附票の写しの交付における被害者の児童虐待等のための措置」について	平成24年9月26日	厚生労働省雇用均等・児童家庭局総務課長通知雇児総発0926第1号	児童虐待を受けた児童等について、加害者は居住地を秘匿するため、住居の変更に伴う転居または転出及び転入の届出ができない場合があり、居住地の市町村中央自立後の単身生活等において必要な公的サービスの受給や契約等の手続に支障が生じることが懸念されているところから、各市町村長が事務を行う住民基本台帳の被害者に係る閲覧等の請求、第三者からの請求や請求事由の審査について、要件を満たさないまたは「不当な目的があるものとして閲覧等が拒否されること、本人確認や請求事由の審査がより厳格に行われる旨を加害者からの閲覧等の依頼による閲覧等を防止するため、本人確認や請求事由の審査がより厳格に行われる旨を示した通知。
措置解除に伴い家庭復帰した児童等の安全確保の徹底について	平成24年11月1日	厚生労働省雇用均等・児童家庭局総務課長・家庭福祉課長通知雇児総発1101第3号	児童福祉施設に入所していた児童等が、家庭復帰後に再び虐待を受け死亡した事例が続いていることに鑑み、一時保護や措置解除における適切なアセスメント、家庭復帰のための家庭環境等に対する支援しているところから、市区町村における児童福祉・母子保健等の関係機関、要保護児童対策地域協議会の調整機関との連携強化のための研修等の実施等について、児童相談所における児童の安全確認等対応状況等の再確認を求める通知。
養育支援を特に必要とする家庭の把握及び支援について	平成24年11月30日	厚生労働省雇用均等・児童家庭局総務課長・児童家庭福祉課長・母子保健課長通知雇児総発1130第1号、雇児母発第1号	虐待が疑われる段階から関係機関が情報を共有し、連携協力して死亡事例を未然に防止するため、市区町村の児童福祉、母子保健の児童福祉の関係機関、要保護児童対策地域協議会の関係、調整機関の調整機関において、養育支援を特に必要とする家庭について、具体的に留意すべき事項について定めた通知。
児童虐待の防止等のための医療機関との連携強化に関する留意事項について	平成24年11月30日	厚生労働省雇用均等・児童家庭局総務課長・児童家庭福祉課長・母子保健課長通知雇児総発1130第2号、雇児母発1130第2号	「子ども虐待による死亡事例等の検証結果等について(第8次報告)」を踏まえ、平成24年7月26日付け雇児発0726第1号 厚生労働省雇用均等・児童家庭局長、雇児母保健通知)を踏まえ、児童相談所及び市区町村と医療機関との積極的な連携、医療機関からの情報提供及び情報提供のあった事例への支援に関する留意点、児童相談所または市区町村から医療機関への情報提供に係る守秘義務、個人情報保護との関係、要保護児童対策地域協議会への参加要請、児童相談所から市区町村または地域協議会への情報提供に係る個人情報保護の取扱い、要保護児童対策地域協議会に提供された個人情報の取扱い、医療機関から児童相談所または児童相談所からの医療機関からの情報提供に関する関与の確認について留意点を示す通知

資料2　刑事法分野判例リスト

	判決日	裁判所	事件番号	事件名	主文	概要	掲載誌	評釈等	備考
1	H23.2.10	奈良地裁（判決）	平成22年（わ）第65号	5歳の長男に5か月以上にわたって適切な食事を与えず適切な診療を受けさせず栄養失調により長男を死亡させた保護責任者遺棄致死の事実を認めた事例（裁判員裁判）	懲役9年6月	被告人が、当時の夫と共謀の上、すでに従前から十分な食事を与えずやせ細っていた当時5歳の長男に対し、5か月以上の長期にわたって適切な食事を与えさせず、わずかな飲食物を与えるのみで放置し、その結果、長男を栄養失調により死亡させたという保護責任者遺棄致死の事案。裁判所は、本件の犯行が虐待事件の一般的な意味での典型的な虐待事件ともいえるのであって、犯行の動機や被告人の行動に合理性が欠く理解が困難なことともいえないことから、本件犯行当時、被告人が精神障害に起因する判断する能力や行動を制御する能力が著しく損なわれていることはなかったものと優に認定できるとして、被告人の責任能力を肯定し、被告人を懲役9年6月に処した。	LEX/DB インターネット		
2	H23.3.14	那覇地裁平良支部（判決）	平成22年（わ）第20号	養子である11歳の女児に対して、養親の立場を利用してわいせつな行為をした事例	懲役1年6月	被告人が、あたかも父親として子どもに添い寝をしているように装って、養子である女児（当時11歳）が13歳未満であることを知りながら、就寝中の同人の着衣の内に手を差し入れ、同人の陰部を手指で触ってもてあそぶなどして、13歳未満の女子に対してわいせつな行為をしたという強制わいせつの事案。裁判所は、本件の犯行が、養親の立場を悪用して、何の落ち度もない児童を狙ったものであり、大胆かつ卑劣な犯行であるとともに犯行態様も悪質であると判示して、被告人を懲役1年6月の実刑に処した。	LEX/DB インターネット		
3	H23.6.30	広島高裁（判決）	平成22年（う）第198号	法務教官である被告人が特別公務員暴行陵虐罪の成立を認めた原判決に対して控訴したという事案で、被告人を有罪とした原判決に事実の誤認はないと判示して、控訴を棄却した事例	控訴棄却（懲役10月・執行猶予3年）	少年院の首席専門官であった被告人が、被害少年に対して暴行及び陵辱・加虐の行為をしたという特別公務員暴行陵虐の事案。被告人が、本件当日、少年の頭部にシーツを巻き付けて死ぬように迫る旨の文言を申し向け、自分の頭部を絞めつけるよう申し向け、さらに、これを拒絶した少年には自死する旨記かれた文書を作成するよう申し向けさせ、さらに、洗濯機内において、本件少年の面前で、ビニール袋内に有毒な気体が発生しているかのように装った上、このビニール袋を本件少年の顔面に近づけて、そこから発生している有毒な気体を吸えば死ぬなどと迫るなどの一連の行為について、特別公務員暴行陵虐罪という暴行または陵虐行為に該当するものと判示し、このような行為は指導の目的があっても法務教官の職務上許されるものではないと判示し、懲役10月・執行猶予3年に処した。控訴審は、原審が認定した事実に誤認はないと認定して、控訴を棄却した。	裁判所HP	白鳥智彦・研修771, p. 25 井上宜裕・法学教室別冊付録377, p. 37	

4	H23.10.12	東京地裁立川支部（判決）	平成23年(わ)第640号	2歳に満たない長男に対して多数回殴るなどの暴行を加え、食べ物を口に押し込むなどにより低酸素脳症等の重大な過失により死亡させた事例	懲役3年	被告人が、生後約1年8か月ないし約1年11か月の時期にあった長男Aに対し、自宅において、2回にわたり、その背部を平手や棒状の物で複数回殴るなどの暴行を加え、あるいは、その後頭部を平手で殴る暴行を加え、その顔面を前面の壁に衝突させ、それぞれ、全治約1か月間を要する背部打撲、加療約1週間を要する前額部打撲、知人宅への通告を伴わない、その顔面等を殴打する暴行などを加え、この頃、児童相談所に、虐待の通告をとらなかったが、その後、当時約1歳のAに、自宅において、食パンを与える際、口の中にパン片を連続して押し込む暴行を加え、低酸素脳症から自宅に戻ってきたAを直後に病院に搬送先の病院で死亡させたという事案。裁判所は、被告人がその感情に流されてAを死亡させた事案について、被告人もAに暴行したことまでは及ばないものの、被告人もAに対して危険な行為に及んでいたこと、育児の困難を抱え、適切な相談相手がいない状況下において、犯行の当時は強いストレスを抱えていたものと認められる上、その意味で責任の一端を抱える被告人の夫は何らの措置を講じず、たびたび相談を受けていた被告人の夫は出産直後の被告人にもいっさかの対応にも全くの同情が及ばないことはいえないと、さらに、本件の実例に被告人に懲役3年の実刑を言い渡すのが相当と判示した。	LEX/DB インターネット
5	H23.11.25	岡山地裁（判決）	平成23年(わ)第279号	長女を不法に逮捕・監禁し、低体温症により死亡させた行為について、逮捕監禁致死を認めて、懲役3年6月を言い渡した事例（裁判員裁判）	懲役3年6月	以前から食べ物の万引きや盗み食いなどを繰り返していた長女B（当時16歳）に対し、それらをやめさせる目的などから顔面を手で殴るなどの暴行を加えるなどしていた被告人が、全裸のB及び首をビニール紐で縛ってBを不法な状況下で監禁にし、そのまま体温症により立ち上がれず、よって低体温症によりBを死亡させたという事案について、被告人がBを死亡させたという行為は、逮捕・監禁行為からBの死亡までが低体温症になって死亡することは通常の下であり、このような状況の下で、逮捕・監禁から被害者が低体温症になって死亡することは通常の下で、この点の被告人の行為と被害者の死との間に因果関係を認め、逮捕監禁致死の罪により懲役3年6月を言い渡した。	LEX/DB インターネット
6	H23.11.30	広島地裁（判決）	平成23年(わ)第18号	内妻の子を暴行し失血死させた事例（裁判員裁判）	懲役9年	被告人が、その自宅において、布団の上に寝ていた内妻の連れ子Aに対し、その腹部を足で踏みつけ、背中や足で蹴る暴行を加え、背中や足で踏み蹴るという傷害致死の事案。被告人が、事件について反省してしていないことや、被告人の実父がAの腹部を踏んでしまったなどの不合理な弁解を終始しており、事件について反省してしていないこと、このような被告人の弁解を受けてAの実父が事件について和解に終始し、肝挫滅の傷害を負わせてAを失血死させたという傷害致死の事犯に、被告人が誤って事件について反省してしていないことや、このような反省の態度を示していないことから、被告人に対する厳しい処罰感情を明らかにしていることなどから、被告人に懲役9年を言い渡した。	LEX/DB インターネット

7	H24.1.19	富山地裁（判決）	平成23年（わ）第100号・113号・131号	強制わいせつの公訴事実につき、被害者である11歳の少女が告訴能力を有していたことには相当な疑問が残るものとして公訴棄却を言い渡した事例	懲役13年 懲役4年 ［公訴事実の一部は公訴棄却］	同棲していた被告人A及びBにつき、Aによる傷害1件、強制わいせつ2件、準強姦2件及び強制わいせつ幇助1件、Bによる準強姦幇助2件及び強制わいせつ幇助1件が起訴されたが、裁判所は、Bの実子である13歳未満の女児Cに対しわいせつな行為をしたという公訴事実について、Cが検察官調書の作成時においては10歳11か月とまだ幼い年齢であったことや、そもそもCは告訴の意味をよく理解できていないために捜査機関が祖母に働きかけて告訴状を作成したという事実もあったことなどに照らせば、Cには告訴能力を有していたものとは認め難いと判断し、公訴棄却を言い渡した。Cによる有効な告訴があったものとは認められず、公訴棄却を言い渡した。Bの実子Dを被害者とするその他の公訴事実については有罪とし、A及びBにそれぞれ懲役13年と懲役4年を言い渡した。	LEX/DB インターネット	
8	H24.2.21	福岡高裁那覇支部（判決）	平成23年（う）第32号	強制わいせつの事案について、被害者の女児は被害申告を貫いた可能性があるため供述の信用性に疑問があるとして、原判決を破棄し無罪を言い渡した事例	破棄自判（無罪）	被告人が養女である女児（当時11歳）にわいせつな行為をしたという強制わいせつ被告事件について、原審が有罪判決を下したのに対し、被告人が控訴し、女児の供述の信用性が控訴審において争われた。裁判所は、供述内容と客観的な事実との整合性、供述内容に同種の基本的事案要素に係る具体性や合理性、虚偽の供述をなす動機が見当たらないということを理由に供述の信用性を肯定すべきではなく、むしろ供述の変遷があることなど不合理な点にこそ強い疑問が見出されるところ、具体的には、女児の他の生活場面における行動として不自然な点があることも考慮すれば、女児の当該供述は事実に基づかない可能性が高く、一時保護を貫いた可能性もあり、さらに供述の変遷にあたって、大人の関係者の意向を迎合して被害申告や告訴にあっても、子細に検討すれば供述の信用性に疑問があるものではなく、総合して被告人に無罪を言い渡すべきものとして、原判決を破棄した。	判時2175, p.106	2事件の控訴審

778

9	H24.2.28	さいたま地裁(判決)	平成23年(わ)第1716号	5歳の実子に生存に必要な保護を与えず、実子である当時5歳の被害者に十分な食事を与えず、低栄養状態に陥っていたのに、適切な医療措置を受けさせるなどの必要な保護をしなかったという保護責任者遺棄、並びに、同時期に、被害者の顔面を殴ったり蹴ったりしたという暴行の事案。裁判所は、被害者に対する食事の回数を減らし、被害者を劣悪な生活状態に置いた結果、被害者は低栄養状態となりやせ衰えていたのに、自分の楽しみを優先させようとする気持ちから、なおも被害者を病院に連れて行くことをしなかったのであり、また、被害者らに対し執拗に従前の経緯や被害者には任せきりにしていた弟の世話などと理不尽な暴行を加えたものであるなど、本件の犯行に至る経緯に酌量の余地がないことや不保護の状態が悪化していることも考え合わせれば、被告人の犯した罪と真摯に向き合っているとは認められないと考慮すると、本件事案は重く、被告人に対し刑の執行を猶予すべき事案ではないとして、被告人を懲役3年6月に処した。	懲役3年6月	裁判所HP
10	H24.2.29	東京地裁立川支部(判決)	平成21年(わ)第1259号	長女(当時5歳)の左右の上腕を掴んで上半身を揺さぶる暴行を前後に多数回強く揺さぶる暴行により長女を死亡させた事案について、日ごろの長女に対する虐待の延長線上のものであって、被告人の刑事責任は重いとして、被告人を懲役6年に処した事例(裁判員裁判)。被告人は、長女が留守番を嫌がり、聞き分けのない様子で言うことを片意地を張って向かい合った。長女に対し、両手でその左右の上腕を掴んで上半身を前後に多数回強く揺さぶる暴行を負わせ、よって、長女を急性硬膜下血腫による脳ヘルニアにより死亡させたという傷害致死の事案。裁判所は、虐待の態様について、被害者を子供部屋に平手や拳で叩くなどの身体的なものにとどまらず、長女が留守番をさせて外出しようとしたところ、長女が留守番を嫌がったため、長女を力づくで言い聞かせようと考え、食事の時にダイニングテーブルの前に正座させて1日中座らせたり絵を描かせたり、過剰ともいえる対応があり、死に至らしめる目的ではないとしても、日頃の激しい描いた方を如実に表すものであり、被告者を傷つけることが目的できるとされたことはいえないこと、なお執行を猶予しても、被告人の激しい刑事責任として、被告人を懲役6年に処した。	懲役6年	LEX/DBインターネット

11	H24.3.7	名古屋家裁(決定) 平成24年(少ハ)第40003号	医療少年院送致	保護観察中の19歳の少年による事件について、少年に知的な制約があることや、実母による虐待体験の影響等から情緒的に不安定で外傷後ストレス障害の疑いもあるものと診断されたことにより、少年を医療少年院に送致した事例	裁判所は、保護観察に付する決定を受けて保護観察に付された後、更生保護施設に居住しながら農作業等に従事していた少年について、施設の職員による指導等に不満を募らせ、施設を無断で抜け出して行方不明となり、マンガ喫茶で無銭飲食をするなどしたため、保護観察所長から、更生保護法50条1号及び同法4号所定の一般遵守事項及び「施設の決まりを守ること」との特別遵守事項に違反したとの警告等を受けながら、その後も施設からの無断外出や無銭飲食をするよう遵守事項違反を繰り返したものであって、保護観察によっては本人の改善及び更生を図ることはできないものと認められるところ、少年には知的な制約があり、実母による虐待体験の影響等から情緒的に不安定である上、外傷後ストレス障害や精神障害の疑いがあるものと診断され、現在も医療少年院等にいる本人に対する医療措置として、精神障害の治療をすることなどが相当であるので、少年の処遇勤告を付するとともに、早急に医療少年院に移送することが相当であるので、まずは医療措置終了後に中等少年院を相当の帰住先を確保するための環境調整命令を発した。	家裁月報64-8, p. 98	菅原由香・季刊教育法175, p. 105
12	H24.3.8	福岡地裁(判決) 平成23年(わ)第1153号	懲役6年6月	妻の連れ子を暴行により死亡させた事案について、日常的に虐待を続けていたわけではないと認めつつ重い刑を科すべきとして懲役6年6月を言い渡した事例(裁判員裁判)	妻の連れ子であるA(当時2歳)に対し、仕事・経済面や家族関係などの日頃のストレスから些細な点に難癖をつけ、Aの顔面を平手で多数回たたき、髪の毛をつかんで頭部をぶつけるなどの暴行を前後2度たびたび加え、一連の暴行によりAを死亡させたという傷害致死と評価すべきものであり、わずか2歳4か月の幼児に対して2日間にわたる継続的な強い暴力を加えており、日常的に虐待を振るったというような事案ではないが、親が幼い子に暴力を振るったという事案の中では重い部類の刑を科すべきであって、被告人の妻らの養育態度等が本件の背景にあることを考慮しても、相当に重い刑を科すべきと判示した。	LEX/DB インターネット	

13	H24.3.8	名古屋地裁（判決）	平成23年(わ)第2438号	実子を蹴りつけるなどして死亡させた事案について、犯行は到底いえないとしてしつけとは到底いえないとして、懲役8年6月を言い渡した事例（裁判員裁判）	懲役8年6月	被告人が、内縁関係にあった女性の実子である被害者（14歳）の胸部を数回蹴るなどの暴行を加え、前胸部等打撲に基づく急性循環不全により死亡させたという傷害致死の事案。裁判所は、被告人の本件犯行が児童相談所等の関係機関から重大な指導を受け、自制することのできないまま本件犯行に及んだものであり、また行動を慎むべき執行猶予期間中にあった被告人なりに被害者の父親であり続けたいという思いがあったとしても、理不尽に被害者を蹴りつけるという短絡的な犯行であって、しつけとは到底いえないと判示し、懲役8年6月を言い渡した。	LEX/DB インターネット
14	H24.3.16	大阪地裁（判決）	平成23年(わ)第398号	3歳と1歳の実子を自宅マンションの一室に放置して脱水を伴う飢餓により死亡させた事案について、被告児童らには殺意が認められるとして、懲役30年に処した事例（裁判員裁判）	懲役30年	被害児童ら（当時3歳及び1歳）の育児放棄をする者は他におらず、被害児童らが被告人の世話によって慢性的な低栄養状態になっていたという状況で、いまだかかわらず夏でもクーラーも効いておらず、水道も散乱してゴミと糞尿が散乱したリビングに被害児童らを置いて、リビングの扉に粘着テープを貼り付けて被害児童らが出てこられないようにし、それ以降、帰宅せずに自宅リビング内に被害児童らを約50日間もかえりみず脱水を伴う低栄養による飢餓により死亡させたという事案。裁判所は、上記のような手立てをとらないようにすることで、被害児童らが室内から立ち去ることができず、生命に危険が生じている被害児童らを死亡させる可能性があること及びその死亡の危険が日々高まっていくことを承知しながら、これら一連の作為及び不作為を行ったものと認定し、その危険を認識しているのであるから、殺人罪の成立及び未必の殺意を認めた。量刑について裁判所は、何らの罪も犯したことのない結果を与えたことに当たって、本件の量刑の軽重を決するに当たり、殺人の罪としての残虐性や結果の重大性を何よりも重視すべきであって、被害児童らの命を奪ったというのに、極度に過酷な苦痛を与えたという点で社会通念上の残虐な事案として社会に大きな衝撃を与えるとともに、悲惨な事案であった。児童虐待に対する公的制度等がより手厚く整えられるといった社会的影響も顕著である。さらに、被告人が子供らの父親や父母の祖父母らの不審慎な行動を無視するなどの育児放棄に及んだ可能性は被告人に有利な事情とはいえない、子供らの不審な見地から実母をも考慮して、一般予防の観点からの厳罰及び遺族の処罰感情にも極めて厳しいものがあると認め、児童虐待を顕著と認め、本件の犯行に至るまでの育児期間と社会との出会い一定を辿る中で、被告人自身の幼少期に孤立感を覚え、疲れた心身を癒す場を他に見出せなかったことなどは酌むべき事情と認めて、無期懲役の求刑に対し、被告人を懲役30年に処した。	裁判所HP

15	H24.3.21	大阪地裁（判決）	平成22年（わ）第1844号	被告人両名が1歳8か月の三女に対し暴行を加えて死亡させた事案の重大性から法定刑に近い懲役15年に相当であるとして、被告人両名をそれぞれ懲役15年に処した事例（裁判員裁判）	懲役15年懲役15年	被告人両名が、その三女（当時1歳8か月）に対し顔面を平手で強打するなどの暴行を加え、その結果、急性硬膜下血腫に基づく脳腫脹により死亡させたという傷害致死の事案。裁判所は、凶器の使用もなく1回手で叩いただけのものであるとはいえ、三女はすでに育児放棄に等しい不保護の状態にあったものと認められ、これが原因となる発育不良・低体重状態にあった三女に対し、急性硬膜下血腫が生じるほどの勢いをもっての右手での頭部を横殴りに叩いて床に打ち付けさせたというのであって、行為の態様は甚だ危険かつ悪質で結果も重大であるから、厳しい罰を科すべきであり、また、量刑を決めるに当たっても要素すべてを同種事案と比較することも困難であるから、本件判断の妥当性の検証や本件事案との比較のためには同種事犯の量刑傾向といっても限られている以上に厳しい罰を科することを正確に把握することが困難であると考えられ、もっとも、被告人両名の近時の法改正や社会情勢に適合させ以上に厳しい罰を科することを相当と考えられることから、傷害致死罪を防止するために法定刑の上限に近い懲役15年に処することが相当であると判示して、被告人両名をそれぞれ懲役15年に処した（求刑はそれぞれ懲役10年であった）。	LEX/DBインターネット
16	H24.3.28	福岡地裁（判決）	平成23年（わ）第1727号	福岡市こども総合相談センター所長ら児童福祉施設所措置の更新に係る家庭裁判所の審判申立てを懈怠したことの発覚を免れるため、行使の目的で審判謄本の写しを偽造して行使した事例	懲役2年執行猶予3年	被告人が、児童に係る施設入所措置期間に関する審判を家庭裁判所に求める申立てを懈怠したことが発覚しないように、同審判がなされたことを装って、行使の目的で家裁判官A名義の審判書謄本の写しを偽造した上、これをあたかも真正に成立したもののように装って提出して行使したという有印公文書偽造・同行使の事案。裁判所は、被告人が市役所職員として審判謄本の写しを偽造したものであって、その手口は巧妙で、社会的に高度の重要性を有する審判書の社会的信頼を軽視できないと判示し、執行猶予を付した有罪判決を下した。	LEX/DBインターネット

最高裁において、著しい刑不当として破棄された理由により、破棄の可能性がある判決

17	H24.3.29	大阪地裁（判決）	平成23年（わ）第4631号	妻と一緒に加えた暴行により子を死亡させた事案について、子に対する妻の執拗な叱責や暴行に誘発された暴行であることも考慮した事例（裁判員裁判）	懲役7年	被告人が、妻のBとともに、妻の連れ子で児童養護施設で育てられていたC（当時7歳）に対し日頃から継続的に身体的虐待を加えていたところ、ある日、Bと共謀の上、Cを突き飛ばして後方に転倒させ、また、Cを高い位置から布団の上に放り投げるなど、連続して激しい暴行を加え、よってCを死亡させたという傷害致死の事案。裁判所は、被告人の責任が重く刑の相当長期間の服役が必要であるとする一方で、一連の虐待行為はすべて妻の執拗な叱責や暴行から始まっており、被告人の虐待行為はこれに誘発された面があることなどを考慮して、被告人を懲役7年に処した。	LEX/DBインターネット

18	H24.7.3	名古屋高裁金沢支部(判決)	平成24年(う)第19号	被害者(告訴当時は10歳11か月)についての告訴の効力を認め、被告者の告訴能力を否定して公訴を棄却した原判決を破棄し、事件を原裁判所に差し戻した事例	破棄差戻し	被害者Cに対する強制わいせつの事実についてCによる告訴の無効を認め公訴棄却を言い渡した原審の判決に対して、検察官が控訴し、控訴審において争われた。裁判所は、親告罪とするためには告訴が訴訟条件となるが、告訴を有効とするためには告訴能力を有する者による告訴が必要であるが、告訴は、犯罪被害に遭った事実を捜査機関に申告して、犯人の処罰を求める行為であって、その効果意思は、自己の犯罪被害事実を理解し、これを申告して犯人の処罰を求める意思であるとしても、捜査機関に対して犯人の処罰を求める意思があると解するのが相当であるところ、本件では、当時10歳11か月の小学5年生であり、普通の学業成績を上げる知的能力を有しており、被害状況を具体的に申告した上で、その犯人を特定してその処罰を求める意思を申告していたのであるから、告訴能力としてはこれを備えているというべきであると判示し、原判決を破棄し、事件を原審に差し戻した。	裁判所HP	飯島泰・警察学論集65-11, p.175 三合真貴子・研修773, p.17 石山宏樹・ジュリスト臨増1453, p.179 黒澤睦・刑事法ジャーナル35, p.177 佐藤美樹・新判例解説Watch(法学セミナー増刊)12, p.169 恩田創・判価法学43-1, p.145 7事件の控訴審

資料3　行政法分野判例リスト

	判決日	裁判所	事件番号	事件名	主文	概要	掲載誌	評釈
1	H23.8.25	大阪地裁（判決）	平成23年（行ウ）第39号	児童福祉法による一時保護決定取消請求事件	棄却（確定）	平成23年1月29日に頭部及び頸部を刃物で切られる障害を負い緊急搬送されたX1（小学3年）について、意識障害があったことから尿中薬物検査を実施したところX1の尿からベンゾジアゼピンの成分が検出され、さらに実母であるX2から薬を飲まされたことをX1から告げられた看護師の報告を受けた病院担当者は、X1が睡眠薬を飲まされたという虐待を受けた疑いがある旨をY市児童相談所に通報し、これを受けたY市児童相談所は、児童福祉法33条に基づきX1を一時保護する本件である。これに対して、X1及びX2が本件一時保護決定の取消しを求めたのが本件である。裁判所は、①X1が虐待を受けたことをX1から聞いたとする看護師の供述の信用性等の逸脱があるか否かが本件一時保護の要否を判断するに当たり、一時保護児童の供述の信用性等の逸脱の判断等に当たり、一時保護児童がその裁量権を逸脱したとはいえない、②本件一時保護決定の手続に違法はないといえず、処分行政庁がその裁量権を濫用したとは認められないとして、本件一時保護決定の適法性が認められるとし、X らの請求を棄却した。	判例地方自治362, p. 101	
2	H23.12.27	大阪地裁（決定）	平成23年（行ク）第123号	一時保護処分の効力執行停止申立事件	却下（抗告）	A（平成22年生）についてY市児童相談所長の行った児童福祉法33条に基づく一時保護決定について、Aの両親であるXらが提起した一時保護処分の効力執行停止申立事件（Xらは、本案として、一時保護決定の取消しを求めている）。平成23年1月21日にXらがAを1メートル程度の高さから誤って落として緊急外来に来院し、その後平成23年11月10日に診察した病院からAが左大腿骨骨折と診断されたことなどを受けて、なるものである。裁判所は、①Aが生後1年に満たない間に二度の家庭内での落下事故に遭っていることなどから、一時保護をすべきであるとした処分行政庁の判断がいずれも不合理であるとはいえず、AにつきXらから一時保護を図る必要性があるとはいえ、Aへの虐待を疑う処分行政庁の判断に裁量の逸脱濫用があるとはいえず、②本件一時保護決定の手続的瑕疵があるとして一時保護決定に手続的瑕疵があるとはいえず、本件一時保護決定の手続に違法に違反するとは認められないとして、本件申立てを却下した。	判例地方自治367, p. 69	

3	H24.10.30	横浜地裁（判決）平成21年（ワ）第2425号	損害賠償請求事件	一部認容一部棄却（控訴）	A（3歳）が入院していた医療機関B（設置主体Y1）は、Aの両親であるXらがAに十分な栄養を与えておらず、必要な治療等を受けさせていないとして、平成18年6月16日に児福法25条に基づく通告を行い、児童相談所（設置主体Y2）は、7月3日に児福法33条に基づく一時保護をAに行ったが、Aには卵等の食物アレルギーがあったが、7月27日に、アレルギー源を含む竹輪をAに誤って食べさせ、同日Aはアナフィラキシーショックによって死亡した。Xらは、①本件通告が虚偽の事実に基づくものであり、本件一時保護決定も違法であるとして、Y1に対して債務不履行又は不法行為に基づき、Y2に対して国家賠償法1条1項に基づきそれぞれ損害賠償を請求するとともに、②児童相談所職員がAにアレルギー源を含む竹輪を食べさせたためにAが死亡したとして、Y2に対して国家賠償法1条1項に基づく損害賠償を請求した。裁判所は、①本件通告についてのXの請求を棄却した上で、②については、Xらによる栄養ネグレクト・医療ネグレクトを認めて、これらについての本件一時保護の合理性、本件一時保護の必要性及び合理性、②児童相談所職員がアレルギー源を含む食品をAに誤って食べさせて死亡させた点について、Xらの損害賠償請求を一部認容した。	判例時報2172, p. 62 判例タイムズ1388, p. 139

著者・筆者	発行年	著書・論文等タイトル	編集者名	著者名・雑誌名（巻号）	ページ	出版社
新島一彦	2010.4	養子制度の課題と展望―未成年養子を中心に（特集 家族法改正の課題と展望）		法律時報 82-4	23-27	日本評論社
伊藤暢章	2010.4	未成年者に対する輸血強制と親権者の職務執行停止―実例に基づく問題点の考察		法律時報 82-4	84-89	日本評論社
吉田恒雄	2010.4	親権法の見直し 児童虐待防止に関する親権制度改正の経緯と課題（行政 up to date8）		そだちと臨床 8	58-62	明石書店
	2010.4	特集 子どものための親権法をめざして		法と民主主義 447	2-45	日本民主法律家協会
内藤光博	2010.4	特集にあたって（特集 子どものための親権法をめざして）		法と民主主義 447	2-3	日本民主法律家協会
広渡清吾	2010.4	国家と家族―家族法における子の位置（特集 子どものための親権法をめざして）		法と民主主義 447	4-9	日本民主法律家協会
岩志和一郎	2010.4	児童の権利条約からみた親権法（特集 子どものための親権法をめざして）		法と民主主義 447	10-15	日本民主法律家協会
家永登	2010.4	親権行使における意見の対立―医療行為を中心に（特集 子どものための親権法をめざして）		法と民主主義 447	16-21	日本民主法律家協会
鈴木博人	2010.4	親権濫用論の限界と親権制限制度の課題（特集 子どものための親権法をめざして）		法と民主主義 447	22-27	日本民主法律家協会
椎名規子	2010.4	離婚後の共同親権―イタリアにおける共同分担監護の原則から（特集 子どものための親権法をめざして）		法と民主主義 447	28-33	日本民主法律家協会
木山敦	2010.4	婚外子への親権（特集 子どものための親権法をめざして）		法と民主主義 447	34-40	日本民主法律家協会
大塚正之	2010.4	家事事件手続における子の参加の保障（特集 子どものための親権法をめざして）		法と民主主義 447	41-45	日本民主法律家協会
西谷祐子	2010.4	ドイツにおける児童虐待への対応と親権制度（二完）		民商法雑誌 142-1	1-56	
許末恵	2010.4	児童相談所に対する児童福祉法に基づく指導措置の勧告（東京家裁平成20年7月14日審判）		民商法雑誌 142-1	101-108	
河津英彦	2010.4	子どもの生命危機と虐待―全国児童相談所調査を手がかりに		社会福祉研究 107	2-11	
小林美智子	2010.4	基調講演 虐待問題が日本の社会に鳴らした警鐘―児童虐待防止法までの10年、その後の10年、そしてこれからの10年―（特集 日本子ども虐待防止学会第14回学術集会（埼玉大会）一児童虐待防止法制定10周年記念シンポジウム）	日本子ども虐待防止学会	子どもの虐待とネグレクト 12-1	8-24	日本子ども虐待防止学会
平湯真人	2010.4	虐待防止システムの進歩と法律の役割（特集 日本子ども虐待防止学会第14回学術集会（埼玉大会）一児童虐待防止法制定10周年記念シンポジウム）	日本子ども虐待防止学会	子どもの虐待とネグレクト 12-1	25-27	日本子ども虐待防止学会
徳永雅子	2010.4	児童虐待防止法と母子保健援助論―虐待への気づきと支援を振り返って（特集 日本子ども虐待防止学会第14回学術集会（埼玉大会）一児童虐待防止法制定10周年記念シンポジウム）	日本子ども虐待防止学会	子どもの虐待とネグレクト 12-1	28-31	日本子ども虐待防止学会
青木孝志	2010.4	児童虐待防止法前の児童相談所の取り組みー児童虐待防止活動をとおして（特集 日本子ども虐待防止学会第14回学術集会（埼玉大会）一児童虐待防止法制定10周年記念シンポジウム）	日本子ども虐待防止学会	子どもの虐待とネグレクト 12-1	32-34	日本子ども虐待防止学会

著者	年月	タイトル		掲載誌	頁	出版社
森田展彰・德山美知代	2010.4	日本の児童福祉施設における被虐待児童の持つアタッチメントの問題に対する援助（特集 日本子ども虐待防止学会第14回学術集会（埼玉大会）―国際シンポジウム「虐待とアタッチメント」）	日本子ども虐待防止学会	子どもの虐待とネグレクト 12-1	49-51	日本子ども虐待防止学会
坂本雅子	2010.4	活動報告 市民がつくる社会的養護―子どもの村福岡 日本子ども虐待防止学会第14回学術集会（埼玉大会）	日本子ども虐待防止学会	子どもの虐待とネグレクト 12-1	93-98	日本子ども虐待防止学会
岩井宜子	2010.4	ファミリー・バイオレンス（第2版）			-	尚学社
岩井宜子	2010.4.2	社説拝見［2010年］3月前期 孤立した家庭で児童虐待		厚生福祉 5715	12-14	時事通信社
	2010.5	児童虐待防止のための親権制度研究会報告書		家庭裁判月報 62-5	97-212	最高裁判所
笠原正洋	2010.5	児童養護施設入所措置の更新が認容された事例		教育と医学 58-5	406-413	慶應義塾大学出版会
田中通裕	2010.5	市町村児童虐待防止ネットワークとコミュニティーシャルワーク（特集 コミュニティーソーシャルワーク 今、必要な子育て支援とは）		民商法雑誌 142-2	245-252	有斐閣
山野則子	2010.6	子ども虐待と臨床歯科法医学（第46回日本犯罪学会総会報告―シンポジウム 歯科法医学の新しい展開）	日本地域福祉研究所	コミュニティソーシャルワーク 5	32-42	中央法規出版
都筑民幸	2010.6	児童虐待の防止等のための学校、教育委員会等の的確な対応について（通知）（特集 家庭教育支援の充実について）		犯罪学雑誌 76-3	77-81	日本犯罪学会
金子勇	2010.6	都市の児童虐待とコミュニティ・ケア（特集 社会政策研究のニュー・フロンティア）	文部科学省	教育委員会月報 62-3	53-55	文部科学省
古野豊秋	2010.6	憲法における家族―親の人権と子どもの人権		社会政策研究 10	122-145	東信堂
戸野典子	2010.6	海外法律情報 ドイツー児童虐待の防止のために			-	尚学社
増沢高	2010.6.15	情緒障害児短期治療施設の援助と子どもたちの姿		ジュリスト 1402	73	有斐閣
平湯真人	2010.7	特集 児童虐待防止法制定10年で見えてきたもの		家庭裁判月報 62-7	1-58	最高裁判所
吉田恒雄	2010.7	児童虐待防止法制定から10年を振り返って（特集 児童虐待防止法制定10年で見えてきたもの）		子どもと福祉 3	29-53	明石書店
川崎二三彦・川島順子・山口薫他	2010.7	親権制度見直し 研究会で何が議論されたのか（特集 児童虐待防止法制定10年で見えてきたもの）		子どもと福祉 3	30-34	明石書店
	2010.7	座談会 初期対応強化だけでは虐待は防げない。今こそ虐待予防の総合的な対策を（特集 児童虐待防止法制定10年で見えてきたもの）		子どもと福祉 3	35-40	明石書店
加藤洋子	2010.7	児童虐待防止最前線 児童相談現場が抱える苦悩と課題（特集 児童虐待防止法制定10年で見えてきたもの）		子どもと福祉 3	41-48	明石書店
津崎哲郎	2010.7	児童虐待防止対策からみえる家族にとっての社会的支援		子どもと福祉 3	49-53	明石書店
山野良一・斎藤真大	2010.7	特集 子ども虐待と社会的支援		住民と自治 567	117-127	自治体研究社
	2010.7	子ども虐待の背景と社会的支援の基本課題（特集 子ども虐待と社会的支援）		住民と自治 567	6-23	自治体研究社
	2010.7	子ども虐待が問いかけるもの―児童虐待防止法10年の到達点と私たちの課題（特集 子ども虐待と社会的支援）		住民と自治 567	7-10	自治体研究社
	2010.7			住民と自治 567	11-14	自治体研究社

著者	発行年月	タイトル	誌名	巻号	ページ	出版社
渡部たづ子	2010.7	世田谷区の児童虐待予防の取り組み―東京都世田谷区（特集 子ども虐待と社会的支援）	住民と自治 567		18-20	自治体研究社
角田幸代	2010.7	要保護児童対策地域協議会が子ども虐待防止に果たす役割―神奈川県横須賀市（特集 子ども虐待と社会的支援）	住民と自治 567		21-23	自治体研究社
斎藤太	2010.7	自分が3人欲しい―児童相談所 第一線の苦悩―埼玉県・東京都（特集 子ども虐待と社会的支援）				アスキー・メディアワークス
南部さおり	2010.7	代理ミュンヒハウゼン症候群				最高裁判所
田中智子	2010.8	親権喪失宣告等事件の実情に関する考察	家庭裁判月報 62-8		1-61	
石田文三	2010.8	実務法学の現場（1） 親権とは何か		日本子ども虐待防止学会 子どもの虐待とネグレクト 12-2	243-249	日本子ども虐待防止学会
古畑淳	2010.8	児童福祉法・児童虐待防止法―その立法動向と課題（特集 子どもの権利基本法の提言と子ども法制の転換）	子どもの権利研究 17		10-16	日本評論社
	2010.8.10	児童虐待の摘発、過去最多―実父や養父7割を占める・警察庁	厚生福祉 5749		14	時事通信社
平田厚	2010.8.30	親権者と子どもの福祉―児童虐待時代に親の権利はどうあるべきか			-	明石書店
岩本泉 竹林千賀子 大西由香里	2010.9	北海道立保健所が取り組む児童虐待予防活動―その成果と課題	保健師ジャーナル 66-9		840-846	医学書院
大久保真紀	2010.9	児童虐待防止法制定後の虐待の現状（特集 子どもの命と育ちをまもる）	月刊福祉 93-11		12-15	全国社会福祉協議会
衣斐哲臣	2010.9	児童虐待対応の最前線としての児童相談所の取り組み（特集 子どもの命と育ちをまもる）	月刊福祉 93-11		16-19	全国社会福祉協議会
菅原哲男	2010.9	虐待を受けた子どもや家族への関わり（特集 子どもの命と育ちをまもる）	月刊福祉 93-11		20-23	全国社会福祉協議会
高田治	2010.9	情緒障害児短期治療施設における被虐待児支援（特集 子どもの命と育ちをまもる）	月刊福祉 93-11		24-27	全国社会福祉協議会
杉山登志郎	2010.9	子ども虐待への医療機関を核とした子どもと親へのケア（特集 子どもの命と育ちをまもる）	月刊福祉 93-11		32-35	全国社会福祉協議会
茂籠知美	2010.9	地域連携で取り組む虐待予防（特集 子どもの命と育ちをまもる）	月刊福祉 93-11		36-39	全国社会福祉協議会
前川寿子	2010.9	児童虐待対応にかかる児童相談所と医療機関との組織化実践に関する研究的取組―児童相談所における医療的機能強化事業の構築	厚生労働 65-9		46-51	中央法規出版
松宮透高 井上信次	2010.9	児童虐待と親のメンタルヘルス問題―児童福祉施設への量的調査にみるその実態と支援課題	厚生の指標 57-10		6-12	厚生労働統計協会
青木悦	2010.Aut.	支配・被支配の関係から見抜く―「教育」「しつけ」という名の児童虐待を減らすために（特集 虐待の構造―虐待からどう抜け出すか）	福祉労働 128		8-16	現代書館
井上仁	2010.Aut.	子どもの権利擁護から見えた児童虐待防止法の課題―法改正と制度の整備（特集 虐待の構造―虐待からどう抜け出すか）	福祉労働 128		17-27	現代書館
山野良一	2010.Aut.	子ども虐待への棄民政策―児童相談所から見える子ども虐待問題（特集 虐待の構造―虐待からどう抜け出すか）	福祉労働 128		28-37	現代書館

著者	日付	タイトル	雑誌	ページ	出版社
高橋亜美	2010.Aut.	自立援助ホームから見た子どもの虐待、虐待を受けた子どもの支援とは―自立援助ホームにある注の取組から (特集 虐待の構造からどう抜け出すか)	福祉労働 128	38-46	現代書館
松山容子	2010.Aut.	病院の緊急外来から見える虐待の諸相 (特集 虐待の構造からどう抜け出すか)	福祉労働 128	47-54	現代書館
安藤由紀	2010.Aut.	子どもの虐待防止の取組み―民間のNPOの取組みから (特集 虐待の構造からどう抜け出すか)	福祉労働 128	100-106	現代書館
	2010.9.15	〈シリーズ〉ファミリー・バイオレンス Ⅰ児童虐待	ジュリスト 1407	81-105	有斐閣
川﨑二三彦	2010.9.15	児童虐待の実情と課題―対応現場で見えるもの (〈シリーズ〉ファミリー・バイオレンス Ⅰ児童虐待)	ジュリスト 1407	82-86	有斐閣
横田光平	2010.9.15	「関係」としての児童虐待と「親による」で養育される子どもの権利 (〈シリーズ〉ファミリー・バイオレンス Ⅰ児童虐待)	ジュリスト 1407	87-94	有斐閣
西澤哲	2010.9.15	子ども虐待―虐待傾向のある親の心理の理解と支援 (〈シリーズ〉ファミリー・バイオレンス Ⅰ児童虐待)	ジュリスト 1407	95-101	有斐閣
白井京	2010.9.15	海外の動向―韓国 (〈シリーズ〉ファミリー・バイオレンス Ⅰ児童虐待)	ジュリスト 1407	102-105	有斐閣
横田光平	2010.9.30	子ども法の基本構造	-	-	信山社
	2010.10	特集 児童虐待を考える	人権と部落問題 62-12	6-48	部落問題研究所
櫻谷眞理子	2010.10	子ども虐待―介入と援助について考える (特集 児童虐待を考える)	人権と部落問題 62-12	6-15	部落問題研究所
田中幹夫	2010.10	「児童虐待防止法」から10年 (特集 児童虐待を考える)	人権と部落問題 62-12	16-23	部落問題研究所
山野良一	2010.10	アメリカと日本の現場から見える子ども虐待 (特集 児童虐待を考える)	人権と部落問題 62-12	24-31	部落問題研究所
仙田富久	2010.10	児童虐待・子ども人権と私たちの運動 (特集 児童虐待を考える)	人権と部落問題 62-12	32-39	部落問題研究所
菅江佳子	2010.10	子どもの相談現場現場から―社会福祉法人子どもの虐待防止センターの取り組み (特集 児童虐待を考える)	人権と部落問題 62-12	40-48	部落問題研究所
	2010.10	性的虐待を受けた子どもたち 子ども性―児童養護施設での性の課題とその取り組み (特集 子どもと性―児童養護施設からのメッセージ)	Sexuality 48	54-67	エイデル研究所
	2010.10	性的虐待への法的対応を求めます (特集 子どもと性―児童養護施設からのメッセージ) 児童養護施設からの提言	Sexuality 48	90-97	エイデル研究所
望月由紀子 篠原亮次 他	2010.10	被虐待児の育児環境の特徴と支援に関する研究	厚生の指標 57-12	24-30	厚生統計協会
上松幸一 笹川宏樹 伏見真理子	2010.10	こんなときどうする？ 事例で学ぶ市区町村の児童家庭相談―児童虐待相談への対応 初期段階編 (特集 児童家庭相談 はじめの一歩、二歩、三歩)	そだちと臨床 9	110-116	明石書店
藤井美江	2010.10	被措置児童の虐待防止と権利擁護―里親家庭で生活する子どもの権利ノート (特集 子どもからみた里親制度)	里親と子ども 5	21-26	明石書店
岩城正光	2010.10	法制定後の児童虐待対策の現状と課題 (特集 母子保健をめぐる今日的課題)	公衆衛生 74-10	854-859	医学書院
川﨑二三彦	2010.10.4	教育の危機管理 (実務編) 児童虐待への対応で、学校管理職がやるべきこと (1) 管理職には、子どもだけでなく、保護者や教職員を守る義務が存在する	週刊教育資料 1134	20-21	教育公論社

著者	年月日	タイトル	誌名	号	ページ	出版社
川崎二三彦	2010.10.11	教育の危機管理（実務編）児童虐待への対応で、学校管理職がやるべきこと（1） 2004年の「岸和田中学生虐待事件」のころから変わらない虐待発見の難しさ	週刊教育資料 1135		18-19	教育公論社
川崎二三彦	2010.10.15	教育法規あらかると 児童虐待死事件と保護者啓発	内外教育 6029		19	時事通信社
川崎二三彦	2010.10.18	教育の危機管理（実務編）児童虐待への対応で、学校管理職がやるべきこと（3）虐待の通告に慎重な学校現場。阻害要因を直視し、取り除く勇気を持とう	週刊教育資料 1136		20-21	教育公論社
川崎二三彦	2010.10.25	教育の危機管理（実務編）児童虐待への対応で、学校管理職がやるべきこと（4）児童相談所に、通告する場合に管理職が踏まえておきたい四つの注意点	週刊教育資料 1137		18-19	教育公論社
厚生労働省雇用均等・児童家庭局総務課虐待防止対策室	2010.11	特集 児童虐待防止対策の推進について——「見すごすな 幼い子どものSOS—児童虐待防止法施行10年を迎えて	厚生労働 65-11		4-15	中央法規出版
安部計夫	2010.11	なぜ児童ポルノは規制されるのか？――児童の性的虐待・偏執的趣味（ペドフェリア）からの保護（児童ポルノ禁止法を考える）	法学セミナー 55-11		37-39	日本評論社
	2010.11	特集 医療ネグレクト	子どもの虐待とネグレクト 12-3	日本子ども虐待防止学会	318-367	日本子ども虐待防止学会
宮本信也	2010.11	医療ネグレクトとは（特集 医療ネグレクト）	子どもの虐待とネグレクト 12-3	日本子ども虐待防止学会	318-334	日本子ども虐待防止学会
柳川敏彦	2010.11	医療の場における医療ネグレクトの実態と課題（特集 医療ネグレクト）	子どもの虐待とネグレクト 12-3	日本子ども虐待防止学会	335-344	日本子ども虐待防止学会
山本恒雄	2010.11	児童福祉の場における医療ネグレクトの実態と課題――ヘルスケア・ネグレクトという考え方を含めて（特集 医療ネグレクト）	子どもの虐待とネグレクト 12-3	日本子ども虐待防止学会	345-353	日本子ども虐待防止学会
磯谷文明	2010.11	医療ネグレクトに関する法的論点（特集 医療ネグレクト）	子どもの虐待とネグレクト 12-3	日本子ども虐待防止学会	354-362	日本子ども虐待防止学会
石田文三	2010.11	精神科の治療と親の同意（特集 医療ネグレクト）	子どもの虐待とネグレクト 12-3	日本子ども虐待防止学会	363-367	日本子ども虐待防止学会
浜田雄久	2010.11	実務法学の現場（2）法的対応における親等の有する当事者的地位	子どもの虐待とネグレクト 12-3	日本子ども虐待防止学会	379-385	日本子ども虐待防止学会
	2010.11.26	虐待防ぐ、連携の試み――2児死亡事件後の大阪市児童相談所	厚生福祉 5773		2-3	時事通信社
中田裕康	2010.12.22	家族法改正－婚姻・親子関係を中心に			-	有斐閣
髙田清恵	2010.12	スウェーデンにおける児童虐待防止に関する法制度と現状――予防から被害児童のケアまで（その1）	国民医療 278		17-23	国民医療研究所
市村彰英	2010.12	被虐待児家族とのコミュニケーションスキル（小児看護に必要なコミュニケーションスキル）	小児看護 33-13（通号 421）		1828-1832	へるす出版
谷澤隆邦	2010.12	小児臓器移植と虐待問題（臓器移植―脳死下における臓器移植を考える―小児臓器移植）	日本臨床 68-12（通号 989）		2339-2346	日本臨床社
井上登生	2010.12	虐待を受けている子どもの症状、親への対応（第20回日本外来小児科学会年次集会ワークショップ）	メディカル朝日 39-12（通号 469）		34-36	朝日新聞社
	2010.12	「児童虐待防止のための親権に係る制度の見直しに関する中間試案」について	家庭裁判月報 62-12		149-218	最高裁判所

著者	年月	タイトル	掲載誌	ページ	発行所
髙田清恵	2010.12	スウェーデンにおける児童虐待防止に関する法制度の特徴と現状―予防から被害児童へのケアまで（その2）	国民医療 279	17-24	国民医療研究所
池谷和子	2010.12	国際家族法研究会報告（第13号）児童虐待と親権制度をめぐる昨今の論議	東洋法学 54-2（通号117）	197-204	東洋大学法学会
奥山眞紀子	2010.12	死亡や脳死状態の小児への虐待判断と対応（日本小児科学会プロジェクト企画 第113回日本小児科学会学術集会シンポジウム報告 小児の脳死臓器移植、小児科にとっての問題点）	日本小児科学会雑誌 114-12	1988-1995	日本小児科学会
平山真理	2010.12	米国における児童虐待の防止、介入プログラムから何を学ぶのか―米国の専門家2人を招いて	白鷗法學 17-2（通号36）	164-178	白鷗大学法学部
高岡昂太	2010.12	子どもを虐待する養育者との対時的関係に対する児童相談所臨床家のアプローチのアウトリーチから始まる関係構築の構造	心理臨床学研究 28-5	665-676	日本心理臨床学会
梅澤彩	2010.12	代理によるミュンヒハウゼン症候群―児童虐待としての概念と対応について	摂南法学 42・43	229-250	摂南大学法学部
濱崎由紀子	2010.12	虐待事案に対する介入システムの問題点と今後の展望―被虐待児のトラウマケアを中心に	現代社会研究 13	63-71	京都女子大学現代社会学部
長田美穗	2010.12	米国からの便り 子供の性虐待に関する中西部会議（ウィスコンシン州立大学マディソン校主催）報告（1）被虐待児への治療効果が注目されるトラウマ志向認知行動療法	女性の安全と健康のための支援教育センター通信 28	23-25	女性の安全と健康のための支援教育センター
小野善郎	2010.12	代理ミュンヒハウゼン症候群「病気」としての子ども虐待の再考	子育て支援と心理臨床 2	98-102	福村出版
小平隆太郎 佐藤茉穂 髙橋桃子 大久保修 惠良美津子 秋元有子	2010.12	虐待における詐病または代理ミュンヒハウゼン症候群に関する検討 感情語の使用	小児の精神と神経 50-4	450-451	日本小児精神神経学会アークメディア
仲真紀子	2010.12	子どもによるポジティブ、ネガティブな気持ちの表明―安全、非安全状況にかかわる	発達心理学研究 21-4	365-374	日本発達心理学会
谷口泰 岡村季光	2010.12	平成19年度熊本市内の保・幼・小・中学校保護者を対象とした児童虐待防止における意識に関する調査研究―就労有無との関係	奈良保育学院研究紀要 14	15-22	奈良保育学院
総務省行政評価局	2010.12	「児童虐待の防止等に関する意識等調査」結果報告書	-	-	総務省行政評価局
	2010.12	子ども虐待・ネグレクトの研究―問題解決のための指針と提言	アン・C・ピーターセン 多々良紀夫監訳	-	福村出版
棚瀬孝雄	2010.12	司法制度の深層―専門性と主権性の葛藤	-	-	商事法務
	2011	子ども虐待―子どもの命とこころを守る（第58回精神保健シンポジウム（浜松））	心と社会 42-1（通号143）	9-43	日本精神衛生会

著者	年	タイトル		雑誌名	巻号	頁	出版社
杉山登志郎	2011	子ども虐待―子どもの命とこころを守る		心と社会 42-1 (通号 143)		12-15	日本精神衛生会
奥山眞紀子	2011	STOP ザ 性虐待―子どもの命とこころを守る (第58回精神保健シンポジウム (浜松))		心と社会 42-1 (通号 143)		16-22	日本精神衛生会
田中哲	2011	子ども虐待の後遺症とその治療 (第58回精神保健シンポジウム (浜松) 子ども虐待―子どもの命とこころを守る)		心と社会 42-1 (通号 143)		23-32	日本精神衛生会
和田一郎	2011	子ども虐待の評価―子どもの視点から (第58回精神保健シンポジウム (浜松) 子ども虐待―子どもの命とこころを守る)		心と社会 42-1 (通号 143)		33-38	日本精神衛生会
恒田絵美	2011	ファミリーホームという家族の中で (第58回精神保健シンポジウム (浜松) 子ども虐待―子どもの命とこころを守る)		心と社会 42-1 (通号 143)		39-43	日本精神衛生会
	2011	特集 医療的・心理的ケアを要する児童への支援のあり方について―二次的障害克服に向けた専門機関との連携及びシステムづくり		非行問題 217		46-136	全国児童自立支援施設協議会
松村光男	2011	二次的障害を抱える被虐待女子児童への支援のあり方について (特集 医療的・心理的ケアを要する児童への支援のあり方について―二次的障害克服に向けた専門機関との連携及びシステムづくり)		非行問題 217		50-64	全国児童自立支援施設協議会
大河内千里	2011	性的虐待を受けた児童への支援から―心理的ケアを要する児童への支援のあり方について―二次的障害克服に向けた専門機関との連携及びシステムづくり		非行問題 217		76-90	全国児童自立支援施設協議会
舩越昌一・武内美知代	2011	被虐待児に対する処遇と社会資源の活用 (特集 医療的・心理的ケアを要する児童への支援のあり方について―二次的障害克服に向けた専門機関との連携及びシステムづくり)		非行問題 217		110-120	全国児童自立支援施設協議会
相澤仁	2011	施設内虐待を予防するために―基本を踏まえてあたりまえのことをあたりまえに		非行問題 217		174-192	全国児童自立支援施設協議会
實石哲夫	2011	第三十五回資生堂児童福祉海外研修報告 アメリカで推進されている児童虐待防止活動と虐待を受けた子どもたちの心の傷を癒す最新知識とその実践方法を学ぶ		非行問題 217		204-210	全国児童自立支援施設協議会
横山美江	2011	こども虐待と人権擁護―虐待予防の方略 (第6回大阪市立大学大学院看護学研究科講演 シンポジウム 看護ケア の中で人権をまもる)		大阪市立大学医学部看護学雑誌 7		94-97	大阪市立大学医学部看護学科
山田不二子	2011	子ども虐待対応における警察の役割		警察政策 13		25-58	警察政策学会
	2011	虐待・暴力に対する法制度/医療制度改革		社会保障法 26		1-216	立花書房 / 日本社会保障法学会
古橋エツ子	2011	シンポジウムの趣旨と構成 (虐待・暴力に対する法制度/医療制度改革) (〔日本社会保障法学会〕第57回大会 シンポジウム 虐待・暴力に対する法制度・暴力に対する法制度の課題―各国比較をふまえて)		社会保障法 26		5-10	法律文化社 / 日本社会保障法学会
金川めぐみ	2011	虐待・暴力に関する国際基準からの考察 (虐待・暴力に対する法制度/医療制度改革) (〔日本社会保障法学会〕第57回大会 シンポジウム 近親者からの虐待・暴力に対する法制度の課題―各国比較をふまえて)		社会保障法 26		11-25	法律文化社 / 日本社会保障法学会
廣瀬真理子	2011	近親者からの虐待の定義と位置づけ (虐待・暴力に対する法制度/医療制度改革) (〔日本社会保障法学会〕第57回大会 シンポジウム 近親者からの虐待・暴力に対する法制度の課題―各国比較をふまえて)		社会保障法 26		26-38	法律文化社 / 日本社会保障法学会

著者	年	タイトル	掲載誌	巻号	頁	発行
高田清恵	2011	近親者からの虐待・暴力の早期発見と一時保護（虐待・暴力に対する法制度／医療制度改革）（[日本社会保障法学会］第57回大会 シンポジウム 近親者からの虐待・暴力に対する法制度の課題―各国比較をふまえて）	日本社会保障法学会	社会保障法 26	39-51	法律文化社
片桐由喜	2011	近親者からの虐待・暴力における保護と支援（虐待・暴力に対する法制度／医療制度改革）（[日本社会保障法学会］第57回大会 シンポジウム 近親者からの虐待・暴力に対する法制度の課題―各国比較をふまえて）	日本社会保障法学会	社会保障法 26	52-66	法律文化社
本澤巳代子	2011	虐待・暴力法制の各国比較からみえた課題（[日本社会保障法学会］第57回大会 シンポジウム 近親者からの虐待・暴力に対する法制度の課題―各国比較をふまえて）	日本社会保障法学会	社会保障法 26	67-82	法律文化社
山田晋 古橋エッヂ 本澤巳代子 他	2011	質疑応答（虐待・暴力に対する法制度／医療制度改革）（[日本社会保障法学会］第57回大会 シンポジウム 近親者からの虐待・暴力に対する法制度の課題―各国比較をふまえて）	日本社会保障法学会	社会保障法 26	83-86	法律文化社
	2011	[日本社会保障法学会］第58回大会 シンポジウム 医療制度改革の到達点と今後の課題（虐待・暴力に対する法制度／医療制度改革）	日本社会保障法学会	社会保障法 26	101-179	法律文化社
北村光司 西田佳史 宮崎祐介 他	2011	虐待の早期発見のための統計的・物理的診断技術の開発（犯罪からの子どもの安全）		ヒューマンインタフェース学会誌 13-2	81-88	ヒューマンインタフェース学会
神尾真知子	2011	児童虐待に対するフランスの取組み		女性空間 28	137-150	日仏女性資料センター
井上眞理子	2011	家族と暴力―ファミリー・バイオレンスの発生とそれへの対応（暴力と人間）	関西社会学会	フォーラム現代社会学 10	16-27	世界思想社
倉田賀世	2011	社会保障法学的見地からみた児童虐待法制のあり方（シンポジウム 虐待防止法に関する総合的研究）		法政論叢 47-2	102-118	日本法政学会
増田幸弘	2011	虐待防止法に関する国際的研究からみる検討（シンポジウム 虐待防止法に関する総合的研究）		法政論叢 47-2	171-186	日本法政学会
杉山登志郎	2011	教育講演 子ども虐待と精神医学 第51回日本児童青年精神医学会総会特集（1）スローガン「児童青年精神医学の新たな展開―リエゾン（連携）とレジリエンス（復元力）」		児童青年精神医学とその近接領 52-3	250-263	日本児童青年精神医学会
井上貴次 松宮透高	2011	保健師のメンタルヘルス問題のある親による児童虐待に対する問題認識―A県における保健師の意識調査から		川崎医療福祉学会誌 21-1	121-126	川崎医療福祉学会
鈴木真由子 岡本正子 岡本真澄	2011	高等学校家庭科教育における子ども虐待の取り扱い―教員へのヒアリングを通して		生活文化研究 50	75-84	大阪教育大学家政学研究会
帖佐尚人	2011	H. ラフォレットの「親のライセンス化」論―児童虐待と親の教育権規制を巡る一議論として		早稲田大学大学院教育学研究科紀要 別冊 19-1	115-124	早稲田大学大学院教育学研究会

著者	年	タイトル	掲載誌	ページ	出版社
久保田純 村松愛子 國吉安紀子 他	2011.Aut.	事例研究（24）ソーシャルワークにおける「専門職としての揺らぎ」：子どものネグレクトを抱える世帯への支援	ソーシャルワーク研究 37-3（通号 147）	231-238	相川書房
小野和哉	2011	虐待死亡例の検証から学ぶこと：どのような虐待防止システム構築が求められるか（第51回日本児童青年精神医学会総会特集（2）スローガン 児童青年精神医学の新たな展開─リエゾン（連携）─ワークショップ 子どもの心の救急：取り組みの実例）	児童青年精神医学とその近接領域 52-4	509-512	日本児童青年精神医学会
馬渕泰至	2011	被虐待児対策シェルター（第51回日本児童青年精神医学会総会特集（2）スローガン 児童青年精神医学の新たな展開─リエゾン（連携）─ワークショップ 子どもの心の救急：取り組みの実例）	児童青年精神医学とその近接領域 52-4	512-516	日本児童青年精神医学会
加賀美尤祥 西澤哲	2011	我が国の社会的養護の現状と課題（特集 施設保護を受けた子のトラウマ）	トラウマティック・ストレス 9-1号（通号 16）	5-14	日本トラウマティック・ストレス学会
奥山眞紀子	2011	日本の社会的養護制度の過去、現在、未来（特集 施設保護を受けた子のトラウマ）	トラウマティック・ストレス 9-1号（通号 16）	15-24	日本トラウマティック・ストレス学会
杉山登志郎	2011	発達障害とアタッチメント障害（特集 施設保護を受けた子のトラウマ）	トラウマティック・ストレス 9-1号（通号 16）	25-31	日本トラウマティック・ストレス学会
藤林武史	2011	家庭的養護施設の取り組みと課題（特集 施設保護を受けた子のトラウマ）	トラウマティック・ストレス 9-1号（通号 16）	32-42	日本トラウマティック・ストレス学会
森茂起	2011	児童養護施設における子どもたちの自伝的記憶：トラウマと愛着の観点から（特集 施設保護を受けた子のトラウマ）	トラウマティック・ストレス 9-1号（通号 16）	43-52	日本トラウマティック・ストレス学会
青木豊 平部正樹 南山今日子 他	2011	分離された施設入所となった被虐待幼児のアタッチメントとトラウマとの問題の推移：アタッチメント・プログラムを追加した対象を含めた考察（特集 施設保護を受けた子のトラウマ）	トラウマティック・ストレス 9-1号（通号 16）	53-60	日本トラウマティック・ストレス学会
藤田香織	2011	「大阪ネグレクト死事件」にみる児童福祉法の問題点	刑事法ジャーナル 30	84-91	イウス出版
佐柳忠晴	2011	親権及び未成年後見制度の沿革と課題：児童虐待防止法制確立の視点から	法政論叢 48-1	31-59	日本法政学会
内田伸哉	2011	情緒障害児短期治療施設における被虐待児のアフターケア：今後の自立支援に向けて	福祉研究 103	56-64	日本福祉大学社会福祉学会
長嶋達也	2011	虐待による乳幼児頭部外傷	子どもの虹情報研修センター紀要 9	1-12	横浜博萌会子どもの虹情報研修センター
小林登	2011	特別講演（公開講座）より 優しい親になるには：子ども虐待からマタレッセンスとパタレッセンスを考える	子どもの虹情報研修センター紀要 9	13-27	横浜博萌会子どもの虹情報研修センター

著者	年	タイトル		掲載誌	ページ	所属
佐藤拓代	2011	研修講演より 周産期における子ども虐待のリスク		子どもの虹情報研修センター紀要 9	45-70	横浜博萌会子どもの虹情報研修センター
山下洋	2011	研修公演 子ども虐待における母子臨床		子どもの虹情報研修センター紀要 9	88-109	横浜博萌会子どもの虹情報研修センター
増沢高	2011	つなぐ願い:子ども虐待防止オレンジリボンたすきリレーへの思い (5)		子どもの虹情報研修センター紀要 9	121-131	横浜博萌会子どもの虹情報研修センター
川崎二三彦 衣斐哲臣 野坂正径 他	2011	児童相談所における児童福祉司スーパーバイズのあり方に関する研究 (第2報)		子どもの虹情報研修センター紀要 9	134-164	横浜博萌会子どもの虹情報研修センター
白石淑江	2011	児童虐待予防の視野に入れた家庭訪問支援 (その1) Healthy Families America の家庭訪問プログラムの概要と日本の家庭訪問事業の課題		愛知淑徳大学論集 (福祉貢献学部篇) 1	69-81	愛知淑徳大学
虹釜和昭	2011年度	社会的養護の方向性:社会的養護の課題と将来像」報告書より		北陸学院大学・北陸学院大学短期大学部研究紀要 4	11-22	北陸学院大学
	2011	特集 子どもの虐待と脳の発達		子どものこころと脳の発達 2-1 (通号 2)	5-45	大阪大学大学院大阪大学・浜松医科大学連合小児発達学研究科
杉山登志郎	2011	子ども虐待と子どもの発達 (特集 子どもの虐待と脳の発達)		子どものこころと脳の発達 2-1 (通号 2)	5-13	大阪大学大学院大阪大学・浜松医科大学連合小児発達学研究科
友田明美	2011	子ども虐待の脳科学 (特集 子どもの虐待と脳の発達)		子どものこころと脳の発達 2-1 (通号 2)	14-24	大阪大学大学院大阪大学・浜松医科大学連合小児発達学研究科
奥山眞紀子	2011	性的虐待を防ぐ、治す:STOP ザ 性虐待 (特集 子どもの虐待と脳の発達)		子どものこころと脳の発達 2-1 (通号 2)	25-30	大阪大学大学院大阪大学・浜松医科大学連合小児発達学研究科
和田一郎	2011	子ども虐待の政策評価:子どもの視点から (特集 子どもの虐待と脳の発達)		子どものこころと脳の発達 2-1 (通号 2)	31-38	大阪大学大学院大阪大学・浜松医科大学連合小児発達学研究科

著者	年		タイトル	誌名	ページ	出版
德田絵美	2011		無限の可能性を秘めた子ども育ち行く心（特集 子どもの虐待と脳の発達）	子どものこころと脳の発達 2-1（通号 2）	39-45	大阪大学大学院・大阪大学・浜松医科大学・金沢大学連合小児発達学研究科
渡邉茉奈美	2011		「育児不安」の再検討：子ども虐待予防への示唆	東京大学大学院教育学研究科紀要 51	191-202	東京大学大学院教育学研究科
帖佐尚人	2011年度		児童虐待予防と特別活動：とりわけ学校健康診断に着目して	早稲田大学教育学会紀要 13	49-55	早稲田大学教育学会
丹下美輪 畔地利枝 鷹尾雅裕	2011		愛媛県における幼児虐待相談対応の実態（その1）児童相談所・市町への通告の推移並びに県警の認知事案と社会的養護児を中心に	地域環境保健福祉学研究 14-1	23-27	香川環境保健福祉学会事務局
丹下美輪 畔地利枝 鷹尾雅裕	2011		愛媛県における児童虐待相談対応の実態（その2）相談の内容と対応の推移及び児童相談所の相談支援体制を中心に	地域環境保健福祉学研究 14-1	29-34	香川環境保健福祉学会事務局
松島京 松浦崇 吉田晃高	2011		子どもの教育と福祉をめぐる今日的課題：教育現場への福祉的視点の導入と活用に向けて	近大姫路大学教育学部紀要 4	61-76	近大姫路大学教育学部編集委員会
森田圭子	2011		虐待をなくすために　訪問支援ボランティア	女性のひろば 383	50-56	日本共産党中央委員会
平野明美	2011.1		子ども虐待における医療者の役割とソーシャルワーク（患者支援のための社会資源）	小児科臨床 64-1（通号 758）	25-32	日本小児医事出版社
	2011.1		評の評［2010年］12月後期の新聞親権停止の新制度に3紙が賛成	内外教育 6049	23-25	時事通信社
菱川愛	2011.1		日本の司法面接の実際—子どもたちの小さな声を聞きとるために	こころの科学 155	2-7	日本評論社
大高一則	2011.1		児童虐待の家族を支える（家族を支援するートラブルと家族への支援）	こころの科学 155	25-29	日本評論社
金井剛	2011.1		児童相談所における家族への支援（家族を支援する—家族を支援する場）	こころの科学 155	48-51	日本評論社
泉川健太郎	2011.1		実例捜査セミナー　長期間にわたる実子に対する性的虐待事件について	捜査研究 60-1（通号 715）	48-54	東京法令出版
天野農	2011.1		実例捜査セミナー　被虐待児童を被害者とする殺人未遂事件において、被害児童の供述の信用性確保が問題となった事例	捜査研究 60-1（通号 715）	55-61	東京法令出版
一龍齋貞花	2011.1		児童虐待防止に尽力した原胤昭	更生保護 62-1	6-9	日本更生保護協会
	2011.1		「虐待通告のあった児童の安全確認の手引」について	家庭裁判月報 63-1	167-241	最高裁判所
川本典子	2011.1		子どもの人権と児童虐待—親も子どもも支えるために（第41回部落解放・人権夏期講座 報告書—課題別講演　さまざまな人権課題）	部落解放 640	176-187	解放出版社
才村純	2011.1		子ども虐待防止制度の現状と課題（子どもの権利を考える）	月報司法書士 467	10-15	日本司法書士会連合会
高橋史朗	2011.1		発達障害の予防と早期支援に全力を―虐待と反社会的行動、発達障害との関係	刑政 122-1（通号 1423）	60-66	矯正協会

著者	年月	タイトル	掲載誌	ページ	出版社/学会
加藤曜子	2011.1	市町村虐待防止ネットワーク（要保護児童対策地域協議会）のケースマネジメント―実務者会議の意義と児童相談所の役割	流通科学大学論集（人間・社会・自然編）23-2	13-23	流通科学大学学術研究会
橋爪幸代	2011.1	近親間虐待への法的対応―日英制度比較	現代法学 20	197-216	東京経済大学現代法学会
	2011.1	特集 子どもと家庭へのソーシャルワーク	ソーシャルワーク学会誌 21	1-53	日本ソーシャルワーク学会
山縣文治	2011.1	子どもと家庭福祉とソーシャルワーク（特集 子どもと家庭へのソーシャルワーク）	ソーシャルワーク学会誌 21	1-13	日本ソーシャルワーク学会
大塚美和子	2011.1	子どもの貧困とスクールソーシャルワーク―子どもと家庭への新しい支援システムの必要性（特集 子どもと家庭へのソーシャルワーク）	ソーシャルワーク学会誌 21	15-26	日本ソーシャルワーク学会
加藤曜子	2011.1	児童虐待に関するソーシャルワークアセスメント（特集 子どもと家庭へのソーシャルワーク）	ソーシャルワーク学会誌 21	27-39	日本ソーシャルワーク学会
西原尚之	2011.1	子どもの貧困とソーシャルワーク―生態学モデルの視点から（特集 子どもと家庭へのソーシャルワーク）	ソーシャルワーク学会誌 21	41-53	日本ソーシャルワーク学会
森田ゆり	2011.1	子どもと暴力―子どもたちと語るために		-	岩波書店
津崎哲郎	2011.2	児童虐待をどう解決するか（家族崩壊という現実―子どもの虐待、ひきこもり、失踪老人）	世界 813	149-157	岩波書店
川崎二三彦	2011.2	インタビュー 虐待対応の現場から見えてくるもの（家族崩壊という現実―子どもの虐待、ひきこもり、失踪老人）	世界 813	158-166	岩波書店
山野良一	2011.2	貧困と子どもの虐待―「救済対応」から家族の「生活支援」へ（家族崩壊という現実―子どもの虐待、ひきこもり、失踪老人）	世界 813	183-190	岩波書店
山本恒雄	2011.2	子ども虐待とチーム援助（学校におけるチーム援助の進め方）	児童心理 65-3（通号 927）	99-104	金子書房
大塚斉	2011.2	児童虐待におけるフレームとリフレーミング（リフレーミング：その理論と実際）―"つらい"と思う方を変えてみたら―リフレーミングの実際	現代のエスプリ 523	105-117	ぎょうせい
玉井邦夫	2011.2	虐待される子・発達障がいの子をどうサポートしていくか（特集 困難を生きる親子）	子どもの文化 43-2	16-29	文民教育協会子どもの文化研究所
板野美紀	2011.2	全国市町村の児童家庭相談を構成する要件：相談援助を担当する相談員による質問紙に対する回答を基に	社会福祉学 51-4	69-79	日本社会福祉学会
渡邉泰彦	2011.2	「児童虐待防止のための親権に係る制度の見直しに関する中間試案」へのパブリックコメント	産大法学 44-4（通号 153）	953-965	京都産業大学法学会
高井由起子	2011.2	虐待ハイリスク家族への支援に関する一論考―保育所内における支援を中心として	社会福祉士 18	18-24	日本社会福祉士会
衆議院調査局第一特別調査室	2011.2	最近の児童虐待防止対策の主な動向について（青少年問題レポート：Vol. 18）			衆議院

著者	年月	タイトル	共著者	掲載誌	頁	出版
古田洋子	2011.2	日本の子ども虐待―戦後日本の「子どもの危機的状況」に関する心理社会的分析（第2版）	保坂亨	-	-	福村出版
古田洋子	2011.3	児童虐待とうそ―代理ミュンヒハウゼン症候群（うその心理学）		こころの科学 156	75-79	日本評論社
玉井邦夫	2011.3	虐待―その具体的な対応		子どもの文化 43-3	26-37	文民教育協会子どもの文化研究所
権田憲士 大戸斉	2011.3	宗教的輸血拒否への対応（外科医に必要な輸血の知識）		外科治療 104-3	286-291	永井書店
斎藤学	2011.3	特集 虐待する母		アディクションと家族 27-3	181-233	ヘルスワーク協会
斎藤学	2011.3	特集にあたって―な ぜ今、児童虐待か？（特集 虐待する母）		アディクションと家族 27-3	181-188	ヘルスワーク協会
柳美里 斎藤学	2011.3	対談 子どもへの虐待とは、そして家族とは―『ファミリーシークレット』をめぐって（特集 虐待する母）		アディクションと家族 27-3	189-198	ヘルスワーク協会
長谷川博一	2011.3	子どもを虐待してしまう母―その背景と心理的支援（特集 虐待する母）		アディクションと家族 27-3	199-204	ヘルスワーク協会
久田恵	2011.3	母親が子育てに悩む時（特集 虐待する母）		アディクションと家族 27-3	205-209	ヘルスワーク協会
篠原まり	2011.3	わたしの「豚生時代」―あの頃子育ては果てのない「サバイバルゲーム」だった（特集 虐待する母）		アディクションと家族 27-3	210-214	ヘルスワーク協会
津崎哲郎	2011.3	児童虐待事例における親支援のあり方（特集 虐待する母）		アディクションと家族 27-3	215-220	ヘルスワーク協会
斎藤学	2011.3	「虐待する母」と児童期性的虐待―被害児童から加害者への道（特集 虐待する母）		アディクションと家族 27-3	221-233	ヘルスワーク協会
市川光太郎	2011.3	改正臓器移植法と小児科医 臓器提供施設からみた改正臓器移植法の課題と対応		日本医師会雑誌 139-12	2536-2540	日本医師会
岡田眞人	2011.3	臓器提供施設としての虐待対応（特集 臓器提供施設からみた改正臓器移植法の課題と対応）		日本医師会雑誌 139-12	2557-2561	日本医師会
宮城貴	2011.3	児童虐待事件への対応について		捜査研究 60-3（通号 717）	2-16	東京法令出版
川崎二三彦	2011.3	児童虐待をめぐる現在の課題（議員実力養成校座 政策から考える「子どもの貧困」）		議員 navi 24	8-11	第一法規
山田裕子	2011.3	「児童虐待防止のための親権の見直し」について（社会ネットワークの一員として―日司連地域連携対策部の取り組み）		月報司書士 469	38-40	日本司法書士会連合会
高橋康朗	2011.3	児童に対する虐待と親権［含 解題］		帝京法学 27-1（通号 46）	171-222	帝京大学法学会
羽間京子 保坂亨 小木曽宏	2011.3	接触困難な長期欠席児童生徒（および保護者）に学校教職員はどのようなアプローチが可能か―法的規定をめぐる整理		千葉大学教育学部研究紀要 59	13-19	千葉大学教育学部

著者	年月	タイトル	雑誌	巻号	頁	出版社
林浩康	2011.3	海外見聞録 ニュージーランドにおける子ども虐待と家族支援	児童養護 41-4		40-42	全国社会福祉協議会全国児童養護施設協議会
友田明美	2011.3	シンポジウム 児童虐待が脳におよぼす影響（第104回［日本小児精神神経］学会特集号 これからの小児精神神経学―バイオマーカーを求めて）	小児の精神と神経 51-1（通号190）	日本小児精神神経学会	38-42	アークメディア
八木修司 樋口純一郎 森歩夢 他	2011.3	家族再統合に際する施設心理士の役割―「家族再統合プログラム」の実践例をとおして	関西福祉大学社会福祉学部研究紀要 14-2		85-94	関西福祉大学社会福祉学部研究会
八木修司 中村有生 万代ソルエ 他	2011.3	児童養護施設と情緒障害児短期治療施設における児童の虐待の有無と問題行動についての比較研究	関西福祉大学社会福祉学部研究紀要 14-2		141-147	関西福祉大学社会福祉学部研究会
多田伝生 佐藤薫 藤本真由美 他	2011.3	児童相談所における司法面接（事実確認面接）の在り方と課題等について	研究紀要 30		1-45	北海道中央児童相談所
仲真紀子	2011.3	司法面接の特徴とNICHDプロトコル（児童相談所における司法面接（事実確認面接）の在り方と課題等について）	研究紀要 30		37-45	北海道中央児童相談所
近藤沙織	2011.3	北海道における児童虐待防止体制のあり方に関する研究	研究紀要 30		47-75	北海道中央児童相談所
阿部弘美	2011.3	性的虐待被害の見立て―性的虐待のソーシャルワーク	研究紀要 30		77-82	北海道中央児童相談所
佐藤政	2011.3	要保護児童対策地域協議会と児童相談所の連携についての一考察	研究紀要 30		117-123	北海道中央児童相談所
笠原正洋	2011.3	保育所や幼稚園における児童虐待発見のためのチェックリストの作成	中村学園大学発達支援センター研究紀要 2		13-24	中村学園大学発達支援センター
蓮田太二	2011.3	平成の赤ちゃんポスト「こうのとりのゆりかご」―その経緯と意義（特集 子どもを護る？）	公衆衛生 75-3		212-216	医学書院
筒井孝子	2011.3	要保護児童虐待に関連する問題や障害等の類型化された状態像とケアの必要量の相互関連に関する研究（平成20-22年度総合研究報告書 厚生労働科学研究基盤補助金（成育疾患克服等次世代育成基盤研究事業）			-	
	2011.3	親と子にそって―児童虐待防止協会の歩み 20周年記念誌		児童虐待防止協会	-	児童虐待防止協会
高林見和	2011.4	部位別外傷への初期対応 その他 子ども虐待（小児の救急疾患―外傷各論）	小児科臨床 64-4（通号761）		737-744	日本小児医事出版社
高橋千枝 川崎千恵 梶原眞由美 他	2011.4	座談会 地域ネットワークで児童虐待を防ぐ	月刊地域保健 42-4		16-60	東京法規出版

著者	年月	タイトル	学会等	掲載誌	頁	出版社
桐野由美子	2011.4	児童虐待防止のための家庭訪問事業—国際的視野からの沿革・現状・展望 家庭訪問型ホームビジティングの新たな展開—総論		世界の児童と母性 70	12-17	資生堂社会福祉事業財団
伊達直利	2011.4	ホームビジティングにおけるソーシャルワーカーの役割—児童虐待問題対応による混乱からソーシャルワークの再生へむけて（家庭訪問（ホームビジティング）の新たな展開—ビジティングの技術）		世界の児童と母性 70	63-66	資生堂社会福祉事業財団
山野良一	2011.4	無縁社会と子ども虐待—児童相談所の現場から（貧困と子どもの貧困の現実）		そだちの科学 16	42-46	日本評論社
川崎二三彦	2011.4	親権制度の見直し—児童虐待防止のために（行政 UP TO DATE (10))		そだちと臨床 10	128-131	明石書店
	2011.4	児童虐待防止のための親権に係る制度の見直しに関する要綱		民事月報 66-4	176-178	法務省民事局
長田美穂	2011.4	米国からの便り 子どもの性虐待に関する中西部会議（ウィスコンシン州立大学マディソン校主催）報告 (2) 虐待が人生・健康に及ぼす影響を調べたACE研究と、性犯罪者に関する調査		女性の安全と健康のための支援教育センター通信 29	17-19	女性の安全と健康のための支援教育センター
水野紀子	2011.4	改正臓器移植法の問題点と今後の展開（第5土曜特集 臓器移植の新時代—新しい社会基盤の準備に向けて）		医学のあゆみ 237-5（通号 2849）	353-361	医歯薬出版
松本伊智朗	2011.5	子ども虐待防止と被虐待児童の自立過程における複合的困難の構造と社会的支援（憲法と福祉）	大阪福祉事業財団	福祉のひろば 134	25-29	かもがわ出版
佐々木光太郎	2011.5	児童虐待について		人権のひろば 14-3（通号 79）	12-15	人権擁護協力会
磯谷文明	2011.5	虐待を受けた高齢児童の権利保障—子どもの自立と親権（特集 子どもの権利保障のいま—子どもの生きる力を育むへ—）		法と民主主義 458	28-31	日本民主法律家協会
山崎史郎	2011.5	地方都市から、いかにして子ども虐待防止問題を発信するか	日本子ども虐待防止学会	子どもの虐待とネグレクト 13-1（通号 31）	3-5	金剛出版
	2011.5	特集［日本子ども虐待防止学会］第16回学術集会〈くまもと大会〉	日本子ども虐待防止学会	子どもの虐待とネグレクト 13-1（通号 31）	6-54	金剛出版
蓮田太二	2011.5	こうのとりのゆりかご特集セッション 特別講演 いのちをつなぐ（［日本子ども虐待防止学会］第16回学術集会〈くまもと大会〉）	日本子ども虐待防止学会	子どもの虐待とネグレクト 13-1（通号 31）	6-14	金剛出版
大澤朋子 和秀俊 岡桃子 他	2011.5	一時保護所の子どもの暴力予防のためのアプローチモデルの構築（［日本子ども虐待防止学会］第16回学術集会〈くまもと大会〉）	日本子ども虐待防止学会	子どもの虐待とネグレクト 13-1（通号 31）	15-31	金剛出版
杉下佳文 栗原佳代子 塩之谷真弓 他	2011.5	医療機関に求められる保健・福祉との連携—妊娠期からの虐待1次予防を含めて（［日本子ども虐待防止学会］第16回学術集会〈くまもと大会〉）	日本子ども虐待防止学会	子どもの虐待とネグレクト 13-1（通号 31）	32-39	金剛出版
柿沢有希子 岡本里美 松井弘美 他	2011.5	救急救命センターにおける子ども虐待の早期発見、予防に関する取り組み—院内要保護児童対応委員会設立の経緯を中心に特集 ［日本子ども虐待防止学会］第16回学術集会〈くまもと大会〉	日本子ども虐待防止学会	子どもの虐待とネグレクト 13-1（通号 31）	40-46	金剛出版
徳永祥子	2011.5	非行臨床におけるライフストーリーワークの実践について（［日本子ども虐待防止学会］第16回学術集会〈くまもと大会〉）	日本子ども虐待防止学会	子どもの虐待とネグレクト 13-1（通号 31）	47-54	金剛出版

著者	年月	タイトル	掲載誌	巻号	頁	出版社
庄司順一	2011.5	乳児院における里親支援（庄司順一先生講演記録）	日本子ども虐待防止学会	子どもの虐待とネグレクト 13-1（通号 31）	56-78	金剛出版
日本子ども虐待防止学会社会的養護ワーキンググループ	2011.5	緊急掲載 社会的養護における災害時「子どもの心のケア」手引き―施設ケアワーカーのために	日本子ども虐待防止学会	子どもの虐待とネグレクト 13-1（通号 31）	83-104	金剛出版
坪井裕子三後美紀	2011.5	児童福祉施設の職員による子どもの問題行動の困難性の認知と対応行動の関係	日本子ども虐待防止学会	子どもの虐待とネグレクト 13-1（通号 31）	105-114	金剛出版
酒井佐枝子 稲垣由子 樋口耕一 他	2011.5	児童養護施設内における子ども間暴力の内容と対応の分析	日本子ども虐待防止学会	子どもの虐待とネグレクト 13-1（通号 31）	115-124	金剛出版
楢原真也	2011.5	治療的養育の歴史的展開と実践モデルの検討―社会的養護における養育のいとなみ	日本子ども虐待防止学会	子どもの虐待とネグレクト 13-1（通号 31）	125-136	金剛出版
永江誠治 花田裕子	2011.5	思春期・青年期の虐待被害者の自立支援ネットワークにおける現状と課題	日本子ども虐待防止学会	子どもの虐待とネグレクト 13-1（通号 31）	137-144	金剛出版
羽生香織	2011.5	家事裁判例紹介 手術に不同意の親権者の職務執行停止・職務代行者選任（津家裁平成 20.1.25 審判）		民商法雑誌 144-2	313-318	有斐閣
林弘正	2011.5	児童虐待の現況と近時の裁判実務についての一考察		島大法学 55-1	1-58	島根大学法文学部
平田厚	2011.5	虐待と親子の文学史			-	論創社
吉澤宣俊	2011.6	むし歯が語るネグレクト―児童養護施設から（小特集 歯科医療から視る貧困と生活）	大阪福祉事業財団	福祉のひろば 135	20-23	かもがわ出版
	2011.6	小特集 児童虐待防止を目的とする親権法の一部改正について		法律時報 83-7（通号 1036）	65-83	日本評論社
許末恵	2011.6	児童虐待防止のための親権法改正の意義と問題点―民法の視点から（小特集 児童虐待防止を目的とする親権法の一部改正について）		法律時報 83-7（通号 1036）	65-71	日本評論社
津崎哲雄	2011.6	民法改正と被虐待児の社会的養護―児童福祉の観点から（小特集 児童虐待防止を目的とする親権法の一部改正について）		法律時報 83-7（通号 1036）	72-77	日本評論社
多田元	2011.6	親権法の改正と子どもの虐待―子どもの自立支援親子の関係修復（小特集 児童虐待防止を目的とする親権法の一部改正について）		法律時報 83-7（通号 1036）	78-83	日本評論社
	2011.6	特集 子ども虐待に学校は何ができるか		教育と医学 59-6（通号 696）	522-580	慶應義塾大学出版会
笠原正洋	2011.6	子ども虐待と保育所の役割―他分野協働の重要性（特集 子ども虐待に学校は何ができるか）		教育と医学 59-6（通号 696）	524-532	慶應義塾大学出版会
山下英三郎	2011.6	子ども虐待とスクールソーシャルワーク（特集 子ども虐待に学校は何ができるか）		教育と医学 59-6（通号 696）	533-540	慶應義塾大学出版会
馬場幸子	2011.6	虐待を受けた学齢児童へのスクールソーシャルワーク援助―米国での取り組みとその課題（特集 子ども虐待に学校は何ができるか）		教育と医学 59-6（通号 696）	541-549	慶應義塾大学出版会

著者	タイトル	年月		掲載誌	頁	出版社
中島朋子		2011.6			550-558	
広岡智子	虐待する親にどのように向き合うのか（特集 子ども虐待に学校は何ができるか）	2011.6		教育と医学 59-6（通号696）	560-567	慶應義塾大学出版会
市川光太郎	子ども虐待に対する学校と医療機関の連携（特集 子ども虐待に学校は何ができるか）	2011.6		教育と医学 59-6（通号696）	568-580	慶應義塾大学出版会
玉井邦夫	虐待の悪循環と孤立を絶つために一子どもたちをどうサポートしていくか	2011.6		子どもの文化 43-6	36-46	文民教育協会子どもの文化研究所
	「児童虐待防止のための親権に係る制度の見直しに関する要綱」及び社会保障審議会児童部会児童虐待防止のための親権の在り方に関する専門委員会報告書「児童の権利利益を擁護するための方策について」について	2011.6		家庭裁判月報 63-6	205-261	最高裁判所
	子ども虐待防止＆対応マニュアルーふだんのかかわりから始める（改訂第2版）	2011.6	山崎嘉久 前田清 白石淑江	-	-	診断と治療社
喜多一憲	特集 施設内暴力問題ー現場からの報告と児童相談所との連携をめぐって	2011.7		子どもと福祉 4	4-51	明石書店
	施設内暴力を考えるためのヒント（特集 施設内暴力問題ー現場からの報告と児童相談所との連携をめぐって）	2011.7		子どもと福祉 4	6-10	明石書店
	児童養護施設の現場から（特集 施設内暴力問題ー現場からの報告と児童相談所との連携をめぐって）	2011.7		子どもと福祉 4	11-27	明石書店
朴信也	暴力問題に対する組織的な取り組み（特集 施設内暴力問題ー現場からの報告と児童相談所との連携をめぐって）（児童養護施設の現場から）	2011.7		子どもと福祉 4	11-15	明石書店
黒川真咲	「安心」「安全」への取り組みと課題ーある施設の実践を通して（特集 施設内暴力問題ー現場からの報告と児童相談所との連携をめぐって）（児童養護施設の現場から）	2011.7		子どもと福祉 4	16-21	明石書店
吉野りえ	児童養護施設における性暴力への取り組みと課題（特集 施設内暴力問題ー現場からの報告と児童相談所との連携をめぐって）（児童養護施設の現場から）	2011.7		子どもと福祉 4	22-27	明石書店
	児童相談所との連携（特集 施設内暴力問題ー現場からの報告と児童相談所との連携をめぐって）	2011.7		子どもと福祉 4	28-41	明石書店
樋口純一郎	「施設内暴力」における児童心理司の対応の実際（特集 施設内暴力問題ー現場からの報告と児童相談所との連携をめぐって）（児童相談所との連携）	2011.7		子どもと福祉 4	28-35	明石書店
畑井田泰司	一時保護後の援助と施設の後方支援（特集 施設内暴力問題ー現場からの報告と児童相談所との連携をめぐって）（児童相談所との連携）	2011.7		子どもと福祉 4	36-41	明石書店
遠藤由美	まとめと課題 子どもの暴力問題を考える（特集 施設内暴力問題ー現場からの報告と児童相談所との連携をめぐって）	2011.7		子どもと福祉 4	42-51	明石書店
吉田恒雄	児童虐待に関する親権制度の見直しについて	2011.7		子どもと福祉 4	52-57	明石書店
鳥尻和子	「こんにちは赤ちゃん事業」におけるEPDSの試行と有効な支援のあり方についての研究ー産後児不安の軽減と虐待防止に役立てるために	2011.7		保健の科学 53-7	467-471	杏林書院
	シンポジウム 0歳児における虐待防止対策の取り組み（平成22年度母子保健講習会 子ども支援日本医師会宣言の実現を目指して（5））	2011.7		日本医師会雑誌 140-4	814-827	日本医師会

著者	年月	タイトル	掲載誌	頁	発行所
杉上春彦	2011.7	虐待防止対策の考察	日本医師会雑誌 140-4	814-816	日本医師会
市川光太郎	2011.7	現場からの考察（平成22年度母子保健講習会　子ども支援日本医師会宣言の実現を目指して（5）―シンポジウム　0歳児における虐待防止対策の取り組み）	日本医師会雑誌 140-4	817-820	日本医師会
内海裕美	2011.7	小児科診療所の立場から（平成22年度母子保健講習会　子ども支援日本医師会宣言の実現を目指して（5）―シンポジウム　0歳児における虐待防止対策の取り組み）	日本医師会雑誌 140-4	821-824	日本医師会
岩永成晃	2011.7	大分県ペリネイタルビジット事業から（平成22年度母子保健講習会　子ども支援日本医師会宣言の実現を目指して（5）―シンポジウム　0歳児における虐待防止対策の取り組み）	日本医師会雑誌 140-4	825-827	日本医師会
	2011.7	特集　家族内の暴力・虐待と社会福祉	社会福祉研究 111	19-66	鉄道弘済会社会福祉部
山崎美貴子	2011.7	家族の変化と家族支援、福祉サービス―暴力・虐待との関連から（特集　家族内の暴力・虐待と社会福祉）	社会福祉研究 111	20-27	鉄道弘済会社会福祉部
山田晋	2011.7	暴力・虐待をめぐる現代的課題と権利擁護一法的視点から考える（特集　家族内の暴力・虐待と社会福祉）	社会福祉研究 111	28-34	鉄道弘済会社会福祉部
横居徳子	2011.7	性暴力被害の実態と被害者支援―いま社会福祉に求められるもの（特集　家族内の暴力・虐待と社会福祉）	社会福祉研究 111	43-49	鉄道弘済会社会福祉部
小林理	2011.7	家族における暴力・虐待の対処を考える（特集　家族内の暴力・虐待と社会福祉）	社会福祉研究 111	59-66	鉄道弘済会社会福祉部
米谷壽代	2011.7	親権喪失宣告をめぐる裁判例の展開―「児童の権利条約」が親権概念に与えた影響	同志社法学 63-2（通号348）	983-1012	同志社法学会
飛澤知行	2011.7	児童虐待防止のための親権制度の見直しについて―平成23年民法等の一部を改正する法律（民法改正部分及び家事審判法改正部分）の概要	民事月報 66-7	8-25	法務省民事局
	2011.7	刑事政策研究会　児童虐待	ジュリスト 1426	106-144	有斐閣
岩佐嘉彦	2011.7	基調報告　児童虐待と刑事司法について（刑事政策研究会（新連載・1）児童虐待）	ジュリスト 1426	106-111	有斐閣
佐伯仁志 太田達也 川出敏裕 他	2011.7	座談会（刑事政策研究会（新連載・1）児童虐待）	ジュリスト 1426	112-144	有斐閣
	2011.7	教育法規あらかると　虐待防止型で親権制度を改正	内外教育 6096	19	時事通信社
渡辺隆	2011.8	発達障害と子ども虐待（特集　特別支援教育―平等で公平な教育から個に応じた支援へ）	現代のエスプリ 529	159-172	ぎょうせい
安炳文	2011.8	小児虐待の実情（特集　救急・災害 up to date）	治療 93-8	1760-1763	南山堂
安炳文	2011.8	小児虐待を疑った場合の対応（特集　救急・災害 up to date）	治療 93-8	1764-1766	南山堂
安炳文	2011.8	小児虐待を減らすためには（特集　救急・災害 up to date）	治療 93-8	1767-1769	南山堂
杉山登志郎	2011.8	子ども虐待とADHD（ADHDの理解と援助―ADHDを取り巻く諸問題）	別冊発達　通号31	198-204	ミネルヴァ書房
	2011.8	市民公開シンポジウム　子どもの虐待（第26回保団連医療研究集会プログラム・演題抄録集　医療再生）	月刊保団連 1071	27-35	全国保険医団体連合会
棚村政行	2011.8	日本における家族法の改正	戸籍時報 672	2-21	日本加除出版

著者	年月	タイトル	編・監修等	掲載誌	頁	出版社
安部計彦	2011.8	ネグレクトに対する市町村の予防的取り組み		西南学院大学大学院人間科学論集 7-1	47-58	西南学院大学大学院人間科学術研究所
小谷裕実 佐々木正美 山中康裕 杉山登志郎 北山修	2011.8	関係性からみる発達障害―こころとこころの織りあわせ 花園大学発達障害セミナー〈3〉	花園大学心理カウンセリングセンター監修 橋本和明編	-	-	創元社
森田亮	2011.8	児童虐待の防止等を図るための民法等の改正について		NBL 959	110-113	商事法務
ドナルド・G・ダット 中村正監訳	2011.8	虐待的パーソナリティ―親密な関係性における暴力とコントロールについての心理学		-	-	明石書店
近藤千加子	2011.8	子供の安全確保を最優先に 児童虐待防止でシンポ―特別区職員研修所		厚生福祉 5840	2-3	時事通信社
	2011.8	児童虐待の心理療法―不適切な養育の影響からの回復接近モデルの提起		-	-	風間書房
神原文子	2011.9	特集 子どもたちを守るために―児童虐待と児童養護施設		部落解放 651	4-35	解放出版社
	2011.9	子ども虐待の背景を探る―子どもが排除される社会からの脱却を（特集 子どもたちを守るために―児童虐待と児童養護施設）		部落解放 651	4-11	解放出版社
岩城正光	2011.9	児童虐待防止法をめぐる動きと―児童虐待の四つのステージに関して（特集 子どもたちを守るために―児童虐待と児童養護施設）		部落解放 651	12-20	解放出版社
内田龍史	2011.9	児童養護施設への眼差しと〈家族依存社会〉の問題（特集 子どもたちを守るために―児童虐待と児童養護施設）		部落解放 651	21-28	解放出版社
長瀬正子	2011.9	社会的養護で育つ子どもたち―児童養護施設での生活とその後（特集 子どもたちを守るために―児童虐待と児童養護施設）		部落解放 651	29-35	解放出版社
	2011.9	子ども虐待		こころの科学 通号159	17-104	日本評論社
小野善郎	2011.9	子ども虐待の視座（子ども虐待）		こころの科学 通号159	18-23	日本評論社
	2011.9	対応の実態（子ども虐待）		こころの科学 通号159	24-54	日本評論社
山本恒雄	2011.9	子ども虐待のサインに気づく（子ども虐待―対応の実態）		こころの科学 通号159	24-27	日本評論社
鑪木康夫	2011.9	育児困難と子ども虐待（子ども虐待―対応の実態）		こころの科学 通号159	28-32	日本評論社
衣斐哲臣	2011.9	虐待通告と初期対応―児童相談所の現場から（子ども虐待―対応の実態）		こころの科学 通号159	33-37	日本評論社
安藤操里	2011.9	スクールソーシャルワークの可能性―子ども虐待に対応できる環境を目指して（子ども虐待―対応の実態）		こころの科学 通号159	38-43	日本評論社
土井高徳	2011.9	家族と暮らせない子どもたち―「いつでも帰っておいで」・里親土井ホームの実践（子ども虐待―対応の実態）		こころの科学 通号159	44-48	日本評論社
金井剛	2011.9	「虐待者」と呼ばれる親の支援ニーズ（子ども虐待の実態）		こころの科学 通号159	49-54	日本評論社
	2011.9	被害の実態（子ども虐待）		こころの科学 通号159	55-73	日本評論社
河野郁久 西克治	2011.9	虐待を受けた子どもの身体所見―法医学的視点から（子ども虐待被害の実態）		こころの科学 通号159	55-62	日本評論社
友田明美	2011.9	子どもの脳に残る傷跡―癒やされない傷（子ども虐待被害の実態）		こころの科学 通号159	63-67	日本評論社

著者	年月	タイトル	雑誌	ページ	出版社
古田洋子	2011.9	子どもの行動に及ぼす影響（子ども虐待―被害の実態）	こころの科学 通号159	68-73	日本評論社
増沢高	2011.9	現状を見据えて（子ども虐待）	こころの科学 通号159	74-104	日本評論社
上野加代子	2011.9	戦後日本の主な虐待事件をめぐって（子ども虐待―現状を見据えて）	こころの科学 通号159	74-80	日本評論社
吉田耕平	2011.9	子ども虐待と社会学―社会の責務としての子どもの養育（子ども虐待―現状を見据えて）	こころの科学 通号159	81-86	日本評論社
津崎哲雄	2011.9	子ども虐待と社会的養護―倒錯と構築と（子ども虐待―現状を見据えて）	こころの科学 通号159	87-92	日本評論社
中川利彦	2011.9	子ども虐待と子どもの権利（子ども虐待―現状を見据えて）	こころの科学 通号159	93-98	日本評論社
川崎二三彦	2011.9	子ども虐待の現状とこれからの対応（子ども虐待―現状を見据えて）	こころの科学 通号159	99-104	日本評論社
	2011.9	特集 児童虐待と社会的養護	臨床心理学 11-5（通号65）	633-696	金剛出版
田中康雄	2011.9	児童虐待と社会的養護を特集する意味（特集 児童虐待と社会的養護）	臨床心理学 11-5（通号65）	633-635	金剛出版
村瀬嘉代子	2011.9	虐待を受けた子どもの生活を支える（特集 児童虐待と社会的養護）	臨床心理学 11-5（通号65）	636-641	金剛出版
国分美希	2011.9	社会的養護における生活（特集 児童虐待と社会的養護）	臨床心理学 11-5（通号65）	642-647	金剛出版
森田喜治	2011.9	被虐待児への児童養護施設での対応（特集 児童虐待と社会的養護）	臨床心理学 11-5（通号65）	648-652	金剛出版
富田拓	2011.9	児童自立支援施設の場合（特集 児童虐待と社会的養護）	臨床心理学 11-5（通号65）	653-658	金剛出版
平田美音	2011.9	情緒障害児短期治療施設における生活支援（特集 児童虐待と社会的養護）	臨床心理学 11-5（通号65）	659-664	金剛出版
高橋一正	2011.9	虐待を受けてきた入居者への自立援助ホームでの支援について（特集 児童虐待と社会的養護）	臨床心理学 11-5（通号65）	665-670	金剛出版
山縣文治	2011.9	里親等制度等の状況と社会的養護（特集 児童虐待と社会的養護）	臨床心理学 11-5（通号65）	671-676	金剛出版
渡辺達也	2011.9	市民活動による社会的養護（特集 児童虐待と社会的養護）	臨床心理学 11-5（通号65）	677-682	金剛出版
藤田美枝子	2011.9	社会的養護と児童相談所の葛藤和的発展（特集 児童虐待と社会的養護）	臨床心理学 11-5（通号65）	683-688	金剛出版
	2011.9	特集 親権と児童虐待	アディクションと家族 28-1	6-41	ヘルスワーク協会
木下淳博	2011.9	特集にあたって―親権についての議論はなぜ必要か（特集 親権と児童虐待）	アディクションと家族 28-1	6-9	ヘルスワーク協会
斎藤学					
磯谷文明	2011.9	児童虐待と親権制度改正について（特集 親権と児童虐待）	アディクションと家族 28-1	10-15	ヘルスワーク協会
平湯真人	2011.9	家族内の「支配関係」と法律―戸主権・父権・夫権・親権（特集 親権と児童虐待）	アディクションと家族 28-1	16-20	ヘルスワーク協会

著者	発行年月	タイトル	掲載誌	巻号	ページ	発行所
石田文三	2011.9	懲戒権の改正について (特集 親権と児童虐待)	アディクションと家族 28-1		21-26	ヘルスワーク協会
佐野みゆき	2011.9	日本の家族と親権 (特集 親権と児童虐待)	アディクションと家族 28-1		27-32	ヘルスワーク協会
一場順子 岩城正光 磯谷文明 他	2011.9	座談会 親権と児童虐待 (特集 親権と児童虐待)	アディクションと家族 28-1		33-41	ヘルスワーク協会
植木祐子	2011.9	児童虐待防止のための親権制度の見直し—民法等の一部を改正する法律案 (第177回国会の論議の焦点 (2))	立法と調査 320		3-11	参議院事務局
磯瀨順子	2011.9	施設を訪ねて 医療法人聖粒会慈恵病院 こうのとりのゆりかご	児童養護 42-2		34-37	全国社会福祉協議会全国児童養護施設協議会
椎名篤子	2011.9	私が見てきた子ども虐待防止の歩み	子どもの虐待とネグレクト 13-2 (通号 32)	日本子ども虐待防止学会	163-165	金剛出版
	2011.9	特集 性的虐待	子どもの虐待とネグレクト 13-2 (通号 32)	日本子ども虐待防止学会	166-237	金剛出版
岡本正子 桐野由美子	2011.9	特集にあたって (性的虐待)	子どもの虐待とネグレクト 13-2 (通号 32)	日本子ども虐待防止学会	166-168	金剛出版
山本恒雄	2011.9	子どもの性的虐待の現状と課題—H20〜22年度の厚生労働省科学研究からみえてきた現状と課題 (性的虐待)	子どもの虐待とネグレクト 13-2 (通号 32)	日本子ども虐待防止学会	169-178	金剛出版
西澤哲	2011.9	性的虐待が子どもに及ぼす心理的影響とそのアセスメント (性的虐待)	子どもの虐待とネグレクト 13-2 (通号 32)	日本子ども虐待防止学会	179-190	金剛出版
楠本裕紀 加藤治子	2011.9	性的虐待の医学的アセスメントおよび身体的医学的治療—SACHICO (Sexual Assault Crisis Healing Intervention Center Osaka) の取り組みも併せて (性的虐待)	子どもの虐待とネグレクト 13-2 (通号 32)	日本子ども虐待防止学会	191-198	金剛出版
八木修司 平岡篤武 中村有生	2011.9	性的虐待を受けた子どもへの児童福祉施設の生活支援と心理ケア—情緒障害児短期治療施設の取り組みを中心に (性的虐待)	子どもの虐待とネグレクト 13-2 (通号 32)	日本子ども虐待防止学会	199-208	金剛出版
杉山登志郎	2011.9	性的虐待の実態とケア (性的虐待)	子どもの虐待とネグレクト 13-2 (通号 32)	日本子ども虐待防止学会	209-215	金剛出版
岡本正子 渡邊治子	2011.9	性的虐待・家庭内性暴力を受けた子どもの家族支援の現状と課題—児童相談所における非加害親支援を中心に (性的虐待)	子どもの虐待とネグレクト 13-2 (通号 32)	日本子ども虐待防止学会	216-228	金剛出版
福合朋子 桐井弘司 吹野憲征 他	2011.9	性的虐待への法的対応と今後の課題 (性的虐待)	子どもの虐待とネグレクト 13-2 (通号 32)	日本子ども虐待防止学会	229-237	金剛出版
藤林武史	2011.9	子ども虐待の「今」(第9回) ニーズとのギャップを埋める努力を	子どもの虐待とネグレクト 13-2 (通号 32)	日本子ども虐待防止学会	238-243	金剛出版

著者	年月	タイトル	掲載誌	巻号	頁	発行
内田春菊	2011.9	文化の中の子ども虐待 (16) 性的虐待の芽	子どもの虐待とネグレクト 13-2 (通号32)		244-248	金剛出版
浜田真樹	2011.9	実務法学の現場 (3) 児童虐待に関する手続における子どもの意思	子どもの虐待とネグレクト 13-2 (通号32)		249-254	金剛出版
若松亜希子 須賀美穂子 鈴前麻実子 他	2011.9	子どものアタッチメント（愛着）とトラウマに焦点をあてた心理療法の有効性の検討（第2報：子どもの回復過程に関与した要素の質的分析	子どもの虐待とネグレクト 13-2 (通号32)		255-268	金剛出版
高岸幸弘 坂田昌嗣	2011.9	情緒障害児短期治療施設における効果測定のあり方に関する研究	子どもの虐待とネグレクト 13-2 (通号32)		269-283	金剛出版
望月由貴子 篠原亮次 杉澤悠圭 他	2011.9	虐待予防に向けた保育園における早期発見・早期支援に関する研究	子どもの虐待とネグレクト 13-2 (通号32)		284-292	金剛出版
岩志和一郎	2011.9	親権概念等に関する検討（家族法改正研究会第2回シンポジウム 親権法等グループ 中間報告会―親権・後見・扶養グループの報告）	戸籍時報 673		10-20	日本加除出版
許末恵	2011.9	親権制限及び未成年後見についての検討（家族法改正研究会第2回シンポジウム 親権法等グループ中間報告会―親権・後見・扶養グループの報告）	戸籍時報 673		31-43	日本加除出版
安見ゆかり	2011.9	フランスにおける育成扶助・親権移譲・親権喪失 (retrait) 制度について	青山法学論集 53-2		165-188	青山学院大学法学会
高田清恵	2011.9	スウェーデンにおける児童虐待への対応：2009・2010年現地調査の概要	琉大法學 86		97-171	琉球大学法文学部
尾形祐美 有本梓 村嶋幸代	2011.9	児童虐待ハイリスク事例に対する個別支援時の行政保健師による保育所保育士との連携内容	日本地域看護学会誌 14-1		20-29	医学書院エムワイダブリュー
人権擁護協力会	2011.9	委員の実務 子ども虐待による死亡事例等の検証結果（第7次報告概要）及び児童虐待相談対応件数等	人権のひろば 14-5（通号81）		8-11	人権擁護協力会
津崎哲郎	2011.9	児童虐待を考える 里親が本音出せる場必要 親族制度の拡大も	厚生福祉 5843		2-4	時事通信社
南部さおり	2011.9	児童虐待―親子という絆 親子という鎖			-	教育出版
窪田充見	2011.10	特集 親権に関する動向―民法等の改正と今後の課題（特集 親権をめぐる動向―民法等改正とハーグ条約加盟へのうごき）	ジュリスト 1430		4-27	有斐閣
	2011.10	特集 親権に関する動向―民法等の改正と今後の課題（特集 親権をめぐる動向―民法等改正とハーグ条約加盟へのうごき）	ジュリスト 1430		4-11	有斐閣
早川眞一郎	2011.10	「ハーグ子奪取条約」断想―日本の親子法制への一視点（特集 親権をめぐる動向―民法等改正とハーグ条約加盟へのうごき）	ジュリスト 1430		12-18	有斐閣
大谷美紀子	2011.10	別居・離婚に伴う子の親権・監護をめぐる実務上の課題（特集 親権をめぐる動向―民法等改正とハーグ条約加盟へのうごき）	ジュリスト 1430		19-27	有斐閣
	2011.10	震災孤児と里親養育 社会的養護、孤立防げ 里親経験者が支援の立場から読み解く	里親と子ども 6		102-105	明石書店
津崎哲雄	2011.10	震災孤児の養育親族、孤立防げ 里親経験者が支援の立場から読み解く、国も制度改正	厚生福祉 5855		12-13	時事通信社

吉田恒雄	2011.10	ミニ・シンポジウム 親権法改正の課題	養子と里親を考える会	新しい家族 54	4-38	原人舎
武藤素明	2011.10	児童虐待に関する親権法改正の動向―審議会での議論の状況（ミニ・シンポジウム 親権法改正の課題）	養子と里親を考える会	新しい家族 54	5-15	原人舎
鈴木博人	2011.10	児童虐待をめぐる親権法（民法等）改正に関する検討について（ミニ・シンポジウム 親権法改正の課題）	養子と里親を考える会	新しい家族 54	16-25	原人舎
	2011.10	児童虐待に関する親権制度改正に関連する若干のコメント（ミニ・シンポジウム 親権法改正の課題）	養子と里親を考える会	新しい家族 54	26-38	原人舎
才村純	2011.10	厳しさを増す児童相談所児童福祉司の職場環境―その現状と支援を考える（ケアするひとのケア）		月刊福祉 94-11	30-33	診断と治療社
	2011.10	特集 見逃さない！日常診療の中にある子ども虐待（特集 見逃さない！日常診療の中にある子ども虐待・ネグレクト）		小児科診療 74-10（通号 885）	1451-1566	診断と治療社
松田博雄	2011.10	不適切な環境で育つことが子ども虐待（特集 見逃さない！日常診療の現場から医療から―子どもー子ども虐待・ネグレクト）		小児科診療 74-10（通号 885）	1453-1455	診断と治療社
宮島清	2011.10	子ども虐待にどう対処するか―怒りと対応の強化だけでは虐待は減らない（特集 見逃さない！日常診療の中にある子ども虐待・ネグレクト）		小児科診療 74-10（通号 885）	1456-1459	診断と治療社
柳川敏彦	2011.10	子ども虐待における医療の役割（特集 見逃さない！日常診療の中にある子ども虐待・ネグレクト）		小児科診療 74-10（通号 885）	1460-1468	診断と治療社
山田不二子	2011.10	臓器移植と子ども虐待（特集 見逃さない！日常診療の中にある子ども虐待・ネグレクト）		小児科診療 74-10（通号 885）	1469-1473	診断と治療社
	2011.10	子ども虐待関係機関の現場から医療に望むこと（特集 見逃さない！日常診療の中にある子ども虐待・ネグレクト）		小児科診療 74-10（通号 885）	1475-1492	診断と治療社
河津英彦	2011.10	児童相談所が医療機関に望むこと（特集 見逃さない！日常診療の現場から医療関係機関の現場から―子ども虐待・ネグレクト）		小児科診療 74-10（通号 885）	1475-1477	診断と治療社
山崎淳一	2011.10	保育所の立場から医療への気づきからケースへ検討会議へ（特集 見逃さない！日常診療の現場から医療関係機関の現場から―子ども虐待・ネグレクト）		小児科診療 74-10（通号 885）	1478-1480	診断と治療社
田辺恵美	2011.10	スクールソーシャルワーカーの役割と他機関との連携・協働（特集 見逃さない！日常診療の現場から医療関係機関の現場から―子ども虐待・ネグレクト）		小児科診療 74-10（通号 885）	1481-1484	診断と治療社
小木曽宏	2011.10	子ども虐待の早期発見・早期対応と医師の役割―児童養護施設で暮らす子どもたちを通して（特集 見逃さない！日常診療の現場から医療関係機関の現場から―子ども虐待・ネグレクト）		小児科診療 74-10（通号 885）	1485-1488	診断と治療社
池田清貴	2011.10	医療機関の虐待ケースへのかかわりにおける法的問題点（特集 見逃さない！日常診療の現場から医療関係機関の現場から―子ども虐待・ネグレクト）		小児科診療 74-10（通号 885）	1489-1492	診断と治療社
	2011.10	「子ども虐待」における医療の専門性 見逃さない！日常診療の中にある子ども虐待・ネグレクト）		小児科診療 74-10（通号 885）	1493-1529	診断と治療社
藤он眞幸	2011.10	法医学からみた傷のみかた（特集 見逃さない！日常診療の現場から医療関係機関の現場から―子ども虐待・ネグレクト）「子ども虐待」における医療の専門性		小児科診療 74-10（通号 885）	1493-1500	診断と治療社

著者	年月	タイトル	掲載誌	ページ	出版社
山崎嘉久美 押部郁都 堅中正博	2011.10	虐待による乳幼児頭部外傷と事故による頭部外傷の鑑別（特集　見逃さない！日常診療の中にある子ども虐待・ネグレクト）―「子ども虐待」における医療の専門性	小児科診療 74-10（通号 885）	1501-1507	診断と治療社
小熊栄二	2011.10	画像診断の進歩（特集　見逃さない！日常診療の中にある子ども虐待・ネグレクト）―「子ども虐待」における医療の専門性	小児科診療 74-10（通号 885）	1509-1518	診断と治療社
星野崇啓	2011.10	性的虐待―医療としての対応（特集　見逃さない！日常診療の中にある子ども虐待・ネグレクト）―「子ども虐待」における医療の専門性	小児科診療 74-10（通号 885）	1519-1523	診断と治療社
宮本信也	2011.10	診断書・意見書の書きかた（特集　見逃さない！日常診療の中にある子ども虐待・ネグレクト）―「子ども虐待」における医療の専門性	小児科診療 74-10（通号 885）	1525-1529	診断と治療社
	2011.10	虐待・ネグレクトが子どもに残す影響（特集　見逃さない！日常診療の中にある子ども虐待・ネグレクト）	小児科診療 74-10（通号 885）	1531-1549	診断と治療社
佐藤喜宣	2011.10	児童虐待死亡例の検討―法医学の視点から（特集　見逃さない！日常診療の中にある子ども虐待・ネグレクト）―虐待・ネグレクトが子どもに残す影響	小児科診療 74-10（通号 885）	1531-1535	診断と治療社
友田明美 増田将人	2011.10	子ども虐待と発達障害（特集　見逃さない！日常診療の中にある子ども虐待・ネグレクト）―虐待・ネグレクトが子どもに残す影響	小児科診療 74-10（通号 885）	1536-1542	診断と治療社
西澤哲	2011.10	子ども虐待がこころにおよぼす影響（特集　見逃さない！日常診療の中にある子ども虐待・ネグレクト）―虐待・ネグレクトが子どもに残す影響	小児科診療 74-10（通号 885）	1543-1549	診断と治療社
	2011.10	「子ども虐待」の対応（特集　見逃さない！日常診療の中にある子ども虐待・ネグレクト）―「子ども虐待」予防における地域ネットワーク	小児科診療 74-10（通号 885）	1551-1566	診断と治療社
中板育美	2011.10	要保護児童対策地域協議会とは何か―医療に望むこと（特集　見逃さない！日常診療の中にある子ども虐待・ネグレクト）―「子ども虐待」予防における地域ネットワーク	小児科診療 74-10（通号 885）	1551-1554	診断と治療社
中村由紀子	2011.10	院内虐待防止委員会（CAPS）をもつ医療機関の立場から（特集　見逃さない！日常診療の中にある子ども虐待・ネグレクト）―「子ども虐待」予防における地域ネットワーク	小児科診療 74-10（通号 885）	1555-1558	診断と治療社
井上登生	2011.10	クリニックの立場から（特集　見逃さない！日常診療の中にある子ども虐待・ネグレクト）―「子ども虐待」予防における地域ネットワーク	小児科診療 74-10（通号 885）	1559-1562	診断と治療社
佐藤拓代	2011.10	保健機関による子ども虐待予防―ポピュレーションアプローチからハイリスクアプローチへ（特集　見逃さない！日常診療の中にある子ども虐待・ネグレクト）―「子ども虐待」の対応・予防における地域ネットワーク）	小児科診療 74-10（通号 885）	1563-1566	診断と治療社
	2011.10	特集　子ども虐待	教育 61-10（通号 789）	4-77	国土社
広岡智子 片岡洋子	2011.10	インタビュー　広岡智子さんに聞く　虐待されて子どもたちと暮らし、虐待する母親に寄り添って見えてきたこと（特集　子ども虐待）	教育 61-10（通号 789）	13-26	国土社
野尻紀恵	2011.10	学校現場で見えてくる貧困―ネグレクトケースへの対応からスクールソーシャルワーカーに見えてきたもの（特集　子ども虐待）	教育 61-10（通号 789）	27-35	国土社
上原由紀	2011.10	子ども虐待としてのDV（特集　子ども虐待）	教育 61-10（通号 789）	36-44	国土社
土井高徳	2011.10	被虐待児と発達障害―里親ホームでの子どもの発達援助（特集　子ども虐待）	教育 61-10（通号 789）	45-53	国土社
田邉哲雄	2011.10	子ども虐待の現状と「教育と福祉の融合」の可能性―小規模児童養護施設での実践を経て（特集　子ども虐待）	教育 61-10（通号 789）	54-62	国土社
大河未来	2011.10	子どもたちへのいらだちはなぜ？―私が出会った親たち（特集　子ども虐待）	教育 61-10（通号 789）	63-71	国土社

著者	発行年月	タイトル	掲載誌	巻号・頁	発行元
中田裕康	2011.10	新法解説 民法改正─児童虐待防止のための親権制度等の改正	法学教室 373	58-65	有斐閣
岡本正子	2011.10	性的虐待の予防と対応（特集 生と性）	世界の児童と母性 71	24-45	資生堂社会福祉事業財団
髙田豊司	2011.10	性の調査研究─性的虐待を受けた子どもの中長期的ケアの実態とそのあり方に関する研究（特集 生と性）（性的虐待の予防と対応）	世界の児童と母性 71	24-30	資生堂社会福祉事業財団
山本恒雄	2011.10	性的虐待を受けた子どもたちへの支援─児童養護施設の心理士の立場から（特集 生と性）（性的虐待の予防と対応）	世界の児童と母性 71	31-36	資生堂社会福祉事業財団
仲真紀子	2011.10	児童相談所における性的虐待対応ガイドラインの策定に関する研究（特集 生と性）（性的虐待の予防と対応）	世界の児童と母性 71	37-40	資生堂社会福祉事業財団
田尻由貴子	2011.10	事実確認と子どものケア─感情を交えずに話を聞く事（特集 生と性）（性的虐待の予防と対応）	世界の児童と母性 71	41-45	資生堂社会福祉事業財団
藤原夏人	2011.10	命をつなぐ「こうのとりのゆりかご」（特集 生と性）（児童福祉における性教育と生命（いのち）の教育）	世界の児童と母性 71	87-93	資生堂社会福祉事業財団
	2011.10	韓国 家庭内暴力及び児童虐待への対応を強化	外国の立法 249-1	20-21	国立国会図書館調査及び立法考査局
	2011.10	財団法人鉄道弘済会主催「第48回社会福祉セミナー」報告─暮らしの中の暴力・虐待への対応と新たな社会福祉像を求めて	社会福祉研究 112	74-79	鉄道弘済会社会福祉部
長田美穂	2011.10	米国からの便り 子どもから性虐待の被害を正確に聞き出すには：米司法面接トレーニング体験記	女性の安全と健康のための支援教育センター通信 31	29-33	女性の安全と健康のための支援教育センター
田嶌誠一	2011.10	児童福祉施設における暴力問題の理解と対応─統・現実に介入しつつ心に関わる	-	-	金剛出版
	2011.11	特集 子ども・親・国家─「子の利益」を中心として	法律時報 83-12	4-54	日本評論社
門広乃里子	2011.11	子どもと親に関わる最近の法状況を契機として─企画趣旨（特集 子ども・親・国家─「子の利益」を中心として）	法律時報 83-12	4-9	日本評論社
横田光平	2011.11	子どもの意思・両親の権利・国家の関与─「子の利益」とは何か（特集 子ども・親・国家─「子の利益」を中心として）	法律時報 83-12	10-17	日本評論社
岩志和一郎	2011.11	子の利益保護のための親権の制限と児童福祉の連携─ドイツ法を参考として（特集 子ども・親・国家─「子の利益」を中心として）	法律時報 83-12	18-23	日本評論社
飛澤知行	2011.11	平成23年民法等の一部改正について	戸籍 862	1-10	テイハン
	2011.11	特集 家事事件をめぐる最近の法改正の動向─家事事件手続法・民法改正及びハーグ条約をめぐる議論の状況	二弁フロンティア 331	21-30	第二東京弁護士会
杉井静子	2011.11	家事事件手続法の制定（家事審判法の改正）（特集 家事事件をめぐる最近の法改正の動向─家事事件手続法・民法改正及びハーグ条約をめぐる議論の状況）	二弁フロンティア 331	21-26	第二東京弁護士会
佐野みゆき	2011.11	民法改正及びハーグ条約をめぐる議論の状況について（特集 家事事件をめぐる最近の法改正の動向─家事事件手続法・民法改正及びハーグ条約をめぐる議論の状況）	二弁フロンティア 331	26-30	第二東京弁護士会
宮島清	2011.11	震災孤児のニーズから省察する社会的養護のあり方（特集 子どもにとって必要な、災害時・災害後のケア）	教育と医学 59-11	1080-1086	慶應義塾大学出版会

著者	日付	タイトル	掲載誌	ページ	出版社
山名希望	2011.11	虐待をなくすために 家庭のような居場所 日向ぼっこサロン	女性のひろば 通号393	110-114	日本共産党中央委員会出版局
川崎二三彦	2011.11	親から虐待されている子はなぜ親をかばうのか(SOSの出せない子―あえてSOSを出さない子の心理)	児童心理 65-16 (通号940)	1348-1352	金子書房
	2011.11	特集 子供を虐待から守る現場の取り組み	りぶる 30-11 (通号356)	3-9	自由民主党
柴山陽子	2011.11	児童虐待における危機介入―児童相談所保健師の役割について考える (危機介入事例における人権保護)	保健師ジャーナル 67-11	974-979	医学書院
野村武司	2011.11	児童虐待事例における危機介入と人権保護―法的根拠および根拠における人権保護 (危機介入事例における人権保護)	保健師ジャーナル 67-11	980-985	医学書院
畑千鶴乃	2011.11	子どもの貧困防止のために保育ができること (2) 子どもの貧困と虐待	保育情報 420	9-14	全国保育団体連絡会
小池泰	2011.11	特集 児童虐待防止に向けた法改正	法律のひろば 64-11	4-57	ぎょうせい
松原康雄	2011.11	児童虐待防止に関する親権制度の改正 (特集 児童虐待防止に向けた法改正)	法律のひろば 64-11	4-11	ぎょうせい
飛澤知行	2011.11	親権制度改正と児童福祉分野における実践の展望と課題 (特集 児童虐待防止に向けた法改正)	法律のひろば 64-11	12-17	ぎょうせい
髙松利光	2011.11	民法等の改正の概要 (特集 児童虐待防止に向けた法改正)	法律のひろば 64-11	18-24	ぎょうせい
古合恭一郎	2011.11	「民法等の一部を改正する法律」における児童福祉法の改正の概要 (特集 児童虐待防止に向けた法改正)	法律のひろば 64-11	25-29	ぎょうせい
磯谷文明	2011.11	法改正を踏まえた家事事件・弁護士実務 (特集 児童虐待防止に向けた法改正)	法律のひろば 64-11	30-35	ぎょうせい
武藤素明	2011.11	親権法改正に伴う児童養護現場の現状と課題 (特集 児童虐待防止に向けた法改正)	法律のひろば 64-11	36-42	ぎょうせい
柳川敏彦	2011.11	児童虐待防止における医師の役割:医療ネグレクトと親権問題について (特集 児童虐待防止に向けた法改正)	法律のひろば 64-11	43-50	ぎょうせい
井上知美	2011.11	児童虐待を受けた児童養護施設に入所した子どもへのセルフケアを基盤とした生活援助	日本小児看護学会誌 20-3 (通号42)	51-57	日本小児看護学会
杉山登志郎	2011.11	特別講演 そだちの凸凹(発達障害)とそだちの不全(子ども虐待)	日本小児看護学会誌 20-3 (通号42)	67-73	日本小児看護学会
松宮透高	2011.11	児童虐待事例に対する問題解決プロセス:北海道浦河におけるメンタルヘルス問題のある親への支援実践から	社会福祉学 52-3 (通号99)	103-107	日本社会福祉学会
坪井裕子・三俣美紀	2011.11	児童福祉施設における子どもへの対応に関する若手職員へのインタビューの分析	人間と環境 2	40-52	人間環境大学研究企画委員会
林弘正	2011.11	児童虐待Ⅱ 問題解決への刑事法的アプローチ (増補版)		45-59	成文堂
角南和子	2011.11	教委が通告後押し;親「性暴力」を転換 東京都江戸川区 学校が救える命 (1)	週刊教育資料 1183 (通号1313)	31	教育公論社
飛澤知行	2011.11	一問一答 民法等改正 児童虐待防止に向けた親権制度の見直し		-	商事法務
	2011.11	特集 失った2度の時機 児童虐待死事件から「一時保護」への対応	内外教育 6120	6-7	時事通信社
	2011.11	特集 教委が通告を後押し、親「性暴力」を転換、東京都江戸川区 学校が救える命 (2)	内外教育 6121	8-9	時事通信社

著者	年月	タイトル	掲載誌	ページ	出版社
	2011.11	特集 見えない心の虐待：性被害も増加の兆し 学校が救える命 (3)	内外教育 6122	6-7	時事通信社
	2011.11	特集 家族再統合へ：虐待通告、その後 学校が救える命 (4)	内外教育 6123	6-7	時事通信社
片倉昭子	2011.11	特集 問題の背景を見る：子どもの虐待防止センター片倉昭子理事に聞く 学校が救える命 (5・完)	内外教育 6124	2-3	時事通信社
村瀬遼	2011.12	弁護士のための新法令紹介 (Vol.352) 民法等の一部を改正する法律：平成23年法律第61号	自由と正義 62-13	81-86	日本弁護士連合会
池谷和子	2011.12	民法における親権制度の改正 《国際家族法研究会報告 (第24回)》	東洋法学 55-2 (通号120)	283-290	東洋大学
船曳知弘	2011.12	急性期にある子どもと家族の看護の特集：救急の立場から急性疾患の子どもと家族への看護：急性疾患の看護のプロフェッショナルを目指す！ー知っておきたい知識	小児看護 34-13 (通号434)	1689-1692	へるす出版
高橋京子 木村千里 関根弘子	2011.12	頭部打撲・受傷の背景にある子どもと家族への支援 (急性疾患の看護：急性疾患の看護のプロフェッショナルを目指す！ー事例にみる看護の実際)	小児看護 34-13 (通号434)	1736-1742	へるす出版
筒井孝子	2011.12	日本の社会的養護施設入所児童における被虐待経験の実態	厚生の指標 58-15 (通号918)	26-33	厚生労働統計協会
	2011.12	特集 虐待	犯罪学雑誌 77-6	165-185	日本犯罪学会
佐藤喜宣	2011.12	虐待症候群：子ども虐待と臨床法医学からのアプローチ (特集 虐待)	犯罪学雑誌 77-6	165-171	日本犯罪学会
小西聖子	2011.12	虐待のトラウマの影響 (特集 虐待)	犯罪学雑誌 77-6	172-178	日本犯罪学会
岩井宜子	2011.12	児童虐待防止法制 (特集 虐待)	犯罪学雑誌 77-6	179-185	日本犯罪学会
	2011.12	特集 子ども虐待：子ども支援と女性支援をつなぐ	女たちの21世紀 68	4-30	アジア女性資料センター
村本邦子	2011.12	子ども虐待と母性、家族、ジェンダー (特集 子ども虐待：子ども支援と女性支援をつなぐ)	女たちの21世紀 68	4-7	アジア女性資料センター
石井花梨	2011.12	行き場のない子どもたちをささえる場所で仕組みをつくる (特集 子ども虐待：子ども支援と女性支援をつなぐ)	女たちの21世紀 68	8-12	アジア女性資料センター
	2011.12	子ども虐待と貧困・ジェンダー：児童相談所の現場から (特集 子ども虐待：子ども支援と女性支援をつなぐ)	女たちの21世紀 68	13-15	アジア女性資料センター
横田千代子	2011.12	婦人保護施設からみた子どもに対する暴力 (特集 子ども虐待：子ども支援と女性支援をつなぐ)	女たちの21世紀 68	16-18	アジア女性資料センター
平川和子	2011.12	フェミニストセラピーの現場から (特集 子ども虐待：子ども支援と女性支援をつなぐ)	女たちの21世紀 68	19-21	アジア女性資料センター
村田泰子	2011.12	「女親による暴力」とフェミニズム：「言説」と「実態」の区別を中心に (特集 子ども虐待：子ども支援と女性支援をつなぐ)	女たちの21世紀 68	22-27	アジア女性資料センター
加納恵子	2011.12	障害を持つ子どもと虐待リスク：フェミニズムの視点からの覚え書 (特集 子ども虐待：子ども支援と女性支援をつなぐ)	女たちの21世紀 68	28-30	アジア女性資料センター
清水將之	2011.12	児童虐待対策先進国になるのは、いつ？			金剛出版

著者	日付	タイトル	掲載誌	巻号	ページ	出版社
仲真紀子	2011.12	NICHDガイドラインにもとづく司法面接研修の効果（特集 司法面接のこれから）	日本子ども虐待防止学会	子どもの虐待とネグレクト 13-3（通号33）	316-325	金剛出版
越智啓太	2011.12	司法面接と子どもに対する耐誘導トレーニング（特集 司法面接のこれから）	日本子ども虐待防止学会	子どもの虐待とネグレクト 13-3（通号33）	326-330	金剛出版
菱川愛	2011.12	子どもの調査面接の組み立て方（特集 司法面接のこれから）	日本子ども虐待防止学会	子どもの虐待とネグレクト 13-3（通号33）	331-336	金剛出版
渡邉直	2011.12	児童福祉現場での展開（特集 司法面接のこれから）	日本子ども虐待防止学会	子どもの虐待とネグレクト 13-3（通号33）	337-346	金剛出版
笹川宏樹 馬場優子 大前亜矢子	2011.12	奈良県児童相談所における被害確認面接の実施上の困難点と課題（特集 司法面接のこれから）	日本子ども虐待防止学会	子どもの虐待とネグレクト 13-3（通号33）	337-346	金剛出版
田中晶子	2011.12	心理学における子どもの証言研究：大人と子どものより良いコミュニケーションをめざして（特集 司法面接のこれから）	日本子ども虐待防止学会	子どもの虐待とネグレクト 13-3（通号33）	347-351	金剛出版
藤井美江	2011.12	法律家からみた司法面接（特集 司法面接のこれから）	日本子ども虐待防止学会	子どもの虐待とネグレクト 13-3（通号33）	352-357	金剛出版
永野咲	2011.12	子ども虐待の「今」（第10回）当事者活動の今を考える	日本子ども虐待防止学会	子どもの虐待とネグレクト 13-3（通号33）	363-368	金剛出版
中村善彦	2011.12	実務法学の現場（4）監護者とは何か	日本子ども虐待防止学会	子どもの虐待とネグレクト 13-3（通号33）	382-386	金剛出版
千賀則史	2011.12	虐待ケースにおける児童相談所と保護者の関係性形成のプロセスについて	日本子ども虐待防止学会	子どもの虐待とネグレクト 13-3（通号33）	387-395	金剛出版
榊原文 藤原映久	2011.12	児童養護施設入所児童に対する性（生）教育プログラムの効果測定	日本子ども虐待防止学会	子どもの虐待とネグレクト 13-3（通号33）	396-408	金剛出版
森田展彰 数井みゆき 金丸隆太 他	2011.12	不適切な養育が幼児の自律神経機能に与える影響の心拍変動による評価：乳児院入所児童を対象とした試み	日本子ども虐待防止学会	子どもの虐待とネグレクト 13-3（通号33）	409-420	金剛出版
トニー・ケーン 小林美智子 監修	2011.12	エビデンスに基づく子ども虐待の発生予防と防止介入――その実践とさらなるエビデンスの創出に向けて	-	-	-	明石書店
太田由加里	2011.12	子どもを虐待死から守るために―妊婦健診・乳幼児健診未受診者から見えること	-	-	-	ドメス出版
春原由紀 武蔵野大学心理臨床センター子ども相談部門	2011.12	子ども虐待としてのDV―母親と子どもへの心理臨床的援助のために	-	-	-	星和書店
庄司順一 鈴木力 宮島清	2011.12	子ども虐待の理解・対応・ケア（社会的養護シリーズ〈3〉）	-	-	-	福村出版

著者	年月	タイトル	掲載誌	頁	出版社
原郁子	2012	市民公開シンポジウム 子どもの虐待（第26回保団連医療研究集会記録集 医療再生）	月刊保団連 1081	17-19	全国保険医団体連合会
	2012.Win	子ども虐待（子どもの発育・発達と病気・子どもを見守り、助ける）	からだの科学 272	132-135	日本評論社
田澤あけみ	2012	マンロー報告書（最終版）にみるイギリス児童保護政策の軌跡と転換	人間の福祉（立正大学社会福祉学部紀要）26	25-43	立正大学社会福祉学部
佐々木政人	2012	子ども家庭福祉サービスの動向と課題：子ども虐待への挑戦	愛知淑徳大学論集（福祉貢献学部篇）2	15-25	愛知淑徳大学福祉貢献学部
小笹美子 長屋千恵子 斉藤ひさ子	2012	こども虐待に対する保健師の支援：事例経験による検討	日本看護学会論文集（地域看護）42	46-49	日本看護協会出版会
齋藤泰子	2012	保健師の専門性に関する調査：子ども虐待予防の活動に焦点をあてて	昭和女子大学大学院生活機構研究科紀要 21-1	45-55	昭和女子大学大学院生活機構研究科
	2012.1	弁護士のための新法令紹介（Vol.353）障害者虐待の防止、障害者の養護者に対する支援等に関する法律（平成23年法律第79号）	自由と正義 63-1（通号757）	90-97	日本弁護士連合会
飛澤知行	2012.1	平成23年民法等一部改正法の概要について	法の支配 164	15-23	日本法律家協会
谷野宏美 鈴井江三子 久我原明子 他	2012.1	学童保育指導員による性暴力と虐待の発見要因：学童保育指導員へのインタビュー調査を基に	小児保健研究 71-1	52-59	日本小児保健協会
長田美穂	2012.1	米国からの便り 子ども虐待専門オンブズマン：市民の声を聞いて福祉行政を改革	女性の安全と健康のための支援教育センター通信 32	18-21	女性の安全と健康のための支援教育センター
米谷壽代	2012.1	子どもの虐待と親権制限をめぐる立法の動向：子どもの権利条約批准後の日本の現状（短期共同研究プロジェクト 子どもの権利条約の20年：施行と権利保障）	ジュリスコンサルタス 21	233-249	関東学院大学法学研究所
田邉泰美	2012.1	英国児童虐待防止研究：労働党政権における児童福祉／虐待防止政策のソーシャルワークへの影響と変化	園田学園女子大学論文集 46	209-226	園田学園女子大学
加藤曜子	2012.1	ネグレクト児童家庭への長期・短期支援に関する研究：要保護児童対策地域協議会活動による	流通科学大学論集（人間・社会・自然 編）24-2	1-16	流通科学大学学術研究会
石川義之 小宅理沙	2012.1	身体的虐待を受けたサバイバーと活動家に対するインタビュー調査	大阪樟蔭女子大学研究紀要 2	215-223	大阪樟蔭女子大学学術研究会
	2012.1	行政評価の動き 早期発見、保護支援、連携強化を勧告：総務省が児童虐待防止の政策評価で	週刊行政評価 2491	6-8	行政管理協会
	2012.1	法令解説 障害者虐待防止法を促進、障害者虐待の防止、障害者の養護者に対する支援等に関する施策を促進 障害者虐待の防止、障害者の養護者に対する支援等に関する法律（平成23年法律第79号）平23・6・24 公布 平24・10・1 施行	時の法令 1898	4-23	朝陽会
杉山登志郎	2012.2	発達障害と虐待はトラウマ（心的外傷）でつながっている（特集 発達障害と虐待の重なりをどう見るか）	月刊地域保健 43-2	42-45	東京法規出版

著者	年月	タイトル	訳者等	掲載誌	頁	出版社
間瀬小夜子	2012.2	発達障害の観点からみた子ども虐待への対応：あいち小児保健医療総合センターの取り組み（特集 発達障害 発達障害と虐待の重なりをどう見るか）		月刊地域保健 43-2	46-51	東京法規出版
	2012.2	保護者と保育者の発達アンケートを実施して：半田市の取り組み 発達障害と虐待の重なりをどう見るか		月刊地域保健 43-2	52-58	東京法規出版
	2012.2	連絡用シートで保健所との情報共有を強化：渋谷区子ども家庭支援センターの取り組み（特集 発達障害と虐待の重なりをどう見るか）		月刊地域保健 43-2	59-63	東京法規出版
	2012.2	通達・回答 民法等の一部を改正する法律の施行に伴う戸籍届書の標準様式の一部改正について：平成24.2.2民-271 通達		民事月報 67-2	177-197	法務省民事局
	2012.2	訓令・通達・回答（5311）民法等の一部を改正する法律の施行に伴う戸籍届書の標準様式の一部改正について（平成24年2月2日付け法務省民一第271号法務省民事局長、地方法務局長あて民事局長通達）		戸籍 867	62-82	テイハン
	2012.2	通達・回答 民法等の一部を改正する法律の施行に伴う戸籍届書の標準様式の一部改正について：平成24年2月2日付け法務省民一第271号法務省民事局長、地方法務局長あて法務省民事局長通達		戸籍時報 679	112-131	日本加除出版
田尻由貴子 綿引伴子	2012.2	日本家庭科教育学会 第54回大会報告 講演会・対談「こうのとりのゆりかご」が問いかけたもの：家庭科教育への期待		日本家庭科教育学会誌 54-4	267-270	日本家庭科教育学会
友田尋子	2012.2	子どもの虐待ホットライン（電話相談：危機を救えるか？回復のきっかけを提供できるか？）		保健の科学 54-2	107-110	杏林書院
兼田智彦	2012.2	「全国 子育て・虐待防止ホットライン」メール相談実践報告		電話相談学研究 21-1	21-28	日本電話相談学会
築島健	2012.2	学校をめぐる問題と対応（5）虐待における児童相談所との連携		子どもの心と学校臨床 6	125-132	遠見書房
安部計彦	2012.2	ネグレクト事例における引きこもりと援助拒否の背景と子どもへの影響（新福尚隆教授古希記念号）		西南学院大学人間科学論集 7-2	13-24	西南学院大学学術研究所
	2012.2	発生予防や早期発見等の取組を推し進めるる 児童虐待の防止等で文部科学・厚生労働両省に勧告		行政評価情報 2834	2-6	官庁通信社
小宮純一	2012.2	検証 杉並3歳女児虐待死 里親支援制度の闇 悲劇は防げるのか（特集 震災と子ども）		金曜日 20-5（通号897）	16-19	金曜日
町野朔 岩瀬徹	2012.2	児童虐待の防止―児童と家庭、児童相談所と家庭裁判所		-	-	有斐閣
杉山登志郎	2012.2	児童青年精神医学の新世紀（杉山登志郎著作集3）		-	-	日本評論社
	2012.2	法令解説 児童虐待防止のための親権制度の見直し：親権停止制度の新設、未成年後見制度の見直し等 民法等の一部を改正する法律（平成23年法律第61号）		時の法令 1900	17-27	朝陽会
マリリン・ストラッテン・ピーターソン マイケル・ダーフィー	2012.2	児童虐待とネグレクト対応ハンドブック―発見、評価からケース・マネジメント、連携までのガイドライン	太田真弓 山田典子 監訳	-	-	明石書店

著者	年月	タイトル	監修・訳	掲載誌	ページ	出版社
増沢高	2012.3	虐待を受けた子どもの喪失感と絶望感（子どものうつ）		こころの科学 162	41-45	日本評論社
山下隆志	2012.3	研修講座 実務に役立つ刑事政策（5）家庭内における暴力（配偶者暴力及び児童虐待）の実態と問題点		研修 765	51-78	誌友会研修編集部
神楽岡澄	2012.3	育児不安を解消し虐待を予防する「親と子の相談室」事業：東京都新宿区（わがまちの子育て支援事業）		月刊地域保健 43-3	40-51	東京法規出版
菅野恵	2012.3	家族の機能不全と虐待に関する試論		帝京大学心理学紀要 16	23-27	帝京大学心理学研究室
西野緑	2012.3	子ども虐待に対応する学校の役割と課題：「育む環境(nurturing environment)」の保障を目的とするスクールソーシャルワークの可能性		Human welfare：HW 4-1	41-53	関西学院大学人間福祉学部研究会
田中利宗 田中康子	2012.3	「児童虐待防止法」(法律第四十号）について：わが国のこどもの権利思想と法成立の背景一考		道北福祉 3	36-51	道北福祉研究会
羽間京子 保坂亨 小曽根宏 他	2012.3	学齢期児童虐待事例検証の再検討：死亡事例について		千葉大学教育学部紀要 60	133-142	千葉大学教育学部
山本恒雄	2012.3	子どもの虐待の現状と支援（第7回日本司法精神医学会大会 公開シンポジウム 子ども虐待と法的問題：子どもの権利擁護、社会的養護、親権をめぐる課題）		司法精神医学 7-1	33-40	日本司法精神医学会
小野善郎	2012.3	虐待が与える子どもの育ちと発達への影響（第7回日本司法精神医学会大会 公開シンポジウム 子ども虐待と法的問題：子どもの権利擁護、社会的養護、親権をめぐる課題）		司法精神医学 7-1	41-48	日本司法精神医学会
磯谷文明	2012.3	第7回日本司法精神医学会大会 教育講演 児童虐待、そして親権にかかわる法的問題		司法精神医学 7-1	59-64	日本司法精神医学会
木村容子	2012.3	被虐待児の専門里親支援—M-D&Dにもとづく実践モデル開発		-	-	相川書房
小山剛 玉井真理子	2012.3	子どもの医療と法（第2版）		-	-	尚学社
クリスチーヌ・ヴィカール アレックス・L・ミラー デイヴィッド・A・ウルフ キャリー・B・スピンデル		児童虐待（エビデンス・ベイスト心理療法シリーズ〈3〉）	貝谷久宣 久保木富房 丹野義彦 監修 福井至 監訳	-	-	金剛出版
小山充道 小野実佐 今泉明子	2012.3	性的虐待を受けた子どもと非加害親への心理的支援：児童家庭支援センターでの親子並行面接を通して		藤女子大学紀要（第II部）49	121-135	藤女子大学
柏木恭典	2012.3	赤ちゃんポストと社会的養護		千葉経済大学短期大学部研究紀要 8	15-27	千葉経済大学短期大学部

笠原麻里	2012.3	DVに曝されて生活する女性の心身の問題と母子関係(第61回日本病院学会 シンポジウム 虐待の現状と病院の役割)		日本病院会雑誌 59-3	289-295	日本病院会
井上寿美	2012.3	親と子どもの関係の意味を変化させる仕組みとしての「こうのとりのゆりかご」		関西福祉大学社会福祉学部研究紀要 15-2	13-21	関西福祉大学社会福祉学部学会

資料5　日本における児童福祉に関する年表　―児童虐待防止を中心に―　第6期　2010〜2012年（2013年・2014年）

年	月	法律・政策・事件・研究等の動向	年	月	東京都・大阪府・大阪市の動向、事件
2010 (平成22)	1	東京都江戸川区小学1年男児虐待され死亡。2009年9月に歯科医師父、母親は継父、母親22歳、本児は15歳時の若年出産）に虐待され死亡。2009年9月に歯科医師からの通報あり、学校、子ども家庭支援センターとも情報を知っており家庭訪問などで対応していたが死亡。長期欠席（2009年9月以降85日間中35日欠席）、2009年10月に急性硬膜下血腫で都立墨東病院にも入院していたが病院も虐待と疑わず通報せず。	2010 (平成22)	1	東京都「児童虐待への対応について（通知）」東京都教育庁指導部企画課長通知　21教指企第1074号
	1	「児童虐待防止に向けた学校等における適切な対応の徹底について」（平成22年1月26日文部科学省初等中等教育局児童生徒課長通知 21初生徒第29号）文部科学省		4	東京都「児童虐待死亡ゼロを目指した支援のあり方について」提言　東京都児童福祉審議会（児童虐待死亡事例等検証部会）
	1	平成22年1月27日、寝屋川市在住の1歳8ヶ月の女児がふら肺停止で病院に救急搬送され、顔面にあざ、体にタバコを押しつけられたような痕があり虐待が疑われると大阪府中央子ども家庭センターが児童虐待通告を受け、同日、職権による一時保護を行ったが、平成22年3月7日、硬膜下血腫による脳腫脹により死亡。（大阪府 寝屋川市・門真市における幼児死亡事案検証結果報告書 抜粋）		4	東京都「一時保護対応協力員」（国庫補助事業）〈根拠規定〉国：児童虐待防止対策支援事業実施要綱（平成17年5月2日 雇児発第0502001号）
	3	平成22年3月28日、大阪府門真市在住の2歳の男児が病院で死亡（全身打撲と硬膜下血腫の疑い）。警察は、繰り返し暴行を加えていたとして、母の知人である19歳の少年を傷害容疑で逮捕。なお、大阪府中央子ども家庭センターの関わりはなかった。（大阪府寝屋川市・門真市における幼児死亡事案検証結果報告書 抜粋）		5	東京都「児童虐待死亡ゼロを目指した支援のあり方について」提言（江戸川区事例）最終報告　平成21年度東京都児童福祉審議会児童虐待死亡事例等検証部会報告書　平成22年5月11日　平成22年4月28日に（江戸川区事例）中間報告）公表。
	3	「学校及び保育所等から市町村又は児童相談所への定期的な情報提供について」（平成22年3月24日 雇児発第0324第1号）		5	東京都「児童虐待の早期発見と適切な対応のためのチェックリスト」の活用について（通知）」東京都教育庁指導部指導企画課長通知　22教指企第140号
	3	「児童相談所運営指針等の改正について」（平成22年3月31日雇用均等・児童家庭局長通知　雇児発第0331第6号）厚生労働省		8	東京都「児童虐待への対応の徹底について（通知）」東京都教育庁指導部企画課長通知　22教指企第536号 →幼稚園・学校への通知
	5	改正児童福祉法施行による養育里親の制度化がスタート。平成20年の児童福祉法改正：養育里親を養子縁組里親と区別して法定、里親研修の義務化、欠格事由の法定化等。平成20年度 里親支援機関事業の実施		9	大阪市「児童虐待ホットライン」の専用電話を設置
	6	文部科学省「児童虐待防止に向けた学校等における適切な対応の徹底について」（平成22年10月発表）（大阪府社会福祉審議会福祉部会　児童福祉分科会　児童措置審議会 点検・検証チーム）		10	大阪府　寝屋川市・門真市における幼児死亡事案検証結果報告書（平成22年10月発表）（大阪府社会福祉審議会福祉部会　児童措置審議会 点検・検証チーム）
	6	川端達夫文部科学大臣、2月19日に閣議後会見で、児童虐待事件の摘発と虐待を受けた児童数が過去最多だったことに対して「深刻な問題だ。子どもがいろん なメッセージを出しているのにはばならない時にしっかり対応するために教員の力を向上させなければならない」と述べた。産経新聞2010.2.19		12	大阪市　教育センター内に「こども相談センター」を統合し、「大阪市こども相談センター」を開設（大阪市中央区本ノ宮中央1丁目17番5号に移転）

819

年	月	法律・政策・事件・研究等の動向	年	月	東京都・大阪府・大阪市の動向、事件
	6	奈良県、4歳の息子に殴り傷害容疑で、義父増田文彦容疑者が自宅で男児の右頬を殴り、義父逮捕。義父などで約10日間の重症を負わせた疑い。実子の2歳長女にも虐待の可能性あり。		12	大阪市 大阪市西区のマンションで幼児2人が母親に置き去りにされて死亡した事件を受け、大阪市は12月24日、大阪市社会福祉審議会児童福祉専門分科会・児童虐待事例検証部会（部会長・津崎哲郎花園大教授）がまとめた幼児死亡事例検証結果報告書「大阪市における幼児死亡事例検証結果報告書」を公表。児童の安否確認ができていないのに、こども相談センター（児童相談所）内で、この情報が共有されていなかったことを問題視。情報管理体制の見直しや、初期対応マニュアルの作成などを求めた。
	6	東京都、当時中学3年の次男（15）を自宅トイレに閉じ込めたとして監禁の疑いで母親（47）と交際相手の男（34）が逮捕されたことを受け東京都練馬区中学の校長が記者会見し家庭訪問などを繰り返したが次男が通っていた東京都練馬区中学の校長が記者会見し家庭訪問などを繰り返したが虐待とほとんど気付かなかった」と謝罪。			東京都（病児・病後児保育事業費補助）（東京都単独事業）
		臓器提供の拒否、十分確認を 新指針了承 （朝日新聞 asahi.com）厚生労働省の臓器移植委員会は10日、7月に本格施行される改正臓器移植法の運用方法を定めた施行規則とガイドラインの改正案を了承。改正法では本人の意思が不明でも家族の同意で臓器提供が可能。そのためガイドラインは、コーディネーターに対し、本人が臓器提供を拒否していたかを十分確認するよう求めた。拒否の意思は年齢にかかわらず有効で、書面以外の方法でもまわない。新たに子どもの法的脳死判定基準を決め、6歳未満の間隔で2回以上あけて2回実施することとした。〈改正臓器移植法施行規則などのポイント〉本人の意思は家族に十分確認。拒否の意思は十分注意して確認。年齢にかかわらず拒否の意思は有効。書面以外の拒否の意思も有効。未成年者の臓器提供の意向を慎重に把握する。子どもの臓器提供施設には虐待防止委員会やマニュアルの整備を求める。虐待の疑いがあれば児童相談所に通告。6歳未満の法的脳死判定は24時間以上あけて2回、生後12週未満、知的障害者の臓器提供は見合わせ（朝日新聞）。		6	大阪府 家庭的養護推進プロジェクト設置
	7	改正臓器移植法が施行。15歳未満の子どもから脳死で臓器提供ができるようになった。			
	7	「子ども虐待による死亡事例等の検証結果について」厚生労働省社会保障審議会児童部会 児童虐待等要保護事例の検証に関する専門委員会」第6次報告		7	大阪府 母子寡婦福祉資金貸付金滞納整理特別推進事業3ヵ年計画開始
	7	インターネット上の児童ポルノ画像へのアクセスを遮断する「ブロッキング」を見後に即時実施する「児童ポルノ排除総合対策（案）」を関係9省庁（内閣府、警察庁、総務省、文部省、厚生労働省、法務省）のワーキングチーム」が公表。		7	大阪府「大阪府社会的養護体制整備計画」策定
	7	大阪市西区のマンションで、幼児2人（3歳女児及び1歳男児）が母親に置き去りにされて餓死。（ネグレクトによる虐待死亡事件）		7	東京都「医療機関における虐待対応力強化事業」（東京都単独事業）
	7	「児童虐待防止対策の推進について」厚生労働省雇用均等・児童家庭局総務・母子保健課長通知（雇児総発0728第1号・雇児母発0728第1号）		7	東京都「子供家庭支援区市町村包括補助事業」（東京都単独事業）
	8	岐阜北署は、児童相談所に相談に来た女子中学生（14）と顔見知りになった後、みだらな行為をしたとして県青少年育成条例違反の疑いで岐阜県中央子ども相談センター」の元非常勤職員小池正人容疑者（23）を逮捕。		7	東京都「児童養護施設退所者等の就業支援事業」（国庫補助事業）
				7	東京都「子育てスタート支援事業」（東京都単独事業）（平成19年度から平成21年度はモデル事業）

年	月	事項		施策
	8	「児童の安全確認の徹底について」(平成22年8月2日 雇児総発0802第1号)	8	東京都「都型学童クラブ事業補助」(東京都単独事業)
	8	「児童の安全確認の徹底に係る調査名について」(平成22年8月10日厚生労働省雇用均等・児童家庭局総務課長通知 雇児総発0810第1号) 厚生労働省		東京都「医療機関における虐待対応力強化事業」(東京都単独事業)
	8	「児童の安全確認の対応について」(平成22年8月18日雇用均等・児童家庭局総務課長通知 雇児総発0818第1号) 厚生労働省		東京都「地域子育て創生事業」(国庫補助事業)
	8	「居住者が特定できない事業における出頭要求等について」(平成22年8月26日雇用均等・児童家庭局総務課長通知 雇児総発0826第1号) 厚生労働省		東京都「児童養護施設等の職員の資質向上のための研修事業」(国庫補助事業)
	9	「児童の安全確認の徹底に係る調査結果について」(平成22年9月30日雇用均等・児童家庭局総務課長通知 雇児総発0930第1号) 厚生労働省 (児童の安全確認については、児童相談所が依頼した者が、子どもを直接目視することにより行うこと。)		東京都「定期利用保育事業」(東京都単独事業)・「特定保育事業」(国庫補助事業)
	9	「虐待通告のあった児童の安全確認の手引き」について(平成22年9月30日雇用均等・児童家庭局総務課長通知雇児総発0930第2号)		東京都「児童養護施設の退所者等の就業支援事業」(国庫補助事業) 国:「根拠規定」国:「安心こども基金管理運営要領、都:児童養護施設の退所者等の就業支援事業実施要綱
	12	児童虐待の防止等に関する意識等調査結果 公表。(平成22年12月7日) 総務省〈行政評価の一環として、児童虐待防止に関連する現場の実務者の負担感や意見等を把握するための調査〉		東京都「児童福祉施設耐震化等施設整備費補助」(国庫補助事業)(安心こども基金)
	12	「児童虐待防止のための親権の制度の見直しに関する要綱案」公表(平成22年12月15日)(法制審議会児童虐待防止関連親権制度部会) 法務省		東京都「ひとり親家庭等就業コーディネート事業」平成21年度(区市町村事業)
				東京都「児童虐待防止対策強化事業」(国庫補助事業) 児童の安全確認等
				東京都「ひとり親家庭等の在宅就業支援事業」(国庫補助事業)
				「大阪府子どもを虐待から守る条例」(経済的虐待の制定)
				大阪府 児童虐待防止のためのキャンペーンとTVCM作成
2011 (平成23)	1	宇都宮市で、2歳女児死亡 母(22歳)に傷害致死容疑 朝日新聞朝刊(2011.1.15)	1	東京都「児童虐待死亡ゼロを目指した支援のあり方について」提言
	1	社会保障審議会児童部会「児童虐待防止のための親権の在り方に関する専門委員会報告書」(平成23年1月28日 社会保障審議会児童部会児童虐待防止のための親権の在り方に関する専門委員会) 厚生労働省	2	大阪府「大阪府子どもを虐待から守る条例」施行
	2	「児童の安全確認の徹底に係る調査の追跡調査結果について」(平成23年2月10日 事務連絡)厚生労働省雇用均等・児童家庭局総務課	5	東京都「児童虐待死亡ゼロを目指した支援のあり方について」提言 平成22年東京都児童福祉審議会児童虐待死亡事例等検証部会会報告書 東京都福祉保健局
	2	「大阪府子どもを虐待から守る条例」が、平成23年2月1日より施行。	8	東京都「児童養護施設等退所者へのアンケート調査結果」公表
	3	「震災により親を亡くした子どもへの対応について」(平成23年3月25日 事務連絡 厚生労働省雇用均等・児童家庭局総務課)「親を亡くした子どもへの対応(支援者向け)(子どものこの診療中央拠点病院(国立成育医療研究センター)作成を事務連絡にて公表。		東京都「児童虐待防止対策強化事業」(東京都単独事業)
	3	「児童養護施設のケア形態の小規模化の推進について」の一部改正について 平成23年3月30日 厚生労働省雇用均等・児童家庭局通知 雇児発0330第2号		東京都「医療機関における虐待対応力強化事業」(東京都単独事業)

年	月	法律・政策・事件・研究等の動向	年	月	東京都・大阪府・大阪市の動向.事件
	3	「学校及び保育所から市町村又は児童相談所への定期的な情報提供の実施状況について」平成23年3月4日 22初生第64号.雇児総発 0304 第1号 文部科学省初等中等教育局児童生徒課長.厚生労働省雇用均等・児童家庭局総務課長通知			東京都「区市町村児童虐待対応力向上支援事業」(東京都単独事業)
	4	2011年4月に「里親委託ガイドライン」を策定し、一層の推進を図ることとしており、養育里親、専門里親、養子縁組希望里親、親族里親の4つの類型の特色を生かしながら推進する。厚生労働省			東京都「母子緊急一時保護事業」(東京都単独事業) 昭和47年度(昭和48年2月1日事業開始 平成23年度より町村分の養育費を指定する。中卒及び高等学校等中退児童で再度出発に向けての高等学校等就学等に向けた指導、支援、自立支援。
	5	「国際的な子の奪取の民事上の側面に関する条約の締結に向けた準備について」(平成23年5月20日 閣議了解)(ハーグ条約の締結に向けて、必要となる法律案作成準備にとりかかることを閣議決定した。)			東京都「再チャレンジホーム」(東京都実施) 平成23年度 1ホーム(モデル実施) 東京都養護施設再チャレンジホーム制度運営要綱」に基づき、児童養護施設からの申請に基づき、都が指定する。中卒及び高等学校等中退児童で再度出発に向けた支援が必要な児童に対して、再度の高等学校等就学等に向けた指導、支援、自立支援。
	5	親権を最長2年間停止する制度の新設を柱とした改正民法が27日参院本会議で全員一致で可決、成立。2012年4月施行。			大阪府 子ども家庭支援センター「夜間休日虐待通告電話相談」の体制強化に向けた取り組み
	6	「民法等の一部を改正する法律」の施行について (平成23年6月3日) 厚生労働省雇用均等・児童家庭局長通知雇児発 0603 第1号			大阪府 大阪府門真市における17才女児死亡事案発生(姉と姉の交際相手による虐待)
	6	大阪府と大阪府産婦人科医会が府内の約160の産婦人科施設を対象に調査。定期的な妊娠健診を受けず、出産直前に病院に駆け込む「未受診妊婦」による出産の実態調査結果を発表。「児童虐待につながるリスクがあり、自治体と医療機関が連携した支援が必要」とする見解を明らかにした。2011年6月9日			大阪府 児童保護支援員(警察官OB) 配置 (中央・岸和田)
	6	「児童福祉施設最低基準等の一部を改正する省令の施行について」平成23年6月17日 厚生労働省社会・援護局保健福祉部長通知 雇児発 0617 第7号 厚生労働省障害保健福祉部長通知 障発 0617 第4号			大阪府 門真市・東大阪市における児童死亡事案発生
	6	愛知県警天白署は、長女(5つ)に約7ヶ月間適切な食事を与えずに衰弱した状態を放置、意識不明の重体にさせたとして保護責任者遺棄致傷容疑で無職大野宏容疑者(34)と妻看護師忍容疑者(34)を逮捕。			
	7	「児童虐待防止対策の推進について」厚生労働省通知 雇児総発 0720 第1号			
	7	「妊娠期からの妊娠・出産・子育て等に係る相談体制等の整備について」(平成23年7月27日付け雇児総発 0727 第1号・雇児福発 0727 第2号・雇児母発 0727 第3号 厚生労働省雇用均等・児童家庭局総務課長及び母子保健課長通知)(厚生労働省雇用均等・児童家庭局総務課長及び母子保健課長通知)			
	7	「妊娠・出産・育児期に養育支援を特に必要とする家庭に係る保健・医療・福祉の連携体制の整備について」(平成23年7月27日付け雇児総発 0727 第4号・雇児母発 0727 第3号 厚生労働省雇用均等・児童家庭局総務課長及び母子保健課長通知)			
	7	「社会的養護の課題と将来像」厚生労働省社会保障審議会児童部会社会的養護専門委員会とりまとめ 平成23年7月			
	7	「子ども虐待による死亡事例等の検証結果等について」(第7次報告) 厚生労働省社会保障審議会児童部会児童虐待等要保護事例の検証に関する専門委員会 2011年7月20日 (第1次報告から第7次報告の対象期間内に発生・発覚した死亡した0日・0か月児の死亡77人(69事例))			

年	月	法律・政策・事件・研究等の動向	年	月	東京都・大阪府・大阪市の動向、事件
	7	宮城県、東日本大震災で親を失った県内の子どもを支援するため、全国の企業、団体、個人などから寄付金を募る「東日本大震災みやぎこども育英募金」を開設したと発表。			
	7	「地方公共団体における児童虐待による死亡事例等の検証について」の一部改正について　厚生労働省雇用均等・児童家庭局総務課長　雇児総発0727第7号　平成23年7月27日			
	8	岡山市で、知的障害のある長女（16歳）を親（浴室で清原子容疑者を逮捕。地元の児童相談所が約2年前に虐待を認識、県警に通報し、学校とも一定の連携があった。			
	8	親権の長子2年停止新設、改正民法成立。2012年4月に施行			
	8	2010年8月に東京都杉並区の自宅で里子としていた保育園児（当時3歳）を虐待して死亡させたとして警視庁は、傷害致死容疑で声優の鈴池容疑者（43）を逮捕（2011年8月20日）			
	8	千葉県警が、2歳10ヶ月の長男に十分な食事を与えず餓死させた保護責任者遺棄致死の疑いで無職小坂雄造容疑者（39）と妻アルバイト里美容疑者（27）を逮捕、腸には何らかの理由で口に入れたとみられる紙やプラスチック片が詰まっていた。長女（6歳）、次女（5歳）も5月に児童相談所が保護。			
	8	千葉県警行徳署が、長男（3歳）に熱湯をかけてやけどを負わせたとして、傷害の疑いで、中山谷疑者（24）を逮捕、妻の連れ子の長男＝当時（2）＝を虐待して、やけどを負わせた。調べに対し「腹が立ったので、風呂場のシャワーで背中に熱湯をかけた」と容疑を認めている。（産経新聞　2011.8.22）			
	8	大阪市西淀川区で2011年8月、小学2年の藤永翼君（7）を死亡させたとして、親族が里親として継父と母親が逮捕された虐待事件をめぐり、市こども相談センター（児童相談所）や学校などの関係機関が深く関わっていたから、虐待事例として共通認識ができなかった実態が、再発防止に向けた市が進める検証作業で浮かび上がっている。翼君は生後3カ月で乳児院に入所。その後ずっと施設で暮らしていたが、母親が引き取りを強く希望した。担当者は、翼君と母親らを一緒に何度も外泊外泊させ、様子を見たうえで「家庭に引き取っても大丈夫」と判断。翼君は2011年3月、家に戻った。（産経新聞　2011.10.5）			
	8	厚生労働省は、2011年8月23日東日本大震災の孤児について、親族が里親となることを希望しても、震災後に18歳の誕生日が来て児童福祉法により対象外となるケースについて、特例として里親認定し、養育費用等を支給する方針を明らかにした。震災孤児231人（2011年8月19日現在）のうち震災時17歳で、児童相談所が把握した際には18歳になっていたため、親族里親の申請ができなかった孤児4人いることが判明。弾力的対応による支援が必要と判断。			
	9	「地域の自主性および自立性を高めるための改革の推進を図るための関係法律の整備に関する法律附則第4条の基準を定める省令」（平成23年9月2日）厚生労働省令112号			
	9	「地域の自主性及び自立性を高めるための改革の推進を図るための関係法律の整備に関する法律の施行に伴う厚生労働省関係政令等の整備および経過措置に関する政令」（平成23年9月14日）政令289号			
	9	「児童福祉施設最低基準及び児童福祉法施行規則の一部を改正する省令等の施行について」（雇児発0901第1号）1. 児童福祉施設最低基準の一部改正〈施設長に係る資格要件、施設長等の義務化（乳児院・母子生活支援施設）、児童養護施設、情緒障害児短期治療施設及び児童自立支援施設〉、2. 児童福祉法施行規則の一部改正〈親族里親制度、情報の要件の見直し、母子生活支援施設及び児童自立支援施設における保育事業に関する情報の提供する方法の見直し、家庭的保育事業に係る助言〉　厚生労働省雇用均等・児童家庭局長通知			
	9	「里親制度の運営について」の一部改正について（平成23年9月1日）（雇児発0901 第2号）厚生労働省雇用均等・児童家庭局長通知			

年	月	法律・政策・事件・研究等の動向	年	月	東京都・大阪府・大阪市の動向、事件
2012 (平成24)	10	長崎県警は2011年10月18日、出産して間もない乳児の死体を、当時勤務していた保育所内に捨てたとして、死体遺棄容疑で元保育士勝見人美容疑者（39歳）を逮捕。勝見容疑者は対馬市内の病院で出産し、女児は2010年3月に退院。同容疑者は当時独身。（2011年10月18日）			
	10	改正臓器移植法の運用指針（ガイドライン）の改正案が、厚生労働省の臓器移植委員会で了承された。改正法では、改正前には不可能だった15歳未満からの脳死での提供が可能となる。改正事実上決まった。改正施行後に、小児の提供施設に、児童虐待に対応する院内体制やマニュアルの整備を求め、虐待の疑いがあるかの確認や児童相談所や警察との連携を定めた。（平成22年7月）→「ガイドライン」指針」の運用に関する指針（ガイドライン）〔臓器移植の移植に関する法律」（平成23年10月1日一部改正）			
	10	「地域の自主性及び自立性を高めるための改革の推進を図るための関係法律の整備に関する法律」の一部の施行に伴う厚生労働省関係省令の整備に関する省令の施行について」（平成23年10月28日）厚生労働省雇用均等・児童家庭局長通知雇児発1028第1号			
	11	愛知県名古屋市名東区で、2011年10月、中学2年服部昌己者（14歳）が母親の交際相手の男に暴行され死亡した事件で、名古屋地裁は11日、傷害致死罪で無職酒井秀志容疑者（37歳）を起訴。			
	11	大津市　中学2年男子　いじめ自殺事件			
		子育て支援交付金（創設）（国制度）			
		「児童福祉施設の設備及び運営に関する基準」は、これまで厚生労働省令により全国一律に定められていましたが、「地域の自主性及び自立性を高めるための改革の推進を図るための関係法律の整備に関する法律」（平成23年法律第37号）の成立に伴い、児童福祉法等の一部改正がなされ、中核市は、特定児童福祉施設（助産施設、母子生活支援施設、保育所）の基準を条例で定めることとされた。			
		「児童福祉施設最低基準」の改正により、「児童福祉施設の設備及び運営に関する基準」と省令名が変更になった。	2012 (平成24)	1	東京都「児童虐待死亡ゼロを目指した支援のあり方について」東京都児童福祉審議会〈児童虐待死亡事例等検証部会〉（里親事例　中間まとめ）
	1	総務省「児童虐待の防止等に関する政策評価」〈評価の結果及び勧告〉　【勧告先】文部科学省、厚生労働省【勧告日】平成24年1月20日 児童虐待の防止等に関する政策について、総体としての実施度合い効果を上げているかなどの総合的な観点から、政策評価を初めて実施し、 1　児童虐待の発生予防に係る取組の推進 2　児童虐待の早期発見に係る取組の推進 3　児童虐待の早期対応から保護・支援に係る取組の推進 4　関係機関の連携強化（要保護児童対策地域協議会の活性化）について、関係府省に対し勧告を実施。			
	2	「児童虐待防止及び市町村の職員研修の充実について」平成24年2月23日　厚生労働省雇用均等・児童家庭局総務課長通知　雇児総発0223 第2号		4	東京都「乳児院の医療体制整備事業」（東京都単独事業）
	2	「児童虐待の防止等に関する政策評価（総務省）一性・総合性確保評価）について」平成24年2月23日　雇児保発0223 第1号　雇児発0223 第1号			東京都「自立支援強化事業」（東京都単独事業）
	3	「児童虐待に係る一層の推進について」23 文科初第1707号　各都道府県教育委員会教育長・各指定都市教育委員会教育長・各都道府県知事・附属学校を置く各国立大学法人学長あて　文部科学副大臣通知　平成24年3月29日、政策評価（結果および勧告）が出されたが、これを受け文部科学省より「児童虐待の防止等に係る速やかな通告を一層推進するための留意事項について通知した。			東京都「児童館支援事業」（東京都独自事業）

年	月	法律・政策・事件・研究等の動向	年	月	東京都・大阪府・大阪市の動向、事件
	3	「医療ネグレクトにより児童の生命・身体に重大な影響がある場合の対応について」（平成24年3月9日）厚生労働省雇用均等・児童家庭局総務課長通知 雇児総発第0309第2号			大阪府　一時保護所の拡充に向けた取り組み
	3	「児童相談所長又は施設長による監護措置と親権者等との関係に関するガイドライン」について（平成24年3月9日）厚生労働省雇用均等・児童家庭局総務課長通知 雇児総発第0309第1号			大阪府　「民法及び児童福祉法等の改正に伴う新たな親権制度対応ガイドライン」の作成
	3	「児童福祉法施行規則及び里親が行う養育に関する最低基準の一部を改正する省令の施行について」厚生労働省雇用均等・児童家庭局長通知 雇児発0329 第14号 小規模住居型児童養育事業（ファミリーホーム）（児童養護専門委員会とりまとめ「社会的養護の課題と将来像」（児童部会社会的養護専門委員会とりまとめ、2011年7月）にとりまとめられた「社会的養護の課題と将来像」（児童部会社会的養護専門委員会とりまとめ）に基づき、「里親及びファミリーホーム養育指針」を定めたことと併せ、省令上も制度が目指す家庭養護の理念による改正を行う義務付け・枠付けの更なる見直しについて」（平成23年11月29日閣議決定）において、児童相談所の所長の資格にかかる対象を追加する方向で今年度中に見直しを行うこととされたことを踏まえ、所要の改正を行うものである。			大阪府　「乳児院におけるファミリーソーシャルワーカー（家庭支援専門相談員）による保護者支援モデル」の冊子作成
	3	「社会的養護施設運営指針及び里親及びファミリーホーム養育指針について」厚生労働省雇用均等・児童家庭局長通知 雇児発0329 第1号 平成24年3月29日			大阪府　児童保護支援員（警察官OB）配置（吹田）
	4	江戸川区無理心中事件　平成24年4月6日、家族4人が無理心中を図り、遺体で見つかった。4人が倒れていた自宅1階寝室に練炭の入った七輪が数個置かれていて、死因は一酸化炭素中毒の可能性が高い。父　平成24年1月目殺　（松江心中事件について）江戸川区　健康サポートセンター・小学校・子ども家庭支援センター・健康サポートセンター・小学校・父方祖父母文書等は連絡を取り、サポートしていた。			大阪市　大阪市立桜宮高校体罰自殺事件
	4	「児童虐待防止医療ネットワーク事業の実施について」（平成24年4月5日）厚生労働省雇用均等・児童家庭局長通知　各都道府県、政令指定都市の中核的な医療機関を中心として児童虐待対応のネットワークづくりや保健医療従事者の教育を行い、児童虐待対応の向上を図ることを目的に、「児童虐待防止医療ネットワーク事業」を平成24年度に開始した。			大阪府　児童虐待防止のためのキャンペーンとTVCM作成（近畿）
	4	「一時保護所の充実について」（平成24年4月5日）厚生労働省雇用均等・児童家庭局長通知 児発0405号第27号			
	4	「児童虐待対応における専門職員等の配置について」（平成24年4月5日）厚生労働省雇用均等・児童家庭局長通知 雇児発0405 第28号			
	4	「児童虐待への対応における警察との連携の推進について」（平成24年4月12日）厚生労働省雇用均等・児童家庭局総務課長通知 雇児総発0412 第1号			
	4	障害者自立支援法の改正に伴い、児童福祉法の改正（2014年4月1日施行）障害児施設（通所支援）、医療型児童発達支援センター、障害児施設区分が福祉型児童発達支援センター、医療型児童発達支援センターへと名称が変更になる。障害児施設（入所施設）の区分は、福祉型障害児入所施設、医療型障害児入所施設へと変更になる。			
	4	「児童虐待への対応における警察等との連携による取組の強化について対応の推進について」（平成24年4月12日）警察庁生活安全局少年課長・生活安全企画課長・地域課長・刑事局捜査第一課長他通知警察庁丁少初第55号、生企発第165号、地初発第58号、捜一発第54号			

年	月	法律・施策・事件・研究等の動向	年	月	東京都・大阪府・大阪市の動向、事件
	7	「子ども虐待による死亡事例等の検証結果等について(第8次報告)」を踏まえた対応について」(平成24年7月26日 雇児総発0726第1号 雇児母発0726第1号 厚生労働省雇用均等・児童家庭局総務課長・母子保健課長通知)			
	8	「いじめ隠さず対処 遺族要望で第三者調査 政府、新自殺対策大綱」 政府は、2012年8月28日の閣議で、いじめ自殺対策などの対策強化を柱とする新たな自殺総合対策大綱を決めた。大津市での中学2年男子自殺などを踏まえての対応。			
	8	「学校カウンセラー大幅増 ソーシャルワーカーも 千人規模、数十億円要求へ」 いじめや家庭の経済状況などで生活環境に起因する場合もあり、社会福祉士などのスクールソーシャルワーカーも増やし、関係機関と連携して家庭支援を強化する。大津市の中2自殺をうけて各地で深刻化するいじめ問題を受けて文科省は対応を急ぐ。			
	9	「有期刑の上限 少年法の改正案公表。」 法務省は2014年9月4日、罪を犯した少年に言い渡す懲役や禁錮の有期刑の規定について、15年ぶりに定めている少年法の規定について、上限を20年に引き上げるなどの改正案を公表した。			
	9	「児童虐待事件が過去最多 心理的被害も大幅増 警察庁まとめ」 2012年1-6月に全国の警察が摘発した児童虐待事件は前年同期より95件多い248件で、摘発人数は92人増の255人となり、いずれも統計を取り始めた2000年以降で過去最多となった事が6日、警視庁のまとめで分かった。被害児童も90人多い252人と過去最多。2012年1-6月の児童ポルノ事件の摘発件数は前年同期より127件多い764件、摘発人数は166人多い612人で、いずれも過去最多。			
	9	「チーム組んで子どもを後見、岡山の弁護士ら 全国初、両親の死亡や虐待による親権喪失・停止などで親権者がいない子どもらを支援する「未成年後見センターおかやま」が8月に発足した。年内に岡山県内のNPO法人の所9人の後見人らが作る「全国権利擁護支援ネットワーク」によると、未成年後見を担う団体は全国で初めて。			
	9	「住民基本台帳の一部の写しの閲覧及び住民票の写し等の交付並びに戸籍の附票の写し等の交付並びに戸籍の附票の写し等の交付における児童虐待等の被害者の保護のための措置について」(平成24年9月26日)児童家庭課総務課長通知0926第1号			
	10	障害者虐待防止法 平成24年10月1日施行			
	11	厚生労働省 平成24年度「障害者虐待の防止、障害者の養護者に対する支援等に関する法律」に基づく対応状況等に関する調査結果報告書(平成25年11月 厚生労働省社会・援護局障害保健福祉部障害福祉課地域生活支援推進室			
	11	「養育支援を特に必要とする家庭の把握及び支援について」(平成24年11月30日 雇児総発1130第1号 各都道府県・政令指定都市・中核市・特別区児童福祉・母子保健主管部(局)長あて、厚生労働省雇用均等・児童家庭局総務課長・母子保健課長通知			
	11	「措置解除等に伴い家庭復帰した児童の安全確保の徹底について」(平成24年11月1日 雇児総発1101第3号 厚生労働省雇用均等・児童家庭局総務課長通知)児童福祉施設に入所していた児童が家庭復帰後に虐待を受け死亡した事例が最近続いて発生していた。			
	11	ドメスティックバイオレンス再発防止に効果 奈良県警開発のシステム 新システムは「行方不明者不受理リスト」。DVなどの被害者が被害内容や転居を事前に登録。加害者が行方を捜そうと行方不明届を県内市町村に提出し、警察が被害者の名前を登録しようとしても「不受理リスト該当あり」と要確認」と表示され受理されない仕組みだ。本格運用から10ヶ月経過で約120人の被害が登録。			

年	月	法律・政策・事件・研究等の動向	年	月	東京都・大阪府・大阪市の動向
	11	「児童虐待の防止等のための医療機関との連携強化に関する留意事項について」（平成24年11月30日）厚生労働省雇用均等・児童家庭局総務課長・母子保健課長通知 雇児総発1130第2号、雇児母発1130第2号			
	12	小学4年生長女傷害疑いで母親逮捕。「ママが暴力」と本人が警察へ110番通報。小学4年の長女の足や尻を蹴るなどしたとして、京都府警東山署は2012年12月25日、傷害の疑いで、無職の母親（38歳）を逮捕した。児童相談所によると、保育園から4年前に虐待の通告があり、保育園や小学校に注意を呼びかけ、見守り活動を続けていた。			
	12	母親が2歳8ヶ月の長女を蹴り、重傷を負わせた事件で、親子が入所していた京都府立東山母子生活支援施設は2013年12月19日、事件4日前にも虐待があり、児童相談所に相談したが、対応が取られないまま事件がおきたことを明らかにした。施設ミスで児童相談所の介入を求める通告の手続きをしていなかった。施設長は「通告が遅れた経緯を検証したい」と記者会見で謝罪した。			
	12	市区町村の児童家庭相談業務の実施状況等の調査報告（平成23年度調査）全国1,619市区町村等（岩手県、宮城県および福島県内の市町村を除く）平成24年12月28日 厚生労働省雇用均等・児童家庭局総務課長児童虐待防止対策室			
	12	罪を犯した少年に言い渡す有期刑（懲役・禁錮）上限を引き上げる少年法改正について、法務省は2012年12月18日、不定期刑の幅を最大5年にする要綱案を発表した。			
		障害者虐待防止法施行（障害者虐待の防止、障害者の養護者に対する支援等に関する法律）			
2013 (平成25)	1	「児童施設でも体罰 大阪府高槻市の児童自立支援施設「大阪市立阿武山学園」で2012年11月、中学3年の男子生徒（14）が部活動の練習中、男性職員（30）に頬を平手打ちされる体罰を受けていたことが13日、大阪市への取材で分かった。	2013 (平成25)		大阪府 中央子ども家庭センターに診療所（愛称「こころケア」）開設
	3	「子ども貧困対策法提出へ 自民、議員立法で。」自民党は2013.3.27、生活が苦しい家庭の子どもの教育支援法を柱とした「子どもの貧困対策法案（仮称）」を議員立法で国会に提出する方向で検討に入った。厚生労働省が提出する生活保護法改正案、生活困窮者自立支援法案と同時に成立を目指す。			大阪府 第2一時保護所開設
	4	「災害時における児童相談所の活動ガイドラインについて」（平成25年4月18日 雇児総発0418第1号）			大阪府 児童保護支援員（警察官OB）配置（東大阪）
	4	「二審も両親に懲役15年 幼児虐待死 求刑1.5倍」大阪市寝屋川市で2010年8月だった三女を虐待し死なせたとして、傷害致死罪に問われた父親岸本憲被告（29）と母親美杏被告（30）は控訴審判決で、大阪高裁は11日、それぞれ懲役15年とした一審大阪地裁判決を支持、両被告の控訴を棄却した。			大阪府 大阪府虐待対応の手引き改訂

年	月	法律・政策・事件・研究等の動向	年	月	東京都・大阪府・大阪市の動向、事件
	4	女児の遺体を横浜市磯子区の雑木林内に遺棄したとして、県警捜査1課と生活安全総務課、秦野署は23日までに、死体遺棄の疑いで、元交際相手の横浜市港南区日野4丁目、無職山口行恵（30）と交際相手の横浜市港南区日野4丁目、建設作業員八井隆一（28）の両容疑者を逮捕した。県警は事件前、山口容疑者の長女・あいりちゃん（7）とみられ、白骨化していた。山口容疑者は同日、児童相談所に通告していた。逮捕容疑は同日、同署に遺棄に至った経緯や動機のほか、殺害について今後調べる、としている。県警による今後解明を進めている。県警によると、容疑を認めている。県警によると、2人は「間違いありません」と供述、発見された遺体はA鑑定を行い、身元を特定する。県警による死因は不明。今後、DNA鑑定を行い、身元を特定する。県警による死因は不明。今後、4〜8歳の女児で死因は不明。昨年7月、当時居住していた横浜市南区のアパートで、「子どもの泣き声がする」という110番通報を受けて駆けつけた南署の署員が、あいりちゃんの妹とみられる女児の育児放棄の恐れがあるなどについて横浜市中央児童相談所に通告。あいちゃんの末就学児も発見、同児相が対応していたという。山口容疑者の住居がある秦野市もあいちゃんの行方に関わっていたことなどから、面会できなかったことなどから、何らかの犯罪に巻き込まれた可能性があると、秦野署に届け出が出たため、県警は行方不明者として全国に手配。3月11日以降、山口容疑者が茨城県内で別の男性と同居しているのが判明。今月21日に任意で事情聴取をしたところ、あいりちゃんの所在について「（遺体を埋めた場所を）案内できる」と説明したという。県警は、山口容疑者の次女（4）と生後4カ月長男を保護した。（神奈川新聞 2013.4.23）			
	4	「『被害者に希望を』性的虐待訴訟、16日判決し。幼少期の性的虐待で心的外傷後ストレス障害（PTSD）になったとして、北海道釧路市出身の30代の女性が親族の男性に約3200万円の損害賠償を求めた訴訟の判決が2013.4.16、釧路地裁で言い渡される。女性は『被害者に希望を』と救済を願っている。争点のひとつは判断するのか。訴状などによると、女性は3〜8歳の時に男性から繰り返し性的虐待を受けた。→釧路地裁は、請求を棄却した。男性は訴訟で虐待の一部を認めたが、加害行為から提訴まで20年以上が経過しており賠償請求権の消滅時効（3年）や除斥期間（権利が行使できる期間、20年）の起算点が主な争点となった。			
	4	内閣府は、「配偶者暴力相談支援センターにおける保護命令に関する実態調査」の結果を公表した。調査は、全国配偶者暴力相談支援センター220か所を対象に、平成24年12月1日現在で実施された。			
	5	三重県四日市市で2012年10月、生後10ヶ月の長女の頭を殴って骨を折り死亡させたなどとして、傷害致死などの罪にとわれた無職若井桂子被告（25）の裁判員裁判公判が2013年5月23日、津地裁であり検察側は懲役8年を求刑。			
	5	広島県警は2013年5月29日、同居する2歳の男児を強く描きぶって虐待死、急性硬膜下血腫で死亡させたとして、傷害致死の疑いで、広島県呉市東中町の無職兼満康啓容疑者（26）を逮捕。2013年4月14日までに、同居する（28）の長男の両腕をつかんで強く振さぶり、死亡させた疑い。事件当時、母親は外出中、県警は、母親らも容疑者と女性による虐待があったとみて、最近同居を始めた。			
	5	両親間の暴力や暴言など子ども面前などドメスティックバイオレンス（DV）を日常的に目撃した子どもは、目で見たものを認識する脳の「視覚野」の一部が萎縮する傾向があるという研究結果を、福井大学子どものこころの発達研究センターの友田明美教授らがまとめ、2013年5月2日までに米オンライン科学誌に発表した。			

年	月	法律・政策・事件・研究等の動向	年	月	東京都・大阪府・大阪市の動向、事件
	6	虐待ケアで精神科医と連携　施設入所児童に、親も支援　広島県は2013年6月28日、虐待を受けて児童養護施設などに入所している子どもたちの心のケアのため、地域の精神科医療機関との連携を強化する方針を明らかにした。虐待をした親の支援策として、子どもの施設入退所を判断する児童相談所を臨床心理士が、子どもとのかかわり方を身に付けてもらうためのプログラムを年度内に開発するとしている。			
	6	愛知県豊橋市で2012年9月、4才の長女を衰弱死させたとして、保護責任者遺棄致死罪にわれた元派遣会社加藤和久被告（49）と妻の無職陽子被告（39）の裁判員裁判で名古屋地裁岡崎支部は2013年6月17日、育児放棄を認定し、求刑通り、懲役6年の判決を言い渡した。死亡時の体重は4歳児の平均体重16キロの半分以下となる7.4キロしかなかった。			
	6	子どもの死、詳細調査　背景把握し再発防止へ　日本小児科学会と国立成育医療研究センター（東京）は、子どもの死に関する詳細な情報を収集、不慮の事故などの背景を把握を通じて再発防止につなげる「子どもの死亡登録・検証制度」導入に向けて試験調査を開始。国立成育医療研究センターの森臨太郎医師、関係者は2013年6月7日に、チャイルド・デス・レビュー（CDR）の制度の根拠となる法整備を求める要望書を内閣府に提出。東京都での調査は2011年1～12月の死亡例を対象に医療機関に協力を求め担当医や救急隊員から聞き取り調査を実施。			
	6	子の手術拒否で親権停止。医療ネグレクトに適用3件　改正民法の新制度。「医療ネグレクト」に対し、2012年4月施行の改正民法に基づき家庭裁判所が親権停止を認めたとき事案が少なくとも3件あることが2013年6月29日、全国の児童相談所を対象にした共同通信のアンケートでわかった。			
	6	親から子へ貧困の連鎖　子どもの教育と家庭の支援推進法が2013年6月19日に成立した。「子どもの貧困対策を進めるための教育の支援及び家庭とする家庭への支援を特に必要とする家庭の把握及び支援の徹底について」（平成25年6月11日　雇児総発0611第1号　厚生労働省雇用均等・児童家庭局総務課長・母子保健課長通知）2013年4月に神奈川県横浜市で当時6歳の女児が虐待を受けてなくなり遺棄されるという事件が発生。本児は就学児健康診断未受診、またそううたらいについては乳幼児健康診査未受診本児および学齢期に至って不就学、住民基本台帳に登録されている自治体に居住実態がなく、本児の家庭および本児の状況把握が困難な特徴があった。			
	6	「養育支援を特に必要とする家庭の把握及び支援の徹底について」（平成25年6月11日　雇児総発0611第1号　厚生労働省雇用均等・児童家庭局総務課長・母子保健課長通知）			
	7	子どもの虐待による死亡事例等の検証結果等について（第9次報告）　2013年7月25日　社会保障審議会児童部会児童虐待等要保護事例の検証に関する専門委員会平成23年4月1日から平成24年3月31日までの間に、子ども虐待にて死亡事例として各都道府県を通じて把握した85例（99人）について分析			
	7	「子ども虐待による死亡事例等の検証結果について」（第9次報告）を踏まえた対応について（平成25年7月25日　雇児総発0725第1号）			
	7	全国児童相談所長会　平成25年7月　雇用児総発0725第1号　『全国児童相談所における子どもの性暴力被害事例（平成23年度）」報告書発行。（通巻第95号　別冊）			
	8	「子ども虐待対応の手引きの改正について（平成25年8月23日　雇児総発0823第1号）			

年	月	法律・政策・事件・研究等の動向	年	月	東京都・大阪府・大阪市の動向、事件
	9	いじめ防止対策推進法施行（第183回国会（常会）において成立し、平成25年法律第71号として、平成25年6月28日に公布された「いじめ防止対策推進法」については、平成25年9月28日に施行された。）			
	12	児童相談所運営指針の改正（「児童相談所運営指針について」厚生労働省 雇児発1227第6号通知 平成25年12月27日）			
2014 (平成26)	1	児童虐待防止全国ネットワーク第20回シンポジウム 子育て支援者向け研修事業（大規模研修会）「性虐待への対応 〜その現状と課題〜」			
	2	「居住実態が把握できない児童に関する調査について」平成26年2月26日 （厚生労働省雇用均等・児童家庭局） 平成26年中の調査実施について公表。			
	3	ネット託児死亡事件（埼玉県 ベビーシッターに預けられていた2歳児が遺体で見つかる）			
	4	ハーグ条約批准（国際的な子の奪取の民事上の側面に関する条約）日本においては、ハーグ条約は2014年4月1日に発効。			
	6	「匿名通報急増、摘発は3倍 スマホ用サイト新設へ」警察庁が民間に委託し、電話やインターネットで犯罪や児童虐待などの情報を受け付ける「匿名通報ダイヤル」の昨年度の受理件数は8825件で、情報をもとに56事件を摘発したことが26日、警察庁のまとめで分かった。いずれも2007年の受付開始以降最多。			
	6	「子供の安否確認徹底へ 遺棄致死事件で厚木市」神奈川県厚木市のアパートで5歳で斎藤理玖ちゃんニ当時（5）＝の白骨遺体が見つかった事件で、市や児童相談所、警察でつくる「要保護児童対策地域協議会」は26日、厚木市内で会合を開き、所在が分からない子供の安否確認の徹底や協議会の組織強化を盛り込んだ再発防止策をまとめた。理玖ちゃんの遺体は死亡から7年以上たった今年5月末に見つかり、遺棄致死容疑などで父親の斎藤幸裕容疑者（36）が逮捕された。			
		参考文献（アルファベット順）			
		朝日新聞 朝刊 2011年1月15日 「宇都宮市で、2歳女児死亡」（傷害致死容疑）			
		毎日新聞 社説「2歳児死亡 放置できぬネット託児」2014年3月19日 http://mainichi.jp/			
		朝日新聞 DIGITAL 「ネット託児・切実なニーズ、直視を」2014年3月20日 http://digital.asahi.com			
		「子ども虐待の予防とケアのすべて」ハートライン Vol.111,118,121,125,128,133. 第一法規 2013-2014年			
		「難しい帰宅判断、生かされなかった虐待情報 大阪・西淀川の7歳男児死亡事件」産経ニュース 2011年10月5日 msm 産経ニュース http://sankei.jp.msn.com			
		大阪府子ども家庭センター「大阪子ども家庭白書」平成23年度版（平成22年度事業概要）、2011年			
		産経新聞 2011年8月22日（千葉県 児童虐待 傷害の疑い） msm 産経ニュース http://sankei.jp.msn.com			
		神奈川新聞 2013年4月23日 「女児遺棄の疑いで母親と元交際相手を逮捕、容疑認める／神奈川」			

年	月	法律・政策・事件・研究等の動向	年	月	東京都・大阪府・大阪市の動向、事件
		総務省ホームページ(「児童虐待の防止等に関する政策評価」〈評価の結果及び勧告〉) 2014年1月11日参照			
		東京都福祉保健局『子供と家庭・女性福祉、母子保健施策概要 平成24年度』東京都福祉保健局少子社会対策部計画課, 2012年3月発行			
		東京都福祉保健局『子供と家庭・女性福祉、母子保健施策概要 平成23年度』東京都福祉保健局少子社会対策部計画課, 2011年3月発行			

資料6　児童虐待司法関係統計

表A　児童福祉法28条の事件

	受理			既済						未済
	総数	旧受	新受	総数	認容	却下	取下げ	移送	その他	
昭和27年	6	-	6	6	6	-	-	-	-	-
28	10	-	10	7	2	-	5	-	-	3
29	9	3	6	7	3	-	4	-	-	2
30	8	2	6	4	4	-	-	-	-	4
31	12	4	8	10	3	-	5	-	2	2
32	12	2	10	9	7	-	2	-	-	3
33	16	3	13	10	5	-	4	-	1	6
34	14	6	8	7	7	-	-	-	-	7
35	12	7	5	12	5	-	7	-	-	-
36	20	-	20	13	9	-	4	-	-	7
37	14	7	7	10	5	-	5	-	-	4
38	19	4	15	17	13	-	4	-	-	2
39	9	2	7	7	6	-	1	-	-	2
40	11	2	9	4	2	2	-	-	-	7
41	13	7	6	11	10	-	1	-	-	2
42	16	2	14	6	3	-	3	-	-	10
43	36	10	26	28	23	-	5	-	-	8
44	15	8	7	11	8	-	3	-	-	4
45	9	4	5	5	2	-	3	-	-	4
46	27	4	23	13	9	-	4	-	-	14
47	31	14	17（-）	20	14	3	3	-	-	11
48	30	11	19（-）	23	16	-	7	-	-	7
49	24	7	17（-）	12	5	-	7	-	-	12
50	34	12	22（-）	24	14	2	8	-	-	10
51	25	10	15（-）	19	8	-	11	-	-	6
52	26	6	20（-）	23	13	-	10	-	-	3
53	28	3	25（-）	24	16	2	6	-	-	4
54	32	4	28（3）	20	14	1	3	-	2	12
55	26	12	14（-）	17	12	1	4	-	-	9
56	20	9	11（-）	11	4	-	5	-	2	9
57	20	9	11（-）	14	8	-	6	-	-	6
58	21	6	15（-）	18	10	-	8	-	-	3
59	23	3	20（-）	17	14	-	3	-	-	6
60	18	6	12（-）	16	16	-	-	-	-	2
61	14	2	12（-）	14	9	-	5	-	-	-
62	13	-	13（-）	7	4	-	3	-	-	6
63	21	6	15（-）	18	10	-	8	-	-	3
平成元年	17	3	14（-）	10	3	-	4	-	3	7
2	44	7	37（-）	33	19	2	12	-	-	11
3	32	11	21（-）	25	17	-	8	-	-	7
4	26	7	19（1）	22	18	-	4	-	-	4
5	19	4	15（-）	12	6	-	6	-	-	7
6	35	7	28（-）	20	12	-	8	-	-	15
7	51	15	36（1）	43	18	1	22	-	2	8
8	62	8	54（-）	51	39	-	12	-	-	11
9	74	11	63（1）	49	36	-	13	-	-	25
10	90	25	65（1）	69	40	1	26	-	2	21
11	118	21	97	81	58	-	23			37
12	179	37	142	142	101	6	35		-	37
13	206	37	169	170	131	2	36		1	36
14	165	36	129	133	93	6	34		-	32
15	184	32	152	139	106	4	24		5	45
16	279	45	234	221	163	9	44		5	58
17	242〔43〕	58〔-〕	184〔43〕	195〔-〕	141〔-〕	6〔-〕	40〔-〕		8〔-〕	47〔43〕
18	260〔185〕	47〔43〕	213〔142〕	205〔168〕	170〔155〕	2〔-〕	32〔13〕		1〔-〕	55〔17〕
19	302〔75〕	55〔17〕	247〔58〕	241〔59〕	195〔56〕	4〔-〕	42〔3〕		-	61〔16〕
20	260〔141〕	61〔16〕	199〔125〕	197〔114〕	169〔105〕	3〔-〕	25〔9〕		-	63〔27〕
21	265〔119〕	63〔27〕	202〔92〕	207〔97〕	174〔87〕	4〔2〕	29〔8〕		-	58〔22〕
22	295〔151〕	58〔22〕	237〔129〕	234〔125〕	192〔112〕	8〔1〕	32〔10〕		2〔2〕	61〔26〕
23	296〔124〕	61〔26〕	235〔98〕	228〔101〕	183〔96〕	5〔2〕	38〔3〕		2〔-〕	68〔23〕
24	368〔146〕	68〔23〕	300〔123〕	295〔114〕	244〔111〕	9〔-〕	38〔3〕		4〔-〕	73〔32〕
25	349〔162〕	73〔32〕	276〔130〕	272〔130〕	188〔123〕	19〔2〕	62〔4〕		3〔1〕	77〔32〕

注）
・（　）内は渉外事件の内数
・平成17年以降は28条1項と2項を掲載。〔　〕内は児童福祉法28条2項の事件数
・「-」については該当数値のない場合
・空欄については記載なし
・昭和27年以前は独立した項目として計上されていない

資料：最高裁判所事務総局『司法統計年報　3．家事編』昭和27～平成25年

表B　親権または管理権の喪失の宣告及びその取消し（全国家庭裁判所）

年	受理 総数	受理 旧受	受理 新受	既済 総数	既済 認容	既済 却下	既済 取下げ	既済 移送	既済 その他	未済
昭和23年			229	146	55	7	80	4		83
24			258	247	110	15	117	5		90
25			246	241	86	28	125	2		97
26			261	262	82	22	153	5		96
27	501	96	405	387	127	35	217	8	-	114
28	452	114	338	314	98	28	175	12	1	138
29	731	137	594	558	152	34	352	15	5	173
30	568	173	395	436	115	26	275	14	6	132
31	414	132	282	306	87	20	194	4	1	108
32	333	108	225	211	48	8	147	6	2	122
33	366	122	244	253	84	16	139	8	6	113
34	295	113	182	185	40	13	125	4	3	110
35	266	110	156	178	53	8	113	3	1	88
36	226	88	138	150	34	11	99	2	4	76
37	211	76	135	136	31	5	100	-	-	75
38	221 (5)	75 (2)	146 (3)	136 (3)	34	-	97	2	3	85 (2)
39	176 (2)	85 (2)	91 (-)	109 (2)	24	8	74	2	1	67 (-)
40	203 (6)	67 (-)	136 (6)	125 (1)	31	3	90	1	-	78 (5)
41	177 (5)	78 (5)	99 (-)	115 (-)	23	11	81	-	-	62 (5)
42	159 (6)	62 (5)	97 (1)	104 (1)	14	6	80	3	1	55 (5)
43	151 (10)	55 (5)	96 (5)	89 (2)	11	16	60	1	1	62 (8)
44	159 (10)	62 (8)	97 (2)	98 (2)	27	7	61	2	1	61 (8)
45	150 (11)	61 (8)	89 (3)	80 (4)	6	7	64	3	-	70 (7)
46	129 (12)	70 (7)	59 (5)	84 (7)	25	2	54	3	-	45 (5)
47	157	45	112 (1)	93	16	5	59	7	6	64
48	147	64	83 (2)	85	12	4	65	2	2	62
49	136	62	74 (5)	87	21	3	63	-	-	49
50	151	49	102 (-)	78	17	3	57	-	1	73
51	170	73	97 (8)	99	10	14	74	-	1	71
52	156	71	85 (9)	106	14	2	87	2	1	50
53	144	50	94 (9)	100	18	8	74	-	-	44
54	140	44	96 (11)	87	10	3	73	1	-	53
55	135	53	82 (2)	86	12	7	65	-	2	49
56	136	49	87 (-)	87	13	5	68	1	-	49
57	130	49	81 (2)	88	14	5	66	3	-	42
58	115	42	73 (1)	71	19	5	46	1	-	44
59	113	44	69 (6)	77	18	3	56	-	-	36
60	110	36	74 (1)	77	13	7	54	2	1	33
61	98	33	65 (2)	61	10	6	41	1	3	37
62	125	37	88 (2)	72	14	6	52	-	-	53
63	145	53	92 (2)	90	7	11	71	-	1	55
平成元年	160	55	105 (1)	111	16	9	82	4	-	49
2	130	49	81 (7)	65	10	6	49	-	-	65
3	164	65	99 (3)	112	23	7	65	10	7	52
4	134	52	82 (6)	82	8	11	61	-	2	52
5	106	52	54 (1)	71	5	12	53	-	1	35
6	147	35	112 (1)	82	3	6	71	2	-	65
7	131	65	66 (9)	97	15	10	58	2	12	34
8	156	34	122 (-)	103	13	19	70	-	1	53
9	161	53	108 (3)	107	21	8	77	-	1	54
10	166	54	112 (1)	102	18	11	71	1	-	64
11	152	64	88	100	20	12	67		1	52
12	160	52	108	109	13	11	82		3	51
13	153	51	102	89	17	8	63		1	64
14	194	64	130	142	17	18	100		7	52
15	155	52	103	102	7	29	65		1	53
16	167	53	114	115	30	24	61		-	52
17	191	52	139	137	22	18	94		3	54
18	179	54	125	139	15	20	102		2	40
19	143	40	103	103	15	11	76		1	40
20	179	40	139	130	20	18	89		3	49
21	159	49	110	111	21	11	74		5	48
22	195	48	147	136	16	32	84		4	59
23	178	59	119	127	14	25	88		-	51
24　総数	290	51	239	184	32	17	129		6	106
うち親権喪失の審判	156	45	111	103	17	8	76		2	53
うち親権停止の審判	120	…	120	69	14	7	44		4	51
うち管理権喪失の審判	9	3	6	7	-	2	5		-	2
25　総数	421	106	315	300	92	42	164		2	121
うち親権喪失の審判	164	53	111	104	25	6	72		1	60
うち親権停止の審判	236	51	185	182	63	29	89		1	54
うち管理権喪失の審判	16	2	14	12	3	6	3		-	4

注）
・（　）内は渉外事件の内数
・昭和23～26年については昭和27年版を参照
・「-」については該当数値のない場合
・空欄については記載なし
・平成24年以降は親権停止の審判を含む

資料：最高裁判所事務総局『司法統計年報　3．家事編』昭和27～平成25年

表C　親権喪失等・児童福祉法28条の新受件数

	親権喪失等	児福法28条		親権喪失等	児福法28条		親権喪失等	児福法28条
昭和23年	229		昭和45	89 (3)	5	平成4年	82 (6)	19 (1)
24	258		46	59 (5)	23	5	54 (1)	15 (－)
25	246		47	112 (1)	17 (－)	6	112 (1)	28 (－)
26	261		48	83 (2)	19 (－)	7	66 (9)	36 (1)
27	405	6	49	74 (5)	17 (－)	8	122 (－)	54 (－)
28	338	10	50	102 (－)	22 (－)	9	108 (3)	63 (1)
29	594	6	51	97 (8)	15 (－)	10	112 (1)	65 (1)
30	395	6	52	85 (9)	20 (－)	11	88	97
31	282	8	53	94 (9)	25 (－)	12	108	142
32	225	10	54	96 (11)	28 (3)	13	102	169
33	244	13	55	82 (2)	14 (－)	14	130	129
34	182	8	56	87 (－)	11 (－)	15	103	152
35	156	5	57	81 (2)	11 (－)	16	114	234
36	138	20	58	73 (1)	15 (－)	17	139	184〔43〕
37	135	7	59	69 (6)	20 (－)	18	125	213〔142〕
38	146 (3)	15	60	74 (1)	12 (－)	19	103	247〔58〕
39	91 (－)	7	61	65 (2)	12 (－)	20	139	199〔125〕
40	136 (6)	9	62	88 (2)	13 (－)	21	110	202〔92〕
41	99 (－)	6	63	92 (2)	15 (－)	22	147	237〔129〕
42	97 (1)	14	平成元年	105 (1)	14 (－)	23	119	235〔98〕
43	96 (5)	26	2	81 (7)	37 (－)	24	239	300〔123〕
44	97 (2)	7	3	99 (3)	21 (－)	25	315	276〔130〕

注)
・（　）内は渉外事件の内数
・平成17年以降は児童福祉法28条1項と2項を記載。〔　〕内は28条2項の事件数
・平成24年以降は親権停止の審判を含む
・「－」については該当数値のない場合
・昭和23～26年については昭和27年版を参照

資料：最高裁判所事務総局『司法統計年報　3．家事編』昭和27～平成25年

表D　親権者、管理権者等の職務執行停止又は職務代行者選任の申立て（全国家庭裁判所）

	受理			既済					未済
	総数	旧受	新受	総数	認容	却下	取下げ	その他	
昭和28年			46						
29			27						
30			19						
31			28						
32			19						
33			35						
34			31						
35			30						
36			14						
37			10						
38			6						
39			10						
40			13						
41			7	…					
42			5	…					
43			18	…					
44			9	…					
45			8	…					
46			15	…					
47			9	…					
48			6	…					
49			5	…					
50			16	…					
51			10	…					
52			11	…					
53			4	…					
54			14	…					
55			14	…					
56	23	2	21	18	6	−	11	1	5
57	26	5	21	18	9	−	9	−	8
58	24	8	16	17	9	1	7	−	7
59	29	7	22	23	10	2	11	−	6
60	33	6	27	24	4	4	13	3	9
61	33	9	24	25	10	1	13	1	8
62	37	8	29	20	7	2	11	−	17
63	50	17	33	37	13	2	19	3	13
平成元年	59	13	46	40	23	1	16	−	19
2	44	19	25	27	10	3	14	−	17
3	40	17	23	30	12	3	14	1	10
4	29	10	19	23	10	2	10	1	6
5	48	6	42	39	22	3	11	3	9
6	56	9	47	38	17	4	15	2	18
7	50	18	32	40	6	2	31	1	10
8			50 (23)	44 (19)	12 (6)	6 (−)	24 (13)	2 (−)	15 (6)
9			55 (19)	57 (23)	21 (6)	1 (−)	34 (16)	1 (1)	14 (2)
10			53 (30)	57 (28)	28 (21)	7 (2)	22 (5)	−	10 (4)
11			55	49	19	6	22	2	16
12			65	68	26	2	37	3	12
13			68	53	19	10	21	3	27
14			65	68	17	21	29	1	24
15			75	74	31	8	34	1	25
16			82	74	23	11	40	−	33
17			106	108	36	15	56	1	31
18			94	101	38	17	43	3	24
19			96	92	39	7	40	6	28
20			100	105	36	12	51	6	23
21			123	115	58	9	38	10	31
22			99	92	49	12	25	6	38
23			131	129	69	15	39	6	40
24			225	213	134	9	49	21	51
25			259	272	166	22	69	15	38

注）　・（　）内は特に親権喪失等に関して申立てが行われた数
　　　・「−」については該当数値のない場合、…については不詳、表示省略または調査対象外の場合
　　　・空欄については記載なし

資料：最高裁判所事務総局『司法統計年報　3．家事編』昭和27～平成25年

表E　児童との面会又は通信の制限の申立て（全国家庭裁判所）（旧特別家事審判規則18条の2）

	受理			既済					未済
	総数	旧受	新受	総数	認容	却下	取下げ	その他	
平成17年			6	6	2	1	3	−	−
18			7	5	1	−	2	2	2
19			8	7	3	−	4	−	3
20			1	4	−	−	4	−	−

注）・「−」については該当数値のない場合
　　・空欄については記載なし
資料：最高裁判所事務総局『司法統計年報　3．家事編』平成17～平成20年

表F　児童の身辺へのつきまとい又は住所等の付近のはいかい禁止の申立て（全国家庭裁判所）（旧特別家事審判規則18条の2）

	受理			既済					未済
	総数	旧受	新受	総数	認容	却下	取下げ	その他	
平成20年			−	−	−	−	−	−	−
21			−	−	−	−	−	−	−
22			3	2	−	−	2	−	1
23			1	1	−	−	1	−	1
24			−	1	1	−	−	−	−
25			−	−	−	−	−	−	−

注）・「−」については該当数値のない場合
　　・空欄については記載なし
資料：最高裁判所事務総局『司法統計年報　3．家事編』平成20～平成25年

表G　保護者に対する措置に関する都道府県への勧告件数（児童福祉法28条6項）

	28条1項容認審判		28条2項容認審判	
	総数	うち勧告のあったもの	総数	うち勧告のあったもの
平成17年度	121	15	84	17
18	164	22	69	6
19	165	23	68	10
20	145	16	88	7
21	152	20	77	22
22	176	22	89	8
23	162	19	82	13

資料：最高裁判所事務総局家庭局『児童福祉法28条事件の動向と事件処理の実情　平成17年4月1日～平成18年3月31日』
　　　『同　平成18年4月1日～平成19年3月31日』
　　　『同　平成19年4月1日～平成20年3月31日』
　　　『同　平成20年1月1日～平成20年12月31日』
　　　『同　平成21年1月1日～平成21年12月31日』
　　　『同　平成22年1月1日～平成22年12月31日』
　　　『同　平成23年1月1日～平成23年12月31日』

表H　施設入所等の措置の期間の更新回数（児童福祉法28条2項）

	承認の対象			合計
	1回目の期間更新	2回目の期間更新	3回目の期間更新	
平成19年度	40	28	−	68
平成20年	41	47	−	88
平成21年	60	17	−	77
平成22年	50	15	24	89
平成23年	40	31	11	82

資料：最高裁判所事務総局家庭局『児童福祉法28条事件の動向と事件処理の実情　平成19年4月1日～平成20年3月31日』
　　　『同　平成20年1月1日～平成20年12月31日』
　　　『同　平成21年1月1日～平成21年12月31日』
　　　『同　平成22年1月1日～平成22年12月31日』
　　　『同　平成23年1月1日～平成23年12月31日』

表I 児童相談所における親権・後見人関係請求・承認件数

	児童福祉法28条第1項・第2項による措置		親権喪失宣告の請求		後見人選任の請求		後見人解任の請求	
	請求件数	承認件数	請求	承認	請求	承認	請求	承認
昭和49年度	14	10	5	－	70	57	2	2
50	10	2	4	－	51	46	－	－
51	9	6	－	－	27	26	1	1
52	5	5	－	－	49	50	2	2
53	8	7	－	－	32	30	2	1
54	5	4	1	1	40	33	1	1
55	2	1	－	－	37	41	1	1
56	2	2	1	－	21	23	－	－
57	6	3	3	2	23	21	1	1
58	4	4	－	1	25	26	－	－
59	14	13	2	－	21	17	－	－
60	3	3	1	－	25	19	－	－
61	－	1	－	1	14	18	－	－
62	5	5	－	－	11	11	－	－
63	6	3	1	－	9	8	1	1
平成元年度	3	－	－	－	8	8	－	－
2	19	15	2	－	8	4	－	－
3	10	9	2	3	15	13	－	－
4	7	5	1	1	9	8	－	－
5	5	1	1	－	7	6	－	－
6	4	3	1	1	8	4	1	1
7	31	11	2	－	7	4	－	－
8	35	19	3	－	10	8	－	－
9	49	36	3	1	8	7	2	2
10	39	22	9	2	10	5	－	－
11	88	48	1	－	14	8	1	1
12	127	87	8	－	7	3	－	－
13	134	99	4	1	11	6	－	1
14	117	87	3	3	9	10	－	－
15	140	105	3	－	8	6	－	－
16	186	147	4	1	7	8	－	－
17	176	147	2	2	6	5	－	－
18	185	163	3	2	4	4	1	－
19	235	182	4	1	14	9	2	2
20	230	173	3	2	9	8	－	－
21	230	214	3	2	14	9	1	1
22	255	239	16	2	5	9	1	1
23	267	218	9	6	8	7	－	－
24	294	244	38	14	26	21	－	－

注) 「－」については係数のない場合
平成22年度については、東日本大震災の影響により、福島県を除いて集計した数値である。
資料：厚生省大臣官房統計情報部『社会福祉行政業務報告（厚生省報告例）』昭和49～平成11年度
厚生労働省大臣官房統計情報部『社会福祉行政業務報告（福祉行政報告例）』平成12～20年度
厚生労働省大臣官房統計情報部『福祉行政報告例』平成21～24年度

表J 児童相談所における知事勧告件数及び家庭裁判所勧告件数

	知事勧告	家庭裁判所勧告
平成17年度	－	9
18	1	16
19	2	31
20	2	35
21	－	34
22	－	16
23	－	15
24	－	5

注)「－」については係数のない場合
平成22年度については、東日本大震災の影響により、福島県を除いて集計した数値である。
資料：厚生労働省大臣官房統計情報部『社会福祉行政業務報告（福祉行政報告例）』平成15～20年度
厚生労働省大臣官房統計情報部『福祉行政報告例』平成21～24年度

表K 児童相談所における児童虐待相談の対応件数（立入調査・警察官の同行）

	立入調査	警察官の同行
平成15年度	249	247
16	287	364
17	243	320
18	238	340
19	199	342

資料：厚生労働省大臣官房統計情報部『社会福祉行政業務報告（福祉行政報告例）』平成15～19年度

表L 嬰児殺の検挙人員

	認知件数	検挙件数	検挙人員			
			計	男	女	女子比
昭和48年	196	156	145	11	134	92.4
49	190	160	153	13	140	91.5
50	207	177	156	17	139	89.1
51	183	161	152	19	133	87.5
52	187	168	151	12	139	92.1
53	163	149	137	12	125	91.2
54	165	142	120	9	111	92.5
55	167	154	122	7	115	94.3
56	138	123	111	9	102	91.9
57	138	124	118	9	109	92.4
58	146	127	106	6	100	94.3
59	112	106	97	9	88	90.7
60	129	120	109	10	99	90.8
61	99	93	78	3	75	69.2
62	107	102	87	5	82	94.3
63	91	78	70	4	66	94.3
平成元年	85	74	56	5	51	91.1
2	82	81	69	3	66	95.7
3	71	64	47	2	45	95.7
4	67	57	49	1	48	98.0
5	66	63	57	5	52	91.2
6	45	43	34	2	32	94.1
7	52	49	38	4	34	89.5
8	52	51	39	6	33	84.6
9	41	40	38	3	35	92.1
10	38	37	32	4	28	87.5
11	26	24	19	－	19	100
12	33	31	29	4	25	86.2
13	40	33	35	4	31	88.6
14	29	25	21	1	20	95.2
15	27	26	18	6	12	66.7
16	24	23	21	1	20	95.2
17	27	23	19	1	18	94.7
18	22	21	17	1	16	94.1
19	23	22	18	0	18	100
20	28	25	19	2	17	89.4
21	17	17	12	1	11	91.6
22	13	11	10	1	9	90.0
23	20	20	19	0	19	100
24	13	12	11	0	11	100

注）・「－」については該当数値のないもの
資料：警察庁 犯罪統計書 『昭和48年の犯罪』～『平成24年の犯罪』平成12年以降は警察庁のホームページ上で情報公開されている。

表M 児童虐待に係る検挙件数・検挙人員

	総数	殺人	傷害	傷害致死	暴行	逮捕監禁	強姦	強制わいせつ	保護責任者遺棄	重過失致死傷	その他
①検挙件数											
平成11年	120	19	42	15	1	−	12	3	20	4	19
12	186	31	92	20	4	−	15	9	13	2	20
13	189	31	97	23	8	−	4	5	17	3	24
14	172	19	94	18	5	1	7	4	20	-	22
15	157	23	80	17	6	−	6	3	16	3	20
16	229	30	128	22	16	1	15	8	12	3	16
17	222	24	125	17	9	−	16	7	7	2	32
18	297	48	133	15	14	1	14	26	20	2	39
19	300	39	156	15	16	2	22	10	16	1	38
20	307	45	135	19	19	5	16	18	18	2	49
21	335	23	183	12	22	4	26	18	7	4	48
22	354	27	201	14	35	4	16	10	16	1	44
23	384	31	191		41	5	22	15	14	1	64
24	472	31	227		76	3	33	33	9	1	59
②検挙人員											
平成11年	130	20	48	18	1	−	12	3	22	5	19
12	208	35	105	26	4	−	15	9	17	3	20
13	216	38	109	32	9	−	4	5	23	3	25
14	184	20	101	20	5	1	7	4	25	−	21
15	183	26	98	25	6	−	6	3	20	4	20
16	253	33	142	29	16	1	16	8	16	3	18
17	242	25	141	19	9	−	16	7	8	3	33
18	329	49	153	19	15	1	14	27	27	3	40
19	323	39	171	17	16	3	22	10	21	1	40
20	319	45	144	23	18	5	16	17	21	3	50
21	356	25	196	14	22	6	26	18	9	5	49
22	387	29	220	18	37	7	16	11	20	1	46
23	409	32	203	20	41	6	22	15	23	1	66
24	486	31	235	10	76	3	33	33	14	1	60

注)・無理心中及び出産直後の嬰児殺を除く
 ・罪名の「その他」について平成18年までは児童福祉法違反および少年保護条例違反である。平成19年は暴力行為等処罰法違反、児童福祉法違反、児童買春・児童ポルノ禁止法違反、青少年保護育成条例違反、覚せい剤取締法違反及び学校教育法違反である。(平成19年は、暴力行為等処罰法違反及び覚せい剤取締法違反はなかった。)
 ・「−」については該当数値が0のとき又は非該当のとき
 ・空欄については記載なし

資料：法務省法務総合研究所 『犯罪白書』平成11～24年版 大蔵省印刷局（～平成12年）、財務省印刷局（平成13・14年）、国立印刷局（平成15年～）

表N 児童虐待に係る加害者と被害者との関係（事件別）

1）全事件

加害者 年	父親等				母親等			
	実父	養父・継父	母親の内縁の夫	その他（男性）	実母	養母・継母	父親の内縁の妻	その他（女性）
平成12年	60	22	47	8	64	1		6
13	50	31	46	9	74	2		4
14	43	34	34	5	60	3		5
15	49	40	23	7	58	2		4
16	81	41	30	11	72	7		11
17	77	47	43	1	69	3		2
18	86	56	52	24	96	8		7
19	91	55	46	23	97	1	－	10
20	85	66	52	18	95	2	－	1
21	118	67	53	13	98	2	－	5
22	109	86	64	9	108	4	3	4
23	134	82	60	10	119	1	2	1
24	186	100	77	15	102	4	2	－

2）殺人

加害者 年	父親等				母親等			
	実父	養父・継父	母親の内縁の夫	その他（男性）	実母	養母・継母	父親の内縁の妻	その他（女性）
平成12年	9	－	3	－	23	－		－
13	5	－	4	1	26	－		2
14	3	1	－	－	15	－		1
15	6	1	3	－	16	－		－
16	7	2	－	1	21	1		1
17	2	1	2	－	20	－		－
18	10	2	3	－	34	－		－
19	7	－	－	1	29	－	－	2
20	8	－	1	1	34	1	－	－
21	6	－	1	－	17	－	－	1
22	4	2	1	－	22	－	－	－
23	6	1	1	－	24	－	－	－
24	4	－	－	－	26	－	－	－

注）無理心中、出産直後の嬰児殺を除く

3）傷害・傷害致死

加害者 年	父親等				母親等			
	実父	養父・継父	母親の内縁の夫	その他（男性）	実母	養母・継母	父親の内縁の妻	その他（女性）
平成12年	28 (8)	10 (－)	31 (7)	3 (－)	26 (9)	1 (－)		6 (2)
13	30 (5)	14 (3)	31 (9)	3 (2)	27 (10)	2 (2)		2 (1)
14	23 (2)	14 (2)	29 (4)	4 (1)	24 (7)	3 (2)		4 (2)
15	25 (5)	24 (5)	17 (4)	1 (1)	27 (8)	2 (－)		2 (－)
16	48 (10)	20 (2)	21 (2)	6 (2)	32 (9)	6 (1)		9 (3)
17	48 (7)	23 (1)	28 (2)	－	37 (8)	3 (1)		2 (－)
18	42 (5)	26 (2)	29 (3)	6 (1)	36 (5)	8 (－)		6 (2)
19	57 (4)	24 (2)	28 (2)	11 (3)	44 (6)	1 (－)	－	6 (－)
20	48 (8)	24 (2)	29 (2)	6 (2)	35 (7)	1 (－)	－	1 (1)
21	78 (2)	29 (－)	31 (3)	4 (1)	48 (7)	2 (1)		4 (－)
22	64 (4)	48 (5)	42 (2)	1 (－)	57 (6)	4 (1)	2 (－)	2 (－)
23	67 (6)	24 (2)	37 (3)	6 (1)	66 (7)	－	2 (－)	1 (1)
24	91 (1)	34 (－)	48 (2)	8 (1)	48 (6)	4 (－)	2 (－)	－

注）（ ）内は傷害致死事件の内数
傷害事件件数には傷害致死事件件数も含まれる

4）暴行

加害者 年	父親等				母親等			
	実父	養父・継父	母親の内縁の夫	その他（男性）	実母	養母・継母	父親の内縁の妻	その他（女性）
平成12年	1	1	1	－	1	－		－
13	5	－	2	－	2	－		－
14	2	－	1	－	2	－		－
15	4	－	1	－	－	－		1
16	7	2	4	－	3	－		－
17	4	2	1	－	2	－		－
18	7	5	1	－	1	－		－
19	6	1	5	－	4	－	－	－
20	10	2	3	1	2	－	－	－
21	7	5	3	－	7	－	－	－
22	12	8	7	4	4	－	1	1
23	22	8	6	－	4	1	－	－
24	44	15	8	2	7	－	－	－

5）逮捕監禁

年＼加害者	父親等				母親等			
	実父	養父・継父	母親の内縁の夫	その他（男性）	実母	養母・継母	父親の内縁の妻	その他（女性）
平成12年								
13								
14	−	1	−	−	−	−	−	−
15								
16	−	−	−	−	1	−	−	−
17								
18	−	−	−	−	1	−	−	−
19	1	−	1	−	1	−	−	−
20	−	1	1	2	7	−	−	−
21	2	1	−	1	2	−	−	−
22	1	1	2	−	3	−	−	−
23	4	−	−	−	2	−	−	−
24	1	−	−	1	1	−	−	−

6）強姦

年＼加害者	父親等				母親等			
	実父	養父・継父	母親の内縁の夫	その他（男性）	実母	養母・継母	父親の内縁の妻	その他（女性）
平成12年	5	2	7	1	−	−	−	−
13	1	1	−	2	−	−	−	−
14	2	4	1	−	−	−	−	−
15	1	3	−	2	−	−	−	−
16	9	4	1	1	1	−	−	−
17	6	6	3	1	−	−	−	−
18	4	6	3	1	−	−	−	−
19	6	11	2	2	1	−	−	−
20	5	5	2	3	1	−	−	−
21	9	10	5	1	1	−	−	−
22	5	6	5	−	−	−	−	−
23	2	10	3	−	−	−	−	−
24	10	14	7	2	−	−	−	−

7）強制わいせつ

年＼加害者	父親等				母親等			
	実父	養父・継父	母親の内縁の夫	その他（男性）	実母	養母・継母	父親の内縁の妻	その他（女性）
平成12年	2	1	3	3	−	−	−	−
13	1	1	3	−	−	−	−	−
14	1	2	1	−	−	−	−	−
15	−	1	−	2	−	−	−	−
16	−	6	1	1	−	−	−	−
17	2	4	1	−	−	−	−	−
18	4	7	5	10	1	−	−	−
19	−	5	4	1	−	−	−	−
20	4	8	4	1	−	−	−	−
21	2	7	7	2	−	−	−	−
22	1	3	5	1	1	−	−	−
23	2	10	3	−	−	−	−	−
24	10	16	5	2	−	−	−	−

8）保護責任者遺棄

年＼加害者	父親等				母親等			
	実父	養父・継父	母親の内縁の夫	その他（男性）	実母	養母・継母	父親の内縁の妻	その他（女性）
平成12年	3	1	1	−	12	−	−	−
13	3	2	1	−	17	−	−	−
14	5	−	1	−	19	−	−	−
15	4	2	−	−	13	−	−	1
16	4	−	−	−	11	−	−	1
17	1	−	−	−	7	−	−	−
18	6	−	2	−	18	−	−	1
19	2	−	1	1	15	−	−	2
20	1	−	3	−	17	−	−	−
21	1	−	1	−	7	−	−	−
22	3	−	−	−	16	−	−	1
23	8	1	1	1	12	−	−	−
24	4	1	−	−	9	−	−	−

9）重過失致死傷

年＼加害者	父親等				母親等			
	実父	養父・継父	母親の内縁の夫	その他（男性）	実母	養母・継母	父親の内縁の妻	その他（女性）
平成12年	1	－	－	－	2	－	－	－
13	1	－	1	－	1	－	－	－
14	－	－	－	－	－	－	－	－
15	4	2	－	－	13	－	－	1
16	2	－	－	－	1	－	－	－
17	1	－	－	－	2	－	－	－
18	1	－	－	－	2	－	－	－
19	1	－	－	－	－	－	－	－
20	1	－	－	－	2	－	－	－
21	2	－	1	－	2	－	－	－
22	－	－	－	－	1	－	－	－
23	－	－	－	－	1	－	－	－
24	－	－	－	－	1	－	－	－

10）その他（児童福祉法違反、青少年保護条例違反など）

年＼加害者	父親等				母親等			
	実父	養父・継父	母親の内縁の夫	その他（男性）	実母	養母・継母	父親の内縁の妻	その他（女性）
平成12年	11	7	1	－	－	－	－	－
13	4	13	4	3	1	－	－	－
14	7	12	1	1	－	－	－	－
15	8	8	2	2	－	－	－	－
16	4	7	3	2	2	－	－	－
17	13	11	8	－	1	－	－	－
18	12	10	9	6	3	－	－	－
19	11	14	5	7	3	－	－	－
20	8	26	9	4	3	－	－	－
21	11	15	4	5	14	－	－	－
22	19	18	2	3	4	－	－	－
23	18	31	7	1	9	－	－	－
24	22	19	9	－	10	－	－	－

注）・加害者の「その他」について平成18年までは祖父母等である。平成19年は祖父母、伯（叔）父母、父母の友人・知人等で保護者と認められる者である。
　　・罪名の「その他」について平成18年までは児童福祉法違反および少年保護条例違反である。平成19年は暴力行為等処罰法違反、児童福祉法違反、児童買春・児童ポルノ禁止法違反、青少年保護育成条例違反、覚せい剤取締法違反及び学校教育法違反である。（平成19年は、暴力行為等処罰法違反及び覚せい剤取締法違反はなかった。）
　　・「－」については該当数値が0のとき又は非該当のとき
　　・空欄については記載なし
　　資料：法務省法務総合研究所　『犯罪白書』　平成11～25年版　大蔵省印刷局（～平成12年）、財務省印刷局（平成13・14年）、国立印刷局（平成15年～）

表O 児童虐待に係る加害者と被害者との関係 （年別）

①平成12年

加害者	総数	殺人	傷害	致死	暴行	逮捕監禁	強姦	強制わいせつ	保護責任者遺棄	重過失致死傷	その他
総数	208	35	105	26	4		15	9	17	3	20
父親等	137	12	72	15	3		15	9	5	1	20
実父	60	9	28	8	1		5	2	3	1	11
養父・継父	22	−	10	−	1		2	1	1	−	7
母親の内縁の夫	47	3	31	7	1		7	3	1	−	1
その他	8	−	3	−	−		1	3	−	−	1
母親等	71	23	33	11	1		−	−	12	2	−
実母	64	23	26	9	1		−	−	12	2	−
養母・継母	1	−	1	−	−		−	−	−	−	−
その他	6	−	6	2	−		−	−	−	−	−

②平成13年

加害者	総数	殺人	傷害	致死	暴行	逮捕監禁	強姦	強制わいせつ	保護責任者遺棄	重過失致死傷	その他
総数	216	38	109	32	9		4	5	23	3	25
父親等	136	10	78	19	7		4	5	6	2	24
実父	50	5	30	5	5		1	−	3	1	4
養父・継父	31	−	14	3	−		1	1	2	−	13
母親の内縁の夫	46	4	31	9	2		−	3	1	1	4
その他	9	1	3	2	−		2	−	−	−	3
母親等	80	28	31	13	2		−	−	17	1	1
実母	74	26	27	10	2		−	−	17	1	1
養母・継母	2	−	2	2	−		−	−	−	−	−
その他	4	2	2	1	−		−	−	−	−	−

③平成14年

加害者	総数	殺人	傷害	致死	暴行	逮捕監禁	強姦	強制わいせつ	保護責任者遺棄	重過失致死傷	その他
総数	184	20	101	20	5	1	7	4	25	−	21
父親等	116	4	70	9	3	1	7	4	6	−	21
実父	43	3	23	2	2	−	2	1	5	−	7
養父・継父	34	1	14	2	−	1	4	2	−	−	12
母親の内縁の夫	34	−	29	4	1	−	1	−	1	−	1
その他	5	−	4	1	−	−	−	1	−	−	1
母親等	68	16	31	11	2	−	−	−	19	−	−
実母	60	15	24	7	2	−	−	−	19	−	−
養母・継母	3	−	3	2	−	−	−	−	−	−	−
その他	5	1	4	2	−	−	−	−	−	−	−

④平成15年

加害者	総数	殺人	傷害	致死	暴行	逮捕監禁	強姦	強制わいせつ	保護責任者遺棄	重過失致死傷	その他
総数	183	26	98	25	6		6	3	20	4	20
父親等	119	10	67	15	5		6	3	6	2	20
実父	49	6	25	5	4		1	−	4	1	8
養父・継父	40	1	24	5	−		3	1	2	1	8
母親の内縁の夫	23	3	17	4	1		−	−	−	−	2
その他	7	−	1	1	−		2	2	−	−	2
母親等	64	16	31	10	1		−	−	14	2	−
実母	58	16	27	8	−		−	−	13	2	−
養母・継母	2	−	2	−	−		−	−	−	−	−
その他	4	−	2	2	1		−	−	1	−	−

⑤平成16年

加害者	総数	殺人	傷害	致死	暴行	逮捕監禁	強姦	強制わいせつ	保護責任者遺棄	重過失致死傷	その他
総数	253	33	142	29	16	1	16	8	16	3	18
父親等	163	10	95	16	13	−	15	8	4	2	16
実父	81	7	48	10	7	−	9	−	4	2	4
養父・継父	41	2	20	2	2	−	4	6	−	−	7
母親の内縁の夫	30	−	21	2	4	−	1	1	−	−	3
その他	11	1	6	2	−	−	1	1	−	−	2
母親等	90	47	47	13	3	1	1	−	12	1	2
実母	72	32	32	9	3	1	1	−	11	1	2
養母・継母	7	6	6	1	−	−	−	−	−	−	−
その他	11	9	9	3	−	−	−	−	1	−	−

⑥平成17年

加害者	総数	殺人	傷害	致死	暴行	逮捕監禁	強姦	強制わいせつ	保護責任者遺棄	重過失致死傷	その他
総数	242	25	141	19	9	−	16	7	8	3	33
父親等	168	5	99	10	7	−	16	7	1	1	32
実父	77	2	48	7	4	−	6	2	1	1	13
養父・継父	47	1	23	1	2	−	6	4	−	−	11
母親の内縁の夫	43	2	28	2	1	−	3	1	−	−	8
その他	1	−	−	−	−	−	1	−	−	−	−
母親等	74	20	42	9	2	−	−	−	7	2	1
実母	69	20	37	8	2	−	−	−	7	2	1
養母・継母	3	−	3	1	−	−	−	−	−	−	−
その他	2	−	2	−	−	−	−	−	−	−	−

⑦平成18年

加害者	総数	殺人	傷害	致死	暴行	逮捕監禁	強姦	強制わいせつ	保護責任者遺棄	重過失致死傷	その他
総数	329	49	153	19	15	1	14	27	27	3	40
父親等	218	15	103	12	14	−	14	26	8	1	37
実父	86	10	42	5	7	−	4	4	6	1	12
養父・継父	56	2	26	3	5	−	6	7	−	−	10
母親の内縁の夫	52	3	29	3	1	−	3	5	2	−	9
その他	24	−	6	1	1	−	1	10	−	−	6
母親等	111	34	50	7	1	1	−	1	19	2	3
実母	96	34	36	5	1	1	−	1	18	2	3
養母・継母	8	−	8	−	−	−	−	−	−	−	−
その他	7	−	6	2	−	−	−	−	1	−	−

⑧平成19年

加害者	総数	殺人	傷害	致死	暴行	逮捕監禁	強姦	強制わいせつ	保護責任者遺棄	重過失致死傷	その他
総数	323	39	171	17	16	3	22	10	21	1	40
父親等	215	8	120	11	12	2	21	10	4	1	37
実父	91	7	57	4	6	1	6	−	2	1	11
養父・継父	55	−	24	2	1	−	11	5	−	−	14
母親の内縁の夫	46	−	28	2	5	1	2	−	4	−	5
その他（男性）	23	1	11	3	−	−	2	1	1	−	7
母親等	108	31	51	6	4	1	1	−	17	−	3
実母	97	29	44	6	4	1	1	−	15	−	3
養母・継母	1	−	1	−	−	−	−	−	−	−	−
父親の内縁の妻	−	−	−	−	−	−	−	−	−	−	−
その他（女性）	10	2	6	−	−	−	−	−	2	−	−

⑨平成20年

加害者	総数	殺人	傷害	致死	暴行	逮捕監禁	強姦	強制わいせつ	保護責任者遺棄	重過失致死傷	その他
総数	319	45	144	23	18	5	16	17	21	3	50
父親等	221	10	107	15	16	4	15	17	4	1	47
実父	85	8	48	8	10	−	5	4	1	1	8
養父・継父	66	−	24	2	2	1	5	8	−	−	26
母親の内縁の夫	52	1	29	3	3	1	2	4	3	−	9
その他（男性）	18	1	6	2	1	2	3	1	−	−	4
母親等	98	35	37	8	2	1	1	−	17	2	3
実母	95	34	35	7	2	1	1	−	17	2	3
養母・継母	2	1	1	−	−	−	−	−	−	−	−
父親の内縁の妻	−	−	−	−	−	−	−	−	−	−	−
その他（女性）	1	−	1	1	−	−	−	−	−	−	−

⑩平成21年

加害者	総数	殺人	傷害	致死	暴行	逮捕監禁	強姦	強制わいせつ	保護責任者遺棄	重過失致死傷	その他
総数	356	25	196	14	22	6	26	18	9	5	49
父親等	251	7	142	6	15	4	25	18	2	3	35
実父	118	6	78	2	7	2	9	2	1	2	11
養父・継父	67	−	29	−	5	1	10	7	−	−	15
母親の内縁の夫	53	1	31	3	3	−	5	7	1	1	4
その他（男性）	13	−	4	1	−	1	1	2	−	−	5
母親等	105	18	54	8	7	2	1	−	7	2	14
実母	98	17	48	7	7	2	1	−	7	2	14
養母・継母	2	−	2	1	−	−	−	−	−	−	−
父親の内縁の妻	−	−	−	−	−	−	−	−	−	−	−
その他（女性）	5	1	4	−	−	−	−	−	−	−	−

⑪平成22年

加害者	総数	殺人	傷害	致死	暴行	逮捕監禁	強姦	強制わいせつ	保護責任者遺棄	重過失致死傷	その他
総数	387	29	220	18	37	7	16	11	20	1	46
父親等	268	7	155	11	31	4	16	10	3	-	42
実父	109	4	64	4	12	1	5	1	3	-	19
養父・継父	86	2	48	5	8	1	6	3	-	-	18
母親の内縁の夫	64	1	42	2	7	2	5	5	-	-	2
その他（男性）	9	-	1	-	4	-	-	1	-	-	3
母親等	119	22	65	7	6	3	-	1	17	1	4
実母	108	22	57	6	4	3	-	1	16	1	4
養母・継母	4	-	4	1	-	-	-	-	-	-	-
父親の内縁の妻	3	-	2	-	1	-	-	-	-	-	-
その他（女性）	4	-	2	-	1	-	-	-	1	-	-

⑫平成23年

加害者	総数	殺人	傷害	致死	暴行	逮捕監禁	強姦	強制わいせつ	保護責任者遺棄	重過失致死傷	その他
総数	409	32	203	20	41	6	22	15	23	1	66
父親等	286	8	134	12	36	4	21	15	11	-	57
実父	134	6	67	6	22	4	7	2	8	-	18
養父・継父	82	1	24	2	8	-	7	10	1	-	31
母親の内縁の夫	60	1	37	3	6	-	5	3	1	-	7
その他（男性）	10	-	6	1	-	-	2	-	1	-	1
母親等	123	24	69	8	5	2	1	-	12	1	9
実母	119	24	66	7	4	2	1	-	12	1	9
養母・継母	1	-	-	-	1	-	-	-	-	-	-
父親の内縁の妻	2	-	2	-	-	-	-	-	-	-	-
その他（女性）	1	-	1	1	-	-	-	-	-	-	-

⑬平成24年

加害者	総数	殺人	傷害	致死	暴行	逮捕監禁	強姦	強制わいせつ	保護責任者遺棄	重過失致死傷	その他
総数	486	31	235	10	76	3	33	33	14	1	60
父親等	378	5	181	4	69	2	33	33	5	-	50
実父	186	4	91	1	44	1	10	10	4	-	22
養父・継父	100	1	34	-	15	-	14	16	1	-	19
母親の内縁の夫	77	-	48	2	8	-	7	5	-	-	9
その他（男性）	15	-	8	1	2	1	2	2	-	-	-
母親等	108	26	54	6	7	1	-	-	9	1	10
実母	102	26	48	6	7	1	-	-	9	1	10
養母・継母	4	-	4	-	-	-	-	-	-	-	-
父親の内縁の妻	2	-	2	-	-	-	-	-	-	-	-
その他（女性）	-	-	-	-	-	-	-	-	-	-	-

注）
- 無理心中及び出産直後の嬰児殺を除く
- 加害者の「その他」について平成18年までは祖父母等である。平成19年は祖父母、伯（叔）父母、父母の友人・知人等で保護者と認められる者である。
- 罪名の「その他」について平成18年までは児童福祉法違反および少年保護条例違反である。平成19年は暴力行為等処罰法違反、児童福祉法違反、児童買春・児童ポルノ禁止法違反、青少年保護育成条例違反、覚せい剤取締法違反及び学校教育法違反である。（平成19年は、暴力行為等処罰法違反及び覚せい剤取締法違反はなかった。）
- 「－」については該当数が0のとき又は非該当のとき
- 空欄については記載なし

資料：法務省法務総合研究所　『犯罪白書』平成13～25年版　財務省印刷局（平成13・14年）、国立印刷局（平成15年～）

あとがき

　本書は、子どもの虹情報研修センターによる委託研究「虐待の援助法に関する文献研究——児童虐待に関する法制度および法学文献資料の研究（第1期～第6期）」報告書（研究代表者：保坂亨・吉田恒雄）をまとめたものである。研究継続のために、同センターの小林登元所長、小林美智子前所長、川﨑二三彦現所長から多大のご理解とご支援をいただいた。三人の先生方のご高配がなければ、この研究を継続し、その成果をまとめ上げることはできなかったであろう。各期の報告書の作成については、同センターのスタッフの方にも多大のご協力をいただいた。これら報告書を単行本としてまとめるにあたり、明石書店編集部の深澤孝之氏、および校正については伊得陽子氏に随分とご迷惑をお掛けしながら、なんとか出版にこぎつけることができた。言うまでもなく、本研究会の諸氏には、文献調査、報告書の執筆等、多大のご協力をいただいた。

　関連する法令等の資料、文献等の収集には最善を尽くしたつもりではあるが、記載漏れや誤記も少なくないと思われる。こうした不備については、是非とも諸賢からのご指摘をお願いしたいところである。

　思い起こせば、この研究を開始してから、すでに10年以上が経過している。この研究を機会に様々な分野の方々と研究に携わり、楽しい時間を共にすることができた。この間の児童虐待防止制度の充実や体制の整備等には目覚ましいものがある。そして、この研究が、今後、少しでも児童虐待防止制度の充実につながり、虐待された子どもの保護と、安心して楽しく子育てのできる社会の実現につながることを期待している。

　最後になりますが、お世話になった皆さまに心より御礼申し上げます。

吉田　恒雄

【編著者紹介】

吉田　恒雄（よしだ　つねお）
駿河台大学　法学部　教授・学長

【執筆者一覧】

阿部　純一（あべ　じゅんいち）　　　鹿児島大学法文学系　准教授
岩下　雅充（いわした　ともみつ）　　筑波大学ビジネスサイエンス系　准教授
加藤　洋子（かとう　ようこ）　　　　洗足こども短期大学　教授
鈴木　博人（すずき　ひろひと）　　　中央大学法学部　教授
髙橋　由紀子（たかはし　ゆきこ）　　帝京大学法学部　教授
田澤　薫（たざわ　かおる）　　　　　聖学院大学人間福祉学部　教授
初川　愛美（はつかわ　まなみ）　　　中央大学通信教育部　インストラクター
横田　光平（よこた　こうへい）　　　同志社大学司法研究科　教授
近藤　由香（こんどう　ゆか）　　　　中央大学法学研究科博士前期課程（執筆時）
藤川　浩（ふじかわ　ひろし）　　　　大正大学人間学研究科博士後期課程（執筆時）

日本の児童虐待防止・法的対応資料集成
── 児童虐待に関する法令・判例・法学研究の動向

2015年11月25日　初版第1刷発行

編著者	吉田恒雄
発行者	石井昭男
発行所	株式会社　明石書店

〒101-0021　東京都千代田区外神田6-9-5
電話　03 (5818) 1171
FAX　03 (5818) 1174
振替　00100-7-24505
http://www.akashi.co.jp

組版・装丁　明石書店デザイン室
印刷・製本　モリモト印刷株式会社

(定価はカバーに表示してあります)　ISBN978-4-7503-4273-3

[JCOPY]〈(社)出版者著作権管理機構　委託出版物〉
本書の無断複写は著作権法上での例外を除き禁じられています。複写される場合は、そのつど事前に、(社)出版者著作権管理機構（電話　03-3513-6969、FAX　03-3513-6979、e-mail: info@jcopy.or.jp）の許諾を得てください。

子どもの虐待防止・法的実務マニュアル【第5版】
日本弁護士連合会子どもの権利委員会編
●2800円

子どものいじめ問題ハンドブック 発見・対応から予防まで
日本弁護士連合会子どもの権利委員会編
●2400円

親権と子どもの福祉 児童虐待時代に親の権利はどうあるべきか
平田厚
●5500円

養育事典
芹沢俊介、菅原哲男、山口泰弘、野辺公一、箱崎幸恵編
●6800円

子ども虐待医学 診断と連携対応のために
ロバート・M・リース、シンディー・W・クリスチャン編著
日本子ども虐待医学研究会監訳
●38000円

子ども虐待の身体所見
クリストファー・J・ホッブス、ジェーン・M・ウィニー著
溝口史剛監訳
●23000円

児童虐待とネグレクト対応ハンドブック 発見、評価からケースマネジメント、連携までのガイドライン
マリリン・S・ピーターソン、マイケル・ダーフィー編
ケビン・コルター(ME)、太田真弓、山田典子監訳
●9500円

小児および若年成人における突然死 病気・事故・虐待の適切な鑑別のために
ロジャー・W・バイアード著 溝口史剛監訳
●45000円

事例で学ぶ 社会的養護児童のアセスメント 子どもの視点で考え、適切な支援を見出すために
増沢高
●2000円

エビデンスに基づく 子ども虐待の発生予防と防止介入 その実践とさらなるエビデンスの創出に向けて
トニー・ケーン編 小林美智子監修 藤原武男、水木理恵監訳
●2800円

いっしょに考える子ども虐待
小林登監修 川﨑二三彦、増沢高編著
●2000円

子ども虐待ソーシャルワーク 転換点に立ち会う
川﨑二三彦
●2800円

日本の児童相談 先達に学ぶ援助の技
川﨑二三彦、鈴木崇之編著
●2400円

新版 学校現場で役立つ子ども虐待対応の手引き 子どもと親への対応から専門機関との連携まで
津崎哲郎
●2000円

黒親家庭・ステップファミリー！施設で暮らす 子どもの回復・自立へのアプローチ 中途養育の支援の基本と子どもの理解
玉井邦夫
●2400円

ダイレクト・ソーシャルワーク ハンドブック 対人支援の理論と技術
ディーン・H・ヘプワース、ロナルド・H・ルーニーほか著
武田信子監修 北島英治、澁谷昌史、平野直己、藤林慶子、山野則子監訳
●25000円

〈価格は本体価格です〉

知的障害・発達障害のある子どもの面接ハンドブック
犯罪・虐待被害が疑われる子どもから話を聴く技術
アン-クリスティン・セーデルボリほか著
仲真紀子、山本恒雄監訳
●2000円

子ども・家族支援に役立つ面接の技ハンドブック
〈仕掛ける・さぐる・引き出す・支える・紡ぐ〉児童福祉臨床
宮井研治編
●2200円

子ども・家族支援に役立つアセスメントの技とコツ
よりよい臨床のための4つの視点、8つの流儀
宮井研治編
●2200円

医療・保健・福祉・心理専門職のためのアセスメント技術を高めるハンドブック[第2版]
ケースレポートの方法からケース検討会議の技術まで
近藤直司
●2000円

性的虐待を受けた子ども・性的問題行動を示す子どもへの支援
児童福祉施設における生活支援と心理・医療的ケア
八木修司、岡本正子編著
●2600円

性問題行動のある知的障害者のための16ステップ[第2版]
「フットプリント」心理教育ワークブック
クリシャン・ハンセン、ティモシー・カーン著
本多隆司、伊庭千恵監訳
●2600円

子どもの未来をあきらめない 施設で育った子どもの自立支援
高橋亜美、早川悟司、大森信也
●1600円

ライフストーリーワーク入門
社会的養護への導入・展開がわかる実践ガイド
山本智佳央、楢原真也、徳永祥子、平田修三編著
●2200円

「三つの家」を活用した子ども虐待のアセスメントとプランニング
ニキ・ウェルド、ソニア・パーカー、井上直美編著
●2800円

子ども虐待と家族
「重なり合う不利」と社会的支援
松本伊智朗編著
●2200円

子ども虐待在宅ケースの家族支援
「家族維持」を目的とした援助の実態分析
畠山由佳子
●4600円

虐待する親への支援と家族再統合
親と子の成長発達を促す[CRC親子プログラムふぁり]の実践
宮口智恵、河合克子
●2000円

社会的養護児童のアドボカシー
意見表明権の保障を目指して
栄留里美
●4500円

そだちと臨床
児童福祉の現場で役立つ実践的専門誌
『そだちと臨床』編集委員会編集
【年2回刊 4月・10月】
●1600円

子どもと福祉
児童福祉、児童養護、児童相談の専門誌
『子どもと福祉』編集委員会編集
【年1回刊】
●1700円

里親と子ども
「里親制度・里親養育とその関連領域」に関する専門誌
『里親と子ども』編集委員会編集
【年1回刊】
●1500円

〈価格は本体価格です〉

実践に活かせる専門性が身につく！

やさしくわかる社会的養護シリーズ 【全7巻】

編集代表 相澤 仁（国立武蔵野学院）

A5判／並製／各巻2400円

- 社会的養護全般について学べる総括的な養成・研修テキスト。
- 「里親等養育指針・施設運営指針」「社会的養護関係施設第三者評価基準」（平成24年3月）、「社会的養護の課題と将来像」（平成23年7月）の内容に準拠。
- 現場で役立つ臨床的視点を取り入れた具体的な実践論を中心に解説。
- 執筆陣は、わが国の児童福祉研究者の総力をあげるとともに、第一線で活躍する現場職員が多数参加。

1 子どもの養育・支援の原理──社会的養護総論
柏女霊峰（淑徳大学）・澁谷昌史（関東学院大学）編

2 子どもの権利擁護と里親家庭・施設づくり
松原康雄（明治学院大学）編

3 子どもの発達・アセスメントと養育・支援プラン
犬塚峰子（大正大学）編

4 生活の中の養育・支援の実際
奥山眞紀子（国立成育医療研究センター）編

5 家族支援と子育て支援──ファミリーソーシャルワークの方法と実践
宮島 清（日本社会事業大学専門職大学院）編

6 児童相談所・関係機関や地域との連携・協働
川﨑二三彦（子どもの虹情報研修センター）編

7 施設における子どもの非行臨床──児童自立支援事業概論
野田正人（立命館大学）編

〈価格は本体価格です〉